Alexander Paul Witzke

Japans Ansatz zur Förderung der Arbeit im Alter

Alexander Paul Witzke

Japans Ansatz zur Förderung der Arbeit im Alter

Altersbeschäftigung im japanischen Mittelstand
des verarbeitenden Gewerbes

DE GRUYTER
OLDENBOURG

ISBN   978-3-11-065981-8
e-ISBN (PDF)   978-3-11-052845-9
e-ISBN (EPUB)   978-3-11-052594-6

Library of Congress Cataloging-in-Publication Data
A CIP catalog record for this book has been applied for at the Library of Congress.

Bibliografische Information der Deutschen Nationalbibliothek
Die Deutsche Nationalbibliothek verzeichnet diese Publikation in der Deutschen
Nationalbibliogra-fie; detaillierte bibliografische Daten sind im Internet über
http://dnb.dnb.de abrufbar.

www.degruyter.com

Für Anton Xiaolong und
Ferdinand Masau

Danksagung

Dieses Buch ist Anton und Ferdinand gewidmet. Bitte verzeiht, dass auf Eure Interessen wie Dinosaurier, Roboter oder Feuerwehrmänner nicht eingegangen wird. Tiefster Dank gilt zudem meiner Frau, meinen Eltern und Großeltern für all ihre Unterstützung.

Ich danke meinem Doktorvater, PD Dr. Günther Distelrath, für seine kompetente und herzliche Betreuung, von der ich sehr profitiert habe. Auch PD Dr. Detlev Taranczewski sei in gleichem Sinne gedankt. Der gesamten Abteilung für Japanologie und Koreanistik des Instituts für Orient- und Asienwissenschaften der Rheinischen Friedrich-Wilhelms-Universität Bonn, gilt mein Dank für die Vermittlung von Gastinstitutionen und Kooperationspartnern dieser Untersuchung.

So danke ich der Graduate School of Economics der Keiō University für die Aufnahme als Gastwissenschaftler und die anregende Arbeitsatmosphäre. Für fachliche und persönliche Ratschläge, informelle Hintergrundgespräche sowie die Vermittlung von weiteren Kooperatoren gilt hierbei folgenden Personen meine besondere Dankbarkeit: Prof. Dr. Masamichi Komuro, Prof. Dr. Yukio Watanabe, Assoc. Prof. Dr. Atsuhiro Yamada sowie Prof. Dr. Miki Takahashi. Auch dem Deutschen Institut für Japanstudien und Prof. Dr. Florian Coulmas danke ich für die Aufnahme und wohlwollende Unterstützung. Ebenso herzlich danke ich der Japan Society for the Promotion of Science sowie der Max Weber Stiftung für die Gewährung von Stipendien.

Folgenden Kooperationspartnern und ihren Ansprechpartnern spreche ich ebenfalls meinen herzlichsten Dank aus: Herrn Takahashi Mori (Shizuoka Prefectural Government), Herrn Kōji Terao (Shizuoka International Business Association), Herrn Kunio Miyagawa (Japan External Trade Organization), den Herren Nobuaki Yamada und Hiroshi Ōhashi (Ōta City Industrial Promotion Organization), Herrn Masaru Oikawa (National Federation of Small Business Associations), Herrn Tatsuo Ishii (Yamatake Cooperation) sowie Herrn Naoshi Aono (Seiko Kōshusha), dessen herzliche Zuwendung ich niemals vergessen werde. Für die Bereitschaft zur Teilnahme an Tiefeninterviews und Hintergrundgesprächen bedanke ich mich ferner bei folgenden Personen und Organisationen: Dr. Makoto Fujimoto und Dr. Keiichirō Hamaguchi (Japan Institute for Labour Policy and Training), Prof. Dr. Hiroki Sato (University of Tokyo), Prof. Dr. Hiroyuki Fujimura (Hosei University), Herrn Keisuke Nakamoto (Ministry of Health, Labour and Welfare), Dr. Katsuhiko Iwata (National Institute of Population and Social Security Research), Prof. Dr. Kōhei Komamura (Keiō University), den Herren Kawauchi Tetsuo und Hidehiro Ōhara (Japan Organization for Employment of the Elderly, Persons with Disabilities and Job Seekers), Dr. Shinichi Murai und Dr. Takahashi Watanabe (Japan Small Business Research Institute) sowie Dr. Satoshi Yamamoto (Japan Society for the Promotion of the Machine Industry). Mein letzter, jedoch nicht minder großer Dank gilt den zahlreichen Unternehmen und ihren Angestellten, die vertrauensvoll an dieser Untersuchung teilgenommen haben sowie Herrn Stefan Schober, Herrn Friedhelm Baum, Frau Aya Okubo, Herrn Takaya Sunagawa, Herrn Aki Motohashi, Frau Mitsuyo Shimura und der Familie Kondo.

Inhaltsverzeichnis

1 Einleitung

„The 20th century was a century of redistribution of income. The 21st century may be a century of redistribution of work" (Vaupel und Loichinger 2006: 1912)[1]. Diese Vermutung bezieht sich weder auf eine geografische Verlagerung von Arbeit als Globalisierungsfolge, noch auf eine Umverteilung zwischen Mensch und Maschine in Konsequenz fortschreitender Technologisierung. Stattdessen wird der allgemeine Anstieg von Lebenserwartung in Gesundheit zum Anlass genommen, für eine Revolutionierung der menschlichen Lebensverlaufsstruktur zu werben. Die Vision: Das starre Muster aus biografischen Phasen der Bildungsaneignung, Erwerbsarbeit und finalem Ruhestand wird durchbrochen, welches für die Lebensmitte eine Fülle paralleler Belastungen vorsieht, wohingegen der expandierenden Phase des Alters außer einem Verbleib im „‚Nirvana' der Freizeit" (Staudinger 2007: 10)[2] keine gesellschaftliche Rolle mehr zugedacht wie zugetraut wird.

> The current dominant life course pattern that emphasizes education when one is young, and heavy work demands in the early and middle career years (at the same time as family responsibilities are at their zenith), may be incongruous with the pattern necessitated by a life course plan [...] where work demands are reduced in middle years and extended into the later years. It might also involve phased retirement, where sustained activity much later in life is a more rational and reasonable response to the current human capacity. (Bass und Caro 2001: 56)

Der Ausbau von Lebensarbeitszeit im Alter könnte also die Voraussetzung für eine umfassende Harmonisierung privater und beruflicher Ambitionen entlang der Biografie bilden. Eine wünschenswerte Entwicklung sowohl aus Sicht des Einzelnen, als auch für die Gesellschaft als Ganzes. Der demografische Wandel versieht demnach nicht nur Japan mit einmaligen, wenngleich kaum über Nacht zu realisierenden Chancen. Jedoch mündet dieser auch in einer Vielzahl an Herausforderungen. Der Bevölkerungswandel verlangt umfangreiche Adaptionen von Wirtschaft und Gesellschaft, deren Umsetzung mittlerweile ein übergeordnetes Postulat der japanischen Politik darstellt: „The declining and ageing population is now one of the most important policy issues in Japan" (Yashiro 2008: 931). Wie können volkswirtschaftliche Prosperität und sozialstaatliche Vitalität in Zeiten des demografischen Wandels gesichert werden? Wie ist ein funktionierender Arbeitsmarkt unter den Voraussetzungen einer massiven Schrumpfung und Alterung der Erwerbsbevölkerung aufrecht zu erhalten? Und wie sollte ein Rentensystem gestaltet sein, das den Anspruch sozialer Sicherung im Zeichen eines zunehmend unvorteilhaften Verhältnisses von Leistungserbringer und Leistungsempfängern sowie einer stetig steigenden Lebenserwartung (in Rente) auch langfristig gewährleistet? Die

---

1 http://user.demogr.mpg.de/jwv/pdf/Vaupel-Science-312-2006-5782.pdf, letzter Abruf: 9.3.2017.
2 https://www.econbiz.de/Record/dynamisches-personalmanagement-als-eine-antwort-auf-den-demographischen-wandel-staudinger-ursula/10003456192, letzter Abruf: 9.3.2017.

DOI 10.1515/9783110528459-001

im Rahmen dieser Fragen diskutierten Aufgaben – Stützung des Erwerbspersonenpotentials, Schaffung finanzieller Nachhaltigkeit der sozialen Sicherungssysteme, Förderung ökonomischer Selbstbestimmung wie ideeller Selbstentfaltung in wachsenden Altersspannen, etc. – sind längst auch außerhalb des japanischen Kontexts vertraut. Denn der demografische Wandel ist als globales Phänomen zu begreifen und stellt noch so unterschiedliche Nationen vor durchaus verwandte Problemkomplexe. Vor diesem Hintergrund besteht eine supranationale Übereinstimmung innerhalb von Wissenschaft und Politik in Form der Ansicht, dass eine Verlängerung von Lebensarbeitszeit ein unverzichtbares Element zur Anpassung wirtschaftlicher und gesellschaftlicher Strukturen an den Bevölkerungswandel darstellt:

> It is now accepted that extending working life may not only reduce pension, health and social welfare costs for the state but for many individuals will provide the opportunity for a happier and more productive old age. However, over the last two decades, against a background of major economic restructuring, the trend has been towards a reduction in the length of working life, with a dramatic fall in labour force participation rates among older men in particular. (Taylor 2001: 1)[3]

Sind hinsichtlich der Förderung von Alterserwerbsarbeit die Erfordernisse einer Vielzahl an Staaten vergleichbar, sind es die nationalen Voraussetzungen jedoch nicht. Zwar zieht etwa in Deutschland die Alterserwerbsarbeit seit der Jahrtausendwende spürbar an. Mit einem effektiven Verrentungsalter von knapp 70 Jahren treten Japaner im Vergleich zu deutschen Verhältnissen laut der Organisation für wirtschaftliche Zusammenarbeit und Entwicklung (Organisation for Economic Co-operation and Development, OECD) dennoch rund acht Jahre später in den Ruhestand ein (vgl. OECD 2011b: 43). Japan erweckt somit seit geraumer Zeit internationales Interesse. So gelingt es dieser Nation augenscheinlich gut, Ältere in den Wirtschaftskreislauf einzubinden: „Japan is frequently remarked upon for its very high level of labour participation amongst older workers and particularly older men" (Casey 2005: 1)[4].

Zwar sind die Ursachen des japanischen Erfolgs bei der Sicherung ökonomischer Teilhabe im Alter komplex. Dennoch bildet das Konzept betrieblicher Beschäftigungsfortsetzung als zentraler Untersuchungsgegenstand dieser Arbeit eine elementare Stütze der japanischen Alterserwerbsarbeit. So bieten laut Angaben von Kōsei rōdō-shō („Ministry of Health, Labour and Welfare", MHLW) knapp 97 % der japanischen Unternehmen entsprechende Maßnahmen an und sorgen in diesem Rahmen für eine Verlängerung der betrieblichen Verweildauer älterer Beschäftigter (vgl. Kōsei rōdō-shō 2011: 27)[5]. Doch was ist unter dem Begriff der betrieblichen Beschäftigungsfortset-

---

3 National Centre for the Vocational Education Research (NCVER) – VOCED plus. http://www.voced. edu.au/, letzter Abruf: 9.3.2017. Signatur: TD/TNC76.74.
4 https://www.genevaassociation.org/media/243519/ga2005_gp30(4)_casey.pdf, letzter Abruf: 9.3.2017.
5 http://www.mhlw.go.jp/stf/houdou/2r9852000001fz36-att/2r9852000001fzaz.pdf, letzter Abruf: 9.3.2017.

zung zu verstehen? Die Antwort hierauf verlangt ein Eingehen auf spezifische Merkmale der japanischen Beschäftigungslandschaft. Eine solche Besonderheit besteht in der verbreiteten Geltung des *teinen seido* („System des betrieblichen Rentenalters") für die mit regulärer Festanstellung versehene Stammbelegschaft von Unternehmen. Allerdings muss das *teinen nenrei* als konkrete Höhe des „betrieblichen Rentenalters" nicht zwangsläufig mit der gesetzlichen Regelaltersgrenze der öffentlichen Rentenversicherung in Übereinstimmung liegen. So steigt derzeit auf Basis der Rentenreformen von 1994 und 2004 das öffentliche Rentenalter in Japan vom 60. auf das 65. Lebensjahr an. Auch auf Grundlage der jüngsten Revision des *kōnen reisha nado no koyō no antei nado ni kansuru hōritsu* (kurz: *kōnen reisha koyō antei-hō*) oder *law concerning stabilization of employment of older persons* (kurz: *employment stabilization law*, ESL) ist jedoch nach wie vor ein betriebliches Rentenalter von 60 Jahren als Untergrenze gestattet:

> Derzeit wird das Mindestbezugsalter im Rahmen der Rentenversicherung vom 60. auf das 65. Lebensjahr angehoben. Dennoch können Unternehmen ein betriebliches Rentenalter mit der Beschränkung festsetzen, dass dieses nicht unter 60 Jahren liegt. So haben nahezu alle japanischen Unternehmen derzeit ein gesetzlich konformes betriebliches Rentenalter in Höhe des minimal geforderten 60. Lebensjahres installiert. (Seike, Yamada und Kimu 2005: 16; Übers. d. Verf.)

Aufgrund dieser Diskrepanz zwischen betrieblichem und öffentlichem Rentenalter entsteht in Japan zurzeit ein heikler Lebenszeitraum zwischen dem 60. und 65. Lebensjahr. Denn für den Fall der Kündigung aufgrund des Erreichens des betrieblichen Rentenalters ohne Perspektiven einer Anschlussanstellung kann ein Ausfall des Arbeitsgehalts kaum durch Renteneinkommen kompensiert werden: „Aus diesem Grund ist es zum derzeitigen Zeitpunkt eine dringende Angelegenheit, [...] dass insbesondere bei all jenen, die dem System eines betrieblichen Rentenalters entstammen und eine weitere Beschäftigung wünschen, ein Fortschritt bei der Sicherung von Beschäftigungsgarantien bis zum 65. Lebensjahr erzielt wird" (Kōsei rōdō-shō 2011: 7; Übers. d. Verf.)[6]. Unter diesen Vorzeichen treten *keizoku koyō sochi* genannten „Maßnahmen [betrieblicher] Beschäftigungsfortsetzung" (MBB) auf die Agenda der japanischen Politik. Mindestens bis zum Erreichen des öffentlichen Rentenalters sollen diese für eine Sicherung von Beschäftigung im angestammten Betrieb oder Unternehmensverbund sorgen. So ist in Japan beheimateten Unternehmen durch die Revision des ESL aus dem Jahre 2004 die Durchführung von MBB verpflichtend vorgeschrieben:

---

[6] http://www.mhlw.go.jp/stf/houdou/2r9852000001fz36-att/2r9852000001fzaz.pdf, letzter Abruf: 9.3.2017.

> Seit den späten 1980er Jahren wurde das *employment stabilization law* mehrere Male zur Anhebung des betrieblichen Rentenalters reformiert. In den Jahren 1986, 1994 und 2000 bestand das Ziel in der Implementierung eines betrieblichen Rentenalters in Höhe des 60. Lebensjahrs. 2004 wurde das Gesetz erneut mit dem Ziel reformiert, das Alter der Beschäftigungsfortsetzung ab dem Jahr 2006 schrittweise auf das 65. Lebensjahr anzuheben [...] als Reflektion der Heraufsetzung des Mindestbezugsalters der öffentlichen Rente. (Hamaguchi 2011: 217; Übers. d. Verf.)

In Form einer *teinen nenrei no hikiage* genannten „Anhebung des betrieblichen Rentenalters", einer als *teinen-sei no sadame haishi* bezeichneten „Abschaffung des Systems eines betrieblichen Rentenalters", sowie der Durchführung von *keizoku koyō seido* („Systeme [betrieblicher] Beschäftigungsfortsetzung") können zur Fortbeschäftigung jedoch alternative Maßnahmen in Anspruch genommen werden. Allerdings spielt innerhalb der derzeitigen Praxis die An- oder Aufhebung des betrieblichen Rentenalters nur eine marginale Rolle. Wird innerhalb der Fortbeschäftigungssysteme ferner zwischen *sai-koyō seido* („Wiederbeschäftigungssystem") und *kinmu enchō seido* („Beschäftigungsverlängerungssystem") unterschieden, zeichnet sich das gängige Arrangement der Beschäftigungsfortsetzung stattdessen durch eine deutliche Dominanz der Wiederbeschäftigung aus, wie diese Untersuchung im Einklang zum Forschungsstand dokumentiert: „Die Fälle, in denen Unternehmen eine Abschaffung des betrieblichen Rentenalters wählen sind niedrig. Die Anzahl an Unternehmen, die ein Fortbeschäftigungssystem wählen, ist [hingegen] sehr hoch" (Yanagisawa 2009: 69; Übers. d. Verf.)[7].

Unter dem Begriff der Beschäftigungsfortsetzung kann somit stets eine Verlängerung der ursprünglich terminierten betrieblichen Verweildauer von regulären Beschäftigten verstanden werden. Durch die Dominanz der Wiederbeschäftigung ist hiermit jedoch in erster Linie ein Verfahren zu verbinden, bei dem Unternehmen an einem betrieblichen Rentenalter von 60 Jahren festhalten. Bei Überschreitung dieser Altersgrenze werden Mitglieder der Kernbelegschaft dann in ein separates Personalgerüst transferiert. Dieser Zustand erklärt sich vor dem Hintergrund, dass senioritätsorientierte Entlohnungs- und Karrierestrukturen sowie strenger Kündigungsschutz, traditionelle Beschäftigungsprinzipien im Rahmen des Systems eines betrieblichen Rentenalters darstellen. Mehr als dies bedingt der *nenkō joretsu chingin* oder „Senioritätslohn" im Sinne personalökonomischer Theorie die Errichtung eines betrieblichen Rentenalters. Dies als Kehrseite der Medaille, wonach die Vereinbarung einer mit der Betriebszugehörigkeit stetig steigenden Kompensation des Arbeitseinsatzes einen vorherbestimmten Zeitpunkt zum Erlöschen dieser Übereinkunft bedarf. Entsprechend erweist sich die An- oder Aufhebung des betrieblichen Rentenalters für japanische Unternehmen als schwieriger Prozess. Denn dies verlangt eine wohl koordinierte Reform von tief verwurzelten Prinzipien der so genannten lebenslangen Beschäftigung und betrifft somit alle Inhalte und Zeiträume klassischer Personalführung, auch

---

7 http://www.jil.go.jp/institute/zassi/backnumber/2009/08/pdf/065-075.pdf, letzter Abruf: 9.3.2017.

abseits der reinen Gestaltung von Altersbeschäftigung: „In Japan [...] older people are relatively willing to work, so that the key determinant for the employment of older workers is the nature of company employment practices" (Higuchi und Yamamoto 2008: 99). Doch auch aufgrund der Annahme von altersbedingt steigenden Risiken sinkender Arbeitsproduktivität, wird eine An- oder Aufhebung des betrieblichen Rentenalters von Unternehmensseite mit Skepsis bedacht. So stellt sich die Senioritätsorientierung japanischer Beschäftigungsprinzipien als neuralgischer Aspekt der traditionellen Personalpolitik in Zeiten des demografischen Wandels dar, dessen zeitliche Ausweitung japanische Unternehmen bislang zu vermeiden suchen.

Genau diese Ambition wird durch die Wiederbeschäftigung als vorrangige Ausprägung von Fortbeschäftigungsmaßnahmen erlangt. Denn mit Erreichen des betrieblichen Rentenalters wird hierbei - im Gegensatz zur Beschäftigungsverlängerung - ein neuer Arbeitsvertrag geschlossen. Dies ermöglicht es, Spielregeln der Arbeit und Beschäftigung neu zu verhandeln, angepasst an den Wandel arbeitgeberseitiger wie optimalerweise auch arbeitnehmerseitiger Voraussetzungen der Fortführung von Anstellungen über den einstmals beschlossenen Zeitpunkt des Unternehmensaustritts hinaus. Die entsprechend häufig zu beobachtende Beschäftigungsflexibilisierung hinsichtlich von Anstellungskonditionen und/oder Arbeitsinhalten stellt eine zentrale Unternehmensstrategie zur Anpassung des traditionellen Personalwesens an sich wandelnde demografische Rahmenbedingungen dar, die in Gestalt der Wiederbeschäftigung Verwirklichung findet. Wie als Verifikation des Forschungsstands auch diese Untersuchung konstatiert, bedeutet dies im Regelfall einen Verlust des als Garant stabiler Lebensplanung geschätzten Beschäftigungsschutzes als Folge des nun befristeten Arbeitsvertrags sowie eine Herabstufung des Gehaltsniveaus: „Die Beschäftigung über dem betrieblichen Rentenalter ist der Regel nach durch den Gebrauch zeitlich beschränkter Arbeitsverträge und ein großes Absenken des Gehaltsniveaus gekennzeichnet" (Hamaguchi 2011: 62; Übers. d. Verf.). Dass Veränderungen wie diese aus Beschäftigtensicht auf geringe Gegenliebe stoßen, stellt eine intuitive Vermutung dar, die sich auf Grundlage hiesiger Untersuchungsresultate tendenziell bestätigt. Andererseits liefert die makro- wie mikroökonomische Betrachtung genügend Anhaltspunkte, dass diese Praktiken der Stärkung nachfrageseitiger Attraktivität von Altersbeschäftigung dienen und somit zur generellen Aufrechterhaltung von Beschäftigungschancen im Alter beitragen.

Entlang dieser Trennlinie von betriebswirtschaftlichem Rational und arbeitnehmerseitiger Bedürfnisse entfaltet sich an der Schnittstelle zwischen ökonomischer und soziologischer Betrachtungsweise ein breites Wertungsfeld des derzeitigen Erscheinungsbilds der Beschäftigungsfortsetzung. So kann einerseits auf den beachtlichen Beitrag zur Sicherung von Beschäftigungsmöglichkeiten Älterer verwiesen werden. Nicht unberücksichtigt bleiben sollte jedoch der hiermit herkömmlich verbundene Preis in Form sinkender Beschäftigungsstandards. Beide Deutungsformen lassen sich im Lichte dieser Arbeit nachvollziehen. So teilen hiesige Untersuchungsergebnisse die Einordnungen des Forschungsstands, wonach primär die Nutzung langjähriger

Expertise zu reduzierten Gehaltsbezügen Unternehmen zur Durchführung der Wiederbeschäftigung motiviert. Jedoch geben auch die Befunde dieser Studie Raum zur Vermutung, dass der derzeitige Standard von MBB durch Nichtübereinstimmungen (*mismatch*) zwischen angebots- und nachfrageseitigen Erwartungen an Fortbeschäftigungsverhältnisse gekennzeichnet ist: „Etwa in Gestalt der uniformen Einrichtung von Vollzeitbeschäftigung bei hoher Absenkung des Gehalts besteht ein *mismatch* zwischen den Bedürfnissen des Personalwesens und Personen über dem betrieblichen Rentenalter, was sich entsprechend auch in dem Aufkommen von Personen äußert, die sich keine Verlängerung der Beschäftigung wünschen" (Itō 2008: 26; Übers. d. Verf.)[8]. An einem Rande der durch diese Hintergründe gebildeten Diskussionsfläche liegt das negative Szenario bei der Interpretation des gängigen Fortbeschäftigungsmodells. Diese mag in der Auffassung als eine Praxis zur Peripherisierung (hinsichtlich von Arbeitsinhalten) und/oder Präkarisierung (bezüglich Beschäftigungskonditionen) älterer Beschäftigter bestehen, die in Form der Wiederbeschäftigung betrieblich institutionalisiert, eine Inkarnation der Informalisierung japanischer Alterserwerbsarbeit darstellt.

Die positive Deutung kann hingegen auf einer mittels der Wiederbeschäftigung institutionalisierten Diversifizierung von Beschäftigungsangebote basieren, die primär betriebswirtschaftlichen Interessen folgend, sich jedoch zugleich auch an der auszumachenden Pluralisierung von Erwerbsinteressen im Alter orientiert. Die japanische Fortbeschäftigungspraxis reift in diesem Sinne zu einem Prototyp der Alterserwerbsarbeit, der sich durch die Möglichkeit zur dynamischen Harmonisierung von arbeitgeber- wie arbeitnehmerbasierten Bedürfnissen an die Beschäftigung im Altersverlauf auszeichnet. Erkannt werden mögen in diesem Rahmen Gedanken zur Ermöglichung einer Aneignung neuer Arbeitsinhalte in späten Erwerbsphasen (*second-career*), eines schrittweisen Rückzugs vom Arbeitsmarkt (*gradual retirement*) sowie einer optimierten Vereinbarung beruflicher und privater Lebensführung (*work-life-balance*). Konzepte, die unabhängig des Wirtschaftsraums als geeignete Mittel zur angebots-, aber auch nachfrageseitigen Stärkung der Attraktivität von (Alters-) Beschäftigung propagiert werden, ohne jedoch bislang eine tiefere Verwurzelung dieser Ansätze erlangt zu haben. Zwischen diesen stilisierten Extremen entfaltet sich die momentane Gestaltung betrieblicher Beschäftigungsfortsetzung. Denn trotz der Identifikation dominanter Ausprägungsformen dokumentiert diese Untersuchung zugleich ein markantes Ausmaß an Diversität zwischen wie innerhalb japanischer Unternehmen bei der Implementierung dieses Personalinstruments. Es ist nicht zuletzt das hierdurch entfachte Diskussionsspektrum, welches dem Untersuchungsgegenstand der Beschäftigungsfortsetzung eine Brisanz verleiht, deren Relevanz sich keinesfalls auf die Grenzen Japans beschränkt.

---

8 http://www.jil.go.jp/institute/siryo/2008/documents/033_01.pdf, letzter Abruf: 9.3.2017.

Anhand dieser Einführung ist bereits auch die Demarkationslinie skizziert, die derzeit den politischen Grundsatzdiskurs zur Regulierung von (Alters-)Erwerbsarbeit in Japan prägt. Diese verläuft entlang des Für und Wider einer gesetzlichen An- oder Aufhebung des betrieblichen Rentenalters, und beide Seiten scheinen in dieser Debatte auf gute Argumente verweisen zu können. So stabilisiert das System eines betrieblichen Rentenalters entsprechend geltender Normen die Beschäftigung bis zum Erreichen dieser Altersgrenze in Form von Beschäftigungsgarantien. Ein gesetzliches Verbot des betrieblichen Rentenalters könnte dementsprechend dazu führen, dass Arbeitnehmer bereits früher denn bislang einer informalisierten Beschäftigungswelt ausgesetzt werden, die den externen Arbeitsmarkt für Ältere in Japan weitgehend prägt. Umgekehrt werden Unternehmen bei ihrer restriktiven Einstellung zur gesetzlichen Abschaffung des betrieblichen Rentenalters von ihren Bedenken bestimmt, traditionelle Beschäftigungsprinzipien im Rahmen der lebenslangen Beschäftigung wohlmöglich auf unbestimmte Zeiträume hinaus aufrecht erhalten zu müssen:

> Es wurde vorgeschlagen die Gewohnheit einer erzwungenen Verrentung, mit anderen Worten das System eines betrieblichen Rentenalters zu verbieten, bringt dieses eine Erhöhung der Fluktuationsrate älterer Arbeiter sowie in der Folge Arbeitslosigkeit und den Verlust von Humankapital mit sich. Allerdings ist das System eines betrieblichen Rentenalters in Japan eng mit dem [...] Senioritätslohn sowie strengen Vorschriften zum Beschäftigungsschutz verbunden. Sollten diese Regeln von Gehalt und Kündigung unverändert bleiben, würde eine Abschaffung des Systems eines betrieblichen Rentenalters zu einer doppelten Belastung für Unternehmen führen und diese wohl hohe Gehalts- und Kündigungskosten erleiden. (Seike, Yamada und Kimu 2005: 19-20; Übers. d. Verf.)

Die Befürworter eines generellen Verbots berufen sich wiederum darauf, dass durch die Existenz des betrieblichen Rentenalters ein vorherbestimmter Zeitpunkt X innerhalb der klassischen japanischen Erwerbsbiografie besteht. Dieser kommt einem forcierten Ausschluss von ökonomischer Teilhabe gleich, der sowohl in Bezug auf den wachsenden demografischen Spielraum zur Verlängerung von Erwerbsbiografien, als auch die gesellschaftspolitische Notwendigkeit hierzu, unangemessen wirkt:

> Um dem Wachstum der Älteren und der Abnahme der jüngeren Bevölkerung zu begegnen muss ein gesellschaftliches System erbaut werden, in dem Ältere zum Wohle der Gesellschaft so lange weiterarbeiten, wie sie den Willen und die Fähigkeit dazu besitzen. [...] Das derzeitige Beschäftigungssystem stellt dabei jedoch erhebliche Hürden dar. Etwa in Gestalt eines Systems, in dem sich das Gehalt an der Seniorität orientiert und deshalb ein bestimmtes betriebliches Rentenalter voraussetzt, bei dem nur aufgrund des Alters verrentet wird, welche Wünsche oder Fähigkeiten zur Arbeit auch immer bestehen. (Seike 2001: iii; Übers. d. Verf.)

In Anlehnung an Beck (2007: 14–15) ist es wohl auch in Japan nicht zuletzt die Erwerbsarbeit, aus der sich die vollwertige Mitgliedschaft innerhalb der Arbeitsgesellschaft erschließt. Entsprechend verbirgt sich hinter dem betrieblichen Rentenalter eine Exklusion von ökonomischer Beteiligung, die zugleich soziale wie politische

Dimensionen in sich vereint und das Recht eines wachsenden Bevölkerungsanteils zur gesellschaftlichen Teilhabe in einer expandierenden Lebensphase des Alters unterminiert. *Demografierobuste Konzepte zur Arbeit dringend gesucht* könnte somit trotz des Erfolgs bei der Sicherung von Altersbeschäftigung ein Aushang am Schwarzen Brett auch des japanischen Arbeitsministeriums lauten. Und grundsätzliche Fragen nach Sinn und Nutzen starrer Altersgrenzen der Erwerbsarbeit sind in diesem Rahmen gestattet. So verfolgt der japanische Staat unter dem Begriff *shōgai geneki shakai* („Gesellschaft aktiver Lebenszeit") die Vision einer altersneutralen Arbeitswelt und das Auslaufen des betrieblichen Rentenalters stellt eine Entsprechung dieses Grundsatzes im Rahmen langfristiger Bestrebungen der Beschäftigungspolitik dar: „In Bezug auf Ältere ist die Förderung eines langen Erwerbslebens und die effektive Nutzung ihrer Fähigkeiten und Erfahrung [...] von Bedeutung. Daher ist die Einrichtung einer Umwelt notwendig, in der die Arbeitswelt weniger durch das Alter als durch Willen und Fähigkeiten [des Einzelnen] bestimmt wird" (Kōsei rōdōshō 2011: 2; Übers. d. Verf.)[9]. Durchaus verständlich ist dabei jedoch die vorsichtige Näherung durch politische wie betriebliche Entscheidungsträger zur Erlangung dieses Ziels, zieht man vor dem Hintergrund vorheriger Warnungen auch strukturelle wie konjunkturelle Fragezeichen der japanischen Volkswirtschaft in Betracht: „Die langwierige Stagnation der Wirtschaftslage gibt in letzter Zeit Anlass zu Bedenken hinsichtlich der Unterstützung und Bewahrung der Beschäftigung Älterer. In diesem Umfeld ist es schwierig eine Umwelt einzurichten, in dem Unternehmen wie die Gesellschaft als Ganzes von Älteren Gebrauch machen können" (Higuchi und Yamamoto 2002a: 2; Übers. d. Verf.)[10]. Wann ist also die Zeit reif für einen Paradigmenwechsel der japanischen Beschäftigungspolitik in Form einer gesetzlichen Abschaffung des betrieblichen Rentenalters? Für die meisten Begleiter dieser Thematik scheint dieser Zeitpunkt noch nicht gekommen. Wie auch die jüngste Revision des *employment stabilization law* andeutet, ist es somit wahrscheinlich, dass die Wiederbeschäftigung auch auf absehbare Sicht als elementare Säule der japanischen Alterserwerbsarbeit verbleibt.

Wie dieser einleitende Diskurs zu implizieren vermag, ist die japanische Fortbeschäftigungspraxis in ein breites Diskussionsspektrum einzuordnen. Folgende Passagen dienen daher als grobe Vorwegnahme der Darstellung inhaltlicher wie methodischer Grundlagen dieser Untersuchung sowie ihrer forschungspolitischen Positionierung in Anlehnung an den Forschungsstand, den diese Arbeit unter anderem mit einem Fokus auf kleine und mittlere Unternehmen (KMU) des verarbeitenden Gewerbes sowie einer multiperspektivischen Betrachtung unter Berücksichtigung quantitativer wie qualitativer Datenquellen auszuweiten sucht. Drei primäre Untersuchungsfragen stehen dabei im Mittelpunkt:

---

9 http://www.mhlw.go.jp/stf/houdou/2r9852000001fz36-att/2r9852000001fzaz.pdf, letzter Abruf: 9.3.2017.
10 http://www.imes.boj.or.jp/research/papers/japanese/kk21-b2-1.pdf, letzter Abruf: 9.3.2017.

- Wie wird Beschäftigungsfortsetzung in Unternehmen organisiert, mit anderen Worten, welcher Strukturrahmen liegt diesem personalpolitischen Instrument zugrunde?
- Warum kommt Beschäftigungsfortsetzung zustande, welche Motivationsfaktoren bestimmen auf Seiten von Arbeitgeber wie Arbeitnehmer das Eingehen entsprechender Anstellungsverhältnisse?
- Wird die Beschäftigungsfortsetzung als Erfolg oder Misserfolg gewertet, wie fällt die Evaluation dieser Initiativen aus Sicht von Unternehmen wie Fortbeschäftigten aus?

In Orientierung an den legislativen Rahmen von Beschäftigungsfortsetzung sowie theoretischen Grundlagen zur (Alters-)Erwerbsarbeit, gehen diese Fragestellungen mit folgend umrissener Thesenbildung einher:

- Zur Motivation: Die gesetzliche Regulierung der Beschäftigungsfortsetzung bietet Unternehmen weitreichende Freiräume hinsichtlich betriebsspezifischer Implementierungsformen. Entsprechend ist das Zustandekommen von Fortbeschäftigungsverhältnissen nicht exklusiv durch die Einhaltung rechtlicher Vorgaben motiviert, sondern erklärt sich darüber hinaus durch nachfrage- wie angebotsseitige Vorteile.
- Zur Evaluation: Die Regulierung der Beschäftigungsfortsetzung zeichnet sich durch die Gestattung betriebsspezifischer Spielräume aus. Sei zudem für Japan die Prämisse eines freien Arbeitsmarkts angewandt, können Anstellungsverhältnisse auch im speziellen Kontext der Fortbeschäftigung durch keine dritte Partei oktroyiert werden. Dies impliziert die gesetzlich gestattete Anwendung von Selektionsverfahren, die einer Aufnahme in Beschäftigungsfortsetzung die Erfüllung betriebsspezifischer Kriterien zugrunde legen. Auf diesen Grundlagen sowie im Sinne allgemeiner Grundzüge der Kontrakttheorie determiniert sich das Zustandekommen von Fortbeschäftigung durch Rentabilität (Nachfrageseite) wie Akzeptanz (Angebotsseite) der hierdurch geschaffenen Anstellungsverhältnisse und ihrer Konditionen. Nicht zwangsläufig muss sich hieraus eine positive Evaluation der Beschäftigungsfortsetzung ergeben. Aber aus Sicht beider Beschäftigungsparteien sollte das Eingehen eines Fortbeschäftigungsverhältnisses die beste Option innerhalb einer mehr oder minder großen Menge an Handlungsalternativen darstellen.
- Zum Strukturrahmen: Zwischen Motivation und Evaluation von Beschäftigungsfortsetzung fungiert der Strukturrahmen als entscheidendes Bindeglied. So richtet sich die betriebsspezifische Gestaltung von Fortbeschäftigungsmaßnahmen an der jeweiligen Motivationsgrundlage aus, während sich die Beurteilung dieses Personalinstruments wiederum am Strukturrahmen orientiert. Es ist somit der spezifische Strukturrahmen, der Rentabilität wie Akzeptanz von Fortbeschäftigungsverhältnissen zu gewährleisten scheint, wobei diese Untersuchung ergründet, welche Muster hierbei zum Vorschein treten.

Handelt es sich bei der japanischen Fortbeschäftigungspraxis um ein (zur Nachahmung empfohlenes) Erfolgsmodell und welche Ausblicke scheinen für die zukünftige Entwicklung dieses Instrumentariums in Japan selbst zu bestehen? Diese abgeleiteten Fragen nach Zustand und Perspektive dieser Maßnahmen runden die Darstellung des Untersuchungsgegenstands ab. Als Ziel gilt dabei eine multiperspektivische Behandlung der Beschäftigungsfortsetzung auf Grundlage benannter Fragestellungen und Spezifikationen. Dabei soll die Berücksichtigung von Nachfrage- und Angebotsseite sowie die hierbei erfolgende Verwendung quantitativer wie qualitativer Datenquellen eine Exploration des Forschungsobjekts an der Schnittstelle zwischen betriebswirtschaftlicher und soziologischer Betrachtungsweise gewährleisten. In diesem inhaltlichen Rahmen wird der Darstellungsfokus auf den aktuellen Zeitbezug gesetzt. So orientiert sich die Konzeption hiesiger Untersuchungsfragen an den zum Zeitpunkt der Feldforschung gültigen Rechtrahmen der Beschäftigungsfortsetzung in Form der Revision des *employment stabilization law* aus dem Jahre 2004. Gleichwohl tangiert diese Arbeit einen größeren Zeitrahmen, der in Vergangenheit wie Zukunft führt. So wird der demografische Wandel in einem zeitlichen Kontext geschildert, welcher sowohl den historischen Verlauf der Nachkriegszeit als auch die prognostizierte Entwicklung bis zum Ende des 21. Jahrhunderts erfasst. Auch die Behandlung der passiven Arbeitsmarktpolitik (*passive labour market policies*, PLMP) und ihres Einflusses auf Alterserwerbsarbeit, greift anhand einer Thematisierung der Frühverrentungspolitik auf vergangene Jahrzehnte zurück. Die in diesem Rahmen zugleich erfolgende Schilderung von Reformen des japanischen Rentensystems erstreckt sich andererseits bis auf das Jahr 2030 als Zeitpunkt, zu dem das gesetzliche Rentenalter auf eine für Männer wie Frauen einheitliche Höhe von 65 Jahren angehoben sein wird. Eine vergleichbare Behandlung historischer wie zukünftiger Zeitspannen wird ferner auch im Rahmen der Behandlung des Rechtsrahmens von MBB erkennbar. Denn diese geht auf die 1980er Jahre als wichtiges Entwicklungsstadium des *employment stabilization law* ein, erstreckt sich jedoch gleichfalls bis auf das Jahr 2025 als durch die jüngste Reform des ESL gekennzeichneten Zeitraum, der den weiteren Fortgang der Beschäftigungsfortsetzung unmittelbar prägt.

Im Zuge des demografischen Wandels gewinnt die gesellschaftspolitische Notwendigkeit zur Verlängerung von Lebensarbeitszeit auch abseits des japanischen Kontexts an Brisanz. Entsprechend liegt der Thematik des Arbeitens im Alter bereits ein lebhafter Wissenschaftsdiskurs zugrunde, dessen Expansion durch diese Arbeit hinsichtlich ihrer inhaltlichen wie methodischen Konzeption angestrebt wird. Die Einführung in diese Arbeit verlangt somit auch nach der Vorwegnahme zentraler Veröffentlichungen mit konkretem Bezug zum hiesigen Untersuchungsgegenstand. In Konsequenz des Gewichts dieses Personalinstruments zur Sicherung von Altersbeschäftigung in Japan, entstammen diese Beiträge vor allem dem Publikationsaufkommen japanischer Provenienz, das sich als umfangreich und dennoch ausbaufähig schildern lässt. Im Gegensatz hierzu sei vorgreifend angemerkt, dass die Behandlung der Beschäftigungsfortsetzung innerhalb des deutschsprachigen Wissenschaftsdiskurses bislang keine dem Umfang dieser Arbeit gleichende Berücksichtigung findet. Vorweg genommen seien daher lediglich zwei deutschsprachige Veröffentlichungen von besonderer thematischer Nähe zum hiesigen Forschungsobjekt; wie zum einen die Arbeit von Paulsen (2009)[11]: *Institutionalisierung im Kulturvergleich: Das Beispiel der Regulierung von Alterserwerbsarbeit in Deutschland und Japan*. Dieser Beitrag widmet sich den Ursachen, die dem unterschiedlichen Ausmaß an Alterserwerbsarbeit zwischen Japan und Deutschland zugrunde gelegt werden können. Dabei ordnet Paulsen (2009)[12] der Beschäftigungsfortsetzung entscheidende Bedeutung zum japanischen Vorsprung bei der Sicherung von Alterserwerbsarbeit zu, gelangt bei der Begutachtung dieser Maßnahmen jedoch zu Rückschlüssen, die sich im Lichte hiesiger Untersuchungsresultate als verfehlt erweisen. Näheren Bezug bietet ferner die im Jahre 2010 durch das Deutsche Institut für Japanstudien (DIJ) sowie der Deutschen Industrie- und Handelskammer in Japan (DIHKJ) herausgegebene Studie *Silver Business in Japan – Auswirkungen des demographischen Wandels auf Personalpolitik und Marketing*, die auf der Untersuchung von 135 in Japan agierenden deutschen Unternehmen beruht. Werden hierbei betriebliche Herausforderungen des demografischen Wandels behandelt, erfolgt eine Erläuterung der japanischen Regulierung von Beschäftigungsfortsetzung sowie eine relativ undetaillierte Erfassung des Strukturrahmens dieses Mittels, wobei eine Weiterbeschäftigung zu „schlechteren Konditionen" (DIJ und DIHKJ 2010: 13) als üblich konstatiert wird.

Kommende Passagen widmen sich einer einleitenden Darstellung der japanischen Literaturlage zur Beschäftigungsfortsetzung und ihres näheren thematischen Umfelds. Zur Orientierung sei jedoch ferner vorweg gestellt, dass sich die Literaturlage zur Arbeit im Alter – als übergeordnete Thematik der Fortbeschäftigung - aus verschiedenen Wissenschaftsdisziplinen speist und diverse Themenkomplexe beinhaltet. Als eine Kategorie können jene Beiträge subsumiert werden, die sich der Herleitung der gesellschaftspolitischen Notwendigkeit von Alterserwerbsarbeit verschreiben. So werden demografische Tendenzen und deren sozioökonomische Implikationen einer Betrachtung unterzogen. Eine zweite Literaturgattung kann durch fachspezifische oder interdisziplinäre Publikationen ausgemacht werden, die sich den Einflussebenen der Alterserwerbsarbeit sowie der hierbei erkennbaren Parallelen oder internationalen Differenzen widmen. Hierzu zählt etwa der gerontologische Diskurs über den Zusammenhang zwischen dem Altern und der Verlagerung von Leistungspotentialen. Auf biologischen, medizinischen, psychologischen oder soziologischen Betrachtungsweisen beruhend, bemühen sich diese Beiträge darum, auf die unzeitgemäße Ausprägung gesellschaftlicher Altersbilder aufmerksam zu machen. Entsprechend weisen gerontologische Arbeiten auf bislang unzureichend wahrgenommene Handlungsspielräume zur gesellschaftlichen Teilhabe Älterer als Folge steigender Lebens-

---

11 http://hss.ulb.uni-bonn.de/2009/1920/1920.pdf, letzter Abruf: 9.3.2017.
12 http://hss.ulb.uni-bonn.de/2009/1920/1920.pdf, letzter Abruf: 9.3.2017.

erwartung in Gesundheit hin. Auch kulturwissenschaftlich oder soziologisch geprägte Arbeiten können dieser zweiten Gattung hinzugerechnet werden, die den spezifischen Einfluss von Kulturalisierung oder Soziologisierung auf internationale Varianzen von Alterserwerbsarbeit - zumeist kritisch - diskutieren. Doch auch der vergleichsweise umfangreiche Literaturbestand, der sich dem Einfluss politischer Faktoren zuwendet, lässt sich als Bestandteil dieser zweiten Kategorie werten. Nationale Varianzen bei der Gestaltung aktiver Arbeitsmarktpolitik (*active labour market policies*, ALMP), passiver Arbeitsmarktpolitik sowie rechtlicher Grundlagen des Arbeitnehmerschutzes werden hierbei aufgegriffen und zur Ableitung nationaler Unterschiede bei der Stellung Älterer auf Arbeitsmärkten in Anspruch genommen. Als zumindest hinsichtlich des Publikationsvolumens gewichtigster Bestandteil dieser Ausrichtung sind ökonomische Beiträge vertreten. Grob umfasst bescheinigen diese Arbeiten, dass der Gestaltung sozialer Sicherungssysteme großer Einfluss auf das individuelle Verrentungsverhalten zukommt. Identifiziert werden nationale Differenzen bei der Anreizgestaltung zur Verlängerung von Erwerbsarbeit sowie korrespondierende Optimierungspotentiale der jeweiligen Arrangements öffentlicher Programme zur Einkommenssubventionierung. Eine weitere Schiene dieser ökonomisch geprägten Betrachtungsweise von Determinanten der Alterserwerbsarbeit besteht in der Behandlung der betrieblichen Ebene. Möglichkeiten und Restriktionen eines Ausbaus von Alterserwerbsarbeit sowie der Einrichtung einer der Beschäftigungsfähigkeit Älterer förderlichen Arbeits- und Beschäftigungswelt werden hierbei thematisiert.

Wie dieser Umriss bereits veranschaulichen mag, kann die Literaturlage zur Arbeit im Alter unter zwei Betrachtungtraditionen subsumiert werden. So widmet sich eine Perspektive der Nachfrageseite von Alterserwerbsarbeit, also der Behandlung der Unternehmensebene und der aus betriebswirtschaftlichem Blickwinkel zur Geltung kommenden Voraussetzungen zur Verlängerung von Lebensarbeitszeit. Dominiert wird der Wissenschaftsdiskurs wie auch die politische Herangehensweise bis dato jedoch durch die Angebotsseite von Alterserwerbsarbeit. Im Vordergrund steht somit bislang die Frage, wie ein Ausbau der wirtschaftlichen Teilhabe im Alter durch Ansätze erreicht werden kann, die auf ökonomischen Handlungsgrundsätzen des Erwerbspersonenpotentials aufbauen. Wie der finanzielle Anreiz zu einer Verlängerung von Erwerbstätigkeit durch die Gestaltung des Rentensystems und anderer Versicherungsschemen gestärkt werden kann, stellt dabei die wohl präsenteste Ausprägung der Angebotsperspektive dar:

> One set of strategies deals with the supply of older workers, their retirement decisions [...], and how changes in public policy could remove barriers to older workers' continuing attachment to the labor force. This emphasis on increasing employment "opportunities" for older workers, however, has been coupled with new restrictions on pension entitlement, restructuring of retirement benefit programs, and attempts to make retirement less attractive or less affordable to older workers. [...] A second set of employment strategies focuses on the demand for the labor of older workers rather than on their supply decisions. Some of these strategies target employers' poli-

cies of hiring, retention, promotion, and retraining by challenging the negative and inaccurate stereotypes that continue to penalize older employees. (Hardy 2006: 1)

Diese zwei Ausrichtungen werden auch durch die Unterscheidung zwischen *pull*- und *push*-Faktoren individueller Verrentungsanreize zum Ausdruck gebracht. Dabei dient der Begriff der *pull*-Faktoren zur Subsumierung all jener Einflüsse der persönlichen Bestimmung des optimalen Verrentungszeitpunkts, welche die Attraktivität des Renteneintritts erhöhen. So ist etwa die Generosität des öffentlichen Rentensystems – also die Frage, in wie weit der Bezug von Rentenleistung als adäquater Ersatz von Arbeitseinkommen wahrgenommen wird und somit frühzeitige Austritte aus der Erwerbstätigkeit begünstigt – als gewichtiger Parameter der Gestaltung von *pull*-Faktoren zu interpretieren. Die Bezeichnung als *push*-Faktoren vereinnahmt im Umkehrschluss all solche Merkmale der Arbeits- und Beschäftigungswelt, welche die Attraktivität einer Fortsetzung von Erwerbstätigkeit mindern. Thematisiert wird in diesem Sinne die Gestaltung von Arbeit und Beschäftigung auf betrieblicher Ebene und deren Einfluss auf den Entschluss des Einzelnen zum Verbleib auf dem Arbeitsmarkt. Vorherige Anmerkungen auf diese Begrifflichkeiten anwendend, zeigt sich die wissenschaftliche wie politische Annäherung an Mittel zur Förderung der ökonomischen Beteiligung im Alter also durch eine vorrangige Auseinandersetzung mit *pull*-Faktoren geprägt. Im Umkehrschluss nimmt die Behandlung von *push*-Faktoren individueller Verrentungsentscheidungen bis dato einen geringeren Beitrag zur Diskussion der Frage ein, auf welchem Wege ein Ausbau von Alterserwerbsarbeit von Erfolg gekrönt werden kann. Zwar wird die Bedeutung der Bereinigung von *pull*-Faktoren der Verrentungsentscheidung zu Recht kaum angezweifelt. Dennoch stellt sich nicht zuletzt vor dem Hintergrund der Arbeitnehmerverträglichkeit zunehmend die Frage, inwieweit durch diese Gewichtung tatsächlich eine nachhaltige Verlängerung von Lebensarbeitszeit erreicht werden kann. Eine stärkere Hinwendung von Wissenschaft und Politik zur betrieblichen Einflussebene von Alterserwerbsarbeit gewinnt vor diesem Hintergrund an Relevanz: „our attention should shift from 'pull' to 'push' factors, in particular the labour shedding strategies of firms" (Ebbinghaus 2003: 1)[13].

Zeichnet sich die wissenschaftliche Betrachtung der Arbeit im Alter durch ein Übergewicht der Angebotsseite aus, kommt hinsichtlich der Literaturlage mit konkretem Bezug zur Beschäftigungsfortsetzung eine umgekehrte Gewichtung zum Ausdruck. So lässt sich das vorrangig anhand japanischer Beiträge bestehende Publikationsaufkommen durch die primäre Behandlung der Arbeitgeberperspektive kennzeichnen. Dies gilt, wenngleich eine spezifische Hinwendung zu Unternehmen kleiner und mittlerer Größe sowie des verarbeitenden Gewerbes bislang unterrepräsentiert erscheint. Eine entsprechend geringere Beleuchtung der Arbeitnehmerposition gilt es zumindest bezüglich des Forschungsaufkommens zu konstatieren, dessen

---

13 http://www.issa.int/html/pdf/anvers03/topic3/2ebbinghaus.pdf, letzter Abruf: 9.3.2017.

einleitender Darstellung jedoch ein Eingehen auf überwiegend behördliche Veröffentlichungen vorweg gestellt werden soll. Denn diese behandeln einen breiteren Kontext
der japanischen Beschäftigungslandschaft und thematisieren somit Aspekte, die
nicht in exklusivem und dennoch unmittelbarem Zusammenhang zur Altersbeschäftigung stehen. So werden neben dem volkswirtschaftlichen Umfeld die sozioökonomische Situation Älterer erfasst sowie solche Tendenzen japanischer Beschäftigungsstrukturen behandelt, welche auch durch die demografisch bedingte Ausweitung von
Altersbeschäftigung an Bedeutung gewinnen. Hierzu zählt etwa das durch Naikaku-
fu („Cabinet Office")[14] herausgegebene *Kōrei shakai hakusho*[15] [Annual Report on
the Aging Society]. Aufbauend auf einem Umriss des Bevölkerungswandels werden
sozioökonomische Kennziffern zur Lebenssituation im Alter präsentiert, wobei auch
ein Eingehen auf Einstellung und Präferenzen Älterer zur Erwerbsbeteiligung erfolgt.
Abgerundet werden diese Themenbereiche durch die Darstellung politischer Maßnahmen als Antwort auf demografische Tendenzen. Auch das durch Kōsei rōdō-shō
erscheinende *Kōsei rōdō hakusho*[16] [Annual Report on Health, Labour and Welfare]
bietet einen stetig aktualisierten Überblick über demografische Entwicklungen und
Auswirkungen auf das japanische Erwerbspersonenpotential. Angereichert wird
dies durch allgemeine Arbeitsmarktdaten, Kennziffern zur gesamtwirtschaftlichen
Entwicklung und sozioökonomischen Situation sowie die Darstellung sozial- und
beschäftigungspolitischer Leitplanken. Ähnlich umfassende Themenschwerpunkte
werden im durch Kōsei rōdō-shō veröffentlichten *Rōdō keizai hakusho*[17] [White Paper
on the Labour Economy] gesetzt. Im Rahmen eines Überblicks über die Entwicklung
von Gesellschaft, Wirtschaft und Arbeitsmarkt, wird auch der Wandel klassischer
Beschäftigungsprinzipien als im Zusammenhang zur Altersbeschäftigung stehender
Themenaspekt berührt.

Kōsei rōdō-shō (2010a)[18]: *Heisei 22 nen shūgyō keitai no tayō-ka ni kansuru sōgō
jittai chōsa* [Untersuchung des allgemeinen Zustands der Diversifizierung von Anstellungsformen, 2010] bietet eine Untersuchung von Beschäftigungsstrukturen und ihrer
Wandlungstendenzen, wie etwa in Form der Zunahme nicht regulärer Beschäftigter.
Durch die Identifikation eines abrupten Wachstums nicht regulärer Beschäftigungsformen bei Überschreiten des betrieblichen Rentenalters wird erkennbar, dass dieser
allgemeine Trend einen unmittelbaren Bezug zur Altersbeschäftigung aufweist. Auch
Chūshō kigyō sōgō kenyū kikō kenkyū-bu [Japan Small Business Research Institute,
Research Department] (2006): *Chūshō kigyō ni okeru koyō no tayō-ka jittai ni kansuru*

---

14 Ins Deutsche übersetzt, wird das in funktionaler Hinsicht dem deutschen Bundeskanzleramt verwandte Naikaku-fu in der Regel als „Kabinettsamt" bezeichnet.
15 http://www8.cao.go.jp/kourei/whitepaper/index-w.html, letzter Abruf: 9.3.2017.
16 http://www.mhlw.go.jp/toukei_hakusho/hakusho/, letzter Abruf: 9.3.2017.
17 http://www.mhlw.go.jp/toukei_hakusho/hakusho/, letzter Abruf: 9.3.2017.
18 http://www.mhlw.go.jp/toukei/itiran/roudou/koyou/keitai/10/, letzter Abruf: 9.3.2017.

chōsa kenkyū [Untersuchung über den allgemeinen Zustand der Beschäftigungsdiversifizierung in kleinen und mittleren Unternehmen] untersucht die Diversifizierung der Beschäftigungslandschaft. Im speziellen Kontext von KMU wird sich insbesondere den Ursachen und Gestaltungstendenzen dieses Phänomens gewidmet.

Die regelmässig veröffentlichte Studie *Rōdō-ryoku chōsa*[19] [Untersuchung zur Arbeitskraft] des Sōmu-shō tōkei-kyoku („Statistics Bureau, Ministry of Internal Affairs and Communications") untersucht Entwicklungen von Arbeitsmarkt, Beschäftigungsstrukturen und sozioökonomischen Kennziffern. Werden diese Aspekte in Abhängigkeit unterschiedlicher Alterskohorten dargestellt, liegt auch ein spezielles Eingehen auf das ältere Erwerbspersonenpotential vor. Ebenfalls regelmässig erscheint durch Kōrei shōgai kyūshoku-sha koyō shien kikō (Japan Organization for Employment of the Elderly, Persons with Disabilities and Job Seekers, JEED) das *Kōrei shakai tōkei yōran* [Handbook of Labour Statistics on Aged Society]. Als statistischer Almanach zu den Themenbereichen Demografie, Soziales und Arbeit konzipiert, wird umfangreiches Datenmaterial zur Beschäftigung über dem betrieblichen Rentenalter sowie hierbei zum Vorschein tretender Charakteristika bereitgestellt. Inhaltlich verwandt präsentiert sich die jährliche Herausgabe des *Japanese Working Life Profile – Labor Statistics*[20] durch Rōdō seisaku kenkyū kenshū kikō (Japan Institute for Labour Policy and Training, JILPT). Bilingual erscheinend, besteht ein in japanischer wie englischer Sprache erfolgender Überblick über aktuelle Entwicklungstendenzen von Wirtschaft, Erwerbsbevölkerung und Beschäftigungslandschaft. Neben allgemeinen Kennzahlen zur Einstellung und Motivation Älterer zur Erwerbsarbeit, werden auch Merkmale von Altersbeschäftigung betrachtet.

Stärker der zukunftsgerichteten Behandlung von Alterserwerbsarbeit zugewandt, präsentiert sich Kōsei rōdō-shō (2011)[21]: *Kongo no kōnen reisha koyō ni kansuru kenkyū-kai hōkokusho. Shōgai geneki shakai no jitsugen ni mukete* [Bericht des Ausschusses zur zukünftigen Beschäftigung Älterer – Bezüglich der Realisierung einer Gesellschaft aktiver Lebenszeit]. Handelt es sich hierbei um einen Zwischenbericht im Vorfeld der jüngsten Revision des *employment stabilization law*, erfolgt ein Einblick in die Standpunkte der Sozialpartner hinsichtlich einer Verschärfung der gesetzlichen Regulierung von MBB sowie der hierbei prinzipiell zur Verfügung stehenden Optionen. Kōsei rōdō-shō (2010b)[22]: *Kongo no kōnen reisha koyō no genjō to kadai ni tsuite* [Über den Zustand und Aufgaben der zukünftigen Beschäftigung Älterer] stellt einen weiteren Bestandteil der Dokumentation dieses Reformprozesses dar. In Form einer unkom-

---

19 http://www.stat.go.jp/data/roudou/, letzter Abruf: 9.3.2017.
20 http://www.jil.go.jp/english/jwl/index.htm, letzter Abruf: 9.3.2017.
21 http://www.mhlw.go.jp/stf/houdou/2r9852000001fz36-att/2r9852000001fzaz.pdf, letzter Abruf: 9.3.2017.
22 http://www.mhlw.go.jp/stf/shingi/2r9852000000w15e-att/2r9852000000w194.pdf, letzter Abruf: 9.3.2017.

mentierten Datenkompilation werden Angaben zu aktuellen Gestaltungstendenzen der Beschäftigungsfortsetzung geliefert. Ferner erfolgt ein Überblick über vergangene Reformschritte des ESL sowie der staatlichen Intention zur Sicherung von Erwerbsarbeit bis hin zum 70. Lebensjahr mitsamt einhergehenden Zielsetzungen.

Vorherige Veröffentlichungen eignen sich zur Erschließung der Thematik von Altersbeschäftigung und ihrer Relevanz innerhalb des wirtschaftlichen wie sozialen Grundzusammenhangs in Japan. Hingegen findet in kommenden Beiträgen ein konzentrierteres Eingehen auf Beschäftigungsfortsetzung und hiermit in unmittelbarem Zusammenhang stehender Themenfelder statt. Wie hierbei zum Ausdruck kommend, wird die diesbezügliche Untersuchungslandschaft durch eine Vielzahl an Studien geprägt, die den umfangreichen Forschungsaktivitäten des Japan Institute for Labour Policy and Training entstammen. Während JILPT eine detaillierte Behandlung des Strukturrahmens von MBB vornimmt, erscheinen die Forschungsaspekte von Motivation und Evaluation dieses Personalinstruments jedoch vergleichsweise unterrepräsentiert. Im Gegensatz zur Berücksichtigung qualitativer Datenquellen, stellt die quantitative Exploration ein weiteres vorwiegendes Merkmal dar. Zugleich mag die folgende Darstellung zu erkennen geben, dass in all diesen Zusammenhängen bislang selten ein spezifisches Eingehen auf KMU oder das verarbeitende Gewerbe erfolgt, wie andererseits auch die Behandlung der arbeitnehmerseitigen Perspektive ein Ausbaupotential zu erkennen gibt.

Aufbauend auf einer internationalen Betrachtung des demografischen Wandels und seiner sozioökonomischen Implikationen, zeichnet sich Rōdō seisaku kenkyū kenshū kikō (2007)[23]: *Kōrei-sha keizoku koyō ni muketa jinji rōmu kanri no genjō to kadai* [Zustand und Aufgaben des Human Resource Managements bezüglich der Beschäftigungsfortsetzung Älterer] durch eine detaillierte Analyse des Strukturrahmens von MBB über sämtliche Unternehmensgrößen und Branchen hinweg aus. So wird ein markanter Wandel der Beschäftigungsgestaltung bei Eintritt in Beschäftigungsfortsetzung dokumentiert. Rōdō seisaku kenkyū kenshū kikō (2010c)[24]: *Keizoku koyō nado wo meguru kōrei-sha shūgyō no genjō to kadai* [Derzeitiger Zustand und Aufgaben der Altersarbeit wie im Rahmen der Beschäftigungsfortsetzung] zeigt sich durch einen Fokus auf ökonomische Prinzipien der Gehaltsbestimmung geprägt, der auf den Senioritätslohn, seine Konsequenzen für das Gehaltsprofil im Altersverlauf sowie hierbei erkennbarer Modifizierungstendenzen eingeht. Obwohl diese Untersuchung unter Berücksichtigung sämtlicher Unternehmensgrößen und Branchen weitere Parameter der Fortbeschäftigungsgestaltung erfasst, konzentriert sich die Analyse des Strukturrahmens entsprechend auf Fragen der Gehaltsbestimmung. Dabei wird eine *chingin gappu* oder „Gehaltslücke" als verbreiterer Begleitumstand des Übertritts in Beschäftigungsfortsetzung identifiziert.

---

23 http://www.jil.go.jp/institute/reports/2007/documents/083.pdf, letzter Abruf: 9.3.2017.
24 http://www.jil.go.jp/institute/reports/2010/documents/0120.pdf, letzter Abruf: 9.3.2017.

Auch Rōdō seisaku kenkyū kenshū kikō (2010a)[25]: *Kōrei-sha no koyō saiyō ni kansuru chōsa* [Untersuchung von Anstellung und Beschäftigung Älterer] analysiert den Strukturrahmen von MBB. Jedoch liegen gegenüber den vorherigen Studien methodische wie inhaltliche Differenzen vor. So beschränkt sich diese Untersuchung branchenunspezifisch auf Unternehmen über 300 Beschäftigte und analysiert auch die Gründe für gängige Fortbeschäftigungsmuster. Motive und Perspektiven einer Ausweitung von Beschäftigungsfortsetzung auf das 70. Lebensjahr werden ebenso betrachtet, wobei eine Vielzahl betrieblicher Herausforderungen registriert wird. Eine vorrangig auf die Analyse von Anstellungs- und Beschäftigungsform sowie des Gehaltsniveaus konzentrierte Untersuchung der Fortbeschäftigungsgestaltung erfolgt bei Rōdō seisaku kenkyū kenshū kikō (2011a)[26]: *Kōrei-sha no shūgyō jittai ni kansuru kenkyū* [Forschung über den tatsächlichen Zustand der Altersarbeit]. Die seltene Berücksichtigung qualitativer Datenquellen dient zur Erstellung von Fallstudien bezüglich der Ausweitung von Altersbeschäftigung sowie der hierbei verfolgten Handlungsprinzipien durch Unternehmen verschiedener Größen und Branchen.

Vorherige Studien konzentrieren sich auf die Unternehmensperspektive. Hingegen zeichnen sich folgende Untersuchungen durch die Berücksichtigung von Nachfrage- und Angebotsseite aus. So erfasst Rōdō seisaku kenkyū kenshū kikō (2006)[27]: *Tayō-ka suru shūgyō keitai no shita de no jinji senryaku to rōdō-sha no ishiki ni kansuru chōsa* [Untersuchung über personalpolitische Strategien und das Bewusstsein von Erwerbstätigen hinsichtlich der Diversifizierung von Beschäftigung] Tendenzen zur Diversifizierung der Beschäftigungsgestaltung über sämtliche Unternehmensgrößen und Branchen hinweg. Werden Disparitäten bei der Gestaltung von Arbeit und Beschäftigung zwischen Festangestellten und nicht regulären Beschäftigten identifiziert, wird zugleich ein Vordringen nicht regulärer Angestellter in Kernfunktionen von Unternehmungen als markanter Befund ausgewiesen. Der unternehmensperspektivische Untersuchungsteil von Rōdō seisaku kenkyū kenshū kikō (2005)[28]: *Jinkō genshō shakai ni okeru jinji senryaku to shokugyō ishiki ni kansuru chōsa* [Untersuchung von Personalstrategien sowie des Arbeitsbewusstseins in einer durch Bevölkerungsrückgang gezeichneten Gesellschaft] analysiert Strategien zur Überwindung demografischer Implikationen des Personalmanagements. Auch der Strukturrahmen von MBB kommt hierbei unabhängig spezieller Betriebsgrößen und Branchen zur Geltung. Im arbeitnehmerseitigen Teil der Studie erfolgt in Abhängigkeit unterschiedlicher Alterskohorten eine Abfrage individueller Bevorzugungen hinsichtlich der Länge und Art des Erwerbslebens sowie der Zufriedenheit mit Konditionen der Arbeit und Beschäftigung. So wird registriert, dass sich eine Mehrheit der

---

25 http://www.jil.go.jp/institute/research/2010/documents/067.pdf, letzter Abruf: 9.3.2017.
26 http://www.jil.go.jp/institute/reports/2011/documents/0137.pdf, letzter Abruf: 9.3.2017.
27 http://www.jil.go.jp/institute/research/documents/research025.pdf, letzter Abruf: 9.3.2017.
28 http://www.jil.go.jp/institute/research/documents/research012.pdf, letzter Abruf: 9.3.2017.

Beschäftigten über dem 60. Lebensjahr mit dem Arbeitsinhalt, nicht jedoch mit der einhergehenden Entlohnung zufrieden zeigt.

Kommende Studien wenden sich hingegen exklusiv der Angestelltensicht zu: Rōdō seisaku kenkyū kenshū kikō (2008)[29]: *60 sai ikō no keizoku koyō to shokugyō seikatsu ni kansuru chōsa – kōrei-sha keizoku koyō ni kansuru jūgyō-in ankēto chōsa* [Untersuchung der Beschäftigungsfortsetzung sowie des Berufslebens über dem 60. Lebensjahr – Fragebogenumfrage von Arbeitnehmern über die Beschäftigungsfortsetzung Älterer] untersucht die sozioökonomische Situation Älterer, Vorstellungen über die Beschaffenheit des Erwerbslebens im Alter sowie Merkmalen der Altersbeschäftigung. In Bezug auf die Alterskohorte der 60 bis 65-Jährigen werden erhebliche Differenzen zwischen Wunsch und Wirklichkeit bei der Beschäftigungsgestaltung dokumentiert, was etwa Anstellungsformen und Gehaltsniveau betrifft. Eine weitere Untersuchung von Charakteristika der Altersbeschäftigung sowie angebotsseitiger Vorstellungen besteht durch Rōdō seisaku kenkyū kenshū kikō (2010b)[30]: *Kōnen reisha no koyō shūgyō no jittai ni kansuru chōsa* [Untersuchung des Zustands von Beschäftigung und Arbeit Älterer]. Im Einklang zu Rōdō seisaku kenkyū kenshū kikō (2008)[31] werden deutliche Diskrepanzen zwischen den Präferenzen älterer Beschäftigter und ihrer tatsächlichen Beschäftigungssituation markiert, was insbesondere die Anstellungs- und Beschäftigungsform sowie das Einkommensniveau betrifft. Rōdō seisaku kenkyū kenshū kikō (2012)[32]: *Kōnen reisha no keizoku koyō nado, shūgyō jittai ni kansuru chōsa* [Untersuchung über den tatsächlichen Zustand von Arbeit sowie der Beschäftigungsfortsetzung Älterer] beinhaltet eine Abfrage der individuellen Zufriedenheit mit einzelnen Parametern von Arbeit und Beschäftigung. Wie bei Rōdō seisaku kenkyū kenshū kikō (2005)[33] wird ersichtlich, dass sich eine Mehrheit der 60 bis 65-Jährigen mit persönlichen Merkmalen des Arbeitsinhalts zufrieden zeigt. Dahingegen ruft insbesondere das Gehaltsniveau Unzufriedenheit hervor, wie auch die Gesamtbeurteilung der Fortbeschäftigungsgestaltung tendenziell negativ ausfällt.

Während vorherige Untersuchungen sämtlich durch JILPT veröffentlicht sind, liegen weitere Studien verwandten thematischen Inhalts vor. Hierzu zählt die durch Shōkō sōgō kenkyū-sho [Shōkō Research Institute] publizierte Untersuchung *Chūshō kigyō no kōrei-sha katsuyō no jittai chōsa* [Untersuchung zum Zustand der Inanspruchnahme Älterer durch kleine und mittlerer Unternehmen]. Als arbeitgeberseitige Studie widmet sich Shōkō sōgō kenkyū-sho (2006)[34] dem speziellen Kontext von KMU unterschiedlicher Branchen und beinhaltet eine begrenzte Anzahl an

---

29 http://www.jil.go.jp/institute/research/2008/documents/047/047.pdf, letzter Abruf: 9.3.2017.

30 http://www.jil.go.jp/institute/research/2010/documents/075.pdf, letzter Abruf: 9.3.2017.

31 http://www.jil.go.jp/institute/research/2008/documents/047/047.pdf, letzter Abruf: 9.3.2017.

32 http://www.jil.go.jp/institute/research/2012/documents/094.pdf, letzter Abruf: 9.3.2017.

33 http://www.jil.go.jp/institute/research/documents/research012.pdf, letzter Abruf: 9.3.2017.

34 http://www.shokosoken.or.jp/chousa/youshi/17nen/17-4.pdf, letzter Abruf: 9.3.2017.

Fallstudien. Fragen zur zukünftigen Ausweitung von Altersbeschäftigung sowie die Beweggründe zur Inanspruchnahme älterer Beschäftigter stehen im Vordergrund. Die Nutzung der Fähigkeiten von Fortbeschäftigten wird neben der Möglichkeit zur Lohnkostenreduktion als Zentralmotiv von Beschäftigungsfortsetzung ausgewiesen. Auch bei Kyūshoku-sha koyō shien kikō (2008): *Kōnen reisha koyō kakuho sochi no jittai to 70 sai made hatarakeru kigyō jitsugen ni muketa chōsa kenkyū* [Untersuchung zur derzeitigen Situation der Maßnahmen zur Beschäftigungssicherung Älterer sowie der Realisierung durch Unternehmen bis zum 70. Lebensjahr arbeiten zu können] wird der Strukturrahmen von MBB unabhängig spezieller Unternehmensgrößen oder Branchen untersucht. Doch auch Motivation wie Evaluation der Beschäftigungsfortsetzung sowie zukünftigen Perspektiven einer Ausweitung von Altersbeschäftigung auf das 70. Lebensjahr werden analysiert. Higuchi und Yamamoto (2002a)[35]: *Waga kuni no kōrei-sha koyō no genjō to tenbō* [Zustand und Aussichten der Beschäftigung Älterer in Japan] setzen bei der Untersuchung der gängigen Fortbeschäftigungspraxis einen Fokus auf die Gehaltsgestaltung. So wird bilanziert, dass der Austritt älterer Beschäftigter bei jenen Unternehmen niedriger ausfällt, die eine Abflachung des langfristigen Gehaltsprofils vornehmen, weshalb die Gehaltsreduktion bei Eintritt in Beschäftigungsfortsetzung vergleichsweise gering ausfällt.

Wie dieser Umriss reflektieren mag, unterziehen Datensammlungen japanischen Ursprungs insbesondere den Strukturrahmen der Beschäftigungsfortsetzung einer Betrachtung. Demgegenüber zeichnet sich die folgend in Augenschein genommene Sekundärliteratur durch eine stärkere Berücksichtigung der Arbeitnehmerposition aus, auf deren Grundlage sich eine durchaus kritische Diskussion der gängigen Fortbeschäftigungspraxis entfacht. Allerdings sei sich zunächst jenen Veröffentlichungen gewidmet, die den gesellschaftlichen Rahmen von Altserwerbsarbeit in Japan diskutieren. Mit Unterschieden in den zeitlichen Betrachtungshorizonten versehen, widmen sich diese Beiträge insbesondere dem politischen Maßnahmenkatalog zur Förderung der Verlängerung von Lebensarbeitszeit sowie hierbei bestehender Hindernissen auf betrieblicher Ebene. Als Repräsentant des Literaturaufkommens, das sich einer aktuellen Bestandsaufnahme der japanischen Altserwerbsarbeit zuwendet, kann der Beitrag von Seike und Yamada (2004): *Kōrei-sha shūgyō no keizai-gaku* [Ökonomie der Altserwerbsarbeit] gewertet werden. Mit starker ökonomischer Akzentuierung wird sich den nachfrage- wie angebotsseitigen Determinanten von Altserwerbsarbeit gewidmet, wobei die Gestaltung des öffentlichen Rentensystems als ein zentraler Grund der hohen ökonomischen Altersteilhabe beurteilt wird. Auch durch Seike, Yamada und Kimu (2005): *Kōrei shakai nihon no koyō seisaku* [Beschäftigungspolitischen Maßnahmen im Zeichen der gealterten Gesellschaft Japans] werden Zustand wie Ursachen der Altserwerbsarbeit behandelt. Gelangen insbesondere politische Förderungsinstrumente zur Diskussion, widerfährt Japan insgesamt Lob,

---

35 http://www.imes.boj.or.jp/research/papers/japanese/kk21-b2-1.pdf, letzter Abruf: 9.3.2017.

wenngleich weiteres Optimierungspotential ausgemacht wird. Doch auch die betriebliche Ebene wird erfasst, wobei die Beschäftigungsfortsetzung als gewichtiges Mittel zur Sicherung von Altersbeschäftigung interpretiert wird.

Durch Hamaguchi (2011): *Nihon no rōdō shijō kaikaku – OECD akutibēshon seisaku rebyū: nihon* [Reform des japanischen Arbeitsmarktes – Durchsicht der Umsetzung von OECD Aktivierungsmaßnahmen im Falle Japans] liegt eine weitere Diskussion des politischen Maßnahmenpakets zur Sicherung von Alterserwerbsarbeit vor. Stehen primär Instrumente und Akteure von ALMP im Vordergrund, werden etwa Programme der Gehaltssubventionierung diskutiert, die hinsichtlich ihrer Effektivität auf ambivalente Beurteilung stoßen. Auch bei Iwata (2011)[36]: *Nihon no kōrei-sha koyō shūgyō seisaku no kadai – 70 sai teido made wo shiya ni ireta kōreisha no shitsu takaku, katsu tayō na koyō shūgyō kankyō no jitsugen* [Aufgaben politischer Maßnahmen hinsichtlich der Beschäftigung Älterer in Japan – Realisierung von Qualität und einer diversifizierten Beschäftigungsumwelt für Ältere bis hin um das 70. Lebensjahr] geschieht ein Rundumblick auf Voraussetzungen und Zustand der Alterserwerbsarbeit. Neben einer Betrachtung politischer Unterstützungsansätze beinhaltet dieser auch eine Diskussion arbeitnehmerseitiger Präferenzen hinsichtlich der Gestaltung von Arbeit und Beschäftigung gegen Ende des Erwerbslebens. Dabei wird ein Anstieg der Beschäftigungsquote Älterer zwischen den Jahren 2004 und 2009 mit der Revision des ESL aus dem Jahre 2004 in Verbindung gebracht und somit das Gewicht dieses Personalinstruments zur Sicherung von Altersbeschäftigung verdeutlicht.

Folgende Beiträge widmen sich den gesellschaftlichen Begleitumständen von Alterserwerbsarbeit mit weiterem Zeithorizont. Seike (2001): *Shōgai geneki jidai no koyō seisaku* [Beschäftigungsmaßnahmen im Zeitalter lebenslanger Aktivität] diskutiert mittel- wie langfristige Gestaltungsmöglichkeiten zur Schaffung einer demografierobusten Beschäftigungslandschaft. So erfolgt eine Diskussion beschäftigungspolitischer Optionen zur Regulierung von Altersbeschäftigung auf absehbare Sicht. Hinsichtlich der langfristigen Ambition zur Errichtung einer Gesellschaft aktiver Lebenszeit wird die Notwendigkeit einer Abkehr vom derzeitigen Zentrismus der Beschäftigungspolitik in Gestalt der vorrangigen Regulierung interner Arbeitsmärkte gefordert. Stattdessen müsse eine stärkere Zuwendung zur Regulation des externen Arbeitsmarktes vollzogen werden, wie etwa mittels effektiver Verbote altersdiskriminierender Praktiken der Arbeitswelt. Auch Seike und Nagashima (2009): *60 sai kara no shigoto* [Arbeit ab dem 60. Lebensjahr] setzen sich mit der Realisierung einer Gesellschaft aktiver Lebenszeit sowie der hiermit in Verbindung stehenden Herausforderungen auseinander, wie sie auf politischer, betrieblicher und gesellschaftlicher Ebene verortet werden. In diesem Diskussionsrahmen sind Unternehmensstudien zur Beschäftigungssicherung bis zum 65. Lebensjahr enthalten, die auch Fälle von KMU beinhalten. Dabei gelangt die aus Sicht der Autoren bestehende Notwendigkeit

---

36 http://www.jil.go.jp/institute/reports/2011/documents/0137_04.pdf, letzter Abruf: 9.3.2017.

zur Diversifizierung von Arbeit und Beschäftigung im Alter sowie vielversprechende Ansätze hierzu zum Ausdruck.

Sato (2011): *65 sai made no kibō-sha zenin no koyō kikai kakuho no ari kata: teinen enchō to kibō-sha zenin sai-koyō* [Wege zur Sicherung von Beschäftigungsmöglichkeiten bis zum 65. Lebensjahr für alle Aspiranten: Verlängerung des betrieblichen Rentenalters und Wiederanstellung für alle Aspiranten] diskutiert die betrieblichen Schwierigkeiten einer An- oder Aufhebung des betrieblichen Rentenalters. Was die Schaffung einer altersfreien Beschäftigungsumwelt betrifft, spricht sich der Beitrag im Einklang zu Seike (2001) oder Seike und Nagashima (2009) für eine Stärkung der Regulierung des externen Arbeitsmarkts aus. Sato (2011a): *Kigyō no jinji kanri no henka to rōdō seisaku ue no kadai* [Veränderungen des Personalmanagements von Unternehmen sowie deren Aufgaben auf Grundlage der Arbeitspolitik] betont, dass sich arbeitgeber- wie arbeitnehmerseitige Voraussetzungen der Beschäftigung im (wachsenden) Zeitraum des Erwerbslebens wandeln. Ein langfristiges Festhalten am Prinzip der lebenslangen Beschäftigung erscheine somit fragwürdig. Zugleich wird die Forderung einer Neubestimmung der Arbeitgeber-Arbeitnehmerbeziehung erhoben. Anstelle der unternehmensseitigen Erwartung einer gänzlich auf das Erwerbsleben fokussierten Arbeitnehmerschaft, wird eine Beschäftigungskultur als notwendig angesehen, die berufliche wie private Lebensinhalte in besseren Einklang setzt.

Bislang skizzierte Beiträge thematisieren aktuelle Voraussetzungen der japanischen Alterserwerbsarbeit auf politischer, betrieblicher und gesellschaftlicher Ebene sowie langfristige Herausforderungen einer Verlängerung von Lebensarbeitszeit. Dahingegen steht die Diskussion der gängigen Erscheinungsform von Beschäftigungsfortsetzung im Mittelpunkt der folgenden Arbeiten. Dabei gelangt die Mehrzahl an Beiträgen zu einem kritischen Urteil, was die Übereinstimmung zwischen betrieblichen und arbeitnehmerseitigen Erwartungen an die Fortbeschäftigung betrifft. Yamada (2009)[37]: *Kōrei-sha shūgyō-ritsu no gentei yōin – teinen seido, chingin purofairu, rōdō kumiai no kōka* [Bestimmungsfaktoren der Beschäftigungsquote Älterer – System des betrieblichen Rentenalters, Gehaltsprofil, Wirkung von Gewerkschaften] gelangt im Einklang zu Higuchi und Yamamoto (2002a)[38] zu der Erkenntnis, dass die Bereitschaft zum Übertritt in Beschäftigungsfortsetzung bei jenen Unternehmen geringer ausgeprägt ist, die mit Überschreitung des betrieblichen Rentenalters eine relativ drastische Reduktion des Gehaltsniveaus vornehmen. Auch Yashiro (2009)[39]: *Teinen enchō to keizoku koyō seido – 60 sai ijō no koyō enchō to jinteki shigen kanri* [Erhöhung des betrieblichen Rentenalters und Beschäftigungsfortsetzung – Verlängerung der Beschäftigung über das 60. Lebensjahr und das Personalmanagement] wendet sich bei der Diskussion des Strukturrahmens von MBB insbesondere der

---

37 http://www.jil.go.jp/institute/zassi/backnumber/2009/08/pdf/004-019.pdf, letzter Abruf: 9.3.2017.
38 http://www.imes.boj.or.jp/research/papers/japanese/kk21-b2-1.pdf, letzter Abruf: 9.3.2017.
39 http://www.jil.go.jp/institute/zassi/backnumber/2009/08/pdf/020-029.pdf, letzter Abruf: 9.3.2017.

Gehaltsbestimmung zu. So wird diese kritisch hinsichtlich der Aufrechterhaltung von Arbeitsmotivation hinterfragt. Itō (2008)[40]: *Nihon ni okeru kōrei-sha koyō no seisaku to jittai* [Zustand und Maßnahmen der Beschäftigung Älterer in Japan] gelangt bei der Diskussion gängiger Fortbeschäftigungstendenzen zu vergleichbarem Fazit. Denn ein *mismatch* zwischen unternehmens- und arbeitnehmerseitiger Bedürfnisse bei der Einrichtung von Altersbeschäftigung wirke sich nachteilig auf die angebotsseitige Attraktivität der Beschäftigungsfortsetzung aus.

Durch Fujimoto (2008)[41]: *Kōrei-sha shūgyō no sokushin ni muketa keizoku koyō no wakugumi ga kinōsuru yōken* [Wichtige Faktoren zum Funktionieren eines Strukturrahmens zum Voranschreiten der Beschäftigungsfortsetzung Älterer] liegt eine weitere Auseinandersetzung mit dem Strukturrahmen von MBB vor, die ihr Hauptaugenmerk auf die Gehaltspolitik legt. Bisherige Diskussionsansätze ausweitend, spekuliert der Autor über einen möglichen *trade-off* zwischen dem quantitativen Ausmaß von Fortbeschäftigung und deren qualitativer Gestaltung. Im Zuge einer demografisch bedingten Steigerung des Belegschaftsanteils oberhalb des betrieblichen Rentenalters, könne dies zukünftig hinsichtlich der Gefahr einer Erosion von Beschäftigungsstandards im Alter an Brisanz gewinnen. Auch Fujimoto (2011)[42]: *60 sai ikō no kinzoku wo meguru jittai – kigyō ni yoru keizoku koyō no torikumi to kōrei rōdō-sha no ishiki* [Zustand des Verbleibs in Arbeit über dem 60. Lebensjahr – Betriebsspezifische Auseinandersetzung mit Beschäftigungsfortsetzung und das Bewusstsein älterer Arbeiter] diskutiert derzeitige Gestaltungstendenzen der Beschäftigungsfortsetzung. Hierbei finden ebenfalls Selektionsverfahren sowie sonstige Parameter von Arbeit und Beschäftigung Berücksichtigung. Auch unter Einbeziehung dieser Faktoren reflektiere die gängige Fortbeschäftigungspraxis nur unzureichend die Erwartungen älterer Beschäftigter an die Verlängerung ihrer Betriebszugehörigkeit. Vergleichbar bilanzieren Fujinami und Ōki (2011)[43]: *Shokutaku (saikoyō-sha) shain no jinji kanri no tokushitsu to kadai – 60 sai dai zenhan-sō wo chūshin ni shite* [Charakteristika und Aufgaben des Personalwesens hinsichtlich von Kontraktarbeitern (wiederbeschäftigte Arbeitnehmer) – Fokussiert auf Personen in der ersten Hälfte der 60er Lebensjahre] auf Grundlage ihrer Betrachtung des herkömmlichen Strukturrahmens von MBB negative Implikationen für die Anreizstruktur älterer Beschäftigter. Könne im Einklang zu Seike und Nagashima (2009) ein breiteres Angebotsspektrum an Arbeit und Beschäftigung zu einer Erhöhung der Arbeitsmotivation beitragen, wird japanischen Unternehmen in diesem Zusammenhang jedoch noch hoher Handlungsbedarf diagnostiziert.

---

40 http://www.jil.go.jp/institute/siryo/2008/documents/033_01.pdf, letzter Abruf: 9.3.2017.
41 http://www.jil.go.jp/institute/siryo/2008/documents/033_02.pdf, letzter Abruf: 9.3.2017.
42 http://www.jil.go.jp/institute/zassi/backnumber/2011/11/pdf/074-085.pdf, letzter Abruf: 9.3.2017.
43 http://www.jil.go.jp/institute/zassi/backnumber/2011/special/pdf/112-122.pdf, letzter Abruf: 9.3.2017.

Auch Iwata und Fujimoto (2005)[44]: *Tayō-sei ni hairyoshita honkaku-teki na koyō enchō wo jitsugensuru tame no kadai – denki sangyō ni okeru torikumi wo daizai toshite* [Aufgaben und Realisierung einer konstruktiven Beschäftigungsverlängerung unter Berückichtigung von Diversität – Ansätze der Elektronikindustrie zur Beispielgebung] machen die Notwendigkeit einer stärkeren Diversifizierung des Angebots an Arbeit und Beschäftigung im Rahmen von MBB aus. Zwar werden im Einklang zu Itō (2008)[45] bereits entsprechende Tendenzen innerhalb der Unternehmenswelt registriert. Andererseits wird jedoch auf die Vielzahl an Betrieben hingewiesen, die keine Abwandlung von Arbeitsinhalt und zeitlicher Arbeitsbelastung bei Überschreitung des betrieblichen Rentenalters vornehmen. Fujinami (2013)[46]: *Shokutaku shain (keizoku koyō-sha) no katsuyō hōshin to jini kanri - 60 saidai zenhan-sō no chingin kanri* [Personalmanagement und Absichten des Gebrauchs von Unternehmensmitgliedern mit befristeten Arbeitsverträgen (Fortbeschäftigte) – Gehaltsmanagement von Personen in der ersten Hälfte der 60er Lebensjahre] nimmt eine Typologisierung der Nutzung von Fortbeschäftigten anhand der Betrachtung von Tätigkeitsbereichen und zeitlicher Arbeitsintensität vor. Wird die Fortführung ursprünglicher Tätigkeitsprofile bei gleichzeitigem Wandel der Arbeitszeit als dominantes Muster beschrieben, liegt ein markanter Kontrast nicht nur zu hiesigen Befunden vor.

Das Publikationsaufkommen zur Arbeit im Alter wird durch eine dominierende Betrachtung der Angebotsseite charakterisiert. Im Gegensatz dazu, kann die japanische Literaturlage mit konkretem Bezug zur Beschäftigungsfortsetzung anhand der Interpretation subsumiert werden, dass die Exploration der Nachfrageseite eine höhere Gewichtung besitzt. Entsprechend konstatieren auch Fujinami und Ōki (2011: 112)[47], dass eine systematische Erforschung des Personalwesens, die auf der Berücksichtigung Älterer aufbaut, bislang Seltenheitswert besitzt. So zeigt sich die Untersuchungslandschaft durch die vorrangige Erforschung des Strukturrahmens geprägt, die bislang jedoch neben einem spezifischen Eingehen auf das verarbeitende Gewerbe, auch gemäß Iwata und Fujimoto (2005: 40)[48] eine exklusive Hinwendung zu kleinen und mittleren Unternehmen weitgehend vermissen lässt.[49] Findet ferner die

---

44 http://www.jil.go.jp/institute/discussion/documents/dps_05_015.pdf, letzter Abruf: 9.3.2017.
45 http://www.jil.go.jp/institute/siryo/2008/documents/033_01.pdf, letzter Abruf: 9.3.2017.
46 http://www.jil.go.jp/institute/zassi/backnumber/2013/special/pdf/114-125.pdf, letzter Abruf: 9.3.2017.
47 http://www.jil.go.jp/institute/zassi/backnumber/2011/special/pdf/112-122.pdf, letzter Abruf: 9.3.2017.
48 www.jil.go.jp/institute/discussion/documents/dps_05_015.pdf, letzter Abruf: 9.3.2017.
49 Konkretisierend sei erwähnt, dass Iwata und Fujimoto (2005: 40. http://www.jil.go.jp/institute/discussion/documents/dps_05_015.pdf, letzter Abruf: 9.3.2017) sich hierbei auf die *denki sangyō* genannte „Elektronikbranche" beziehen, die jedoch gemäß der Klassifizierung dieser Arbeit als Bestandteil des verarbeitenden Gewerbes aufgefasst wird, vgl. neben diesbezüglichen Anmerkungen im weiteren Verlauf dieser Einleitung auch Abschnitt 4.1.2.

Erforschung von Motivation und Evaluation der Fortbeschäftigung nur eine untergeordnete Betrachtung, kann als weiteres Kennzeichen der Untersuchungslandschaft bilanziert werden, dass die Berücksichtigung qualitativer Datenerhebung geringes Gewicht einnimmt. Ist auch die Sekundärliteratur überwiegend mit der Diskussion gängiger Fortbeschäftigungspraktiken befasst, findet hierbei hingegen die Betrachtung der Arbeitnehmerperspektive ein stärkeres Eingehen. So werden derzeitige Gestaltungstendenzen kritisch in Bezug auf die angebotsseitige Attraktivität dieses Modells hinterfragt. Baut die forschungspolitische Positionierung dieser Arbeit auch auf Grundlage der skizzierten Literaturlage auf, ist hiermit das Bestreben verbunden, jene inhaltlichen wie methodischen Untersuchungsmerkmale aufzugreifen, die bislang unterrepräsentiert erscheinen. So werden Forschungsdefizite in Gestalt einer multiperspektivischen Betrachtung der Beschäftigungsfortsetzung unter Verwendung quantitativer wie qualitativer Datenerhebung ausgemacht, die neben einer Erforschung des Strukturrahmens, auch die Exploration von Motivation und Evaluation dieses Personalinstruments aus spezieller Sicht von KMU des verarbeitenden Gewerbes nicht unberücksichtigt lässt.

Wie diese einleitende Betrachtung der Literaturlage verdeutlichen soll, liegt der Beschäftigungsfortsetzung bereits ein reger, jedoch weitere Entfaltungsmöglichkeiten offenbarender Wissenschaftsdiskurs zugrunde. Anmerkungen zur inhaltlichen wie methodischen Behandlung des Untersuchungsgegenstands bedürfen somit auch einer einführenden Herleitung der forschungspolitischen Positionierung dieser Arbeit. Dabei mag hinsichtlich der Konzentration auf *chūshō kigyō* als „Unternehmen kleiner und mittlerer Größe" die übergeordnete Frage gestellt werden, warum sich diese Arbeit überhaupt der betrieblichen Ebene verschreibt. Hierzu sei die Interpretation in Erinnerung gerufen, dass Wissenschaft wie Politik bis dato ihr Hauptaugenmerk bei der Betrachtung von Alterserwerbsarbeit auf die Anreizgestaltung zur Verlängerung von Erwerbsbiografien im Rahmen der sozialen Sicherung legen. Zeigt sich die bisherige Herangehensweise zur Verlängerung von Lebensarbeitszeit also durch eine vorrangige Behandlung von *pull*-Faktoren der Verrentungsentscheidung geprägt, trifft dieser Fokus jedoch auf steigende Bedenken. In jüngerer Zeit verschafft sich somit die Meinung wachsendes Gehör, dass neben einer zweifelsfrei notwendigen Reduktion von *pull*-Faktoren auch eine stärkere Hinwendung zu *push*-Faktoren vollzogen werden müsse. Die Frage nach der Gestaltung von Arbeit und Beschäftigung auf betrieblicher Ebene und deren Relevanz zur Verlängerung von Erwerbsbiografien gewinnt somit an Bedeutung.

Die Ausrichtung dieser Arbeit folgt somit hinsichtlich der Behandlung der betrieblichen Ebene einer als notwendig erachteten aktuellen Tendenz des internationalen Wissenschaftsdiskurses zur Förderung von Alterserwerbsarbeit. Auf dieser Feststellung aufbauend soll sich der Frage zugewendet werden, welche Argumentation die Konzentration auf KMU im forschungspolitischen Sinne rechtfertigt. Hierbei sei zunächst auf einen quantitativen Aspekt verwiesen. So wird innerhalb der traditionell durch ein starkes Gewicht des Mittelstandes geprägten japanischen Volkswirtschaft der Großteil an Beschäftigung durch Betriebe abseits von Großunternehmen generiert. Ein Verhältnis, das bei spezieller Betrachtung der Altersbeschäftigung noch markanter in Erscheinung tritt. So werden Angaben von Kōrei shōgai kyūshoku-sha koyō shien kikai kikō (2010: 78) zufolge, branchenübergreifend rund drei Viertel aller Angestellten zwischen dem 60. und 65. Lebensjahr durch Unternehmen unter 500 Beschäftigten gestellt. Allerdings ist davon auszugehen, dass Betriebe geringerer Größenordnung neben spezifischen Vorteilen auch strukturelle Nachteile bei der altersgerechten Gestaltung von Arbeit und Beschäftigung aufweisen. Wird einerseits das hohe Gewicht von KMU bei der Bereitstellung von Altersbeschäftigung zugrunde gelegt, sowie andererseits deren teils erschwerte Voraussetzungen zur adäquaten Verlängerung von Erwerbsbiografien in Erwägung gezogen, besitzen kleine und mittlere Unternehmen demnach eine starke makroökonomische wie soziale Bedeutung im Rahmen der politischen Intention zum Ausbau von Lebensarbeitszeit in Japan. Somit widmet sich diese Arbeit durch die spezielle Hinwendung zu KMU einer neuralgischen Sphäre der japanischen Volkswirtschaft, was die angestrebte Erweiterung von Altersbeschäftigung in Japan betrifft, was sich jedoch in Form einer fokussierten Betrachtung bislang vergleichsweise gering innerhalb des Forschungsstands niederschlägt.

Ein identisches Argumentationsschema unter Berücksichtigung quantitativer wie qualitativer Elemente der Alterserwerbsarbeit kommt zur Geltung, was die forschungspolitisch motivierte Ausrichtung des Untersuchungsgegenstands auf *seizō-gyō* als „verarbeitendes Gewerbe" betrifft. So verfügt der japanische Wirtschaftsraum trotz struktureller Wandlungen nach wie vor über eine breite industrielle Basis, die sich laut Kōrei shōgai kyūshoku-sha koyō shien kikai kikō (2010: 77) im höchsten Beschäftigungsstand beim Vergleich einzelner Wirtschaftssektoren niederschlägt. Unterscheiden sich die branchenspezifischen Voraussetzungen zur Arbeit im Alter, ist das verarbeitende Gewerbe durch die Verbreitung physisch belastender Tätigkeitsinhalte geprägt und weist somit eine vergleichsweise gering anmutende Eignung zur altersgerechten Einrichtung von Arbeit und Beschäftigung auf. In Verwandtschaft zur vorherigen Darlegung entscheidet sich demnach die Frage, ob Japan ein weiterer Ausbau der Alterserwerbsarbeit gelingt, nicht zuletzt im Rahmen dieses gewichtigen, wenngleich hinsichtlich seiner Voraussetzungen diffizilen und durch den Literaturbestand bislang kaum konzentriert betrachteten Wirtschaftssektors.

Unabhängig von diesen Spezifikationen des Untersuchungsobjekts, orientiert sich die forschungspolitische Positionierung dieser Arbeit am Forschungsstand. Verfolgt wird jedoch gleichzeitig das Bestreben, sich von dominierend erscheinenden Untersuchungsaspekten und -vorgehensweisen zu emanzipieren. Eine inhaltliche wie methodische Anlehnung erfolgt durch die Betrachtung des Strukturrahmens, ohne dessen Analyse die Behandlung von Motivation wie Evaluation der Beschäftigungsfortsetzung gemäß Hypothesenbildung kaum Aussagekraft entfalten könnte. Zum Zwecke der Einordnung hiesiger Untersuchungsergebnisse in den Forschungsstand wird dabei auf etablierte Merkmale zur Abbildung des Strukturrahmens zurückgegriffen. Dies gilt, wenngleich Operationalisierung wie Analyseverfahren der verwendeten Indikatoren mitunter Unterscheidungen aufweisen, wie an entsprechenden Stellen ausgeführt. Zwei Ziele werden durch diese Orientierung verfolgt: So wird zum einen davon ausgegangen, dass Verifikation wie Falsifikation von Vergleichsstudien zur Verbreiterung des Forschungsstands beitragen und somit Erkenntnis erweiternd wirken. Zum anderen befähigt diese Anlehnung auch eine Markierung von Unterschieden bei der Fortbeschäftigungsgestaltung in Abhängigkeit der Betriebsgröße.

Eine inhaltliche Loslösung vom Forschungsstand besteht hingegen in Form der Untersuchung von Motivation und Evaluation der Beschäftigungsfortsetzung. So erscheinen diese Elemente als vergleichsweise unterbelichtete Betrachtungsaspekte der Fortbeschäftigung. Auch bezüglich der Indikatorenbildung dieser Fragestellungen liegt ein geringer Verwandtschaftsgrad im Vergleich zum begrenzten Untersuchungsaufkommen vor. Ferner stellt die Kombination quantitativer und qualitativer Untersuchungsmittel in methodischer Hinsicht eine Exploration von Beschäftigungsfortsetzung abseits gängiger Pfade des Forschungsstands dar. Zwar bildet die quantitative Analyse eine unverzichtbare Diskussionsgrundlage, so dass auch diese Arbeit nicht darauf verzichtet. Weniger zur Geltung kommt dahingegen die Aufnahme qualitativer Datenerhebung. Ein Ungleichgewicht, welches diese Untersuchung mit dem Ziel aufgreift, auf Grundlage qualitativer Datenquellen eine vertiefende Diskussion der quantitativen Befunde dieser Arbeit durchzuführen. Weitere Entfaltung gegenüber der Gewichtung des Forschungsstands wird durch die simultane Berücksichtigung von Arbeitgeber- und Arbeitnehmerseite angestrebt. So zeigen sich relevante Untersuchungen vor allem durch eine Erfassung der Nachfrageperspektive geprägt. Dieser multiperspektivische Betrachtungsansatz folgt der Auffassung, dass das Zustandekommen von Anstellungsverhältnissen auch im speziellen Kontext der Beschäftigungsfortsetzung stets durch zwei Parteien determiniert wird. Ein umfassendes Verständnis der Fortbeschäftigung scheint somit die Behandlung beider Beschäftigungsperspektiven zu bedürfen.

Einleitende Anmerkungen zur hiesigen Arbeit seien durch Vorwegnahmen zur Realisierung der dieser Untersuchung zugrunde liegenden Feldforschung ergänzt. Zum Zweck einer deskriptiven Datenanalyse basiert die quantitative Erfassung des Forschungsobjekts auf der Konzeption zweier Fragebögen, die sich an Leitung und Fortbeschäftigte von japanischen Unternehmen gemäß gegebener Spezifikationen richten. Auf Grundlage der Aussendung von 1000 arbeitgeberbezogenen Fragebögen und einer Rücklaufquote von 33,7 % beruht die quantitative Exploration des Untersuchungsgegenstands aus Nachfrageperspektive auf einer statistischen Auswertung von 337 Unternehmen, die überwiegend den Präfekturen Shizuoka und Saitama sowie der Metropolregion Tōkyō entstammen. Diese Summe ermöglicht neben der univariaten Analyse eine bivariate Auswertung, die eine Differenzierung des Antwortverhaltens in Abhängigkeit von Betriebsmerkmalen wie der Beschäftigungsgröße erlaubt. Dahingegen erreicht die quantitative Analyse der Fortbeschäftigtenseite aufgrund einer vorsichtigen Kooperationsbereitschaft von Unternehmen keinen hinreichenden

Stichprobenumfang, um bivariate Auswertungen vornehmen zu können. Dennoch verzichtet diese Arbeit nicht auf die Darstellung angebotsseitiger Untersuchungsresultate, stellt die Berücksichtigung der Fortbeschäftigtenperspektive einen bislang vernachlässigt erscheinenden Forschungsansatz dar. Gleichwohl ist anzumerken, dass diese Resultate als Komplettierung nachfrageseitiger Befunde und deren Diskussion zu interpretieren sind.

Nach statistischer Auswertung der Fragebögen erfolgte eine zweite Feldforschungsphase anhand der Konzeption und Durchführung von semi-strukturierten Tiefeninterviews zum Ziel einer Unterfütterung quantitativer Untersuchungsresultate. Die Auswahl an Betrieben erfolgte auf Basis des *theoretical sampling*, einer bewussten Selektion von Gesprächspartnern anhand vorherbestimmter Kriterien. Als Ziel dieses Verfahrens galt der Erhalt eines repräsentativen Querschnitts der anhand quantitativer Befunde erkennbaren Diversität von Strukturrahmen, Motivation und Evaluation der Beschäftigungsfortsetzung, um Gründe der betriebsspezifischen bzw. individuellen Ausprägungen dieser Forschungsaspekte zu erfragen. In diesem Sinne sind Aussagen von acht Unternehmensvertretern und drei Fortbeschäftigten in dieser Arbeit enthalten, die auf der Aufzeichnung, Transkription wie Übersetzung der jeweiligen Tiefeninterviews beruhen. Auf Basis des bis dato erlangten Erkenntnisstands wurden zuletzt semi-strukturierte Tiefeninterviews mit japanischen Behörden und akademischen Experten zum aktuellen Zustand wie zukünftigen Tendenzen der Fortbeschäftigung konzipiert und durchgeführt. Ebenfalls auf Grundlage der Aufzeichnung, Transkription und Übersetzung dieser Gespräche, sind Aussagen der folgenden Personen im Rahmen dieser Arbeit enthalten:[50]

- Fujimura Hiroyuki (Graduate School of Innovation and Management, Hōsei University; Mitglied des MHLW-Beratungsausschusses für beschäftigungspolitische Maßnahmen zur Vorbereitung der Revision des *employment stabilization law* vom 29.8.2012),
- Hamaguchi Keiichirō (Industrial Relations and Human Resource Management Department, Japan Institute for Labour Policy and Training),
- Iwata Katsuhiko (National Institute of Population and Social Security Research),
- Kawauchi Tetsuo (Research Department, Japan Organization for Employment of the Elderly, Persons with Disabilities and Job Seekers),
- Komamura Kōhei (Faculty of Economics, Keiō University; Mitglied des MHLW-Beratungsausschusses für Sozialversicherungen zur Vorbereitung der Revision des *employment stabilization law* vom 29.8.2012),
- Sato Hiroki (Social Science Research Institute, University of Tōkyō; Mitglied des MHLW-Beratungsausschusses für beschäftigungspolitische Maßnahmen zur Vorbereitung der Revision des *employment stabilization law* vom 29.8.2012).

---

50 Eine in Abschnitt 4.4.2 konkretisierte Ausnahme bildet das Tiefeninterview mit Kawauchi Tetsuo, JEED.

Hiesige Untersuchungsresultate lassen sich zur Verifikation des Forschungsstands, jedoch auch zur Identifikation von Kontrasten gegenüber der relevanten Literaturlage in Anspruch nehmen. Weniger gilt dies im Zusammenhang der Motivation und Evaluation von Beschäftigungsfortsetzung, erscheinen diese Forschungsaspekte bislang unterrepräsentiert. Dahingegen bestätigen die Befunde dieser Studie den Forschungsstand hinsichtlich dominanter Ausprägungen bei der Gestaltung des Strukturrahmens von Fortbeschäftigung. Allerdings identifizieren bivariate Analysen signifikante Korrelationen zwischen gängigen Gestaltungspraktiken und der Unternehmensgröße. Differenzen gegenüber dem Untersuchungsbestand lassen sich somit als Konsequenz des spezifischen Zuschnitts dieser Arbeit auf KMU deuten, deren Ursachen im Verlauf dieser Arbeit diskutiert werden.

Diametrale Kontraste sind in Bezug auf die Einrichtung von Beschäftigungsform und Arbeitsinhalt zu identifizieren. So führt Paulsen (2009: 243)[51] die Verbreitung von Teilzeitbeschäftigung Älterer auf die Eingliederung in Beschäftigungsfortsetzung zurück. Dahingegen dokumentiert diese Untersuchung, dass Fortbeschäftigung unabhängig der Unternehmensgröße durch die Anwendung von Vollzeitbeschäftigung dominiert wird. Auf dieser Grundlage ist ferner ein Kontrast gegenüber Fujinami (2013: 123)[52] zu konstatieren, wie hier die Reduktion von Arbeitszeit als modale Ausprägung der Beschäftigungsform ausgewiesen wird. Ein Kontrast in Bezug auf das Arrangement von Tätigkeitsfeldern ergibt sich durch Mitani (2008: 22–23)[53]. Dieser konstatiert, dass eine Fortführung von Arbeitsinhalten im Bereich der Leitung und Verwaltung gegenüber dem Produktionsbereich höhere Verbreitung findet und sieht hierdurch die Schwierigkeit bestätigt, Altersbeschäftigung im Rahmen physisch anspruchsvoller Tätigkeiten aufrecht zu erhalten. Dahingegen vermitteln hiesige Befunde, dass sofern ein Abbau von Tätigkeitsfeldern mit Eintritt in Beschäftigungsfortsetzung erfolgt, dies vorrangig *white-collar*-Segmente betrifft. Auf Grundlage qualitativer Datenquellen wird die Vermutung diskutiert, dass die Technologisierung der *genba* genannten „Fabrikationsebene" den physischen Anspruch reduziert und somit der Beschäftigungsfähigkeit Älterer zugute kommt. Indes scheint die Sorge um einen gesunden Generationenkreislauf insbesondere strategische Organisationsbereiche zu begleiten und vornehmlich einen Abbau älterer Mitarbeiter in leitenden Unternehmensbereichen auszulösen. Übereinstimmungen wie Differenzen gegenüber der Literaturlage lassen sich somit auf Grundlage hiesiger Untersuchung registrieren, deren zentrale Befunde einleitend skizziert seien:

– Die Fortbeschäftigungspraxis wird durch eine klare Dominanz der Wiederbeschäftigung geprägt. So kommt dieses Verfahren in über 85 % der Betriebe zur Anwendung. In diesem Rahmen erfolgt in überwiegender Unternehmensmehr-

---

51 http://hss.ulb.uni-bonn.de/2009/1920/1920.pdf, letzter Abruf: 9.3.2017.
52 http://www.jil.go.jp/institute/zassi/backnumber/2013/special/pdf/114-125.pdf, letzter Abruf: 9.3.2017.
53 http://www.jil.go.jp/english/JLR/documents/2008/JLR18_mitani.pdf, letzter Abruf: 9.3.2017.

heit eine Beschäftigungsfortsetzung zwischen dem 60. und 65. Lebensjahr. Gleichwohl identifiziert die bivariate Analyse, dass die Anwendung der Wiederbeschäftigung mit sinkender Unternehmensgröße abnimmt. Zudem weist eine Beschäftigungsfortsetzung über dem 65. Lebensjahr mit abnehmender Betriebsgröße wachsende Verbreitung auf.

- Ein deutlicherer Kontrast gegenüber dem Forschungsstand zeigt sich hinsichtlich der Anwendung von Selektionsverfahren. So legt gemäß hiesiger Befunde lediglich die Hälfte an Unternehmen einer Aufnahme in Beschäftigungsfortsetzung die Erfüllung betriebsspezifischer Kriterien zugrunde.

- Trotzdem entspricht die Überführung in Beschäftigungsfortsetzung demnach keinem Automatismus. Dennoch stellt die Frage, welcher Konsultationsmechanismus zwischen Arbeitgeber und Arbeitnehmer über Fortbeschäftigungsperspektiven besteht, einen unterbeleuchteten Forschungsaspekt dar. Hiesige Befunde vermitteln, dass der Unterrichtungszeitpunkt über Möglichkeit und Konditionen einer Fortbeschäftigung relativ kurzfristig anmutet. So werden in rund zwei Drittel der Unternehmen (67,5 %) derartige Konsultationen erst innerhalb von zwei Monaten vor Erreichen des betrieblichen Rentenalters aufgenommen.

- Während auch der Forschungsstand konstatiert, dass bei Eintritt in Beschäftigungsfortsetzung mehrheitlich eine Fortsetzung ursprünglicher Arbeitsinhalte erfolgt, fällt dieser Prozentsatz anhand hiesiger Resultate besonders ausgeprägt aus (82,2 %). Unter dem Begriff der Produktion subsumierte Tätigkeitsfelder treten dabei als einzige Kategorie zutage, die auch im speziellen Rahmen von MBB nahezu generell verfügbar sind. Dahingegen sind Arbeitsbereiche im *white-collar*-Segment durch einen überproportionalen Stellenabbau gekennzeichnet. Während in rund 70 % der Betriebe generell vorhandene Tätigkeitsinhalte auch stets im Kontext der Fortbeschäftigung verfügbar sind, zeichnen sich knapp 30 % an Unternehmen durch einen Abbau an Tätigkeitsbereichen bei Überschreitung des betrieblichen Rentenalters aus.

- Auch bei speziellem Blickwinkel auf KMU des verarbeitenden Gewerbes zeigt sich die Beschäftigungsfortsetzung durch nicht reguläre Anstellungsformen geprägt. So stellt die reguläre Festanstellung bei lediglich rund einem Fünftel an Unternehmen die vorwiegende Anstellungsform dar (21,5 %). Die bivariate Analyse identifiziert jedoch, dass die Anwendung regulärer Festanstellung mit sinkender Betriebsgröße ansteigt. Die Arbeitnehmerperspektive registriert wiederum deutliche Kontraste zwischen Wunsch und Wirklichkeit: Denn während über 60 % der Fortbeschäftigten als Kontraktarbeiter angestellt sind, entspricht dies in weniger als 30 % der Fälle den persönlichen Präferenzen.

- Derzeitige Gestaltungstendenzen der Beschäftigungsfortsetzung sind durch die Dominanz von Vollzeitbeschäftigung gekennzeichnet. Beschäftigungsformen mit reduzierten oder flexiblen Arbeitszeiten stellen nur in gut einem Viertel der Betriebe die vorrangige Beschäftigungsform dar (27,8 %). Bivariate Befunde ermitteln, dass die Anwendung von Teilzeitbeschäftigung mit sinkender Beschäftigungsgröße ansteigt. Die Fortbeschäftigtensicht gibt hingegen eine klare Bevorzugung zeitlicher Arbeitszeitentlastung zu erkennen. So wird eine Vollzeitbeschäftigung lediglich von rund einem Fünftel der Fortbeschäftigten (21,6 %) erwünscht.

– In Korrespondenz zum Forschungsstand zeigt sich das derzeitige Arrangement von Beschäftigungsfortsetzung durch das Vorherrschen einjähriger Vertragszeiträume geprägt. Diese kommen in knapp zwei Drittel an Unternehmen zur Anwendung (62,5 %). Die bivariate Analyse identifiziert, dass je geringer die Unternehmensgröße, desto häufiger die Einrichtung einer Kontraktspanne, welche die Dauer von einem Jahr überschreitet. Die Angebotsperspektive enthüllt, dass knapp 60 % der Fortbeschäftigten einen einjährigen Vertragszeitraum besitzen. Gewünscht wird diese jedoch lediglich von unter 30 % der Angestellten, deren Präferenz deutlich zu längeren oder unbefristeten Kontraktspannen tendiert.

– Hiesige Resultate fundamentieren bisherige Forschungserkenntnisse, wonach die herkömmliche Fortbeschäftigungspraxis durch substanzielle Gehaltskürzungen gekennzeichnet ist. So senken über die Hälfte an Unternehmen (55,8 %) das Gehalt bei Eintritt in Beschäftigungsfortsetzung auf unter 70 % des bis dato bezogenen Niveaus ab. Zwar akzeptieren knapp drei Viertel an Fortbeschäftigten (73 %) eine Absenkung des Gehaltsniveaus grundsätzlich. Die Mehrheit der Angestellten (59,4 %) spricht sich jedoch dafür aus, dass diese nicht mehr als 30 % betragen sollte.

– Der Erhalt von betriebsspezifischem Wissen und Fähigkeiten sowie deren Tradierung erweist sich als elementarer Beweggrund zur Durchführung von Beschäftigungsfortsetzung. Entsprechend wird dieses Motiv von über 88 % an Unternehmen als wichtig beurteilt. Dennoch lassen sich weitere Triebkräfte identifizieren. So wertet über 43 % der Betriebe die Kompensation eines Mangels an jungen Anstellungssuchenden als wichtige Motivationsgrundlage zur Inanspruchnahme von Fortbeschäftigten. Insbesondere in Bezug auf KMU scheint der demografische Wandel somit bereits heutzutage einen zentralen Einfluss auf Unternehmensgeschicke in Japan einzunehmen.

– Angebotsseitig scheinen ökonomische Interessen den primären Beweggrund zum Nachgehen von Beschäftigungsfortsetzung zu bilden. Über 80 % der Fortbeschäftigten bekunden, dass Erhalt oder Verbesserung des Lebensstandards sowie die Unterstützung des Haushalts wichtige Faktoren einer Verlängerung des Erwerbslebens darstellen. Dennoch geben knapp zwei Drittel (65,6 %) der Angestellten an, dass die Auslebung eigener Fähigkeiten einen Anreiz zur Fortbeschäftigung darstellt. Auch intrinsischen Motiven ist somit Geltung zuzusprechen.

– Die Beschäftigungsfortsetzung wird unternehmensseitig überwiegend positiv beurteilt. So erachten knapp 70 % an Betrieben den Einfluss von Fortbeschäftigungsmaßnahmen auf die Rentabilität der Gesamtunternehmung als positiv. Im Einklang zu diesen Verhältnissen geben knapp zwei Drittel der Unternehmen (65,4 %) ferner an, auch im theoretischen Falle einer Beseitigung der staatlichen

Regulierung von Altersbeschäftigung keinen Abbau der Anzahl an Fortbeschäftigten vornehmen zu wollen.

– Trotz bereits tangierter Kontroversen zeigt sich die Mehrheit an Fortbeschäftigten zufrieden, was die Gestaltung von Anstellungs- und Beschäftigungsform sowie die Einrichtung von Vertragslaufzeiten betrifft. Jedoch bekundet lediglich eine Minderheit Zufriedenheit mit dem persönlichen Gehaltsniveau (40 %). Wird das Gehalt als sensibelster Indikator der Beschäftigungszufriedenheit identifiziert, fällt auch die Gesamtbeurteilung der Beschäftigungsfortsetzung aus Angebotsperspektive tendenziell negativ aus.

Diese Untersuchungsergebnisse bilden die Grundlage zur Diskussion der Beschäftigungsfortsetzung, die sich gemäß der multiperspektivischen Betrachtung primär an den unterschiedlichen Blickwinkeln von Arbeitgebern und Arbeitnehmern ausrichtet. So geben auch hiesige Resultate Raum zur Annahme, dass die verschiedenen Ansprüche an Fortbeschäftigungsverhältnisse, die auf Nachfrage- und Angebotsseite bestehen, im Rahmen des gängigen Arrangements von Beschäftigungsfortsetzung unzureichend zum Ausgleich gebracht werden. Entsprechend ist ein *mismatch* anzunehmen, was Konsultations- und Selektionsverfahren, nicht reguläre Anstellungsformen, Vollzeitbeschäftigung, geringe Vertragslaufzeiten und niedrige Gehälter als herkömmliche Begleiterscheinungen der Beschäftigungsfortsetzung betrifft. Zwar tragen diese Verhältnisse zur unternehmensseitigen Attraktivität von Altersbeschäftigung und somit zur Bereitstellung an Beschäftigungschancen im Alter bei. Andererseits erscheint auf diesen Grundlagen die Vermutung schwer von der Hand zu weisen, dass die angebotsseitige Bewertung der Wiederbeschäftigung nüchtern ausfällt, werden Lohntüte oder Beschäftigungsstabilität unter dem Aspekt fortgesetzter Arbeitsinhalte bei Vollzeitbeschäftigung berücksichtigt. Entsprechend entzieht sich die Beschäftigungsfortsetzung auch auf Grundlage hiesiger Befunde einer eindeutigen Bilanzierung. So darf der erhebliche Beitrag zur Sicherung von Altersbeschäftigung nicht außer Acht gelassen werden. Auf der anderen Seite muss jedoch auf individuelle wie gesellschaftliche Implikationen dieser Praxis verwiesen werden, wie sie etwa für *nijū kōzō* („dualen Strukturen") der Beschäftigungslandschaft oder *kakusa shakai* („soziale Stratifikation") in Japan zu bestehen scheinen.

Zwar entspricht die Zunahme nicht regulärer Anstellungsverhältnisse einem breiten Trend der japanischen Beschäftigungslandschaft. Die gängige Fortbeschäftigungspraxis ist jedoch in Folge des demografischen Wandels und steigender Anteile an älteren Beschäftigten zunehmend als gewichtiger Einfluss zur Ausbreitung von Erwerbsarbeit außerhalb von *shūshin koyō* („lebenslange Beschäftigung") zu begreifen. Andererseits kann die Beschäftigungsfortsetzung auch als intensivierender Faktor des Wandels originärer Definitionsaspekte des Dualismus japanischer Beschäftigungsstrukturen begriffen werden. So wird der Arbeitsinhalt bei Eintritt in Wiederbeschäftigung trotz der üblichen Umwandlung regulärer Festanstellung in nicht reguläre Anstellungsformen vorrangig beibehalten. Entsprechend zeigt sich in diesem Rahmen kaum der Einsatz nicht regulärer Angestellter abseits funktionaler Kernbereiche von Unternehmungen, der traditionell als Unterscheidungskriterium zwischen regulären und nicht regulären Beschäftigten in Anspruch genommen wird. Ebenso werden klassische Definitionsmerkmale der regulären Festanstellung durch die Beschäftigungsfortsetzung einem Wandel unterworfen. So kann die konstante Zugehörigkeit zur regulären Stammbelegschaft bis zum endgültigen Unternehmensaustritt traditionell als Kernvereinbarung der lebenslangen Beschäftigung begriffen werden. Jedoch bewirkt die Verbreitung von Altersbeschäftigung, dass ein Abgleiten in nicht reguläre Beschäftigung zunehmend zu einem festen Erfahrungsbestandteil regulärer Festangestellter gegen Ende ihrer Betriebszugehörigkeit reift. Umgekehrt wird ein Übertritt von nicht regulären Anstellungsformen in reguläre Festanstellung durch den Forschungsstand als seltenes Phänomen beurteilt. Die einst starren Grenzen des Dualismus der japanischen Beschäftigungswelt scheinen somit als Folge der wachsenden Bedeutung der Altersbeschäftigung zunehmend einer semipermeablen Trennwand zu gleichen.

Auch Konsequenzen für soziale Spreizungstendenzen lassen sich auf Grundlage der derzeitigen Praxis von Beschäftigungsfortsetzung diskutieren. So ist etwa in Bezug auf Selektionsverfahren sowie den hierbei zugrunde gelegten Auswahlkriterien wie des Gesundheitszustands davon auszugehen, dass insbesondere jene Ältere von der Fortbeschäftigungsoption ausgeschlossen und ihrer primären Einkommensquellen entzogen werden, bei denen ein tendenziell höherer Finanzaufwand zur Wahrung des Lebensstandards zu vermuten ist. Ebenso kann hinsichtlich der Gehaltsbestimmung angenommen werden, dass diese zur sozialen Spreizung im Alter beiträgt. Zwar wird die Frage, ob es sich bei der Gehaltsreduktion um eine Praxis existenzbedrohenden Ausmaßes handelt, unterschiedlich beurteilt. Hiesige Befunde identifizieren jedoch, dass mehr als jeder zehnte Angestellte bei Eintritt in Beschäftigungsfortsetzung eine Absenkung des Gehalts um über die Hälfte des ursprünglichen Niveaus erfährt. Somit scheint kaum auszuschließen, dass ein gewisser Anteil an Fortbeschäftigten durch prekäre Beschäftigungskonditionen zu kennzeichnen ist, welche die ökonomische Vorsorge wie Versorgung des Alters erschweren und steigende soziale Risiken im Alter verursachen.

Das Konzept einer innerbetrieblichen Verlängerung von Erwerbsbiografien hat sich mittlerweile in der gesamten Breite der japanischen Unternehmenslandschaft etabliert und leistet entscheidenden Anteil zur Förderung der Alterserwerbsarbeit. Dennoch gibt die Diskussion der Beschäftigungsfortsetzung zu erkennen, dass obwohl dieses Personalinstrument aus makro- wie mikroökonomischer Perspektive zu überzeugen scheint, dieses nicht zwingend als vorteilhaft aus Sicht des Einzelnen oder der Gesellschaft als Ganzes zu beurteilen ist. So mag das Fazit bei Berücksichtigung qualitativer Maßstäbe der Gestaltung von Arbeit und Beschäftigung weniger positiv ausfallen, als es der Blick auf quantitative Beschäftigungsaspekte vermuten lässt. Die Beurteilung des Erfolgs von Beschäftigungsfortsetzung wird sich somit auch entscheidend anhand eines breiteren strukturellen Aspekts der Beschäftigungslandschaft entscheiden. Dieser besteht in Form der Frage, inwieweit es gelingt, eine Diversifizierung des Angebots an Arbeit und Beschäftigung zu erreichen, die mit der Pluralisierung von Erwerbsinteressen im Alter in effektivem Dialog tritt, ohne den betriebswirtschaftlichen Anspruch an rentable Anstellungsverhältnisse zu unterminieren. Ein finales Urteil über das aktuelle Erscheinungsbild der Fortbeschäftigung mag jedoch auch anhand des Zeitbezugs variieren. So kann dieses Mittel als effektive Brückentechnologie zur Beschäftigungssicherung bis zum Erreichen des öffentlichen Rentenalters gewertet werden, solange die notwendigen Reformen im Rahmen der lebenslangen Beschäftigung noch nicht hinreichend verwirklicht scheinen. Andererseits baut die Beschäftigungsfortsetzung auf klassischen Beschäftigungsprinzipien japanischer Unternehmen auf, die weiterhin substanzieller Modifikationen bedürfen, um den demografischen Herausforderungen des 21. Jahrhunderts gerecht zu werden. Mit Vorsicht sollte daher der Einfluss bewertet werden, welcher der Beschäftigungsfortsetzung gemäß heutiger Ausprägung im Zusammenhang der Einrichtung einer altersneutralen Beschäftigungswelt beizumessen ist. So scheinen derzeitige Fortbeschäftigungstendenzen kaum aufrecht zu erhalten, sollte sich die Förderung der Alterserwerbsarbeit analog zur weiteren Heraufsetzung des öffentlichen Rentenalters zukünftig auf das 70. Lebensjahr erstrecken und somit immer größere Anteile der Erwerbsbiografie vereinnahmen. Die langfristige Ambition einer Gesellschaft aktiver Lebenszeit scheint in diesem Sinne kaum innerhalb der jetzigen Form von Beschäftigungsfortsetzung verwirklicht werden zu können. Ist die Wiederbeschäftigung als dominante Ausprägung von Fortbeschäftigungsmaßnahmen einerseits als Erfolgsmodell zu werten, mag dieses vor dem Hintergrund langfristiger beschäftigungspolitischer Ziele somit zugleich als Auslaufmodell interpretiert werden.

Dennoch prognostiziert diese Arbeit, dass das derzeitige Arrangement von Beschäftigungsfortsetzung auf absehbare Zeit seinen zentralen Stellenwert zur Förderung von Alterserwerbsarbeit beibehält. Die Diskussion dieses Personalinstruments beinhaltet auch vor diesem Hintergrund die Präsentation einer Typologisierung der Funktionsweise von MBB, die als Ansatzpunkt der weiteren wissenschaftlichen Auseinandersetzung in Anspruch genommen werden mag. Hierbei wird das Ziel verfolgt, die identifizierten Zusammenhänge zwischen grundsätzlichen Unternehmenscharakteristika wie insbesondere der Betriebsgröße und betriebsspezifischen Tendenzen der Ausgestaltung, Motivation und Wahrnehmung der Beschäftigungsfortsetzung herauszustellen. So wird die Funktionsweise der Fortbeschäftigung durch einen pyramidenförmigen Aufbau illustriert. Dessen Fundament wird durch grundsätzliche Unternehmensmerkmale gebildet, die auf unmittelbare wie mittelbare Weise einen determinierenden Einfluss auf Motivation, Strukturrahmen und Evaluation ausüben. Entsprechend diesem Verständnis reflektiert die Typologisierung, dass grundsätzliche Charakteristika von Unternehmen den Motivationshintergrund der Beschäftigungsfortsetzung prägen, anhand dessen sich wiederum die betriebsspezifische Ausgestaltung des Strukturrahmens orientiert. Angesichts der Menge an Stellschrauben wird ferner angenommen, dass die Evaluation auf Basis des jeweiligen Strukturrahmens erfolgt. Auf Grundlage dieser Interpretation lässt sich die Funktionsweise der Fortbeschäftigung als Konsequenz eines primär der Unternehmensgröße folgenden *down-top*-Prozesses beschreiben. Gleichwohl ist auch eine umgekehrte Wirkungsrichtung (*top-down*) zu identifizieren. So wird die Evaluation von Beschäftigungsfortsetzung auch durch äußere Faktoren wie dem konjunkturellen Umfeld bestimmt. Fällt die Beurteilung des betrieblichen Nutzens negativ aus, hat dies mit Wahrscheinlichkeit eine Modifikation des Strukturrahmens eventuell bis hin zur Abwandlung der zugrundeliegenden Fortbeschäftigungsmotive zur Folge. Letztlich blieben hiervon auch grundsätzliche Unternehmensmerkmale nicht unangetastet, wie der Abbau von Fortbeschäftigten etwa zur Verjüngung der Belegschaftsstruktur führen würde. So besitzt die systematisierte Abbildung der Beschäftigungsfortsetzung einen roten Faden, der sich an der Unternehmensgröße aufspannt. Trotz legislativer Einflüsse folgt die Fortbeschäftigung dabei betriebswirtschaftlichen Gesetzmäßigkeiten, wonach sich die Implementierung unternehmerischer Initiativen an betriebsspezifischen Voraussetzungen und hieraus resultierenden Motivationshintergründen orientiert. Ferner kennzeichnet diese Typologisierung die derzeitige Fortbeschäftigungspraxis als äußerst flexibles Personalinstrument, welches ein dynamisches Reagieren auf sich wandelnde Unternehmensumstände wie dem demografischen Wandel ermöglicht.

Gegen Ende dieser Einleitung sei auf zusätzliche dem Verständnis dienende Anmerkungen eingegangen. Diese gelten der Interpretation der im Verlauf häufig in Anspruch genommenen Begrifflichkeiten wie „alter" oder „älterer" Beschäftigter. Denn zu Recht mag gefragt werden: Was bedeutet „alt" bzw. wofür steht „älter" innerhalb von Gesellschaften, in denen Menschen an aktiver Lebenszeit gewinnen? In einem solchen Umfeld sind Definition und Deutung dieser Attribute einem natürlichen Wandel unterworfen, der die Voraussetzung dafür bildet, dass graue Perspektiven einer alternden Bevölkerung silbernen Betrachtungshorizonten weichen könnten. So sei dargelegt, dass „alt/älter" oder verwandte Zuschreibungen im Rahmen dieser Arbeit grundsätzlich als „ab dem 60. Lebensjahr" zu verstehen sind. Dies mag zu Recht nicht der Eigenwahrnehmung Älterer entsprechen. Allerdings reflektiert diese Definition die derzeitige Fortbeschäftigungspraxis, welche aufbauend auf einem üblichen betrieblichen Rentenalter von 60 Jahren ab diesem Zeitpunkt ihren Anfang findet. Unwillkürlich illustriert diese abrupte Abgrenzung der *Alten* von den Jüngeren zugleich, dass das Verständnis des Alters trotz aller individuellen Varianz biologischer Einflussfaktoren auch als Konsequenz gesellschaftlicher Konstrukte zu begreifen ist. Diese setzen längst nicht nur innerhalb des japanischen Wirtschaftsraums den Teilhaberechten Älterer starre Begrenzungen, womit diese Definition zugleich den gesellschaftlichen Problemhintergrund der hiesigen Arbeitsthematik markiert: „Although aging has ist roots in the nature of humans as biological organisms, the significance of aging is often defined socially. Aging effects not only what people are capable of doing, but what they are expected to do, allowed to do, or prohibited from doing" (Atchley und Barusch 2003: 21).

Wird die Beschäftigungsfortsetzung im speziellen Kontext von KMU des verarbeitenden Gewerbes behandelt, soll auch hinsichtlich dieser Spezifikationen eine begriffliche Klärung vorweggenommen werden. So liegt dem Verständnis dieser Arbeit von „kleinen und mittleren Unternehmen" die offizielle Definition in Japan zugrunde, welche auf dem *chūshō kigyō kihon-hō* („*small and medium enterprise basic law*") fußt. Dieses Gesetz weist KMU im speziellen Kontext des verarbeitenden Gewerbes dadurch aus, dass diese eine Beschäftigungsgröße unter 300 Mitarbeitern besitzen bzw. ein Grundkapital von 300 Millionen Yen nicht überschreiten. Auch das Verständnis des verarbeitenden Gewerbes richtet sich anhand der offiziellen japanischen Lesart aus, die auf Grundlage der *nihon hyōjun sangyō bunrui* („*Japan standard industrial classification*") besteht. Orientiert sich diese Arbeit dabei anhand der *dai-bunrui* oder „oberen Klassifizierung", sei vorweg auf Tabelle 6 (S. 192) verwiesen, um zu veranschaulichen, aus welchen Teilbranchen sich das verarbeitende Gewerbe in Japan gemäß des Verständnisses hiesiger Untersuchung zusammensetzt.

Weitere Hinweise seien der Behandlung des demografischen Wandels gewidmet. So gilt es auf die Varianz zu verweisen, die studienabhängig bei den Prognosen zur Bevölkerungsentwicklung in Erscheinung tritt. Diese beruht auf der Komplexität sozioökonomischer Einflussfaktoren wie etwa der Fertilitätsrate. Mit spezifischen Annahmen und korrespondierenden Schätzungen versehen, fließen diese in Prognosen über die Veränderung von Größe und Altersstruktur der Bevölkerungen ein und rufen Differenzen in den Szenarien zum Bevölkerungswandel hervor. Zwar besteht umfangreiches Datenmaterial zur statistischen Erfassung einzelner Kennzeichen des demografischen Wandels. Bewusst basiert die Widergabe vor obigen Hintergrund dennoch auf der vorwiegenden Verwendung einer einzelnen Datenquelle in Form des *World Population Prospect* der Vereinten Nationen (United Nations, UN). So soll hierdurch bei der Darstellung des demografischen Wandels, seiner Determinanten und ihrer Auswirkungen auf Größe und Altersstruktur von Bevölkerungen eine Stringenz der einzelnen Angaben und ihrer jeweils zugrundeliegenden Annahmen garantiert werden. Eine weitere konzeptionelle Grundsatzentscheidung betrifft die Frage des sinnvollen Umfangs einer Erfassung des demografischen Wandels und seiner sozioökonomischen Implikationen in internationalem Bezug. So gilt es, nicht die Übersichtlichkeit einer Arbeit zu gefährden, die gemäß Fachrichtung und Untersuchungsgegenstand ihren Fokus auf Japan setzt und nicht als expliziter Vergleich nationaler Entwicklungen angelegt ist. Vor diesem Hintergrund werden demografische Entwicklungen und die Arbeitsmarktstellung Älterer in Japan im kontrastierenden Kontext des OECD-Raums dokumentiert. So fördert der am globalen Maßstab bemessene homogene sozioökonomische Entwicklungsstand von OECD-Staaten verwandte Tendenzen der demografischen Transformation von Industrienationen hervor. Gleichzeitig scheint dieser Zuschnitt genügend heterogen, um den nationalspezifischen Einfluss volkswirtschaftlicher und wohlfahrtsstaatlicher Reifegrade auf Ausmaß und Geschwindigkeit des demografischen Wandels zu exemplifizieren, wie es im Verlaufe dieser Arbeit zum Ausdruck kommt.

Mit diesen Bemerkungen seien zugleich folgende Passagen zur Konkretisierung eingeleitet, welche Themeninhalte das Zentrum dieser Arbeit bilden, respektive nicht als Anspruch des hiesigen Beitrags im Umfeld der Alterserwerbsarbeit erhoben werden sollten. So setzt sich diese Arbeit zum Ziel, die aktuelle Fortbeschäftigungspraxis sowie die einhergehende nachfrage- wie angebotsseitige Motivation und Evaluation zu analysieren und diskutieren. Hierbei wird sich um eine Kontrastierung von Untersuchungsresultaten durch den Forschungsstand sowie eine Berücksichtigung der Sekundärliteratur bei deren Diskussion bemüht. Allerdings können den in Augenschein genommenen Forschungsaspekten diverse Operationalisierungsformen und Analyseverfahren zugrunde gelegt werden. Daher beschränkt sich diese Untersuchung bei der Kontrastierung von Resultaten auf solche Studien, die hinsichtlich der Bildung von Indikatoren und ihrer Ausprägungen ein Mindestmaß an Vergleichbarkeit aufweisen. Wird die Einbettung hiesiger Befunde in den Wissenschaftsdiskurs erstrebt, wird also dennoch kein Anspruch auf vollständige Darstellung erhoben, was die Beschäftigungsfortsetzung als Gegenstand bisheriger Untersuchungs- und Diskussionsbeiträge betrifft. Weiterhin sei angemerkt, dass sich diese Arbeit bei der Betrachtung der Beschäftigungsfortsetzung auf KMU des verarbeitenden Gewerbes konzentriert. Dies ist jedoch nicht als expliziter Vergleich dieser Betriebsgrößen gegenüber Großunternehmen bzw. des verarbeitenden Gewerbes im Kontrast zu übrigen Wirtschaftssektoren zu verstehen.

Zudem sei folgend präzisiert, welche Aspekte die Darstellung des Untersuchungsobjekts begleiten, jedoch nicht als primäre Gegenstände hiesiger Auseinandersetzung zu werten sind. Dies gilt zu aller erst für jene Bestandteile dieses Beitrags, die sich der interdisziplinären Einbettung der Beschäftigungsfortsetzung widmen: Der demografische Wandel und seine sozioökonomischen Implikationen, die Arbeitsmarktstellung Älterer und der Zusammenhang von Alter und Leistung, die Förderung von Alterserwerbsarbeit im Lichte öffentlicher Interessenkonflikte, sowie das Eingehen auf Determinanten der ökonomischen Teilhabe im Alter. All diese Inhalte werden im Rahmen der Einordnung des Untersuchungsgegenstands in den gesellschaftspolitischen Grundzusammenhang tangiert. Weder wird hierbei jedoch der Anspruch einer umfassenden Darlegung dieser Aspekte oder eines erschöpfenden Vergleichs zwischen Japan und dem OECD-Raum erhoben. So soll sich diese Arbeit an dem Anspruch messen lassen, einen repräsentativen Querschnitt dieser Themenaspekte aufzubereiten. Angesichts der Vielzahl an Betrachtungselemente kann jedoch keine vollständige Darstellung beansprucht werden, ohne den Fokus dieser Arbeit zu beeinträchtigen. Richtet sich dieser Beitrag an der betrieblichen Ebene aus, seien diese Anmerkungen im speziellen Bezug hierauf konkretisiert. So stellt innerhalb der Literaturlage, die sich dem Unternehmenseinfluss zur Förderung von Alterserwerbsarbeit widmet, die Thematisierung des *age-management* und unter diesem Begriff subsumierten Ansätze zur Förderung von Beschäftigungsfähigkeit im Alter beträchtlichen Umfang dar. Alleine hieran entfacht sich jedoch ein weites Spektrum an Themenfeldern: Medizinische Fragen ergonomischer Arbeitsplatzgestaltung, psychologische Betrachtungen von Vor- und Nachteilen einer altersdiversitären Beleg-schaftskomposition, der gerontologische Diskurs zu biologischen Voraussetzungen der Leistungsfähigkeit im Alter, betriebswirtschaftliche Auseinandersetzungen um Vorzüge des *work-sharing* zwischen Beschäftigungsgenerationen, oder das lebens-lange Lernen als Bedingung zum Erhalt von Beschäftigungsfähigkeit. Einige dieser Aspekte werden im Verlaufe dieser Arbeit tangiert. Dennoch impliziert der Umfang dieser Dimensionen, dass eine detaillierte Beleuchtung des *age-management* nicht im Rahmen einer Arbeit zur erlangen ist, deren Fokus auf der Untersuchung eines japa-nischen Personalinstruments zur Verlängerung der Erwerbsbiografie liegt. So sollen diese Einlassungen das Verständnis dafür schärfen, dass angesichts der Komplexität des hier behandelten Themenfeldes, eine zur Gänze umfassende Darstellung relevan-ter Aspekte im Umfeld der Arbeit im Alter nicht durch einzelne Forschungsbeiträge zu leisten ist. Dies gilt es konsequenterweise auch als Wertungsmaßstab dieser Arbeit zu berücksichtigen.

Zusätzlich sei auf Anmerkungen hinsichtlich zugrundeliegender Formalia einge-gangen. So orientiert sich diese Arbeit an den Formalregeln für schriftliche Arbeiten[54] des Institut für Orient- und Asienwissenschaften (IOA) sowie der Promotionsord-nung[55] der Philosophischen Fakultät der Rheinischen Friedrich-Wilhelms-Universität Bonn. Dies betrifft die Vorgehensweise, japanische Personennamen durch die Erst-nennung des Familiennamens und hierauf folgende Angabe des Vornamens wieder-zugeben. Die Aufführung japanischer Eigennamen oder Begrifflichkeiten erfolgt in *rōmaji*-Transkription gemäß der Hepburn-Umschrift. Japanische bzw. fremdsprach-liche Begriffe sind kursiv gesetzt und in Kleinbuchstaben gehalten. Dies gilt jedoch nicht bei Eigennamen von Personen, Organisationen oder Örtlichkeiten. Übersetzun-gen von japanischen Begriffen sowie verwendete Abkürzungen werden bei Erstnen-nung im Text eingeführt und in entsprechender Weise auch bei der Angabe von Litera-turquellen verwendet. Japanische Begriffe werden ins Deutsche übersetzt. Hingegen erfolgt eine Übersetzung institutioneller Bezeichnungen von Organisationen oder Gesetzestitel anhand der offiziellen englischen Übersetzung. Ein Verzeichnis der ver-wendeten japanischen Terme (in *rōmaji*-Umschrift, sino-japanischen Schriftzeichen sowie einer deutsch- bzw. englischsprachigen Übersetzung) liegt als Anhang 1 im Annex zu dieser Arbeit vor. Zu Orientierungswecken ist hierin auch eine Aufführung verwendeter Abkürzungen (Anhang 2) sowie eine Auflistung der verwendeten Grafi-ken (unterteilt zwischen Tabellen und Abbildungen, Anhang 3) enthalten. Zusätzlich sind im Annex weitere Anhänge aufgeführt, die der Dokumentation hiesiger Untersu-chungsresultate dienen. So findet sich hier der arbeitgebergerichtete (Anhang 4) wie

---

54 Entsprechend der zweiten überarbeiteten Fassung des Jahres 2013, www.ioa.uni-bonn.de/studi-um/materialien/formalregeln_ioa.pdf, letzter Abruf: 9.3.2017.
55 Entsprechend der Neufassung vom 4. Juni 2010, https://www.philfak.uni-bonn.de/studium/promotion/download/nr-08-10062010-promotionsordnung-phil-fak-neufassung.pdf, letzter Abruf: 9.3.2017.

arbeitnehmergerichtete Fragebogen (Anhang 5) im japanischen Original sowie die Auswertung des Antwortverhaltens in Form von Häufigkeitstabellen (Anhang 6 bzw. Anhang 7). Ferner ist die japanische Transkription der Tiefeninterviews als Anhang 8 im Annex enthalten.

Bezüglich der Zitierung von Tiefeninterviews sei angemerkt, dass beteiligte Personen und Institutionen nicht mit Klarnamen aufgeführt, sondern gemäß zugesicherter Anonymität verschlüsselt sind. (Beispiele: Arbeitnehmer A: 1; Experte B: 2; Unternehmen C: 3; etc., wobei die aufgeführte Nummer auf die Seitenzahl des Interviewprotokolls verweist). Hinsichtlich weiterer Quellenangaben sind folgende Anmerkungen zu leisten: Handelt es sich bei dem Verfasser um eine Person, erfolgt die Angabe der Literaturquelle durch Nennung des Nachnamens. Die Jahresangabe hinter dem Namen des Verfassers identifiziert das Publikationsjahr und die folgende Nummer die Seitenzahl des entsprechenden Dokuments (Beispiel: Sato 2002: 1). Besitzen die zitierten Autoren denselben Nachnamen sowie Publikationen aus demselben Jahr, werden diese Angaben durch die Abkürzung des Vornamens ergänzt (Beispiel: Shintani, N. 2008: 187). Bei im Internet verfügbaren Veröffentlichungen werden diese Angaben durch die Kenntlichmachung von *uniform resource locator* (URL) sowie des Datums des letzten Abrufs als Fußnote erweitert. Im Falle institutioneller Verfasser richtet sich die Angabe der Literaturquelle anhand der verwendeten Sprache. So werden Herausgeber deutschsprachiger Publikationen in der deutschen Bezeichnung aufgeführt, wie Herausgeber englischsprachiger Beiträge unter der offiziellen englischen Bezeichnung zitiert werden. Institutionelle Herausgeber von Publikationen in japanischer Sprache werden analog durch Nennung der offiziellen Betitelung in japanischer Sprache wiedergegeben. Die Zitierung japanischsprachiger Quellen erfolgt anhand der Übersetzung ins Deutsche, kenntlich gemacht durch die Angabe „Übers. d. Verf." im Anschluss an die Quellenangabe. Eine Identifikation der durch diese Angaben markierten Publikationen ist durch das zum Ende dieser Arbeit aufgeführte Literaturverzeichnis gewährleistet.

Zuletzt sei vermerkt, dass dieser Beitrag als Bestandteil eines expandierenden Forschungsgebiets diverser Wissenschaften aufzufassen ist. Dieses thematisiert Fragen rund um den Ausbau von Lebensarbeitszeit und hierbei bestehender gesellschaftlicher, politischer und betriebswirtschaftlicher Begleitumstände. Jedoch sollte nicht unerwähnt bleiben, dass der demografische Wandel als Ursache der gesellschaftspolitischen Relevanz zur Verlängerung des Erwerbslebens nicht den einzigen akuten Wandlungsprozess darstellt, der Arbeit und Beschäftigung per se in traditionellen Grundfesten erschüttert: „The traditional model of the life-course - a linear model from school to work to retirement - has been challenged by major social and economic changes. The patterns of entry to and exit from work are changing, as are the nature of jobs and work careers" (Levinsky 2000: 3)[56]. So repräsentiert der Fort-

---

56 http://www.issa.int/html/pdf/helsinki2000/topic2/2levinsky.PDF, letzter Abruf: 9.3.2017.

schritt von Globalisierung und Technologisierung weitere Kräfte, deren ökonomische wie soziale Auswirkungen nicht nur in Japan die klassische Arbeitsgesellschaft mit mannigfaltigen Fragezeichen versehen und eine Neuorientierung für das Verhältnis von Mensch und Arbeit (im Alter) zu bedürfen scheinen. In diesem Bezug stellt Hardy (2006: 202) die Forschung über Zustand und Perspektiven ökonomischer Teilhabe im Alter in einen zutiefst fluiden Kontext, der den Raum für zukünftige Herausforderungen wie Chancen einer Verlängerung von Lebensarbeitszeit reflektiert: „we examine issues related to older workers at a time when the composition of the labor force, the nature of employment, and the labor market are all in flux". Wie hiesige Einleitung verdeutlichen mag, behandelt diese Arbeit lediglich einen kleinen Ausschnitt dieser übergeordneten Entwicklungen im Zusammenhang von Herausforderungen und Chancen der Errichtung einer Arbeitsgesellschaft von morgen, die Antworten auf den demografischen Wandel innerhalb einer zunehmend globalisierten und technologisierten Arbeitswelt des 21. Jahrhunderts zu finden sucht. Entsprechend des Ausmaßes dieser Themenkomplexe stellt dieser Beitrag keine umfassende Klärung der Vielfalt einhergehender Fragestellungen dar. Dennoch ist es das Bestreben dieser Arbeit, mit der Untersuchung von Beschäftigungsfortsetzung durch kleine und mittlere Unternehmen des verarbeitenden Gewerbes in Japan einen Beitrag zur internationalen Debatte um Ansätze zum Ausbau von Lebensarbeitszeit zu leisten. Folgende Gliederung liegt dabei dieser Arbeit zugrunde:

Kapitel 2: Gesellschaftspolitische Ausgangspunkte der Verlängerung von Erwerbsbiografien im internationalen Bezug

Die gesellschaftspolitische Relevanz einer Verlängerung von Lebensarbeitszeit entfaltet sich auf Grundlage der Schrumpfung und Alterung von Bevölkerungen. Für einen Beitrag, der sich der Beschäftigungsfortsetzung in Japan als eine Facette des Diskurses zur Förderung von Alterserwerbsarbeit verschreibt, erscheint es somit konsequent, auf einer Betrachtung des demografischen Wandels aufzubauen, die Japan als demografischen Pionier kennzeichnet. Als Vorreiter, was den Bevölkerungswandel und die Entwicklung seiner Determinanten betrifft (Abschnitt 2.1). Jedoch auch was die sozioökonomischen Konsequenzen dieser Entwicklung anbelangt, wie sie in Gestalt eines sinkenden und alternden Erwerbspersonenpotentials sowie einer zunehmend unvorteilhaften Relation zwischen Leistungserbringern und Leistungsnehmern der öffentlichen Altersversorgung zum Ausdruck kommen (Abschnitt 2.2). Die Darstellung des Bevölkerungswandels als globales Phänomen verdeutlicht zugleich einen Verwandtschaftsgrad zu den demografischen Tendenzen anderer Nationen. Aus deren Perspektive gleicht die Betrachtung japanischer Verhältnisse einem Blick in die eigene, keinesfalls ferne Zukunft der (Erwerbs-)Bevölkerungsentwicklung.

Stellt die für Japan im Sinne volkswirtschaftlicher Prosperität wie sozialstaatlicher Vitalität zu bilanzierende Notwendigkeit des Ausbaus von Alterserwerbsarbeit keinen Ausnahmefall dar, sind die nationalen Voraussetzungen mit markanten Unterschieden versehen. Dies vermittelt Abschnitt 2.3, der die Arbeitsmarktsituation

Älterer im internationalen Kontext erfasst. So verdeutlichen die Beschäftigungsquoten im Alter und der durchschnittliche Zeitpunkt des effektiven Arbeitsmarktaustritts,
dass Ältere in Japan substanzieller an Erwerbsarbeit teilhaben, als es insbesondere
den Verhältnissen in kontinentaleuropäischen Staaten entspricht. Doch auch in Japan
sind hinter einer hohen Erwerbsbeteiligung Schattenseiten der Arbeitsmarktstellung
Älterer erkennbar. So bildet Japan keine Ausnahme in Bezug auf das altersbedingte
Erstarken spezieller Erwerbsrisiken, wird die Zunahme von (Langzeit-)Arbeitslosig-
keit oder die Ausbreitung nicht regulärer Beschäftigungsverhältnisse berücksichtigt.
Weniger stellen sich diese Erscheinungen als Folge direkter Beschäftigungsdiskriminierung durch betriebliche Entscheidungsträger dar, wie nichts desto weniger auch
in Japan existent. Vielmehr erweisen sich diese Schwachstellen der Arbeitsmarktsituation neben Qualifikationsdefiziten Älterer als Resultat struktureller Wandlungspro-
zesse der Volkswirtschaft. So sind Ältere überproportional in solchen Berufsgruppen
und Branchensegmenten vertreten, die einem allgemeinen Bedeutungsverlust unterliegen und von korrespondierendem Beschäftigungsabbau gekennzeichnet sind.
Wie dieser Abschnitt vermittelt, nicht die einzigen Aspekte, die Bedenken nähren,
dass wenngleich Japan Vorsprung bei der Sicherung von Alterserwerbsarbeit besitzt,
bereits der Erhalt dieser Verhältnisse nicht als Automatismus gewertet werden kann.

Abgeschlossen wird das zweite Kapitel durch einen gerontologischen Diskurs
zum Phänomen des menschlichen Alterns, der wachsende Handlungsspielräume
zur Verlängerung von Erwerbsbiografien aufzeigt (Abschnitt 2.4). So gilt es nicht nur
auf das Wachstum der Lebenserwartung zu verweisen, sondern die steigende Altersspanne in Gesundheit und hiermit zunehmende Beschäftigungsfähigkeit im Alter zu
betonen. Stellt diese Entwicklung die elementarste Voraussetzung zur produktiven
Gesellschaftsteilhabe dar, scheint dies jedoch in keinem Verhältnis zur tatsächlichen
Erwerbsbeteiligung Älterer zu stehen, wie sie primär innerhalb Kontinentaleuropas
erkennbar wird. Eine Erkenntnis, die der gerontologische Diskurs damit begründet,
dass das menschliche Altern zwar auf biologischen Prozessen beruht, jedoch in nicht
minderbedeutender Weise dem Einfluss gesellschaftlicher Rollenbilder unterliegt.
Diese sind nach wie vor durch negative Assoziationen Älterer geprägt, womit sich das
menschliche Altern als biologisches Phänomen zugleich als Produkt sozialer Konstrukte erweist.

Kapitel 3: Verlängerung von Erwerbsbiografien als gesamtgesellschaftliche Aufgabe am Beispiel Japans

Kapitel drei setzt die interdisziplinäre Einbettung des Untersuchungsgegenstands fort
und kennzeichnet den Erhalt einer unkritischen Größe der japanischen Erwerbsbevölkerung als gesamtgesellschaftliche Herausforderung. Abschnitt 3.1 vermittelt, dass
ein weiterer Aufschub des effektiven Verrentungsalters hierzu als aussichtsreichstes
Mittel wahrgenommen werden muss. Zwar stehen neben einer Verlängerung von
Erwerbsbiografien weitere beschäftigungspolitische Strategien zur Milderung demografischer Tendenzen der Erwerbsbevölkerung prinzipiell zur Verfügung. So seien als

solche eine stärkere Einbindung von Frauen und (potenziellen) Arbeitsmigranten in den japanischen Arbeitsmarkt dringend angeraten. Jedoch bleibt aufgrund öffentlicher wie politischer Hürden zweifelhaft, ob sich Japan zur Belebung einer international unterdurchschnittlichen Erwerbseinbindung dieser in quantitativer wie qualitativer Hinsicht als Randgruppen zu charakterisierenden Potenziale des Arbeitsmarkts bereit zeigen wird. Somit erscheint die Steigerung von Alterserwerbsarbeit auf mittelfristige Sicht als der mit den geringsten Friktionen behaftete Weg zum Abfedern eines massiven demografischen Wandels des japanischen Erwerbspersonenpotentials.

Trotz einer ambivalenten Beurteilung der Arbeitsmarktsituation Älterer attestiert diese Arbeit, dass es Japan auffallend gut gelingt, Ältere zum Verbleib in Erwerbsarbeit zu bewegen. So mag auch aufgrund obiger Hintergründe vermutet werden, dass die Notwendigkeit zum Ausbau von Alterserwerbsarbeit umfassende Akzeptanz innerhalb der japanischen Gesellschaft erfährt. Kaum kann dieser Erfolg jedoch als Resultat eines harmonischen Schulterschlusses der Sozialpartner gewertet werden. So dokumentiert Abschnitt 3.2, dass die Verlängerung von Lebensarbeitszeit auch im japanischen Kontext durch Interessenkonflikte zwischen wie innerhalb einzelner Sozialpartner zu kennzeichnen ist, welche die weitere Förderung von Alterserwerbsarbeit kaum als automatisch vorauszusetzende Entwicklung anmuten lassen. Vielmehr ist der Ausbau von Alterserwerbsarbeit im Rahmen eines komplexen politischen Handlungsraums mühsam zu erringen. So verbuchen Unternehmen zwar Erhalt und Tradierung von betriebsspezifischen Qualifikationen als Vorteil einer Verlängerung der betrieblichen Verweildauer. Gleichwohl sind japanische Unternehmen angesichts demografischer Vorzeichen von Sorgen um eine Überalterung der Belegschaftsstruktur betroffen. Diese sind somit bemüht, den betrieblichen Generationenkreislauf im Gleichgewicht zu halten, was wiederum Anreize zur Entbindung von älteren Beschäftigten entfacht (Abschnitt 3.2.1).

Nicht zuletzt aufgrund der Pluralisierung von (Erwerbs-)Interessen präsentieren sich jedoch auch in Japan vornehmlich die Älteren selbst als kaum unter einen Nenner zu bringende Interessengruppierung im Zusammenhang einer Verlängerung von Lebensarbeitszeit. So finden sich von intrinsischen Erwerbsmotiven geleitete Personen, die das Ausleben ihrer Fähigkeiten unabhängig von ökonomischen Zwängen als bereichernden Lebensinhalt auffassen und sich für eine Arbeitswelt mit offenem Zeithorizont positionieren. Für Andere bedeutet Arbeit jedoch ein bloßes Mittel zur Sicherung des Lebensunterhalts, womit diese – sofern finanziell tragbar – die Erfüllung privater Lebensinhalte dem Verbleib in Lohn und Brot vorziehen. Auch im Lichte einer weitgehend informalisierten Alterserwerbsarbeit, wie sie sich mit Abstrichen auch im Kontext der Beschäftigungsfortsetzung präsentiert, mag eine Arbeitswelt ohne fixe Ausstiegsgrenzen in diesen Fällen als düstere Perspektive wahrgenommen werden. Doch gerade falls der Gesundheitszustand einen Verbleib auf dem Arbeitsmarkt verwehrt, kann die Verlängerung von Lebensarbeitszeit als Komponente einer steigenden Eigenverantwortung bei der finanziellen Vorsorge des Alters als bedrohliches Szenario empfunden werden. Wie Rechte und Anreize eines längeren Verbleibs in Erwerbsarbeit gestärkt werden können, ohne zugleich die ökonomische Grundlage jener Älteren mit eingeschränkten oder nicht vorhandenen Erwerbsmöglichkeiten zu unterminieren, stellt eine der kritischen Fragen beim angestrebten Ausbau von Alterserwerbsarbeit dar, die nicht nur in Japan einer Beantwortung bedürfen (Abschnitt 3.2.2).

Die Position des japanischen Staates scheint die klarste Interessenhomogenität zur Verlängerung von Lebensarbeitszeit auf sich zu vereinen. So ist die internationale Wettbewerbsfähigkeit der Volkswirtschaft als auch die Identität des Wohlfahrtsstaates als Garant sozialer Fürsorge auf ein ausgeglichenes Verhältnis zwischen aktiven und passiven Gesellschaftsteilnehmern angewiesen. Trotz umfangreicher Reformagenden gerät jedoch insbesondere das als Umlageverfahren konstruierte öffentliche Rentensystem unter eklatanten Finanzierungsdruck, zu dessen Entschärfung dem Ausbau von Alterserwerbsarbeit entscheidende Bedeutung beigemessen wird. Doch trotz dieser Vorzeichen kann selbst auf politischer Ebene keine vorbehaltlose Unterstützung der Idee einer Ausweitung von Lebensarbeitszeit ausgemacht werden. So geraten politische Entscheidungsträger angesichts steigender Jugendarbeitslosigkeit unter öffentlichen Druck, die Protektion von Erwerbsinteressen Älterer zugunsten der Schaffung von Beschäftigungschancen für jüngere Generationen zu lockern. Dies gilt, obwohl ein solcher Zusammenhang zwischen (der Unterstützung von) Alterserwerbsarbeit und dem Ausmaß an Jugendarbeitslosigkeit von Wissenschaftsseite als nicht existent bilanziert wird (Abschnitt 3.2.3).

Abschnitt 3.2 konstatiert, dass die kulturalistische Annahme einer umfassenden Interessenkonformität innerhalb beschäftigungspolitischer Akteure in Japan argumentativer Substanz zur Herleitung des hohen Ausmaßes an Alterserwerbsarbeit entbehrt. Stattdessen zeigt sich dieser Erfolg durch komplexere Ursachen begründet. Dies dokumentiert Abschnitt 3.3, der sich der Genese der japanischen Alterserwerbsarbeit widmet und hierbei der politischen und betrieblichen Ebene herausragende Bedeutung beimisst. Anhand dieser Gewichtung spricht sich dieser Abschnitt gegen das Urteil aus, wonach eine der japanischen Kultur entstammende exklusive Wertschätzung des Alters und der Arbeit als konstituierender Faktor der überdurchschnittlichen Altersarbeit in Japan zugrunde gelegt werden sollte. So kann dem japanischen Kulturraum eine historische wie zeitgenössische Koexistenz ambivalenter Gesellschaftsbilder bezüglich des Alterns zugeordnet werden. Sei zudem ein nachkriegszeitlicher Wertewandel hin zu einer stärkeren Wahrnehmung privater Lebensinhalte attestiert, wird einer auf kultureller Exklusivität des japanischen Kulturraums basierenden Herführung des hohen Ausmaßes an Alterserwerbsarbeit ihre Gültigkeit weitgehend abgesprochen (Abschnitt 3.3.1).

So wird unter anderem der politischen Ebene eine höhere Relevanz zur Begründung des langen Verbleibs in Erwerbsarbeit beigemessen. Diese Wertung folgt jedoch weniger der Betrachtung beschäftigungspolitischer Maximen der Förderung von Alterserwerbsarbeit. Denn anhand der Betonung altersneutraler Beschäftigungschancen als Leitplanken einer Aktivierung des Alters lassen diese im internationalen Vergleich einen markanten Verwandtschaftsgrad bei der ideellen Ausrichtung von

Beschäftigungspolitik erkennen (Abschnitt 3.3.2). Ebenso wird kritisch diskutiert, ob gesetzliche Regularien des Arbeitnehmerschutzes als Kriterium zur Herleitung des japanischen Erfolgs bei der Sicherung von Altersbeschäftigung herhalten können. Dass deren Einfluss nicht überschätzt werden sollte, gilt unter Verweis auf den oftmals attestierten hohen Stellenwert des Beschäftigungsschutzes in Japan. Denn dieser ist weniger in Form expliziter Rechtsansprüche zu interpretieren, denn eher als Konsequenz etablierter Standards und Normen der betrieblichen Beschäftigungsgestaltung zu werten. Ferner beruht diese Beurteilung auf der Berücksichtigung des juristischen Diskurses von Antidiskriminierungsklauseln, der eine effektive Durchsetzung von Gleichbehandlungsgebote im Rahmen der geltenden Rechtspraxis bislang als nicht gesichert ansieht (Abschnitt 3.3.3).

Doch auch in Bezug auf die aktive Arbeitsmarktpolitik wird skeptisch beurteilt, ob diese zur Ableitung nationaler Differenzen im Ausmaß von Alterserwerbarbeit herhalten kann. Dies geschieht vor dem theoretischen Hintergrund einer durch ambivalente Wirkungsweisen gezeichneten Bewertung von ALMP. Demnach werden öffentliche Programme der Einkommenssubventionierung zum Ziele der Beschäftigungsförderung umso effektiver beurteilt, je spezifischer diese auf einzelne Zielgruppen des Arbeitsmarkts ausgerichtet sind. Andererseits wird jedoch darauf hingewiesen, dass die hierdurch zum Ausdruck kommende Protektion spezieller Sorgenkinder des Arbeitsmarkts kaum Vereinbarkeit mit der öffentlichen Vermittlung der Botschaft zeigt, wonach die Beschäftigung Älterer summa summarum keine Nachteile aufweist. Mit der zielgerichteten Gestaltung von Mitteln aktiver Arbeitsmarktpolitik inhärent verbunden zeigt sich somit auch die Gefahr einer Stigmatisierung Älterer und ihrer Beschäftigungsfähigkeit. Diese mag kaum zur Revision eines Gesellschaftsbilds beitragen, welches Ältere als verzichtbare Ressource des Arbeitsmarkts wahrnimmt. Auch vor dem Hintergrund praxisorientierter Erwägungen scheinen Zweifel angebracht, ob die Ausprägung von ALMP als zentrale Herleitung des japanischen Erfolgs bei der Sicherung von ökonomischer Teilhabe im Alter fungieren kann. So wird auf Stimmen verwiesen, die eine mangelhafte Evaluation der aktiven Arbeitsmarktpolitik in Japan anmahnen. Auf dieser Grundlage wird die Vermutung einer effektiveren Nutzung des Instrumentenkastens von ALMP zur Explikation des langen Verbleibs Älterer in Erwerbarbeit als nicht erwiesen angesehen (Abschnitt 3.3.4).

Vergleichsweise eindeutig beurteilt Abschnitt 3.3 den Einfluss nationaler Ausprägungen der passiven Arbeitsmarktpolitik auf die im internationalen Bezug zur Geltung kommenden Diskrepanzen der Arbeitsmarkteinbindung Älterer (Abschnitt 3.3.5). Gezeichnet durch eine strukturelle Sockelarbeitslosigkeit, die sich im Vergleich zu Japan früher verfestigt, greifen mitteleuropäische Staaten zu arbeitsmarkpolitischen Gegenmitteln, die sich als hohe Bürde der jüngeren Bemühungen zum Ausbau von Alterserwerbsarbeit erweisen. Spezielle Programme zur finanziellen Absicherung eines frühzeitigen Renteneintritts sowie die Lockerung von Bezugskriterien bei gleichzeitiger Anhebung der Leistungsbezüge von öffentlichen Subventionsschemen stellen die institutionellen Markenzeichen einer Frühverrentungspolitik dar, welche in diesen

Ländern den Umgang mit älteren Beschäftigungsgenerationen über Jahrzehnte prägt. Nicht zu Unrecht werden diese Ansätze zur Bereinigung struktureller Arbeitslosigkeit im Alter auch mit dem Begriff einer Frühverrentungskultur in Verbindung gebracht. So ist eine Manifestierung der Auffassung Älterer als verzichtbare Quelle des Arbeitsmarkts (nachfrageseitig) sowie eine Erwartungshaltung zu stetig sinkenden Renteneintrittsaltern (angebotsseitig) als Erbe dieser Praktiken zu interpretieren. Dessen Beseitigung kann jedoch kaum durch die bloße Schließung alternativer Verrentungsfenster bewerkstelligt werden, wie sie ab den 1990er Jahren die arbeitsmarktpolitische Landschaft betroffener Staaten mit unterschiedlichen Erfolgen prägt.

Gänzlich verschieden präsentiert sich die Bilanz einer traditionell auf Beschäftigungsstabilität ausgerichteten passiven Arbeitsmarktpolitik in Japan. Dies gilt, finden hier aus öffentlicher Hand finanzierte Alternativpfade des Ruhestandseintritts keine Verbreitung und zeichnen sich übrige Kanäle staatlicher Einkommenssubventionierung durch eine unterdurchschnittlich generöse Gestaltung von Leistungsbezügen im OECD-Vergleich aus. Auf dieser Grundlage scheinen sich zwei für die Förderung von Alterserwerbsarbeit eminente Konsequenzen ableiten zu lassen: Zum einen sei vermutet, dass im Zeichen einer traditionell auf den Verbleib in Arbeit ausgerichteten Beschäftigungspolitik, die öffentliche Erwartung stetig sinkender Ruhestandsalter geringere Verbreitung findet. Erwerbsarbeit im Alter mag somit – trotz der auch in Japan registrierten Widerstände - als vergleichsweise natürlicher Lebensbestandteil gewertet werden, womit die politischen Bestrebungen zur Verlängerung von Erwerbsbiografien auf geringere gesellschaftliche Opposition stoßen. Zudem entfaltet die Umgestaltung des öffentlichen Rentensystems zum längeren Verbleib in Erwerbsarbeit nur dann effektive Wirkung, wenn andererseits eine Beseitigung alternativer Kanäle der Frühverrentung gelingt. In dieser Weise ist dem Gros europäischer Nationen eine zusätzliche Hypothek politischer Bestreben zur Ausweitung von Alterserwerbsarbeit auferlegt, wie sie gerade bei der Adaption öffentlicher Rentensysteme an den demografischen Wandel zum Ausdruck kommen.

Denn wie Abschnitt 3.3.5 ferner nachzeichnet, zeigt sich die internationale Landschaft der staatlichen Altersvorsorge durch umfassende Reformagenden geprägt. Im Vordergrund steht hierbei die Sicherung finanzieller Nachhaltigkeit, in deren Zusammenhang die Forcierung höherer effektiver Renteneintrittsalter gemeinsame Ansätze hervorruft. So vollzieht sich derzeit auch in Japan eine Anhebung der gesetzlichen Regelaltersgrenze, ohne jedoch ein weiteres Anwachsen der durchschnittlichen Lebenserwartung in Rente verhindern zu können. Eine weitere Gemeinsamkeit zum Durchschnitt des OECD-Raums, dem es durch diesen Schritt nicht gelingt, einer demografisch bedingten Steigerung der Ausgabenlast öffentlicher Rentenschemen Einhalt zu gebieten. Eine zusätzliche Verwandtschaft Japans zu internationalen Tendenzen stellt somit auch die Modifikation von Einnahme- wie Ausgabenseite des Rentensystems in Form einer Heraufsetzung von Beitragsraten und Reduzierung von Leistungsbezügen dar. Dies entspringt dem Kalkül, dass entgangene Rentenleistungen durch die Verlängerung des Erwerbslebens und entsprechendem Arbeitseinkommen kompensiert werden wollen. Doch trotz verwandter Reformbemühungen bilanziert der Forschungsstand eine erhebliche Kluft, was die ökonomische Anreizgestaltung eines Verbleibs in Erwerbsarbeit im Rahmen öffentlicher Rentenversicherungen betrifft. So wird das japanische Rentensystem durch eine unterdurchschnittliche Generosität von Leistungsbezügen im OECD-Vergleich gekennzeichnet. Ferner wird das Rentensystem Japans als Exempel einer Versicherungsarchitektur angesehen, in der das Leistungsniveau einer starken versicherungsmathematischen Sensitivität in Abhängigkeit von effektivem Renteneintrittsalter und Beitragszeitraum unterliegt. Werden ferner Aspekte einer finanziellen Ungleichbehandlung von Rentenbeziehern gegenüber Erwerbstätigen im Rahmen der Entrichtung von Steuern und Sozialabgaben berücksichtigt, ist der Verbleib in Erwerbsarbeit zudem mit einer relativ geringen impliziten Besteuerung versehen. Als Konsequenz dieser Verhältnisse werden in Japan vergleichsweise hohe finanzielle Anreize zur Aufrechterhaltung von Erwerbsarbeit im Gegensatz zum verfrühten Verlassen des Arbeitsmarkts entfacht.

Eine zweite zentrale Dimension zur Explikation des hohen Bestands an Alterserwerbsarbeit in Japan besteht in Form der betrieblichen Ebene, wie durch Abschnitt 3.3.6 thematisiert. So präsentiert sich der Stellenwert des Beschäftigungsschutzes primär als Ausprägung etablierter Normen der betrieblichen Beschäftigungsgestaltung. Dies gilt, wenngleich sich die japanische Beschäftigungslandschaft durch duale Strukturen geprägt zeigt, womit sich der strikte Kündigungsschutz auf reguläre Kernbelegschaften im Rahmen der lebenslangen Beschäftigung bezieht und nicht auf den wachsenden Anteil nicht regulärer Beschäftigter erstreckt. Mit Blick auf integrative Personalinstrumente wie der Beschäftigungsfortsetzung als Untersuchungsgegenstand dieser Arbeit sollte die hohe Gültigkeit des Beschäftigungsschutzes zudem nicht als Bestandsgarantie von Arbeitsort und -inhalt oder Anstellungsbedingungen bis zum Unternehmensaustritt verstanden werden. Setzen diese Praktiken also arbeitnehmerseitige Flexibilität voraus, tragen sie dennoch zum Beschäftigungsschutz entscheidend bei. So bilden integrative Personalstrategien eine Alternative gegenüber der Entlassung auf den externen Arbeitsmarkt, der auch in Japan durch unzureichende Beschäftigungschancen für Ältere gekennzeichnet werden muss. Trotz notwendiger Bedachtsmomente können der hohe normative Standard des betrieblichen Beschäftigungsschutzes sowie die Existenz integrativer Personalinstrumente als Kristallisationen einer nach wie vor vergleichsweise stark auf Beschäftigungssicherung bedachten Unternehmenskultur gedeutet werden. Wenngleich auch in diesem Bereich Wandlungstendenzen zu registrieren sind, stellt die betriebliche Ebene somit neben Gestaltungsaspekten der passiven Arbeitsmarktpolitik einen herausragenden Faktor zur Herleitung des japanischen Erfolgs bei der Erwerbseinbindung im Alter dar.

Kapitel 4: Theoretische und methodische Untersuchungsgrundlagen
Dient dieser Verlauf zur gedanklichen Verortung des Untersuchungsobjekts in den gesellschaftlichen, wirtschaftlichen und politischen Grundzusammenhang, verdichtet sich die Darstellung zunehmend auf die Beschäftigungsfortsetzung als zentraler

Gegenstand dieser Arbeit. Kapitel 4 bildet hierzu den Auftakt, in dem theoretische und methodische Grundlagen dieser Untersuchung dargestellt werden. In Abschnitt 4.1 erfolgt eine Konkretisierung des Untersuchungsgegenstands. So werden „Maßnahmen betrieblicher Beschäftigungsfortsetzung", das „verarbeitende Gewerbe" sowie „Unternehmen kleiner und mittlerer Größe" auf Basis der japanischen Rechtssprechung definiert. Abschnitt 4.2 widmet sich ökonomischen wie soziologischen Theorien zur Alterserwerbsarbeit bzw. dem reziproken Phänomen der Verrentung, die der Konzeption von Untersuchungsfragen und einhergehenden Thesenbildungen zugrunde zu legen sind. Allgemeine Grundzüge der Kontrakttheorie, die betriebswirtschaftliche Herleitung eines betrieblichen Rentenalters, Optionswertmodelle zur Modellierung individuellen Verrentungsverhaltens sowie das *productive ageing framework* als Systematisierung der Determinanten ökonomischer Teilhabe im Alter finden hierbei primäre Betrachtung. Die forschungspolitische Positionierung dieser Arbeit wird in Abschnitt 4.3 geschildert. In Form einer Paraphrasierung zentraler Veröffentlichungen wird die Literaturlage zur Arbeit und Alter durch Beiträge internationaler wie deutschsprachiger Provenienz beschrieben und durch die Betrachtung des japanischen Publikationsbestands zur Beschäftigungsfortsetzung und ihres thematischen Umfelds ergänzt. Hierauf aufbauend wird der Anspruch einer sinnvollen Einbettung dieser Arbeit in den Wissenschaftsdiskurs verteidigt und die primären Untersuchungsfragen mitsamt korrespondierender Thesenbildungen präsentiert. Abschnitt 4.4 bleibt relevanten Erläuterungen zur methodischen Konzeption dieser Untersuchung sowie zur Realisation der zugrundeliegenden Feldforschung vorbehalten.

Kapitel 5: Strukturrahmen betrieblicher Beschäftigungsfortsetzung
Kapitel fünf und sechs bilden den Kern dieser Arbeit. Hierin erfolgt die multiperspektivische Untersuchung von Strukturrahmen, Motivation und Evaluation der Beschäftigungsfortsetzung durch KMU des verarbeitenden Gewerbes. Sofern durch den Forschungsstand abgedeckt, werden Untersuchungsresultate durch relevante Vergleichsstudien kontrastiert. Die Aufnahme qualitativer Datenquellen dient zur Bereicherung der Diskussion dieser Ergebnisse. Abschnitt 5.1 widmet sich grundsätzlichen Gestaltungsaspekten, die unter dem Begriff des „Organisationsmantels" subsumiert, als Bestandteil des Strukturrahmens zu interpretieren sind und das Arrangement im Vorfeld der Aufnahme von Fortbeschäftigung betreffen. Die konkrete Maßnahme und Dauer der Beschäftigungsfortsetzung sowie die Anwendung von Selektions- und Konsultationsverfahren werden analysiert und diskutiert. Abschnitt 5.2 widmet sich dem sonstigen Strukturrahmen der Beschäftigungsfortsetzung. So werden Arbeitsinhalte und deren Einrichtung sowie Anstellungs- und Beschäftigungsform, Vertragslaufzeiten und Gehaltsniveaus als grundlegende Beschäftigungsindikatoren einer Analyse und Debatte unterzogen.

Kapitel 6: Motivation und Evaluation betrieblicher Beschäftigungsfortsetzung

Abschnitt 6.1 untersucht und diskutiert die Motivation zur Beschäftigungsfortsetzung aus Nachfrage- wie Angebotsperspektive auf Grundlage der quantitativen und qualitativen Datenerhebung. Abschnitt 6.2 erweitert diese Darstellung in äquivalenter Weise durch die Betrachtung der Evaluation von Beschäftigungsfortsetzung. Abschnitt 6.3 ist einem übergeordneten Diskurs der derzeitigen Fortbeschäftigungspraxis vorbehalten. Dieser baut auf einer Typologisierung der Funktionsweise von Beschäftigungsfortsetzung im Spiegelbild von Unternehmensgrößen auf und wird durch die Diskussion der gesellschaftspolitischen Wirkung dieses Personalinstruments abgerundet. Makro- wie mikroökonomisch präsentiert sich die Beschäftigungsfortsetzung als effektives Mittel zur Verlängerung von Erwerbsbiografien, wenngleich einschränkende Bedachtsmomente berücksichtigt werden sollten. So sind es vorrangig die gesellschaftspolitischen Implikationen der gängigen Fortbeschäftigungsgestaltung, die eine positive Deutung mit Differenzierungen versehen. Konsequenzen für den Dualismus japanischer Beschäftigungsstrukturen sowie für soziale Spreizungstendenzen der japanischen Gesellschaft werden in diesem Zusammenhang primär erörtert.

Kapitel 7: Zukunftsgerichtete Diskurse betrieblicher Beschäftigungsfortsetzung

Kapitel 7 richtet das Augenmerk auf zukunftsgerichtete Diskussionsaspekte der Beschäftigungsfortsetzung. Abschnitt 7.1 thematisiert die absehbare Entwicklung der japanischen Regulierung von Altersbeschäftigung anhand der jüngsten Reform des *employment stabilization law*. Auf dieser Grundlage wird prognostiziert, dass die Wiederbeschäftigung auf mittelfristige Sicht als prägendes Stilmittel zur Stabilisierung von Altersbeschäftigung erhalten bleibt. Jedoch scheint die langfristige Ambition der Schaffung einer Gesellschaft aktiver Lebenszeit die schrittweise Abkehr von diesem Instrument zu erfordern. Wird die Wiederbeschäftigung Japan wohl auch in mittelbarer Zukunft begleiten, widmet sich Abschnitt 7.2 Handlungsempfehlungen, die sich als Konsequenz hiesiger Befunde für betriebliche und politische Entscheidungsträger bezüglich der Fortbeschäftigungsgestaltung zu ergeben scheinen. Abschnitt 7.3 greift einen kurzen Bezug auf deutsche Verhältnisse auf. So wird diskutiert, ob die Beschäftigungsfortsetzung als japanisches Personalinstrument zur Verlängerung von Erwerbsbiografien zur Bereicherung einer auch in Deutschland lebhaften Debatte um Mittel und Wege der Förderung von Alterserwerbsarbeit fungieren kann.

Kapitel 8: Schlussbetrachtung

Zum Ende resümiert eine Schlussbetrachtung die primären Erkenntnisse dieser Arbeit, welche die ex ante formulierten Hypothesen zu Strukturrahmen, Motivation und Evaluation der Beschäftigungsfortsetzung prinzipiell zu bestätigen scheinen.

2 Gesellschaftspolitische Ausgangspunkte der Verlängerung von Erwerbsbiografien

Die Notwendigkeit einer Verlängerung von Lebensarbeitszeit rückt unter den Vorzeichen des demografischen Wandels in den Mittelpunkt gesellschaftspolitischer Debatten. So ist die Arbeitsmarktsituation Älterer beim Gros der vom Bevölkerungswandel erfassten Nationen durch ein unzureichendes Ausmaß an Erwerbsbeteiligung bestimmt, welches weder steigenden Handlungsdruck noch wachsende Spielräume zur ökonomischen Teilhabe im Alter reflektiert. Das zweite Kapitel bereitet diesen Spannungsbogen auf, welcher der Beschäftigungsfortsetzung auch außerhalb des japanischen Ursprungs Aufmerksamkeit verleiht. Abschnitt 2.1 widmet sich der Darstellung des demografischen Wandels und seiner Determinanten mit internationalem Bezug, wobei die Entwicklung von Fertilität (Abschnitt 2.1.1) und durchschnittlicher Lebenserwartung (Abschnitt 2.1.2) sowie die Veränderung von Größe der Bevölkerung (Abschnitt 2.1.3) und deren Altersstruktur (Abschnitt 2.1.4) im Zentrum der Betrachtung steht. In Abschnitt 2.2 werden sozioökonomische Implikationen dieser demografischen Tendenzen betrachtet. So erfolgt ein Eingehen auf den Wandel von Größe und Altersstruktur der Erwerbsbevölkerung (Abschnitt 2.2.1) sowie das zunehmend unvorteilhafte Verhältnis zwischen aktiven und passiven Gesellschaftsteilnehmern (Abschnitt 2.2.2) in Japan unter Verweis auf den internationalen Kontext. Abschnitt 2.3 rückt die Stellung Älterer auf nationalen Arbeitsmärkten in den Mittelpunkt, wie sie anhand von Beschäftigungsquoten (Abschnitt 2.3.1), durchschnittlichem effektivem Renteneintrittsalter (Abschnitt 2.3.2) sowie speziellen Charakteristika des Arbeitsmarktumfelds (Abschnitt 2.3.3) gekennzeichnet werden kann. Abschnitt 2.4 dokumentiert in Form eines gerontologischen Exkurses einen Wahrnehmungswandel, welcher den Zusammenhang von Altern und Leistung betrifft und identifiziert wachsende Potentiale zum Ausbau von Alterserwerbsarbeit. In dieser Gestalt bilanziert das zweite Kapitel eine Reihe von Verwandtschaften, die Japan trotz seiner demografischen Vorreiterrolle hinsichtlich Tendenzen der Bevölkerungsentwicklung, deren Ursachen und sozioökonomischen Auswirkungen mit anderen Ländern teilt. Zum Vorschein geraten andererseits große nationale Unterschiede, was das Ausmaß an Alterserwerbsarbeit betrifft. Japan tritt in diesem Zusammenhang als Beispiel einer vergleichsweise effektiven Erwerbseinbindung Älterer hervor, wobei die im Rahmen dieser Arbeit betrachtete Beschäftigungsfortsetzung großen Anteil hieran leistet.

2.1 Der demografische Wandel

Der als *jinkō dōtai no henka* bezeichnete „demografische Wandel" erfasst das Herz moderner Wirtschafts- und Wohlfahrtsstaaten. Entsprechend zeigt sich die wissenschaftliche Auseinandersetzung, die sich Ursachen und Auswirkungen des Bevölke-

DOI 10.1515/9783110528459-002

rungswandels widmet, gerade auch für Japan als demografischen Pionier umfangreich. Geografische Arbeiten verweisen auf Implikationen für Raumordnung und Infrastruktur (vgl. Elis und Lützeler 2008), während politologische Betrachtungen etwa Auswirkungen auf Föderalismus und Parteienlandschaft registrieren (vgl. Talcott 2008). Soziologische Beiträge dokumentieren einen Wandel bei Werten wie Strukturen familiärer Bindungen (vgl. Ölschleger et al. 1994) und nicht nur ökonomische Ansätze diskutieren die Folgen, welche für Wissenschaftsstandort (vgl. Clammer 2008 und Vogt 2008) oder Architektur des Wohlfahrtsstaats (vgl. Westerhof und Tulle 2007) aus der demografischen Entwicklung in Japan abzuleiten sind. Wie dieser Streifzug impliziert, betrifft der demografische Wandel „sämtliche Aspekte des menschlichen Lebens" (Peace et al. 2007: 2; Übers. d. Verf.); beinhaltet dieser politische, ökonomische, soziale wie kulturelle Dimensionen und ist darüber hinaus als Phänomen globaler Tragweite zu verstehen: „Despite their obvious differences in history, culture, religion and other aspects, there is a considerable extent of convergence among the more developed countries in respect of demography" (Kono 2008: 80). Nicht nur Japan steht daher vor umfassenden Veränderungen, die das Gemeinwesen als Ganzes betreffen: „Undoubtedly, the policy responses to the population changes will influence economic growth and poverty, intergenerational equity, and social welfare for decades ahead" (Ogawa 2008: 823). Es ist dieser stets zu betonende gesellschaftliche Umfang, dem United Nations (2002: xxviii; Übers. d. Verf.)[1] Ausdruck zu verleihen sucht, indem der demografische Wandel als „tiefgreifend", „langanhaltend" sowie „in der Geschichte der Menschheit beispiellos" beschrieben wird. Auch das Themenspektrum Arbeit und Beschäftigung ist leicht erkennbar unmittelbar vom demografischen Wandel betroffen, unter dem wir allgemein das Altern und/ oder Schrumpfen von Bevölkerungen verstehen: „Im Zusammenhang der Bevölkerungsalterung lassen sich verschiedene einhergehende Probleme für Wirtschaft und Gesellschaft ausmachen. Erstens steigt der Anteil der abhängigen Bevölkerung, so dass als Folge die Belastung der aktiven Generationen zunimmt. Zweitens besteht die Möglichkeit, dass die Veränderung von Kostenstrukturen zu einem Wandel der Industriestruktur führt. Drittens schreitet die Alterung des Arbeitskräftepotentials voran" (Abe 2009: 40; Übers. d. Verf.). Eine einleitende Betrachtung demografischer Entwicklungen entspringt somit dem logischen Aufbau einer Arbeit, die sich im übergeordneten Sinne mit der ökonomischen Teilhabe Älterer befasst.

---

[1] http://www.un.org/esa/population/publications/worldageing19502050/, letzter Abruf: 9.3.2017.

2.1.1 Fertilitätsrate

Die Demografie versteht Veränderungen der Bevölkerungsgröße als Resultat der langzeitlichen Entwicklung dreier Faktoren in Gestalt von Fertilität, Mortalität und Migration. Stellt Migration je nach Richtung und Ausmaß im Rahmen ihrer Netto-Bilanzierung eine intensivierende, kompensierende oder wie im Falle Japans kaum signifikante Beeinflussung demografischer Tendenzen dar (vgl. Abschnitt 3.1.1), verliert die japanische Bevölkerung mittlerweile an Umfang, weil weniger Menschen geboren werden (Fertilität), als – infolge einer steigenden Altersstruktur der Bevölkerung – versterben (Mortalität). Das Altern der Bevölkerung ergibt sich hingegen als Resultat des Verhältnisses von Geburtenrate und durchschnittlicher Lebenserwartung. So steigt in Japan das Durchschnittsalter der Bevölkerung, weil Menschen durchschnittlich an Lebensjahren gewinnen und keine hinreichende Kompensation dieser Entwicklung durch Geburtenanzahl und hierdurch zum Ausdruck kommenden Umfang nachrückender Generationen erfolgt. Eine kombinierte Visualisierung der historischen wie prognostizierten Entwicklung von Fertilität, Mortalität und durchschnittlicher Lebenserwartung in Japan im Zeitraum 1950 bis 2050 bietet einführend Abbildung 1.

Befasst sich dieser Abschnitt mit der Anzahl an Geburten und ihrer Entwicklung in nationalen Kontexten, wird dies anhand der *gōkei tokushu shusshō-ritsu* oder „Gesamtfertilitätsrate" (*total fertility rate*, TFR) bemessen, welche die durchschnittliche Anzahl an Geburten pro Frau im reproduktionsfähigen Alter beziffert.[2] Dabei wird ein grober Mittelwert der TFR in Höhe von 2,1 Geburten pro Frau im gebärfähigen Alter im allgemeinen Bezug auf Industrieländer zum Erhalt einer konstanten Bevölkerungsgröße veranschlagt. Ein Wert, der sich für den konkreten Fall Japans nur geringfügig unterscheidet, wird dieser aufgrund der spezifischen Einflüsse von Mortalität und Migration durch Kono (2008: 80) in Höhe einer Gesamtfertilitätsrate von 2,07 Geburten pro Frau im reproduktionsfähigen Alter angegeben. Dieses im Sinne des Bevölkerungswachstums neuralgische Niveau wird in Japan seit Mitte der 1970er Jahre konstant unterschritten und erreicht gemäß Ogawa (2008: 145) im Jahre 2005 einen historischen Tiefstand von lediglich 1,25 Geburten je Frau reproduktionsfähigen Alters. Laut Yashiro (2008: 934–935) können dabei drei Phasen sinkender Fertilitätsentwicklung im Verlaufe der japanischen Nachkriegszeit unterschieden werden. Demnach sinkt die *total fertility rate* zwischen 1947 und 1959 von 4,5 auf 2,1 und ver-

---

2 Zugrunde liegende Annahmen zur Ermittlung der Fertilitätsrate weisen untersuchungsspezifische Differenzen auf, welche insbesondere die Spanne des reproduktiven Alters betreffen. Auf Grundlage der folgenden verwendeten Quellen wird diese im Rahmen hiesiger Arbeit als zwischen dem 15. und 49. Lebensjahr definiert. Eine verallgemeinerte Definition der TFR liefert hingegen OECD (2011: 162) wie folgt: „The total fertility rate is the number of children that would be born to each woman if she were to live to the end of her child-bearing years and if the likelihood of her giving birth to children at each age was the currently prevailing age-specific fertility rates".

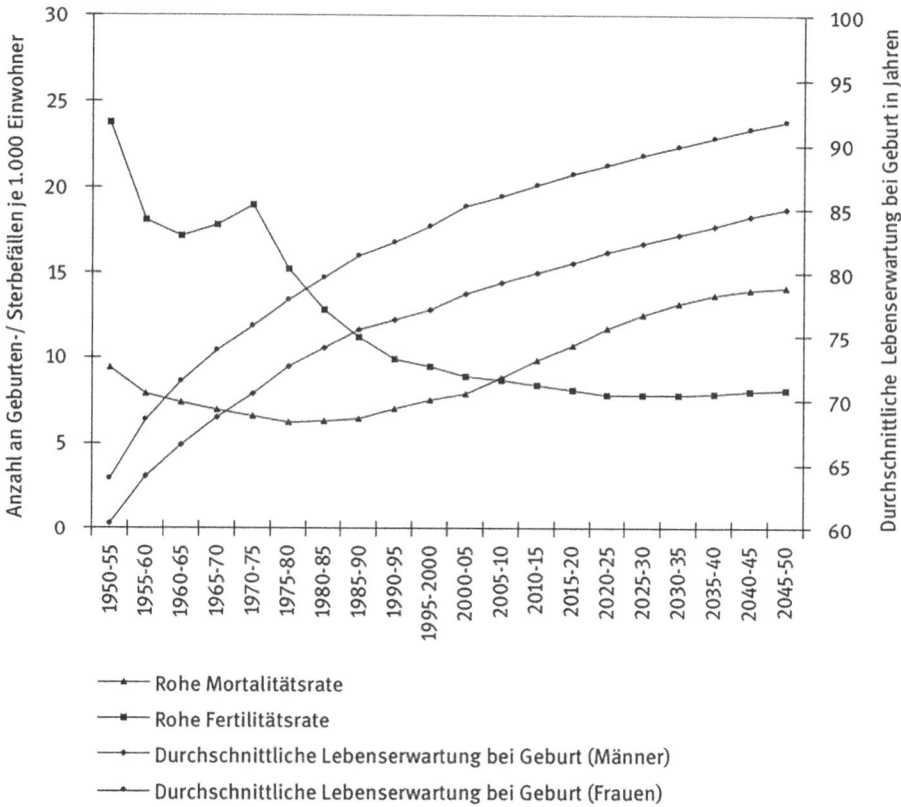

Abbildung 1: Entwicklung von durchschnittlicher Lebenserwartung bei Geburt, roher Mortalitäts- und Fertilitätsrate in Japan (1950–2050)

Quelle: Eigene Darstellung orientiert an OECD (2004e: 44). Daten basieren auf Angaben zur *crude death rate, crude birth rate* sowie *life expectancy at birth by sex* im Zeitraum 1950–2050 bei United Nations (2013: http://esa.un.org/wpp/unpp/panel_indicators.htm, letzter Abruf: 5.1.2015): *World Population Prospects: The 2012 Revsision.*

Anmerkung: Prognostizierte Werte ab dem Zeitraum 2010–2015 entsprechen der Mediumvariante der Prognose.

bleibt im Folgeraum (1960–1974) auf nahezu konstantem Niveau, ehe sie ab dem Jahre 1975 zunehmend unter diese zuletzt genannte Marke fällt.

Allerdings stellt Japan hinsichtlich dieser Tendenz keinen Einzelfall dar, wie Tabelle 1 im OECD-Vergleich ein national übergreifendes Absinken wie Konvergieren landesspezifischer Gesamtfertilitätsraten zwischen den Jahren 1950 und 2010 dokumentiert. Letztere Feststellung ist dabei vor allem auf den überproportionalen Rückgang der Geburtenrate in OECD-Staaten mit vergleichsweise später industriel-

Tabelle 1: Entwicklung der Gesamtfertilitätsrate (*total fertility rate*, TFR)
im OECD-Vergleich (1950–2050)

OECD-Staaten	TFR 1950-1955	TFR 2005-2010	TFR 2045-2050	Differenz TFR 1950-2010
KOR	5,05	1,23	1,68	-3,82
SVK	3,50	1,31	1,71	-2,19
POL	3,62	1,33	1,72	-2,29
HUN	2,69	1,33	1,71	-1,36
JPN	3,00	1,34	1,72	-1,66
PRT	3,10	1,36	1,62	-1,74
DEU	2,13	1,36	1,64	-0,77
ITA	2,36	1,39	1,79	-0,97
AUT	2,10	1,40	1,74	-0,70
ESP	2,53	1,41	1,79	-1,12
CZE	2,68	1,43	1,87	-1,25
SVN	2,58	1,44	1,75	-1,14
GRC	2,29	1,46	1,76	-0,83
CHE	2,31	1,47	1,76	-0,84
LUX	1,98	1,62	1,83	-0,36
CAN	3,65	1,63	1,83	-2,02
EST	2,06	1,64	1,85	-0,42
NLD	3,05	1,75	1,86	-1,30
BEL	2,34	1,82	1,93	-0,52
FIN	3,00	1,84	1,89	-1,16
DNK	2,55	1,85	1,94	-0,70
GBR	2,18	1,88	1,90	-0,30
AUS	3,18	1,89	1,86	-1,29
SWE	2,24	1,89	1,98	-0,35
CHL	4,95	1,90	1,80	-3,05
NOR	2,60	1,92	1,94	-0,68
FRA	2,75	1,97	1,99	-0,78
IRL	3,42	2,00	1,97	-1,42
USA	3,33	2,06	1,99	-1,27
ISL	3,86	2,13	1,88	-1,73
NZL	3,69	2,14	1,83	-1,55
TUR	6,62	2,16	1,75	-4,46
MEX	6,70	2,37	1,74	-4,33
ISR	4,28	2,91	2,26	-1,37

Quelle: Eigene Darstellung basierend auf Daten zur *total fertility* bei United Nations (2013:
http://esa.un.org/wpp/unpp/panel_indicators.htm, letzter Abruf: 4.1.2015): *World Population
Prospects: The 2012 Revision.*

Anmerkung: Tabelle sortiert nach zunehmender TFR für den Zeitraum 2005–2010. Prognostizierte
Werte für den Zeitraum 2045–2050 entsprechen der Mediumvariante der Prognose. Verwendete
Länderkürzel sind dem Abkürzungsverzeichnis (Anhang 2) zu entnehmen.

ler Entwicklung (wie Mexiko oder Chile) zurückzuführen. Tabelle 1 bereitet die Entwicklung der Gesamtfertilitätsraten sowie ihrer aktuellen Werte im OECD-Vergleich auf. Demnach verzeichnen 29 von 34 OECD-Nationen im Zeitraum 2005–2010 eine TFR unter der zur Konservierung der Bevölkerungsgröße neuralgischen Marke von 2,1 Geburten – angeführt durch Korea (1,23), die Slowakische Republik (1,31), Polen (1,33), Ungarn (1,33) und Japan (1,34) als Nationen mit dem derzeit niedrigsten Wert. Deutlich wird anhand Tabelle 1 zudem, dass die geringsten Fertilitätsraten tendenziell im europäischen Raum zu finden sind, wobei Japan und Korea (neben unbetrachteten ostasiatischen Nachbarn wie Taiwan) markante Ausnahmen bilden. Während jedoch OECD (2011: 44, 162) in zwei Drittel aller Mitgliedsstaaten ein bescheidenes Ansteigen der TFR im Verlauf des letzten Jahrzehnts konstatiert, wird Japan (neben Korea, Österreich, Portugal, Ungarn und der Schweiz) zu einer Gruppe an Staaten gerechnet, deren Fertilitätsrate auch in diesem Zeitraum durch einen weiterhin sinkenden Verlauf zu kennzeichnen ist. Zwar wird auch für diese Länder langfristig ein erneutes Ansteigen der Fertilitätsrate prognostiziert. Erkennbar wird jedoch bei Berücksichtigung von Tabelle 1 ebenso: Eine substanzielle Erholung der Gesamtfertilitätsrate auf das zur Bevölkerungsreproduktion notwendige Mindestmaß bleibt nicht nur Japan auch in Zukunft verwehrt.

Verschiedene Theorien bemühen sich, diesem allgemeinen Rückgang der Fertilitätsrate im Laufe des 20. Jahrhunderts eine Erklärung zuzufügen, wie folgend auf Grundlage von OECD (2003: 114–115) skizziert: So betont die Theorie des demografischen Übergangs (*theory of demographic transition*) die Bedeutung des sozioökonomischen Fortschritts als Auslöser sinkender Geburtenzahlen. Die stärker im ökonomischen Kontext beheimatet Theorie zur rationalen Entscheidung (*rational choice theory*) argumentiert mit steigenden Kosten der Kindererziehung, worunter jedoch laut Usui (2008: 171) nicht nur monetäre Größen zu verstehen sind: „Because of the competitive nature of the Japanese education system, the time, money, and emotional costs of bringing up a child also remain high". Eine dynamische Erweiterung dieses Gedankens besteht in Form der Theorie zur Risikoaversion (*risk aversion theory*). Ihr zufolge fördert die Zunahme subjektiver finanzieller Unsicherheiten eine risikoaverse Einstellung zur Familiengründung, deren Kosten sich erst in einer ökonomisch ungewiss erscheinenden Zukunft materialisieren. OECD (2003: 115) urteilt vor diesem Hintergrund: „The recent experience with limited economic growth in Japan, may thus have reinforced the downward trend in fertility rates" (vgl. auch Ogawa, N. 2009: 7). Soziologische Erklärungsvarianten wie die Theorie post-materialistischer Werte (*post-materialist values theory*) oder die Theorie zur Geschlechtergleichheit (*gender equity theory*) machen hingegen einen umfassenden Wertewandel zu zentralen Lebensfragen wie der Familiengründung als Ursache sinkender Fertilität aus: „Concerning the reason for the drop in the fertility rate, several authors point far-reaching changes in values and attitudes with respect to the family and marriage, and especially to the changing role of women" (Ölschleger 2008: 37). Eine Entsprechung dieses soziologisch geprägten Gedankens erfolgt jedoch auch im Rahmen ökonomischer Erklärungsansätze, in dem etwa der Anstieg weiblicher Erwerbstätigkeit als gestiegene Opportunitätskosten der Kinderaufzucht auf Seiten der Frau interpretiert werden: „The costs for child care include not only pecuniary expenses for childrearing, but also the opportunity costs of women who have to leave full-time work to take care of their children and have to sacrifice substantial lifetime earnings which they would otherwise receive. This trade-off between continuing in full-time work and full-time child care at home is particularly important in Japan, because it is quite difficult to return to full-time jobs after childrearing" (Yashiro 2008: 933). So sind es unabhängig des japanischen Kontexts vor allem Frauen, die von einer mangelnden Vereinbarkeit von Beruf und Familie als zentraler Faktor sinkender Geburtenraten betroffen sind: „today´s young women are the first to face downward mobility after marriage. Thus, marriage offers fewer benefits, while society increasingly accepts their single lifestyle and sexual freedom. [...] In short, marriage and family are no longer the locus of life-course attainment for women from their late 20s onward" (Usui 2008: 171). Entsprechend hält insbesondere ein verändertes Heiratsverhalten eine Begründung sinkender Geburtenraten in einem Land wie Japan bereit, wo die eheliche Gemeinschaft unverändert als elementare Voraussetzung zur Familiengründung angesehen wird. So kommt hier Usui (2008: 171) zufolge nur ein Prozent der Kinder außerehelich zur Welt: „Not only does marriage take place later and have women fewer children once married, but fewer people get married at all [...]. In Japan, unmarried cohabitation is virtually non-existent" (OECD 2003: 106).

Alternative Theorien zur Herleitung eines für Japan wie den internationalen Raum identifizierten Sinkens der Fertilitätsrate stellen im Sinne dieses Überblicks – mit unterschiedlicher Akzentuierung – auf verwandten Gedankenmodellen basierende Erklärungsansätze dar. Folglich sind diese nicht als Gegensätze zu interpretieren, sondern vermitteln gerade in komplementärer Betrachtung den sozioökonomischen Ursachenkomplex sinkender Geburtenraten, in dessen Zusammenhang Peng (2008: 1041) für Japan bilanziert: „By the mid-1990s, academics, demographers, and government policy makers came to agree that family-work tensions were the main cause of the fertility decline". Entsprechend dieser Diagnose wird auch in Japan die Schaffung einer stringenten Familien- und Beschäftigungspolitik als entscheidendes Instrument angesehen, um dem *shōshi-ka mondai* genannten „Problem sinkender Fertilität" zu begegnen. Zwar hat die japanische Politik einhergehenden Reformbedarf erkannt und ist bestrebt, neue politische Leitplanken zur Vereinbarung von Familie und Beruf zu etablieren.[3] Allerdings fallen die Erfolgeinschätzungen dieser Reformbemühungen eher verhalten aus. So bezweifelt etwa OECD (2003: 16, 110) trotz lobender Worte, dass die bisherigen Maßnahmenpakete eine substanzielle Erhöhung zukünftiger Fertilitätsraten bewirken werden: „From a socio-economic point of view, there are

---

[3] Zu nennen sind hier in erster Linie der *enzeru puran* („*angel plan*", 1995–1999) sowie der *shin enzeru puran* („*new angel plan*", 2000–2004), vgl. OECD (2003: 116–117).

several reasons why fertility rates are rather unlikely to recover" (OECD 2003: 110). In vergleichbaren Sinne sieht auch Yashiro (2008: 933) die Umsetzung der mit politischen Reformkatalogen im Bereich der Vereinbarung von Beschäftigung und Familie verbundenen Ziele vorerst als gescheitert an: „Despite a series of policy measures aimed at countering the trend [of declining fertility], [...] there are no signs of the declining trend stopping". Hiesiger Darstellung folgend besitzt Japan also im internationalen Vergleich eine sehr niedrige Fertilitätsrate, mit deren substanzieller Erholung angesichts gesellschaftspolitischer Hürden bei der Gleichstellung von Mann und Frau oder der Vereinbarung von Beruf und Familie auch zukünftig nicht zu rechnen sein wird. Dennoch stellt eine niedrige Geburtenrate auch außerhalb Japans keine Unbekannte dar. Die Notwendigkeit zur sozialen wie ökonomischen Einbindung Älterer wird demnach nicht nur in Japan auch auf lange Sicht nicht durch positive Tendenzen der Fertilitätsentwicklung entschärft.

2.1.2 Durchschnittliche Lebenserwartung

Neben der Fertilität ist die *heikin junyō* oder „durchschnittliche Lebenserwartung"[4] als elementare Kennziffer des demografischen Wandels anzusehen. Deren kontinuierlicher Anstieg im Verlauf der Neuzeit gilt als Resultat eines auf breiter Gesellschaftsebene gewachsenen Lebensstandards. Dieser schlägt sich in Form einer stabilen Ernährungsgrundlage, verbesserter hygienischer wie medizinischer Verhältnisse oder der Reduktion physischer Beanspruchungen der Arbeitswelt nieder und ist somit in enger Verbindung mit dem Ausbau des modernen Industrie- und Wohlfahrtsstaats zu betrachten: „Advancement in life expectancy is a triumpf for civilization and successful economic and social development. On the other hand, it also tends to accelerate population ageing" (Kono 2008: 89). So gesehen ist der Anstieg der allgemeinen Lebenserwartung also zunächst als zivilisatorische Errungenschaft zu verstehen wie Seike (2001: iii; Übers. d. Verf.) darauf hinweist, dass „das Problem der Überalterung nicht in der Alterung an sich, sondern in den systemischen Voraussetzungen einer alternden Bevölkerung liegt". Dabei zeigt sich der Einfluss steigenden Lebensstandards auf die Entwicklung der durchschnittlichen Lebenserwartung laut Westendorp und Kirkwood (2007: 28–30) besonders deutlich am Beispiele Japans: So liegt hier die Lebenserwartung in der Vorzeit des zweiten Weltkrieges noch um 30 Jahre unter den Vergleichswerten führender Industriestaaten, ehe das folgende Wirtschaftswunder einen ebenso markanten Ausbau der Lebenserwartung bis an die Spitze der interna-

---

4 Die durchschnittliche Lebenserwartung bei Geburt („*average expected life expactancy*") wird durch OECD (2011b: 1) definiert als: „the average number of years that people of a particular age could expect to live if they experienced the age- and sex-specific mortality rates prevalent in a given country in a particular year".

tionalen Staatengemeinschaft bewirkt. Ein Vorgang, der in Japan mit Begriffen wie *chōju taikoku nippon* („Japan, Land des langen Lebens"), *chōju shakai* („Gesellschaft der Langlebigkeit") oder *taishū chōju jidai* („Zeitalter allgemeiner Langlebigkeit") verbunden wird. Entstehen große Zuwächse an durchschnittlicher Lebenserwartung zu Beginn dieser Entwicklung durch eine substanzielle Reduktion der Kindersterblichkeit, wird dieses Wachstum in der zweiten Hälfte des 20. Jahrhunderts laut OECD (2011b: 27) durch eine signifikante Absenkung des Mortalitätsrisikos in frühen Altersphasen getragen. Im Zuge dieser Prozesse steigt die durchschnittliche Lebenserwartung bei Geburt in Japan zwischen 1950 und 2010 um beachtliche 20,5 Jahre, wobei mit einer weiteren Zunahme um knapp sechs Jahre bis 2050 gerechnet wird (vgl. OECD 2011b: 164–165). Aktuell belegt Japan somit bei einer durchschnittlichen Lebenserwartung von 82,7 Jahren im Zeitraum 2005 bis 2010 den Spitzenplatz des OECD-Vergleichs, welcher durch Tabelle 2 wiedergegeben wird und wie schon im Falle der Fertilitätsrate eine konvergierende Entwicklung landesspezifischer Werte zu erkennen gibt. So sinkt die Differenz zwischen der höchsten und niedrigsten Lebenserwartung im Zeitraum 1950 bis 2010 von über 31 auf unter 10 Jahre. Erkennbar wird zudem die hohe Geschwindigkeit der Zunahme an Lebenserwartung in Japan zwischen 1950 und 2010 um 20,5 Jahre. Ein Wert, der nur durch die Türkei (32,4), Korea (32,1 Jahre), Mexiko (25,6) und Chile (23,8) aufgrund deutlich niedriger Ausgangswerte übertroffen wird. In sämtlichen durch Tabelle 2 erfassten Staaten ist dabei die durchschnittliche Lebenserwartung der Frau höher als die des Mannes, so dass sich in Abhängigkeit des Geschlechts im Zeitraum 2005 bis 2010 laut OECD (2011b: 164–165) die folgenden Verhältnisse ergeben: Die Lebenserwartung von Frauen ist demnach in Japan mit 86,2 Jahren am höchsten, gefolgt von Frankreich (84,7 Jahre), der Schweiz, Italien und Spanien mit jeweils 84,1 Jahren. Die Lebenserwartung japanischer Männer beläuft sich auf 76,1 Jahre, womit Japan hinter Island (80,2 Jahre), der Schweiz (79,3) und Australien (79,1) den vierten Rang im OECD-Vergleich einnimmt.

So sehr der beschriebene Anstieg der Lebenserwartung als zivilisatorischer Erfolg des modernen Industrie- und Wohlfahrtsstaats wertzuschätzen ist, stellt er eben diesen vor zentrale Herausforderungen, welche sich anhand unterschiedlicher Indikatoren markieren lassen (vgl. Abschnitt 2.2.2). Die getrennte Erfassung der Lebenserwartung in Rente (*expected retirement duration*) gilt als ein solcher Indikator, der die Betrachtung auf wachsende Zeiträume des Rentenbezugs fokussiert und hierdurch den zunehmenden Finanzierungsdruck des Sozialstaats in den Vordergrund rückt. Und auch in diesem Zusammenhang wird das international vergleichsweise fortgeschrittene Stadium des demografischen Wandels in Japan erkennbar. So steigt im Zeitraum 2005 bis 2050 Prognosen der OECD (2011: 165) zufolge die Lebenserwartung ab dem 65. Lebensjahr bei japanischen Frauen von 23,3 auf 27,3 Jahre, während sich die entsprechenden OECD-Durchschnittswerte auf 19,9 bzw. 23,5 Jahre belaufen. Nicht ganz so drastisch stellt sich dieser Kontrast bei Männern dar. Denn wird hierbei für Japan ein Anstieg von 18,1 auf 21,3 Jahre im Vergleichzeitraum prognostiziert, wächst die Lebenserwartung ab dem 65. Lebensjahr im OECD-Durchschnitt von 16,4 auf 19,5

Tabelle 2: Durchschnittliche Lebenserwartung bei Geburt im OECD-Vergleich (1950–2050)

OECD-Staaten	Lebenserwartung			Differenz	
	1950–1955	2005–2010	2045–2050	1950–2010	2010–2050
JPN	62,2	82,7	88,4	20,5	5,7
CHE	69,3	81,8	87,2	12,5	5,4
AUS	69,4	81,7	87,2	12,3	5,5
ITA	66,3	81,5	87,3	15,2	5,8
ISL	72,0	81,4	86,4	9,4	5,0
ESP	64,2	81,2	86,8	17,0	5,6
SWE	71,7	81,1	86,1	9,4	5,0
FRA	67,1	80,9	86,6	13,8	5,7
ISR	68,9	80,8	86,4	11,9	5,6
NOR	72,2	80,6	85,6	8,4	5,0
CAN	68,9	80,5	85,8	11,6	5,3
NZL	69,7	80,2	85,6	10,5	5,4
NLD	71,9	80,2	85,2	8,3	5,0
AUT	66,3	80,1	85,9	13,8	5,8
KOR	47,9	80,0	88,4	32,1	8,4
GRC	65,7	79,8	85,3	14,1	5,5
DEU	67,5	79,8	85,4	12,3	5,6
IRL	66,7	79,6	85,7	12,9	6,1
GBR	69,3	79,6	85,0	10,3	5,4
LUX	66,0	79,5	85,4	13,5	5,9
FIN	66,1	79,5	85,2	13,4	5,7
BEL	67,6	79,5	85,3	11,9	5,8
PRT	59,7	78,7	85,3	19,0	6,6
CHL	54,8	78,6	85,7	23,8	7,1
SVN	65,6	78,6	84,1	13,0	5,5
DNK	70,9	78,6	83,9	7,7	5,3
USA	68,6	78,1	83,5	9,5	5,4
CZE	66,4	76,8	82,6	10,4	5,8
MEX	50,7	76,3	83,9	25,6	7,6
POL	61,4	75,5	81,6	14,1	6,1
SVK	64,5	74,7	80,2	10,2	5,5
HUN	64,0	73,8	79,6	9,8	5,8
EST	61,8	73,6	79,3	11,8	5,7
TUR	41,0	73,4	83,0	32,4	9,6

Quelle: Eigene Darstellung basierend auf Daten zur *life expectancy at birth* bei United Nations (2013: http://esa.un.org/wpp/unpp/panel_indicators.htm, letzter Abruf: 4.1.2015): *World Population Prospects: The 2012 Revision.*

Anmerkung: Tabelle sortiert nach abnehmender durchschnittlicher Lebenserwartung bei Geburt (Kombination der Werte beider Geschlechter) für den Zeitraum 2005–2010. Prognostizierte Werte für den Zeitraum 2045–2050 entsprechen der Mediumvariante der Prognose. Verwendete Länderkürzel sind dem Abkürzungsverzeichnis (Anhang 2) zu entnehmen.

Jahre an. Wie bereits im Zusammenhang der Fertilitätsrate konstatiert, kommt somit auch in Bezug auf die durchschnittliche Lebenserwartung eine demografische Vorreiterrolle Japans zum Ausdruck. Gleichwohl gilt es auf verwandte Tendenzen zu verweisen, wie folgend mit internationalem Bezug durch Moody (2009: 397) bilanziert: „for both men and women, years in retirement constitute a larger and growing portion of life".

2.1.3 Schrumpfung der Bevölkerung

„Die japanische Bevölkerung ist in eine Phase der Schrumpfung eingetreten" (Kōsei rōdō-shō 2011: 3; Übers. d. Verf.), die als massiv beschrieben werden muss. So prognostiziert Kokuritsu shakai hoshō jinkō mondai kenkyū-kai („National Institute of Population and Social Security Research") einen Rückgang der japanischen Bevölkerungsgröße zwischen den Jahren 2005 und 2050 um rund ein Viertel der Bevölkerungsgröße. Denn erreicht diese im Jahre 2005 einen historischen Höchststand, könnte die japanische Bevölkerung in diesem Zeitraum um rund 32,6 Millionen auf dann rund 95,2 Millionen Japaner gesunken sein (vgl. Kokuritsu shakai hoshō jinkō mondai kenkyū-kai 2006: 9)[5]. Bis Ende des 21. Jahrhunderts könnte die Bevölkerung gar auf 64 Millionen Japaner schrumpfen, auf dann „rund die Hälfte der derzeitigen Bevölkerungsgröße" (Kono 2008: 84; Übers. d. Verf.). Abbildung 2 kompiliert die historische wie prognostizierte Langzeitentwicklung der japanischen Bevölkerungsgröße. Ersichtlich wird das starke Wachstum der japanischen Bevölkerung in der zweiten Hälfte des 20. Jahrhunderts, welches schließlich um das Jahr 2005 zu einem historischen Höchststand der Bevölkerungsgröße von ca. 126,4 Millionen Japanern kumuliert, ehe die zuvor skizzierte Entwicklung demografischer Determinanten (Fertilität, Mortalität, Migration) einen ebenso rapiden Bevölkerungsschwund einleitet: „Thanks to both the loss of population momentum and continuously declining fertility below replacement level, the annual rate of population growth in Japan dropped below 1 per cent in the mid-1970s, continued to decline, and was finally recorded as negative in 2004–2006" (Atoh 2008: 19). Mittels Tabelle 3, welche die Veränderung der Bevölkerungsgröße von OECD-Staaten zwischen 1950 und 2050 dokumentiert, kann diese japanische Entwicklung in einen internationalen Bezug verortet werden. Japan wird hierbei der insgesamt stärkste Bevölkerungsrückgang bis Mitte des Jahrhunderts prognostiziert, wobei jedoch eine Reihe von Bevölkerungen gleichgerichtete Entwicklungstendenzen zu erkennen gibt. So folgen auf Japan als Staat mit dem höchsten prozentualen Rückgang der Bevölkerungsgröße zwischen den Jahren 2009 und 2050 um 14,9 %, Estland (-13,7 %), Deutschland (-12,6 %) sowie Polen (-10,8 %) als Nationen, denen ebenfalls ein starker Bevölkerungsrückgang prognostiziert wird. Doch auch

5 http://www.ipss.go.jp/pp-newest/j/newest03/newest03.pdf, letzter Abruf: 9.3.2017.

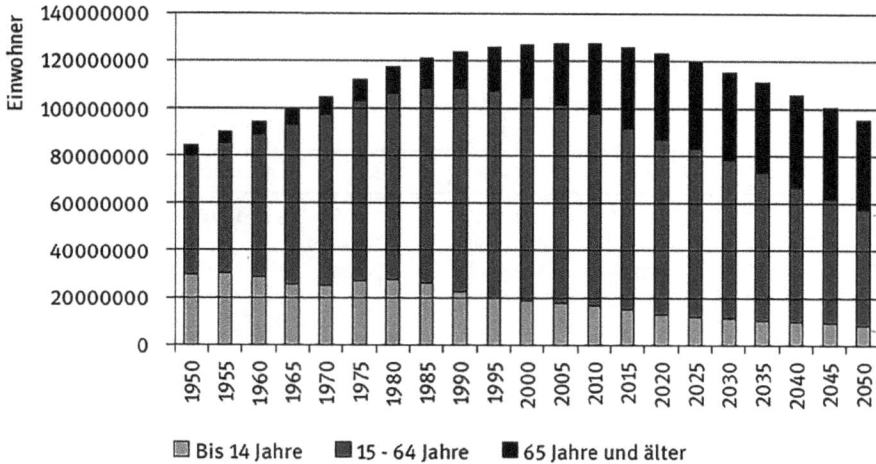

Abbildung 2: Bevölkerungsgröße Japans in Abhängigkeit von selektierten Alterskohorten (1950–2050)

Quelle: Eigene Darstellung orientiert an Kōsei rōdō-shō (2011a: 1. http://www.mhlw.go.jp/stf/ shingi/2r9852000001ojt0-att/2r9852000001ojwp.pdf, letzter Abruf: 5.1.2015). Daten für den Zeitraum 1950–2010 basieren auf Angaben bei Sōmu-shō tōkei-kyoku (2010: 15. http://www.stat. go.jp/data/kokusei/2010/kihon1/pdf/gaiyou1.pdf, letzter Abruf: 5.1.2015). Daten für den Zeitraum 2015–2050 basieren auf Angaben bei Kokuritsu shakai hoshō jinkō mondai kenkyūkai-sho (2006: 9. http://www.ipss.go.jp/pp-newest/j/newest03/newest03.pdf, letzter Abruf: 5.1.2015).

Anmerkung: Prognostizierte Werte für den Zeitraum 2015–2050 entsprechen der Mediumvariante der Prognose.

Ungarn, die Slowakische Republik, Portugal, Griechenland, Slowenien sowie Italien müssen mit einem zukünftigen Bevölkerungsschwund rechnen. Neben den asiatischen Nachbarn Japan und Korea sind es demnach vor allem kontinentaleuropäische Staaten, deren Zukunft durch eine abnehmende Bevölkerungsgröße begleitet sein wird, wenngleich das exponierte japanische Ausmaß des Bevölkerungsrückgangs seines Gleichen sucht.

Tabelle 3: Entwicklung der Bevölkerungsgröße im OECD-Vergleich (1950–2050)

OECD-Staaten	Bevölkerungsgröße (in tausend)			Differenz (2010–2050)	
	1950	**2010**	**2050**	**absolut**	**prozentual**
JPN	82 199	127 353	108 329	-19 024	-14,9
EST	1 101	1 299	1 121	-178	-13,7
DEU	70 094	83 017	72 566	-10 451	-12,6
POL	24 824	38 199	34 079	-4 120	-10,8
HUN	9 338	10 015	8 954	-1 061	-10,6
SVK	3 437	5 433	4 990	-489	-10,6
PRT	8 417	10 590	9 843	-747	-7,1
GRC	7 566	11 110	10 668	-442	-4,0
SVN	1 473	2 054	2 023	-31	-1,5
ITA	46 367	60 509	60 015	-494	-0,8
NLD	10 027	16 615	16 919	304	1,8
ESP	28 070	46 182	48 224	2 042	4,2
KOR	19 211	48 454	51 034	2 580	5,1
FIN	4 008	5 368	5 693	325	5,7
CZE	8 876	10 554	11 218	664	5,9
BEL	8 628	10 941	12 055	1 114	9,2
AUT	6 938	8 402	9 354	952	10,2
DNK	4 268	5 551	6 361	810	12,7
FRA	41 832	62 231	73 212	10 981	15,0
GBR	50 616	62 066	73 131	11 065	15,1
CHL	6 082	17 151	20 839	3 688	17,7
SWE	7 010	9 382	11 934	2 552	21,4
USA	157 813	312 247	400 853	88 606	22,1
ISL	143	318	415	97	23,4
TUR	21 238	72 138	94 606	22 468	23,8
NZL	1 908	4 368	5 778	1 410	24,4
MEX	28 296	117 886	156 102	38 951	24,5
CAN	13 737	34 126	45 228	11 102	24,6
NOR	3 265	4 891	6 556	1 664	25,4
IRL	2 913	4 468	5 994	1 526	25,5
LUX	296	508	706	198	28,1
CHE	4 668	7 831	10 977	3 146	28,7
AUS	8 177	22 404	33 735	11 331	33,6
ISR	1 258	7 420	11 843	3 479	37,4

Quelle: Eigene Darstellung und Berechnung basierend auf Daten zur *total population at mid-year by major area, region and country* bei United Nations (2013: 108–117. http://esa.un.org/unpd/wpp/ Documentation/pdf/WPP2012_Volume-1_Comprehensive-Tables.pdf, letzter Abruf 5.1.2015): *World Population Prospects: The 2012 Revision*.

Anmerkung: Tabelle sortiert nach abnehmendem prozentualem Bevölkerungsschwund im Zeitraum 2010–2050. Die prognostizierten Werte für das Jahr 2050 entsprechen der Mediumvariante der Prognose. Verwendete Länderkürzel sind dem Abkürzungsverzeichnis (Anhang 2) zu entnehmen.

2.1.4 Alterung der Bevölkerung

„Japan gilt von seinem Bevölkerungsaufbau her ebenso wie die USA als vergleichsweise ‚junge' Nation" (Thränhardt 1989: 22)[6]. Es ist bezeichnend für die Geschwindigkeit der *jinkō no kōrei-ka* oder „Bevölkerungsalterung" in Japan, dass diese Beschreibung nicht der fernen Vergangenheit entstammt, sondern noch vor rund 25 Jahren
als zutreffende Feststellung der Altersstruktur der japanischen Bevölkerung getroffen
werden konnte. Heute hingegen gilt Japan als Nation mit der ältesten Bevölkerung der
Welt, und es wird diese Position auch auf langfristige Sicht behalten: „Japan erfährt
derzeit eine weltweit beispiellose Alterung. Während der Anteil der über 64-Jährigen
an der Bevölkerung bereits derzeit den weltweit höchsten Wert mit über 22 % beträgt,
wird dieser Wert im Jahre 2013 über 25 % liegen. Ein Viertel der Bevölkerung wird
somit aus Älteren bestehen. Was die Bevölkerungsstruktur angeht, betritt Japan eine
unbekannte Welt" (Seike und Nagashima 2009: 1; Übers d. Verf.). Zur Erfassung dieses
Alterungsprozesses der japanischen Bevölkerung sei erneut Abbildung 2 herangezogen, aus dem sich die verändernde Komposition der japanischen Bevölkerung durch
unterschiedliche Alterskohorten ergibt. Für die zukünftige Entwicklung kann dabei
abgelesen werden, dass während die Altersgruppe ab 65 Jahren als einziges Wachstumssegment der Bevölkerung verbleibt, der gesamte Unterbau erheblich an Umfang
verliert. Konkret nimmt der Bevölkerungsanteil ab 65 Jahren im Zeitraum 2010 bis
2050 gemäß Abbildung 2 von 23,1 % auf 39,6 % zu. Im Gegensatz dazu sinken im
Vergleichszeitraum der Anteil der 15 bis 64-Jährigen von 63,9 % auf 51,8 % sowie der
Anteil der unter 15-Jährigen von 13 % auf 8,6 %. Diesen Angaben zufolge wird über ein
Drittel der japanischen Bevölkerung gegen Mitte des Jahrhunderts 65 Jahre oder älter
sein. Die Konsequenz einer Entwicklung, für dessen Klassifizierung unterschiedliche
Begriffe herangezogen werden (vgl. Shintani, T. 2008: 563). So gilt Japan zwischen
1970 und 1995 als *kōrei-ka shakai* („alternde Gesellschaft"), was eine Bevölkerung mit
einem Anteil von über 64-Jährigen zwischen 7 % und 14 % bezeichnet. Im folgenden
Stadium liegt dieser Anteil zwischen 14 % und 21 %, was mit dem Begriff *kōrei shakai*
(„alte Gesellschaft") verbunden wird. Legt man die Datenquellen von Abbildung 2
zugrunde, übersteigt der Bevölkerungsanteil der über 64-Jährigen mit dem Jahre 2006
die 21-Prozentmarke, womit die japanische Bevölkerung in eine dritte Entwicklungs-
phase eintritt, die wiederum mit dem Ausdruck *chō-kōrei shakai* verbunden wird:
Japan wird zu Beginn des 21. Jahrhunderts zu einer „hypergealterten Gesellschaft".
 Tabelle 4, die den Bevölkerungsanteil der über 64-Jährigen im OECD-Vergleich
zwischen 1950 und 2050 dokumentiert, setzt diese Entwicklung der Altersstruktur der
japanischen Bevölkerung in einen internationalen Bezug, deren Betrachtung mit den
Worten von Coulmas et al. (2008: xvi) eine prägnante Zusammenfassung beigeführt
werden kann: „Japan promises to be the oldest country for decades to come". Zwar

---

6 http://www.uni-hamburg.de/oag/noag/noag_1989_2.pdf, letzter Abruf: 9.3.2017.

Tabelle 4: Altersquotient im OECD-Vergleich (1950–2050)

OECD-Staat	Altersquotient				Differenz (2010–2050)
	1950	2010	2025	2050	
JPN	4,9	23,0	29,6	36,5	13,5
DEU	9,6	20,8	25,1	32,7	11,9
ITA	8,1	20,3	24,4	33,0	12,7
GRC	6,8	19,0	23,2	32,1	13,1
SWE	10,2	18,2	21,3	22,8	4,6
PRT	7,0	18,0	23,0	34,4	16,4
AUT	10,3	17,8	21,5	27,6	9,8
EST	10,6	17,5	20,5	25,2	7,7
BEL	11,0	17,2	21,6	26,1	8,9
ESP	7,2	17,1	21,4	34,5	17,4
FIN	6,6	17,1	24,0	25,7	8,6
CHE	9,4	16,9	20,2	24,4	7,5
FRA	11,4	16,8	21,7	25,5	8,7
SVN	7,0	16,7	22,7	30,4	13,7
HUN	7,8	16,7	20,6	26,0	9,3
DNK	9,0	16,7	20,9	23,0	6,3
GBR	10,8	16,6	20,0	24,7	8,1
NLD	7,7	15,4	22,3	27,2	11,8
CZE	8,3	15,4	20,5	26,7	11,3
NOR	9,6	15,0	18,7	22,6	7,6
CAN	7,7	14,2	20,4	24,7	10,5
LUX	9,8	14,0	16,5	23,5	9,5
POL	5,2	13,5	20,8	29,1	15,6
AUS	8,2	13,4	17,8	22,0	8,6
USA	8,3	13,1	18,6	21,4	8,3
NZL	9,0	13,0	18,1	23,0	10,0
SVK	6,6	12,3	18,4	27,7	15,4
ISL	7,5	12,1	17,1	23,9	11,8
IRL	11,0	11,3	15,7	24,8	13,5
KOR	2,9	11,1	19,4	34,9	23,8
ISR	3,9	10,4	13,4	17,9	7,5
CHL	4,3	9,2	14,8	24,6	15,4
MEX	3,5	6,0	9,6	20,2	14,2
TUR	3,0	7,1	10,6	21,2	14,1

Quelle: Eigene Darstellung und Berechnung basierend auf Angaben zur *population 65+* bei United Nations (2013: http://esa.un.org/wpp/unpp/panel_indicators.htm, letzter Abruf: 7.1.2015): *World Population Prospects : The 2012 Revision*.

Anmerkung: Tabelle sortiert nach abnehmendem Altersquotienten (als prozentualer Anteil der über 64-Jährigen an der Gesamtbevölkerung; Differenz (2010–2050) in Prozentpunkten ausgewiesen) im Jahre 2010. Prognostizierte Werte für die Jahre 2025 und 2050 entsprechen der Mediumvariante der Prognose. Verwendete Länderkürzel sind dem Abkürzungsverzeichnis (Anhang 2) zu entnehmen.

sind Korea, Polen, die Slowakische Republik, aber auch Chile und Taiwan (vgl. für Taiwan Peng 2008: 1044) zukünftig gegenüber Japan durch einen schnelleren Anstieg des in Tabelle 4 erfassten Altersquotienten[7] gekennzeichnet. Dies ist jedoch erneut auf deutlich niedrigere Ausgangswerte zurückzuführen, so dass der für Japan prognostizierte Altersquotient in den Jahren 2025 und 2050 auch durch diese Länder unterschritten bleibt. Akzentuierter als im Zusammenhang des Bevölkerungsrückgangs verdeutlicht Tabelle 4 zugleich, dass die Bevölkerungsalterung im regionalen Bezugsrahmen derzeit (noch) vor allem als europäisches Phänomen zu interpretieren ist. So folgen auf Japan als Nation mit dem höchsten Altersquotienten von 23 % im Jahre 2010, 19 europäische Staaten, angeführt von Deutschland (20,8 %), Italien (20,3 %) und Griechenland (19 %) als Länder mit den höchsten Werten: „Indeed, apart from Japan, the EU countries currently have the most pronounced trend in terms of population ageing" (Peace et al. 2007: 2).

Der demografische Wandel verstanden als Alterung und/oder Schrumpfung der Bevölkerung stellt einen gesellschaftlichen Transformationsprozess dar, welcher hinsichtlich der Komplexität seiner Ursachen und Auswirkungen im Rahmen dieser Arbeit lediglich skizziert werden kann. Zumindest zwei Hervorhebungen mit gleichsam politischer, ökonomischer wie sozialer Brisanz sollen dies zum Abschluss der Darstellung demografischer Entwicklungen im internationalen Bezug exemplifizieren. So ist der demografische Wandel nicht nur in Japan durch geografische Disparitäten geprägt und erfasst in diesem Sinne besonders Regionen fernab des urbanen Siedlungsraums: „Ein Faktor der sinkenden Erwerbsquote in ländlichen Gebieten ist [...] die schneller voranschreitende Bevölkerungsalterung gegenüber Großstadtgebieten" (Kōsei rōdō-shō 2005: 117; Übers. d. Verf.)[8]. Desweiteren ist der demografische Wandel infolge einer höheren durchschnittlichen Lebenserwartung von Frauen auch hinsichtlich seiner sozialpolitischen Herausforderungen ungleich zwischen den Geschlechtern verteilt. „The older population is predominantly female. [...] In 2013, globally, there were 85 men per 100 women in the age group 60 years or over and 61 men per 100 women in the age group 80 years or over" (United Nations 2013a: xiii)[9]. Gesellschaften wie Arbeitswelten, in denen Geschlechter nach wie vor unterschiedlich verteilten Voraussetzungen und Risiken begegnen, werden somit vor dem Hintergrund demografischer Tendenzen etwa mit einer steigenden Problematik von Altersarmut konfrontiert, welches vor allem ein weibliches ist: „indeed the feminisation of later life has led to a widespread attitude to older women of being socially invisible and of leading a tucked-away life of little impact to public life" (Peace et al. 2007: 9).

---

7 Gemäß zugrunde liegender Datenquelle hier zu verstehen als Anteil der über 64-jährigen an der Gesamtbevölkerung.
8 http://www.mhlw.go.jp/wp/hakusyo/roudou/05/dl/02-01c.pdf, letzter Abruf: 9.3.2017.
9 http://www.un.org/en/development/desa/population/publications/pdf/ageing/WorldPopulationAgeing2013.pdf, letzter Abruf: 9.3.2017.

Die Darstellung des demografischen Wandels als einleitender Bestandteil der gesellschaftspolitischen Einbettung der Beschäftigungsfortsetzung in Japan soll somit trotz der Bilanzierung einer demografischen Vorreiterrolle Japans auch der Bewusstseinsschärfung dienen, dass Schrumpfen wie' Alterung der Bevölkerung tendenziell durch eine Vielzahl weiterer Nationen geteilt wird. Hieraus erwachsen Gemeinsamkeiten bei der Bewältigung korrespondierender Aufgaben, wie nicht zuletzt im Zusammenhang einer Stärkung ökonomischer Teilhabe im Alter bestehend: „Der Bevölkerungsrückgang ist mit Gewissheit unvermeidbar und ruft Sorgen um die Entwicklung der japanischen Wirtschaft und Gesellschaft hervor" (Kōsei rōdō-shō 2005: 83; Übers. d. Verf.)[10].

2.2 Sozioökonomische Implikationen des demografischen Wandels

Die beschriebenen demografischen Prozesse lassen eine Pionierstellung Japans erkennen, die auch im Rahmen der folgenden Betrachtung sozioökonomischer Implikationen dieses Wandels von Bestand bleibt. Der hierbei bestehende Fokus auf die Entwicklung von Größe und Altersstruktur der Erwerbsbevölkerung (Abschnitt 2.2.1) sowie der Unterstützungsrate (Abschnitt 2.2.2) als Ausdruck des Verhältnisses zwischen aktivem und passivem Bevölkerungsanteil soll dabei der Erkenntnisvermittlung dienen, dass vor demografischem Hintergrund ein wachsender Bedarf an Alterserwerbsarbeit existiert. Dieser mag für Japan besonders drastisch ausfallen, stellt jedoch auch außerhalb dieses Kontextes eine entscheidende Herausforderung der Zukunft dar.

2.2.1 Alterung und Schrumpfung der Erwerbsbevölkerung

Das Arbeitskräfteangebot stellt einen elementaren Produktionsfaktor bei der Erstellung von Gütern und Dienstleistungen dar. So kommen Umfang und Alterstruktur der *rōdō ryoku jinkō* genannten „Erwerbsbevölkerung" wichtigen volkswirtschaftlichen Einflussgrößen gleich, deren prognostizierter Wandel nicht nur in Japan den Hintergrund teils düsterer Szenarien zur globalen Wettbewerbsfähigkeit des Wirtschaftsraums bildet. Dabei wird auch in diesen Zusammenhängen die demografisch exponierte Stellung Japans ersichtlich. Denn während in Japan das Verhältnis zwischen abhängigem Bevölkerungsanteil und dem Personenkreis im erwerbstätigen Alter bereits seit dem Jahre 1992 zunehmend unvorteilhaft ausfällt (vgl. Kōsei rōdō-

---

10 http://www.mhlw.go.jp/wp/hakusyo/roudou/05/dl/02-01b.pdf, letzter Abruf: 9.3.2017.

shō 2005: 83)[11], wird für den OECD-Raum ein Schrumpfen der Erwerbsbevölkerung erst ab dem Jahr 2015 prognostiziert (vgl. OECD 2011b: 68): „Die Bevölkerung im Erwerbsalter hat bereits in den 1990er Jahren ihren Höchststand erreicht und es wird prognostiziert, dass [die Erwerbsbevölkerung] bis in das Jahr 2050 jährlich um über ein Prozent schrumpft" (Hamaguchi 2011: 15; Übers. d. Verf.). Entscheidend für diesen Entwicklungsvorsprung ist eine vergleichsweise deutliche Kompression der geburtenstarken Jahrgänge der japanischen Nachkriegszeit im Vergleich zu westlichen Nationen. Diese wird durch den allgemeinen Sprachgebrauch reflektiert. So wird die *baby-boom-generation* in Japan mit dem Begriff *dankai sedai* als „Klumpengeneration" verbunden, der die Geburtsjahrgänge zwischen 1947 und 1949 bezeichnet, während vergleichbare Begriffsfindungen für Deutschland oftmals zur Subsumierung des zwischen 1950 und 1970 geborenen Bevölkerungsanteils dienen (vgl. Paulsen 2009: 103)[12]. Diesen Verhältnissen entsprechend ist das Schrumpfen der japanischen Erwerbsbevölkerung im OECD-Vergleich durch eine kürzere wie früher einsetzende Austrittsphase geburtenstarker Jahrgänge der Nachkriegszeit aus dem Arbeitsmarkt gekennzeichnet. Dieser Prozess kristallisiert sich in der öffentlichen Wahrnehmung Japans unter dem Begriff *2007 nen mondai* als „Jahr 2007-Problem". Gemäß dieser Bezeichnung führt das in Japan vorherrschende betriebliche Rentenalter in Höhe des 60. Lebensjahrs zu der Gewissheit, dass der Zeitraum ab dem Jahre 2007 durch den Rückzug dieser nicht bloß in quantitativer Hinsicht gewichtigen Klumpengeneration aus dem Arbeitsmarkt geprägt ist. So kommt ihr Eintritt in den Ruhestand gleichsam einer emotionalen Zäsur gleich, in dem die Protagonisten des Wirtschaftserfolgs der Nachkriegszeit unwiderruflich die ökonomische Bühne Japans verlassen. Zwar trägt die im Zentrum dieser Arbeit stehende Beschäftigungsfortsetzung entscheidend dazu bei, dass sich hiermit verbundene Befürchtungen erst mit einer gewissen Verzögerung ergeben: „Mit dem Jahr 2012 wird erwartet, dass die bislang im Mittelpunkt der Produktions- und Konsumaktivitäten stehende Klumengeneration die Mitte der 60er Lebensjahre erreicht und sich aus dem Berufsleben zurückzieht" (Kōsei rōdō-shō 2011: 4; Übers. d. Verf.)[13]. Ein äquivalent als *2012 nen mondai* zu bezeichnendes „Jahr 2012-Problem" hat hingegen keinen vergleichbaren Eingang in den allgemeinen Sprachgebrauch gefunden. Dies mag jedoch an einer in ihrer Tendenz unveränderten Prognose der Erwerbsbevölkerung liegen: Der *age wave* als Arbeitsmarktaustritt geburtenstarker Jahrgänge der Nachkriegszeit bleibt Japan trotz Verzögerung nicht erspart und wird zu einer deutlichen Reduktion des Arbeitskräftepotentials führen, dessen konkretes Ausmaß in folgenden Passagen dokumentiert wird.

---

11 http://www.mhlw.go.jp/wp/hakusyo/roudou/05/dl/02-01b.pdf, letzter Abruf: 9.3.2017.
12 http://hss.ulb.uni-bonn.de/2009/1920/1920.pdf, letzter Abruf: 9.3.2017.
13 http://www.mhlw.go.jp/stf/houdou/2r9852000001fz36-att/2r9852000001fzaz.pdf, letzter Abruf: 9.3.2017.

So geht Kōsei rōdō-shō (2011a)[14] von einem Rückgang der japanischen Erwerbsbevölkerung um rund 4,7 Millionen Erwerbstätige bis ins Jahr 2030 aus, rund sieben Prozent unter der zugrunde gelegten Ausgangsgröße des Jahres 2008. Allerdings basiert diese vergleichsweise optimistische Erwartung auf der Annahme eines zukünftigen Wachstums der Beschäftigungsquote aller Altersklassen des Erwerbspersonenpotentials, welche die Hoffnung der japanischen Politik reflektiert, auch und vor allem mittels der Förderung ökonomischer Teilhabe im Alter ein noch substanzielleres Schrumpfen der japanischen Erwerbsbevölkerung zu umgehen. Sollte dies nicht gelingen und die alters- wie geschlechtsspezifischen Beschäftigungsquoten in Japan auf (im internationalen Vergleich hohem) Stand des ersten Jahrzehnts des neuen Jahrhunderts stagnieren, erwartet Kōsei rōdō-shō (2011a)[15] hingegen einen Rückgang der Erwerbsbevölkerung um rund 4,3 Millionen (-6,5 %) alleine im Zeitraum 2008 bis 2017, während bis ins Jahr 2030 ein Absinken um 16 % auf dann 55,8 Millionen japanische Erwerbstätige prognostiziert wird. Japan gingen im Zuge dieses Szenarios in keinesfalls ferner Zukunft rund elf Millionen Erwerbstätige verloren. Eine detaillierte Prognose der japanischen Erwerbsbevölkerung liefert Abbildung 3, welches die jährlichen Wachstumsraten der Erwerbsbevölkerung im Zeitraum 1950 bis 2050 anhand dreier Zeiträume kompiliert und in internationalen Bezug setzt. In charakteristischer Verwandtschaft zur skizzierten Bevölkerungsentwicklung wird für Japan ersichtlich, dass das starke Jahreswachstum der Erwerbsbevölkerung in der zweiten Hälfte des 20. Jahrhunderts durch einen ebenso markanten Rückgang im Verlauf des 21. Jahrhunderts abgelöst wird. Folgt man den Angaben durch OECD (2004c: 34), zeichnen sich im OECD-Vergleich gegenüber Japan (mit einem jährlichen negativen Wachstum der Erwerbsbevölkerung von durchschnittlich 1 %), lediglich die Tschechische Republik (-1,4 %), Ungarn (-1,4 %), die Slowakische Republik (-1,3 %) und Polen (-1,2 %) durch einen noch ausgeprägteren Rückgang der Erwerbsbevölkerung im Zeitraum 2020 bis 2050 aus. Wie bei diesen zuletzt genannten Staaten sind mit Deutschland, Österreich, Italien, Finnland oder den Niederlanden jedoch weitere Länder des OECD-Raums durch ein negatives Jahreswachstum der Erwerbsbevölkerung zu kennzeichnen, dessen Einsetzen bereits für den gegenwärtigen Zeitraum 2000 bis 2020 ausgemacht wird (vgl. OECD 2004c: 34 sowie OECD 2004d: 41). Darüber hinaus exemplifizieren Frankreich, Großbritannien, Schweden, Neuseeland oder die Schweiz eine zweite Gruppe an OECD-Nationen mit einem vergleichsweise spät (nach dem Jahre 2020) wie moderat einsetzendem Rückgang der Erwerbsbevölkerung. Dahingegen können die USA als Vertreter einer dritten OECD-Staatengruppe ausgemacht werden, die sich durch ein robustes und nachhaltiges Wachstum der Erwerbsbevölkerung im Betrach-

---

14 http://www.mhlw.go.jp/stf/shingi/2r9852000001ojt0-att/2r9852000001ojwp.pdf, letzter Abruf: 9.3.2017.
15 http://www.mhlw.go.jp/stf/shingi/2r9852000001ojt0-att/2r9852000001ojwp.pdf, letzter Abruf: 9.3.2017.

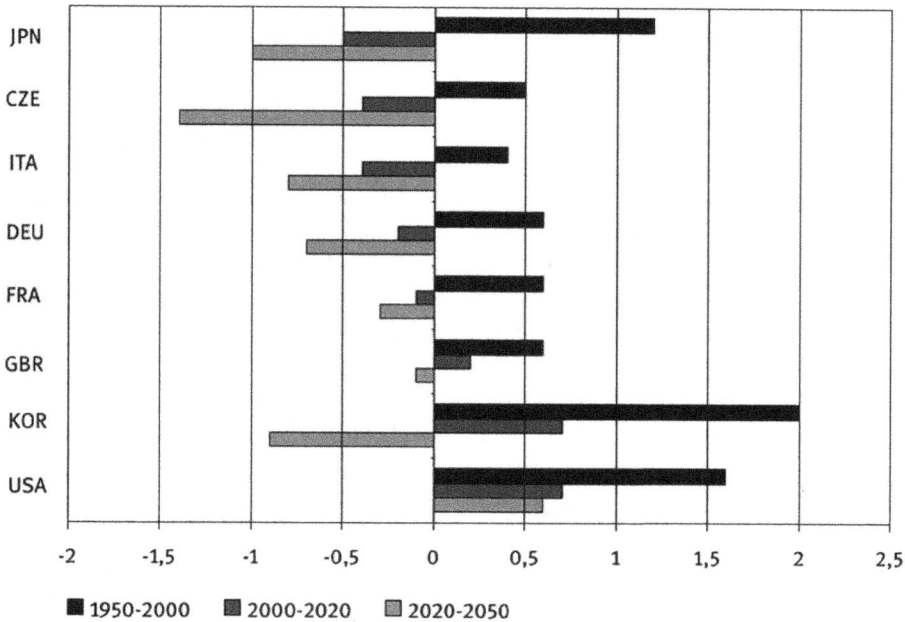

Abbildung 3: Durchschnittliches prozentuales Jahreswachstum der Erwerbsbevölkerung im Vergleich selektierter OECD-Staaten (1950-2050)

Quelle: Eigene Darstellung orientiert an OECD (2004e: 59). Daten basieren auf folgenden Angaben: Für JPN und KOR: OECD (2004: 40); Daten für DEU: OECD (2005b: 43); Daten für FRA: OECD (2005: 41); Daten für GBR: OECD (2004a: 41); Daten für ITA: OECD (2004b: 40); Daten für CZE: OECD (2004c: 34); Daten für USA: OECD (2005a: 44).

Anmerkung: Diagramm sortiert nach abnehmendem negativem durchschnittlichem Jahreswachstum der Erwerbsbevölkerung im Zeitraum 2000-2020. Prognostizierte Werte basieren auf der Annahme von gegenüber dem Jahr 2000 unveränderter altersgruppen- wie geschlechtsspezifischer Beschäftigungsquoten. Verwendete Länderkürzel sind dem Abkürzungsverzeichnis (Anhang 2) zu entnehmen.

tungszeitraum der Jahre 2000 bis 2050 charakterisieren lässt (vgl. OECD 2004a: 41; OECD 2004b: 40 sowie OECD 2005c: 51).[16]

Somit betrifft ein Schwinden der Erwerbsbevölkerung jene Länder, denen eine mit japanischen Verhältnissen verwandte demografische Tendenz zugeordnet werden kann. Im regionalen Vergleich treten hierbei neben dem ostasiatischen Raum vor allem Mittel-, Süd-, und Osteuropa in Erscheinung. Für diese Regionen ist die

---

16 Die hiermit zusammengefassten Prognosen durch OECD (2004c: 34); OECD (2004d: 41); OECD (2004a: 41); OECD (2004b: 40) sowie OECD (2005c: 51) gehen dabei jeweils von gegenüber dem Jahr 2000 unveränderten Beschäftigungsquoten in Abhängigkeit von Geschlecht und zugrunde gelegten Alterskohorten aus.

eingangs skizzierte politische Devise festzumachen, wonach eine Milderung der Entwicklung von Größe und Altersstruktur der Erwerbsbevölkerung vor allem durch eine Steigerung der Beschäftigungsquoten vollzogen werden will. Dies gilt insbesondere in Bezug auf Ältere, deren Alterssegmente zukünftig als einzige ein totales wie prozentuales Wachstum verzeichnen. Diese Entwicklung exemplifiziert Abbildung 4 am Falle Japans, das der erwarteten Veränderung der Alterskomposition der japanischen Erwerbsbevölkerung zwischen den Jahren 2000 und 2050 Ausdruck verleiht. Mit Ausnahme eines leichten gegensätzlichen Trends im Zeitraum 2040–2050 wird ersichtlich, dass der Anteil der jüngeren Erwerbsbevölkerung rückläufig ist. So sinkt gemäß Abbildung 4 der Anteil der 15 bis 24-Jährigen an der Erwerbsbevölkerung im Zeitraum 2000 bis 2050 von 11,2 % auf 8,7 % während im selben Zeitrahmen auch der Anteil der 25 bis 49-Jährigen von 52,7 % auf 48,9 % schwindet. Entsprechend wächst der Anteil an Älteren (im Rahmen von Abbildung 4 zu verstehen als über dem 50. Lebensjahr) innerhalb der japanischen Erwerbsbevölkerung. So steigt der kumulierte Anteil der 50 bis 64-Jährigen sowie der über 64-Jährigen an der Erwerbsbevölkerung von 36,1 % auf 42,4 % zwischen den Jahren 2000 und 2050 an. Besonders stark fällt dabei das Wachstum des Anteils der über 65-Jährigen aus, dessen Wert sich im gleichen Zeitraum von 7,3 % auf 13,3 % annähernd verdoppelt. Die folgende Einordnung dieser Entwicklung in den internationalen Kontext mittels Burniaux, Duval und Jaumotte

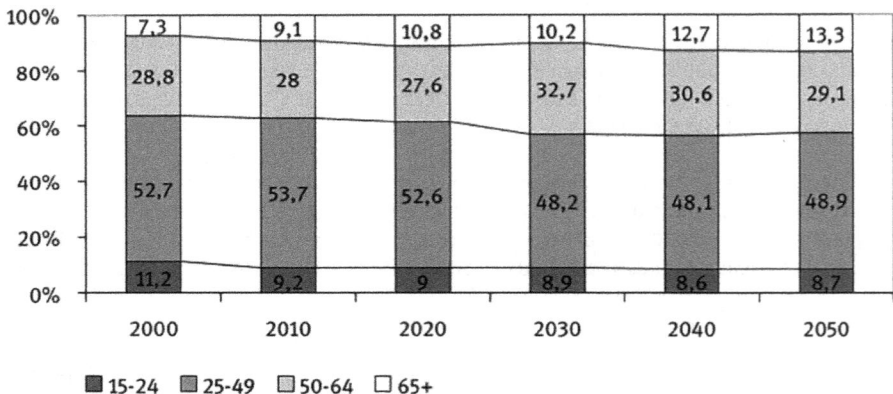

Abbildung 4: Entwicklung des prozentualen Anteils einzelner Alterskohorten an der japanischen Erwerbsbevölkerung (2000-2050)

Quelle: Eigene Darstellung orientiert an und basierend auf Daten bei Seike, Yamada und Kimu (2005: 40).

Anmerkung: Prognostizierte Werte basieren auf der Annahme von gegenüber dem Jahr 2000 unveränderter alterskohorten- wie geschlechtsspezifischer Beschäftigungsquoten.

(2004: 16)[17] vermittelt, dass sich die demografische Vorreiterrolle Japans auch in einer entsprechend drastischen Veränderung der Altersstruktur der Erwerbsbevölkerung niederschlägt. Dies gilt, wenngleich der Trend alternder Erwerbsbevölkerungen auch im OECD-Durchschnitt die Zukunft beeinflussen wird:

> An indicator of the ‚greying' of the labour force is provided by the share of workers aged 55 and over in the labour force [...]. While this ratio has remained more or less stable during the 1990s, it is projected to increase sharply from less than 12 per cent to 18 per cent for the OECD on average by 2025. In several OECD countries, in particular Korea, Italy, New Zealand and Spain, the share of older workers in the labour force is projected to increase by around ten percentage points or more and in Korea and Japan older workers will account for almost 30 per cent of the labour force in 2025.

Das 21. Jahrhundert wird also durch drastische Veränderungen von Größe und Altersstruktur der (japanischen) Erwerbsbevölkerung geprägt. Während der schrumpfende erwerbstätige Bevölkerungsanteil eine wichtige Grundlage der volkswirtschaftlichen Produktion sowie der Finanzierung öffentlicher Sozialsysteme bildet, wächst der Anteil jenes Personenkreises, der nicht mehr dem Arbeitsmarkt angehört und sich vom Leistungserbringer sozialer Sicherung zum Leistungsnehmer wandelt. Genau dieser Vorgang steht im Mittelpunkt der folgenden Betrachtung, die sich der Unterstützungsrate widmet und ebenfalls der demografischen Vorreiterrolle Japans Ausdruck verleiht.

2.2.2 Unterstützungsrate

In Verwandtschaft zu Deutschland sieht die Architektur der Altersversorgung in Japan eine auf dem Umlageverfahren basierende öffentlich-rechtliche Pflichtversicherung vor, wodurch die laufende Rentenfinanzierung durch aktuelle Beitragszahlungen im Rahmen sozialpflichtiger Beschäftigung (teil-)finanziert wird (vgl. Abschnitt 3.3.5). Somit gehen aus der nicht nur für Japan attestierten Alterung und Schrumpfung der Erwerbsbevölkerung immanente Belastungen für das finanzielle Gleichgewicht des Sozialversicherungspinzips hervor: „Als Folge der Umlagefinanzierung des Rentensystems verschlechtert sich demografisch bedingt die Relation zwischen den laufenden Beitragseinnahmen und den Zahlungsverpflichtungen" (Arnds und Bonin 2002: 1)[18]. Dieser steigende Finanzierungsdruck sowie der hieraus abzuleitende Reformbedarf der Sozialversicherungsschemen ist die wohl am intensivsten wissenschaftlich, politisch wie öffentlich betrachtete Komponente des demografischen Wandels. Eine

---

17 http://www.oecd.org/officialdocuments/publicdisplaydocumentpdf/?doclanguage=en&cote=e co/wkp(2003)25, letzter Abruf: 9.3.2017.
18 http://ftp.iza.org/dp666.pdf, letzter Abruf: 9.3.2017.

Form der Darstellung wachsender Soziallasten besteht in der anteiligen Berechnung sozialer Ausgaben am jährlichen Gesamthaushalt, wobei Kokuritsu shakai hoshō jinkō mondai kenkyū-kai (2007: 12)[19] hinsichtlich japanischer Verhältnisse einen Anstieg von rund 5,8 % auf 24,4 % zwischen den Jahren 1970 und 2007 bilanziert und dabei die öffentlichen Zuschüsse zur Grundrente als stärksten Wachstumsposten ausweist. Kontrastiert seien diese Angaben durch Berechnungen von OECD (2011b: 75), die aufgrund eines unterschiedlichen Zuschnitts sozialer Ausgabeposten den Anteil öffentlicher Sozialausgaben am japanischen Staatshaushalt für das Fiskaljahr 2007 lediglich auf 18,7 % taxieren. Auf dieser Grundlage wird Japan unterhalb des OECD-Durchschnitts bzw. der Vergleichswerte von Staaten mit dem höchsten Anteil an Sozialausgaben am Gesamthaushalt (Frankreich: 28,4 %; Schweden: 27,3 %; Österreich: 26,4 %; Belgien: 26,3 %; Dänemark: 26,1 % sowie Deutschland: 25,2 %) eingeordnet.

Allerdings besitzt eine exklusive Darstellung der Ausgabenseite sozialer Sicherungsmechanismen erwähnenswerte Nachteile. So spiegelt diese nicht zuletzt unterschiedliche Gestaltungen der sozialen Sicherungssysteme wieder (vgl. Abschnitt 3.3.5). Nur begrenzt ist daher die Aussagekraft eines Vergleichs des Anteils sozialer Ausgaben an nationalen Staatshaushalten hinsichtlich der finanziellen Belastung sozialer Sicherungssysteme, die aus der demografischen Entwicklung erwächst. Um eben diesen Einfluss kenntlich zu machen wird die als *sapōto-ritsu* bzw. *fuyō-ritsu* bezeichnete „Unterstützungsrate" bzw. deren reziproker Wert in Form des *jūzoku jinkō shisū* oder „Abhängigkeitsquotienten" herangezogen, die jeweils das Verhältnis zwischen Erwerbspersonenpotential und der älteren, abhängigen Bevölkerung beschreiben. Jedoch besitzen auch diese Indikatoren nicht zu vernachlässigende Nachteile, die unter anderem auf der Unberücksichtigung tatsächlicher Beschäftigungsquoten beruhen: „The old age support rate is the ratio of the population who may be economically active to older people who are more likely to be economically inactive. It thus provides an old age related indicator of the number of active people potentially economically supporting inactive people" (OECD 2011: 50). Eine verwandte Beanstandung der Bemessung des öffentlichen Finanzierungsdrucks sozialer Sicherungssysteme durch Unterstützungsrate respektive Abhängigkeitsquotient entfaltet sich an der herkömmlichen Definition von Alterspannen, welche die Gesellschaft in vermeintlich aktive bzw. inaktive Gruppen unterteilt. So offenbart diese aus Sicht von Kritikern konservative Sichtweisen, die weder Spielraum noch aktuelle Transformationen von ökonomischen und sozialen Beteiligungsformen im Alter hinreichend reflektieren:

Although the aged dependency ratio has become conventional in describing economic burden in an ageing society, it is based on questionable assumptions. For example, the productivity and consumption patterns of different age groups are based on past patterns and assumed to be static. On average, people of working age (aged 15–64) are considered productive and consump-

---

19 http://www.ipss.go.jp/ss-cost/j/kyuhuhi-h19/h19.pdf, letzter Abruf: 9.3.2017.

tion orientated, while the older population (aged 65 and over) is considered unproductive with relatively low incomes and low levels of consumption. (Usui 2008: 164)

Trotz Bedachtsmomente wie dieser fungieren die Unterstützungsrate bzw. der Abhängigkeitsquotient als etablierte Indikatoren zur Bezifferung demografisch bedingter Ausgabenlasten sozialer Sicherungssysteme. Auf Basis der durch OECD (2011: 50) gegebenen Definition ergibt sich dabei als stringente Folge der bisherigen Darstellung, dass Japan eine im internationalen Vergleich sehr niedrige Unterstützungsrate der Alten besitzt, laut derer im Jahre 2010 ein Älterer auf lediglich 2,6 Personen des erwerbstätigen Alters trifft: „In 2010, the demographically oldest OECD country was Japan, with a support ratio of only 2.6" (OECD 2011b: 166). Bis ins Jahr 2050 wird Japan gemäß OECD (2011b: 167) ferner eine beinahe paritätische Unterstützungsrate von 1,2 prognostiziert. Ein Wert, der die drohende finanzielle Unterhöhlung sozialer Versicherungsschemen sowie deren Reformbedarf intuitiv zu verstehen gibt: „The sustainability of social security schemes, as well as the effectiveness of individual savings schemes, essentially depends on whether societies can successfully rebalance the relationship between the economically active and inactive groups of the population in an efficient and fair manner" (International Social Security Association 2003: 6)[20]. Doch auch andere Nationen sehen sich mit vergleichbaren Herausforderungen konfrontiert, wie sich etwa anhand der langzeitlichen Entwicklung des OECD-Durchschnitts der Unterstützungsrate ablesen lässt: „In 1950, there were more than seven people of working age for every one of pension age. By 2047, there will be just two workers per pensioner" (OECD 2011: 50). Erneut ist hierbei gleichsam als Konsequenz der bisherigen Darstellung eine konvergierende Entwicklung festzustellen. So wird ein besonders starker Rückgang der Unterstützungsrate in jenen Ländern prognostiziert, die bezogen auf das Jahr 2008 noch eine relativ hohes Verhältnis aufweisen, wie etwa im Falle der Türkei (9,9) oder Mexiko (8,9), während der weitere Rückgang bereits derzeitig niedriger Unterstützungsraten zukünftig an Geschwindigkeit verliert. Letzteres trifft neben Japan auch auf Italien (Unterstützungsrate der Alten bezogen auf das Jahr 2008 von 3), Deutschland (3), Griechenland (3,4), Portugal (3,5) oder Österreich (3,7) zu, deren Abhängigkeitsquotient vergleichbar zu Japan im Jahre 2050 unter der Marke von 2,0 prognostiziert wird (vgl. OECD 2011: 50).

Eine prägnante Illustration des in Japan weit voran geschrittenen Rückgangs der Unterstützungsrate liefert Abbildung 5, welche die Entwicklung der Unterstützungsrate im Alter in den Jahren 2000 bis 2050 zwischen Japan und Westeuropa vergleicht, wobei drei unterschiedliche Altersspannen zur Definition des Erwerbspersonenpotentials zur Anwendung kommen (20 bis 59 Jahre; 20 bis 64 Jahre; bzw. 20 bis 69 Jahre). Nur auf den ersten Blick wirken daher die in Abbildung 5 gesondert gekennzeichneten Unterstützungsraten im Jahre 2020 von 2,83 in Japan sowie 2,78

---

20 http://www.issa.int/details?uuid=3cf07d2b-c240-4c74-9888-4496e2b03032, letzter Abruf: 9.3.2017.

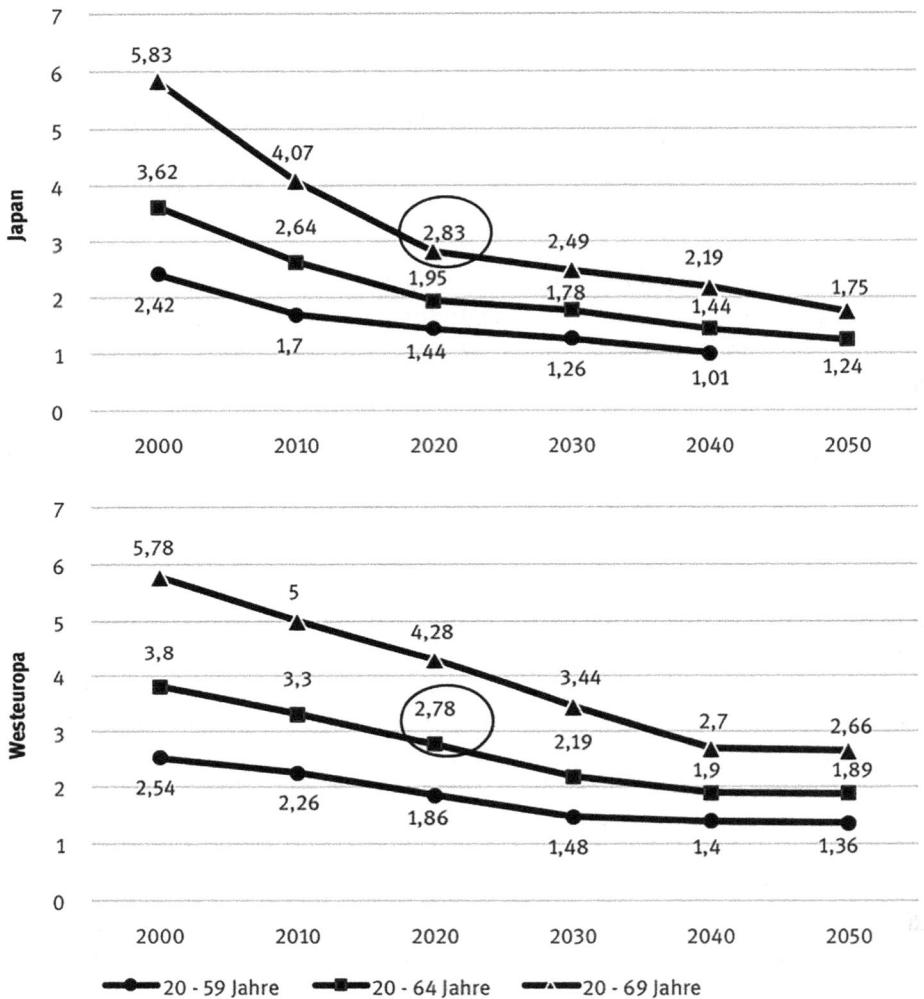

Abbildung 5: Entwicklung der Unterstützungsrate der Alten im Vergleich von Japan und Westeuropa (2000–2050)

Quelle: Eigene Darstellung orientiert an und basierend auf Daten bei Rōdō seisaku kenkyū kenshū kikō (2010: 274. http://www.jil.go.jp/institute/reports/2010/documents/0120.pdf, letzter Abruf: 12.1.2015).

Anmerkung: Westeuropa umfasst die Daten Deutschlands, Frankreichs, Österreichs, den Niederlanden, Belgiens, Luxemburgs sowie der Schweiz.

im Falle Westeuropas vergleichbar. So beruhen diese Angaben auf einer Varianz von fünf Jahren in der Definition der Erwerbsspanne (Japan: 20–69 Jahre; Westeuropa: 20–64 Jahre) mit markanten Folgen für kommende Aufgaben speziell der japanischen Sozial- und Beschäftigungspolitik:

Im Jahre 2020 werden in Japan 2,89 Erwerbstätige eine ältere Person (über 70 Jahre) unterstützen müssen, selbst wenn die Generation der Erwerbstätigen als eine Spanne zwischem dem 20. und 70. Lebensjahr angelegt wird. Im selben Jahr besteht der europäische Durchschnitt in einem vergleichbaren Verhältnis von 2,78. Liegt der Generation der Erwerbstätigen jedoch hierbei ein Zeitraum zwischen dem 20. und 65. Lebensjahr zugrunde, muss in Japan fünf Jahre länger gearbeitet werden um den Vergleichswert europäischer Staaten zu erreichen. Während in europäischen Ländern also die Sicherung von Arbeit bis zum 65. Lebensjahr geplant werden muss, ist es in Japan notwendig, energisch eine Sicherung von Arbeit bis zum 70. Lebensjahr anzugehen. (Iwata und Fujimoto 2005: 3; Übers. d. Verf.)[21]

In diesem Sinne verweisen Iwata und Fujimoto (2005: 3)[22] auf eine deutlich unvorteilhaftere Relation zwischen dem ökonomisch aktiven und (vermeintlich) inaktiven Bevölkerungsanteil in Japan. Dies gilt, obwohl bereits die in Abbildung 5 kompilierten Vergleichsnationen Westeuropas über eine verhältnismäßig geringe Unterstützungsrate verfügen. Deutlich wird somit der demografisch bedingt höhere Finanzierungsdruck in Japan, der auf den sozialen Sicherungssystemen lastet und nach Reformen gesellschaftlicher Strukturen wie etwa im Bereich von Beschäftigung und sozialer Sicherung verlangt: „The old-age support ratio is an important indicator of the pressures that demographics pose for pension systems" (OECD 2011b: 166).

Wie die Behandlung der Entwicklung von Größe und Altersstruktur der Erwerbsbevölkerung sowie der hieraus resultierenden Unterstützungsrate belegt, ist die exponierte demografische Stellung, welche Japan im internationalen Vergleich einnimmt, somit auf die sozialökonomischen Implikationen übertragbar, die sich aus dem demografischen Wandel ergeben und den Ruf nach einem Ausbau von Lebensarbeitszeit erstarken lassen. Trotz der demografischen Vorreiterrolle Japans wird jedoch auch eine Verwandtschaft demografischer Tendenzen, ihrer Ursachen und Auswirkungen zu anderen Nationen deutlich ersichtlich. Die politische Forderung nach einem Ausbau von Alterserwerbsarbeit als elementare Komponente einer erfolgreichen Adaption von Wirtschafts- und Wohlfahrtsgebilden an den Bevölkerungswandel bestimmt als Konsequenz somit auch die öffentliche Debatte einer Vielzahl weiterer Staaten. Im Gegensatz zu diesen Parallelen treten jedoch in den folgenden Abschnitten markante nationale Differenzen zutage, was die tatsächliche Stellung Älterer auf Arbeitsmärkten betrifft. Sind also die Notwendigkeiten zu Sicherung wie Ausbau der ökonomischen Teilhabe im Alter zwischen Japan und insbesondere kontinentaleuropäischen Staaten durchaus verwandt, sind es die nationalen Ausgangspositionen zur Bewältigung der hiermit verbundenen Herausforderungen nicht.

---

21 http://www.jil.go.jp/institute/discussion/documents/dps_05_015.pdf, letzter Abruf: 9.3.2017.
22 http://www.jil.go.jp/institute/discussion/documents/dps_05_015.pdf, letzter Abruf; 9.3.2017.

2.3 Arbeitsmarktsituation Älterer

Unter den Vorzeichen demografischer Tendenzen sowie deren sozioökonomischen Implikationen entwickelt sich die Einbindung Älterer in den Wirtschaftskreislauf zu einer wichtigen wirtschafts- wie sozialpolitischen Voraussetzung. Unterschiedlich hoch sind jedoch die Hürden, die es zur Realisierung politischer Zielmarken der Alterserwerbsarbeit zu überwinden gilt, wie der Vergleich der Stellung Älterer auf nationalen Arbeitsmärkten offenbart. So verdeutlicht die Darstellung altersspezifischer Beschäftigungsquoten (Abschnitt 2.3.1) sowie des Durchschnittsalters des effektiven Arbeitsmarktaustritts (Abschnitt 2.3.2), dass eine mangelnde Erwerbsbeteiligung Älterer vor allem als kontinentaleuropäisches Problem zu werten ist. Traditionell hoch erweist sich hingegen auf diesen Grundlagen die Alterserwerbsarbeit in Japan. Dies gilt, wenngleich die Betrachtung des allgemeinen Arbeitsmarktumfelds Älterer (Abschnitt 2.3.3) auch hier verschiedene Schattenseiten einer ansonsten beachtlichen Arbeitsmarktstatistik offen legt.

Verwiesen sei jedoch eingangs darauf, dass Arbeitsmarktstatistiken nur in begrenztem Maße dazu in der Lage sind, die Frage nach dem Stand der (Alters-) Erwerbsarbeit und seiner diversen quantitativen wie qualitativen Facetten zu dokumentieren und in internationalen Bezug zu setzen. Denn stellt die Beschäftigungspolitik einen sensiblen innenpolitischen Themenbereich dar, unterliegen öffentliche Arbeitsmarktstatistiken unabhängig nationaler Kontexte stets der Gefahr einer durch (partei-)politische Motive geprägten Inspiration bei der statistischen Erfassung und Interpretation von Arbeits- und Beschäftigungswelt. Auch aufgrund dessen unterliegen Begrifflichkeiten wie der Status der Erwerbstätigkeit oder Arbeitslosigkeit landesspezifischen Definitionsunterschieden, welchen etwa zum Zwecke der Verbergung von de facto Erwerbslosigkeit eine politische Instrumentalisierung widerfahren kann, wie Paulsen (2009: 177)[23] in diesem Zusammenhang auch auf Japan als Beispiel verweist: „Die japanische Arbeitslosenquote bildet den Quotienten aus der Gesamtheit aller arbeitslos Gemeldeten (bzw. der während der Erhebungswoche erfassten Arbeitssuchenden ohne Arbeit) und der Gesamtheit aller Beschäftigten geteilt durch die Gesamtheit der vollständig arbeitslos Gemeldeten. Daher zählen auch beispielsweise geringfügig beschäftigte Hausfrauen zu den Erwerbspersonen und tragen somit zu einer Beschönigung der Arbeitslosenquote bei". Ein weiteres Manko gängiger Arbeitsmarktindikatoren wie der Beschäftigungsquote oder des durchschnittlichen Rentenzugangsalters liegt in dem Umstand, dass hierbei keine Reflektion der Gründe ökonomischer Aktivität oder Inaktivität erfolgt und somit insbesondere qualitative Beschäftigungsaspekte kaum Berücksichtigung finden. In diesem Sinne ist der internationale Vergleich von Arbeitsmarktindikatoren stets mit Vorsicht zu interpretieren. Dennoch können Maßstäbe wie Beschäftigungsquote und Durchschnittsalter des

---

23 http://hss.ulb.uni-bonn.de/2009/1920/1920.pdf, letzter Abruf: 9.3.2017.

effektiven Arbeitsmarktaustritts zumindest dazu dienen, Näherungswerte bei der Erfassung von Alterserwerbsarbeit und ihrer nationalen Differenzen bereitzustellen, wie folgend in Angriff genommen.

2.3.1 Beschäftigungsquoten im Alter

Als *shūgyō-ritsu* oder „Beschäftigungsquote" wird der Anteil der tatsächlich Erwerbstätigen innerhalb der Erwerbsbevölkerung verstanden, wobei dieses Verhältnis in Abhängigkeit spezieller Alterskohorten oder dem Geschlecht ausgewiesen werden kann. Im Sinne des Fokus dieser Arbeit konzentriert sich die hiesige Darstellung auf die Altersklassen ab dem 60. Lebensjahr, welches in Japan aufgrund der Verbreitung eines betrieblichen Rentenalters in eben dieser Höhe eine markante Weiche der Alterserwerbsarbeit darstellt. Betont sei jedoch, dass sich eine mit dem Alter sinkende ökonomische Teilhabe bereits mit Überschreitung des 50. Lebensjahres manifestiert, was wiederum die gesellschaftspolitische Brisanz der Förderung von Alterserwerbsarbeit reflektiert: „Older workers are less likely to be employed than their prime aged counterparts (aged 25–50)" (OECD 2011b: 40). Tabelle 5 stellt die Beschäftigungsquote im Jahre 2013 in Abhängigkeit dreier Altersklassen (55–59; 60–64; 65–69 Jahre) im OECD-Vergleich vor, die neuralgische Zeitpunkte japanischer Erwerbsbiografien reflektieren, jedoch stets das relativ hohe Niveau an Alterserwerbsarbeit in Japan zu erkennen geben.

So besitzt Japan im Rahmen des in Tabelle 5 vorgenommenen OECD-Vergleichs die zweithöchste Beschäftigungsquote in der Alterskohorte der 55 bis 59-jährigen Männer in Höhe von 92,7%, lediglich übertroffen vom Vergleichswert Islands. In der Altersgruppe der 60 bis 64-jährigen Männer sinkt dieser Wert auf 76%, womit Japan nach Island (86,6%), Neuseeland (76,5%) sowie des hinsichtlich seines sozioökonomischen Entwicklungsstands weniger vergleichbaren Chile (80,6%) die vierthöchste Beschäftigungsquote dieser Altersgruppe innerhalb des OECD-Raums aufweist. Trotz dieses für Japan ausgewiesenen Rückgangs ist die hohe Varianz der Beschäftigungsquote in der Gruppe der 60 bis 64-jährigen Männer innerhalb von OECD-Staaten beachtenswert, also zu jenem Zeitraum, in dem die im Zentrum dieser Arbeit stehenden Beschäftigungsfortsetzung einen wichtigen Beitrag zur hohen Konstanz der Beschäftigungsquote in Japan leistet. Denn wohingegen in Japan noch über 75% der 60 bis 64-jährigen Männer in Erwerbsarbeit verbleiben, haben etwa in Deutschland mehr als zwei Drittel dieser Altersklasse die Erwerbsarbeit temporär oder zumeist permanent verlassen, während in Frankreich gar nur rund jeder Vierte dieser Altersklasse noch der Erwerbsarbeit nachgeht. Doch auch oberhalb des 64. Lebensjahres liegt die japanische Beschäftigungsquote im internationalen Spitzenfeld. So verbleibt auch hiernach annähernd jeder zweite Japaner in Erwerbstätigkeit (50,7%), wohingegen der entsprechende Vergleichswert für Deutschland auf 16,3% sinkt, während bei nationalen Schlusslichtern wie Frankreich, Ungarn, Spanien, Belgien und der Slowakischen Republik weniger als jeder zehnte Mann über 64 Jahren in Erwerbsarbeit verbleibt.

Tabelle 5: Beschäftigungsquoten in Abhängigkeit von Geschlecht und selektierten Alterskohorten im OECD-Vergleich (2013)

Beschäftigungsquote (Männer)						Differenz Alterskohorten			
55–59 Jahre		60–64 Jahre		65–69 Jahre		55–59/60–64 Jahre		60–64/65–69 Jahre	
ISL	93,0	ISL	86,6	ISL	58,9	ISL	-6,4	TUR	-9,6
JPN	**92,7**	CHL	80,6	KOR	57,8	CHL	-9,1	MEX	-12,4
CHE	91,2	NZL	76,5	MEX	56,9	ISR	-10,6	SVN	-14,4
CHL	89,7	**JPN**	**76,0**	CHL	56,3	NZL	-11,4	KOR	-15,2
SWE	89,5	SWE	74,1	**JPN**	**50,7**	KOR	-12,5	HUN	-17,1
NZL	87,9	KOR	73,0	ISR	49,5	TUR	-13,8	FRA	-19,2
CZE	87,1	CHE	72,0	NZL	48,3	NOR	-14,1	LUX	-20,5
NLD	86,5	ISR	71,1	USA	37,2	SWE	-15,4	PRT	-20,7
DEU	85,8	MEX	69,3	AUS	33,3	MEX	-16,0	AUT	-21,4
DNK	85,7	NOR	68,6	CAN	31,7	**JPN**	**-16,7**	ISR	-21,6
KOR	85,5	NLD	63,3	NOR	30,9	USA	-17,5	BEL	-23,0
MEX	85,3	AUS	62,5	TUR	30,8	CAN	-18,3	USA	-23,3
NOR	82,7	DEU	61,7	PRT	28,2	AUS	-18,3	ITA	-23,7
SVK	81,9	USA	60,5	EST	27,6	CHE	-19,2	CHL	-24,3
ISR	81,7	CAN	60,0	CHE	26,5	IRL	-19,9	**JPN**	**-25,3**
GBR	81,4	GBR	58,7	GBR	25,9	GBR	-22,7	POL	-25,5
AUS	80,8	IRL	56,4	SWE	23,7	NLD	-23,2	EST	-25,7
ESP	79,5	DNK	53,8	IRL	21,8	DEU	-24,1	GRC	-26,3
EST	78,4	EST	53,3	DNK	20,3	EST	-25,1	ISL	-27,7
CAN	78,3	PRT	48,9	NLD	20,3	PRT	-26,7	NZL	-28,2
USA	78,0	FIN	47,7	DEU	16,3	FIN	-28,7	SVK	-28,2
FRA	77,6	CZE	44,8	FIN	15,5	POL	-30,9	CAN	-28,3
AUT	76,4	ESP	44,8	POL	13,8	DNK	-31,9	AUS	-29,2
FIN	76,4	TUR	40,4	CZE	12,8	ESP	-34,7	CZE	-32,0
IRL	76,3	POL	39,3	ITA	12,8	GRC	-34,7	FIN	-32,2
ITA	75,6	GRC	37,0	AUT	11,5	LUX	-35,7	GBR	-32,8
PRT	75,6	ITA	36,5	GRC	10,7	SVN	-37,2	DNK	-33,5
HUN	72,3	AUT	32,9	SVN	10,6	ITA	-39,1	IRL	-34,6
GRC	71,7	SVK	32,8	LUX	10,2	BEL	-40,5	NOR	-37,7
POL	70,2	LUX	30,7	FRA	7,2	CZE	-42,3	ESP	-38,7
BEL	69,5	BEL	29,0	HUN	6,6	AUT	-43,5	NLD	-43,0
LUX	66,4	FRA	26,4	ESP	6,1	HUN	-48,6	DEU	-45,4
SVN	62,2	SVN	25,0	BEL	6,0	SVK	-49,1	CHE	-45,5
TUR	54,2	HUN	23,7	SVK	4,6	FRA	-51,2	SWE	-50,4

Quelle: Eigene Darstellung und Berechnung basierend auf Angaben bei OECD (2014: http://stats. oecd.org/index.aspx?r=86404#, letzter Abruf: 6.1.2015): *Labour Force Statistics by sex and age: Labour force participation rate.*

Anmerkung: Spalten zur Beschäftigungsquote jeweils sortiert nach abnehmendem Wert. Spalten zur Differenz von Beschäftigungsquoten (in Prozentpunkten) jeweils sortiert nach zunehmender (negativer) Differenz. Verwendete Länderkürzel sind dem Abkürzungsverzeichnis (Anhang 2) zu entnehmen.

Tabelle 5: (fortgesetzt)

Beschäftigungsquote (Frauen)						Differenz Alterskohorten			
55–59 Jahre		60–64 Jahre		65–69 Jahre		55–59/60–64 Jahre		60–64/65–69 Jahre	
SWE	82,4	ISL	76,6	ISL	45,1	ISL	-3,6	SVN	-4,5
FIN	82,0	NZL	65,4	KOR	33,0	TUR	-4,6	TUR	--5,3
EST	80,3	SWE	64,7	NZL	32,5	MEX	-10,8	AUT	-7,7
ISL	80,2	NOR	59,0	**JPN**	**29,8**	KOR	-11,0	POL	-7,9
DNK	79,3	EST	52,3	EST	28,3	NZL	-13,8	HUN	-8,0
NZL	79,2	CHE	51,6	USA	27,6	ISR	-16,4	SVK	-10,0
CHE	78,8	ISR	50,7	ISR	27,0	USA	-17,2	MEX	-10,2
NOR	76,3	USA	50,0	CHL	23,2	NOR	17,3	CZE	-11,6
DEU	74,8	CAN	47,5	MEX	21,7	SWE	-17,7	KOR	-12,0
GBR	71,1	**JPN**	**47,4**	NOR	21,5	**JPN**	**-19,1**	CHL	-13,0
CZE	70,3	FIN	46,1	CAN	19,8	CHL	-19,2	ITA	-14,5
CAN	69,8	DEU	45,4	AUS	19,6	GRC	-19,8	LUX	-15,2
FRA	68,8	AUS	45,1	CHE	16,2	AUS	-20,2	BEL	-16,0
USA	67,2	KOR	45,0	GBR	15,9	CAN	-22,3	GRC	-16,4
ISR	67,1	DNK	39,9	PRT	14,7	IRL	-23,7	**JPN**	**-17,6**
NLD	66,9	GBR	38,4	SWE	14,6	PRT	-25,1	FRA	-18,7
JPN	**66,5**	NLD	37,9	IRL	11,1	ESP	-26,7	PRT	-19,3
SVK	65,7	CHL	36,2	TUR	10,9	CHE	-27,2	USA	-22,4
AUS	65,3	IRL	34,5	DNK	9,7	EST	-28,0	GBR	-22,5
PRT	59,1	PRT	34,0	DEU	9,4	LUX	28,4	IRL	-23,4
IRL	58,2	MEX	31,9	FIN	9,3	NLD	-29,0	ISR	-23,7
ESP	57,8	ESP	31,1	CZE	7,7	DEU	-29,4	EST	-24,0
AUT	56,4	FRA	23,2	NLD	7,5	SVN	-30,3	AUS	-25,5
HUN	56,0	GRC	20,6	AUT	7,3	ITA	-31,1	ESP	-27,1
KOR	56,0	CZE	19,3	POL	6,5	GBR	-32,7	CAN	-27,7
CHL	55,4	ITA	18,7	SVN	6,0	FIN	-35,9	DNK	-30,2
BEL	55,1	BEL	18,7	FRA	4,5	POL	-36,3	NLD	-30,4
POL	50,7	LUX	18,5	GRC	4,2	BEL	-36,4	ISL	-31,5
ITA	49,8	TUR	16,2	ITA	4,2	DNK	-39,4	NZL	-32,9
LUX	46,9	AUT	15,0	ESP	4,0	AUT	-41,4	CHE	-35,4
MEX	42,7	POL	14,4	HUN	4,0	HUN	-44,0	DEU	-36,0
SVN	40,8	SVK	12,3	LUX	3,3	FRA	-45,6	FIN	-36,8
GRC	40,4	HUN	12,0	BEL	2,7	CZE	-51,0	NOR	-37,5
TUR	20,8	SVN	10,5	SVK	2,3	SVK	-53,4	SWE	-50,1

Bei der Erfassung der Beschäftigungsquoten älterer Frauen wird ersichtlich, dass in Japan deutlich weniger Frauen als Männer in der Altersgruppe zwischen 55 und 59 Jahren erwerbstätig sind. Zwar ist eine geringere Beschäftigungsquote von Frauen gegenüber Männern im OECD-Durchschnitt die Regel. Diese geschlechtsabhängige Differenz fällt jedoch im Falle Japans überdurchschnittlich aus: „The gap is particularly

Tabelle 5: (fortgesetzt)

Differenz geschlechtsspezifischer Beschäftigungsquoten					
55–59 Jahre		60–64 Jahre		65–69 Jahre	
FIN	5,6	EST	-1,0	EST	0,7
EST	1,9	FIN	-1,6	ESP	-2,1
NOR	- 6,4	FRA	-3,2	SVK	-2,3
DNK	-6,4	SWE	-9,4	HUN	-2,6
SWE	-7,1	NOR	-9,6	FRA	-2,7
CAN	- 8,5	ISL	-10,0	BEL	-3,3
NZL	-8,7	BEL	-10,3	AUT	-4,2
FRA	-8,8	USA	-10,5	SVN	-4,6
GBR	-10,3	NZL	-11,1	CZE	-5,1
USA	-10,8	HUN	-11,7	FIN	-6,2
DEU	-11,0	LUX	-12,2	GRC	-6,5
CHE	-12,4	CAN	-12,5	DEU	-6,9
ISL	-12,8	ESP	-13,7	LUX	-6,9
BEL	-14,4	DNK	-13,9	POL	-7,3
ISR	-14,6	SVN	-14,5	ITA	-8,6
SVK	-16,2	PRT	-14,9	SWE	-9,1
HUN	-16,3	DEU	-16,3	NOR	-9,4
PRT	-16,5	GRC	-16,4	USA	-9,6
CZE	-16,8	AUS	-17,4	GBR	-10,0
IRL	-18,1	ITA	-17,8	CHE	-10,3
POL	-19,5	AUT	-17,9	DNK	-10,6
LUX	-19,5	GBR	-20,3	IRL	-10,7
NLD	-19,6	CHE	-20,4	CAN	-11,9
AUT	-20,0	ISR	-20,4	NLD	-12,8
ESP	-21,7	SVK	-20,5	PRT	-13,5
AUS	-25,5	IRL	-21,9	AUS	-13,7
ITA	-25,8	TUR	-24,2	ISL	-13,8
JPN	**-26,2**	POL	-24,9	NZL	-15,8
KOR	-29,5	NLD	-25,4	TUR	-19,9
GRC	-31,3	CZE	-25,5	**JPN**	**-20,9**
TUR	-33,4	KOR	-28,0	ISR	-22,5
CHL	-34,3	**JPN**	**-28,6**	KOR	-24,8
MEX	-42,6	MEX	-37,4	CHL	-33,1
SVN	-57,4	CHL	-44,4	MEX	-35,2

large in Greece, Ireland, Italy, Japan, Korea, Mexico, Poland, Spain and Turkey" (OECD 2011b: 41). Ersichtlich wird dennoch, dass dieser im internationalen Vergleich eher durchschnittliche Anteil erwerbstätiger Frauen zwischen dem 55. und 59. Lebensjahr relativ lang im Arbeitsmarkt verbleibt, so dass auch hinsichtlich von Frauen die japanischen Beschäftigungsquoten über dem 60. Lebensjahr im oberen Spektrum des OECD-Vergleichs angesiedelt sind.

Tabelle 5, die in ihrem Umfang zur weiteren Suche nach nationalen Differenzen der Alterserwerbsarbeit einlädt, belegt somit für Japan einen überdurchschnittlich hohen Grad an ökonomischer Partizipation im Alter. Dahingegen ist ein mangelndes Volumen an Alterserwerbsarbeit vor allem innerhalb des kontinentaleuropäischen Raums zu konstatieren: „Participation rates for older workers exceed 70 % in seven countries, including Japan and the United States. At the other end of the spectrum, Belgium, Hungary, Italy, Poland and Turkey all have less than half of older workers active in the labour market" (Oecd 2011b: 40). Diese Unterschiede sind als Resultat einer divergierenden Entwicklung der Beschäftigungsquote älterer Männer anzusehen. So steigt zwar in fast sämtlichen OECD-Staaten die Beschäftigungsquote der 50 bis 64-Jährigen zwischen 1970 und 2008 an, was jedoch in erster Linie auf die gestiegene Erwerbstätigkeit von Frauen zurückzuführen ist. (Ausnahmen bilden Frankreich, Griechenland, Ungarn, Polen und die Türkei, vgl. OECD (2011b: 40)). Bei Männern hingegen ist die Entwicklung der Beschäftigungsquote durch einen langjährigen Abwärtstrend gekennzeichnet, der vor allem in kontinentaleuropäischen Nationen drastische Ausmaße annimmt wie Abbildung 6 verdeutlicht. So sinkt die Beschäftigungsquote der 60 bis 64-jährigen Männer zwischen 1970 und 2013 im OECD-Durchschnitt von 71,9 % auf 57,4 %. Noch dramatischer fällt dieser Rückgang in Bezug auf die EU-21 aus, deren Vergleichswerte einen Abfall der Beschäftigungsquote von 62,5 % auf 45,8 %

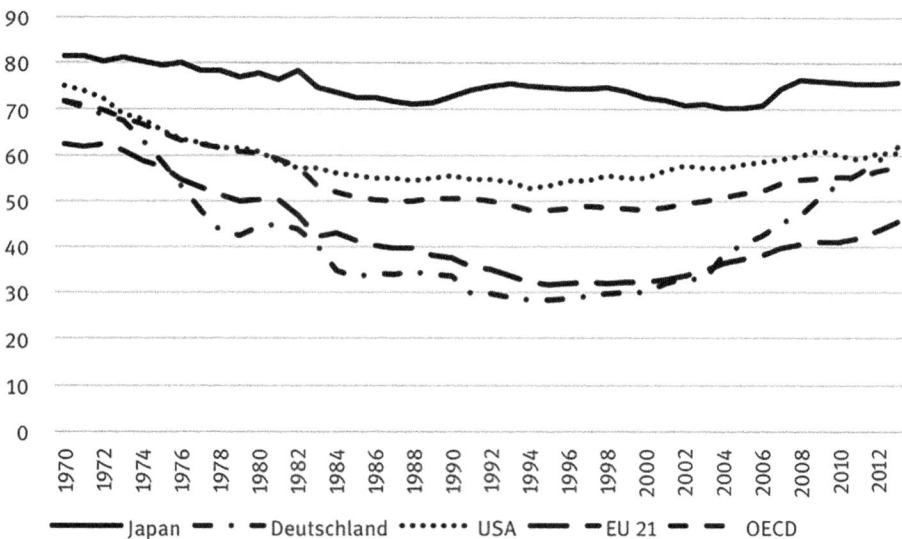

Abbildung 6: Entwicklung der Beschäftigungsquote von 60 bis 64-jährigen Männern im Vergleich von selektierten Wirtschaftsräumen (1970–2013)

Quelle: Eigene Darstellung basierend auf Daten bei OECD (2014: http://stats.oecd.org/index. aspx?r=86404#, letzter Abruf: 5.12.2014): *Labour Force Statistics by sex and age: Labour force participation rate.*

offenlegen (vgl. auch Seike und Yamada 2004: 95). Zwar ist im Verlauf des letzten Jahrzehnts ein Umschwung des Trends stetig sinkender Beschäftigungsquoten älterer Männer erkennbar, in dessen Folge insbesondere Deutschland, Island, den Niederlanden und Neuseeland durch OECD (2011b: 40) ein starkes Wachstum attestiert wird. Sowohl in Bezug auf Deutschland als auch den OECD-Durchschnitt wird jedoch ersichtlich, dass historische Ausgangswerte der Beschäftigungsquote weiterhin deutlich unterschritten bleiben wie ferner auch die japanischen Vergleichsraten entrückt erscheinen: „In fact, when we look at the labour force participation rate of men in the latter half of their fifties and the first half of their sixties, we find that whereas the rate is declining significantly in other developed countries, it remains high in Japan" (Higuchi und Yamamoto 2002: 1)[24].

Wie diese Darstellung verdeutlichen soll, gelingt es Japan vergleichsweise gut, das Potential eines wachsenden Segments älterer Jahrgänge des Erwerbspersonenpotentials innerhalb der Arbeitswelt zu erhalten und somit den demografisch bedingten Rückgang der Erwerbsbevölkerung abzufedern: „Die Beschäftigungsquote innerhalb der Bevölkerung im erwerbstätigen Alter [...] liegt über dem OECD-Durchschnitt und beträgt für Personen über dem 64. Lebensjahr ungefähr das Doppelte des durchschnittlichen OECD-Werts" (Hamaguchi 2011: 15; Übers. d. Verf.). Diese Verhältnisse können in einem mehr oder minder großen Kontrast zur Mehrheit kontinentaleuropäischer Nationen gesehen werden, in denen ein drastischer Verfall der Beschäftigungsquote älterer Männer neben allgemeinen demografischen Vorzeichen eine zusätzliche Belastung von Wirtschafts- und Wohlfahrtsraum darstellt: „in a number of countries, participation rates decline significantly, leading to a significant decline in labour supply" (Burniaux, Duval und Jaumotte 2004: 15)[25]. So urteilt auch Meyer-Ohle (2008: 948) vor dem Hintergrund dieses Kontrasts: „The high Japanese participation rate seems to run counter to developments in western countries, especially those in Europe". Für große Teile Europas gilt somit, dass der substanzielle Ausbau von Alterserwerbstätigkeit als bislang unbewältigte Herausforderung betrachtet werden muss. Doch auch Japan wird weiterhin viel daransetzen müssen, sich intensiv um die Verlängerung von Lebensarbeitszeit zu bemühen. Dies gilt, wenngleich in einer japanischen Gegenwart, die durch Transformationsprozesse der Industriestruktur oder einem steigendem Wettbewerbsdruck der Volkswirtschaft gekennzeichnet ist, bereits der Erhalt heutiger Ausmaße der Alterserwerbsarbeit nicht als Aufgabe unterschätzt werden sollte.

---

24 National Centre for the Vocational Education Research (NCVER) – VOCED plus. http://www.voced.edu.au/, letzter Abruf: 9.3.2017. Signatur: TD/TNC76.74.
25 http://www.oecd.org/officialdocuments/publicdisplaydocumentpdf/?doclanguage=en&cote=e co/ wkp(2003)25, letzter Abruf: 9.3.2017.

2.3.2 Durchschnittliche effektive Renteneintrittsalter

Auch die Berücksichtigung des *jikkō intai nenrei* oder „effektiven Rentenalters"
dient zur Erfassung des quantitativen Ausmaßes an ökonomischer Teilhabe im Alter
sowie der hierbei bestehenden nationalen Differenzen. Dieses kann in Stringenz
zum vorherigen Abschnitt gelesen werden, wie auch in diesem Zusammenhang eine
überdurchschnittlich effektive Erwerbseinbindung Älterer in Japan zum Ausdruck
kommt. Entsprechend bildet ein vergleichsweise hohes wie über der öffentlichen
Pensionsgrenze liegendes Durchschnittsalter des effektiven Arbeitsmarktaustritts in
Japan eine deutliche Abhebung gegenüber der Mehrzahl an OECD-Staaten. Die nationalen Schlusslichter werden hingegen erneut durch kontinentaleuropäische Länder
repräsentiert, innerhalb derer der effektive Austritt aus dem Erwerbsleben häufig
deutlich unterhalb des jeweils verankerten *kōteki intai nenrei* oder „offiziellen Rentenalters" erfolgt. So wird anhand von Abbildung 7 ersichtlich, dass die breite Mehrheit an OECD-Staaten mittlerweile ein offizielles Renteneintrittsalter von Männern in
Höhe des 65. Lebensjahrs besitzt (vgl. Abschnitt 3.3.5). Für die Mehrzahl dieser Nationen gilt jedoch zugleich, dass der durchschnittliche Zeitpunkt des effektiven Rückzugs
von Männern aus dem Arbeitsmarkt unterhalb dieser verankerten Altersgrenzen des
öffentlichen Rentenbezugs liegt: „In vielen fortschrittlichen Industriestaaten ist das
effektive Rentenalter niedriger als das offizielle Rentenalter" (Yamada 2009a: 64;
Übers. d. Verf.). Besonders deutlich tritt diese Differenz im Falle Luxemburgs, Österreichs und Belgiens hervor, bei denen das Durchschnittsalter des effektiven Arbeitsmarktaustritts in Höhe von 57,3 bzw. 58,9 und 59,1 Jahren rund sechs respektive acht
Jahre unter dem offiziellen Verrentungszeitpunkt von 65 Jahren liegt. Auch in Ungarn
(60 Jahre), der Slowakischen Republik (59,9) und Frankreich (59,1) erfolgt der effektive
Rückzug von Männern aus dem Arbeitsmarkt im Durchschnitt vor dem 61. Lebensjahr
und somit unterhalb des ohnehin niedrigen offiziellen Rentenalters von lediglich 62
(Ungarn, Slowakische Republik) bzw. 61 Jahren (Frankreich). Zumindest über dem 61.
Lebensjahr liegt das durchschnittliche Rentenzugangsalter von Männern in Ländern
wie Italien (61,1 Jahre), Polen (61,7), Spanien (61,8), Deutschland (61,8), Griechenland
(61,9) oder den Niederlanden (62,1), welches jedoch jeweils ebenfalls nicht die Höhe
der gesetzlichen Regelaltersgrenze in Höhe des 65. Lebensjahres erreicht.

Auf der anderen Seite des anhand von Abbildung 7 ersichtlichen Spektrums
treten Staaten hervor, in denen das durchschnittliche Alter des effektiven Arbeitsmarktaustritts über der Höhe des offiziellen Rentenalters von zumeist 65 Jahren liegt.
So fällt das durchschnittliche Rentenzugangsalter von Männern unter anderem in
Korea (70,3 Jahre) oder Island (69,7) überdurchschnittlich hoch aus, woraus sich aufgrund unterschiedlicher Höhen des offentlichen Rentenalters (60 bzw. 67 Jahre) eine
verschiedentlich hohe, aber in jedem Fall deutlich positive Differenz von effektivem
und offiziellem Alter des Arbeitsmarktaustritts ergibt (10,3 bzw. 2,7 Jahre). Zu diesen
vergleichsweise wenigen Staaten gehört Japan, dessen Durchschnittsalter des effektiven Arbeitsmarktaustritts für Männer bei 69,7 Jahren liegt und damit über zehn bzw.

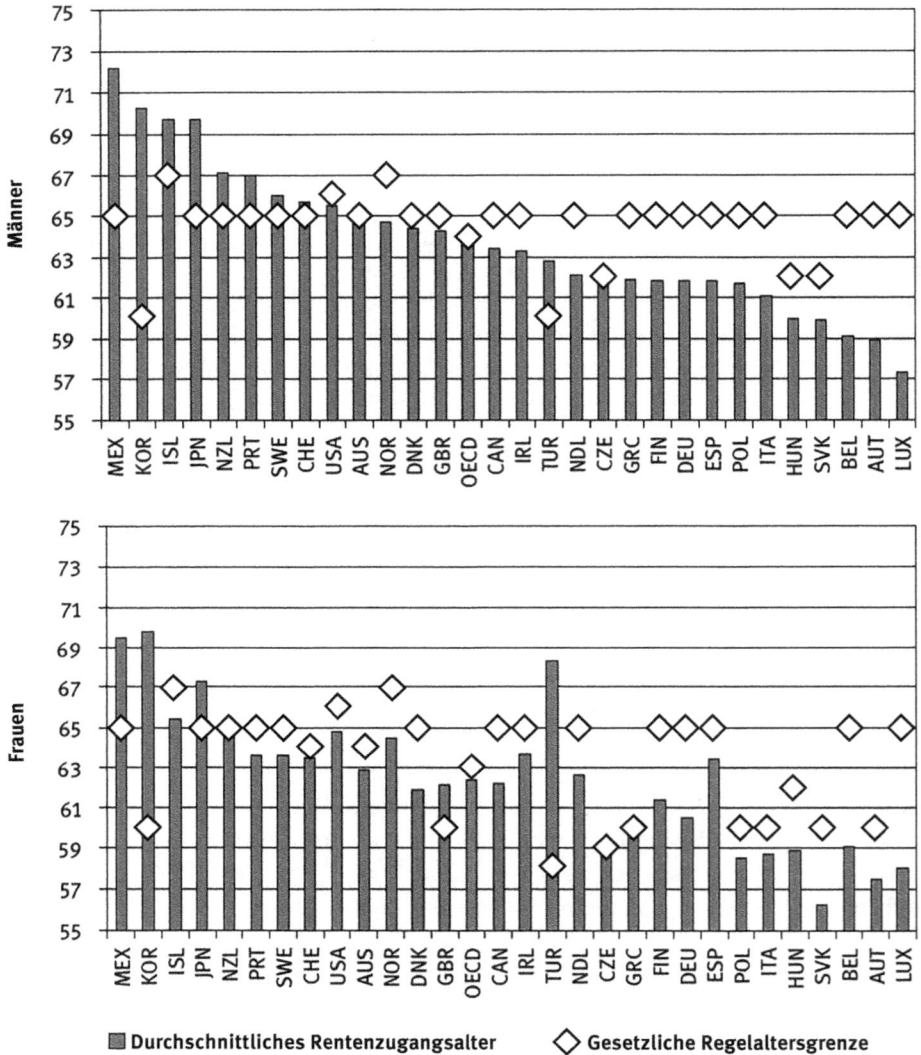

Abbildung 7: Durchschnittliches Rentenzugangsalter und gesetzliche Regelaltersgrenze im OECD-Vergleich

Quelle: Eigene Darstellung orientiert an und basierend auf Daten bei OECD (2011c: 43).

Anmerkung: Angaben zum durchschnittlichen Rentenzugangsalter spiegeln den Durchschnittswert des Zeitraums 2004–2009 wieder. Angabe zur gesetzlichen Regelaltersgrenze beziehen sich auf das Jahr 2010. Verwendete Länderkürzel sind dem Abkürzungsverzeichnis (Anhang 2) zu entnehmen.

acht Jahre höher als die bereits benannten Vergleichswerte Österreichs oder Deutschlands. Wie bereits im Zusammenhang der Beschäftigungsquoten konstatiert, sind diese nationalen Differenzen des durchschnittlichen Rentenzugangsalters als Konsequenz einer divergierenden Langzeitentwicklung zwischen Japan und dem europäischen Kontinent zu lesen: „In 1950 the average age of retiring from the labor market was the same in Europe and Japan [...]. By 1970 the difference grew to more than 3 years and between 1970 and 2000 the divergence accelerated and by 2000 it reached almost 6 years" (Gal 2005: 6)[26]. Eine weitere Parallele zwischen diesen beiden Indikatoren der Arbeitsmarkteinbindung Älterer besteht in Form einer im letzten Jahrzehnt erkennbaren Trendwende zuvor stetig gefallener Werte, ohne dass jedoch ursprüngliche Ausgangsmarken erneut in Reichweite gelangen: „In almost all OECD countries, the effective retirement age has declined substantially since 1970. However, this has been reversed more recently. Nevertheless, the effective retirement age remains well below the levels of the 1960s and 1970s in OECD countries (except in Japan and Korea)" (OECD 2011b: 42). Nicht nur aufgrund dieser Parallelen konstatieren Ökonomen denn auch einen Zusammenhang der Beschäftigungsquote später Lebensjahre mit dem Durchschnittsalter des effektiven Arbeitsmarktaustritts: „In principle, there is no straightforward relationship between the effective retirement age and the labour force participation of older workers. However, [...] there is actually a very strong cross-country relationship between both variables: countries with lower participation rates of older workers tend to have lower effective retirement ages" (Duval 2003: 6)[27].

So treten auch bezüglich des Zeitpunkts zu dem ältere Männer und Frauen den endgültigen Gang vom Arbeitsmarkt vollziehen, deutliche Unterschiede beim Vergleich zwischen Japan und kontinentaleuropäischen Staaten hervor: „Retirement of the European male labor force is much more peaked. [...] By the age of 64, the retirement process is almost complete. In contrast, the Japanese pattern of retirement is much smoother. Cohorts between 55 and 59 and between 60 and 64 represent about the same percentage among the new retirees. In addition, more than 40 percent of retirements occur above the age of 64" (Gal 2005: 5)[28]. Die kombinierte Betrachtung von Beschäftigungsquoten und durchschnittlichem Rentenzugangsalter belegt zudem, dass eine mangelhafte Einbindung Älterer in den Wirtschaftskreislauf trotz positiver Signale einer Trendwende nach wie vor primär als kontinentaleuropäisches Problem verstanden werden muss: „Early exit from work [...] seem to have become a mass phenomenon in Europe" (Künemund und Kolland 2007: 170).

2.3.3 Arbeitsmarktumfeld im Alter

Bisherige Arbeitsmarktindikatoren vermitteln eine bemerkenswerte Stabilität der japanischen Erwerbsbeteiligung im Altersverlauf. Dennoch sind diese nicht hinrei-

---

26 http://www.jil.go.jp/profile/documents/Gal.pdf, letzter Abruf: 9.3.2017.
27 http://search.oecd.org/officialdocuments/displaydocumentpdf/?doclanguage=en&cote=eco/wkp(2003)24, letzter Abruf: 9.3.2017.
28 http://www.jil.go.jp/profile/documents/Gal.pdf, letzter Abruf: 9.3.2017.

chend in der Lage, ein ganzheitliches Bild des Arbeitsmarktumfelds Älterer sowie der Beziehung von Erwerbstätigkeit und Alter abzulichten, die in Japan über spezifische Merkmale verfügt: „With regard to the changes in the working status of persons around the age of 60, some particular features can be observed. These are: first, a move from large firms to smaller ones in terms of labour force size; second, a move from manufacturing towards the service sector; and third, a move from full-time employment to part-time employment and self-employment" (Oka 2008: 42). Spätestens mit dem 60. Lebensjahr ansteigende Risiken von (Langzeit-)Arbeitslosigkeit oder dem Abgleiten in nicht reguläre Beschäftigungsverhältnisse stellen zusätzlich interdependente Schwachstellen der Arbeitsmarktsituation Älterer dar, die auch außerhalb des japanischen Kontexts keine Unbekannten darstellen: „The willingness of older people in Japan to work is said to be higher than that in other developed countries. [...] On the other hand, firms in Japan dislike employing older workers, and sufficient employment opportunities have not necessarily been provided to satisfy older workers' eagerness to work and to fully utilize their vocational abilities" (Higuchi und Yamamoto 2002: 1)[29].

Kleine Wirtschaftseinheiten als Auffangbecken von Alterserwerbsarbeit
Widmet man sich diesen Begleiterscheinungen ökonomischer Teilhabe im Alter detailliert, sei zunächst aufgegriffen, dass Alterserwerbsarbeit in Japan neben der im Fokus dieser Arbeit stehenden klassisch abhängigen Beschäftigung durch weitere Säulen der Erwerbstätigkeit gestützt wird. Hierzu ist die hohe Selbstständigenquote im Alter zu rechnen (vgl. Seike und Yamada 2004: 51): „Erwähnenswert ist, dass in Japan im Gegensatz zu anderen Industrienationen die Selbständigenquote der 60- bis 64-Jährigen die Quote der 55- bis 59-Jährigen übersteigt" (Paulsen 2009: 204)[30]. Meyer-Ohle (2008: 951) verweist zur Begründung auf die industriellen Beziehungen des verarbeitenden Gewerbes, die eine fortgeführte Anbindung betriebsspezifischen Humankapitals an den angestammte Betrieb in Form selbstständiger Subunternehmerschaft fördert. Dahingegen betonen Higuchi und Yamamoto (2002: 5, technical paper 2)[31] die Bedeutung des primären und tertiären Sektors zur Schaffung von Selbstständigkeit im Alter: „the transition to the self-employed is brought about mainly due to the shift in the agriculture, forestry and fisheries possibly in the form of taking over the family business, not so much due to the opening new business at old age to utilize the knowledge and expertise they gained from having worked many years in a certain industry or occupation". So stellt die Beschäftigung innerhalb von Kleinstbetrie-

---

29 National Centre for the Vocational Education Research (NCVER) – VOCED plus. http://www.voced.edu.au/, letzter Abruf: 9.3.2017. Signatur: TD/TNC76.74.
30 http://hss.ulb.uni-bonn.de/2009/1920/1920.pdf, letzter Abruf: 9.3.2017.
31 National Centre for the Vocational Education Research (NCVER) – VOCED plus. http://www.voced.edu.au/, letzter Abruf: 9.3.2017. Signatur: TD/TNC76.74.

ben in Landwirtschaft oder Handel sowie Selbstständigkeit eine wichtige Stütze der japanischen Alterserwerbsarbeit dar, welche die strukturelle Bedeutung kleiner und mittlerer Unternehmen sowie des primären und tertiären Sektors zur Sicherung der Beschäftigung im Alter verkörpert. Allerdings muss das Fortleben der traditionellen Rolle dieser Wirtschaftsbereiche als Auffangbecken der japanischen Alterserwerbsarbeit mit Fragezeichen versehen werden. So verweisen Higuchi und Yamamoto (2002: 5, technical paper 2)[32] auf den sinkenden Stellenwert des japanischen Agrarsektors, während Meyer-Ohle (2008: 952) die Funktion von KMU als absorbierende Kraft des älteren Erwerbspersonenpotentials durch den Wandel von industrieller Struktur und Managementpraktiken bedroht sieht: „Many corporations have reorganized their corporate affiliates and have loosened relationships with suppliers and distributors". Entsprechend registriert Ohashi (2008: 64, 66) einen Trend zur sinkenden Bedeutung der Selbstständigkeit im Alter, der vor dem Hintergrund einer alternden Erwerbsbevölkerung und hiermit verbundener Herausforderungen als Besorgnis erregend beurteilt wird: „The self-employment ratio [...] dropped greatly [...] during the period of 1988 to 2004 for men in both age groups (lower and upper 60s). In light of the fact that self-employment is a relatively easy way for elderly people to remain in the labour force, this downward trend is not desirable in terms of providing working opportunities".

Nicht reguläre Beschäftigung im Alter
Der Anstieg nicht regulärer Beschäftigungsformen stellt ein weiteres Merkmal der japanischen Alterserwerbsarbeit dar (vgl. Higuchi und Yamamoto 2002: 6)[33]: „Nicht reguläre Beschäftigung ist zwischen der Mitte der 1980er und Mitte der 2000er Jahre schnell angestiegen und betrifft derzeit mehr als jeden dritten Lohnarbeiter. [...] Die größten Gruppen unter den nicht regulären Beschäftigten bestehen aus jungen Personen mit zeitlich befristeten Arbeitsverträgen, nach der Verrentung aufgrund des betrieblichen Rentenalters wiederangestellten Ältere, sowie als *part-timer* arbeitende verheirateten Frauen" (Hamaguchi 2011: 16; Übers. d. Verf.). Dabei erweist sich *hi-seiki jūgyō* oder „nicht reguläre Beschäftigung" als heterogenes Phänomen. So wird dieser Begriff zumeist grob als Gegensatz zur klassischen Festanstellung unter Vollzeitbeschäftigung in Stellung gebracht, welche mit speziellen Beschäftigungsprivilegien verbunden ist. Dementsprechend werden unter der nicht regulären Beschäftigung eine Vielzahl unterschiedlicher Anstellungsformen subsumiert, die gemäß gängiger Praxis die Gemeinsamkeit verbindet, dass sie im Gegensatz zur regulären Beschäftigung durch eine geringere Vergütung und sozialen Absicherung gekennzeichnet sind: „Die Arbeitszeiten sind kurz, Jobwechsel sind häufig und entsprechen ist auch

---

32 National Centre for the Vocational Education Research (NCVER) – VOCED plus. http://www.voced.edu.au/, letzter Abruf: 9.3.2017. Signatur: TD/TNC76.74.
33 National Centre for the Vocational Education Research (NCVER) – VOCED plus. http://www.voced.edu.au/, letzter Abruf: 9.3.2017. Signatur: TD/TNC76.74.

der Lohn geringer verglichen mit regulären Beschäftigten. Weniger als die Hälfte der nicht regulären Beschäftigten entrichtet Beiträge für die Gesundheits- oder Rentenversicherung [...]. Als Konsequenz bedeutet nicht reguläre Beschäftigung allgemein für Arbeitgeber eine erhöhte Flexibilität und Verbilligung der Beschäftigung" (Hamaguchi 2011: 16; Übers. d. Verf.). Entsprechend Gemeinsamkeiten wie dieser fallen in Japan neben den im Rahmen der Wiederbeschäftigung vorherrschenden nicht regulären Anstellungsformen als *keiyaku shain* („Vertragsarbeiter"), *haken rōdō-sha* („Leiharbeiter") oder *rinji-teki koyō-sha* („Zeitarbeiter"), auch *shagai-kō* („Subkontraktarbeiter"), *dekasegi-sha* („saisonale Wanderarbeiter"), *kazoku jugyō-sha* („mithelfende Familienangehörige") oder studentische Mini-Jobs unter die Kategorie nicht regulärer Beschäftigung.

Ähnlich heterogen wie das Erscheinungsbild nicht regulärer Beschäftigung ist auch deren Interpretation. Diese variiert von warnenden Beurteilungen als Prekarisierung von Beschäftigung wie Peripherisierung von Arbeitsinhalten bis hin zu glorifizierten Bewertungen als gelungene Implementierung gradueller Arbeitsmarktausstiege. So zeichnen einige Beobachter aufgrund der Verbreitung von nicht regulärer Beschäftigung ein düsteres Bild der japanischen Alterserwerbsarbeit, wonach ein Großteil älterer Arbeitnehmer in die Peripherie des Arbeitsmarktes verbannt, „wenig anspruchsvollen oder auch überflüssigen Tätigkeiten" (Ehrke 1995: 102) nachgeht, so dass der im Vordergrund des Erwerbsinteresse vermutete ökonomische Zwang durch „mangelhafte Konditionen von Gehalt und Arbeit auf ganzer Linie" (Oka 2008: 58; Übers. d. Verf.) zur Ausweitung sozialer Ungleichheit im Alter beiträgt, wie sie durch Oshio (2008: 1110–1111) identifiziert wird. Andere Kommentatoren betonen hingegen einen altersbedingten Wandel von Lebensbedürfnissen, wonach die Entbindung von vormaligen Arbeitsinhalten – trotz oftmals korrespondierender Minderung der Beschäftigungsmerkmale – individuellen Präferenzen nach einem schrittweisen Rückzug aus dem Erwerbsleben entspricht: „the number of jobs with non-traditional employment contracts increases. The former tends to be linear, predictable and having a regular pattern whereas the latter is considerably more flexible and personal. Arguably, such careers may be suited to older workers who have fewer family responsibilities and value career advancement less" (Taylor 2001)[34]. In diesem Sinne urteilt etwa auch Meyer-Ohle (2008: 959): „Overall, this situation mars Japan's positive record as one of few countries to have achieved gradual retirement opportunities for its people". Es ist dieses Spannungsfeld der Deutung nicht regulärer Beschäftigungsformen, welches auch im Diskurs der Beschäftigungsfortsetzung eine zentrale Position einnimmt.

Bildet nicht reguläre Beschäftigung eine prägnante Begleiterscheinung der japanischen Alterserwerbsarbeit, muss jedoch darauf hingewiesen werden, dass

---

34 National Centre for the Vocational Education Research (NCVER) – VOCED plus. http://www.voced. edu.au/, letzter Abruf: 9.3.2017. Signatur: TD/TNC76.74.

sich diese Zuschreibung weder auf die Neuzeit, die Beschäftigung im Alter oder den japanischen Wirtschaftsraum beschränkt. So verweist Linhardt (2008: 127) auf die in Japan traditionell hohe Bedeutung von *bridge jobs*, mit denen eine Überbrückung des Zeitraums zwischen betrieblichen Rentenalter und endgültigem Arbeitsmarktrückzug durch Jobs mit verminderten Bezügen und sozialem Status verbunden wird. Passet (2003: 179)[35] hebt den Umstand hervor, dass die gestiegene Bedeutung nicht regulärer Beschäftigung nicht nur Japan betrifft: „The categories of Japanese workers most concerned with job insecurity and most likely to fall into marginal employment are women, young people and older workers, as is the case in many OECD countries". Kōsei rōdō-shō (2013a: 200; Übers. d. Verf.)[36] deutet wiederum darauf hin, dass die Informalisierung der Erwerbsarbeit einem breiten Trend der japanischen Beschäftigungslandschaft entspringt und nicht als exklusives Phänomen des Alters zu lesen ist: „Die Diversifizierung von Anstellungsformen ist nachfrageseitig etwa im Zusammenhang mit der Wirtschaftlichkeit von Personalkosten [...] und Antworten auf sich verändernde Konjunkturlagen als auch mit dem Wandel von Präferenzen und Bedürfnissen hinsichtlich der Anstellung auf Angebotsseite [...] zu betrachten".

(Langzeit-)Arbeitslosigkeit im Alter
Neben einer möglichen Erosion wichtiger Standpfeiler der Alterserwerbsarbeit sowie des Vorherrschens nicht regulärer Beschäftigungsformen stellt das mit dem Alter zunehmende Risiko von *shitsugyō* oder „Arbeitslosigkeit" eine weitere Problematik der Arbeitsmarktsituation Älterer in Japan da: „after the statutory retirement age, the proportion, who are [...] unemployed, out of the labour force or only marginally attached to it, increases dramatically" (Higuchi 2002: 14)[37]. Dabei entspringt die mit dem Alter steigende Gefahr der Arbeitslosigkeit einer Reihe von komparativen Nachteilen Älterer auf dem Arbeitsmarkt, die primär auf dem Strukturwandel der (japanischen) Volkswirtschaft beruhen. So stellen Ältere einen überproportionalen Beschäftigungsanteil in niedrig qualifizierten Berufsbildern sowie in agraischen oder industriellen Branchenzweigen, die einen ökonomischen Bedeutungsverlust und korrespondierenden Stellenabbau erleben. Neue Wirtschaftssektoren gewinnen hingegen an Gewicht und sorgen für eine Veränderung nachgefragter Qualifikationsprofile, welche dem Bestand an Wissen und Fähigkeiten Älterer häufig nicht entsprechen: „It is frequently asserted that a move towards a knowledge-based economy has disadvantaged older workers. Older men have tended to be located in declining industries, under-represented in industries experiencing growth and thus to be affected by

---

35 https://www.researchgate.net/publication/5115613_Employment_Stability_in_An_Age_of_Flexibility, letzter Abruf: 9.3.2017.
36 http://www.mhlw.go.jp/wp/hakusyo/roudou/13/dl/13-1-5_03.pdf, letzter Abruf: 9.3.2017.
37 National Centre for the Vocational Education Research (NCVER) – VOCED plus. http://www.voced.edu.au/, letzter Abruf: 9.3.2017. Signatur: TD/TNC76.74.

a reduced demand for unskilled workers" (Taylor 2001)[38]. Vergleichbar berichtet Sano (2004: 18)[39] speziell für den japanischen Kontext: „the labor market has a plethora of middle-aged and elderly workers who have lost their jobs as a result of restructuring". Demnach sind mangelnde Beschäftigungsperspektiven im Alter nicht per se als Folge einer bewussten Benachteiligung Älterer im Managementprozess zu verstehen. Stattdessen basieren diese in entscheidendem Maße auf Qualifikationsdefiziten, welche die Notwendigkeit einer Kultur des lebenslangen Lernens verdeutlichen: „it cannot be concluded that older generations found it more difficult to become re-employed. [...] it is more essential for job seekers to have skills and ability required in the labor market, rather than age being a factor" (Matsushige und Fukuda 2004: 72, 74)[40]. Kritisch ergänzt werden sollte jedoch, dass Ältere auch in Japan seltener als rentables Zielobjekt von Humankapitalinvestitionen in Form von Weiterbildung angesehen werden, was kaum zur Behebung des durch Matsuchige und Fukuda (2004: 72, 74)[41] benannten Missstandes beiträgt. Ferner besteht aufgrund der Beschaffenheit der beruflichen Wissensvermittlung in Japan der Zustand, dass die von Älteren gehaltenen betriebsspezifischen Qualifikationen selten als veräußerbare Bildungszertifikate im Sinne eines *signaling* auf dem Arbeitsmarkt gehandelt werden können: „Older workers are more likely to be endowed with higher levels of firm-specific skills, and by definition, this makes it more difficult to transfer their skills to other firms" (Moriguchi und Ono: 2004: 24)[42]. Zuletzt sei im Zusammenhang einer steigenden Altersarbeitslosigkeit auf das instabile konjunkturelle Umfeld verwiesen, dass Japan seit dem Platzen der *bubble economy* begleitet, Unternehmen unter verstärkten Kostensenkungsdruck setzt und auf dem externen Arbeitsmarkt nur geringe Wachstumsimpulse entfacht (vgl. Kōsei rōdō-shō 2013a: 7)[43]: „Insbesondere als Folge der Stagnation des Wirtschaftswachstums um das letzte Jahrzehnt herum, sehen sich ältere Japaner vermehrt vielen Problemen auf dem Arbeitsmarkt gegenüber" (Seike, Yamada und Kimu 2005: 13–14; Übers. d. Verf.). Folge dieser Entwicklung ist jedoch auch ein Anstieg von Jugendarbeitslosigkeit. Dieser setzt die politische Förderung der Alterserwerbsarbeit unter vermehrten öffentlichen Druck, wenngleich ein Zusammenhang zwischen dem Ausmaß an Jugend- und Alterserwerbstätigkeit von Wissenschaftsseite längst als widerlegt gilt (vgl. Abschnitt 3.2.3).

Auch strukturelle wie konjunkturelle Voraussetzungen des japanischen Wirtschaftsraums sind demnach als Gründe für ein erschwertes Arbeitsmarktumfeld Älterer verantwortlich zu machen. Neben spezifischen Hintergründen des japani-

---

38 National Centre for the Vocational Education Research (NCVER) – VOCED plus. http://www.voced. edu.au/, letzter Abruf: 9.3.2017; Signatur: TD/TNC76.74.

39 http://www.jil.go.jp/english/JLR/documents/2004/JLR03_sano.pdf, letzter Abruf: 9.3.2017.

40 http://www.jil.go.jp/english/JLR/documents/2004/JLR02_matsushige.pdf, letzter Abruf: 9.3.2017.

41 http://www.jil.go.jp/english/JLR/documents/2004/JLR02_matsushige.pdf, letzter Abruf: 9.3.2017.

42 http://swopec.hhs.se/eijswp/papers/eijswp0205.pdf, letzter Abruf: 9.3.2017.

43 http://www.mhlw.go.jp/wp/hakusyo/roudou/13/dl/13-1-3.pdf, letzter Abruf: 9.3.2017.

schen Kontexts werden dabei auch Ursachen ersichtlich, die ebenfalls in anderen Nationen einen Rückgang der Alterserwerbsarbeit bedingen: „In most welfare states, unemployment among older workers grew as a pressing problem since the 1970s" (Ebbinghaus 2003: 12)[44]. Trotz beeindruckender Beschäftigungsquoten bis ins höhere Alter bestehen somit auch in Japan altersbedingte Beschäftigungsrisiken, die mit nicht regulärer Beschäftigung oder vermehrtem Erwerbslosigkeitsrisiko in Verbindung zu bringen sind: „Generell nimmt das Arbeitslosigkeitsrisiko von Beschäftigten ab, wenn sie älter werden. Jedoch kehrt sich dieser Trend am Ende der Erwerbsbiografien drastisch um" (Kalina und Knuth 2002: 10)[45]. Das mit dem Alter wachsende Aufkommen nicht regulärer Beschäftigungsverhältnisse verdeutlicht ferner, dass der Verrentungsvorgang zunehmend weniger mit dem klassischen Bild eines abrupten wie einmaligen Rückzugs aus langjährigen Beschäftigungsverhältnissen assoziiert werden kann. Vielmehr besteht eine stark individualisierte Erwerbsphase zwischen der Beendigung einstiger Langzeitkarrieren und dem endgültigen Eintritt in den Ruhestand, welche die Gefahr eines weitgehend informalisierten Teilarbeitsmarkts für Ältere hervorruft, was in Anbetracht demografischer Vorzeichen weder sozial noch makroökonomisch erwünscht sein kann: „About the only jobs that are not harder to find as one grows older are those that pay badly or for which there is a chronic labor shortage. This pattern has been found in the United States, Germany, and Japan, and probably applies to most industrialized nations" (Atchley und Barusch 2003: 252). Somit werden auch in Japan hinter einer imposant erscheinenden Arbeitsmarktstatistik Schwachpunkte der Beschäftigungssituation Älterer erkennbar: „Japan is a forerunner in terms of labour force participation and employment rates of older people; however this picture changes somewhat when we look at wages, types of work and modes of working" (Meyer-Ohle 2008: 959). Eine umfassende Bestandsaufnahme der Arbeitsmarktsituation Älterer in Japan kommt somit nicht um relativierende Momente umhin:

> Compared to other advanced economies, Japan ranks very highly in terms of the economic activity of older people. This not only points to a high degree of willingness on the part of older people to work, or to the necessity for them to do so, but also indicates the existence of employment opportunities for older people. [...] However, with the number of older people increasing, as well as changes in the factors that have so far supported the high labour market participation rate among older people in Japan, concerns have increasingly been raised as to whether this favourable situation will continue. (Meyer-Ohle 2008: 947)

---

44 http://www.issa.int/pdf/anvers03/topic3/2ebbinghaus.pdf, letzter Abruf: 9.3.2017.
45 http://www.econbiz.de/archiv1/2008/45028_arbeitslosigkeit_uebergang_beschaeftigung.pdf, letzter Abruf: 9.3.2017.

2.4 Potentiale des Alters – wachsende Handlungsspielräume

Bisherige Abschnitte dieser Arbeit dienen der Verdeutlichung eines markanten Kontrasts. Denn während die Menschheit in führenden Industrienationen zunehmend an Lebensjahren gewinnt, tritt sie in historischer Betrachtung der Nachkriegszeit früher aus dem Erwerbsleben aus. Dies gilt mit Abstrichen auch für Japan. Wird die Nutzung der Potentiale des wachsenden Bevölkerungsanteils Älterer als Schlüsselinstrument zur erfolgreichen Adaption traditioneller Wirtschafts- und Wohlfahrtskonzeptionen an den demografischen Wandel angesehen, kommt daher auch die Frage nach dem Verhältnis von Alter und Leistung einem neuralgischen Faktor zur Erfüllung der hiermit verbundenen Erwartungen gleich. So wird ökonomischen Grundannahmen folgend auch die Beschäftigung Älterer an Rentabilitätsverhältnissen bemessen. Senioritätsgeprägte Gehaltsstrukturen scheinen dabei auch aufgrund der Verbreitung negativer Altersbilder im Sinne kontinuierlich sinkender Leistungspotentiale herkömmlich für einen zunehmend defizitären Zusammenhang von Alter und Leistung zu sprechen: „Why is it that firms do not positively work on utilization of older people? In economics, we try to find the solution through comparison of the labour productivity and wages" (Higuchi und Yamamoto 2002: 2). Entsprechend hat sich die Erschließung des Zusammenhangs von Leistungspotentialen und dem biologischen Alterungsprozess zu einem interdisziplinären Forschungsgebiet entwickelt, welches vorherrschende Annahmen einer eindeutig negativen Relation kritisch diskutiert. Die Hypothese der Morbiditätskompression (*compression of morbidity*), wonach gerade die Lebenserwartung ohne gesundheitliche Beeinträchtigungen steigt, bildet in Abschnitt 2.1.4 den Ausgangspunkt eines exkursartigen Überblicks über den gerontologischen Forschungsstand in Abschnitt 2.4.2, der aufgrund identifizierter Leistungsmerkmale des Alters wachsende Handlungsspielräume zur gesellschaftlichen Teilhabe im Alter dokumentiert.

2.4.1 Hypothese zur Morbiditätskompression

Basiert Sterblichkeit (Mortalität) auf dem Auftreten von Krankheiten (Morbidität), sollte die auf Grundlage des demografischen Wandels zu beobachtende Kompression von Mortalität innerhalb zunehmend später Lebensphasen auf einer Kompression der Morbidität beruhen (vgl. Westendorp und Kirkwood 2007: 30). So lautet die durch Schwartz (2003: 76) für Japan als zutreffend befundene Hypothese zur Morbiditätskompression. Bei inhaltlicher Reduktion baut diese durch Fries (1980)[46] entworfene Hypothese auf der Prämisse auf, dass der allgemeine soziale und medizinische Fortschritt sowie die gestiegene Sensibilität hinsichtlich individueller

---

46 https://www.ncbi.nlm.nih.gov/pmc/articles/PMC2567746/pdf/11984612.pdf, letzter Abruf: 9.3.2017.

Gesundheitsfürsorge nicht nur die reine Lebenserwartung erhöht. Mehr als dies zeigt sich der Gesundheitszustand in zusätzlich resultierenden Lebensjahren soweit verbessert, dass sich chronische Multimorbidität (also die simultane Existenz physischer und/oder psychischer Beeinträchtigungen als primärer Anlass sozialer Inaktivität) zunehmend auf einen gestauchten Zeitraum vor Todeseintritt konzentriert (vgl. Mor 2009: 78). Auf Grundlage dieser Annahme wird eine Zunahme gesunder Lebenserwartung (*disability adjusted life expanctancy*) prognostiziert, die wachsende Spielräume der gesellschaftlichen Einbringung Älterer impliziert: „The new syllogism [...] point to a prolongation of vitality and a decrease in the period of diminished capacity" (Fries und Crapo 2009: 73).

Allerdings sei eingewandt, dass dieser Hypothese auch Widerspruch erfährt, welche wie von Westendorp und Kirkwood (2007: 31–33) ausgeführt neben genereller methodischer Kritik auch empirische Einwände umfasst: „The difficulty with this concept is that it assumed a fixed maximum human lifespan. It became clear in the 1980s that this was not the case. [...] Therefore, compression of mortality and morbidity are not valid either. It may even be, since we still suffer from disease in middle age, that there is actually a decompression of morbidity, as the trend in the UK suggests". Allerdings attestieren auch Westendorp und Kirkwood (2007: 33), dass eine Tendenz zur Zunahme gesunder Lebenserwartung auszumachen ist, wenngleich diese Entwicklung in Form wachsender Kompensationsmöglichkeiten physischer wie psychischer Komplikationen auf andere Ursachen zurückgeführt wird: „we are increasingly able to oversome the complications of disease, explaining that the years without functional limitations or disability is still on the increase". Unabhängig von Infragestellungen wie dieser gebührt Fries (1980)[47] der Verdienst ein innovatives Bild aktiven Alterns (*active ageing*) kreiert zu haben, welches in Folge nicht nur die wissenschaftliche Auseinandersetzung mit biologischen wie sozialen Erscheinungsformen des Alterns inspiriert, sondern aufgrund seiner positiven Grundausrichtung auch einen gemächlichen Stimmungswandel bei der Wahrnehmung des Alter(n)s zu induzieren scheint: „The idea of compressed morbidity among the oldest sector of the population has received wide publicity because of its optimistic implications for future resource need" (Parker und Thorslund 2009: 81). Auch wenn ein finaler Beweis bislang ausbleibt, bildet die Hypothese zur Morbiditätskompression somit einen Ausgangspunkt verschärfter Wahrnehmung der Dissonanz, die zwischen Potentialen des Alters und der unzureichenden Partizipation Älterer auf Arbeitsmärkten ausgemacht werden muss: „The decline in labor force participation that has taken place in recent decades (particularly among older men), in spite of major gains in health and longevity among older people, has received extensive research attention. [...] the dramatic withdrawal from the workforce [...] reflects a very different pattern than that of their participation in other productive activities" (Bass and Caro 2001: 53, 67).

---

47 https://www.ncbi.nlm.nih.gov/pmc/articles/PMC2567746/pdf/11984612.pdf, letzter Abruf: 9.3.2017.

2.4.2 Zusammenhang von Alter und Leistung

Beruht das menschliche Altern neben biologischen Prozessen auf gesellschaftlichen Zuschreibungen, muss dieser Vorgang als gleichermaßen individuelles wie komplexes Phänomen verstanden werden: „Although biology forms the primary basis of aging, the *significance* of aging is largely social" (Atchley und Barusch 2003: 2). Die Krux an dieser sozialen Komponente des Alterns besteht darin, dass gesellschaftliche Altersassoziationen nur mit Verzögerung Veränderungen des biologischen Alterungsprozesses reflektieren wie sie in Folge verbesserter Lebensgrundlagen verzeichnet werden können: „The stereotypical view held by both employees and employers is that, due to cognitive and physical changes as people age, many older people will not be able to make effective contributions and keep up to date in the workforce" (Krampe und McInnes 2007: 265). Reagieren Altersbilder und gesellschaftliche Institutionen wie der Ruhestand aufeinander, tragen diese zur Aufrechterhaltung von gesellschaftlichen Hürden sozialer wie ökonomischer Teilhabe im Alter bei: „the understanding of ageing as physical decline is an important aspect of the institutional arrangements, social attitudes and interactions with older people" (Westerhof und Tulle 2007: 248). Annahmen über das Alter(n) entfalten demnach eine stigmatisierende Wirkung, die gesellschaftliche Beteiligungschancen im Alter hemmt. Entsprechend stellen Auer und Cazes (2003: 3)[48] die Berechtigung dieser Auffassungen sowie die hierauf errichteten gesellschaftlichen Arrangements kritisch in Frage. Denn obwohl ökonomische Grundsätze eine mit dem Alter sinkende Rendite individueller Beschäftigungsverhältnisse annehmen, wisse niemand konkret zu beziffern, ab welchem Lebenszeitpunkt diese Entwicklung tatsächlich einsetzt und welche Länge die Beschäftigungsdauer hinsichtlich individueller Leistungspotentiale und ihres altersbedingten Wandels optimalerweise besitzen könnte bzw. sollte. In diesem Sinne weist die gerontologische Literaturlage auf gesellschaftliche Fehlwahrnehmungen des Alter(n)s hin. So registriert der Forschungsstand eine höchst individuelle wie komplexe Gewinn- und Verlustrechnung von Leistungsmerkmalen im Lebensverlauf, die gegenüber antiquierten Altersbildern eines einseitigen Verfalls physischer wie psychischer Eigenschaften wachsende Handlungsspielräume der wirtschaftlichen Teilhabe Älterer aufzeigt. Entsprechend konstatiert auch MHLW (2005: 29)[49]: „the level of health and physical strength among the elderly is increasing, requiring flexible responses to individual cases rather than uniform treatment based solely on age".

Bevor sich diesem gerontologischen Erkenntnisstand näher gewidmet wird, ist jedoch darauf hinzuweisen, dass die Exploration des Verhältnisses von Alter und Produktivität auf zahlreiche methodische Restriktionen stößt, weil sich diese Begriffe aus

---

48 https://www.researchgate.net/publication/5115613_Employment_Stability_in_An_Age_of_Flexibility, letzter Abruf: 9.3.2017.
49 http://www.mhlw.go.jp/english/wp/l-economy/2005/dl/02-02-02.pdf, letzter Abruf: 9.3.2017.

gänzlich verschiedenen Blickwinkeln definieren lassen. So umfasst die soziologische Auffassung von Produktivität ein breiteres Spektrum menschlichen Engagements als es dem ökonomischen Gedankengut entspricht: „Does withdrawal from labour force participation imply non-productivity? [...] Using a sociological definition, we find that older people are productive to a remarkable degree" (Künemund und Kolland 2007: 177). Über diese grundsätzlichen Limitationen hinaus, erweist sich auch die exakte Messung alterungsbasierter Produktivitätsverläufe als schwierig. So weisen Marcoen, Coleman und O'Hanlon (2007: 46) darauf hin, dass Veränderungen physischer wie psychischer Attribute neben biologischen Faktoren auch als Resultat individueller wie kontextueller Charakteristika (Geschlecht, Bildung, etc.) anzusehen sind. Es ist diese Individualität menschlichen Alterns, die nur in begrenztem Umfang generelle Rückschlüsse auf den biologischen Wandel von Leistungsmerkmalen im Lebensverlauf erlaubt und Rowe und Kahn (1987) dazu veranlasst, eine Klassifikation zwischen normalem, (von Morbidität geprägtem) pathologischem und optimalem Alter vorzunehmen: „Humans become more unique as they age. [...] the variability within age groups is usually much greater than variability between age groups" (Atchley und Barusch : 19, 115). Taylor (2001)[50] verweist zusätzlich auf die Uneinheitlichkeit von Resultaten, die bei Erfassung des altersbedingten Leistungspotentials in Abhängig der Bemessungsmethodik festzustellen ist. So ergibt sich bei subjektivem Ermessen eine Inversion des Zusammenhangs zwischen Altern und Leistung, welche bei objektiver Evaluation als positiv bewertet wird, womit die bereits tangierte Debatte über die gesellschaftliche Konstruktion des Alter(n)s und hierauf basierender Altersdiskriminierung erneut zu Tage tritt: „when objective measures of productivity are employed performance increases with age. However, when supervisor ratings are employed a negative relationship is observed. This appears to highlight the ambiguous and highly subjective nature of ratings" (Taylor 2001)[51]. Für den speziellen Kontext dieser Arbeit sei abschließend ergänzt, dass auch der wissenschaftliche Rückgriff auf mikroökonomische Datensätze daher nicht frei der Gefahr von Verzerrungen ist. So attestieren zwar Higuchi und Yamamoto (2002: 2)[52] eine höhere Verbleibquote älterer Beschäftigter in japanischen Unternehmen, die sich um eine standardisierte Objektivität bei der Bemessung von Arbeitsproduktivität bemühen, was als Beleg positiver Leistungsbilanzen Älterer interpretiert werden mag. Atchley und Barusch (2003: 113) machen jedoch darauf aufmerksam, dass in betrieblichen Beobachtungen keine Erfassung gerade jener Fälle erfolgt, in denen es zu einer Beendigung des Beschäftigungsver-

---

50 National Centre for the Vocational Education Research (NCVER) – VOCED plus. http://www.voced. edu.au/, letzter Abruf: 9.3.2017. Signatur: TD/TNC76.74.
51 National Centre for the Vocational Education Research (NCVER) – VOCED plus. http://www.voced. edu.au/, letzter Abruf: 9.3.2017. Signatur: TD/TNC76.74.
52 National Centre for the Vocational Education Research (NCVER) – VOCED plus. http://www.voced. edu.au/, letzter Abruf: 9.3.2017. Signatur: TD/TNC76.74.

hältnisses aufgrund alterungsbasiertem Leistungsverfall kommt. Wie diese skizzierte Vielfalt an Einwänden bei der Bemessung der Produktivitätsentwicklung im Lebensverlauf verdeutlichen soll, ist der menschliche Alterungsprozess als komplexer wie individueller Vorgang anzusehen. So erlaubt dieser gemäß Phillipson und Baars (2007: 75) lediglich die abstrahierte Zuschreibung, dass sich das Altern zwischen Geburt und Tod vollzieht und dabei auf sozialen, psychologischen wie biologischen Prozessen beruht, sich darüber hinaus jedoch allgemeingültigen Zuschreibungen entzieht.

Zur Unterscheidung zwischen kognitiver Mechanik und kognitiver Pragmatik

Seien hiermit Bedachtsmomente bezüglich der Exploration des Zusammenhangs von Altern und Leistung exemplifiziert, sollen folgende Passagen einen groben Überblick gerontologischer Erkenntnisse verschaffen. Diese stellen das Altern nicht als konstanten Abbau von Fähigkeiten dar, sondern lassen diesen Prozess als eine Verlagerung von Potentialen auffassen. So sieht die Gerontologie das menschliche Altern neben sozialen Einflussfaktoren durch biologische Gesetzmäßigkeiten determiniert: „Genome-based physical ageing and its impact on changes in motor, perceptual, cognitive and emotional functioning, is a given; it befalls us" (Marcoen, Coleman und O'Hanlon 2007: 38). Dennoch besteht eine äußerst heterogene Bestandsaufnahme, was die Auswirkung dieser biologischen Prozesse auf die individuelle Leistungskraft betrifft, wie die getrennte Erfassung von kognitiver Pragmatik (*crystallised intelligence*) und kognitiver Mechanik (*fluid intelligence*) verdeutlicht. Eine Unterscheidung, die etwa auf die Arbeit von Baltes (1993) zurückzuführen ist, wobei die kognitive Mechanik als die neurophysiologische „Grundarchitektur des Gehirns" (Staudinger 2007: 4)[53] aufgefasst wird, welche Fähigkeit und Geschwindigkeit der Informationsverarbeitung determiniert und somit das zentrale Bindeglied der körperlichen Funktionskette darstellt (vgl. Krampe und McInnes 2007: 256). Trotz differenziert zu betrachtender Befunde bilanziert der Forschungsstand dabei überwiegend einen mit dem Alter abnehmenden Fähigkeitsverlauf was die fluide Intelligenz betrifft. Sinkendes Seh-, Hör- und Memorisierungsvermögen, reduzierte Reaktionszeit oder eine geringere Geschwindigkeit wie Akkuranz der Motorik stellen häufige wenngleich nicht uniforme Begleiterscheinungen des normalen Alterns dar (vgl. Krampe und McInnes 2007: 256 sowie Hardy 2006: 208). Jedoch sind diese Befunde kontrovers hinsichtlich ihrer Ableitungen für die Beschäftigungsfähigkeit Älterer zu betrachten. So kann eine Abnahme der kognitiven Mechanik zu einer negativen Beeinflussung bestimmter Arbeitssituationen führen: „changes in cognitive processing make it more difficult for older workers to shift their attention between displays, to multitask, and to maintain a rapid pace of information processing" (Hardy 2006: 208). Was die

---

53 https://www.econbiz.de/Record/dynamisches-personalmanagement-als-eine-antwort-auf-den-demographischen-wandel-staudinger-ursula/10003456192 , letzter Abruf: 9.3.2017.

meisten der sensorischen wie psychomotorischen Beeinschränkungen betrifft, treten diese im Verlauf des normalen Alterns jedoch erst fernab jener Altersgrenzen auf, welche gemäß heutiger Arrangements die Erwerbstätigkeit umfassen: „Overall, age changes in psychomotor performance have little effect on the capacity of older adults to function in typical adult activities such as employment, work around the home, and leisure" (Atchley und Barusch 2003: 103).

Unterliegt die fluide Intelligenz einer starken biologischen Determinierung, ist sie im Umkehrschluss relativ frei von soziologischen wie kulturellen Einflussfaktoren. Dies unterscheidet sie von der kognitiven Pragmatik, welche Allgemein-, Fach- und Strategiewissen sowie deren praktische Anwendung umfasst und somit stärker auf Sozialisationseffekten beruht (vgl. Marcoen, Coleman und O´Hanlon 2007: 38). Somit gilt für das normale Altern, dass während für die kognitive Mechanik schon ab den zwanziger Lebensjahren eine abfallende Entwicklung konstatierbar ist, der kristallinen Intelligenz ein ansteigender Verlauf bis um das 60. Lebensjahr attestiert wird, ehe sie hiernach auf konstantem Niveau verbleibt und erst ab dem so genannten „vierten Alter"[54] abnehmende Tendenzen zeigt (vgl. Staudinger 2007: 4)[55]. So stellen überlegene Kommunikationsfähigkeiten oder eine auf Routine basierender Überblickung betrieblicher Arbeitsprozesse praktische Fähigkeiten dar, welche auf die kognitive Pragmatik zurückzuführen sind und denen eine zunehmende Optimierung in späten Karrierephasen zugerechnet wird. Das Zusammenwirken von Mechanik und Pragmatik der Kognition determiniert wiederum das mentale Funktionieren und umfasst somit verschiedenste geistige Merkmale wie Emotionalität oder Kreativität. Entsprechend kann der alterungsbedingte Verlauf menschlicher Fähigkeiten damit zusammengefasst werden, dass aufgrund der „kompensatorischen Beziehung" (Staudinger 2007: 4)[56] von fluider und kristalliner Intelligenz eine Verschiebung geistiger Kompetenzen im Lebensverlauf stattfindet, deren Bilanzierung sich eindeutiger Wertungen im Sinne eines einseitigen Verlusts an Fähigkeiten entzieht. Ein anschauliches Beispiel hierfür liefern Atchley und Barusch (2003: 106), die das Lösen von Problemen (*problem solving*) in eine Reihe mentaler Prozesse stellen, denen eine tendenzielle Fähigkeitsabnahme mit dem Alter diagnostiziert wird. Allerdings wird mit nicht minderer Relevanz für die praktische Arbeitswelt festgestellt: „Researchers in social cognition and age have begun to identify 'problem-finding' as a distinctive skill that may improve with age" (Atchley und Barusch 2003: 106).

---

54 Im Rahmen gerontologischer Literatur ist eine Unterscheidung zwischen dem so genannten „dritten" und „vierten Alter" geläufig, welche in der Regel den Zeitraum zwischen dem 50. bis 79. Lebensjahr und über dem 80. Lebensjahr differenziert (vgl. Krampe und McInnes 2007: 261).
55 https://www.econbiz.de/Record/dynamisches-personalmanagement-als-eine-antwort-auf-den-demographischen-wandel-staudinger-ursula/10003456192, letzter Abruf: 9.3.2017.
56 https://www.econbiz.de/Record/dynamisches-personalmanagement-als-eine-antwort-auf-den-demographischen-wandel-staudinger-ursula/10003456192, letzter Abruf: 9.3.2017.

Kompensatorische Effekte alterungsbedingter Beeinflussungen

Für das Verständnis des Verhältnisses von Altern und Leistung spielt auch die Kompensation altersbedingter Defizite eine entscheidende Rolle. Am offensichtlichsten ist dies in Form technischer Hilfsmittel (Brille, Hörgerät, etc.). Dabei ruft der pharmazeutische und medizintechnische Fortschritt eine wachsende Landschaft an Gütern und Verfahren hervor, die zur Milderung oder gänzlichen Kompensation physischer Alterserscheinungen in der Lage sind und zum Erhalt von Beschäftigungsfähigkeit im Alter beitragen. Gehen diese kompensatorischen Mittel in erster Linie auf körperliche Charakteristika ein, nehmen individuelle Optimierungsstrategien hinsichtlich geistiger Leistungsmerkmale, die auf der im Lebensverlauf erworbenen Expertise beruhen, innerhalb der öffentlichen Wahrnehmung eine deutlich geringere Präsenz ein: „declines in cognitive ability among older people can often be compensated for by the expertise acquired with aging" (Moody 2009: 100). Ein anschauliches Beispiel hierfür stellt die durch Baltes und Baltes (1990: 26) überlieferte Auseinandersetzung des Pianisten Arthur Rubinstein mit seinen fortschreitenden physischen wie psychischen Beeinschränkungen des Alters dar. So büsste Rubinstein gegen Lebensende zunehmend an Fingerfertigkeit ein. Daraufhin verlangsamte er sein Spiel vor schnellen Takten, so dass die Tempoverschärfung als Dramatisierungsmoment nach wie vor in Erscheinung treten konnte. Tatsächlich sind solche Optimierungsstrategien allgegenwärtiger als es dieses von der durchschnittlichen Erwerbsarbeit entrückt erscheinende Beispiel vermuten lässt wie die Übertragung in eine gängigere Arbeitswelt durch das innerhalb der Gerontologie geläufige *typewriter*-Beispiel illustriert. So können weder Salthouse (1984)[57] noch Bosman (1993) einen Unterschied in der Arbeitsproduktivität jüngerer und älterer Schreibkräfte belegen, was die Transkription einer bestimmten Seitenanzahl in vorgegebenem Zeitrahmen betrifft. Zwar verfügen Ältere demnach tendenziell über ein geringeres Anschlagstempo, machen hierbei aber weniger Fehler. Die dem kompensatorischen Effekt zugrundeliegende Optimierungsstrategie besteht jedoch vor allem in einer Reorganisation der visuellen Erfassung zu transkribierender Dokumente. Diese ermöglicht es älteren gegenüber jüngeren Untersuchungsteilnehmern aufgrund ihrer Erfahrung, während des simultanen Tippens weiter im Text voraus zu lesen und somit die Häufigkeit von Unterbrechungen des Arbeitstakts zu reduzieren (vgl. Salthouse 1984: 368–369[58] sowie Atchley und Barusch 2003: 103).

Beiden Beispielen ist das Paradigma gemein, wonach das Altern als dynamischer wie multidimensionaler Prozess aufgefasst werden muss, der gleichsam Verluste wie Gewinne bietet. Ein etabliertes Modell zur Abbildung hiermit umschriebener Optimierungsstrategien stammt von Baltes und Baltes (1990). Dem hierbei zugrun-

---

57 http://faculty.virginia.edu/cogage/publications2/Pre%201995/Effects%20of%20Age%20and%20Skill%20in%20Typing.pdf, letzter Abruf: 9.3.2017.
58 http://faculty.virginia.edu/cogage/publications2/Pre%201995/Effects%20of%20Age%20and%20Skill%20in%20Typing.pdf, letzter Abruf: 9.3.2017.

deliegenden Verständnis zufolge beinhaltet eine erfolgreiche Adaption an altersbedingte Defizite den Rückgriff auf drei grundlegende Strategien in Form von Selektion,
Optimierung und Kompensation: „Selective optimization with compensation allows
the elderly to engage in life tasks that are important to them despite a reduction in
energy or in biological and mental reserves. As such, the strategy of selective and
compensatory adaptation is hypothesized to have general or universal application"
(Baltes und Baltes 1990: 24). Dabei kann unter Selektion das Erkennen des individuellen Situationspotentials verstanden werden. Persönliche Stärken und Schwächen
werden wahrgenommen und dabei innerhalb gehaltener Kompetenzen jene Qualifikationen identifiziert, die zur erfolgreichen Bewältigung einer bestimmten Aufgabe
entscheidend sind, wobei das in diesem Sinne zum Ausdruck kommende Selektions-
vermögen aus einem mit dem Alter abnehmenden Reservoir an Fähigkeiten hervorgeht. Der Begriff der Optimierung subsumiert wiederum Verfahren zur Modifizierung
der Umwelt, um anvisierte Ziele zu erreichen, was sowohl physische, psychische wie
soziale Dimensionen beinhalten kann. Die resultierende Kompensation altersbedingter Defizite kann schließlich als Prozess charakterisiert werden, bei dem alternative
Wege zur erfolgreichen Erfüllung einer Tätigkeit gefunden werden, um Differenzen
zwischen verfügbaren Leistungspotentialen und Anforderungen der Umwelt zu reduzieren oder gänzlich zu eliminieren und somit die Leistung auf erforderlichem Niveau
zu halten (vgl. Baltes und Baltes 1990: 21–22 sowie Marcoen, Coleman und O'Hanlon
2007: 42). Eine praktische Überführung dieser Gedanken in die gängige Arbeitswelt
liefern Atchley und Barusch (2003: 168):

> [...] selection might involve focusing on a narrower range of high-priority job tasks, doing more
> projects that involve group productivity, and cutting out nonessential parts of the job. Optimization
> might involve paying more attention to maintaining job skills, practicing high-priority job skills,
> and seeking training to keep up job skills. Compensation might involve being careful to put one's
> best foot forward at work, to emphasize areas of greatest competence, and to take on tasks that
> match performance strengths and avoid tasks that involve areas of weaker performance.

Der bemerkenswerte Grundgedanke, der durch Baltes und Baltes (1990) vertreten
wird, besteht in einer perspektivischen Verlagerung der Wahrnehmung des Alters.
Hiernach können altersbedingte Leistungsdefizite als Abnahme einer einzigen Kern-
kompetenz gedeutet werden: Dem Adaptionsvermögen, sich Beeinträchtigungen
erfolgreich anzupassen. Diese Betonung individueller Adaptionskapazitäten sowie
ein Verständnis des Alterns als ein von Verlusten wie Zugewinnen geprägter Prozess
kennzeichnet eine wissenschaftliche Bewegung, die unter dem Leitbegriff des *successful ageing* einen wachsenden Bestand an empirischen Belege erzeugt, die in einer
Vielzahl spezifischer Lebens- wie Arbeitsbereiche keine Korrelation zwischen Alter
und Arbeitsproduktivität feststellen. Einer der hierbei am umfangreichsten untersuchten Bereiche stellt die Lernfähigkeit dar, welcher aufgrund der tangierten Bedeutung lebenslangen Lernens einer entscheidenden Größe gleichkommt. Dabei weist
der Forschungsstand auch in diesem Zusammenhang auf ein beachtliches Adaptions-

vermögen Älterer hin: „The popular beliefs that older people are unable or unwilling to take on new training for skills or new intellectual demands associated with work later in life have been found to be myths" (Bass und Caro 2001: 40).

Dieser gerontologische Exkurs zum Verhältnis zwischen Altern und Leistung soll illustrieren, dass die gesunkene Beschäftigungsteilhabe Älterer nicht durch einen biologisch determinierten Automatismus stetig sinkender Arbeitsproduktivität zu begründen ist: „the story of aging is not a simple story of decline. [...] Even in areas where there is decline, there is growing evidence that performance can be improved in relatively simple ways" (Carstensen 2009: 115). Es ist demnach nicht zuletzt die soziale Komponente des Alter(n)s, die für eine gesamtgesellschaftlich unvorteilhafte Nutzung der Potentiale Älterer verantwortlich zeichnet. So manifestieren fixe Altersgrenzen von Beschäftigung und sozialer Sicherung ebenso starre Altersvorstellungen, die weder Komplexität noch Individualität des Alterungsprozesses gerecht werden und sich Anzeichen zunehmender Handlungsspielräume der Beschäftigung im Alter bislang weitgehend zu verschließen scheinen: „Nachdem die Existenz produktiver Potenziale des Alters durch zahlreiche gerontologische Forschungsarbeiten nachgewiesen werden konnte, wird es zukünftig vor allem darum gehen, die Voraussetzungen zu schaffen, um diese Potenziale zu verwirklichen und damit zur Entwicklung einer altersfreundlichen Kultur beizutragen" (Kruse 2004)[59]. Dennoch können vorherige Passagen als optimistischer Abschluss dieses zweiten Kapitels gewertet werden, welches der interdisziplinären Annäherung an den Untersuchungsgegenstand dieser Arbeit dient. Demnach sorgt die Stellung als demografischer primus inter pares dafür, dass die gesellschaftspolitische Notwendigkeit eines Ausbaus von Alterserwerbsarbeit gerade – aber längst nicht nur – in Japan um sich greift. Ist diese Notwendigkeit in Japan primär als Folge demografischer Tendenzen anzusehen, beruht diese in kontinentaleuropäischen Staaten ebenso auf dem beträchtlichen Rückgang von Alterswerbsarbeit, der gleichsam unterschiedliche nationale Voraussetzungen beim gemeinsam erstrebten Ausbau der ökonomischen Teilhabe Älterer verdeutlicht. Dabei spielt die Beschäftigungsverlängerung in Japan – als in der westlichen Wirtschaftshemisphäre weitgehend unbekanntes Personalinstrument zur Verlängerung von Beschäftigung im Alter – eine bedeutende Rolle zur Herleitung des hohen Ausmaßes von Alterserwerbsarbeit in Japan wie auch ihrer qualitativen Einschränkungen. Ihre Existenz kann daher als ein Ausdruck der Feststellung durch Coulmas et al. (2008: xvi) gewertet werden: „it is more urgent for Japan than for most countries to find solutions for the ensuing problems and [...] Japan has to develop its own solutions to meet the social and economic challenges of ageing rather than follow tested models of other countries. In many ways, Japan is charting out unknown territory of the hyperaged society and as a pioneer thus becomes a reference point for others headed in the same direction".

---

59 https://www.uni-heidelberg.de/presse/ruca/ruca04-03/s24oft.html, letzter Abruf: 9.3.2017.

3 Verlängerung von Erwerbsbiografien als gesamtgesellschaftliche Aufgabe

Der Diskurs um Beschäftigungsfortsetzung in Japan bewegt sich innerhalb der übergeordneten Debatte zur ökonomischen Teilhabe im Alter. So dient der bisherige Gang dieser Arbeit dazu, anhand demografischer Tendenzen und deren sozioökonomischen Implikationen, Ursachen der verbreiteten Notwendigkeit zur Steigerung von Alterserwerbsarbeit deutlich zu machen. Dabei wird dokumentiert, dass Japan vergleichsweise große Erfolge bei der wirtschaftlichen Einbindung Älterer verbuchen kann. Kapitel 3 setzt die gesellschaftspolitische Einbettung des Untersuchungsgegenstands mit der Suche nach Gründen für das hohe Ausmaß der japanischen Alterserwerbsarbeit fort. Intendiert wird in diesem Zusammenhang, den weiteren Ausbau von Erwerbsarbeit im Alter als eine gesamtgesellschaftliche Herausforderung zu kennzeichnen. In diesem Rahmen beschäftigt sich Abschnitt 3.1 mit beschäftigungspolitischen Alternativen zur Milderung demografischer Tendenzen der Erwerbsbevölkerung in Form einer stärkeren Einbindung von Frauen wie Arbeitsmigranten in den japanischen Arbeitsmarkt. Dies könnte in Ergänzung zu einem Ausbau der Alterserwerbsarbeit theoretisch zur Linderung von Schrumpfen wie Altern des japanischen Erwerbspersonenpotentials beitragen. Allerdings ist mit einer quantitativen wie qualitativen Erschließung dieser bislang unzureichend in Anspruch genommenen Quellen des japanischen Arbeitsmarkts auch in naher Zukunft kaum zu rechnen. So besteht in Japan umso mehr die Notwendigkeit, der demografischen Entwicklung der Erwerbsbevölkerung durch die Verlängerung von Lebensarbeitszeit zu begegnen. Folgend zeichnet Abschnitt 3.2 die öffentliche wie politische Willensbildung zum Ausbau von Alterserwerbsarbeit in Japan als einen durch heterogene Interessenkonstellationen zwischen wie innerhalb der einzelnen Sozialpartner beeinflussten Prozess nach. Dies bildet den Nährboden dafür, dass trotz erhöhtem Handlungsbedarf auch in Japan um die Verlängerung von Erwerbsbiografien gerungen wird. Auf Basis dieser ambivalenten Ausgangsposition zur Förderung der wirtschaftlichen Teilhabe im Alter innerhalb der japanischen Gesellschaft behandelt Abschnitt 3.3 verschiedene Themenfelder, die über bislang tangierte Punkte hinaus zur Herleitung des hohen japanischen Ausmaßes an Alterserwerbsarbeit in Anspruch genommen werden. Allerdings wird diesen in unterschiedlichem Maße Geltung zugesprochen. So wird insbesondere die Bedeutung der Gestaltung passiver Arbeitsmarktpolitik in Japan als Ursache zur Genese der hohen Erwerbsbeteiligung im Alter betont. Trotz Kennzeichen des Wandels gilt gleiches für einen auch durch die betriebliche Ebene diffundierten Stellenwert von Beschäftigungsstabilität, der nicht zuletzt in Form der Verbreitung integrativer Personalinstrumente wie der Beschäftigungsfortsetzung seinen Ausdruck findet.

DOI 10.1515/9783110528459-003

3.1 Strategien zur Milderung demografischer Tendenzen des Arbeitsmarkts

Als eine Möglichkeit, negativen Folgen für das Wirtschaftswachstum, die im Zusammenhang des Rückgangs der Erwerbsbevölkerung befürchtet werden zu begegnen, werden wie durch Kōsei rōdō-shō (2013a: 75)[1] die Mittel der voranschreitenden Technologisierung angeführt. Ist diese Einschätzung nicht unzutreffend, kann jedoch auf diese Weise kaum der finanziellen Konsolidierung der auf sozialpflichtiger Beschäftigung basierenden sozialen Sicherungssysteme begegnet werden. Kommt in diesem Zusammenhang vielmehr der effektiven Nutzung sämtlicher Ressourcen des schwindenden Arbeitsmarkts bis ins höhere Alter Bedeutung zu, repräsentiert die mangelnde Einbindung ausländischer wie weiblicher Arbeitskraftpotentiale (wie in Abschnitt 3.1.1 bzw. 3.1.2 behandelt) bislang relativ ungenutzte Reserven des japanischen Arbeitsmarkts. Allerdings kann deren stärkerer Einflussnahme auch in absehbarer Zukunft nicht unbedingt vorausgesetzt werden. So muss dem Ausbau von Alterserwerbsarbeit umso größere Bedeutung zur erfolgreichen Begegnung des demografischen Wandels innerhalb der japanischen Wirtschafts- und Wohlfahrtssphäre beigemessen werden wie Abschnitt 3.1.3 zum Abschluss kommender Passagen bilanziert.

3.1.1 Arbeitsmigration

Migration wird durch die Demografie als eine Determinante des demografischen Wandels betrachtet, der jedoch im japanischen Bezug kaum Geltung zukommt. Zwar gewinnt die Einwanderung nach Japan in jüngeren Jahrzehnten leicht an Umfang. Dennoch beträgt der ausländische Bevölkerungsanteil Japans im Jahre 2008 lediglich 1,7 % und rangiert damit mit den Werten von Polen (0,2 %), der Slowakischen Republik (1 %), Korea (1,8 %) oder Ungarn (1,8 %) deutlich am unteren Ende des OECD-Spektrums wie etwa die Vergleichswerte von Deutschland (8,2 %) oder von Spitzenreitern wie der Schweiz (21,4 %) und Luxemburg (44,5 %) verdeutlichen (vgl. OECD 2010: 314)[2]. Entsprechend kann eine Steigerung der in Japan laut OECD (2003: 99; Übers. s. Verf.) „nahezu nicht existenten" Netto-Immigration als eine Option zur Vitalisierung des durch Schrumpfung wie Alterung gekennzeichneten japanischen Arbeitsmarkts angesehen werden. Gleichwohl wird eine Abkehr von der traditionell „restriktiven Immigrationspolitik" (Coulmas 2007: 28)[3] Japans als unwahrscheinlich

---

1 http://www.mhlw.go.jp/wp/hakusyo/roudou/13/dl/13-1-4.pdf, letzter Abruf: 9.3.2017.
2 http://www.nbbmuseum.be/doc/seminar2010/nl/bibliografie/kansengroepen/sopemi2010.pdf, letzter Abruf: 9.3.2017.
3 http://www.dijtokyo.org/articles/poe104_Coulmas.pdf, letzter Abruf: 9.3.2017.

beurteilt. Ohnehin gilt es grundsätzlich anzumerken, dass das notwendige Ausmaß an Arbeitsmigration zur substanziellen Kompensation demografischer Tendenzen der japanischen Erwerbsbevölkerung als geradezu „astronomisch" (Vogt 2007: 5)[4] anzusehen ist. Dies geht aus United Nations (2000: 53)[5] hervor, wird hier zur Erhaltung einer konstanten Größe der japanischen Erwerbsbevölkerung zwischen den Jahren 1995 und 2050 eine Netto-Immigration von 33,5 Millionen Einwanderern als notwendig erachtet. Völlig illusorisch fallen die Prognosen zur Netto-Immigration aus, die im gleichen Zeitraum vorausgesetzt werden müssten, um das Verhältnis zwischen Erwerbsbevölkerung und älterer abhängiger Bevölkerung in Japan auf konstantem Niveau zu halten. So bedarf es hierzu laut United Nations (2000: 54)[6] eines jährlichen Netto-Zuzugs von durchschnittlich 10 Millionen Einwanderern, was einer kumulierten Netto-Immigration von 553 Millionen Zuwanderern bis ins Jahre 2050 entspräche.[7] Wäre die japanische Bevölkerung gemäß United Nations (2000: 54)[8] im Zuge dieses Szenarios im Jahre 2050 (bei einem 87 prozentigen Anteil an Migranten) auf 818 Millionen Menschen angewachsen, wird an gleicher Stelle denn auch entsprechend geurteilt: „These unlikely results suggest that substantial ageing of the population, in terms of a decline in the potential support ratio, is inevitable even if Japan increases immigration greatly" (United Nations 2000: 54)[9].

Wie diese Werte suggerieren, darf Migration nur begrenzt als kompensatorisches Vehikel eines schrumpfenden (japanischen) Arbeitsmarkts verstanden werden. Dies gilt auch vor dem Hintergrund, dass junge, gut ausgebildete Arbeitskräfte wie es vom demografischen Wandel gezeichnete Industrieländer bedürfen, in nahezu allen Wirtschaftsräumen ein relativ knappes Gut darstellen, womit deren Migration auch in Zusammenhang sozialer Bedenken zu interpretieren ist. Doch trotz dieser Erwägungen könnte ein gefördertes Ausmaß an Arbeitsimmigration zu einer Belebung des japanischen Arbeitsmarkts beitragen, deren Einfluss mehr denn einer rein homöopathischen Dosis gleichkäme. Dass diese Option für Japan einen gangbaren Weg darstellt, wird jedoch von den meisten Kommentatoren zumindest mittelfristig bezweifelt, welche sowohl die öffentliche wie politische Haltung Japans in Migrationsfragen durch eine gewisse Scheu gekennzeichnet sehen: „While 1.57 per cent may seem inconsequential compared to the proportions of foreign residents in the rest of the developed world, to the Japanese, it is apparent and a cause for comment" (Roberts

---

4 http://www.dijtokyo.org/doc/20071001ja-Studie-Vogt.pdf, letzter Abruf: 9.3.2017.

5 http://www.un.org/esa/population/publications/ReplMigED/Japan.pdf, letzter Abruf: 9.3.2017.

6 http://www.un.org/esa/population/publications/ReplMigED/Japan.pdf, letzter Abruf: 9.3.2017.

7 Beruhen diese Prognosen durch United Nations (2000: 54. http://www.un.org/esa/population/publications/ReplMigED/Japan.pdf, letzter Abruf: 9.3.2017) auf der Annahme von gegenüber 1995 unveränderten demografischen Kennziffern wie etwa Fertilitäts– und Mortalitätsrate, sind diese als Näherungswerte zu interpretieren.

8 http://www.un.org/esa/population/publications/ReplMigED/Japan.pdf, letzter Abruf: 9.3.2017.

9 http://www.un.org/esa/population/publications/ReplMigED/Japan.pdf, letzter Abruf: 9.3.2017.

2008: 769). Zur Begründung dieser Zurückhaltung in Migrationsfragen lassen sich unterschiedliche Erklärungsansätze zugrunde legen, die jede für sich nicht unumstritten sind. So wird etwa darauf verwiesen, dass in Japan im Vergleich zur Mehrzahl etablierter Industriestaaten geringere Erfahrungswerte mit signifikanten Einwanderungswellen der Vergangenheit vorliegen. Andere Erklärungsvarianten bauen auf Verfehlungen der imperialistischen Vergangenheit Japans auf, um ein vorsichtiges Verständnis herzuleiten, was Migration als Bestandteil des staatlichen Gestaltungsbereichs betrifft (vgl. Coleman 2008: 752). Doch auch innerhalb der jüngsten Vergangenheit Japans werden Anhaltspunkte ausgemacht, die einen zukünftigen Bewusstseinswandel der japanischen Öffentlichkeit hinsichtlich einer offeneren Gestaltung der Einwanderung zu erschweren scheinen: „The economic malaise of the post-bubble period, accompanied by various social ills that garned much news coverage, contributed to Japan´s caution toward increasing foreign migration" (Roberts 2008: 776). Unabhängig in Erwägung zu ziehender Berücksichtigungen wie dieser, findet der United Nations High Commissioner for Human Rights (UNHCHR) deutliche Worte was die Position Japans zur Integration Fremder betrifft. So schliesst UNHCHR (2006: 18-19)[10] mit dem Aufruf an politische Entscheidungsträger, konstatierbare Anzeichen von Fremdenangst und Diskriminierung in Angriff zu nehmen: „racial discrimination and xenophobia do exist in Japan [...] inequalities vis-à-vis the rest of the Japanese society should urgently be addressed".

Entsprechend dieser Skizzierung des gesellschaftlichen Umfelds in Japan bezüglich einer Förderung von Einwanderung bilanziert Vogt (2007: 6)[11] denn auch gemäß: „Immigration seems to be economically required, and yet it is currently not backed by a political, let alone a social consensus". Verweist auch Roberts (2008: 776) auf das Fehlen eines gesellschaftlichen wie politischen Einvernehmens zur Neuausrichtung der Migrationspolitik, kann hierdurch jedoch davor gewarnt werden, dies als exklusives Phänomen Japans wahrzunehmen: „That the old framework is flawed and inadequate to meet current concerns is obvious. [...] The main challenge to Japan in the years ahead, as with all rich, ageing countries of migration, lies in recognizing the necessity of migration at some level, and in setting out a framework to deal justly with the peoples in its midst". Während jedoch der Zuzug hochqualifizierter Fachkräfte auch in Japan durchaus politisch willkommen geheißen wird, kristallisiert sich

---

10 http://www.refworld.org/pdfid/4411820e0.pdf, letzter Abruf: 9.3.2017. Hierbei handelt es sich um den Abschlussbericht der Japan-Mission durch den Sonderberichterstatter des UNHCHR, veröffentlicht als Bestandteil einer umfangreichen Länderreihe mit dem Titel *Racism, Racial Discrimination, Xenophobia And All Forms of Discrimination*. In diesem Rahmen werden zahlreichen weiteren Nationen Tendenzen von Rassismus und Xenophobie beschieden wie unter anderem auch Deutschland (vgl. UNHCHR 2009: 7. http://www2.ohchr.org/english/issues/racism/rapporteur/docs/PRelease_end_mission010709.pdf, letzter Abruf: 9.3.2017).
11 http://www.dijtokyo.org/doc/20071001ja-Studie-Vogt.pdf, letzter Abruf: 9.3.2017.

laut Vogt (2007: 15)[12] eine weitere Öffnung des japanischen Arbeitsmarkts vor allem anhand der Forderung, auch den Zuzug niedrig qualifizierter Arbeitsmigranten zu liberalisieren. Dabei wird die Abkehr von der Praxis strenger zeitlicher Befristungen von Arbeitsaufenthaltserlaubnissen als politischer Lackmustest gewertet: „Japan is called upon to create a living environment that will welcome foreigners as settlers, that is, as part of the general society, and not only as a short-term workforce" (Vogt 2007: 21)[13]. Dass es jedoch zu einer baldigen Lockerung der japanischen Einwanderungspolitik kommt, wird auch durch Ducke und Moerke (2005: 9)[14] bezweifelt: „Increasing the number of immigrants [...] does not seem to be favoured by either the government or the bureaucracy". Sogar eine weitere Verschärfung der politischen Handhabung von Arbeitsmigration in Japan erscheint nach Roberts (2008: 776) nicht auszuschließen: „Clearly, the Japanese government will not be moving forward swiftly to increase the numbers of migrants allowed into Japan, despite the accelerating population decline. Indeed, [...] there is a strong current toward revising the existing framework, and toward more strict control of immigration". Als *tabunka kyōsei shakai* wird eine „Gesellschaft multikultureller Koexistenz" bezeichnet. Deren Realisierung erscheint jedoch vor dem Hintergrund dargestellter Verhältnisse nicht zuletzt in Bezug auf Japan noch in weiter Ferne: „At this point, the door to Japan for labour migrants is pretty wide shut" (Vogt 2007: 27)[15].

3.1.2 Altersunabhängige Steigerung weiblicher Erwerbstätigkeit

Die Förderung von Arbeitsmigration als Antwort auf eine schrumpfende Erwerbsbevölkerung setzt eine Veränderung des öffentlichen wie politischen Bewusstseins voraus. In diesem Zusammenhang wird gerade Japan noch ein weiter Weg beschieden. Umso stärker muss sich das Augenmerk auf verbleibende Ressourcen des Arbeitsmarkts richten, die eine effiziente Nutzung vermissen lassen. In Japan betrifft dies insbesondere die Erwerbstätigkeit von Frauen unabhängig von bestimmten Altersklassen: „by making better use of female labour, the problem of population ageing will become much less severe" (Schad-Seifert 2008: 121-122). Entsprechend betont auch Yagi (2009: 209; Übers. d. Verf.) die Bedeutung einer substanzielleren Einbindung von Frauen in die japanische Arbeitswelt: „Es reicht nicht aus, wenn sich politische Maßnahmen im Zusammenhang der [Bevölkerungs-]Alterung nur auf Ältere konzentrieren. [Auch] dem Spielraum zur Anhebung der Beschäftigungsquote von Frauen muss Aufmerksamkeit gewidmet werden". Zwar dokumentiert die bisherige Darstellung,

---

12 http://www.dijtokyo.org/doc/20071001ja-Studie-Vogt.pdf, letzter Abruf: 9.3.2017.
13 http://www.dijtokyo.org/doc/20071001ja-Studie-Vogt.pdf, letzter Abruf: 9.3.2017.
14 http://www.dijtokyo.org/doc/WP0502_AgingPopulation-Ducke-Moerke.pdf, letzter Abruf: 9.3.2017.
15 http://www.dijtokyo.org/doc/20071001ja-Studie-Vogt.pdf, letzter Abruf: 9.3.2017.

dass der erwerbstätige Anteil von Frauen in internationalem Vergleich relativ lange in Erwerbstätigkeit verbleibt. Allerdings ist die altersunabhängige Differenz der Beschäftigungsquoten zwischen den Geschlechtern in Japan relativ groß, legt man den OECD-Raum als Vergleichsmaßstab zugrunde (vgl. Abschnitt 2.3.1): „Die Beteiligungsraten [...] von Frauen [...] sind bedeutend niedriger gegenüber denen von Männern. Diese Differenz ist sehr viel größer als in den meisten OECD-Staaten. Während auch Reformen am Rentensystem dazu beitragen können, die Fähigkeit und den Wunsch von Frauen länger zu arbeiten zu erhöhen, ist es ebenso notwendig, politische Beschäftigungsmaßnahmen durchzuführen, die auf die Vereinbarkeit von Arbeit und Familie abzielen" (Seike, Yamada und Kimu 2005: 27; Übers. d. Verf.). Diese Diskrepanz in der ökonomischen Beteiligung zwischen Frauen und Männern ist besonders bemerkenswert, wird von einer Korrelation zwischen Bildung und Beschäftigung ausgegangen. Während jedoch Frauen in Japan mittlerweile durch OECD (2003: 34, 38) ein höheres Bildungsniveau gegenüber Männern ausgewiesen wird, schlägt sich dieser Zustand kaum in einem äquivalenten Wachstum der Beschäftigungsquote nieder: „Japanese women are still under-employed compared to their counterparts in other advanced industrial countries despite their potential for making the productive ages more productive and offsetting the shrinking labour force" (Usui 2008: 168-169). Auf diese Verhältnisse Bezug nehmend urteilt denn auch OECD (2003: 39, 51) entsprechend: „That so many well-educated women are not in employment reflects a considerable waste of investment in human capital. [...] increasing female labour force participation rates to the same level as those for men could have a huge effect on the size of the labour force, especially in Japan".

Eine „strikte Geschlechtertrennung von Arbeit" (Usui 2008: 174; Übers. d. Verf.) in Japan zeigt sich jedoch nicht nur bei quantitativer Erfassung der Erwerbsbeteiligung. So treten auch im Rahmen der qualitativen Bewertung von Beschäftigung Differenzen in Abhängigkeit des Geschlechts zu Tage. Diese reflektieren die Hindernisse beim Ausbau der weiblichen Erwerbstätigkeit wie sie primär in Gestalt klassischer Beschäftigungsgestaltung sowie einer unzureichenden politischen wie betrieblichen Förderung der Vereinbarkeit von Beruf und Familie verortet werden: „The gender gap in terms of job quality is larger than that in employment rates, and this is particularly the case in Japan because of the operation of its dual labour market" (OECD 2003: 14). So bleiben Frauen gerade von jenen Berufsbildern ausgeschlossen, die durch den anhaltenden Gebrauch traditioneller Beschäftigungsprinzipien gekennzeichnet sind, was auf eine klassische Zweiteilung betrieblicher Karrieresysteme japanischer Unternehmen zurückzuführen ist. Dramatisch unterrepräsentiert sind Frauen demzufolge im Rahmen des so genannten *sōgō shoku* als jenen „Karrierekursen", die Ausbildungs- und Aufstiegsperspektiven im Zuge eines breitseitigen Verwendungsgebiets des Angestellten bieten und eng mit dem Generalismus der japanischen Arbeitswelt verbunden sind, jedoch der Regel nach nur regulären Beschäftigten zur Verfügung stehen (vgl. OECD 2003: 17). Ist hierbei ein hohes Maß an Flexibilität wie Mobilität auf Seiten der Angestellten vorausgesetzt, sind dies Bedingungen, deren Erfüllung innerhalb des gesellschaftlichen Umfelds in Japan zwischen den Geschlechtern nur ungleich gegeben ist. Zwangsläufig sind Frauen umgekehrt im Rahmen des so genannten *ippan shoku* als „Bürotätigkeiten" niedrigen Ranges deutlich überrepräsentiert. Diese gewährleisten den Verbleib innerhalb angestammter Arbeitsorte, bieten jedoch üblicherweise keine nennenswerten Karriereperspektiven (vgl. OECD 2003: 17). Hinsichtlich dieses Dualismus bei der Beschäftigungsgestaltung urteilt Usui (2008: 169): „What sperates Japan from other major post-Fordist economies is that employment practices are still anchored by the traditional (patriarchal) division of labour, with women's employment concentrated in positions with no meaningful career prospect". Dass ein Wandel dieser nicht zuletzt aufgrund demografischer Voraussetzungen unvorteilhaften Verhältnisse in Japan unmittelbar bevor steht, wird jedoch in Zweifel gezogen: „The private sector is [...] unlikely, on its own, to alter the well-documented discriminatory practices in the area of employment. [...] The labour-cost savings to companies from such practices, combined with deep-rooted attitudes towards gender roles, are such that without further regulation by the legislature of the courts, such practices are unlikely to change" (Martin 2008: 422-423).

Als verwandtes Hindernis einer stärkeren Erwerbsbeteiligung japanischer Frauen in qualitativer Hinsicht wird die Verbreitung einer Unternehmenskultur ausgemacht, welche die zeitliche Präsenz am Arbeitsplatz wie innerhalb der Unternehmensgemeinschaft als bedeutenden Indikator individueller Leistungsbereitschaft und Unternehmensloyalität wertet: „Particularly in Japan, many employers expect women, regardless of their educational attainment level to withdraw [...] from the labour force upon childbirth. When women are rightly or wrongly perceived as less committed to their career than men (and willingness to put in long hours is seen as a relevant signal), employers are less likely to invest in female career opportunities" (OECD 2003: 90). Gemäß dieser Einflüsse kann nicht verwundern, dass quantitative wie qualitative Divergenzen in der Erwerbsbeteiligung zwischen Männern und Frauen in Japan vor allem ab den von Familiengründung geprägten 30er Lebensjahren in Erscheinung treten: „The tight institutional configuration of corporate work styles and family roles [...] reinforced by cultural norms leads women to underinvest in their job mobility and withdraw from work or switch to part-time employment after marriage or childbirth" (Usui 2008: 170). Die traditionelle japanische Unternehmenskultur äußert sich in dieser Weise kaum zum Vorteil, was die beruflichen Entfaltungsmöglichkeiten von Frauen betrifft, woraus ein klassisches durch beidseitige Unterinvestition geprägtes Gefangenendilemma erwächst. So konstatiert Usui (2008: 170; Übers. d. Verf.), dass „weder Frauen noch Entscheidungsträger der Personalpolitik bereit seien, ineinander zu investieren". Folglich hat sich die Erwerbsarbeit von Frauen gerade in Sektoren wie dem Dienstleistungsgewerbe etabliert, die durch eine hohe Anwendung nicht regulärer Beschäftigungsformen und korrespondierenden Mängeln der Beschäftigungsqualität gekennzeichnet sind (vgl. OECD 2003: 40, 91): „In contrast to employment policy in the European Union, there is no tendency to treat non-regular employees in Japan equally to regular workers. As a result, the expansion of female employment through non-regular employment has deepened gender inequalities within the Japanese workforce" (Shire 2008: 964-965).

Wie diese Passagen implizieren, ist der quantitative wie qualitative Ausbau weiblicher Erwerbstätigkeit in Japan mit hohen Hürden verbunden: „Policy-makers [...] will have to reform existing employment structures and family policies in order to encourage the compatibility of motherhood and meaningful participation in work" (Usui 2008: 169). In vergleichbarem Sinne bilanziert Seike (2001: iv; Übers. d. Verf.): „Insbesondere in Zeiten der [Bevölkerungs-]Alterung müssen Frauen, die den Willen und die Fähigkeit zur Arbeit besitzen, zum Wohle der Gemeinschaft einen möglichst großen Anteil bei der Unterstützung der Gesellschaft einnehmen. Allerdings haben die japanischen Unternehmen noch keine Umwelt eingerichtet, in der Frauen auch mit der Geburt von Kindern und deren Erziehung weiterarbeiten können". Zwar zeigt sich die japanische Politik bereit, sich der hiermit verbundenen Aufgaben anzunehmen. So sei in diesem Zusammenhang auf Maßnahmenkataloge verwiesen wie sie in Gestalt von *danjo koyō kikai kintō-hō* („*law on equal opportunity and treatment between men and women in employment*", EEOL), *shōshi-ka taisaku purasu wan* („*low fertility measures plus one programme*") oder den *Angel*-Plänen (vgl. Abschnitt 2.1.2) als Ansätze der politischen Förderung von Frauenerwerbsarbeit bestehen (vgl. OECD 2003: 24, 116). Hierauf bezugnehmend findet OECD (2003: 16) lobende Worte für die hiermit verbundenen Reformbemühungen: „The social policy stance in Japan towards female employment is very comprehensive". Gleichfalls wird jedoch auf zahlreiche unausgeräumte Hemmnisse verwiesen, wie sie etwa im Zusammenhang der finanziellen Anreizstruktur des Mutter- bzw. Vaterschaftsurlaubs ausgemacht werden (vgl. OECD 2003: 13, 16). Entsprechend macht auch Hamaguchi (2011: 229; Übers. d. Verf.) zu einer intensiveren Nutzung weiblicher Arbeitskraft weiterhin starken Handlungsbedarf aus: „Programme zur Unterstützung des Berufseinstiegs von kindererziehenden Frauen sind auf das Angebot von Informationen und Beratung konzentriert und sind in ihrem Umfang zu beschränkt, um eine wirksame Nutzung der Arbeitskraft von Frauen zu bewirken. Notwendig ist die Entfaltung einer Vereinbarkeit von Berufs- und Familienleben sowie das unternehmensseitige Überdenken der Modelle von Beschäftigung, Karriere und Arbeitszeiten".

So muss sich also auch die japanische Unternehmenswelt vor bestehendem demografischem Hintergrund bereits aus Eigeninteresse kritischen Gedanken zur systemimmanenten Benachteiligung von Frauen durch traditionelle Gestaltungsgrundlagen der Personalpolitik stellen: „with so many women leaving employment upon childbirth [...] and the obvious need to increase female labour supply in the medium term, it is surprising that employers (and unions) in Japan are not pushing harder for a wider application of family-friendly measures in workplaces" (OECD 2003: 88). So empfiehlt OECD (2003: 13, 91) ein umfangreiches Maßnahmenpaket, welches aus einer generellen Harmonisierung der Beschäftigungsbedingung von regulären und nicht regulären Beschäftigten, einer stärkeren Verknüpfung zwischen Arbeitsleistung, Aufstiegschance und Entlohnungsschemen oder dem Abbau strikter Zweigleisigkeit innerhalb betrieblicher Karrieresysteme besteht. Denn auch laut Martin (2008: 422) erscheinen politische Fortschritte zur Vereinbarkeit von Beruf und Familie zum Zwecke einer stärkeren Beschäftigungsbeteiligung von Frauen kaum ausreichend, solange ein Wandel traditioneller Unternehmenskulturen nicht stärker in Angriff genommen wird. Eher verhalten fällt somit auch das Fazit bei Usui (2008: 175) aus, werden einerseits Fortschritte bei der politischen Förderung einer Ausbalancierung beruflicher und familiärer Anforderungen attestiert, andererseits jedoch betont: „Policies do not solve the fundamental tension between gender roles in employment and family commitment". Vergleichbar zur stärkeren Berücksichtigung von Arbeitsmigranten kommt somit auch eine effizientere Nutzung weiblicher Arbeitkräfte im gesellschaftlichen Umfeld Japans bislang nur schwerlich über eine theoretisch handelbare Option zur Linderung der schrumpfenden Erwerbsbevölkerung hinaus.

3.1.3 Geschlechtsunabhängiger Ausbau von Alterserwerbsarbeit

Die herausragende Bedeutung einer Steigerung von Alterserwerbsarbeit zur Begegnung demografischer Tendenzen des japanischen Arbeitsmarkts ergibt sich als Resultat bisheriger Betrachtungen. So ist eine Schrumpfung der Erwerbsbevölkerung unvermeidbar. Gleichwohl muss das Protegieren eines vitalen Arbeitsmarkts mittels stärkerer Inanspruchnahme weiblicher wie ausländischer Arbeitskräfte mit politischen, betrieblichen wie gesellschaftlichen Schranken in Verbindung gebracht werden. In diesem Umfeld sollte sich die Notwendigkeit einer intensiveren ökonomischen Teilhabe im Alter als intuitiv einsichtig erweisen, verbleiben ältere Erwerbsfähige zukünftig als einziges Wachstumssegment des japanischen Arbeitsmarkts: „supply factors, particularly labour supply, constitute a major bottleneck in sustaining Japan´s economic growth after 2010. [...] If appropriate changes in industrial relations policies are made [...], the contribution to be made to the labour force by Japanese older persons could be quite substantial" (Ogawa 2008: 835, 837). Die zu beobachtende Zunahme leistungsfähiger, weil gesunder Lebensjahre stellt dabei die Grundvoraussetzung der Vision einer demografierobusten Gesellschaftsform dar, die altersunabhängige Beteiligungschancen innerhalb der Arbeitswelt zu garantieren sucht: „Now that more older people can enjoy longevity and better health, promoting employment for older people is vital both for the self-fulfilment of the workers themselves and for society as a whole" (Kimura, T. 2002: 11)[16]. Vergleichbar verweisen Seike, Yamada und Kimu (2005: 5; Übers. d. Verf.) auf die Bedeutung der Alterserwerbsarbeit für die japanische Gesellschaft als Ganzes, betonen jedoch zugleich

---

[16] National Centre for the Vocational Education Research (NCVER) – VOCED plus. http://www.voced. edu.au/, letzter Abruf: 9.3.2017. Signatur: TD/TNC76.74.

die Probleme, die bei der Förderung wirtschaftlicher Teilhabe im Alter angegangen werden müssen:

> Ältere besitzen einen großen verborgenen Wert für Unternehmen, Wirtschaft und die Gesellschaft. Leider sind Ältere zu einem Sinnbild für eine ungenutzte wie diskriminierte menschliche Ressource verkommen. So bilden viele öffentliche Maßnahmen sowie Beschäftigungsgewohnheiten der Privatwirtschaft große Hürden zur Arbeit. Viele dieser politischen Maßnahmen und Gewohnheiten stellen ein Relikt der Vergangenheit dar. Damit die gesamte Gesellschaft von der wachsenden Anzahl Älterer profitiert, ist es notwendig, zukünftig starre Vorstellungen zu überwinden und die Sicht auf Ältere zu revidieren.

Dabei bilden die Probleme, denen Ältere auf dem japanischen Arbeitsmarkt begegnen, zahlreiche Schnittpunkte mit jenen Faktoren, welche auch die Expansion weiblicher Erwerbstätigkeit beschränken (vgl. Hamaguchi 2011: 65). Hierzu zählen neben dem traditionellen Dualismus japanischer Beschäftigungsstrukturen auch das unzureichende Ausmaß an Vereinbarkeit zwischen Beruf und Familie innerhalb der japanischen Arbeitswelt. So ist insbesondere das weibliche Alter durch die Übernahme familiärer Unterstützungsleistungen gekennzeichnet wie sie etwa in der Betreuung von Enkelkindern, aber auch kranker Lebenspartner oder (Schwieger-)Eltern bestehen, wie unter dem Begriff *rōrō kaigo* („Pflege Älterer durch Ältere") problematisiert. Im Umkehrschluss erlaubt diese Beobachtung jedoch die hoffnungsvolle Annahme, dass notwendige Reformen von Arbeitsmarkt, Beschäftigungsstrukturen und Sozialapparat synergetische Wirkungen beinhalten, die Frauen wie Älteren gleichermassen zu Gute kommen würden. Dass diese umfassenden Aufgaben zukünftig auf der politischen Überholspur geschehen, wird jedoch bezweifelt. Zwar verweisen optimistische Betrachter wie Naohiro (1995: 158) auf die Zunahme demografischen Drucks, der notwendige Paradigmenwechsel im Umgang mit Älteren innerhalb von Wirtschaft, Politik und Gesellschaft befeuern werde. Martin (2008: 418) konstatiert in gleichem Sinne: „There is considerable evidence that market forces will [...] lead to increased employment of women, the elderly, and foreigners". Dennoch bleibt auch Martin (2008: 418) skeptisch, ob ein gesellschaftliches Umdenken in Kürze gelingt: „All three groups have been subjected to unequal treatment within Japanese society in the past, and the absence of statutory protections, together with deep-rooted attitudes and practices, make it likely that members of all three groups will continue to face discrimination". Kann eine substanzielle Begegnung demografischer Tendenzen der japanischen Erwerbsbevölkerung nur durch die simultane Förderung der Erwerbsbeteiligung von Arbeitsmigranten wie insbesondere von Frauen und Älteren geschehen, besitzt der Darstellung folgend dennoch gerade der wachsende Bevölkerungsanteil Älterer eine Schlüsselrolle für die volkswirtschaftliche wie gesellschaftliche Vitalität Japans: „Mehr als jedes andere Land der Welt ist Japan auf die Förderung von Arbeit und Beschäftigung Älterer angewiesen" (Seike 2009b: 249; Übers. d. Verf.). Dass sich der Ausbau von Alterserwerbsarbeit trotz der drückenden Beweislast seiner Notwendigkeit jedoch auch in Japan keinesfalls als gesellschaftspolitischer Selbstläufer ent-

puppt, dokumentieren folgende Abschnitte, die zwischen wie innerhalb der Sozialpartner Japans heterogene Interessenlagen bezüglich einer stärkeren ökonomischen
Beteiligung Älterer registrieren.

3.2 Interessenkonstellationen der Sozialpartner gegenüber der Lebensarbeitszeitverlängerung

Angesichts demografischer Vorzeichen gilt die Notwendigkeit zum Ausbau von
Alterserwerbsarbeit in Japan über die Grenzen der Sozialpartner hinweg als prinzipiell unbestritten. So verkörpert die Steigerung ökonomischer wie sozialer Beteiligung
Älterer im Umfeld einer schrumpfenden wie alternden Bevölkerung ein entscheidendes Element politischer Absichten im Zusammenhang eines ökonomisch und gesell-
schaftlich prosperierenden Japans der Zukunft. Ebenso wird sich die Wirtschaft der
Wettbewerbsnachteile bewusst, die im Falle einer mangelhaften betrieblichen Adaption an den demografischen Wandel entstehen. Insbesondere kommende Altersgene-
rationen sehen sich wiederum angesichts steigender Eigenverantwortlichkeit bei der
finanziellen Altersabsicherung forcierten ökonomischen Anreizen zur Verlängerung
der Erwerbsbiografien ausgesetzt, vor deren Hintergrund sich Rechte wie Chancen der
Beschäftigung im Alter zu einem zentralen Anliegen der Älteren selbst erheben. Angesichts grober Interessenverwandtschaft zwischen den Sozialpartnern mag gefragt
werden, warum der Ausbau von Alterserwerbsarbeit nicht weiter gediehen ist als es
politischen Maximen zur Errichtung eines altersneutralen Arbeitsmarkts entspricht.
Die eingehende Betrachtung macht hingegen kenntlich, dass das gesamtgesellschaft-
liche Anliegen einer Öffnung der Lebensarbeitszeit durch fördernde wie hemmende
Motive zwischen und innerhalb einzelner Sozialpartner begleitet wird, vor deren
Hintergrund auch die politische Bühne Japans zur Förderung der Alterserwerbsarbeit
einem „hochorganisierten Spannungsfeld" (Fürstenberg 1995: 107) gesellschaftlicher
Partikularinteressen gleichkommt. Welche Anreize zu einem Ausbau ökonomischer
Teilhabe im Alter sind hierbei auf Seiten der Sozialpartner erkennbar, und welche
Erwägungen konterkarieren ein grundsätzliches Interesse an einer Verlängerung von
Lebensarbeitszeit? Der Skizzierung von Antworten hierauf sei eine grundsätzliche,
jedoch gerade im japanischen Bezug nicht banale Einordnung vorweg gestellt.

Das marktwirtschaftliche Prinzip kann als Reflektion eines Staats- und Gesell-
schaftsverständnisses begriffen werden, wonach die Freiheit des Einzelnen als zentrales Rechtsprinzip tief innerhalb des öffentlichen Wertesystems verankert ist. Doch
wo liegt das Maximum unternehmerischer Freiheit und auf welches Minimum sollten
sich staatliche Eingriffe in das freie Spiel der Märkte und ihrer Akteure beschränken?
So etwa lauten die Fragen, welche angesichts ökonomischer, sozialer wie ökologi-
scher Krisen jüngeren Zeitraums längst nicht nur im Zusammenhang der Sicherung
von Teilhabechancen des Alters die gesellschaftliche Debatte in Beschlag nehmen.
Interpretiert die Soziologie eine Gesellschaft als „ewiges Provisorium" (Beck 2007: 52),

welches eine konstante Adaption an die Dynamik gesellschaftlicher Parameter bedarf, fällt die Beantwortung obiger Fragen umso schwieriger, entspricht das gemeinschaftlich Erstrebenswerte nicht zwangsläufig den Motiven einzelner Gesellschaftsakteure. Eine geläufige Erkenntnis, die in der Ökonomie als Widerspruch zwischen kollektiver und individueller Rationalität beschrieben wird. Auf dieser Basis baut gesellschaftlicher Fortschritt außerhalb totalitär geprägter Staatsformen auf dem konstanten Austarieren von Partikularinteressen unterschiedlicher Gesellschaftsgruppierungen auf, deren Bündelung im Rahmen des öffentlichen wie politischen Willensbildungsprozesses einen diffizilen Gestaltungsakt darstellt. Vor diesem Hintergrund bilanziert Paulsen (2009: 107)[17] in speziellem Bezug auf die gesellschaftliche Auseinandersetzung mit der Verlängerung von Lebensarbeitszeit: „Die Divergenz der Zielvorstellungen zwischen staatlichen Akteuren, Arbeitgeberverbänden und Gewerkschaften im Kontext der Regulierung von Alterserwerbsarbeit erweist sich als eine Herausforderung, deren Koordination [...] im Hinblick auf die Institutionalisierung gesamtgesellschaftlicher Zielvorstellungen eine besondere politische Herausforderung darstellt".

Dabei ist für die betriebliche Ebene (Abschnitt 3.2.1) der natürliche Umstand nicht außer Acht zu lassen, dass kein Unternehmen dem anderen gleicht. Setzt der Ausbau von Alterserwerbsarbeit umfangreiche Reformierungen der betrieblichen Organisation voraus, können diese jedoch nur bei Orientierung an betriebsspezifische Voraussetzungen von Erfolg gekrönt sein. Hieraus ergibt sich ein Interesse zur Wahrung betrieblicher Entscheidungsspielräume, die gegenüber staatlicher Intervention verteidigt werden wollen. Diversität kennzeichnet jedoch gerade die Interessen zur Beschäftigung der Älteren selbst (Abschnitt 3.2.2). Hieraus erwächst etwa die sozialpolitische Frage, in wie weit der prinzipielle Anspruch zur ökonomischen Teilhabe im Alter forciert werden kann, ohne die finanzielle Lebensgrundlage jener zu erodieren, die hierfür keine persönlichen Voraussetzungen mehr aufbringen. Der Staat (Abschnitt 3.2.3) findet sich wiederum bei der politischen Umsetzung gesamtgesellschaftlicher Zielprojektionen als Mittler wieder und kommt nicht ohnehin, auf diese Heterogenität an Interessenlagen zwischen wie innerhalb der Sozialpartner Rücksicht zu nehmen. In diesem Rahmen weist Paulsen (2009: 105-106)[18] jedoch zu Recht darauf hin, dass innerhalb eines von „Verhandlungs- und Kooperationssystemen" geprägten staatlichen Gefüges der Staat weder als „homogener" noch „independeter" Akteur verstanden werden darf, der quasi omnipotent eine Harmonisierung gesellschaftspolitischer Zielkonflikte herbeiführen kann: „Nicht nur das Ressortprinzip und die Trennung der Staatsgewalten, sondern auch die enge Einbindung korporativer Akteure in den politischen Prozess bilden den Rahmen für staatliches Steuerungshandeln, wobei staatliche Macht wesentlich durch das Wirken kol-

---

17 http://hss.ulb.uni-bonn.de/2009/1920/1920.pdf, letzter Abruf: 9.3.2017.
18 http://hss.ulb.uni-bonn.de/2009/1920/1920.pdf, letzter Abruf: 9.3.2017.

lektiver politischer und wirtschaftlicher Akteure und Interessengruppen beeinflusst und beschränkt wird".

Diese Rückbesinnung auf ein Staats- und Gesellschaftsverständnis, welches der Autonomie des Einzelnen einen hohen ideologischen Stellenwert beimisst, ist nicht zuletzt im speziellen Bezug auf Japan relevant. So wurde Japan insbesondere zum Zeitpunkt westlich-japanischer Handelsfriktionen der 1980er Jahre häufig ein quasi monolithisches Interessengebilde aus Politik, Bürokratie, Wirtschaft und Arbeitnehmerschaft nachgesagt, welches - etwa unter dem Begriff der „Japan AG" subsumiert - bis in die heutige Zeit hinein Schatten wirft. Dies gilt, wenngleich die japanischen Volkswirtschaft seit dem Platzen der Blasenwirtschaft (*bubble economy*) an dem hiermit fälschlicherweise verbundendenem Renommee eingebüßt hat. Denn ganz im Gegensatz dazu zeigt sich, dass auch in Japan die politische Gestaltung von Arbeit und Beschäftigung durch ausgeprägte Partikularinteressen auf Seiten der Sozialpartner geprägt ist. Deren politische Koordination erschwert die konsequente Umsetzung politischer Zielvorstellungen von Alterserwerbsarbeit, wie European Commission (2002: 12)[19] mit grundsätzlicher Relevanz betont: „Involving the active commitment of social partners is a crucial element to success in the suggested overall policy approach. It belongs to their tasks - with full respect for their autonomy - to negotiate working conditions appropriate to the specific context in order to keep older workers in work for the benefit of employees and employers as well as for the economy and society as a whole".

3.2.1 Arbeitgeberseitige Interessenkonstellation

Sei auf Basis dieser grundsätzlichen Anmerkungen zunächst die betriebliche Ebene betrachtet, kann in Anlehnung an Abschnitt 2.4.2 auf einen beachtlichen Fundus von im Altersverlauf sich tendenziell positiv entwickelnder Arbeitseigenschaften verwiesen werden. Eine entsprechende Bewusstseinslage vorausgesetzt, entfacht deren Nutzung elementare Anreize auf Unternehmensseite zur stärkeren Inanspruchnahme von Altersbeschäftigung. Dies betrifft neben mentalen Eigenschaften wie Kommunikations- und Führungskompetenz, Motivation oder Stressresistenz vor allem Aspekte, die als Früchte eines langen Erwerbslebens lesbar sind (vgl. Moody 2009: 405 sowie Atchley und Barusch 2003: 241). Hierzu ist die Existenz etablierter Netzwerke innerwie außerhalb des Unternehmensumfelds zu zählen, welchen gerade innerhalb der durch *ningen kankei* („zwischenmenschliche Beziehungen") geprägten japanischen Arbeitswelt hohe Relevanz beizumessen ist. Wird auch in Japan der demografische Wandel in spezieller Ausprägung einer schrumpfenden Erwerbsbevölkerung mit

---

19 http://www.ispesl.it/dsl/dsl_repository/Sch21PDF08Marzo06/Sch21com_2002_9_en.pdf, letzter Abruf: 9.3.2017.

akuten Sorgen um einen korrespondierenden Arbeitskräftemangel begleitet, sind es nicht zuletzt Eigenschaften wie diese, welche dem Gedanken einer intensiveren Nutzung älterer Beschäftigter und ihrer Potentiale zunehmendes Momentum sichern (sollten): „Companies need to expect that sooner or later the work pool of younger Japanese people is going to decline considerably" (DIJ und DIHKJ 2010a: 8).

Doch über die bloße Beschäftigung Älterer zum Entkräften eines demografischen Arbeitskräftemangels hinaus, begründen die durch ältere Beschäftigte gehaltenen Fähigkeiten insbesondere im Rahmen der Wissensretention ein Interesse zur Verlängerung innerbetrieblicher Verweildauern: „Expanding employment opportunities for the elderly who want to work is an important issue. Providing such employment opportunities would not only satisfy the desires of those who want to work, it would help pass on the techniques and skills that the elderly have accumulated through long experience to the next generation" (MHLW 2005: 29)[20]. Die Bedeutung älterer Beschäftigter zur Wissenstradierung ergibt sich dabei im besonderen Maße innerhalb des japanischen Unternehmenskontexts. So sei mit Kohlbacher und Haghirian (2007: 22)[21] darauf hingewiesen, dass Wissensretention in Japan überwiegend auf „der direkten Kommunikation, Vertrauen und persönlichen Beziehungen" aufbaut, wohingegen das westliche Wissensmanagement verstärkt auf dem Einsatz indirekter „Wissensweitergabeinstrumente" etwa in Form schriftlicher Dokumentation und Archivierung basiert. Der hohe Verbreitungsrad von *job rotation* oder *on-the-job training* können dabei als klassischen Betriebsmerkmalen folgende Gründe herangezogen werden, warum die japanische Unternehmenskultur durch einen intensiven Austausch von *anmoku-chi* oder „implizitem Wissen" gekennzeichnet wird, deren Tradierung älteren Beschäftigten eine wichtige Funktion verleiht. Auch das Prinzip der lebenslangen Beschäftigung wird jedoch zur Begründung angeführt, verweisen Kohlbacher und Voelpel (2007: 16)[22] in diesem Zusammenhang auf niedrige Fluktuationsraten japanischer Unternehmen, welche die Notwendigkeit zur (kostspieligen) systematischen Wissensdokumentation verringere. Obwohl die japanische Variante des Wissensmanagements gerade aufgrund ihres impliziten Charakters große Wertschätzung erfährt, erweist sich jedoch dieses Merkmal in Zeiten alternder Belegschaftsstrukturen als problematisch. So erschwert eine unzureichende Externalisierung impliziter Wissensbestände deren Erhalt im Umfeld zunehmend zu erwartender Unternehmensaustritte: „Avoiding the loss of implicit knowledge is one of the crucial points in modern knowledge management" (Ducke und Moerke 2005: 33)[23]. Bedeutet der Verlust betriebsspezifischen Wissens gemäß DeLong (2004: 21; Über. d. Verf.) „eine sinkende Fähigkeit zum Vollzug effektiver Handlungen und Entscheidungen in

---

20 http://www.mhlw.go.jp/english/wp/l-economy/2005/dl/02-02-02.pdf, letzter Abruf: 9.3.2017.
21 http://www.dijtokyo.org/articles/2007_01_006.pdf, letzter Abruf: 9.3.2017.
22 http://www.dijtokyo.org/articles/kohlbacher_fv.pdf, letzter Abruf: 9.3.2017.
23 http://www.dijtokyo.org/doc/WP0502_AgingPopulation-Ducke-Moerke.pdf, letzter Abruf: 9.3.2017.

spezifischen organisatorischen Kontexten", sind japanische Unternehmen in diesem Sinne einem besonderen Risiko ausgesetzt. Deren Vermeidung ruft einen deutlichen Unternehmensanreiz zur längeren Anbindung älterer Beschäftigter hervor.

Die in Konsequenz eines zunehmenden Bevölkerungsanteils steigende Marktmacht Älterer verkörpert eine zusätzliche Kraft, die als Nachfragestimulus von Altersbeschäftigung gewertet werden kann. Denn eine stärkere personalpolitische Berücksichtigung Älterer erscheint primär für jene Unternehmen vorteilhaft, welche sich im Segment von Produkten und Dienstleistungen engagieren, die primär dem Gebrauch durch ältere Konsumenten angedacht sind. Demnach sprechen auch die Prognosen eines weiteren Wachstums des *shirubā maruketo* („Silbermarkt") für die Förderungswürdigkeit der Altersbeschäftigung aus Unternehmenssicht: „Die beiden Themenbereiche Personalmanagement und Produktinnovation/Marketing können in der betrieblichen Realität nicht als unabhängig voneinander betrachtet werden. So kennen und verstehen ältere Mitarbeiter oft die Wünsche und Bedürfnisse Gleichaltriger besser [...] und können somit zu Schlüsselfiguren in Produktentwicklung, Marketing und Vertrieb werden" (Kohlbacher 2011: 270). In diesem Sinne registrieren Moerke und Kamann (2005: 28)[24] denn auch eine Tendenz zur stärkeren Berücksichtigung Älterer in Produktentwicklung und Vermarktung innerhalb jener Marktsegmente der japanischen Automobilindustrie, welche sich vor allem älterer Konsumentenschichten bedienen. Die wachsende Marktmacht Älterer äußert sich darüber hinaus auch im Erstarken einer hinsichtlich ihrer spezifischen Belange kritischen Konsumentenmasse, die den Umgang mit älteren Beschäftigen als Teilaspekt der sozialen Unternehmensverantwortung kritisch verfolgt und als Kriterium bewusster Kaufentscheidungen zugrunde legt: „It is now common in Japan for businesses to be regarded as good corporate citizens if they extend employment beyond the age of 60, and if they make an active effort to use the abilities and experience of workers in their 50s and 60s" (Iwata 2003: 12)[25].

Diesem Umriss folgend trägt der Wandel von Größe und Altersstruktur des japanischen Arbeits- und Verbrauchermarkts dazu bei, dass ein längerer Verbleib älterer Beschäftigter aus betrieblicher Sicht an Wert gewinnt. So besitzen ältere Beschäftigte einen speziellen Bestand an Fahigkeiten und Expertise, der als Wettbewerbsvorteil gegenüber jüngeren Beschäftigtengenerationen interpretiert werden kann und dessen Retention ein zentrales Interesse an der Förderung verlängerter Erwerbsbiografien ratsam erscheinen lässt. Doch nicht zwangsläufig werden vorteilhaft erscheinende Charakteristika Älterer auch als förderlich im Sinne der Betriebsführung interpretiert. Ein durch die Arbeitssoziologie gut beleuchtetes Beispiel hierfür bildet das Loyalitätsempfinden, welches älteren Beschäftigten laut Atchley und Barusch (2003: 241) in tendenziell stärkerem Maße zuzurechnen ist. Denn Loyalität mag durch betrieb-

24 http://www.dijtokyo.org/publications/WP_Moerke-Kamann_1018.pdf, letzter Abruf: 9.3.2017.
25 http://www.jil.go.jp/english/documents/aging_policy-e.pdf, letzter Abruf: 9.3.2017.

liche Entscheidungsträger im Umfeld beschleunigten Marktwandels als Friktionen erzeugender Nachteil gewertet werden, wenn diese primär der Wahrung traditioneller Betriebsmerkmale gilt, denn sich auf das Bemühen zur Umgestaltung von Geschäftsfeld oder Unternehmenskultur zu beziehen. Demgemäß spricht im Umkehrschluss auch Paulsen (2009: 249)[26] jüngeren Angestellten einen „leichteren Zuschnitt" auf die Neuausrichtungen von Unternehmenszielen zu (vgl. auch die anschauliche Abhandlung dieses Gedankens bei Sennett 2006: 125):

> Once [...] HRM is established, workforce commitment sustains the firm's culture and provides the means for gaining the acceptance of future changes. Herein is the difficulty for older workers for their employment with the firm will usually pre-date by some considerable time the introduction of new HRM practices. This will generate suspicion among managers who may view older workers as having ideologies and allegiances at odds with the new system of values they are trying to establish. (Taylor 2001)[27]

In enger Verbindung hierzu ist auch der Umstand zu sehen, dass ältere Beschäftigte gegenüber jüngeren Kollegen selten als rentable Zielobjekte betrieblicher Weiterbildung begriffen werden: „the view of older workers as a potential investment sits uneasily with the tenets of human resource management theory" (Taylor 2001)[28]. So sei anhand dieser Erwägungen bereits der Darstellungsübergang zu jenen Faktoren vollzogen, die zur Erklärung belangt werden können, warum sich die Durchsetzung eines auf betrieblicher Ebene durchaus herzuleitenden Interesses an Altersbeschäftigung nicht in einer größeren Dynamik zur Umsetzung offener Lebensarbeitszeiten durch Arbeitgeber und ihre Interessenvertretungen manifestiert. Dies gilt, legt man etwa die Schilderung durch Matsui (2002: 30)[29] der Positionen von Nikkeiren („Japanese Federation of Employers' Associations") zugrunde, die einer ablehnenden Haltung gegenüber einer gesetzlichen Anhebung des betrieblichen Rentenalters Ausdruck verleihen. Die gewichtigste Ursache, die in diesem Zusammenhang ausgeführt werden mag, besteht in der Notwendigkeit zur systematischen wie wohlkoordinierten Reorganisation der gesamten als *jinji rōmu kanri* bezeichneten „Personalführung" - also auch abseits der reinen Gestaltung von Altersbeschäftigung - als Voraussetzung verlängerter Betriebszugehörigkeit. So stellt diese japanische Unternehmen unabhängig ihrer Größe vor Herausforderungen: „the ageing of the Japanese labour force, pose challenge for all major human resource management (HRM) functions [...]. Since [...] recruitment and placement, training and development and appraisal and compensa-

---

26 http://hss.ulb.uni-bonn.de/2009/1920/1920.pdf, letzter Abruf: 9.3.2017.
27 National Centre for the Vocational Education Research (NCVER) – VOCED plus. http://www.voced.edu.au/, letzter Abruf: 9.3.2017. Signatur: TD/TNC76.74.
28 National Centre for the Vocational Education Research (NCVER) – VOCED plus. http://www.voced.edu.au/, letzter Abruf: 9.3.2017. Signatur: TD/TNC76.74.
29 National Centre for the Vocational Education Research (NCVER) – VOCED plus. http://www.voced.edu.au/, letzter Abruf: 9.3.2017. Signatur: TD/TNC76.74.

tion are interrelated, it is not suprising that changes in one domain depend very much on changes in other domains" (Conrad 2008: 979, 994). Auch Seike (2011: 80; Übers. d. Verf.) stellt in verwandtem Sinne fest: „Ohne mittel- bis langfristige Systemreformen hin zu einer Loslösung vom Alter, kann das Problem der Altersbeschäftigung kaum gelöst werden. Auch wenn dies Zeit in Anspruch nimmt, ist hierfür jedoch nicht nur eine Reform der Verrentungshandhabung von nöten. Notwendig ist vielmehr die Reform des gesamten Beschäftigungs- und Gehaltssystems".

Es ist mit anderen Worten der Umbau traditioneller Beschäftigungsprinzipien, die sich in Japan in hohem Maße am Alter des Beschäftigten bzw. der Länge der Betriebszugehörigkeit orientieren, welcher angesichts tiefer Verwurzelung in Praxis wie Bewusstsein japanischer Unternehmen bislang einen progressiveren Umgang mit dem wachsenden Erwerbspotential Älterer erschwert. So weisen Seike, Yamada und Kimu (2005: 21-22; Übers. d. Verf.) darauf hin, dass viele Barrieren, die Unternehmen von einer Anstellung oder Beschäftigung Älterer abhalten, „tief innerhalb betrieblicher Personalpraktiken im Zusammenhang der Gehaltsbestimmung und Beschäftigung [-sgestaltung] verankert sind". Vor diesem Hintergrund gibt auch Kimura, K. (2002: 57)[30] zu bedenken: „Employees seek employment extension [...]. From an employer's point of view, however, things are not that easy, due to the traditional employment practices in Japan". Zwar hat das so genannte verlorene Jahrzehnt der japanischen Volkswirtschaft nach Platzen der *bubble economy* zu einer kritischen Hinterfragung traditioneller Beschäftigungsprinzipien und ihrer übergeordneten Unternehmenskultur Anlass gegeben und einen allmählichen Wandel in Gang gesetzt. Falsch wäre es jedoch auf dieser Grundlage anzunehmen, dass klassische Leitlinien der japanischen Unternehmensidentität nicht weiterhin als wirtschaftlicher wie gesellschaftlicher Vorteil wahrgenommen werden. Dies gilt, wenngleich die Notwendigkeit einer strukturellen Anpassung an zeitgenössische Gesellschaftstendenzen andererseits kaum Widerspruch erfährt: „The idea that cost reduction is the most important priority has come to be influential in recent years. On the other hand, however, there are those who call for reappraisal of the so-called Japanese employment practices while concerns about the future such as an increase in non-regular employment [...] and a widening gap in economic opportunities appear to be intensifying" (Fujii, Matsubuchi und Chiba 2006: 119). So haben japanische Unternehmen zwar erkannt, dass ihre traditionellen personalpolitischen Gestaltungsgrundlagen angesichts des demografischen Wandels an Grenzen stoßen und Anpassungsmaßnahmen - für manche wohl behutsam, für andere zu zögerlich - eingeleitet. Die Zielkonflikte, denen sie hierbei begegnen, erschweren jedoch eine zeitnahe Einrichtung altersneutraler interner Arbeitsmärkte und versagen sich einer vorbehaltlosen Unterstützung der Idee einer Verlängerung von Erwerbsbiografien.

---

30 National Centre for the Vocational Education Research (NCVER) – VOCED plus. http://www.voced. edu.au/, letzter Abruf: 9.3.2017. Signatur: TD/TNC76.74.

Eine herausragende Einzelproblematik in diesem Rahmen bildet die Reform von Gehaltsstrukturen. So werden diese in Japan zumindest im Rahmen der lebenslangen Beschäftigung durch eine hohe Abhängigkeit von der Beschäftigungsdauer bestimmt. Als intuitiv einsichtig erweist sich dabei der Umstand, dass ein Anwachsen betrieblicher Altersstrukturen ceteris paribus zu steigenden Personalkosten führt. Diese lassen eine längere betriebliche Verweildauer älterer Beschäftigter unvorteilhaft erscheinen und belasten die nachfrageseitige Attraktivität von Altersbeschäftigung. Japanische Unternehmen reagieren hierauf, indem eine Abflachung des langzeitlichen Gehaltsprofils (vgl. Seike und Yamada 2004: 122–123) sowie eine stärkere Berücksichtigung von *seika shugi ni motoduku chingin* oder „leistungsbasiertem Gehalt" (vgl. Tatsumichi 2007: 135)[31] vorgenommen wird. Allerdings stoßen die in diesem Zusammenhang über vergleichsweise geringe Expertise verfügenden japanischen Unternehmen hierbei auf Hürden, wie bei der Implementierung effektiver Erfolgsbemessungssysteme und ihrer Kriterien (vgl. Kōsei rōdō-shō 2005: 223)[32]. Diese werden durch Conrad (2008: 992) auf die für Japan typische geringe Fixierung von Arbeitsinhalten im Arbeitsvertrag als weiteres Kennzeichen einer von impliziter Arbeitgeber-Arbeitnehmer-Vereinbarungen geprägten Beschäftigungskultur sowie der durch Generalismus markierten japanischen Arbeitswelt zurückgeführt: „Determining clear criteria for individual performance is not always easy, because job descriptions in operational types of work are not usually very clear, and the line between individual job and team activities is frequently blurred". Doch auch in dem Bemühen, die betriebliche Gehaltsfindung mittels stärkerer Leistungsbemessung ohne negative Folgen für das Belegschaftsklima zu reformieren, treffen japanische Unternehmen auf Hindernisse. So treten junge Beschäftigte in Unternehmen ein und durchlaufen nicht minder anspruchsvolle Laufbahnen, ohne sich der traditionellen Verlässlichkeit rein altersbedingter Lohnsteigerungen gewiss sein zu können. Hieraus mögen negative Erwartungshaltungen an die eigenen Unternehmensperspektiven erwachsen. Entsprechend stellen das Absinken der Arbeitsmoral sowie individuelle Leistungszurückhaltung gemäß Personalökonomik rationale Verhaltensweisen dar, die in Form einer behutsamen Reorganisation von Gehaltsstrukturen auf Seiten der Unternehmensführung vermieden werden wollen (vgl. Fujimura 2004: 42)[33]: „Wenn die Lohnkosten insgesamt nicht steigen sollen, müssten ältere Arbeitnehmer insgesamt früher entlassen werden (der offene Bruch des innerbetrieblichen Sozialvertrags), oder die Entlohnung müsste auf jeder Altersstufe dem wie immer kalkulierten Beitrags jedes Arbeitnehmers zum Betriebergebnis angepasst werden (die schleichende Unterminierung des innerbetrieblichen Sozialvertrags). [...] Damit wird

---

31 http://www.jil.go.jp/english/JLR/documents/2007/JLR13_tatsumichi.pdf, letzter Abruf: 9.3.2017.
32 http://www.mhlw.go.jp/wp/hakusyo/roudou/05/dl/02-03b.pdf, letzter Abruf: 9.3.2017.
33 http://www.jil.go.jp/english/JLR/documents/2004/JLR03_fujimura.pdf, letzter Abruf: 9.3.2017.

absehbar, dass [...] die älteren Arbeitnehmer ihre Ansprüche auf einen Senioritätszuschlag nicht mehr durchsetzen können" (Ernst 1995: 93–94).

Als verwandter Aspekt, der aus Unternehmenssicht abrupte Kehrtwenden der Personalpolitik wenig ratsam erscheinen lässt, ist die Umgestaltung betrieblicher Karrieresysteme aufzufassen. Hierbei stellt sich die Frage, wie die Beschäftigungsspanne verlängert werden kann, ohne zur Blockade von Karrierepfaden zu führen und somit den Zeithorizont impliziter Aufstiegsversprechen soweit zu verzögern, dass sich die durch Kohlbacher (2007: 750)[34] implizierten Ressentiments jüngerer Angestellter gegenüber älteren Kollegen manifestieren und Karrierestrukturen ihre Aufgabe als Mittel der Mitarbeitermotivation verlieren: „Die jüngere Generation fühlt sich durch die wieder angestellten oder weiter beschäftigten ‚Alten' in ihren Möglichkeiten, Innovationen und Veränderungen voran zu treiben eingeschränkt". Wie die Modifikation der Gehaltsbestimmung ist somit auch die Reorganisation von Karrierestrukturen mit Hürden verbunden, welche verdeutlichen, weshalb sich japanische Unternehmen trotz demografischer Vorzeichen nicht zwangsläufig durch eine progressive Haltung gegenüber einer Verlängerung der Betriebszugehörigkeit auszeichnen: „The challenge is [...] to find ways of keeping staff employed for longer without slowing down the necessary change process or blocking promotion channels for the next generation" (Weber 2002: 55)[35]. Als Ergänzung sei umrissen, dass auch das international viel bemühte *diversity management* unter dessen Bezeichnung die nachfrage- wie angebotsseitigen Vorteile einer (alters-)diversitären Belegschaftskomposition gepriesen werden, in Japan unternehmensperspektivische Argumentationsfläche gegen eine Verlängerung von Beschäftigung bietet. Denn während dieser Begriff innerhalb westlicher Wirtschaftsräume mit der Forderung nach einer stärkeren Berücksichtigung Älterer verbunden wird, unterstreichen die Resultate dieser Untersuchung, dass vor allem die im Zentrum hiesiger Arbeit stehenden KMU zum Ziele altersdiversitärer Belegschaften umgekehrt eine Verjüngung ihrer betrieblichen Altersstruktur vornehmen müssten. So besteht im Sinne der betrieblichen Anpassungsfähigkeit an wandelnde Umstände von Unternehmen und ihrer Märkte ein Interesse an einem konstanten Zufluss junger Beschäftigungsgenerationen und der durch sie verkörperten Merkmale. Verlängerte innerbetriebliche Verweildauern resultieren jedoch nicht zuletzt im Falle unsicherer Wirtschaftsaussichten in Verzögerungen bei der Neueinstellung jüngerer Beschäftigter, welche zusätzliche Gefahr zur Stagnation des betrieblichen Generationenkreislaufs entfachen.

Die Darstellung dieses Abschnitts zusammenfassend, existiert ein gewichtiges Bündel betrieblicher Interessen an der Verlängerung von Beschäftigung, welches jedoch in Form der Voraussetzung komplexer Reorganisationsprozesse ein starkes

---

34 http://www.dijtokyo.org/articles/kohlbacher_bb-retirement0712.pdf, letzter Abruf: 9.3.2017.
35 National Centre for the Vocational Education Research (NCVER) – VOCED plus. http://www.voced.edu.au/, letzter Abruf: 9.3.2017. Signatur: TD/TNC76.74.

Gegengewicht besitzt: „companies face some important challenges, such as the increase in personnel costs and the lack of promotion opportunities, as well as coping with the different occupational capabilities of each individual" (Sato 2002: 46)[36]. Zwar besteht keine grundsätzliche Infragestellung des Ausbaus von Alterbeschäftigung auf Arbeitgeberseite: „companies must recognize the need to shift way from a traditional mode of thinking and focus on making use of diverse human resources" (Japan Association of Corporate Executives 2004: 9)[37]. Allerdings sorgen Problemkomplexe, auf die japanische Unternehmen hierbei stoßen, für große Vorsicht, mit der die Wirtschaft ganzheitlichen Ansätzen zur Öffnung der Lebensarbeitszeit begegnet. Dies gilt, zumal die Diffusion eines positiven Altersbildes auch für die japanische Unternehmenslandschaft keinesfalls pauschal vorausgesetzt werden kann (vgl. Higuchi und Yamamoto 2002: 1)[38]: „Difficulties in achieving the workplace integration of older workers should not be underestimated. There is evidence that firms are only very slowly changing attitudes and behaviour towards older workers" (Taylor 2001)[39].

3.2.2 Arbeitnehmerseitige Interessenkonstellation

Wie bereits für die betriebliche Ebene diagnostiziert, sind auch auf Seiten der Arbeitnehmerschaft neben Anreizen zur Verlängerung individueller Erwerbsbiografien Interessenhintergründe auszumachen, die dem Ausbau der Alterserwerbsarbeit ihre pauschale Unterstützung versagen. Dies gilt, zumal keine Beschäftigungspartei als monolithischer Akteur interpretiert werden darf, der in geschlossener Weise einheitliche Zielprojektionen der Alterserwerbsarbeit in den öffentlichen wie politischen Willensbildungsprozess miteinbringt. Dies betrifft insbesondere die Älteren selbst, stellen neben gesundheitlichen Bedingungen persönliche Wahrnehmungen des Verhältnisses zwischen Mensch und Arbeit Grundvoraussetzungen dar, welche die individuelle Einstellung zur Öffnung der Lebensarbeitszeit fundamental bestimmen: „For some individuals, it seems, life and work are tied inextricably together and for others, work and other aspects of their life could not be further apart" (Shacklock und Brunetto 2011: 253). Einleuchtend ist dabei, dass die Bedeutung, welche der Arbeit individuell beigemessen wird, vergleichsweise diametrale Positionierungen gegenüber der Verrentung bedingt: „To some people, retirement represents a catastrophic uphea-

---

36 National Centre for the Vocational Education Research (NCVER) – VOCED plus. http://www.voced.edu.au/, letzter Abruf: 9.3.2017. Signatur: TD/TNC76.74.
37 http://www.doyukai.or.jp/en/policyproposals/2003/pdf/040116a.pdf, letzter Abruf: 9.3.2017.
38 National Centre for the Vocational Education Research (NCVER) – VOCED plus. http://www.voced.edu.au/, letzter Abruf: 9.3.2017. Signatur: TD/TNC76.74.
39 National Centre for the Vocational Education Research (NCVER) – VOCED plus. http://www.voced.edu.au/, letzter Abruf: 9.3.2017. Signatur: TD/TNC76.74.

val, while to others it is merely the realization of a long-awaited and well-planned change" (Atchley und Barusch 2003: 152).

Auf diesen grundsätzlichen Verhältnissen aufbauend, kann das ökonomische Interesse an Erwerbsarbeit als grundlegendes Motiv Älterer zur Beschäftigung ausgemacht werden, welches vom Ausbau eines komfortablen Lebensstandards bis hin zum Mittel existenzieller Grundsicherung variiert: „there is still a huge gap between rich older people and poor ones. Those who have no high pension or bank savings [...] will have to continue to work for their living expenses" (Ogawa 2008: 158). Dabei stellt Erwerbsarbeit als Mittel zur Alterssicherung in Japan vor allem innerhalb eines ökonomisch sensiblen Fünfjahres-Zeitraums eine wichtige Interessengrundlage dar, welcher derzeit durch die Diskrepanz zwischen herkömmlichen betrieblichem Renteneintrittsalters (60 Jahre) und dem auf 65 Jahre ansteigenden minimalen Bezugsalter sämtlicher Leistungskomponenten der öffentlichen Rentenversicherung entsteht und mit der Gefahr des Fehlens primärer Einkommensquellen in Form von Gehalt oder Rentenbezug einhergeht: „Workers need to be able to plan ahead for their lives and to avoid any gap period between the termination of their employment and the time when they start to receive a retirement pension" (Nakamura 2002: 61)[40]. Insbesondere bei mangelnden Vermögensrücklagen stellt dieser materielle Gesichtspunkt eine entscheidende Motivation zur Verlängerung von Beschäftigung dar, was folgenden Ausführung durch Kōsei rōdō-shō (2005: 170; Übers. d. Verf.)[41] gemäß stärker im Sinne der Ökonomik denn des gemeinen Sprachgebrauchs zu interpretieren ist: „Der Anteil an Älteren, der sich Arbeit aus ökonomischen Gründen wünscht, ist unverändert hoch und es scheint für Ältere selbst dann schwierig, eine gewünschte Arbeit zu finden, wenn sie hinsichtlich der Bedingungen nicht sonderlich wählerisch sind". Die Vertretung des grundsätzlichen Rechts Älterer zur ökonomischen Teilhabe wird dabei insbesondere im Umfeld forcierter finanzieller Eigenverantwortung der Altersversorgung (vgl. Seike und Yamada 2004: 215 sowie Westerhof und Tulle 2007: 240) zu einem zentralen Anliegen, welches das Interesse Älterer an einem Abbau von Altersgrenzen der Erwerbsarbeit verkörpert, wie diese gleichsam ökonomische wie soziale Bedeutungskomponenten in sich vereinen: „There is no doubt that the process of retirement, not ageing, does superimpose reduced socio-economic status on a majority of older people" (Walker 1996: 33).

Ein prinzipielles Interesse an altersneutralen Beschäftigungschancen auf seiten Älterer besteht jedoch nicht nur in Form ökonomischer Motive. So weist Kōsei rōdō-shō (2006: 123; Übers. d. Verf.)[42] auf eine mit dem Alter steigende Bedeutung intrinsischer Erwerbsinteressen hin: „Betrachtet man die Faktoren [des hohen Willens

---

40 National Centre for the Vocational Education Research (NCVER) – VOCED plus. http://www.voced. edu.au/, letzter Abruf: 9.3.2017. Signatur: TD/TNC76.74.
41 http://www.mhlw.go.jp/wp/hakusyo/roudou/05/dl/02-02b.pdf, letzter Abruf: 9.3.2017.
42 http://www.mhlw.go.jp/wp/hakusyo/roudou/06/dl/02-02.pdf, letzter Abruf: 9.3.2017.

zur Erwerbstätigkeit], liegen ökonomische Gründe unabhängig des Alters [...] am häufigsten vor. Allerdings sinkt dieser Anteil mit dem Alter, während im Gegensatz dazu vom Lebensunterhalt getrennte Gründe wie der Gesundheitserhalt, der Wunsch nach Betätigung und gesellschaftlicher Einbringung sowie das Vorhandensein freier Lebenszeit mit dem Alter anteilig wächst". Zwar mag die Affinität zur Arbeit individuelle Unterschiede kennen. Dennoch geht Erwerbsarbeit zumeist mit dem Gefühl ideeller Selbstentfaltung einher. Entsprechend wird die Anwendung eigener Fähigkeiten, „Etwas um seiner selbst willen gut tun" (Sennett 2007: 84) als sinnstiftende Tätigkeit erlebt, welche den Einzelnen in die Mitte der Gesellschaft trägt:

> Auch wenn [...] Erwerbsbiografien zunehmend von Diskontinuität geprägt sind und sich Diskussionen über das „Ende der Arbeitsgesellschaft" häufen, so spielt Erwerbsarbeit nach wie vor eine zentrale Rolle im Rahmen der individuellen Lebensführung und Lebensplanung. Neben ihrer Funktion als Mittel zur Sicherung der wirtschaftlichen Existenzgrundlage und des Lebensstandards wirkt Erwerbsarbeit als biographisches Strukturierungskriterium, als gestalterisches Element im Sinne einer autonomen und sinnerfüllten Lebensführung sowie als Vermittlerin von sozialer Integrität und Sozialprestige. (Paulsen 2009: 11)[43]

Unabhängig des Alters droht somit in einer Gesellschaft, welche Arbeit laut Paulsen (2009: 11)[44] als „zentrales Strukturierungskriterium" begreift, mit dem Verlust wirtschaftlicher Teilhabe eine „geistige und soziale Leere" (Beck 2007: 18). So bildet laut Beck (2007: 15, 39) die „Anthropologisierung des Sinnanspruchs" von Arbeit ein Produkt der Moderne, welches „längst zur einzigen relevanten Quelle und zum einzig gültigem Maßstab für die Wertschätzung des Menschen und seiner Tätigkeiten geworden ist". Die Verbreitung dieser *busy ethic*, die sich auf immer längere Spannen des Alters auszudehnen sucht, richtet sich somit stärker anhand sozioökonomischer Entwicklungsstände aus, denn sich an kulturellen Grenzen zu orientieren (vgl. Arendt 1960: 20; Atchley und Barusch 2003: 258 sowie Moody 2009: 403). Denn wer um den hohen gesellschaftlichen Stellenwert der Arbeit in Japan weiß, wird unterschreiben, dass das Ausscheiden aus dem Arbeitsleben auch und gerade innerhalb einer japanischen Gesellschaft mit individuellen Ängsten verbunden sein mag, die verrentete Männer (nicht zwangsläufig) mit einem Augenzwinkern versehen, als *nure ochiba* („nasses Laub", das lästig an Füßen klebt) oder *sodai gomi* („Sperrmüll") beschreibt: „Hier entsteht oftmals eine ‚Vergesellschaftungslücke' dergestalt, dass nunmehr anstelle des betrieblichen Umfeldes die Familie, das soziale Netz und ein immenser Freizeitzuwachs treten, die an die Betroffenen neue Anforderungen im Hinblick auf die Lebensführung und die soziale Integration stellen" (Paulsen 2009: 201)[45]. Der in Zeiten anwachsender Lebensspannen als zu früh erachtbare Verlust von Arbeit und

---

43 http://hss.ulb.uni-bonn.de/2009/1920/1920.pdf, letzter Abruf: 9.3.2017.
44 http://hss.ulb.uni-bonn.de/2009/1920/1920.pdf, letzter Abruf: 9.3.2017.
45 http://hss.ulb.uni-bonn.de/2009/1920/1920.pdf, letzter Abruf: 9.3.2017.

ihrer intrinsischen Bedeutungskomponenten bildet somit ein weiteres Zentralmotiv, welches die Unterstützung des Ausbaus von Altersbeschäftigung auf Seiten der Älteren hervorruft und im politischen wie öffentlichen Willensbildungsprozess miteingebracht werden will.

Auf der gegenüberliegenden Seite individueller Positionierungen bezüglich des Konzepts verlängerter Lebensarbeitszeit können im Umkehrschluss persönliche Präferenzen zur Lebensentfaltung außerhalb der Erwerbsarbeit ausgemacht werden, die im Zuge eines auch für Japan zu konstatierenden Wertewandels an Wahrnehmung hinzugewinnen. Stellt Arbeit zwar nach wie vor ein struktur- wie identifikationsstiftendes Kriterium im Leben des Menschen dar, steigt somit dennoch die Bedeutung, welche der Familie oder Freizeit beigemessen wird und einen entsprechenden Einstellungswandel gegenüber dem Erwerbsleben respektive der Verrentung hervorruft: „A change is made from an organised and class-orientated organisation of life towards more individual and more ‚private' lifestyles" bemerken etwa Künemund und Kolland (2007: 175) hierzu und weisen ferner darauf hin, dass der Austritt aus Erwerbstätigkeit zunehmend positiv als Erweiterung individueller Lebensführungsoptionen wahrgenommen wird. Diese steigende Identifikation mit Lebensinhalten fernab der Erwerbsarbeit trägt dazu bei, dass qualitative Beschäftigungsaspekte wie die Vereinbarkeit von Beruf und Familie einen wachsenden Stellenwert belegen. Doch sofern im Arbeitsleben unerfüllt, verleiht dieser Anspruch der Option zur Verlängerung der Erwerbsbiografie einen wenig positiven Erwartungshorizont. So stellt die altersneutrale Einrichtung von Arbeitsmärkten eine bislang unzureichend bewältigte Herausforderung dar, die sich nicht zuletzt anhand einer mangelnden Diversifizierung von Arbeits- und Beschäftigungsformen als Adaption an pluralisierte Erwerbsinteressen Älterer kristallisiert: „Since older people have different physical capabilities and since their willingness to work is also different, there is a need to consider diverse working styles" (Kubomura 2002: 53)[46]. Mag die gängige Erscheinungsform der Arbeitswelt bislang nur ungenügende Antworten auf gesellschaftliche Phänomene wie des Wandels von Demografie und Werten bereithalten, stellt die Verlängerung der Erwerbsbiografie auch für jene Ältere keinen unterstützenswürdigen Gegenstand der öffentlichen Debatte dar, welche bestehende Erwerbsalternativen als wenig vereinbar mit den eigenen Vorstellungen und Voraussetzungen erachten: „On the side of older workers, their employment opportunities may be limited or unattractive because their skills have become devalued, they receive little help in finding new jobs or they face undesirable working conditions and unsuitable working-time arrangements" (OECD 2011: 68).

Allerdings nimmt der effektive Ausbau von Altersbeschäftigung nicht nur auf betrieblicher Ebene einen Mentalitätsumschwung in Anspruch. Auch auf Seiten der

---

46 National Centre for the Vocational Education Research (NCVER) – VOCED plus. http://www.voced. edu.au/,letzter Abruf: 9.3.2017. Signatur: TD/TNC76.74.

Beschäftigten selbst, setzt er ein hohes Maß an Eigeninitiative zur aktiven Gestaltung individueller Karriereverläufe entlang der gesamten Erwerbsbiografie voraus: „Active ageing implies a high level of flexibility in how individuals and families choose to spend their time over life in work, learning, leisure and care-giving" (Levinsky 2000: 3)[47]. So hält die Zukunft der Arbeitswelt mit Gewissheit eine Öffnung individueller Lebensarbeitszeit bereit, die eine Abkehr von der sicherheitsgebenden, fordistischen Berechenbarkeit lebenslanger Beschäftigungsverhältnisse mit sich bringt: „Instead of one career it is argued that workers will experience several learning cycles over a working life. [...] Chronological age will no longer define the point at which an individual is at in their career" (Taylor 2001)[48]. Die Autorität hört auf „eine bloße Konsequenz des Alters zu sein" umschreibt Opaschowski (2008: 495) einen Aspekt dieses Wandels und Taylor (2001)[49] merkt in verwandtem Sinne an: „a major obstacle to career change among older workers is that they fear starting again at the bottom, at a level they consider inappropriate for their age". Ein fundamentales Umdenken auch der (kommenden) Älteren ist also im Zusammenhang der Verlängerung von Erwerbsbiografien gefragt. Doch längst nicht jeder mag hierfür das notwendige Rüstzeug mitbringen: „Both the employer and the older employee will find the future world of work to be a rather difficult transition because both are still thinking very traditionally about the latter years of employment" (Manpower 2007: 2)[50]. Deutlich kristallisieren sich Restriktionen zur Öffnung der Lebensarbeitszeit am Beispiel des lebenslangen Lernens und der in dieser Verbindung geforderten Eigeninitiative beim systematischen Kompetenzaufbau des Einzelnen. So setzt sich Kōsei rōdō-shō (2011: 11; Übers. d. Verf.)[51] für eine „fortdauernde Auseinandersetzung mit der Weiterbildung der eigenen Fähigkeiten" sowie eine „eigenständige Planung des Berufslebens" ein. Sei dieser Notwendigkeit unwidersprochen, sollte jedoch darauf hingewiesen werden, dass das Entwickeln eines zielsicheren Kompasses zur eigenverantwortlichen Gestaltung der Erwerbsbiografie (in einer durch Diversifizierung zunehmend unübersichtlich erscheinenden Beschäftigungswelt) keine pauschal vorauszusetzende Fähigkeit auch gerade jener Beschäftigtengenerationen darstellt, die einer noch linearen wie vorhersehbaren Struktur von Beschäftigung und Karriere entstammen. So geht Taylor (2002: 6)[52] davon aus, dass

---

47 http://www.issa.int/html/pdf/helsinki2000/topic2/2levinsky.PDF, letzter Abruf: 9.3.2017.
48 National Centre for the Vocational Education Research (NCVER) – VOCED plus. http://www.voced. edu.au/, letzter Abruf: 9.3.2017. Signatur: TD/TNC76.74.
49 National Centre for the Vocational Education Research (NCVER) – VOCED plus. http://www.voced. edu.au/, letzter Abruf: 9.3.2017. Signatur: TD/TNC76.74.
50 https://candidate.manpower.com/wps/wcm/connect/ad48630041cb4e908111bf94a9a2d887/The +New+Agenda+for+an+Older+Worforce.pdf?MOD=AJPERES, letzter Abruf: 9.3.2017.
51 http://www.mhlw.go.jp/stf/houdou/2r9852000001fz36-att/2r9852000001fzaz.pdf, letzter Abruf: 9.3.2017.
52 National Centre for the Vocational Education Research (NCVER) – VOCED plus. http://www.voced. edu.au/, letzter Abruf: 9.3.2017. Signatur: TD/TNC76.74.

Ältere den an sie gestellten Erwartungen teils ohne Selbstvertrauen und Orientierung begegnen. Entsprechend mag sich die Öffnung der Lebensarbeitszeit für manche als angstbehaftete Vorstellung erweisen, welche die durch Opaschowski (2008: 446) generell vertretene Forderung auch für Japan notwendig erscheinen lässt: „Das Erlernen von Selbstständigkeit und Eigenverantwortung muss zu einem vorrangigen Bildungsziel der Gesellschaft werden".

Zusammenfassend seziert diese Darstellung den erwartbaren Umstand, dass auch in Japan Menschen der Arbeit und ihrer wandelnden Herausforderungen in unterschiedlicher Weise begegnen. Entsprechend setzt dies dem Entstehen einer einheitlichen Positionierung der Arbeitnehmervertretung gegenüber dem Ausbau von Alterserwerbsarbeit innerhalb der öffentlichen und politischen Willensbildung enge Grenzen. Erschwerend kommt hinzu, dass sich die japanische Gewerkschaftslandschaft nach wie vor eher als Verteidiger regulärer Stammbelegschaften und ihrer Beschäftigungsinteressen begreift, denn als umfassender Anwalt des Konzepts einer offenen Lebensarbeitszeit aufzutreten. So mangelt es hierzu an einer Aufnahme neuer Interessengruppierungen (wie der durch nicht reguläre Beschäftigung gekennzeichneten Angestellten über dem betrieblichen Rentenalter) und ihrer Zielprojektionen in das durch Betriebsgewerkschaftlichkeit und Beschäftigungsdualismus geprägte gewerkschaftliche Selbstverständnis traditioneller Erscheinung: „As in other OECD countries, trade unions find it difficult to organise people with atypical working contracts [...]. At enterprise level, trade unions often see their primary objective as defending the interests of regular workers; they seem to have been unable to develop strategies for expanding union membership among atypical workers" (Duell et al. 2010: 42)[53]. So urteilt Paulsen (2009: 160)[54] bezüglich des erfolgreichen Erscheinungsbilds der japanischen Alterserwerbsarbeit als wohlmögliches Spiegelbild gesellschaftlicher Partikularinteressen und ihrer Harmonisierung: „Die institutionellen Errungenschaften der Regulierung von Alterserwerbsarbeit in Japan begreifen sich vor dem Hintergrund der schwachen politischen Einflusskraft der Gewerkschaften weniger als Resultate einer erfolgreichen gewerkschaftlichen Interessenpolitik, sondern vielmehr als Ausflüsse einer im Wege der Koordinierung staatlicher und wirtschaftlicher Interessen erzielten kooperativen Übereinkunft".

3.2.3 Staatliche Interessenkonstellation

Vorherige Abschnitte dienen der Verdeutlichung, dass weder auf Arbeitgeber- noch Arbeitnehmerseite von einer vorbehaltlosen Unterstützung der Verlängerung von

---

53 http://www.oecd.org/officialdocuments/publicdisplaydocumentpdf/?cote=DELSA/ELSA/WD/SEM(2010)13&docLanguage=En, letzter Abruf: 9.3.2017.
54 http://hss.ulb.uni-bonn.de/2009/1920/1920.pdf, letzter Abruf: 9.3.2017.

Erwerbsbiografien ausgegangen werden kann. Stattdessen wird erkennbar, dass auch in Japan konkurrierende Interessen zwischen wie innerhalb der Beschäftigungsparteien erkennbar werden. Deren Koordinierung im Rahmen der politischen Willensbildung gleicht einem komplizierten Prozess, welcher dem japanischen Staat obliegt. Dies gilt, zumal dieser selbst kaum als homogener Handlungsakteur verstanden werden darf, wie auch auf politischer Ebene förderliche und hemmende Anreize zur Förderung von Alterserwerbsarbeit zu unterscheiden sind. Motive, welche der japanische Staat mit dem Ausbau von Alterserwerbsarbeit in Verbindung bringt, bestehen an vorderster Front in der Bereitstellung eines vitalen Arbeitsmarkts. Dies als konstituierendes Element einer florierenden Volkswirtschaft, die als Voraussetzung zur nachhaltigen Gestaltung des Wohlfahrtsstaats in Zeiten des demografischen Wandels verstanden wird. Allerdings erfordert das Finden des richtigen Verhältnisses zwischen globaler Wettbewerbsstärke und der nachhaltigen Gestaltung des Wohlfahrtssystems einen schwierigen Balanceakt, der mit teils antagonistisch anmutenden Zielsetzungen einhergeht, die sich auch im Rahmen der Beschäftigungsfortsetzung wiederfinden (vgl. Abschnitt 7.2.2).

„If workers can fully exert their abilities [...], not only would companies improve their productivity but the Japanese economy would also be revitalized" (MHLW 2003)[55]. Rege betont der japanische Staat die Bedeutung, die dem Ausbau von Alterserwerbsarbeit zur Aufrechterhaltung einer gesunden Volkswirtschaft beigemessen wird: „Against a background of population ageing, policy makers in Japan, as with industrialised nations, have begun to explore options for removing age barriers and extending working lives. Japan is aiming for a society where individuals can work regardless of age" (Taylor 2002b: 13)[56]. Stellt menschliche Arbeitskraft gemäß ökonomischer Grundsätze einen elementaren Produktionsfaktor zur Erstellung von Gütern und Dienstleistungen dar, entspringt das staatliche Interesse zur Förderung der ökonomischen Teilhabe im Alter der Befürchtung, dass ein ansonsten umso stärker in Erscheinung tretender Schwund des japanischen Erwerbspersonenpotentials zu einer Schwächung der volkswirtschaftlichen Leistungskraft führt.[57] Iwata und Fujimoto (2005: 6; Übers. d. Verf.)[58] heben darüber hinaus den positiven Einfluss einer starken ökonomischen Teilhabe Älterer auf den öffentlichen Haushalt hervor: „Im Sinne [...] der Sicherstellung einer gerechten Balance zwischen Leistungserbringern und –nehmern erhofft sich die japanische Regierung eine steigende Anzahl an Personen, die bis in ein höheres Alter arbeiten und somit einen Anteil bei der Entrichtung

---

55 http://www.mhlw.go.jp/english/wp/wp-l/3.html, letzter Abruf: 9.3.2017.
56 http://www.jil.go.jp/english/archives/bulletin/documents/200208.pdf, letzter Abruf: 9.3.2017.
57 Allerdings wird diese Auffassung in ihrer Pauschalität nicht von allen Kommentatoren vertreten, wird etwa die Argumentation durch Ehrke (1995: 84) berücksichtigt, wonach Verknappungseffekte des Arbeitsmarkts durch Produktivitätssteigerungen kompensiert werden könnten.
58 www.jil.go.jp/institute/discussion/documents/dps_05_015.pdf, letzter Abruf: 9.3.2017.

von Steuern und Sozialabgaben übernehmen". Gleichfalls wird mit der Sicherung von Beschäftigung eines steigenden Bevölkerungsanteils Älterer die Hoffnung als Resultat der einfachen Rechnung verbunden, wonach Teile des hierdurch generierten Privateinkommens in Form von Konsumption erneut dem Wirtschaftskreislauf zugeführt werden und zur Unterstützung des Binnenkonsumklimas beitragen. Auch für Japan trifft daher das durch Bass und Caro (2001: 68) generell bilanzierte staatliche Interesse an einem Ausbau der Alterserwerbsarbeit in vollem Umfang zu: „older people who work are taxpayers and generate new revenues for the state and federal governments. Further, if older people work, they are less likely to draw on Social Security resources. There are economic reasons as well as social benefits to consider in expanding the roles of older workers in an aging society that is nonetheless productive". In diesem umfassenden Sinne stellen auch Seike, Yamada und Kimu (2005: 23; Übers. d. Verf.) fest: „Es gibt keinen Zweifel, dass wenn es gelingt, die hohen Beteiligungsraten [...] älterer Japaner zu erhalten, auch die politischen Gegenmaßnahmen besser realisiert werden können, die aus den verschiedenen Aufgaben einer rasanten Alterung [der Bevölkerung] erwachsen".

Die effizientere Nutzung verbleibender Arbeitsmarktpotentiale stellt eine Alternative zur Stärkung von Alterserwerbstätigkeit im Sinne der finanziellen Stabilisierung sozialer Sicherungssysteme dar (vgl. Abschnitt 3.1). Dabei sei an dieser Stelle ergänzt, dass darüber hinaus weitere Optionen zur Milderung der demografischen Kostenlast bestehen, welche jedoch ihrerseits Risiken der ökonomischen wie sozialen Belastung in sich tragen. So wird im Rahmen der öffentlichen Rentenversicherung ein rabiater Einschnitt von Leistungsbezügen vermieden. Dies ist nicht nur auf ökonomische wie politische Erwägungen (Schwächung der Kaufkraft von Privathaushalten, Unpopularität dieser Maßnahme beim Wählervolk, etc.) zurückzuführen, sondern begründet sich auch durch die Identifikation Japans als moderner Wohlfahrtsstaat. So stellt ein modernes Wohlfahrtsgebilde laut Campbell (2008: 664) einen Nukleus des japanischen Staatsverständnisses dar, wenngleich eine mit dem Begriff *kokumin futan* („nationale Steuer- und Abgabenlast") verbundene Limitierung sozialer Ausgabelasten eine traditionell starke Positionierung innerhalb des sozialpolitischen Diskurses erfährt: „the Ministry of Health and Welfare (MHLW) and the majority opinion in the Liberal Democratic Party (LDP) have generally been in broad agreement [...], that Japan should have a welfare state up to Western standards, and that social programs must be sustainable in the sense of effective and not too expensive". Andererseits wird auch eine dem Finanzierungsdefizit angemessene radikale Heraufsetzung von Beitragssätzen gescheut. Dies wiederum nicht zuletzt aufgrund der im öffentlichen Rentensystem verankerten Kofinanzierung. So bestehen Befürchtungen, eine resultierende Verteuerung des Faktors Arbeit in Form steigender Lohnnebenkosten könnte zu einer Schwächung der internationalen Wettbewerbsposition führen. Entsprechend verweisen Seike und Yamada (2004: ii; Übers. d. Verf.) auf den lukrativsten Alternativweg zur Entlastung der Sozialversicherungsschemen, wenn weder eine massive Kürzung von Leistungen, noch eine drastische Anhebung von Beiträgen erwünscht wird: „Dies ist der Weg, bei dem jene Ältere, die den Willen und die Fähigkeiten zur Arbeit besitzen, substanzieller in das Erwerbsleben eingebunden werden und somit die Älteren selbst zu einer Stütze der alternden Gesellschaft werden". Angesichts der Bedenken hinsichtlich einer substanziellen Modifikation von Ein- und Ausgabenseite des öffentlichen Rentensystems gewinnt die effektive Nutzung verbleibender Arbeitskräftepotentiale zusätzliche Bedeutung. Dabei kann die hiermit erstrebte finanzielle Stabilisierung des Rentensystems in Weiterführung des obigen Gedankens auch als Instrument zur Wahrung des Vertrauens in den japanischen Staat als Träger wie Vermittler sozialer Gerechtigkeit verstanden werden. So gilt es einem möglichen Vertrauensverlust gerade auf Seiten der jüngeren Bevölkerung vorzubeugen. Denn angesichts demografischer Entwicklungen wie volatiler Wirtschaftsaussichten sehen sich diese verstärkt der Gefahr einer sozioökonomischen Abwärtsmobilität ausgesetzt und nehmen den im öffentlichen Rentensystem beinhalteten Generationenvertrag zunehmend als Vabanquespiel wahr (vgl. Shirahase 2008: 218): „The government has now learned that a social insurance programme can lose its credibility very quickly once the public realizes that its cost is rising too fast to be honoured by future generations" (Kawase und Ogura 2008: 841). Mittels Alterserwerbsarbeit, so der resultierende politische Anspruch, muss daher ein Anteil steigender sozialer Ausgabenlast getragen werden. Denn ansonsten könnte eine alleinige Kostenumwälzung auf kommende Erwerbstätige die ernsthafte Infragestellung der gesellschaftlichen Institution des Generationenvertrages zur Folge haben, die das Vertrauen in den gesellschaftlichen Zusammenhalt als Ganzes zu unterminieren droht.

Der Ausbau von Alterserwerbstätigkeit wird also seitens des japanischen Staates primär als Mittel zur Vitalisierung der Volkswirtschaft und finanziellen Stabilisierung sozialer Sicherungssysteme begriffen. Um jedoch genau diese als interdependent aufgefassten Aufgabenbereiche nicht zu konterkarieren, gilt es im Rahmen der Durchsetzung staatlicher Zielprojektionen, diese gegenüber gegebener – bzw. für sich beanspruchter – Voraussetzungen der japanischen Unternehmenslandschaft auszutarieren. So sieht sich diese gemäß betriebsspezifischer Bedingungen in unterschiedlichem Maße zur Verlängerung von Erwerbsbiografien gerüstet. Eine Überforderung dieser Kapazitäten könnte somit ebenso mit einer Gefährdung der internationalen Wettbewerbsposition einhergehen, folgt man entsprechenden Warnungen der Wirtschaft, die im Kreise politischer Entscheidungsträger auf sensibilisiertes Verständnis treffen. Vergleichbar zeichnen sich auch die Älteren selbst durch heterogene Voraussetzungen zur Erfüllung des politischen Anspruchs verlängerter Erwerbsbiografien aus, denen ebenso Rechnung getragen werden will. So haben der demografische Wandel und einhergehende Bedenken zur finanziellen Nachhaltigkeit des Rentensystems auch in Japan zu Reformgrundsätzen jüngerer Zeit geführt, die durch eine steigende Eigenverantwortung bei der Vorsorge des Alters zu charakterisieren sind: „today, the state reduces expenses on pensions and increasingly suggests private provisions. In this way the state uses its power to transfer responsibility for social security from the state back to the individual or the family" (Künemund und Kolland 2007:

175). Unter diesen Bedingungen gewinnt die Arbeit als Mittel zur finanziellen Absicherung des Lebensabends an Gewicht. Daher muss sich der japanische Staat einerseits als rigoroser Advokat grundsätzlicher Beschäftigungsinteressen Älterer verstehen und offensiv auf eine Öffnung interner Arbeitsmärkte drängen, wie Kōsei rōdō-shō (2011: 5; Übers. d. Verf.)[59] Unternehmen dem Ton nach mehr ermahnt denn ermuntert, die Sicherung von Altersbeschäftigung als „gesamtgesellschaftliche Aufgabe" wahrzunehmen. Doch steigt der Druck zur individuellen Eigenverantwortung bei der Absicherung des Alters, muss sich der Staat als Träger sozialen Ausgleichs ebenso der Frage zuwenden, wie eine *adäquate* Forcierung von Alterserwerbsarbeit auszusehen hat. Als eine ökonomische Mobilisierung Älterer, bei der die Durchsetzung von Anrechten wie Anreizen wirtschaftlicher Teilhabe im Alter nicht gleichzeitig zu einem Imperativ im Sinne finanzieller Grundsicherung verkommt. Dies gilt zu aller erst für jene, die für die wirtschaftliche Teilhabe im Alter keine persönlichen Voraussetzungen mehr aufbringen: „Policy makers will have to balance the [diversified] needs of elders with the needs of the Japanese economy as a whole" (Williamson und Higo 2006: 43)[60].

Im Sinne hiermit skizzierter Erwägungen kommt die politisch erstrebte Forcierung verlängerter Arbeitsleben einem komplexen Willensbildungsakt gleich. Dieser verlangt eine sensible Austarierung gesellschaftlicher Partikularinteressen. Über deren erfolgreiche Harmonisierung als Konsequenz politischen Steuerungshandels kann nicht nur in Japan kontrovers diskutiert werden. So fungiert der Staat als auch von Eigeninteressen beeinflusstes Bindeglied, um „Rechtspositionen und Interessen Älterer im Arbeitsleben zu sichern und zwischen dem Arbeitsangebot älterer Menschen und der Nachfrage der Arbeitgeber [...] zu vermitteln" (Paulsen 2009: 35)[61]. Dabei wird die politische Koordination gesellschaftlicher Interessenkonflikte bis in jüngere Zeit durch einen weichen Regulierungsansatz flankiert. Dieser übt in Form der Richtlinienvorgabe ohne Sanktionierungsinstrumentarien bislang relativ sanften Druck auf Unternehmen zur Entsprechung staatlicher Visionen einer altersneutralen Beschäftigungslandschaft aus (vgl. Abschnitt 4.1.1). Einerseits beugt die japanische Politik mittels dieses Kurses dem Risiko vor, sich bei der Durchsetzung verlängerter Erwerbsbiografien zu weit von realen gesellschaftlichen Restriktionen zu entfernen, die hierbei bestehen. Andererseits stellt sich jedoch die Frage, wie eng die Grenzen sind, die hierdurch der Durchsetzung politischer Zielvorstellungen gesetzt werden. So urteilt etwa OECD (2003: 117) vor beschriebenem Hintergrund des *soft governance*: „it effectively means that practical changes in workplace practices are slow to materialise".

---

59 http://www.mhlw.go.jp/stf/houdou/2r9852000001fz36-att/2r9852000001fzaz.pdf, letzter Abruf: 9.3.2017.
60 https://papers.ssrn.com/sol3/papers.cfm?abstract_id=1299170, letzter Abruf: 9.3.2017.
61 http://hss.ulb.uni-bonn.de/2009/1920/1920.pdf, letzter Abruf: 9.3.2017.

Abschnitt 3.2 zusammenfassend, misst der japanische Staat dem Ausbau von Alterserwerbsarbeit große Bedeutung zu. Allerdings befindet sich der politische Willensbildungsprozess äußerst heterogenen Interessenlagen zur Verlängerung von
Erwerbsarbeit ausgesetzt, welche Formulierung, Koordinierung wie Durchsetzung
gesellschaftlicher Zielprojektionen mit Grenzen versieht. Dies betrifft Arbeitgeber-
wie Arbeitnehmerseite, bezieht sich jedoch ebenso auf die politische Ebene. So setzt
eine steigende Jugendarbeitslosigkeit in Japan die vorbehaltlose Unterstützung von
Alterserwerbsarbeit durch politische Entscheidungsträger unter Druck, wenngleich
eine Kausalität zwischen Jugend- und Altersarbeitslosigkeit von Seiten der Wissenschaft als längst widerlegt gilt. So verweist Kōsei rōdō-shō (2011: 5)[62] auf das Beispiel Deutschlands, wo eine jahrzehntelange Frühverrentungspolitik nicht zu einem
Abbau an Jugendarbeitslosigkeit beigetragen habe. Entsprechend urteilt auch OECD
(2011b: 67, 76): „there is no evidence that older workers deprive youths of jobs. In fact,
the reverse is true. [...] However, public perceptions of the trade-off between employment of younger and older workers are significant, especially when these influence
the minds of policy makers". So ist trotz einer relativ erfolgreichen ökonomischen
Teilhabe Älterer, steigendem demografischen Handlungsdruck oder geringen akut
in Betracht zu ziehenden beschäftigungspolitischen Alternativen auch für Japan zu
konstatieren, dass der weitere Ausbau von Alterserwerbsarbeit das sprichwörtliche
Bohren dicker Bretter verlangt. Der kleinste gemeinsame Interessennenner mag
hierbei mitunter den Schrittmacher beschäftigungspolitischen Wandels bestimmen,
wodurch sich der zeitliche Horizont zur umfassenden Durchsetzung einer altersneutralen Beschäftigungswelt ebenso in Japan hinter bislang unkenntlichen Zeitpunkten
zu erheben scheint: „Changes in society and policy challenges are not easily conver-
ted into changes in the direction of policy" (Talcott 2008: 686).

3.3 Genese der Alterserwerbsarbeit im internationalen Bezug

Das Schrumpfen von Erwerbsbevölkerungen verlangt nach einer intensiveren Einbringung Älterer in die Arbeitswelt. Für Japan gilt dies umso mehr, ist hier mit einem substanziell wachsenden Gewicht unzureichend genutzter Arbeitskraftpotentiale auch in
naher Zukunft kaum zu rechnen. So kann weder Frauen noch Arbeitsmigranten ein
den prinzipiellen Möglichkeiten gemäßer Beitrag zur Linderung demografischer Tendenzen des japanischen Arbeitsmarkts zugesprochen werden. Entsprechend muss
dem sinkenden Erwerbspersonenpotential vor allem mittels des Ausbaus von Beschäftigung innerhalb des steigenden Bevölkerungsanteils Älterer begegnet werden. Zwar
wird diese Notwendigkeit innerhalb der öffentlichen Debatte Japans kaum in Zweifel

---

62 http://www.mhlw.go.jp/stf/houdou/2r9852000001fz36-att/2r9852000001fzaz.pdf, letzter Abruf:
9.3.2017.

gezogen. Dennoch treten zwischen wie innerhalb der Sozialpartner Interessenkonflikte hervor, welche die Förderung der Alterserwerbsarbeit als gesamtgesellschaftliche Aufgabe auch in Japan mit etlichen Bürden versehen. Ist andererseits Japan bei internationaler Betrachtung großer Erfolg bei der Sicherung von Alterserwerbsarbeit zu bescheinigen, mag umso mehr gefragt werden, welche Begründungen sich hierfür zufügen lassen. Mit der dualen Struktur von Industrie und Beschäftigung sowie der hieraus hervorgehenden Bedeutung kleiner Wirtschaftseinheiten wie Primär- und Tertiärsektor als traditionelle Auffangbecken von Alterserwerbsarbeit wird bereits auf eine gewichtige Ursache eingegangen (vgl. Abschnitt 2.3.3). Abschnitt 3.3 widmet sich zum Abschluss der gesellschaftspolitischen Einbettung des Untersuchungsgegenstands weiteren Themenfeldern, die innerhalb öffentlicher wie wissenschaftlicher Debatten zu Herleitung der starken japanischen Alterserwerbsarbeit in Anspruch genommen werden. Abschnitt 3.3.1 geht auf kulturelle Erklärungsvarianten ein, ehe sich politischen Einflussfaktoren von Alterserwerbsarbeit gewidmet wird, in deren Rahmen Abschnitt 3.3.2 die politischen Maximen zur Förderung der Alterserwerbsarbeit mit internationalem Bezug betrachtet. Der einen Fokus auf den japanischen Kontext beinhaltende Blick auf gesetzliche Regularien des Arbeitnehmerschutzes (Abschnitt 3.3.3), Instrumente aktiver Arbeitsmarktpolitik (Abschnitt 3.3.4) bzw. passiver Arbeitsmarktpolitik (Abschnitt 3.3.5) ergänzen die Betrachtung der politischen Dimension, ehe sich Abschnitt 3.3.6 der betrieblichen Ebene zuwendet.

Dieser Darstellungsrangfolge ist bereits eine grobe inhaltliche Bedeutung zu entnehmen; so wird den hieran erfassten Faktoren zur Herleitung des japanischen Ausmaßes an Alterserwerbsarbeit in tendenziell ansteigendem Maße Geltung zugesprochen. Demgemäß warnt diese Arbeit davor, pauschalisierende Argumentationen im Sinne einer vermeintlich unvergleichbar hohen Wertschätzung von Arbeit und/ oder Alter innerhalb der japanischen Gesellschaft entscheidenden Einfluss beizumessen, welche vor allem manch öffentliche Wahrnehmung in Beschlag nehmen. Ebenso wird die politische Grundausrichtung zur Förderung von Alterserwerbsarbeit nicht als zentraler Faktor zur Erklärung nationaler Unterschiede im Ausmaß ökonomischer Beteiligung des Alters wahrgenommen. Dies gilt, wird anhand der Betonung altersneutraler Beschäftigungschancen ein deutlicher Verwandtschaftsgrad bei der ideellen Ausrichtung von Beschäftigungspolitik im internationalen Vergleich erkennbar. Auch gesetzlichen Regularien des Arbeitnehmerschutzes in Japan wird ein verhältnismäßig geringes Gewicht beigemessen. So stellt sich der häufig attestierte hohe Standard des Beschäftigungsschutzes in Japan stärker als Resultat (impliziter) Arbeitgeber-Arbeitnehmervereinbarungen denn eines expliziten Rechtsanspruchs dar. Umfangreich präsentiert sich die internationale Landschaft aktiver arbeitsmarktpolitischer Maßnahmen, welchen in Bezug auf Japan durchaus Bedeutung zur politischen Förderung der Alterserwerbsarbeit beizumessen ist. Dies gilt, wenngleich die Benennung verschiedener Kritikpunkte Zweifel an einem absoluten Urteil nähren sollte, wonach die Erwerbsbeteiligung Älterer in Japan in erster Linie auf einer unvergleichbar effektiveren Nutzung des Instrumentenkastens von ALMP beruht. Keinem dieser Elemente wird somit für sich alleine genommen entscheidendes Gewicht im Rahmen der Ursachenforschung zur hohen japanischen Alterserwerbsarbeit einge-räumt. Umso mehr wird die Bedeutung hervorgehoben, die der Gestaltung passiver Arbeitsmarktpolitik sowie dem Bemühen der betrieblichen Ebene zur Sicherung von Altersbeschäftigung zugesprochen werden sollte. So tritt in diesem Zusammenhang auch die Beschäftigungsfortsetzung – als Ausdruck eines trotz Wandlungstendenzen nach wie vor im hohen Maße der Beschäftigungsstabilität verpflichtet zu scheinen-den Unternehmenslandschaft – in Erscheinung.

3.3.1 Kulturelle Erklärungsvarianten

Genießen Arbeit oder Alter innerhalb der japanischen Gesellschaft einen unver-gleichbar hohen Stellenwert? Wer manch öffentlicher Diskussion folgt, scheint mit Bezug auf die kulturelle Einzigartigkeit Japans schnell auf des Rätsels Lösung hoher Alterserwerbsarbeit zu stoßen.[63] Ein zur Simplifizierung neigendes Argumentati-onsschema, welchem es eingangs der Darstellung konstituierender Elemente der japanischen Alterserwerbsarbeit entgegenzutreten gilt. So gibt es laut Möhwald und Ölschleger (1996: 8) „kaum eine Disziplin unter den Gesellschaftswissenschaf-ten, in der hinsichtlich Japan der Kulturfaktor nicht [...] zum Überbrücken von Argumentationslücken benutzt wurde". Japan wird somit als Raum gekennzeichnet, bezüglich dessen kulturelle Spezifika nahezu inflationär zur Herleitung wirtschaftli-cher wie gesellschaftspolitischer Verhältnisse in Stellung gebracht werden. Ein Ein-gehen auf kulturelle respektive kulturalistische Erklärungskomponenten zur ökono-mischen Teilhabe älterer Japaner erscheint somit unerlässlich.

Über den gesellschaftlichen Stellenwert der Arbeit in Japan
Mehr oder weniger differenzierte Verweise auf den starken Wunsch Älterer zur wirt-schaftlichen Teilhabe stellen im Rahmen der Herleitung des japanischen Erfolgs bei der Sicherung von Alterserwerbsarbeit keine Seltenheit dar: „Der willkommene Vorteil Japans [bei der Förderung von Alterserwerbsarbeit] liegt im hohen Willen zur

---

63 Mangelt es diesen Diskussionen meist an einer unzureichenden Definition des Kulturbe-griffs, sei auf die kultursoziologische Definition durch Paulsen (2009: 54. http://hss.ulb.uni-bonn. de/2009/1920/1920.pdf, letzter Abruf: 9.3.2017) verwiesen. Demnach ist „Kultur" als „System ob-jektivierter Vorstellungen" anzusehen, „anhand dessen die Menschen die Wirklichkeit wahrneh-men, deuten und bewerten", womit Kultur einen Ausdruck gemeinschaftlicher Orientierung dar-stellt. Ferner wird der Begriff der „Arbeitsethik" durch Paulsen (2009: 192. http://hss.ulb.uni-bonn. de/2009/1920/1920.pdf, letzter Abruf: 9.3.2017) als „Summe der gesellschaftlichen Moral und Werte-vorstellungen, die mit der Erwerbsarbeit assoziiert werden" definiert und vom Begriff der „Arbeitsori-entierung" unterschieden, welcher „den sozialen Stellenwert von Erwerbsarbeit in der Gesellschaft [sowie] im Leben des Einzelnen [...] kennzeichnet".

Arbeit der Ältern selbst" (Seike und Yamada 2004: ii; Übers. d. Verf.). Entsprechend bilanziert auch Iwata (2002: 8)[64]: „Older people in Japan are extremely motivated to work". Feststellungen wie diese entbehren zwar nicht ihrer Berechtigung. Allerdings erscheint es für das Verständnis dieser Aussagen verfehlt, die Bedeutung des durch Iwata (2002: 8)[65] stärker im Sinne der Ökonomik zugrunde gelegten Motivationsbegriffs, dem soziologischen Verständnis von Arbeitsorientierung gleichzusetzen. Differenzierter stellt sich vor diesem Hintergrund die Aussage durch Sato (2011: 2; Übers. d. Verf.) dar, wonach im Zuge des demografischen Wandels die Anzahl an Personen zunimmt, „die sich eine Fortsetzung von Beschäftigung wünschen oder für die dies eine Notwendigkeit darstellt". Doch auch von Seiten der soziologischen Betrachtung wird Arbeit teilweise innerhalb der japanischen Gesellschaft ein so hoher Stellenwert bescheinigt, „dass Leute, die nicht arbeiten, als wertlose Kreaturen eingestuft werden" (Linhart 1995: 32–33). Nimmt Linhart (1995) in Folge notwendige Differenzierungen vor, mag allerdings auch in Erinnerung an Beck (2007: 15, 37) bezweifelt werden, dass eine hierdurch zum Ausdruck kommende „Anthropologisierung des Sinnanspruchs" von Arbeit ein Alleinstellungsmerkmal des japanischen Kulturraums darstellt. Nicht zuletzt vor dem Hintergrund eines auch für Japan zu attestierenden Wertewandels ist es dahingegen nicht als Widerspruch zu verstehen, wenn Jaufmann (1998: 19)[66] für Japan bilanziert, dass „eine eindeutige Ausrichtung des Lebens auf die Arbeit, der alles andere unterzuordnen ist, nicht erkennbar" ist und bereits durch die Betitelung seines Beitrags (*Mythos Arbeit in Japan: westliche Wahrnehmungen – japanische Realitäten*) hartnäckige Wahrnehmungsverzerrungen der japanischen Arbeitsorientierung innerhalb des Westens konstatiert: „Es gibt kaum eine Erscheinung des japanischen Alltags, über die dermaßen viele falsche, ja geradezu abenteuerliche Ansichten im Umlauf sind wie zur Einstellung gegenüber der Arbeit" (Kolatek 1991: 7). Ehrke (1995: 99) kommt in diesem Sinne zu dem relativierenden Schluss, dass die hohe Erwerbsbeteiligung älterer Japaner „nicht nur und nicht in erster Linie durch eine besonders ausgeprägte Arbeitsethik zu erklären" ist. Stattdessen verweist Ehrke (1995: 101) etwa auf ein „äußerst dichtes Erwerbsleben", was es insbesondere älteren Männern in Japan erschwert, alternative Lebensinhalte nach ihrem Rückzug aus der Erwerbsarbeit zu finden (vgl. auch Getreuer-Kargl 1989: 32[67] sowie Kobayashi 2004: 51[68]). In Verbindung gebracht wird diese Dichte des japanischen Erwerbslebens jedoch eher mit vergleichbar profanen Argumenten wie den japanischen Ballungs-

---

64 National Centre for the Vocational Education Research (NCVER) – VOCED plus. http://www.voced. edu.au/, letzter Abruf: 9.3.2017. Signatur: TD/TNC76.74.
65 National Centre for the Vocational Education Research (NCVER) – VOCED plus. http://www.voced. edu.au/, letzter Abruf: 9.3.2017. Signatur: TD/TNC76.74.
66 http://www.wiwi.uni-augsburg.de/vwl/institut/paper/174.pdf, letzter Abruf: 9.3.2017.
67 http://www.uni-hamburg.de/oag/noag/noag_1989_3.pdf, letzter Abruf: 9.3.2017.
68 http://www.jil.go.jp/english/JLR/documents/2004/JLR03_kobayashi.pdf, letzter Abruf: 9.3.2017.

räumen geschuldeten Pendelzeiten, als hierin den Ausdruck einer kulturell geprägten Vorpositionierung hinsichtlich der Arbeit erkennen zu wollen.

Durch Inagami (1991: 7) soll somit eine treffender erscheinende Deutungsrich-
tung der japanischen Arbeitseinstellung zum Ausdruck kommen, die in ihrer Argu-
mentationsform stärker an das ökonomische Verständnis der Arbeitsmotivation denn
dem soziologischen Wahrnehmungsmuster der Arbeitsorientierung anknüpft: „Japanese people are not born hard workers. Surveys show that the desire for work derives
to a certain degree from the economic needs". Inagami (1991) spricht in diesem Sinne
vor allem wirtschaftlichen Motiven entscheidendes Gewicht zu und lenkt den Blick
eher auf Faktoren wie die Konzeption des japanischen Wohlfahrtsstaats als sich zur
Explikation des hohen Ausmaßes an Alterserwerbsarbeit dem Argument eines kulturell geprägten Arbeitsethos zu bedienen. Entsprechend dieser relativierenden Einordnungen mag es denn nicht überraschen, dass auch die Bezugnahme auf internationale Vergleichsstudien zur Arbeitseinstellung oder –zufriedenheit, Japan kaum als
Unikat werten lässt (vgl. etwa Smith 2000: 50[69]): „Bei der Untersuchung des Wunschs
zur Erwerbsarbeit ist der Wille [Älterer] zur Fortsetzung der Arbeit unabhängig
betrachteter Staaten hoch. Wünschen sich ungefähr 90 % [älterer Japaner] eine Fortsetzung von Erwerbsarbeit, gilt dies auch für Japan, das mit diesem Wert nur hinter
Deutschland liegt" (Kōsei rōdō-shō 2005: 163; Übers. d. Verf.)[70]. So konstatiert auch
Takagi (2009:156; Übers. d. Verf.): „Glücklicherweise gibt es in Japan viele Menschen
mit einem starken Arbeitsbewusstsein, wie auch in anderen von [Bevölkerungs-]Alte-
rung geprägten Nationen der Wunsch zur Erwerbstätigkeit äußerst hoch ist". Seien
die realen Unterschiede beim Vergleich von Alterserwerbsbeteiligung zwischen Japan
und Deutschland in Erinnerung gerufen, mag auch hieran erkannt werden, dass eine
wie auch immer kulturell determinierte gesellschaftliche wie individuelle Positionierung zur Arbeit für sich alleine gesehen keine hinreichende Erklärung zum tatsächlichen Ausmaß an Altersbeschäftigung zu liefern in der Lage scheint. So stellt auch
Duval (2003: 8)[71] diesbezüglich fest: „supply-side factors, such as living standards
and/or demand for leisure, cannot plausibly account for the large differences in effective retirement ages observed in the OECD area, and even less so for the fact that these
differences have widened over time".

Über den gesellschaftlichen Stellenwert des Alters in Japan
Kulturalistische Stereotype betreffen jedoch nicht nur die japanische Arbeitsorientierung, sondern beziehen sich gleichermaßen auf eine glorifizierte Stellung des Alters

---

69 http://www.oecd.org/els/public-pensions/2535801.pdf, letzter Abruf: 9.3.2017.
70 http://www.mhlw.go.jp/wp/hakusyo/roudou/05/dl/02-02b.pdf, letzter Abruf: 9.3.2017.
71 http://search.oecd.org/officialdocuments/displaydocumentpdf/?doclanguage=en&cote=eco/
wkp(2003)24, letzter Abruf: 9.3.2017.

innerhalb der Gesellschaft Japans. Zwar kann durch Linhart (1989[72], 1995), Formanek (2008) oder Ogawa (2008), welche die Stellung Älterer hinsichtlich ihrer kultur-historischen Konstituierung erfassen, durchaus auf eine hohe Achtung des Alters in Japan hingewiesen werden, in deren Zusammenhang auf religiöse bzw. weltanschauliche Traditionen verwiesen wird: „The principles of obedience and respect for the elderly are strongly influenced by the spirit of Confucianism, which was a dominant ethical tradition in East Asia" (Ogawa 2008: 146). Die zeitgenössische Kristallisation dieser resultierenden Autorität des Alters wird etwa anhand des modernen Sprachgebrauchs ausgemacht, der Ältere als „silberne" oder „goldene" Generation attribuiert und die Alterung der japanischen Gesellschaft vorzugsweise als *chōju shakai* („Gesellschaft des langen Lebens") denn als *chō-kōrei shakai* („hypergealterte Gesellschaft") umschreibt. Allerdings gibt der Diskurs um die gesellschaftliche Stellung des Alters in Japan preis, dass Exempel wie diese kaum als Indikatoren einer in Vergangenheit wie Gegenwart verwurzelten uneingeschränkten Altersverehrung herhalten können. So entspringen diese Begriffe nicht zuletzt einer propagierten „Transformation zu einer aktiveren Rolle Älterer" (Ogawa 2008: 152; Übers. d. Verf.) im Verlaufe der japanischen Nachkriegszeit und gleichen in diesem Sinne eher einer *reinveted tradition* zur Wahrnehmung der gesellschaftlichen Vorteile des Alterns, die weder auf historische noch kulturelle Wurzeln zurückgreifen kann: „The process of ageing was seen as negative, unpleasant, and unwelcome. [...] as shifting from being dependent elderly people to active ones was encouraged, the Japanese government was looking for a new concept of the elderly" (Ogawa 2008: 151, 153). Demnach ist auch die japanische Gesellschaft durch eine „Ambivalenz gesellschaftlicher Altersbilder" (Paulsen 2009: 162)[73] geprägt, die sich etwa bezüglich des Begriffs *sodai gomi* ebenso anhand des gemeinen Sprachgebrauchs exemplifizieren lassen mag und in deutlicher Weise auf die Koexistenz positiver wie negativer Altersbilder hinweist, die Japan historisch begleitet: „highly pessimistic views of both physical and mental decay in old age were current in Japan from ancient times onward" (Formanek 2008: 331).

So sei auch mittels des Verweises auf die ambivalente Stellung des Alters innerhalb der japanischen Gesellschaft konstatiert, dass der Ansatz, die hohe japanische Alterserwerbsbeteiligung vorrangig durch den Gebrauch kultureller Zuschreibungen erklären zu wollen, nur allzu leicht der Gefahr verzerrender Pauschalisierung unterliegt. Denn wie „eine Gesellschaft mit ihren älteren Menschen umgeht, ist natürlich kulturell bedingt. Aber wie jede Kultur ist auch die japanische so komplex und widersprüchlich, dass sie äußerst unterschiedliche Verhaltensmuster nahelegen kann" (Ehrke 1995:105, 106). Gegenüber derartigen Argumentationslinien stärker in Betracht zu ziehende Dimensionen zur Herleitung der hohen ökonomischen Partizipation älterer Japaner bestehen in der Gestaltung wie Koordination von Sozial-, Wirt-

---

72 http://www.uni-hamburg.de/oag//noag/noag_1989_5.pdf, letzter Abruf: 9.3.2017.
73 http://hss.ulb.uni-bonn.de/2009/1920/1920.pdf, letzter Abruf: 9.3.2017.

schafts- und Arbeitsmarktpolitik, der hierin bestehenden institutionellen Anreize für oder gegen eine Verlängerung von Erwerbsbiografien sowie den betrieblichen Arrangements zur Sicherung von Altersbeschäftigung. Sicher sind in diesem Zusammenhang betrachtbare Themenbereiche wie die unter dem Begriff *nihon-gata fukushi shakai* subsumierte Gestaltung des „Wohlfahrtsgesellschaft japanischer Prägung", nationale Spielarten des Marktwirtschaftens, der *corporate governance* oder politischen Willensbildungsprozesse kaum ohne ihre kulturhistorischen Bezüge zu lesen. Wie jedoch nicht zuletzt der Verweis auf die wissenschaftshistorisch gut dokumentierte Entwicklung des *nihon jinron*-Diskurses als Auseinandersetzungen mit „Theorien über die kulturelle wie ethnische Besonderheit der Japaner" vermittelt, tut die öffentliche wie akademische Debatte gut daran, auch in Zusammenhang der Herleitung der japanischen Alterserwerbsarbeit von generalisierenden Berufungen auf kulturelle Alleinstellungsmerkmale Abstand zu nehmen.

3.3.2 Politische Maximen der Alterserwerbsarbeit

Die politische Dimension zur Herleitung der hohen japanischen Alterserwerbsarbeit einleitend, erscheint es sinnvoll, zunächst auf die politischen Leitplanken zur Steigerung der Erwerbsbeteiligung im Alter einzugehen, welche der in kommenden Passagen behandelten staatlichen Flankierung späterer Arbeitsmarktaustritte zugrunde zu legen sind. Diese lassen im japanisch-europäischen Bezug einen hohen Verwandtschaftsgrad erkennen, was die Beschreibung von Mitteln wie Zielen der Förderung sozialer wie ökonomischer Partizipation im Alter betrifft. An der Gemeinsamkeit dieser gedanklichen Grundsätze besitzen die Vereinten Nationen sowie die Weltgesundheitsorganisation (World Health Organization, WHO) großen Anteil. Denn zu einem frühen Zeitpunkt, zu dem die Herausforderungen der Bevölkerungsalterung allmählich ins politische wie öffentliche Bewusstsein treten, es jedoch zu dessen Verbreitung noch an Multiplikatoren mangelt, nehmen sich diese Organisationen zum Zwecke der Vermittlung eines unter dem Leitbegriff des „aktiven Alterns" (*active ageing*) firmierenden demografierobusten Gesellschaftskonzepts der gesellschaftspolitischen Implikationen des demografischen Wandels an: „Active ageing is the process of optimizing opportunities for physical, social, and mental well-being throughout the life course, in order to extend healthy life expectancy, productivity and quality of life in older age" (WHO 2002: 12)[74]. Betonenswerte Stationen der Verbreitung dieses Konzepts stellt die Abhaltung der World Assembly on Ageing (WAA) dar. Erstmals 1982 in Wien einberufen, führt diese zur Verabschiedung eines ersten politischen Rahmenwerks zur Schaffung eines positiven Altersbilds, zu dessen nationaler Umsetzung sich die Unterzeichnerstaaten wie Japan und Deutschland verpflichten. Eine Ausweitung

---

74 http://whqlibdoc.who.int/hq/2002/who_nmh_nph_02.8.pdf, letzter Abruf: 9.3.2017.

dieses internationalen Aktionsplans erfolgt im Rahmen der Nachfolgekonferenz in Madrid (2002); hier wird die Ermächtigung älterer Personen zur effektiven Teilnahme im sozialen, wirtschaftlichen wie politischen Leben sowie die Garantie hiermit verbundener Rechte dezidiert als politisches Ziel benannt (vgl. United Nations 2002a)[75]. Wird hierbei eine Verlängerung der mittels Erwerbsarbeit wirtschaftlich autarken Lebensphase als wertvollstes Vehikel zur erfolgreichen Bewältigung des demografischen Wandels betrachtet, spricht sich *active ageing* ferner für die Chancengerechtigkeit gesellschaftlicher Teilhabe gemäß individueller Voraussetzungen und Präferenzen bzw. unabhängig institutioneller Altersgrenzen aus: „[active ageing] allows people [...] to participate in society according to their needs, desires and capacities, while providing them with adequate protection, security and care when they require assistance" (WHO 2002: 12)[76].

Folgt man den Spuren dieser Gedanken innerhalb der japanischen Rechtssprechung, sei neben der Einführung expliziter Antidiskriminierungsklausen (vgl. Abschnitt 3.3.3) auf das *koyō taisaku-hō* („*employment measures law*", EML) verwiesen. In dessen erstem Artikel wird die Förderung von Vollbeschäftigung unter quantitativer wie qualitativer Ausbalancierung von Angebot und Nachfrage an Arbeit als Gesetzeszweck beschrieben, durch die jeder die Möglichkeit zum effektiven Gebrauch seiner Fähigkeiten erhalten solle (vgl. United Nations 2002)[77]. Bezüglich der Umsetzung dieses Ziels heißt es in Artikel 1, Absatz 2 des EML: „the authorities shall respect workers' freedom of choice of employment and employers' autonomy in employment management and shall endeavour to enhance the desire of workers to acquire skills and sustain themselves by work, and to facilitate employers' efforts to stabilize the employment of workers" (United Nations 2002)[78]. Schreibt Kapitel 8 des EML, wie durch Asao (2006: 98)[79] konkreter behandelt, den regelmäßigen Neuentwurf eines Grundlagenplans zur Umsetzung der oben beleuchteten Ziele und Aufgaben vor, ist hierin seit dem Jahre 1999 die Einrichtung einer altersneutralen Gesellschaft festgehalten, deren Charakterisierung auffällige Parallelen zu der Beschreibung „aktiven Alterns" durch WHO (2002: 12)[80] bietet: „It is important that a society be structured so that elderly people who have the will and ability to participate in the labor market

---

75 http://undesadspd.org/Portals/0/ageing/documents/Fulltext-E.pdf, letzter Abruf: 9.3.2017.
76 http://whqlibdoc.who.int/hq/2002/who_nmh_nph_02.8.pdf, letzter Abruf: 9.3.2017.
77 http://unpan1.un.org/intradoc/groups/public/documents/apcity/unpan030225.pdf, letzter Abruf: 9.3.2017. Vgl. auch Denchi seifu no sōgō madoguchi (2011: http://law.e-gov.go.jp/htmldata/S41/ S41HO132.html, letzter Abruf: 3.1.2015), wobei durch Einsicht dieser Dokumente zugleich erkennbar wird, dass MBB in diesem Zusammenhang explizit als politisch zu förderndes Instrument Erwähnung findet (Artikel 4, Absatz 5).
78 http://unpan1.un.org/intradoc/groups/public/documents/apcity/unpan030225.pdf, letzter Abruf: 9.3.2017.
79 http://www.jil.go.jp/english/JLR/documents/2006/JLR11_asao.pdf, letzter Abruf: 9.3.2017.
80 http://whqlibdoc.who.int/hq/2002/who_nmh_nph_02.8.pdf, letzter Abruf: 9.3.2017.

are able to do so. To achieve an 'ageless society,' i.e., one in which elderly people are not supported by society but are able to support society, it is important that each individual is free to independently choose his or her occupation, to give full play to their abilities, and to enjoy a fulfilling life at work" (Japan Institute of Labour 1999: 6)[81]. Zusätzlich sei auf das 1995 verabschiedete *kōrei shakai taisaku kihon-hō* (*„basic law on measures for the aging society"*) verwiesen, welches grundlegende Aufgaben staatlicher Organe zur Gewährleistung sozialer Gerechtigkeit innerhalb der alternden Gesellschaft festlegt. Auf dessen Grundlage konstatiert Paulsen (2009: 135–136, 90–91)[82], „dass die Belange älterer Menschen als Rechtssubjekte und als schutzwürdige Interessengruppe hier ausdrücklich als Gesetzeszweck sui generis kodifiziert" sind, während in Deutschland kein vergleichbares Gesetz bestehe, welches „den Schutz der Rechter älterer Menschen im Arbeitsleben als einen eigenen Gesetzeszweck statuiert". Entsprechend dieser politischen wie rechtlichen Leitlinien findet sich denn auch der Gedanke einer *shōgai geneki shakai* („Gesellschaft aktiver Lebenszeit") unter dessen Begriff das Konzept aktiven Alterns in Japan firmiert in zahlreichen behördlichen Dokumenten wieder: „Notwendig ist die Errichtung eines gesellschaftlichen Umfelds, in dem das über lange Zeit erworbene Wissen und die Erfahrung Älterer zur vollen Anwendung gebracht und gemäß Fähigkeiten wie Willen unabhängig vom Alter weitergearbeitet werden kann, und somit Ältere selbst eine wichtige Rolle als gesellschaftliche Stütze übernehmen können" (Kōsei rōdō-shō 2005: 175–176; Übers. d. Verf.)[83].

Innerhalb der Europäischen Union (EU) ist die Umsetzung des Konzepts von *active ageing* wiederum eng mit der geläufigen Lissabon-Strategie[84] verbunden. Oberste Zielsetzung besteht dabei in der Einrichtung der EU zum weltweit wettbewerbsfähigsten Wirtschaftsraum, in dessen Rahmen der Inanspruchnahme älterer Beschäftigter im Zuge des demografischen Wandels hohe Priorität beigemessen wird. Gleichfalls manifestiert sich hierdurch die bestimmende Grundposition, welche auch das japanische Verständnis trägt, wonach ein stabiles wie nachhaltiges Wirtschaftswachstum die wichtigste Grundvoraussetzung zur Sicherung von Erwerbsmöglichkeiten (im Alter) darstellt (vgl. European Commission 2010: 66)[85]. Ferner erfolgt durch die Lissabon-Strategie eine Erweiterung der europäischen Beschäftigungsstrategie, die Mitgliedstaaten dazu auffordert, altersunabhängige Chancengleichheit auf Arbeitsmärkten sicherzustellen, wobei die Beschreibung der Zielsetzung erneut

---

81 http://www.jil.go.jp/english/archives/bulletin/documents/199910.pdf, letzter Abruf: 9.3.2017.
82 http://hss.ulb.uni-bonn.de/2009/1920/1920.pdf, letzter Abruf: 9.3.2017.
83 http://www.mhlw.go.jp/wp/hakusyo/roudou/05/dl/02-02b.pdf, letzter Abruf: 9.3.2017.
84 Der Begriff „Lissabon-Strategie" bezeichnet ein im Rahmen des Sondergipfels europäischer Staats- und Regierungschefs im Jahre 2002 verabschiedetes Maßnahmenpaket, welches im Jahre 2010 unter der Firmierung „Europa 2020" ausgeweitet wird (vgl. European Commission 2010: 66. http://ec.europa.eu/employment_social/eie/table_graph_en.html, letzter Abruf: 9.3.2017).
85 http://ec.europa.eu/employment_social/eie/index_en.html, letzter Abruf: 9.3.2017.

in gedanklicher Verwandtschaft zum skizzierten internationalen bzw. japanischen Kontext erfolgt (vgl. Rōdō seisaku kenkyū kenshū kikō 2006a: 13–14)[86]: „The aim is to ensure the positive interaction of economic, employment and social policies with the view to supporting a long-term sustainable working life in which all human resources in society are fully utilised" (European Commission 2002: 9)[87]. Im Rahmen der Sitzung des Europäischen Rates in Stockholm 2001 bzw. Barcelona 2002 wird dieser allgemeine Anspruch durch die konkreten Zielmarkierungen ergänzt, bis zum Jahre 2010 eine mindestens 50-prozentige Beschäftigungsquote der 55 bis 64-Jährigen zu erreichen sowie das Durchschnittsalter des effektiven Arbeitsmarktaustritts um rund fünf Jahre innerhalb des EU-Raums anzuheben (vgl. European Commission 2002a: 6–7, 23)[88]. Ziele, die Angaben bei European Commission (2010: 66)[89] gemäß nur auf uneinheitliche Weise erreicht wurden. So liegt etwa die Beschäftigungsquote der 55 bis 64-Jährigen im Jahre 2010 in insgesamt elf Staaten der EU-27 (darunter Deutschland) oberhalb der anvisierten 50 %-Marke, wird aber entsprechend in der Mehrheit an Mitgliedsnationen unterschritten. Auch für den EU-weiten Kontext gilt jedoch, dass sich der Ausbau von Altersbeschäftigung und die Betonung seiner Bedeutung zur Stärkung der internationalen Wettbewerbsposition nicht nur auf die Benennung quantitativer Zielmarken beschränkt, sondern in zu Japan verwandter Weise auch qualitative Ansprüche ansetzt: „policies should first and foremost address the issue of quality of work for the older workers – which means modifying the organisation of work, working hours and working life in general to the needs and abilities of the older workers" (European Commission 2002a: 8)[90].

Trotz strenger inhaltlicher Reduktion bemüht sich dieser Überblick um die Erkenntnisvermittlung, dass die politische Grundausrichtung der gesellschaftlichen Adaption an den demografischen Wandel eine durch supranationale Rahmenwerke induzierte Verwandtschaft zwischen Japan und der EU erkennen lässt. Kaum können beschäftigungspolitische Maximen somit zur Herleitung nationaler Differenzen im tatsächlichen Ausmaß von Alterserwerbsarbeit belangt werden. Dies betrifft die Betonung altersneutraler sozialer wie ökonomischer Beteiligungsmöglichkeiten zur Herstellung einer international wettbewerbsfähigen Position des Wirtschaftsraums sowie die Aufnahme quantitativer und qualitativer Zieldimensionen in die politische Flankierung von Alterserwerbsarbeit. Eine weitere Parallele besteht in Form des Anspruchs, dass die Öffnung von Lebensarbeitszeit keines Reformstückwerks

---

86 http://www.jil.go.jp/institute/reports/2006/documents/063.pdf, letzter Abruf: 9.3.2017.

87 http://www.ispesl.it/dsl/dsl_repository/Sch21PDF08Marzo06/Sch21com_2002_9_en.pdf, letzter Abruf: 9.3.2017.

88 National Centre for the Vocational Education Research (NCVER) – VOCED plus. http://www.voced. edu.au/, letzter Abruf: 9.3.2017. Signatur: TD/TNC76.74.

89 http://ec.europa.eu/employment_social/eie/index_en.html, letzter Abruf: 9.3.2017.

90 National Centre for the Vocational Education Research (NCVER) – VOCED plus. http://www.voced. edu.au/, letzter Abruf: 9.3.2017. Signatur: TD/TNC76.74.

bedarf, sondern vielmehr einer gesamtheitlichen Rekalibrierung des Wohlfahrtsstaats unter wohl koordinierter Anwendung des sozial- wie arbeitsmarktpolitischen
Instrumentenkastens entspringen muss. Gleichwohl besteht auch die gemeinsame
Auffassung, dass die Schaffung einer *active ageing society* nur durch die gesellschaftliche Diffusion positiver Altersbilder sowie einem Bewusstseinswandel hin zu vermehrter Eigenverantwortung bei individueller Karrieregestaltung und Vorsorge des
Alters gelingen kann: „Japan and the European Union have much in common in their
concerns about ageing. This includes the need to have a comprehensive integrated
strategy and the need to change attitudes" (European Commission 2002a: 38–39)[91]. In
diesem Sinne liegt ein Kernanliegen aktiven Alterns in der Induzierung eines Menta-
litätsumschwungs, welcher das Alter nicht länger mit einem automatischen Rückzug
aus wirtschaftlichen Sphären assoziieren lässt, sondern zu einer gesellschaftlichen
Internalisierung altersunabhängiger Beteiligungsrechte Älterer führt: „[active ageing]
shifts strategic planning away from a 'needs-based' approach [...] to a 'rights-based'
approach that recognizes the rights of people to equality of opportunity and treatment in all aspects of life as they grow older. It supports their responsibility to exer-
cise their participation in the political process and other aspects of community life"
(WHO 2002: 13)[92].

Sei dieses wohlklingende Leitbild einer *active ageing society* in bester Absicht
entworfen, müssen jedoch auch die hiermit verbundenen Risiken wahrgenommen
werden, wie sie auch die Diskussion um Beschäftigungsfortsetzung in Japan beeinflussen und somit den weiteren Weg dieser Arbeit begleiten. Gefördert werden sollen
nämlich nicht nur die altersunabhängigen Rechte ökonomischer wie sozialer Partizipation. Gefordert wird zugleich die Übernahme individueller Verantwortung bei der
finanziellen Vorsorge des Alters mittels Arbeit und dies anhand umfassender Sozialreformen letzter Jahrzehnte (vgl. Abschnitt 3.3.5) deutlich konkreter als es der effektiven Durchsetzung altersunabhängiger Beteiligungschancen der Beschäftigungswelt
durch politische Maßnahmen zu entsprechen scheint: „It has perhaps been pension
reform that has been the main driver of public policy on age and work in Japan and
other industrialised countries. [...] Pension policy has been the motor of reforms affecting older workers, yet its impact may be constrained by an under-appreciation of
the nature and extent of age discrimination in companies, which could be limiting
this group's employment opportunities" (Taylor 2002b: 14, 15)[93]. So ist das Konzept
aktiven Alterns, die Strategie zur Verlängerung von Erwerbsbiografien als auch die
Beschäftigungsfortsetzung in Japan als eine personalpolitische Inkarnation dieser
Leitplanken von Spannungsfeldern umgeben: Wie sieht eine adäquate Anreizgestal-

---

91 National Centre for the Vocational Education Research (NCVER) – VOCED plus. http://www.voced.
edu.au/, letzter Abruf: 9.3.2017. Signatur: TD/TNC76.74.
92 http://whqlibdoc.who.int/hq/2002/who_nmh_nph_02.8.pdf, letzter Abruf: 9.3.2017.
93 http://www.jil.go.jp/english/archives/bulletin/documents/200208.pdf, letzter Abruf: 9.3.2017.

tung späterer Renteneintrittsalter mittels Arbeitsmarkt- und Sozialpolitik aus, ohne angesichts individueller Voraussetzungen Älterer zur Erwerbsarbeit, Gleichheit und Zusammenhalt als sozialstaatliche Zentralanliegen zu gefährden, nimmt man in diesen Punkten EU (vgl. European Commission 2002: 9–10)[94] wie Japan (vgl. Kōsei rōdō-shō 2011: 10)[95] beim Wort? Und inwiefern ist Politik in der Lage, ihre Forderung nach einer Verantwortungsübernahme bei der gesamtgesellschaftlichen Herausforderung der Förderung von Altersbeschäftigung durch die Privatwirtschaft mittels der Bereitstellung von Beschäftigungschancen durchzusetzen und diese mit gesteckten Zielen der Wettbewerbspolitik zu verbinden? Am Gelingen dieser interdependenten Aufgaben mögen Zweifel bestehen, erscheint sich für manche der Gestaltungsspielraum politischer und betrieblicher Entscheidungsträger durch die Hybridisierung markt- wie betriebswirtschaftlicher Spielregeln sowie die zunehmend globalisierte Vernetzung von Wirtschaftsräumen zunehmend nationalen Kontexten zu entziehen. Ein hell erleuchteter Königsweg zur Überwindung dieser Kontroversen ist auch in Japan bislang nicht gefunden, wie auch die Diskussion von Beschäftigungsfortsetzung und ihrer Bedeutung zur Sicherung der japanischen Alterserwerbsarbeit impliziert.

3.3.3 Gesetzliche Regularien des Arbeitnehmerschutzes

Angesichts der im vorherigen Abschnitt diagnostizierten Verwandtschaften werden politischen Maximen zur Förderung ökonomischer Teilhabe im Alter kaum Gewicht bei der Herleitung internationaler Varianzen von Alterserwerbsarbeit eingeräumt. Gleichwohl bilden diese gedanklichen Leitplanken den Hintergrund politischer Förderungsmechanismen der (Alters-)Beschäftigung, deren Behandlung innerhalb von Abschnitt 3.3.3 mit der Betrachtung gesetzlicher Regularien des Arbeitnehmerschutzes fortgesetzt wird. Allerdings ist ein für Japan in hohem Maße attestierter Stellenwert des Beschäftigungsschutzes eher auf innerbetriebliche Vereinbarungen denn einen belastbaren Rechtsanspruch zurückzuführen. So wird auch dem wandelnden Gesicht der gesetzlichen Regulierung des Arbeitnehmerschutzes in Japan vergleichsweise geringe Bedeutung zur Begründung des japanischen Erfolgs bei der Sicherung von Beschäftigung im Alter eingeräumt.

Gesetzliche Regularien des Kündigungsschutzes

Auch außerhalb Japans ist der Umstand geläufig, dass dem Beschäftigungsschutz in Japan große Bedeutung zugesprochen wird: „Japan is considered to have one of

---

94 National Centre for the Vocational Education Research (NCVER) – VOCED plus. http://www.voced.edu.au/, letzter Abruf: 9.3.2017. Signatur: TD/TNC76.74.
95 http://www.mhlw.go.jp/stf/houdou/2r9852000001fz36-att/2r9852000001fzaz.pdf, letzter Abruf: 9.3.2017.

the strongest systems of employment protection in international comparison" (Shire 2008: 965). Verkannt wird jedoch oftmals, dass dieses traditionell hohe Gewicht des Beschäftigungsschutzes weniger auf gesetzlicher Grundlage basiert: „Contrary to popular assumption, no statutory law has guaranteed employment security in Japan" (Passet 2003: 162)[96]. So finden sich zwar in Japan gesetzliche Kündigungsschutzregeln als Bestandteil des *rōdō kijun-hō* (*„employment standard law"*). Paulsen (2009: 48, 140)[97] macht jedoch auf den Umstand aufmerksam, dass diese für sich genommen keinen ausreichenden Rechtsschutz etwa vergleichbar einem zentralen Kündigungsschutzgesetz wie in Deutschland bieten. Auch Auer und Cazes (2003: 10)[98] konstatieren entsprechend: „Japan is an excellent example of a country with high employment protection (although more in practice and custom than on a purely legislative basis)". Gegenüber dem gesetzlichen Kündigungsschutzrahmen deutlich stärker wiegen hingegen traditionelle Normen und Standards des betrieblichen Beschäftigungsschutzes wie etwa in Form von Vorschriften zum Kündigungsschutz in Tarifverträgen und sonstigen Arbeitgeber-Arbeitnehmer-Vereinbarungen verankert. Entsprechend wird Japan durch Passet (2003: 209; Übers. d. Verf.)[99] als „ein Land mit starkem Beschäftigungsschutz auf Unternehmensebene und einem niedrigen Schutzniveau durch Instrumente der Arbeitsmarktpolitik" beschrieben.

Dabei trägt das Fehlen eines zentralen Kündigungsschutzgesetzes dazu bei, dass in Japan dem Präzedenzrecht ein wichtiger Stellenwert bei der Durchsetzung des Beschäftigungsschutzes zukommt (vgl. Paulsen 2009: 140)[100]: „Judicial practice is the foundation of Japanese job security" (Passet 2003: 162)[101]. So legen Gerichte dem Recht auf betriebsbedingte Kündigungen gemäß dem ultima ratio-Prinzip strenge Anforderungen zugrunde, wonach die Kündigung aus betrieblichen Gründen nur als letztes Mittel sonstiger betrieblicher Maßnahmen zur wirtschaftlichen Konsolidierung (Überstundenabbau, Einstellungsstopp, Abbau von Zeitarbeitskräften, Versetzung innerhalb von Unternehmen oder Unternehmensgruppen, etc.) erfolgen darf (vgl. Paulsen 2009: 140–141)[102]. Paulsen (2009: 140–141)[103] urteilt daher über die Bedeutung des *case law* für den japanischen Beschäftigungsschutz: „Der arbeitsge-

---

96 https://www.researchgate.net/publication/5115613_Employment_Stability_in_An_Age_of_Flexibility, letzter Abruf: 9.3.2017.
97 http://hss.ulb.uni-bonn.de/2009/1920/1920.pdf, letzter Abruf: 9.3.2017.
98 https://www.researchgate.net/publication/5115613_Employment_Stability_in_An_Age_of_Flexibility, letzter Abruf: 9.3.2017.
99 https://www.researchgate.net/publication/5115613_Employment_Stability_in_An_Age_of_Flexibility, letzter Abruf: 9.3.2017.
100 http://hss.ulb.uni-bonn.de/2009/1920/1920.pdf, letzter Abruf: 9.3.2017.
101 https://www.researchgate.net/publication/5115613_Employment_Stability_in_An_Age_of_Flexibility, letzter Abruf: 9.3.2017.
102 http://hss.ulb.uni-bonn.de/2009/1920/1920.pdf, letzter Abruf: 9.3.2017.
103 http://hss.ulb.uni-bonn.de/2009/1920/1920.pdf, letzter Abruf: 9.3.2017.

richtlichen Rechtsprechung, die aus dem verfassungsgemäß verankerten Recht auf Arbeit ein enges Netz von Kündigungsschutzregeln entwickelt hat, kommt hier eine enorme praktische Bedeutung zu. [...] Im Vergleich zur deutschen Rechtspraxis [...] ist in Japan der Spielraum für die Bestimmung betrieblicher Kündigungsgründe sehr viel enger". Allerdings weist Paulsen (2009: 141)[104] zugleich darauf hin, dass eine wachsende Anzahl an arbeitgeberfreundlichen Rechtsurteilen daraufhin deutet, dass sich in jüngerer Zeit ein Umschwung gerichtlicher Rechtssprechung vollzieht, in dessen Folge dem Beschäftigungsschutz in Japan ein abnehmendes Gewicht beigemessen wird: „Die Rechtsprechung scheint nunmehr stärker aufgrund der Einsicht zu verfahren, dass das traditionell hohe Niveau an Beschäftigungssicherheit für Stammbelegschaftsangehörige [...] dauerhaft nicht mehr haltbar ist. [...] Diese Entwicklungen liefern einen Anhaltspunkt bezüglich der Annahme, dass privilegierte Rechtspositionen älterer Stammarbeitnehmer vor dem Hintergrund wirtschaftlicher Anpassungszwänge nicht mehr so sicher sind wie in früheren Zeiten" (Paulsen 2009: 141, 152)[105].

Gesetzliche Regularien des Verbots (alters-)diskriminierender Beschäftigungspraktiken

Ein jüngst gewachsenes Gewicht innerhalb des rechtlichen Arbeitnehmerschutzes speziell älterer Beschäftigter stellt dahingegen die Einbindung von Antidiskriminierungsklauseln in bestehende Gesetzesrahmen dar. Diese sollen das in Japan verfassungsrechtlich verankerte allgemeine Gleichbehandlungsgebot in den speziellen Sphären von Arbeit und Beschäftigung durchsetzen. So heißt es in Artikel 14, Absatz 1 der *nihon koku kenpō* („*Constitution of Japan*"): „All of the people are equal under the law and there shall be no discrimination in political, economic or social relations because of race, creed, sex, social status or family origin" (Prime Minister of Japan and His Cabinet 2014)[106]. Entsprechend dieser Leitgedanken schreibt Artikel 10 des *employment measures law* seit 2007 ein bis zum 65. Lebensjahr geltendes Verbot der Diskriminierung aufgrund des Alters bei Ausschreibung, Einstellung oder Beendigung von Beschäftigung vor. Somit gilt das EML gemeinhin als Japans erste Verordnung zum Verbot altersbedingter Beschäftigungsdiskriminierung (vgl. Sakuraba 2009: 56)[107]: „The Employment Measures Act, which was enacted in 1966 and proclaimed the general principles of Japan's market policies, was revised in 2007. Article 10 stipulates that firms must provide equal opportunities to workers in relation to recruitment and hiring irrespective of age, thereby making a former 'duty to endea-

---

104 http://hss.ulb.uni-bonn.de/2009/1920/1920.pdf, letzter Abruf: 9.3.2017.
105 http://hss.ulb.uni-bonn.de/2009/1920/1920.pdf, letzter Abruf: 9.3.2017.
106 http://www.kantei.go.jp/foreign/constitution_and_government_of_japan/constitution_e.html, letzter Abruf: 9.3.2017.
107 http://www.jil.go.jp/english/JLR/documents/2009/JLR22_sakuraba.pdf, letzter Abruf: 9.3.2017.

vour' into a 'legal duty'" (Sakuraba 2009: 56)[108]. Der juristische Diskurs dieser Novellierung gibt jedoch zu erkennen, dass aufgrund gebilligter Ausnahmeregelungen, die durch Iwata (2002: 48)[109], Oka (2008:47) oder Sakuraba (2009: 61–62)[110] genauere Betrachtung erfahren, eine effektive Durchsetzung dieses Gleichbehandlungsgebots im Rahmen der geltenden Rechtspraxis bislang als nicht gesichert erscheint: „the Supreme Court has developed a legal test for analysing discrimination that focuses on the question whether, in the circumstances of the case, the discrimination in question was 'reasonable' [...]. This socalled 'reasonable discrimination' [...] creates confusion over what constitues the essence of discrimination and the right to equality [...]. Its application typically leads to a finding that the discrimination in question is 'reasonable'" (Martin 2008: 418–419). Entsprechend konstatiert auch Meyer-Ohle (2008: 958), dass das qua Aufnahme von Antidiskriminierungsklauseln ins *employment measures law* geschaffene Diskriminierungsverbot bislang kein zupackendes Instrumentarium zur Bereitstellung von altersneutralen Beschäftigungspraktiken darstellt: „the law still leaves a lot of room for employers to apply age restrictions".

Zusätzliche Kritik an der bisherigen Regulierung zur Unterbindung altersdiskriminierender Personalpraktiken entfacht sich am Fehlen jeglicher Sanktionsmechanismen im Falle der Missachtung von Vorgaben. Ein Vorwurf, welcher sich lange Zeit bereits an der Formulierung des Gesetzes entzündet. So besteht wie durch Sakuraba (2009: 56)[111] beschrieben bis in das Jahr 2007 auf Basis des im Gesetzestext verwendeten Terms *doryoku gimu* („Pflicht um Bemühung") keine Verpflichtung (*gimu*), was die Entsprechung der Vorgaben des EML anbelangt, sondern lediglich das ernsthafte Bemühen (*doryoku*) hierum betrifft (vgl. Taylor 2002b: 14)[112]. „This rule is intended to encourage rather than dictate" umschreibt Iwata (2002: 48)[113] diesen weichen Regulierungsansatz, der bis ins Jahr 2007 dem Charakter einer freiwilligen Selbstverpflichtung entspricht, denn einem effektiven Instrument zur Durchsetzung formulierter Schutzrechte zu gleichen und in diesem Sinne einem unter dem Begriff *soft governance* subsumierbaren Generalansatz der politischen Beschäftigungsgestaltung entspringt. So fordert denn auch Seike (2009: 281; Übers. d. Verf.) vor dem Hintergrund bevorstehender Aufgaben ein kritisches Hinterdenken dieses politischen Kurses: „In Hinsicht der Nutzung von Fähigkeiten der Klumpengeneration muss auch in Japan zur allmählichen Realisierung einer Gesellschaft aktiver Lebenszeit mit einer Überprüfung der politischen Maßnahmen zum Verbot von Altersdiskriminierung

---

108 http://www.jil.go.jp/english/JLR/documents/2009/JLR22_sakuraba.pdf, letzter Abruf: 9.3.2017.
109 National Centre for the Vocational Education Research (NCVER) – VOCED plus. http://www.voced.edu.au/, letzter Abruf 9.3.2017. Signatur: TD/TNC76.74.
110 http://www.jil.go.jp/english/JLR/documents/2009/JLR22_sakuraba.pdf, letzter Abruf: 9.3.2017.
111 http://www.jil.go.jp/english/JLR/documents/2009/JLR22_sakuraba.pdf, letzter Abruf: 9.3.2017.
112 http://www.jil.go.jp/english/archives/bulletin/documents/200208.pdf, letzter Abruf: 9.3.2017.
113 National Centre for the Vocational Education Research (NCVER) – VOCED plus. http://www.voced.edu.au/, letzter Abruf: 9.3.2017. Signatur: TD/TNC76.74.

begonnen werden". Ergänzt sei, dass die formale Erweiterung des Rechtsschutzes älterer Erwerbstätiger durch Regularien zur Antidiskriminierung auch den internationalen Rechtsraum zunehmend kennzeichnet. Dieser Prozess ist innerhalb der EU durch den Erlass der *European Union Directive 2000/78/EC – establishing a general framework for equal treatment in employment and occupation* im Jahre 2000 geprägt (vgl. Antidiskriminierungsstelle des Bundes 2014)[114]. Mit Verweis auf das Fehlen eines mit der EU vergleichbaren Zentralgesetzes zur Vermeidung von Beschäftigungsdiskriminierung speziell aufgrund des Alters in Japan bilanziert OECD (2011b: 69): „Virtually all OECD countries now have in place some form of legislation banning age discrimination in employment. Japan is a notable exception: more emphasis there has been placed on administrative guidelines".

Wird Beschäftigungsschutz in Japan ohnehin stärker auf Grundlage innerbetrieblicher Vereinbarungen durchgesetzt, sei somit für Japan zusammenfassend ein abnehmendes Gewicht des rechtlichen Kündigungsschutzes bilanziert, das in Zusammenhang eines generellen Paradigmenwechsel der japanischen Arbeitsmarktpolitik beurteilt werden kann: „the Japanese employment system is bound to shift from one with strong (de facto) employment protection, [...] and weak LMP towards a system with weaker employment protection but stronger LMP [...]. If Japan is to maintain its cohesiveness, and avoid social exclusion [...], then a sound labour market policy needs to be introduced to compensate, at least partially, for the weakening employment security at enterprise level" (Passet 2003: 210)[115]. Eine steigende Bedeutung kann hingegen Antidiskriminierungsklauseln attestiert werden, wenngleich dieses Urteil angesichts der Kritik bislang in erster Linie formale Gültigkeit zu besitzen scheint. Ein rechtlicher Zustand, welcher Passet (2003: 204)[116] folgend, stellvertretend für die gesetzliche Regulierung von Alterserwerbsarbeit in Japan insgesamt angesehen werden kann: „Japanese laws in this policy area were rarely meant to be effectively enforced". Doch auch unabhängig dieser japanspezifischen Beurteilungen ist der Diskurs rechtlichen Arbeitnehmerschutzes als Mittel zum Zweck verlängerter Erwerbsbiografien mit Kontroversen versehen: „Employment-protection regulations – like anti-discrimination legislation – can have both positive and negative effects on older workers. On the one hand, strict employment protection legislation protects incumbent workers [...] at the expense of ‚outsiders'" (OECD 2011b: 73). Angesichts dieser Bilanzierung erscheint der gesetzliche Arbeitnehmerschutz nur bedingt geeignet, nationale Differenzen der Alterserwerbsarbeit abzuleiten. Dies impliziert auch

---

114 http://www.antidiskriminierungsstelle.de/EN/TheAct/EU-Directive/eu-directive_node.html, letzter Abruf: 23.2.2015.
115 https://www.researchgate.net/publication/5115613_Employment_Stability_in_An_Age_of_Flexibility, letzter Abruf: 9.3.2017
116 https://www.researchgate.net/publication/5115613_Employment_Stability_in_An_Age_of_Flexibility, letzter Abruf: 9.3.2017.

ein abschließender Blick auf deutsche Verhältnisse: „Wie konnte die Arbeitslosigkeit von Personen im vierten Viertel ihres Erwerbslebens so enorm ansteigen, gerade in einem Land, in dem Gesetzgebung und Rechtsprechung zum Kündigungsschutz [...] Personen mit langer Betriebszugehörigkeit bevorzugen? Dies lässt sich nur durch die besonderen Muster des Vorruhestandes in Deutschland verstehen" (Kalina und Knuth 2002: 5)[117].

3.3.4 Instrumente aktiver Arbeitsmarktpolitik

Weder den Maximen zur Förderung ökonomischer Teilhabe Älterer noch Aspekten des rechtlichen Arbeitnehmerschutzes wird der bisherigen Darstellung folgend eine zentrale Bedeutung zur Ableitung nationaler Unterschiede der wirtschaftlichen Beteiligung im Alter beigemessen. Abschnitt 3.3.4 setzt die Diskussion konstituierender Elemente der japanischen Alterserwerbsarbeit auf politischer Ebene durch die Betrachtung von Akteuren und Mitteln aktiver Arbeitsmarktpolitik[118] fort. Präsentieren sich Instrumente von ALMP definitionsgemäß umfangreich, erfolgt im Rahmen der hiesigen Darstellung eine Konzentration auf öffentliche Aufklärungskampagnen zur Schaffung einer altersgerechten Beschäftigungswelt sowie Programmen der Gehaltssubventionierung. Zwar wird Japan in diesem Rahmen durchaus Anerkennung zuteil: „Die Planer der japanischen Regierung verdienen Lob für die Rasanz, mit der neue polische Gegenmaßnahmen ausgearbeitet und durchgeführt wurden, um den ersichtlichen Problemen des Arbeitsmarkts zu begegnen, denen sich Ältere gegenübersehen" (Seike, Yamada und Kimu 2005: 26; Übers. d. Verf.). Dennoch lässt sich zugleich auf kritische Beurteilungen verweisen. Diese lassen Zweifel an der Annahme gerechtfertigt erscheinen, dass die hohe Erwerbsbeteiligung Älterer auf einer effektiveren Nutzung des Instrumentenkastens aktiver Arbeitmarktpolitik in Japan beruht.

---

117 http://www.econbiz.de/archiv1/2008/45028_arbeitslosigkeit_uebergang_beschaeftigung.pdf, letzter Abruf: 9.3.2017.
118 Unter dem Begriff „aktiver Arbeitsmarktpolitik" können jegliche Programme der öffentlichen Hand zur Förderung von Beschäftigung(-sfähigkeit) subsumiert werden. Entsprechend breit ist das im internationalen Bezug zu bilanzierende Spektrum an re- wie proaktiven Instrumenten, die sich in Form von Beratung, Vermittlung oder finanzieller Bezuschussung von Beschäftigung und Qualifikationserwerb um eine Steigerung von Beschäftigungsquote oder durchschnittlichem Rentenzugangsalter bemühen. Unter „passiver Arbeitsmarktpolitik" kann hingegen die Gestaltung aller öffentlichen Systeme zur Einkommensunterstützung vor (Arbeitslosen-, Erwerbsunfähigkeitversicherung, etc.) wie nach Erreichen der gesetzlichen Regelaltersgrenze (Rentenversicherungsprogramme) verstanden werden (vgl. Gal 2005: 21, 25. http://www.jil.go.jp/profile/documents/Gal.pdf, letzter Abruf: 9.3.2017 sowie Auer und Cazes 2003: 1. https://www.researchgate.net/publication/5115613_Employment_Stability_in_An_Age_of_Flexibility, letzter Abruf: 9.3.2017).

Einleitend soll Erwähnung finden, dass Maßnahmen der aktiven Arbeitsmarktpolitik wie durch OECD und International Labour Organization (ILO) propagiert, seit Beginn der 1960er Jahre die arbeitsmarktpolitischen Agenden insbesondere kontinentaleuropäischer Staaten betreten, innerhalb derer sich das Phänomen struktureller Arbeitslosigkeit gegenüber Japan vergleichsweise früh verfestigt. So gilt in Deutschland der Erlass des Arbeitsförderungsgesetzes (AFG) im Jahre 1969 als nationale Geburtsstunde aktiver Arbeitsmarktpolitik, wobei diese jedoch auch anderswo schnell in den zweifelhaften Ruf als teuer erkaufte Beschäftigungstherapien und Mittel zur Beschönigung von Arbeitsmarktdaten gerät (vgl. Oschmiansky 2010)[119]. Selbst wenn massive Arbeitsbeschaffungsmaßnahmen der öffentlichen Hand ebenso innerhalb der japanischen Nachkriegszeit keine Unbekannte darstellen (vgl. Ohtake 2004: 47)[120], halten ALMP in Japan in speziellem Kontext der Förderung von Alterserwerbsarbeit vergleichsweise spät Einzug in den arbeitsmarktpolitischen Instrumentenkasten: „Whereas Europe is championing active policies with questionable efficiency, Japan focuses more on passive policies such as raising the age of eligibility to retirement" (Gal 2005: 2)[121]. Dies gilt wenngleich Taylor (2002: 9)[122] auch für den internationalen Raum betont, dass speziell hinsichtlich der Unterstützung von Erwerbsarbeit im Alter, ALMP gegenüber PLMP eine vergleichsweite schwache Berücksichtigung findet: „It is apparent [...] that pension and welfare reform have dominated policymaking affecting older workers to date. Labour market policy is only just beginning to emerge". Wie bereits tangiert, gewinnt allerdings ein politischer Kursumschwung hin zur stärkeren Betonung aktiver arbeitsmarktpolitischer Mittel in Japan an Kontur, der als Ausdruck einer Aufweichung traditioneller Betonung von Beschäftigungsstabilität sowie dem stärkeren Bemühen zur Bereitstellung eines gereiften wie flexiblen externen Arbeitsmarkts interpretiert werden kann (vg. Passet 2003: 201[123]): „There has been a shift in employment policy in Japan. Previously, economic growth [...] and long-term employment had been the basic premise of Japanese employment policy. [...] Especially since the 1997 financial crisis, employment policy has come to be based on a premise that available resources such as fiscal resources will be limited. [...] employment policy also has changed its direction toward an emphasis on job creation and efficiency in job mobility" (Fujii, Matsubuchi und Chiba 2006: 119)[124].

---

119 http://www.bpb.de/politik/innenpolitik/arbeitsmarktpolitik/55040/aktive-arbeitsmarktpolitik? p=0, letzter Abruf: 9.3.2017.
120 http://www.jil.go.jp/english/JLR/documents/2004/JLR02_ohtake.pdf, letzter Abruf: 9.3.2017.
121 http://www.jil.go.jp/profile/documents/Gal.pdf, letzter Abruf: 9.3.2017.
122 National Centre for the Vocational Education Research (NCVER) – VOCED plus. http://www. voced.edu.au/, letzter Abruf: 9.3.2017. Signatur: TD/TNC76.74.
123 https://www.researchgate.net/publication/5115613_Employment_Stability_in_An_Age_of_ Flexibility, letzter Abruf: 9.3.2017.
124 http://www.jil.go.jp/english/JLR/documents/2006/JLR12_fujii.pdf, letzter Abruf: 9.3.2017.

Öffentliche Aufklärungskampagnen

Wird folgend das Instrumentarium aktiver Arbeitsmarktpolitik mit einem Fokus auf Japan skizziert, sei zunächst auf öffentliche Verwaltungseinheiten in Japan eingegangen, die hierzu in enge Verbindung zu setzen sind. Dies betrifft das Shokugyō anteikyoku oder „Public Employment Security Office" (PESO), welches landesweit *harō wāku* genannte „*hello work*"-Anlaufstellen unterhält, die als Form öffentlicher Arbeitsagenturen fungieren und Beratungs- und Vermittlungsdienste im speziellen Bereich der Beschäftigung und Qualifikationsförderung Älterer anbieten (vgl. Kimura 2006: 13)[125]. Darüber hinaus ist PESO von Bedeutung, obliegt diesem die übergeordnete Kontrolle weiterer Behörden zur Förderung der Altersbeschäftigung in Japan. Dem MHLW unterstellt, verwaltet PESO auf dieser Grundlage auch deren Finanzmittel, was dem anteiligen Ausgabevolumen gemäß, primär die Programme zur Gehaltsbezuschussung von Altersbeschäftigung aus dem Topf der *koyō hoken* („Beschäftigungsversicherung" bzw. Arbeitslosenversicherung) betrifft. Deren Vergabe erfolgt durch die Japan Organization for Employment of the Elderly, Persons with Disabilities and Job Seekers (JEED), welche landesweit Zentren zur Bereitstellung von Beratungs- und Informationsvermittlungsdiensten im speziellen Zusammenhang von Altersbeschäftigung unterhält, die sich an Arbeitgeber- wie Arbeitnehmerseite richten (vgl. Iwata 2002: 30)[126].

Eine öffentliche Einrichtung, die im japanischen Ausland kaum auf ein mit vergleichbarem Auftrag versehendes Pendant trifft, stellen Shirubā jinzai sentā („Silver Human Resource Center", SHRC) dar. Denn laut gesetzlicher Aufgabendefinition[127] können diese als eine Art Arbeitsagentur speziell für ältere Erwerbsinteressenten verstanden werden. Laut Geschäftsbericht der Zenkoku shirubā jinzai sentā jigyō kyōkai („National Silver Human Resource Center Association") aus dem Jahre 2013 finden sich rund 1300 lokale Zweigstellen über Japan verteilt, bei denen rund 730.000 ältere Erwerbsinteressenten registriert sind (vgl. Zenkoku shirubā jinzai sentā jigyō kyōkai 2013: 2)[128]. Die „japanische Besonderheit" (Meyer-Ohle 2008: 956) der SHRC erschließt sich dabei insbesondere dadurch, dass die erfolgende Vermittlung von *bridge jobs* unabhängig formaler Altersgrenzen der Beschäftigung erfolgt. Dahingegen engagieren sich entsprechende Angebote der öffentlichen oder privaten Hand etwa in Deutschland laut Paulsen (2009: 267)[129] bislang nicht in der Vermittlung von

---

125 http://www.jil.go.jp/english/JLR/documents/2006/JLR10.pdf, letzter Abruf: 9.3.2017.

126 National Centre for the Vocational Education Research (NCVER) – VOCED plus. http://www.voced.edu.au/, letzter Abruf: 9.3.2017. Signatur: TD/TNC76.74.

127 Definiert durch Artikel 41 bis 48 des *employment stabilization law* (vgl. Rōdō seisaku kenkyū kenshū kikai 2004a: http://www.jil.go.jp/rodoqa/hourei/rodosijo/HO0068-S46.htm, letzter Abruf: 9.3.2017 bzw. JILPT 2004a: 26–39. http://www.jil.go.jp/english/laws/documents/llj_law16.pdf, letzter Abruf: 9.3.2017).

128 http://www.zsjc.or.jp/kyokai/acv_pdf?id=16, letzter Abruf: 9.3.2017.

129 http://hss.ulb.uni-bonn.de/2009/1920/1920.htm, letzter Abruf: 9.3.2017.

Beschäftigung über dem gesetzlichen Renteneintrittsalters: „In Deutschland existieren zwar bereits Zeitarbeitsagenturen zur Vermittlung älterer Arbeitskräfte, wobei diese sich bislang jedoch auf die Gruppe der älteren Arbeitslosen im Erwerbsalter beschränken". Allerdings mischt sich nicht nur bei Meyer-Ohle (2008: 956) Kritik in die Beurteilung von Funktion und Erfolg der Silver Human Resource Center, die sich anhand der mangelnden Attraktivität von Arbeitsinhalt und Beschäftigungsqualität der Anstellungsverhältnisse entfaltet. Wird in diesem Sinne bereits seit längerer Zeit eine Ausweitung des vermittelten Tätigkeitsspektrums gefordert, scheint sich der japanische Staat mittlerweile um entsprechende Umsetzung zu bemühen. Dies veranlasst Oka (2008: 48) dazu, für die Zukunft eine deutliche Ausweitung der Rolle von SHRC bei der Vermittlung von Altersbeschäftigung als wahrscheinlich zu betrachten: „The activities of SHRC have been strictly seperated from the conventional labour market [...] With regard to the 2004 Amendment [of the ESL], the function of SHRCs has been further expanded [...]. This suggests that SHRCs may become a comprehensive job centre serving older people in future".

Mittels ihrer Aktivitäten stellen oben genannte Stellen die wichtigsten Organisationen im Zusammenhang aktiver Arbeitsmarktpolitik bezüglich der Förderung von Alterserwerbsarbeit in Japan dar. Insbesondere JEED fungiert hierbei als bedeutender Akteur zur gesellschaftlichen Vermittlung von Vorzügen und Voraussetzungen altersneutraler Arbeitsmärkte sowie der Notwendigkeit strategischer Karriereplanung und Qualifikationserweiterung auf Seiten des Einzelnen. So sei in diesem Zusammenhang etwa auf die *nana jū sai made hatarakeru kigyō* genannte Initiative „Unternehmen, bei denen bis zum 70. Lebensjahr gearbeitet werden kann" verwiesen, die durch zahlreiche Publikationen begleitet (vgl. Abschnitt 4.3.3), Unternehmen anschauliches Material zur Schaffung einer altersneutralen Arbeits- und Beschäftigungswelt beiseitestellt. Aber auch das monatlich durch Kōrei shōgai kyūshoku-sha koyō shien kikō veröffentlichte Magazin *Erudā*[130] [*Elder*], welches sich an Ältere selbst wendet, soll beispielhaft für die Förderung ökonomischer Teilhabe im Alter durch die Thematisierung einhergehender Belange durch JEED Erwähnung finden. So werden hierdurch unterschiedlichste Aspekte von Arbeit und Beschäftigung im Alter umfangreich in die breite Öffentlichkeit getragen. Mit Verweis auf OECD (2011b: 69) sei jedoch darauf hingewiesen, dass derartige *age awareness campaigns* auch auf internationaler Ebene weite Verbreitung finden. Beeinflusst durch den *european code of good practice on age and employment* befinden sich so auch in Deutschland verschiedene vom Bund getragene Initiativen in Gebrauch. Beispiele hierfür liefern die Kampagnen „Perspektive 50 Plus – Denn sie wissen was sie tun" und „Erfahrung ist Zukunft". Mit dem Programm „Innovative Arbeitsgestaltung – Zukunft der Arbeit" des Bundesministerium für Bildung und Forschung (BMBF) sowie die in Kooperation von Bund, Ländern und Sozialpartnern gemeinschaftlich getragene Initiative „Neue Qualität der Arbeit" (INQA) bemühen sich

---

130 Einzusehen im Internet unter: http://www.jeed.or.jp/elderly/data/elder/, letzter Abruf: 4.1.2015.

weitere öffentliche Kampagnen um die Vermittlung von Konzepten einer altersgerechten Arbeitswelt (vgl. OECD 2011b: 75 sowie Paulsen 2009: 80–81[131]).

Allerdings begleitet diese Instrumente aktiver Arbeitsmarktpolitik die Kritik weitgehender Wirkungslosigkeit. Diese bilanziert Taylor (2002: 9, 18)[132] gesetzt den Fall, dass sich öffentliche Aufklärungskampagnen schier auf die Verbreitung allgemeiner Botschaften konzentrieren, anstatt praxisnahe Konzepte zur Steigerung von Altersbeschäftigung zu vermitteln, was jedoch unter Verweis auf Abschnitt 4.3.3 für den japanischen Raum als weniger zutreffend beurteilt wird: „It is very doubtful that campaigns of awareness raising and voluntary persuasion among employers have done much to change the behaviour of private sector [...] so far. [...] Broadly focused *education campaigns* among employers have a role in reducing overt age discrimination and raising awareness generally but longer-term campaigns [...], that focus on individual companies/organisations, sectors or occupational groups directly [...] will be more effective". Zusätzlich kommt Kritikern zufolge die Belebung der Altersbeschäftigung mittels öffentlicher Aufklärungskampagnen einem stumpfen Schwert gleich, sofern die Gestaltung von Sozialversicherungen keine hinreichenden Anreize zur Verlängerung der Erwerbsarbeit bereitstelle oder entsprechende Maßnahmen nicht durch Förderungsanreize für Unternehmen ergänzt werden: „age awareness campaigns, on their own, do not achieve a great deal if they are not linked to concrete incentives for companies, such as economic advantages or the need to comply with external regulations" (European Foundation for the Improvement of Living and Working Conditions 2006: 6)[133].

Öffentliche Subventionsprogramme zum Beschäftigungs- und Qualifikationserwerb
Auch vor dem zuletzt genannten Hintergund stellen Programme zur finanziellen Bezuschussung von Erwerbstätigkeit oder Fortbildung einen weiteren Schwerpunkt aktiver arbeitsmarktpolitischer Maßnahmen im Zusammenhang der Förderung wirtschaftlicher Teilhabe im Alter dar. So existieren in Japan auf Grundlage des *koyō hoken-hō* („*employment insurance law*") eine Vielzahl unterschiedlicher Subventionskanäle wie der Auflistung bei Hamaguchi (2011: 238–241) zu entnehmen. Gemäß Oka (2008: 48–50) sind diese grob in Form von Lohnkostenzuschüssen und Steuererleichterungen zu unterteilen und sollen in dieser Weise Anreize zur Aufnahme von Beschäftigung und Qualifikationserwerb bieten, die sich an Arbeitgeber- wie Arbeitnehmerseite richten. Demnach erhalten Arbeitgeber, die sich für die Aufrechterhaltung von Beschäftigung(-sfähigkeit) einsetzen, eine öffentliche Bezuschussung für: a) die Fortsetzung von Beschäftigung bis zum 65. Lebensjahr mittels der im Fokus dieser Arbeit stehenden MBB; b) die interne Durchführung von Maßnahmen des Qualifikationser-

---

131 http://hss.ulb.uni-bonn.de/2009/1920/1920.htm, letzter Abruf: 9.3.2017.
132 National Centre for the Vocational Education Research (NCVER) – VOCED plus. http://www.voced.edu.au/,letzter Abruf: 9.3.2017. Signatur: TD/TNC76.74.
133 http://www.eurofound.europa.eu/pubdocs/2005/137/en/1/ef05137en.pdf, letzter Abruf: 9.3.2017.

werbs über dem 55. Lebensjahr; c) die Mithilfe beim externen Qualifikationserwerb zwischen dem 45. und 64. Lebensjahr etwa durch die Bereitstellung bezahlter freier Arbeitszeit; d) die Unterstützung der Suche älterer Arbeitnehmer nach alternativen Anstellungsverhältnissen im Falle einer unternehmensseitigen Beschäftigungsbeendigung; e) die Neueinstellung von Personen zwischen dem 60. und 64. Lebensjahr, sowie f) die innerbetriebliche Förderung einer altersbarrierefreien Gestaltung von Arbeits- und Beschäftigungsumwelt (vgl. Oka 2008: 48–49).

Arbeitnehmerseitig wird die Aufrechterhaltung von Erwerbsarbeit im Alter wiederum etwa durch eine Bezuschussung beim Gang in die Selbstständigkeit im konkreten Falle von Unternehmensgründungen durch mindestens drei Personen über dem 45. Lebensjahr gewährt (vgl. Oka 2008: 50). Sowohl im Zusammenhang des Untersuchungsgegenstands dieser Arbeit als auch hinsichtlich des Ausgabevolumens von primärer Relevanz ist jedoch die Gehaltsbezuschussung, die zwischen dem 60. und 64. Lebensjahr im Rahmen der Beschäftigungsfortsetzung in Anspruch genommen werden kann. Dies geschieht anhand eines *kōnen-rei koyō keizoku kyūfu* genannten *„continuous employment benefit"* sowie der als *zaishoku rōrei nenkin* bezeichneten *„old-age pension for active employees"*, die mit Einschränkungen bei der Bezugsberechtigung verbunden, einen simultanen Bezug von Gehaltseinkünften und Rentenbezügen erlaubt (vgl. Oka 2008: 49–50). Beide Subventionsprogramme stellen ein entscheidendes arbeitsmarktpolitisches Korrektiv der Gehaltshöhe über dem betrieblichen Rentenalter dar, ab dessen Zeitpunkt bei Fortsetzung der Beschäftigung üblicherweise eine Gehaltsabsenkung zu verzeichnen ist. So garantiert der *employment continuation benefit* eine finanzielle Aufstockung von maximal 15 % der monatlichen Gehaltshöhe bei Überschreitung des betrieblichen Rentenalters im Falle einer hiermit verbundenen Gehaltsreduktion auf 61–75 % der ursprünglichen Gehaltssumme (vgl. Ogawa, H. 2009: 88). Aufgrund einer degressiven Staffelung der Zuschüsse (vgl. Passet 2003: 199)[134] wird hierbei die durch Gehaltsbezüge und Lohnkostenzuschüsse kombinierte maximale Gehaltshöhe laut Yamashita (2007: 89)[135] durch ein Absenken des Gehaltsniveaus auf ca. 60 % nach Erreichen des betrieblichen Rentenalters generiert. Eine Konzeption, welche die Annahme makroökonomischer Ineffizienz dieses Subventionsprogramms in Form erheblicher Mitnahmeeffekte seitens der Privatwirtschaft nach sich zieht. Diese Vermutung entsteht für den Fall, dass Unternehmen unabhängig tatsächlicher Leistungsbeiträge der Beschäftigten als mögliche Grundlage der Gehaltsbestimmung alleinig auf Basis obiger Kalkulation eine entsprechende Gehaltsreduktion vornehmen, um ein maximales Gehaltsniveau bei minimalem betrieblichen Lohnanteil zu realisieren (vgl.

---

134 https://www.researchgate.net/publication/5115613_Employment_Stability_in_An_Age_of_ Flexibility, letzter Abruf: 9.3.2017.
135 http://www.jil.go.jp/english/JLR/documents/2007/JLR15_yamashita.pdf, letzter Abruf: 9.3.2017.

Conrad 2009: 129, 131, 138)[136]. Diese Kritik behält an Bedeutung, wenngleich mit dem Jahre 2003 die Generosität des *employment continuation benefit* gegenüber ihrer vorherigen Ausgestaltung[137] primär aufgrund einhergehender öffentlicher Kosten bereits deutlich auf den oben geschilderten Umfang reduziert wurde (vgl. Oka 2008: 50):

> Somit sieht sich diese Beihilfe gegenüber anderen Gehaltssubventionen vergleichbaren Problemen gegenüber. Diese Probleme bestehen darin, Ältere mit einem Etikett zu versehen (in dem angedeutet wird, alle Älteren bedürfen des Schutzes) sowie in Form von Substitutionseffekten (für Ältere, die Subventionen empfangen, wird die Beschäftigung anderer Altersklassen beendet) und Wohlfahrtsverlusten (die Mehrheit an Gehaltssubventionen empfangenden Arbeiter wäre ohnehin beschäftigt worden). (Seike, Yamada und Kimu 2005: 18; Übers. d. Verf.)

Doch auch im internationalen Rahmen stellen Subventionsmechanismen zur Förderung von Beschäftigung oder Qualifikationserwerb im Alter gängige Instrumente von ALMP dar, wie Taylor (2002a: 19)[138] für den EU-Raum bilanziert, jedoch auf nationale Differenzen der Gestaltungskriterien verweist: „Wage subsidy schemes have been extremely popular. Such schemes exist in almost all Member States". Entsprechend finden sich mit dem „Kombilohn für Ältere" als Form der Entgeltsicherung von Arbeitnehmern oder dem „Eingliederungszuschuss" als an Unternehmen vergebene Zuschüsse bei der Anstellung Älterer auch in Deutschland verwandte Instrumente in Gebrauch (vgl. Paulsen 2009: 82–85)[139]. So unterschiedlich nationale Subventionsschemen veranlagt sind, so heterogen fällt auch die Bilanzierung der Effektivität dieser Maßnahmen aus. So attestieren Higuchi und Yamamoto (2002: 5)[140] für Japan einerseits eine positive Auswirkung auf den integrativen Charakter betrieblicher Personalpolitik: „At firms that are aware of the government's employment subsidy policies, the rate of workers leaving the firms at ages from 60 to 64 is low". Wie bereits mit Verweis auf Conrad (2009: 129, 131, 138)[141] ausgeführt, besitzen jedoch auch Higuchi und Yamamoto (2002: 15, technical paper 2)[142] Zweifel an der makroökonomischen Effektivität dieser Subventionsprogramme, die sich anhand substanzieller Mitnah-

---

136 http://www.leopoldina.org/uploads/tx_leopublication/NAL365_Bd_3_001-158.pdf, letzter Abruf: 9.3.2017.

137 Angaben zur finanziellen Ausgestaltung des *employment continuation benefit* vor dem Jahre 2003 sind Passet (2003: 199. https://www.researchgate.net/publication/5115613_Employment_Stability_in_An_Age_of_Flexibility, letzter Abruf: 9.3.2017) oder Oka (2008: 50) zu entnehmen.

138 National Centre for the Vocational Education Research (NCVER) – VOCED plus. http://www.voced.edu.au/, letzter Abruf: 9.3.2017. Signatur: TD/TNC76.74.

139 http://hss.ulb.uni-bonn.de/2009/1920/1920.htm, letzter Abruf: 9.3.2017.

140 National Centre for the Vocational Education Research (NCVER) – VOCED plus. http://www.voced.edu.au/, letzter Abruf: 9.3.2017. Signatur: TD/TNC76.74.

141 http://www.leopoldina.org/uploads/tx_leopublication/NAL365_Bd_3_001-158.pdf, letzter Abruf: 9.3.2017.

142 National Centre for the Vocational Education Research (NCVER) – VOCED plus. http://www.voced.edu.au/, letzter Abruf: 9.3.2017. Signatur: TD/TNC76.74.

meeffekte oder der Verdrängung regulärer (Alters-)Erwerbsarbeit durch subventionierte Formen der Beschäftigung im Alter entzünden. Im Sinne dieser ambivalenten Bewertung scheint die auf japanische Verhältnisse bezogene Kritik jenen Erfolgseinschätzungen von Subventionsmechanismen zu ähneln, die durch Taylor (2002: 9) für den EU-Raum vorgenommen werden: „Wage subsidy schemes are known to have both significant dead-weight and displacement effects, resulting in small net employment gains". Gemeinsame Geltung besitzt ferner der grundsätzliche Einwand, wonach sich die Subventionierung spezieller Gruppen des Erwerbspersonenpotentials auch als kontraproduktiv bei der Schaffung positiver Altersbilder erweist: „[wage subsidies] imply that employers should only employ older workers if the state pays them to do so. This does not fit very well with the positive image we are trying to present of older workers as being a [...] valuable useful worker. So there is a danger of stigmatising older workers and treating them as different" (Taylor 2002a: 19)[143].

Den Blick auf Mittel aktiver Arbeitsmarktpolitik abschließend sei festgehalten, dass Instrumente wie die Verbreitung übergeordneter Botschaften von Chancen wie Voraussetzungen einer altersneutralen Beschäftigungsumwelt, die öffentliche Vermittlung von Beschäftigung und Qualifikationserwerb im Alter sowie deren finanzielle Bezuschussung mittlerweile einen umfangreichen Instrumentenkasten der öffentlichen Hand zur Stärkung von Alterserwerbsarbeit in und außerhalb Japans bilden: „Die Vielzahl politischer Initiativen zur Förderung von Beschäftigungsmöglichkeiten für ältere Menschen weist auf ein hohes politisches und gesellschaftliches Problembewusstsein im Hinblick auf die Belange Älterer im Arbeitsleben hin" (Paulsen 2008: 81)[144]. Allerdings bleibt auch in Bezug auf die Gestaltung aktiver Arbeitsmarktpolitik fraglich, inwiefern diese zum überzeugenden Ausmaß der japanischen Alterserwerbsarbeit beiträgt. Dies mag hinsichtlich der in diesem Abschnitt berührten Kritikpunkte als auch im Hinblick auf den Umstand gelten, dass die öffentlichen Ausgaben Japans im Zusammenhang von ALMP im internationalen Vergleich laut Passet (2003: 209)[145] eher unterdurchschnittlich ausfallen wie auch Duell et al. (2010: 4)[146] konstatiert: „Expenditure on active labour market programmes as percentage of GDP is relatively low". Ferner verweist Nakamura, J. (2008: 14) darauf, dass weder Kenntnis noch Nutzung politischer Förderungsinstrumente zur Alterserwerbsarbeit eine hohe Verbreitung erreicht haben. Zusätzlich sei auf den Einwand durch Oka (2008: 50) eingegangen, wonach der in Japan zu verzeichnende Mangel an einer umfassenden Dokumentation der Wirkungsweise von ALMP die Begutachtung ein-

---

143 National Centre for the Vocational Education Research (NCVER) – VOCED plus. http://www.voced.edu.au/, letzter Abruf: 9.3.2017. Signatur: TD/TNC76.74.
144 http://hss.ulb.uni-bonn.de/2009/1920/1920.htm, letzter Abruf: 9.3.2017.
145 https://www.researchgate.net/publication/5115613_Employment_Stability_in_An_Age_of_Flexibility, letzter Abruf: 9.3.2017.
146 http://www.oecd.org/officialdocuments/publicdisplaydocumentpdf/?cote=DELSA/ELSA/WD/SEM(2010)13&docLanguage=En, letzter Abruf: 9.3.2017.

hergehender Maßnahmen und ihrer Effektivität bei der Schaffung von Alterserwerbs-arbeit erschwert: „The budget of JEED for older workers [...] is a considerable amount; however, no detailed information on policy evaluation is available. [...] The effects of these measures on labour force participation of older persons are arguable, though the Government insists that they have positive effects. A systematic evaluation is needed". Trotz einer allgemein als hoch attestierten Qualität japanischer Arbeits-marktstatistiken (vgl. Seike, Yamada und Kimu 2005: 23) stellt somit neben Naka-mura, J. (2008: 125) auch Hamaguchi (2011: 230; Übers. d. Verf.) in gewissen Bereichen der japanischen Beschäftigungspolitik einen Mangel der statistischen Erfassung ihrer Wirkungsweise fest: „Durch das Japan Institute for Labour Policy and Training nimmt Japan detaillierte Analysen eines weiten Spektrums an arbeitsmarktpolitischen Maß-nahmen vor [...]. Dennoch sind statistische Evaluationen des Einflusses spezieller aktiver Arbeitsmarktprogramme selten. [...] Probleme wie diese erschweren es, [ein-hergehende] Ausgaben einer angemessenen politischen Überprüfung zu unterziehen und eine statistische Bewertung auf Basis behördlicher Daten [...] vorzunehmen".

Bei der Bemängelung von Ansätzen aktiver Arbeitsmarktpolitik, die entspre-chend der hierbei national wie international zu Tage tretenden Diversität lediglich tangiert werden kann, sollte jedoch auch die grundsätzliche Kritik in Erinnerung behalten werden. Diese entfacht sich an der konzeptionellen Gestaltung von ALMP in Form der Konzentration auf spezielle *Sorgenkinder* des Arbeitsmarkts, welche die Zielsetzung altersneutraler Beschäftigungskulturen zu konterkarieren scheint: „Targeting of programmes to particular groups of unemployed people may increase employment gains but there is evidence that the more tightly the program is tied to characteristics of disadvantage, the greater the risk of stigma" (Taylor 2002: 9)[147]. Im Einklang zu den resultierenden Forderungen durch Taylor (2002: 17)[148] urteilt deshalb auch JILPT (2004b: 6)[149]: „we need not ask whether we should give prio-rity to employment of young workers or of middle-aged and senior workers, but focus more on removing individual obstacles that prevent workers from exercising their full potential in all age groups". Auch angesichts dieser übergreifenden Bean-standungen erscheint es trotz des für Japan zu konstatierenden umfangreichen Instrumentenkastens von ALMP als nicht durch den Literaturbestand gedeckt, dem relativ hohen Ausmaß japanischer Alterserwerbsarbeit mittels einer wohlmöglich umfangreicheren oder effektiveren Gestaltung aktiver Arbeitsmarktpolitik eine angemessene Begründung zuzufügen. Vielmehr tragen Faktoren wie die im Rahmen der Gestaltung aktiver wie passiver Arbeitsmarktpolitik vermittelte Bedeutung von

---

147 National Centre for the Vocational Education Research (NCVER) – VOCED plus. http://www.voced.edu.au/, letzter Abruf: 9.3.2017. Signatur: TD/TNC76.74.
148 National Centre for the Vocational Education Research (NCVER) – VOCED plus. http://www.voced.edu.au/, letzter Abruf: 9.3.2017. Signatur: TD/TNC76.74.
149 http://www.jil.go.jp/english/reports/documents/jilpt-research/no16.pdf, letzter Abruf: 9.3.2017.

Arbeit als Mittel zur finanziellen Versorgung einer zunehmenden Altersspanne, eine traditionell stark verankerte Ausrichtung sämtlicher Sozialpartner auf den Wert von Beschäftigungsstabilität sowie ein vergleichsweise fortgeschrittenes Stadium des demografischen Wandels zu der Vermutung bei, dass generelle Botschaften wie konkrete Anreize der Politik zur Aufrechterhaltung von Alterserwerbsarbeit auf Seiten von Unternehmen wie älteren Erwerbsfähigen auf vergleichsweise fruchtbaren japanischen Boden zu fallen scheinen.

3.3.5 Instrumente passiver Arbeitsmarktpolitik

Wenngleich als verhältnismäßig junges Gesellschaftsphänomen zu begreifen (vgl. Künemund und Kolland 2007: 166), stellt der Ruhestand heutzutage in Industrienationen eine selbstverständliche Phase des Lebenszyklus dar, in welcher der Lebensunterhalt nicht mehr zwangsläufig durch Erwerbsarbeit bestritten werden muss, sondern der moderne Wohlfahrtsstaat in Gestalt der Rente eine Einkommensunterstützung organisiert: „The public pension covers more than 60 % of the elderly-only family income, and it plays an extremely significant and indispensable role as major financial security for people living in old age" (Iwata 2002: 35)[150]. Die finanzielle Ausstattung öffentlicher Rentenversicherungsschemen wird zumeist neben dem Umlageverfahren (*pay-as-you-go system*, PAYG) auch aus öffentlichen Steuermitteln gespeist, wobei beide Quellen in Folge von demografischem Wandel und knapper Haushaltslagen an natürliche Grenzen stoßen: „pension spending is expected to go on growing in 25 out of 29 OECD countries [...]. Japan, which will be the demographically oldest OECD country in 2060, will also see a rapid increase, from just below the OECD average to well above" (OECD 2011b: 158). Ein stabiles Rentensystem setzt voraus, dass der Anspruch einer adäquaten Altersversorgung stets im Lichte ihrer langfristigen Finanzierbarkeit betrachtet wird. So ist die Rentenlandschaft in Japan wie des gesamten OECD-Raums vor dem Hintergrund demografischer Transformationstendenzen durch umfangreiche Reformen gekennzeichnet. Ein gemeinsamer Ansatz besteht hierbei in der Überzeugung, dass die finanzielle Gesundung öffentlicher Rentenschemen späterer Renteneintrittszeitpunkte bedarf. Umgekehrt wird insbesondere im Rahmen der Rentenversicherungen politisches Einflussgewicht auf individuelles Verrentungsverhalten festgemacht: „Reforms with the largest potential effects on participation concern pension systems" (Burniaux, Duval und Jaumotte 2004: 8)[151].

---

150 National Centre for the Vocational Education Research (NCVER) – VOCED plus. http://www.voced.edu.au/, letzter Abruf: 9.3.2017. Signatur: TD/TNC76.74.
151 http://www.oecd.org/officialdocuments/publicdisplaydocumentpdf/?doclanguage=en&cote=e co/wkp(2003)25, letzter Abruf: 9.3.2017.

Entsprechend dieser symbiotischen Beziehung bilden Reformen öffentlicher Rentensysteme sowie die wissenschaftliche Begleitung der Frage, wie in diesem Rahmen eine *optimale* Anreizgestaltung zu späteren Arbeitsmarktaustritten erzeugt werden kann, den Schwerpunkt politischer wie wissenschaftlicher Auseinandersetzung mit der Verlängerung von Erwerbsarbeit: „There is overwhelming evidence that financial incentives affect retirement behaviour. [...] Improving incentives to retire has therefore been a central plank of most reforms: around half of OECD countries have taken action in this area" (OECD 2011b: 14). Allerdings verlangen Antworten auf eine optimale Anreizgebung zum Verbleib in Erwerbsarbeit Rücksicht auf einen hohen Grad architektonischer Diversität der internationalen Rentenlandschaft. Dieser Vielfalt Tribut zollend ist dieser Abschnitt zum Wandel von Rentensystemen und ihrer Einflüsse auf die ökonomische Teilhabe im Alter als Illustration folgender zentraler Aussagen konzipiert: Das Bemühen, alleinig mittels Rentenreformen eine Verlängerung individueller Erwerbsbiografien zu induzieren, weist aufgrund der weiten Verbreitung so genannter Frühverrentungspolitik deutliche nationale Differenzen hinsichtlich seiner Erfolgschancen aus. Rentensysteme sind komplex und entsprechend vielfältig sind die Indikatoren, welche zur Charakterisierung zugrunde gelegt werden können. Bildet der Maßstab des Gesamtrentenvermögens einen umfassenden Maßstab dieser Art, wird hierdurch das öffentliche Rentensystem in Japan als vergleichsweise zurückhaltend hinsichtlich seiner Leistungen beschrieben. Im Zusammenhang mit einer überdurchschnittlichen versicherungsmathematischen Sensibilität der individuellen Rentenhöhe in Abhängigkeit von Beitragszeitraum und tatsächlichem Verrentungszeitpunkt verfügt Japan über ein öffentliches Rentensystem, welches Anreize zu späteren Arbeitsmarktaustritten effektiv vermittelt, was als eine ausschlaggebende Ursache des hohen Ausmaßes japanischer Alterserwerbsarbeit betrachtet wird.

Der lange Schatten kontinentaleuropäischer Frühverrentungspolitik
Früher als in Japan manifestiert sich innerhalb westlicher Wirtschaftsräume in Folge des industriellen Wandels des 20. Jahrhunderts ein wachsender Sockel struktureller Arbeitslosigkeit. Die Medizin, welche in Folge zur Genesung des Arbeitsmarkts verschrieben wird, besteht in Form einer immer frühzeitigeren Externalisierung Älterer aus dem Erwerbsleben, wobei das Attest hierzu auf Grundlage einer breiten Interessenkoalition innerhalb der Sozialpartner allseits bereitwillig unterschrieben wird: „creating specific pathways for early exit, [...] seems attractive not only in order to fit into the interest coalition of firms, older workers and unions; it has also been a widely accepted measure to reduce unemployment rates and promote employment of younger age groups" (Künemund und Kolland 2007: 176). Hat sich die Frühverrentungspolitik auf diese Weise in weiten Teilen Kontinentaleuropas etabliert, erweist sich die Abkehr von seinen Gebräuchen als schwierig, selbst wenn mittlerweile späte Einsicht darin besteht, dass die frühzeitige Verrentung Älterer mit schwerwiegenden Nebenwirkun-

gen verbunden ist: „governments were slow to recognize the negative effects and even slower to intervene" (Ebbinghaus 2003: 6)[152]. So ist als deutlichstes Symptom nicht nur das durchschnittliche Rentenzugangsalter über Jahrzehnte gesunken (vgl. Abschnitt 2.3.2), verbunden mit gravierenden sozialen Folgekosten. Manifestiert hat sich zudem eine Beschäftigungskultur, die individuelle Erwartungshaltungen stetig sinkender Renteneintrittsalter generiert und Ältere als verzichtbare Quelle des Arbeitsmarktes auffasst: „While [early exit] might be the optimum human-resources policy for a particular employer, it is unlikely to be best for the wider economy and society" (OECD 2011b: 73).

Als institutionelles Markenzeichen dieser Frühverrentungspolitik gilt, dass neben dem Rentenversicherungssystem als eigentliches Verrentungsfenster eine Reihe weiterer mit dem Status von Erwerbslosigkeit oder Erwerbsunfähigkeit verbundener Rentenzugangspfade bestehen. Diese fungieren zur Überbrückung der Zeitspanne zwischen effektivem Arbeitsmarktaustritt und Erreichen des offiziellen Renteneintrittsalter und gestalten somit den frühzeitigen Rückzug aus der Erwerbsarbeit finanziell attraktiv:[153] „Eligibility criteria were loosened and coverage increased to accommodate older workers with limited reemployment prospects" (Taylor 2002: 3)[154]. Werden Reformen am Rentensystem als wirkungsvollstes Instrument zur Verlängerung von Erwerbsbiografien angesehen, entfachen diese somit nur dann ihre ersehnte Wirkung, wenn zugleich auch eine Schließung dieser alternativen Verrentungskanäle in Angriff genommen wird: „Unless these are reformed at the same time as the age of entitlement to old-age pensions is raised, the latter may not be very effective" (Blöndal und Scarpetta 1999: 25)[155]. So zeigt sich nicht nur die Rentenlandschaft durch umfassende Reformen gekennzeichnet. Sonstige Sozialversicherungsschemen zur Absicherung des (Alters-)Einkommens werden in der Absicht modifiziert oder abgeschafft, nicht länger als alternative Verrentungsmodelle in Anspruch genommen werden zu können. So konstatiert Taylor (2002: 10)[156] in Bezug auf den EU-Raum: „Overall, the picture presented [...] is one of countries now beginning to take small steps towards extending work life and re-integrating older workers into the labour market". Einige Staaten wie Deutschland gelten als erfolgreiche Paradebeispiele dieser Entwicklung. Umstritten ist dabei jedoch, in welchem Ausmaß die zu beobach-

---

152 http://www.issa.int/pdf/anvers03/topic3/2ebbinghaus.pdf, letzter Abruf: 9.3.2017.

153 Für einen Überblick über die in Deutschland verbreiteten Frühverrentungsinstrumente (vorgezogene Altersrente, Altersrente wegen Arbeitslosigkeit, Altersteilzeitgesetz, etc.) sowie deren sukzessiver Abbau in jüngerer Zeit sei auf Paulsen (2009: 75–79, 87–88, 183–185. http://hss.ulb.uni-bonn.de/2009/1920/1920.htm, letzter Abruf: 9.3.2017) verwiesen.

154 National Centre for the Vocational Education Research (NCVER) – VOCED plus. http://www.voced.edu.au/,letzter Abruf: 9.3.2017. Signatur: TD/TNC76.74.

155 http://www.oecd.org/social/labour/1866098.pdf, letzter Abruf: 9.3.2017.

156 National Centre for the Vocational Education Research (NCVER) – VOCED plus. http://www.voced.edu.au/, letzter Abruf: 9.3.2017. Signatur: TD/TNC76.74.

tende Erholung der Alterserwerbsarbeit auf den ergriffenen Reformkatalogen, einer allgemein positiven Wirtschaftsentwicklung oder arbeitsmarktstatistischen Bereinigungseffekten beruht. Dennoch sind im politischen Ehrgeiz zur Beseitigung der institutionellen Instrumente der Frühverrentungspolitik deutliche nationale Unterschiede auszumachen wie neben Ebbinghaus (2003: 13)[157] auch OECD (2011b: 39) in Form der Feststellung jungen Datums bemängelt: „A detailed analysis of pathways into retirement suggest that at least half of men use routes such as unemployment, sickness or disability benefits in half of countries".

Gänzlich verschieden stellt sich die japanische Situation dar: „Japan verdient Lob, hat es im Unterschied zu vielen OECD-Nationen weder zu früheren Rezessionszeiten noch bei derzeitigen dunklen Wolken der Konjunktur und steigenden Arbeitslosigkeit Programme der Frühverrentung eingeführt" (Seike, Yamada und Kimu 2005: 15; Übers. d. Verf.). So wird Japan neben Australien, Neuseeland, Korea, Kanada, den USA, Norwegen, Schweden, Island oder der Schweiz durch Duval (2004: 26)[158] zu einer vergleichsweise kleinen Staatengruppe gerechnet, in denen keine durch die öffentliche Hand finanzierten alternativen Pfade zum (frühzeitigen) Arbeitsmarktaustritt angewendet werden: „Japanese policies are geared towards employment maintenance, rather than labour market exits. [...] Japan has not had the European practice of mass early retirements" (Auer und Cazes 2003: 15)[159]. Zwar existieren auch in Japan betriebliche Personalinstrumente zur frühzeitigen Ausgliederung älterer Beschäftigter, die im Zuge einer unstetigen japanischen Wirtschaftsentwicklung der vergangenen Jahrzehnte zunehmend Anklang finden (vgl. Taylor 2002b: 1)[160]. Allerdings werden diese nicht durch staatliche Anreizstrukturen befördert (vgl. Seike und Yamada 2004: 46): „in Japan, companies have promoted early retirement policies, but there have been no Government incentives to support them. On the contrary, the Government has promoted the continuing employment of older workers" (Higuchi 2002: 14)[161]. Dies gilt etwa in Bezug auf die japanische Arbeitslosenversicherung (*koyō hoken*), welche wie durch Passet (2003: 205)[162] angemerkt, kaum als attraktiver Einkommensersatz des Arbeitsgehalts in Anspruch genommen werden kann: „The unemployment insurance system [...] places Japan among the less protective OECD countries". Mit Gal (2005:

---

157 http://www.issa.int/pdf/anvers03/topic3/2ebbinghaus.pdf, letzter Abruf: 9.3.2017.
158 http://search.oecd.org/officialdocuments/displaydocumentpdf/?doclanguage=en&cote=eco/wkp(2003)24, letzter Abruf: 9.3.2017.
159 https://www.researchgate.net/publication/5115613_Employment_Stability_in_An_Age_of_Flexibility, letzter Abruf: 9.3.2017.
160 http://www.jil.go.jp/english/archives/bulletin/documents/200208.pdf, letzter Abruf: 9.3.2017.
161 National Centre for the Vocational Education Research (NCVER) – VOCED plus. http://www.voced.edu.au/, letzter Abruf: 9.3.2017. Signatur: TD/TNC76.74.
162 https://www.researchgate.net/publication/5115613_Employment_Stability_in_An_Age_of_Flexibility, letzter Abruf: 9.3.2017.

13)[163] sei zusätzlich konstatiert, dass eine restriktivere Gestaltung von Anspruchs-kriterien und eine vergleichsweise geringe Leistungshöhe auch sonstige öffentliche Kanäle der Einkommensunterstützung in Japan prägen: „European schemes are and were always more generous than their Japanese counterparts. Although the difference is slowly decreasing [...] it is still significant". Somit sei eingangs der Betrachtung öffentlicher Rentensysteme und deren Wandel betont, dass im Gegensatz zu einem beträchtlichen Ausmaß an OECD-Staaten, in Japan „weniger sozialrechtliche Pfade in den vorzeitigen Ruhestand existieren" (Paulsen 2009: 127)[164], deren Abbau vorausge-setzt werden muss, damit Rentenreformen wie in kommenden Passagen beleuchtet, effektiv zum Zwecke verlängerter Erwerbsarbeit greifen.

Zur Architektur der finanziellen Altersversorgung

Öffentliche Rentensysteme besitzen eine äußerst komplexe Architektur. Wer ihre alternativen Funktionsweisen in Augenschein nimmt, sieht sich mit einer Vielzahl an Stellschrauben konfrontiert, aus deren Masse heraus im Rahmen dieser Arbeit lediglich einige Aspekte tangiert werden können. Dabei sei grundsätzlich in Erinnerung gerufen, dass öffentliche Rentensysteme nur eine, wenngleich die wichtigste, verschiedener Einkommenssäulen der individuellen Altersvorsorge bzw- versorgung repräsentieren. So konstatiert OECD (2011b: 10) im Einklang zu den eingangs durch Iwata (2002: 35)[165] skizzierten japanischen Verhältnissen: „Public benefits are the cornerstone of old-age income support in OECD countries, accounting for 60 % of old-age incomes on average" (OECD 2011b: 10). Die zweite Einkommens-säule des Alters wird durch die *kigyō nenkin* oder „Betriebsrente" gebildet, während der dritte Pfeiler in Form persönlicher Vorsorge (zumeist mittels Rentenplänen pri-vater Anbietern aus Finanz- und Versicherungswesen) besteht. Je nach nationalem Kontext können diese zusätzlichen Säulen der Altersvorsorge als freiwillige Zusatz-versicherungen verankert, oder aber – wie im Falle Japans – verpflichtend (*manda-tory occupational pensions*) bzw. quasi-mandatorisch[166] (*quasi-mandatory*) sein (vgl. OECD 2011b: 172). Als weiteres Standbein finanzieller Altersversorgung wird das Ein-kommen durch Arbeit angesehen, deren Bedeutung im internationalem Vergleich nicht zuletzt in Abhängigkeit der Ausgestaltung öffentlicher Rentensysteme variiert: „Work is especially important in Japan, Korea, Mexico and Turkey, where it accounts for more than 40 % of old-age income" (OECD 2011b: 146).

---

163 http://www.jil.go.jp/profile/documents/Gal.pdf, letzter Abruf: 9.3.2017.
164 http://hss.ulb.uni-bonn.de/2009/1920/1920.htm, letzter Abruf: 9.3.2017.
165 National Centre for the Vocational Education Research (NCVER) – VOCED plus. http://www. voced.edu.au/, letzter Abruf: 9.3.2017. Signatur: TD/TNC76.74.
166 Quasi-mandatorische Zusatzversicherungen bezeichnen Versicherungspläne, die obwohl nicht verpflichtend vorgeschrieben, eine nahezu universelle Abdeckung erreichen (vgl. OECD 2011b: 172).

Doch auch innerhalb öffentlicher Rentensysteme bestehen verschiedene, oftmals lediglich alternativ in Anspruch zu nehmende Säulen des Rentenbezugs. Rentensche-men wie die Witwenrente (welche in Deutschland wie Japan gleichermaßen existiert) gänzlich außen vor gelassen, gilt hierbei, dass das öffentliche Rentensystem Japans in historischer Orientierung an das deutsche Modell verschiedene Programme des Rentenbezugs kennt, die sich anhand der Unterscheidung von Berufs- bzw. Beschäf-tigungsgruppen gliedern. So gilt die *kokumin nenkin hoken* („*national pension insu-rance*", NPI) als Rentenschema, welches nicht den klassisch abhängigen (Langzeit-) Beschäftigten umfasst, sondern einen minimalen Rentenversicherungsschutz für Selbstständige oder durch diskontinuierliche Erwerbsbiografien geprägte Berufsbil-der bietet. Die *kyōsai nenkin* („*mutual aid insurance*", MAI) fungiert wiederum als Rentenversicherung für alle Angestellten des öffentlichen Dienstes (vgl. Oshio 2008: 1098). Als hinsichtlich des Abdeckungsgrads gewichtigstes Standbein des öffentli-chen Rentensystems in Japan ist hingegen die *kōsei nenkin hoken* („*employees´ pension insurance*", EPI) anzusehen. Diese organisiert den Rentenversicherungsschutz für alle (Vollzeit-)Angestellten des privaten Sektors und zeigt in Form einer am individuellen Gehaltsniveau bemessenen paritätischen Beitragsfinanzierung charakteristische Ver-wandtschaft zum deutschen Rentenmodell (vgl. Oshio 2008: 1099).

Ein weiteres Kriterium zur Klassifikation öffentlicher Rentensysteme stellt die Strukturierung der Leistungsbezüge dar. So besteht die Rentenleistung in Japan aus einem als *teigaku bubun* bezeichneten „fixen Sockelbetrag", der ein absolutes Minimum an Lebensstandard zu garantieren sucht und auf Basis der Rentenreform von 1986 für die oben genannten Rentenschemen ein einheitliches Niveau vorsieht. Ergänzt wird dieser bei EPI und MAI durch eine *hōshū hirei bubun* („einkommensab-hängige Rentenkomponente"), welche die Sicherung eines bestimmten Lebensstan-dards in Relation zum vorherigen Arbeitseinkommen anstrebt (vgl. Oshio 2008: 1098–1099). Entsprechend dieser Konzeption sei der erwartbare Umstand ergänzt, dass in der großen Mehrheit des OECD-Raums die Basisrente gegenüber der einkom-mensabhängigen Rentenkomponente den weitaus leichteren Rentenanteil ausmacht, wenngleich große nationale Differenzen zu konstatieren sind (vgl. OECD 2011b: 143, 259). Ist mit wenigen Ausnahmen eine entsprechende Zusammensetzung der Ren-tenleistung in allen OECD-Staaten auf gewisse Weise implementiert, kommen jedoch unterschiedliche Verfahren zur Berechnung individueller Rentenbezüge zur Anwen-dung. So kann sich die Bestimmung des Basisrentenanteils anhand einer individu-ellen Bedarfsbemessung richten, welche nur das Gehaltsniveau oder (wie etwa im Falle Deutschlands) auch sonstige Vermögenswerte berücksichtigt, wobei als Folge eines erstrebten Sozialausgleichs die Höhe der Basisrente mit sinkendem Vermögens-niveau anwächst. Im Gegensatz hierzu sieht das Modell einer reinen Basisrente keine Bedarfsbemessung vor. Hier richtet sich die Höhe des Sockelbetrags etwa anstelle des Einkommensniveaus entweder alleinig anhand des Beitragsraums aus oder aber sieht (wie im Falle Japans) eine für alle Versicherungsnehmer einheitliche Basisrentensumme unabhängig von Vermögenswerten, Arbeitsjahren oder sozialpolitisch motivierter Korrektiven vor (vgl. OECD 2011b: 106).

Auch bezüglich des einkommensbasierten Rentenanteils werden verschiedene Konzeptionen zur Ermittlung individueller Rentenleistungen unterschieden, deren Grundlage bei inhaltlich starker Reduzierung der Klassifizierung durch OECD (2011b: 52, 88–89, 106–107) wie folgt besteht: In *defined-benefit*-Plänen wird (wie im Falle Japans) die individuelle Höhe des Rentenbezugs nur am Beitragszeitraum und einer gehaltsabhängigen Gewichtungskomponente bemessen. In Systemen fiktiver Rentenkonten (*notional accounts*), *defined-contributions*-Plänen sowie Punktesystemen (*points schemes*), wie letztere in Deutschland zur Anwendung kommen, wird hingegen die mittels Beitragsjahren, Gehalts– oder Einkommenshöhe individuell erwirtschaftete Höhe des Rentenbezugs anhand von Rentenanpassungsformeln korrigiert. Diese enthalten wirtschaftliche (Bruttoinlandsprodukt, etc.) und/oder demografische (durchschnittliche Lebenserwartung, etc.) Kennziffern und nehmen somit eine Adaption des individuellen Rentenanspruchs an volkswirtschaftliche bzw. gesellschaftliche Gesamtentwicklungen vor. Die hiermit umrissene Vielfalt an Gestaltungsmöglichkeiten öffentlicher Rentenversorgung verhindert eine pauschale Beantwortung der Frage, wie Rentensysteme beschaffen sein sollten, um den Einzelnen zur Verlängerung der Erwerbsbiografie zu bewegen. Trotz dieser Voraussetzungen bemühen sich Wissenschaft wie Politik dennoch um das Verständnis genau dieses Zusammenhangs und orientieren sich hierbei anhand unterschiedlicher Indikatoren. Zu den gängigsten zählen das offizielle Renteneintrittsalter, die Rentenersatzrate sowie die Ausgestaltung nationaler Rentenformeln zur Bestimmung individueller Leistungsbezüge. Die folgende Skizzierung dieser Größen kumuliert in der Darstellung des Gesamtrentenvermögens (*pension wealth*), welches als Maßstab zuvor genannte Indikatoren subsumiert. In dieser Weise gilt das Gesamtrentenvermögen als umfassende Größe zur Beurteilung der Generosität von Rentenschemen, die als gewichtiger Einfluss der Frage belangt werden kann, inwiefern Rentensysteme in unterschiedlichem Ausmaße die Aufrechterhaltung von Erwerbsarbeit anstelle des Renteneintritts befördern.

Offizielles Renteneintrittsalter

Die Anhebung des offiziellen Renteneintrittsalters (konkreter: des Mindestbezugsalters der öffentlichen Rente ohne versicherungsmathematische Abzüge) kann durch OECD (2011b: 22) als hervorstechendes Merkmale jüngerer Rentenreformen des OECD-Raums beschrieben werden, welches eine klare Botschaft zur Verlängerung individueller Erwerbsbiografien in die Gesellschaften tragen soll: „The 'retirement age' is the most visible parameter of the pension system. As such, it sends a clear signal for people in choosing when to cease work" (OECD 2011b: 20). So ist etwa in Deutschland mit Verabschiedung des Rentenversicherungs-Altersgrenzenanpassungsgesetzes im Jahre 2007 die Anhebung des öffentlichen Renteneintrittsalters von 65 auf 67 Jahre beschlossen. Ein Schritt mit dessen Umsetzung auch für Japan in Zukunft gerechnet

werden kann. Demnach steigt in Deutschland das Renteneintrittsalter für alle Jahrgänge ab dem Jahre 1947 an (zwischen 2012 und 2023 jährlich um einen Monat, von
2024 bis 2029 dann pro Jahr um zwei Monate), so dass ab dem Jahrgang 1964 der
volle Rentenbezug in der Regel erst mit 67 Jahren zugänglich wird (vgl. OECD 2011b:
233 sowie Bundesregierung 2014[167]). Verbunden hiermit ist das Kalkül, wonach die
Heraufsetzung der gesetzlichen Regelaltersgrenze für eine Erhöhung des durchschnittlichen Rentenzugangsalters sorgt und somit die Zeiträume des Rentenbezugs
verkürzt, weshalb die Anhebung des Renteneintrittsalters als effektives Instrument
zur Reduzierung finanzieller Rentenlast verstanden wird.[168] Denn wie in Abschnitt
2.3.2 ausgeführt, ist die Höhe offizieller Renteneintrittsalter kaum mit den jeweiligen
Durchschnittsaltern des effektiven Arbeitsmarktaustritts identisch. Letztere erreichen
im Verlaufe der 1990er Jahre im OECD-Durchschnitt immer weitere Tiefststände, was
einen großen Teil an Mitgliedsstaaten zu Reformen anhand der Heraufsetzung offizieller Rentenaltersgrenzen veranlasst: „Half of OECD countries are already increasing
statutory pension ages or will do so in the coming decades" (OECD 2011b: 9).

Auch Japan reiht sich bei vergleichbar hohem durchschnittlichem Rentenzugangsalter in diesen Prozess ein. So wird auf Basis der Rentenreform von 1994 zwischen den Fiskaljahren 2000 und 2013 für Männer (bzw. zwischen 2006 und 2018 für
Frauen), das Mindestbezugsalter des Basisanteils der *employees´ pension insurance*
von 60 auf 65 Jahre schrittweise angehoben. Ist dieses Stadium abgeschlossen, findet
auf Grundlage der Rentenreform aus dem Jahre 2000 eine Ausweitung statt, indem
von Fiskaljahr 2013 bis 2025 (Männer) bzw. 2018 bis 2030 (Frauen) auch das Mindestbezugsalter der einkommensabhängigen Rentenkomponente von 60 auf 65 Jahre
sukzessive heraufgesetzt wird. Der Bezug voller Rentenhöhe wird somit zukünftig
erst ab dem 65. Lebensjahr möglich (vgl. Kōsei rōdō-sho 2010b: 34[169]; Gal 2005: 11[170]
sowie Oshio 2008: 1099, 1109–1110): Roughly speaking, the pension benefit for those
aged in their early 60s will be halved by 2013, and will completely disappear by 2025
[...]. The intention is that the decreasing pension benefit will be replaced by other
income sources, mainly earnings from employment" (Oka 2008: 44). Andererseits ist
eine Anpassung des gesetzlich geforderten Minimalalters des betrieblichen Renteneintritts von derzeit 60 Jahren bislang nicht geplant, woraus sich die bereits betonte
Bedeutung der Beschäftigungssicherung bis zum 65. Lebensjahr mittels der im Fokus
dieser Arbeit stehenden Beschäftigungsfortsetzung ergibt:

---

167 http://www.bundesregierung.de/Content/DE/StatischeSeiten/Breg/ThemenAZ/Altersvorsorge/
altersvorsorge-2007-07-13-rente-mit-67-alterssicherung-generationengerecht-gestalten.html, letzter Abruf:
5.1.2015.
168 Allerdings ist dieser Zusammenhang in ökonomischer Theorie wie Praxis nicht unumstritten,
wie durch Bassanini und Duval (2006: 47. http://www.oecd.org/els/emp/36888714.pdf, letzter Abruf:
9.3.2017) thematisiert.
169 http://www.mhlw.go.jp/stf/shingi/2r9852000000w15e.html, letzter Abruf: 9.3.2017.
170 http://www.jil.go.jp/profile/documents/Gal.pdf, letzter Abruf: 9.3.2017.

[...] economic need to remain at work is linked to both the policy of mandatory retirement at about 60 for most workers and the structure of the public pension system. [...] a very large proportion of Japanese workers over age 60 end up in what are called 'bridge jobs' [...]. The forced retirement at age 60 does not mean that most workers leave the labor force at this age. Rather they must find another job, often one that pays substantially less, to help fill the gap between what their income was and the modest pension they receive when they retire from their long-term career job. (Williamson und Higo 2006: 12, 20)[171]

Trotz der Heraufsetzung offizieller Renteneintrittsalter muss dem OECD-Raum jedoch weitgehend eine Verfehlung des hiermit verbundenen Ziels einer Reduktion durchschnittlicher Rentenbezugszeiträume attestiert werden. So wird zwar für das Jahr 2050 ein OECD-Durchschnitt des offiziellen Renteneintrittsalters von 65 Jahren prognoziert, was einem Anstieg von 2,5 Jahren für Männer und 4 Jahren für Frauen gegenüber 2010 entspricht. Alleine die Kompensation der durch steigende durchschnittliche Lebenserwartungen hervor gerufenen Verlängerung von Rentenbezugszeiträumen verlangt jedoch Prognosen zufolge im Jahre 2050 ein Alter effektiver Renteneintritte in Höhe von 66,5 Jahren bei Männern bzw. 66 Jahren für Frauen (vgl. OECD 2011b: 13). Als „running to stand still" bezeichnet vor diesem Hintergrund denn auch OECD (2011b: 34) die derzeitigen Bemühungen des Gros an Mitgliedsstaaten, mittels Heraufsetzung der gesetzlichen Regelaltersgrenze ein wirkungsvolles Gegengewicht zur erwarteten Steigerung der durchschnittlichen Lebenserwartung in Rente zu entfachen: „in all but five OECD countries, projected gains in life expectancy over the next four decades will outstrip prospective increases in pension ages. [...] Only [...] Hungary, Italy, Korea, Turkey and the United Kingdom [...] have increased pension ages sufficiently to stabilise or reduce the expected duration of retirement between 2010 and 2050 for both men and women" (OECD 2011b: 34). Für Japan wie einen Großteil an OECD-Staaten wird demnach die Heraufsetzung offizieller Rentenaltersgrenzen alleine kaum die gewünschte Wirkung sinkender Finanzierungsbürden der öffentlichen Altersversorgung nach sich ziehen.

Rentenersatzrate

Die Rentenersatzrate (*pension replacement rate*) bemisst das durchschnittliche Verhältnis der Einkommenshöhe vor und nach Renteneintritt. In dieser Weise stellt sie einen Gradmesser dar, welcher das Volumen der Rentenleistungen als kommode Einkommensalternative im Vergleich zum vorherigen Arbeitseinkommen repräsentiert. Allerdings ist bei Darstellung wie Interpretation der Rentenersatzrate auf eine Vielfalt möglicher Spezifikationen Rücksicht zu nehmen. So muss die Rentenersatzrate unter dem Einfluss sozialpolitischer Erwägungen interpretiert werden, in deren Folge Geringverdiener im OECD-Durchschnitt relativ zum individuellen Beitragsvolumen eine tendenziell höhere Rentenersatzrate im Vergleich zu Normal- oder Spitzenverdie-

---

[171] https://papers.ssrn.com/sol3/papers.cfm?abstract_id=1299170, letzter Abruf: 9.3.2017.

nern für sich beanspruchen können. Die Rentenersatzrate kann somit in Abhängigkeit spezieller Einkommensgruppen deutliche Unterschiede innerhalb des jeweiligen Rentensystems ausweisen (vgl. OECD 2011b: 118, 124, 128). Gleichfalls sei bei der Interpretation in Erinnerung gerufen, dass sich das Renteneinkommen herkömmlich aus verschiedenen Bezugsquellen speist. Entsprechend lässt die folgende Bilanzierung der Rentenersatzrate, welche sich alleinig auf die öffentliche Rentenversicherung bezieht, zusätzliche Einkommensressourcen im Alter unberücksichtigt, deren Anteil zur finanziellen Altersversorgung je nach nationalem Kontext gemäß obiger Anmerkungen variiert. Zudem weist die Frage, ob und in welcher Höhe das Renteneinkommen einer Besteuerung unterliegt bzw. Rentner Sozialabgaben etwa für Kranken- oder Pflegeversicherung zu tätigen haben große nationale Unterschiede auf. Entsprechend zeigt sich für Bewertung wie Vergleich der Rentenersatzrate nicht zuletzt entscheidend, ob diese auf Basis von Netto- oder Brutto-Angaben erfolgt. So werden innerhalb des OECD-Raums Rentner gegenüber Erwerbstätigen im Rahmen des Steuersystems tendenziell begünstigt, in dem Renteneinkommen gegenüber dem Einkommen durch Arbeit nicht oder nur in Form geringerer Sätze einkommenssteuerlich behandelt wird (vgl. Keenay und Whitehouse 2003: 10)[172]: „Overall, 24 OECD countries have some concession for older people or pension income under their personal income taxes" (OECD 2011b: 122). Doch ebenso werden Rentner gegenüber Erwerbstätigen durch die Gestaltung von Sozialbeiträgen besser gestellt: „17 [countries] do not levy social security contributions on pensioners. The rate of contributions in the 15 countries that do levy social security contributions on retirees is always lower than the rate charged on workers" (OECD 2011b: 122).

Gilt es diese Bedachtsmomente in Erinnerung zu halten, sei der intuitive Umstand betont, dass sich in Konsequenz höherer Lebenserwartungen in Rente der Bezugsraum monatlicher Rentenleistungen verlängert und zu einer entsprechenden Steigerung des individuellen Gesamtrentenvermögens führt. Problematisch wäre dies nicht, wenn eine in Relation zur steigenden Ausgabenlast äquivalente Erhöhung der Einnahmenseite nicht auf zwingende Restriktionen in Form knapper öffentlicher Haushaltslagen und ein unter demografischem Druck geratenes Umlageverfahren träfe. Dennoch wird eine substanzielle Anhebung der Beitragsraten aufgrund der paritätischen Finanzierungsweise etwa aufgrund der Befürchtung gescheut, eine korrespondierende Steigerung von Lohnnebenkosten könne zu einer Schwächung der japanischen Wettbewerbsposition führen: „increasing the premium will result in lowering the living conditions of working generations while increasing the labour costs of employers" (Seike 2008: 29). Entsprechend dieser Einwände steigt die Beitragsrate der *employees' pension insurance* auf Basis der Rentenreform aus dem Jahre 2004 zwar zwischen den Jahren 2004 und 2017 um jährlich 0,254 Prozentpunkte, wird hiernach jedoch auf einen Wert von 18,3 % ein-

---

172 http://www.oecd.org/social/soc/31780050.pdf, letzter Abruf: 9.3.2017.

gefroren (vgl. Oshio 2008: 1100). Dieses Bemühen um eine Beitragsdeckelung kann dabei im Einklang zu internationalen Verhältnissen betrachtet werden: „Pension contribution rates have remained broadly stable since the mid-1990s. The average contribution rate in the 25 OECD countries that levy separate public contributions increased from 19.2 % in 1994 to 19.6 % in 2009, reaching a high of 20.0 % in 2004. This probably reflects governments' concerns over the effect on employment of high labour taxes" (OECD 2011b: 52). Entsprechend setzen jüngere Reformen zur finanziellen Konsolidierung des öffentlichen Rentensystems in Japan primär an der Ausgabenseite in Form der Reduzierung von Rentenbezügen an: „The 2004 reform in Japan introduced an adjustment to benefits related to life expectancy. Public-pension benefits have been cut by 0.9 % a year for new retirees; this process will continue until 2023" (OECD 2011b: 86). Eine Reformmaßnahme, welche wie die Erhöhung offizieller Renteneintrittsalter laut OECD (2011b: 99) als repräsentativ für den OECD-Durchschnitt gewertet werden kann.

Wird die Rentenersatzrate vor diesen Hintergründen verglichen, ist zu konstatieren, dass die Brutto-Rentenersatzrate in Japan im Bezug zum OECD-Durchschnitt gering ausfällt. Trotz einer relativ niedrigen Belastung des Renteneinkommens durch Steuer- und Sozialabgaben (der OECD-Durchschnitt der Differenz zwischen Brutto- und Netto-Rentenersatzrate beträgt 11,5 Prozentpunkten gegenüber 5,2 Prozentpunkten im japanischen Fall), nimmt somit auch die Netto-Rentenersatzrate einen unterdurchschnittlichen Wert an (vgl. OECD 2011b: 119, 124–125): „Net replacement rates [...] vary across a large range, from under 40 % in Mexico, Ireland and Japan to well over 100 % in Greece for average earners" (OECD 2011b: 124).[173] Inwiefern eine spezifische Rentenersatzrate als hoch oder niedrig zu erachten ist, kann je nach Diskussionsbezug oder individueller Positionierung auf unterschiedliche Beantwortung treffen. Verkörpert eine niedrige Rentenersatzrate geringere finanzielle Anreize zum frühzeitigen Renteneintritt, herrscht hingegen zumindest im Rahmen der makroökonomischen Beurteilung Einigkeit, wonach die unterdurchschnittliche Generosität des öffentlichen Rentensystems Japans wie hier in Gestalt einer vergleichsweise geringen Rentenersatzrate bilanziert, eine entscheidende Determinante bei der Herführung der hohen Alterserwerbstätigkeit darstellt: „lower replacement rates are estimated to have significantly contributed to maintain relatively higher than average participation rates in Japan [...], the United States [...], Norway, the United Kingdom and Canada [...]" (Blöndal und Scarpetta 1999: 40)[174].

---

173 Zu ergänzen gilt, dass sich diese Aussage auf einen gewichteten Durchschnittswert der Einkommensgruppen bezieht und Basisrente wie einkommensabhängige Rentenkomponente der öffentlichen Rentenversicherung zugrunde legt (vgl. OECD 2011b: 124).
174 http://www.oecd.org/social/labour/1866098.pdf, letzter Abruf: 9.3.2017.

Regulierung individueller Rentenleistung in Abhängigkeit von Beitragsszeitraum und Verrentungszeitpunkt

Neben der Erhöhung gesetzlicher Regelaltersgrenzen und einer Reduzierung der Rentenersatzrate wird die Einrichtung eines neutralen Rentensystems als weitere gemeinsame Zielkoordinate im Rahmen der Umgestaltung von Rentensystemen hin zu verzögerten Verrentungsentscheidungen angesehen. Dabei mag gefragt werden, was unter einem anreizneutralen Rentensystem zu verstehen ist: In Abhängigkeit der nationalen Ausgestaltung von Rentenschemen kann die Verlängerung von Erwerbsarbeit anstelle des sofortigen Renteneintritts zum Zeitpunkt X zu einer Erhöhung des Rentenbetrags führen. Eine für die Zukunft realisierte Vermögenssteigerung, die jedoch in Relation zu den Opportunitätskosten der Entscheidung zum Verbleib auf dem Arbeitsmarkt bilanziert werden muss. Liegt bereits eine Berechtigung zum Rentenbezug vor, der nicht mit Einnahmen durch Arbeit kombiniert werden kann, bestehen Opportunitätskosten verlängerter Erwerbsarbeit in Form entgangener Rentenleistung sowie der zusätzlichen Beiträge zur Rentenversicherung innerhalb des entsprechenden Zeitraums. Zusätzlich wird innerhalb des OECD-Raums Renten- gegenüber Arbeitseinkommen oftmals vorteilhaft steuerlich behandelt, wie auch Sozialabgaben nach Renteneintritt entfallen oder geringere Beitragssätze annehmen. Auch Steuer- und Sozialversicherungssysteme erhöhen somit tendenziell die Opportunitätskosten verlängerter Erwerbsarbeit. Bei dynamischer Betrachtung individueller Verrentungsentscheidungen bieten verschiedene Lebenszeitpunkte demnach unterschiedliche Anreize zur Verrentung respektive einem weiteren Verbleib in Erwerbsarbeit. So ist von einer impliziten (Grenz-)Steuer auf verlängerte Erwerbsarbeit auszugehen, wenn die Kosten der Entscheidung zu einer Verlängerung der Erwerbsphase die hiermit verbundenen Erträge übersteigen. Dies führt zu einer Reduktion des Vermögens, und ein Verbleib in Erwerbsarbeit erscheint wirtschaftlich nicht rational (vgl. Duval 2003: 15)[175]. Ist der Vermögenszuwachs bei Fortführung von Erwerbsarbeit hingegen höher als die hiermit in Zusammenhang stehenden Kosten, wird umgekehrt von einer impliziten Subventionierung von Erwerbsarbeit gesprochen. Diese mag zwar zur Belebung der Alterserwerbsarbeit führen. Wie jede Form öffentlicher Subventionierung muss hierbei jedoch der Frage nach dem gesamtgesellschaftlichen Nutzen kritisch begegnet werden. Im Gegensatz zur impliziten Besteuerung bzw. Subventionierung der Aufrechterhaltung von Erwerbsarbeit erfolgt hingegen keine institutionalisierte Verzerrung individueller Verrentungsentscheidungen, wenn sich zu jedem potenziellen Verrentungszeitpunkt X, Erträge und Kosten der Entscheidung zum Verbleib in Erwerbsarbeit die Waage halten und in diesem Sinne eine neutrale Anreizgestaltung

---

175 http://search.oecd.org/officialdocuments/displaydocumentpdf/?doclanguage=en&cote=eco/wkp(2003)24, letzter Abruf: 9.3.2017.

individueller Verrentungsentscheidungen im Rahmen öffentlicher Rentensysteme gegeben ist (vgl. Blöndal und Scarpetta 1999: 20, 28[176] sowie Duval 2003: 15–18[177]).

Ein wichtiger Mechanismus bei der in diesem Sinne skizzierten Gestaltung neutraler Rentensysteme stellt die versicherungsmathematische Adaption individueller Rentenleistung an den jeweiligen Verrentungszeitpunkt dar, bei deren Berechnung die gesetzliche Regelaltersgrenze als kalkulatorischer Bezugspunkt dient. Sind die hierbei angewendeten Modelle unterschiedlich, geschieht diese versicherungsmathematische Anpassung der Rentenhöhe zumeist in Form der Zugrundelegung eines bestimmten Prozentwerts der Rentenleistung, welcher pro Monat des verfrühten bzw. verspäteten Renteneintritts die individuellen Bezüge verringert oder erhöht. Denn während in einigen Rentensystemen lediglich versicherungsmathematische Abschläge im Falle verfrühter Renteneintritte existieren, werden in anderen Rentenschemen nur Aufschläge einer verlängerten Erwerbsarbeit angerechnet. In einer dritten Gruppe an Rentensystemen ist eine Anpassung der individuellen Rentenhöhe für beide Fälle vorgesehen. Dabei kommt entweder ein einheitlicher Prozentsatz bei Ab- und Zuschlägen zur Anwendung oder aber die prozentuale Höhe der Anpassung unterscheidet sich – wie in Japan – in Abhängigkeit der Fälle (vgl. OECD 2011b: 112 sowie Blöndal und Scarpetta 1999: 19[178]). So wird innerhalb der *employees´ pension insurance* der effektive Renteneintritt vor Erreichen des offiziellen Rentenalters mit einem Abschlag von 0,5 % je Monat bzw. 6 % pro Jahr bedacht. Ein Aufschub des Verrentungszeitpunkts über dem offiziellen Rentenalter hinaus wird hingegen mit einem Zuschlag in Höhe von 0,7 % pro Monat bzw. 8,4 % jährlich vergütet (vgl. OECD 2011b: 260 sowie Burniaux, Duval und Jaumotte 2004: 46[179]). Gleiches Prinzip kommt in Deutschland zur Anwendung, wenngleich die Höhe der versicherungsmathematischen Abschläge (0,3 % monatlich bzw. 3,6 % jährlich) wie Zuschläge (0,5 % monatlich bzw. 6 % jährlich) unter japanischen Vergleichswerten liegen (vgl. OECD 2011b: 234 sowie Arnds und Bonin 2002: 13, 29[180]). Betrachtet man die versicherungsmathematische Behandlung des individuellen Verrentungszeitpunkts im internationalen Vergleich, wird Japan zu einer Staatengruppe hinzugerechnet, denen eine weitestgehend neutrale Gestaltung der individuellen Verrentungsentscheidung attestiert wird. Für den OECD-Durchschnitt kann hingegen bilanziert werden, dass der Prozentsatz versicherungsmathematischer Abschläge zu gering ausfällt, um den skizzierten Neutralitätsanspruch zu gewährleisten, liegt hier eine höhere implizite Besteuerung der Verlängerung von Erwerbsarbeit vor: „The average reduction in benefits in earnings-

---

176 http://www.oecd.org/social/labour/1866098.pdf, letzter Abruf: 9.3.2017.
177 http://search.oecd.org/officialdocuments/displaydocumentpdf/?doclanguage=en&cote=eco/wkp(2003)24, letzter Abruf: 9.3.2017.
178 http://www.oecd.org/social/labour/1866098.pdf, letzter Abruf: 9.3.2017.
179 http://search.oecd.org/officialdocuments/displaydocumentpdf/?doclanguage=en&cote=eco/wkp(2003)25, letzter Abruf: 9.3.2017.
180 http://ftp.iza.org/dp666.pdf, letzter Abruf: 9.3.2017.

related schemes for each year of early retirement is around 4.5 %. This is well below the actuarially neutral level of around 6–8 %. These actuarial reductions are low in Austria, Hungary, Italy, Norway and Slovenia. However, they are close to the actuarially neutral level in Canada, the Czech and Slovak Republics, Finland, Iceland, Japan, Korea and Spain" (OECD 2011b: 63).

Ein zweiter Faktor, der die neutrale Behandlung unterschiedlicher Verrentungszeitpunkte im Rahmen öffentlicher Rentensysteme beeinflusst, liegt in der Berücksichtigung des Beitragszeitraums bzw. der hierin verankerten Steigerungsrate der Rentensumme (*accrual rate*)[181] vor. Wird die Gestaltung des japanischen Rentensystems im Verlaufe dieser Passagen hinsichtlich der Anreizwirkungen zu verzögerten Renteneintritten als zielgerichtet bilanziert, kann in diesem Zusammenhang exemplifiziert werden, dass auch das japanische Rentensystem weiteres Optimierungspotential aufbietet. So setzt die Möglichkeit des Rentenbezugs im Rahmen der *employees' pension insurance* einen minimalen Beitragsraum von 25 Jahren voraus, während die höchstmögliche einkommensabhängige Rentenleistung bei einem maximalen Beitragszeitraum von 40 Jahren gewährt und gleichzeitig anhand dieser Grenze gedeckt wird. Bezüglich dieser Konzeption der Anrechung des Beitragszeitraums, die auf internationaler Ebene üblich ist, kritisiert OECD (2011b: 64): „These policies discourage work once the maximum number of years has been achieved: they are economically inefficient. Also, they are in a sense 'unfair': contributions are levied but no additional benefit is earned". Wird der Adjustierung von Rentenbezügen in Abhängigkeit individueller Verrentungszeitpunkte und Beitragszeiträume gewichtigen Einfluss zur versicherungsmathematischen Neutralität öffentlicher Rentenschemen beigemessen, sollten diesbezüglich im internationalen Vergleich signifikante Unterschiede in Erinnerung behalten werden: „There is currently wide dispersion across OECD countries in implicit tax rates on continued work embedded in old-age pension and early retirement schemes" (Duval 2003: 31)[182]. Trotz getätigter Einschränkungen kann in diesem Rahmen konstatiert werden, dass das öffentliche Rentensystem Japans eine relativ geringe implizite Besteuerung verlängerter Erwerbsarbeit vornimmt. Dies kann über vorherige Bewertungen des japanischen Rentensystems hinaus als weiterer Faktor zur Herführung der hohen Alterserwerbsarbeit in Japan angeführt werden: „Japan had both the lowest withdrawal rate [...] and the lowest implicit tax on continuing in work. In contrast, Belgium, Italy and the Netherlands had the highest withdrawal rates [...] and among the highest implicit taxes on continuing to work" (OECD 2011b: 54).

---

181 „The accrual rate shows the rate at which benefit entitlements build up for each year of coverage. The accrual rate is expressed as a percentage of the earnings that are 'covered' by the pension scheme" (OECD 2011b: 110).
182 http://search.oecd.org/officialdocuments/displaydocumentpdf/?doclanguage=en&cote=eco/wkp(2003)24, letzter Abruf: 9.3.2017.

Gesamtrentenvermögen

Die im Vorfeld beleuchtete Rentenersatzrate dient als Maßstab zur Bezifferung der Generosität öffentlicher Rentenschemen. Diese lässt jedoch Faktoren unbetrachtet, die bestimmen, über welche Zeiträume Rentenleistungen erhalten werden oder wie deren Gegenwert im Zeitverlauf variiert, was im Rahmen nationaler Rentenformeln durch die Anpassung an gesamtgesellschaftliche Größen wie der Preis- und/oder Gehaltssteigerung Berücksichtigung erfahren kann.[183] Der Maßstab des Gesamtrentenvermögens bilanziert hingegen bei Subsumierung sämtlicher zuvor betrachteter Indikatoren, den vom Verrentungszeitpunkt bis zum Tode bezogenen *lebenslangen* Zufluss individueller Rentenleistung. Das Gesamtrentenvermögen gilt somit als umfassende Repräsentationsgröße der Generosität öffentlicher Rentenschemen sowie der hierin verankerten impliziten Besteuerung bzw. Subventionierung verlängerter Erwerbsarbeit (vgl. OECD 2011b: 88). Auf diese Weise erweist sich das Gesamtrentenvermögen gegenüber den zuvor betrachteten Gestaltungsparametern öffentlicher Rentensysteme als präziserer Indikator demografisch bedingter Rentenlast. So kommt hierbei der intuitiv nachvollziehbare Effekt zum Ausdruck, dass sich infolge steigender Lebenserwartung in Rente pro Leistungsbezieher das totale Rentenvolumen erhöht, selbst wenn (ungenügende) Veränderungen der Rentenersatzrate anhand einer Modifikation von Beitragsrate oder Leistungsniveau vorgenommen werden (vgl. Blöndal und Scarpetta 1999: 20[184] sowie Duval 2003: 18[185]): „Pension wealth is the most comprehensive measure of the scale of the pension promise made to today´s workers, as it allows for differences between countries in pension ages, life expectancy and indexation policies" (OECD 2011b: 140).

In äquivalenter Herführung zur Rentenersatzrate kann auch das Gesamtrentenvermögen in Abhängigkeit verschiedener Einkommensgruppen oder auf Basis einer Netto- bzw. Brutto-Betrachtung ausgewiesen werden. Wird das Gesamtrentenvermögen von Durchschnittsverdienern im internationalen Vergleich zunächst im Rahmen der Brutto-Kalkulation betrachtet, beträgt der OECD-Durchschnittswert des *gross pension wealth* für Männer das 9,6-fache des Jahreseinkommens bzw. das 11,1-fache für Frauen in Konsequenz einer längeren Lebenserwartung (vgl. OECD 2011b: 133). Allerdings aggregieren diese Werte beträchtliche Differenzen innerhalb des OECD-Raums. So erreicht das Brutto-Gesamtrentenvermögen in Luxemburg mit dem 21,1-fachen des Jahreseinkommens für Männer bzw. 24,5-fachen für Frauen, wie auch in den Niederlanden (17,7 bzw. 20,3), Island (16,1 bzw. 18), Griechenland (15,2 bzw. 17,4) oder Dänemark (12,1 bzw. 14,3) mehr oder minder deutliche Werte über dem OECD-

---

183 Hierbei handelt es sich um die so genannte Valorisation bzw. Indexierung des Rentenvermögens, zu deren nationalen Ausgestaltungen auf die Darstellung durch OECD (2011b: 110–111) verwiesen sei.
184 http://www.oecd.org/social/labour/1866098.pdf, letzter Abruf: 9.3.2017.
185 http://search.oecd.org/officialdocuments/displaydocumentpdf/?doclanguage=en&cote=eco/wkp(2003)24, letzter Abruf: 9.3.2017.

Durchschnitt und den deutschen Vergleichswerten (7,7 bzw. 9,2). Relativ niedrig fällt innerhalb dieses Spektrums hingegen das Brutto-Gesamtrentenvermögen in Japan aus (das 5,8-fache des Jahreseinkommens für Männer bzw. das 7-fache für Frauen), wodurch zusammen mit Großbritannien (4,5 bzw. 6,8), Mexiko (4,8 bzw. 5,0), Irland (5,7 bzw. 6,9) sowie den USA (5,8 bzw. 6,8) das Schlusslicht des OECD-Vergleichs gebildet wird (vgl. OECD 2011b: 133). Wird das Gesamtrentenvermögen auf Basis einer Netto-Betrachtung beziffert, beziehen japanische Durchschnittsverdiener einen lebenslangen Zustrom an Rentenleistung in Höhe des 5,4-fachen (Männer) bzw. 6,4-fachen (Frauen) des Jahreseinkommens, während der OECD-Durchschnittswert das 8,2-fache für Männer bzw. 9,6-fache für Frauen beträgt. Die niedrigsten Werte des *net pension wealth* entfallen auf Großbritannien (4,4 bzw. 5,1), Mexiko (4,8 bzw. 5), die USA (5,6 bzw. 6,5), Irland (5,7 bzw. 6,9) sowie Chile (5,8 bzw. 6,1). Am höchsten fällt das Netto-Gesamtrentenvermögen in Luxemburg (16,3 bzw. 19,0), Griechenland (13,2 bzw. 15,2) und den Niederlanden (12,8 bzw. 14,6) aus, während der deutsche Vergleichswert 6,1 für Männer bzw. 7,4 für Frauen beträgt (vgl. OECD 2011b: 135). In inhaltlicher Verwandtschaft zur Bilanzierung der Rentenersatzrate sei somit konstatiert, dass trotz einer im OECD-Vergleich unterdurchschnittlichen Belastung des Renteneinkommens durch Steuern und Sozialabgaben das Netto-Gesamtrentenvermögen in Japan aufgrund einer relativ niedrigen Brutto-Ausgangsbasis am unteren Ende des OECD-Vergleichs anzusiedeln ist.

Somit sei bei Zugrundelegung der im Rahmen dieses Abschnitts betrachteten Indikatoren bilanziert, dass Japan zu einer verhältnismäßig kleinen Gruppe an OECD-Staaten hinzuzurechnen ist, deren öffentliches Rentensystem klare finanzielle Anreize zur Verlängerung individueller Erwerbsbiografien entfacht. So sieht die Architektur des Versicherungssystems in diesen Fällen einerseits ein relativ niedriges Leistungsniveau, andererseits vergleichsweise hohe Zuwächse der individuellen Rentenleistung in Abhängigkeit von Beitragszeitraum und effektivem Verrentungszeitpunkt vor: „a range of countries – such as Canada, the Czech Republic, Japan, the United Kingdom and the United States – offer attractive terms for deferring pensions" (OECD 2011b: 64). Auf Grundlage dieser Verhältnisse kommt Gal (2005: 14)[186] zu dem Schluss: „the message is the same in all approaches: European old-age pensions create stronger incentives to retire than the Japanese pension system". Diese Verhältnisse anders aufbereitet kann durch Hamaguchi (2011: 62; Übers. d. Verf.) festgehalten werden: „Ein Grund für den hohen Anteil an Arbeitern, die über dem 60. und 65. Lebensjahr nach wie vor auf dem Arbeitsmarkt aktiv sind, sowie für den weit verbreiteten Wunsch älterer Arbeiter ihr Erwerbsleben zu verlängern, stellt das verhältnismäßig geringe Niveau des Renteneinkommens dar".

Betont sei jedoch, dass Indikatoren wie Gesamtrentenvermögen oder Rentenersatzrate keine komparative Wertung erlauben, welche die Vielfalt ökonomischer wie

---

186 http://www.jil.go.jp/profile/documents/Gal.pdf, letzter Abruf: 9.3.2017.

sozialer Interpretationen gänzlich subsumierend, Urteile im simplen Sinne eines besseren oder schlechteren Rentensystems ermöglichen. Stattdessen lassen sich entsprechende Deutungen lediglich hinsichtlich spezieller Zielsetzungen wie etwa der Anreizgestaltung hin zu hohen effektiven Renteneintrittsaltern vornehmen. Dieser Hinweis erscheint trotz einer gewissen Banalität erwähnenswert, stellt der Diskurs zur Generosität des japanischen Wohlfahrtssystems eine Kontroverse dar, wobei jene Kommentatoren, die der japanischen Wohlfahrtskonzeption eine vergleichsweise geringe Generosität attestieren, leicht der Vereinnahmung einer im Westen verbreiteten oberflächlichen Missinterpretation ausgesetzt sind. Diese besteht in Form hartnäckiger Stereotype über das Sozialwesen Japans als ungenügend differenziertes Mitglied des asiatischen Wohlfahrtsraums, dem nach wie vor ein weitestgehendes Fehlen sozialstaatlicher Fürsorge angehaftet wird. Nicht zuletzt vor diesem Hintergrund empfiehlt es sich zur Einordnung der vorgebrachten Merkmale des öffentlichen Rentensystems Japans sowie deren Einordnung in internationale Verhältnisse abschließend auf die geläufige Differenzierung verschiedener *models of welfare capitalism* durch Esping-Andersen (1990)[187] zu verweisen. In der gleichnamigen Arbeit wird anhand struktureller Charakteristika öffentlicher Sozialsysteme ein liberales Wohlfahrtsregime anglo-amerikanischer Prägung gegenüber dem in Skandinavien verbreiteten sozialdemokratischen Wohlfahrtsmodell bzw. einem in Kontinentaleuropa vorherrschenden konservativ-korporatistischen Wohlfahrtsregime unterschieden. Innerhalb dieses Klassifikationsmusters wird Japan nicht zuletzt aufgrund des vergleichsweise schwachen Grads an – dem Gedanken der Generosität entliehenen – Dekommodifizierung durch sozialstaatliche Leistungen als Hybridmodell mit starker Prägung durch liberale Elemente der Wohlfahrtskonzeption gewertet. Eine Beurteilung, die auch durch Conrad (2002: 117) anhand folgender Bilanzierung zum Ausdruck kommt: „it is [...] clear that the Japanese state sees ist role primarily as providing a moderate basic level of retirement arrangements, urging individual citizens to take care of their pension arrangements above this level".

Dieser Abschnitt zeichnet die internationale Rentenlandschaft vor dem Hintergrund demografischer Entwicklungen und knapper öffentlicher Kassen im Wandel. Dabei stellt die skizzierte Frühverrentungspolitik unterschiedliche nationale Ausgangsbedingungen bereit, mittels Reformen am öffentlichen Rentensystem höhere effektive Verrentungsalter zu bewirken. Zwar wird sich im „Westen" mittlerweile um eine Revision des Trends stetig sinkender Renteneintrittsalter bemüht wie OECD (2011b: 10) einerseits konstatiert, dass Mitgliederstaaten beginnen, viele Anreize abzubauen, die einen Anreiz im Rahmen öffentlicher Rentensysteme zu einem frühstmöglichen Verrentungszeitpunkt begünstigen. Bewältigt erscheint der Abbau

---

187 http://isites.harvard.edu/fs/docs/icb.topic1134169.files/Readings%20on%20Social%20Democracy/Esping%20Anderson%20-%20THe%20Three%20Worlds%20of%20Welfare%20Capitalism. pdf, letzter Abruf: 9.3.2017.

von Frühverrentung in vielen Fällen dennoch bislang nicht: „Nevertheless, pension systems sometimes still provide a powerful incentive to leave work at the earliest possible opportunity" (OECD 2011b: 63). So divers sich die nationalen Ausgestaltungen öffentlicher Rentensysteme präsentieren, sind dennoch verwandte Reformansätze identifizierbar, die den OECD-Raum auf breiter Front kennzeichnen. Hierzu zählen die Heraufsetzung des offiziellen Renteneintrittsalters sowie das Bemühen, ein neutrales Rentensystem bereit zu stellen, wobei der Reduktion der Rentenersatzrate als Reaktion längerer Rentenbezugszeiträume entscheidende Bedeutung zukommt: „why have countries overwhelmingly chosen to link benefit levels to life expectancy rather than pension age? If people simply continue to retire at the same age as present, then benefits will fall as life expectancy grows. The idea is that people will work longer to make up the shortfall. [...] However, there is no mechanism in place to ensure that they do so" (OECD 2011b: 10, 99). Über diese Reformen parametrischer Art hinaus setzen jedoch auch systemische Reformen ein. Diese verändern die Architektur der Rentenformeln, in dem automatische Anpassungen der Rentenleistung etwa an demografische Kennziffern vorgenommen werden, um einem im Zuge steigender Lebenserwartung in Rente wachsendem Gesamtrentenvermögen zu begegnen (vgl. OECD 2011b: 9). Einigen Kommentatoren gehen diese Schritte jedoch nicht weit genug. Sie fordern etwa die Ersetzung des Umlageverfahrens durch ein komplett steuerfinanziertes Rentensystem oder die Abschaffung der gesetzlichen Regelaltersgrenze zugunsten einer alleinigen Zugrundelegung des Beitragszeitraums bei der Bestimmung individueller Rentenleistungen (vgl. Kawase und Ogura 2008: 855 sowie Paulsen 2009: 74[188]).

Als Resultat dieser skizzierten Reformprozesse sieht sich der Einzelne im Durchschnitt mit einem sinkenden Gewicht des Alterseinkommens durch die Quelle der öffentlichen Rentenversicherung konfrontiert und sollte diesem laut Erwartung mittels steigender Eigenverantwortung bei der finanziellen Absicherung des Alters in Form privater Rentenpläne und/oder Einkommen durch Arbeit begegnen. Das Kalkül, welches sich hinter dieser Entwicklung verbirgt, besteht in einer stärkeren Risikodiversifizierung individueller Altersvorsorge. Denn während sich öffentliche Rentenversicherungssysteme als anfällig gegenüber dem demografischen Faktor erweisen, gelten sie als vergleichsweise resistent gegenüber wirtschaftlichen Einflüssen, die wiederum im Rahmen der Rentenvorsorge in Hand privater Anbieter überwiegen, wenngleich diese Argumentation nicht unumstritten ist (vgl. Naegele und Walker 2007: 165). Zwar ist diese Entwicklung hin zu einer neuen Ausbalancierung zwischen alternativen Säulen des Alterseinkommens im Sinne der nachhaltigen Gestaltung öffentlicher Rentenschemen kaum als vermeidbar anzusehen. Dennoch sollte sich auch den Risiken einer solchen Privatisierung der Wohlfahrtsgesellschaft zugewandt werden wie durch Westerhof und Tulle (2007: 240; Übers. d. Verf.) als „Entmantelung des Wohlfahrtsvertrags der Nachkriegszeit" problematisiert: „Most reforms were

---

188 http://hss.ulb.uni-bonn.de/2009/1920/1920.htm, letzter Abruf: 9.3.2017.

driven by the need to contain the costs of public pension systems in the face of societal ageing. [...] They might well result in a different mix of income sources, with a greater reliance on earnings and on personal, company or occupational pensions. [...] They might, however, bring lower levels of wellbeing if people are left without the ability to access one income source, and no opportunity to take advantage of another" (Casey and Yamada 2002: 27)[189]. So drohen auch laut Naegele und Walker (2007: 163–164) neue Risiken der sozialen Ungleichheit in späten Lebensjahren, in deren Zusammenhang der fromme Wunsch guter Gesundheit in späteren Lebensjahren zur zwingenden Notwendigkeit im Sinne eines würdevollen Lebensabends verkommen könnte: „Older people are now under pressure to minimise the risk of illness and disability" (Westerhof und Tulle 2007: 238). Angesichts dieser sozialen Gefährdungsszenarien treffen Reformmaßnahmen am öffentlichen Rentensystem nicht nur in Deutschland oder Japan auf gesellschaftliche Opposition. Dennoch kann das öffentliche Rentensystem Japans in dargestellter Weise als zielführend beschrieben werden, was zumindest den Zweck langer Erwerbsbiografien anbelangt. Nicht zuletzt in dieser Hinsicht stellt die Gestaltung von PLMP eine entscheidende Ursache zur Herführung der vergleichsweise hohen japanischen Alterserwerbsarbeit dar. Doch selbst dem Falle, dass diese Architektur des öffentlichen Rentensystems auf stärkere gesellschaftliche Einsicht in die Notwendigkeit zur Arbeit im Alter sowie dem Willen des Einzelnen hierzu treffen sollte, gilt auch für Japan: Die hinter den Rentenreformkatalogen stehenden Absichten zur finanziellen Entlastung der Sozialsysteme mittels verlängerter Erwerbsarbeit münden nur dann in Realität, wenn auch ein entsprechendes Nachfragevolumen an Altersbeschäftigung besteht, was einen abschließenden Blick auf die betriebliche Ebene der Sicherung von Altersbeschäftigung anmahnt:

> [...] making retirement less attractive can only increase the need or the desire of older workers to remain active in the labor force. The other half of the policy picture involves the behavior of employers and the opportunity structure that older workers encounter in the labor market. [...] Increasing the average age of retirement may be a legitimate goal for many nations of the world, but doing so in a responsible way requires doing more than rescinding the individual-level incentives [...]. (Hardy 2006: 211, 215)

3.3.6 Einfluss der betrieblichen Ebene

„Co-ordinated action at the level of the individual worker, the workplace/enterprise and society is necessary in order to improve the work ability, employment opportunities and actual employment rates of older workers. [...] At all levels, the social partners

---

189 http://www.oecd-ilibrary.org/docserver/download/345816633534.pdf?expires=1495304017&id=id&accname=guest&checksum=A75328BF8DD339E16223E2E654C15DFD, letzter Abruf: 9.3.2017.

have a most important role to play: by contributing to the development of policies and implementing them at the workplace" (European Commission 2002a: 3, 4)[190]. Gemäß dieser Einordnung wird durch die im Vorfeld betrachtete politische Einflussebene auch in Japan nur dann ein substanzieller Ausbau ökonomischer Beteiligung im Alter bewerkstelligt, wenn die hierdurch vermittelten Absichten auf entsprechende Berücksichtigung innerhalb der betrieblichen Personalpolitik treffen: „simply increasing the supply of skilled older workers is not enough if firms are unwilling to employ them" (Taylor 2001)[191]. So stellt auch Ogawa, H. (2009: 85; Übers. d. Verf.) in vergleichbarem Sinne fest: „Um die [durch die Bevölkerungsalterung verursachten] Probleme zu mindern, ist eine Förderung der Erwerbstätigkeit Älterer ratsam. Wenn hierbei jedoch ein *mismatch* mit den Bedürfnissen von Unternehmen besteht, kann dies dazu führen, dass lediglich die Anzahl an älteren Arbeitslosen steigt". Überraschend mag vor diesem Hintergrund wirken, dass die wissenschaftliche Auseinandersetzung mit dem betrieblichen Einfluss zur Errichtung von Alterserwerbsarbeit bislang vernachlässigt erscheint (vgl. OECD 2011b: 75): „Although researchers have paid considerable attention to the role of pensions in retirement behavior, work satisfaction, schedule flexibility, phased retirement options, and supportive work environments have received much less attention" (Hardy 2006: 215). Ist der folgende Abschnitt mit einem Fokus auf Japan der betrieblichen Ebene gewidmet, greift dieser zunächst den bereits tangierten Umstand auf, dass auch innerhalb der japanischen Unternehmenslandschaft zahlreiche Hürden zur Sicherung von Altersbeschäftigung bestehen, wie sie primär auf Grundlage der unveränderten Gültigkeit traditioneller Beschäftigungsprinzipien und der hierin verankerten Altersorientierung beruhen (vgl. Abschnitt 3.2.1): „there remains a lot to be done to fully adjust employment conditions and human resource practices to not only cope with, but also benefit from, an ageing work force" (Shintani, N. 2008: 202). Scheint sich eine Abkehr von klassischen Gestaltungsgrundlagen der Personalpolitik (nur) langsam zu vollziehen, wird folgend die Bedeutung integrativer Personalstrategien japanischer Unternehmen zur Sicherung von Altersbeschäftigung betont, welche in diesem Umfeld radikale Entlassungszyklen älterer Beschäftigter bislang effektiv zu vermeiden helfen. Stellen diese Personalinstrumente eine weitere entscheidende Einflusskomponente zur Herleitung des hohen Ausmaßes japanischer Alterserwerbsarbeit dar, tritt in diesem Zusammenhang auch die Beschäftigungsfortsetzung als Ausdruck einer nach wie vor auf Beschäftigungssicherung bedacht zu scheinenden Personalpolitik japanischer Unternehmen hervor.

---

190 National Centre for the Vocational Education Research (NCVER) – VOCED plus. http://www.voced.edu.au/, letzter Abruf: 9.3.2017. Signatur: TD/TNC76.74.
191 National Centre for the Vocational Education Research (NCVER) – VOCED plus. http://www.voced.edu.au/, letzter Abruf: 9.3.2017. Signatur: TD/TNC76.74.

Traditionelle Beschäftigungsprinzipien im Wandel?

Insbesondere innerhalb japanischer Großunternehmen wird Personalpolitik nach wie vor durch traditionelle Beschäftigungsprinzipien bestimmt. Zu deren wesentlichen Merkmalszügen wird eine die gesamte Erwerbsbiografie umspannende Anstellungsgarantie gezählt wie durch Moriguchi und Ono (2004: 1)[192] hergeleitet: „lifetime employment is a product of dynamic interactions among labor, management, and government in response to changing environment. The practice evolved gradually into a cluster of HRM policies, which was further reinforced by the endogenous formation of labor laws, state welfare system, and social norms. As a result, today's Japanese lifetime employment is deeply embedded into complementary practices and institutions, resulting in its resilience and stability". Allerdings beruht die lebenslange Beschäftigung auf keinem belastbaren Rechtsanspruch, sondern gleicht gemäß Conrad (2008: 981; Übers. d. Verf.) eher einer „impliziten gegenseitigen Bindung" wie durch Moriguchi und Ono (2004: 4)[193] eingehender erläutert: „Since Japan's statutory laws stipulate that either party can terminate such contracts at any time with a short advance notice, the contracts have to be internally enforced, that is, there must be an incentive for both management and workers to conform to their promise".

Innerhalb der lebenslangen Beschäftigung, die mit dem Erreichen des betrieblichen Rentenalters ihr Ende findet, orientiert sich die Beschäftigungsgestaltung in entscheidendem Maße an der Länge der Betriebszugehörigkeit, betrachtet man die Senioritätsorientierung von Gehaltsstrukturen oder Karrieresystemen (vgl. Koyano 1995: 46–47). Dies führt Iwata (2003: 16; Übers. d. Verf.)[194] zu dem Fazit, dass „das Alter im heutigen Japan nach wie vor einen determinierenden Faktor jeder einzelnen Phase des Personalwesens darstellt, angefangen von der Einstellung über die Beförderung bis hin zum forcierten Ausscheiden [aus dem Unternehmen]". Allerdings sind diese klassischen Wesenszüge der betrieblichen Beschäftigungsgestaltung in Japan weniger als Ausdruck einer gesellschaftlichen Wertschätzung des Alters zu interpretieren. Vielmehr stellen sie in erster Linie das gewachsene Resultat von Unternehmensbemühungen dar, in einem historischen Umfeld knapper Arbeitskräfte intern qualifizierte Mitarbeiter möglichst lange an das Unternehmen zu binden (vgl. Oka 2008: 44). Über diese Motivation hinaus bestehen weitere ökonomische Herleitungen des Senioritätslohns (vgl. Abschnitt 4.2.2), die Chen (2003)[195] mit Einschränkung betonen lassen, dass ähnliche Gestaltungsmerkmale der Beschäftigung auch

---

192 http://swopec.hhs.se/eijswp/papers/eijswp0205.pdf, letzter Abruf: 9.3.2017. Jedoch sollte die lebenslange Beschäftigung als Paradigma der japanischen Beschäftigungsgestaltung auch nicht überschätzt werden wie durch Hamaguchi (2011: 16; Übers. d. Verf.) betont: „Dieses Paradigma wurde niemals vollständig angewendet. Selbst in den 1980er Jahren arbeitete lediglich jeder Fünfte Arbeiter während seines Berufslebens für ein einziges Unternehmen".

193 http://swopec.hhs.se/eijswp/papers/eijswp0205.pdf, letzter Abruf: 9.3.2017.

194 http://www.jil.go.jp/english/documents/aging_policy-e.pdf, letzter Abruf: 9.3.2017.

195 http://www.jil.go.jp/profile/documents/Chen.pdf, letzter Abruf: 9.3.2017.

in anderen Wirtschaftsräumen Verbreitung finden: „Although such a wage profile is not uncommon for white-collar workers in other countries, it is unique that the wage profile for Japanese blue-collar workers also has a similar pattern". Es sind diese für Ältere zunächst vorteilhaft erscheinenden senioritätsgeprägten Komponenten betrieblicher Personalpolitik, die sich aus Unternehmenssicht anhand ihrer Implikationen (etwa in Form steigender Personalkosten und blockierter Karrierepfade) im Umfeld von demografischem Wandel oder steigendem Wettbewerbsdruck als „Zeitbombe" (Ehrke 1995: 114) erweisen und die nachfrageseitige Attraktivität von Altersbeschäftigung beeinträchtigen. Als unbestritten gilt daher, dass die traditionellen Beschäftigungspraktiken japanischer Unternehmen einer zeitgemäßen Anpassung bedürfen: „Japan's socioeconomic environment is undergoing considerable change. Economic growth has stalled, industries are losing their international competitiveness, and workers increasingly favor more flexible employment conditions. As a result, there is a need to modify the long-term employment system and the seniority-based wage and benefit system" (Iwata 2003: 16)[196]. Dies gilt zumal durch Moriguchi und Ono (2004: 26–27)[197] auf zusätzliche soziale Belastungen als Folge einer senioritätsorientierten lebenslangen Beschäftigung verwiesen werden kann: „The system [...] created social costs that were originally unforeseen. [...] lifetime employment produced a stark status difference between regular and non-regular workers, promoted occupational segregation by gender between career and non-career jobs, and brought about high unemployment for the young".

Gilt die Notwendigkeit eines Wandels traditioneller Elemente japanischer Personalpolitik als unumstritten, ist dessen tatsächliches Ausmaß jedoch mit uneinheitlichen Wertungen verbunden. So finden sich Kommentatoren wie Ernst (1995: 122–123), Kobayashi (2004: 45)[198], Abe (2007: 7)[199] oder Okutsu (2007: 121)[200], die einen Verfall klassischer Beschäftigungsprinzipien identifizieren wie durch Tatsumichi (2007: 135)[201] neben dem demografischen Faktor auch mit der mangelnden Vitalität des japanischen Wirtschaftsraums seit dem Platzen der *bubble economy* in Verbindung gebracht: „Since the beginning of the 1990s, we have seen major changes in traditional Japanese employment practice [...]. There has been a decline in life-long employment and the seniority system, which have been replaced with the rapidly emerging 'Seikashugi' (Perfomance-based Evaluation and Pay System [...])." Als zusätzlicher Treiber einer abnehmenden Bedeutung klassischer japanischer Beschäftigungsprinzipien wird durch Tatsumichi (2007: 135)[202] ein Wandel von Grundsätzen der

---

196 http://www.jil.go.jp/english/documents/aging_policy-e.pdf, letzter Abruf: 9.3.2017.
197 http://swopec.hhs.se/eijswp/papers/eijswp0205.pdf, letzter Abruf: 9.3.2017.
198 http://www.jil.go.jp/english/JLR/documents/2004/JLR03_kobayashi.pdf, letzter Abruf: 9.3.2017.
199 http://www.jil.go.jp/english/JLR/documents/2007/JLR14_abe.pdf, letzter Abruf: 9.3.2017.
200 http://www.jil.go.jp/english/JLR/documents/2007/JLR14_okutsu.pdf, letzter Abruf: 9.3.2017.
201 http://www.jil.go.jp/english/JLR/documents/2007/JLR13_tatsumichi.pdf, letzter Abruf: 9.3.2017.
202 http://www.jil.go.jp/english/JLR/documents/2007/JLR13_tatsumichi.pdf, letzter Abruf: 9.3.2017.

Unternehmensführung (*corporate governance*) weg vom traditionellen *stakeholder-value* und hin zur Annäherung an die Betonung des *shareholder-value* ausgemacht, dessen Existenz auch durch Kim (2004: 1)[203] oder Araki (2005: 48)[204] bestätigt wird: „in the 1990s, [...] the financial system across the country was unstable, and U.S.-style corporate governance focusing on the interests of shareholders was prevalent" (Itami 2005: 9, 17)[205]. Zusätzlich kann mit Yamashita (2006: 43; Übers. d. Verf.)[206] darauf hingewiesen werden, dass wohl auch die politische Maxime einer Gesellschaft aktiver Lebenszeit zu einer Revision der senioritätsgeprägten Beschäftigungskultur japanischer Unternehmen beitragen wird: „Um der zukünftig prognostizierten Knappheit an Arbeitskraft zu begegnen, werden die politischen Maßnahmen zur Realisierung einer ‚Gesellschaft in der unabhängig vom Alter gearbeitet werden kann' Unternehmen zu einer drastischen Revision des japanischen Personalwesens veranlassen, in dem der Altersfaktor eine stark verankerte Existenz darstellt." Entsprechend dieser Bedachtsmomente konstatiert denn auch Araki (2005: 53)[207] einen allgemeinen Bedeutungsverlust der lebenslangen Beschäftigung in Japan: „employment security is no longer an absolutely supreme value in corporate governance". Dahingegen wollen weder Auer und Cazes (2003: 26)[208] noch Conrad (2008: 980, 983) einen entscheidenden Wandel ausmachen wie auch Moriguchi und Ono (2004: 2)[209] konstatieren: „Contrary to the scholarly predictions and journalistic reports, empirical studies have so far detected no major changes in the practice of lifetime employment pertaining to 'core' employees". Ebenso spricht Paulsen (2009: 142)[210] der durch lebenslange Beschäftigung zum Ausdruck kommenden hohen Bedeutungszumessung von Beschäftigungsstabilität innerhalb der japanischen Unternehmenskultur eine ungebrochene Geltung zu: „Die Arbeitsplatzsicherheit stellt vor dem Hintergrund traditioneller Beschäftigungsprinzipien nach wie vor einen unbestrittenen Wert innerhalb der Praxis japanischer Arbeitsbeziehungen dar". Mit anderer Akzentuierung gelangt Taylor (2002b: 15)[211] zu vergleichbarem Fazit anhand der Feststellung: „Clearly, the differential treatment of workers on the basis of chronological age is hard to justify objectively, yet it remains the cornerstone of employment policy in many firms".

Ebenso kontrovers wird der Wandel traditioneller Beschäftigungsprinzipien in Bezug auf senioritätsorientierte Gehaltsstrukturen diskutiert. So bilanziert Kōsei rōdō-

---

203 http://www.jil.go.jp/profile/documents/Kim.pdf, letzter Abruf: 9.3.2017.
204 http://www.jil.go.jp/english/JLR/documents/2005/JLR05_araki.pdf, letzter Abruf: 9.3.2017.
205 http://www.jil.go.jp/english/JLR/documents/2005/JLR05_itami.pdf, letzter Abruf: 9.3.2017.
206 http://www.jil.go.jp/institute/zassi/backnumber/2006/05/pdf/043-050.pdf, letzter Abruf: 9.3.2017.
207 http://www.jil.go.jp/english/JLR/documents/2005/JLR05_araki.pdf, letzter Abruf: 9.3.2017.
208 https://www.researchgate.net/publication/5115613_Employment_Stability_in_An_Age_of_Flexibility, letzter Abruf: 9.3.2017.
209 http://swopec.hhs.se/eijswp/papers/eijswp0205.pdf, letzter Abruf: 9.3.2017.
210 http://hss.ulb.uni-bonn.de/2009/1920/1920.htm, letzter Abruf: 9.3.2017.
211 http://www.jil.go.jp/english/archives/bulletin/documents/200208.pdf, letzter Abruf: 9.3.2017.

shō (2013a: 173)[212] zwischen Mitte der 1990er und Mitte der 2000er Jahre eine gestiegene Bedeutung leistungsbasierter Gehaltskomponenten. Diese wird neben einem schwierigen Wirtschaftsumfeld auf das Bemühen von Unternehmen zurückgeführt, die Beschäftigungszufriedenheit älterer Beschäftigter zu erhöhen. Iwata (2003: 10)[213] registriert ebenso Veränderungen der klassischen Gehaltsbestimmung, etwa was eine Abflachung des langzeitlichen Gehaltsprofils betrifft: „Indeed, many companies are now changing their wage [...] systems, and one of the results of these changes is a flatter wage curve". Deutlich verhaltener klingt hingegen die Einschätzung tatsächlicher Veränderungen von betrieblichen Gehaltsstrukturen in Japan durch OECD (2003: 74): „Despite [...] changes the role of performance-related pay in Japan should not be exaggerated: the wage structure in Japan remains essentially seniority-based". In welchem Umfang traditionellen Aspekten der betrieblichen Gehaltsbestimmung ein Wandel attestiert werden kann, bleibt somit umstritten: „The performance-based salary system may be just a temporary fad, not causing a substantial change in the personnel management system of Japanese companies. Alternitavely, it may be that we are currently at a major crossroad in history" (Nakamura, K 2008: 157). Wie bereits zu vergangenen ökonomischen Krisenzeiten oftmals verfehlt prognostiziert, ist somit auch im heutigen Umfeld Japans kaum von einer kompletten Zersetzung traditioneller Beschäftigungsprinzipien auszugehen. Wohl aber sind in ihrem Ausmaß unterschiedlich eingeschätzte Abkehrtendenzen zu erkennen, die mit einer ebenso uneinheitlichen Deutung der Konsequenzen für ältere Beschäftigte verbunden sind. So bilanziert Ehrke (1995: 116): „Ein Zusammenbruch des Senioritätsprinzips – wie er gerne in der öffentlichen Diskussion beschworen wird – hat [...] nicht stattgefunden, wohl aber sind einzelne Beschäftigtengruppen von einer selektiven Abkehr vom Senioritätsprinzip stärker betroffen als andere. In erster Linie hat es sich bei den Arbeitseinkommen von Beschäftigten über 50 Jahre negativ ausgewirkt". Im Gegenzug kann jedoch attestiert werden, dass der Abbau von Altersprivilegierung im Rahmen betrieblicher Personalpolitik auch zur Stärkung der nachfrageseitigen (wie angebotsseitigen) Attraktivität von Altersbeschäftigung beiträgt wie im Falle einer sinkenden Bedeutung von senioritätsgeprägten Gehaltskomponenten durch Higuchi und Yamamoto (2002: 4)[214] empirisch ausgewiesen: „The steeper a firm's seniority wage curve, more workers leave the firm at early age".

Integrative Personalstrategien japanischer Unternehmen

Traditionelle Aspekte der japanischen Beschäftigungsgestaltung bleiben aufgrund skizzierter Probleme bei der Adaption betrieblicher Personalpolitik an gesellschaftliche

---

212 http://www.mhlw.go.jp/wp/hakusyo/kousei/13/, letzter Abruf: 9.3.2017.
213 http://www.jil.go.jp/english/documents/aging_policy-e.pdf, letzter Abruf: 9.3.2017.
214 National Centre for the Vocational Education Research (NCVER) – VOCED plus. http://www.voced.edu.au/, letzter Abruf: 9.3.2017. Signatur: TD/TNC76.74.

Wandlungstendenzen wohl auch in naher Zukunft von Bestand. Dies gilt, wenngleich sich klassische Beschäftigungsprinzipien als anfällig gegenüber dem demografischen Faktor erweisen und die Attraktivität von Altersbeschäftigung unter Druck setzen. Doch entgegen der wohlmöglichen Schlussfolgerung, wonach eine betrieblich rationale Antwort hierauf primär in der Freisetzung älterer Belegschaft zu finden ist – erinnert sei an den impliziten Charakter betrieblicher Beschäftigungsgarantien –verfolgt die Breite der japanischen Unternehmenslandschaft stattdessen Strategien, Altersbeschäftigung aufrecht zu erhalten, wenn auch außerhalb des Systems lebenslanger Beschäftigung und seiner senioritätsorientierten Konditionen. Ein Instrument dieser Strategie stellen Mechanismen des Personaltransfers dar, die mit der Beschäftigungsfortsetzung in enge Verbindung zu setzen sind. Unterschieden wird hierbei zwischen einer als *shukkō* bezeichneten „temporären Versetzung" bei Fortbestehen des ursprünglichen Arbeitsvertrags sowie einem *tenseki* benannten „(permanenten) Beschäftigungstransfer" unter Beendigung des vormaligen Arbeitskontrakts. Beide Mechanismen kommen in nahezu allen größeren Unternehmen Japans zur Anwendung. Hierbei entspricht es dem klassischen Muster, dass die Entsendung durch Unternehmen höherer Größenordnung erfolgt, die ihre Beschäftigten in durch Kapitelverflechtung affiliierte oder sonstige Unternehmensaktivitäten verbundene Betriebe kleinerer Größe transferieren (vgl. Sato 1996: 7–8)[215]. Manifestiert wird hierdurch zugleich die bereits tangierte Bedeutung von KMU als traditionelles Auffangbecken von Altersbeschäftigung in Japan. Zwar sind *shukko* und *tenseki* nicht als Mittel zum exklusiven Transfer älterer Beschäftigter konzipiert. Sato (1996: 8, 9)[216] macht jedoch auf den hohen Anteil Älterer aufmerksam, die mittels dieser Instrumente in ein Unternehmen überführt werden, in dem sie nicht den Großteil ihrer beruflichen Laufbahn verbracht haben: *„shukko and tenseki* are not measures targeted for middle-aged and older workers; nor are they implemented only by large companies. However, the share of middle-aged and elderly workers is high among those who are transferred to related or other companies. [...] In short, many middle-aged and older employees at large companies are moved between companies by means of *shukko* and *tenseki"* (Sato 1996: 8,9)[217].

Die Gründe zur Durchführung dieser Mechanismen des Personaltransfers zeigen sich durchaus vielschichtig. So werden sie etwa als Mittel begriffen einen Mangel qualifizierter Arbeitskräfte durch den Empfang entsendeter Mitarbeiter aufzufangen oder zur Reduktion der Belegschaft und einhergehender Personalkosten des entsendenden Unternehmens beizutragen (vgl. Sato: 1996: 9)[218]. Mit Instrumenten des Personaltransfers inhärent verbunden ist jedoch auch das Bemühen, eine Beschäftigungsverlängerung über dem betrieblichen Rentenalter des entsendenden Unterneh-

---

215 http://www.jil.go.jp/english/archives/bulletin/documents/199612.pdf, letzter Abruf: 9.3.2017.
216 http://www.jil.go.jp/english/archives/bulletin/documents/199612.pdf, letzter Abruf: 9.3.2017.
217 http://www.jil.go.jp/english/archives/bulletin/documents/199612.pdf, letzter Abruf: 9.3.2017.
218 http://www.jil.go.jp/english/archives/bulletin/documents/199612.pdf, letzter Abruf: 9.3.2017.

mens sicherzustellen und somit zur Schaffung von Beschäftigungschancen im Alter beizutragen. So werden die entsendeten Mitarbeiter der Regel nach in Fortbeschäftigungsmaßnahmen jener Unternehmen integriert, die den transferierten Beschäftigten aufnehmen: „Many workers are loaned to related companies or transferred to subsidiary companies before they reach the mandatory retirement age, but significant numbers are offered a longer employment tenure at the new company than at the old. In other words, shukko and tenseki contribute toward the extended employment of elderly employees" (Sato 1996: 13)[219]. Diese skizzierten Merkmale von *shukko* und *tenseki* veranlassen Meyer-Ohle (2008: 4) dazu, den eher losen Charakter der lebenslangen Beschäftigung als Faktor der Überlebensfähigkeit dieses Systems zu betonen und auf den hohen Grad an Flexibilität zu verweisen, der hierbei auf Arbeitnehmerseite vorauszusetzen ist: „In exchange for employment security employees are expected to readily comply with demands for transfers between different functions of the company, between different locations [...] and finally even to other companies. As such life-long employment is interpreted in a larger loose sense and it might be exactly this flexibility in interpretation that has made this feature of the Japanese employment system keep its importance for so long" (Meyer-Ohle 2008: 4). Tragen diese Instrumente des Personaltransfers zur Verlängerung von Beschäftigung bei, ist hierin auch einer der Gründe für die arbeitnehmerseitige Akzeptanz dieser Maßnahmen zu suchen. Dies gilt, wenngleich sich bei Sato (1996: 13)[220] auch Kritik in die Beurteilung dieser Mittel mischt, die sich etwa anhand des geringen arbeitnehmerseitigen Mitspracherechts entfacht, was neue Arbeitsorte oder -inhalte betrifft: „Many workers had no opportunity to present their requests for whom they want to work and what they wish to do and they are less satisfied with the new job and treatment. It is safe to say that there is a need to consolidate a chance for them to express their intentions in decisions such as shukko and tenseki which significantly affect the employee's working life". So können diese Mechanismen des Personaltransfers einerseits als effektive personalpolitische „Anpassungsmaßnahmen als Alternativen zu Kündigungen" (Paulsen 2009: 141–144)[221] gewertet werden. Unterschlagen werden darf andererseits nicht deren Kritik, die sich anhand des Hinweises auf sich tendenziell verschlechternde Beschäftigungskonditionen oder im Sinne von Meyer-Ohle (2008: 13) entfaltet: „Faced with the need to reduce capacities, companies in Japan might have used this instrument too frequently and for too many purposes. Some employees have found themselves in a never-ending cycle of being shifted back and forth between companies".

Die im Fokus dieser Arbeit stehende Beschäftigungsfortsetzung bilden einen zweiten zentralen Bestandteil japanischer Unternehmensstrategien, Beschäftigung

---

219 http://www.jil.go.jp/english/archives/bulletin/documents/199612.pdf, letzter Abruf: 9.3.2017.
220 http://www.jil.go.jp/english/archives/bulletin/documents/199612.pdf, letzter Abruf: 9.3.2017.
221 http://hss.ulb.uni-bonn.de/2009/1920/1920.htm, letzter Abruf: 9.3.2017.

außerhalb des traditionellen Personalgerüsts bzw. oberhalb des betrieblichen Rentenalters aufrecht zu erhalten. Denn wie *shukko* und *tenseki* kommen Fortbeschäftigungsmaßnahmen innerhalb japanischer Unternehmen nahezu flächendeckend zu Anwendung (vgl. Kōsei rōdō-shō 2011: 27)[222]. Dabei stellt das dominant in Erscheinung tretende Wiederbeschäftigungssystem ein separates Personalgerüst abseits der lebenslangen Beschäftigung und ihrer senioritätsorientierten Gestaltungsregeln dar. Dies ermöglicht es, weiterhin Nutzen aus den langjährig akkumulierten Fähigkeiten und Erfahrungen älterer Beschäftigter zu ziehen, jedoch zugleich Spielregeln ihrer Beschäftigung und/oder Arbeit neu zu definieren. Wie auch diese Untersuchung identifiziert, ist die Überführung in Beschäftigungsfortsetzung zumeist mit dem Verlust angestammter Beschäftigungsprivilegien verbunden. Andererseits sind es jene Adaptionen der Beschäftigungsgestaltung, die den Fortbestand von Anstellung und Arbeitseinkommen jenseits betrieblicher Altersgrenzen erst zu gewährleisten scheinen. Dies gilt, wenngleich Mitnahmeeffekte nicht in Vergessenheit geraten sollten, welche die finanzielle Unterstützung von Fortbeschäftigungsverhältnissen durch die öffentliche Hand auf Unternehmensseite ermöglicht (vgl. Abschnitt 3.3.4). Zwar stellen Begleitumstände der Beschäftigungsfortsetzung wie diese zentrale Verwerfungslinien des Diskurses von MBB entlang ökonomischer und soziologischer Betrachtungsweisen dar, die auch im weiteren Verlauf dieser Arbeit zu Tage treten. Vermieden werden kann hierdurch jedoch der Gang von älteren Beschäftigten auf einen externen Arbeitsmarkt, welcher auch in Japan aufgrund seiner strukturellen Beschaffenheit bislang kaum attraktivere Angebote zur Alterserwerbsarbeit bereitzuhalten scheint. Daher lässt sich trotz ambivalenter Deutungsmöglichkeiten festhalten, dass Fortbeschäftigungsmaßnahmen ein entscheidendes Gewicht zur Sicherung von Beschäftigungschancen im Alter einnehmen und diese in zentraler Weise zum relativen Erfolg der Sicherung von Alterserwerbsarbeit in Japan beitragen:

> Die Institutionalisierung des Prinzips der ‚offenen Lebensarbeitszeit' anhand von weiterführenden Beschäftigungssystemen in japanischen Unternehmen erweist sich als eine zentrale Errungenschaft im Bereich der Förderung von Alterserwerbsarbeit [...]. [...] Integrative unternehmerische Personalstrategien (insbesondere Versetzungen, Wiedereinstellungs- und Weiterbeschäftigungssysteme) tragen zur hohen Arbeitsmarktintegration und Erwerbsbeteiligung Älterer entscheidend bei. [...] Auch wenn Entlassungswellen während der letzten Jahre auch in Japan vermehrt zu Ausgliederungen Älterer geführt haben und die Sicherheit der Arbeitsplätze älterer Stammarbeitnehmer des betriebsinternen Arbeitsmarkts mehr und mehr in Frage steht, haben integrative Personalstrategien als zentrale Elemente japanischer Unternehmenskultur einer massiveren Externalisierungspraxis zulasten Älterer bislang recht standhaft entgegenwirken können. (Paulsen 2009: 155, 166, 261)[223]

---

222 http://www.mhlw.go.jp/stf/houdou/2r9852000001fz36-att/2r9852000001fzaz.pdf, letzter Abruf: 9.3.2017.
223 http://hss.ulb.uni-bonn.de/2009/1920/1920.htm, letzter Abruf: 9.3.2017.

Mit Beginn des folgenden Kapitels verdichtet sich die Darstellung zunehmend auf eben diese Maßnahmen betrieblicher Beschäftigungsfortsetzung als Untersuchungsgegenstand hiesiger Arbeit. Zu deren interdisziplinären Einbettung dient die Darstellung bisheriger Abschnitte, welche abschließend rekapituliert seien: Sucht die Alterung der japanischen Bevölkerung zwar akut ihres gleichen, teilt sich Japan mit einer Reihe an Industrienationen deutliche Verwandtschaften, was demografische Entwicklungstendenzen sowie die hieraus resultierenden Herausforderungen für Wirtschafts- und Wohlfahrtsgebilde betrifft. Zu deren Bewältigung wird dem Ausbau von Alterserwerbsarbeit zentrale Bedeutung beigemessen. Sind sich Japan und Deutschland in diesen Punkten näher, als für manche Betrachter die geografische Distanz zu assoziieren vermag, treten hingegen deutliche Differenzen zutage, was das reale Ausmaß wirtschaftlicher Teilhabe im Alter betrifft. Doch wie sind diese Differenzen zu erklären, bieten die beschäftigungspolitischen Maximen zur Förderung von Alterserwerbsarbeit nur geringen Unterscheidungsgrad, oder offenbart der gerontologische Diskurs gleichermaßen günstige Voraussetzungen zur Verlängerung von Lebensarbeitszeit? Zwar kann Japan einerseits ein erhöhter politischer wie betrieblicher Handlungsdruck zur Nutzung älterer Arbeitskraft attestiert werden, der sich neben der demografischen Vorreiterrolle auch durch eine ineffektive Nutzung weiblicher Arbeitskräfte ableiten lässt. Andererseits gilt auch für Japan, dass die Förderung von Alterserwerbsarbeit durch heterogene Interessenkonstellationen zwischen wie innerhalb der Sozialpartner gekennzeichnet ist, was das Finden einer gemeinschaftlichen Marschrichtung zur Errichtung einer altersneutralen Gesellschaft und Arbeitswelt erschwert. Vor dem Hintergrund dieser Ambivalenzen wird zur Explikation der hohen japanischen Erwerbsbeteiligung auf ein komplexes Zusammenspiel an Determinanten Bezug genommen, welchen jedoch in unterschiedlichem Maße Geltung zugesprochen wird. Tangiert wird die Bedeutung, welche KMU sowie dem primären und tertiären Sektor als traditionelle Auffangbecken von Alterserwerbsarbeit zuzurechnen ist. Ausdruck verliehen wird auch der Vermutung, wonach der Gedanke einer Aufrechterhaltung von Erwerbsarbeit in späten Lebensjahren eine tendenziell natürlicher erachtete Alterskonzeption in Japan darstellen mag, als dies mit Blick auf eine durch jahrzehntelange Frühverrentungskultur geprägte Öffentlichkeit etwa für deutsche Verhältnisse angenommen sei. Hierzu tragen nicht zuletzt die liberalen Gestaltungsmomente japanischer Sicherungssysteme wie insbesondere der Rentenversicherung bei. In Form vergleichsweise geringer Generosität bei überdurchschnittlich sensibler Anpassung der Rentenleistung abhängig von Beitragszeitraum und effektivem Verrentungsalter werden hierdurch klare Botschaften von Notwendigkeit wie Wert der Arbeit als (finanzielle) Quelle des Alters vermittelt. Allerdings ist in diesem Zusammenhang auch auf Befürchtungen einer sozialen Spreizung im Alter zu verweisen. Dies gilt, wenngleich diese Bedenken angesichts internationaler Verwandtschaften hinsichtlich jüngster Sozialreformen nicht nur für den japanischen Raum zu konstatieren sind.

Trägt die Gestaltung der passiven Arbeitsmarktpolitik zur angebotsseitigen Stärkung von Alterserwerbsarbeit in Japan entscheidend bei, könnte diese jedoch ohne eine Reflektion politischer Zielsetzungen zur Sicherung der Altersbeschäftigung innerhalb der japanischen Unternehmenslandschaft kaum ihre Wirkung entfachen. Zwar lehrt die Darstellung, dass auf betrieblicher Ebene auch oder gerade in Japan Probleme im Zusammenhang einer Ausweitung von Altersbeschäftigung ausgemacht werden können. Diese sind primär in Gestalt traditioneller Prinzipien des Personalwesens zu erkennen, deren Geltung trotz beleuchteter Reformprozesse nicht unterschätzt werden sollte: „In einem Land wie Japan, in dem die Berücksichtigung des Alters tief innerhalb der Kultur und Beschäftigungsgewohnheiten verankert ist, sind politische Maßnahmen zur Bekämpfung von Altersdiskriminierung keine einfache Angelegenheit" (Seike, Yamada und Kimu 2005: 21; Übers. d. Verf.). So kommt der Sicherung von Altersbeschäftigung mittels der im Fokus dieser Arbeit stehenden Beschäftigungsfortsetzung hohes Gewicht bei der Herleitung des starken Ausmaßes an Alterserwerbsarbeit in Japan zu. Zwar stellt diese eine Anstellung außerhalb der lebenslangen Beschäftigung und ihrer Altersprivilegierung dar, womit deren Wirkungsweise mit kritischen Annotationen zu versehen ist. Andererseits bildet dieses separate Personalgerüst die betriebliche Alternative zur Entlassung von Beschäftigten in ein oftmals vergleichsweise perspektivarmes externes Altersarbeitsmarktumfeld für Ältere, wie es auch für Japan konstatiert werden kann.

> Unternehmerische Personalstrategien im Umgang mit älteren Beschäftigten zeigen, dass nach wie vor das Bemühen um eine möglichst langfristige Integration älterer Menschen in den Betrieben vorherrscht. [...] So führt beispielsweise in Japan die Existenz von betrieblichen Wiedereinstellungs- und Weiterbeschäftigungssystemen für Menschen im Rentenalter dazu, dass sich ein großer Teil älterer Menschen angesichts finanzieller Anreize zugunsten einer Verlängerung der Erwerbsphase entscheidet [...]. [...] Somit kann der japanische Regulierungsrahmen aus dem Blickwinkel der Effizienz der Integration Älterer in den Arbeitsmarkt zweifelsohne als ein Erfolgsbeispiel bezeichnet werden [...]. (Paulsen 2009: 164, 50, 14)[224]

Zugleich urteilt Paulsen (2009: 13, 99)[225] im Gegensatz zu diesen japanischen Verhältnissen, dass Erwerbsarbeit in Deutschland zwar „jenseits der 65 Jahre gesetzlich erlaubt" sei, entsprechende Möglichkeiten jedoch weder „staatlich gefördert noch in nennenswertem Umfang praktiziert" werden. So bilanziert auch Passet (2003: 209)[226] in weitgehender Verwandtschaft zur hiesigen Schilderung konstituierender Elemente der japanischen Alterserwerbsarbeit: „Public policies, both employment protection legislation and labour market policies, have a relatively small impact on the labour market in Japan. Job security is mainly organized by Japanese firms and is based more on social norms than on legislation". Spielt der Untersuchungsgegenstand dieser Arbeit also eine große Rolle im Zusammenhang des japanischen Erfolgs bei der Sicherung von Alterserwerbsarbeit, befassen sich folgende Kapitel mit der

---

224 http://hss.ulb.uni-bonn.de/2009/1920/1920.htm, letzter Abruf: 9.3.2017.
225 http://hss.ulb.uni-bonn.de/2009/1920/1920.htm, letzter Abruf: 9.3.2017.
226 https://www.researchgate.net/publication/5115613_Employment_Stability_in_An_Age_of_Flexibility, letzter Abruf: 9.3.2017.

Frage, wie und warum Beschäftigungsfortsetzung funktioniert und wie diese Maßnahmen auf Seiten von Unternehmen wie Fortbeschäftigten beurteilt werden. Bevor
diesen Fragen auf Grundlage hiesiger Untersuchungsergebnisse eine Beantwortung
zugeführt wird, verlangt der wissenschaftliche Anspruch dieser Arbeit im folgenden
Kapitel eine Darstellung theoretischer und methodischer Untersuchungsgrundlagen
vorweg zu stellen.

4 Theoretische und methodische Untersuchungsgrundlagen

Die Beschäftigungsfortsetzung stellt einen gewichtigen Faktor des japanischen Erfolgs bei der Sicherung von Alterserwerbsarbeit dar, wie die Einbettung dieses Personalinstruments in den sozialen, politischen und wirtschaftlichen Grundzusammenhang offenbart. Bevor sich diesem Forschungsgegenstand auf Basis hiesiger Untersuchungsergebnisse gewidmet wird, gilt es jedoch auf theoretische wie methodische Grundlagen zu verweisen, welche die Konzeption dieser Arbeit prägen. So nimmt Abschnitt 4.1 eine begriffliche Konkretisierung des Untersuchungsgegenstands in Abhängigkeit der vorliegenden Spezifikationen bezüglich Größe und Branche von Unternehmen vor. Abschnitt 4.2 liefert einen Überblick über theoretische Grundlagen der (Alters-)Erwerbsarbeit respektive das reziproke Phänomen der Verrentung, die den Untersuchungsfragen sowie den einhergehenden Hypothesenbildungen zugrunde liegen. Auf der Betrachtung der internationalen Literaturlage zur Arbeit im Alter sowie dem japanischen Literaturbestand zur Beschäftigungsfortsetzung aufbauend, erfolgt in Abschnitt 4.3 eine Darstellung von Untersuchungsfragen und korrespondierenden Hypothesen sowie der forschungspolitischen Positionierung dieser Arbeit. Abschnitt 4.4 fasst relevante Anmerkungen bezüglich von Methodik, Inhalt und Realisierung dieser Untersuchung zusammen.

4.1 Konkretisierung des Untersuchungsgegenstands

Folgende Passagen dienen der Konkretisierung des Untersuchungsgegenstands im Kontext bestehender Spezifikationen. Hierzu geht Abschnitt 4.1.1 auf das *employment stabilization law* als rechtliche Grundlage der Beschäftigungsfortsetzung ein, die einen determinierenden Einfluss auf die Konzeption der primären Untersuchungsfragen besitzt. So werden die alternativen Maßnahmen betrieblicher Beschäftigungsfortsetzung auf Grundlage der Revision des ESL aus dem Jahre 2004 definiert. Beleuchtet wird zudem der Stellenwert, der dieser Novellierung innerhalb der historischen Entwicklung der Regulierung von (Alters-)Beschäftigung in Japan beizumessen ist. Ergänzend stellt Abschnitt 4.1.2 eine dem japanischen Kontext entsprechende Definitionsgrundlage von Unternehmen kleiner und mittlerer Größe her, ehe sich Abschnitt 4.1.3 der in Japan geltenden Klassifikation des verarbeitenden Gewerbes zuwendet.

4.1.1 MBB auf Basis der japanischen Gesetzgebung

Die legislative Grundlage der Beschäftigungsfortsetzung bildet das *employment stabilization law*, welches einen zentralen Baustein der politischen Architektur zur

DOI 10.1515/9783110528459-004

Förderung von Altersbeschäftigung in Japan darstellt. Dies gilt nicht nur hinsichtlich der hierdurch definierten Rolle staatlicher Akteure bei der Unterstützung von Alterserwerbsarbeit, sondern betrifft ebenso die im ESL enthaltenen Bestimmungen bezüglich des betrieblichen Rentenalters sowie der Fortbeschäftigungsmaßnahmen. So dient dieser Abschnitt einer Darstellung des *employment stabilization law*, das mit den Worten von Paulsen (2009: 136)[1] „grundlegende Rechtsprinzipien im Zusammenhang mit der Beschäftigung älterer Menschen sowie daraus ableitbare Rechten und Pflichten der beteiligten Akteure" festhält. Hierzu sei einleitend in Erinnerung gerufen, welche elementare Bedeutung dem betrieblichen Rentenalter als zentrale Stellschraube der Regulierung von (Alters-)Beschäftigung in Japan zukommt: „The mandatory retirement system essentially has two functions. One is a job terminator, which forces the employees to leave the firm once they reach the mandatory retirement age regardless of the person's willingness or ability to work. The other is a job security, which in principle guarantees the employment until the employees reach the mandatory retirement age" (Higuchi und Yamamoto 2002: 12, technical paper 1)[2]. Vor diesem Hintergrund versteht sich, dass ein Gesetz, welches die Mindesthöhe des betrieblichen Rentenalters bestimmt, eine neuralgische beschäftigungspolitische Funktion einnimmt: „Glücklicherweise ist der Wille zur Arbeit bei älteren Japanern hoch. Daher ist es wichtig, diesen Wunsch auch zu realisieren. Das Problem liegt darin, dass viele Personen in Unternehmen arbeiten, in denen ein betriebliches Rentenalter in Höhe des 60. Lebensjahres vorliegt" (Seike und Nagashima 2009: 1; Übers. d. Verf.).

Seit Beginn der 1970er Jahre wird in Japan die politische Intention verfolgt, das betriebliche Rentenalter auf das heutzutage verbindliche 60. Lebensjahr auszudehnen: „Successive Japanese governments have consistently developed a positive employment policy for older people since the early 1970s. The process can be divided into two periods. The first was between 1971 and 1986, and aimed at extension of teinen age from 55 to 60. [...] The second period started in the mid-1980s, aiming at further employment extension up to age 65" (Oka 2008: 46). Bereits damals sehen sich japanischen Unternehmen jedoch mit Schwierigkeiten bei der Adaption ihres Personalmanagements an eine steigende Beschäftigungsdauer konfrontiert, die in dargestellter Weise auch derzeit Hürden der weiteren Verlängerung von Altersbeschäftigung auf mindestens 65 Jahre bilden: „There is a lot in common between the issues that firms faced in extending the retirement age to 60 and the issues that firms need to solve in extending the employment to the early sixties, but the situation of business differs greatly between these two time periods" (Sato 2002a: 7)[3]. Entspre-

---

1 http://hss.ulb.uni-bonn.de/2009/1920/1920.htm, letzter Abruf: 9.3.2017.
2 National Centre for the Vocational Education Research (NCVER) – VOCED plus. http://www.voced.edu.au/, letzter Abruf: 9.3.2017. Signatur: TD/TNC76.74.
3 National Centre for the Vocational Education Research (NCVER) – VOCED plus. http://www.voced.edu.au/,letzter Abruf: 9.3.2017. Signatur: TD/TNC76.74.

chend war und ist der japanische Gesetzgeber bemüht, mittels zahlreicher Novellierungen des *employment stabilization law*, eine behutsame, jedoch stetige Intensivierung des rechtlichen Drucks zur Ausweitung von Altersbeschäftigung auszuüben. Denn anstelle einer abrupten Heraufsetzung des betrieblichen Rentenalters auf zunächst 60 Jahre, wird auf Basis der im ESL enthaltenen „Pflicht zur Bemühung" (vgl. Abschnitt 3.3.5), anfangs die Einführung von Maßnahmen zur Beschäftigungsverlängerung gefördert (vgl. Seike 2009b: 254). Diese sollen eine Verlängerung der Beschäftigungsdauer abseits des herkömmlichen Personalgerüsts ermöglichen, ehe sich die Unternehmenswelt mittels einer Reorganisation des langfristigen Personalwesens für eine verbindliche Heraufsetzung des betrieblichen Rentenalters gerüstet sieht. Erst seit dem Jahre 1998 besteht daher in Japan eine Mindestvorgabe des betrieblichen Rentenalters in Höhe des 60. Lebensjahrs:

> Government policies have acted to expand job opportunities for older people, making full use of their motivation. The main measures taken have been to lift the mandatory retirement age and to prompt the re-hiring, by the same employer, of workers who have been subjected to mandatory retirement. The law that has played the central role in this area is the Employment Stabilization Act for the Elderly, which was first enacted in 1986 and has since been revised several times. Mandatory retirement under the age of 60 is illegal under the 1998 revision. Raising the mandatory retirement age, and other measures, has prompted employers to continue the employment of workers up to 65. (Seike 2008: 32)

Somit sind mit der Einführung des *employment stabilization law* auch die Geburtsstunden des Konzepts einer Beschäftigungsfortsetzung verbunden, die sich jedoch hinsichtlich der Verbreitung und Gestaltung von ihren historischen Ursprüngen entfernt hat: „The continued employment system such as re-employment and employment extension, [...] had nature of temporary relief, used before the retirement age of 60 was established. While attempts were made to establish the retirement age at 60, the purpose of the continued employment system shifted to that of securing employment up to the age of 65, but [...] now firms tend to select employees for the scheme" (Sato 2002a: 9)[4]. Wird bereits heute die Notwendigkeit zur Beschäftigungssicherung bis zum 70. Lebensjahr proklamiert, ist es wahrscheinlich, dass auch hinsichtlich dieser zukünftigen Zielmarke von Altersbeschäftigung ein wie oben skizziertes Regulierungsmuster zur Anwendung kommt (vgl. Abschnitt 7.1). Fortbeschäftigungssysteme scheinen vor diesem Hintergrund auch weiterhin eine zentrale Bedeutung bei der Verlängerung von Erwerbsbiografien in Japan einzunehmen.

Die langzeitliche Betrachtung der japanischen Regulierung von Altersbeschäftigung verdeutlicht: Zwischen der anfänglichen Formulierung der politischen Intention zur Beschäftigungsverlängerung auf das 60. Lebensjahr und der letztendlich

---

4 National Centre for the Vocational Education Research (NCVER) – VOCED plus. http://www.voced.edu.au/, letzter Abruf: 9.3.2017. Signatur: TD/TNC76.74.

bindenden Heraufsetzung des betrieblichen Rentenalters auf eben diese Höhe liegen annähernd 30 Jahre. Vor dem Hintergrund dieses langen Zeitraums wird erkennbar, dass die Revision des *employment stabilization law* aus dem Jahre 2004 ein wichtiges Etappenziel der politischen Absicht zur weiteren Ausweitung von Altersbeschäftigung darstellt: „This law was epoch-making" (Oka 2008: 46). So sieht Shintani, N. (2008: 200) die hierin enthaltenen Novellierungen als drastischen Einschnitt an, der gemäß Fujimoto (2008: 85) zu einer Erhöhung von Beschäftigungschancen im Alter beiträgt. Entsprechend kommt auch Itō (2008: 21; Übers. d. Verf.) zu dem Schluss: „Die im April 2006 in Kraft getretene Revision des *employment stabilization law* übt einen großen Einfluss auf die Beschäftigung Älterer aus".

Zwar ist hierin keine Heraufsetzung des betrieblichen Rentenalters auf 65 Jahre verankert, besagt Artikel 8 des ESL weiterhin lediglich, dass sofern ein betriebliches Rentenalter existiert, dies nicht unter dem 60. Lebensjahr liegen darf (vgl. Rōdō seisaku kenkyū kenshū kikō 2004)[5]. Allerdings schreibt das ESL seither eine schrittweise Anhebung des Minimalalters von 60 Lebensjahren vor, bis zu dem Beschäftigungsverlängerungen in den Betrieben sichergestellt werden muss, sei es durch eine An- oder Aufhebung des betrieblichen Rentenalters oder der Anwendung von Fortbeschäftigungssystemen: „The most noteworthy point about the amendment of 2004 is the obligation of employers to implement measures for securing the employment of older persons up until the age of 65" (Ouchi 2007)[6]. Der Zeitplan dieser Anhebung, der aus Artikel 4 des ESL hervorgeht, ist dabei mit der Rentenreform aus dem Jahr 2004 synchronisiert. So entspricht das hierauf basierende steigende Mindestbezugsalter des Basisanteils öffentlicher Grundrente exakt jenem Alter, bis zu dem Beschäftigungsfortsetzung innerhalb der Betriebe sichergestellt werden muss. Die letzte Stufe dieses Zeitplans wurde am 1. April 2013 erreicht. Seitdem besteht ein gesetzlich gefordertes Mindestalter von 65 Lebensjahren, bis zu dem Beschäftigungsfortsetzung angeboten werden muss (vgl. Rōdō seisaku kenkyū kenshū kikō 2004)[7]. Die Revision des *employment stabilization law* aus dem Jahre 2004 stellt somit eine systematische beschäftigungspolitische Anknüpfung an japanische Rentenreformen dar. Durch sie wird das politische Bestreben verkörpert, jenen ökonomisch sensiblen Zeitraum zu überbrücken, der momentan aufgrund eines gesetzlich legitimierten betrieblichen Rentenalters von 60 Jahren und ein auf 65 Jahre steigendes minimales Bezugsalter sämtlicher Leistungskomponenten der öffentlichen Grundrente entsteht: „Policy makers are attempting to eliminate the period of no income for the older people, which would otherwise be generated after reaching the maximum age allowed to work" (Sato 2002: 1).

---

5 www.jil.go.jp/rodoqa/hourei/rodosijo/H00068-S46.htm, letzter Abruf: 9.3.2017.
6 http://www.jil.go.jp/english/JLR/documents/2007/JLR15_all.pdf, letzter Abruf: 9.3.2017.
7 www.jil.go.jp/rodoqa/hourei/rodosijo/H00068-S46.htm, letzter Abruf: 9.3.2017.

Die alternativen Maßnahmen, die auf Grundlage der Revision des ESL im Jahre 2004 zur Beschäftigungsverlängerung zur Verfügung stehen, sind in Artikel 9 des *employment stabilization law* verankert (vgl. Rōdō seisaku kenkyū kenshū kikō 2004[8] sowie JILPT 2004a: 10–11[9]). Wie aus Abbildung 8 hervorgeht, wird hierbei der Term *kōrei-sha koyō kakuho sochi* („Maßnahmen zur Beschäftigungssicherung älterer Personen") subsumierend angewendet. Hierunter fallen die als *teinen nenrei no hikiage* bezeichnete „Heraufsetzung des betrieblichen Rentenalters" sowie die *teinen-sei no sadame no haishi* genannte „Abschaffung des Systems eines betrieblichen Rentenalters". Sollten diese Maßnahmen nicht ergriffen werden, muss die Beschäftigung durch die Implementierung von *keizoku koyō seido* („System zur Beschäftigungsfortsetzung") sichergestellt werden, wobei in Artikel 9 des ESL keine Unterscheidung zwischen

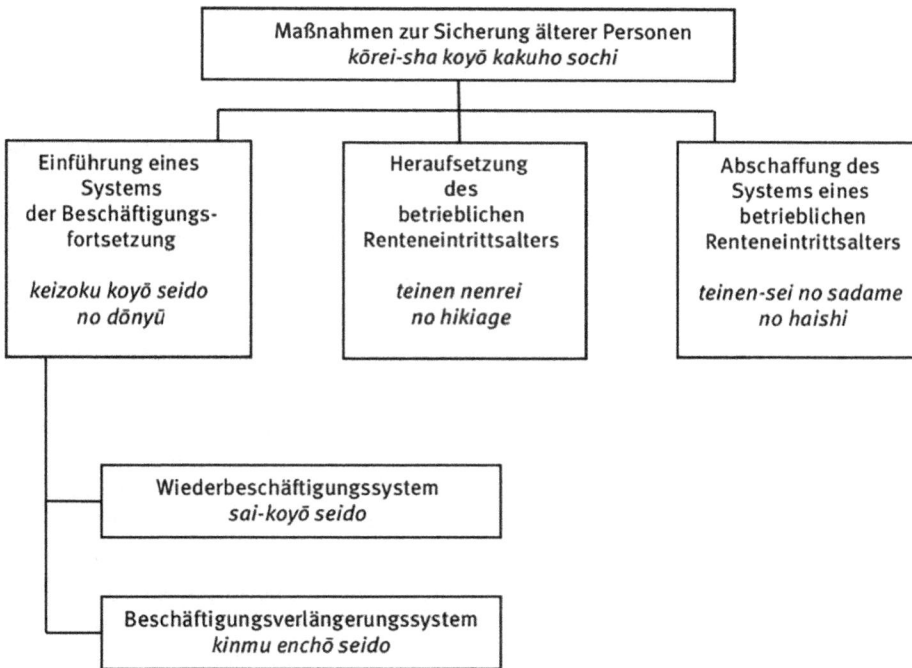

Abbildung 8: Maßnahmen betrieblicher Beschäftigungsfortsetzung gemäß Revision des *employment stabilization law* aus dem Jahre 2004

Quelle: Eigene Darstellung basierend auf Kōrei shōgai-sha koyō shien kikō (2009: 13. https://www.jeed.or.jp/elderly/research/enterprise/om5ru80000003u0d-att/om5ru8000 0003u2l.pdf, letzter Abruf: 9.3.2017).

---

8 www.jil.go.jp/rodoqa/hourei/rodosijo/HO0068-S46.htm, letzter Abruf: 9.3.2017.
9 http://www.jil.go.jp/english/laws/documents/llj_law16.pdf, letzter Abruf: 9.3.2017.

dem Wiederbeschäftigungs- und Beschäftigungsverlängerungssystem erfolgt (vgl. Yamashita 2006: 44)[10]: „Artikel 9 Absatz 1 schreibt zur Sicherung einer stabilisierten Beschäftigung Älterer bis zum 65. Lebensjahr als ‚Maßnahmen zur Sicherung der Beschäftigung Älterer' vor, dass entweder eine ‚Anhebung des jeweiligen betrieblichen Rentenalters' [...], die Einführung eines ‚Systems der Beschäftigungsfortsetzung' [...] oder ‚die Abschaffung des jeweiligen betrieblichen Rentenalters' [...] angewendet werden muss" (Yanagisawa 2009: 69; Übers. d. Verf.[11]). Laut offiziellem Sprachgebrauch besteht dabei folgender Unterschied: So wird die Wiederbeschäftigung als System definiert, „bei dem Personen, die das betriebliche Rentenalter erreicht haben, erneut angestellt werden nachdem sie zuvor verrentet wurden" (Kōsei rōdō-shō 2004: 4, Übers. d. Verf.)[12]. Dahingegen wird die Beschäftigungsverlängerung als Verfahren definiert, „bei dem Personen, die das bestehende betriebliche Rentenalter erreicht haben, nicht verrentet werden, sondern ihre Beschäftigung fortgesetzt wird" (Kōsei rōdō-shō 2004: 4, Übers. d. Verf.)[13].

Auf dieser Bestimmungsgrundlage erfolgt bei Wiederanstellung ein Austritt aus dem System lebenslanger Beschäftigung. Daraufhin wird ein neuer Arbeitsvertrag geschlossen, was eine Veränderung der Bedingungen von Arbeit und Beschäftigung ermöglicht. Im Falle der Beschäftigungsverlängerung bleibt hingegen die Beschäftigung unter Beibehaltung der Prinzipien des langfristigen Personalwesens erhalten: „The employment extension system means a system under which workers who have reached the mandatory retirement age will be employed with the retirement age set. The re-employment system is a system under which workers who have reached the mandatory retirement age are eased out of their jobs and then re-employed. Generally, in the latter system, treatment of the worker, on reaching retirement age, alters significantly" (Iwata 2002: 18)[14]. Einschränkend sei jedoch angemerkt, dass auch im Falle der Beschäftigungsverlängerung eine Veränderung von Arbeitsinhalt und Beschäftigungskonditionen möglich ist, sofern dies mit dem bestehenden Arbeitsvertrag vereinbar ist (vgl. Yamashita 2007: 43)[15]. Dennoch bietet innerhalb der gesetzlich verankerten Alternativmaßnahmen zur Beschäftigungsfortsetzung die Wiederbeschäftigung den größten Freiraum zu einer Trennung zwischen dem langfristigen Personalmanagement und einem separaten personalpolitischen Gerüst, welches veränderte Spielregeln der Beschäftigung im Alter erlaubt. Es ist diese Möglichkeit zur Flexibilisierung des Personalwesens, die erklärt, warum die Wiederbeschäftigung in der betrieblichen Praxis die dominante Maßnahme zur Beschäftigungsfortsetzung

---

10 http://www.jil.go.jp/institute/zassi/backnumber/2006/05/pdf/043-050.pdf, letzter Abruf: 9.3.2017.
11 http://www.jil.go.jp/institute/zassi/backnumber/2009/08/pdf/065-075.pdf, letzter Abruf: 9.3.2017.
12 http://www.mhlw.go.jp/general/seido/anteikyoku/kourei2/dl/leaflet2.pdf, letzter Abruf: 9.3.2017.
13 http://www.mhlw.go.jp/general/seido/anteikyoku/kourei2/dl/leaflet2.pdf, letzter Abruf: 9.3.2017.
14 National Centre for the Vocational Education Research (NCVER) – VOCED plus. http://www.voced.edu.au/, letzter Abruf: 9.3.2017. Signatur: TD/TNC76.74.
15 http://www.jil.go.jp/english/JLR/documents/2007/JLR15_yamashita.pdf, letzter Abruf: 9.3.2017.

darstellt, wie durch diese Untersuchung dokumentiert: „From the legal viewpoint, a new employment agreement is made after the retirement and a new set of working conditions is established, therefore, this practice has advantages as it is easy to modify working conditions" (Yamashita 2007: 43)[16].

Auf Basis der Revision des *employment stabilization law* aus dem Jahre 2004 besteht für Unternehmen die gesetzliche Verpflichtung, Beschäftigung mittels einer der beschriebenen Maßnahmen bis zum 65. Lebensjahr sicherzustellen. Dies gilt formal für alle Angestellten, die eine Beschäftigungsverlängerung oberhalb des betrieblichen Rentenalters anstreben: „In principle [...] employers are required to employ all those who wish to continue to work" (Yamashita 2007: 77)[17]. Allerdings kann auf einige strittige Aspekte des ESL verwiesen werden, welche es Unternehmen ermöglichen, die grundsätzliche Intention einer Beschäftigungssicherung sämtlicher Aspiranten zu umgehen: „There are many controversial points in the law, which may be described as loopholes " (Oka 2008: 47). Dies betrifft die Durchführung von Selektionsverfahren, bei der die Aufnahme in Fortbeschäftigungssysteme, die Erfüllung bestimmter Kriterien verlangt. Solche Auswahlverfahren sind rechtlich zulässig, sofern über die angewandten Selektionsstandards eine Einigung zwischen Arbeitgeber- und Arbeitnehmerseite besteht (vgl. Yamashita 2006: 45)[18]. So besagt Artikel 9, Absatz 2 des ESL: „Employers shall be regarded as having implemented the measures [...] when it has designated the standards concerning older persons who are subject to the continous employment system based on said standards, by a contract concluded with a labour union in case it is organized by a majority of workers [...], or by a written agreement concluded with the person representing a majority of the workers in case a labor union organized by a majority of the workers does not exist" (JILPT 2004a: 10–11)[19]. Ist die Unternehmensleitung gewillt und fähig, relativ strikte Normen als Vorbedingung einer Aufnahme in Wiederbeschäftigung zu implementieren, kann hieraus eine äußerst geringe Selektionsrate folgen, die durch das Fehlen einer entsprechenden Minimalvorgabe im ESL rechtlich nicht zu beanstanden ist. Zwar existieren gesetzliche Spezifikationen hinsichtlich zulässiger Selektionsstandards. Dennoch bietet sich in diesem Rahmen genügend Raum zu Verankerung betriebsspezifischer Auswahlkriterien, die nicht anhand eindeutiger Maßstäbe zu bemessen und somit schwer kontrahierbar sind. Die Rechtsposition von Arbeitnehmern bezüglich einer generellen Garantie von Beschäftigungsfortsetzung wird somit unterminiert: „when employee standards for a continuing employment system are determined through

---

16 http://www.jil.go.jp/english/JLR/documents/2007/JLR15_yamashita.pdf, letzter Abruf: 9.3.2017.
17 http://www.jil.go.jp/english/JLR/documents/2007/JLR15_yamashita.pdf, letzter Abruf: 9.3.2017.
18 http://www.jil.go.jp/institute/zassi/backnumber/2006/05/pdf/043-050.pdf, letzter Abruf: 9.3.2017.
19 http://www.jil.go.jp/english/laws/documents/llj_law16.pdf, letzter Abruf: 9.3.2017.

labor-management agreement, a system in which not all prospective employees are covered is also possible" (JILPT 2004a: 34)[20].

Als zweiter Kritikpunkt des *employment stabilization law* stellt sich die fehlende Bestimmung von Gehaltsuntergrenzen dar, wenngleich auch im Rahmen der Beschäftigungsfortsetzung die präfekturabhängigen Mindestlöhne einzuhalten sind: „Trotz des Grundsatzes einer Beschäftigungsfortsetzung für alle Bewerber, hat die Revision [des ESL aus dem Jahre 2004] nicht die Aufrechterhaltung der Arbeitsbedingungen, verglichen mit dem Zeitpunkt vor Erreichen des betrieblichen Rentenalters, verpflichtend gemacht und auch keine Mindestbeschränkung für die Kürzung der Vergütung bestimmt. Wenn über die [Beschäftigungs-]Bedingungen keine Übereinkunft erzielt wird, muss also keine Beschäftigungsfortsetzung erfolgen" (Morito 2014: 10; Übers. d. Verf.)[21]. Somit bietet sich Unternehmen der opportunistische Verhaltensspielraum, wonach der Eintritt in Fortbeschäftigungssysteme zwar vordergründig allen Angestellten offen steht, jedoch das angebotene Gehalt nur einem marginalen Anteil der vorherigen Vergütung entspricht. Hierunter kann sich das Kalkül verbergen, dass jene Beschäftigte, die mit diesem Gehaltsniveau nicht einverstanden sind, *freiwillig* auf Beschäftigungsfortsetzung verzichten und nach Erwerbsalternativen auf dem externen Arbeitsmarkt suchen. In beiden zuvor genannten Fällen wird den konkreten Vorgaben des ESL formal Genüge getan, ohne jedoch der eigentlichen Absicht des Gesetzgebers zu entsprechen, für die Beschäftigung aller Angestellten bis zum 65. Lebensjahr Sorge zu tragen. So äußert auch Morito (2014: 10–11)[22] seine Bedenken, ob der gesetzlichen Intention zur Sicherung der Altersbeschäftigung aller Interessenten Genüge getan ist, wenn wohlmöglich zahlreiche Personen aufgrund der Herabsetzung von Beschäftigungskonditionen hierauf verzichten (müssen).

Erschwerend kommt hinzu, dass in Analogie zu vorherigen Anmerkungen bezüglich des unverbindlichen Charakters der japanischen Regulierung von Altersbeschäftigung (vgl. Abschnitt 3.3.3) innerhalb des *employment stabilization law* keine nennenswerten Sanktionen im Falle einer Nichteinhaltung der gesetzlichen Vorgaben verankert sind. So ist lediglich die Möglichkeit administrativer Sanktionierungen in Form einer behördlichen Veröffentlichung von sich fehl verhaltenen Unternehmen vorgesehen (vgl. Oka 2008: 47). Finanzielle Sanktionen sind hingegen nicht enthalten wie etwa durch Oka (2008: 58) gefordert, der angesichts der aufgezeigten Möglichkeiten opportunistischen Verhaltens ein äußerst kritisches Urteil über die derzeitige Fortbeschäftigungspraxis auf Basis der Rechtslage fällt: „Employer attitudes are widely differentiated between negative and positive attitudes in terms of progress towards age-free employment. Generally speaking, employers would like to retain their power of selecting re-employed workers with close-to-illegal measures notwith-

---

20 http://www.jil.go.jp/english/lsj/detailed/2005-2006/chapter15.pdf, letzter Abruf: 9.3.2017.
21 http://www.jil.go.jp/institute/zassi/backnumber/2014/01/pdf/005-012.pdf, letzter Abruf: 9.3.2017.
22 http://www.jil.go.jp/institute/zassi/backnumber/2014/01/pdf/005-012.pdf, letzter Abruf: 9.3.2017.

standing the legal requirements of the 2004 Amendment of Older Workers Law. It is crucial to introduce effective penalties aimed at preventing such negative behaviour" (Oka 2008: 58). Nicht zwangsläufig dürfen diese Schwachpunkte jedoch als unintendierte Resultate einer lückenhaften Rechtsprechung interpretiert werden. Denn seien die gesellschaftlichen Interessenkonflikte hinsichtlich eines Ausbaus von Altersbeschäftigung in Erinnerung gerufen, wertet neben Morito (2014: 10)[23] auch Oka (2008: 47; Übers. d. Verf.) diese rechtlichen Freiräume als bewussten „Kompromiss zwischen den beschäftigungspolitischen Partnern". Trotz dieser Einschränkungen sei zusammenfassend die zentrale Rolle des *employment stabilization law* bei der politischen Förderung von Altersbeschäftigung betont, welche diesem Gesetz auch aufgrund der rechtlichen Rahmengebung von MBB zukommt. So besteht auf dieser Basis seit 2013 die Verpflichtung einer generellen Sicherung der Beschäftigung bis zum 65. Lebensjahr, was prinzipiell als wegweisende Errungenschaft der politischen Förderung von Altersbeschäftigung zu werten ist:

> Der Pfeiler politischer Maßnahmen in Japan [zur Förderung von Alterserwerbsarbeit] besteht in Form des *employment stabilization law*. Innerhalb der verganenen rund dreißig Jahre wurde durch dieses Gesetz mit den Stationen einer verpflichtenden Bemühung [*doryoku gimu*] um Beschäftigungsverlängerung bis zum 60. Lebensjahr, der Verpflichtung zu einem betrieblichen Rentenalter von [mindestens] 60 Jahren, der verpflichtenden Bemühung um Beschäftigungsverlängerung bis zum 65. Lebensjahr, bis hin zur Verpflichtung von Sicherungsmaßnahmen bis zum 65. Lebensjahr, eine beständige Entwicklung zur Sicherung von Arbeit und Beschäftigung Älterer realisiert. (Seike 2009: 280; Übers. d. Verf.)

Als Resultat einer politischen Rücksichtnahme auf die betriebliche Rüstzeit zur Verlängerung der Beschäftigungsdauer bestehen jedoch Optionen zur Umgehung des prinzipiell im ESL verankerten Ziels zur Beschäftigung sämtlicher Angestellter bis zum 65. Lebensjahr. Ein gewichtiges Merkmal der rechtlichen Grundlagen von Beschäftigungsfortsetzung, das hinsichtlich der Konzeption primärer Untersuchungsfragen und einhergehender Hypothesen in Erinnerung bleiben sollte.

4.1.2 Klassifikation des verarbeitenden Gewerbes in Japan

Die auf gesetzlicher Basis hergeleiteten Maßnahmen zur Beschäftigungsfortsetzung werden im Rahmen dieser Arbeit im speziellen Kontext des verarbeitenden Gewerbes untersucht. So gilt es auch bezüglich der japanischen Einteilung industrieller Branchen eine Definition vorzunehmen. Diese erfolgt auf Grundlage der *Japan standard industrial classification* (*nihon hyōjun sangyō bunrui*), gemäß der 11. Revision aus dem Jahre 2002. In diesem Rahmen wird eine Aufschlüsselung des verarbeitenden

---

23 http://www.jil.go.jp/institute/zassi/backnumber/2014/01/pdf/005-012.pdf, letzter Abruf: 9.3.2017.

Tabelle 6: Obere Klassifikation des verarbeitenden Gewerbes auf Basis der
Japan standard industrial classification

- *Shokuryō hinsei zōgyō* („Herstellung von Lebensmitteln")
- *Inryō · tabako · shiryō seizō-gyō* („Herstellung von Getränken, Tabak und Tiernahrung")
- *Sen´i ifuku, sono hoka no sen´i seihin wo nozoku* („Herstellung von Textilfabrikaten, außer Kleidung und vergleichbaren Endprodukten")
- *Sen´i kogyō (ifuku sono hoka no sen´i seihin seizō-gyō)* („Herstellung von Kleidung und anderen textilen Endprodukten")
- *Mokuzai · moku-seihin seizō-gyō (dōgu wo nozoku)* („Herstellung von Holz und Holzprodukten, außer Möbel")
- *Dōgu · sōbi hinsei zōgyō* („Herstellung von Möbeln und Einbauten")
- *Parupu · kami · shi-kakō hinsei zōgyō* („Herstellung von Faserstoffen, Papier und Papierprodukten")
- *Insatsu · dō kanren-gyō* („Herstellung von Druckerzeugnissen und verwandte Industrien")
- *Kagaku kōgyō* („Herstellung von Chemikalien")
- *Sekiyu seihin · sekitan seihin seizō-gyō* („Herstellung von Petroleum und Kohleerzeugnissen")
- *Purasuchikku seihin seizō-gyō (betsukei wo nozoku)* („Herstellung von Plastikerzeugnissen, außer anderweitig klassifiziert")
- *Gomū seihin seizō-gyō* („Herstellung von Gummierzeugnissen")
- *Nameshi kawa · dō seihin · kegawa seizō-gyō* („Herstellung von Erzeugnissen aus Ledergerbung und verwandten Produkten aus Leder und Fell")
- *Yōgyō · doseki seihin seizō-gyō* („Herstellung von Erzeugnissen aus Keramik, Stein und Ton")
- *Tekkō-gyō* („Herstellung von Erzeugnissen aus Eisen und Stahl")
- *Hi-tetsu kinzoku seizō-gyō* („Herstellung von nicht eisenhaltigen Metallen und Erzeugnissen")
- *Kinzoku seihin seizō-gyō* („Herstellung von Metallprodukten")
- *Ippan kikai kigu seizō-gyō* („Herstellung von allgemeinen Maschinen")
- *Denki kikai kigu seizō-gyō* („Herstellung von elektrischen Maschinen, Geräten und Zubehör")
- *Jōhō tsūshin kikai kigu seizō-gyō* („Herstellung von elektronischer Ausrüstung für Information und Kommunikation")
- *Denshi buhin debaisu seizō-gyō* („Herstellung von elektronischen Teilen und Apparaten")
- *Yusō-yō kikai kigu seizō-gyō* („Herstellung von Transportmaschinen und deren Ausrüstung")
- *Seimitsu kikai kigu seizō-gyō* („Herstellung von Präzisionsinstrumenten und –maschinen")
- *Buhin seizō-gyō* („Herstellungen von Teilen und Zubehör")
- *Sono hoka no seizō-gyō* („Sonstige Herstellungen des verarbeitenden Gewerbes")

Quelle: Eigene Darstellung basierend auf Angaben bei Sōmu-shō (2009: http://www.soumu.go.jp/ english/dgpp_ss/seido/sangyo/3-1.htm#f, letzter Abruf: 9.3.2017) sowie Sōmu-shō (2009: http:// www.soumu.go.jp/toukei_toukatsu/index/seido/sangyo/3-1.htm#f, letzter Abruf: 9.3.2017).

Gewerbes anhand dreier Klassifikationsebenen vorgenommen, die sich hinsichtlich ihres Differenzierungsgrads unterscheiden. Gegenüber der oberen Klassifikationsebene, die das verarbeitende Gewerbe lediglich in 24 Teilbranchen unterteilt, wird auf mittlerer bzw. unterer Ebene zwischen rund 150 bzw. 560 Einzelindustrien unterschieden (vgl. Sōmu-shō 2009[24] sowie Sōmu-shō 2009[25]). Ein Ausmaß an Differenzierung, das eine Erfassung des verarbeitenden Gewerbes im Rahmen dieser Untersuchung erschwert. Die Definition des verarbeitenden Gewerbes in Japan im Rahmen dieser Arbeit erfolgt daher anhand der „oberen Klassifizierung" (*dai-bun-rui*) der offiziellen japanischen Industrie-Klassifikation. Wie aus Tabelle 6 hervorgeht, wird das verarbeitende Gewerbe hierbei anhand einer überschaubaren Menge an Teilbranchen gegliedert, was einen für diese Untersuchung adäquaten Zuschnitt repräsentiert.

4.1.3 KMU auf Basis der japanischen Gesetzgebung

Da diese Untersuchung der Beschäftigungsfortsetzung ferner im speziellen Bezug auf Unternehmen kleiner und mittlerer Größe erfolgt, sei zusätzlich die in Japan rechtlich geltende Klassifikation von Unternehmensgrößen anhand des *small and medium enterprise basic law* (*chūshō kigyō kihon-hō*) definiert. Hierbei wendet der japanische Gesetzgeber in Abhängigkeit einzelner industrieller Sektoren den Belegschaftsumfang sowie die Höhe des Grundkapitals als Differenzierungskriterium von Unternehmensgrößen an. Im Rahmen des verarbeitenden Gewerbes ergibt sich die Definitionsgrundlage, wonach Betriebe als Unternehmen kleiner und mittlerer Größe gelten, wenn diese unter 300 Angestellte besitzen und ein Grundkapital von 300 Millionen Yen unterschreiten (vgl. Denshi seifu no sōgō madoguchi 2014)[26]. Entsprechend werden Unternehmen, die diese Werte überschreiten, im Rahmen des verarbeitenden Gewerbes als Großunternehmen klassifiziert und finden sich somit nicht im Rahmen dieser Arbeit berücksichtigt.

4.2 Theoretische Grundlagen zur (Alters-)Erwerbsarbeit und Verrentungsentscheidung

Abschnitt 4.2 dient der Darstellung relevanter Theorien zur Alterserwerbsarbeit respektive dem reziproken Phänomen der Verrentung als übergeordnete Themenkomplexe der Beschäftigungsfortsetzung in Japan. Diese Theorien sind als Verständnis-

---

24 http://www.soumu.go.jp/english/dgpp_ss/seido/sangyo/3-1.htm#f, letzter Abruf: 9.3.2017.
25 http://www.soumu.go.jp/toukei_toukatsu/index/seido/sangyo/3-1.htm#f, letzter Abruf: 9.3.2017.
26 http://law.e-gov.go.jp/htmldata/S38/S38HO154.html, letzter Abruf: 9.3.2017.

grundlage dieser Untersuchung zu betrachten und bieten zugleich eine theoretische Abbildung der beschriebenen Determinanten von Alterserwerbsarbeit. So widmet sich Abschnitt 4.2.1 grundsätzlichen Erwägungen über das Zustandekommen von (Alters-)Beschäftigung im Rahmen der allgemeinen Kontrakttheorie. In Abschnitt 4.2.2 erfolgt eine ökonomische Herleitung des betrieblichen Rentenalters, welches für das Verständnis von Beschäftigungsfortsetzung elementare Bedeutung besitzt. Abschnitt 4.2.3 dient der Präsentation des Optionswertmodells als ökonomische Modellierung individueller Verrentungsentscheidungen. Abschnitt 4.2.4 bietet eine stärker soziologisch geprägte wie vergleichsweise gering abstrahierte Darlegung von Einflussdimensionen des Erwerbs- bzw. Verrentungsverhaltens anhand des *productive ageing framework*.

4.2.1 Grundzüge der allgemeinen Kontrakttheorie

Zu Beginn der Darstellung theoretischer Grundlagen zur (Alters-)Erwerbsarbeit sei auf Grundzüge der allgemeinen Kontrakttheorie als fundamentale Verständnisgrundlage des Gutes Arbeit und seiner Austauschbeziehung hingewiesen. Basierend auf der Prämisse eines freien Arbeitsmarktes, stellt Beschäftigung eine zwischen Arbeitgeber und Arbeitnehmer vereinbarte Interaktion dar, die autonom vom Einfluss dritter Parteien vollzogen wird. Angesichts der umfangreichen Regulierung von (Alters-)Erwerbsarbeit, wie sie auch im Rahmen dieser Arbeit zum Ausdruck kommt, mag der freie Charakter des Arbeitsmarkts in Frage gestellt werden. So sei darauf hingewiesen, dass der dem ordnungspolitischen Kontext entstammende Begriff des freien (Arbeits-)Markts bei seiner Interpretation zu trennen ist vom ökonomischen Verständnis friktionsloser Märkte und im Sinne einer ordnungspolitischen Abgrenzung gegenüber dem Konzept einer zentral gesteuerten Planwirtschaft zu verstehen ist. Dabei sollte der beschäftigungspolitische Willensbildungsprozess in Japan (vgl. Abschnitt 3.2) bereits als hinreichendes Argument verstanden werden, die Interpretation Japans als zentral gelenkten Wirtschaftsraum abzulehnen. Andererseits gibt die bisherige Darstellung zu erkennen, dass die Regulierung von (Alters-)Erwerbsarbeit kein exklusives Merkmal des japanischen Kontexts darstellt, sondern in sämtlichen Industrienationen verankert ist. So sei vor diesen Hintergründen konstatiert, dass diese Untersuchung von Beschäftigungsfortsetzung auf der Annahme eines freien Arbeitsmarkts im ordnungspolitischen Sinne und der hierauf basierenden Entscheidungsautonomie von Beschäftigungsparteien aufbaut.

Auf Grundlage dieser Prämisse ist das Eingehen von Beschäftigung als Transaktion zu verstehen, die aus einer angebots- wie nachfrageseitig positiven Einschätzung des Erwartungsnutzens hervorgeht, wobei dieser als Relativ gegenüber der Menge an Handlungsalternativen zu deuten ist. In diesem Sinne stellt jedes Anstellungsverhältnis unter bestehenden Umweltzuständen die jeweils beste arbeitgeber- wie arbeitnehmerseitige Handlungsoption im Rahmen existenter Alternativen des Einsatzes von Kapital bzw. Arbeitskraft dar. Legt man die Gewinnerzielung als primären Organisationszweck von Unternehmen zugrunde, definiert sich dieser Erwartungsnutzen nachfrageseitig durch einen Rentabilitätsüberschuss beim Vergleich von qua Anstellungsverhältnis generierten Erträgen und den hiermit verbundenen direkten wie indirekten Personalkosten. Beschäftigung kommt aus Nachfrageperspektive demnach nur zustande, wenn hiermit die Einschätzung verbunden ist, dass der finanzielle Aufwand eines Anstellungsverhältnisses die hierdurch erzielten Erträge zumindest nicht übersteigt. Somit fungiert die Rentabilität individueller Beschäftigungsverhältnisse auf Nachfrageseite als entscheidende Determinante jedweder Arbeitsbeziehung. Dies gilt, wenngleich in der durch begrenzte Rationalität sowie asymmetrische Informationsverteilung (ASIV) geprägten betrieblichen Realität keine infinitesimale Rentabilitätsabschätzung möglich ist.

Auch aus Arbeitnehmerperspektive geht das Eingehen von Beschäftigung aus einer Bilanzierung der hiermit in Verbindung stehenden Kosten und Erträge hervor. So müssen die gebotenen Beschäftigungskonditionen mindestens dem Arbeitsleid entsprechen, um einen positiven Erwartungsnutzen der Angebotsseite zu erzeugen. Da auch diese prinzipiell über Handlungsalternativen verfügt, wird dasjenige Beschäftigungsverhältnis ergriffen, welches beim Vergleich des Erwartungsnutzens die höchste positive Differenz gegenüber dem Reservationswert (als Erwartungsnutzen der zweitbesten Handlungsalternative) aufweist. Diese ökonomische Entscheidungsgrundlage des Arbeitnehmers abstrahierend, determiniert demnach die Akzeptanz der gebotenen Konditionen das angebotsseitige Zustandekommen von Beschäftigung. Allerdings ist auch diese Akzeptanz als Relativ zu verstehen, welche aus dem Vergleich von Handlungsoptionen hervorgeht. Dabei illustriert die Betrachtung der Arbeitsmarktsituation Älterer, dass diese auch im japanischen Kontext oftmals über vergleichsweise geringe Optionen des externen Arbeitsmarkts verfügen, was als Schwächung der im ökonomischen Gedankengut verankerten Entscheidungsfreiheit verstanden werden kann. Umgekehrt finden Unternehmen wohlmöglich keine Mitarbeiter mit gewünschtem Qualifikationsprofil und müssen somit auf Alternativen geringeren Erwartungsnutzens zurückgreifen. Entsprechend kann Beschäftigung trotz ihres Zustandekommens durch ein *mismatch* von Erwartungen zwischen Angebots- und Nachfrageseite geprägt sein. Diesen Abschnitt zusammenfassend, sei also ein freier Arbeitsmarkt als Grundannahme hiesiger Untersuchung von Beschäftigungsfortsetzung eingeführt, wonach das Entstehen individueller Beschäftigungsverhältnisse auf Rentabilität (Nachfrageseite) respektive Akzeptanz (Angebotsseite) beruht. Hiermit sei zugleich betont, dass dieser Untersuchung im Umfeld der Altersbeschäftigung in Japan ökonomische Prämissen zugrunde liegen, welche unabhängig bestimmter Alterskohorten oder nationaler Kontexte einer theoretischen Abbildung der Entscheidung zum Eingehen von Arbeitsbeziehungen dienen.

4.2.2 Ökonomische Herleitung des betrieblichen Renteneintrittsalters

Allein anhand der Namensgebung ersichtlich, baut das Konzept der Beschäftigungsfortsetzung auf einer vorherigen Anstellung auf. Nicht nur der Startpunkt von Fort-
beschäftigungsystemen wird daher zentral durch die Existenz eines betrieblichen
Rentenalters bestimmt. Daher sei im Rahmen der theoretischen Herleitung des
Untersuchungsgegenstands ferner die Frage behandelt, warum ein betriebliches
Rentenalter als klassisches Charakteristikum der japanischen Personalführung
besteht und auf welcher Grundlage dessen konkrete Festlegung erfolgt. Ein profilier-
ter Ansatz zur Beantwortung dieser Fragen wird durch Lazear (1979): *Why Is There
Mandatory Retirement?*[27] erbracht. Ausgangspunkt bildet die Betrachtung des Verhältnisses von Arbeitsproduktivität und Gehaltsniveau, die zur Formulierung einer
cheating hypothesis führt (vgl. Lazear 1979: 1266–1272)[28]. Zu deren Erläuterung sei
auf die theoretische Grundannahme der Existenz einer in der Ökonomik als *first-
best world* bezeichneten Unternehmensumwelt verwiesen, in der vollständige Infor-
mationssicherheit wie Kontrahierbarkeit von Arbeitsleistung besteht. Unternehmen sind in diesem Falle in der Lage, das individuelle Produktivitätsniveau exakt
zu bestimmen und entsprechend zu entlohnen. Somit besteht keine Differenz zwischen Arbeitsproduktivität und Gehaltsniveau und Verluste in Form von über dem
Produktivitätsniveau liegenden Personalkosten werden vermieden (vgl. Higuchi und
Yamamoto 2002: 2–3)[29]. Die *cheating hypothesis* geht davon aus, dass im Gegensatz
zur *first-best world*, die reale Grundlage betrieblichen Handelns eher Voraussetzungen entspricht, wonach Entscheidungen auf Basis unsicherer Informationsbestände
erfolgen und individuelle Leistungsbeiträge nur in seltenen Fällen exakt ermittelbar
sind (*second-best world*).

Ergo besteht die Gefahr finanzieller Unterdeckung des Beschäftigungsverhältnisses, wenn das veranschlagte Gehaltsniveau den individuellen Produktivi-
tätsbeitrag übersteigt. Dies gilt, zumal das Verhalten des Arbeitnehmers in einem
Umfeld unzureichender Kontrolle bzw. Kontrahierbarkeit von Arbeitsleistung
gemäß dem durch Zielkonflikte und Opportunitätsspielräumen gekennzeichneten
principal-agent-Ansatz durch bewusste Leistungszurückhaltung (*cheating*) geprägt
sein kann. Es stellt sich somit die Frage, wie Gehaltsstrukturen konzipiert sein
müssen, um Anreize gegen individuelle Leistungszurückhaltung zu implementieren, ohne auf eine quasi infinitesimale Produktivitätsbemessung zurückgreifen zu
müssen, die zu einer Erhöhung von Kontrollkosten bzw. ultimativ zur Verteuerung
des Faktors Arbeit führt. Eine Möglichkeit hierzu besteht laut Lazearschem Ansatz

---

27 https://papers.ssrn.com/sol3/papers.cfm?abstract_id=293234, letzter Abruf: 9.3.2017.
28 https://papers.ssrn.com/sol3/papers.cfm?abstract_id=293234, letzter Abruf: 9.3.2017.
29 National Centre for the Vocational Education Research (NCVER) – VOCED plus. http://www.voced.
edu.au/, letzter Abruf: 9.3.2017. Signatur: TD/TNC76.74.

in der Implementierung von *atobarai chingin* bzw. einem *„system of deferred payments"*, wonach in den ersten Beschäftigungsjahren ein gewisser Gehaltsanteil in Form einer Rente einbehalten wird, der im Verlauf späterer Karrierephasen in voller Höhe rückerstattet wird (vgl. Lazear 1979: 1264)[30]. Dieses System hinausgezögerter Gehaltszahlungen kommt einer Warnung des Arbeitgebers gleich, die einbehaltenen Gehaltskomponenten nicht auszuzahlen, sollten sich Formen der Leistungszurückhaltung als feststellbar bzw. kontrahierbar erweisen, wodurch auf Seite des Arbeitnehmers ein Anreiz zur Selbstkontrolle installiert wird (vgl. Higuchi und Yamamoto 2002: 3)[31]. Leisten Unternehmen ferner zu Karrierebeginn spezifische Humankapitalinvestitionen in Form betriebsspezifischer Qualifikationsvermittlung, resultiert hieraus die Gefahr des Verlusts dieser Investitionen, sollte es zu einer frühzeitigen arbeitnehmerseitigen Vertragsauflösung kommen. Senioritätsbasierte Entlohnungsstrukturen wirken zugleich dieser Gefahr entgegen, da der Arbeitnehmer gemäß theoretischem Verständnis zumindest so lange ein Interesse an der Aufrechterhaltung des Beschäftigungsverhältnisses besitzt, bis er die vom Unternehmen einbehaltene Rente in voller Höhe appropriiert hat.

Während auch die Humankapitaltheorie alternative Erklärungen von Senioritätslöhnen bereithält, wonach ein mit der Betriebszugehörigkeit wachsendes Produktivitätsniveau ein ansteigendes Gehaltsprofil rechtfertige (vgl. Ohtake 2008: 905), beruht der Lazearsche Ansatz zur Existenzbegründung betrieblicher Rentenalter auf einer Herführung senioritätsorientierter Gehaltsbestimmung. Deren betriebswirtschaftliche Konsequenz sei anhand von Abbildung 9 erläutert: Während Arbeitnehmer aufgrund der anfänglichen Lohnzurückhaltung in der Karriereeinstiegsphase Gehälter unterhalb des Produktivitätsniveaus beziehen, entsteht aufgrund der senioritätsgeprägten Gehaltsgerade ein Schnittpunkt (Punkt A), ab dem ein Gehalt ausbezahlt wird, das zunehmend über dem Produktivitätsniveau liegt. Punkt B markiert dabei jenen Zeitpunkt, zu dem die aus Gehalts- und Produktivitätsgerade resultierenden Dreiecke vollständig kongruent sind, was die vollständige Rückzahlung der einbehaltenen Rente illustriert. Wird die Beschäftigung unter gegebenen Umständen verlängert, wird somit über Punkt B hinaus ein Gehalt ausbezahlt, das eine wachsende Differenz gegenüber dem Produktivitätsniveau aufweist, welches nicht mehr durch die vorherige Einbehaltung von Gehaltskomponenten gedeckt ist. Ceteris paribus ist eine Fortsetzung der Beschäftigung über Punkt B hinaus – gleichbedeutend mit dem betrieblichen Rentenalter – nicht mehr rentabel. Senioritätsbasierte Gehaltsstrukturen bedingen somit ein System, bei dem ein a priori terminierter Zeitpunkt vereinbart wird, zu dem die Beendigung der Beschäftigung vollzogen wird (vgl. Lazear 1979:

---

30 https://papers.ssrn.com/sol3/papers.cfm?abstract_id=293234, letzter Abruf: 9.3.2017.
31 National Centre for the Vocational Education Research (NCVER) – VOCED plus. http://www.voced. edu.au/, letzter Abruf: 9.3.2017. Signatur: TD/TNC76.74.

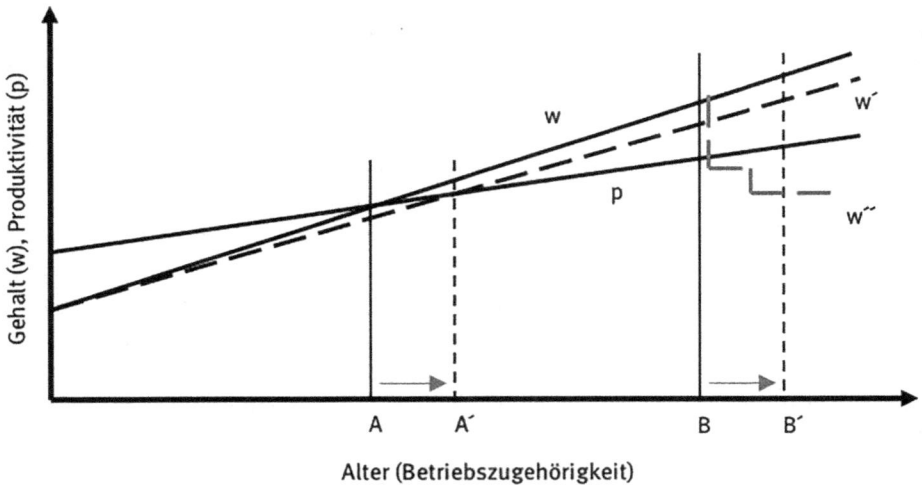

Abbildung 9: Profil von Gehalt und Produktivität im Rahmen des Systems hinausgezögerter Gehaltszahlung gemäß der Lazearschen Theorie

Quelle: Eigene Darstellung orientiert an Lazear (1979: 1265. https://papers.ssrn.com/sol3/papers.cfm?abstract_id=293234, letzter Abruf: 9.3.2017) und Rōdō seisaku kenkyū kenshū kikō (2010: 25. http://www.jil.go.jp/institute/reports/2010/documents/0120.pdf, letzter Abruf: 9.3.2017).

1283)[32]: „seniority wages are increasingly unsustainable. It is not possible for employers to pay a growing number of older workers more than their worth in productivity terms" (OECD 2011b: 72). Wird hiermit der Blickwinkel des Arbeitgebers betrachtet, hebt Ernst (1995: 92) die Relevanz senioritätsorientierter Gehälter für die Beschäftigungsperspektiven Älterer hervor. Denn solange die senioriätsbedingt höheren Löhne älterer Arbeitnehmer nicht gekürzt würden, „wird der Druck auf diese älteren Arbeitnehmer zunehmen, zu einem möglichst frühen Zeitpunkt aus dem Beschäftigungsverhältnis auszuscheiden".

Die vor diesem Hintergrund verfolgten Lösungsstrategien japanischer Unternehmen sind ebenfalls Abbildung 9 zu entnehmen. So wird die bereits behandelte Abflachung des Gehaltsprofils durch den Verlauf der alternativen Gehaltsgerade w´ dargestellt. Dieser führt zu einer Verlagerung des Schnittpunkts mit der Produktivitätsgeraden (Punkt A´), in deren Folge sich auch der Zeitpunkt nach hinten verschiebt, zu dem die durch den Verlauf von p und w´ gebildeten Dreiecke vollkommen kongruent sind (Punkt B´). Visualisiert wird somit die mit der Abflachung des Gehaltsprofils verbundene Unternehmensabsicht, die Phase des durch vormalige

---

32 https://papers.ssrn.com/sol3/papers.cfm?abstract_id=293234, letzter Abruf: 9.3.2017.

Gehaltseinbehaltung gedeckten Gehaltsüberschusses zeitlich auszuweiten. Auch die Gehaltsrestrukturierung im Rahmen der Beschäftigungsfortsetzung ist in Gestalt des treppenförmigen Verlaufs der Gehaltsgeraden w‴ angedeutet. So illustriert dieser, dass eine sockelförmige Absenkung des Gehaltsniveaus ab dem betrieblichen Rentenalter einer Annäherung an das Produktivitätsniveau gleichkommt und somit die Rentabilitätsbedingung als nachfrageseitige Determinante der Beschäftigung wiederherzustellen sucht. In diesem Sinne stellt der Lazearsche Ansatz eine ökonomische Herleitung von Senioritätslöhnen dar, aus der sich wiederum die Existenz eines betrieblichen Rentenalters ableiten lässt, an dem die Beschäftigungsfortsetzung unmittelbar anknüpft. Nicht zuletzt wird hierdurch auch das Problemverständnis für den betrieblichen Anreiz zu einer Gehaltsreduktion im Rahmen der Beschäftigungsfortsetzung geschärft, der auch anhand hiesiger Untersuchungsergebnisse einen zentralen Diskussionspunkt von Beschäftigungsfortsetzung bildet: „how could firms be induced to employ older workers? There is no other way but to reduce the gap between older workers' wages and labour productivity" (Higuchi und Yamamoto 2002: 3)[33].

4.2.3 Das Optionswertmodell zur Abbildung individuellen Verrentungsverhaltens

Bildet der Einzug in den Ruhestand die prinzipielle Alternative zur Aufrechterhaltung von Erwerbsarbeit, sind beide Vorgänge als reziproke Erscheinungen zu interpretieren. Folglich soll nach der Betrachtung theoretischer Grundlagen zur (Alters-)Erwerbsarbeit auch ein Exkurs in das ökonomische Verständnis individuellen Verrentungsverhaltens erfolgen. Hierum bemüht sich die Ökonomik des Verrentungsverhaltens (*economics about retirement behaviour*), in deren Zentrum das Bemühen steht, individuellen Verrentungsentscheidungen eine ökonomische Modellierung zuzuführen. Die im Rahmen der Verrentungsökonomik entwickelten Modelle basieren auf den Axiomen individueller Rationalität, dem Streben nach Nutzenmaximierung (homo oeconomicus) sowie der Auffassung, dass eine Entscheidung zum Ruhestand auf der Existenz von Handlungsoptionen basiert, die zur Bestimmung des optimalen Verrentungszeitpunkts einem zeitlichen Vergleich von Umweltzuständen unterzogen werden. Ökonomische Modelle, die sich anhand dieser Gedankenansätze um eine theoretische Abbildung der Verrentungsentscheidung bemühen, werden als Lebenszyklusmodelle (*lifecycle models*) bezeichnet. Dabei ist der Bandbreite solcher Modelle gemein, dass die Verrentungsentscheidung aus einer Nutzenfunktion der Lebenszeit (*lifetime utility function*) abgeleitet wird, die sich aus den Funktionswerten Konsum (ermöglicht durch Arbeitseinkommen) und Freizeit zusammensetzt, welche

---

33 National Centre for the Vocational Education Research (NCVER) – VOCED plus. http://www.voced. edu.au/, letzter Abruf: 9.3.2017. Signatur: TD/TNC76.74.

bei Bestehen einer Restriktionsbedingung in Form begrenzter Lebenszeit (*lifetime budget constraint*) maximiert werden will (vgl. Arnds und Bonin 2002: 6–10[34] sowie Gal 2005: 8–9[35]). Während frühe Modelle statische, weil einperiodige Nutzenfunktionen besitzen, basieren spätere Ansätze auf intertemporalen Nutzenfunktionen der Lebensarbeitszeit. Diese berücksichtigen eine fortwährende Rekalkulation des optimalen Verrentungszeitpunkts auf Grundlage konstanter Informationsaktualisierung etwa bezüglich von Gehaltshöhe oder Rentensatz, weshalb hierfür die Bezeichnung „dynamische Lebenszyklusmodelle" (*dynamic lifecycle models*) verwendet wird.

Einen etablierten Vertreter dynamischer Lebenszyklusmodelle stellt das Optionswertmodell (*option value model*)[36] dar, welches als zusätzliche Annahme davon ausgeht, dass eine Verrentungsentscheidung freiwilliger wie unwiderruflicher Natur ist. Unter diesen Voraussetzungen erhält der Verbleib in Beschäftigung einen ökonomischen Wert, der als Optionswert einer hinausgezögerten Verrentung (*option value of postponing retirement*) bezeichnet wird. So entfällt mit dem Rückzug vom Arbeitsmarkt die grundsätzliche Option zu einem späteren Zeitpunkt unter potentiell vorteilhaften Bedingungen in Ruhestand zu treten. Um die optimale Handlungsalternative zwischen sofortigem Ruhestand und verzögertem Renteneintritt zu bestimmen, wird der Erwartungsnutzen eines Renteneintritts zum aktuellen Zeitpunkt X, dem antizipierten Erwartungsnutzen zukünftiger Verrentungszeitpunkte gegenübergestellt. Die maximale positive Differenz, die sich aus dem Vergleich dieser zeitlichen Umweltzustände ergibt, stellt den konkreten Optionswert eines späteren Verrentungszeitpunkts dar. Kehrt sich dieser Optionswert hingegen ins Negative, stellt sich ein sofortiger Rückzug vom Arbeitsmarkt als rational dar und bedingt eine entsprechende Verrentungsentscheidung. Somit sei festzuhalten, dass das Phänomen der Verrentung im Sinne der ökonomischen Theorie als dynamischer Entscheidungsprozess charakterisiert wird, wobei der Zeitpunkt, der dem geringsten Optionswert eines Verbleibs im Arbeitsmarkt entspricht, den optimalen Verrentungsmoment markiert. Reflektiert wird hierdurch aus theoretischem Blickwinkel zugleich die Bedeutung, welche ökonomischen Faktoren zum Verbleib in Erwerbsarbeit zuzurechnen ist, wie sie durch öffentliche Renten- und Steuersysteme beeinflusst werden, jedoch auch im Zusammenhang der gängigen Praxis einer Gehaltsreduktion bei Eintritt in Beschäftigungsfortsetzung in Erinnerung zu behalten sind.

---

34 http://ftp.iza.org/dp666.pdf, letzter Abruf: 9.3.2017.
35 http://www.jil.go.jp/profile/documents/Gal.pdf, letzter Abruf: 9.3.2017.
36 Das Optionswertmodell geht aus verschiedenen Arbeiten hervor, vgl. Lumsdaine und Mitchell (1999); Gruber und Wise (2004) oder Lazear und Moore (1988: http://www.nber.org/chapters/c6048. pdf, letzter Abruf: 9.3.2017).

4.2.4 Das konzeptionelle Modell produktiven Alterns als Bestandteil des *successful ageing*-Ansatzes

Gemäß ihrer theoretischen Natur zeichnen vorherige Abschnitte ein recht abstraktes Abbild der (Alters-)Erwerbsarbeit sowie des individuellen Verrentungsverhaltens. Das durch Bass und Caro (2001) entworfene konzeptionelle Modell produktiven Alterns (*conceptual framework of productive ageing*) bemüht sich hingegen um eine anschauliche Kategorisierung der komplexen Einflussfaktoren wirtschaftlicher Altersteilhabe, die sich über den bisherigen ökonomischen Kontext hinaus erstreckt und als schematisches Konzentrat bisheriger Inhalte dieser Arbeit gelesen werden kann.[37] Wie anhand von Abbildung 10 ersichtlich, differenzieren Bass und Caro (2001: 48, 49) zur Abbildung von Determinanten des Erwerbsverhaltens im Alter unterschiedliche Dimensionen. So werden politische, wirtschaftliche wie gesellschaftliche Zustände als Umweltfaktoren subsumiert, über die Individuen keine Eigenkontrolle besitzen, wozu etwa das konjunkturelle Umfeld gezählt wird (Sektor A). Sektor B sublimiert Situationsfaktoren, welche Rolle und Verhalten Einzelner als Mitglied gesellschaftlicher Institutionen bestimmen. Diskutiert wird in diesem Rahmen etwa der hemmende Einfluss familiärer Verpflichtungen auf das Erwerbsverhalten. Diese werden als Produkt kultureller Wertmaßstäbe und hieraus erwachsender Erwartungshaltungen gedeutet, so dass Bass und Caro (2001: 49) auch in diesem Zusammenhang nur von geringen persönlichen Handlungsspielräumen ausgehen. Sektor C umfasst Individualfaktoren, worunter psychologische, physische wie psychische Eigenschaften fallen. Während einige dieser Merkmale bereits von Geburt an determiniert und unveränderbar sind, entspringen andere Charakteristika einem persönlichen Verhaltensspielraum und können somit im Zeitverlauf Veränderungen unterliegen: „Individuals draw on the personal resources included in Sector C to interpret and adjust to environmental and situational forces or are limited by them" (Bass and Caro 2001: 49). Sektor D kompiliert schließlich politische Faktoren, zu denen laut Bass and Caro (2001: 51) auch die betriebliche Einflussebene von Alterserwerbsarbeit gerechnet wird: „These [factors] include government and employer policies, rules, pensions, taxation, and the norms and priorities set by established institutions outside the family".

Das *conceptual framework of productive ageing* dient zur Sensibilisierung, dass konstituierende Elemente der Alterserwerbsarbeit in einer Beziehung gegenseitiger Einflussnahme stehen, die das in Sektor E zusammengefasste Ausmaß an ökonomischer Teilhabe im Alter bestimmt (vgl. die in Abbildung 10 beinhalteten Vektoren).

---

37 Neben dem hier vorgestellten *conceptual framework of productive ageing* existieren verwandte Modelle zur Systematisierung von Einflussfaktoren der Alterserwerbsarbeit, vgl. Mow international research team (1987); Westwood und Leung (1996) oder Shacklock und Brunetto (2011). .

Sektor A: Umweltfaktoren

Konjunktur; Kultur;
Weltereignisse
(Kriege, etc.);
politische Entwicklungen;
demografische Entwicklung;
Kohorteneffekte; etc.

Sektor D:
Politische Faktoren

Staatliche Sozial-
und Beschäftigungs-
politik; Besteuerungs-
regeln; Arbeitgeber-
politiken,
(Beschäftigungs-
prinzipien, etc.);
etc.

Sektor E:
Konsequenzen

Beschäftigungs-
quoten, etc.

Sektor B: Situationsfaktoren

Rollenbilder;
sozioökonomische Position
(Bildungsniveau, etc.);
Lebens-, Familienumstände
und resultierende
Verantwortlichkeiten
(kommunaler Kontext, etc.);
Tradition und abzuleitende
Erwartungen, chronischer
wie akute Gesundheitsstatus;
etc.

Sektor C: Individualfaktoren

Genetisches Profil;
biologische Komposition;
physische Eigenschaften;
Geschlecht; Ethnizität;
Motivation; Kreativität,
Einstellung;
Gewohnheiten;
etc.

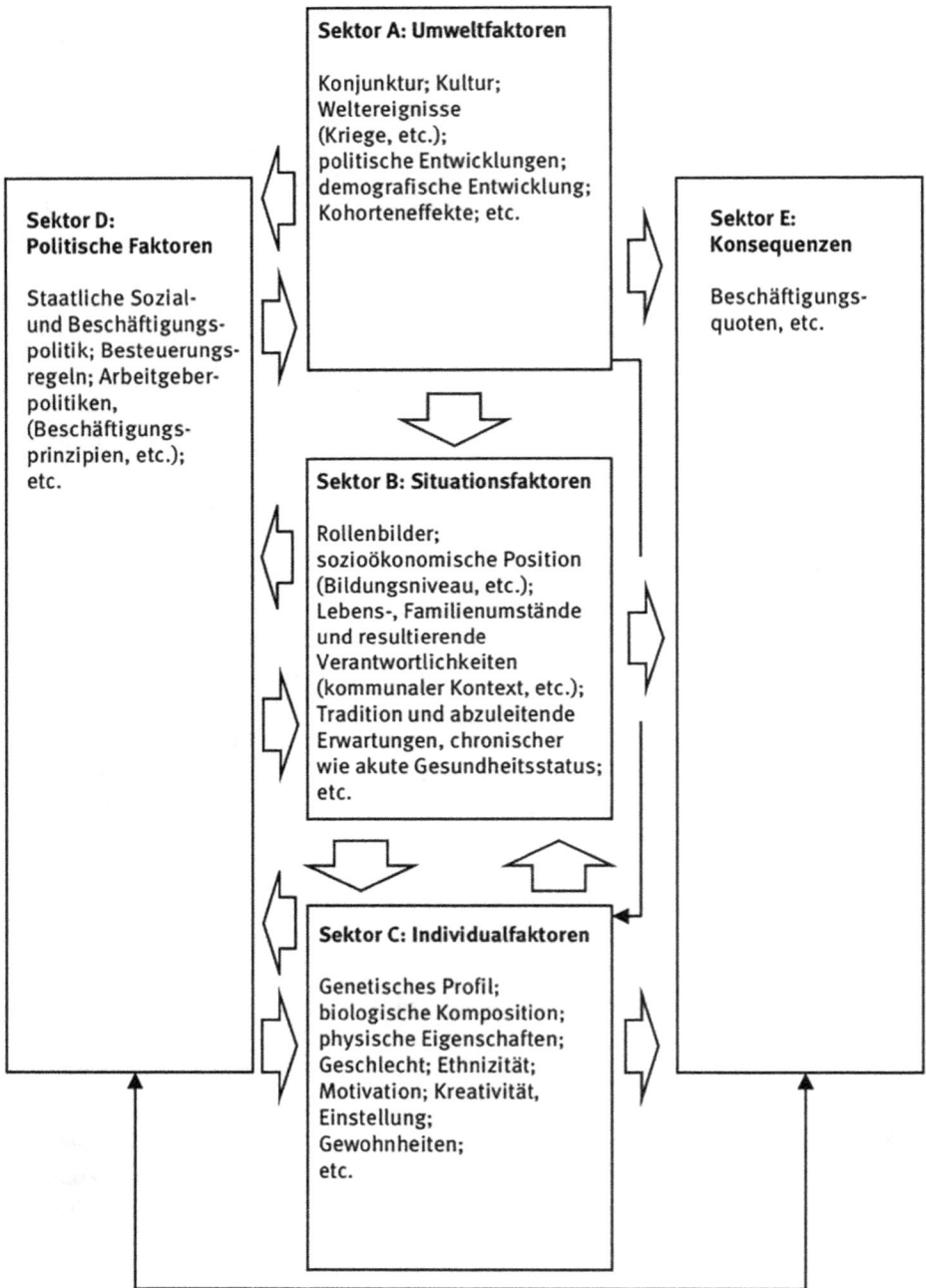

Abbildung 10: Schematische Abbildung des konzeptionellen Modells produktiven
Alterns von Bass und Caro (2001)

Quelle: Eigene Darstellung orientiert an Bass und Caro (2001: 47).

Weisen Bass und Caro (2001: 38) darauf hin, dass ihr Modell als Ausgangspunkt zur Erweiterung durch den Wissenschaftsdiskurs anzusehen ist, sollte jedoch Erwähnung finden, dass dieses mit kritischen Anmerkungen versehen werden kann. So sei etwa bemängelt, dass darin keine Gewichtung der einzelnen Einflussdimensionen von Alterserwerbsarbeit erfolgt. Erschwert wird somit die Deutung der Genese von Alterserwerbsarbeit, wie sie durch Shacklock und Brunetto (2011: 256) substanziell zum Ausdruck kommt: „It is only when health allows that one has a choice to continue working, and only when financial circumstances allow that one has a choice to reduce or stop working, or retire". Ein weiterer Ansatz zur Kritik wird anhand einer fehlenden Darstellung der Einflussnahme des Sektors E (Beschäftigungsquote, etc.) auf die in Sektor C kompilierten Kriterien des Erwerbsverhaltens ausgemacht. Zur Geltung kommt somit nicht der *discouraged worker effect*[38], wonach subjektiv gering eingeschätzte Beschäftigungschancen zu einer inneren Abwendung vom Erwerbsleben führen. So konstatieren Bass and Caro (2001: 48): „the outcomes sector has little effect on the larger environment, or individual or situational variables". Allerdings sei diese Feststellung zumindest hinsichtlich der Individualfaktoren bestritten und etwa anhand des Befunds durch Higuchi und Yamamoto (2002: 7)[39] in Frage gestellt: „A rise in the unemployment rate considerably lowers the number of older people wishing to be employed". Somit ist es die Simplizität des durch Bass und Caro (2001) vorgestellten Modells zur Systematisierung konstituierender Elemente von Alterserwerbsarbeit, die Anlass zur Kritik liefert, jedoch zugleich den Vorteil bietet, auch bei ungeübten Betrachtern ein Verständnis der komplexen wie interdependenten Einflussfaktoren von Alterserwerbsarbeit zu erwecken.

Das Modell produktiven Alterns ist als Bestandteil des *successful ageing*-Ansatzes anzusehen, der sich mit Beginn der 1980er Jahre einer positiven Attestierung von Alterspotentialen verschreibt, dabei jedoch Kritik begegnet. Diese mündet etwa in dem Vorwurf, eine Glorifizierung der Potentiale des Alters zu erwirken und somit unintendiert dazu beizutragen, den Leistungsdruck einer zunehmend auf meritokratische Maßstäbe ausgerichteten Gesellschaftsform auch auf die letzten Phasen menschlichen Lebens zu übertragen. Trotz Einwänden wie diesen gebührt dem *successful ageing*-Ansatz der Verdienst, die Öffentlichkeit zu einer positiveren Altersauffassung zu bewegen. Zugleich liefert er wertvolle Beiträge zur Beantwortung der Frage, warum sich trotz positiver Belege von Altersproduktivität, das Arbeitsmarktumfeld Älterer nach wie vor durch mangelnde Beschäftigungschancen kennzeichnet. Drei Hypothesen werden in diesem Zusammenhang vorrangig diskutiert: So repräsentiert die *affluence/leisure preference hypothesis* einen öko-

---

38 Vgl. Atchley und Barusch (2003: 238) oder Yugami (2006: 73. http://www.jil.go.jp/english/JLR/ documents/2006/JLR12_yugami.pdf, letzter Abruf: 9.3.2017).
39 National Centre for the Vocational Education Research (NCVER) – VOCED plus. http://www.voced. edu.au/, letzter Abruf: 9.3.2017. Signatur: TD/TNC76.74.

nomisch geprägten Ansatz, wonach der Wunsch zur Freizeit den entscheidenden Beweggrund frühzeitiger Verrentungseintritte darstellt: „people work largely for economic reasons, that is, because they 'need the money'. [...] the hypothesis asserts that prosperity makes it economically possible for many older people to retire" (Bass und Caro 2001: 54, 55). Eine stärker im soziologischen Kontext verortete These macht einen Intergenerationenkonflikt (*intergenerational conflict*) für die mangelnde ökonomische Teilhabe Älterer verantwortlich. Demnach zeichnet sich gesellschaftlicher Wandel durch Veränderungen der Kräfteverhältnisse unterschiedlicher Gesellschaftsgruppierungen aus, welche Anspruch auf knappe Ressourcen – wie der Arbeit – ohne Berücksichtigung der Interessen Anderer erheben (vgl. Bass und Caro 2001: 55–56). Ebenfalls soziologisch geprägt, geht die *cultural lag hypothesis* zur Begründung mangelnder Beschäftigungschancen im Alter wiederum davon aus, dass sich gesellschaftliche Akteure nur mit Verzögerung an soziale Entwicklungen anpassen: „The cultural lag hypothesis asserts that as a society, we simply are slow to adjust our institutions in response to changing conditions" (Bass und Caro 2001: 55–56). So bringen Bass und Caro (2001: 54) denn auch den Begriff einer institutionalisierten Altersdiskriminierung (*institutionalized ageism*) gegen die Interpretation in Stellung, wonach Altersdiskriminierung primär als bewusster Akt einzelner Akteure verstanden werden sollte.

Zuletzt sei im Rahmen dieser Darstellung theoretischer Untersuchungsgrundlagen auf den Beitrag von Williamson, Rinehart und Blank (1992) verwiesen, der eine mittlerweile etablierte Differenzierung zwischen *pull-* und *push*-Faktoren der Verrentungsentscheidung einführt. Umfassen *pull*-Faktoren all jene Parameter, die den Antrieb zum Ruhestandseintritt erhöhen, kann der Rückzug vom Arbeitsmarkt etwa den persönlichen Vorteil bieten, den resultierenden Zeitgewinn gemäß persönlicher Vorlieben zu nutzen. *Pull*-Faktoren können jedoch ebenso monetären Charakter besitzen, der in dargestelltem Maße vor allem durch die Anreizgestaltung im Rahmen von Renten- und Steuersystem beeinflusst wird (vgl. Duval 2003: 30[40] sowie Abschnitt 3.3.5). Gleichermaßen können auch *push*-Faktoren der Verrentungsentscheidung monetärer oder nicht-monetärer Natur sein. So sublimiert dieser Begriff all jene Merkmale, die den Anreiz zum Verbleib in Erwerbsarbeit verringern, was in erster Linie die Gestaltung von Arbeit und Beschäftigung auf betrieblicher Ebene berührt. Diese Differenzierung ist von Belang, wird hierdurch das Verständnis geschärft, dass Verrentungsentscheidungen nicht nur durch ökonomische Faktoren beeinflusst werden. Aspekte der Beschäftigungsqualität sollten somit nicht unter der despektierlichen Charakterisierung einer Sozialromantik behandelt werden. Stattdessen stellen diese handfeste Stellgrößen beim angestrebten Ausbau von Altersbeschäftigung dar, die bislang innerhalb der politischen wie wissenschaftlichen Auseinandersetzung ver-

---

40 http://search.oecd.org/officialdocuments/displaydocumentpdf/?doclanguage=en&cote=eco/ wkp(2003)24, letzter Abruf: 9.3.2017.

nachlässigt erscheinen. Die mit diesen Bemerkungen abgeschlossene Darstellung theoretischer Grundlagen zur (Alters-)Erwerbsarbeit bzw. des individuellen Verrentungsverhaltens prägt den konzeptionellen Hintergrund dieser Untersuchung. Zugleich mögen vorherige Passagen der Verdeutlichung dienen, dass die Entscheidung zur ökonomischen Teilhabe im Alter diversen Einflussfaktoren unterliegt. So sind alternative Theorien ökonomischer oder soziologischer Prägung zur Genese von Alterserwerbsarbeit nicht als Gegensatz zu lesen. Stattdessen sind diese in Ergänzung zueinander zu betrachten, um Komplexität wie Interdependenz der konstituierenden Elemente von Alterserwerbsarbeit zu begreifen, mittels deren Modifikation eine Verlängerung von Lebensarbeitszeit in Angriff genommen werden will.

4.3 Forschungspolitische Positionierung dieser Untersuchung

Abschnitt 4.3 stellt die forschungspolitische Positionierung dieser Untersuchung in den Mittelpunkt, die sich als Ableitung der rechtlichen Grundlage von Beschäftigungsfortsetzung sowie der Literaturlage zu diesem Personalinstrument und seines thematischen Umfelds präsentiert. Abschnitt 4.3.1 behandelt die englischsprachige Literaturlage zur Arbeit im Alter und zeichnet traditionelle Betrachtungsperspektiven bei der wissenschaftlichen Erfassung ökonomischer Teilhabe im Alter nach. Abschnitt 4.3.2 geht auf die Literaturlage zur Arbeit im Alter mit Japanbezug innerhalb des deutschsprachigen Publikationsaufkommens ein, wie nicht zuletzt durch Beiträge der deutschsprachigen Japanologie generiert. Abschnitt 4.3.3 liefert einen Überblick über den japanischen Literaturbestand zur Beschäftigungsfortsetzung und ihrer thematischen Umgebung, der eine intensive und dennoch ausbaufähig erscheinende Exploration des Untersuchungsgegenstands zu erkennen gibt. Auf dieser Grundlage verteidigt Abschnitt 4.3.4 den Anspruch eines forschungspolitisch geeigneten Zuschnitts dieser Arbeit. So orientiert sich diese Untersuchung am Forschungsstand, lässt jedoch zugleich eine Emanzipation von dominierenden inhaltlichen wie methodischen Betrachtungsweisen der Beschäftigungsfortsetzung erkennen. Diesen Inhalten sei eine zentrale Anmerkung vorweg gestellt: Entsprechend der längst nicht nur in Japan steigenden Relevanz von Alterserwerbsarbeit fällt der internationale Literaturbestand zu Arbeit im Alter umfangreich aus. Ein vollständiges Eingehen auf relevante Beiträge kann somit nicht als Anspruch bestehen, gilt es den Fokus dieser Arbeit nicht zu gefährden. Stattdessen soll ein repräsentativer Überblick über die Literaturlage zur Beschäftigungsfortsetzung sowie der Alterserwerbsarbeit erfolgen, auf deren Basis die inhaltliche wie methodische Positionierung dieser Untersuchung innerhalb des Literaturbestands nachvollziehbar wird.

4.3.1 Arbeit im Alter als Gegenstand des internationalen Wissenschaftsdiskurses

Ist die Thematik der Alterserwerbsarbeit als übergeordnetes Themenfeld der Beschäftigungsfortsetzung zu begreifen, speist sich die relevante Literaturlage aus Beiträgen unterschiedlicher Wissenschaftsdisziplinen, welche die ökonomische Beteiligung im Alter aus diversen Gesichtspunkten heraus thematisieren. Wird sich um eine Klassifizierung dieses Literaturbestands bemüht, können jene Beiträge als eigene Kategorie gewertet werden, die sich der Verdeutlichung der Notwendigkeit zur Förderung von Alterserwerbsarbeit widmen. Hierbei werden demografische Tendenzen und deren sozioökonomischen Implikationen im Rahmen nationaler oder internationaler Kontexte behandelt. Doch auch Veröffentlichungen zur Arbeitsmarktstellung Älterer seien zu dieser Kategorie hinzugezählt. So erschließt sich aus kombinierter Betrachtung das zukünftige Altern und Schrumpfen von Erwerbsbevölkerungen als ein auf internationaler Ebene verbreitetes Phänomen. Diesem will durch eine intensivere Einbringung Älterer in die Arbeitswelt begegnet werden, entspricht deren derzeitige Arbeitsmarktsituation kaum den wachsenden gesellschaftspolitischen wie individuellen Bedürfnissen nach wirtschaftlicher Altersteilhabe.

Eine zweite Kategorie wird anhand jener Publikationen ausgemacht, die sich den verschiedenen Einflussebenen von Alterserwerbsarbeit sowie den registrierten nationalen Parallelen oder Differenzen verschreiben. Hierunter kann der Literaturbestand der Gerontologie zum Verhältnis von Alter und Leistungsvermögen subsumiert werden. Dieser betrachtet den Gesundheitszustand als elementarstes Kriterium einer Verlängerung von Lebensarbeitszeit und dokumentiert eine zunehmende aktive Alterspanne als international verwandtes Moment des demografischen Wandels. Auf biologischen, medizinischen, psychologischen oder soziologischen Befunden beruhend, verbindet diese Beiträge das gemeinsame Element, auf unzeitgemäße Ausprägungen sozialer Konstrukte des Alters aufmerksam zu machen. Demnach reflektieren gesellschaftliche Rollenbilder des Alters nur ungenügend die Komplexität wie Individualität der Leistungsfähigkeit im Altersverlauf sowie den Gewinn an produktiver Lebenszeit. In diesem Sinne verweist die Summe gerontologischer Veröffentlichungen auf wachsende, jedoch bislang unzureichend wahrgenommene Handlungsspielräume gesellschaftlicher Beteiligungsmöglichkeiten im Alter. Kulturwissenschaftlich oder soziologisch geprägte Veröffentlichungen wenden sich dem Einfluss von Kulturalisierung oder Soziologisierung als potentiellen Faktor der nationalen Varianzen im Ausmaß ökonomischer Altersteilhabe zu. Selbst wissenschaftliche Arbeiten zur Herleitung des japanischen Erfolgs von Alterserwerbsarbeit zeigen sich mitunter durch pauschalisierte Verweise auf eine dem japanischen Kulturraum innewohnende exklusive Arbeitsmoral geprägt. Entsprechend fungieren kulturwissenschaftliche Beiträge als Korrektiv manch kulturalistisch anmutender Erklärungsvarianten. So wird die kulturelle Hemisphäre Japans durch die Koexistenz konträrer Einstellungsmuster charakterisiert, die widersprüchliche Zuschreibungen bezüglich der individuellen wie gesellschaftlichen Stellung des Alters oder der Arbeit hervorruft, wodurch sich der japanische Kulturkreis nicht von anderen unterscheide.

Als weiterer Bestandteil dieser zweiten Literaturkategorie sei das vergleichsweise umfangreiche Publikationsvolumen verstanden, welches den Einfluss politischer Bestimmungsfaktoren von Alterserwerbsarbeit thematisiert. Beiträge, die sich den beschäftigungspolitischen Maximen zum Ausbau von Lebensarbeitszeit, den gesetzlichen Regularien des Arbeitnehmerschutzes oder der im Rahmen aktiver wie passiver Arbeitsmarktpolitik verankerten Förderung von Erwerbsarbeit im Alter verschreiben, mögen hierbei als Subkategorien interpretiert werden. Veröffentlichungen, welche die beschäftigungspolitischen Leitlinien Japans zur Verlängerung von Erwerbsbiografien diskutieren, erscheinen jedoch kaum in der Lage, die nationalen Ausprägungen von Alterserwerbsarbeit herzuleiten. So betonen jene Arbeiten die Relevanz, die einer Steigerung der Beschäftigungsqualität, dem Abbau von Disparitäten zwischen regulären und nicht regulären Beschäftigten, der gesellschaftlichen Implementierung des lebenslangen Lernens, einer Schaffung altersneutraler Beschäftigungskultur oder der Koordinierung sämtlicher Politikfelder zum Ziele einer verbesserten Vereinbarung von Beruf und Familie beizumessen ist. Akzentuiert werden somit politische, gesellschaftliche wie betriebliche Herausforderungen im Zusammenhang der Förderung von Alterserwerbsarbeit, die auch abseits des japanischen Wirtschaftsraums keine Unbekannten darstellen.

Uneinheitliche Beurteilungen was den politischen Einfluss zur Begründung der internationalen Unterschiede im Ausmaß von Alterserwerbsarbeit betrifft, gehen aus jenen Beiträgen hervor, die Zustand wie Wandel des rechtlichen Arbeitnehmerschutzes thematisieren. So wird dem Beschäftigungsschutz in Japan ein traditionell starker, wenngleich abnehmender Stellenwert beigemessen, der jedoch weniger als Konsequenz expliziter Rechtsansprüche, denn primär als Folge betrieblicher Normen zu beurteilen sei. Rechtlichen Vorgaben zum Verbot von Altersdiskriminierung wird hingegen ein steigendes Gewicht zugeordnet. Dass diese in ihrer derzeitigen Ausgestaltung ein effektives Instrument zum Schutze vor den diversen Formen direkter wie indirekter Altersdiskriminierung bilden, wird jedoch mehrheitlich angezweifelt. Vergleichsweise eindeutig fällt hingegen das Urteil aus, welches der Literaturbestand dem Einfluss des *employment stabilization law* als zentraler Rechtsrahmen von Altersbeschäftigung in Japan beimisst. So wird die konstante Novellierung des ESL trotz Verweise auf verbleibende Mängel als stete Forcierung der japanischen Gesetzgebung zur Sicherung von Altersbeschäftigung bewertet, die zu einem Wachstum an Beschäftigungschancen im Alter beitrage. Aus Veröffentlichungen, welche den Einfluss aktiver Arbeitsmarktpolitik auf nationale Zustände von Alterserwerbsarbeit erörtern, geht der umfangreiche Instrumentenkasten hervor, der in Japan wie anderen Industriestaaten zum Ziele der Unterstützung von Beschäftigung und Beschäftigungsfähigkeit im Alter zur Anwendung kommt. Kritische Beiträge verweisen auf widersprüchliche Wirkungsweisen dieser Mittel als systemimmanente Schwäche, die zu einer unintendierten Stigmatisierung von Zielgruppen führe. Japanspezifische Kritik entfacht sich zudem am Mangel wissenschaftlicher Evaluation der Effektivität von ALMP, der keine exakte Wertung des Beitrags der aktiven Arbeitsmarkpolitik zur vergleichsweise hohen Alterserwerbsarbeit in Japan erlaube.

Als zumindest hinsichtlich des Publikationsvolumens gewichtigster Bestandteil der Literaturlage zur Arbeit im Alter und ihrer Bestimmungsfaktoren können jene Veröffentlichungen gewertet werden, die den Einfluss passiver Arbeitsmarktpolitik auf nationale Diskrepanzen von Alterserwerbsarbeit behandeln. Beschrieben wird die institutionelle Ausgestaltung der westlichen Frühverrentungspolitik, deren Kritik hinsichtlich einer stetig gesunkenen Erwerbsbeteiligung im Alter oder der Entstehung sozialer Mehrkosten bei gleichzeitiger Schwächung des Steuerhaushalts deutlich ausfällt. Wird nicht wenigen Staaten geringer Erfolg bei der Beseitigung der Frühverrentungspraxis beschieden, verweisen diese Beiträge auf die Wirkungslosigkeit von Rentenreformen zur Stärkung ökonomischer Anreize von Alterserwerbsarbeit, solange keine Schließung alternativer Verrentungskanäle erfolge. Gleichsam umfangreich präsentiert sich der Literaturbestand, welcher den Wandel der internationalen Rentenlandschaft zum Ziele einer Verlängerung von Erwerbsbiografien thematisiert. Zwar werden hierbei verwandte Reformstrategien kenntlich gemacht. Gleichwohl überwiegt die Bewertung, dass Sozialversicherungs- und Steuersysteme in nach wie vor recht unterschiedlichem Ausmaß einen frühzeitigen Ruhestandseintritt gegenüber der Fortsetzung von Erwerbsarbeit begünstigen. Japan tritt in diesem Zusammenhang als Positivbeispiel hervor, wie die Gestaltung von Sozial- und Steuersystem in überdurchschnittlicher Weise verzögerte Verrentungszeitpunkte lukrativ erscheinen lasse.

Eine zweite Schiene dieses ökonomisch geprägten Literaturbestands zu Determinanten des Erwerbsverhaltens im Alter liegt durch die Behandlung der betrieblichen Ebene vor. Nationale Charakteristika der Beschäftigungslandschaft werden hierbei hinsichtlich ihrer Voraussetzungen zur Verlängerung von Lebensarbeitszeit erörtert, wobei die Betrachtung des japanischen Wirtschaftsraums systemische Vor- wie Nachteile ausweist. So wird die Existenz einer auf Beschäftigungsstabilität bedachten Unternehmenskultur als förderlich für den Erhalt von Beschäftigungschancen im Alter beurteilt, wie diese etwa anhand impliziter Beschäftigungsgarantien zum Ausdruck komme. Dies gilt, wenngleich die japanische Volkswirtschaft durch zunehmenden Wettbewerbsdruck gekennzeichnet wird, der eine Loslösung von traditionellen Gestaltungsgrundlagen des Personalwesens bedinge, ohne jedoch bislang einen radikalen Verfall klassischer Beschäftigungsprinzipien ausgelöst zu haben. Uneinheitliche Wertungen über den Wandel der japanischen Beschäftigungskultur gehen dabei mit ebenso heterogenen Einschätzungen der Konsequenzen für ältere Beschäftigte einher. So trage der Abbau senioritätsgeprägter Gehaltsstrukturen sowie die gängige Praxis zur Gehaltsreduktion bei Eintritt in Beschäftigungsfortsetzung zur Belebung der Nachfrage an Altersbeschäftigung bei. Zum Ausdruck gelangt jedoch zugleich die Befürchtung, dass dies die angebotsseitige Attraktivität einer Verlängerung des

Erwerbslebens konterkariere und die Effektivität der gängigen Fortbeschäftigungspraxis in Frage stelle.

Dieser Umriss von Themenschwerpunkten im Zusammenhang der Arbeit im Alter dient der Verdeutlichung, dass die diesbezügliche Literaturlage unter zwei Betrachtungstraditionen subsumiert werden kann. So verschreibt sich eine Perspektive der Nachfrageseite von Alterserwerbsarbeit. Thematisiert wird somit die Gestaltung von Arbeit und Beschäftigung auf betrieblicher Ebene und deren Einfluss auf das politische Bemühen zur Verlängerung von Lebensarbeitszeit. Zur Diskussion gelangen hierbei die *push*-Faktoren ökonomischer Altersteilhabe als all solche Aspekte der Arbeits- und Beschäftigungswelt, welche die angebotsseitige Attraktivität einer Verlängerung von Lebensarbeitszeit unterminieren. Dominiert wird der wissenschaftliche Diskurs hingegen bis dato durch die Behandlung der Angebotsseite von Alterserwerbsarbeit. So nimmt die Betrachtung der Frage erheblichen Raum ein, welche Reformen von Sozial- und Steuersystemen einer Stärkung ökonomischer Anreize zum Verbleib im Arbeitsmarkt dienen. Entsprechend wird die wissenschaftliche wie politische Auseinandersetzung durch ein primäres Eingehen auf *push*-Faktoren als wiederum all jenen Elementen geprägt, die den frühzeitigen Ruhestandseintritt finanziell vorteilhaft erscheinen lassen. Diese Interpretation der internationalen Literaturlage wird durch übereinstimmende Beurteilungen durch Hardy (2006: 1) oder Ebbinghaus (2003: 1)[41] erhärtet. Widmen sich kommende Passagen einer Beschreibung des hiermit charakterisierten englischsprachigen Literaturbestands, mag diese Einschätzung jedoch nicht angemessen zum Ausdruck gelangen. Denn würde eine erschöpfende Darstellung sämtlicher Veröffentlichungen im Umfeld der Arbeit im Alter den Umfang dieser Arbeit sprengen, konzentriert sich die folgende Darstellung primär auf jene Beiträge, welche die betriebliche Ebene thematisieren und somit unmittelbaren Bezug zur Beschäftigungsfortsetzung bieten.

Der demografische Wandel und seine sozioökonomischen Implikationen im Spiegelbild der englischsprachigen Literaturlage

United Nations (2013)[42]: *World Population Prospects: The 2012 Revision* behandelt die Determinanten des demografischen Wandels im internationalen Vergleich und erfasst deren Auswirkungen auf die Entwicklung von (Erwerbs-)Bevölkerungen. In diesem Rahmen wird umfangreiches Datenmaterial zur Kennzeichnung und Prognose globaler demografischer Tendenzen bereitgestellt, die Japan als Pionier bei Schrumpfung und Alterung der Bevölkerung sowie der hierbei zugrunde liegenden

---

41 http://www.issa.int/pdf/anvers03/topic3/2ebbinghaus.pdf, letzter Abruf: 9.3.2017.

42 http://esa.un.org/wpp/, letzter Abruf: 9.3.2017. Ergänzt sei, dass United Nations (2013: http://esa. un.org/wpp/, letzter Abruf: 9.3.2017) einen jüngeren Bestandteil der in regelmäßigen Abständen veröffentlichten Publikationsreihe *World Population Prospects* bildet, die eine stete Aktualisierung von Statistiken zum demografischen Wandel bietet.

Ursachen ausweisen. Diese Bilanz steht im Einklang zu Kono (2008): *Demographic Comparisons with other Countries with the Emphasis on the more Developed Regions*. So macht dessen Beitrag in Bezug auf die industrialisierte Hemisphäre wie einer Vielzahl an Schwellenländern eine Konvergenz bei der Entwicklung von Fertilität, Mortalität und durchschnittlicher Lebenserwartung sowie den Folgen dieser Prozesse in Gestalt der Schrumpfung und Alterung von Bevölkerungen aus. Auch bei Kono (2011): *Confronting the Demographic Trilemma of Low Fertility, Ageing and Depopulation* wird die Entwicklung von Fertilität sowie Größe und Altersstruktur der Bevölkerung einer internationalen Betrachtung unterzogen. Das stete Absinken der Fertilitätsrate wird als Phänomen betont, welches sich nicht auf Industrieländer beschränke und daher als Entwicklung mit nahezu universeller Gültigkeit anzusehen sei. Befasst sich OECD (2003): *Babies and Bosses – Reconciling Work and Family Life. Volume 2: Austria, Ireland and Japan* primär mit Fragen der Vereinbarkeit von Beruf und Familie, nimmt die Behandlung der Fertilitätsrate zentralen Raum ein. Dabei wird der japanischen Gesellschaft eine unzureichende Harmonisierung von beruflichen und familiären Lebensinhalten als zentrale Ursache niedriger Geburtenraten zugewiesen.

Widmen sich vorherige Veröffentlichungen dem demografischen Wandel mit internationalem Bezug, besteht in folgenden Beiträgen ein Fokus auf japanische Verhältnisse: Atoh (2008): *Japan's Population Growth during the past 100 Years* zeichnet den demografischen Übergang hin zu einer hypergealterten Gesellschaft im Zeitbezug des 20. Jahrhunderts anhand einer Klassifizierung einzelner Entwicklungsphasen nach. Diese werden in Bezug zu wirtschaftlichen und gesellschaftlichen Prozessen jener Zeiträume gesetzt. Schrumpfung und Alterung der japanischen Bevölkerung werden auch durch Ölschleger (2008): *Fertility and Mortality* diskutiert. Dessen Beitrag konzentriert sich vornehmlich auf die Determinanten dieser Entwicklungen in Form einer Betrachtung von Fertilität, Mortalität und Migration sowie der durchschnittlichen Lebenserwartung im Verlaufe der japanischen Neuzeit. Yashiro (2008): *Economic Factors in the Declining Birth Rate* widmet sich nahezu exklusiv der Fertilitätsrate innerhalb der jüngeren Geschichte Japans. Bei der Ursachenforschung geringer Geburtenanzahlen werden hohe Opportunitätskosten der Familiengründung akzentuiert, deren Abbau als Kernherausforderung einer prosperitären Gesellschaftsentwicklung gewertet wird. Durch Schad-Seifert (2008): *Social Aspects of Demographic Change – Introduction* wird eine vergleichbare Suche nach Hintergründen der niedrigen Fertilitätsrate in Japan betrieben. Die durch Yashiro (2008) beschriebenen Ursachen werden durch Hinweise auf die Geburtenkontrolle, der Durchsetzung von Kernfamilien sowie der gestiegenen Erwerbsbeteiligung von Frauen als Auslöser eines veränderten Heirats- und Familiengründungsverhaltens ergänzt. Diese Diagnose deckt sich mit Usui (2008): *Ageing Society and the Transformation of Work in the Post-Fordist Economy*. So liegt auch diesem Beitrag eine Diskussion der Positionierung der Frau innerhalb der japanischen Arbeitswelt und die hieraus hervorgehenden Unzulänglichkeiten der Vereinbarkeit von Beruf und Familie zugrunde. Diese

Verhältnisse werden neben der ungebrochenen Gültigkeit traditioneller Rollenbilder als elementare Faktoren mangelnder Geburtenanzahlen in Japan angeführt.

Steht insbesondere die Fertilitätsentwicklung im Mittelpunkt vorheriger Beiträge, widmen sich folgende Veröffentlichungen der Migration als weitere Determinante des demografischen Wandels: So prognostiziert Vogt (2007)[43]: *Closed Doors, Open Doors, Doors Wide Shut? Migration Politics in Japan*, dass aufgrund des Fehlens eines öffentlichen wie politischen Konsens eine Liberalisierung der traditionell restriktiven japanischen Einwanderungspolitik nicht zu erwarten ist. Ein verstärkter Zustrom von Immigranten könne somit nicht als realistisches Vehikel zur Entschärfung demografischer Tendenzen der japanischen (Erwerbs-)Bevölkerungsentwicklung angesehen werden. Dieser Befund steht im Einklang zur Einschätzung durch Roberts (2008): *Immigration Policy: Framework And Challenges*, werden hier ebenfalls Restriktionen einer wachsenden Immigration zur Milderung demografischer Tendenzen des japanischen Arbeitsmarkts diskutiert. Eine substanzielle Zunahme der Einwanderung wird aufgrund gesellschaftlicher wie politischer Einstellungsmuster als unrealistisches Szenario betrachtet. Im Gegensatz zu diesen Arbeiten, die Migrationsaspekte im speziellen Bezug auf Japan behandeln, widmet sich United Nations (2000)[44]: *Replacement Migration: Is it a Solution to Declining and Ageing Populations?* der Frage eines möglichen Beitrags von Einwanderung zur Milderung demografischer Tendenzen der (Erwerbs-)Bevölkerung im internationalen Vergleich. Konstatiert wird für den japanischen Kontext, dass eine Einwanderung astronomischen Ausmaßes von Nöten sei, um eine auch nur annähernde Kompensation der Schrumpfung und Alterung des Arbeitsmarkts zu bewirken. Dass trotz eines moderaten Anstiegs im jüngeren Zeitraum die Immigration nach Japan ein im Vergleich zu westlichen Industrieländern deutlich unterdurchschnittliches Phänomen darstellt, geht aus OECD (2010)[45]: *International Migration Outlook 2010* hervor. Handelt es sich hierbei um eine Kompilation von Statistiken zu Migrationsströmen auf internationaler Ebene, erschließt sich zudem, dass auch der im Ausland geborene Bevölkerungsanteil in Japan weit unterhalb der Verhältnisse etablierter Industriestaaten anzusiedeln ist.

Weniger demografische Tendenzen und ihre Ursachen als vielmehr sozioökonomische Implikationen des Bevölkerungswandels in Japan stehen schließlich im Zentrum der folgenden Beiträge: So konstatiert Yashiro (1995): *The Growth of the Ageing Population in Japan* ein sinkendes Wachstum des Arbeitsmarkts als unvermeidbar und diskutiert auf dieser Grundlage korrespondierende Herausforderungen für Staat und Volkswirtschaft. Ebenso befasst sich Takahashi (2011): *Economic Globa-*

---

43 http://www.dijtokyo.org/doc/20071001ja-Studie-Vogt.pdf, letzter Abruf: 9.3.2017.
44 http://www.un.org/esa/population/publications/migration/migration.htm, letzter Abruf: 9.3.2017.
45 http://www.nbbmuseum.be/doc/seminar2010/nl/bibliografie/kansengroepen/sopemi2010.pdf, letzter Abruf: 9.3.2017. Ergänzt sei, dass es sich hierbei um einen Bestandteil der jährlich durch die OECD erscheinenden Publikationsreihe mit dem Titel *International Migration Outlook* handelt.

lization and Changes in Family Formation as the Cause of Very Low Fertility in Japan mit den sozioökonomischen Konsequenzen der demografischen Entwicklung Japans. Hierbei erfolgt eine Betonung der betrieblichen wie politischen Aufgaben zur Förderung der Vereinbarkeit von Beruf und Familie zum Ziele einer langfristigen Erholung der Fertilitätsrate, die im Einklang zu Yashiro (2008) als elementare Voraussetzung einer vitalen Gesellschaftsentwicklung erachtet wird. Eine weitere Betrachtung demografisch bedingter Herausforderungen für Wirtschaft und Gesellschaft liegt durch Ogawa (2008): *Population Ageing and Economic Growth: The Role of two Demographic Dividends in Japan* vor. Dem steigenden Bevölkerungsanteil aktiver Älterer wird ein zentraler Stellenwert zur Aufrechterhaltung von Arbeitsmarkt und Binnenkonsum beigemessen, den es mittels geeigneter Reformen auf Seiten von Unternehmen, Politik und Gesellschaft sicherzustellen gelte.

Die Arbeitsmarktstellung Älterer im Spiegelbild der englischsprachigen Literaturlage

Scherer (2002)[46]: *Age of Withdrawal from the Labour Force in OECD Countries* nimmt einen quantitativen Vergleich der Arbeitsmarktsituation Älterer anhand effektiver Renteneintrittsalter vor. Japan tritt hierbei im OECD-Rahmen als Nation mit vergleichsweise spätem wie über der gesetzlichen Regelaltersgrenze liegendem durchschnittlichem Rentenzugangsalter hervor. Ebenfalls auf Basis quantitativer Merkmale weist Meyer-Ohle (2008): *Labour Market And Labour Market Policies For The Ageing Society* auf die erfolgreiche Erwerbseinbindung Älterer in Japan hin, die durch spezifische Merkmale der japanischen Industriestruktur begründet wird. Verweise erfolgen auf die Rolle von KMU als traditionelle Auffangbecken älterer Beschäftigter, wobei jedoch Zweifel geäußert werden, ob dieses Phänomen in Folge des industriellen Wandels seinen Beitrag zur Sicherung von Altersbeschäftigung bewahren kann. Auch Casey (2005)[47]: *The Employment of Older People – Can we Learn from Japan* diskutiert den Einfluss spezieller Charakteristika der japanischen Industriestruktur auf das Ausmaß an Erwerbsarbeit Älterer, die primär in vergleichsweise unproduktiven wie protegierten Segmenten des japanischen Arbeitsmarkts anzutreffen seien. Skeptisch wird hinterfragt, ob diese Sektoren im Zuge der Deregulierung von Märkten weiterhin ihren Anteil zur Bereitstellung von Altersbeschäftigung leisten werden.

Zeigt sich trotz überdurchschnittlicher Erwerbseinbindung die Arbeitsmarktsituation Älterer auch in Japan durch spezifische Erwerbsrisiken gekennzeichnet, widmet sich Sano (2004)[48]: *The Role, Scale and Responsibilities of the Human Resource Industry* dem altersbedingt steigenden Arbeitslosigkeitsaufkommen. So seien ältere

---

46 http://www.oecd-ilibrary.org/docserver/download/327074367476.pdf?expires=1495452896&id=id &accname=guest&checksum=55D4CC43C9A312480561618F1634B63E, letzter Abruf: 9.3.2017.
47 https://www.genevaassociation.org/media/243519/ga2005_gp30(4)_casey.pdf, letzter Abruf: 9.3.2017.
48 http://www.jil.go.jp/english/JLR/documents/2004/JLR03_sano.pdf, letzter Abruf: 9.3.2017.

Erwerbstätige überproportional in Berufsfeldern und Industriebranchen beschäftigt, die im Zuge struktureller Veränderungen der japanischen Volkswirtschaft in besonderem Maße von Beschäftigungsabbau betroffen sind. Matsushige und Fukuda (2000)[49]: *Re-entering the Workforce after the Collapse of a Securities Firm: The Role that Age and Skill Play* diskutieren den Einfluss individueller Fähigkeiten auf Wiederanstellungschancen im Alter. Sinkende Beschäftigungsmöglichkeiten seien weniger als Resultat negativer Stereotype über die Beschäftigungsfähigkeit Älterer durch betriebliche Entscheidungsträger anzusehen, denn mehr als Konsequenz veralteter Qualifikationsprofile zu deuten. Die qualitative Erwerbseinsbindung Älterer in Japan steht bei Ohashi (2008): *Labour, Income and Poverty among Elderly Japanese* im Vordergrund; es werden die Beschäftigungsbedingungen im Alter und die hiermit verbundene Zufriedenheit diskutiert. Allerdings variiere das Einverständnis mit den Bedingungen von Arbeit und Beschäftigung nicht nur mit den jeweiligen Konditionen, sondern zeige sich auch durch individuelle Lebensbedingungen wie dem Gesundheitszustand oder dem Einkommensniveau in Relation zu finanziellen Belastungen beeinflusst.

Sato (2005)[50]: *Diversification of Employment and Human Resource and Personnel Management Issues – Introduction* behandelt die Zunahme nicht regulärer Beschäftigungsverhältnisse als mit dem Alter zunehmendes Merkmal der Erwerbssituation. Sei das Wachstum nicht regulärer Beschäftigungsverhältnisse als breites Phänomen nicht nur der japanischen Beschäftigungslandschaft anzusehen, wird eine Fortsetzung dieses Trends prognostiziert, der etwa auf dem Unternehmensbedürfnis zur Beschäftigungsflexibilisierung beruhe. Auch Sato (2004)[51]: *Diversification of Employment Patterns: The Current Situation and Issues – Focused on Part-Time Workers in Japan* beschreibt die Diversifizierung von Beschäftigungsformen als Trend japanischer Beschäftigungsstrukturen, der nicht nur in speziellem Bezug auf Ältere bestehe. So wird dieser mit der steigenden Bedeutung des Dienstleistungssektors oder der Intensivierung des internationalen Wettbewerbsumfelds in Verbindung gebracht, die eine Flexibilisierung von Personalstrukturen und den Abbau fixer Personalkosten verlange. Honda (2007)[52]: *Shift of Part-time Workers to the Mainstream Workforce and Union Organizing Activities of Labor Unions in Japan* identifiziert eine wachsende Anwendung nicht regulärer Anstellungsformen und macht zudem einen Wandel bei der Inanspruchnahme nicht regulärer Beschäftigter aus. So seien diese zunehmend weniger mit Tätigkeitsinhalten an der Peripherie interner Arbeitsmärkte betraut, sondern stießen mittlerweile in betriebliche Kernfunktionen vor.

---

49 http://www.jil.go.jp/english/JLR/documents/2004/JLR02_matsushige.pdf, letzter Abruf: 9.3.2017.
50 http://www.jil.go.jp/english/JLR/documents/2005/JLR06_intro.pdf, letzter Abruf: 9.3.2017.
51 http://www.jil.go.jp/institute/kokusai/documents/Satou%20paper.pdf, letzter Abruf: 9.3.2017.
52 http://www.jil.go.jp/english/JLR/documents/2007/JLR13_honda.pdf, letzter Abruf: 9.3.2017.

Dieses Urteil deckt sich mit der Einschätzung durch Tsuchida (2004)[53]: *Career Formation and Balanced Treatment of Part-time Workers: An Examination Focusing on Legal Policy*, der den Rechtsrahmen zur Korrektur erkennbarer Ungleichbehandlung zwischen regulären und nicht regulären Beschäftigten innerhalb der japanischen Arbeits- und Beschäftigungswelt diskutiert. Kritisiert wird, dass sich die zunehmend unverzichtbare Rolle nicht regulärer Beschäftigter kaum in einer Revision der ungleichen Behandlung gegenüber regulären Beschäftigten niederschlage, wie nicht reguläre Beschäftigte etwa nach wie vor Benachteiligungen bei der internen Fähigkeitsausbildung erleiden würden. Sugino und Murayama (2006)[54]: *Employment Problems and Disputing Behavior in Japan* konstatieren, dass sich die Zunahmen nicht regulärer Anstellungsformen auch in einer sinkenden Verhandlungsmacht der Arbeitnehmerseite im Rahmen innerbetrieblicher Auseinandersetzungen niederschlage. So wird der steigende Anteil nicht regulärer Beschäftigter als eine Ursache des stetig sinkenden gewerkschaftlichen Organisationsgrads in Japan ausgemacht. In Folge verlören betriebliche Instrumente zum Austausch von Arbeitgeber-Arbeitnehmer-Konflikten zunehmend an Substanz, während öffentlichen Institutionen zur Klärung von innerbetrieblichen Disputen kaum effektive Wirkungsweise beizumessen sei. Auch Uemura (2006)[55]: *Restructuring of the System for Determining Working Conditions in Japan* betrachtet jüngere Entwicklungen der institutionellen Rahmenbedingungen zum Ausgleich von Interessenkonflikten zwischen Arbeitgeber- und Arbeitnehmerseite in Japan. Geteilt wird das Urteil von Sugino und Murayama (2006)[56], wonach von einer relativ schwachen Verhandlungsmacht japanischer Beschäftigter auszugehen sei.

Dass Merkmale der Arbeitsmarktstellung Älterer in unmittelbare Verbindung zum Auftreten sozialer Risiken im Alter zu bringen sind, wird durch folgende Beiträge konstatiert: So untersuchen Casey und Yamada (2002)[57]: *Getting older, getting poorer? A study of the earnings, pensions, assets and living arrangements of older people in nine countries* die soziale Situation im Alter als einen primär durch den Status von Erwerbstätigkeit und Haushalt beeinflussten Zustand. Eine internationale Verwandtschaft wird insofern bilanziert, dass Ältere trotz geringerem Einkommensniveau etwa aufgrund sinkender Lebensführungskosten keinem überdurchschnittlich hohen Armutsrisiko unterlägen. Gleichwohl wird Frauen auf Basis der untersuchten Einflüsse ein gegenüber Männern deutlich stärkeres Altersarmutsrisiko ausgewiesen. Shirahase (2008): *Income Inequality In The Ageing Society* diskutiert die Konsequenzen des demografischen Wandels für eine Stratifikation von Einkommensverhältnis-

---

53 http://www.jil.go.jp/english/JLR/documents/2004/JLR04_tsuchida.pdf, letzter Abruf: 9.3.2017.

54 http://www.jil.go.jp/english/JLR/documents/2006/JLR09_SuginoM.pdf, letzter Abruf: 9.3.2017.

55 http://www.jil.go.jp/english/JLR/documents/2006/JLR12_all.pdf, letzter Abruf: 9.3.2017.

56 http://www.jil.go.jp/english/JLR/documents/2006/JLR09_SuginoM.pdf, letzter Abruf: 9.3.2017.

57 http://www.oecd-ilibrary.org/docserver/download/345816633534.pdf?expires=1495453103&id=id &accname=guest&checksum=685B173A9A218B8812DFF63664FA0CE7, letzter Abruf: 9.3.2017.

sen Älterer in Japan und resultierenden Risiken einer sozialen Spreizung im Alter. Wie auch im Rahmen der vergleichbar konzipierten Arbeit von Shirahase (2011): *Income Inequality in a Rapidly Ageing Society, Japan: Focusing on Transformations in the Structure of Households with Elderly* erfolgt das Fazit, dass ein steigendes Risiko von Altersarmut neben individuellen Einkommensverhältnissen durch den Haushaltsstatus beeinflusst sei und insbesondere Frauen betreffe.

Das Verhältnis von Alter und Leistungsvermögen im Spiegelbild der englischsprachigen Literaturlage

Der Beitrag von Fries (1980)[58]: A*ging, Natural Death and the Compression of Morbidity* präsentiert eine Hypothese zur Morbiditätskompression, wonach sich die der Multimorbidität geschuldete unproduktive Lebensspanne auf zunehmend komprimierte Zeiträume vor Todeseintritt konzentriere. Auch Fries und Crapo (2009): *Vitality and Aging: Implications of the Rectangular Curve* konstatieren, dass sich die von gesundheitlichen Beeinschränkungen geprägte Lebensphase verkürze und verbinden dies mit der Aufforderung, traditionelle Paradigmen über das Altern zu überdenken. Parker und Thorslund (2009): *Health Trends in the Elderly Population: Getting Better and Getting Worse* unterziehen die Hypothese zur Morbiditätskompression einer kritischen Diskussion. Etwa vor dem Hintergrund der Ausbreitung von Zivilisationskrankheiten (Fettleibigkeit, etc.), wird deren Gültigkeit als nicht erwiesen beurteilt. Auch bei Mor (2009): *The Compression of Morbidity Hypothesis: A Review of Research and Prospects for the Future* kommen Zweifel an der generellen Geltung einer Morbiditätskompression auf. So beruhe die Ausweitung aktiver Lebenszeit wohlmöglich weniger auf biologischen Faktoren, sondern auf der Verbreitung von Technologien zur Kompensation gesundheitlicher Beeinträchtigungen.

Die Arbeit von Baltes (1993): *Aging Mind: Potential and Limits* diskutiert anhand der Unterscheidung von kognitiver Mechanik und kognitiver Pragmatik das Altern als einen multidimensionalen Prozess. Denn während der kognitiven Mechanik eine frühzeitige Abnahme attestiert wird, stiegen Fähigkeiten, die aus der kognitiven Pragmatik erwachsen, bis ins höhere Alter an. Auch Carstensen (2009): *Growing Old or Living Long – Take your Pick* will unter Verweis auf biologische Prozesse das Altern nicht durch einen konstanten Abbau von Fähigkeiten charakterisiert wissen. Westendorp und Kirkwood (2007): *The Biology of Ageing* gehen auf die Unterscheidung zwischen genetischen und nicht genetischen Alterseinflüssen ein und kennzeichnen das Altern ebenfalls nicht als ein durch einseitige Verfallserscheinungen geprägtes Phänomen. Gleiches gilt für den Beitrag von Marcoen und Coleman (2007): *Psychological Ageing*, der sich dem menschlichen Altern unter Berücksichtigung medizinischer wie psychologischer Erkenntnisse widmet und die Dynamik des Alterns als eine durch Verluste wie Hinzugewinne von Fähigkeiten geprägte Entwicklung betont. Auf

---

[58] https://www.ncbi.nlm.nih.gov/pmc/articles/PMC2567746/pdf/11984612.pdf, letzter Abruf: 9.3.2017.

die Individualität des menschlichen Alterns, welche durch Altersstereotype kaum Berücksichtigung finde, weisen Rowe und Kahn (1987): *Human Aging: Usual and Successful* hin. Zum Ziele einer differenzierten Auffassung des Alterungsprozesses wird eine Unterscheidung zwischen normalem, optimalem und pathologischem Altern eingeführt.

Salthouse (1984)[59]: *Effects of Age and Skill in Typing* analysiert die Verlagerung von Leistungsmerkmalen im Altersverlauf und ihre Relevanz für die Arbeitswelt. Auf Grundlage eines Vergleichs verschiedener Altersgruppen bei der Transkription schriftlicher Dokumente werden spezifische Stärken und Schwächen auf Seiten unterschiedlicher Alterskohorten identifiziert, die jedoch in Hinblick auf das Arbeitsresultat keine signifikanten Leistungsunterschiede in Abhängigkeit des Alters zu erkennen geben. Dieser Befund wird durch Bosman (1993): *Age related differences in the motoric aspect of transcription typing skill* erhärtet, dessen Identifikation altersunabhängigem Leistungsvermögens ein mit Salthouse (1984)[60] verwandter Untersuchungsaufbau zugrunde liegt. Krampe und McInnes (2007): *Competence and Cognition* diskutieren die im Zusammenhang der Beschäftigungsfähigkeit eminente Frage nach altersbedingten Unterschieden der Lernfähigkeit. Würden Ältere gegenüber Jüngeren nicht schlechter, sondern lediglich anders lernen, wird die Forderung nach einer altersgerechten Gestaltung von Bildungsprogrammen erhoben. Baltes und Baltes (1990): *Psychological perspectives on succesful aging: The model of selective optimization with compensation* verweisen auf die Tragweite technologischer wie psychologischer Adaptionsstrategien zur Kompensation altersbedingter Fähigkeitseinbußen.

Atchley und Barusch (2003): *Social Forces and Aging* betonen den Einfluss von Rollenbildern und institutionellen Arrangements für die Stellung Älterer innerhalb von Gesellschaften. So sei das menschliche Altern aus gerontologischer Sicht als Prozess zu interpretieren, der neben biologischen Faktoren entscheidend durch gesellschaftliche Zuschreibungen determiniert wird. Auch Moody (2009): *Aging: Concepts and Controversies* widmet sich dem Altern als soziales Konstrukt. Zweifel werden angebracht, ob sich gesellschaftliche Institutionen wie die Existenz starrer Altersgrenzen von Arbeitswelt und Rentensystem vor dem Hintergrund eines zunehmenden Bevölkerungsanteils aktiver Älterer als sinnvoll erweisen. Westerhof und Tulle (2007): *Meanings of ageing and old age: Discursive contexts, social attitudes and personal identities* konstatieren, dass soziale Konstruktionen zu einer homogenen Auffassung des Alters tendieren. Entsprächen diese kaum der Individualität des Alterungsprozesses, seien sie als gesellschaftliche Hürden von Beteiligungsmöglich-

---

59 http://faculty.virginia.edu/cogage/publications2/Pre%201995/Effects%20of%20Age%20and%20 Skill%20in%20Typing.pdf, letzter Abruf: 9.3.2017.
60 http://faculty.virginia.edu/cogage/publications2/Pre%201995/Effects%20of%20Age%20and%20 Skill%20in%20Typing.pdf, letzter Abruf: 9.3.2017.

keiten im Alter anzusehen. Ebenso diskutieren Phillipson und Baars (2007): *Social theory and social ageing* den Stellenwert sozialer Konstrukte des Alters. Negative Begleiterscheinungen des Alters wie sinkende öffentliche Partizipationschancen würden stärker auf gesellschaftlichen Rollenbildern denn biologischen Voraussetzungen beruhen. Gleiches Urteil kommt bei Künemund und Kolland (2007): *Work and Retirement* zum Ausdruck, die den Ruhestand als soziale Institution hinsichtlich seiner historischen Entwicklung behandeln. Aufgrund des Wachstums der aktiven Lebensspanne wird die Schaffung neuer Konzepte von Lebensverlaufsstrukturen angemahnt, die einer Abkehr vom klassischen Bild Älterer als passive Gesellschaftsteilnehmer Vorschub leisten müsse.

Beiträge zum gesellschaftlichen Stellenwert von Alter und Arbeit im Spiegelbild der englischsprachigen Literaturlage
Etwa anhand von Begrifflichkeiten der Alterssprache geht aus Linhart (2008): *Transition into Old Age* ein historischer Überblick der Rezeption des Alters innerhalb der japanischen Gesellschaft hervor. Der diagnostizierte Sprachwandel hin zu positiven Altersattributen entspräche jedoch eher einer induzierten Entwicklung, denn einem natürlich gewachsenen Auffassungswandel. Formanek (2008): *Traditional Concepts and Images of Old Age in Japan* setzt sich mit der Existenz von Altersstereotypen in weitem Zeitbezug auseinander. Zwar läge innerhalb der japanischen Gesellschaft eine hohe Achtung des Alters vor, die auf religiöse bzw. weltanschauliche Traditionen zurückgeführt werden könne. Andererseits seien pessimistische Sichtweisen seit alters her anzutreffen, womit eine ambivalente Betrachtung des Alters in der japanischen Vergangenheit wie Gegenwart vermittelt wird. Koyano (1995): *Transition into Old Age* exemplifiziert am System der lebenslangen Beschäftigung und der hierbei zur Geltung kommenden Senioritätsorientierung, dass innerhalb Japans in hohem Maße gesellschaftliche Zuschreibungen anhand des Alters vorgenommen werden, was jedoch nicht über die Existenz negativer Altersstereotype hinwegtäuschen solle. Inagami (1991): *A New Employment Vision for Long-Life-Society* thematisiert notwendige Neuausrichtungen der japanischen Beschäftigungspolitik als Folge des demografischen Wandels und geht auf den Stellenwert der Arbeit in Japan als kulturelles Charakteristikum ein. Die hohe Hinwendung Älterer zur Erwerbsarbeit könne weniger als Ausdruck einer exklusiven Arbeitsethik gelten, sondern sei eher als Konsequenz ökonomischer Bedürfnisse zu deuten.

Beschäftigungspolitische Maximen der Alterserwerbsarbeit in Japan im Spiegelbild der englischsprachigen Literaturlage
Asao (2006)[61]: *Trial Report on Desirable Employment Strategy in Japan* diskutiert Inhalte einer zukunftsgerichteten Beschäftigungsstrategie in Japan; betont wird die

---

61 http://www.jil.go.jp/english/JLR/documents/2006/JLR11_asao.pdf, letzter Abruf: 9.3.2017.

Notwendigkeit einer stärkeren Verknüpfung von Maßnahmen zur Beschäftigungsförderung mit allen hierzu in Verbindung stehenden politischen Gestaltungsfeldern wie der Sozial- oder Familienpolitik. Erhoben wird somit eine Forderung, die auch abseits des japanischen Kontexts anzutreffen ist. Gleiches gilt für Fujii, Matsubuchi und Chiba (2006)[62]: *Employment Strategy for the Future: A Rich and Vibrant Society Where Everyone Can Achieve Excellence and Play a Part in its Development with Enthusiasm.* So werden im Rahmen der Diskussion notwendiger Grundsätze der japanischen Beschäftigungspolitik drei als elementar erachtete Säulen entworfen, die allgemeiner Bedeutung zu entsprechen scheinen: Schaffung einer inklusiven Gesellschaft mittels ökonomischer Altersteilhabe, Förderung von Erwerbsanreizen durch die Anhebung von Beschäftigungsqualität und Ausbau öffentlicher Unterstützungsmaßnahmen zur individuellen Karriereplanung. Ohtake (2004)[63]: *Structural Unemployment Measures in Japan* wendet sich stärker der historischen Entwicklung der japanischen Beschäftigungsstrategie zu. Zwar habe die traditionelle Betonung von Beschäftigungsstabilität erfolgreich zu geringen Arbeitslosenquoten in Japan beigetragen. Dennoch wird ein Wandel beschäftigungspolitischer Leitplanken befürwortet, der sich auf die Neuschaffung von Beschäftigung oder der Unterstützung von externem Qualifikationserwerb konzentrieren und dem Arbeitsmarkt zu einer höheren Durchlässigkeit verhelfen solle.

Der Einfluss gesetzlicher Regularien des Arbeitnehmerschutzes auf Alterserwerbsarbeit im Spiegelbild der englischsprachigen Literaturlage
Eine Klassifizierung nationaler Beschäftigungsstrukturen im Interpretationsrahmen zwischen Stabilität und Flexibilität erfolgt bei Auer und Cazes (2003)[64]: *Employment stability in an age of flexibility.* Japan wird als Exempel einer Beschäftigungslandschaft beschrieben, in der Beschäftigungsschutz primär auf betrieblichen Vereinbarungen beruht und die sich durch hohe Anstellungszeiträume kennzeichne, weshalb eine geringe Mobilität von Arbeitnehmern auf dem externen Arbeitsmarkt vorzufinden sei. Passet (2003)[65]: *Stability and Change: Japan's Employment System under Pressure* bilanziert im Rahmen der Diskussion japanischer Beschäftigungsstrukturen eine abnehmende Bedeutung des in Japan als stark verankert erachteten Beschäftigungsschutzes. Dieser existiere jedoch weniger auf Grundlage eines belastbaren Rechtsanspruchs, sondern beruhe primär auf betrieblichen Normen. Martin (2008): *Coming Of Age: The Courts And Equality Rights In Japan's Ageing Society* widmet sich den rechtlichen Grundlagen des Arbeitnehmerschutzes in Japan durch eine Betrach-

---

62 http://www.jil.go.jp/english/JLR/documents/2006/JLR12_fujii.pdf, letzter Abruf: 9.3.2017.
63 http://www.jil.go.jp/english/JLR/documents/2004/JLR02_ohtake.pdf, letzter Abruf: 9.3.2017.
64 https://www.researchgate.net/publication/5115613_Employment_Stability_in_An_Age_of_Flexibility, letzter Abruf: 9.3.2017.
65 https://www.researchgate.net/publication/5115613_Employment_Stability_in_An_Age_of_Flexibility, letzter Abruf: 9.3.2017.

tung gesetzlicher Verbote von altersdiskriminierenden Beschäftigungspraktiken. Mit Verweis auf die durch Präzedenzrecht geprägte Rechtssprechung wird ein kritisches Urteil gefällt, was die effektive Durchsetzung prinzipiell verankerter Gleichbehandlungsgebote betrifft. Sakuraba (2009)[66]: *The Amendment of the Employment Measures Act: Japanese Anti-Age Discrimination Law* konstatiert eine Verschärfung der gesetzlichen Regulierung zum Schutze vor Altersdiskriminierung in Arbeits- und Beschäftigungswelt, mahnt jedoch im Einklang zu Martin (2008) weiteren Handlungsbedarf an. So bestehen Zweifel, ob die vorliegenden Rechtsgrundlagen in der Lage seien, die diversen Erscheinungsformen direkter wie indirekter Altersdiskriminierung effektiv zu unterbinden.

Entwicklung und Zustand des *employment stabilization law* stehen im Vordergrund der folgenden Veröffentlichungen: Seike (2008): *Pensions and Labour Market Reforms for the Ageing Society* geht auf die Bedeutung des betrieblichen Rentenalters als Entstehungshintergrund der Beschäftigungsfortsetzung ein. So wird der historische Wandel des ESL und die hierin verankerte Heraufsetzung des betrieblichen Rentenalters vom 55. auf das 60. Lebensjahr beschrieben. Die Entwicklung des ESL nimmt auch bei Shintani, N. (2008): *Towards 'Ageless' Employment Policies – a Union's Experience of the Extension of the Mandatory Retirement Age* zentralen Stellenwert ein. Die konstante Novellierung dieses Gesetzes wird als stete Verschärfung rechtlicher Vorschriften zur Sicherung von Altersbeschäftigung gewertet. Yamashita (2007)[67]: *Act Concerning Stabilization of Employment of Older Persons* liefert eine Abhandlung des *employment stabilization law* von der erstmaligen Verabschiedung bis zur heutigen Ausprägung, die insbesondere auf die Reform aus dem Jahre 2004 eingeht. Diese wird durch die gesetzliche Verpflichtung zur Durchführung von MBB im Einklang zu Shintani, N. (2008) als markante Forcierung rechtlicher Vorschriften von Altersbeschäftigung beurteilt. Gleichwohl wird auf verbleibende Problembereiche bei der Durchführung von Beschäftigungsfortsetzung sowie deren rechtliche Hintergründe eingegangen. Ein verwandtes Urteil der im Jahre 2004 erfolgten Reform des ESL erschließt sich aus der Arbeit von Ouchi (2007)[68]: *Introduction – Recent Tendencies of Labor Legislations*. So wird diese als wichtige Etappe der legislativen Flankierung von Altersbeschäftigung charakterisiert, wenngleich weitere Entwicklungen des japanischen Arbeitsrechts Berücksichtigung finden.

---

66 http://www.jil.go.jp/english/JLR/documents/2009/JLR22_sakuraba.pdf, letzter Abruf: 9.3.2017.
67 http://www.jil.go.jp/english/JLR/documents/2007/JLR15_yamashita.pdf, letzter Abruf: 9.3.2017.
68 http://www.jil.go.jp/english/JLR/documents/2007/JLR15_all.pdf, letzter Abruf: 9.3.2017.

Der Einfluss aktiver Arbeitsmarktpolitik auf Alterserwerbsarbeit im Spiegelbild der englischsprachigen Literaturlage

Bassanini und Duval (2006)[69]: *Employment Patterns in OECD Countries – Reassessing The Role Of Policies And Institutions* untersuchen den Einfluss von ALMP auf die Beschäftigung von Randgruppen des Arbeitsmarkts innerhalb von OECD-Staaten. Instrumenten aktiver Arbeitsmarktpolitik wird eine umso höhere Effektivität bei der Schaffung von Beschäftigungschancen ausgewiesen, je konkreter diese auf spezielle Zielgruppen zugeschnitten sind, wobei den untersuchten Nationen hierbei unterschiedlicher Erfolg beschieden wird. Hiermit inhärent verbunden erweist sich jedoch die Gefahr einer Stigmatisierung dieser Randgruppen. Dies geht aus Taylor (2001)[70]: *Analysis of ways to improve employment opportunities for older workers* hervor, der betriebliche wie politische Einflussfaktoren beim Zustandekommen von Altersbeschäftigung thematisiert. So würden Subventionsprogramme zur Beschäftigungsförderung spezieller *Sorgenkinder* des Arbeitsmarkts die Botschaft vermitteln, dass deren Beschäftigung nur unter Beanspruchung finanzieller Zuschüsse lukrativ erscheint, was wiederum die öffentliche Botschaft konterkariere, wonach die Beschäftigung Älterer keine signifikanten Nachteile aufweise. Aus Duell et al. (2010)[71]: *Activation Policies in Japan* geht eine detaillierte Darstellung des in Japan angewandten Instrumentenkastens von ALMP hervor. Diese tangiert etwa die Subventionsprogramme zur Förderung von Altersbeschäftigung und bereitet auf Grundlage einer kritischen Diskussion verbleibende Handlungsempfehlungen auf. So wird die japanische Politik dazu ermutigt, sich bei der Förderung von Altersbeschäftigung nicht auf die Altersgruppe der 60- bis 64-Jährigen zu beschränken.

Nakamura, J. (2008): *Effects of Support Measures on Employment of Elderly People in Japan* vollzieht eine weitere Diskussion einzelner Mittel der aktiven Arbeitsmarktpolitik in Japan. Kritisiert wird weniger die Ausgestaltung einzelner Maßnahmen denn ungenügende Kenntnis und geringe Inanspruchnahme dieser Instrumente auf Seiten von Unternehmen wie Beschäftigten. Auch bei Oka (2008): *Japan: towards employment extension for older workers* nimmt die Behandlung aktiver arbeitsmarktpolitischer Maßnahmen zentralen Raum innerhalb der Diskussion politischer wie betrieblicher Stellschrauben zur Verlängerung von Lebensarbeitszeit ein. So wird das Fehlen einer umfassenden Evaluation entsprechender Maßnahmen bemängelt, die keine Bewertung dieser Mittel als Beitrag zum japanischen Erfolg bei der Sicherung von Alterserwerbsarbeit zulasse. Kimura (2006)[72]: *Recent Movements in Japan*

---

69 http://www.oecd.org/els/emp/36888714.pdf, letzter Abruf: 9.3.2017.

70 National Centre for the Vocational Education Research (NCVER) – VOCED plus. http://www.voced.edu.au/, letzter Abruf: 9.3.2017. Signatur: TD/TNC76.74.

71 http://www.oecd.org/officialdocuments/publicdisplaydocumentpdf/?cote=DELSA/ELSA/WD/SEM(2010)13&docLanguage=En, letzter Abruf: 9.3.2017.

72 http://www.jil.go.jp/english/JLR/documents/2006/JLR10_kimura%20.pdf, letzter Abruf: 9.3.2017.

concerning Career Guidance and Future Tasks konzentriert sich bei der Diskussion des japanischen Maßnahmenkatalogs von ALMP auf die Entwicklung politischer Förderungsinstrumente zur individuellen Karrieregestaltung als zukunftsweisend erachteter Bestandteil der japanischen Beschäftigungspolitik. Hierbei werden jene japanischen Behörden behandelt, die eine entscheidende Rolle zur Förderung von Alterserwerbsarbeit einnehmen. Kobayashi (2004)[73]: *The Reality of Career Counseling in outplacement and Related Issues* thematisiert die Bedeutung individueller Karriereplanung innerhalb eines Beschäftigungsumfelds, welches im sinkenden Maße durch eine die Erwerbsbiografie überdauernde Einzelanstellung gekennzeichnet werde. Im Einklang zu Nakamura, J. (2008) wird die geringe Wahrnehmung öffentlicher Unterstützungsmaßnahmen als Kritikpunkt der Effektivität aktiver arbeitsmarktpolitischer Instrumente in Japan benannt.

Der Einfluss passiver Arbeitsmarktpolitik auf Alterserwerbsarbeit im Spiegelbild der englischsprachigen Literaturlage
Die Gestaltung von Rentensystemen stellt einen gewichtigen Faktor zur Beeinflussung des individuellen Verrentungsverhaltens dar. Andererseits gehen aus dem durchschnittlichen Verrentungsalter zentrale Implikationen für die finanzielle Tragfähigkeit des Sozialsystems hervor. Diese symbiotische Beziehung zwischen dem Ausmaß ökonomischer Beteiligung im Alter und der Stabilität von sozialen Sicherungsmechanismen erschließt sich durch Kawase und Ogura (2008): *Macroeconomic Impact And Public Finance Perspectives Of The Ageing Society*. Untersuchen diese die steigende finanzielle Beanspruchung des japanischen Sozialsystems in Folge demografischer Tendenzen, wird eine Kürzung von Rentenbezügen als unvermeidlich im Sinne der finanziellen Nachhaltigkeit angesehen. Doch auch systemische Reformen hin zu einer stärker steuergespeisten Finanzierung des Rentensystems unter primärer Beanspruchung der Mehrwertsteuer finden Anklang. Skeptischer zeigt sich Seike (2003)[74]: *Pension Reforms toward an Aging Society*, was eine Abkehr vom Umlageverfahren als Strategie zur finanziellen Stabilisierung des Rentensystems betrifft, werden hierbei erhebliche Risiken konstatiert. Diskutiert werden Modifikationen der Ein- und Ausgabeseite der Rentenversicherung hinsichtlich ihrer Auswirkungen auf die finanzielle Sanierung der öffentlichen Alterssicherung, bei der auch Bedachtsmomente einer Erhöhung von Beitragsraten oder einer Reduktion von Leistungsbezügen zum Vorschein treten. Mit einer steigenden Kostenlast öffentlicher Sozialsysteme als Folge der gesunkenen Erwerbsbeteiligung im Alter beschäftigen sich Herbertsson und Orszag (2001)[75]: *The Costs of Early retirement in the OECD*. Als Konsequenz der geringen Ver-

---

73 http://www.jil.go.jp/english/JLR/documents/2004/JLR03_kobayashi.pdf, letzter Abruf: 9.3.2017.
74 http://www.ipss.go.jp/webj-ad/webjournal.files/socialsecurity/2003/03jun/Seike.pdf, letzter Abruf: 9.3.2017.
75 http://papers.ssrn.com/sol3/papers.cfm?abstract_id=273370, letzter Abruf: 9.3.2017.

breitung von Frühverrentung im Vergleich zu kontinentaleuropäischen Staaten wird Japan ein relativ moderater Anstieg jener sozialen Folgekosten ausgewiesen, die aus dem frühzeitigen Rückzug vom Arbeitsmarkt resultieren. Levinsky (2000)[76]: *Age, retirement and work: Evidence from recent measures in selected countries* behandelt das institutionelle Arrangement der Frühverrentungspolitik. Diese wird hinsichtlich der geringen Berücksichtigung des Konzepts aktiven Alterns zur Kompensation demografischer Belastungen von Wohlfahrtsstaat und Fiskus kritisiert. Duval (2003)[77]: *The Retirement Effects of Old-age Pension and Early Retirement Schemes in OECD Countries* untersucht nationale Differenzen im Verrentungsverhalten als durch die Gestaltung von Rentenschemen und alternativen Verrentungspfaden beeinflusstes Phänomen. Was die Existenz lukrativer Verrentungsfenster als Alternative zur Rentenversicherung sowie eine hohe implizite Besteuerung fortgesetzter Erwerbsarbeit anbelangt, tritt der kontinentaleuropäische Raum tendenziell hervor. Ferner untersuchen Blöndal und Scarpetta (1999)[78]: *The Retirement Decision in OECD Countries* den Einfluss der Rentenarchitektur sowie alternativer Pfade des Ruhestandseintritts auf Verrentungsentscheidungen. Letztere werden neben einer gestiegenen impliziten Besteuerung fortgesetzter Erwerbsarbeit als hauptsächliche Faktoren gesunkener Verrentungszeitpunkte ausgemacht. Hiervon seien insbesondere der kontinentaleuropäische Raum sowie von geringem Qualifikationsniveau geprägte Berufsgruppen gekennzeichnet. Ebbinghaus (2003)[79]: *Exit from Externalization: Reversing Early Retirement in Europe, the USA and Japan* diskutiert die Bemühungen zur Überwindung der Frühverrentungspolitik und weist den betroffenen Staaten hierbei in uneinheitlichem Ausmaß Erfolg zu. Tendenziell kontinentaleuropäische Nationen unterlägen somit höheren Bürden bei der Umgestaltung politischer, gesellschaftlicher wie betrieblicher Arrangements zur Steigerung wirtschaftlicher Altersteilhabe.

Die Anreizgestaltung zur Aufrechterhaltung von Erwerbsarbeit durch Sozial- und Steuersysteme steht im Mittelpunkt folgender Beiträge. So bietet die regelmäßig erscheinende Publikation *Pensions at a Glance* einen stetig aktualisierten Überblick über nationale Differenzen der Arbeitsmarktstellung Älterer sowie der Architektur öffentlicher Rentenschemen. Durch OECD (2011b): *Pensions at a Glance 2011: Retirement-Income Systems in OECD and G20 Countries* wird Japan als Positivbeispiel ausgewiesen: Aufgrund einer unterdurchschnittlichen Generosität sowie überdurchschnittlicher versicherungsmathematischer Varianz in Abhängigkeit von effektivem Renteneintrittszeitpunkt und Beitragszeitraum entfache die Konzeption der japanischen Rentenversicherung vergleichsweise hohe Finanzanreize zum Ver-

---

76 http://www.issa.int/html/pdf/helsinki2000/topic2/2levinsky.PDF, letzter Abruf: 9.3.2017.
77 http://search.oecd.org/officialdocuments/displaydocumentpdf/?doclanguage=en&cote=eco/wkp(2003)24, letzter Abruf: 9.3.2017.
78 http://www.oecd.org/social/labour/1866098.pdf, letzter Abruf: 9.3.2017.
79 http://www.issa.int/pdf/anvers03/topic3/2ebbinghaus.pdf, letzter Abruf: 9.3.2017.

bleib in Erwerbsarbeit. Burniaux, Duval und Jaumotte (2004)[80]: *Coping with Ageing: A dynamic approach to quantify the impact of alternative policy options on future labour supply in OECD countries*, gelangen zu verwandtem Fazit, wie auch hier die Effektivität jüngerer Rentenreformen hinsichtlich von Anreizen zur Verlängerung der Erwerbsbiografie zur Diskussion gelangt. So wird insbesondere dem kontinentaleuropäischen Raum Nachholbedarf bei der anreizneutralen Gestaltung individueller Renteneintrittszeitpunkte ausgewiesen.

Eine umfangreiche Bestandsaufnahme alternativer Konzeptionen öffentlicher Rentenschemen wird ferner durch Gruber und Wise (2004): *Social security programs and retirement around the World* vorgenommen. Diese gelangen bei der komparativen Betrachtung von elf Industrienationen zu dem Fazit, dass die Setzung des öffentlichen Rentenalters sowie die implizite Besteuerung verlängerter Erwerbsarbeit den Zeitpunkt effektiver Arbeitsmarktaustritte entscheidend beeinflussen. Erneut tritt Japan hierbei als Positivbeispiel zu Tage, was eine unterdurchschnittliche finanzielle Bestrafung langer Erwerbsbiografien betrifft. Williamson und Higo (2006)[81]: *Why Do Japanese Workers Remain In The Labor Force So Long?* heben im Rahmen der Diskussion kultureller, betrieblicher wie politischer Dimensionen der japanischen Alterserwerbsarbeit den Einfluss der Ausgestaltung öffentlicher Programme der Einkommenssubventionierung hervor. Diese verbinde die Gemeinsamkeit relativ geringer Generosität von Leistungsbezügen, womit sie zur Stärkung wirtschaftlicher Anreize zur Aufrechterhaltung ökonomischer Altersteilhabe beitrügen. Die in nationalen Renten- und Steuersystemen auf recht unterschiedliche Weise verankerte Anreizneutralität individueller Verrentungszeitpunkte wird zudem durch Keenay und Whitehouse (2003)[82]: *Financial Resources and Retirement in Nine OECD Countries: The Role of the Tax System* thematisiert. Eine implizite Besteuerung verlängerter Erwerbsarbeit liege in der überwiegenden Mehrheit von OECD-Staaten vor, wenngleich nationale Unterschiede zu konstatieren seien, wie etwa Japan eine relativ anreizneutrale Gestaltung individueller Verrentungszeitpunkte sicherzustellen wisse. Dieser Befund deckt sich mit Gal (2005)[83]: *Keeping older workers in the labor market in Europe and Japan*, wie auch dessen Beitrag Einflussfaktoren von Alterserwerbsarbeit diskutiert und vorrangig auf die in Sozial- wie Steuersystem eingebetteten Unterschiede in der impliziten Besteuerung fortgeführter Erwerbarbeit verweist.

Campbell (2008): *Politics Of Old-Age Policy-Making* zeichnet die Entwicklung der sozialen Sicherung in Japan nach. Die Entstehung des Sozialsystems im Verlaufe der Nachkriegszeit sei hinsichtlich der Dekommodifizierung durch Vor- wie Rückschritte

---

80 http://search.oecd.org/officialdocuments/displaydocumentpdf/?doclanguage=en&cote=eco/wkp(2003)25, letzter Abruf: 9.3.2017.
81 https://papers.ssrn.com/sol3/papers.cfm?abstract_id=1299170, letzter Abruf: 9.3.2017.
82 http://www.oecd.org/social/soc/31780050.pdf, letzter Abruf: 9.3.2017.
83 http://www.jil.go.jp/profile/documents/Gal.pdf, letzter Abruf: 9.3.2017.

gekennzeichnet und durch eine relativ späte Maturierung im Vergleich zu europäischen Pendants zu beschreiben. Peng (2008): *Ageing and the Social Security System* richtet das Augenmerk auf jüngere Reformen des japanischen Rentensystems. Der demografische Wandel und seine sozioökonomischen Implikationen werden als hauptsächliche Treiber des Bemühens um finanzielle Nachhaltigkeit der öffentlichen Alterssicherung ausgemacht. Auch Oshio (2008): *The Public Pension System and the Ageing Society* konzentriert sich auf jüngere Entwicklungen des japanischen Rentenwesens und würdigt die Rentenreform des Jahres 2004 als bedeutenden Schritt zur finanziellen Gesundung. Aufgrund des massiven Ausmaßes des demografischen Wandels überwiegt gleichwohl Skepsis, dass diese Bemühungen ausreichende Wirkung zeigen werden. Eine bloße Vertagung von Finanzierungsproblemen in Form der Kostenabwälzung auf junge Generationen erscheine kaum auszuschließen. Der Beitrag von Naegele und Walker (2007): *Social Protection: Incomes, Poverty and the Reform of Pension Systems* wird durch die kritische Diskussion von Ansätzen zur Rentenreform bestimmt. So wird die Zunahme der Eigenverantwortung bei finanzieller Vorsorge wie Versorgung des Alters als international verbreiteter Reformgrundsatz ausgemacht und mit der Zunahme sozialer Risiken im Alter in Verbindung gebracht. Auch Walker (1996): *Intergenerational Relations and the Provision of Welfare* diskutiert die Tendenzen zur Umgestaltung des Wohlfahrtsstaates kritisch. Der Generationenvertrag als traditionelles Gesellschaftsprinzip in Gestalt des Umlageverfahrens werde zunehmend zugunsten der Förderung privatisierter Vorsorgekonzepte ideologisch unterhöhlt, woraus risikobehaftete Folgen für die Stabilität des gesellschaftlichen Zusammenhalts entstünden.

Der betriebliche Einfluss auf Alterserwerbsarbeit im Spiegelbild der englischsprachigen Literaturlage

Der Beitrag von Conrad (2008): *Human Resource Management Practices And The Ageing Workforce* geht auf die schwierigen Voraussetzungen ein, die in Japan aufgrund traditioneller Senioritätsorientierung von Gehalts- oder Karrieregestaltung hinsichtlich einer Verlängerung von Lebensarbeitszeit auf betrieblicher Ebene bestehen. Aufgrund der Interdependenz mit übrigen Aspekten der Personalführung wird die Notwendigkeit eines koordinierten Wandels klassischer Beschäftigungsprinzipien betont, die einer prompten Einrichtung demografierobuster Beschäftigungsstrukturen entgegenstehe. Seike und Yamada (1997)[84]: *The Impact of Mandatory Retirement And The Public Pension System on Human Capital Loss* wenden sich der Existenz des betrieblichen Rentenalters als Kehrseite lebenslanger Beschäftigung sowie der Senioritätsprägung von Gehalts- und Karrierestrukturen zu. Im Zuge des demografischen Wandels trügen diese Beschäftigungsprinzipien zur inadäquaten Nutzung von Humankapitalressourcen bei, wenngleich eine Abkehr hiervon im Einklang zu

---

84 http://www.esri.go.jp/jp/archive/dis/dis070/dis070a.pdf, letzter Abruf: 9.3.2017.

Conrad (2008) als langwierig beurteilt wird. Seike, Biggs und Sargent (2012)[85]: *Organizational, Adaption and Human Resource Needs for an Ageing Population* markieren die betrieblichen Vorteile, welche aus der Beschäftigung Älterer hervorgehen. Zugleich werden Hürden skizziert, die zu einer Steigerung der Beschäftigungsdauer in Angriff zu nehmen sind. So wird sich für eine abnehmende Bedeutung senioritätsorientierter Beschäftigungsprinzipien sowie eine langfristige Abschaffung des betrieblichen Rentenalters ausgesprochen. Eine theoretische Grundlage betrieblicher Altersgrenzen sowie der Anwendung von Senioritätslöhnen bietet Lazear (1979)[86]: *Why Is There Mandatory Retirement?*. So werden senioritätsgeprägte Gehaltskomponenten als Mittel langfristiger Anreizschaffung beschrieben, deren Implementierung ein ex ante formuliertes Alter bedinge, zu dem das Abkommen einer stetig steigenden Kompensation des Arbeitseinsatzes erlischt.

Japanische Gestaltungstraditionen der Beschäftigung bilden schwierige Voraussetzungen zur Verlängerung von Lebensarbeitszeit. Die Frage nach Wandlungstendenzen dieser Beschäftigungsprinzipien steht im Vordergrund folgender Veröffentlichungen: Moriguchi und Ono (2004)[87]: *Institutional Change in Japan. Japanese Lifetime Employment: A Century's Perspective* betrachten die Entwicklung der lebenslangen Beschäftigung im Verlaufe des 20. Jahrhunderts und attestieren diesen Beschäftigungstraditionen trotz jüngerer Stagnationsphasen der Volkswirtschaft eine ungebrochene Gültigkeit. Gleichwohl wird sich im Einklang zu Seike und Yamada (1997)[88] für eine langfristige Abkehr hiervon ausgesprochen. So wird die Etablierung einer klaren Segregation zwischen regulärer Kernbelegschaft und nicht regulären Angestellten als negative Begleiterscheinung lebenslanger Beschäftigung diagnostiziert. Shire (2008): *Gender Dimensions of the Ageing Workforce* weist darauf hin, dass die unveränderte Bedeutung von betriebsinternem Qualifikationserwerb zu einer ungebrochenen Stellung der lebenslangen Beschäftigung beitrage. Diese verursache eine systemimmanente Spaltung zwischen regulärer und nicht regulärer Belegschaft, die vor allem Frauen mit sozialen Beschäftigungsrisiken konfrontiere.

Im Gegensatz hierzu diagnostiziert Tatsumichi (2007)[89]: *Business Strategy and Human Resource Management in Japanese Companies Today* der lebenslangen Beschäftigung einen Geltungsverlust. Zur Begründung wird auf den anhaltenden Mangel volkswirtschaftlicher Prosperität, den korrespondierenden Druck zur Personalkosteneinsparung sowie auf das zunehmende Gewicht des *shareholder-value*-Ansatzes verwiesen. Diese Beurteilung deckt sich mit der Einschätzung durch Itami

---

85 http://www3.weforum.org/docs/WEF_GAC_GlobalPopulationAgeing_Report_2012.pdf, letzter Abruf: 9.3.2017.

86 https://papers.ssrn.com/sol3/papers.cfm?abstract_id=293234, letzter Abruf: 9.3.2017.

87 http://swopec.hhs.se/eijswp/papers/eijswp0205.pdf, letzter Abruf: 9.3.2017.

88 http://www.esri.go.jp/jp/archive/dis/dis070/dis070a.pdf, letzter Abruf: 9.3.2017.

89 http://www.jil.go.jp/english/JLR/documents/2007/JLR13_tatsumichi.pdf, letzter Abruf: 9.3.2017.

(2005)[90]: *Revision of the Commercial Code and Reform of the Japanese Corporate Governance*. Dessen Beitrag diskutiert rechtliche Änderungen im Zusammenhang der japanischen Unternehmensaufsicht und konstatiert eine Hybridisierung des traditionellen *stakeholder-value*-Prinzips mit dem verstärkt Einzug haltenden *shareholder-value*-Ansatz. Dieser Prozess trägt auch laut Araki (2005)[91]: *Corporate Governance Reforms, Labor Law Developments, and the Future of Japan's Practice-Dependent Stakeholder Model* zu einer abnehmenden Bedeutung der lebenslangen Beschäftigung bei, wie hier Entwicklungen des Rechtsrahmens der japanischen Unternehmensaufsicht und deren Konsequenzen zur Diskussion gelangen. Die Diagnose eines Bedeutungsverlusts der lebenslangen Beschäftigung wird ferner durch Morishima (2004)[92]: *Introduction – Changing Employment System and Implications for Human Resource Development* erhärtet. So attestiert dieser einen umfangreichen Wandel klassischer Beschäftigungsprinzipien und führt diesen Prozess auf die Verbreitung instabiler Anstellungsverhältnisse und den Verfall impliziter Beschäftigungsgarantien zurück. Auch Fujimura (2004)[93]: *Managing the Development of One's Own Vocational Skills in Japanese Companies* kann die Wertung eines abnehmenden Stellenwerts der lebenslangen Beschäftigung entnommen werden. So wird diese Entwicklung bei der Diskussion des lebenslangen Qualifikationserwerbs als Faktor eines gestiegenen Bewusstseins zur Eigenverantwortung ausgemacht, wie Arbeitnehmer abnehmendes Vertrauen in die Fürsorge ihres Arbeitgebers hinsichtlich der Stabilität von Anstellungen und der Unterstützung beim Qualifikationserwerb besäßen.

Higuchi und Yamamoto (2002)[94]: *Employment of Older Workers in Japan: Analysis on the Effectiveness of Employment Management, Employment Policies and Pension System* konstatieren eine abnehmende Bedeutung senioritätsorientierter Gehaltsstrukturen und begrüßen diese Tendenz zum Ziele der Verlängerung von Lebensarbeitszeit. So gelangt die Untersuchung von betrieblichen Einflüssen auf Altersbeschäftigung zu dem Schluss, dass umso weniger Beschäftigte über dem betrieblichen Rentenalter das Unternehmen verlassen, je stärker eine Abflachung des langfristigen Gehaltsprofils stattfindet, die weniger drastische Gehaltskürzungen bei Beschäftigungsfortsetzung erlaube. Dahingegen gelangt Chen (2003)[95]: *Compensation System in Japan, United States and European Countries* im Rahmen einer komparativen Betrachtung von Gehaltsstrukturen zu dem Urteil eines ungebrochenen Gewichts senioritätsorientierter Lohnpolitik innerhalb japanischer Unternehmen. Abe (2007)[96]:

---

90 http://www.jil.go.jp/english/JLR/documents/2005/JLR05_itami.pdf, letzter Abruf: 9.3.2017.
91 http://www.jil.go.jp/english/JLR/documents/2005/JLR05_araki.pdf, letzter Abruf: 9.3.2017.
92 http://www.jil.go.jp/english/JLR/documents/2004/JLR03.pdf, letzter Abruf: 9.3.2017.
93 http://www.jil.go.jp/english/JLR/documents/2004/JLR03_fujimura.pdf, letzter Abruf: 9.3.2017.
94 National Centre for the Vocational Education Research (NCVER) – VOCED plus. http://www.voced.edu.au/, letzter Abruf: 9.3.2017. Signatur: TD/TNC76.74.
95 http://www.jil.go.jp/profile/documents/Chen.pdf, letzter Abruf: 9.3.2017.
96 http://www.jil.go.jp/english/JLR/documents/2007/JLR14_abe.pdf, letzter Abruf: 9.3.2017.

Why Companies in Japan Are Introducing Performance-based Treatment and Reward Systems – The Background, Merits and Demerits registriert wiederum eine sinkende Bedeutung des Senioritätslohns zugunsten leistungsorientierter Vergütungsformen, wobei der Einfluss des demografischen Wandels als ein Motor dieser Entwicklung beurteilt wird. Dass die Implementierung leistungsbasierter Gehälter keinen kurzfristigen Prozess darstellt, kann in Übereinstimmung zu Conrad (2008) oder Seike und Yamada (1997)[97] dem Beitrag von Nakamura, K. (2008): *The Performance-based Salary System and Personnel Management Reforms in Japan* entnommen werden. So gewährt diese Arbeit einen Überblick über die verschiedenen Formen leistungsabhängiger Gehaltskomponenten und verweist auf betriebliche Komplikationen bei deren Einführung.

Demografische Implikationen für japanische Unternehmen stehen auch im Mittelpunkt folgender Arbeiten: Kohlbacher (2011a): *Business Implications of Demographic Change in Japan: Chances and Challenges for Human Ressource and Marketing Management* diskutiert die Risiken von Fachkräftemangel und Verlust betriebsspezifischer Qualifikationen als mit dem Belegschaftsaltern verbundene Herausforderungen. Aufgrund der exponierten demografischen Stellung könnten in Japan agierende Unternehmen frühzeitige Erfahrungen im Umgang mit diesen Problematiken gewinnen, welche in Zukunft auch den unternehmerischen Erfolg in anderen Wirtschaftsräumen zentral bestimmen würden. Okutsu (2007)[98]: *Career Analysis of Today´s Japanese from Different Angles: Dramatic Change of the Japanese Society and Workers´ Way of Life* bilanziert, dass älteren Beschäftigten eine zentrale Rolle bei der Sicherung betriebsspezifischer Qualifikationen zukommt. Hierauf aufbauend entfacht sich die Diskussion der Fragen, durch welche personalpolitischen Strategien ein Verlust von Expertise vermieden werden kann und wie diese in Einklang zu rivalisierenden Zielen der Personalführung zu bringen sind. Die im Zuge steigender Altersstrukturen von Belegschaften wachsende Gefahr des Verlusts betriebsspezifischer Wissensbestände wird auch durch Ducke und Moerke (2005)[99]: *Aging Population, Knowledge Spill-Over and Civil Society* thematisiert, die japanischen Unternehmen bereits ein gestiegenes Problembewusstsein attestieren.

Higuchi und Yamamoto (2008): *The Employment of Older Workers in Japanese Firms: Empirical Evidence from Micro Data* untersuchen Personalinstrumente zur Verlängerung von Erwerbsbiografien, wobei der Beschäftigungsfortsetzung eine positive Wirkung zugesprochen wird. Iwata (2002a): *Employment of Older Persons and Policy Development in Japan* geht auf derzeitige Gestaltungstendenzen der Fortbeschäftigung ein. So wird auf die dominierende Stellung der Wiederbeschäftigung verwiesen, deren Diskussion mit Verweis auf sinkende Beschäftigungsstandards kritisch aus-

---

97 http://www.esri.go.jp/jp/archive/dis/dis070/dis070a.pdf, letzter Abruf: 9.3.2017.
98 http://www.jil.go.jp/english/JLR/documents/2007/JLR14_okutsu.pdf, letzter Abruf: 9.3.2017.
99 http://www.dijtokyo.org/doc/WP0502_AgingPopulation-Ducke-Moerke.pdf, letzter Abruf: 9.3.2017.

fällt. Iwata (2002)[100]: *Employment And Policy Development Relating To Older People In Japan* setzt bei der Darstellung unterschiedlicher Dimensionen zur Herleitung von Altersbeschäftigung in Japan einen Fokus auf die betriebliche Ebene. Mittels Fallbeispielen werden gängige Fortbeschäftigungspraktiken betrachtet und durch Hinweise auf die Notwendigkeit einer Diversifizierung von Beschäftigungsangeboten ergänzt. Auch bei Iwata (2003)[101]: *Labor Market Policies in the Era of Population Aging: Japan's Case* erfolgt eine Behandlung der herkömmlichen Ausprägung von Beschäftigungsfortsetzung. Neben kritischen Verweisen auf erkennbare Disparitäten hinsichtlich der Beschäftigungsgestaltung vor und nach Erreichen des betrieblichen Rentenalters wird auf japanische Instrumente des Personaltransfers eingegangen. Deren Rolle zur Sicherung von Altersbeschäftigung sowie die hierbei bestehenden Berührungspunkte zur Beschäftigungsfortsetzung werden durch Sato (1996)[102]: *Keeping Employees Employed: Shukko and Tenseki Job Transfers – Formation of a Labor Market within Corporate Groups* beleuchtet. Zwar seien Praktiken des Personaltransfers nicht speziell für Ältere konzipiert. Dennoch bestünden diese gerade für Ältere oftmals als einzige Möglichkeit, eine Verlängerung der Beschäftigung zu erwirken, weshalb einhergehende Veränderungen von Arbeit und Beschäftigung in Kauf genommen würden.

Aufbauend auf der Darstellung des *employment stabilization law* sowie der organisatorischen Probleme, Anstellungen unter dem Dach der lebenslangen Beschäftigung auszuweiten, beschreibt Sato (2002a)[103]: *Labour Management Issues to be Solved for Community with Workers at the Age of 65* dominante Ausprägungsmuster der Beschäftigungsfortsetzung. Selektionsverfahren sowie Gehaltspraktiken im Rahmen der Wiederanstellung werden hierbei primär thematisiert. Auch Fujimoto (2008a)[104]: *Employment of Older People after the Amendment of the Act Concerning Stabilization of Employment of Older Persons: Current State of Affairs and Challenges* beschreibt die Fortbeschäftigungspraxis vor rechtlichen Hintergründen. Zwar wird auf dieser Basis eine Zunahme von Beschäftigungschancen über dem betrieblichen Rentenalter attestiert. Keine signifikanten Auswirkungen werden hingegen für den gängigen Strukturrahmen ausgemacht, der die Existenz von *mismatch* zwischen nachfrage- und angebotsseitigen Vorstellungen bei der Einrichtung von Fortbeschäftigungsverhältnissen nahelege und sich nachteilig auf die Arbeitsmoral von Fortbeschäftigten auswirke. Auch Kajitani (2006)[105]: *Japan's Reemployment System*

100 National Centre for the Vocational Education Research (NCVER) – VOCED plus. http://www.voced.edu.au/, letzter Abruf: 9.3.2017. Signatur: TD/TNC76.74.
101 http://www.jil.go.jp/english/documents/aging_policy-e.pdf, letzter Abruf: 9.3.2017.
102 http://www.jil.go.jp/english/archives/bulletin/documents/199612.pdf, letzter Abruf: 9.3.2017.
103 National Centre for the Vocational Education Research (NCVER) – VOCED plus. http://www.voced.edu.au/, letzter Abruf: 9.3.2017. Signatur: TD/TNC76.74.
104 http://www.jil.go.jp/english/JLR/documents/2008/JLR18_fujimoto.pdf, letzter Abruf: 9.3.2017.
105 http://ir.library.osaka-u.ac.jp/dspace/bitstream/11094/20329/1/oep056_3_051.pdf, letzter Abruf: 9.3.2017.

and Work Incentives for the Elderly kann eine kritische Beurteilung des herkömmlichen Strukturrahmens von MBB entnommen werden. So wird die Absenkung des Gehaltsniveaus hinsichtlich ihrer antagonistischen Wirkung thematisiert. Zwar erhöhe diese die Nachfrage von Altersbeschäftigung. Zugleich schwäche sie die angebotsseitige Attraktivität von Beschäftigungsfortsetzung, wobei letzterem Effekt dominierendes Gewicht zugesprochen wird. Mitani (2008)[106]: *Mandatory Retirement of Baby Boomers and Human Resource Strategies of Business Firms* diskutiert die Auswirkungen einer steigenden Altersstruktur von Belegschaften auf das Personalmanagement. Die geringe angebotsseitige Attraktivität der Beschäftigungsfortsetzung stehe im Widerspruch zur steigenden Priorität, die ältere Mitarbeiter innerhalb der japanischen Unternehmenswelt besäßen.

Gesamtheitliche Betrachtungen internationaler Differenzen von Alterserwerbsarbeit im Spiegelbild der englischsprachigen Literaturlage
Abschnitt 4.3.1 widmet sich einer Beschreibung der internationalen Literaturlage zur Arbeit im Alter unter Berücksichtigung eines Fokus auf den japanischen Kontext. Hierbei sei abschließend auf jene Publikationen eingegangen, die sich einer eindeutigen Zuordnung entziehen, wie diese in besonderem Maße sämtliche der zuvor thematisierten Einflussebenen von Alterserwerbsarbeit aufgreifen und somit politische, betriebliche wie gesellschaftliche Dimensionen gleichermaßen berühren. Hierzu kann die Publikationsreihe *Ageing and Employment Policies* der OECD gezählt werden, die im Rahmen der Veröffentlichung einzelner Länderberichte eine umfangreiche Zustandsbeschreibung von Alterserwerbsarbeit in Abhängigkeit nationaler Kontexten gewährt.[107] So betrachtet OECD (2004e): *Ageing and Employment Policies – Japan* die demografische Entwicklung der (Erwerbs-)Bevölkerung sowie die Arbeitsmarktstellung Älterer in Japan. Hierauf aufbauend werden die politische und betriebliche Einflussebene der überdurchschnittlich hohen Alterserwerbsarbeit in Japan thematisiert, wobei ein Eingehen auf die Beschäftigungsfortsetzung erfolgt. Ebenso umfassend präsentiert sich OECD (2006): *Live longer, work longer*, wie sämtliche OECD-Mitgliedstaaten hinsichtlich nationaler Charakteristika von Alterserwerbsarbeit behandelt, und hierbei zur Explikation internationaler Varianzen insbesondere politische wie betriebliche Einflüsse dokumentiert werden. Auch Hardy (2006): *Older Workers* wertet die Stellung Älterer auf nationalen Arbeitsmärkten als Resultat komplexer Einflussfaktoren und verweist auf gesellschaftliche, politische wie betriebliche Erklärungen zur Herleitung nationaler Diskrepanzen von Alterserwerbsarbeit.

---

106 http://www.jil.go.jp/english/JLR/documents/2008/JLR18_mitani.pdf, letzter Abruf: 9.3.2017.
107 Vergleiche die im Rahmen dieser Arbeit erfassten Beiträge: OECD (2004); OECD (2004a); OECD (2004b); OECD (2004c); OECD (2004d); OECD (2004e); OECD (2005); OECD (2005a); OECD (2005b) sowie OECD (2005c).

Aus Taylor (2002a)[108]: *Improving employment opportunities for older workers: Developing a policy framework – Summary* geht eine Zusammenfassung von politischen, betrieblichen wie sozialen Einflussfaktoren hervor, die sich im internationalen Vergleich für die markanten Unterschiede bei der ökonomischen Teilhabe im Alter kenntlich zeigen. Hingegen geht Taylor (2002b)[109]: *Working at the Margins: Public Policy, Age and Firms in Japan* exklusiv auf den japanischen Kontext ein. So wird hinsichtlich des japanischen Erfolgs von Alterserwerbsarbeit der Einfluss des rechtlichen Arbeitnehmerschutzes, der aktiven und passiven Arbeitsmarktpolitik sowie der Voraussetzungen der betrieblichen Beschäftigungsgestaltung diskutiert, wobei die Beschäftigungsfortsetzung als positiver Beitrag zur Verlängerung von Erwerbsbiografien Erwähnung findet. Auch Higuchi (2002)[110]: *Employment of Older Workers in Japan: Analysis on the Effectiveness of Employment Management, Employment Policies, and Pension Systems* bieten eine bündige Darstellung von Ursachen der japanischen Alterserwerbsarbeit, in deren Rahmen auf gesellschaftliche, politische und betriebliche Einflussfaktoren verwiesen wird. Bass und Caro (2001): *Productive Aging. A Conceptual Framework* liefern einen theoretisch geprägten Beitrag zur Diskussion ökonomischer Altersteilhabe und ihrer Bestimmungsfaktoren. So wird das Ausmaß an Alterserwerbsarbeit als Konsequenz individueller, gesellschaftlicher, politischer wie wirtschaftlicher Einflussdimensionen und ihrer Interdependenzen hergeleitet.

4.3.2 Arbeit und Alter als Gegenstand der deutschsprachigen Japanologie und weiterer Wissenschaften

Vorherige Passagen beschreiben die internationale Literaturlage zur Arbeit im Alter, die zwei Betrachtungsansätze offenbart. Eine Nachfrageperspektive, in deren Rahmen die Gestaltung von Arbeit und Beschäftigung auf betrieblicher Ebene hinsichtlich der Voraussetzungen zur Verlängerung von Lebensarbeitszeit erörtert wird. Allerdings wird der Literaturbestand dahingehend interpretiert, dass die Behandlung der Angebotssicht als zweite Betrachtungsperspektive von Alterserwerbsarbeit dominiert. Die durch den demografischen Wandel verursachten Implikationen für Arbeitsmärkte, der Einfluss einer steigenden Lebenserwartung in Gesundheit oder die möglicherweise auf Grundlage kultureller Unterschiede bestehenden internationalen Varianzen von Alterserwerbsarbeit können hierunter subsumiert werden. Ebenso gilt dies für jene Beiträge, die rechtliche Regularien des Arbeitnehmerschutzes sowie die

---

108 National Centre for the Vocational Education Research (NCVER) – VOCED plus. http://www.voced.edu.au/, letzter Abruf: 9.3.2017. Signatur: TD/TNC76.74.
109 http://www.jil.go.jp/english/archives/bulletin/documents/200208.pdf, letzter Abruf: 9.3.2017.
110 National Centre for the Vocational Education Research (NCVER) – VOCED plus. http://www.voced.edu.au/, letzter Abruf: 9.3.2017. Signatur: TD/TNC76.74.

Gestaltung von aktiver und passiver Arbeitsmarktpolitik als Hintergründe nationaler Differenzen bei der Erwerbseinbindung Älterer thematisieren. Bildet die Betrachtung der politischen Einflussebene das größte Gewicht der englischsprachigen Literaturlage zur Altersarbeit, ist dies primär durch den umfangreichen Publikationsbestand zu begründen, der die durch Sozial- wie Steuersysteme gestalteten Anreizstrukturen zu einer Aufrechterhaltung von Erwerbsarbeit im Alter analysiert.

Dieser Abschnitt setzt die Darstellung der internationalen Literaturlage zur Arbeit im Alter mit Japanbezug durch eine Betrachtung deutschsprachiger Beiträge fort, welche vergleichsweise weniger zahlreich ausfallen. Dies liegt nicht an einem mangelnden Forschungsinteresse auf Seiten deutschsprachiger Japanologen am Themenkomplex des demografischen Wandels und seiner wirtschaftlichen wie gesellschaftlichen Herausforderungen. So sei exemplarisch auf die Arbeiten des Japanologischen Instituts der Universität Wien[111] als früher Vertreter der deutschsprachigen Japanologie hingewiesen, der bereits in den 1970/80er Jahren den Forschungsschwerpunkt der alternden Gesellschaft Japans unter Berücksichtigung der Themenaspekte Arbeit und Ruhestand verfolgt. Umfangreich präsentiert sich ebenso der Forschungsbeitrag zum demografischen Wandel Japans und seiner Implikationen, der in jüngerer Zeit am Deutschen Institut für Japanstudien generiert wird. So definiert das DIJ seit 2005 die „Herausforderungen des demografischen Wandels" als einen Forschungsschwerpunkt und begleitet diesen seither intensiv. Zur Begründung wird auf die demografische Vorreiterrolle Japans verwiesen, die auch bei der Wahl des hiesigen Untersuchungsgegenstands eine Motivationsgrundlage bildet: „Der demografische Wandel wurde zum Thema gemacht, weil er für alle Industrieländer große Herausforderungen mit sich bringt und Japan in besonderem Maße betrifft. [...] Japan ist der erste Testfall für die Frage, ob sich eine rasch alternde und dadurch langfristig schrumpfende Gesellschaft ihre wirtschaftliche Stärke erhalten kann" (DIJ 2014)[112].

Somit ist die geringere Anzahl an deutschsprachigen Veröffentlichungen zum Thema der Altersarbeit in Japan auch darauf zurückzuführen, dass im Zuge der Internationalisierung der Wissenschaftslandschaft auch deutschsprachige Japanologen ihre Beiträge zunehmend in Englisch veröffentlichen. So sei etwa auf das Erscheinen umfangreicher Sammelbände wie Coulmas et al. (Hg.) (2008): *The Demographic Challenge: A Handbook about Japan*, Coulmas und Lützeler (Hg.) (2011): *Imploding Populations in Japan and Germany* oder Conrad und Lützeler (Hg.) (2002): *Aging and Social Policy – A German-Japanese Comparison* hingewiesen, in denen der demografische Wandel und seine Auswirkungen einer breiten wie profunden Diskussion unterzogen wird. Ebenso geht der Sammelband von Conrad, Waldenberger und Heindorf

---

111 1999 mit der Sinologie zum Institut für Ostasienwissenschaften fusioniert, vgl. http://ostasien.univie.ac.at/das-institut/, letzter Abruf: 9.3.2017.
112 https://www.dijtokyo.org/de/project/herausforderungen-des-demographischen-wandels/, letzter Abruf: 9.3.2017.

(Hg.) (2008): *Human Resource Management in Ageing Societies* aus dem Forschungs-schwerpunkt „Herausforderungen des demografischen Wandels" am DIJ hervor.[113] Angesichts der hiermit exemplifizierten Verbreitung englischsprachiger Publikatio-nen durch die deutschsprachige Japanologie gilt es zu konstatieren, dass eine mit hie-siger Arbeit vergleichbare Untersuchung der Beschäftigungsfortsetzung bislang keine Entsprechung innerhalb des deutschsprachigen Wissenschaftsdiskurses zu Fragen der Altersarbeit in Japan findet. Eine Lücke, die diese Arbeit mit dem Ziel aufgreift, die deutschsprachige Auseinandersetzung mit dem japanischen Bevölkerungswan-del und seiner wirtschaftlichen wie gesellschaftlichen Implikationen um eine weitere Facette zu erweitern.

Widmen sich kommende Passagen einer Darstellung zentraler deutschsprachi-ger Beiträge zum thematischen Umfeld der Arbeit im Alter mit japanischem Bezug, sei zunächst auf Veröffentlichungen eingegangen, die im unmittelbaren Zusammen-hang zum hiesigen Untersuchungsgegenstand zu verorten sind. So besteht durch die von DIJ und DIHKJ im Jahre 2010 herausgegebene Studie *Silver Business in Japan – Auswirkungen des demographischen Wandels auf Personalpolitik und Mar-keting*[114] eine Untersuchung von 135 in Japan agierenden deutschen Unternehmen hinsichtlich demografischer Herausforderungen des Personalwesens. Insbeson-dere die mit vermehrt erwarteten Unternehmensaustritten verbundenen Risiken von Arbeitskräftemangel und innerbetrieblicher Wissenstradierung finden hierbei Berücksichtigung. Doch auch auf die japanische Regulierung von Beschäftigungs-fortsetzung sowie deren Strukturrahmen wird eingegangen, wobei eine Wiederbe-schäftigung zu schlechteren Bedingungen als herkömmlich konstatiert wird. Conrad (2009)[115]: *Die Beschäftigung älterer Menschen in Japan – Ursachen und Rahmenbe-dingungen einer hohen Alterserwerbsquote* befindet bei der Suche nach Ursachen der japanischen „Spitzenstellung" (Conrad 2009: 113)[116] bei der Erwerbsbeteili-gung älterer Arbeitnehmer keine „monokausale Erklärung" (Conrad 2008: 225)[117] für zulässig. Entsprechend umfassend zeigt sich die Diskussion politischer, wirt-schaftlicher wie gesellschaftlicher Einflussfaktoren, die auch ein Eingehen auf die Fortbeschäftigung als „in dieser Form in Deutschland nicht anzutreffen" (Conrad 2009: 115)[118] beinhaltet, wobei die gängige Praxis von MBB primär aus betrieblichen

---

113 https://www.dijtokyo.org/de/project/herausforderungen-des-demographischen-wandels/, letzter Abruf: 9.3.2017).
114 http://www.dijtokyo.org/doc/Silver_business_in_japan_d.pdf, letzter Abruf: 9.3.2017.
115 http://www.leopoldina.org/uploads/tx_leopublication/NAL365_Bd_3_001-158.pdf, letzter Abruf: 9.3.2017.
116 http://www.leopoldina.org/uploads/tx_leopublication/NAL365_Bd_3_001-158.pdf, letzter Abruf: 9.3.2017.
117 http://www.leopoldina.org/uploads/tx_leopublication/NAL365_Bd_3_001-158.pdf, letzter Abruf: 9.3.2017.
118 http://www.leopoldina.org/uploads/tx_leopublication/NAL365_Bd_3_001-158.pdf, letzter Abruf: 9.3.2017.

Vorteilen abgeleitet wird. Paulsen (2009)[119]: *Institutionalisierung im Kulturvergleich: Das Beispiel der Regulierung von Alterserwerbsarbeit in Deutschland und Japan* liefert einen soziologischen Beitrag, welcher bei der Ursachenforschung der zwischen Japan und Deutschland anzutreffenden Unterschiede von Alterserwerbsarbeit auf politische, gesellschaftliche, kulturelle wie betriebliche Einflüsse eingeht. Zwar wird der Beschäftigungsfortsetzung entscheidende Bedeutung zum japanischen Vorsprung bei der Sicherung ökonomischer Altersteilhabe zugesprochen. Jedoch werden hierbei Merkmalsbeschreibungen des Strukturrahmens von MBB vorgenommen, die sich im Lichte des Forschungsstands sowie hiesiger Untersuchungsergebnisse als nicht stichhaltig erweisen.

Kohlbacher (2007)[120]: *Baby Boomer Retirement, Arbeitskräftemangel und Silbermarkt – Herausforderungen und Chancen des demographischen Wandels für Unternehmen in Japan* bietet einen Überblick der Implikationen, die für japanische Unternehmen mit der Alterung von Belegschaften einhergehen. Dem demografischen Wandel werden nicht nur Nachteile zugeordnet. So wird ein nachhaltiges Wachstum des Silbermarkts als vorteilhaft gewertet. Nicht vernachlässigt werden dürften jedoch die Herausforderungen des demografischen Wandels, wie zunehmende Gefahren von Arbeitskräftemangel und Schwierigkeiten bei der betrieblichen Wissenstradierung bestünden. Bei Kohlbacher (2011): *Japan – der Pionier* wird nicht nur die steigende Relevanz des Silbermarkts als positive Begleiterscheinung des demografischen Wandels gewertet. So könnten in Japan agierende Unternehmen die Möglichkeit nutzen, frühzeitige Erfahrungen im Umgang mit demografischen Implikationen des Personalwesens zu gewinnen. Finden auch politische Unterstützungsmaßnahmen von Alterserwerbsarbeit Betrachtung, werden das *employment stabilization law* sowie die hieraus hervorgehenden Vorschriften zur Durchführung von Beschäftigungsfortsetzung tangiert. Verweise auf das Erstarken des Silbermarkts als Faktor einer steigenden nachfrageseitigen Attraktivität von Altersbeschäftigung finden sich auch bei Moerke und Kamann (2005)[121]: *Herausforderungen des demographischen Wandels: Fallbeispiel Automobilindustrie*, die betriebliche Folgen alternder Belegschaften diskutieren. So wird eine steigende Wertschätzung älterer Beschäftigter innerhalb von Produktentwicklung oder Marketing der Automobilbranche ausgemacht, wie diesen eine erhöhte Sensibilität für die Präferenzen der wachsenden Konsumentengruppe Älterer zugerechnet wird.

Aus Kohlbacher und Haghirian (2007)[122]: *Japan und das Wissen der Babyboomer* geht eine Thematisierung betrieblicher Konsequenzen des demografischen Wandels hervor, die sich auf Folgen für das Wissensmanagement konzentriert. Werden diesem

---

119 http://hss.ulb.uni-bonn.de/2009/1920/1920.pdf, letzter Abruf: 9.3.2017.
120 http://www.dijtokyo.org/articles/kohlbacher_bb-retirement0712.pdf, letzter Abruf: 9.3.2017.
121 http://www.dijtokyo.org/publications/WP_Moerke-Kamann_1018.pdf, letzter Abruf: 9.3.2017.
122 http://www.dijtokyo.org/articles/2007_01_006.pdf, letzter Abruf: 9.3.2017.

in Japan in Form einer höheren Geltung impliziter Wissensvermittlung spezielle Charakteristika zugewiesen, seien japanische Unternehmen einem erhöhten Risiko zum Verlust interner Wissensbestände ausgesetzt. Aus dieser Einschätzung geht die Diskussion geeigneter Lösungsansätze hervor, in deren Rahmen auch Verweise auf die Fortbeschäftigung erfolgen. Auch die Diskussion demografischer Implikationen für in Japan ansässige Unternehmen bei Kohlbacher und Voelpel (2007)[123]: *Sayonara Wissenträger* ist durch die Behandlung der Wissenstradierung geprägt. So hätten Betriebe zu spät auf die Problematik des Unternehmensaustritts von Wissensträgern durch die Implementierung geeigneter Anpassungsstrategien reagiert. Ernst (1995): *Karrieremuster, Beschäftigungssicherheit und Alter in Japan* greift die durch traditionelle Beschäftigungsprinzipien bestehenden Voraussetzungen zu einer Verlängerung von Lebensarbeitszeit sowie deren Wandel auf. Ein weiterer Schwerpunkt bildet die Behandlung des lebenslangen Erwerbs von Qualifikationen, welche auf dem externen Arbeitsmarkt gehandelt werden können, wobei individuelle wie betriebliche Hindernisse zur Diskussion gelangen. Bei Ehrke (1995): *Alternde Gesellschaft und Beschäftigung in Japan* erfolgt eine kritische Erörterung senioritätsgeprägter Gehaltsfindung hinsichtlich der nachfrageseitigen Attraktivität von Altersbeschäftigung. An der Länge der Betriebszugehörigkeit bemessene Vergütungsmodelle entsprächen nur vordergründig einer Begünstigung älterer Beschäftigter, wie Senioritätslöhne die Wettbewerbsposition Älterer auf internen Arbeitsmärkten entscheidend schwäche.

Conrad (2001)[124]: *Perspektiven der Alterssicherung in Japan* diskutiert ausgehend von einer Beschreibung des japanischen Rentensystems Reformen der öffentlichen Altersversorgung als Antwort auf den demografischen Wandel. Trotz Einschränkungen werden diese als wirksam hinsichtlich der Sicherung finanzieller Nachhaltigkeit beurteilt. Bei Getreuer-Kargl (1989)[125]: *Alterung als zentrales sozialpolitisches Problem der Gegenwart und Zukunft* findet sich eine unverändert gültige Diskussion der demografisch bedingten Aufgaben für die japanischen Sozialsysteme als zentrale gesellschaftspolitische Herausforderung der Zukunft. Thränhardt (1989)[126]: *Historische und konzeptionelle Grundlagen japanischer Sozialpolitik* skizziert die Entwicklung des japanischen Wohlfahrtssystems von seinen Anfängen bis in die japanische Nachkriegszeit. Diese wird im Spannungsfeld zwischen der traditionellen Wahrnehmung sozialer Fürsorge als innerfamiliärer Aufgabenbereich und einer gestiegenen Verantwortung staatlicher Sozialfürsorge als Konsequenz der wachsenden Orientierung an westliche Konzeptionen des modernen Wohlfahrtsstaats skizziert. Linhart (1995): *Die Alten Japans im sozialen Wandel* bereitet die ambivalente Stellung Älterer innerhalb der japanischen Nachkriegsgesellschaft anhand einer Betrachtung literarischer

---

123 http://www.dijtokyo.org/articles/kohlbacher_fv.pdf, letzter Abruf: 9.3.2017.
124 http://www.djw.de/uploads/media/jap183.pdf, letzter Abruf: 9.3.2017.
125 http://www.uni-hamburg.de/oag/noag/noag_1989_3.pdf, letzter Abruf: 9.3.2017.
126 http://www.uni-hamburg.de/oag/noag/noag_1989_2.pdf, letzter Abruf: 9.3.2017.

Werke auf, aus denen sich zeitgenössische Tendenzen der Stellung Älterer erschließen. Ebenso kommt jedoch ein Umriss der Genese des japanischen Sozialsystems zur Geltung, die hinsichtlich der Generosität öffentlicher Unterstützungsleistungen im Einklang zu Thränhardt (1989)[127] weniger als konstante Entwicklung, sondern als ein von Vor- und Rückschritten geprägter Prozess charakterisiert wird. Der öffentliche wie individuelle Stellenwert der Arbeit als mögliches kulturelles Einflusskriterium von Alterserwerbsarbeit kommt im Beitrag von Jaufmann (1998)[128]: *Mythos Arbeit in Japan: Westliche Wahrnehmungen – japanische Realitäten* zur Darstellung. Dabei wird eine kulturalistisch verzerrte Wahrnehmung der gesellschaftlichen Stellung von Arbeit in Japan innerhalb der westlichen Hemisphäre konstatiert.

4.3.3 MBB als Gegenstand des japanischen Wissenschaftsdiskurses

Als Folge des demografischen Wandels gewinnt die Notwendigkeit einer Verlängerung von Lebensarbeitszeit auch außerhalb von Japan an Brisanz. Wie vorherige Abschnitte belegen, liegt der Arbeit im Alter somit bereits ein lebhafter Wissenschaftsdiskurs zugrunde, zu dem hiesige Untersuchung beitragen will. Wird die wissenschaftliche Behandlung der Altersarbeit durch eine dominierende Behandlung der Angebotsseite charakterisiert, tritt mit Blick auf die japanische Literaturlage zur Beschäftigungsfortsetzung eine diametrale Gewichtung zutage. So lässt sich der primär in Form japanischer Beiträge bestehende Literaturbestand zum hiesigen Forschungsobjekt durch eine vorrangige Betrachtung der Nachfrageperspektive kennzeichnen, die bislang in geringem Ausmaß eine spezifische Hinwendung zu Unternehmen kleiner und mittlerer Größe sowie des verarbeitenden Gewerbes zu erkennen gibt. Eine unterrepräsentierte Exploration der Arbeitnehmerposition gilt es zumindest bezüglich von Datensammlungen zu konstatieren. Deren Darstellung sei jedoch ein Eingehen auf Publikationen vorweg gestellt, welche die japanische Beschäftigungslandschaft im breiteren Kontext behandeln. Entsprechend erfolgt ein Eingehen auf Aspekte, die nicht in exklusivem, jedoch unmittelbaren Zusammenhang zur Altersbeschäftigung bestehen. So werden neben dem politischen, gesellschaftlichen und volkswirtschaftlichen Kontext von Alterserwerbsarbeit die sozioökonomischen Umstände Älterer thematisiert und Tendenzen japanischer Beschäftigungsstrukturen behandelt, die nicht zuletzt durch die Ausweitung von Altersbeschäftigung an Relevanz gewinnen.

Aus dem jährlich durch Naikaku-fu erscheindenem *Kōrei shakai hakusho*[129] [Annual Report on the Aging Society] geht ein Umriss der japanischen Erwerbsbevölkerung sowie der Lebenssituation im Alter hervor, die auch eine Untersuchung

---

127 http://www.uni-hamburg.de/oag/noag/noag_1989_2.pdf, letzter Abruf: 9.3.2017.
128 http://www.wiwi.uni-augsburg.de/vwl/institut/paper/174.pdf, letzter Abruf: 9.3.2017.
129 http://www8.cao.go.jp/kourei/whitepaper/index-w.html, letzter Abruf: 9.3.2017.

der Einstellungsmuster Älterer zur Erwerbsarbeit umschließt. Diese Inhalte werden abgerundet durch die Darlegung des politischen Maßnahmenkatalogs zur Begegnung gesellschaftspolitischer Implikationen des demografischen Wandels. Auch Naikaku-fu (2003)[130]: *Heisei 15 nendo nenrei karei ni taisuru kangaekata ni kansuru ishiki chōsa no gaiyō* [Überblick über die Untersuchung aus dem Jahre 2003 von Bewusstsein und Denkensweisen hinsichtlich des Alters wie Alterns] spannt einen umfassenden Bogen bei der Beschreibung der alternden Gesellschaft Japans. So folgt einer Untersuchung von Lebensverhältnissen und -zufriedenheit im Alter ein Umriss politischer Ansätze, die eine Reaktion auf soziale wie wirtschaftliche Herausforderungen des Bevölkerungswandels verkörpern. Wird hierbei das Themenfeld der Arbeit und Beschäftigung berührt, erfolgt eine Darstellung des politischen Instrumentenkastens zur Förderung von Alterserwerbsarbeit, die auf legislative Grundlagen sowie aktive und passive arbeitsmarktpolitische Mittel eingeht. Kōsei rōdō-shō (2011a)[131]: *Kōnen reisha koyō wo torimaku genjō* [Gegenwärtiger Zustand der Beschäftigung Älterer] stellt eine Kompilation von Statistiken zur Veränderung der japanischen Erwerbsbevölkerung sowie der Stellung Älterer auf nationalen Arbeitsmärkten dar, die einen Anstieg an Unternehmen mit Beschäftigungsfortsetzung als Reaktion auf jüngere Revisionen des *employment stabilization law* dokumentiert. Das jährlich durch Kōsei rōdō-shō veröffentlichte *Kōsei rōdō hakusho*[132] [Annual Report on Health, Labour and Welfare] liefert eine Behandlung des demografischen Wandels der japanischen (Erwerbs-) Bevölkerung, die durch Beschreibungen des Arbeitsmarkts, der gesamtwirtschaftlichen Entwicklung oder der sozioökonomischen Situation Älterer ergänzt wird. Doch auch sozial- und beschäftigungspolitische Leitlinien zur Begegnung demografischer Implikationen für Wirtschaft und Gesellschaft werden dargelegt. Verwandte Themenschwerpunkte bestehen im durch das Kōsei rōdō-shō herausgegebenen *Rōdō keizai hakusho*[133] [White Paper on the Labour Economy], wie auch hier ein Überblick aktueller Entwicklungstendenzen von Wirtschaftslage, Arbeitsmarkt und Beschäftigungsstrukturen in Japan erfolgt. Lässt sich daran eine Diversifizierung der japanischen Beschäftigungslandschaft hin zur steigenden Anwendung nicht regulärer Anstellungsformen ablesen, werden breitere Trends der japanischen Arbeitswelt berührt, die im unmittelbaren Zusammenhang zur Altersbeschäftigung bestehen.

Kōsei rōdō-shō (2010a)[134]: *Heisei 22 nen shūgyō keitai no tayō-ka ni kansuru sōgō jittai chōsa* [Untersuchung des allgemeinen Zustands der Diversifizierung von Anstellungsformen, 2010] stellt eine Analyse japanischer Beschäftigungsstrukturen und

---

130 http://www8.cao.go.jp/kourei/ishiki/h15_kenkyu/gaiyou.html, letzter Abruf: 9.3.2017.
131 http://www.mhlw.go.jp/stf/shingi/2r9852000001ojt0-att/2r9852000001ojwp.pdf, letzter Abruf: 9.3.2017.
132 http://www.mhlw.go.jp/toukei_hakusho/hakusho/, letzter Abruf: 9.3.2017.
133 http://www.mhlw.go.jp/toukei_hakusho/hakusho/, letzter Abruf: 9.3.2017.
134 http://www.mhlw.go.jp/toukei/itiran/roudou/koyou/keitai/10/, letzter Abruf: 9.3.2017.

ihrer Transformationstendenzen dar, in der das Wachstum nicht regulärer Beschäftigungsformen zur Geltung kommt. Zwar wird dieses Phänomen als breitere Erscheinung der Beschäftigungslandschaft beschrieben. Anhand der Identifizierung einer abrupten Zunahme nicht regulärer Beschäftigung bei Überschreiten des betrieblichen Rentenalters wird jedoch der unmittelbare Bezug zur steigenden Anzahl an älteren Beschäftigten ersichtlich. Anhand von Chūshō kigyō sōgō kenyū kikō kenkyū-bu (2006): *Chūshō kigyō ni okeru koyō no tayō-ka jittai ni kansuru chōsa kenkyū* [Untersuchung über den allgemeinen Zustand der Beschäftigungsdiversifizierung in kleinen und mittleren Unternehmen] lässt sich eine inhaltlich verwandte Studie zur Diversifizierung der Beschäftigungsgestaltung in Japan aufführen, die sich dem speziellen Kontext von KMU widmet. Als nachfrageseitige Untersuchung unabhängig spezieller Branchenzuwendung konzipiert, werden Ursachen der Ausbreitung nicht regulärer Anstellungsverhältnisse analysiert, wobei die Möglichkeiten zur Flexibilisierung des Personalwesens und Personalkosteneinsparung hervortreten. Die regelmäßig durch Sōmu-shō tōkei-kyoku aktualisierte Studie *Rōdō-ryoku chōsa*[135] [Untersuchung zur Arbeitskraft] erweitert die Darstellung aktueller Entwicklungen von Arbeitsmarkt, Beschäftigungsstrukturen und der allgemeinen Lebenssituation in Japan. Werden diese Aspekte in Abhängigkeit unterschiedlicher Alterskohorten analysiert, erfolgt ein spezielles Eingehen auf das ältere Erwerbspersonenpotential.

Ebenfalls in regelmäßigen Abständen erscheint durch Kōrei shōgai kyūshoku-sha koyō shien kikō das *Kōrei-sha shakai tōkei yōran* [Handbook of Labour Statistics on Aged Society]. Liegt hiermit ein statistischer Almanach zu den Themenkomplexen Demografie, Arbeit und Beschäftigung sowie der sozialen und wirtschaftlichen Stellung im Alter vor, wird umfangreiches Datenmaterial zur ökonomischen Teilhabe Älterer und der in diesem Rahmen zu beobachtenden Merkmale von Arbeit und Beschäftigung bereit gestellt. Auch durch das jährlich durch Rōdō seisaku kenkyū kenshū kikō publizierte *Working Life Profile – Labor Statistics*[136] erfolgt eine statistische Aufbereitung aktueller Wandlungstendenzen von Wirtschaft, Erwerbsbevölkerung und Beschäftigungslandschaft, die neben Kennzahlen zur Einstellung und Motivation Älterer zur Erwerbsarbeit auch Charakteristika von Altersbeschäftigung erfasst. Gelangt der demografische Wandel bereits durch vorherige Veröffentlichungen zum Ausdruck, steht dieser im Mittelpunkt des Beitrags von Ogawa, N. (2009): *Jinkō kōrei-ka to kōrei-sha no shotoku hiyō* [Die Bevölkerungsalterung sowie die Einkommen und Kosten Älterer]. Dieser beschreibt die Entwicklung von Fertilität, Mortalität und durchschnittlicher Lebenserwartung sowie die korrespondierenden Veränderungen von Größe und Altersstruktur der japanischen Bevölkerung im Langzeitverlauf. Hierauf basierend werden soziale Verhältnisse im Alter anhand von Einkommensverhältnissen oder Gesundheitszustand diskutiert, wobei sich die Zunahme

---

135 http://www.stat.go.jp/data/roudou/, letzter Abruf: 9.3.2017.
136 http://www.jil.go.jp/english/jwl/index.htm, letzter Abruf: 9.3.2017.

an vitalen Älteren innerhalb der Bevölkerung Japans erschließt. Bei Abe (2009): *Jinkō genshō kōrei-ka no shinten to rōdō shijō* [Die Entwicklung von Alterung wie Schrumpfung der Bevölkerung und der Arbeitsmarkt] stehen die demografischen Implikationen für den japanischen Arbeitsmarkt im Vordergrund. So wird das Schrumpfen und Altern der Erwerbsbevölkerung sowie das Verhältnis zwischen ökonomisch aktiven und nicht aktiven Gesellschaftsteilen dargestellt, wie es aus makroökonomischer Perspektive zunehmend unvorteilhaft ausfällt.

Die Situation Älterer auf dem japanischen Arbeitsmarkt sowie angebots- und nachfrageseitige Determinanten von Altersbeschäftigung werden durch folgende Beiträge herausgearbeitet: Takagi (2009): *Kōnen reisha no tayō-na hataraki-kata* [Die diversen Arbeitsweisen älterer Personen] bietet eine detaillierte Betrachtung der Erwerbssituation Älterer, die neben quantitativen Beschäftigungsmerkmalen auf den Wechsel von Anstellungsverhältnissen in späten Erwerbsphasen und die Beschäftigungsfortsetzung eingeht. Gelangen zudem die Erwerbsvorstellungen Älterer zur Diskussion, wird ein Kontrast zwischen einer unverändert hohen zeitlichen Arbeitsbelastung und registrierter Präferenzen der Altersgruppe der 60- bis 64-Jährigen zu Teilzeitbeschäftigungsformen erkennbar. Yagi (2009): *Kōrei-sha koyō no kokusai hikaku* [Internationaler Vergleich der Altersbeschäftigung] widmet sich einer international vergleichenden Bestandsaufnahme von quantitativen wie qualitativen Aspekten der Alterserwerbsarbeit, in deren Rahmen das überdurchschnittliche Niveau japanischer Alterserwerbsarbeit zum Ausdruck kommt. Angebots- wie nachfrageseitige Ursachen der identifizierten Kontraste werden beleuchtet, wie insbesondere politische und betriebliche Einflussfaktoren sowie ihre fördernden wie hemmenden Wirkungen zur Verlängerung von Erwerbsbiografien Betrachtung finden. Seike, Yamada und Kimu (2005): *Kōrei shakai nihon no koyō seisaku* [Beschäftigungspolitische Maßnahmen im Zeichen der gealterten Gesellschaft Japans] stellen Zustand und Einflüsse der Alterserwerbsarbeit in Japan dar. Politische Förderungsinstrumente zur Verlängerung des Erwerbslebens finden Lob, wenngleich auf Optimierungspotential verwiesen wird. Blicke auf die betriebliche Ebene behandeln neben hinderlichen Faktoren wie dem Senioritätslohn die Beschäftigungsfortsetzung als förderndes Element von Altersbeschäftigung, die hinsichtlich von Gestaltungsunterschieden zwischen Großunternehmen und KMU markiert wird. Auch Iwata (2011)[137]: *Nihon no kōrei-sha koyō shūgyō seisaku no kadai – 70 sai teido made wo shiya ni ireta kōrei-sha no shitsu takaku, katsu tayō na koyō shūgyō kankyō no jitsugen* [Aufgaben politischer Maßnahmen hinsichtlich der Beschäftigung Älterer in Japan – Realisierung von Qualität und einer diversifizierten Beschäftigungsumwelt für Ältere bis hin um das 70. Lebensjahr] nimmt eine Diskussion von Zustand und Voraussetzungen der Alterserwerbsarbeit in Japan vor, die primär auf politische und betriebliche Einflüsse eingeht. Als Folge der Novellierung des *employment stabilization law* wird ein Anstieg der Beschäftigungs-

---

137 http://www.jil.go.jp/institute/reports/2011/documents/0137_04.pdf, letzter Abruf: 9.3.2017.

quote Älterer zwischen den Jahren 2004 und 2009 konstatiert und somit auf den Stellenwert von Beschäftigungsfortsetzung als personalpolitisches Mittel zur Verlängerung von Erwerbsbiografien hingewiesen.

Ogawa, H. (2009): *Kōrei-sha no rōdō no kyōkyū* [Das Arbeitsangebot an älteren Personen] widmet sich den angebotsseitigen Bestimmungselementen der japanischen Alterserwerbsarbeit. Neben der Thematisierung individueller Einflussfaktoren wie Gesundheitszustand oder Haushaltssituation besteht ein Fokus auf aktive wie passive arbeitsmarktpolitische Maßnahmen zur Verlängerung der Erwerbsbiografie. Anhand von Gehaltsbemessung oder zeitlicher Arbeitsintensität wird ein *mismatch* zwischen angebots- und nachfrageseitigen Interessen an Altersbeschäftigung registriert, die sich nachteilig auf die Attraktivität einer Verlängerung des Erwerbslebens auswirke. Auch Seike und Yamada (2004): *Kōrei-sha shūgyō no keizai-gaku* [Ökonomie der Alterserwerbsarbeit] wenden sich bei der Diskussion von Determinanten der Alterserwerbsarbeit primär der Angebotsseite zu. So wird die hohe Arbeitsmoral Älterer primär auf die Gestaltung von Renten- und Steuersystem zurückgeführt. Okunishi (2009): *Kōrei-sha no juyō* [Die Arbeitsnachfrage nach älteren Personen] beschränkt sich im Rahmen der Betrachtung von Einflüssen der japanischen Alterserwerbsarbeit auf die Nachfrageperspektive. Der hemmende Einfluss senioritätsorientierter Gehaltsstrukturen sowie deren Zusammenhang zur Existenz eines betrieblichen Rentenalters werden verdeutlicht und durch die Darstellung der Beschäftigungsfortsetzung ergänzt, dem eine bedeutende Rolle bei der Sicherung von Beschäftigungschancen im Alter zugesprochen wird. Allerdings wird zugleich ein Mangel der angebotsseitigen Attraktivität von Fortbeschäftigung als Folge der verbreiteten Praxis zur Absenkung des Gehaltsniveaus konstatiert.

Vorherige Beiträge erfassen die gesamte Bandbreite von angebots- und nachfrageseitigen Bestimmungsfaktoren der ökonomischen Altersteilhabe in Japan. Hingegen widmen sich folgende Arbeiten spezifischen Einflüssen der japanischen Alterserwerbsarbeit wie zunächst ein Fokus auf rechtliche Begleitumstände besteht. So betrachtet Seki (2009): *Kōrei-sha koyō hōsei* [Das Rechtssystem von Altersbeschäftigung] die Regulierung von Altersdiskriminierung im internationalen Vergleich sowie die historische Entwicklung des *employment stabilization law,* das als wichtiges Werkzeug zur Sicherung von Beschäftigungschancen im Alter verstanden wird. Zudem gelangen verbleibende Herausforderungen bei der Schaffung einer altersneutralen Beschäftigungsumwelt als langfristige beschäftigungspolitische Leitlinie zur Diskussion. Der rechtliche Hintergrund der Beschäftigungsfortsetzung steht ebenfalls im Mittelpunkt bei Morito (2014)[138]: *Kōnen reisha koyō antei-hō – 2004 nen kaisei no imisuru mono* [Das *employment stabilization law* – Implikationen der Revision des Jahres 2004]. Jüngere Reformen des *employment stabilization law* werden als effektives Mittel zur Stärkung von Altersbeschäftigung anerkannt, wenngleich auch kritische Berwertungen erfolgen.

---

138 http://www.jil.go.jp/institute/zassi/backnumber/2014/01/pdf/005-012.pdf, letzter Abruf: 9.3.2017.

So wird der Herabsetzung von Beschäftigungsbedingungen mit Skepsis begegnet, wie diese die angebotsseitigen Anreize zur Fortbeschäftigung schwäche. Auch im Beitrag von Yamashita (2006)[139]: *Kōnen rei-sha no koyō kakuho sochi wo meguru hōteki sho-kadai* [Verschiedene gesetzliche Aufgaben im Zusammenhang von Maßnahmen zur Sicherung der Beschäftigung Älterer] steht die Diskussion des ESL und die Relevanz jüngerer Novellierungen für den steigenden Anwendungsgrad von Beschäftigungsfortsetzung im Vordergrund. Die Selektionspraxis wird als Beispiel für die Argumentation angeführt, wonach sich der dominierende Gebrauch der Wiederbeschäftigung aus einhergehenden Flexibilitätsspielräumen erklärt.

Einer Darstellung der politischen Förderung von Alterserwerbsarbeit außerhalb Japans folgend, geht Yanagisawa (2009)[140]: *Kōnen-hō no koyō kakuho sochi wo meguru atarata-na hōteki kadai* [Neue gesetzliche Aufgaben bezüglich der Maßnahmen zur Sicherung von Beschäftigung im *employment stabilization law*] auf jüngere Reformen des *employment stabilization law* und ihrer Konsequenzen für die Beschäftigungsfortsetzung ein. Der überwiegende Gebrauch der Wiederbeschäftigung wird als Folge rechtlicher Grundlagen sowie der hieraus resultierenden Gestaltungsfreiräume interpretiert. Seike (2009b): *Kōrei-sha no koyō shūgyō sokushin ni muketa seisaku* [Politische Maßnahmen zur Förderung der Arbeit und Beschäftigung von Alten] diskutiert die historische Entwicklung des ESL hin zur Revision des Jahres 2004 und deutet diesen Prozess als prägenden Faktor zur jüngeren Steigerung der japanischen Beschäftigungsquoten im Alter. Auf einem internationalen Vergleich von Alterserwerbsarbeit aufbauend, betrachtet auch Fujimoto (2007a)[141]: *Kōrei-sha no koyō kaihatsu to shokyūgyō jittai – kaisei kōnen reisha koyō antei-hō sekō kara ichi nen.* [Zustand und weiterer Ausbau von Altersbeschäftigung – Ein Jahr nach Inkrafttreten der Revision des *employment stabilization law*] die Revision des ESL aus dem Jahre 2004 und ihre Auswirkungen auf Beschäftigungschancen im Alter. Vermutet wird eine unzureichende Übereinstimmung zwischen den angebots- und nachfrageseitigen Bedürfnissen bei der Einrichtung von Altersbeschäftigung, die mit dem Fehlen rechtlicher Vorgaben zur Gestaltung von Beschäftigungskonditionen in Verbindung gebracht wird.

Folgende Veröffentlichungen wenden sich primär den Mitteln der aktiven und passiven Arbeitsmarktpolitik zur Stärkung wirtschaftlicher Altersteilhabe zu: Rōdō seisaku kenkyū kenshū kikō (2004a)[142]: *Ōshū ni okeru kōrei-sha koyō taisaku to nihon – nenrei shōheki zesei ni muketa torikumi wo chūshin toshite* [Maßnahmen zur Förderung von Altersbeschäftigung in Europa und Japan – Fokussiert auf die Auseinandersetzung mit der Korrektur von Altershürden] stellt verbindende Momente europäischer

139 http://www.jil.go.jp/institute/zassi/backnumber/2006/05/pdf/043-050.pdf, letzter Abruf: 9.3.2017.
140 http://www.jil.go.jp/institute/zassi/backnumber/2009/08/pdf/065-075.pdf, letzter Abruf: 9.3.2017.
141 http://www.jil.go.jp/kokunai/blt/backnumber/2007/05/P2-5.pdf, letzter Abruf: 9.3.2017.
142 http://www.jil.go.jp/institute/reports/2004/documents/013.pdf, letzter Abruf: 9.3.2017.

Staaten hinsichtlich der Notwendigkeit zum Ausbau von Alterserwerbsarbeit sowie den hierbei bestehenden beschäftigungspolitischen Maximen dar. Ferner erfolgt die Betrachtung politischer Förderungsinstrumente von Alterserwerbsarbeit im Länderprofil einzelner europäischer Staaten. Skizzierte Maßnahmenkataloge werden in Bezug zum japanischen Kontext gesetzt, wobei sowohl hinsichtlich des innereuropäischen wie europäisch-japanischen Vergleichs Parallelen und Differenzen bei der politischen Flankierung einer Verlängerung von Lebensarbeitszeit hervortreten. Auch Iwata (2010)[143]: *Ōshū ni okeru kōreisha koyō shūgyō no genjō to nihon* [Japan und der Zustand von Arbeit und Beschäftigung Älterer in Europa] unterzieht den Zustand von Alterserwerbsarbeit einem Vergleich zwischen europäischen Staaten und den Verhältnissen Japans. Dokumentierte Differenzen werden primär auf Unterschiede bei der Anreizgestaltung verzögerter Renteneintritte als Folge nationaler Ausgestaltungen von Renten- und Steuersystem zurückgeführt.

Rōdō seisaku kenkyū kenshū kikō (2004b)[144]: *Nenrei ni kakawarinaku hatarakeru shakai no jitsugen ni muketa nihon no kadai* [Die Aufgaben Japans im Zusammenhang der Realisierung einer Gesellschaft, in der unabhängig des Alters gearbeitet werden kann] betrachtet hingegen das Spektrum von ALMP und PLMP zur Unterstützung ökonomischer Teilhabe des Alters im exklusiven Kontext Japans. Trotz der überdurchschnittlichen Alterserwerbsarbeit werden auch Japan verbleibende Aufgaben bezüglich der Schaffung eines demografierobusten Arbeitsmarkts attestiert. Rōdō seisaku kenkyū kenshū kikō (2008a)[145]: *Kōrei-sha no shūgyō jittai ni kansuru kenkyū – Kōrei-sha no shūrō sokushin ni kansuru kenkyū chūkan hōkoku* [Forschung über den Zustand der Altersbeschäftigung – Bericht fokussiert auf die Forschung zur Förderung der Arbeit und Beschäftigung Älterer] bereitet den Zustand von Alterserwerbsarbeit in Japan auf und geht auf die im Rahmen von aktiver und passiver Arbeitsmarktpolitik verankerten Steuerungsinstrumente ein. Ferner wird der Strukturrahmen von MBB dargestellt, wobei relativ selten berücksichtigte Faktoren wie die Möglichkeit zum Qualifikationserwerb Berücksichtigung finden. Hamaguchi (2011): *Nihon no rōdō ichiba kaikaku – OECD akutibēshon seisaku rebyū: nihon* [Reform des japanischen Arbeitsmarkts – Durchsicht der Umsetzung von OECD Aktivierungsmaßnahmen im Falle Japans] wendet sich der Gestaltung aktiver Arbeitsmarktpolitik sowie ihres Einflusses zum aktuellen Erscheinungsbild der japanischen Alterserwerbsarbeit zu. Detailliert behandelt werden etwa Subventionsprogramme von Erwerbsarbeit und Qualifikationserwerb im Alter, die hinsichtlich ihrer Effektivität auf ambivalente Beurteilung stoßen und mit Empfehlungen zur weiteren Optimierung versehen sind.

---

143 http://www.jil.go.jp/institute/reports/2010/documents/0120_10.pdf, letzter Abruf: 9.3.2017.
144 http://www.jil.go.jp/institute/reports/2004/documents/013_10.pdf, letzter Abruf: 9.3.2017.
145 http://www.jil.go.jp/institute/reports/2008/documents/0100.pdf, letzter Abruf: 9.3.2017.

Vorherige Veröffentlichungen widmen sich der politischen Flankierung von Alterserwerbsarbeit wie eingebettet in rechtlichen Grundlagen sowie dem Instrumentenkasten von ALMP und PLMP. Stärker der Thematisierung langfristiger politischer Herausforderungen zur Schaffung eines altersneutralen Beschäftigungsumfelds zugewandt, präsentieren sich folgende Beiträge: Kōsei rōdō-shō (2011)[146]: *Kongo no kōnen reisha koyō ni kansuru kenkyū-kai hōkoku-sho. Shōgai geneki shakai no jitsugen ni mukete* [Bericht des Ausschusses zur zukünftigen Beschäftigung Älterer – Bezüglich der Realisierung einer Gesellschaft aktiver Lebenszeit] stellt einen im Vorfeld der jüngsten Revision des *employment stabilization law* veröffentlichten Zwischenbericht dar. So wird Einsicht in die Standpunkte der Sozialpartner hinsichtlich einer Verschärfung der gesetzlichen Regulierung von Beschäftigungsfortsetzung gewährt, aus der sich eine ablehnende Haltung der Arbeitgebervertretungen hinsichtlich einer rechtlichen Forcierung zur Sicherung von Altersbeschäftigung erschließt. Ein zusätzlicher Bestandteil der Dokumentation des jüngsten Reformprozesses des ESL liegt durch Kōsei rōdō-shō (2010b)[147]: *Kongo no kōnen reisha koyō no genjō to kadai ni tsuite* [Über den Zustand und Aufgaben der zukünftigen Beschäftigung Älterer] vor. Dokumentiert werden aktuelle Fortbeschäftigungstendenzen sowie die staatlich Absicht zur Sicherung von Erwerbsarbeit bis zum 70. Lebensjahr.

Seike (2001): *Shōgai geneki jidai no koyō seisaku* [Beschäftigungsmaßnahmen im Zeitalter lebenslanger Aktivität] behandelt die Vor- und Nachteile alternativer Strategien zur Regulierung von Altersbeschäftigung in Gestalt einer Auf- oder Anhebung des betrieblichen Rentenalters gegenüber einer Modifikation rechtlicher Vorgaben zu Fortbeschäftigungssystemen. Bezüglich der Errichtung einer Gesellschaft aktiver Lebenszeit als politische Herausforderung mit Langzeitcharakter wird sich für eine stärkere Regulierung des externen Arbeitsmarkts wie mittels der Verschärfung von Antidiskriminierungsklauseln ausgesprochen. Sato (2011): *65 sai made no kibō-sha zenin no koyō kikai kakuho no ari kata: teinen enchō to kibō-sha zenin sai-koyō* [Wege zur Sicherung von Beschäftigungsmöglichkeiten bis zum 65. Lebensjahr für alle Aspiranten: Verlängerung des betrieblichen Rentenalters und Wiederanstellung für alle Aspiranten] wägt positive und negative Aspekte eines gesetzlichen Verbots von Selektionsverfahren als Szenario zur Forcierung rechtlicher Grundlagen der Beschäftigungsfortsetzung ab. Im Zusammenhang einer altersneutralen Beschäftigungsumwelt kommt im Einklang zu Seike (2001) die Forderung nach einer stärkeren Regulierung des externen Arbeitsmarkts auf. So werden in Folge der Verlängerung von Lebensarbeitszeit zahlreiche nachfrage- wie angebotsseitige Faktoren konstatiert, die eine lebenslange Unternehmenszugehörigkeit überdenkenswürdig erscheinen ließen

---

146 http://www.mhlw.go.jp/stf/houdou/2r9852000001fz36-att/2r9852000001fzaz.pdf, letzter Abruf: 9.3.2017.
147 http://www.mhlw.go.jp/stf/shingi/2r9852000000w15e-att/2r9852000000w194.pdf, letzter Abruf: 9.3.2017.

und für eine Abkehr vom Primat der Regulierung interner Arbeitsmärkte zur Sicherung von Altersbeschäftigung sprächen. Auch bei Sato (2011a): *Kigyō no jinji kanri no henka to rōdō seisaku ue no kadai* [Veränderungen des Personalmanagements von Unternehmen sowie deren Aufgaben auf Grundlage der Arbeitspolitik] liegt die Auffassung zugrunde, dass sich nachfrage- wie angebotsseitige Beschäftigungsbedürfnisse im Verlauf des wachsenden Zeitraums von Erwerbsleben wandeln. Vor diesem Hintergrund wird der Nutzen einer lebenslangen Beschäftigung gegenüber einem maturierten externen Arbeitsmarkt in Zweifel gezogen, der ausreichende Chancen zur Wiederanstellung im Alter bereitstellt. Zusätzlich wird die Förderung einer Unternehmenskultur angemahnt, die eine stärkere Vereinbarkeit von beruflichen und privaten Lebensinhalte ermöglicht und somit der Stellenwert qualitativer Beschäftigungsaspekte bei der Verlängerung von Lebensarbeitszeit thematisiert.

Weiterer Einblick in die notwendigen Inhalte einer zukunftsorientierten Beschäftigungsstrategie Japans bietet Rōdō seisaku kenkyū kenshū kikō (2006a)[148]: *Kore kara no koyō senryaku – dare mo ga kagayaki iyoku wo motte kizuku yutaka de katsuryoku aru shakai* [Die Beschäftigungspolitik der Zukunft – Eine reiche und dynamische Gesellschaft, zu der jeder beiträgt und in der jeder hervorragende Leistungen erreichen kann]. Eine Kultivierung der Potentiale Älterer, die Förderung der Vereinbarkeit von Beruf und Familie oder die Unterstützung lebenslangen Lernens werden als elementare Herausforderungen deklariert, die im Sinne einer florierenden Gesellschaft und Wirtschaft zu bewältigen seien. Iwata (2008)[149]: *Kōrei-sha keizoku koyō no jittai to kadai – keizoku koyō no shitsuteki sokumen no kaizen wo chūshin toshite* [Zustand und Aufgaben der Beschäftigungsfortsetzung Älterer – Fokussiert auf die Optimierung der qualitativen Seite] beurteilt den Erfolg politischer Maßnahmen zur quantitativen Sicherung von Altersbeschäftigung in Japan positiv. Jedoch verblieben langfristige Aufgaben im Zusammenhang der Verlängerung von Lebensarbeitszeit. So wird der Fähigkeitsausbildung im Alter und ihrer politischen Unterstützung zentraler Stellenwert zugewiesen, was die Förderung von Beschäftigungsqualität und den Erhalt von Arbeitsmotivation gegen Ende des Erwerbslebens betrifft. Auch Seike und Nagashima (2009): *60 sai kara no shigoto* [Arbeit ab dem 60. Lebensjahr] setzen sich mit den Erfordernissen einer Gesellschaft aktiver Lebenszeit auf politischer (Stärkung externer Arbeitsmarktregulierung, etc.), betrieblicher (Abbau der senioritätsorientierten Beschäftigungsgestaltung, etc.) und gesellschaftlicher Ebene (Schaffung positiver Altersbilder, etc.) auseinander. Zugleich sind Unternehmensbeispiele zur Beschäftigungssicherung bis zum 65. Lebensjahr aufgeführt, welche die laut Verfasser bestehende Notwendigkeit zur Diversifizierung von Arbeit und Beschäftigung im Alter sowie erfolgversprechende Ansätze hierzu exemplifizieren.

---

148 http://www.jil.go.jp/institute/reports/2006/documents/063.pdf, letzter Abruf: 9.3.2017.
149 http://www.jil.go.jp/institute/reports/2008/documents/0100_05.pdf, letzter Abruf: 9.3.2017.

Vorherige Publikationen vermitteln die Relevanz ökonomischer Teilhabe im Alter innerhalb des wirtschaftlichen wie sozialen Grundzusammenhangs in Japan sowie die hierbei bestehenden gesellschaftlichen, politischen und betrieblichen Begleitumstände. Ergänzt seien diese Beiträge durch einen Umriss der Untersuchungslandschaft, welche die Beschaffenheit von Arbeit und Beschäftigung über dem betrieblichen Rentenalter analysiert. Im Gegensatz zur Exploration gängiger Gestaltungsmuster der Beschäftigungsfortsetzung erscheinen die Forschungsaspekte von Motivation und Evaluation dieses Personalinstruments unterrepräsentiert, wie auch die qualitative Datenerhebung unterdurchschnittliche Berücksichtigung findet. Ferner soll die folgende Darstellung vermitteln, dass in all diesen Zusammenhängen vergleichsweise selten ein spezifisches Eingehen auf KMU oder das verarbeitende Gewerbe erfolgt und auch die Erfassung der arbeitnehmerseitigen Perspektive weiteres Ausbaupotential offenbart. Rōdō seisaku kenkyū kenshū kikō (2007)[150]: *Kōreisha keizoku koyō ni muketa jinji rōmu kanri no genjō to kadai* [Zustand und Aufgaben des Human Resource Managements bezüglich der Beschäftigungsfortsetzung Älterer] bietet eine Analyse des demografischen Wandels und seiner sozioökonomischen Implikationen im internationalen Bezug. Hierauf aufbauend erfolgt eine detaillierte Bestandsaufnahme gängiger Ausprägungen des Strukturrahmens von MBB über sämtliche Unternehmensgrößen und Branchen hinweg. Markante Veränderungen von Beschäftigungskonditionen bei Überschreitung des betrieblichen Rentenalters werden identifiziert.

Rōdō seisaku kenkyū kenshū kikō (2010c)[151]: *Keizoku koyō nado wo meguru kōreisha shūgyō no genjō to kadai* [Derzeitiger Zustand und Aufgaben der Altersarbeit wie im Rahmen der Beschäftigungsfortsetzung] verweist auf die in Japan etablierten Prinzipien der Gehaltsbestimmung, wobei vorrangig die Konsequenzen des Senioritätslohns für das Gehaltsprofil im Altersverlauf geschildert werden. Wenngleich unter Berücksichtigung sämtlicher Unternehmensgrößen und Branchen auch sonstige Gestaltungsmerkmale von Arbeit und Beschäftigung im Alter erfasst werden, fokussiert sich die Analyse des Strukturrahmens von MBB auf Fragen der Gehaltsbemessung. Das Entstehen einer Gehaltslücke nach Erreichen des betrieblichen Rentenalters wird als verbreitete Begleiterscheinung des Übertritts in Beschäftigungsfortsetzung dokumentiert. Rōdō seisaku kenkyū kenshū kikō (2011a)[152]: *Kōrei-sha no shūgyō jittai ni kansuru kenkyū* [Forschung über den tatsächlichen Zustand der Altersarbeit] konzentriert sich bei der Erfassung des Strukturrahmens von MBB neben Aspekten der Gehaltsfindung auf die Anstellungs- und Beschäftigungsform. Die Zunahme nicht regulärer Anstellungsformate bei Beibehaltung von Vollzeitbeschäftigung wird als dominante Ausprägung der Beschäftigungsgestaltung oberhalb des betrieblichen

---

150 http://www.jil.go.jp/institute/reports/2007/documents/083.pdf, letzter Abruf: 9.3.2017.
151 http://www.jil.go.jp/institute/reports/2010/documents/0120.pdf, letzter Abruf: 9.3.2017.
152 http://www.jil.go.jp/institute/reports/2011/documents/0137.pdf, letzter Abruf: 9.3.2017.

Rentenalters ausgewiesen. Rōdō seisaku kenkyū kenshū kikō (2011)[153]: *Kōrei-sha no shūgyō jittai ni kansuru kenkyū – kōrei-sha no shūgyō sokushin ni muketa kigyō no tori-kumi* [Untersuchung zum Zustand der Beschäftigung Älterer – Herangehensweise von Unternehmen zur Förderung von Beschäftigung Älterer] liegt eine vergleichsweise seltene Erhebung qualitativer Daten bei der Untersuchung von Altersbeschäftigung zugrunde. Diese basiert auf einer Fallstudiensammlung von Unternehmen, die sich beim Arrangement von Altersbeschäftigung anhand der Setzung des betrieblichen Rentenalters und der Ausgestaltung von Fortbeschäftigungssystemen unterscheiden.

Folgende Studien lassen sich anhand der kombinierte Analyse von Nachfrage- und Angebotsseite bei der Einrichtung von Altersbeschäftigung subsumieren: Rōdō seisaku kenkyū kenshū kikō (2006)[154]: *Tayō-ka suru shūgyō keitai no shita de no jinji senryaku to rōdō-sha no ishiki ni kansuru chōsa* [Untersuchung über perso-nalpolitische Strategien und das Bewusstsein von Erwerbstätigen hinsichtlich der Diversifizierung von Beschäftigung] untersucht Diversifizierungstendenzen bei der Gestaltung von Beschäftigung über sämtliche Unternehmensgrößen und Branchen hinweg. Somit konzentriert sich die Analyse auf die Abwandlung von regulärer Fest-anstellung in nicht reguläre Anstellungsformen und die zwischen diesen Gruppie-rungen erkennbaren Differenzen beim Arrangement von Arbeit und Beschäftigung. Im Einklang zu Honda (2007)[155] wird ein Vordringen nicht regulärer Beschäftigter in funktionale Kernbereiche von Unternehmungen als markanter Befund ausgewiesen. Bei Berücksichtigung sämtlicher Unternehmensgrößen und Branchen erfasst Rōdō seisaku kenkyū kenshū kikō (2005)[156]: *Jinkō genshō shakai ni okeru jinji senryaku to shokugyō ishiki ni kansuru chōsa* [Untersuchung von Personalstrategien sowie des Arbeitsbewusstseins in einer durch Bevölkerungsrückgang gezeichneten Gesell-schaft] im nachfrageperspektivische Untersuchungsteil Strategien zur Überwindung demografischer Implikationen des Personalmanagements, in deren Zusammenhang ein Eingehen auf den Strukturrahmen von MBB erfolgt. Im angebotsseitigen Bestand-teil der Studie werden individuelle Präferenzen hinsichtlich Länge und Beschaffen-heit des Erwerbslebens sowie die Zufriedenheit mit Bedingungen der Arbeit und Beschäftigung in Abhängigkeit verschiedener Alterskohorten behandelt. So wird etwa dokumentiert, dass das Gros an Beschäftigten über dem 60. Lebensjahr mit dem Arbeitsinhalt zufrieden ist, sich jedoch nicht mit der einhergehenden Entlohnung einverstanden zeigt.

Folgende Untersuchungen zur Altersbeschäftigung zeichnen sich durch die exklusive Exploration der Angebotsseite aus: Rōdō seisaku kenkyū kenshū kikō

---

153 http://www.jil.go.jp/institute/siryo/2011/documents/093.pdf, letzter Abruf: 9.3.2017.
154 http://www.jil.go.jp/institute/research/documents/research025.pdf, letzter Abruf: 9.3.2017.
155 http://www.jil.go.jp/english/JLR/documents/2007/JLR13_honda.pdf, letzter Abruf: 9.3.2017.
156 http://www.jil.go.jp/institute/research/documents/research012.pdf, letzter Abruf: 9.3.2017.

(2008)[157]: *60 sai ikō no keizoku koyō to shokugyō seikatsu ni kansuru chōsa – kōrei-sha keizoku koyō ni kansuru jūgyō-in ankēto chōsa* [Untersuchung der Beschäftigungsfortsetzung sowie des Berufslebens über dem 60. Lebensjahr – Fragebogenumfrage von Arbeitnehmern über die Beschäftigungsfortsetzung Älterer] analysiert gängige Gestaltungsmerkmale von Arbeit und Beschäftigung im Alter und vergleicht diese mit angebotsseitigen Präferenzen. In Bezug auf die Alterskohorte der 60 bis 65-Jährigen werden auffällige Kontraste zwischen den Bevorzugungen und den tatsächlichen Bedingungen registriert was Anstellungsform oder Gehaltsniveau betrifft. Auch bei Rōdō seisaku kenkyū kenshū kiko (2010b)[158]: *Kōnen reisha no koyō shūgyō no jittai ni kansuru chōsa* [Untersuchung des Zustands von Beschäftigung und Arbeit Älterer] stellt die Analyse allgemeiner Vorstellungen über die Beschaffenheit von Altersbeschäftigung einen Untersuchungsschwerpunkt dar. In Verwandtschaft zu Rōdō seisaku kenkyū kenshū kiko (2008)[159] werden Differenzen zwischen den herkömmlichen Beschäftigungsbedingungen und den Präferenzen älterer Beschäftigter dokumentiert. Auch Rōdō seisaku kenkyū kenshū kiko (2012)[160]: *Kōnen reisha no keizoku koyō nado, shūgyō jittai ni kansuru chōsa* [Untersuchung über den tatsächlichen Zustand von Arbeit sowie der Beschäftigungsfortsetzung Älterer] basiert auf einer Abfrage der Zufriedenheit mit Konditionen von Arbeit und Beschäftigung. Im Einklang zu Rōdō seisaku kenkyū kenshū kiko (2005)[161] wird ausgewiesen, dass sich die Mehrheit unter den 60 bis 65-Jährigen mit den persönlichen Merkmalen des Arbeitsinhalts zufrieden zeigt. Dahingegen wird eine überwiegende Unzufriedenheit im Zusammenhang des Gehaltsniveaus registriert. Auch die Beschäftigungsgestaltung über dem betrieblichen Rentenalter tritt in Gesamtbetrachtung durch einen dominierenden Anteil an unzufriedenen Beschäftigten hervor.

Sämtliche zuvor aufgeführten Studien sind durch das Japan Institute for Labour Policy and Training erschienen und verdeutlichen den substantiellen Beitrag von JILPT zur Erforschung der japanischen Alterserwerbsarbeit. Jedoch liegen weitere Studien mit verwandtem Untersuchungszuschnitt vor: Als arbeitgebergerichtete Studie konzipiert, analysiert Shōkō sōgō kenkyū-sho (2006)[162]: *Chūshō kigyō no kōrei-sha katsuyō no jittai chōsa* [Untersuchung zum Zustand der Inanspruchnahme Älterer durch kleine und mittlerer Unternehmen] den gängigen Strukturrahmen von Altersbeschäftigung im spezifischen Kontext von KMU und beinhaltet eine begrenzte Anzahl an Fallstudien. Fragen zum zukünftigen Ausbau von Beschäftigung im Alter werden berührt, wobei die Nutzung der Potentiale Älterer bei gleichzeitiger Möglich-

157 http://www.jil.go.jp/institute/research/2008/documents/047/047.pdf, letzter Abruf: 9.3.2017.
158 http://www.jil.go.jp/institute/research/2010/documents/075.pdf, letzter Abruf: 9.3.2017.
159 http://www.jil.go.jp/institute/research/2008/documents/047/047.pdf, letzter Abruf: 9.3.2017.
160 http://www.jil.go.jp/institute/research/2012/documents/094.pdf, letzter Abruf: 9.3.2017.
161 http://www.jil.go.jp/institute/research/documents/research012.pdf, letzter Abruf: 9.3.2017.
162 http://www.shokosoken.or.jp/chousa/youshi/17nen/17-4.pdf, letzter Abruf: 9.3.2017.

keit zur Gehaltsabsenkung als dominierende Beweggründe für Beschäftigungsfortsetzung in Erscheinung treten. Aus Higuchi und Yamamoto (2002a)[163]: *Waga kuni no kōrei-sha koyō no genjō to tenbō* [Zustand und Aussichten der Beschäftigung Älterer in Japan] geht eine Untersuchung gängiger Gestaltungstendenzen von MBB hervor, die vorrangig auf die Gehaltsbestimmung und deren Einfluss auf die angebotsseitige Attraktivität von Altersbeschäftigung eingeht. Unternehmen, bei denen eine moderate Gehaltsreduktion mit Beschäftigungsfortsetzung einhergeht, wird ein geringerer Austritt älterer Beschäftigter gegenüber Betrieben ausgewiesen, bei denen eine drastische Gehaltskürzung bei Überschreitung des betrieblichen Rentenalters erfolgt. Als nachfrageseitige Untersuchung unabhängig von Unternehmensgröße oder Branche konzipiert, wendet sich Kōrei shōgai kyūshoku-sha koyō shien kikō (2008): *Kōnen reisha koyō kakuho sochi no jittai to 70 sai made hatarakeru kigyō jitsugen ni muketa chōsa kenkyū* [Untersuchung zur derzeitigen Situation der Maßnahmen zur Beschäftigungssicherung Älterer sowie der Realisierung durch Unternehmen bis zum 70. Lebensjahr arbeiten zu können] dem Strukturrahmen von MBB zu. Jedoch werden ebenso die nachfrageseitige Motivation und Evaluation von Beschäftigungsfortsetzung sowie zukünftige Perspektiven und Herausforderungen beim Ausbau von Altersbeschäftigung auf das 70. Lebensjahr analysiert.

Auch die folgenden Untersuchungen zur Altersbeschäftigung gehen aus Forschungsaktivitäten durch Kōrei shōgai kyūshoku-sha koyō shien kikō bzw. ihrer Vorgängerorganisation Nihon shōgai-sha koyō sokushin kyōkai („Japan Association for Employment of Persons with Disabilities", JAED)[164] hervor. Zwar sind diese Studien älteren Erscheinungsdatums. Dennoch sei hierauf eingegangen, eignet sich deren Berücksichtigung dazu, das Wachstum an Unternehmen mit Beschäftigungsfortsetzung innerhalb der letzten zwei Jahrzehnte nachzuvollziehen, wie es sich aus dem Vergleich mit vorherigen Studien erschließt. Entsprechend der älteren Publikationszeitpunkte sind folgende Untersuchungen nicht mehr im Original im Internet verfügbar. Verwiesen sei daher auf die Online-Präsenz des Shakai chōsa dēta ākaibu kenkyū sentā[165] („Social Science Japan Data Archive") in Verwaltung durch Tōkyō daigaku shakai kagaku kenkyū-sho („The University of Tōkyō, Institute of Social Science"). Hierdurch besteht ein umfangreiches Archiv sozialwissenschaftlicher Untersuchungen in japanischer Sprache, welches zahlreiche Studien zur Altersbeschäftigung beinhaltet. So finden sich auch die folgenden Studien zur Beschäftigungsfortsetzung durch eine Beschreibung von Untersuchungsziel und Methodik sowie einer

---

163 http://www.imes.boj.or.jp/research/papers/japanese/kk21-b2-1.pdf, letzter Abruf: 9.3.2017.
164 Im Jahre 2003 in die neu gegründete Japan Organization for Employment of the Elderly and Persons with Disabilities (JEED) integriert, vgl. https://www.jeed.or.jp/jeed/outline/history.html, letzter Abruf: 9.3.2017 sowie https://www.jeed.or.jp/english/history.html, letzter Abruf: 9.3.2017.
165 http://ssjda.iss.u-tokyo.ac.jp/, letzter Abruf: 9.3.2017.

Aufführung der Datensätze wider. Nihon shōgai-sha koyō sokushin kyōkai (1997)[166]: *Teinen tōtatsu-sha nado no shūgyō to seikatsu jittai ni kansuru chōsa* [Untersuchung von Beschäftigung und Alltagsleben von Personen bei Erreichen des betrieblichen Rentenalters] analysiert die Lebensgestaltung und Beschäftigungsbedingungen von Arbeitnehmern vor wie nach Erreichen des betrieblichen Rentenalters. Erfolgt auch eine Abfrage der Zufriedenheit von Fortbeschäftigten mit den vorliegenden Konditionen von Arbeit und Beschäftigung, wird im Gegensatz zu Rōdō seisaku kenkyū kenshū kikō (2005)[167] eine tendenziell positive Gesamtbewertung ausgewiesen. Ebenfalls der Angestelltensicht wendet sich Nihon shōgai-sha koyō sokushin kyōkai (1998)[168]: *Kōnenrei jūgyō-in no keizoku koyō ni kansuru jūgyō-in ishiki chōsa* [Untersuchung des Bewusstseins von Angestellten bezüglich der Beschäftigungsfortsetzung älterer Angestellter] zu. Gelangen primär Vorstellungen über die Lebensführung im Alter zur Analyse, wird ein hoher Anteil an Angestellten dokumentiert, der eine Beschäftigungsfortsetzung als erstrebenswert ansieht.

Nihon shōgai-sha koyō sokushin kyōkai (1998b)[169]: *Kōnen reisha no sai-shūshoku ni kakaru shokuiki kakudai ni kansuru chōsa* [Untersuchung der Ausweitung von Tätigkeitsbereichen Älterer im Rahmen der Wiederanstellung] stellt eine Untersuchung von Unternehmen sämtlicher Größen und Branchen bezüglich der Einrichtung von Altersbeschäftigung dar. Dabei tritt das relativ hohe Gehaltsniveau als ein entscheidender Faktor zutage, der aus betrieblicher Sicht gegen eine intensivere Nutzung der Beschäftigung Älterer spricht. Eine Untersuchung von Beschäftigungsfortsetzung im speziellen Kontext von Unternehmen mit über hundert Beschäftigten jedweder Branche liegt durch Nihon shōgai-sha koyō sokushin kyōkai (1998a)[170]: *Kōnenrei jūgyō-in no keizoku koyō ni kansuru kigyō chōsa* [Unternehmensstudie zur Beschäftigungsfortsetzung älterer Angestellter] vor. Entsprechend des frühen Publikationsdatums wird ein relativ geringer Unternehmensanteil in Gebrauch von Fortbeschäftigungsmaßnahmen ausgewiesen. Hinsichtlich des Ausbaus von Altersbeschäftigung werden verbreitete Absichten zur Heraufsetzung des betrieblichen Rentenalters identifiziert, die im Lichte jüngerer Untersuchungsergebnisse zur Höhe des betrieblichen Rentenalters kaum Reflektion erfahren.

Durch Nihon shōgai-sha koyō sokushin kyōkai (2001)[171]: *60 saidai mae-hansō no koyō enchō ni kansuru kigyō chōsa* [Unternehmensstudie zur Beschäftigungsverlängerung in der ersten Hälfte der 60. Lebensjahre] besteht eine Untersuchung von Unternehmen sämtlicher Größen und Branchen in Bezug auf Zustand und Perspek-

166 http://ssjda.iss.u-tokyo.ac.jp/chosa-hyo/0136c.html, letzter Abruf: 9.3.2017.
167 http://www.jil.go.jp/institute/research/documents/research012.pdf, letzter Abruf: 9.3.2017.
168 http://ssjda.iss.u-tokyo.ac.jp/chosa-hyo/0203c.html, letzter Abruf: 9.3.2017.
169 http://ssjda.iss.u-tokyo.ac.jp/chosa-hyo/0353c_kigyo.html, letzter Abruf: 9.3.2017; https://ssjda.iss.u-tokyo.ac.jp/chosa-hyo/0353c_kojin.html, letzter Abruf: 9.3.2017.
170 http://ssjda.iss.u-tokyo.ac.jp/chosa-hyo/0202c.html, letzter Abruf: 9.3.2017.
171 http://ssjda.iss.u-tokyo.ac.jp/chosa-hyo/0327c.html, letzter Abruf: 9.3.2017.

tiven der Altersbeschäftigung. Dokumentiert werden die verbreitete Geltung eines betrieblichen Rentenalters von 60 Jahren sowie ein starkes arbeitgeberseitiges Interesse an Beschäftigungsfortsetzung oberhalb dieses Zeitpunkts. Ferner wird ein deutlicher Unternehmensanteil ausgewiesen, der eine Heraufsetzung des betrieblichen Rentenalters auf 65 Jahre in Erwägung zieht, womit ein verwandter Befund zu Nihon shōgai-sha koyō sokushin kyōkai (1998a)[172] besteht, der mit Blick auf jüngere Untersuchungsresultate zur aktuellen Höhe des betrieblichen Rentenalters als markanter Kontrast erscheint. Anhand von Nihon shōgai-sha koyō sokushin kyōkai (2002)[173]: *Kigyō no kōrei-ka no sho-shisaku no jittai ni kansuru chōsa* [Untersuchung der diversen Maßnahmen im Zusammenhang der Alterung von Unternehmen] liegt eine Unternehmensbefragung vor, die sich den personalpolitischen Herausforderungen im Zusammenhang alternder Belegschaften widmet. Herkömmliche Gestaltungstendenzen des betrieblichen Rentenalters, der Arbeitsinhalte älterer Beschäftigter, der Instrumente zum Personaltransfer oder der Beschäftigungsfortsetzung werden analysiert, wobei bereits die dominierende Stellung der Wiederbeschäftigung in Erscheinung tritt. Nihon shōgai-sha koyō sokushin kyōkai (2000)[174]: *Chō-korei shakai no koyō shūgyō no tenpō ni kansuru ankēto chōsa* [Fragebogenbasierte Untersuchung der Aussichten von Anstellung und Beschäftigung innerhalb der überalterten Gesellschaft] basiert auf einer Expertenbefragung hinsichtlich politischer, wirtschaftlicher und gesellschaftlicher Konsequenzen des demografischen Wandels. Eine sinkende Bedeutung des betrieblichen Rentenalters oder eine Zunahme nicht regulärer Anstellungsformen werden als Folgen der alternden Erwerbsbevölkerung als wahrscheinlich beurteilt. Einschätzungen, die sich auf Basis der aktuellen Literaturlage als tendenziell zutreffend erweisen.

Im Rahmen dieser Darstellung der japanischen Literaturlage zur Altersbeschäftigung sollen zudem die ausgiebigen Kompilationen von Unternehmensfallstudien Erwähnung finden, aus deren Gesamtbetrachtung sich die Diversität von Beschäftigungsfortsetzung innerhalb der japanischen Unternehmenslandschaft erschließt. Sind diese größtenteils durch die Japan Organization for Employment of the Elderly, Persons with Disabilities and Job Seekers veröffentlicht, stellen sie einen Bestandteil des durch staatliche Institutionen generierten Informationsmaterials im Rahmen von ALMP dar, das sich um öffentliche Wissensvermittlung bei der Schaffung von Alterserwerbsarbeit bemüht (vgl. Abschnitt 3.3.4). Hierzu zählt die jährliche durch Kōrei shōgai kyūshoku-sha koyō shien kikō erfolgende Herausgabe *70 sai koyō senshin ji-reishū*[175] [Fallsammlung über Fortschritte bei der Beschäftigung bis zum 70. Lebensjahr]. Wenngleich sich die einzelnen Ausgaben durch leicht veränderte Themen-

---

172 http://ssjda.iss.u-tokyo.ac.jp/chosa-hyo/0202c.html, letzter Abruf: 9.3.2017.

173 http://ssjda.iss.u-tokyo.ac.jp/chosa-hyo/0360c.html, letzter Abruf: 9.3.2017.

174 http://ssjda.iss.u-tokyo.ac.jp/chosa-hyo/0356c.html, letzter Abruf: 9.3.2017.

175 http://www.jeed.or.jp/elderly/data/company70/04.html, letzter Abruf: 9.3.2017.

schwerpunkte unterscheiden, bieten die Fallstudien als gemeinsamer Nenner einen Überblick der personalpolitischen Strategien, die durch Unternehmen unterschiedlicher Größe und Branche zur Verlängerung von Altersbeschäftigung auf das 70. Lebensjahr verfolgt werden. Die An- oder Aufhebung des betrieblichen Rentenalters dienen gegenüber der Anwendung von Fortbeschäftigungssystemen als hauptsächliche Differenzierungskriterien, womit detaillierte Einblicke in die Varianz betriebsspezifischer Gestaltungsformen der Fortbeschäftigung gewährt werden.

Die durch Kōrei shōgai kyūshoku-sha koyō shien kikō erscheinende Veröffentlichung *70 sai iki iki kigyō 100 sen*[176] [Auswahl von hundert engagierten Unternehmen der Beschäftigung bis zum 70. Lebensjahr] bietet eine ebenso umfangreiche wie stetig erweiterte Beispielsammlung von Unternehmen unterschiedlicher Größen und Branchen, die sich in besonderer Weise um eine Ausweitung von Beschäftigung bis zum 70. Lebensjahr bemühen. Die zur Anwendung kommenden Verfahren lassen sich anhand unterschiedlicher Setzungen des betrieblichen Rentenalters zwischen dem 60. und 70. Lebensjahr und der hierauf aufbauenden Durchführung von Fortbeschäftigungssystemen gegenüber einer generellen Abschaffung des betrieblichen Rentenalters unterscheiden. Auch bei der regelmäßig durch Kōrei shōgai kyūshokusha koyō shien kikō erfolgenden Herausgabe *Kōnen reisha no tayō na hataraki-kata ji-reishū*[177] [Fallsammlung über die vielfältigen Arbeitsweisen Älterer] handelt es sich um eine branchen- wie größenunabhängige Fallstudienkompilation von Unternehmen, die sich in spezieller Weise bei der Verlängerung von Erwerbsbiografien engagieren. Allerdings stehen hierbei weniger klassische Parameter der Gestaltung von Altersbeschäftigung im Mittelpunkt. Stattdessen verbindet die aufgeführten Unternehmensbeispiele die Gemeinsamkeit, in besonderem Maße für eine Harmonisierung des Angebots an Arbeit und Beschäftigung mit den Präferenzen Älterer einzutreten. So werden Ansätze zur Arbeitsteilung, Verfahren heimbasierter Mitarbeit oder Modelle zur Flexibilisierung der Arbeitszeit behandelt.

Auch die folgenden Publikationen sind als Bestandteile behördlicher Veröffentlichungen anzusehen, die sich um Aufklärungsarbeit im Zusammenhang der Relevanz von Alterserwerbsarbeit und ihrer diversen Gestaltungsmöglichkeiten bemühen. So erfolgt bei Kōsei rōdō-shō (2004)[178]: *65 sai made no teinen no hikiage nado no sumiyakana jisshi* [Maßnahmen zur raschen Durchführung einer Anhebung des betrieblichen Rentenalters auf 65 Jahre] eine Erläuterung rechtlicher Vorgaben zur Beschäftigungsfortsetzung. Der hierauf basierende Spielraum beim Arrangement von MBB

176 http://www.jeed.or.jp/elderly/data/company70/03.html, letzter Abruf: 9.3.2017.
177 http://www.jeed.or.jp/elderly/data/company70/om5ru80000004p8w-att/om5ru80000004pgg.pdf, letzter Abruf: 9.3.2017; http://www.jeed.or.jp/elderly/data/company70/om5ru80000004p8w-att/om5ru80000004pg4.pdf, letzter Abruf: 9.3.2017; http://www.jeed.or.jp/elderly/data/company70/om5ru80000004p8w-att/om5ru80000004pfy.pdf, letzter Abruf: 9.3.2017.
178 http://www.mhlw.go.jp/general/seido/anteikyoku/kourei2/dl/leaflet2.pdf, letzter Abruf: 9.3.2017.

wird ebenso dargestellt wie öffentliche Maßnahmen, die zur Unterstützung von Weiterbeschäftigung, Neuanstellung oder Qualifikationserwerb im Alter bestehen. Kōrei shōgai-sha koyō shien kikō (2009)[179]: *Kōrei-sha koyō no tebiki* [Anleitung zur Beschäftigung Älterer] stellt die betriebliche Notwendigkeit zur Sicherung von Altersbeschäftigung dar. Ebenso werden die japanische Gesetzgebung sowie politische Maßnahmen zur Verlängerung von Erwerbsbiografien dargelegt und durch Unternehmensfallstudien zur Einrichtung adäquater Altersarbeit ergänzt, die auf Weiterbildung, Gesundheitsmanagement oder zeitliche Arbeitszeitgestaltung eingehen. Durch Kōrei shōgai kyūshoku-sha koyō shien kikō (2013)[180]: *Kōnen reisha koyō suishin no tebiki* [Anleitung zum Ausbau der Beschäftigung Älterer] erfolgt ein Umriss demografischer Tendenzen des Arbeitsmarkts sowie rechtlicher Vorschriften der Altersbeschäftigung. Auch gängige Gestaltungstendenzen der Beschäftigungsfortsetzung werden thematisiert.

Widmet sich dieser Abschnitt der japanischen Literaturlage zur Altersbeschäftigung, verbleibt ein Eingehen auf Beiträge der Sekundärliteratur, in der die Diskussion des aktuellen Erscheinungsbilds der Fortbeschäftigung zentralen Raum einnimmt. Werden Untersuchungen zur Erforschung von MBB durch ein nachfrageseitiges Übergewicht charakterisiert, zeichnen sich folgende Arbeiten durch eine Berücksichtigung der Arbeitnehmerposition aus. Auf dieser Basis erfolgt eine kritische Debatte herkömmlicher Fortbeschäftigungstendenzen, was die Harmonisierung von nachfrage- und angebotsseitigen Erwartungen an Altersbeschäftigung anbelangt. Entsprechend wird dem dominanten Arrangement von Beschäftigungsfortsetzung mit Vorbehalten bezüglich der Anreizwirkung zur Verlängerung der Erwerbsarbeit oder der Aufrechterhaltung von Arbeitsmotivation im Alter begegnet. Diesem Argumentationsschema liegt primär die Tendenz einer substantiellen Gehaltsabsenkung zugrunde, während Arbeitsinhalt wie Arbeitszeiten überwiegend keinem Wandel gegenüber der bisherigen Anstellung unterliegen. Die Diskussion des Strukturrahmens von MBB bei Yamada (2009)[181]: *Kōrei-sha shūgyō-ritsu no gentei yōin – teinen seido, chingin purofairu, rōdō kumiai no kōka* [Bestimmungsfaktoren der Beschäftigungsquote Älterer – System des betrieblichen Rentenalters, Gehaltsprofil, Wirkung von Gewerkschaften] verschreibt sich vorrangig der Gehaltbestimmung. So wird im Einklang zu Higuchi und Yamamoto (2002a)[182] bekundet, dass umso mehr Angestellte bereit sind, in Beschäftigungsfortsetzung einzutreten, je geringer die Gehaltsreduktion ausfällt, womit die Notwendigkeit einer Abflachung des langfristigen Gehaltsprofils Betonung erlangt. Eine weitere Diskussion gängiger Fortbeschäftigungsmuster, die primär auf Aspekte

---

179 https://www.jeed.or.jp/elderly/research/enterprise/om5ru80000003u0d-att/om5ru80000003u2l.pdf, letzter Abruf: 9.3.2017.

180 https://www.jeed.or.jp/elderly/research/enterprise/om5ru800000040wy-att/om5ru800000040yp.pdf, letzter Abruf: 9.3.2017.

181 http://www.jil.go.jp/institute/zassi/backnumber/2009/08/pdf/004-019.pdf, letzter Abruf: 9.3.2017.

182 http://www.imes.boj.or.jp/research/papers/japanese/kk21-b2-1.pdf, letzter Abruf: 9.3.2017.

der Gehaltsbemessung eingeht, liegt durch Yashiro (2009)[183]: *Teinen enchō to keizoku koyō seido – 60 sai ijō no koyō enchō to jinteki shigen kanri* [Erhöhung des betrieblichen Rentenalters und Beschäftigungsfortsetzung – Verlängerung der Beschäftigung über das 60. Lebensjahr und das Personalmanagement] vor. Die übliche Praxis von Gehaltskürzungen wirke sich nicht nur nachteilig auf die Bereitschaft zur Aufnahme von Beschäftigungsfortsetzung aus. Auch die Aufrechterhaltung der Arbeitsmotivation im Alter werde durch diese Voraussetzungen erschwert.

Itō (2008)[184]: *Nihon ni okeru kōrei-sha koyō no seisaku to jittai* [Zustand und Maßnahmen der Beschäftigung Älterer in Japan] gelangt zu dem Schluss, dass dominante Implementierungsformen von MBB eine mangelhafte Übereinstimmung zwischen unternehmensseitiger Gestaltung und arbeitnehmerperspektivischer Bedürfnisse aufzeigen. Dieses *mismatch*, welches nicht nur im Zusammenhang der Gehaltsbestimmung verortet wird, schwäche die angebotsseitige Attraktivität der Beschäftigungsfortsetzung. Durch Fujimoto (2008)[185]: *Kōrei-sha shūgyō sokushin ni muketa keizoku koyō no wakugumi ga kinōsuru yōken* [Wichtige Faktoren zum Funktionieren eines Strukturrahmens zum Voranschreiten der Beschäftigungsfortsetzung Älterer] liegt eine weitere Auseinandersetzung mit üblichen Fortbeschäftigungstendenzen vor. Vorherige Diskussionsansätze ausweitend, wird über eine *trade-off*-Beziehung zwischen dem quantitativen Ausmaß von Fortbeschäftigten und der qualitativen Ausgestaltung ihrer Beschäftigungskonditionen spekuliert. Diese könne aufgrund des wachsenden Belegschaftsanteils über dem betrieblichen Rentenalter zukünftig an Brisanz gewinnen und zu einer Erosion von Beschäftigungsstandards im Alter beitragen. Fujimoto (2007)[186]: *Shūgyō keitai nado de kigyō to jūgyō-in no nīzu ni chigai 'shokutaku keiyaku' de ha naku 5 wari chō ga 'seishain' wo kibō* [Differenzen zwischen Unternehmen und Angestellten in Bezug auf Anstellungsformen – Über 50 Prozent wünschen sich im Gegensatz zur Aushilfs- oder Vertragsarbeit eine Festanstellung] verweist auf die hohe Arbeitnehmerrate, die sich eine Beschäftigungsfortsetzung wünscht. Zugleich werden jedoch die ausgeprägten Unterschiede zwischen der gängigen Gestaltung von Anstellungs- und Beschäftigungsform und den einhergehenden arbeitnehmerseitigen Präferenzen verdeutlicht, aus denen eine Vielzahl an verbleibenden Aufgaben bei der Gestaltung von Beschäftigungsfortsetzung erwachse. Durch Rōdō seisaku kenkyū kenshū kikō (2006b)[187]: *Nihon no kōrei-sha koyō – seisaku to genjō.* [Beschäftigung Älterer in Japan – Maßnahmen und Zustand] wird die Wiederbeschäftigung und die hierbei erfolgende Beibehaltung von Arbeitsinhalt und Beschäftigungsform bei gleichzeitiger Absenkung des Gehaltsniveaus als dominante

---

183 http://www.jil.go.jp/institute/zassi/backnumber/2009/08/pdf/020-029.pdf, letzter Abruf: 9.3.2017.
184 http://www.jil.go.jp/institute/siryo/2008/documents/033_01.pdf, letzter Abruf: 9.3.2017.
185 http://www.jil.go.jp/institute/siryo/2008/documents/033_02.pdf, letzter Abruf: 9.3.2017.
186 http://www.jil.go.jp/kokunai/blt/backnumber/2007/05/P13-17.pdf , letzter Abruf: 9.3.2017.
187 http://www.jil.go.jp/foreign/labor_system/2006_11/japan_01.htm, letzter Abruf: 9.3.2017.

Ausprägung von Beschäftigungsfortsetzung geschildert. Auf Basis dieser Zustandsbeschreibung wird die Diversifizierung des Angebots an Arbeit und Beschäftigung als elementare Aufgabe zum langfristigen Gedeihen des Fortbeschäftigungskonzepts beschrieben, um den Bedürfnissen Älterer besser zu entsprechen und somit den angebotsseitigen Anreiz einer Verlängerung von Erwerbsbiografien zu fördern.

Fujinami und Ōki (2011)[188]: *Shokutaku (saikoyō-sha) shain no jinji kanri no tokushitsu to kadai – 60 sai dai zenhan-sō wo chūshin ni shite* [Charakteristika und Aufgaben des Personalwesens hinsichtlich von Kontraktarbeitern (wiederbeschäftigte Arbeitnehmer) – Fokussiert auf Personen in der ersten Hälfte der 60er Lebensjahre] bilanzieren auf Grundlage ihrer Betrachtung der Gestaltungstendenzen von MBB negative Auswirkungen auf die Arbeitsmotivation älterer Beschäftigter. In übereinstimmender Beurteilung zu Rōdō seisaku kenkyū kenshū kikō (2006b)[189] oder Seike und Nagashima (2009) könne ein breiteres Angebotsspektrum an Arbeit und Beschäftigung zu einer Erhöhung der Arbeitsanreize oberhalb des betrieblichen Rentenalters beitragen. Allerdings wird japanischen Unternehmen in diesem Zusammenhang noch hoher Handlungsbedarf ausgewiesen. Auch Iwata und Fujimoto (2005)[190]: *Tayō-sei ni hairyoshita honkaku-teki na koyō enchō wo jitsugensuru tame no kadai – denki sangyō ni okeru torikumi wo daizai toshite* [Aufgaben und Realisierung einer konstruktiven Beschäftigungsverlängerung unter Berückichtigung von Diversität – Ansätze der Elektronikindustrie zur Beispielgebung] machen die Notwendigkeit einer stärkeren Diversifizierung von Arbeit und Beschäftigung als zukünftige Herausforderung der Gestaltung von Beschäftigungsfortsetzung aus. Zwar werden in Verwandtschaft zu Itō (2008)[191] entsprechende Anpassungstendenzen des Personalwesens wahrgenommen. Zugleich wird jedoch auf den substanziellen Unternehmensanteil hingewiesen, bei dem nach wie vor keine Abwandlung von Arbeitsinhalt und zeitlicher Arbeitsbelastung mit Eintritt in Beschäftigungsfortsetzung erfolgt.

Yamada (2008)[192]: *Shūgyō jōken no henka ga kōnen reisha no keizoku koyō ni ataeru eikyō – jūgyō-in chōsa ni motoduku ōhabana chingin nenshū suijun hikiage kōka no sokutei* [Einfluss des Wandels von Beschäftigungsbedingungen auf die Beschäftigungsfortsetzung Älterer – Bemessung der umfangreichen Ergebnisse zu Gehalts- und Einkommensniveau auf Grundlage arbeitnehmerbasierter Umfragen] registriert erhebliche Differenzen zwischen dem gängigen Strukturrahmen von MBB und arbeitnehmerseitigen Präferenzen in Bezug auf Anstellungs- und Beschäftigungsform, Arbeitsinhalt oder Gehaltsniveau. Weitere Forschungsaktivitäten werden als unerlässlich betrachtet, um einen Übergang zwischen Erwerbsleben und Ruhestand zu

---

188 http://www.jil.go.jp/institute/zassi/backnumber/2011/special/pdf/112-122.pdf, letzter Abruf: 9.3.2017.
189 http://www.jil.go.jp/foreign/labor_system/2006_11/japan_01.htm, letzter Abruf: 9.3.2017.
190 http://www.jil.go.jp/institute/discussion/documents/dps_05_015.pdf, letzter Abruf: 9.3.2017.
191 http://www.jil.go.jp/institute/siryo/2008/documents/033_01.pdf, letzter Abruf: 9.3.2017.
192 http://www.jil.go.jp/institute/reports/2008/documents/0100_07.pdf, letzter Abruf: 9.3.2017.

realisieren, der den Vorstellungen von Unternehmen wie Angestellten gleichermaßen entspricht. Fujimoto (2011)[193]: *60 sai ikō no kinzoku wo meguru jittai – kigyō ni yoru keizoku koyō no torikumi to kōrei rōdō-sha no ishiki* [Zustand des Verbleibs in Arbeit über dem 60. Lebensjahr – Betriebsspezifische Auseinandersetzung mit Beschäftigungsfortsetzung und das Bewusstsein älterer Arbeiter] diskutiert das gängige Arrangement von Beschäftigungsfortsetzung unter Berücksichtigung von Selektionsverfahren. Allerdings bleiben auch Arbeitsinhalte und Beschäftigungskonditionen nicht unberücksichtigt, wobei herkömmliche Fortbeschäftigungspraktiken nur unzureichend die Erwartungen älterer Beschäftigter an eine Verlängerung der Unternehmenszugehörigkeit reflektiere.

Wie diese Beiträge exemplifizieren, geht die kritische Diskussion von Beschäftigungsfortsetzung primär auf die Praxis zur Gehaltsabsenkung bei simultaner Beibehaltung von Arbeitsinhalt und Vollzeitbeschäftigung ein. Dahingegen gelangt Fujinami (2013)[194]: *Shokutaku shain (keizoku koyō-sha) no katsuyō hōshin to jinji kanri – 60 saidai zenhan-sō no chingin kanri* [Personalmanagement und Absichten des Gebrauchs von Unternehmensmitgliedern mit befristeten Arbeitsverträgen (Fortbeschäftigte) – Gehaltsmanagement von Personen in der ersten Hälfte der 60er Lebensjahre] zu einem konträren Urteil hinsichtlich der typischen Arbeitszeitgestaltung im Rahmen der Fortbeschäftigung. Auf Grundlage einer Typologisierung der Inanspruchnahme von Fortbeschäftigten anhand von Tätigkeitsbereichen und zeitlicher Arbeitsintensität wird eine Fortsetzung von Arbeitsinhalten bei gleichzeitiger Arbeitsstundenkürzung als dominantes Gestaltungsmuster ausgewiesen, womit ein markanter Kontrast zu hiesigen Befunden besteht. Fujimoto (2006)[195]: *Jigyō saisei katei ni okeru jinji rōmu kanri to koyō rōdō jōken no henka* [Das Personalmanagement bezüglich des Prozesses der betrieblichen Wiederinanspruchnahme und des Wandels von Bedingungen bei Arbeit und Beschäftigung] macht zudem auf die Diversität des Strukturrahmens von Beschäftigungsfortsetzung aufmerksam. Berücksichtigung finden hierbei nicht nur gängige Gestaltungskriterien, wie auch Aspekte von innerbetrieblicher Fortbildung oder Ausgleichsmechanismen zur Bereinigung von Interessenkonflikten zwischen Arbeitgeber und Arbeitnehmer zur Diskussion gelangen.

4.3.4 Forschungspolitische Verortung hiesiger Studie

Der bisherige Verlauf des Abschnitts 4.3 charakterisiert die Literaturlage zur Beschäftigungsfortsetzung in Japan sowie ihrer übergeordneten Thematik der Arbeit im Alter. Zum Ausdruck kommt, dass sich der Alterserwerbsarbeit diverse Wissenschaftsdis-

---

193 http://www.jil.go.jp/institute/zassi/backnumber/2011/11/pdf/074-085.pdf, letzter Abruf: 9.3.2017.
194 http://www.jil.go.jp/institute/zassi/backnumber/2013/special/pdf/114-125.pdf, letzter Abruf: 9.3.2017.
195 http://www.jil.go.jp/institute/zassi/backnumber/2006/special/pdf/125-134.pdf, letzter Abruf: 9.3.2017.

ziplinen unter Berücksichtigung eines breiten Themenspektrums widmen, welches sich in Form von Angebots- und Nachfrageperspektive unter zwei Betrachtungstraditionen subsumieren lässt. Der Arbeit im Alter liegt also bereits ein umfangreicher Wissenschaftsdiskurs zugrunde, innerhalb dessen die Behandlung der betrieblichen Ebene und der Beschäftigungsfortsetzung in Japan nur Teilaspekte der Erforschung von Erwerbsarbeit im Alter darstellen. Daher gehen kommende Passagen auf die Frage ein, welche forschungspolitische Positionierung mit der Wahl des hiesigen Forschungsgegenstands verbunden ist. So werden zunächst die primären Untersuchungsfragen und die korrespondierenden Hypothesen dargestellt, die sich als Ableitung der japanischen Rechtslage sowie theoretischer Grundlagen von Alterserwerbsarbeit präsentieren. Hierauf aufbauend wird der Anspruch eines adäquaten forschungspolitischen Zuschnitts dieser Arbeit verteidigt, der sich in Orientierung an die Literaturlage zur Arbeit im Alter bzw. der Beschäftigungsfortsetzung in Japan ergibt.

Mit der forschungspolitischen Positionierung dieser Arbeit ist das Bemühen verbunden, zu einer Expansion des dargelegten Literaturbestands beizutragen. Dies wird in Gestalt eines Fokus dieser Untersuchung auf KMU des verarbeitenden Gewerbes sowie der multiperspektivischen Betrachtung unter Berücksichtigung quantitativer wie qualitativer Datenquellen angestrebt. Hiermit verbunden zeigt sich das Bestreben, inhaltlich und methodisch an den Forschungsstand anzuknüpfen. So soll die Identifikation von Übereinstimmungen wie Kontrasten hiesiger Untersuchungsergebnisse gegenüber den Resultaten relevanter Vergleichsstudien ermöglicht werden. Andererseits ist mit der Konzeption dieser Arbeit der Anreiz verknüpft, sich von etablierten Forschungsaspekten und –vorgehensweisen zu emanzipieren und bislang unterrepräsentiert erscheinenden Inhalten und Methodiken bei der Exploration von Beschäftigungsfortsetzung Vorschub zu verleihen. Mit diesem forschungspolitischen Bezug stehen drei Untersuchungsfragen zur Beschäftigungsfortsetzung durch kleine und mittlere Unternehmen des verarbeitenden Gewerbes in Japan im Mittelpunkt dieser Arbeit:

- Welcher Strukturrahmen liegt der Beschäftigungsfortsetzung zugrunde, wie wird dieses personalpolitische Instrument organisiert?
- Welche Motivationsgrundlage bestimmt auf Arbeitgeber- wie Arbeitnehmerseite das Eingehen von Beschäftigungsfortsetzung, warum kommen entsprechende Anstellungsverhältnisse zustande?
- Wie fällt die Evaluation der Beschäftigungsfortsetzung aus Sicht von Unternehmen und Fortbeschäftigten aus, wird dieses Konzept als vor- oder nachteilig gewertet?

In Orientierung an den Rechtsrahmen der Beschäftigungsfortsetzung sowie theoretischen Grundlagen von Alterserwerbsarbeit gehen diese Fragestellungen mit folgenden Hypothesen einher:

- Zur Motivation: Der japanische Gesetzgeber schreibt auf Basis der Revision des *emloyment stabilization law* aus dem Jahre 2004 die Durchführung von Beschäftigungsfortsetzung verpflichtend vor. Eine Untersuchung der nachfrageseitigen Motivation zur Implementierung von Fortbeschäftigung erscheint vor diesem Hintergrund zunächst obsolet. Der Mangel substantieller Sanktionierungsmaßnahmen bei Nichtentsprechung dieser legislativen Vorgaben, eine unzureichend konkretisierte Regulierung von Selektionskriterien oder die fehlende Bestimmung von Gehaltsuntergrenzen werden jedoch als hinreichende Faktoren zur Legitimation dieser Untersuchungsfrage betrachtet. So eröffnet sich auf diesen Grundlagen ein opportunistischer Verhaltensspielraum für Unternehmen, was Ausmaß und Gestaltung der Beschäftigungsfortsetzung betrifft und der zur Umgehung der gesetzlichen Intention einer Sicherung der Beschäftigung sämtlicher Aspiranten bis zum 65. Lebensjahr genutzt werden kann. Entsprechend bietet die rechtliche Regulierung der Beschäftigungsfortsetzung den Unternehmen weitreichende Spielräume hinsichtlich betriebsspezifischer Implementierungsformen. Auf dieser Basis scheint das Zustandekommen von Fortbeschäftigung nicht exklusiv durch die Einhaltung rechtlicher Vorschriften motiviert. Stattdessen erscheinen ebenso nachfrage- wie angebotsseitige Vorteile die Existenz von Beschäftigungsfortsetzung zu erklären. Folglich analysiert diese Untersuchung, welche konkreten Vorzüge hierbei aus Sicht von Unternehmen und Fortbeschäftigten in Erscheinung treten.

– Zur Evaluation: Die Regulierung der Beschäftigungsfortsetzung kennzeichnet sich durch die Gestattung betriebsspezifischer Gestaltungsfreiräume. Zudem ist der japanische Wirtschaftsraum durch freie Arbeitsmärkte im ordnungspolitischen Sinne zu charakterisieren. Anstellungsverhältnisse können somit auch im speziellen Kontext der Fortbeschäftigung durch keine dritte Partei oktroyiert werden. Dies impliziert die gesetzlich gestattete Anwendung von Selektionsverfahren, die einer Teilhabe an Beschäftigungsfortsetzung die Erfüllung betriebsspezifischer Kriterien zugrunde legen. Vor diesen Hintergründen sowie aufgrund allgemeiner Grundzüge der Kontrakttheorie determinieren sich Motivation wie Evaluation der Beschäftigungsfortsetzung aus Unternehmenssicht primär anhand der Rentabilität der in diesem Rahmen existierenden Anstellungsverhältnisse. Wird also angenommen, dass das Zustandekommen von Beschäftigungsfortsetzung ökonomischen Gesetzmäßigkeiten unterliegt, die auch in jedem anderen Beschäftigungsrahmen zur Geltung kommen, gilt dies in analoger Weise auch für die Angebotsperspektive. So determiniert sich aus Sicht der Beschäftigten das Eingehen von Fortbeschäftigung durch die Akzeptanz der hierdurch geschaffenen Anstellungsverhältnisse und ihrer Konditionen. Somit liegt die Prämisse zugrunde, dass die Entscheidungsgrundlage beschäftigungspolitischer Akteure zum Eingehen von Beschäftigungsfortsetzung primär durch ökonomische Prinzipien geprägt ist, die unabhängig kultureller Kontexte oder Teilsegmente des Arbeitsmarkts Gültigkeit besitzen. Allerdings gilt es zu berücksichtigen, dass sich Rentabilität und Akzeptanz von Fortbeschäftigungsverhältnissen aus dem Vergleich einer mitunter limitierten Summe an Handlungsalternativen ergeben. Nicht zwangsläufig muss die Beschäftigungsfortsetzung also aus Arbeitgeber- wie Arbeitnehmerperspektive mit einer positiven Erfolgsbewertung einhergehen. Dennoch ist zu erwarten, dass das Eingehen eines spezifischen Fortbeschäftigungsverhältnisses aus Sicht beider Beschäftigungsparteien die lukrativste Option innerhalb einer mehr oder minder begrenzten Menge an Handlungsalternativen darstellt. Eine tendenziell positive Evaluation dieses Personalinstruments wird demnach aus Nachfrage- wie Angebotssicht als wahrscheinlich erachtet, wobei diese Untersuchung analysiert, welchen Faktoren eine Rolle bei der Erfolgsbewertung zukommt.

– Zum Strukturrahmen: Dieser wird als entscheidendes Bindeglied zwischen Motivation und Evaluation der Beschäftigungsfortsetzung interpretiert. Denn werden die positive Bilanz zwischen Kosten und Erträgen (Nachfrageseite) sowie eine hinreichende ex- wie intrinsische Kompensation des individuellen Arbeitsleids (Angebotseite) als zwingende Voraussetzungen von Motivation und positiver Erfolgseinschätzung der Fortbeschäftigung gewertet, werden diese Verhältnisse durch die betriebsspezifische Ausgestaltung des Strukturrahmens erwirkt. Aufgrund des gesetzlichen Handlungsspielraums bietet sich Betrieben hierbei die Möglichkeit, Ausmaß wie Arrangement der Beschäftigungsfortsetzung gemäß den spezifischen Unternehmensvoraussetzungen anzupassen. In diesem Sinne richtet sich der Strukturrahmen an der betriebsspezifischen Motivationsgrundlage aus, während sich die Beurteilung dieses Personalinstruments an der spezifischen Gestaltung von Beschäftigungsfortsetzung orientiert. Somit ist es der unternehmenseigene Strukturrahmen, der Rentabilität und Akzeptanz von Fortbeschäftigungsverhältnissen gewährleisten sollte, wobei diese Untersuchung die hierbei zum Vorschein tretenden Gestaltungsmuster analysiert.

Sind hiermit die primären Untersuchungsfragen sowie die einhergehenden Hypothesen dargestellt, widmen sich folgende Passagen einer Darstellung der forschungspolitischen Positionierung dieser Arbeit. Im Sinne einer Einordnung hiesiger Untersuchungsresultate innerhalb des Forschungsstands gilt hierbei das Bestreben, sich an der Literaturlage zur Beschäftigungsfortsetzung zu orientieren. Zugleich ist dem forschungspolitischen Zuschnitt dieser Arbeit jedoch der Anspruch zugrunde gelegt, sich in inhaltlicher wie methodischer Weise von gängigen Forschungsansätzen bei der Analyse von Beschäftigungsfortsetzung zu emanzipieren. Um die Umsetzung dieser postulierten Ziele bei der Konzeption hiesiger Untersuchung zu vermitteln, sei die Interpretation der in vorherigen Abschnitten charakterisierten Literaturlage in Erinnerung gerufen. Demnach ist das internationale Publikationsaufkommen zur Arbeit im Alter durch eine dominierende Betrachtung der Angebotsseite von Alterserwerbsarbeit geprägt. Dahingegen wird die japanische Literaturlage mit Bezug zum

Untersuchungsgegenstand im Einklang zu Fujinami und Ōki (2011: 112)[196] durch ein Übergewicht jener Beiträge gekennzeichnet, die sich der Nachfrageseite bei der Gestaltung von Altersbeschäftigung zuwenden. So wird der Strukturrahmen der Fortbeschäftigung primär anhand unternehmensgerichteter Studien analysiert. Allerdings erscheint hierbei auch laut Iwata und Fujimoto (2005: 40)[197] eine spezifische Zuwendung zu kleinen und mittleren Unternehmen unterrepräsentiert, wie andererseits ein spezielles Eingehen auf das verarbeitende Gewerbe einen ebenso gering berücksichtigten Forschungsaspekt innerhalb der japanischen Untersuchungslandschaft einnimmt. Findet also die Exploration von Motivation und Evaluation der Beschäftigungsfortsetzung nur eine untergeordnete Betrachtung im Vergleich zur Analyse des Strukturrahmens, wird als weiteres Kennzeichen des japanischen Forschungsstands eine unterdurchschnittliche Berücksichtigung qualitativer Datenerhebung bei der Erforschung des Untersuchungsobjekts bilanziert. Baut die forschungspolitische Positionierung dieser Arbeit auf der hiermit rekapitulierten Literaturlage zur Fortbeschäftigung sowie ihrer übergeordneten Thematik der Arbeit im Alter auf, ist hiermit der Anreiz verbunden, in die registrierten Forschungsdefizite inhaltlicher wie methodischer Art vorzudringen. Wie folgend erörtert, werden diese primär in Gestalt einer multiperspektivischen Analyse unter Einbeziehung qualitativer Datenerhebung gesehen, in deren Rahmen auch die Erforschung von Motivation und Evaluation von Beschäftigungsfortsetzung aus spezifischer Perspektive von KMU des verarbeitenden Gewerbes berücksichtigt wird.

Eine inhaltliche und methodische Anknüpfung an den Forschungsstand liegt durch die Analyse des Strukturrahmens vor, der wie in Abschnitt 4.3.3 dargelegt, bereits umfangreich zum Gegenstand der wissenschaftlichen Betrachtung von Beschäftigungsfortsetzung erhoben ist. Denn entsprechend der zugrunde gelegten Hypothesen könnte die im Rahmen hiesiger Untersuchung erfolgende Analyse von Motivation und Evaluation der Fortbeschäftigung ohne eine Berücksichtigung des Strukturrahmens nur geringe Aussagekraft entfalten. Zum Ziel der Einordnung hiesiger Befunde in den Wissenschaftsdiskurs wird auf etablierte Parameter zur Charakterisierung von Arbeits- und Beschäftigungsgestaltung zurückgegriffen. Dies gilt, wenngleich Operationalisierung und Analyseverfahren der untersuchten Indikatoren mitunter Differenzen gegenüber Vergleichsstudien aufweisen, die an entsprechender Stelle konkretisiert werden. Zugleich stellt auch die hiesige Analyse von Konsultationsmechanismen zwischen Arbeitgeber und Arbeitnehmer im Vorfeld der Aufnahme von Beschäftigungsfortsetzung einen Untersuchungsbestandteil bei der Erfassung des Strukturrahmens dar, welcher bislang im Rahmen des Forschungsstands kaum in Erscheinung tritt und somit einen inhaltlichen Unterscheidungsaspekt verkör-

---

196 http://www.jil.go.jp/institute/zassi/backnumber/2011/special/pdf/112-122.pdf, letzter Abruf: 9.3.2017.
197 www.jil.go.jp/institute/discussion/documents/dps_05_015.pdf, letzter Abruf: 9.3.2017.

pert. Trotz dieser Differenzierungen mag die hiesige Untersuchung des Strukturrahmens dem Vorwurf als redudanter Forschungsinhalt begegnen, wie die Gestaltung von Arbeit und Beschäftigung im Rahmen von MBB bereits umfangreichen Analysen unterzogen ist. Dieser Einwand sei durch den Hinweis entgegnet, dass nur die Diversifizierung des empirischen Fundaments zur Klärung eines kontrovers diskutierten Wissenschaftsdiskurses beitragen kann. Dieser tritt auch auch im Zusammenhang der Fortbeschäftigung zutage, sobald sich der Blick über quantitative Betrachtungsaspekte erhebt. Somit wird von weiterem Forschungsbedarf hinsichtlich des Strukturrahmens auch unter Einbeziehung von Beiträgen nicht japanischer Provenienz ausgegangen. Denn angenommen wird, dass sowohl die Identifikation von Übereinstimmungen wie Kontrasten im Vergleich hiesiger Untersuchungsergebnisse mit den Resultaten relevanter Vergleichsstudien der Diversifizierung des Forschungsstands dienen und Erkenntnis erweiternd wirken. Zudem ermöglicht die Orientierung an den Forschungsstand auch eine Markierung signifikanter Unterschiede des Strukturrahmens von Beschäftigungsfortsetzung in Abhängigkeit der Unternehmensgröße, entsprechend dem Anspruch hiesiger Arbeit, eine konzentrierte Betrachtung der Fortbeschäftigung im speziellen Bezug auf KMU vorzunehmen.

Eine inhaltliche Loslösung vom Forschungsstand liegt hingegen in Gestalt der Untersuchung von Motivation und Evaluation der Beschäftigungsfortsetzung vor. So erscheinen diese Forschungsaspekte gegenüber der Erfassung des Strukturrahmens als relativ unberücksichtigte Betrachtungselemente der Fortbeschäftigung. Auch die Indikatorenbildung zur Exploration dieser Fragestellungen weist somit kaum Verwandtschaftsgrad zum Untersuchungsbestand auf. In methodischer Hinsicht stellt wiederum die Kombination quantitativer und qualitativer Datenerhebung eine Analyse von Beschäftigungsfortsetzung abseits etablierter Pfade des Forschungsaufkommens dar. So verzichtet auch diese Arbeit nicht auf eine quantitative Exploration des Untersuchungsgegenstands, die als unverzichtbare Diskussionsbasis angesehen wird. Nur gering zur Geltung gelangt bislang hingegen die Aufnahme qualitativer Datenerhebung. Ein Ungleichgewicht, an das diese Untersuchung mit dem Ziel anknüpft, unter Verwendung qualitativer Datenquellen eine vertiefende Diskussion der Beschäftigungsfortsetzung durchzuführen, wie sie sich auf Basis der quantitativen Exploration darstellt. Doch auch durch die simultane Berücksichtigung von Arbeitgeber- und Arbeitnehmerseite kommt eine weitere Entfaltung gegenüber der bestehenden Gewichtung des Forschungsstands zum Ausdruck, wie dieser durch eine Dominanz der Nachfrageperspektive bei der Untersuchung von Beschäftigungsfortsetzung gekennzeichnet werden kann. Dabei folgt dieser multiperspektivische Ansatz der Auffassung, dass das Zustandekommen von Fortbeschäftigungsverhältnissen analog zu jedem anderen Beschäftigungsrahmen durch zwei Parteien determiniert wird. Ein umfassendes Verständnis der Wirkungsweise von Beschäftigungsfortsetzung sowie ihrer Effektivität bei der Verlängerung von Erwerbsarbeit setzt dementsprechend die Berücksichtigung beider Beschäftigungsparteien voraus. Durch diese Einordnungen der hiesigen Untersuchungskonzeption an der Schnittstelle ökonomischer wie soziologischer Betrachtungsweisen sei der Anspruch einer geeigneten forschungspoliti-schen Positionierung erhärtet. Die folgenden Abschnitte verfechten selbigen Vorsatz hinsichtlich des Zuschnitts des Untersuchungsgegenstands auf das verarbeitenden Gewerbe sowie Unternehmen kleiner und mittlerer Größenordnung.

4.3.4.1 MBB im Kontext des verarbeitenden Gewerbes

Während mancher Wirtschaftsraum im Verlauf vergangener Jahrzehnte durch eine schleichende Deindustrialisierung gekennzeichnet ist, verfügt die japanische Volks-wirtschaft nach wie vor über eine breite industrielle Basis. Dies geht aus Tabelle 7 hervor, die dem verarbeitenden Gewerbe im Vergleich japanischer Wirtschaftssekto-ren den höchsten Beschäftigungsstand ausweist. Gleichzeitig zeichnet sich das verar-

Tabelle 7: Totale Anzahl an Beschäftigten in Abhängigkeit des Wirtschaftssektors und Altersklassen (2009)

Industriesektor	total	15 - 29	30 - 39	40 - 49	50 - 54	55 - 59	60 - 64	Ü 65
Land- und Forstwirtschaft (*nōgyō, ringyō*)	242	12	18	23	18	29	32	111
Bauwirtschaft (*kensetsu-gyō*)	517	66	124	105	54	70	56	42
Verarbeitendes Gewerbe (*sei-zōgyō*)	1.073	177	263	247	109	122	84	69
Elektrizitäts- Gas-, Wärme- und Wasserversorgung (*denki, gasu, netsu kyōkyū, suidōgyō*)	34	6	10	8	5	4	2	0
Informations- und Kommunikationsgewerbe (*jōhō tsūshin-gyō*)	193	47	65	48	13	11	6	3
Verkehrs- und Postgewerbe (*unyu-gyō, yūbin-gyō*)	348	45	81	81	37	44	38	22
Groß- und Einzelhandel (*oroshiuri-gyō, shōbai-gyō*)	1.055	216	230	215	105	112	84	93
Finanz- und Versicherungswesen (*kinyū-gyō, hoken-gyō*)	165	29	39	49	19	16	9	4
Immobilienwesen (*fudō sangyō, butsuhin chintai-gyō*)	110	16	19	19	10	12	14	20

Tabelle 7: (fortgesetzt)

Industriesektor	total	15 - 29	30 - 39	40 - 49	50 - 54	55 - 59	60 - 64	Ü 65
Schul- und Ausbildungs-wesen, technischer Service (*gakujutsu kenkyū, senmon-gyō, gijutsu sābisu-gyō*)	195	29	50	45	20	20	16	16
Hotel- und Gastronomiegewerbe (*jukuhaku-gyō, inshoku sābisu-gyō*)	380	105	71	62	30	40	38	34
Freizeit- und Vergnügungsgewerbe (*seikatsu kanren sābisu-gyō, goraku-gyō*)	241	58	48	40	18	24	23	30
Institutionen der Ausbildung und akademi-schen Vorbereitung (*kyōiku, gakujū shien-gyō*)	287	53	55	73	40	31	18	14
Medizinische Pflege und Wohlfahrtsgewerbe (*iryō, fukushi*)	621	131	148	145	69	59	38	31
Kombiniertes Dienstleistungswesen (*fukugō sābisu-gyō*)	52	8	13	12	7	6	3	2
Sonstiges Dienstleistungsgewerbe (*sābisu-gyō, hoka ni bunrui sareta nai mono*)	463	69	106	88	39	51	53	57
Sonstiger öffentlicher Sektor (*kōmu, hoka ni bunrui sareru mono wo nozoku*)	222	38	59	56	29	27	10	4
Sonstige nicht kompilierbare Branchen (*bunrui funō no sangyō*)	61	15	16	12	4	5	4	4
Total	6.282	1.121	1.418	1.333	628	688	530	565

Quelle: Eigene Darstellung basierend auf Kōrei shōgai kyūshoku-sha koyō shien kikō (2010: 77).

Anmerkung: Einheit in 10.000 Personen.

beitende Gewerbe jedoch durch die Verbreitung physisch fordernder Tätigkeitsinhalte aus, was dafür verantwortlich gemacht wird, dass mit zunehmenden Alter ein vergleichsweise starker Austritt älterer Beschäftigter aus der Erwerbsarbeit erfolgt (vgl. Tabelle 7). Quantitative wie qualitative Argumente kommen demnach zur Geltung, was die forschungspolitische Positionierung dieser Untersuchung hinsichtlich des Fokus auf das verarbeitende Gewerbe betrifft. So spiegelt das verarbeitende Gewerbe einen Bereich der japanischen Volkswirtschaft wieder, der aufgrund seines Beschäftigungsanteils große makroökonomische wie soziale Bedeutung besitzt, jedoch zugleich relativ schwierige Ausgangsbedingungen zur Verlängerung von Erwerbsbiografien bietet. Diese Voraussetzungen verleihen einer entsprechenden Spezifikation des Untersuchungsgegenstands besondere Brisanz. Denn somit entscheidet sich die Frage, ob Japan der weitere Ausbau von Alterserwerbsarbeit gelingt, nicht zuletzt im Rahmen dieses neuralgischen Wirtschaftssektors, was jedoch in Gestalt einer fokussierten Betrachtung nur gering innerhalb des Forschungsstands zu Tage tritt.

4.3.4.2 MBB im Kontext von Klein- und Mittelunternehmen

Konzentriert sich diese Untersuchung der Beschäftigungsfortsetzung ferner auf Unternehmen kleiner und mittlerer Größe, mag die Frage bestehen, warum überhaupt ein Eingehen auf die betriebliche Ebene als Teilaspekt der Erforschung von Alterserwerbsarbeit erfolgt. Hierzu sei in Erinnerung gerufen, dass auch in Japan ein sozialpolitisches Umfeld skizziert werden kann, bei dem zum Ziele der Förderung von Alterserwerbsarbeit verstärktes Gewicht auf den Abbau von *pull*-Faktoren der Verrentungsentscheidung gelegt wird. Ist die Notwendigkeit hierzu kaum in Zweifel zu ziehen, darf jedoch ein Nachholbedarf bei der Bereinigung von *push*-Faktoren individuellen Verrentungsverhaltens nicht unberücksichtigt bleiben: „For too long, public policymakers have focused on welfare retrenchment, largely for budgetary reasons" (Ebbinghaus 2003: 18)[198]. Geschuldet ist dieses Ungleichgewicht nicht zuletzt dem Umstand, dass der politische Gestaltungseinfluss hinsichtlich von *push*-Faktoren als deutlich geringer gegenüber *pull*-Faktoren der Verrentungsentscheidung zu bewerten ist: „The role of government measures is limited in changing private employment arrangements" (OECD 2004e: 116). Eine Fokussierung auf *pull*-Faktoren des Verrentungsverhaltens ist jedoch bis zum heutigen Tage auch innerhalb der wissenschaftlichen Auseinandersetzung zu erkennen. So verschreibt sich diese vornehmlich der Betrachtung makroökonomischer Anreizgestaltung des Verrentungsverhaltens im Rahmen sozialer Sicherungssysteme. Somit ist die altersneutrale Gestaltung von Arbeit und Beschäftigung in Betrieben eine Aufgabe, der sich unter dem Aspekt der Arbeitnehmerverträglichkeit politischer Ambitionen zur Verlängerung von Lebens-

---

198 http://www.issa.int/pdf/anvers03/topic3/2ebbinghaus.pdf, letzter Abruf: 9.3.2017.

arbeitszeit verstärkt gewidmet werden sollte (vgl. Ebbinghaus 2003[199] sowie Hardy 2006: 1). Jüngere Tendenzen des Wissenschaftsdiskurses deuten denn auch auf einen entsprechenden Richtungsumschwung hin, den diese Arbeit mit ihrer Konzentration auf die betriebliche Einflussebene von Alterserwerbsarbeit aufgreift.

Auf diesen Anmerkungen aufbauend wird sich der Frage zugewandt, welche Argumente den Fokus hiesiger Arbeit auf Unternehmen kleiner und mittlerer Größe rechtfertigen. In Analogie zum vorherigen Abschnitt erschließt sich die Relevanz dieser Betriebsgrößen zunächst aus einem quantitativen Beschäftigungsaspekt. So wird gemäß Kōrei shōgai kyūshoku-sha koyō shien kikō (2010: 80) branchenübergreifend nur rund jeder zehnte Arbeitsplatz in Japan außerhalb von KMU generiert, während auch im Rahmen des verarbeitenden Gewerbes der Beschäftigungsanteil von Großunternehmen lediglich rund ein Viertel beträgt. Noch markanter zeigt sich die beschäftigungspolitische Bedeutung dieser Betriebsgrößen im speziellen Hinblick auf den Beschäftigungsanteil Älterer. So werden laut Kōrei shōgai kyūshoku-sha koyō shien kikō (2010: 78) branchenübergreifend rund 75 % aller Beschäftigten zwischen 60 und 65 Jahren von Unternehmen unter 500 Angestellten, bzw. 60 % der genannten Alterskohorte von Unternehmen unter 100 Angestellten beschäftigt. Anteile, die zwischen dem 65. und 69. Lebensjahr auf 85 % respektive 70 % anwachsen. Zwar verweist Shire (2008: 965) zu Recht darauf, dass sich Unterschiede hinsichtlich der Beschäftigungssicherheit in Japan historisch primär an der Unternehmensgröße orientieren. Die von KMU gehaltenen Beschäftigungsanteile Älterer sprechen jedoch dafür, dass sich zumindest hinsichtlich der Beschäftigungssicherheit in späten Erwerbsphasen ein Verhältnis etabliert hat, wonach die Beschäftigung im Alter vor allem außerhalb von Großunternehmen gesichert wird. So bilanzieren Higuchi und Yamamoto (2002: 7, techincal paper 1)[200] in Bezug auf Beschäftigte über 55 Jahren: „In terms of firm size, we can see the larger the firm size, the greater the outflow and smaller the inflow". Auch Meyer-Ohle (2008: 949) verweist entsprechend auf die hohe Bedeutung von KMU bei der Sicherung von Altersbeschäftigung in Japan, die dem Zuschnitt des hiesigen Untersuchungsgegenstands besondere Relevanz verleiht: „Although the importance of small businesses and establishments firms for employment overall is high, this is even more pronounced with regard to the employment of older people".

Neben diesem quantitativen Aspekt lässt sich auf weitere Argumente zur Legitimation des Zuschnitts dieser Arbeit auf kleine und mittlere Unternehmen verweisen. So legen auch hiesige Forschungsresultate den Umstand nahe, dass KMU gegenüber Großunternehmen bei der Anwerbung nachrückender Beschäftigungsgenerationen vor größeren Herausforderungen stehen, womit deren Abhängigkeit von älteren Beschäftigten mit fortschreitendem demografischen Wandel weiterhin zunehmen

---

[199] http://www.issa.int/pdf/anvers03/topic3/2ebbinghaus.pdf, letzter Abruf: 9.3.2017.
[200] National Centre for the Vocational Education Research (NCVER) – VOCED plus. http://www.voced.edu.au/, letzter Abruf: 9.3.2017. Signatur: TD/TNC76.74.

mag. Vor diesem Hintergrund besitzt die Frage nach den Perspektiven effektiver wie adäquater Erwerbsverlängerung im speziellen Kontext von KMU besondere Priorität. Denn während Unternehmen kleiner und mittlerer Größe in Japan den Grossteil von Altersbeschäftigung sichern, muss davon ausgegangen werden, dass die Notwendigkeit zur altersneutralen Einrichtung interner Arbeitsmärkte gerade hier die Kapazitäten des strategischen Personalmanagements tendenziell zu übersteigen drohen: „Policy making on age and employment is least developed among smaller, private sector employers" (Taylor 2002: 6)[201]. Werden der hohe Stellenwert von KMU bei der Chancengewährung von Alterserwerbsarbeit sowie teils erschwert erscheinende Voraussetzungen zur adäquaten Verlängerungen von Erwerbsbiografien berücksichtigt, besitzen KMU eine zentrale makroökonomische und soziale Relevanz im Kontext politischer Ambitionen zum Ausbau von Lebensarbeitszeit. Entsprechend wendet sich diese Untersuchung auch hinsichtlich ihrer Konzentration auf KMU einer neuralgischen Sphäre der japanischen Volkswirtschaft zu, was sich jedoch in Form einer fokussierten Betrachtung dieser Betriebsgrößen eher unzureichend innerhalb der Studienlandschaft niederschlägt.

4.4 Anmerkungen zu Methodik, Inhalt und Realisierung dieser Untersuchung

Sei die forschungspolitische Positionierung dieser Arbeit durch vorherige Einlassungen verteidigt, enthalten kommende Passagen relevante Anmerkungen zu Methodik, Inhalt und Realisierung der in Japan durchgeführten Feldstudie, auf der die in folgenden Kapiteln präsentierten Untersuchungsergebnisse basieren. Während Abschnitt 4.4.1 einen Einblick in Methodik, Inhalt und Realisierung der quantitativen Datenerhebung liefert, fasst Abschnitt 4.4.2 diese Aspekte hinsichtlich der qualitativen Datenerhebung zusammen.

4.4.1 Methodik, Inhalt und Realisierung der quantitativen Datenerhebung

Der quantitativen Untersuchung von Nachfrage- und Angebotsseite der Beschäftigungsfortsetzung liegt ein arbeitgebergerichteter (Anhang 4) und arbeitnehmergerichteter Fragebogen (Anhang 5) zugrunde, dessen inhaltliche Konzeption sich an den Untersuchungsfragen dieser Arbeit orientiert. Nimmt die Darstellung nachfrageseitiger Untersuchungsresultate eine dominante Stellung im Rahmen hiesiger Studie ein, entspricht diese Gewichtung nicht der Auffassung, wonach die Analyse

---

[201] National Centre for the Vocational Education Research (NCVER) – VOCED plus. http://www. voced.edu.au/, letzter Abruf: 9.3.2017. Signatur: TD/TNC76.74.

der Fortbeschäftigtenperspektive zu vernachlässigen sei. Denn stellt die Exploration der Angestelltenseite einen unterrepräsentierten Forschungsansatz dar, ist mit dem multiperspektivischen Ansatz dieser Untersuchung der Anreiz verbunden, einen Beitrag zur Relativierung dieses Ungleichgewichts bereitzustellen. Folglich verzichtet diese Arbeit nicht auf die Betrachtung der Fortbeschäftigtensicht, wenngleich einzuräumen ist, dass der quantitativen Untersuchung dieser Perspektive nur eine geringe Stichprobengröße (n=37) zugrunde liegt. Dennoch sind diese angebotsseitigen Datenquellen auch aufgrund der Anwendung bislang unbehandelter Analyseverfahren[202] enthalten, die der Konkretisierung des Kontrasts zwischen dem Angebot an Arbeit und Beschäftigung im Rahmen der Beschäftigungsfortsetzung und den einhergehenden Vorstellungen der Fortbeschäftigten dienen. Den hierauf basierenden Abbildungen liegt eine Abfrage der tatsächlichen Konditionen von Arbeit und Beschäftigung sowie der hiermit im Zusammenhang stehenden Präferenzen zugrunde, die nicht anhand der Sekundäranalyse von Vergleichsstudien zu generieren sind.

Trotz dieser Einschränkung gilt eine deskriptive Datenanalyse als Ziel der quantitativen Datenerhebung, deren Resultate in den folgenden Kapiteln präsentiert werden. Während sich die Auswertung des arbeitnehmerseitigen Fragebogens aufgrund erwähnter Limitationen ausschließlich im Bereich der univariaten Datenanalyse bewegt, kommen bezüglich nachfrageseitiger Datenquellen uni- wie bivariate Analyseverfahren zur Anwendung. Hinsichtlich der bivariaten Datenauswertung ist anzumerken, dass die Überprüfung von Korrelationen anhand des X^2-Unabhängigkeitstest (nach Pearson) erfolgt. Hierbei wird sich an konventionellen Bedingungen der sozialwissenschaftlichen Datenanalyse orientiert (vgl. Schnell, Hiller und Esser 1995: 412). So wird die Behauptung einer signifikanten Korrelation zwischen einzelnen Untersuchungsvariablen nur in Anspruch genommen, sofern die mit dem X^2-Unabhängigkeitstest korrespondierende Signifikanz einen Wert von 0,05 nicht überschreitet sowie der Erwartungswert aller Felder der Kontingenztabellen einem Wert kleiner als fünf entspricht.

Abschnitt 4.3.4 zur forschungspolitischen Positionierung dieser Arbeit erhebt als ein Untersuchungsziel den Ausbau des Forschungsstands zum Strukturrahmen der Beschäftigungsfortsetzung. Zwar ist aufgrund studienspezifischer Zuschnitte des Untersuchungsgegenstands sowie methodischer Vorgehensweisen ein unmittelbarer Vergleich von Untersuchungsresultaten nur mit Vorsicht vorzunehmen. Dennoch erscheint es zur Verbreiterung des Forschungsstands nützlich, sich an der etablierten Indikatorenbildung zu orientieren, weshalb sich obiges Untersuchungsziel auch in der Fragebogenkonzeption niederschlägt. So beruhen die folgend aufgeführten Bestandteile der Fragebögen auf gängigen Indikatoren zur Beschreibung der jeweils behandelten Themenaspekte und orientieren sich eng am Forschungsstand:

---

202 Vgl. die Abbildungen 36, 39, 42 und 46.

Teil I (Unternehmenscharakteristika)[203]; Teil II-1 (Organisationsmantel)[204]; Teil II-2 (Selektivität)[205]; Teil II-4 (Beschäftigungskonditionen)[206] des arbeitgebergerichteten Fragebogens sowie Teil I (Personenmerkmale)[207]; Teil III (individueller Organisationsmantel)[208] und Teil V (individuelle Beschäftigungskonditionen)[209] des arbeitnehmerseitigen Fragebogens. Gleichzeitig wird als Bestandteil der forschungspolitischen Positionierung dieser Arbeit das Ziel ausgegeben, sich von gängigen Themenaspekten zu emanzipieren und auf Forschungsinhalte einzugehen, die bislang unterrepräsentiert oder gänzlich unbehandelt erscheinen. In diesem Sinne beruhen insbesondere folgende Fragebogenbestandteile auf einer Erfassung von Forschungsaspekten und einhergehenden Operationalisierungen, die nur in geringem Maße eine Einbettung hiesiger Befunde in den Wissenschaftsdiskurs erlauben: Teil II-3 (Entscheidungsverfahren über Arbeitsinhalte)[210] und Teil III (nachfrageseitige Motivation und Evaluation von MBB)[211] des arbeitgebergerichteten Fragebogens sowie Teil II (angebotsseitige Motivation von MBB)[212] und Teil IV (Arbeitsinhalte)[213] des arbeitnehmergerichteten Fragebogens.

Nach der vorläufigen inhaltlichen und methodischen Fragebogenkonzeption erfolgte die Vorbereitung der quantitativen Untersuchung. Diese stand anfangs im Zeichen der Suche nach geeigneten Organisationen, deren Unterstützung bei der Kontaktaufnahme zu Unternehmen in Anspruch genommen werden kann. Mit Verweis auf die erfahrene Unterstützung seitens der Abteilung für Japanologie und Koreanistik des Instituts für Orient- und Asienwissenschaften (IOA) der Rheinischen Friedrich-Wilhelms-Universität Bonn sowie von Keiō gijuku daigaku keizai-gaku kenkyū-ka (Keiō University, Graduate School of Economics) konnten im Zuge dieser Bemühungen folgende Organisationen als Kooperationspartner gewonnen werden:

- Shizuoka-ken kokusai keizai shinkō-kai („Shizuoka International Business Association", SIBA, eine öffentliche Einrichtung der Präfekturverwaltung Shizuoka zur Förderung internationaler Handelsbeziehungen),
- Jetoro saitama jōhō desuku – saitama kokusai bijinesu sapōto sentā („JETRO Saitama Information Desk – Saitama International Business Support Centre",

---

203 Vgl. Anhang 4 sowie die Abbildungen 11, 12, 13 und 14.
204 Vgl. Anhang 4 sowie die Abschnitte 5.1.1 und 5.1.2.
205 Vgl. Anhang 4 sowie Abschnitt 5.1.3.
206 Vgl. Anhang 4 sowie Abschnitt 5.2.
207 Vgl. Anhang 5.
208 Vgl. Anhang 5 sowie die Abschnitte 5.1.1 und 5.1.2.
209 Vgl. Anhang 5 sowie Abschnitt 5.2.
210 Vgl. Anhang 4 sowie Abschnitt 5.2.1.
211 Vgl. Anhang 4 sowie die Abschnitte 6.1.1 und 6.2.1.
212 Vgl. Anhang 5 sowie Abschnitt 6.1.2.
213 Vgl. Anhang 5 sowie Abschnitt 5.2.1.

eine präfekturale Untereinheit von Nihon bōeki shinkō kikō („Japan External Trade Organization", JETRO) der Präfektur Saitama),

- Ōta-ku sangyō shinkō kyōkai („Ōta City Industrial Promotion Organization", eine öffentliche Einrichtung des Tōkyōter Distrikts Ōta zur Unterstützung internationaler Handelsbeziehungen),

- Zenkoku chūshō kigyō dantai chūō-kai („National Federation of Small Business Associations", ein Dachverband nationaler Ebene von präfekturalen Vereinigungen des japanischen Mittelstands),

- Kabushiki gaisha yamatake („Yamatake Corporation", ein international agierendes Großunternehmen im Bereich der Automatisierung).

Diese Kooperationspartner waren bei der Durchführung hiesiger Untersuchung behilflich, in dem Einsicht in interne Datenbanken genommen werden durfte, in denen die jeweils affiliierten Unternehmen verzeichnet sind. Anhand dieser Angaben wurde eine Summe an jenen Unternehmen selektiert, welche die gegebenen Spezifikationen des Untersuchungsgegenstands hinsichtlich von Branchenzugehörigkeit und Größenordnung erfüllen. Nach spezieller Kontaktvermittlung wurde einem Anteil der hierdurch ermittelten Unternehmen der arbeitgeber- wie arbeitnehmergerichtete Fragebogen mit der Bitte um Durchsicht und eventuellen Optimierungsvorschlägen zum Zweck einer Pilotstudie (*pre-test*) zugesandt. Auf Basis postalischer Rückantworten oder persönlicher Rücksprachen wurden leichte Modifikationen der Fragebögen vorgenommen, die zu den vorliegenden Endversionen führten. Schließlich wurden die durch obiges Verfahren ermittelten Unternehmen mit Bitte um Beantwortung und Rücksendung des arbeitgebergerichteten Fragebogens kontaktiert. Dabei wurde die postalische Versendung des arbeitgebergerichteten Fragebogens durch das Beifügen eines Anschreibens, (in dem sich auf die Unterstützung obiger Organisationen berufen werden durfte), einer Untersuchungsbeschreibung, einem frankiertem Rücksendungsumschlag sowie eines Empfehlungsschreibens durch Professor Watanabe Yukio (Professor der Wirtschaftsfakultät der Keiō University) ergänzt.

Tabelle 8 kompiliert in Abhängigkeit der einzelnen kooperierenden Organisationen die Resultate dieser ersten Untersuchungsphase hinsichtlich der Summe an Aussendungen und totalen wie prozentualen Anzahl an Rückläufern des arbeitgebergerichteten Fragebogens. Hieraus geht hervor, dass über die Inanspruchnahme obiger Kooperationspartner hinaus auch Rückgriff auf Shizuoka keizai kenkyū-sho (2010): *Shizuoka-ken kaisha yōran* [Company Handbook of Shizuoka Prefecture] genommen wurde, um weitere zur Kontaktierung geeignete Unternehmen zu ermitteln. Hierbei handelt es sich um einen Almanach von in der Präfektur Shizuoka ansässigen Unternehmen, aus dem Angaben zur Branchenzugehörigkeit oder Betriebsgröße hervorgehen, wobei die Auswahl an hierdurch kontaktierten Unternehmen anhand eines zufälligen Selektionsverfahrens erfolgte. Zusätzlich erschließt sich aus Tabelle 8, dass insgesamt 1000 Unternehmen entsprechend des obig gekennzeichneten Verfahrens kontaktiert und 337 arbeitgebergerichtete Fragebögen beant-

Tabelle 8: Verzeichnis der Anzahl an Aussendungen und beantworteten Rücksendungen des arbeitgebergerichteten Fragebogens in Abhängigkeit der Kontaktierungskanäle

Kooperationspartner	Aussendung	Rückläufe	Rücklaufquote
National Federation of Small Business Association	31	15	48,38%
Shizuoka International Business Association	52	19	36,54%
Ota City Industrial Promotion Organization	138	67	48,55%
Kabushiki Yamatake	6	6	100,00%
Saitama International Business Support Center	94	37	39,36%
Shizuoka Kaisha Yōran	679	192	28,28%
Total	1000	337	33,70%

wortet zurückerhalten wurden, was einer Rücklaufquote von 33,7 % entspricht. Diese Unternehmen stammen aus 17 Präfekturen (Yamagata-ken, Akita-ken, Niigata-ken, Iwate-ken, Saitama-ken, Kanagawa-ken, Shizuoka-ken, Yamanashi-ken, Mie-ken, Ishikawa-ken, Wakayama-ken, Hiroshima-ken, Yamaguchi-ken, Kagawa-ken, Kōchi-ken, Fukuoka-ken, Miyazaki-ken) sowie der Metropolregion Tōkyō, wobei die überwiegende Unternehmensmehrheit ihren Stammsitz in den Präfekturen Shizuoka und Saitama sowie in Tōkyō besitzt.

In der folgenden Untersuchungsphase wurden die zurückerhaltenen Fragebögen mittels des Statistikprogramms SPSS univariat bzw. bivariat ausgewertet. Dieser Schritt bildete zugleich die Grundlage der Konzeption von Interviewleitfäden zur Durchführung semi-strukturierter Tiefeninterviews als abschließender Bestandteil der Feldforschung. Nach Beendigung dieser Auswertung wurden jene Unternehmen, von denen der arbeitgebergerichtete Fragebogen zurückerhalten wurde, erneut telefonisch mit der Bitte kontaktiert, auch den arbeitnehmergerichteten Fragebogen zusenden zu dürfen und diese an die Fortbeschäftigten des Unternehmens auszuhändigen. Als Resultat dieser Bemühungen wurden nach Einverständniserklärung insgesamt 71 arbeitnehmergerichtete Fragebögen an 16 Unternehmen postalisch verschickt, versehen mit Anschreiben, Untersuchungsbeschreibung, frankiertem Rücksendungsumschlag sowie akademischem Empfehlungsschreiben. Hiervon wurden 37 Exemplare ausgefüllt zurückerhalten (Rücklaufquote: 52,1%) und diese mittels SPSS einer univariaten Auswertung unterzogen.

4.4.2 Methodik, Inhalt und Realisierung der qualitativen Datenerhebung

Nach statistischer Auswertung der arbeitgeber- und arbeitnehmergerichteten Fragebögen wurde eine selektierte Anzahl an Unternehmen ein drittes Mal mit der Bitte kontaktiert, semistrukturierte Tiefeninterviews mit der Arbeitgeberseite und/oder Fortbeschäftigten des Unternehmens durchführen zu dürfen. Die Selektion dieser Unternehmen erfolgte auf Basis des *theoretical sampling*, einer bewussten Auswahl von Gesprächspartnern anhand vorher bestimmter Kriterien. Als Ziel dieses Verfahrens galt, mittels der Gesprächsteilnehmer einen repräsentativen Querschnitt der Diversität von Strukturrahmen, Motivation wie Evaluation der Beschäftigungsfortsetzung zu erhalten, wie sie auf Grundlage der Fragebogenauswertung erkennbar wurde. Mit diesem Anspruch wurden zwölf semi-strukturierte Tiefeninterviews mit Repräsentanten der Arbeitgeberseite durchgeführt, von denen zehn nach Erlaubnis aufgezeichnet und acht Interviews im Rahmen dieser Arbeit enthalten sind. Ferner wurden 5 semi-strukturierte Tiefeninterviews mit Fortbeschäftigten aus drei Unternehmen durchgeführt, bei denen vor allem Aspekte der Motivation und Beschäftigungszufriedenheit im Vordergrund standen. Drei dieser Interviews durften aufgezeichnet werden und sind im Rahmen dieser Arbeit beinhaltet. Schließlich wurden in einem letzten Untersuchungsschritt semi-strukturierte Tiefeninterviews mit japanischen Behörden und akademischen Experten durchgeführt. Hiermit war der Zweck verbunden, den aktuellen Stand der Fortbeschäftigung sowie ihrer zukünftigen Perspektiven zu diskutieren. So erfolgte die Durchführung semi-strukturierte Tiefeninterviews mit den folgenden Institutionen bzw. ihrer Repräsentanten:

– Hamaguchi Keiichirō (Industrial Relations and Human Resource Management Department, Japan Institute for Labour Policy and Training, JILPT),
– Fujimura Hiroyuki (Graduate School of Innovation and Management, Hōsei University Tōkyō; Mitglied des MHLW-Beratungsausschusses für beschäftigungspolitische Maßnahmen zur Vorbereitung der Revision des *employment stabilization law* vom 29.8.2012),
– Iwata Katsuhiko (National Institute of Population and Social Security Research),
– Kawauchi Tetsuo (Research Department, Japan Organization for Employment of the Elderly, Persons with Disabilities and Job Seekers, JEED),
– Sato Hiroki (Social Science Research Institute, University of Tōkyō; Mitglied des MHLW Beratungsausschusses für beschäftigungspolitische Maßnahmen zur Vorbereitung der Revision des *employment stabilization law* vom 29.8.2012),
– Komamura Kōhei (Faculty of Economics, Keiō University, Tōkyō; Mitglied des MHLW-Beratungsausschusses für Sozialversicherungen zur Vorbereitung der Revision des *employment stabilization law* vom 29.8.2012).

Wurde eine Gesprächsaufzeichnung im Falle des Tiefeninterviews mit Kawauchi Tetsuo (JEED, 04.04.2011) verwehrt, entstammen die zitierten Passagen dem zugesandten Gesprächsprotokoll. Dahingegen wurden sämtliche im Rahmen dieser Untersuchung zitierten Interviewpassagen auf Basis der gewährten Mitschnitte transkribiert und durch den Verfasser übersetzt. Besonders hervorgehoben sei die Teilnahme der Professoren Sato Hiroki, Komamura Kōhei und Fujimura Hiroyuki. Aufgrund ihrer Mitgliedschaft in den Beratungsausschüssen zur Vorbereitung der Revision des *employment stabilization law* vom 29.8.2012, stellen diese Personen qualifizierte Gesprächspartner zur Diskussion der mittel- wie langfristigen Entwicklung der politischen Förderung von Alterserwerbsarbeit in Japan dar, wie in Kapitel 7 diskutiert.

Für sämtliche im Rahmen dieser Arbeit enthaltenen Interviewpassagen gelten zudem folgende Anmerkungen: So werden die aufgeführten Interviewaussagen nicht anhand von Klarnamen zitiert, sondern sind gemäß der im Vorhinein zugesicherten Anonymität verschlüsselt. Ferner richten sich die dieser Arbeit zugrunde liegenden Formalia an die Formalregeln für schriftliche Arbeiten des Instituts für Orient- und Asienwissenschaften (IOA) sowie der Promotionsordnung der Philosophischen Fakultät der Rheinischen Friedrich-Wilhelms-Universität Bonn. Gemäß dieser Vorgaben wird die Verwendung von Gesprächsaussagen durch die Nennung des jeweiligen Interviews mit Seitenangabe der entsprechenden Interviewtranskription, die Kenntlichmachung der Übersetzung durch den Verfasser sowie des Durchführungsdatums des Tiefeninterviews im Anschluss an das Zitat ergänzt (Beispiel: Interview d. Verf. mit Unternehmen A: 1 am 03.03.2011; Übers. d. Verf.). Mit diesen Anmerkungen sei das vierte Kapitel zur Konkretisierung des Untersuchungsgegenstands, seiner theoretischen Grundlagen, der forschungspolitischen Positionierung dieser Arbeit sowie der korrespondierenden inhaltlichen wie methodischen Gestaltung dieser Untersuchung abgeschlossen. Das folgende Kapitel bildet den Auftakt der Darstellung der hierauf basierenden Forschungsresultate zu Zustand und Entwicklung der Beschäftigungsfortsetzung in Japan gemäß zugrunde liegender Untersuchungsfragen und Spezifikationen.

5 Strukturrahmen betrieblicher Beschäftigungsfortsetzung

Die Kapitel fünf und sechs bilden den Kern dieser Arbeit. In ihnen wird den primären Untersuchungsfragen auf Basis hiesiger Untersuchungsresultate eine Beantwortung zugeführt. Dabei widmen sich folgende Passagen zunächst dem Strukturrahmen der betrieblichen Beschäftigungsfortsetzung. So behandelt Abschnitt 5.1 den Organisationsmantel, ehe Abschnitt 5.2 die Arbeitsinhalte und Beschäftigungskonditionen betrachtet. Orientiert sich diese Untersuchung am Forschungsstand, erfolgt eine Verifizierung von Vergleichsstudien etwa hinsichtlich der Dominanz des Wiederbeschäftigungssystems gegenüber den gesetzlichen Alternativmaßnahmen. Doch auch Kontraste zwischen den Ergebnissen dieser Untersuchung und dem Forschungsstand treten zum Vorschein, die primär als Konsequenz des speziellen Zuschnitts dieser Arbeit auf Unternehmen kleiner und mittlerer Größe interpretiert werden.

5.1 Organisationsmantel betrieblicher Beschäftigungsfortsetzung

Als Organisationsmantel werden im Rahmen dieser Arbeit jene Gestaltungsaspekte bezeichnet, die als organisatorisches Grundgerüst der Beschäftigungsfortsetzung zu verstehen sind. Abschnitt 5.1.1 untersucht, in welchem Ausmaß die alternativen Maßnahmen von Beschäftigungsfortsetzung zur Anwendung kommen, wobei sich das Wiederbeschäftigungssystem im Einklang zum Forschungsstand als dominantes Verfahren erweist. Abschnitt 5.1.2 betrachtet die Dauer von Beschäftigungsfortsetzung. Durch die Höhe des betrieblichen Rentenalters sowie das maximale Beschäftigungsalter im Rahmen von MBB terminiert, wird ein Fünfjahreszeitraum zwischen dem 60. und 65. Lebensjahr als herkömmliche Spanne der innerbetrieblichen Verlängerung von Erwerbsbiografien identifiziert. Gleichwohl vermitteln die Befunde, dass sich Beschäftigungsfortsetzung längst nicht auf diese Phase konzentriert und in manchen Unternehmensfällen bis ins höhere Alter wahrgenommen werden kann. Im speziellen Rahmen der Fortbeschäftigungssysteme widmet sich Abschnitt 5.1.3 der Anwendung von Selektionsverfahren. Verbreitung, Motivationsfaktoren und Entscheidungsgrundlagen dieser Praxis werden analysiert und durch die Diskussion sozialer Implikationen ergänzt. Abschließend untersucht Abschnitt 5.1.4, in welcher Form Arbeitgeber und Arbeitnehmer in Verhandlung über individuelle Beschäftigungsperspektiven treten. Wird auf diese Weise der Konsultationsrahmen im Vorfeld des potentiellen Eintritts in MBB beschrieben, gibt dieser einen relativ kurzfristig anmutenden Zeitpunkt vor Erreichen des betrieblichen Rentenalters zu erkennen, zu dem Angestellte über die persönlichen Chancen eines Unternehmensverbleibs informiert werden.

DOI 10.1515/9783110528459-005

Bevor sich diesen Aspekten zugewandt wird, sei eine kurze Charakterisierung der dieser Untersuchung zugrunde liegenden Unternehmen vorweg genommen, die im weiteren Verlauf aufgegriffen wird. So geht aus Abbildung 11 hervor, dass die an dieser Untersuchung beteiligten Unternehmen sämtliche Geschäftszweige des verarbeitenden Gewerbes gemäß Definitionsgrundlage (vgl. Abschnitt 4.1.2) repräsentieren. Dies gilt, wenngleich sich insbesondere das Gewerbe zur Herstellung von metallischen Erzeugnissen sowie von Transportmaschinen und deren Ausrüstung stark vertreten zeigt. Durch Abbildung 12 kommt zum Ausdruck, dass innerhalb der Definitions-

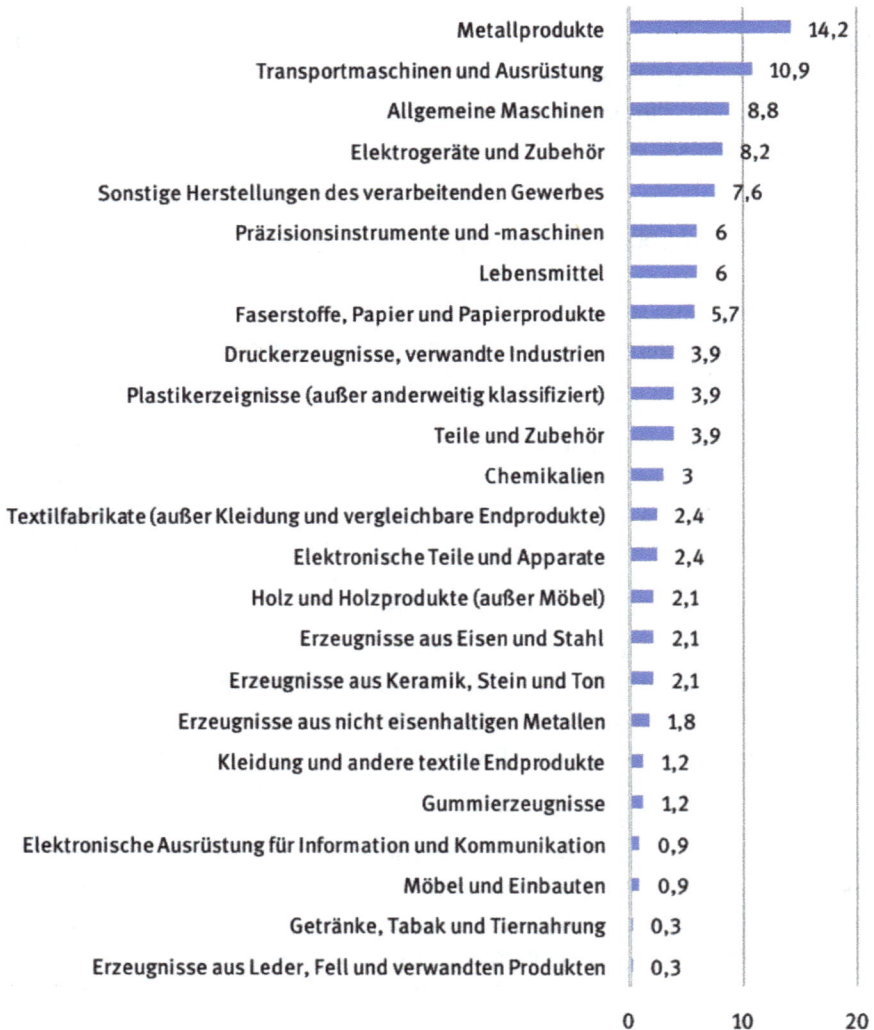

Geschäftszweig	Prozent
Metallprodukte	14,2
Transportmaschinen und Ausrüstung	10,9
Allgemeine Maschinen	8,8
Elektrogeräte und Zubehör	8,2
Sonstige Herstellungen des verarbeitenden Gewerbes	7,6
Präzisionsinstrumente und -maschinen	6
Lebensmittel	6
Faserstoffe, Papier und Papierprodukte	5,7
Druckerzeugnisse, verwandte Industrien	3,9
Plastikerzeignisse (außer anderweitig klassifiziert)	3,9
Teile und Zubehör	3,9
Chemikalien	3
Textilfabrikate (außer Kleidung und vergleichbare Endprodukte)	2,4
Elektronische Teile und Apparate	2,4
Holz und Holzprodukte (außer Möbel)	2,1
Erzeugnisse aus Eisen und Stahl	2,1
Erzeugnisse aus Keramik, Stein und Ton	2,1
Erzeugnisse aus nicht eisenhaltigen Metallen	1,8
Kleidung und andere textile Endprodukte	1,2
Gummierzeugnisse	1,2
Elektronische Ausrüstung für Information und Kommunikation	0,9
Möbel und Einbauten	0,9
Getränke, Tabak und Tiernahrung	0,3
Erzeugnisse aus Leder, Fell und verwandten Produkten	0,3

Abbildung 11: Verteilung von Geschäftszweigen der untersuchten Unternehmen (in Prozent; n=331)

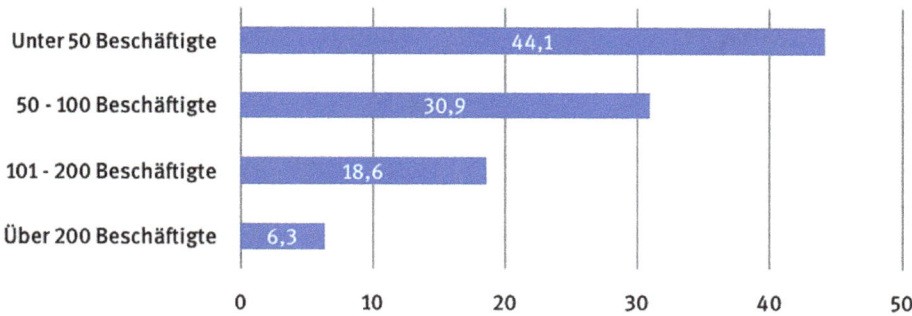

Abbildung 12: Verteilung der Beschäftigungsgröße der untersuchten Unternehmen (in Prozent; n=333)

spanne von KMU (vgl. Abschnitt 4.1.3) primär Unternehmen geringer Beschäftigungsgröße durch hiesige Studie repräsentiert werden. So weisen rund 44 % der erfassten Unternehmen unter 50 Beschäftigte aus, während Unternehmen mit 50–100 Beschäftigten einen Anteil von knapp 31 % bzw. Betriebe mit 101–200 Beschäftigten einen Anteil von knapp 19 % aufweisen. Unternehmen mit über 200 Beschäftigten tragen hingegen nur zu gut 6 % an dieser Untersuchung bei. Abbildung 13 gibt eine mit sinkender Beschäftigungsgröße steigende Belegschaftsalterung der an dieser Studie teilhabenden Unternehmen zu erkennen.[1] So liegt die Rate an über 60-Jährigen in fast 74 % an Unternehmen mit über 101 Beschäftigten unter 10 %, während Betriebe mit unter 50 Beschäftigten einen Vergleichswert von 36,6 % erreichen. Bei Letzteren liegt in 13 % der Fälle eine Rate an über 60-jährigen Beschäftigten von mindestens 31 % vor, während dieser Anteil an älteren Angestellten durch Unternehmen mit über 101 Beschäftigten nur in knapp 3 % der Fälle vorliegt. Auch Abbildung 14 identifiziert einen Zusammenhang zwischen Größe und Altersstruktur der Belegschaft von Unternehmen, die zu dieser Untersuchung beitragen.[2] So besitzen knapp 55 % an Unternehmen mit unter 50 Beschäftigten eine Rate an Fortbeschäftigten von über 10 %. Dieses Ausmaß an Fortbeschäftigten sinkt bei Unternehmen mit 50–100 Beschäftigten auf gut 32 % und im Falle von Betrieben mit 101–200 Beschäftigten auf rund 20 %.

---

1 Im Rahmen dieser bivariaten Analyse ist die Beschäftigungsgröße anhand dreier Klassen differenziert, während die Rate an über 60-Jährigen als abhängige Variable anhand von drei Prozentspannen einfließt. Die identifizierte Korrelation erweist sich auf dem Niveau von 0,00 als (zweiseitig) signifikant. Eine mit sinkender Beschäftigungsgröße steigende Altersstruktur von Belegschaften wird auch durch Rōdō seisaku kenkyū kenshū kikō (2008: 62. http://www.jil.go.jp/institute/research/2008/ documents/047/047.pdf, letzter Abruf: 9.3.2017) registriert.
2 Im Rahmen dieser bivariaten Analyse ist die Beschäftigungsgröße anhand von vier Klassen differenziert, während die Rate an Fortbeschäftigten als dichotome, abhängige Variable vorliegt. Die identifizierte Korrelation erweist sich auf dem Niveau von 0,00 als (zweiseitig) signifikant.

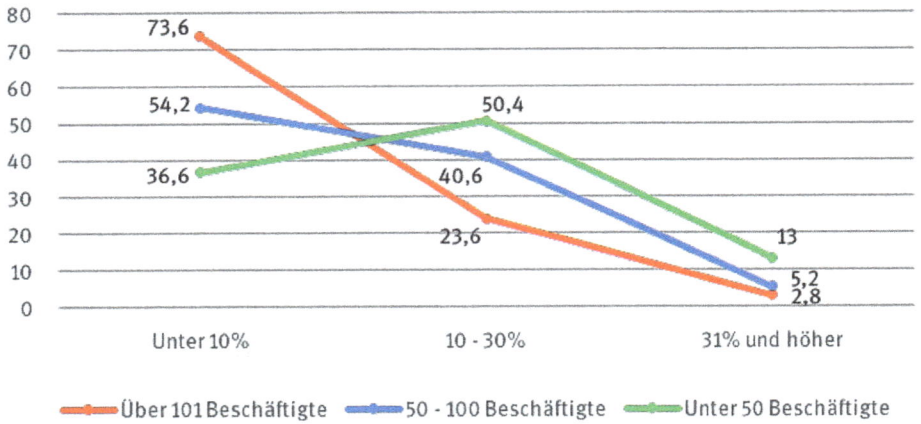

Abbildung 13: Anteil von über 60-Jährigen an der Gesamtbelegschaft in Abhängigkeit der Beschäftigungsgröße (in Prozent; n=325)

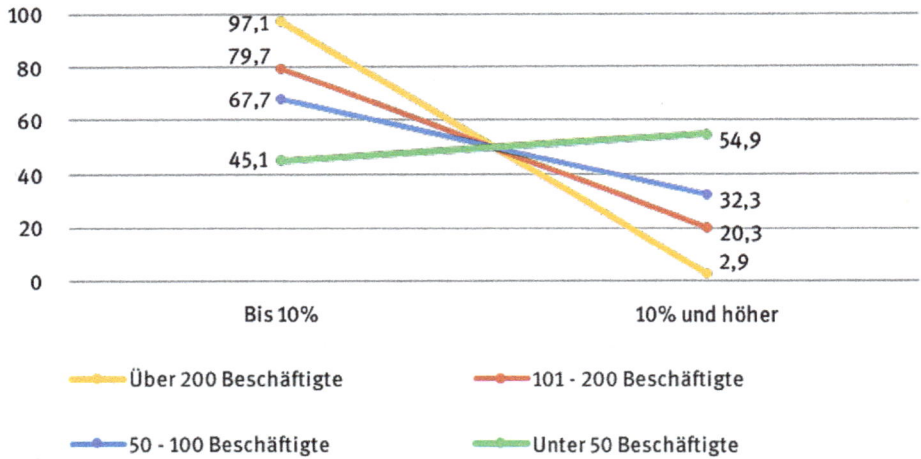

Abbildung 14: Anteil von Fortbeschäftigten an der Gesamtbelegschaft in Abhängigkeit der Beschäftigungsgröße (in Prozent; n=326)

Unternehmen mit über 200 Beschäftigten weisen hingegen nur in knapp 3 % der Fälle einen Anteil von Fortbeschäftigten an der Gesamtbelegschaft von über 10 % auf.

5.1.1 Maßnahmen betrieblicher Beschäftigungsfortsetzung

Vor legislativem Hintergrund sind Unternehmen in Japan zur Durchführung betrieblicher Beschäftigungsfortsetzung verpflichtet, wobei jedoch die Wahl zwischen alternativen Maßnahmen besteht (vgl. Abschnitt 4.1.1). Doch wie bereits tangiert, zeichnet sich die Fortbeschäftigungspraxis trotz dieser Wahlfreiheit durch eine klare Dominanz der Wiederbeschäftigung aus: „For the time being, re-employment is the mainstream measure of continued employment for people in the early sixties" (Sato 2002: 3)[3]. Dieses Verhältnis wird durch die Resultate der arbeitgebergerichteten Untersuchung bestätigt, auf deren Grundlage das Wiederbeschäftigungssystem einen prägnanten Modalwert auf sich vereint: So bieten 86,2 % der Unternehmen die Wiederbeschäftigung an, wie aus Abbildung 15 hervorgeht. Mit weitem Abstand folgt die Durchführung des Beschäftigungsverlängerungssystems (9,3 %). Eine Heraufsetzung des betrieblichen Rentenalters ist nur in 3,6 % der Betriebe vollzogen. Mit lediglich 2,4 % an Nennungen stellt die komplette Aufhebung des Systems eines betrieblichen Rentenalters die Maßnahme mit der geringsten Anwendung dar. Ebenfalls in Abbildung 15 enthalten sind entsprechende Untersuchungsresultate durch Rōdō seisaku kenkyū kenshū kikō (2007: 30)[4], die ein verwandtes Ausprägungsmuster belegen. Dies gilt, wenngleich dort eine Mehrfachantwort gestattet ist, während hiesige Untersuchung die überwiegend zur Anwendung kommende Maßnahme der Beschäftigungsfortsetzung als singuläre Antwort abfragt. Unabhängig methodischer Unterschiede wie dieser gelangen auch folgende Studien zu identischem Befund, wonach das Wiederbeschäftigungsverfahren die gängige Maßnahme zur Beschäftigungsfortsetzung darstellt: Nihon shōgai-sha koyō sokushin kyōkai (2002)[5]; Rōdō seisaku kenkyū kenshū kikō (2008: 24–25)[6]; Rōdō seisaku kenkyū kenshū kikō (2008a: 68, 154)[7]; Rōdō seisaku kenkyū kenshū kikō (2010a: 14)[8]; Rōdō seisaku kenkyū kenshū kikō (2010b: 57–59)[9]; Rōdō seisaku kenkyū kenshū kikō (2010c: 140)[10]; Rōdō chōsa-kai (2005: 11) sowie Kōrei shōgai kyūshoku-sha koyō shien kikō (2008: 14–16).

---

3 National Centre for the Vocational Education Research (NCVER) – VOCED plus. http://www.voced.edu.au/, letzter Abruf: 9.3.2017. Signatur: TD/TNC76.74.
4 http://www.jil.go.jp/institute/reports/2007/documents/083.pdf, letzter Abruf: 9.3.2017.
5 http://ssjda.iss.u-tokyo.ac.jp/chosa-hyo/0360c.html, letzter Abruf: 9.3.2017.
6 http://www.jil.go.jp/institute/research/2008/documents/047/047.pdf, letzter Abruf: 9.3.2017.
7 http://www.jil.go.jp/institute/reports/2008/documents/0100.pdf, letzter Abruf: 9.3.2017.
8 http://www.jil.go.jp/institute/research/2010/documents/067.pdf, letzter Abruf: 9.3.2017.
9 http://www.jil.go.jp/institute/research/2010/documents/075.pdf, letzter Abruf: 9.3.2017.
10 http://www.jil.go.jp/institute/reports/2010/documents/0120.pdf, letzter Abruf: 9.3.2017.

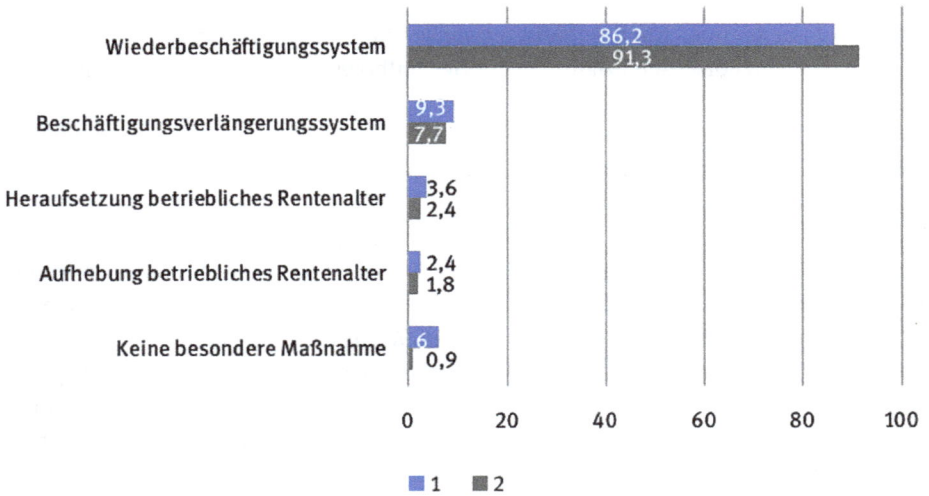

Abbildung 15: Maßnahme der Beschäftigungsfortsetzung (in Prozent)

Legende: 1) Hiesige Untersuchungsdaten (n=334); 2) Rōdō seisaku kenkyū kenshū kikō (2007:30. http://www.jil.go.jp/institute/reports/2007/documents/083.pdf , letzter Abruf: 9.3.2017).

Anmerkung: Aufgrund der Möglichkeit zur Mehrfachantwort addieren sich die studienspezifisch aufgeführten Werte auf über 100%. Mit „keine besondere Maßnahme" kann etwa das ursprüngliche Fehlen des Systems eines betrieblichen Rentenalters verbunden sein, so dass keine Verletzung gesetzlicher Vorschriften vorliegen muss.

Trotz dieses Einklangs an Untersuchungsresultaten werden etwa gegenüber Rōdō seisaku kenkyū kenshū kikō (2007: 30)[11] Kontraste erkennbar. Diese lassen sich als Resultat unterschiedlicher Zuschnitte des Untersuchungsobjekts interpretieren, betrachtet Rōdō seisaku kenkyū kenshū kikō (2007)[12] die Praxis von MBB über das komplette Spektrum von Unternehmensgrößen und Branchen hinweg. Hierauf deutet die bivariate Analyse arbeitgebergerichteter Untersuchungsdaten hin. So fördert diese eine signifikante Korrelation zwischen der Fortbeschäftigungsmaßnahme und der Unternehmensgröße zu Tage, wonach die Anwendung der Wiederbeschäftigung mit steigendem Beschäftigungsumfang zunimmt:[13] Gemäß Abbildung 16 wenden Unternehmen mit einer Beschäftigungsgröße von über 101 Mitarbeitern zu 95,4 % die Wiederbeschäftigung an, während dieser Wert bei isolierter Betrachtung von Unterneh-

---

11 http://www.jil.go.jp/institute/reports/2007/documents/083.pdf, letzter Abruf: 9.3.2017.
12 http://www.jil.go.jp/institute/reports/2007/documents/083.pdf, letzter Abruf: 9.3.2017.
13 Im Rahmen dieser bivariaten Analyse ist die Beschäftigungsgröße anhand dreier Klassen differenziert, während die Fortbeschäftigungsmaßnahmen als dichotome, abhängige Variable vorliegen. Die identifizierte Korrelation erweist sich auf dem Niveau von 0,00 als (zweiseitig) signifikant.

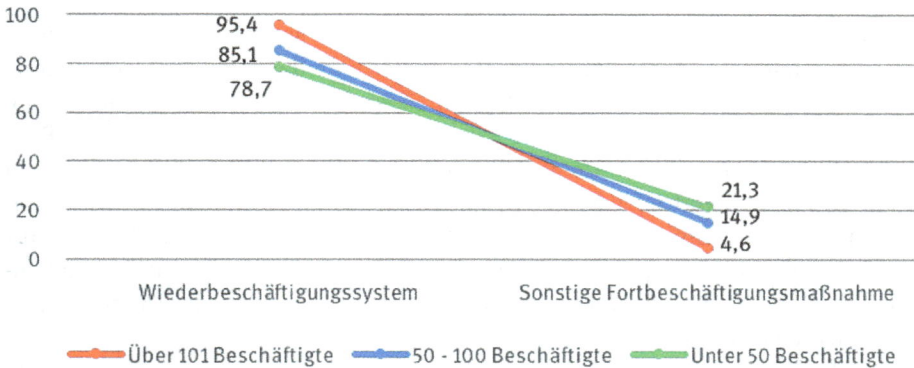

Abbildung 16: Maßnahme der Beschäftigungsfortsetzung in Abhängigkeit
der Beschäftigungsgröße (in Prozent; n=334)

men mit unter 50 Beschäftigten auf 78,7 % sinkt. Diese Verhältnisse im Umkehrschluss
betrachtet, findet sich nur bei 4,6 % an Unternehmen der höchsten Beschäftigungs-
größenklasse eine vorwiegende Art der Beschäftigungsfortsetzung, die nicht dem
Wiederbeschäftigungssystem entspricht, wohingegen bei immerhin 21.3 % von Betrieben der kleinsten Beschäftigungseinheit eine anderweitige Maßnahme überwiegt.
Während sich bereits aus der bisherigen Darstellung betriebswirtschaftliche Gründe
ableiten lassen, warum das Wiederanstellungssystem gegenüber Alternativmaßnahmen (mit zunehmender Beschäftigungsgröße verstärkt) auf Bevorzugung trifft, seien
zentrale Motive auch anhand der qualitativen Datenerhebung rekapituliert. So bildet
die Möglichkeit zur Abwandlung von Beschäftigungskonditionen ein entscheidendes
Argument zur Wahl des Wiederbeschäftigungssystems: „Bei der Wiederbeschäftigung
wird ein neuer Arbeitsvertrag geschlossen, so dass die Dauer des Arbeitsvertrags, das
Gehalt, der Arbeitsinhalt oder die Anstellungsform frei festgelegt werden kann. Im Vergleich zur Beschäftigungsverlängerung ist es somit leicht, eine Revision der Arbeitsbedingungen vorzunehmen" (Yamashita 2006: 48; Übers. d. Verf.)[14].

Im Gegensatz dazu, stellt die (implizite) Verpflichtung zur Aufrechterhaltung
ursprünglicher Beschäftigungsmerkmale ein gewichtiges Moment gegen die An- oder
Aufhebung des betrieblichen Rentenalters dar: „Es ist nicht möglich, das betriebliche
Rentenalter anzuheben, wenn man nicht gleichzeitig Veränderungen an Gehalt oder
Beförderungssystem vornimmt. Weil dies ein sehr schwieriger Vorgang ist, ziehen es
Unternehmen vor, ein Wiederbeschäftigungs- oder Beschäftigungsverlängerungssys-
tem einzuführen" (Interview d. Verf. mit Experte A: 1 am 3.3.2011; Übers. d. Verf.).[15]
Entsprechend tritt die durch eine Abwandlung von Beschäftigungskonditionen

---

14 http://www.jil.go.jp/institute/zassi/backnumber/2006/05/pdf/043-050.pdf, letzter Abruf 9.3.2017.
15 Vgl. Sato (2011:3).

erlangbare Flexibilisierung des Personalmanagements auch innerhalb der Tiefeninterviews mit Arbeitgebern als organisatorischer Vorteil der Wiederbeschäftigung hervor: „Ich dachte, dass dies jene Maßnahme ist, die für unser Unternehmen am einfachsten durchzuführen ist. [...] So kann beispielsweise eine Anstellung als Festangestellter oder *part-timer* erfolgen" (Interview d. Verf. mit Unternehmen H: 1 am 8.3.2011; Übers. d. Verf.). Zwei zentrale Implikationen dieser Beschäftigungsflexibilisierung seien hervorgehoben, wobei zunächst auf die Möglichkeit zur Personalkosteneinsparung eingegangen wird: „Gegenüber der Anhebung des betrieblichen Rentenalters gibt es [beim Wiederbeschäftigungssystem] Vorteile für das Unternehmen, weil Personalkosten gesenkt werden" (Interview d. Verf. mit Unternehmen G: 1 am 10.3.2011; Übers. d. Verf.).[16] Entsprechend macht auch Unternehmen C finanzielle Belastungen aus, die gegen eine An- oder Aufhebung des betrieblichen Rentenalters sprechen:

> [...] Es gibt Unternehmen, die ab einem gewissen Alter das Gehalt absenken. Da dies jedoch einem Schlag ins Gesicht der Angestellten gleichkommt, besitzt unser Unternehmen ein Gehaltssystem mit stetig steigendem Lohn. Dies bedeutet jedoch, dass bei einer Heraufsetzung [des betrieblichen Rentenalters] von 60 auf 65 Jahre das Gehalt weiter ansteigt [...]. Weiterhin gilt es den Abschiedszuschuss [*taishoku-kin*] zu beachten, der anhand von Dienstjahren und Gehalt bei Unternehmensaustritt berechnet wird. Daher würde eine Anhebung [...] auch eine Belastung hinsichtlich des Abschiedszuschusses bedeuten. (Interview d. Verf. mit Unternehmen C: 1–2 am 1.3.2011; Übers. d. Verf.)[17]

Doch auch die Möglichkeit zur Selektion von Interessenten zur Beschäftigungsfortsetzung bietet laut Aussagen von Unternehmensrepräsentanten einen systememinenten Vorzug der Wiederbeschäftigung, um sich gegen die Diversifizierung individueller Leistungspotentiale im Altersverlauf zu wappnen: „Innerhalb der Belegschaft gibt es auch problematische Personen [...]. Wenn wir auch für diese Fälle die betriebliche Altersgrenze anheben müssten, würde sich dies negativ auf die Rentabilität des Unternehmens auswirken. Deswegen bevorzugen wir die Durchführung des Wiederbeschäftigungssystems gegenüber einer Anhebung des betrieblichen Rentenalters" (Interview d. Verf. mit Unternehmen H: 4 am 8.3.2011; Übers. d. Verf.). Vergleichbar berichtet Unternehmen C: „Es gibt Unterschiede etwa in der körperlichen Leistungskraft, die ab dem 60. Lebensjahr zu Tage treten. Daher gibt es auch Personen, für die Arbeit über dem 60. Lebensjahr [...] nicht mehr in Frage kommt" (Interview d. Verf. mit Unternehmen C: 2 am 1.3.2011; Übers. d. Verf.).

---

16 Vgl. Sato (2002: 3. National Centre for the Vocational Education Research (NCVER) – VOCED plus. http:// www.voced.edu.au/, letzter Abruf: 9.3.2017. Signatur: TD/TNC76.74).
17 Vgl. Conrad (2009: 119. http://www.leopoldina.org/uploads/tx_leopublication/NAL365_Bd_3 _001-158.pdf, letzter Abruf: 9.3.2017); Chen (2009: 22. http://www.jil.go.jp/profile/documents/ Chen.pdf , letzter Abruf: 9.3.2017) sowie Sato (2011: 4–5).

Diesen Abschnitt zusammenfassend, verifizieren die quantitativen Untersuchungs-ergebnisse den Forschungsstand hinsichtlich des Verhältnisses, wonach die Fortbe-schäftigungspraxis in überwiegendem Maße durch das Wiederbeschäftigungssystem geprägt ist. Ebenso sind die Resultate der qualitativen Datenerhebung im Einklang zu etablierten Deutungsansätzen zu lesen, wonach die Flexibilisierung des Personal-managements einen entscheidenden Aspekt zur Ableitung der Attraktivität des Wie-derbeschäftigungsverfahrens bildet. Bivariate Untersuchungsresultate identifizieren jedoch signifikante Differenzen beim Gebrauch der Maßnahmen von Beschäftigungs-fortsetzung, demgemäß kleinere Betriebe in geringerem Ausmaß die Vorteile der Wiederbeschäftigung in Anspruch nehmen: „Unabhängig der Unternehmensgröße ergreifen nur wenige Unternehmen eine An- oder Aufhebung des betrieblichen Ren-tenalters, sondern hauptsächlich ein System der Beschäftigungsfortsetzung, wenn-gleich diese Tendenz mit steigender Unternehmensgröße zunimmt" (Sato 2011: 3; Übers. d. Verf.). Doch auch aufgrund der determinierenden Wirkung der konkreten Maßnahme von Beschäftigungsfortsetzung auf Beschäftigungsindikatoren kann die Praxis von MBB somit im Spiegelbild der Unternehmensgröße interpretiert werden. Zahlreiche Gründe sind für die größenabhängigen Differenzen im Gebrauch von MBB heranzuziehen, die im weiteren Verlauf dieser Arbeit aufgegriffen werden. So sind Unternehmen mit sinkender Beschäftigungsgröße tendenziell stärker durch eine hohe Altersstruktur der Belegschaft gekennzeichnet (vgl. Abschnitt 5.1), was ent-scheidende Motivationsunterschiede bei der Inanspruchnahme von Fortbeschäftig-ten hervorzurufen scheint (vgl. Abschnitt 6.3.1). Dahingegen sind Unternehmen mit steigender Größe tendenziell einem höheren Kostensenkungsdruck unterlegen, der auf ein strengeres Wettbewerbsumfeld oder eine stärkere Bedeutung traditioneller Beschäftigungsprinzipien zurückgeführt werden mag und somit Betriebe dazu ver-anlasst, die Fortbeschäftigungsmaßnahme mit dem größtmöglichen Potential zur Personalkosteneinsparung zu ergreifen: „Es bestehen Unterschiede zwischen Groß-unternehmen und KMU, was Gehalts- und Karrieresysteme angeht. Insofern besitzt auch das betriebliche Rentenalter eine unterschiedliche Bedeutung. Vor diesem Hin-tergrund kann man davon ausgehen, dass die An- oder Aufhebung des betrieblichen Rentenalters für KMU vergleichsweise einfacher zu bewältigen ist" (Interview d. Verf. mit Experte A: 1 am 3.3.2011; Übers. d. Verf.).

5.1.2 Dauer betrieblicher Beschäftigungsfortsetzung

In Orientierung an die Entwicklung des öffentlichen Rentensystems verfolgt der japa-nische Staat die Absicht, mittels des Konzepts von betrieblicher Beschäftigungsfort-setzung eine ökonomische Absicherung zwischen dem 60. und 65. Lebensjahr zu rea-lisieren (vgl. die Abschnitte 3.3.5 und 4.1.1). Entsprechend zeigt sich auch anhand der arbeitgebergerichteten Untersuchungsresultate, dass Beschäftigungsfortsetzung in der Praxis als Personalinstrument anzusehen ist, welches primär zwischen dem 60.

Lebensjahr (als vorherrschendes betriebliches Rentenalter) und 65. Lebensjahr (als übliches Maximalalter im Rahmen von MBB) zur Anwendung kommt. So belegt die univariate Analyse gemäß Abbildung 17, dass in überwältigenden 86,6 % an Unternehmen ein betriebliches Rentenalter in Höhe des 60. Lebensjahres vorliegt, wobei sich die Identifikation des 60. Lebensjahres als modale Ausprägung des betrieblichen Rentenalters mit den Erkenntnissen des Forschungsstands deckt: „Was den derzeitigen Zustand in Japan betrifft, liegt der Anteil an Unternehmen mit einem betrieblichem Rentenalter in Höhe des 60. Lebensjahres bei 81,2 %" (Kōsei rōdō-shō 2011: 7–8, Übers. d. Verf.)[18]. So wird das 60. Lebensjahr auch bei folgenden Untersuchungen als dominante Ausprägung des betrieblichen Rentenalters identifiziert: Rōdō seisaku kenkyū kenshū kikō (2007: 29)[19]; Rōdō seisaku kenkyū kenshū kikō (2010a: 14)[20]; Rōdō seisaku kenkyū kenshū kikō (2010b: 56)[21]; Rōdō seisaku kenkyū kenshū kikō (2010c: 42–43, 75)[22]; Rōdō seisaku kenkyū kenshū kikō (2012: 49)[23]; Kōrei shōgai kyūshoku-sha koyō shien kikō (2008: 12–14) sowie Shōkō sōgō kenkyū-sho (2006: 11)[24]. Betrachtet man andererseits mittels Abbildung 18 das maximale Beschäftigungsalter als obere Altersgrenze der Beschäftigungsfortsetzung tritt das 65. Lebensjahr in über der Hälfte an untersuchten Unternehmen (52,7 %) als Limitierung hervor. Ein Befund, der etwa mit Untersuchungsresultaten von Rōdō seisaku kenkyū kenshū kikō (2010a: 14)[25] im Einklang steht.

Auch auf Grundlage hiesiger Untersuchungsresultate ergibt sich somit das Verhältnis, wonach die innerbetriebliche Verlängerung von Erwerbsbiografien vornehm-

18 http://www.mhlw.go.jp/stf/houdou/2r9852000001fz36-att/2r9852000001fzaz.pdf, letzter Abruf: 9.3.2017.

19 http://www.jil.go.jp/institute/reports/2007/documents/083.pdf, letzter Abruf: 9.3.2017.

20 http://www.jil.go.jp/institute/research/2010/documents/067.pdf, letzter Abruf: 9.3.2017.

21 http://www.jil.go.jp/institute/research/2010/documents/075.pdf, letzter Abruf: 9.3.2017.

22 http://www.jil.go.jp/institute/reports/2010/documents/0120.pdf, letzter Abruf: 9.3.2017.

23 http://www.jil.go.jp/institute/research/2012/documents/094.pdf, letzter Abruf: 9.3.2017.

24 http://www.shokosoken.or.jp/chousa/youshi/17nen/17-4.pdf, letzter Abruf: 9.3.2017.

25 http://www.jil.go.jp/institute/research/2010/documents/067.pdf, letzter Abruf: 9.3.2017. Vgl. auch: Rōdō seisaku kenkyū kenshū kikō (2007: 34. http://www.jil.go.jp/institute/reports/2007/documents/083.pdf, letzter Abruf: 9.3.2017); Rōdō seisaku kenkyū kenshū kikō (2010a: 15–16. http://www.jil.go.jp/institute/research/2010/documents/067.pdf, letzter Abruf: 9.3.2017); Rōdō seisaku kenkyū kenshū kikō (2010b: 58. http://www.jil.go.jp/institute/research/2010/documents/075.pdf, letzter Abruf: 9.3.2017); Rōdō seisaku kenkyū kenshū kikō (2010c: 75. http://www.jil.go.jp/institute/reports/2010/documents/0120.pdf, letzter Abruf: 9.3.2017); Rōdō seisaku kenkyū kenshū kikō (2012: 15. http://www.jil.go.jp/institute/research/2012/documents/094.pdf, letzter Abruf: 9.3.2017) sowie Kōrei shōgai kyūshoku-sha koyō shien kikō (2008: 19–20). Für Faktoren, die zur Begründung eines maximalen Beschäftigungsalter oberhalb des 65. Lebensjahr angegeben werden, vergleiche ferner: Rōdō seisaku kenkyū kenshū kikō (2010a: 47, 49. http://www.jil.go.jp/institute/research/2010/documents/067.pdf, letzter Abruf: 9.3.2017); Rōdō seisaku kenkyū kenshū kikō (2010c: 134. http://www.jil.go.jp/institute/reports/2010/documents/0120.pdf, letzter Abruf: 9.3.2017) sowie Kōrei shōgai kyūshoku-sha koyō shien kikō (2008: 101–105).

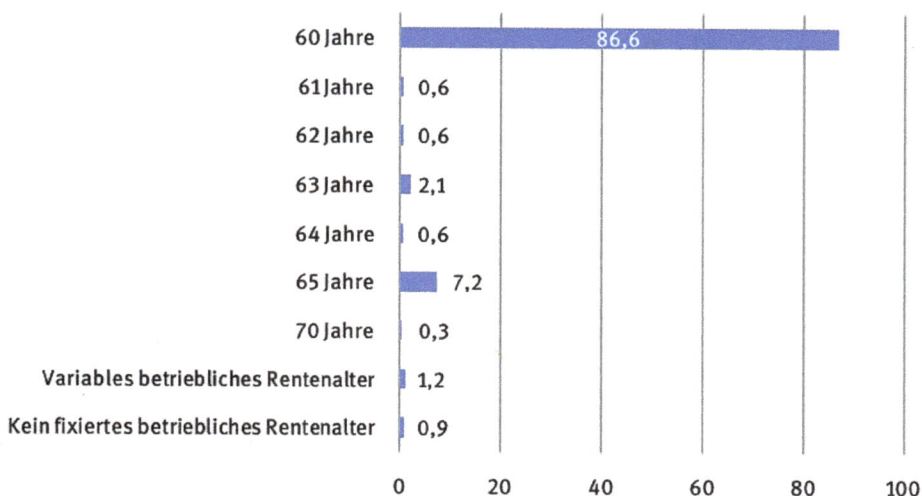

Abbildung 17: Höhe des betrieblichen Rentenalters (in Prozent, n=335)

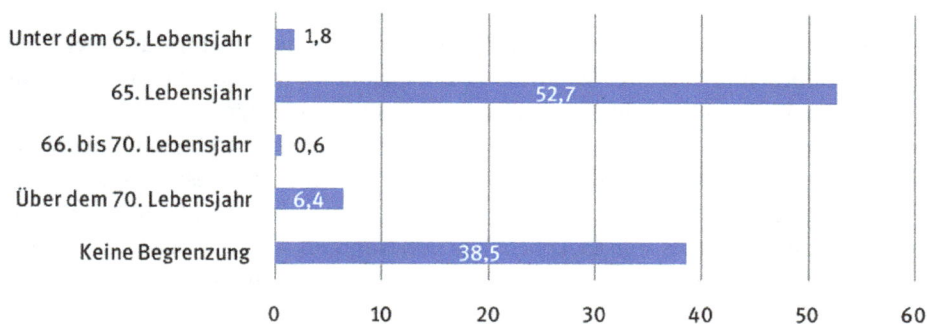

Abbildung 18: Maximales Beschäftigungsalter im Rahmen betrieblicher Beschäftigungsfortsetzung (in Prozent, n=330)

lich als Angelegenheit zwischen dem 60. und 65. Lebensjahr anzusehen ist. Gleichzeitig jedoch sticht bei kumulativer Betrachtung der in Abbildung 18 aufgeführten Werte ein Unternehmensanteil von knapp 46 % hervor, bei dem die Aufrechterhaltung der Beschäftigung (teilweise weit) über das 65. Lebensjahr hinaus möglich ist respektive keine Befristung des maximalen Beschäftigungsalters vorliegt. Dass dieser gegenüber dem Forschungsstand tendenziell hohe Anteil aus dem speziellen Zuschnitt dieser Arbeit auf KMU resultiert, legt die bivariate Analyse obiger Untersuchungsdaten nahe, die in Abbildung 19 wiedergegeben ist. Hiernach ergibt sich eine signifikante Korrelation des Maximalalters von Beschäftigungsfortsetzung mit der Beschäftigungsgröße von Unternehmen, wonach die Anwendung eines unbeschränkten oder über dem 65.

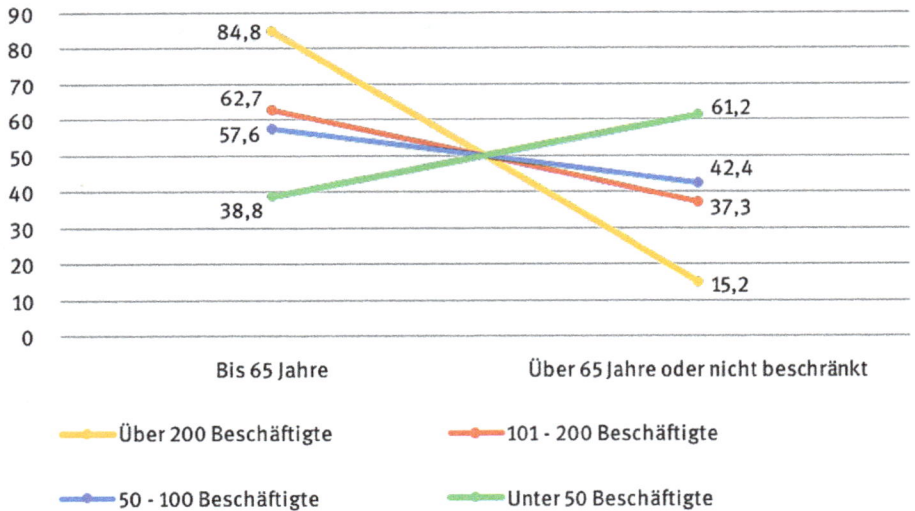

Abbildung 19: Maximales Beschäftigungsalter in Abhängigkeit der Beschäftigungsgröße (n=330)

Lebensjahr liegenden Maximalters mit sinkender Beschäftigungsgröße ansteigt.[26] So liegt ein unbeschränktes oder über dem 65. Lebensjahr verankertes Maximalalter von Beschäftigungsfortsetzung in Betrieben mit unter 50 Beschäftigten in 61,2 % der Fälle vor, während dieser Wert über die verschiedenen Beschäftigungsklassen hinweg auf 15,2 % bei isolierter Betrachtung von Unternehmen mit über 200 Beschäftigten sinkt. Umgekehrt liegt bei der zuletzt genannten Unternehmensgröße in 84,8 % der Fälle ein Maximalalter von bis zum 65. Lebensjahr vor, während lediglich 38,8 % der Unternehmen mit unter 50 Beschäftigten das maximale Beschäftigungsalter auf Höhe des 65. Lebensjahres begrenzen. Diese Untersuchungsresultate zur Dauer betrieblicher Beschäftigungsfortsetzung, wonach Unternehmen kleinerer Beschäftigungsgröße tendenziell über ein höheres maximales Beschäftigungsalter verfügen, mögen als Ausdruck einer stärkeren Abhängigkeit von älteren Beschäftigten gedeutet werden, die in Abschnitt 6.1.1 weiteren Diskussionsgegenstand bildet.

---

26 Diese Korrelation erweist sich auf dem Niveau von 0,00 als (zweiseitig) signifikant. Hierbei ist die Beschäftigungsgröße als unabhängige Variable anhand vier Beschäftigungsgrößenklassen differenziert, während das Maximalalter in dichotomisierter Form vorliegt.

5.1.3 Selektionsverfahren im Vorfeld betrieblicher Beschäftigungsfortsetzung

Aus bisherigem Verlauf dieser Arbeit geht bereits hervor, dass die Option zur Selektion von Fortbeschäftigungsanwärtern ein gewichtiges Argument zur Durchführung von Systemen der Beschäftigungsfortsetzung darstellt. So verbinden Unternehmen hiermit die Möglichkeiten, sich gegenüber divergierenden Gesundheitszuständen im Altersverlauf zu rüsten, die Aufrechterhaltung als unproduktiv erachteter Anstellungsverhältnisse zu vermeiden sowie Vakanzen zu schaffen, die zur Verjüngung der betrieblichen Altersstruktur genutzt werden wollen. Entsprechend dieser betrieblichen Vorteile bilanziert der Forschungsstand, dass Unternehmen in der Mehrzahl Selektionsverfahren anwenden. So führen gemäß Rōdō seisaku kenkyū kenshū kikō (2007: 36)[27] über die Breite der japanischen Branchenstruktur und Unternehmensgrößen hinweg, 72,2 % der Betriebe ein Selektionsverfahren durch, was sich vom branchenspezifischen Wert für das verarbeitende Gewerbe nur minimal unterscheidet (73 %). Auch bei Rōdō seisaku kenkyū kenshū kikō (2008: 25–26)[28]; Rōdō seisaku kenkyū kenshū kikō (2010b: 59)[29]; Rōdō seisaku kenkyū kenshū kikō (2010c: 140)[30] sowie Kōrei shōgai kyūshoku-sha koyō shien kikō (2008: 28) tritt der Gebrauch von Selektionsverfahren als übliche Praxis hervor, deren Konsequenz für die Beschäftigungsfortsetzung mit Meyer-Ohle (2008: 950) beschrieben sei: „the majority [...] only offer it to employees deemed worthy by management".

Als Kontrast zu diesen Befunden ergibt sich gemäß Abbildung 20 auf Basis hiesiger Untersuchungsresultate das Verhältnis, wonach vergleichsweise geringe 50 % der Unternehmen eine Selektion abhält, während 48,8 % an Betrieben sämtliche Bewerber in Beschäftigungsfortsetzung aufnimmt. Erneut lassen sich diese Differenzen zum Forschungsstand auf Grundlage bivariater Datenanalyse[31] als Resultat des spezifischen Zuschnitts dieser Arbeit auf KMU deuten, wie analog zu Seike, Yamada und Kimu (2005: 96) auch Sato (2002: 3–4) konstatiert: „larger firms tend not to agree with the idea of offering the scheme to 'all applicants on principle'". Demgemäß tendieren Unternehmen kleinerer Größe tendenziell stärker zur Aufnahme aller Bewerber in Beschäftigungsfortsetzung. Ergebnisse der qualitativen Unternehmens-

---

27 http://www.jil.go.jp/institute/reports/2007/documents/083.pdf, letzter Abruf: 9.3.2017.
28 http://www.jil.go.jp/institute/research/2008/documents/047/047.pdf, letzter Abruf: 9.3.2017.
29 http://www.jil.go.jp/institute/research/2010/documents/075.pdf, letzter Abruf: 9.3.2017.
30 http://www.jil.go.jp/institute/reports/2010/documents/0120.pdf, letzter Abruf: 9.3.2017.
31 Die Korrelation zwischen der Durchführung von Selektionsverfahren und der Beschäftigungsgröße von Unternehmen erweist sich auf dem Niveau von 0,02 als (zweiseitig) signifikant, wobei die Unternehmensgröße als unabhängige Variable anhand von drei Beschäftigungsgrößenklassen („über 101 Beschäftigte", „50 – 100 Beschäftigte", „unter 50 Beschäftigte") differenziert ist. Eine mit der Beschäftigungsgröße steigende Rate an Unternehmen mit Selektionsverfahren wird ebenso durch Rōdō seisaku kenkyū kenshū kikō (2007: 36. http://www.jil.go.jp/institute/reports/2007/documents/083. pdf, letzter Abruf: 9.3.2017) registriert.

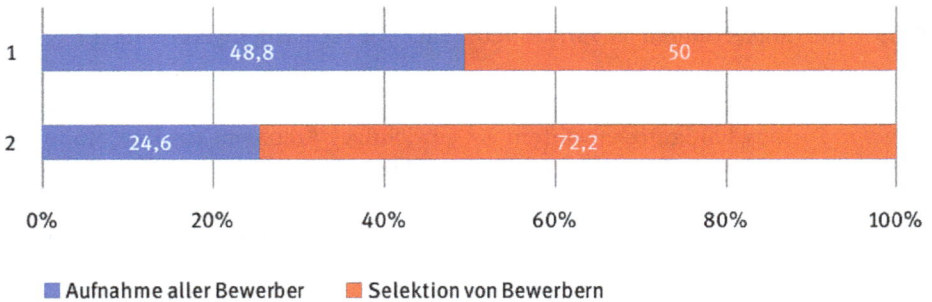

Abbildung 20: Anwendung von Selektionsverfahren (in Prozent)

Legende: 1) Hiesige Untersuchungsdaten (n=322); 2) Rōdō seisaku kenkyū kenshū kikō (2007:36. http://www.jil.go.jp/institute/reports/2007/documents/083.pdf, letzter Abruf: 9.3.2017).

Anmerkung: Fehlende Prozentwerte (1,2%) bei hiesigen Untersuchungsdaten entfallen auf die Angabe von „Ich weiß nicht". Fehlende Prozentwerte (3,1%) bei Rōdō seisaku kenkyū kenshū kikō (2007:36. http://www.jil.go.jp/institute/reports/2007/documents/083.pdf, letzter Abruf: 9.3.2017) entfallen auf nicht gemachte Angaben.

befragung deuten darauf hin, dass insbesondere auf Seiten von Betrieben geringerer Beschäftigungsgröße ein bereits heutzutage verspürter Mangel an nachrückenden Beschäftigungsgenerationen einen Anreiz zur Beschäftigungsfortsetzung aller Aspiranten ausübt (vgl. Abschnitt 6.3.1): „Die Firma ist klein und wenn möglich, würden wir unsere Mitarbeiter so lange wie möglich an uns binden" (Interview d. Verf. mit Unternehmen D: 1 am 7.3.2011; Übers. d. Verf.). In inhaltlicher Verwandtschaft berichtet Unternehmen G: „Tatsächlich bleiben Arbeitsinhalt und Verantwortlichkeiten [bei Eintritt in Beschäftigungsfortsetzung] gleich. Unter diesen Umständen gibt es bislang keine Personen, die das Unternehmen als unnötig erachtet" (Interview d. Verf. mit Unternehmen G: 3 am 10.3.2011; Übers. d. Verf.). Ebenfalls sprechen die Aussagen von Unternehmensvertretern für die Annahme, dass die begrenztere Personaldecke von KMU eine direktere Leistungsbewertung erlaubt, die eine separate Evaluation in Form von Selektionsstandards obsolet erscheinen lässt: „Was die Arbeitnehmer angeht, so ist es ja nicht so, dass ihre Fähigkeiten oder körperlichen Leistungskräfte plötzlich absinken zu dem Zeitpunkt, wo sie mit 60 Jahren das betriebliche Rentenalter erreichen. Es gibt daher für unser Unternehmen keinen Grund, die Aufnahme in die Beschäftigungsfortsetzung zu verweigern, sofern auf Seiten der Angestellten der Wille zur Fortsetzung der Arbeit besteht, mit der sie dem Unternehmen bislang wertvolle Dienste geleistet haben" (Interview d. Verf. mit Unternehmen H: 2 am 8.3.2011; Übers. d. Verf.). Im selben Tenor berichtet Unternehmen E: „Bislang war unsere Erfahrung, dass alle Beschäftigten das notwendige Maß an Fertigkeit und innerer Einstellung besitzen, um ihre Tätigkeit ausüben zu können. Daher besteht nicht die Notwendigkeit einer erneuten Bewertung dieser Personen und wir setzen keine speziellen Selektionsstandards fest" (Interview d. Verf. mit Unternehmen E: 2 am 9.3.2011; Übers. d. Verf.).

Trotz identifizierter Kontraste zum Forschungsstand bleibt jedoch auch anhand hiesiger Untersuchungsresultate festzuhalten, dass ein gravierender Unternehmensanteil die Durchführung von Selektionsverfahren als wichtiges Instrument zur Wahrung betrieblicher Interessen erachtet. Allerdings erwächst hieraus die Frage, inwieweit Beschäftigungsperspektiven Älterer beschnitten werden und welchem Personenkreis vor beschriebenem Hintergrund von Arbeitsmarktumfeld und Rentenreformen eine ökonomische Versorgungslücke zwischen dem 60. und 65. Lebensjahr droht: „This highly selective system has disadvantages for employees, because they are not able to make plans for their life beyond sixty. They do not know whether they will be offered continued employment and, if they are not selected, they know it will be very difficult for them to find employment elsewhere" (Sato 2002a: 47)[32]. Um einen Einblick in diese Fragen zu erlangen, wird folgend anhand von Bewerber- und Selektionsrate betrachtet, welcher Prozentsatz der Belegschaften ein Interesse an der Übernahme in Beschäftigungsfortsetzung hegt und in welchem Ausmaß Aspiranten durch die Selektionspraxis in ihrem Wunsch zur Altersbeschäftigung beschränkt werden.

Wird zunächst die Bewerberrate betrachtet, zeigt sich auf Grundlage arbeitgebergerichteter Untersuchungsergebnisse, dass nur in einer Minderheit der betrachteten Unternehmen eine Aufnahme in Beschäftigungsfortsetzung von der Gänze der Belegschaft erwünscht wird. So ergibt sich anhand der in Abbildung 21 dargestellten univariaten Datenanalyse das Verhältnis, wonach nur in rund einem Fünftel der befragten Unternehmen (21,3 %) sämtliche Beschäftigte eine Fortsetzung ihrer Beschäftigung erwünschen. Ein Anteil, der mit 8,6 % bei Rōdō seisaku kenkyū kenshū kikō (2007: 38)[33] erheblich niedriger, jedoch mit 30,2 % bei Rōdō seisaku kenkyū kenshū kikō (2010a: 18)[34] höher ausfällt. Allerdings sollte eine quantitative Betrachtung des Bewerberkreises mit Vorsicht interpretiert werden. Denn während Rōdō seisaku kenkyū kenshū kikō (2008: 49)[35] vornehmlich auf den Wunsch vermehrter Freizeit als Grund einer nicht angestrebten Verlängerung des Erwerbslebens verweist, sei die Praxis der Gehaltsabsenkung bei Eintritt in Beschäftigungsfortsetzung in Erinnerung gerufen (vgl. Abschnitt 4.1.1 und 5.3.4). Diese gibt Anlass zu Bedenken, dass auch

---

32 National Centre for the Vocational Education Research (NCVER) – VOCED plus. http://www.voced.edu.au/,letzter Abruf: 9.3.2017. Signatur: TD/TNC76.74.

33 http://www.jil.go.jp/institute/reports/2007/documents/083.pdf, letzter Abruf: 9.3.2017.

34 http://www.jil.go.jp/institute/research/2010/documents/067.pdf, letzter Abruf: 9.3.2017. Befunde zur Bewerberrate gehen ferner aus Rōdō seisaku kenkyū kenshū kikō (2008a: 34. http://www.jil.go.jp/institute/reports/2008/documents/0100.pdf, letzter Abruf: 9.3.2017) hervor.

35 http://www.jil.go.jp/institute/research/2008/documents/047/047.pdf, letzter Abruf: 9.3.2017. Gründe, die aus Angestelltensicht gegen einen Übertritt in Beschäftigungsfortsetzung sprechen, erschließen sich ferner durch Rōdō seisaku kenkyū kenshū kikō (2010b: 103, 113. http://www.jil.go.jp/institute/research/2010/documents/075.pdf, letzter Abruf: 9.3.2017) und Rōdō seisaku kenkyū kenshū kikō (2012: 10. http://www.jil.go.jp/institute/research/2012/documents/094.pdf, letzter Abruf: 9.3.2017).

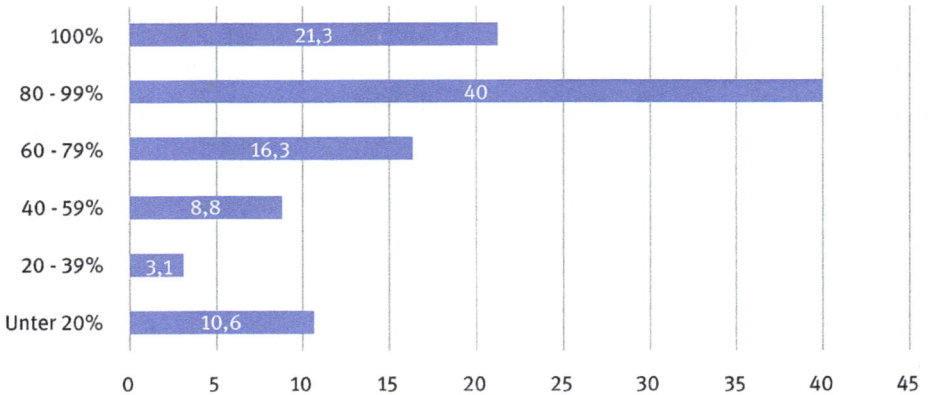

Abbildung 21: Bewerberrate zur betrieblichen Beschäftigungsfortsetzung (in Prozent, n=160)

jene Beschäftigte *freiwillig* der Beschäftigungsfortsetzung entsagen und ihre Chance auf dem externen Arbeitsmarkt suchen (müssen), die das gebotene Gehaltsniveau als nicht ausreichend zur Deckung der Lebenshaltungskosten erachten: „The wage reduction rate of the selective firms is higher than that of the unselective firms. It could be that the selective firms wish to discourage employees from continuing to work after mandatory retirement" (Kajitani 2006: 54)[36].

Wird die Selektionsrate in Augenschein genommen, weist die univariate Auswertung hiesiger Arbeitgeberdaten gemäß Abbildung 22 das Resultat aus, wonach in knapp vier Fünftel der Unternehmen (77,9 %), 80–100 % der Interessenten in Beschäftigungsfortsetzung übernommen werden. Ein Anteil, der sich in relativ nahem Umfeld zu Untersuchungsergebnissen von Rōdō seisaku kenkyū kenshū kikō (2010a: 19)[37] und Rōdō seisaku kenkyū kenshū kikō (2010c: 76)[38] bewegt. Die Frage, inwieweit dieser Wert zum Anlass genommen werden sollte, eine weitreichende Exklusion Älterer von Beschäftigungsfortsetzung zu schlussfolgern, mag kontrovers diskutiert werden. Die kumulative Betrachtung der in Abbildung 22 enthaltenen Werte zeigt immerhin, dass in über einem Fünftel der betrachteten Unternehmen (22%), teils weit weniger als jeder fünfte Anwärter in Beschäftigungsfortsetzung übernommen wird. So kann auch auf Grundlage hiesiger Untersuchungsresultate zumindest resümiert werden, dass die

---

36 http://ir.library.osaka-u.ac.jp/dspace/bitstream/11094/20329/1/oep056_3_051.pdf, letzter Abruf: 9.3.2017.

37 http://www.jil.go.jp/institute/research/2010/documents/067.pdf, letzter Abruf: 9.3.2017.

38 http://www.jil.go.jp/institute/reports/2010/documents/0120.pdf, letzter Abruf: 9.3.2017. Weitere Befunde zur Selektionsrate sind in Rōdō seisaku kenkyū kenshū kikō (2007: 30, 39, 55. http://www.jil.go.jp/institute/reports/2007/documents/083.pdf, letzter Abruf: 9.3.2017) und Rōdō seisaku kenkyū kenshū kikō (2012: 22. http://www.jil.go.jp/institute/research/2012/documents/094.pdf, letzter Abruf: 9.3.2017) enthalten.

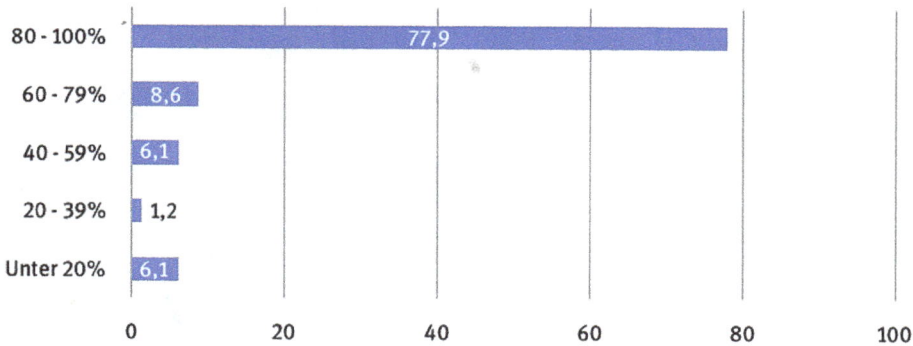

Abbildung 22: Selektionsrate zur betrieblichen Beschäftigungsfortsetzung (in Prozent, n=163)

gesetzliche Intention einer Beschäftigungsfortsetzung sämtlicher Interessenten – die obige Diskussion zur Bewerberrate zeigt, dass der Begriff des Interessenten ohnehin mit Vorsicht zu deuten ist – bislang nicht flächendeckend innerhalb der betrieblichen Praxis Verankerung aufweist.

Anhand welcher Selektionskriterien über die Eignung von Aspiranten zur Beschäftigungsfortsetzung entschieden wird, fasst Abbildung 23 gemäß arbeitgeberbasierter Untersuchungsresultate zusammen. So werden der Gesundheitszustand, die an der Anwesenheit bemessene Arbeitseinstellung sowie der Wille zur Arbeit als wichtigste Maßstäbe benannt. Verhältnisse, die im weitgehenden Einklang zu Resultaten bei Rōdō seisaku kenkyū kenshū kikō (2007: 37)[39] und Rōdō seisaku kenkyū kenshū kikō (2010c: 141)[40] zu sehen sind. Nicht allen Selektionsstandards kann ausreichender Raum zur Darstellung geboten werden. Zumindest anhand zweier Kriterien sei jedoch eine kritische Diskussion gängiger Selektionsstandards vollzogen, die sich im Spannungsfeld zwischen der Bewertung als legitime Verteidigung betrieblicher Entscheidungsfreiräume und dem Vorwurf der Nutzung opportunistischer Verhaltensspielräume bewegt. So mag kaum bemängelt werden, dass sich das Prinzip unternehmerischer Autonomie als hohes Gut erweist, welches sich an Produktivitätsmaßstäben orientiert. Dennoch muss zur Kenntnis genommen werden, dass eine primär am Gesundheitszustand bemessene Eignung zur Verlängerung des Erwerblebens soziale Risiken auf individueller wie gesellschaftlicher Ebene birgt. So mögen hierdurch gerade jenen Älteren Erwerbs- bzw. Einkommenschancen vorenthalten

---

39 http://www.jil.go.jp/institute/reports/2007/documents/083.pdf, letzter Abruf: 9.3.2017.
40 http://www.jil.go.jp/institute/reports/2010/documents/0120.pdf, letzter Abruf: 9.3.2017. Selektionskriterien werden auch untersucht bei: Rōdō seisaku kenkyū kenshū kikō (2010a: 17. http://www.jil.go.jp/institute/research/2010/documents/067.pdf, letzter Abruf: 9.3.2017); Rōdō seisaku kenkyū kenshū kikō (2012: 9. http://www.jil.go.jp/institute/research/2012/documents/094.pdf, letzter Abruf: 9.3.2017) sowie Kōrei shōgai kyūshoku-sha koyō shien kikō (2008: 29–33, 36–41).

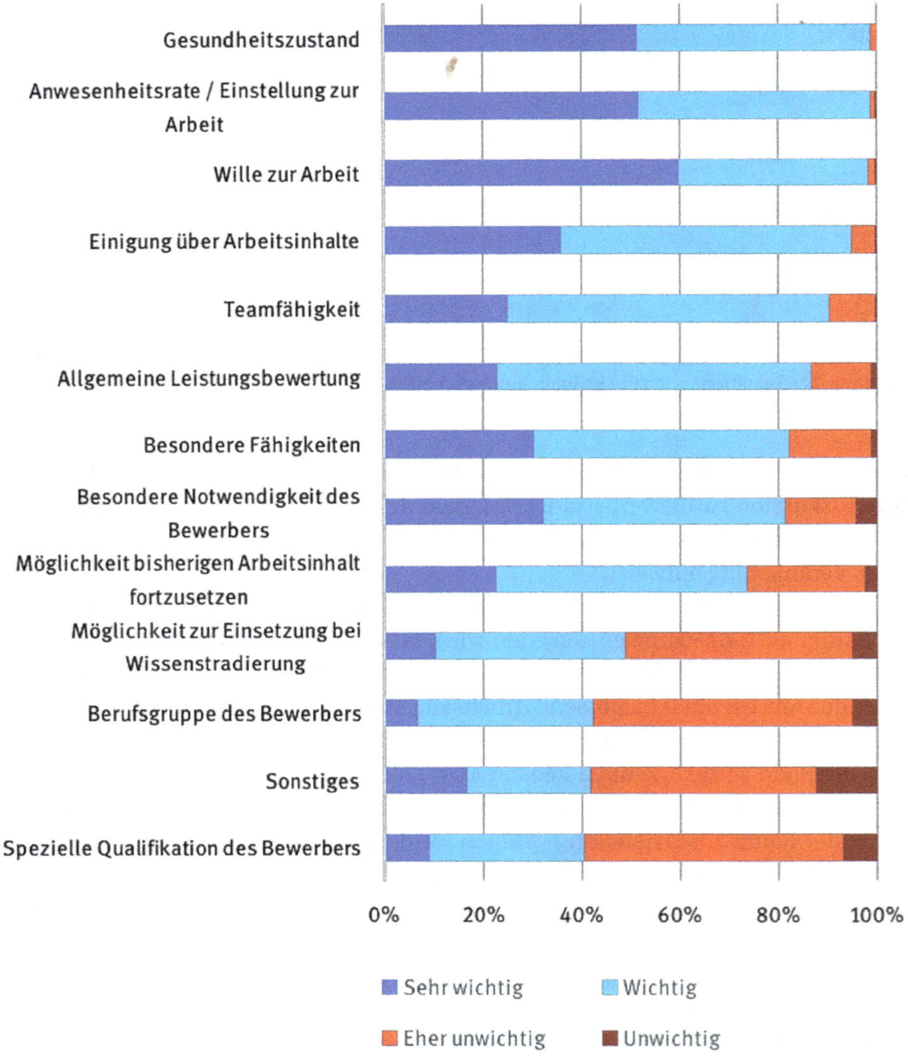

Abbildung 23: Selektionsstandards (in Prozent)

Anmerkung: Gesundheitszustand (n= 159); Anwesenheitsrate / Einstellung zur Arbeit (n=159); Wille zur Arbeit (n=157); Einigung über Arbeitsinhalte (n=154); Teamfähigkeit (n=156); Allgemeine Leistungsbewertung (n=157); Besondere Fähigkeiten (n=158); Besondere Notwendigkeit des Bewerbers (n=155); Möglichkeit bisherigen Arbeitsinhalt fortzusetzen (n=154); Möglichkeit zur Einsetzung bei Wissenstradierung (n=156); Berufsgruppe des Bewerbers (n=152); Sonstiges (n=24); Spezielle Qualifikationen des Bewerbers (n=156).

werden, bei denen sich ein erhöhter Finanzbedarf zur bloßen Wahrung des Gesundheitszustands vermuten lässt und die folglich als besonders verwundbar hinsichtlich
ihrer ökonomischen Versorgungslage charakterisiert werden dürften. Welche Lasten-
teilung zwischen öffentlicher Hand und Privatwirtschaft bei Vorsorge und Versorgung des Alters rechtmäßig erscheint, entzieht sich dem objektiven Standpunkt. Zwar
sei vor den Gefahren einer Überbeanspruchung betrieblicher Kapazitäten gewarnt.
Dennoch mag vor dem Hintergrund der verbreiteten Praxis zur Fortführung von
Arbeitsinhalten bei Eintritt in Beschäftigungsfortsetzung (vgl. Abschnitt 5.2.1) kritisch
hinterfragt werden, in wie weit aus der gängigen Selektionspraxis ein Freifahrtsschein
zur Verweigerung von Beschäftigungsinteressen im Alter erwachsen sollte: „Wenn die
Unternehmen darauf beharren, dass eine Beschäftigung Aller über dem 60. Lebensjahr nicht möglich sei, etwa weil sich ab diesem Zeitpunkt der Gesundheitszustand
schrittweise verschlechtert, dann ist das für mich nicht einsichtig. Zumindest heißt
dies doch nicht, dass diese Personen für keine Art von Tätigkeit mehr zu gebrauchen
sind" (Interview d. Verf. mit Experte B: 4 am 29.9.2011; Übers. d. Verf.).

Die zweite Eingehung gilt dem Selektionsstandard der „besonderen Notwendigkeit des Bewerbers" (*kaisha ga toku ni hitsuyō to kimeta kibō-sha*). Dieser ist gemäß
gesetzlicher Vorgaben zulässig. Dennoch lässt er in assoziierbarem Maße eine Entsprechung mit der Intention des Gesetzgebers vermissen, wonach betriebsspezifische Selektionskriterien einer unabhängigen Kontrahierung standhaben sollten (vgl.
Yamashita 2007: 46, 79, 82[41] sowie Morito 2014: 8[42]). Abbildung 23 belegt, dass dieser
Standard innerhalb der herkömmlichen Selektionspraxis verbreitet ist und exemplifiziert somit die Gültigkeit folgender Aussage durch Yamashita (2007: 81)[43]: „In reality,
however, a variety of standards may be established as a result of labor-management
negotiations, possibly not fully satisfying the specificity and objectivity but not being
contrary to the purpose of the Older Persons Act". Auf diese Weise ist zugleich auf das
größte Fragezeichen hingewiesen, dass sich hinter der verbreiteten Selektionspraxis
verbirgt und angesichts der Konzeption betrieblicher Mehrheitsvertretung in Japan auf
Zweifel verweist, inwieweit die durch den japanischen Gesetzgeber vorgeschriebene
Übereinkunft von Arbeitgebern und Arbeitnehmern bei der Festlegung von Auswahlkriterien, eine hinreichende Einflussnahme der Beschäftigtenseite sichergestellt ist
(vgl. Meyer-Ohle 2008: 954; Paulsen 2009: 148[44] sowie Yamashita 2007: 82[45]). Nicht
zuletzt vor dem Hintergrund einer sinkenden wie im speziellen Bezug auf KMU gene-

---

41 http://www.jil.go.jp/english/JLR/documents/2007/JLR15_yamashita.pdf, letzter Abruf: 9.3.2017.
42 http://www.jil.go.jp/institute/zassi/backnumber/2014/01/pdf/005-012.pdf, letzter Abruf: 9.3.2017.
43 http://www.jil.go.jp/english/JLR/documents/2007/JLR15_yamashita.pdf, letzter Abruf: 9.3.2017.
44 http://hss.ulb.uni-bonn.de/2009/1920/1920.pdf, letzter Abruf: 9.3.2017.
45 http://www.jil.go.jp/english/JLR/documents/2007/JLR15_yamashita.pdf, letzter Abruf: 9.3.2017.

rell niedrigen gewerkschaftlichen Organisationsrate (vgl. Uemura 2006: 96, 101, 111–112[46] sowie Honda 2007: 43[47]) gibt denn auch Experte C zu bedenken:

> Die Flexibilität, die Paragraf 9 Absatz 2 [des ESL] den Unternehmen zugesteht, ist ja teils intendiert, wobei hier eine maßvolle Nutzung von Spielräumen erfolgen sollte, die durch die notwendige Übereinkunft mit der Arbeitnehmervertretung sichergestellt werden soll. [...] Nun kann man bei oberflächlicher Betrachtung zur Meinung kommen, dass hierin ein hinreichendes Korrektiv besteht. Besonders im Vergleich zu verschiedenen europäischen Nationen muss man jedoch davon ausgehen, dass in Japan hinsichtlich eines Systems der Mehrheitsvertretung zahlreiche Probleme existieren. [...] Angesichts einer Organisationsrate von ungefähr 18 % ist es schwierig, von einer überwältigenden Mehrheitsvertretung zu sprechen. Das bedeutet, die Mehrheit der japanischen Arbeiter besitzt keine gewerkschaftliche Vertretung. Und beim System der Mehrheitsvertretung handelt es sich selten um eine Gewerkschaft, sondern vielmehr um durch die Arbeitgeberseite berufene Instanzen. [...] Das heißt, dass man staatlicherseits mit der Abschaffung der Selektion [vgl. Abschnitt 7.1.1] auch die hauptsächlichen Problemquellen der Beschäftigungsfortsetzung beseitigen will, die ja auch leicht einsichtig sind. (Interview d. Verf. mit Experte C: 9–10 am 10.8.2011; Übers. d. Verf.)

Diesen Abschnitt zusammenfassend, erweist sich die verbreitete Selektionspraxis gleichermaßen als nachfrageseitiger Vor- wie angebotsseitiger Nachteil, welche als Gegensatz zum staatlichen Bemühen einer generellen Beschäftigungssicherung bis zum 65. Lebensjahr zu deuten sind: „Although MHLW has indicated that criteria for the standards should refer basically to motivation and abilities and should be as objective as possible, the possibility of defining eligibility criteria seems to give firms much freedom over the extent to which they implement the objectives of the law" (Duell et. al. 2010: 137)[48]. Im Einklang zu hiesigen Untersuchungsergebnissen mag einerseits dem Urteil von Sato (2011: 2–3) zugestimmt werden, wonach sich die Selektionsproblematik aufgrund hoher Selektionsraten als wenig problematisch erweist, wenngleich dieser zugleich auf die Existenz vieler Unternehmen verweist, die dem Bedürfnis Älterer zur Beschäftigung bis zum 65. Lebensjahr nicht in vollem Umfang entsprechen. In verwandtem Sinne konstatiert Conrad (2009: 120)[49]: „Der hohe Anteil der Unternehmen, die nur solchen Arbeitnehmern eine Weiterbeschäftigung anbieten, die vom Management als geeignet angesehen werden, macht deutlich, dass dieses System für die japanischen Arbeitgeber eine hohe Flexibilität bei der Personalauswahl bietet und keinesfalls einer Beschäftigungsgarantie gleichkommt. Gleichwohl ist der Anteil der tatsächlich weiterbeschäftigten Arbeitnehmer an denen,

---

46 http://www.jil.go.jp/english/JLR/documents/2006/JLR12_all.pdf, letzter Abruf: 9.3.2017.
47 http://www.jil.go.jp/english/JLR/documents/2007/JLR13_honda.pdf, letzter Abruf: 9.3.2017.
48 http://www.oecd-ilibrary.org/docserver/download/5km35m63qqvc-en.pdf?expires=1495466236& id=id&accname=guest&checksum=86B0A002B5229D3F4001B07B9B4EF639, letzter Abruf: 9.3.2017.
49 http://www.leopoldina.org/uploads/tx_leopublication/NAL365_Bd_3_001-158.pdf, letzter Abruf: 9.3.2017.

die Interesse an einer Weiterbeschäftigung bekunden, insgesamt relativ hoch". Nicht vernachlässigt werden sollte jedoch, dass sich Fragen betrieblicher Mitbestimmung im speziellen Kontext der Beschäftigungsfortsetzung längst nicht nur anhand der Selektionspraxis kristallisieren. So ergeben arbeitgeberbasierte Untersuchungsresultate gemäß Abbildung 24, dass in lediglich 2,8 % der untersuchten Unternehmen eine gewerkschaftliche Einbindung von Fortbeschäftigten existiert. Die durch Hanami (2002: 67)[50] aufgeworfene Frage erscheint somit auch vor dem Hintergrund hiesiger Untersuchungsergebnisse trotz des Fokus auf KMU von Relevanz: „When the older workers are re-employed after the retirement age, often they will either no longer belong to a trade union or they will not be given full membership. So, although some trade unions have tried hard to organise part-time workers and those on *short-term* contracts, a question arises as to who represents these older workers".

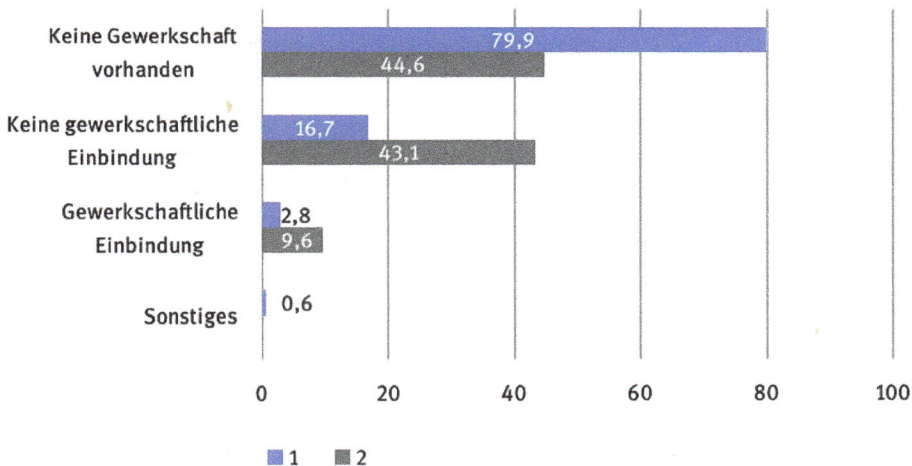

Abbildung 24: Gewerkschaftliche Einbindung von Fortbeschäftigten (in Prozent)

Legende: 1) Hiesige Untersuchungsdaten (n=318); 2) Rōdō seisaku kenkyū kenshū kikō (2007:45. http://www.jil.go.jp/institute/reports/2007/documents/083.pdf, letzter Abruf: 9.3.2017).

Anmerkung: Fehlende Prozentwerte bei Rōdō seisaku kenkyū kenshū kikō (2007:45.http://www. jil.go.jp/institute/reports/2007/documents/083.pdf, letzter Abruf: 9.3.2017) entfallen auf nicht gemacht Angaben. Die Ausprägung „Sonstiges" wird nur im Rahmen hiesiger Untersuchung abgefragt.

---

50 National Centre for the Vocational Education Research (NCVER) – VOCED plus. http://www.voced. edu.au/, letzter Abruf: 9.3.2017. Signatur: TD/TNC76.74.

5.1.4 Konsultationsrahmen im Vorfeld betrieblicher Beschäftigungsfortsetzung

Das Selektionsverfahren stellt aus Unternehmenssicht ein wichtiges Instrumentarium zur Wahrung von Entscheidungsfreiräumen im Rahmen der Fortbeschäftigungssysteme dar. Ergo darf die Aufnahme in Beschäftigungsfortsetzung trotz gegensätzlicher Intention des japanischen Gesetzgebers nicht als Automatismus verstanden werden. Umso mehr erscheint die Betrachtung wertvoll, in welchem Zeitraum und auf welche Weise sich über die Perspektiven des Arbeitnehmers zur Beschäftigungsverlängerung im Unternehmen verständigt wird. Ein Aspekt, der innerhalb des Forschungsstands eher geringe Zuwendung findet. Die arbeitgeberbasierte Untersuchung fördert dabei wie anhand von Abbildung 25 ersichtlich zu Tage, dass der Beginn entsprechender Konsultationsmaßnahmen bei 43,4 % der Unternehmen rund einen Monat vor Erreichen des betrieblichen Rentenalters beginnt. Ein einmonatiger Konsultationszeitraum präsentiert sich somit als ausgeprägter Modalwert der univariaten Datenanalyse. Bei Addition der in Abbildung 25 wiedergegebenen Werte ergibt sich das Verhältnis, wonach in gut zwei Drittel der befragten Unternehmen (67,5 %) Konsultationen bis zu zwei Monaten vor Erreichen des betrieblichen Rentenalters eingeleitet werden, während bei einem knappen Drittel der Betriebe über zwei Monate vor der potentiellen Aufnahme in Beschäftigungsfortsetzung eine Auseinandersetzung mit dem Arbeitnehmer bezüglich seiner persönlichen Aussichten beginnt. Zeiträume,

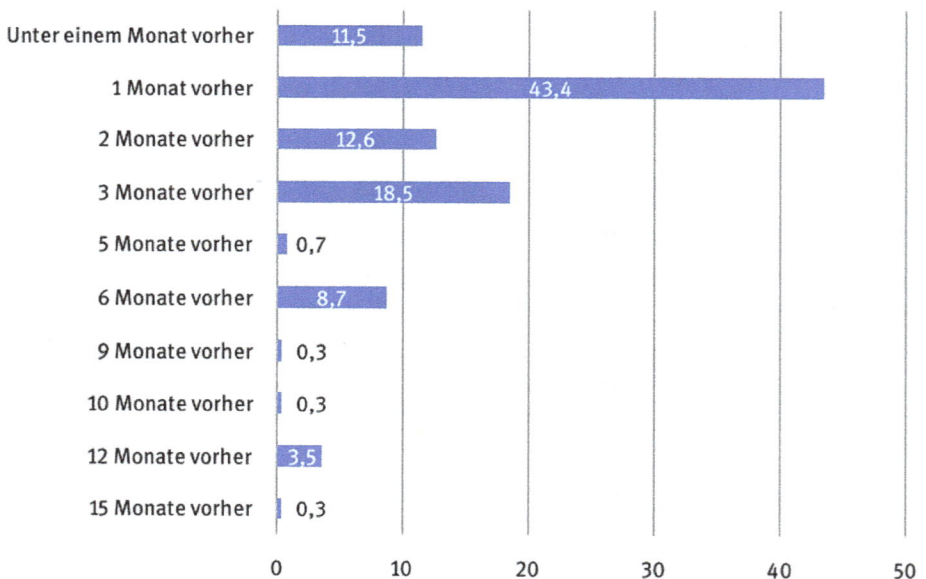

Abbildung 25: Beginn des Konsultationsverfahrens vor Erreichen des betrieblichen Rentenalters (in Prozent, n=286)

die im Vergleich zu Rōdō seisaku kenkyū kenshū kikō (2007: 31)[51] knapp ausfallen, was auf die Berücksichtigung von Großunternehmen zurückzuführen sein mag, wie diesen tendenziell ein umfangreicheres Personalwesen im Vergleich zu KMU nachgesagt werden kann.

Die Konsultationen erfolgen, wie für die im Fokus dieser Arbeit stehenden Beschäftigungsgrößen zu erwarten, primär in Form eines direkten Austausches zwischen Arbeitgeber und Arbeitnehmer. So geben 95,2 % der Unternehmen an, mindestens ein Gespräch mit Arbeitnehmern, die sich dem betrieblichen Rentenalter nähern, über Optionen einer Beschäftigungsfortsetzung zu führen (vgl. Rōdō seisaku kenkyū kenshū kikō 2007: 33[52]). Abbildung 26 gibt bei Addition aufgeführter Werte ferner darüber Auskunft, dass gut zwei Drittel an Unternehmen bis zu zwei Konsultationsgespräche durchführt (67,1 %), während ein knappes Drittel an Betrieben über

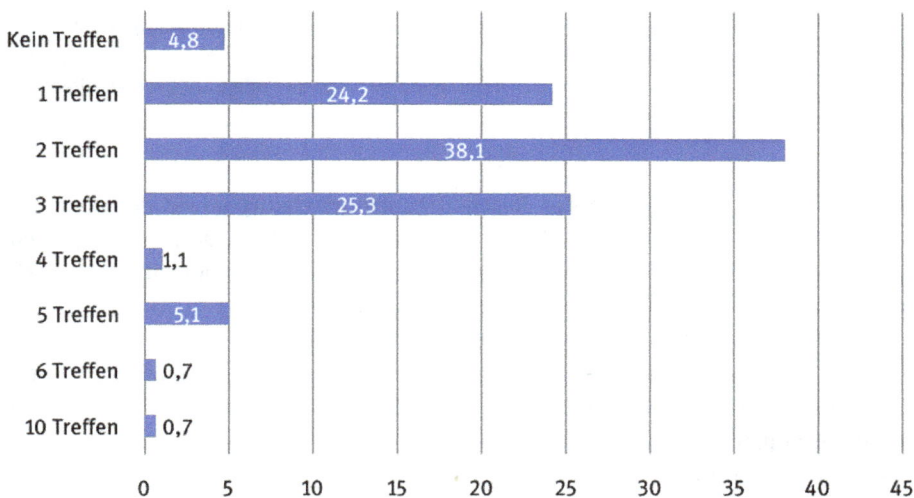

Abbildung 26: Anzahl an Treffen zwischen Angestellten und Unternehmensvertretern (in Prozent, n= 273)

zwei Treffen zwischen Arbeitgebervertretung und Arbeitnehmer abhält (32,9 %). Als zusätzlicher Indikator zur Charakterisierung des Konsultationsrahmens sei die Zielsetzung betrachtet, die unternehmensseitig mit der Durchführung dieser Gespräche verbunden ist. Entsprechend Abbildung 27 ergibt sich gemäß arbeitgeberbasierter Untersuchungsresultate, dass in 81,9 % der Unternehmen eine bloße Erläuterung

---

51 http://www.jil.go.jp/institute/reports/2007/documents/083.pdf, letzter Abruf: 9.3.2017. Vgl. auch: Rōdō seisaku kenkyū kenshū kikō (2010a: 20. http://www.jil.go.jp/institute/research/2010/documents/067.pdf, letzter Abruf: 9.3.2017).
52 http://www.jil.go.jp/institute/reports/2007/documents/083.pdf, letzter Abruf: 9.3.2017.

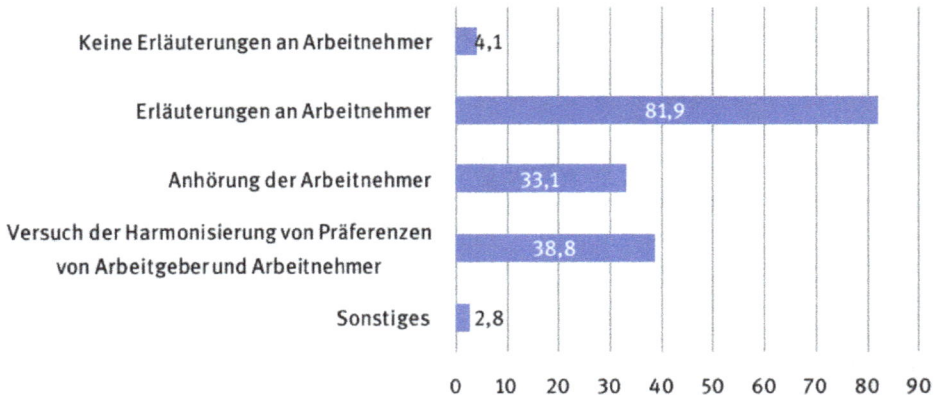

Abbildung 27: Arbeitgeberseitige Zielsetzung des Konsultationsverfahrens (in Prozent)

Anmerkung: Aufgrund der Möglichkeit zur Mehrfachantwort addieren sich die aufgeführten Werte auf über 100%. Keine Erläuterung an Arbeitnehmer (n=320); Erläuterung an Arbeitnehmer (n=320); Anhörung der Arbeitnehmer (n=320); Versuch der Harmonisierung von Präferenzen von Arbeitgeber und Arbeitnehmer (n=320); Sonstiges (n=319).

betriebsspezifischer Standards der Beschäftigungsfortsetzung sowie der persönlichen Konsequenzen erfolgt. 39 % der untersuchten Betriebe betrachten sich jedoch als bemüht, eine Harmonisierung von arbeitgeber- und arbeitnehmerseitigen Vorstellungen bezüglich der Perspektiven der Beschäftigungsfortsetzung zu erlangen.[53]

Zwar können die betrachteten Indikatoren nur einen vagen Eindruck vom Austausch zwischen Arbeitgeber und Arbeitnehmer im Vorfeld einer möglichen Übernahme in Beschäftigungsfortsetzung vermitteln, welcher bei KMU im Vergleich zu Großunternehmen stärker durch informelle Prozesse geprägt sein dürfte. Dennoch scheint die Varianz in der Intensität dieser Konsultationsprozesse hervorhebenswert, die mittels einer Betrachtung von Zeiträumen und Häufigkeit direkter Gespräche erkennbar wird. Ebenso gilt es, auf das Gros an Unternehmen hinzuweisen, welches erst zwei Monate vor Erreichen des betrieblichen Rentenalters über die Optionen zur Beschäftigungsfortsetzung informiert, wie etwa anhand von Unternehmen F exemplifiziert: „Sechs Monate vor dem Erreichen des betrieblichen Rentenalters muss [...] ein Antrag auf Übernahme in das [Wiederbeschäftigungs-]System gestellt werden. Danach folgt eine rund zweimonatige Phase, in der wir uns mehrmals mit der Person

---

53 Ein detaillierter Blick auf Inhalte dieser Konsultationen wird durch folgende Studien gewährt: Rōdō seisaku kenkyū kenshū kikō (2007: 32. http://www.jil.go.jp/institute/reports/2007/documents/083.pdf, letzter Abruf: 9.3.2017); Rōdō seisaku kenkyū kenshū kikō (2008: 27–28. http://www.jil.go.jp/institute/research/2008/documents/047/047.pdf, letzter Abruf: 9.3.2017) sowie Rōdō seisaku kenkyū kenshū kikō (2010a: 20. http://www.jil.go.jp/institute/research/2010/documents/067.pdf, letzter Abruf: 9.3.2017).

treffen und uns austauschen. Zwei Monate vor dem betrieblichen Rentenalter teilt das Unternehmen dann dem Angestellten mit, ob man in die Beschäftigungsfortsetzung übernommen wird oder nicht" (Interview d. Verf. mit Unternehmen F: 3 am 2.3.2011; Übers. d. Verf.). Dieser gemäß hiesiger Resultate gängige Zeitpunkt, zu dem Angestellte über persönliche Fortbeschäftigungsperspektiven informiert werden, erscheint auf Basis oftmals zugrunde liegender langjähriger Beschäftigungsverhältnisses vergleichsweise kurzfristig. Es mag vermutet werden, dass diese Verhältnisse kaum den Präferenzen einer auf langfristiger Planungsstabilität bedachten Angestelltenseite entsprechen, wie die Aussage von Arbeitnehmer C impliziert: „Die Firma hat ein betriebliches Rentenalter von 60 Jahren beschlossen. Einen Monat vor Erreichen des 60. Lebensjahres wird dann ein formelles Gespräch [...] geführt, bei dem gefragt wird, ob man bereit ist bei diesem Gehalt, usw. im Rahmen der Wiederbeschäftigung zu arbeiten. [...] Bei mir war das etwas anders. Bei mir hat dieses Gespräch etwa sechs bis sieben Monate vorher stattgefunden. Für dieses Zeichen bin ich auch sehr dankbar" (Interview d. Verf. mit Arbeitnehmer C: 4 am 7.9.2011; Übers. d. Verf.).

Jedoch sei bei der Interpretation hiesiger Befunde bedacht, dass die im Fokus dieser Untersuchung stehenden KMU tendenziell seltener durch eine Selektion von Interessenten gekennzeichnet sind (vgl. Abschnitt 5.1.3), woraus ein verringerter Konsultationsbedarf erwachsen mag. Andererseits gilt bei Durchführung von Selektionsverfahren, dass eine individuelle Eignungsfeststellung (wie etwa anhand des Gesundheitszustands) möglichst zeitnah vor potentiellem Eintritt in Beschäftigungsfortsetzung aus betrieblicher Sicht optimal erscheint. So sei zusammenfassend bilanziert, dass sich ein kaum als marginal zu bezeichnender Unternehmensanteil nach eigener Auffassung um einen intensiven Austausch mit der Arbeitnehmerseite über Perspektiven der Beschäftigungsfortsetzung bemüht. Dennoch lassen die beschriebenen Verhältnisse auch die Vermutung begründet erscheinen, dass ein nicht unwesentlicher Anteil der Beschäftigten später eine Planungssicherheit über die innerbetrieblichen Beschäftigungsoptionen erlangt, als es diesen angesichts beschriebener Perspektiven des externen Arbeitsmarktumfelds lieb sein dürfte.

5.2 Arbeitsinhalte und Beschäftigungskonditionen im Rahmen von MBB

In hergeleiteter Weise wird angenommen, dass trotz der Existenz legislativer Bestimmungen Beschäftigungsfortsetzung zustande kommt, wenn die hierdurch entstehenden Anstellungsverhältnisse als rentabel (nachfrageseitig) wie akzeptabel (angebotsseitig) antizipiert werden. Der im Vorfeld untersuchte Organisationsmantel stellt aus Unternehmenssicht gewichtige Parameter zur Gewährleistung dieses Anspruchs bereit. Ferner sind es die Arbeitsinhalte und korrespondierenden Beschäftigungskonditionen, welche als determinierende Grundlagen rentabler wie akzeptabler Fortbeschäftigungsverhältnisse anzusehen sind und die folgend als weitere Bestandteile des

Strukturrahmens von MBB analysiert wie diskutiert werden. Abschnitt 5.2.1 widmet sich den Arbeitsinhalten, die im Rahmen der Beschäftigungsfortsetzung ausgeübt werden, wobei eine Beibehaltung von Arbeitsinhalten als dominante Praxis identifiziert wird. Die Betrachtung von Anstellungsformen in Abschnitt 5.2.2 bildet den Auftakt der Analyse gängiger Indikatoren von Beschäftigungskonditionen im Rahmen der Beschäftigungsfortsetzung. Hierbei erweist sich die betriebliche Praxis durch die Anwendung nicht regulärer Anstellungsformen geprägt, welche die Beschäftigungsfortsetzung als Spiegelbild genereller Tendenzen japanischer Beschäftigungsstrukturen (im Alter) interpretieren lässt. Abschnitt 5.2.3 thematisiert die Beschäftigungsform. Trotz nicht zu vernachlässigender Diversifizierungsmerkmale wird erkennbar, dass Beschäftigungsfortsetzung in Japan überwiegend in Vollzeit ausgeübt wird. Kommen im Rahmen der Beschäftigungsfortsetzung vornehmlich befristete Anstellungsverhältnisse zur Anwendung, behandelt die Analyse von Vertragslaufzeiten in Abschnitt 5.2.4 einen weiteren Indikator von Beschäftigungskonditionen, wobei eine Präferenz der betrieblichen Praxis zu einjährigen Vertragszeiträumen hervortritt. Durch die Analyse des Gehaltsniveaus schließt Abschnitt 5.2.5 die Betrachtung des Strukturrahmens von Beschäftigungsfortsetzung ab, in dessen Rahmen sich die bereits tangierte Praxis zur Gehaltsreduktion auch auf Grundlage hiesiger Untersuchungsergebnisse manifestiert und Anlass zum kontroversen Diskurs bietet. In Analogie zu bisherigen Abschnitten werden diesbezügliche Untersuchungsresultate in Bezug zum Forschungsstand gesetzt. Hierdurch kommen erneut Parallelen als auch markante Differenzen zum Vorschein, welche die Beschäftigungsfortsetzung als Untersuchungsobjekt charakterisieren, dessen betriebsspezifische Gestaltung primär im Spiegelbild der Beschäftigungsgröße von Unternehmen zu interpretieren ist. Ferner deutet die Gesamtbetrachtung dieses Abschnitts darauf hin, dass die derzeitige Fortbeschäftigungspraxis eine Reihe an Anhaltspunkten bietet, die Raum zur Annahme schaffen, dass die unterschiedlichen Ansprüche von Arbeitgeber und Arbeitnehmer zur Altersbeschäftigung im Rahmen des derzeit vorherrschenden Arrangements von MBB nur in unzureichendem Maße zum Ausgleich gebracht zu werden scheinen.

5.2.1 Arbeitsinhalte

Neben Organisationsmantel und Beschäftigungskonditionen sind die Arbeitsinhalte von Fortbeschäftigten als zentrales Merkmal des Strukturrahmens von betrieblicher Beschäftigungsfortsetzung zu begreifen. Wird zunächst anhand von Abbildung 28 betrachtet, mittels welcher Verfahren über Tätigkeitsbereiche entschieden wird, ergibt sich gemäß arbeitgeberbasierter Untersuchungsresultate, dass in der überwiegenden Unternehmensmehrheit eine prinzipielle Fortsetzung ursprünglicher Arbeitsinhalte bei Eintritt in Beschäftigungsfortsetzung erfolgt (82,2 %). Ein prinzipieller Wechsel von Tätigkeiten wird lediglich bei 1,8 % der Unternehmen vorgenommen, während 14,7 % an Betrieben individuell über Arbeitsinhalte entscheiden. Abbildung 28 enthält

1	82,2	1,8	14,7	1,2	
2	71,9	2	23,3	2,8	

0%   20%   40%   60%   80%   100%

- ■ Prinzipielle Fortsetzung von Arbeitsinhalten
- ■ Prinzipieller Wechsel von Arbeitsinhalten
- ■ Individuelle Entscheidung über Arbeitsinhalte
- ■ Keine Angabe

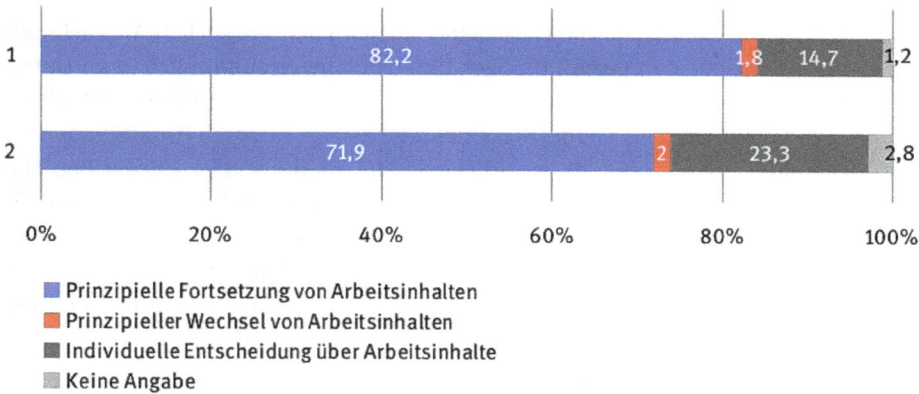

Abbildung 28: Entscheidungsverfahren über Arbeitsinhalte (in Prozent)

Legende: 1) Hiesige Untersuchungsdaten (n=326); 2) Rōdō seisaku kenkyū kenshū kikō (2007:43. http://www.jil.go.jp/institute/reports/2007/documents/083.pdf, letzter Abruf: 9.3.2017).

zudem korrespondierende Untersuchungsresultate von Rōdō seisaku kenkyū kenshū kikō (2007: 43)[54], aus denen sich ebenfalls die Beibehaltung von Arbeitsinhalten als prägnanter Modalwert des Entscheidungsverfahrens über den Arbeitsinhalt bei Eintritt in Beschäftigungsfortsetzung erschließt (vgl. auch Rōdō seisaku kenkyū kenshū kikō 2010a: 39[55] sowie Kōrei shōgai kyūshoku-sha koyō shien kikō 2008: 20–21). Trotz dieser identischen Befunde ergeben sich jedoch anhand hiesiger Untersuchungsergebnisse Differenzen in Form eines höheren Anteils an Unternehmen mit prinzipieller Fortsetzung von Arbeitsinhalten (vgl. Abbildung 28). Die Vermutung liegt nahe, dass dieser Kontrast auf den speziellen Fokus dieser Untersuchung auf KMU zurückzuführen ist. So kann angenommen werden, dass diese im Vergleich zu Großunternehmen über eine geringere Spannbreite an Tätigkeitsfeldern verfügen, was den betriebsspezifischen Spielraum zum Wechsel von Arbeitsinhalten beschränkt. Eine signifikante Korrelation zwischen dem Entscheidungsverfahren über Arbeitsinhalte und der Beschäftigungsgröße von Unternehmen stellt sich jedoch bei bivariater Auswertung obiger Daten nicht ein, wenngleich Fujimoto (2008a: 75)[56] eine mit der Beschäftigungsgröße tendenziell steigende Anwendung prinzipieller Wechsel von Arbeitsinhalten dokumentiert. Ebenso mag der oben beschriebene Kontrast jedoch auf der Konzentration hiesiger Untersuchung auf das verarbeitende Gewerbe beruhen, wie Rōdō seisaku kenkyū kenshū kikō (2007: 43)[57] diesem gegenüber nicht

---

54 http://www.jil.go.jp/institute/reports/2007/documents/083.pdf, letzter Abruf: 9.3.2017.
55 http://www.jil.go.jp/institute/research/2010/documents/067.pdf, letzter Abruf: 9.3.2017.
56 http://www.jil.go.jp/english/JLR/documents/2008/JLR18_fujimoto.pdf, letzter Abruf: 9.3.2017.
57 http://www.jil.go.jp/institute/research/2010/documents/067.pdf, letzter Abruf: 9.3.2017.

verarbeitenden Gewerben ein stärkeres Beibehalten an ursprünglichen Arbeitsinhalten ausweist. Entscheiden gemäß hiesiger Untersuchungsresultate 14,9 % an Unternehmen von Fall zu Fall über den Arbeitsinhalt von Fortbeschäftigten, gibt Abbildung 29 ferner zu erkennen, dass hierbei arbeitnehmerbasierte Faktoren (Qualifikationen, etc.) die wichtigste Entscheidungsgrundlage darstellen, die von 54,2 % der Betriebe als „wichtig" und von weiteren 31,3 % an Unternehmen als „sehr wichtig" beurteilt werden. Doch auch betriebswirtschaftliche Faktoren (Vakanzen, etc.) sowie Präferenzen der Fortbeschäftigten werden von weit über der Hälfte an Unternehmen als tendenziell wichtige Grundlagen der individuellen Entscheidungsfindung über den Arbeitsinhalt von Fortbeschäftigten benannt.

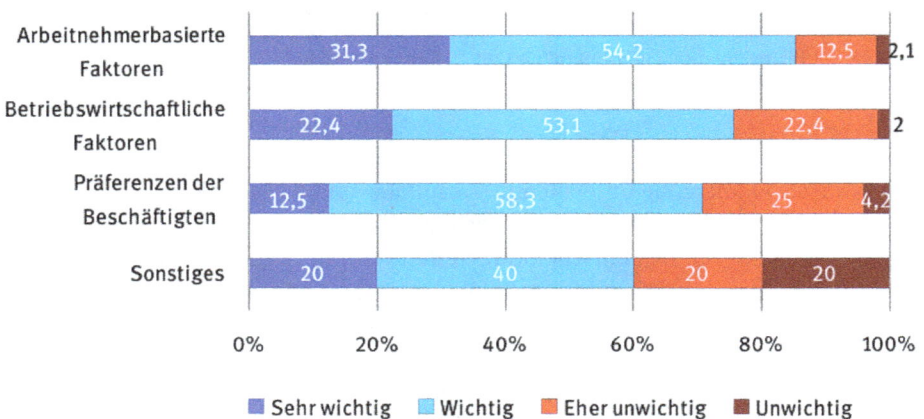

Abbildung 29: Determinanten der individuellen Entscheidung über Arbeitsinhalte (in Prozent)

Anmerkung: Arbeitnehmerbasierte Faktoren (n=48); Betriebswirtschaftliche Faktoren (n=49); Präferenzen der Beschäftigten (n=48); Sonstiges (n=5).

Abbildung 30 liefert Angaben über die verschiedenen Tätigkeitsfelder, die innerhalb der untersuchten Unternehmen generell sowie im Kontext der Beschäftigungsfortsetzung existieren. Entsprechend einer auf das verarbeitende Gewerbe fokussierten Untersuchung wird erkennbar, dass unter dem Begriff „Produktion" subsumierte Arbeitsinhalte als einzige Kategorie flächendeckend vorzufinden ist. Arbeitsinhalte von Beschäftigten im Bereich von „Administration und Bürotätigkeiten", „Distribution und Verkauf", „allgemeines Management" sowie im Rahmen des „Personalwesens" liegen in jeweils über 70 % der Unternehmen generell vor, während die Arbeitsbereiche „Service", „Transport" und „Sonstiges" nur in unter 20 % der Betriebe vorhanden sind. Allerdings visualisiert Abbildung 30 zugleich, dass die zuletzt genannten drei Tätigkeitsbereiche dadurch charakterisiert werden können, dass sofern generell im Unternehmen vorhanden, diese auch mit hoher Wahrscheinlichkeit weiter im Rahmen

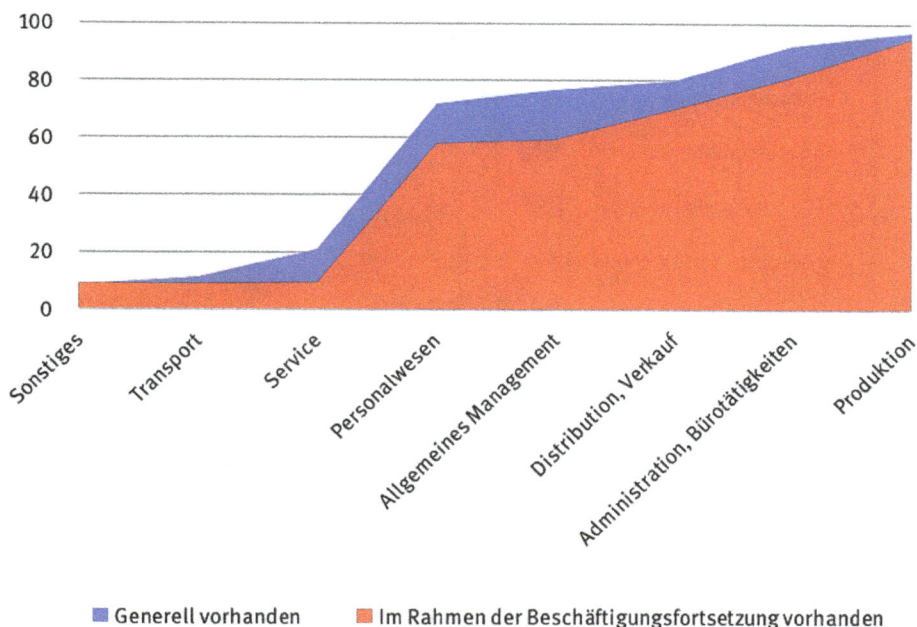

■ Generell vorhanden   ■ Im Rahmen der Beschäftigungsfortsetzung vorhanden

Abbildung 30: Tätigkeitsfelder im Rahmen betrieblicher Beschäftigungsfortsetzung (in Prozent)

Anmerkung: Produktion generell (n=313); Administration, Bürotätigkeiten generell (n=313); Distribution, Verkauf generell (n=313); Allgemeines Management generell (n=313); Personalwesen generell (n=313); Service generell (n=313); Transport generell (n=313); Sonstiges generell (n=313); Produktion im Rahmen von MBB (n=304); Administration, Bürotätigkeiten im Rahmen von MBB (n=304); Distribution, Verkauf im Rahmen von MBB (n=304); Allgemeines Management im Rahmen von MBB (n=304); Personalwesen im Rahmen von MBB (n=304); Service im Rahmen von MBB (n=304); Transport im Rahmen von MBB (n=304); Sonstiges im Rahmen von MBB (n=303).

der Beschäftigungsfortsetzung bestehen. So sind bei Unternehmen, die generell über Arbeitsinhalte im Bereich des „Service" verfügen, nur in 2,6 % der Fälle diese nicht im Kontext der Beschäftigungsfortsetzung verfügbar. Unterboten wird dieser Wert nur noch von den Kategorien „Transport" und „Produktion", bei denen lediglich bei einem Unternehmensanteil von 2,3 % die hierunter subsumierten Arbeitsinhalte zwar generell, nicht jedoch im Rahmen der Beschäftigungsfortsetzung ausgeübt werden. Vergleichbar hoch fällt die entsprechende Differenz hingegen in *white-collar*-Arbeitsbereichen aus. So kann eine Tätigkeit im Bereich des „allgemeinen Managements" in knapp einem Fünftel der betrachteten Unternehmen (18,2 %) nicht mehr mit Eintritt in Beschäftigungsfortsetzung fortgesetzt werden. Bei „Personalwesen", „Administration und Bürotätigkeiten" sowie „Distribution und Verkauf" beträgt der entsprechende Prozentsatz immerhin 12,9 %, 10,3 % bzw. 7,9 %.

Diese Befunde anders aufbereitet, ergibt sich gemäß Abbildung 31 das Verhältnis, wonach in gut zwei Drittel der betrachteten Unternehmen (70,2 %) generell

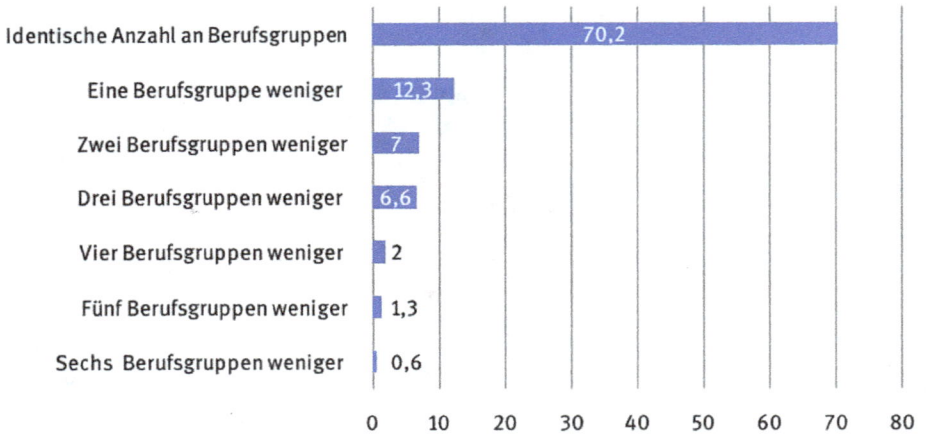

Abbildung 31: Anzahl fehlender Berufsgruppen im Rahmen der Beschäftigungsfortsetzung im Vergleich zur generellen Existenz (in Prozent, n=minimal 303)

vorhandene Arbeitsbereiche auch stets im Rahmen der Beschäftigungsfortsetzung vorzufinden sind. Umgekehrt ist bei einem knappen Drittel an Betrieben die Beschäftigungsfortsetzung durch einen Abbau von Tätigkeitsinhalten gegenüber generell vorhandenen Arbeitsbereichen gekennzeichnet. Wie ferner anhand von Abbildung 32 ersichtlich, zeichnen sich hiervon Berufsfelder im Bereich der Leitung und Verwaltung tendenziell stärker betroffen. So sind Tätigkeiten des „allgemeinen Managements" in 18,2 % an Unternehmen nicht länger mit Übertritt in Beschäftigungsfortsetzung auszuüben. Auch die Vergleichswerte für das „Personalwesen" (12,9 %) sowie

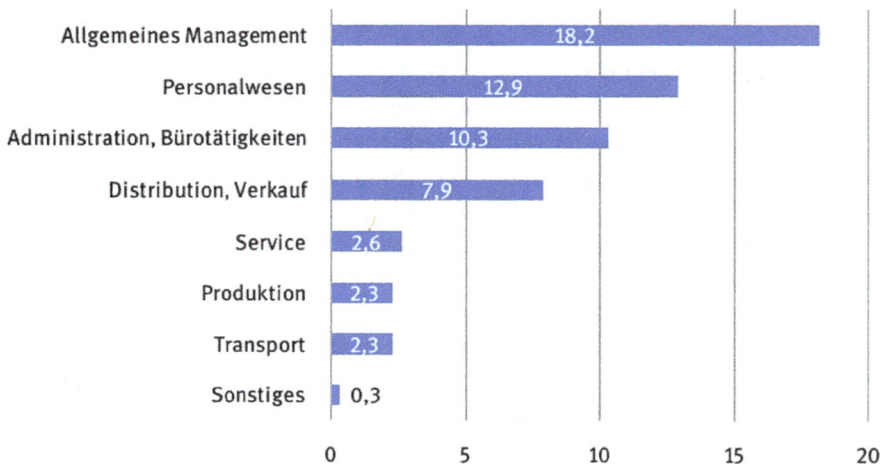

Abbildung 32: Fehlende Arbeitsinhalte im Rahmen der Beschäftigungsfortsetzung im Vergleich zur generellen Existenz (in Prozent, n=minimal 303)

„Administration und Bürotätigkeiten" (10,3 %) zeigen sich verhältnismäßig ausgeprägt, etwa gegenüber der „Produktion," wie die hierunter subsumierten Tätigkeiten nur in 2,3 % der untersuchten Betriebe nicht mehr im Rahmen der Beschäftigungsfortsetzung zur Verfügung stehen. Diese Befunde seien durch arbeitnehmerbasierte Untersuchungsergebnisse ergänzt, die in Abbildung 33 zum Ausdruck kommen und eine Verwandtschaft zu vorherigen Befunden offenbaren. So geht hieraus hervor, dass 27 % der betrachteten Angestellten vor Eintritt in Beschäftigungsfortsetzung im Bereich des „allgemeinen Managements" beschäftigt waren. Ein Anteil, der durch den Eintritt in Beschäftigungsfortsetzung auf 16,2 % absinkt. Entsprechend ist dieser Tätigkeitsbereich im Einklang zur arbeitgeberbasierten Datenanalyse durch einen

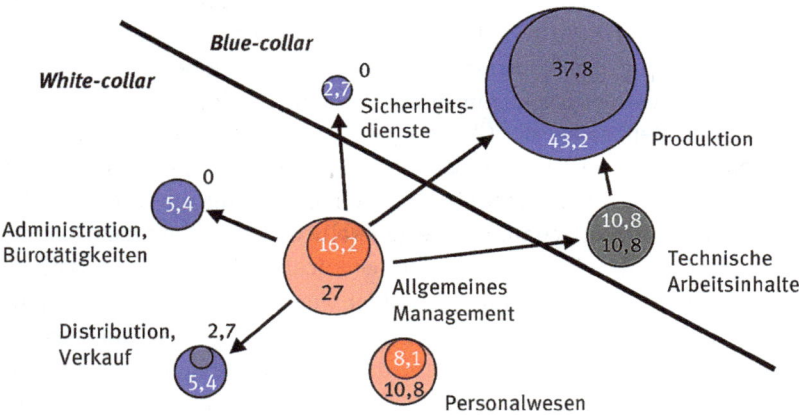

Legende:

○ Prozentuale Häufigkeit des Tätigkeitsbereichs im Rahmen der Beschäftigungsfortsetzung (Abfluss)

○ Prozentuale Häufigkeit des Tätigkeitsbereichs vor Erreichen der Beschäftigungsfortsetzung (Abfluss)

○ Prozentuale Häufigkeit des Tätigkeitsbereichs im Rahmen der Beschäftigungsfortsetzung (Zufluss)

◉ Prozentuale Häufigkeit des Tätigkeitsbereichs vor Erreichen der Beschäftigungsfortsetzung (Zufluss)

◉ Prozentuale Häufigkeit des Tätigkeitsbereichs vor wie nach Erreichen der Beschäftigungsfortsetzung (stabil)

Abbildung 33: Arbeitsinhalte vor und nach Erreichen des betrieblichen Rentenalters (n=37)

Anmerkung: Weiße Zahlenwerte repräsentieren die prozentuale Häufigkeitsverteilung von Tätigkeitsbereichen nach Eintritt in Beschäftigungsfortsetzung. Schwarze Zahlenwerte repräsentieren die prozentuale Häufigkeitsverteilung von Tätigkeitsbereichen vor Eintritt in Beschäftigungsfortsetzung. Fehlende Prozentwerte (Arbeitsinhalt vor Erreichen der Beschäftigungsfortsetzung = 10,9%; Arbeitsinhalt nach Erreichen der Beschäftigungsfortsetzung = 5,4%) entfallen auf nicht gemachte Angaben.

Stellenabbau bei Übergang in Beschäftigungsfortsetzung gekennzeichnet. Überraschen mag hierbei für ungeübte Betrachter des japanischen Kontexts von Alterserwerbsarbeit wirken, dass vormals leitende Angestellte gemäß Abbildung 33 auch im Bereich des „Sicherheitsdienstes" und der „Produktion" wiederbeschäftigt werden. So zeigt sich der Produktionsbereich durch einen prozentualen Zugewinn beim Vergleich der Arbeitsinhalte vor und nach Eintritt in Beschäftigungsfortsetzung gekennzeichnet. Denn während von den untersuchten Angestellten lediglich 37,8 % vor Erreichen des betrieblichen Rentenalters in der Produktion tätig waren, steigt dieser Wert hiernach auf 43,2 %.

Aufgrund der allgemein zu vermutenden höheren physischen Belastung von Arbeitsinhalten im Produktionsbereich mag es verwundern, dass gerade verwaltende wie leitende Tätigkeitsinhalte durch hiesige Untersuchungsresultate durch einen stärkeren Abbau bei Einritt in Beschäftigungsfortsetzung gekennzeichnet werden. So gilt es auch auf den Kontrast dieser Befunde gegenüber Mitani (2008: 22–23)[58] hinzuweisen. Dieser registriert eine überwiegende Abwandlung von Arbeitsinhalten physisch belastender Art bei Übergang in Beschäftigungsfortsetzung und sieht hierin einen Ausdruck der Schwierigkeiten, Altersbeschäftigung im Rahmen körperlich fordernder Tätigkeitsbereiche sicherzustellen: „The results show that the percentages [of unchanged work contents] are generally higher in the management, clerical and professional divisions than in the technical and work-site divisions, which suggests the difficulty in expanding the older worker employment system in the technical and work-site divisions". Im Gegensatz dazu mag aufgrund hiesiger Untersuchungsresultate angenommen werden, dass aus betrieblicher Perspektive der Schaffung von Vakanzen zur Verjüngung der Altersstruktur in strategischen Unternehmensbereichen ein etwa gegenüber der Produktion höherer Stellenwert eingeräumt wird, was auch durch den weiteren Verlauf dieses Abschnitts erklärbar scheint. Zugleich kann die Charakterisierung interner Arbeitsmarktstrukturen durch Ehrke (1995: 95) Erklärungshintergründe für die identifizierten Tendenzen zum Wechsel auch zwischen artfremden Tätigkeitsinhalte liefern: „Aufgrund der Offenheit der Karrierewege ist die Durchlässigkeit zwischen White- und Blue-Collar-Aktivitäten generell sehr hoch".

Hiesige Untersuchungsergebnisse, wonach in der Unternehmensmehrzahl ursprüngliche Arbeitsinhalte bei Eintritt in Beschäftigungsfortsetzung beibehalten werden, lassen ein breites Diskussionsspektrum zu. So kann die Fortführung langjähriger Tätigkeitsinhalte aus Unternehmenssicht als eminenter Faktor betrachtet werden, um jene Vorteile der Beschäftigungsfortsetzung zu generieren, die in der Nutzung langjährig akquirierter, betriebsspezifischer Fähigkeiten liegen: „Betrachtet man die Beziehung zwischen der Evaluation von Fortbeschäftigten und ihrer Nutzungsform, liegt der Zufriedenheitsgrad in jenen Unternehmen höher, bei denen der

---

58 http://www.jil.go.jp/english/JLR/documents/2008/JLR18_mitani.pdf, letzter Abruf: 9.3.2017.

‚Arbeitsinhalt gleich ist'" (Fujinami 2013: 124; Übers. d. Verf.)[59]. Diese Wertung lässt sich auch anhand der qualitativen Datenerhebung exemplifizieren: „Natürlich erhöht es die Effektivität des Unternehmens, wenn ein Mitarbeiter dort eingesetzt wird, wo die beruflichen Fähigkeiten schon voll ausgeprägt sind, von klein auf während der Ausübung des Berufs erlernt" (Interview d. Verf. mit Unternehmen F: 7 am 2.3.2011; Übers. d. Verf.). Inhaltlich verwandt berichtet auch Unternehmen C: „Wir lassen in der Regel den bisherigen Arbeitsinhalt fortführen, weil die Angestellten hier einen Erfahrungsschatz besitzen, der dann auch ausgeschöpft werden kann" (Interview d. Verf. mit Unternehmen C: 5 am 1.3.2011; Übers. d. Verf.). Das in diesem Zusammenhang auch der Tradierung von Fähigkeiten eine zentrale Bedeutung zukommt, kann ferner anhand von Unternehmen B verdeutlicht werden:

> Weil Mitarbeiter den Arbeitsinhalt ausüben, den sie schon die ganze Zeit ausgeübt haben, sind sie hieran natürlich gewöhnt. [...] Der große Vorteil besteht darin, dass wir diese Ausbildung im Unternehmen erhalten und diese Personen am Arbeitsplatz zur Ausbildung [...] der Jüngeren beitragen und Anleitung geben. [...] Die Fortbeschäftigten sind alle schon mehrere Jahrzehnte in unserem Unternehmen und besitzen entsprechende Fähigkeiten. [...] Das, was man Know-how nennt und von Jahr zu Jahr zunimmt. Für ein kleineres Unternehmen wie das unsere ist dies von extremer Bedeutung. (Interview d. Verf. mit Unternehmen B: 3 am 4.3.2011; Übers. d. Verf.)

Aus Angebotsperspektive sei hinsichtlich der gängigen Beibehaltung von Arbeitsinhalten positiv anzumerken, dass innerhalb der Beschäftigungsfortsetzung nicht jene Tendenz zur Peripherisierung älterer Beschäftigter erkennbar ist, die traditionell zur Charakterisierung der Beschäftigungssituation Älterer in Japan zugrunde gelegt wird (vgl. Iwata 2002: 18–19[60]; JILPT 2004b: 3[61] sowie Abschnitt 2.3.3). Stattdessen füllen Fortbeschäftigte überwiegend Arbeitsinhalte aus, die zu den zentralen Funktionsbereichen jeweiliger Unternehmungen hinzuzurechnen sind. Auch auf diese Weise mag die betriebliche Beschäftigungsfortsetzung als Spiegelbild allgemeiner Entwicklungen der japanischen Beschäftigungslandschaft fungieren, wie Honda (2007: 41–43)[62] oder Tsuchida (2004: 31)[63] auch abseits des Kontexts von Altersbeschäftigung ein Vordringen nicht regulärer Beschäftigter in betriebliche Kernfunktionen konstatieren. Allerdings sollten im speziellen Bezug auf die Beschäftigungsfortsetzung auch Auswirkungen für individuelle Anreizstrukturen in Erwägung gezogen werden. So erscheint ein Verfall der Arbeitsmoral nicht unrational, wenn Arbeitsinhalte fortgeführt werden, sich jedoch tendenziell nachteilige Veränderungen von Beschäf-

---

59 http://www.jil.go.jp/institute/zassi/backnumber/2011/special/pdf/112-122.pdf, letzter Abruf: 9.3.2017.
60 National Centre for the Vocational Education Research (NCVER) – VOCED plus. http://www.voced. edu.au/, letzter Abruf: 9.3.2017. Signatur: TD/TNC76.74.
61 http://www.jil.go.jp/english/reports/documents/jilpt-research/no6.pdf, letzter Abruf: 9.3.2017.
62 http://www.jil.go.jp/english/JLR/documents/2007/JLR13_honda.pdf, letzter Abruf: 9.3.2017.
63 http://www.jil.go.jp/english/JLR/documents/2004/JLR04_tsuchida.pdf, letzter Abruf: 9.3.2017.

tigungskonditionen ergeben, wie in Folgeabschnitten dieses Kapitels ausführlich beschrieben (vgl. Yamada 2008: 172[64]). Dies lässt sich auch anhand der qualitativen Datenerhebung exemplifizieren, wie Arbeitnehmer B über die empfundenen Nachteile der Beschäftigungsfortsetzung berichtet: „Wenn ich es offen heraus sage, ist es das jetzige Arbeitsvolumen. In meinem Fall hat die Arbeit zugenommen, verglichen mit dem Zeitraum vor dem 60. Lebensjahr. [...] Aber das Gehalt ist stark gesunken. Das mit dem Geld ist schon in Ordnung, aber ich dachte, dass mit der Beschäftigungsfortsetzung die körperliche Belastung, die Arbeit, ein wenig abnimmt. Aber im Gegenteil ist sie in meinem Fall gestiegen" (Interview d. Verf. mit Arbeitnehmer B: 1 am 13.9.2011; Übers. d. Verf.). Inhaltlich verwandt berichtet auch Arbeitnehmer A: „Der Arbeitsinhalt ist der gleiche. Wahrscheinlich bin ich sogar beschäftigter als vorher" (Interview d. Verf. mit Arbeitnehmer A: 1 am 13.9.2011; Übers. d. Verf.).

Negativ mag aus Arbeitnehmersicht vermerkt werden, dass die gängige Praxis einer prinzipiellen Fortführung von Arbeitsinhalten nicht mit der wissenschaftlich propagierten Diversifizierung von Altersbeschäftigung in Übereinkunft steht, wonach ein Tätigkeitswechsel, der den Veränderungen von Leistungsprofil und Präferenzen im Altersverlauf entspricht, in beiderseitigem Nutzen der Beschäftigungsparteien steht. So erscheint die herkömmliche Praxis einer prinzipiellen Fortführung von Arbeitsinhalten vor dem Hintergrund der Pluralisierung von Potentialen und Erwerbsinteressen Älterer bedenklich, weil eine betriebliche Reflexion dieser gesellschaftlichen Entwicklung systemisch ausgeschlossen wird. Entsprechend erscheint der Verweis auf jenen Unternehmensanteil relevant, welcher mittels der Anwendung fallbasierter Entscheidungsverfahren, die Tätigkeitsinhalte von Fortbeschäftigten individuell vereinbart und hiermit optimalerweise eine Voraussetzung zur innerbetrieblichen Institutionalisierung des Konzeptes einer *second-career* schafft. Hierbei lässt sich fragen, ob die dargestellten Anteile an Unternehmen mit individueller Festlegung von Arbeitsinhalten als ein lediglich, oder angesichts tangierter struktureller Limitationen von KMU als ein immerhin interpretiert werden sollten. Zumindest scheint es einem nicht unbedeutendem Unternehmensanteil zu gelingen, eine flexible Gestaltung betrieblicher Karrieren im Rahmen der Beschäftigungsfortsetzung einzurichten und hierdurch einen zweiten innerbetrieblichen Karriereweg zu verankern, wozu auch die strukturelle Beschaffenheit der japanischen Ausbildungs- und Beschäftigungsstrukturen günstige Voraussetzungen schafft. „In Japan hat sich nie ein Denken in den Bahnen von Beruflichkeit etabliert" konstatiert Ernst (1995: 127) in Bezug auf den geläufigen Generalismus der japanischen Arbeitswelt. Dieser birgt zwar den Nachteil schwierig zu externalisierender Qualifikationen in sich, der Japan vor allem im Rahmen der langfristigen Herausforderungen einer Gesellschaft aktiver Lebenszeit vor erhebliche Hürden stellt (vgl. Abschnitt 7.1.2). Dennoch kann dieser Generalismus in Bezug auf eine betriebsinterne Verlängerung von Erwerbsbiografien

---

64 http://www.jil.go.jp/institute/reports/2008/documents/0100_07.pdf, letzter Abruf: 9.3.2017.

auch als nützlich bedacht werden: „Ein Einsatz, der nicht direkt an vorherige Tätigkeiten anknüpft oder der gemessen am Qualifikations- und Lohniveau auch niedriger
einzustufen ist, wird nicht von vornherein als unzumutbar angesehen" (Ernst 1995:
127). Dass ein Wechsel von Tätigkeitsinhalten im Rahmen der Beschäftigungsfortsetzung jedoch vergleichsweise selten der Fall ist, wird anhand hiesiger Untersuchungsresultate erkennbar. So bedarf die Gestaltung von Arbeitsinhalten auch vor
dem Hintergrund der erbrachten Befunde einer differenzierten Betrachtung, die sich
hinsichtlich der Frage der Arbeitgeber- wie Arbeitnehmerverträglichkeit einer eindeutigen Bewertung entzieht:

> Durch die Fortsetzung des Arbeitsinhalts [...] lässt sich der kontinuierliche Einsatz von Fähig-
> keiten erhalten, was aus Sicht von Unternehmen wie Beschäftigten von beidseitigem Vorteil
> ist. Allerdings kann es bei einer Trennung von [Berufsbild und] der hierarchischen Position zu
> einem negativen Effekt aus Sicht von Arbeitnehmern etwa in Form einer sinkenden Arbeitsmoral
> kommen [...]. Während die Fortsetzung des Arbeitsinhalts [...] also Vorteile bietet, gibt es hierfür
> jedoch auch aufgrund des schnelleren Wandels von Technologien und betrieblicher Reorganisa-
> tion keine Garantie. (Seike 2001: 66; Übers. d. Verf.)

5.2.2 Anstellungsformen

Folgende Untersuchungsresultate manifestieren den bereits tangierten Umstand,
dass das Gros an Fortbeschäftigungsverhältnissen in Gestalt nicht regulärer Anstellungsformen besteht. Bevor sich diesen Befunden gewidmet wird, seien jedoch klä-
rende Anmerkungen zur Definition der analysierten Anstellungsformen vorweggenommen. Asao (2011: 1)[65] weist darauf hin, dass eine reguläre Festanstellung einem
unbefristeten, direkten und in Vollzeit ausgeübten Anstellungsverhältnis entspricht.
Somit sei von einer nicht regulären Anstellungsform zu sprechen, sobald eins dieser
drei Kriterien nicht erfüllt ist (vgl. Asao 2011: 1)[66]. Entsprechend ist zwischen verschiedenen nicht regulären Anstellungsformen zu differenzieren, die eine spezifische Mixtur der genannten Anstellungsmerkmale aufweisen. Die hiesiger Arbeit
zugrunde liegenden Definitionen von Anstellungsformen orientieren sich eng an
Rōdō seisaku kenkyū kenshū kikō (2005a: 28, 42)[67] und sind der Legende von Abbildung 34 zu entnehmen. Um Fehldeutungen, die sich aus Sicht ungeübter Betrachter
der japanischen Beschäftigungslandschaft leicht einstellen könnten, vorzubeugen,
seien diese Definitionen durch zusätzliche Hinweise bezüglich der Anstellung als
pāto taimā (*part-timer*) ergänzt. So kann die gängige Definition von *part-time* in

---

65 http://www.jil.go.jp/english/reports/documents/jilpt-reports/no.10_japan.pdf, letzter Abruf: 9.3.2017.
66 http://www.jil.go.jp/english/reports/documents/jilpt-reports/no.10_japan.pdf, letzter Abruf: 9.3.2017.
67 http://www.jil.go.jp/institute/research/documents/research012.pdf, letzter Abruf: 9.3.2017.

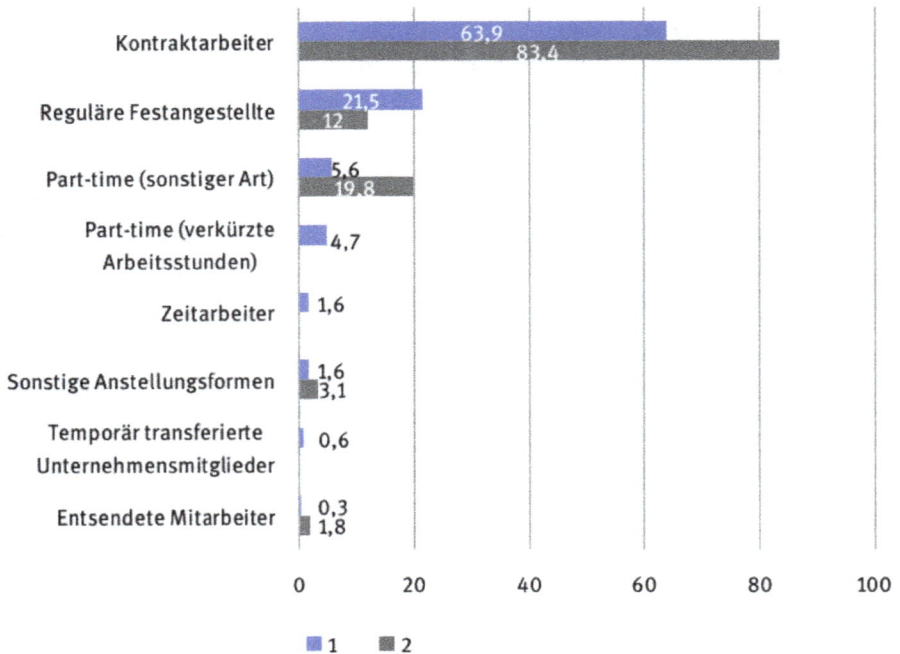

Abbildung 34: Anstellungsformen im Rahmen der Beschäftigungsfortsetzung (in Prozent)

Legende: 1) Hiesige Untersuchungsdaten (n=321); 2) Rōdō seisaku kenkyū kenshū kikō (2007:40. http://www.jil.go.jp/institute/reports/2007/documents/083.pdf, letzter Abruf: 9.3.2017). Den aufgeführten Anstellungsformen liegen folgende Definitionen zugrunde (vgl. Rōdō seisaku kenkyū kenshū kikō 2005a: 28, 42. http://www.jil.go.jp/institute/research/documents/research012.pdf, letzter Abruf: 9.3.2017; sowie die Anhänge 4 und 5): Reguläre Festangestellte: Sind Beschäftigte ohne einen bestimmten Beschäftigungszeitraum, so dass *part-timer* oder Personen von anderen Unternehmen als temporär transferiertes Personal ausgenommen sind; Kontraktarbeiter: Werden auf Grundlage von Arbeitsverträgen beschäftigt, die auf die Verrichtung spezieller Aufgabenbereiche abzielen und sind Personen, deren Beschäftigungsdauer beschränkt ist; Zeitarbeiter: Sind Personen, die auf Tagesbasis vorübergehend beschäftigt werden und deren Beschäftigungsdauer auf maximal einen Monat beschränkt ist; *Part-timer* (mit geringeren Arbeitsstunden als reguläre Festangestellte): Sind Personen, deren zugelassene tägliche Arbeitsstunden oder deren Anzahl an wöchentlichen Arbeitstagen geringer sind verglichen mit regulären Beschäftigten und deren Beschäftigungsdauer entweder einen Monat übersteigt oder nicht beschränkt ist; *Part-timer* (sonstiger Art): Sind Personen, deren tägliche Arbeitsstunden und Anzahl an wöchentlichen Arbeitstagen mehr oder minder identisch sind verglichen mit regulären Festangestellten und deren Beschäftigungsdauer entweder einen Monat übersteigt oder nicht beschränkt ist; Temporär transferierte Unternehmensmitglieder: Sind Personen, die auf Basis eines Vertrags zum temporären Transfer aus einem anderen Unternehmen transferiert sind. Unerheblich ist, ob diese Personen ihre Position bei Rückkehr ins ursprüngliche Unternehmen beibehalten; Entsendet Mitarbeiter: Sind Personen, die auf Grundlage des *worker dispatching law* von einer Agentur zur Vermittlung temporärer Beschäftigung entsendet sind.

Anmerkung: Angaben durch Rōdō seisaku kenkyū kenshū kikō (2007:40. http://www.jil.go.jp/institute/reports/2007/documents/083.pdf, letzter Abruf: 9.3.2017) basieren auf der Möglichkeit der Mehrfachantwort, so dass sich die aufgeführten Werte auf über 100 Prozent addieren.

Japan sowohl von der geleisteten Arbeitszeit als auch von der durch den Arbeitsvertrag festgelegten Beschäftigungsdauer abhängig sein. Eine Vielzahl an japanischen *part-timer* geht daher entgegen dem üblichen Verständnis einer Beschäftigung in Vollzeit nach, so dass OECD (2003: 78; Übers. d. Verf.) die japanische Konzeption von *part-time* denn auch als „gleichbedeutend mit nicht regulärer und billiger Beschäftigung" ansieht (vgl. OECD 2003: 78–79). Innerhalb der englischsprachigen Literatur hat sich hierfür der Begriff *„quasi part-timer"* etabliert, weswegen hiesige Arbeit auch nicht die teils irreführende Übersetzung von *part-timer* als „Teilzeitbeschäftigter" verwendet.

Wie Abbildung 34 als Aufbereitung arbeitgeberbasierter Untersuchungsergebnisse zu erkennen gibt, bildet die reguläre Festanstellung bei rund einem Fünftel an Unternehmen (21,5 %) die überwiegend zur Anwendung kommende *shūgyō keitai* oder „Anstellungsform" im Rahmen der Beschäftigungsfortsetzung. Folglich besteht der überwiegende Fortbeschäftigungsanteil in Form nicht regulärer Anstellungen, wobei die Kontraktarbeit mit 63,9 % als prägnanter Modalwert der Anstellungsform in Erscheinung tritt (vgl. Rōdō seisaku kenkyū kenshū kikō 2005a: 65[68]; Rōdō seisaku kenkyū kenshū kikō 2007:40[69]; Rōdō seisaku kenkyū kenshū kikō 2008: 22, 78[70]; Rōdō seisaku kenkyū kenshū kikō 2010a: 17[71]; Rōdō seisaku kenkyū kenshū kikō 2010b: 54, 109[72]; Rōdō seisaku kenkyū kenshū kikō 2010c: 142[73]; Rōdō seisaku kenkyū kenshū kikō 2011: 5[74]; Shōkō sōgō kenkyū-sho 2006: 19[75] sowie Kōrei shōgai kyūshoku-sha koyō shien kikō 2008: 20, 78–81). Demzufolge sind es nicht reguläre Anstellungsverhältnisse, die auch gemäß Forschungsstand die Praxis betrieblicher Beschäftigungsfortsetzung in Japan prägen und auf diese Weise den informellen Charakter der japanischen Altersbeschäftigung insgesamt reflektieren. Erneut treten jedoch beim Vergleich hiesiger Resultate etwa gegenüber Rōdō seisaku kenkyū kenshū kikō (2007: 40)[76] Kontraste zu Tage, die in Äquivalenz zu bisherigen Deutungen als Konsequenz des speziellen Zuschnitts auf KMU interpretierbar scheinen. Diesen Schluss legt die bivariate Analyse obiger Untersuchungsdaten nahe, die gemäß Abbildung 35 eine signifikante Korrelation zwischen Anstellungsform und Unternehmensgröße aufzeigt: Je geringer die Beschäftigungsgröße, desto höher die Anwendung regulärer Festanstellung.[77] So stellt die reguläre Festanstellung bei Betrieben mit unter 50 Beschäf-

---

68 http://www.jil.go.jp/institute/research/documents/research012.pdf, letzter Abruf: 9.3.2017.
69 http://www.jil.go.jp/institute/reports/2007/documents/083.pdf, letzter Abruf: 9.3.2017.
70 http://www.jil.go.jp/institute/research/2008/documents/047/047.pdf, letzter Abruf: 9.3.2017.
71 http://www.jil.go.jp/institute/research/2010/documents/067.pdf, letzter Abruf: 9.3.2017.
72 http://www.jil.go.jp/institute/research/2010/documents/075.pdf, letzter Abruf: 9.3.2017.
73 http://www.jil.go.jp/institute/reports/2010/documents/0120.pdf, letzter Abruf: 9.3.2017.
74 http://www.jil.go.jp/institute/siryo/2011/documents/093.pdf, letzter Abruf: 9.3.2017.
75 http://www.shokosoken.or.jp/chousa/youshi/17nen/17-4.pdf, letzter Abruf: 9.3.2017.
76 http://www.jil.go.jp/institute/reports/2007/documents/083.pdf, letzter Abruf: 9.3.2017.
77 Im Rahmen dieser bivariaten Analyse ist die Beschäftigungsgröße anhand von vier Beschäfti-

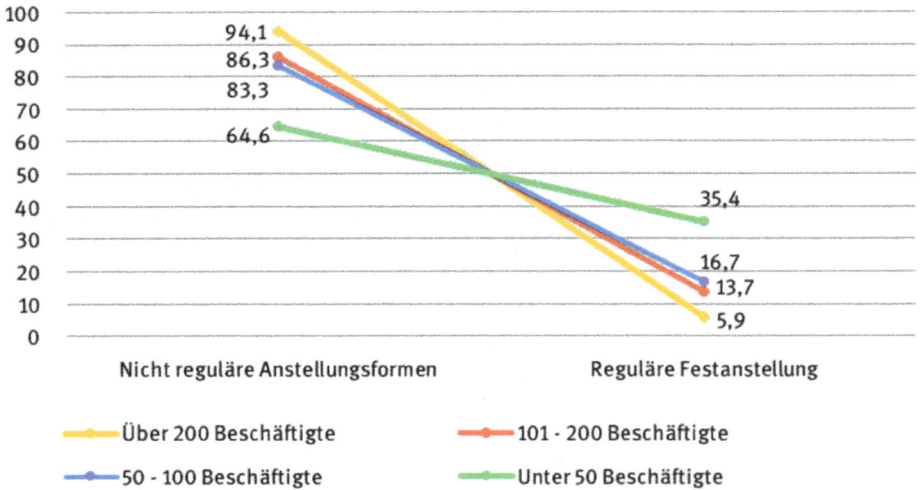

Abbildung 35: Anstellungsformen in Abhängigkeit der Beschäftigungsgröße (in Prozent, n=321)

tigten zu 35,4 % die vorherrschend zur Anwendung kommende Anstellungsform dar, während der Vergleichswert über die verschiedenen Beschäftigungsklassen hinweg auf lediglich 5,9 % bei isolierter Betrachtung von Unternehmen mit über 201 Beschäftigten sinkt.

Aus dem bisherigen Verlauf dieser Arbeit geht bereits die Erkenntnis hervor, dass die Zunahme informeller Anstellungsverhältnisse einer zeitgenössischen Tendenz der japanischen Beschäftigungsstruktur entspricht. Dies ist mit betriebswirtschaftlichen Argumenten der Personalkosteneindämmung sowie der Flexibilisierung des Personalwesens in Verbindung zu bringen. So sind gemäß Kohlbacher und Hommerich (2007: 16)[78] „die Vorteile der Aufspaltung in Fest- und Teilanstellung für Unternehmen nicht von der Hand zu weisen. Zum einen aufgrund von Kosteneinsparungen [...] und zum anderen durch die Flexibilität beim Ein- und Ausstellen je nach Bedarf und Konjunkturlage". Äquivalente Schlussfolgerungen ergeben sich als Resultat der qualitativen Datenerhebung. So berichtet die Mehrzahl an Unternehmen von Einsparungspotentialen bei direkten wie indirekten Personalkosten als entscheidender Faktor zur Nutzung nicht regulärer Anstellungsformen im Rahmen der Beschäftigungsfortsetzung wie anhand von Unternehmen H exemplifiziert: „Es ist so, dass im

---

gungsgrößenklassen differenziert, während die Anstellungsform als dichotome, abhängige Variable vorliegt. Hierbei ergibt sich eine Korrelation, die sich auf dem Niveau von 0,00 als (zweiseitig) signifikant erweist. Ergänzt sei, dass Chūshō kigyō sōgō kenkyū kiko kenkyū-bu (2006: 29) auch abseits des speziellen Kontexts von Beschäftigungsfortsetzung eine mit steigender Beschäftigungsgröße tendenziell sinkende Anwendungsrate von regulärer Festanstellung identifiziert.

78 http://www.dijtokyo.org/doc/Freeter_JM102007.pdf, letzter Abruf: 9.3.2017.

Vergleich zur Anstellungsform als Festangestellter für das Unternehmen geringere finanzielle Belastungen [...] anfallen, so dass wir aus diesem Grund die Arbeitnehmer gebeten haben, eine Änderung von der Festanstellung zu *part-time* zu akzeptieren" (Interview d. Verf. mit Unternehmen H: 3 am 8.3.2011; Übers. d. Verf.).

Die Tendenz, wonach Unternehmen mit steigender Beschäftigungsgröße in signifikant stärkerem Maße auf nicht reguläre Anstellungsformen zurückgreifen, ist im Zusammenhang mit dem in Abschnitt 5.1.1 ausgewiesenen Befund zu sehen, wonach mit wachsender Beschäftigungsgröße die Anwendung des Wiederbeschäftigungssystems zunimmt.[79] So setzen eine exponiertere Stellung im heimischen wie globalen Wettbewerb oder ein akzentuierterer Gebrauch senioritätsorientierter Beschäftigungsprinzipien Unternehmen mit steigender Beschäftigungsgröße unter wachsenden Kostensenkungsdruck. Doch auch günstigere Voraussetzungen bei der Anwerbung junger Angestellter veranlassen größere Unternehmen tendenziell stärker zur Durchführung des Wiederbeschäftigungssystems, um jene finanzielle wie organisatorische Vorteile zu sichern, die sich durch die Umwandlung ursprünglicher Festanstellungen in nicht reguläre Anstellungsformen generieren lassen. Diese Aspekte mögen sich aus betriebswirtschaftlicher Perspektive dafür anführen lassen, dass sich Unternehmen kleinerer Beschäftigungsgröße tendenziell eher in der Lage sehen, die reguläre Festanstellung im Rahmen der Beschäftigungsfortsetzung aufrecht zu erhalten: „Die Fertigkeiten und Fähigkeiten sind ja noch vorhanden. [...] Bei großen Unternehmen gibt es Probleme, etwa im Zusammenhang mit dem Gehalt. Aber bei uns steigt der Lohn ja auch nicht von Jahr zu Jahr an" (Interview d. Verf. mit Unternehmen D: 2 am 7.3.2011; Übers. d. Verf.). Konzentriert sich diese Untersuchung auf KMU, erscheint der durch hiesige Befunde vergleichsweise höhere Anteil an regulärer Festanstellung etwa gegenüber Rōdō seisaku kenkyū kenshū kikō (2007: 40)[80] vor diesen Hintergründen in einen nachvollziehbaren Zusammenhang gerückt.

Mittels der in Abbildung 36 zur Anwendung kommenden grafischen Analyse von Arbeitnehmerpräferenzen bezüglich der Anstellungsform sei die Betrachtung auf die Angebotsperspektive verlagert. Abbildung 36 verdeutlicht übereinstimmend zu arbeitgeberbasierten Untersuchungsresultaten, dass die deutliche Mehrheit untersuchter Fortbeschäftigter (62,2 %) als Kontraktarbeiter angestellt ist. Nur ein knappes Drittel der Fortbeschäftigten (29,7 %) benennt diese Anstellungsform jedoch als prinzipiell bevorzugte Ausprägung. Entsprechend ist die Kontraktarbeit dadurch gekennzeichnet, dass die Anzahl an Nennungen als tatsächliche Anstellungsform, die Angabe-

---

79 Eine Korrelation zwischen der Fortbeschäftigungsmaßnahme (vgl. Abschnitt 5.1.1) und Anstellungsformen erweist sich auf dem Niveau von 0,01 als (zweiseitig) signifikant, wobei die Anstellungsform als abhängige Variable in dichotome Form („reguläre Festanstellung" bzw. „nicht reguläre Anstellungsformen") bei der bivariaten Analyse Verwendung findet.
80 http://www.jil.go.jp/english/reports/documents/jilpt-reports/no.10_japan.pdf, letzter Abruf: 9.3.2017.

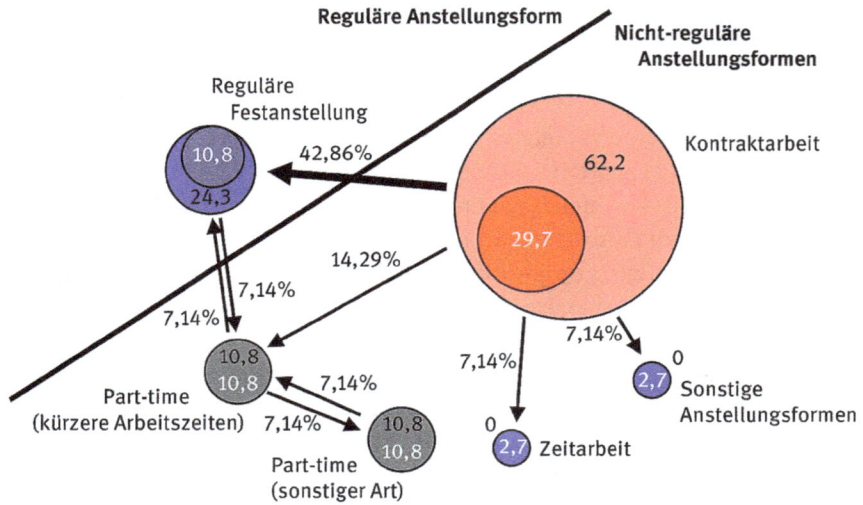

Legende:

○ Bevorzugte Anstellungsform im Rahmen der Beschäftigungsfortsetzung (Abfluss)

○ Tatsächliche Anstellungsform im Rahmen der Beschäftigungsfortsetzung (Abfluss)

○ Bevorzugte Anstellungsform im Rahmen der Beschäftigungsfortsetzung (Zufluss)

○ Tatsächliche Anstellungsform im Rahmen der Beschäftigungsfortsetzung (Zufluss)

◉ Tatsächliche wie gewünschte Anstellungsform im Rahmen der Beschäftigungsfortsetzung (stabil)

Abbildung 36: Vorhandene VS. präferierte Anstellungsformen

Anmerkung: Weiße Zahlenwerte repräsentieren die prozentuale Häufigkeitsverteilung der prinzipiell erwünschten Anstellungsform im Rahmen der Beschäftigungsfortsetzung. Schwarze Zahlenwerte repräsentieren die prozentuale Häufigkeitsverteilung der tatsächlich vorliegenden Anstellungsform im Rahmen der Beschäftigungsfortsetzung. Tatsächliche Anstellungsform: n=36; präferierte Anstellungsform: n=32. Fehlende Prozentwerte (tatsächliche Anstellungsform = 5,4 %; gewünschte Anstellungsform = 19 %) entfallen auf nicht gemachte Angaben.

häufigkeit als generelle Präferenz (um mehr als das Doppelte) übertrifft.[81] Im Gegensatz dazu ist die reguläre Festanstellung durch einen Zustrom an Präferenzen gekennzeichnet. Denn während sich 24,3 % der Fortbeschäftigten eine reguläre Festanstellung prin-

---

81 Bei rund 43 % der untersuchten Fortbeschäftigten, bei denen sich die tatsächliche Anstellungsform von der prinzipiell bevorzugten Ausprägung unterscheidet, liegt eine Differenz dergestalt vor, dass tatsächlich eine Anstellung als Kontraktarbeiter vorliegt, während die reguläre Festanstellung grundsätzlich erwünscht ist, womit diese Kombination den markantesten Präferenzstrom aufweist (vgl. den dem entsprechenden Vektor zugeordneten Prozentsatz in Abbildung 36).

zipiell erwünschen, liegt diese Anstellungsform lediglich bei 10,8 % der Arbeitnehmer tatsächlich vor. Die reguläre Festanstellung stellt somit umgekehrt jene Anstellungsform dar, die am stärksten davon geprägt ist, dass die Häufigkeit an Nennungen als prinzipiell bevorzugte Ausprägung, die Anzahl der Angaben als tatsächlich vorhandenes Anstellungsformat übersteigt. Diese Befunde decken sich in ihrer Tendenz mit dem Forschungsstand. So geht hieraus gleichfalls hervor, dass im Rahmen der Beschäftigungsfortsetzung nicht reguläre Anstellungsformen überwiegen, wohingegen Arbeitnehmerpräferenzen zur regulären Festanstellung tendieren (vgl. Rōdō seisaku kenkyū kenshū kikō 2008: 29[82] und Rōdō seisaku kenkyū kenshū kikō 2010b: 20[83]).

Während sich eine Vielzahl an Gründen hinter der Präferenz zur regulären Festanstellung vermuten lässt (erhöhte Beschäftigungssicherheit und Stabilität der Lebensplanung, höhere direkte wie indirekte Vergütung, etc.), sei ein wiederkehrendes Motiv im Rahmen der qualitativen Datenerhebung mit den Worten von Arbeitnehmer B exemplifiziert, die auf ein eminentes Ungerechtigkeitsempfinden hindeuten: „Weil ich schon lange beim Unternehmen bin, ist es denke ich nicht so, dass mir aus Mitleid weiterhin die Beschäftigung angeboten wird, sondern dass ich nach wie vor eine für das Unternehmen sinnvolle Arbeit leiste. Deswegen möchte ich auch, dass ich in regulärer Art und Weise behandelt werde" (Interview d. Verf. mit Arbeitnehmer B: 2 am 13.9.2011; Übers. d. Verf.). Jedoch sei auch darauf verwiesen, dass nicht im Widerspruch zur obigen Darstellung von Abbildung 36 nur eine Minderheit der Fortbeschäftigten eine reguläre Festanstellung prinzipiell bevorzugt, während Flüsse von Arbeitnehmerpräferenzen auch zwischen den einzelnen Formen nicht regulärer Anstellungsverhältnisse festzustellen sind. In dieser Weise mögen hiesige Untersuchungsergebnisse geeignet erscheinen, die bereits im Verlauf dieser Arbeit konstatierte Diversifizierung von Erwerbsinteressen Älterer zu reflektieren, die im Gegensatz zur Dominanz der Kontraktarbeit in Rahmen der Beschäftigungsfortsetzung stehen. So erwächst hieraus eine Nichtübereinstimmung zwischen den tatsächlich angebotenen und prinzipiell erwünschten Anstellungsformen im Kontext von MBB, wie neben Fujimoto (2011: 82)[84] und Yamada (2008: 173–174)[85] auch durch Seike und Nagashima (2009: 54; Übers. d. Verf.) bilanziert: „Während sich Ältere eine Festanstellung wünschen, liegt in der Realität eine Anstellung als […] Kontraktarbeiter vor, so dass zwischen dem erwünschten und tatsächlich vorhandenem Zustand eine große Lücke klafft". Diesen Abschnitt zusammenfassend, lässt sich also eine nicht unwesentliche Interessendiskrepanz zwischen Arbeitnehmer und Arbeitgeber hinsichtlich der Gestaltung von Anstellungsverhältnissen im Rahmen der Beschäftigungsfortsetzung vermuten, wobei die Nutzung nicht regulärer Anstellungsformen als Reflexion eines

---

82 http://www.jil.go.jp/institute/research/2008/documents/047/047.pdf, letzter Abruf: 9.3.2017.
83 http://www.jil.go.jp/institute/research/2010/documents/075.pdf, letzter Abruf: 9.3.2017.
84 http://www.jil.go.jp/institute/zassi/backnumber/2011/11/pdf/074-085.pdf, letzter Abruf: 9.3.2017.
85 http://www.jil.go.jp/institute/reports/2008/documents/0100_07.pdf, letzter Abruf: 9.3.2017.

breiteren Kontexts der japanischen Beschäftigungslandschaft anzusehen ist: „Japan has a core market of numerical stability and a segment of numerical instability [...]. And, as in most countries with a high level of employment security, the propensity of firms to use atypical contracts is likewise high" (Passet 2003: 171)[86].

5.2.3 Beschäftigungsformen

Die aktuelle Praxis betrieblicher Beschäftigungsfortsetzung zeichnet sich ferner durch den überwiegenden Gebrauch von Vollzeitbeschäftigung aus. So ergibt die Analyse arbeitgeberbasierter Untersuchungsdaten gemäß Abbildung 37, dass in knapp drei Viertel der untersuchten Unternehmen (72,2 %) Beschäftigungsfortsetzung vorwiegend anhand von Vollzeitbeschäftigung arrangiert wird. Beschäftigungsformen, die auf reduzierten oder flexibilisierten Wochenarbeitsstunden basieren, beschränken sich somit auf eine deutliche Minderheit. Dieser Befund steht im Einklang zum Forschungs-stand, wie auch folgende Untersuchungen die Vollzeitbeschäftigung als markanten Modalwert der *kinmu keitai* oder „Beschäftigungsform" im Rahmen der Beschäftigungs-fortsetzung ausweisen: Rōdō seisaku kenkyū kenshū kikō (2007: 41–42)[87]; Rōdō seisaku kenkyū kenshū kikō (2010a: 26–27)[88]; Rōdō seisaku kenkyū kenshū kikō (2010b: 8, 53)[89] sowie Kōrei shōgai kyūshoku-sha koyō shien kikō (2008: 82–86). Anhand dieser Übereinstimmung an Untersuchungsresultaten muss dem Urteil von Paulsen (2009)[90] widersprochen werden, wonach das japanische Konzept von Beschäftigungsfortset-zung primär auf Teilzeitbeschäftigung basiert: „Die hohe Beteiligung älterer Japaner an Teilzeitarbeit lässt sich insbesondere mit der Eingliederung in betriebliche Wieder-einstellungs- und Weiterbeschäftigungssysteme erklären" (Paulsen 2009: 243)[91]. Lässt sich nur vermuten, dass dieses Fehlurteil auf einer Missinterpretation der japanischen Konzeption von *part-time* basiert (vgl. Abschnitt 5.2.2), ergibt sich nicht nur anhand hiesiger Untersuchungsresultate stattdessen, dass echte Teilzeit-Beschäftigungsformen nur geringfügig im Kontext von Beschäftigungsfortsetzung zur Anwendung kommen. So bestehen bei Addition der in Abbildung 37 erfassten Werte lediglich in knapp 28 % an Unternehmen überwiegend Beschäftigungsformen, die gegenüber der Vollzeit eine geringere Anzahl an Wochenarbeitsstunden oder eine flexible Einrichtung der Arbeits-zeit aufweisen. Doch auch gegenüber Fujinami (2013: 123)[92] ist anhand hiesiger Unter-

---

86 https://www.researchgate.net/publication/5115613_Employment_Stability_in_An_Age_of_ Flexibility, letzter Abruf: 9.3.2017.

87 http://www.jil.go.jp/institute/reports/2007/documents/083.pdf, letzter Abruf: 9.3.2017.

88 http://www.jil.go.jp/institute/research/2010/documents/067.pdf, letzter Abruf: 9.3.2017.

89 http://www.jil.go.jp/institute/research/2010/documents/075.pdf, letzter Abruf: 9.3.2017.

90 http://hss.ulb.uni-bonn.de/2009/1920/1920.pdf, letzter Abruf: 9.3.2017.

91 http://hss.ulb.uni-bonn.de/2009/1920/1920.pdf, letzter Abruf: 9.3.2017.

92 http://www.jil.go.jp/institute/zassi/backnumber/2013/special/pdf/114-125.pdf, letzter Abruf: 9.3.2017.

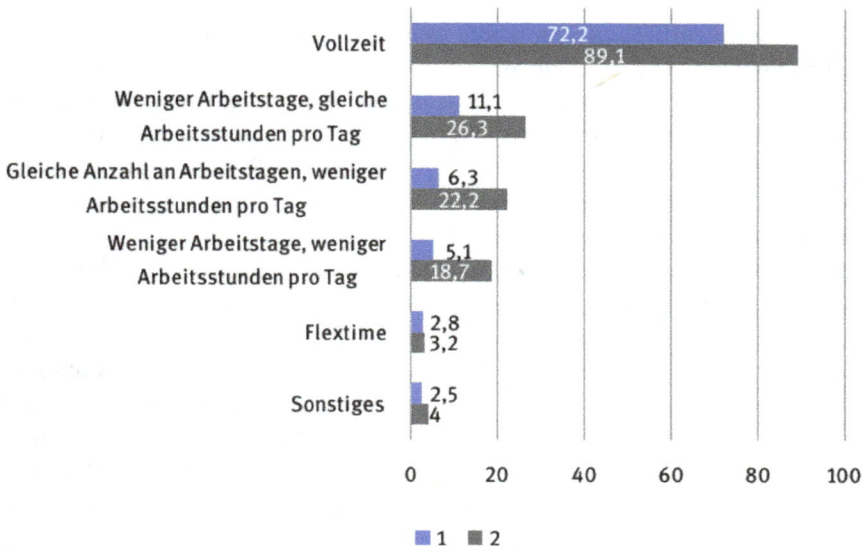

Abbildung 37: Beschäftigungsformen im Rahmen der Beschäftigungsfortsetzung (in Prozent)

Legende: 1) Hiesige Untersuchungsdaten (n=316); 2) Rōdō seisaku kenkyū kenshū kikō (2007 :41. http://www.jil.go.jp/institute/reports/2007/documents/083.pdf, letzter Abruf: 9.3.2017).

Anmerkung: Angaben durch Rōdō seisaku kenkyū kenshū kikō (2007:41. http://www.jil.go.jp/ institute/reports/2007/documents/083.pdf, letzter Abruf: 9.3.2017) basieren auf der Möglichkeit der Mehrfachantwort, so dass sich die aufgeführten Werte auf über 100 Prozent addieren.

suchungsergebnisse eine Kontroverse auszumachen. So gelangt dieser auf Grundlage einer Typologisierung der Inanspruchnahme von Fortbeschäftigten anhand von Tätigkeitsbereichen und zeitlicher Arbeitsintensität zu dem Resultat, dass eine Fortsetzung von Arbeitsinhalten bei gleichzeitiger Kürzung der Wochenarbeitsstunden als dominantes Gestaltungsmuster der Beschäftigungsfortsetzung vorliegt.

Eine qualitative Beurteilung obiger Resultate ist vom individuellen Standpunkt abhängig. Festgehalten werden soll jedoch, dass immerhin gut jedes vierte Unternehmen überwiegend eine Beschäftigungsform im Rahmen von MBB anbietet, bei der eine Reduktion oder Flexibilisierung von Wochenarbeitsstunden erfolgt. Diese Einordnung sei insofern nicht außer Acht gelassen, ist die japanische Konzeption von Beschäftigungsfortsetzung in diesen Fällen als betriebliche Institutionalisierung des Gedankens von *gradual retirement* interpretierbar. Dieser wird von Seiten der Wissenschaft seit geraumer Zeit als Mittel zur Stärkung der angebotsseitigen Attraktivität von Altersbeschäftigung propagiert, ohne jedoch unabhängig des japanischen Kontexts auf betrieblicher Ebene in genügendem Maße umgesetzt zu erscheinen (vgl. Levinsky

2000: 22, 36[93] sowie MHLW 2003[94]). Betont werden mag diese Interpretation zudem, zieht man in Betracht, dass üblicherweise davon auszugehen ist, dass eine Reduktion bzw. Flexibilisierung von Arbeitszeiten insbesondere im verarbeitenden Gewerbe auf vergleichsweise schwierige Voraussetzungen stößt (vgl. Rōdō seisaku kenkyū kenshū kikō (2010a: 27)[95]: „Im Dienstleistungssektor [...] ist eine Flexibilisierung der Arbeitszeiten leicht zu realisieren. Im verarbeitenden Gewerbe hingegen ist dies sehr schwierig" (Interview d. Verf. mit Experte E: 6 am 13.9.2011; Übers. d. Verf.).

Entsprechend berichtet auch der Großteil qualitativ analysierter Unternehmen von Organisationsproblemen, die eine Verkürzung bzw. Flexibilisierung von Arbeitszeiten mit betrieblichen Nachteilen versehen: „Wir vollziehen im Unternehmen eine tägliche Produktionsplanung. [...] Eine solche Planung des Produktionsprozesses ist schwierig, wenn einige nur zwei Stunden arbeiten oder andere nur einen halben Tag. Dann fällt es schwer, die Arbeitskraft rotieren zu lassen und man kann den Produktionsprozess nicht mehr effektiv steuern" (Interview d. Verf. mit Unternehmen F: 7 am 2.3.2011; Übers. d. Verf.). In inhaltlicher Verwandtschaft konstatiert Unternehmen C: „In unserem Unternehmen arbeiten wir in drei Schichten. [...] Wenn wir aber nun bei Einigen die Arbeitstage oder Arbeitsstunden reduzieren, dann reicht das Personal für die entsprechende Schicht nicht aus. [...] Anders wäre es auch nicht möglich, dass sich mit den verschiedenen Produktionsschichten abgewechselt werden kann" (Interview d. Verf. mit Unternehmen C: 5 am 1.3.2011; Übers. d. Verf.). Vor Hintergründen wie diesen stellt der identifizierte Anteil an echter Teilzeitbeschäftigung im Rahmen von MBB eine kaum als marginal zu erachtende Größe dar. So gelingt es zumindest einem guten Viertel an untersuchten Unternehmen, eine Reduktion bzw. Flexibilisierung von Arbeitsstunden im Rahmen der Beschäftigungsfortsetzung zu realisieren, was Unternehmen E wie folgt begründet: „Im Falle, dass eine Teilzeitbeschäftigung erwünscht ist, geschieht auch eine tatsächliche Reduktion der Arbeitszeiten, zum Beispiel auf sechs Stunden. [...] Für uns ist die Weitergabe der Qualifikationen die Hauptsache. Daher glaube ich, dass auch im Falle einer Reduktion der Arbeitszeit keine wirklich negativen Auswirkungen für das Unternehmen erkennbar sind" (Interview d. Verf. mit Unternehmen E: 4 am 9.3.2011; Übers. d. Verf.).

Die bivariate Analyse obiger Untersuchungsresultate fördert gemäß Abbildung 38 eine signifikante Korrelation der Gestaltung von Beschäftigungsformen mit der Unternehmensgröße zu Tage: Je geringer der Beschäftigungsumfang, desto höher die Verbreitung von (echten) Teilzeitbeschäftigungsformen.[96] So stellen Beschäftigungs-

---

93 http://www.issa.int/html/pdf/helsinki2000/topic2/2levinsky.PDF, letzter Abruf: 9.3.2017.
94 http://www.mhlw.go.jp/english/wp/wp-1/2-2-5.html, letzter Abruf: 9.3.2017.
95 http://www.jil.go.jp/institute/research/2010/documents/067.pdf, letzter Abruf: 9.3.2017.
96 Im Rahmen dieser bivariaten Analyse ist die Beschäftigungsgröße anhand von vier Beschäftigungsgrößenklassen differenziert, während die Beschäftigungsform als dichotome, abhängige Va-

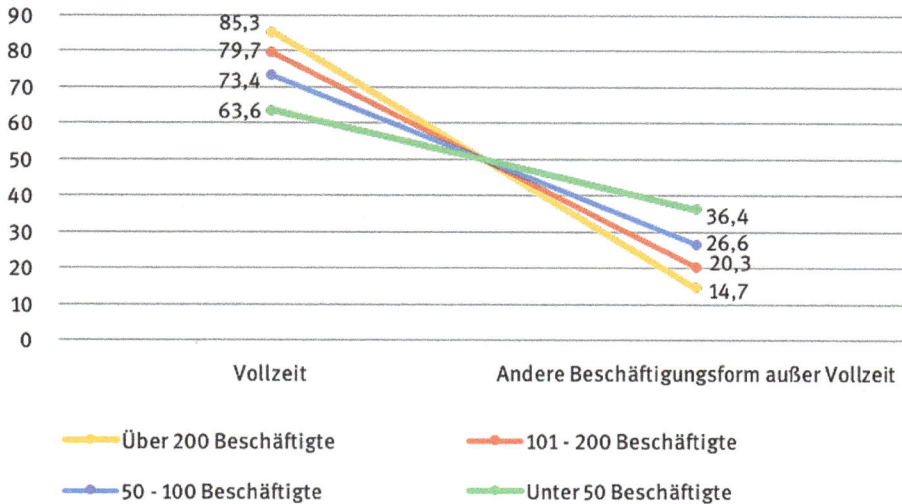

Diagramm:

90
80
70
60
50
40
30
20
10
0

85,3
79,7
73,4
63,6

36,4
26,6
20,3
14,7

Vollzeit   Andere Beschäftigungsform außer Vollzeit

——— Über 200 Beschäftigte   ——— 101 - 200 Beschäftigte

——— 50 - 100 Beschäftigte   ——— Unter 50 Beschäftigte

Abbildung 38: Beschäftigungsformen in Abhängigkeit der Beschäftigungsgröße (n=316)

formate abseits der Vollzeit in 36,4 % an Betrieben mit bis zu 50 Beschäftigten die herkömmliche Beschäftigungsform dar. Ein Wert, der über die verschiedenen Beschäftigungsklassen hinweg auf 14,7 % bei exklusiver Betrachtung von Unternehmen mit über 201 Beschäftigten absinkt. Dieser bivariate Befund scheint geeignet, den geringeren Anwendungsgrad von Vollzeitbeschäftigung gegenüber den aufgeführten Vergleichsuntersuchungen zu erhärten, der im Rahmen dieser Untersuchung im speziellen Kontext von KMU identifiziert wird. Während die Vollzeitbeschäftigung unabhängig der Unternehmensgröße als herkömmliche Fortbeschäftigungspraxis charakterisiert werden kann, werden somit dennoch signifikante Unterschiede auf Basis der Belegschaftsgröße erkennbar: „Was die Beschäftigungsform betrifft, besteht eine generelle Tendenz zu einer uniformen Beschäftigungsgestaltung in Form der dominanten Vollzeitbeschäftigung. Diese Tendenz zeigt sich umso einheitlicher, je größer das Unternehmen" (Itō 2008: 25–26; Übers. d. Verf.)[97].

Wird der Blickwinkel auf die Angebotsperspektive verlagert, kann anhand von Abbildung 39 zunächst auf die Parallele zu vorherigen Befunden verwiesen werden, dass auch auf Grundlage der arbeitnehmerbasierten Untersuchung die Vollzeit als dominante Ausprägung der Beschäftigungsform hervortritt. So besitzt mehr als die Hälfte der erfassten Fortbeschäftigten eine Vollzeitbeschäftigung (54,1 %). Allerdings benennt nur rund ein Fünftel der Befragten diese Beschäftigungsform als prinzipielle

---

riable vorliegt. Es ergibt sich eine Korrelation, welche sich zumindest auf dem Niveau von 0,03 als (zweiseitig) signifikant erweist.

97 http://www.jil.go.jp/institute/siryo/2008/documents/033_01.pdf, letzter Abruf: 9.3.2017.

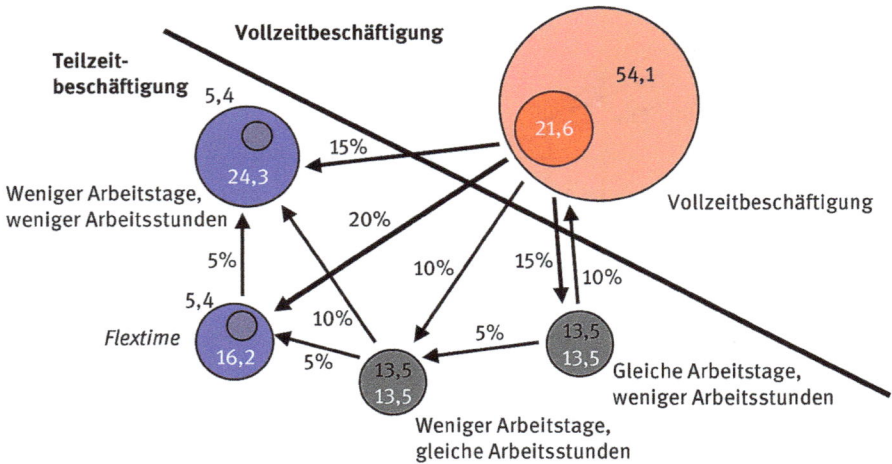

Abbildung 39: Vorhandene VS. präferierte Beschäftigungsformen

Anmerkung: Weiße Zahlenwerte repräsentieren die prozentuale Häufigkeitsverteilung der prinzipiell erwünschten Beschäftigungsform im Rahmen der Beschäftigungsfortsetzung. Schwarze Zahlenwerte repräsentieren die prozentuale Häufigkeitsverteilung der tatsächlich vorliegenden Beschäftigungsform im Rahmen der Beschäftigungsfortsetzung. Tatsächliche Beschäftigungsform: n=35; präferierte Beschäftigungsform: n=33. Fehlende Prozentwerte (tatsächliche Beschäftigungsform = 8,1 %; präferierte Beschäftigungsform = 10,9 %) entfallen auf nicht gemachte Angaben.

Bevorzugung (21,6 %). Entsprechend ist die Vollzeit dadurch gekennzeichnet, dass die Anzahl an Nennungen als tatsächlich vorhandene Ausprägung, die Häufigkeit der Angaben als grundsätzliche Präferenz bei weitem übertrifft. Im Umkehrschluss verleiht Abbildung 39 einer deutlichen Bevorzugung von Teilzeitbeschäftigungsformen auf Seiten der Fortbeschäftigten Ausdruck: Wird die Beschäftigungsform „weniger Arbeitsstunden pro Tag, weniger Arbeitstage pro Woche" von knapp jedem vierten Befragten als prinzipiell bevorzugte Beschäftigungsform benannt (24,3 %), verfügt nur rund jeder zwanzigste Fortbeschäftigte tatsächlich über eine entsprechende Gestaltung der Beschäftigung (5,4 %). Der tendenzielle Befund, wonach Beschäftigungsfortsetzung überwiegend in Vollzeit ausgeübt wird, wohingegen die Wünsche von Fortbeschäftigten deutlich zu verkürzten oder flexibilisierten Arbeitszeiten tendieren, deckt sich mit Rōdō seisaku kenkyū kenshū kikō (2008: 31)[98] und Rōdō seisaku kenkyū kenshū kikō (2010b: 10)[99].

Somit besteht auch hinsichtlich der Beschäftigungsform Raum zur Annahme, dass die gängige Praxis von MBB durch einen unzureichenden Ausgleich zwischen den Vorstellungen von Arbeitgeber und Arbeitnehmer gekennzeichnet werden muss. Neben Takagi (2009: 160); Fujimoto (2007: 15)[100] sowie Fujimoto (2011: 82)[101] wird dies auch durch Itō (2008: 26; Übers. d. Verf.)[102] konstatiert: „Die einheitliche Gestaltung [von Vollzeit] führt zu einem *mismatch* mit den Beschäftigungsbedürfnissen der über 60-Jährigen, bei denen das Bedürfnis zu Beschäftigungsformen mit verkürzter Arbeitszeit wächst. Selbst wenn ein Beschäftigungsverlängerungssystem eingeführt ist, bei dem alle Bewerber aufgenommen werden, hat die einseitige Einrichtung von Vollzeitbeschäftigung zur Folge, dass der Anteil an Personen sinkt, die sich eine Beschäftigungsverlängerung wünschen". Denn während sich die Anwendung von Vollzeit als dominante Fortbeschäftigungspraxis darstellt, exemplifizieren auch die Aussagen von Fortbeschäftigten im Tiefeninterview eine tendenzielle Präferenz zu reduzierten oder flexibilisierten Arbeitszeiten: „Ich würde mich [...] über eine Beschäftigungsform freuen, bei der man die Arbeitszeit wenigstens etwas an sich selbst bzw. der Familie anpassen könnte, etwa im Falle der Krankenpflege oder ähnlichem" (Interview d. Verf. mit Arbeitnehmer C: 3 am 7.9.2011; Übers. d. Verf.). Auch Arbeitnehmer B berichtet entsprechend: „Wenn ich könnte, würde ich gerne früher kommen und gehen. [...] Aber wir sind eben im verarbeitenden Gewerbe, da geht dies nun mal nicht" (Interview d. Verf. mit Arbeitnehmer B: 2 am 13.9.2011; Übers. d. Verf.).

Higuchi und Yamamoto (2002: 16, technical paper 1)[103] begründen diese identifizierte Präferenz zur Arbeitszeitverkürzung wie folgt: „Older workers, by nature, have greater marginal pain when working long hours and have strong tendency to desire working in short time. Therefore, compared with workers in other age groups, older workers are more likely to accept wage cuts accompanied by shortening working hours". Wenngleich wohl gerade im Kontext des verarbeitenden Gewerbes nicht leicht zu realisieren, sprechen somit auch hiesige Untersuchungsresultate für die Notwendigkeit einer weiteren Diversifizierung von Altersbeschäftigung, um der Pluralisierung von Interessen und Voraussetzungen Älterer zur Erwerbsarbeit zukünftig besser zu entsprechen: „in order to guarantee employment opportunities up to age 65 or 70, it is important that diverse employment formats, not necessarily limited to

---

98 http://www.jil.go.jp/institute/research/2008/documents/047/047.pdf, letzter Abruf: 9.3.2017.
99 http://www.jil.go.jp/institute/research/2010/documents/075.pdf, letzter Abruf: 9.3.2017.
100 http://www.jil.go.jp/kokunai/blt/backnumber/2007/05/P13-17.pdf, letzter Abruf: 9.3.2017.
101 http://www.jil.go.jp/institute/zassi/backnumber/2011/11/pdf/074-085.pdf, letzter Abruf: 9.3.2017.
102 http://www.jil.go.jp/institute/siryo/2008/documents/033_01.pdf, letzter Abruf: 9.3.2017.
103 National Centre for the Vocational Education Research (NCVER) – VOCED plus. http://www.voced.edu.au/, letzter Abruf: 9.3.2017. Signatur: TD/TNC76.74.

full-time work but also including others such as short-term and home based work, are developed" (Iwata 2002: 31)[104]. So konstatieren auch Seike, Biggs und Sargent (2012: 49)[105], dass eine diversifizierte Gestaltung der Altersbeschäftigung mit zahlreichen gesellschaftlichen Vorteilen verbunden wäre: „Encouraging flexible working practices for mature aged workers would include the promotion of gradual retirement and preparation for part-time working, securing greater control over transitions after the age of 50, and spreading work more evenly across the life course".

5.2.4 Vertragslaufzeiten

Über bislang behandelte Beschäftigungsmerkmale hinaus zeigt sich die momentane Praxis von Beschäftigungsfortsetzung durch die Anwendung einjähriger Vertragszeiträume geprägt. Dies geht aus Abbildung 40 hervor, welches arbeitgeberbasierte Untersuchungsergebnisse zur *keiyaku kikan* oder „Vertragsdauer" wiedergibt. Werden diese Resultate durch Befunde bei Rōdō seisaku kenkyū kenshū kikō (2007: 40)[106] kontrastiert, wird durch beide Studien ein Einjahreszeitraum als prägnanter Modalwert der Kontraktspanne identifiziert. So liegt dessen Anteil auf Basis hiesiger Erhebung bei 62,5 %, während einer einjährigen Vertragslaufzeit durch Rōdō seisaku kenkyū kenshū kikō (2007: 40)[107] ein Anteil von 83,5 % ausgewiesen wird. Entsprechend dieser Differenz liegt bei hiesiger Untersuchung ein höherer Anteil an Betrieben vor, die Arbeitsverträge mit einer unter sechsmonatigen Laufzeit oder einer Spanne von sechs bis zwölf Monaten anwenden. Ein diversifiziertes Verteilungsmuster gegenüber der Vergleichsstudie kommt ferner zum Ausdruck, wie auch Unternehmen mit Anwendung einer Vertragsdauer von über einem Jahr höhere Anteile auf sich vereinen. So terminieren 10,6 % an Unternehmen die Arbeitsverträge von Fortbeschäftigten oberhalb eines Einjahreszeitraums und 11,8 % an Betrieben belegen Arbeitskontrakte mit keiner zeitlichen Befristung, während sich die Werte der Vergleichsuntersuchung auf 6 % respektive 2,1 % belaufen. Bei Addition dieser Werte ergibt sich das Verhältnis, wonach hiesige Untersuchung mit rund 22 % der Unternehmensfälle einen deutlich höheren Anteil an Betrieben mit Anwendung von über einjährigen oder nicht befristeten Vertragszeiträumen im Kontrast zur Vergleichsstudie ausweist, die diesen Wert

104 National Centre for the Vocational Education Research (NCVER) – VOCED plus. http://www.voced.edu.au/, letzter Abruf: 9.3.2017. Signatur: TD/TNC76.74.
105 http://www3.weforum.org/docs/WEF_GAC_GlobalPopulationAgeing_Report_2012.pdf, letzter Abruf: 9.3.2017.
106 http://www.jil.go.jp/institute/reports/2007/documents/083.pdf, letzter Abruf: 9.3.2017. Vgl. auch: Rōdō seisaku kenkyū kenshū kikō (2010b: 7, 52. http://www.jil.go.jp/institute/research/2010/documents/075.pdf, letzter Abruf: 9.3.2017) und Rōdō seisaku kenkyū kenshū kikō (2012: 27. http://www.jil.go.jp/institute/research/2012/documents/094.pdf, letzter Abruf: 9.3.2017).
107 http://www.jil.go.jp/institute/reports/2007/documents/083.pdf, letzter Abruf: 9.3.2017.

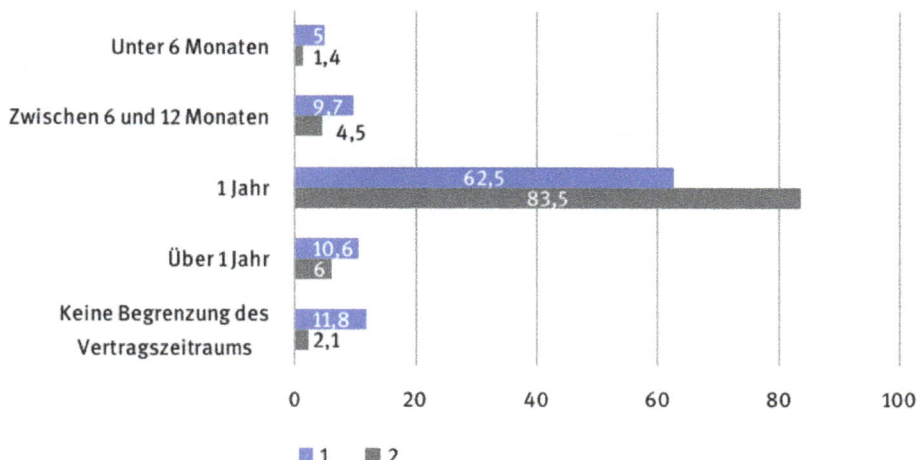

Abbildung 40: Vertragslaufzeiten im Rahmen der Beschäftigungsfortsetzung (in Prozent)

Legende: 1) Hiesige Untersuchungsdaten (n=320); 2) Rōdō seisaku kenkyū kenshū kikō (2007:40. http://www.jil.go.jp/institute/reports/2007/documents/083.pdf, letzter Abruf: 9.3.2017).

Anmerkung: Fehlende Prozentwerte bei hiesigen Untersuchungsergebnissen (0,4 %) entfallen auf die Angabe von „Ich weiß nicht". Angaben durch Rōdō seisaku kenkyū kenshū kikō (2007:40. http://www.jil.go.jp/institute/reports/2007/documents/083.pdf, letzter Abruf: 9.3.2017) basieren auf der Möglichkeit der Mehrfachantwort, so dass sich die aufgeführten Werte auf über 100 Prozent addieren.

auf 8,1 % beziffert. Dass diese Kontraste auf dem speziellen Zuschnitt hiesiger Untersuchung auf KMU beruhen, legt erneut die bivariate Analyse obiger Resultate nahe, die gemäß Abbildung 41 eine signifikante Korrelation zwischen der zeitlichen Gestaltung des Arbeitsvertrags und der Unternehmensgröße identifiziert: Je geringer die Beschäftigungsgröße, desto höher die Verbreitung von Arbeitsverträgen mit über einjähriger oder nicht beschränkter Laufzeit.[108] So bestehen in 56,5 % an Betrieben mit bis zu 50 Beschäftigten Vertragszeiträume, die ein Jahr überschreiten oder nicht befristet sind, während dieser Wert über die verschiedenen Beschäftigungsklassen hinweg auf 20,8 % bei alleiniger Betrachtung von Unternehmen mit über 101 Beschäftigten absinkt.

Demnach tendieren Unternehmen mit sinkender Beschäftigungsgröße zu länger als üblichen oder nicht fixierten Vertragsspannen, wobei auch der mit der Beschäftigungsgröße steigende Anteil der Wiederbeschäftigung gegenüber einer An- oder Aufhebung des betrieblichen Rentenalters ursächlich in Erinnerung gerufen sei (vgl. Abschnitt 5.1.1). Verkörpert Unternehmen G einen Fall mit unbegrenzter Laufzeit der

---

108 Im Rahmen dieser bivariaten Analyse sind Vertragszeitraum (abhängige Variable) und Beschäftigungsgröße (unabhängige Variable) anhand dreier Klassen differenziert. Die identifizierte Korrelation erweist sich audem Niveau von 0,00 als (zweiseitig) signifikant.

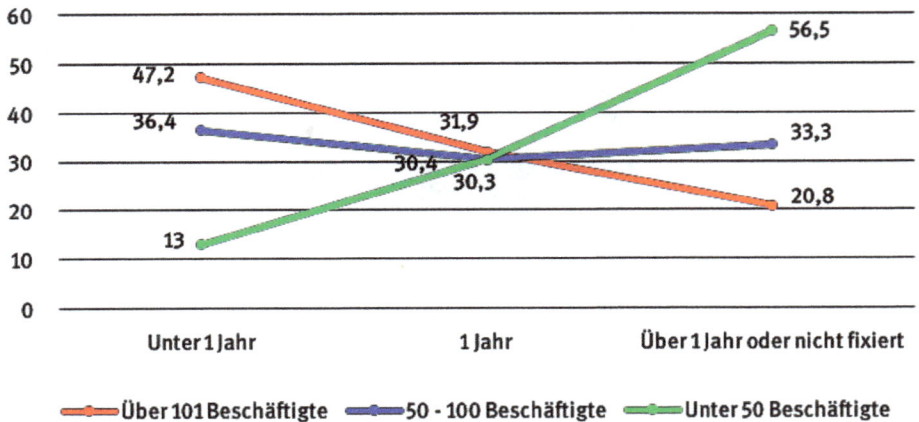

Abbildung 41: Vertragszeiträume in Abhängigkeit der Beschäftigungsgröße (n=320)

Arbeitsverträge von Fortbeschäftigten, wird dies wie folgt begründet: „Diese Personen haben ein außerordentlich hohes Fähigkeitsniveau und immer das betriebliche Wohl im Blick. Sie können deshalb solange bei unserem Unternehmen weiterarbeiten wie sie gesund sind, weshalb der Arbeitsvertrag nicht beschränkt ist" (Interview d. Verf. mit Unternehmen G: 2 am 10.3.2011; Übers. d. Verf.). Andererseits zeigt sich auch im speziellen Bezug auf KMU eine Präferenz zur Anwendung einjähriger Vertragszeiträume im Rahmen der Beschäftigungsfortsetzung. Dabei stellen sich die Vorzüge einer hiermit verbundenen Flexibilisierung des Personalwesens auf Grundlage der qualitativen Datenerhebung als vorherrschendes Motiv dar. So wird die Option, den regelmäßig auslaufenden Arbeitsvertrag zu beenden oder zu verändern als ein effektives Reaktionsmittel etwa hinsichtlich konjunktureller Schwankungen wahrgenommen:

> In Phasen der Rezession, wie etwa durch den Lehmann-Schock, in denen aufgrund des Nachfragerückgangs auch die Beschäftigung reduziert werden muss, müssen wir leider Beschäftigte entlassen. [...] Was die Beschäftigten über dem 60. Lebensjahr betrifft [...], so sprechen wir mit ihnen und erklären ihnen die schwierige Wirtschaftslage des Unternehmens, und die Angestellten sind dann auch zu entsprechenden Einschnitten bereit. Und es gibt eben leider auch die Fälle, in denen wir auf die Auflösung des Beschäftigungsverhältnisses drängen müssen. So besteht eben im Falle konjunktureller Probleme gemäß Vertragslage die Möglichkeit, die Beschäftigung nicht weiter zu verlängern. (Interview d. Verf. mit Unternehmen B: 4 am 4.3.2011; Übers. d. Verf.)

Ebenso wie die bereits thematisierten Selektionsverfahren tragen die begrenzten Vertragszeiträume zusätzlich dazu bei, sich gegenüber altersbedingten Divergenzen des individuellen Produktivitätsniveaus zu wappnen: „Aus Unternehmenssicht ist es so, dass es trotz einer anfänglich vereinbarten Vertragslaufzeit von 5 Jahren passieren kann, dass Jemand bereits früher aus der Beschäftigung austritt und wir daraufhin Veränderungen vornehmen müssen. Wenn wir nun aber unsere Organisationsentscheidungen auch immer vor dem Hintergrund treffen, dass jemand nach einem Jahr nicht mehr im Unternehmen sein könnte, können wir besser reagieren" (Interview d. Verf. mit Unternehmen E: 7 am 9.3.2011; Übers. d. Verf.). Die Mehrzahl der qualitativ untersuchten Unternehmen bezeugt im Rahmen verwandter Argumentationen die Auffassung, dass die Möglichkeit zur regelmäßigen Veränderung oder Nichterneue-rung des Arbeitsvertrags zum Vorteil beider Beschäftigungsparteien besteht: „Es ist ja so, dass sich nicht nur die Situation des Unternehmens, sondern auch die der Ange-stellten verändert. So gibt es die Fälle, in denen jemand [...] um eine Reduktion der Arbeitstage [...] bittet, etwa weil die Eltern pflegebedürftig sind [...]. Darüber unterhal-ten wir uns und treffen dann Entscheidungen anhand derer der Arbeitsvertrag ent-sprechend angepasst wird. Dabei sind wir bemüht, die Arbeit so zu arrangieren, dass sie für beide Seiten möglichst günstig ausfällt" (Interview d. Verf. mit Unternehmen A: 4 am 3.3.2011; Übers. d. Verf.). Inhaltlich verwandt zu den bisherigen Aussagen berichtet auch Unternehmen F: „Über dem 60. Lebensjahr kann sich einiges zutra-gen. [...] Es geht hier ja nicht nur um die Sicht des Mitarbeiters, sondern auch die des Unternehmens. Beide müssen bestimmen, ob der gegebene Beschäftigungszustand noch zufrieden stellend ist und deshalb wird alle sechs Monate der Arbeitsvertrag erneuert" (Interview d. Verf. mit Unternehmen F: 8 am 2.3.2011; Übers. d. Verf.).

Zwar sei den in diesem Sinne argumentierenden Unternehmen ein ernsthaftes Bemühen zur Berücksichtigung von Arbeitnehmerpräferenzen bei der Gestaltung von Fortbeschäftigungsverhältnissen nicht abgesprochen. Die Verlagerung der Betrach-tung von Vertragszeiträumen auf die Angebotsseite gibt dennoch begründeten Anlass zur Vermutung, dass die relativ kurzfristigen Spannen von Arbeitsverträgen ledig-lich von einer Minderheit der Fortbeschäftigten als persönlicher Vorteil empfunden werden. Denn Abbildung 42 gibt eine deutliche arbeitnehmerseitige Präferenz zu län-geren Vertragslaufzeiten zu erkennen. So stellt ein einjähriger Vertragszeitraum auch auf Basis des arbeitnehmerbasierten Untersuchung die herkömmliche Vertrags-dauer dar, wie diese von 59,5 % der Fortbeschäftigten besessen wird. Zum Vorschein tritt jedoch zugleich, dass sämtliche drei Klassen des Vertragszeitraums von bis zu einem Jahr dadurch gekennzeichnet sind, dass die Häufigkeit der Nennungen als tat-sächlich vorhandene Ausprägung die Anzahl an Angaben als prinzipiell erwünschte Vertragsdauer mehr oder minder deutlich übertrifft. Dahingegen kommt ein umge-kehrtes Verhältnis bei über einjährigen oder unbefristeten Vertragszeiträumen zum Ausdruck. Im Tiefeninterview nach den Gründen dieser Präferenz befragt, ergibt sich das Gesamtbild, wonach die prinzipiell vorhandene Möglichkeit einer Nichterneue-rung des Arbeitsvertrags ein Gefühl der Unsicherheit erzeugt, welches insbesondere bis zum Mindestbezugsalter des vollständigen Rentenbezugs wahrgenommen wird und somit vor dem Hintergrund finanzieller Erwägungen zu deuten ist:

Ich würde mir wünschen, dass eine Vertragserneuerung nur einmal etwa alle drei Jahre stattfin-det. Ich bin zwar dankbar, dass mein Vertrag jedes Jahr erneuert wird, jedoch ist damit immer eine gewisse Unsicherheit verbunden. [...] Ich besitze noch das Selbstvertrauen zur Arbeit, aber wenn mir die Firma mitteilen würde, dass sie mich nicht mehr braucht, dann hätte ich finanzielle Sorgen. Dabei geht es ja auch um die Lebensplanung. [...] Wenn ich mich [...] jedes Jahr aufs Neue fragen muss, wie es weitergeht, dann ist das schon ein Punkt, der Unsicherheit vermittelt. [...] Natürlich habe ich mein Erspartes und mein Einkommen. Selbst wenn ich also morgen nicht mehr zur Arbeit käme, würde ich im nächsten Monat nicht verhungern. Es ist also nicht diese Art von Sorge. [...] Allerdings braucht es eben auch so Geld zum Leben. (Interview d. Verf. mit Arbeitnehmer C: 2–3, 5 am 7.9.2011; Übers. d. Verf.)

So legen vorherige Passagen auch in Hinsicht auf die gängige Gestaltung von Vertragszeiträumen die Existenz markanter Interessendifferenzen zwischen Arbeitge-

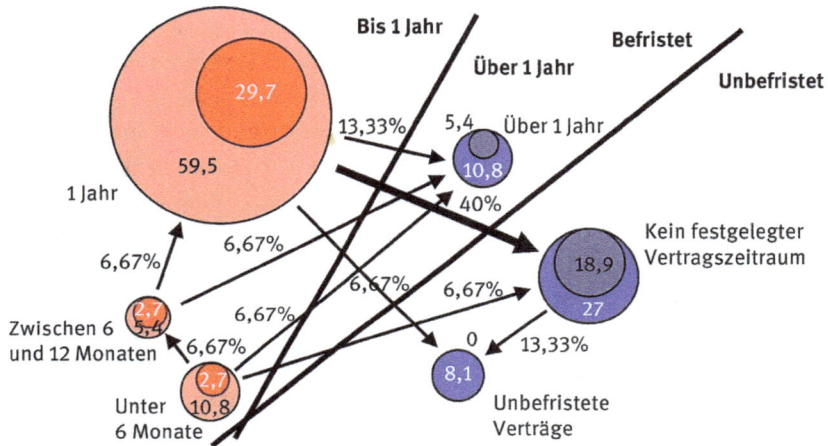

Abbildung 42: Vorhandene VS. präferierte Vertragszeiträume

Anmerkung: Weiße Zahlenwerte repräsentieren die prozentuale Häufigkeitsverteilung der prinzipiell erwünschten Vertragslaufzeit im Rahmen der Beschäftigungsfortsetzung. Schwarze Zahlenwerte repräsentieren die prozentuale Häufigkeitsverteilung der tatsächlich vorhandenen Vertragslaufzeit im Rahmen der Beschäftigungsfortsetzung. Tatsächlicher Vertragszeitraum: n=37; präferierter Vertragszeitraum n=31. Fehlende Prozentwerte (präferierter Vertragszeitraum = 19 %) entfallen auf nicht gemachte Angaben.

ber- und Arbeitnehmerseite im Rahmen der aktuellen Fortbeschäftigungspraxis nahe. Denn während Unternehmen das mit kürzeren Vertragslaufzeiten verbundene Potential zur Flexibilisierung des Personalwesens schätzen, suggeriert eine längerfristige Beschäftigungsperspektive ein erhöhtes Maß an Stabilität der Lebensplanung und wird somit aus Fortbeschäftigtenperspektive als vorteilhaft wahrgenommen. Trotz des eminenten Beitrags betrieblicher Beschäftigungsfortsetzung zur Sicherung von Beschäftigungschancen im Alter dienen die erbrachten Befunde somit auch zur Erhärtung des durch Passet (2003: 171)[109] gezogenen Fazits: „An illustration of [...] Japanese job insecurity is the ambiguous case of older workers nearing or past retirement age being either re-employed, on extended contracts (shukko), or being transferred (tenseki). These schemes [...] generate insecurity for older workers".

5.2.5 Gehaltsniveaus

Erwartungsgemäß verkörpert das Gehalt den prominentesten Forschungsaspekt des Strukturrahmens betrieblicher Beschäftigungsfortsetzung. So widmet sich insbesondere Rōdō seisaku kenkyū kenshū kikō (2010c)[110]: *Keizoku koyō nado wo meguru kōrei-sha shūgyō no genjō to kadai* [Derzeitiger Zustand und verbleibende Aufgaben der Anstellung Älterer im Rahmen der Beschäftigungsfortsetzung] überwiegend den Gehaltsmerkmalen älterer Beschäftigter. Anteile und Bemessungsfaktoren einzelner Gehaltskomponenten, die Relation zwischen Gehaltsprofil und Produktivitätsniveau oder Zusammenhangstendenzen zwischen Vergütungshöhe und sonstigen Gestaltungscharakteristika von Altersbeschäftigung werden hierin in Abhängigkeit von Branche und Unternehmensgröße einer detaillierten Analyse unterzogen. Es versteht sich vor diesem Hintergrund, dass Abschnitt 5.2.5 zur Vergütung im Rahmen der Beschäftigungsfortsetzung keine erschöpfende Exploration des breiten Spektrums an einhergehenden Teilaspekten bieten kann. Dennoch werden zentrale Parameter analysiert wie diskutiert und somit der umfangreiche Diskurs zur Entlohnung von Fortbeschäftigten sowie der Auswirkung auf die angebots- und nachfrageseitige Attraktivität von Altersbeschäftigung in kompakter Weise reflektiert. Dabei fundamentieren hiesige Untersuchungsresultate den in Abschnitt 4.3.3 referierten Forschungsstand, wonach der Eintritt in Beschäftigungsfortsetzung gemäß gängiger Praxis mit einer Absenkung des ursprünglichen Gehalts einhergeht: „When comparing the full-time wages in the age group 55–59 and in the age group 60–64 [...], we see that the wages of the age group 60–64 are about 20 percent lower than the age group 55–59. We assume that this is because many of the employees in the age group 60–64 are employed at low wages through the employment extension

---

109 https://www.researchgate.net/publication/5115613_Employment_Stability_in_An_Age_of_ Flexibility, letzter Abruf: 9.3.2017.
110 http://www.jil.go.jp/institute/reports/2010/documents/0120.pdf, letzter Abruf: 9.3.2017.

or re-hiring programs after the mandatory retirement age" (Higuchi und Yamamoto 2002: 19, technical paper 2)[111].

Abbildung 43 gibt zu erkennen, dass ein Gehaltsniveau von 50 bis 69 % (im Vergleich zum unmittelbaren Zeitpunkt vor Erreichen des betrieblichen Rentenalters) bei 42,6 % der Unternehmen vorherrscht und sich somit auf Basis arbeitgeberbasierter Untersuchungsresultate als modale Ausprägung des Gehaltsniveaus im Rahmen der Beschäftigungsfortsetzung präsentiert. Auch folgende Studien analysieren das Gehaltsniveau ab dem 60. Lebensjahr: Rōdō seisaku kenkyū kenshū kikō (2005a: 76)[112]; Rōdō seisaku kenkyū kenshū kikō (2010a: 31–32)[113]; Rōdō seisaku kenkyū kenshū kikō (2010c: 39–40, 79)[114]; Rōdō seisaku kenkyū kenshū kikō (2012: 27–29, 50)[115]; Kōrei shōgai kyūshoku-sha koyō shien kikō (2008: 23–24) sowie Rōdō chōsa-kai (2005: 29). Ein Vergleich der hierin enthaltenen Untersuchungsresultate ist jedoch mit Vorsicht vorzunehmen. So unterscheiden sich nicht nur die zugrunde gelegten Bemessungsintervalle des Gehaltsniveaus. Auch Zeitpunkte oder Zeiträume, mit denen das Gehalt ab dem 60. Lebensjahr verglichen wird, weisen studienabhängige Differenzen auf. Gemein ist hingegen sämtlichen Untersuchungen die Identifikation einer Gehaltslücke, die sich im Vergleich der Zeiträume vor und nach Erreichen des betrieblichen Rentenalters einstellt, wie auch durch hiesige Resultate dokumentiert.

Bei kumulativer Betrachtung der in Abbildung 43 aufgeführten Werte ergibt sich das Verhältnis, wonach in rund 43 % der Betriebe ein Gehaltsniveau von mindestens 70 % vorliegt. Entsprechend besteht bei mehr als der Hälfte an Unternehmen (rund 56 %) ein Gehalt im Rahmen der Beschäftigungsfortsetzung, welches weniger als 70 % des ursprünglichen Niveaus beträgt. Gehälter, die bei Eintritt in Beschäftigungsfortsetzung um mehr als die Hälfte gekürzt werden, sind in rund 13 % der Betriebe implementiert. Auf der anderen Seite der Gehaltsskala zahlen 6,4 % an Unternehmen Gehälter aus, die zumindest das ursprüngliche Niveau nicht unterbieten. Allerdings sei darauf hingewiesen, dass eine isolierte Betrachtung des Gehaltsniveaus nur bedingte Aussagekraft entfacht. So verweist Experte A auf den Zusammenhang zwischen der Vergütung von Fortbeschäftigten und der Gehaltsstruktur im Rahmen des Systems eines betrieblichen Rentenalters, die derzeit etwa in Form einer Abflachung des langfristigen Gehaltsprofils Wandlungstendenzen aufzeigt (vgl. die

---

111 National Centre for the Vocational Education Research (NCVER) – VOCED plus. http://www. voced.edu.au/, letzter Abruf: 9.3.2017. Signatur: TD/TNC76.74. Vgl. auch: Iwata (2002: 3, 15–16. National Centre for the Vocational Education Research (NCVER) – VOCED plus. http://www.voced. edu.au/, letzter Abruf: 9.3.2017. Signatur: TD/TNC76.74) sowie Passet (2003: 191–192, 195. https:// www.researchgate.net/publication/5115613_Employment_Stability_in_An_Age_of_Flexibility, letzter Abruf: 9.3.2017).
112 http://www.jil.go.jp/institute/research/documents/research012.pdf, letzter Abruf: 9.3.2017.
113 http://www.jil.go.jp/institute/research/2010/documents/067.pdf, letzter Abruf: 9.3.2017.
114 http://www.jil.go.jp/institute/reports/2010/documents/0120.pdf, letzter Abruf: 9.3.2017.
115 http://www.jil.go.jp/institute/research/2012/documents/094.pdf, letzter Abruf: 9.3.2017.

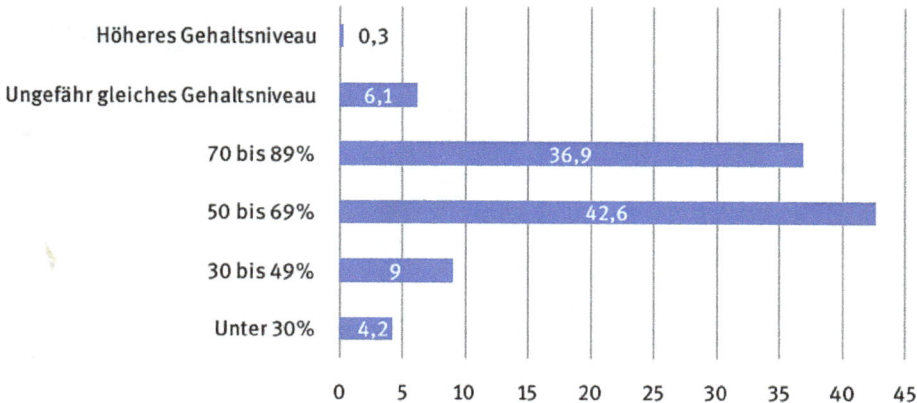

Abbildung 43: Gehaltsniveau im Rahmen der Beschäftigungsfortsetzung (in Prozent, n= 312)

Anmerkung: Die angegebenen Gehaltsniveaus im Rahmen der Beschäftigungsfortsetzung beziehen sich auf den Vergleich mit dem unmittelbaren Zeitpunkt vor Erreichen des betrieblichen Rentenalters. Fehlende Prozentwerte (0,9 %) entfallen auf die Angabe von „Ich weiß nicht".

Abschnitte 3.2.1 und 3.3.6): „Man muss auf die Totale schauen um sich hierüber ein Bild zu machen. So senken jene Unternehmen, die das Gehalt nicht stark reduzieren, bereits im Vorhinein häufig das Gehalt ab" (Interview d. Verf. mit Experte A: 2 am 31.8.2011; Übers. d. Verf.). Zudem sei in Erinnerung gerufen, dass der totale Einkommensverlust aufgrund zusätzlicher Einkommensquellen in Form einer Betriebsrente oder Bezügen aus öffentlichen Programmen der Gehaltssubventionierung (*continous employment benefit for the elderly* bzw. *old-age pension for active employees*) niedriger ausfallen kann als es dem reinen Blick auf die Gehaltsreduktion entspricht (vgl. Itō 2008: 28–29[116] sowie Abschnitt 3.3.4).

Abbildung 44 fasst zusammen, welche Bestimmungsfaktoren dem Gehalt von Fortbeschäftigten zugrunde liegen und sich somit für die identifizierte Praxis der Gehaltsreduktion bei Eintritt in Beschäftigungsfortsetzung verantwortlich zeigen. So bemessen gut zwei Drittel an Unternehmen (66,6 %) die Vergütung von Fortbeschäftigten am Gehaltsniveau vor Erreichen des betrieblichen Rentenalters. Erweist sich dieses Kriterium somit als Modalwert der Gehaltsbemessungsgrundlagen, verifizieren hiesige Untersuchungsresultate einen identischen Befund durch Rōdō seisaku kenkyū

---

116 http://www.jil.go.jp/institute/siryo/2008/documents/033_01.pdf, letzter Abruf: 9.3.2017. Vgl. auch Rōdō seisaku kenkyū kenshū kikō (2007: 48–49. http://www.jil.go.jp/institute/reports/2007/ documents/083.pdf, letzter Abruf: 9.3.2017) sowie Rōdō seisaku kenkyū kenshū kikō (2010a: 36–37. http://www.jil.go.jp/institute/research/2010/documents/067.pdf, letzter Abruf: 9.3.2017), wie hier eine Analyse der Zusammensetzung einzelner Einkommenskomponenten (Gehalt, Boni, Betriebsrente, öffentliche Gehaltssubventionierung) erfolgt, die jedoch keinen spezifischen Fokus auf KMU aufweist.

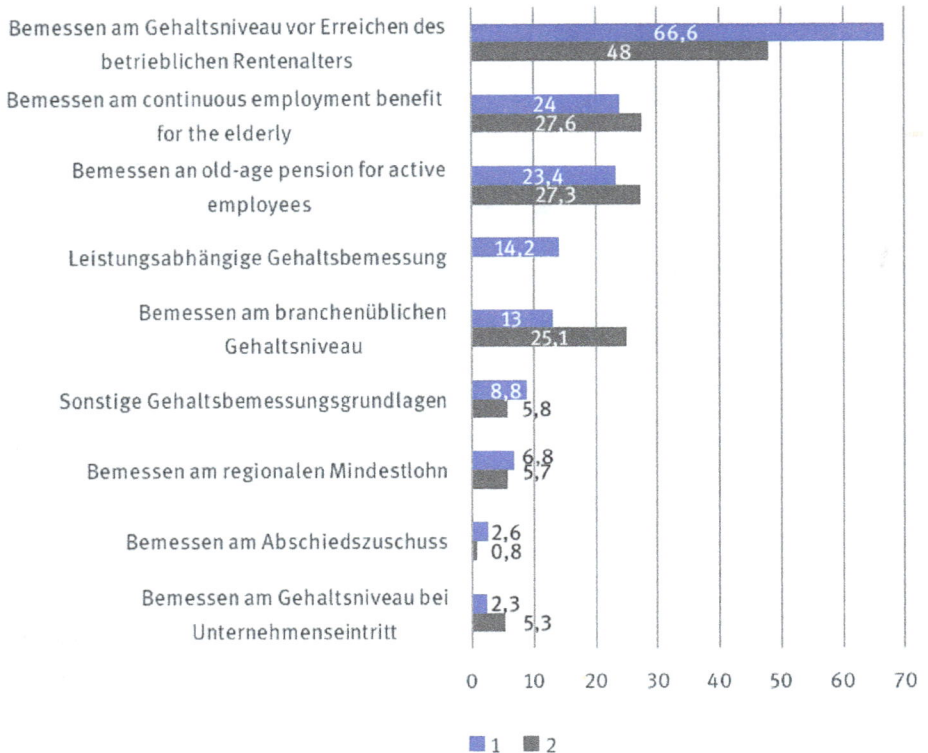

Abbildung 44: Gehaltsbemessungskriterien (in Prozent)

Legende: 1) Hiesige Untersuchungsdaten; 2) Rōdō seisaku kenkyū kenshū kikō (2007:47. http://www.jil.go.jp/institute/reports/2007/documents/083.pdf, letzter Abruf: 9.3.2017).

Anmerkung: Aufgrund der gegebenen Möglichkeit zur Mehrfachantwort summieren sich die Prozentwerte bei beiden Untersuchungen auf über 100%. Die Ausprägung „leistungsabhängige Gehaltsbemessung" wird nicht bei Rōdō seisaku kenkyū kenshū kikō (2007:47. http://www.jil.go.jp/institute/reports/2007/documents/083.pdf, letzter Abruf: 9.3.2017) erhoben. Bemessen am Gehaltsniveau vor Erreichen des betrieblichen Rentenalters (n=308); Bemessen am *continuous employment benefit* (n=308); Bemessen an *old-age pension for active employees* (n=308); Leistungsabhängige Gehaltsbemessung (n=309); Bemessen am branchenüblichen Gehaltsniveau (n=308); Sonstige Gehaltsbemessungsgrundlagen (n=308); Bemessen am regionalen Mindestlohn (n=308); Bemessen am Abschiedszuschuss (n=308); Bemessen am Gehalt bei Unternehmenseintritt (n=308).

kenshū kikō (2007: 47)[117]. Bei einem knappen Viertel der untersuchten Betriebe (24 % bzw. 23,4 %) liegt ein an den öffentlichen Programmen der Gehaltssubventionierung orientiertes Gehaltsniveau vor, deren Einfluss auf die Gehaltsreduktion aus Abschnitt 3.3.4 hervorgeht. Immerhin 14,2 % der Unternehmen berücksichtigen leistungsbasierte Gehaltskomponenten. Kann eine stärkere Berücksichtigung leistungsorientierter Vergütung als effektives Mittel zur Vermeidung sinkender Arbeitsmoral im Alter angesehen werden, mag dieser Prozentsatz als niedrig beurteilt werden, wenngleich sonstige in Abbildung 44 erfassten Bemessungsfaktoren einen (teils deutlich) geringeren Anwendungsgrad aufweisen. Abbildung 45 gibt ferner die Handhabung von leistungsbasierten Gehaltszuschüssen (Boni) im Rahmen der Beschäftigungsfortsetzung zu erkennen, die in Japan eine oftmals nicht unerhebliche sowie mit zunehmender Unternehmensgröße tendenziell an Bedeutung gewinnende Gehaltskomponente darstellen. Erkennbar ist, dass die Nichtberücksichtigung von Fortbeschäftigten bei der Auszahlung von Boni in 30,3 % an Unternehmen gemäß Rōdō seisaku kenkyū kenshū kikō (2007: 47)[118] als Modalwert hervortritt. Zwar unterscheidet sich dieser Anteil nur geringfügig vom Vergleichswert der hiesigen Untersuchung (26,7 %). Dennoch tritt hierdurch ein Wechsel der modalen Ausprägung der Anwendung von Boni hervor. So stellen Unternehmen, die leistungsbasierte Gehaltszuschüsse in Abhängigkeit der übertragenen Arbeitsinhalte ausschütten mit einem Anteil von 27,7 % die Mehrheit innerhalb der untersuchten Betriebe dar. Zwar seien die Limitationen, die auf betrieblicher Ebene bei der Implementierung leistungsorientierter Gehaltskomponenten bestehen in Erinnerung gerufen (vgl. die Abschnitte 3.2.1 und 3.3.6). Kann die Berücksichtigung leistungsbasierter Vergütungsformen jedoch als wirkungsvolles Instrument zur Aufrechterhaltung von Arbeitsmoral bei Überschreitung des betrieblichen Rentenalters gewertet werden, ist es dem individuellen Standpunkt überlassen, den rund 25-prozentigen Anteil an Betrieben ohne Ausschüttung von Boni an Fortbeschäftigte als hoch oder niedrig zu bewerten. Im Zusammenhang der gesellschaftspolitischen Notwendigkeit zur substanziellen Sicherung von Altersbeschäftigung, in deren Rahmen Aspekten der Beschäftigungsqualität besondere Bedeutung zugesprochen wird (vgl. Fujii, Matsubuchi und Chiba 2006: 121, 127–129)[119], erscheint dieser Anteil jedoch einer Revision würdig.

---

117 http://www.jil.go.jp/institute/reports/2007/documents/083.pdf, letzter Abruf: 9.3.2017. Vgl. auch: Rōdō seisaku kenkyū kenshū kikō (2010a: 28–29. http://www.jil.go.jp/institute/research/2010/documents/067.pdf, letzter Abruf: 9.3.2017); Rōdō seisaku kenkyū kenshū kikō (2010c: 80. http://www.jil.go.jp/institute/reports/2010/documents/0120.pdf, letzter Abruf: 9.3.2017) sowie Kōrei shōgai kyūshoku-sha koyō shien kikō (2008: 87–91). Hingewiesen sei ferner darauf, dass beiden der in Abbildung 43 erfassten Untersuchungen die Möglichkeit zur Mehrfachantwort zugrunde liegt. Die aufgeführten Prozentwerte addieren sich somit auf über 100 % und identifizieren somit zugleich eine kombinierte Berücksichtigung einzelner Gehaltsbemessungsfaktoren.
118 http://www.jil.go.jp/institute/reports/2007/documents/083.pdf, letzter Abruf: 9.3.2017.
119 http://www.jil.go.jp/english/JLR/documents/2006/JLR12_fujii.pdf, letzter Abruf: 9.3.2017.

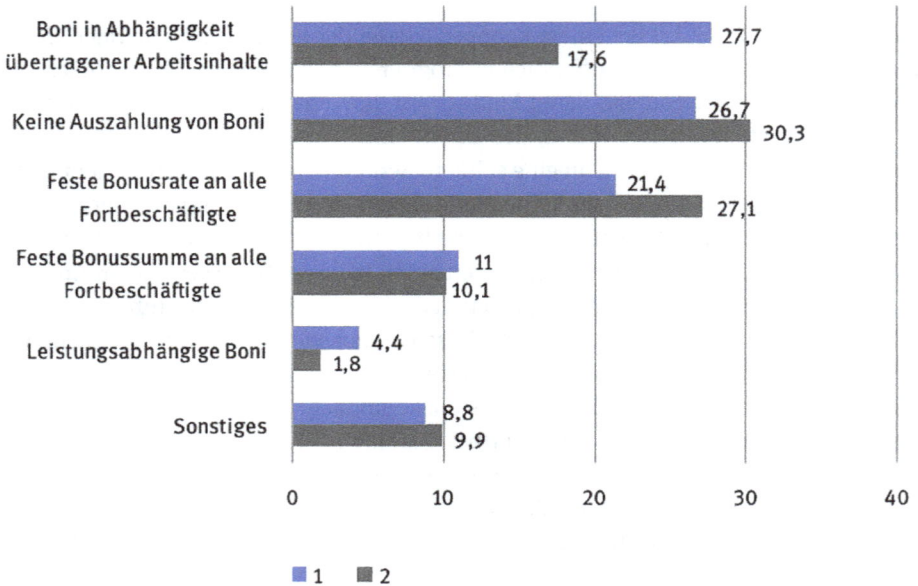

Abbildung 45: Zahlung von leistungsorientierten Gehaltszuschüssen (in Prozent)

Legende: 1) Hiesige Untersuchungsdaten (n=318); 2) Rōdō seisaku kenkyū kenshū kikō (2007:47. http://www.jil.go.jp/institute/reports/2007/documents/083.pdf, letzter Abruf: 9.3.2017).

Erwartungsgemäß fördert eine bivariate Auswertung des Gehaltsniveaus zahlreiche Zusammenhänge mit sonstigen Gestaltungsaspekten des Strukturrahmens von MBB hervor. So liegt ein Gehaltsniveau von mindestens 70 % auf Grundlage dieser Untersuchung in signifikant häufigerem Maße bei regulärer Festanstellung[120] und Vollzeitbeschäftigung[121] sowie im Falle der Berücksichtigung von Fortbeschäftigten bei der Auszahlung von Boni[122] vor. Zudem identifiziert der Forschungsstand Zusammenhangstendenzen zwischen dem Gehaltsniveau und der Unternehmensgröße. So

---

120 Im Rahmen dieser bivariaten Analyse liegt das Gehaltsniveau als abhängige, dichotome Variable („70 % und darüber" bzw. „unter 70 %") vor, wie auch die Anstellungsform („reguläre Festanstellung" bzw. „nicht reguläre Anstellungsformen") dichotomisiert in die Berechnung der Korrelation einfließt, die sich auf schwachem Niveau von 0,04 als (zweiseitig) signifikant erweist.

121 Im Rahmen dieser bivariaten Analyse liegt das Gehaltsniveau als abhängige, dichotome Variable („70 % und darüber" bzw. „unter 70 %") vor, wie auch die Beschäftigungsform („Vollzeit" bzw. „andere Beschäftigungsformen außer Vollzeit") dichotomisiert in die Berechnung der Korrelation einfließt, die sich auf dem Niveau von 0,01 als (zweiseitig) signifikant erweist.

122 Im Rahmen dieser bivariaten Analyse liegt das Gehaltsniveau als abhängige, dichotome Variable („70 % und darüber" bzw. „unter 70 %") vor, wie auch die Auszahlung von Boni („Auszahlung von Boni" bzw. „keine Auszahlung von Boni") dichotomisiert in die Berechnung der Korrelation einfließt, die sich auf schwachem Niveau von 0,03 als (zweiseitig) signifikant erweist.

zeichnen sich Großunternehmen gegenüber KMU durch eine akzentuiertere Anwendung senioritätsbasierter Gehaltsgestaltung aus. Weist das langfristige Gehaltsprofil somit einen vergleichsweise steilen Verlauf auf, findet gegenüber KMU eine tendenziell stärkere Gehaltsreduktion bei Überschreitung des betrieblichen Rentenalters statt, die jedoch nicht in einer absolut niedrigeren Gehaltshöhe resultieren muss: „The steeper the slope of the wage profile up to mandatory retirement, the more the wage on re-employment decreases" (Kajitani 2006: 54)[123]. Entsprechend dieses betriebswirtschaftlichen Hintergrunds konstatiert Fujimoto (2008a: 80)[124]: „By company size […] reduction in wages compared with those at the mandatory retirement age grew larger, with larger firms" (vgl. Fujimoto 2008a: 81[125]; Kajitani 2006: 54[126] sowie Rōdō seisaku kenkyū kenshū kikō 2010: 39[127]). Allerdings ergibt sich eine signifikante Korrelation zwischen Unternehmensgröße und Gehaltsniveau nicht auf Basis hiesiger Untersuchungsresultate. Dies mag darauf zurückgeführt werden, dass die im Fokus hiesiger Betrachtung stehenden KMU eine zu geringe Spannbreite des Beschäftigungsumfangs repräsentieren, um die oben geschilderten beschäftigungsgrößenabhängigen Differenzen der Gehaltsreduktion reflektieren zu können.

Aus betriebswirtschaftlichem Blickwinkel ist aufgrund der Verbreitung von Senioritätslöhnen eine Absenkung des Gehaltsniveaus bei Verlängerung der Erwerbsbiografie unerlässlich, um Gehalts- und Produktivitätsniveau anzugleichen und die Rentabilität von Anstellungsverhältnissen als grundlegende Determinante der nachfrageseitigen Attraktivität von (Alters-)Beschäftigung wiederherzustellen (vgl. die Abschnitte 3.2.1 und 4.2.2): „Stellt das einheitlich hohe Gehalt vor Erreichen des betrieblichen Rentenalters ein Hindernis für die Beschäftigung Älterer dar, übt das Absenken des Gehalts einen positiven Effekt auf die Beschäftigung Älterer aus" (Okunishi 2009: 121; Übers. d. Verf.). Ist dieser Zusammenhang aus ökonomischer Sichtweise vergleichsweise unbestritten, ergibt der Wissenschaftsdiskurs jedoch keine eindeutige Wertung, was die sozialen Implikationen dieser Gehaltspraxis betrifft. Dies lässt sich auch anhand der qualitativen Datenerhebung exemplifizieren. So sieht Experte A eine radikale Gehaltsabsenkung eher als Randphänomen der Beschäftigungsfortsetzung an: „Sicherlich gibt es auch Fälle bei denen ein sehr niedriges

---

123 http://ir.library.osaka-u.ac.jp/dspace/bitstream/11094/20329/1/oep056_3_051.pdf, letzter Abruf: 9.3.2017. Vgl. auch Okunishi (2009: 121).
124 http://www.jil.go.jp/institute/siryo/2008/documents/033_02.pdf, letzter Abruf: 9.3.2017.
125 http://www.jil.go.jp/institute/siryo/2008/documents/033_02.pdf, letzter Abruf: 9.3.2017.
126 http://ir.library.osaka-u.ac.jp/dspace/bitstream/11094/20329/1/oep056_3_051.pdf, letzter Abruf: 9.3.2017.
127 http://www.jil.go.jp/institute/reports/2010/documents/0120.pdf, letzter Abruf: 9.3.2017. Ferner geht aus Rōdō seisaku kenkyū kenshū kikō (2010: 40. http://www.jil.go.jp/institute/reports/2010/documents/0120.pdf, letzter Abruf: 9.3.2017) hervor, dass das verarbeitende Gewerbe im Vergleich zu anderen Branchen (wie insbesondere dem Banken- und Versicherungswesen) durch eine relativ moderate Absenkung des Gehalts ab dem 60. Lebensjahr geprägt ist.

Gehaltsniveau existiert. [...] Allerdings denke ich nicht, dass dies im großen Umfang zutrifft" (Interview d. Verf. mit Experte A: 2 am 31.8.2011; Übers. d. Verf.). Experte D konstatiert hingegen durchaus soziales Konfliktpotential im Zusammenhang der Gehaltsbestimmung von Fortbeschäftigten: „Es entsteht also ein sehr ernsthafter Zustand dadurch, dass [neben dem fehlenden Rentenanspruch] auch das Gehalt als Einkommensquelle wegbricht" (Interview d. Verf. mit Experte D: 5 am 30.9.2011; Übers. d. Verf.).

Unterschiedliche Standpunkte zur sozialen Tragweite der Gehaltspolitik im Rahmen von MBB gehen nicht nur aus der individuellen Beurteilung des adäquaten Verhältnisses zwischen Privatwirtschaft und öffentlicher Hand bei Vorsorge wie Versorgung des Alters hervor. Auch konträre Einschätzungen bezüglich der altersbedingten Entwicklung von Lebensführungskosten liegen zugrunde. So werden eine höhere Rate an Wohnraum in Eigentum, der Obhut entwachsene Kinder oder die Gestaltung sozialer Sicherungssysteme zur Argumentation herangezogen, wonach Wohn- und Erziehungskosten sowie Sozialabgabenlast gegenüber dem altersstrukturellen Mittelbau der Bevölkerung sinken oder gänzlich entfallen. Die Annahme altersbedingt sinkender Lebensführungskosten wird somit als kalkulatorisches Relativ herangezogen, um der ökonomischen Begründung von Gehaltseinschnitten im Alter eine soziale Legitimation hinzuzufügen: „although income does fall with age, people over retirement age are not substantially less well off than people of working age. The difference is further reduced when the absence of work-related expenses and older people's generally lower housing expenses are taken into account" (Casey und Yamada 2002: 4)[128]. Inhaltlich verwandt schildert Experte F: „In Japan ist eine Absenkung des Gehalts nach Erreichen des betrieblichen Rentenalters üblich. Jedoch muss auch bedacht werden, dass die Kindererziehung zu diesem Zeitpunkt zumeist bereits beendet ist. Ferner finden sich innerhalb dieser Gruppe viele Hausbesitzer [...], weshalb auch Mietkosten und ähnliches entfallen" (Interview d. Verf. mit Experte F: 1 am 4.2.2011; Übers. d. Verf.). Allerdings wird die Annahme altersbedingt sinkender Lebensführungskosten etwa mit Verweis auf steigende Ausgaben zur Gesundheitswahrung nicht vorbehaltlos geteilt: „As elderly people get older, [...] their heating, clothing, hygiene, social and other costs rise" (Fukawa 2008: 929). Aussagen von Arbeitnehmer B exemplifizieren ferner, dass nicht zuletzt aufgrund der demografischen Entwicklung andere innerfamiliäre Transferleistungen an Stelle entfallender Lebensführungskosten auftreten können, die das Haushaltseinkommen nicht minder strapazieren: „Meine Mutter ist zurzeit im Krankenhaus und mein Vater ist auch schon

---

128 http://www.oecd-ilibrary.org/docserver/download/345816633534.pdf?expires=1495453103&id=id&accname=guest&checksum=685B173A9A218B8812DFF63664FA0CE7 , letzter Abruf: 9.3.2017. Vgl. zur Diskussion der Lebensführungskosten im Alter auch: Seike (2009b: 267–268) sowie Naikaku-fu (2008: 9–12. http://www5.cao.go.jp/seikatsu/whitepaper/h20/10_pdf/01_honpen/pdf/08sh_0101_02.pdf, letzter Abruf: 9.3.2017).

93 Jahre. [...] Das heißt, ich muss mich eben auch darum kümmern. [...] Zu meinem Vater kommt dreimal die Woche die Tagespflege. Das alles zusammen hat sich im September auf ungefähr 200.000 Yen belaufen. [...] In meinem Fall wurde in letzter Zeit der gesamte Verdienst für die Pflege der Mutter verwendet" (Interview d. Verf. mit Arbeitnehmer B: 3–4 am 13.9.2011; Übers. d. Verf.).

In Analogie zu vorherigen Abschnitten sei die Betrachtung auch auf angebotsseitige Blickwinkel gelenkt. So bietet Abbildung 46 eine grafische Aufarbeitung des Vergleichs zwischen tatsächlich vorhandener und prinzipiell bevorzugter Ausprägungen des Gehaltsniveaus. Mehr als im Rahmen bisheriger Zusammenhänge mag die Abfrage eines prinzipiell bevorzugten Gehaltsniveaus jedoch jene Betrachter verwundern, die ökonomisches Handeln als bloßes Maximierungsstreben unabhängig realer Handlungsrestriktionen interpretieren und folglich stets die Nennung der höchstmöglichen Gehaltsausprägung erwarten. Dahingegen lehrt die Personalökonomik, dass die unter dem Begriff *„principal-agent-Beziehung"* theoretisierte Beziehung zwischen Arbeitgeber und Arbeitnehmer durch den Abbau von Informationsunsicherheit und asymmetrischer Wissensverteilung geprägt ist. Dieses personalökonomische Gedankengut in den hiesigen Kontext konvertiert, liegt der Abfrage eines prinzipiell bevorzugten Gehaltsniveaus die Annahme zugrunde, dass insbesondere ältere Beschäftigte dazu tendieren, ihre Erwerbspräferenzen an realistische Optionen des internen wie externen Arbeitsmarkts anzupassen. Diese theoretischen Grundlagen scheinen durch die in Abbildung 46 zum Ausdruck kommende Verhältnisse reflektiert. So sei bei dessen Betrachtung eingangs darauf verwiesen, dass längst nicht alle verzeichneten Präferenzströme zur maximalen Ausprägungen des Gehaltsniveaus tendieren. Vielmehr zeigen sich diversifiziertere Verhältnisse, wie auch die jeweils nächst höheren Gehaltsklassen Zuspruch finden und wonach im abstrahierten Sinne knapp drei Viertel der untersuchten Fortbeschäftigten eine Gehaltsabsenkung bei Eintritt in Beschäftigungsfortsetzung grundsätzlich akzeptieren. So geben lediglich 27 % der Fortbeschäftigten ein gegenüber dem ursprünglichen Niveau identisches oder höheres Gehalt als grundsätzliche Bevorzugung an.

Allerdings offenbaren die in Abbildung 46 wiedergegebenen Untersuchungsresultate auch eindeutige Tendenzen zur Präferenz eines Gehaltsniveaus, welches zumindest 70 % der vorherigen Gehaltssumme entspricht. So sind sämtliche Bemessungsintervalle eines Gehaltsniveaus von maximal 70 % dadurch geprägt, dass die Anzahl der Nennungen als tatsächlich vorhandenes Gehaltsniveau, die Häufigkeit an Angaben als grundsätzlich bevorzugte Ausprägung (deutlich) übertreffen. Hingegen sind sämtliche Kategorien eines Gehaltsniveaus von minimal 70 % durch einen Zustrom an Arbeitnehmerpräferenzen gekennzeichnet. Dies mag angesichts der vorherrschenden Fortsetzung von Arbeitsinhalten bei Vollzeitbeschäftigung kaum überraschen (vgl. die Abschnitte 5.2.1 und 5.2.3). Jedoch stehen diese Präferenzen eben im Widerspruch zur gängigen Gehaltspraxis im Rahmen betrieblicher Beschäftigungsfortsetzung wie im Verlaufe dieses Abschnitts dokumentiert. Somit geben die dargestellten Untersuchungsresultate Raum zur begründeten Annahme, dass auch

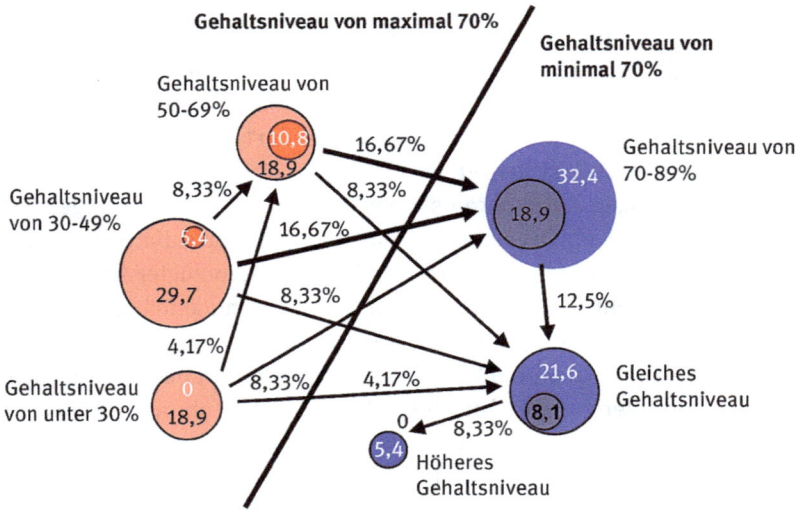

Gehaltsniveau von maximal 70%

Gehaltsniveau von minimal 70%

Gehaltsniveau von 50-69%

Gehaltsniveau von 70-89%

Gehaltsniveau von 30-49%

Gehaltsniveau von unter 30%

Gleiches Gehaltsniveau

Höheres Gehaltsniveau

10,8 / 18,9 / 16,67% / 8,33% / 8,33% / 32,4 / 18,9 / 5,4 / 16,67% / 29,7 / 8,33% / 12,5% / 4,17% / 0 / 18,9 / 8,33% / 4,17% / 21,6 / 8,1 / 0 / 8,33% / 5,4

Legende:

⬤ Gewünschtes Gehaltsniveau im Rahmen der Beschäftigungsfortsetzung (Abfluss)

◯ Tatsächliches Gehaltsniveau im Rahmen der Beschäftigungsfortsetzung (Abfluss)

⬤ Gewünschtes Gehaltsniveau im Rahmen der Beschäftigungsfortsetzung (Zufluss)

◯ Tatsächliches Gehaltsniveau im Rahmen der Beschäftigungsfortsetzung (Zufluss)

Abbildung 46: Vorhandenes VS. präferiertes Gehaltsniveau

Anmerkung: Weiße Zahlenwerte repräsentieren die prozentuale Häufigkeitsverteilung des prinzipiell erwünschten Gehaltsniveaus im Rahmen der Beschäftigungsfortsetzung. Schwarze Zahlenwerte repräsentieren die prozentuale Häufigkeitsverteilung des tatsächlich vorhandenen Gehaltsniveaus im Rahmen der Beschäftigungsfortsetzung. Tatsächliches Gehaltsniveau: n=35; präferiertes Gehaltsniveau: n=31. Fehlende Prozentwerte (tatsächliches Gehaltsniveau = 5,5 %; präferiertes Gehaltsniveau = 24,4 %) entfallen auf nicht gemachte Angaben.

bezüglich der Gehaltspraxis im Rahmen von MBB markante Interessendiskrepanzen zwischen Arbeitgeber und Fortbeschäftigten bestehen, die im obig skizzierten Sinne von einer Pauschalisierung unter dem Motto je mehr, desto besser als Grundsatz arbeitnehmerbasierter Wirtschaftsentscheidungen ausgenommen scheinen.[129] So

---

[129] Befunde zu arbeitnehmerseitigen Präferenzen des Gehaltsniveaus im Rahmen von MBB sind auch den folgenden Beiträgen zu entnehmen: Rōdō seisaku kenkyū kenshū kikō (2008: 37. http://www.jil.go.jp/institute/research/2008/documents/047/047.pdf, letzter Abruf: 9.3.2017); Rōdō seisaku kenkyū kenshū kikō (2012: 18. http://www.jil.go.jp/institute/research/2012/documents/094.pdf, letzter Abruf: 9.3.2017); Yamada (2008: 173. http://www.jil.go.jp/institute/reports/2008/documents/0100_07.pdf, letzter Abruf: 9.3.2017).

konstatieren auch Seike und Nagashima (2009: 54, 56; Übers. d. Verf.) im weitgehenden Einklang zu den in dieser Passage geschilderter Tendenzen:

> Was den Wunsch eines minimalen Gehaltsniveaus betrifft [...], wünscht sich über die Hälfte ein Gehaltsniveau von 60–90 %. Was im Gegensatz dazu das wahrscheinlichste maximale Gehaltsniveau anbelangt, [...] geben etwa zwei von drei Personen die Erwartung eines Gehaltsniveaus von rund 40–70 % an. [...] Durch das Ausmaß des [Gehalts-]Gefälles wird auch das zu hohe Gehalt unmittelbar vor Erreichen des betrieblichen Rentenalters reflektiert. Nichts desto trotz bleibt die Differenz [zwischen Erwartung und Realität] groß.

Ein wie durch diese Befunde registriertes *mismatch* zwischen angebots- und nachfrageseitigen Erwartungen an die Verlängerung der Beschäftigungsbiografie spiegelt sich auch im Wissenschaftsdiskurs wieder. So vermutet Kajitani (2006: 52)[130], dass die zwischen Arbeitgeber und Arbeitnehmer bestehende Interesseninkongruenz im Zusammenhang der Gehaltsbemessung zu einer sinkenden Bereitschaft zur Annahme von Beschäftigungsfortsetzung führt: „A wage reduction on reemployment could [...] decrease the labor supply of elderly workers after mandatory retirement". Denn obwohl eine Gehaltsreduktion die nachfrageseitige Attraktivität von Altersbeschäftigung erhöht, beurteilt Kajitani (2006: 62)[131] den konträren Effekt einer sinkenden Anziehungskraft der Beschäftigungsfortsetzung auf Angebotsseite als überwiegend: „Zu den verschiedenen Eigenschaften der Fortbeschäftigungssysteme zählt, dass diese komplizierte Auswirkungen auf die Altersbeschäftigung entfachen. Die große Absenkung des Gehaltsbetrags und ihr negativer Einfluss auf ältere Beschäftigte zählt hierbei zu den besonders zu beachtenden Effekten" (Okunishi 2009: 121; Übers. d. Verf.). Doch selbst wenn die Aufnahme von Beschäftigungsfortsetzung erfolgt, scheint die Aufrechterhaltung der Arbeitsmoral unter diesen Umständen schwierig, wie die gängige Praxis von Beschäftigungsfortsetzung augenscheinlich vom Prinzip *gleiche Arbeit, gleicher Lohn* abweicht (vgl. Yashiro 2009: 21)[132]: „Sowohl für das Unternehmen, wie auch für den Arbeitnehmer, bestehen hinsichtlich der Nutzung der Fähigkeiten Vorteile in der Fortsetzung des vorherigen Arbeitsinhalts. [...] Allerdings besteht ein weiteres Problem darin, dass während Arbeitnehmer die gleiche Arbeit ausüben, sich das Gehalt bis auf die Hälfte verringern kann [...]. Wenn das Gehalt auf

---

130 http://ir.library.osaka-u.ac.jp/dspace/bitstream/11094/20329/1/oep056_3_051.pdf, letzter Abruf: 9.3.2017.
131 http://ir.library.osaka-u.ac.jp/dspace/bitstream/11094/20329/1/oep056_3_051.pdf, letzter Abruf: 9.3.2017. Vgl. auch: Higuchi und Yamamoto (2002a: 1. http://www.imes.boj.or.jp/research/papers/japanese/kk21-b2-1.pdf, letzter Abruf: 9.3.2017); Higuchi (2002: 15. National Centre for the Vocational Education Research (NCVER) – VOCED plus. http://www.voced.edu.au/, letzter Abruf: 9.3.2017. Signatur: TD/TNC76.74); Yamada (2009: 4. http://www.jil.go.jp/institute/zassi/backnumber/2009/08/pdf/004-019.pdf, letzter Abruf: 9.3.2017) sowie Oshio (2008: 1110).
132 http://www.jil.go.jp/institute/zassi/backnumber/2009/08/pdf/020-029.pdf, letzter Abruf: 9.3.2017.

diese Weise absinkt, ist eine schwächelnde Arbeitsmoral hiermit unschwer in Verbindung zu bringen" (Seike 2001: 66–67; Übers. d. Verf.).

Auch anhand der qualitativen Datenerhebung lässt sich dieses Konfliktpotential nachvollziehen: „Die Motivation sinkt und das ist natürlich verständlich, selbst wenn man bedenkt, dass das vorherige Gehalt nicht dem Niveau der eigentlichen Leistung entsprach und das Gehaltsniveau im Rahmen der Beschäftigungsfortsetzung wohl eher das tatsächliche Leistungsniveau reflektiert" (Interview d. Verf. mit Experte E: 3 am 20.9.2011; Übers. d. Verf.). Auch Experte F attestiert: „Allerdings ist es ein Problem, dass die Motivation, der Wille zur Arbeit sinkt. Denn während das Gehalt üblicherweise abgesenkt wird, bleibt der Arbeitsinhalt häufig im Wesentlichen gleich. Arbeit verschafft unter diesen Umständen weniger Befriedigung" (Interview d. Verf. mit Experte F: 3 am 4.2.2011; Übers. d. Verf.). „Geld ist in der Geldgesellschaft nun einmal der Maßstab dafür, was gilt" konstatiert Beck (2007: 166). In diesem Sinne mag es kaum überraschen, dass das Gehalt als sensibelster Indikator von Beschäftigungsqualität wahrgenommen wird (vgl. Abschnitt 6.2.2), dessen Auswirkung auf die Beschäftigungszufriedenheit auch anhand von Unternehmen H exemplifiziert werden kann:

> Es gibt die Fälle, in denen Angestellte einen Schock erleiden, wenn sie von der Absenkung des Gehalts erfahren. Und zwar, obwohl wir ihnen erklären, dass aufgrund des zusätzlichen Bezugs von Rente und Leistungen aus den staatlichen Programmen der Gehaltssubventionierung die Reduktion des Gehaltsniveaus nicht mit einer erheblichen Absenkung des Lebensstandards verbunden ist. In ihrer bisherigen Arbeitsvita haben die Angestellten das Gehalt immer als eine Art der Reflexion ihrer Bemühungen bzw. der Wertschätzung seitens des Unternehmens wahrgenommen. Insofern denke ich, dass ein Einfluss auf die Motivation der Arbeitnehmer besteht, da [...] die Absenkung des Gehaltsniveaus mit Sorgen verbunden ist, ob dies nicht doch auch einer geringeren Wertschätzung seitens des Unternehmens gleichkommt. (Interview d. Verf. mit Unternehmen H: 2 am 8.3.2011; Übers. d. Verf.)

Auch die Gehaltspolitik im Rahmen der Beschäftigungsfortsetzung bietet somit Anlass zur kontroversen Debatte. So stellt die Möglichkeit zur Gehaltsreduktion ein eminentes betriebswirtschaftliches Argument zur Nutzung der Wiederbeschäftigung dar, womit dieser Mechanismus großen Anteil zur in Japan vergleichsweise erfolgreichen Sicherung von Beschäftigungschancen im Alter besitzt. Auf der anderen Seite droht die „Schaffung einer neuen Gruppe von Geringverdienern" (Yamashita 2007: 88, Übers. d. Verf.)[133] und es lässt sich über diesen sozialen Aspekt hinaus auf mikro- wie makroökonomische Implikationen verweisen (sinkende Arbeitsmoral, sinkendes Angebot an Altersbeschäftigung), welche die gängige Gehaltsreduktion bei Eintritt in Beschäftigungsfortsetzung mit Fragezeichen versehen: „While Japan therefore seems to have come up with ways to keep its older people employed and to offer them a gradual

---

133 http://www.jil.go.jp/english/JLR/documents/2007/JLR15_yamashita.pdf, letzter Abruf: 9.3.2017.

path into retirement, the situation still has its question marks. A major problem here is the remuneration of older employees" (Meyer-Ohle 2008: 952). Dass sich das japanische Konzept der Wiederbeschäftigung als effektives Instrument zur Verlängerung von Lebensarbeitszeit erweist, ist vor diesen Hintergründen nicht unumstritten: „Many Japanese firms lower the wages of workers once they have reached their mandatory retirement age. This is a distinctive feature of Japan's reemployment system. The reemployment mechanism is able to prevent firms from "overpaying" the employees. However, a wage reduction on reemployment could decrease the incentive to continue to work in their current firms. If this is true, the Japanese re-employment system with a wage reduction may not be effective" (Kajitani 2006: 63)[134].

Im hiermit zum Ende gelangenden fünften Kapitel finden sich zentrale Indikatoren des Strukturrahmens von betrieblicher Beschäftigungsfortsetzung analysiert, der in Japan hohe Relevanz im Zusammenhang der vergleichsweise erfolgreichen Erwerbseinbindung Älterer beizumessen ist. Die Befunde vorheriger Passagen werden im folgenden Kapitel mit der nachfrage- wie angebotsseitigen Motivation und Evaluation dieses personalpolitischen Mittels in Verbindung gesetzt. So bleibt anhand der bisherigen Darstellung vorerst festzuhalten, dass angesichts der zum Ausdruck gelangenden Diversität des Strukturrahmens von MBB nicht von einem alleinigen standardisierten Modell zur innerbetrieblichen Verlängerung von Erwerbsbiografien auszugehen ist. Vielmehr finden sich betriebsspezifische Gestaltungsdifferenzen, die primär als Konsequenz unterschiedlicher Unternehmensgrößen und ihrer spezifischen Voraussetzungen und Interessen einer Verlängerung der Unternehmenszugehörigkeit interpretiert werden. Und dennoch bestätigen die vorliegenden Untersuchungsresultate, dass die Fortbeschäftigungspraxis durch signifikante Muster charakterisierbar ist. Demnach wird das Konzept betrieblicher Beschäftigungsfortsetzung überwiegend in Gestalt des Wiederbeschäftigungssystems zwischen dem 60. und 65. Lebensjahr arrangiert. Die in diesem Rahmen bestehende Möglichkeit zur Selektion von Fortbeschäftigten erweist sich als systemrelevantes Instrument zur Wahrung betrieblicher Interessen, liefert jedoch zugleich Anlass zur kritischen Diskussion sozialer Implikationen. Bei Eintritt in Beschäftigungsfortsetzung werden dann gemäß gängiger Praxis ursprüngliche Arbeitsinhalte zumeist in Vollzeit fortgeführt, um vollen Nutzen aus langjährig akkumulierten Expertisen zu ziehen. Bemerkbar macht sich der Übertritt in Beschäftigungsfortsetzung somit vor allem, was die herkömmlichen Praktiken zur Befristung des Anstellungsverhältnisses sowie die Absenkung des ursprünglichen Gehaltsniveaus betrifft. Vor diesen Hintergründen scheinen sich hinter der etablierten Gestaltung von MBB eine Reihe von Interessenkonflikten zwischen Arbeitgeber und Arbeitnehmer zu verbergen. So wird der betriebliche Anreiz zur Schaffung

---

134 http://ir.library.osaka-u.ac.jp/dspace/bitstream/11094/20329/1/oep056_3_051.pdf, letzter Abruf: 9.3.2017. Vgl. auch Yashiro (2009: 21. http://www.jil.go.jp/institute/zassi/backnumber/2009/08/pdf/020-029.pdf, letzter Abruf: 9.3.2017).

rentabler Fortbeschäftigungsverhältnisse sowie zur Beschäftigungsflexibilisierung neben der Selektionsoption primär durch nicht reguläre Anstellungsformen, kurze Vertragsintervalle und teils radikale Gehaltsreduktionen umgesetzt. Jedoch scheint auch auf Grundlage hiesiger Befunde die Annahme nicht allzu gewagt, dass der Blick von Fortbeschäftigten auf qualitative Aspekte der Beschäftigungsfortsetzung oftmals eher nüchtern ausfällt, werden Lohntüte oder Stabilität der durch MBB generierten Anstellungsverhältnisse in Betracht gezogen.

6 Motivation und Evaluation betrieblicher Beschäftigungsfortsetzung

Die Betrachtung der betrieblichen Beschäftigungsfortsetzung wird zu Beginn dieses Kapitels durch die Untersuchung und Diskussion von Motivation (Abschnitt 6.1) sowie Evaluation (Abschnitt 6.2) dieses Personalinstruments fortgesetzt. Stellen diese Aspekte gegenüber dem Strukturrahmen von MBB vergleichsweise unterrepräsentierte Komponenten des Forschungsstands dar, ist eine Kontrastierung hiesiger Befunde durch Vergleichsstudien nur in begrenztem Umfang möglich. Gelangt die Beleuchtung des Forschungsgegenstands gemäß primärer Untersuchungsfragen hierdurch zum Ende, erfolgt in Abschnitt 6.3 eine Bilanzierung der durch diese Untersuchung erbrachten Resultate, in deren Rahmen eine Typologisierung von MBB im Spiegel von Unternehmensgrößen präsentiert wird, die zur weiteren wissenschaftlichen Auseinandersetzung einlädt.

6.1 Nachfrage- und angebotsperspektivische Motivation

Folgende Passagen diskutieren auf Grundlage quantitativer wie qualitativer Untersuchungsresultate, welche Absichten mit dem Eingehen von Beschäftigungsfortsetzung verfolgt werden. So betrachtet Abschnitt 6.1.1 die Motivationsgrundlage zur Durchführung von MBB aus Arbeitgebersicht, ehe sich Abschnitt 6.1.2 der Angestelltenperspektive widmet. Zum Vorschein gelangt dabei ein nachfrageseitiges Motivationsspektrum, welches belegt, dass über die gesetzliche Verpflichtung zur innerbetrieblichen Verlängerung von Erwerbsbiografien hinaus, betriebliche Vorteile ebenso relevante Faktoren zur Herleitung der Existenz von Beschäftigungsfortsetzung verkörpern. Auf Angebotsseite zeigt sich der Motivationshintergrund zur Fortsetzung des Erwerbslebens primär durch ökonomische Motive geprägt, wenngleich auch Aspekte abseits extrinsischer Beschäftigungsinteressen in Erscheinung treten.

6.1.1 Nachfrageseitige Motivation

In Japan ansässige Unternehmen sind zur Durchführung betrieblicher Beschäftigungsfortsetzung verpflichtet: „Wir haben eine Umwelt, in der gesetzliche Regulierungen erlassen werden und Unternehmen [...] diesen Regeln entsprechen müssen. Dies ist schon eine Art von Beschränkung, aber den Vorgaben muss eben Folge geleistet werden. Dennoch ist vor dem Hintergrund des japanischen Staats die Beschäftigungsfortsetzung eine notwendige Sache, da widerspreche ich nicht" (Interview d. Verf. mit Unternehmen F: 10 am 2.3.2011; Übers. d. Verf.). Allerdings wird die japani-

DOI 10.1515/9783110528459-006

sche Regulierung von MBB durch eine intendierte Offenheit charakterisiert, welche Unternehmen die Nutzung personalpolitischer Handlungsspielräume in Entsprechung betriebsspezifischer Voraussetzungen gewährt. Dass dieser Freiraum bei der Gestaltung von Beschäftigungsfortsetzung genutzt wird, gibt die Darstellung des Strukturrahmens von MBB zu erkennen, die trotz dominierender Muster auch Varianzen beim Arrangement der Beschäftigungsfortsetzung zu erkennen gibt. Wird etwa die Selektionspraxis betrachtet, sei an den beträchtlichen Unternehmensanteil erinnert, der auf Auswahlverfahren gänzlich verzichtet oder eine hohe Selektionsrate aufweist, wenngleich hierzu im strengen Sinne keine Erfordernis auf gesetzlicher Basis besteht. So scheint der legislative Hintergrund von MBB nicht den einzigen Faktor darzustellen, der zur Herleitung des hohen Gebrauchs von Beschäftigungsfortsetzung in Anspruch genommen werden kann, wie folgende Passagen dokumentieren.

So zeigt sich anhand von Abbildung 47, dass eine Reihe an Beweggründen zur Durchführung von MBB durch die untersuchten Unternehmen als ausschlaggebend beurteilt wird. Hierunter ist der Erhalt von betriebsspezifischem Wissen und Fähigkeiten als gewichtigstes Motiv zur Inanspruchnahme der Arbeitskraft von Fortbeschäftigten zu betrachten. 57,9 % der Betriebe werten dies als „wichtig", weitere 30,7 % an Unternehmen geben den Verbleib der durch Fortbeschäftigte gehaltenen Wissensbestände und Fähigkeiten gar als „sehr wichtig" an. Nur gut jedes zehnte Unternehmen (11,3 %) sieht dies hingegen als tendenziell unwichtiges Motiv zur Implementierung von Beschäftigungsfortsetzung.[1] Entsprechend dieser Werte tritt der Erhalt von Wissen und Fähigkeiten auch auf Grundlage der qualitativen Datenerhebung prominent in Erscheinung. Gemäß Unternehmen H kann dabei angenommen werden, dass der Erhalt betriebsspezifischer Qualifikationen besonders in jenen Produktionsbereichen von Belang ist, bei denen Herstellung und Kontrolle von Gütern nicht in vollständig zu automatisierender Form erfolgen: „Die Mitarbeiter, die seit langem bei unserem Unternehmen arbeiten, haben verschiedenste Erfahrungen [...]. Bei unserem Betrieb handelt es sich um ein Unternehmen des verarbeitenden Gewerbes. Dennoch ist es bei uns nicht so, dass eine Fertigung der Teile am Fließband geschieht. Es ist eine Werkstätte, in der jedes einzelne Fabrikat sorgfältig geprüft wird, weshalb die Erfahrung und der Spürsinn sehr wichtig sind" (Interview d. Verf. mit Unternehmen H: 4 am 8.3.2011; Übers. d. Verf.). Neben der reinen Nutzung dieser Qualifikationen besteht ein subsumierbares Zentralmotiv in der Tradierung von Wissen und Fähigkeiten: „Den Fortbeschäftigten muss niemand mehr erklären, wie etwas zu erledigen ist.

---

1 Mit Verweis auf bivariate Untersuchungsresultate sei dieses Ergebnis präzisiert: Je geringer die Beschäftigungsgröße, desto häufiger wird dieser Motivationsfaktor als tendenziell wichtig benannt. Diese Korrelation stellt sich zumindest auf einem schwachen Niveau von 0,04 als (zweiseitig) signifikant dar. Die Beschäftigungsgröße geht hierbei als unabhängige Variable anhand dreier Klassen in die Berechnung mit ein („unter 50 Beschäftigte", „50–100 Beschäftigte", „über 101 Beschäftigte"), während der Motivationsfaktor „Erhalt von betriebsspezifischen Wissen und Fähigkeiten" in dichotomer Form („wichtig" bzw. „unwichtig") verwendet wird.

Erhalt von betriebsspezifischem Wissen / Fähigkeiten: 30,7 | 57,9 | 10,4 | 0,9

Soziales Verantwortungsbewußtsein: 12,2 | 55,1 | 24,4 | 8,3

Arbeitshaltung Älterer: 3,8 | 44,7 | 41,9 | 9,6

Reduktion direkter Lohnkosten: 6,9 | 39,1 | 43,2 | 10,7

Kompensation eines Mangels an jüngeren Beschäftigten: 3,5 | 39,9 | 42,2 | 14,4

Flexibilisierung von Beschäftigung: 4,8 | 37,1 | 44,2 | 13,9

Reduktion indirekter Lohnkosten: 2 | 13,2 | 51 | 33,9

0% 20% 40% 60% 80% 100%

■ Sehr wichtig ■ Wichtig ■ Eher unwichtig ■ Unwichtig

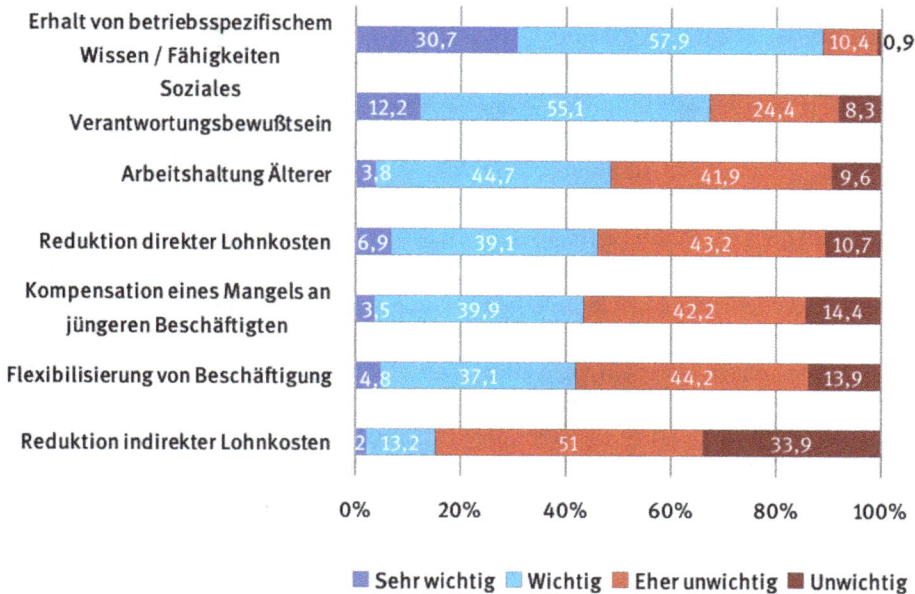

Abbildung 47: Arbeitgeberseitige Motivationsfaktoren zur Beschäftigungsfortsetzung (in Prozent)

Anmerkung: Erhalt von betriebsspezifischem Wissen / Fähigkeiten (n=316); Soziales Verantwortungsbewusstsein (n=312); Arbeitshaltung Älterer (n=313); Reduktion direkter Lohnkosten (n=317); Kompensation eines Mangels an jüngeren Beschäftigten (n=313); Flexibilisierung von Beschäftigung (n=310); Reduktion indirekter Lohnkosten (n=304).

Sie sind in der Lage selbstständig zu urteilen und zu handeln. [...] Das Unternehmen versucht die maximale Länge der Beschäftigungsfortsetzung von 5 Jahren zur Vermittlung dieser Fertigkeiten zu nutzen. Junge Mitarbeiter gucken sich dies im ersten Jahr von den Älteren ab, aber lernen auch im zweiten, dritten, vierten und fünften Jahr noch hinzu. [...] Für das Unternehmen ist dies ein sehr großer Vorteil" (Interview d. Verf. mit Unternehmen B: 7 am 4.3.2011; Übers. d. Verf.). Inhaltlich verwandt berichtet Unternehmen E: „Unsere Branche [...] ist technologisch anspruchsvoll. Fähigkeiten und Kenntnisse besitzen deshalb eine große Rolle und ich denke, dass es notwendig ist, dass diese Dinge an jüngere Generationen weitergegeben werden" (Interview d. Verf. mit Unternehmen E: 1 am 9.3.2011; Übers. d. Verf.).

Der Erhalt betriebsspezifischer Wissensbestände und Fähigkeiten ist somit gemäß hiesiger Untersuchungsergebnisse als prägnantester Motivationsfaktor zur Inanspruchnahme von Fortbeschäftigten zu werten. Der durch Kohlbacher und Haghirian (2007: 22)[2] konstatierte Stellenwert impliziter Wissensvermittlung in Japan, der in

---

2 http://www.dijtokyo.org/articles/2007_01_006.pdf, letzter Abruf: 9.3.2017.

speziellem Bezug auf KMU eine noch ausgeprägtere Relevanz besitzen dürfte, kommt hierin ebenso zum Ausdruck wie die gängige Praxis zur Fortsetzung ursprünglicher Arbeitsinhalte bei Eintritt in Beschäftigungsfortsetzung zur Umsetzung dieses Motivationsfaktors. Doch lassen sich sonstige Triebfedern zur Durchführung von MBB aufführen, wobei gemäß Abbildung 47 das Empfinden eines sozialen Verantwortungsbewusstseins einen weiteren markanten Beweggrund darstellt. So beurteilen dies gut zwei Drittel der Unternehmen (67,3 %) als tendenziell wichtigen Faktor, während nur 32,7 % der Betriebe dieses Motiv als vernachlässigbar werten: „Die Beschäftigten, die das 60. Lebensjahr erreichen, haben schon lange für das Unternehmen gearbeitet, und es wäre bedauerlich, sie nur aufgrund ihres Alters zu entlassen. [...] In der Gegend um Numazu sind sehr viele ältere Menschen beschäftigt und ich denke, dass die Unternehmen hiermit einen gesellschaftlichen Beitrag leisten. [...] Dies erleichtert meiner Meinung nach auch die zukünftige Lebensplanung und vermittelt ein Gefühl der Sicherheit" (Interview d. Verf. mit Unternehmen A: 4 am 3.3.2011; Übers. d. Verf.). In verwandtem Sinne berichtet Unternehmen F: „Dies ist ein kleines Unternehmen, aber ich denke, dass alle entlang einer gewissen gesellschaftlichen Verantwortung handeln. Es gibt eine gesellschaftliche Verantwortung, weil wir Mitarbeiter haben und diese Mitarbeiter Familien besitzen. Das heißt, es geht um die Lebensstabilität dieser Menschen und wir versuchen dies durch unser unternehmerisches Handeln zu unterstützen" (Interview d. Verf. mit Unternehmen F: 2 am 2.3.2011; Übers. d. Verf.). Natürlich sind diese Befunde, wonach das soziale Verantwortungsempfinden einen wichtigen Anreiz zur Anstellung von Fortbeschäftigten darstellt, mit gewisser Vorsicht zu interpretieren. So werden sich wohl nur wenige Unternehmen finden, die freimütig attestieren, dass soziales Handeln ein vollständig unwichtiges Element ihrer Unternehmung verkörpert. Und dennoch erscheint auch der Umkehrschluss verfehlt, diesen Beweggrund pauschal in Abrede zu stellen, wie er auf Basis hiesiger Resultate zum Ausdruck kommt.[3]

In der Nutzung positiver Eigenschaften älterer Beschäftigter liegt ein zusätzlicher Motivationsfaktor vor. So wird die Arbeitshaltung Älterer von knapp der Hälfte an Unternehmen als „wichtiges" (44,7 %) oder „sehr wichtiges" (3,8 %) Argument zur Durchführung von MBB benannt. Dies manifestiert sich anhand der qualitativen Datenerhebung, wie etwa Aussagen von Unternehmen E illustrieren, dass die Gegenwart von sozialen Eigenschaften Älterer auch im Sinne der Vermittlung von Leistungsanreizen fungiert: „Bei uns besteht [...] die Möglichkeit, bis um das 80. Lebensjahr

---

3 Ein Argument hierfür mag der bivariate Befund bereitstellen, demgemäß Unternehmen, die dieses Motiv als tendenziell wichtig benennen, in signifikant häufigerem Maße eine Selektionsrate von mindestens 80 % aufweisen. Eine entsprechende Korrelation erweist sich auf dem Niveau von 0,02 als (zweiseitig) signifikant, wobei sowohl der Motivationsfaktor „soziales Verantwortungsbewusstsein" als unabhängige Variable („wichtig" bzw. „unwichtig") als auch die Selektionsrate („unter 80 %" bzw. „80 % und höher") dichotomisiert im Rahmen der bivariaten Analyse Verwendung finden.

herum zu arbeiten, und ich glaube, dass hierdurch ein Vorteil besteht, weil [ältere Beschäftigte] als gutes Beispiel für die Jüngeren dienen. Sie verfügen über eine sehr hohe Gesinnung, weshalb auch die Motivation steigt. Ich denke, dies spiegelt sich in einem positiven Maße in der Rendite wieder, so dass es [...] einen positiven Einfluss [der Beschäftigungsfortsetzung] gibt" (Interview d. Verf. mit Unternehmen E: 7 am 9.3.2011; Übers. d. Verf.). Ferner exemplifizieren die Aussagen im Tiefeninterview, dass auch das physische Leistungspotential von Fortbeschäftigten tendenziell positiv bewertet wird: „Im Gegensatz zu früher verfügen Menschen in den sechziger Lebensjahren noch über ausreichend Körperkraft. Auch bei den Fähigkeiten gibt es keinen Verfall. Gegenüber Jüngeren haben Sie auch mehr Erfahrung im Geschäftlichen" (Interview d. Verf. mit Unternehmen G: 1 am 10.3.2011; Übers. d. Verf.). Dass auch die Automatisierung von Produktionsprozessen der Erwerbsfähigkeit im Alter innerhalb des verarbeitenden Gewerbes zu Gute kommt, sei ergänzend anhand von Unternehmen F verdeutlicht: „Natürlich ist es so, dass Jüngere über eine größere Körperkraft verfügen und besser Tätigkeiten ausüben können, die eine physische Belastung darstellen. Aber der Großteil der Arbeit in einer Fabrik geschieht heute durch Maschinen, die lediglich bedient werden müssen. [...] es ist nicht so, als dass die über 60-Jährigen hierbei zusammenbrechen" (Interview d. Verf. mit Unternehmen F: 6 am 2.3.2011; Übers. d. Verf.). Als Resultat der Betrachtung von Gehaltspraktiken im Rahmen von MBB vermag es nicht zu verwundern, dass ferner die Möglichkeit zur Absenkung von Lohnkosten als Motivationsgrund zur Nutzung von Fortbeschäftigten betrachtet wird. So bezeichnen 46 % an Unternehmen die Reduktion direkter Lohnkosten als tendenziell wichtigen Beweggrund zur Durchführung der Beschäftigungsfortsetzung. Nutzung wie Weitergabe der betriebsspezifischen Qualifikationen Älterer erweisen sich somit im Umfeld der Fortführung von Arbeitsinhalten bei gleichzeitiger Absenkung des Gehaltsniveaus, auch auf Basis hiesiger Befunde als relevanter Motivationskompex zur innerbetrieblichen Verlängerung von Erwerbsbiografien: „Während die Verantwortlichkeiten beinahe unverändert bleiben, ist es möglich, das Gehalt der über 60-Jährigen etwas abzusenken" (Interview d. Verf. mit Unternehmen G: 1 am 10.3.2011; Übers. d. Verf.).[4]

Doch auch das sich lichtende Heer nachwachsender Beschäftigungsgenerationen stellt eine nicht zu unterschätzende Triebfeder der Anwendung von Beschäftigungsfortsetzung dar. So bezeichnen gemäß Abbildung 47 immerhin gut 43 % der untersuchten Unternehmen die Kompensation eines Mangels jüngerer Beschäftigter

---

4 Zur Illustration des Zusammenhangs zwischen der Motivation zur Beschäftigungsfortsetzung und dem betriebsspezifischen Strukturrahmen sei ergänzt, dass Unternehmen, welche die „Reduktion direkter Lohnkosten" als tendenziell wichtig benennen, sich häufiger durch ein Gehaltsniveau von unter 70 % auszeichnen. Dieser bivariate Befund erweist sich auf dem Niveau von 0,01 als (zweiseitig) signifikant, wobei sowohl der Motivationsfaktor „Reduktion direkter Lohnkosten" als unabhängige Variable („wichtig" bzw. „unwichtig"), als auch das Gehaltsniveau („bis 70 %" bzw. „70 % oder höher" im Vergleich zum ursprünglichen Gehaltsniveau), in dichotomisierter Form verwendet wird.

als „wichtiges" (39,9 %) oder gar „sehr wichtiges" (3,5 %) Motiv. Der zu Beginn dieser Arbeit beleuchtete demografische Wandel führt demzufolge bereits in der Gegenwart dazu, dass ein substanzieller Anteil japanischer Unternehmen nicht in ausreichendem Maße den Bedarf an Arbeitskräften durch nachrückende Beschäftigungsgenerationen befriedigt sieht. Ältere Erwerbstätige avancieren in diesem gesellschaftlichen Umfeld zu einer immer wertvolleren Arbeitsmarktressource, insbesondere wenn sie durch langjährige Beschäftigung mit dem Unternehmen verbunden sind. Dass dieser Faktor vor allem bei Unternehmen kleiner und mittlerer Größenordnung zu verorten ist, belegen hiesige Untersuchungsresultate, die einen mit sinkender Beschäftigungsgröße steigenden Stellenwert älterer Beschäftigter identifizieren (vgl. Abschnitt 5.1). Vergleichsweise ungünstigere Voraussetzungen von KMU im Anwerbungswettbewerb um ein immer knapper werdendes Gut junger Arbeitskräfte tragen zu diesem Umstand bei: „Es entspricht dem Zustand, dass junge Menschen sicherlich die Anstellung bei Großunternehmen bevorzugen. Der Grund liegt darin, dass die Beschäftigungskonditionen der Großunternehmen vorteilhafter [...] sind. [...] Natürlich besteht die Möglichkeit, dass sich der demografische Wandel auf die kleinen und mittleren Unternehmen stärker ausprägt, weil diese Unternehmen ihren Nachwuchs nicht mehr sicherstellen können" (Interview d. Verf. mit Experte B: 6 am 29.9.2011; Übers. d. Verf.). Im exakten Einklang zu dieser Analyse berichtet Unternehmen H aus der Praxis:

> Im Gegenteil würde unser Unternehmen gerne mehr Jüngere einstellen. In unserer Gegend gibt es sehr viele Betriebe aus dem verarbeitenden Gewerbe, die als Zulieferer für große Unternehmen wie Yamaha, Honda oder Suzuki agieren. Die Absolventen der Oberschule oder der Universitäten bevorzugen die Anstellung bei einem dieser renommierten Unternehmen oder seiner Zulieferer. Es gibt nicht viele junge Leute, die sich wünschen, bei einem nur wenig bekannten Unternehmen wie dem unseren zu arbeiten. Deshalb würden wir gerne mehr junge Leute einstellen, aber weil nur wenige Junge zur Verfügung stehen, können wir eigentlich keine Auswahl treffen. (Interview d. Verf. mit Unternehmen H: 4 am 8.3.2011; Übers. d. Verf.)

Die primär mittels nicht regulärer Anstellungsformen und geringer Vertragslaufzeiten generierte Beschäftigungsflexibilisierung ist ferner als Bewegrund zur Implementierung von MBB aufzuführen. So wird dieser Faktor von immerhin über 40 % der Unternehmen als tendenziell wichtig erachtet, während die Möglichkeit zur Reduktion indirekter Lohnkosten zumindest innerhalb des spezifischen Rahmens von KMU den Motivationsfaktor mit den geringsten Nennungen verkörpert. Die in diesem Abschnitt analysierte arbeitgeberseitige Motivation zur Beschäftigungsfortsetzung mag trotz inhaltlicher wie methodischer Differenzen mit den folgenden Beiträgen verglichen werden: Rōdō seisaku kenkyū kenshū kikō (2010a: 40)[5]; Kōrei shōgai kyūshoku-sha koyō shien kikō (2008: 66–68); Shōkō sōgō kenkyū-sho (2006: 22–23)[6]; Chūshō

---

5 http://www.jil.go.jp/institute/research/2010/documents/067.pdf, letzter Abruf: 9.3.2017.
6 http://www.shokosoken.or.jp/chousa/youshi/17nen/17-4.pdf, letzter Abruf: 9.3.2017.

kigyō sōgō kenkyū kikō kenkyu-bu (2006: 39) sowie Sato (2002a: 4)[7]. Jedoch lassen sich anhand der qualitativen Datenerhebung zusätzliche Bewegründe zur innerbetrieblichen Verlängerung von Erwerbsbiografien ausmachen, die bereits im bisherigen Verlauf dieser Arbeit in Erscheinung treten (vgl. Abschnitt 3.2.1). Hierzu gehört etwa die Auffassung, dass die Durchführung von MBB zur Stärkung von Prestige und arbeitnehmerseitiger Attraktivität des Unternehmens genutzt werden kann, wie durch Unternehmen G impliziert: „Ich denke, dass die Motivation der Jüngeren steigt, wenn sie mit jungen Jahren eintreten, ihre Ausbildung erhalten und darum wissen, dass sie durch die Verlängerung der Beschäftigung weiterhin die Möglichkeit zur Arbeit besitzen" (Interview d. Verf. mit Unternehmen G: 4 am 10.3.2011; Übers. d. Verf.). Ferner bestätigt sich anhand von Unternehmensaussagen, dass die qua Beschäftigungsfortsetzung erzeugte Teilhabe Älterer sich insbesondere für jene Betriebe als nützlich erweist, deren Erzeugnisse auf ältere Konsumentengruppen abzielen und die sich somit die Beschäftigung von Belegschaftsteilen sichern, die eine besondere innere Nähe zu Produkten wie Märkten der Unternehmung besitzen: „Die Produkte mit denen wir handeln, haben einen Bezug zu höheren Altersklassen. Daher sind auch die Hinweise [von Fortbeschäftigten] aus Sicht des Unternehmens als Vorteil zu sehen" (Interview d. Verf. mit Unternehmen G: 4 am 10.3.2011; Übers. d. Verf.).

Angesichts der Diversität an Unternehmensidentitäten kann ein Anspruch auf vollständige Wiedergabe der Motive zur Nutzung von Beschäftigungsfortsetzung nicht als Ziel hiesiger Untersuchung geltend gemacht werden. Dennoch wird angenommen, dass mittels der kombinierten Betrachtung quantitativer wie qualitativer Untersuchungsresultate ein relevantes Motivationsspektrum abgedeckt wird, welches wie anhand von Sato (2002: 48)[8] exemplifiziert, trotz spezieller Ausrichtung dieser Untersuchung auf KMU, als Verifikation des Literaturstandes gelesen werden kann: „The main short-term advantage is that firms can employ highly experienced older workers at a relatively low cost: the employees can receive a wage subsidy and the employer has no obligation to contribute towards the employee's pension. The transfer of technologies and know-how will be smoother and this will contribute to enhancing the company's competitiveness". Deckungsleich bilanziert Yashiro (2009: 22; Übers. d. Verf.)[9]: „Man kann wohl sagen, dass die Möglichkeit zur Übertragung gleicher Arbeitsinhalte im Vergleich zum Zeitraum vor Erreichen des betrieblichen Rentenalters, verbunden mit wettbewerbsfähigeren Kosten, auf Unternehmensseite die ausschlaggebenden Gründe für die Einführung von Fortbeschäftigungssystemen darstellen". Dass die Motivation zur Durchführung betrieblicher Beschäftigungsfort-

---

7 National Centre for the Vocational Education Research (NCVER) – VOCED plus. http://www.voced. edu.au/, letzter Abruf: 9.3.2017. Signatur: TD/TNC76.74.
8 National Centre for the Vocational Education Research (NCVER) – VOCED plus. http://www.voced. edu.au/, letzter Abruf: 9.3.2017. Signatur: TD/TNC76.74.
9 http://www.jil.go.jp/institute/zassi/backnumber/2009/08/pdf/020-029.pdf, letzter Abruf: 9.3.2017.

setzung jedoch nicht zuletzt auf Grundlage betriebsspezifischer Merkmale wie insbesondere in Abhängigkeit der Unternehmensgröße variiert, sei abschließend durch die Ausführungen von Experte E betont (vgl. Abschnitt 6.3.1):

> Das Nutzen der tiefen Erfahrung sowie die Möglichkeit, sich Ältere durch das Absenken des Gehalts zu Nutze machen zu können, lassen Unternehmen ihr Augenmerk auf ältere Beschäftigte richten. [...] Allerdings gilt es auch die unterschiedlichen Umstände der einzelnen Unternehmen zu beachten. Da gibt es die riesigen Unternehmen wie Toyota, Nissan oder Mitsubishi, bei denen junge Menschen arbeiten wollen und sich massenhaft bewerben. Für diese Unternehmen ist es nicht notwendig, Ältere weiterhin zu beschäftigen, denn sie können bis heute auf einen Pool jüngerer Menschen zurückgreifen. Natürlich mussten auch diese Unternehmen ein System der Beschäftigungsfortsetzung einführen, der Staat verlangt es ja so. Aber diese Unternehmen empfinden die Beschäftigungsfortsetzung vielleicht eher als Last, [...] wenngleich auch sie auf den Transfer von Erfahrung, Know-how und Fertigkeiten angewiesen sind [...]. Zu Klein- und Kleinstunternehmen kommen hingegen keine jungen Menschen, selbst wenn diese Betriebe gerne einstellen würden. [...] Diese Firmen sind froh, wenn ein Mitarbeiter die Beschäftigung so lange wie möglich Aufrecht erhält, denn es ist ja Arbeit vorhanden, die erledigt werden will. (Interview d. Verf. mit Experte E: 4, 1 am 20.9.2011; Übers. d. Verf.)

6.1.2 Angebotsseitige Motivation

Wird im vorherigen Abschnitt die Motivationsgrundlage von Unternehmen zur Durchführung betrieblicher Beschäftigungsfortsetzung analysiert, sei sich folgend auf Grundlage vorliegender quantitativer wie qualitativer Untersuchungsresultate der Sicht von Fortbeschäftigten und ihrer Motive zur Verlängerung der Erwerbsarbeit gewidmet. Auf Grundlage von Abbildung 48 sei einleitend festgestellt, dass ökonomische Interessen den primären Beweggrund zum Nachgehen von Beschäftigungsfortsetzung aus Angebotssicht darzustellen scheinen. So werden Erhalt oder Verbesserung des Lebensstandards von gut 55 % der Fortbeschäftigten als „wichtig" betrachtet. Über 30 % der Befragten bezeichnen dieses Motiv sogar als „sehr wichtig". Hingegen beanspruchen nur rund 15 % der Fortbeschäftigten, dass diesem Faktor keine oder nur eine geringe Rolle bei der Entscheidung zur Verlängerung des Erwerbslebens zukommt. Gut 82 % der Fortbeschäftigten gibt darüber hinaus die Unterstützung des Haushaltseinkommens als tendenziell wichtige Triebfeder zur Verlängerung der Erwerbsbiografie an. Dass diese extrinsischen Motive nicht zuletzt mit den Entwicklungen des öffentlichen Rentensystems in Verbindung zu bringen sind (vgl. Abschnitt 3.3.5), sei mit Verweis auf Aussagen des (weiblichen) Arbeitnehmers A im Tiefeninterview exemplifiziert: „Ich bin jetzt 60 Jahre, aber Rente in voller Höhe erhalte ich erst mit 63 Jahren. Daher beabsichtige ich bis zu diesem Zeitpunkt weiter zu arbeiten, was nicht etwa daran liegt, dass ich Schulden hätte [...]. [...] wenn das Rentenalter wie damals weiterhin bei 60 Jahren läge, dann würden wohl alle lieber bereits früher in Rente gehen. Da die Regeln aber eben so sind wie sie sind,

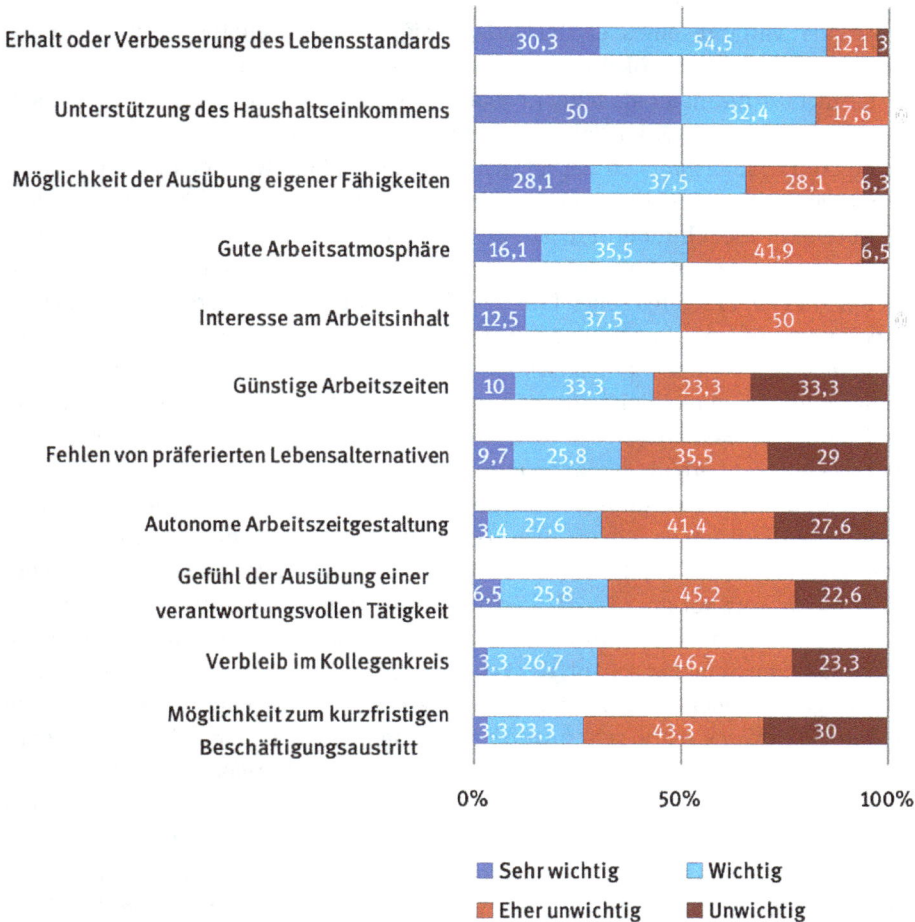

Abbildung 48: Arbeitnehmerseitige Motivationsfaktoren zur Beschäftigungsfortsetzung (in Prozent)

Anmerkung: Erhalt oder Verbesserung des Lebensstandards (n=33); Unterstützung des Haushalts-einkommens (n=34); Möglichkeit der Nutzung eigener Fähigkeiten (n=32); Gute Arbeitsatmosphäre (n=31); Interesse am Arbeitsinhalt (n=32); Günstige Arbeitszeiten (n=30); Fehlen von präferierten Erwerbsalternativen (n=31); Autonome Arbeitszeitgestaltung (n=29); Gefühl der Ausübung einer ver-antwortungsvollen Tätigkeit (n=31); Verbleib im Kollegenkreis (n=30); Möglichkeit zum kurzfristigen Beschäftigungsaustritt (n=30).

wollen alle für die Sicherheit im Alter vorsorgen" (Interview d. Verf. mit Arbeitneh-mer A: 1 am 13.9.2011; Übers. d. Verf.).

In bereits skizzierter Weise kann im Falle langjähriger Beschäftigungsverhält-nisse angenommen werden, dass mit einem Ruhestandseintritt als Alternative zur Verlängerung der Erwerbsbiografie, kaum existenzbedrohende Finanznöte verbun-den sind (vgl. Abschnitt 5.2.5). So kommt auch auf Basis qualitativer Datenquellen stärker die Variante eines extrinsisch geprägten Erwerbsmotivs zum Ausdruck, wonach das bislang zur ökonomischen Absicherung des Alters erworbene Finanzpolster nicht frühzeitiger als nötig angetastet werden will. Aussagen von Arbeitnehmer B implizieren, dass im Rahmen dieser Kalkulation auch finanzielle Belastungen des Gesamthaushalts zu berücksichtigen sind: „Zwar wäre das Leben auch so bestreitbar, aber es gibt ja noch meine Eltern und meine Kinder. [...] weil man vor dem 65. Lebensjahr nicht hundert Prozent der Rente erhält, muss man praktisch bis zum 65. Lebensjahr arbeiten, ob man will oder nicht. [...] Ich persönlich würde nicht mehr arbeiten und ein ruhigeres Leben führen wollen, wenn es schon vorher möglich wäre, die volle Rente zu erhalten" (Interview d. Verf. mit Arbeitnehmer B: 1, 2 am 13.9.2011; Übers. d. Verf.). Weitere ökonomische Erwerbsinteressen kristallisieren sich anhand der Besorgnis um die individuelle Höhe von Rentenleistung respektive der Stabilität des öffentlichen Rentensystems. Subjektive Sorgen um die finanzielle Altersversorgung, die auch außerhalb des japanischen Kontexts nicht fremd erscheinen und extrinsischen Motiven zur Aufrechterhaltung der Erwerbsarbeit aus Angebotsperspektive weiteren Auftrieb verleihen: „Was die politischen Maßnahmen in Japan angeht, besteht keine Stabilität. [...] Es scheint, als ob das Rentenalter immer weiter angehoben wird, bis kurz vor dem Tod. [...] Natürlich hat man die Erwartung, dass sich die Rentenhöhe auch nach der Anzahl an Arbeitsjahren richtet. Aber wenn man wirklich auf die späteren Summen schaut, denken sich doch alle, dass dies eine Lüge ist, dass es sich eigentlich viel weniger auswirkt, als man angenommen hat. Deswegen bin ich mit der Entwicklung schon sehr unzufrieden" (Interview d. Verf. mit Arbeitnehmer A: 3 am 13.9.2011; Übers. d. Verf.). So bemängelt auch Arbeitnehmer B eine als unzureichend empfundene Verlässlichkeit des öffentlichen Rentensystems, welche die individuelle Bedeutung der Arbeit als Quelle der finanziellen Vorsorge und Versorgung des Alters erstarken lässt: „Ich wünsche mir ein System, in dem die Menschen, die hart gearbeitet haben, auch wirklich dafür durch die Rente vergütet werden. Dass dem nicht so ist, macht mich unzufrieden. [...] Heute wissen die Menschen in meinem Alter nicht mehr, wie viel Rente man bekommt. Es herrscht viel Unsicherheit. Da verwendet man sein ganzes Gehalt ja eigentlich nur noch zum Sparen. [...] Wir sind doch in der Welt die Sparernation Nummer eins" (Interview d. Verf. mit Arbeitnehmer B: 4 am 13.9.2011; Übers. d. Verf.).

Im Gegensatz zur Prominenz dieser ökonomisch geprägten Motivationsaspekte zur Verlängerung der Beschäftigung erscheinen intrinsische Faktoren eine vergleichsweise untergeordnete, wenngleich kaum zu vernachlässigende Rolle einzunehmen. Diese aus hiesigen Untersuchungsresultaten abgeleitete Erkenntnis erscheint trotz inhaltlicher wie methodischer Varianzen durch folgende Beiträge gedeckt: Rōdō seisaku kenkyū kenshū kikō (2010a: 67)[10]; Rōdō seisaku kenkyū kenshū kikō

---

10 http://www.jil.go.jp/institute/research/2010/documents/067.pdf, letzter Abruf: 9.3.2017.

(2010b: 5–6, 67–68, 80)[11]; Rōdō seisaku kenkyū kenshū kikō (2012: 48)[12] sowie Seike und Yamada (2004: 38). So benennen knapp 52 % der Fortbeschäftigten eine gute Arbeitsatmosphäre als tendenziell wichtiges Motiv, der Beschäftigungsfortsetzung nachzugehen. Weitere Indikatoren, welche die Qualität von Arbeit und Beschäftigung als Anreiz zur Fortsetzung des Erwerbslebens aufgreifen (günstige Arbeitszeiten, autonome Arbeitsgestaltung, Möglichkeit zum kurzfristigen Beschäftigungsaustritt, etc.) werden hingegen vergleichsweise selten als wichtig im Zusammenhang des Entschlusses zur Beschäftigungsfortsetzung erachtet (vgl. Abbildung 48). Immerhin ein gutes Drittel der untersuchten Arbeitnehmer (35,5 %) gibt ferner an, aufgrund des Mangels an persönlichen Vorstellungen bezüglich einer alternativen Lebensführung der Beschäftigungsfortsetzung nachzugehen. Im Umkehrschluss bedeutet dies jedoch zugleich, dass rund 65 % an Fortbeschäftigten der Beschäftigungsfortsetzung nachgehen, obwohl sie über konkrete Vorhaben für ein Leben nach der Erwerbsarbeit zu verfügen scheinen.

Zuletzt seien jene angebotsseitigen Motive zur Beschäftigungsfortsetzung betrachtet, die sich im engsten Umkreis intrinsisch geprägter Motivationsaspekte bewegen. Hierbei vergleichsweise zu vernachlässigen sind gemäß Abbildung 48 Faktoren wie das Gefühl der Ausübung einer verantwortungsvollen Tätigkeit oder der Verbleib im Kollegenkreis, die nur eine eher geringe Rate an Nennungen als tendenziell wichtiger Motivationsaspekt auf sich vereinen. Deutlich höher fällt hingegen die Zustimmung aus, was die im Rahmen der Beschäftigungsfortsetzung ausgeübten Tätigkeiten betrifft. So wird ein Interesse am Arbeitsinhalt von 37,5 % bzw. 12,5 % der Fortbeschäftigten als „wichtig" respektive „sehr wichtig" im Zusammenhang der Verlängerung des Erwerbslebens erachtet. Am stärksten scheint jedoch im Zusammenhang der im Japanischen durch den Begriff *ikigai* reflektierten intrinsischen Arbeitsmotivatoren, die Freude an der eigenen Schaffenskraft ins Gewicht zu fallen. So wird die Möglichkeit zur Ausübung eigener Fähigkeiten von knapp zwei Drittel der Fortbeschäftigten (65,6 %) als tendenziell wichtiges Motiv zur Fortsetzung der Erwerbsbiografie ausgemacht. Es sind demnach keineswegs ausschließlich ökonomische Interessen, die sich mit der angebotsseitigen Motivation zur Beschäftigungsfortsetzung in Verbindung bringen lassen, wenngleich extrinsische Faktoren ein dominierendes Gewicht einzunehmen scheinen. Als Reflektion dieser Verhältnisse mag die Aussage von Arbeitnehmer C dienen, der nach Gründen der Beschäftigungsfortsetzung befragt, ausführt:

> Da gibt es zwei Gründe. Zunächst ein wirtschaftlicher. [...] Wäre ich mit 60 in Rente gegangen, erhielte ich jeden Monat so um die 80.000 Yen. Damit könnte ich eigentlich die Familie nicht in gewünschter Weise versorgen. [...] Zweitens [...] ist die Arbeit für mich einfach ein wichtiger Bestandteil des Lebens. Morgens aufstehen, am Abend nach Hause zurückkehren, am nächsten Morgen wieder aufstehen und am Wochenende ausruhen. Diesen Lebensrhythmus würde

---

11 http://www.jil.go.jp/institute/research/2010/documents/075.pdf, letzter Abruf: 9.3.2017.
12 http://www.jil.go.jp/institute/research/2012/documents/094.pdf, letzter Abruf: 9.3.2017.

ich gerne pflegen und fortführen, auch wenn ich das Geld nicht bräuchte. [...] Ich bin nun über 60 Jahre und alle meine Kunden sind jünger als ich. [...] Solange ich aber verspüre, dass ich gebraucht werde [...], würde ich gerne arbeiten, eventuell auch über dem 65. Lebensjahr. (Interview d. Verf. mit Arbeitnehmer C: 1, 6 am 7.9.2011; Übers. d. Verf.)

6.2 Nachfrage- und angebotsperspektivische Evaluation

Vorherige Abschnitte geben zu erkennen, dass mit der Durchführung von Beschäftigungsfortsetzung bestimmte Erwartungen verknüpft sind. So bildet der Erhalt von Wissen und Fähigkeiten im Unternehmen aus Nachfragesicht ein herausragendes Motiv zur innerbetrieblichen Verlängerung von Erwerbsbiografien. Folgende Passagen diskutieren, ob diese Zielsetzungen als erfolgreich umgesetzt angesehen werden und somit die betriebliche Beschäftigungsfortsetzung mit einer positiven Bewertung verbunden ist. Auf Grundlage quantitativer wie qualitativer Untersuchungsresultate befasst sich Abschnitt 6.2.1 mit der unternehmensseitigen Evaluation von MBB, während Abschnitt 6.2.2 in analoger Weise die Bewertung dieses personalpolitischen Instruments aus Angestelltenperspektive betrachtet. Zwar wird die Beschäftigungsfortsetzung aus Nachfragesicht nicht nur mit positiven Eigenschaften verbunden. Erkennbar wird jedoch, dass die Unternehmenswelt zu einem überwiegend positiven Urteil gelangt, was den betrieblichen Nutzen einer Verlängerung der Unternehmensangehörigkeit gemäß gängigen Gestaltungsweisen betrifft. Weniger eindeutig stellt sich die Evaluation der Beschäftigungsfortsetzung aus Sicht der Fortbeschäftigten dar. Zwar findet die Mehrheit an Gestaltungsaspekten überwiegende Zustimmung. Doch insbesondere das Gehalt wird mehrheitlich als unbefriedigend empfunden und sorgt als sensibelster Indikator der Beschäftigungszufriedenheit dafür, dass auch die Gesamtbewertung von Fortbeschäftigungsverhältnissen zur negativen Wahrnehmung tendiert.

6.2.1 Nachfrageseitige Evaluation

Zahlreiche Motivationsfaktoren lassen gemäß Abschnitt 6.1.1 die Nutzung von Beschäftigungsfortsetzung aus Unternehmenssicht attraktiv erscheinen. Gleichzeitig stellt die staatliche Regulierung von MBB einen Eingriff in die unternehmerische Autonomie dar, wodurch nicht zwangsläufig davon ausgegangen werden kann, dass die mit Beschäftigungsfortsetzung verbundenen Vorteile tatsächlich innerhalb der Praxis verspürt werden. So stellt sich die Frage, zu welchem Urteil Unternehmen hinsichtlich der Wirkungsweise dieses Personalinstruments gelangen. Um einen Einblick in die nachfrageseitige Evaluation von MBB zu erlangen, sei eingangs die Frage betrachtet, welcher Einfluss der Beschäftigungsfortsetzung auf die Rentabilität des Unternehmens wahrgenommen wird. Dabei gibt Abbildung 49 zu erkennen, dass die

Inanspruchnahme von Fortbeschäftigten nach Auffassung einer großen Unternehmensmehrheit einen tendenziell positiven Einfluss auf die Rentabilität ausübt. 57,7 % an Betrieben bewerten den Rentabilitätseinfluss der Beschäftigungsfortsetzung als „positiv". Weitere 10,7 % der Unternehmen geht sogar von einer „sehr positiven" Wirkung aus. 28,2 % an Betrieben schätzen den Rentabilitätseinfluss als „neutral" ein. Unternehmen, die einen tendenziell negativen Einfluss der Beschäftigungsfortsetzung auf die Rentabilität wahrnehmen, addieren sich hingegen auf lediglich 2,2 %. Diese Verhältnisse scheinen vor dem Hintergrund des gängigen Strukturrahmens von MBB zu überzeugen, der vorrangig durch die Fortsetzung ursprünglicher Arbeitsinhalte und Vollzeitbeschäftigung bei gleichzeitiger Gehaltsreduktion geprägt ist. Die durch Fortbeschäftigte gehaltenen Qualifikationen bleiben dem Unternehmen bei gleichzeitiger Absenkung des Gehaltsniveaus erhalten, wie sich diese Absichten gemäß Abschnitt 6.1.1 als gewichtige Motivaktionsfaktoren der Beschäftigungsfortsetzung präsentieren.

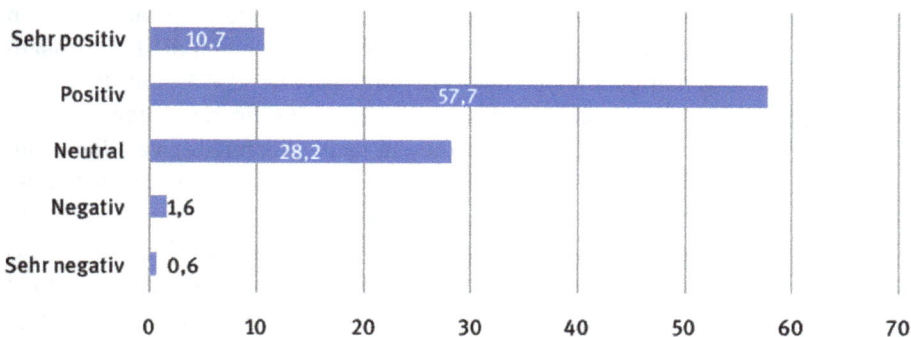

Abbildung 49: Geschätzter Rentabilitätseinfluss der betrieblichen Beschäftigungsfortsetzung (in Prozent, n=319)

Anmerkung: Fehlende Prozentwerte (1,2%) entfallen auf die Angabe von „Ich weiß nicht".

Als weiterer Indikator der nachfrageseitigen Evaluation von Beschäftigungsfortsetzung sei das Antwortverhalten auf das theoretische Szenario eines unmittelbaren Unternehmensaustritts sämtlicher Fortbeschäftigter betrachtet. In diesem Zusammenhang wird die Frage untersucht, in welchem Ausmaß sich Betriebe in der Lage sähen, einen solchen Verlust durch den Einsatz externer Arbeitsmarktressourcen kurzfristig zu kompensieren. Aus Abbildung 50 geht hervor, dass eine in diesem Sinne hergeleitete Kompensation von Fortbeschäftigten nur bei 12 % der Unternehmen zu 100 % möglich wäre. Ein fast identischer Anteil an Betrieben (12,3 %) hält hingegen eine Kompensation von Fortbeschäftigten für gänzlich unmöglich. Weitere 20,7 % an

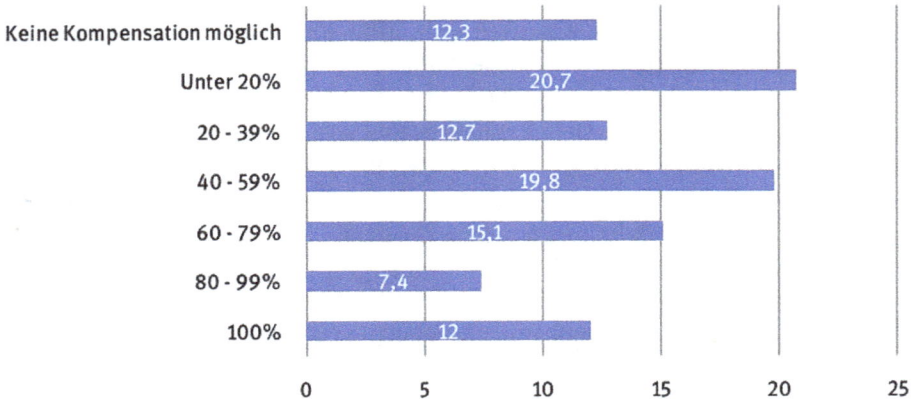

Abbildung 50: Kompensationsrate von Fortbeschäftigten (in Prozent, n=324)

Unternehmen beziffern die mögliche Kompensationsrate auf unter 20 %, womit sich dieser Anteil als Modalwert präsentiert. Bei Addition der in Abbildung 50 aufgeführten Werte ergibt sich das Verhältnis, wonach 54,3 % der Unternehmen die Kompensationsrate von Fortbeschäftigten auf mindestens 40 % beziffern. 45,7 % an Betrieben gehen hingegen davon aus, dass der Verlust dieser Arbeitskräfte in maximal 39 % der Fälle kompensiert werden könnte. Gemäß diesem recht gleichmäßig verteilten Antwortverhaltens implizieren hiesige Untersuchungsresultate ein breites Spektrum der Inanspruchnahme von Fortbeschäftigten. So werden diese durch manche Betriebe als (zumindest kurzfristig) nicht kompensierbare Personalressource betrachtet, was einen neuralgischen Stellenwert dieser Arbeitskräfte innerhalb der Unternehmung verkörpern mag. Andere Unternehmen halten eine Kompensation von Fortbeschäftigten sehr wohl für möglich, was hingegen stärker für den Einsatz von Fortbeschäftigten abseits zentraler Unternehmensfunktionen sowie der Existenz alternativer Arbeitsmarktressourcen spräche. Dabei gibt die bivariate Analyse obiger Werte gemäß Abbildung 51 eine Korrelation zwischen der Kompensationsrate von Fortbeschäftigten und der Unternehmensgröße zu erkennen, die im Einklang zur betriebsgrößenabhängigen Motivation zur Beschäftigungsfortsetzung zu stehen scheint (vgl. Abschnitt 6.1.1): Je geringer die Beschäftigungsgröße, desto eher wird eine Kompensation dieser Arbeitskräfte nur in geringem Maße für möglich erachtet.[13] So beziffert mehr als die Hälfte an Betrieben mit unter 50 Beschäftigten (51,7 %) die Kompensationsrate auf unter 40 %,

---

13 Diese Korrelation erweist sich auf dem Niveau von 0,02 als (zweiseitig) signifikant. Die Beschäftigungsgröße liegt hierbei als unabhängige Variable anhand von vier Klassen vor („über 200 Beschäftigte", „101–200 Beschäftigte", „50–100 Beschäftigte", „unter 50 Beschäftigte"), während die Kompensationsrate in dichotomer Form („unter 40 %", „40 % und höher") bei der Berechnung verwendet wird.

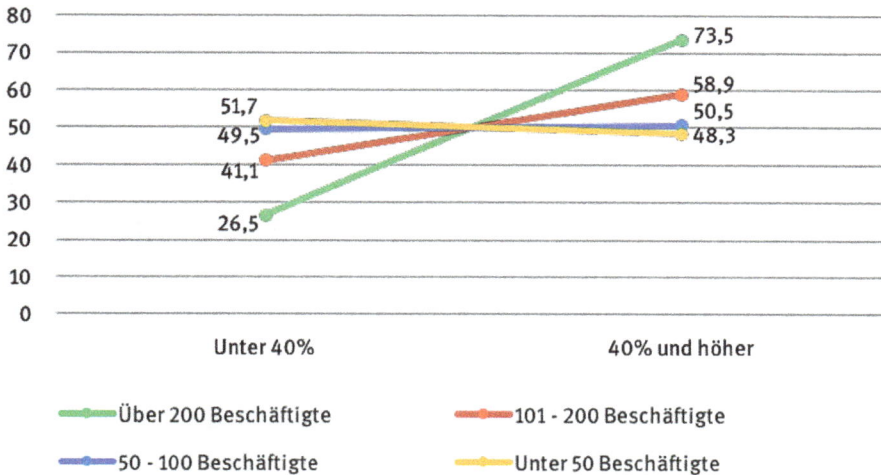

Abbildung 51: Kompensationsrate in Abhängigkeit der Beschäftigungsgröße (in Prozent, n=324)

während dieser Wert über die verschiedenen Beschäftigungsklassen hinweg auf 26,5 % bei isolierter Betrachtung von Unternehmen mit über 200 Beschäftigten sinkt.

Zusätzlich verleiht die bivariate Analyse einem Zusammenhang zwischen Kompensationsrate und geschätztem Rentabilitätseinfluss der Beschäftigungsfortsetzung Ausdruck. So liegt eine Kompensationsrate von unter 40 % in signifikant häufigerem Maße bei jenen Unternehmen vor, die einen tendenziell positiven Einfluss der Beschäftigungsfortsetzung auf die Rentabilität der Unternehmung wahrnehmen (vgl. Abbildung 52).[14] Abbildung 53 gibt ferner darüber Auskunft, dass insbesondere die durch Fortbeschäftigte gehaltenen Bestände an Fähigkeiten, Erfahrung und Wissen eine Kompensation dieser Arbeitskräfte durch Ressourcen des externen Arbeitsmarkts erschweren. So werden diese Aspekte von jeweils rund 90 % an Unternehmen als tendenziell wichtige Faktoren betrachtet, die einer Kompensation von Fortbeschäftigten entgegenstehen. Würde ein unmittelbarer Rückzug sämtlicher Fortbeschäftigter aus dem Unternehmen erfolgen, wäre dies nach Einschätzung einer Mehrheit an Betrieben mit Problemen verbunden. So geben 54 % der Unternehmen an, dass ein plötzlicher Wegfall der durch Beschäftigungsfortsetzung generierten Arbeitskraft tendenziell negative Konsequenzen zur Folge hätte (vgl. Abbildung 54). Erwartungsgemäß besteht hierbei ein Zusammenhang mit der Kompensationsrate von Fortbeschäftigten. So liegt gemäß Abbildung 55 der Anteil an Unternehmen, die einen Rückzug

---

14 Diese Korrelation erweist sich auf dem Niveau von 0,00 als (zweiseitig) signifikant. Hierbei liegt die Kompensationsrate als unabhängige Variable anhand von drei Klassen vor („unter 40 %", „40–80 %", „über 80 %"), während der Rentabilitätseinfluss in dichotomer Form („positiv", „negativ oder neutral") in die bivariate Analyse eingeht.

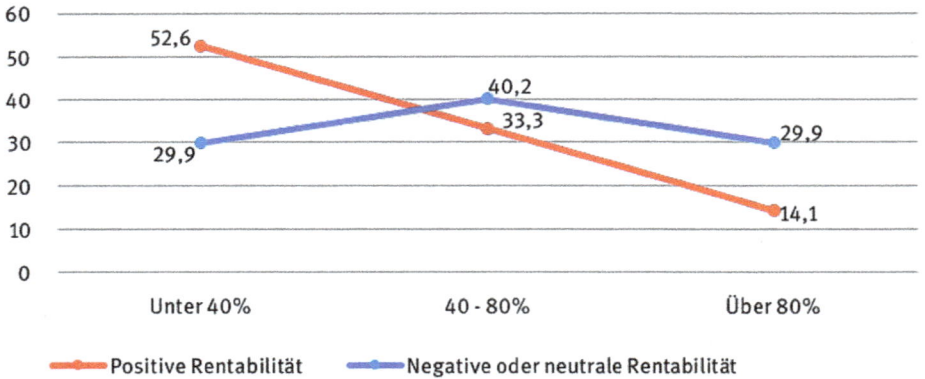

Abbildung 52: Rentabilitätseinschätzung in Abhängigkeit der Kompensationsrate von Fortbeschäftigten (in Prozent)

Anmerkung: Geschätzter Rentabilitätseinfluss (n= 319); Kompensationsrate von Fortbeschäftigten (n=324).

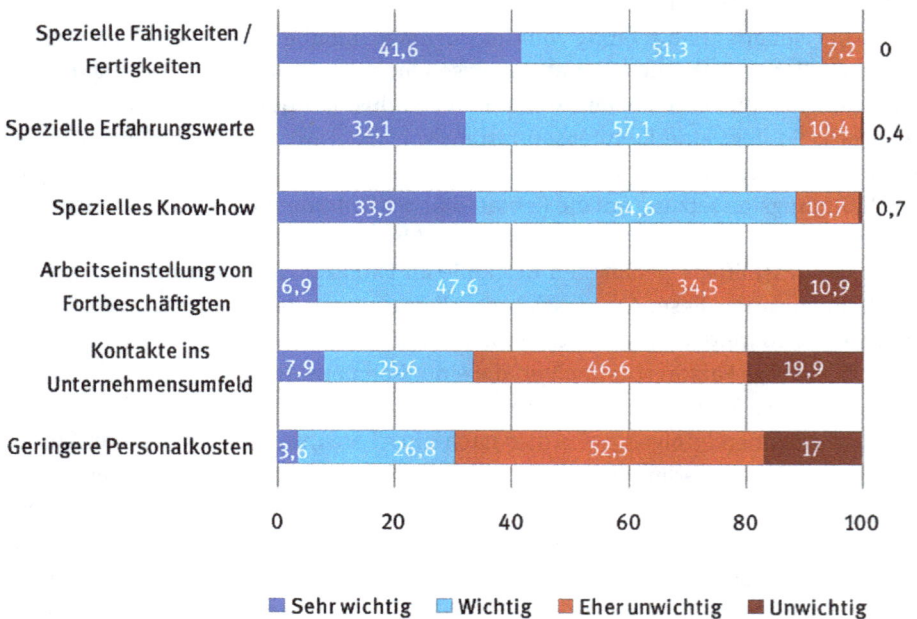

Abbildung 53: Faktoren mangelnder Kompensationsfähigkeit (in Prozent)

Anmerkung: Spezielle Fähigkeiten / Fertigkeiten (n=279); Spezielle Erfahrungswerte (n=280); Spezielles Know-how (n=280); Arbeitseinstellung von Fortbeschäftigten (n=275); Kontakte ins Unternehmensumfeld (n=277); Geringere Personalkosten (n=276).

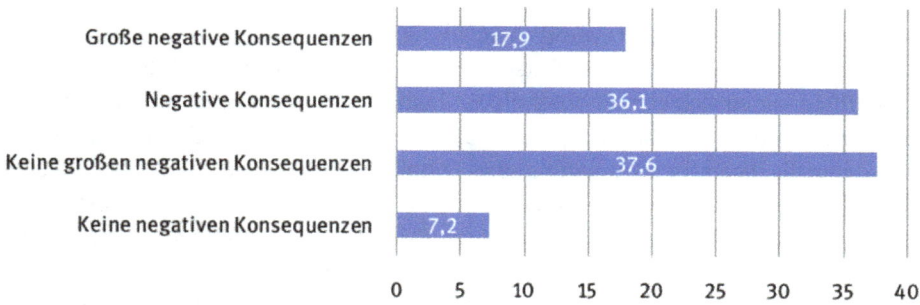

Abbildung 54: Betriebliche Konsequenzen bei Rückzug von Fortbeschäftigten (in Prozent, n=319)

Anmerkung: Fehlende Prozentwerte (1,2%) entfallen auf die Angabe von „Ich weiß nicht".

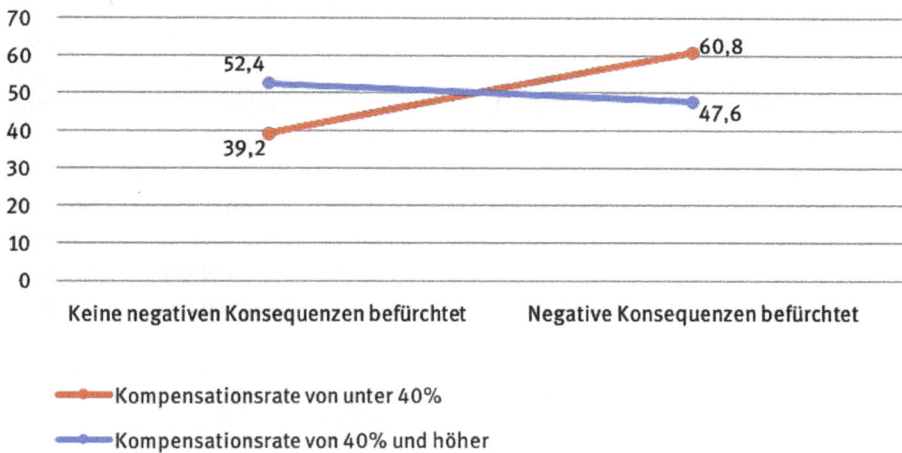

Abbildung 55: Betriebliche Konsequenzen bei Rückzug von Fortbeschäftigten in Abhängigkeit der Kompensationsrate von Fortbeschäftigten (in Prozent)

Anmerkung: Betriebliche Konsequenzen bei Rückzug von Fortbeschäftigten (n=319); Kompensationsrate von Fortbeschäftigten (n=324).

dieser Arbeitskräfte mit tendenziell negativen Auswirkungen in Verbindung bringen bei jenen Betrieben signifikant höher, die eine verhältnismäßig geringe Kompensationsrate in konkreter Form von unter 40 % aufweisen.[15]

---

15 Diese Korrelation erweist sich auf dem Niveau von 0,02 als (zweiseitig) signifikant. Hierbei liegt die Kompensationsrate als unabhängige Variable anhand von zwei Ausprägungen vor („unter 40 %", „40 % und höher"), während die Konsequenzen eines Rückzugs von Fortbeschäftigten dichotomisiert („keine negativen Konsequenzen", „negative Konsequenzen") in die bivariate Analyse einfließt.

Der japanische Gesetzgeber verpflichtet in Japan beheimatete Unternehmen zur Durchführung von Beschäftigungsfortsetzung. Doch neben der reinen Erfüllung dieser Vorschriften lassen sich gemäß Abschnitt 6.1.1 eine Reihe weiterer Motivationsfaktoren zur Nutzung von Fortbeschäftigungsverhältnissen identifizieren. Welche Auswirkungen hätte daher die theoretische Annahme eines Entfallens jeglicher rechtlicher Regulierung von MBB auf die Nutzung dieser Maßnahmen durch die Unternehmenswelt? Abbildung 56 gibt in diesem Zusammenhang zu erkennen, dass 21,1 % der Unternehmen die Anzahl an Fortbeschäftigten reduzieren würden. Weitere 2,3 % an Betrieben würden die implementierten Fortbeschäftigungssysteme gänzlich abschaffen. Somit wird ein gewisser Prozentsatz an Unternehmen registriert, der im Falle der Nichtexistenz der Legislation von MBB durch den Abbau oder die komplette Beseitigung von Beschäftigungsfortsetzung reagieren würde. Hingegen geben jedoch knapp zwei Drittel an Unternehmen an, dass eine Beseitigung jeglicher gesetzlicher Vorschriften zur Durchführung von MBB keine Modifikation der Beschäftigungsfortsetzung zur Folge hätte. So nähmen 65,4 % der Betriebe keine Veränderung an der Anzahl an Fortbeschäftigten vor, selbst wenn keinerlei Verpflichtung zu deren Anstellung bestünde. Natürlich sollten diese Resultate auch vor dem Hintergrund der verbreiteten Anwendung von Selektionsverfahren interpretiert werden, die es Unternehmen gemäß Meyer-Ohle (2008: 950) ermöglichen, nur jene Angestellte in Beschäftigungsfortsetzung zu übernehmen, die als nützlich befunden werden. Dennoch scheinen diese Ergebnisse zugleich zur Argumentation geeignet, dass die flächendeckende Durchführung von MBB nicht alleinig auf gesetzlichen Vorschriften beruht, sondern in nicht minder relevantem Maße auch mit betrieblichen Vorzügen in Verbindung zu bringen ist. Der inneren Logik folgend, zeigt die bivariate Analyse obiger

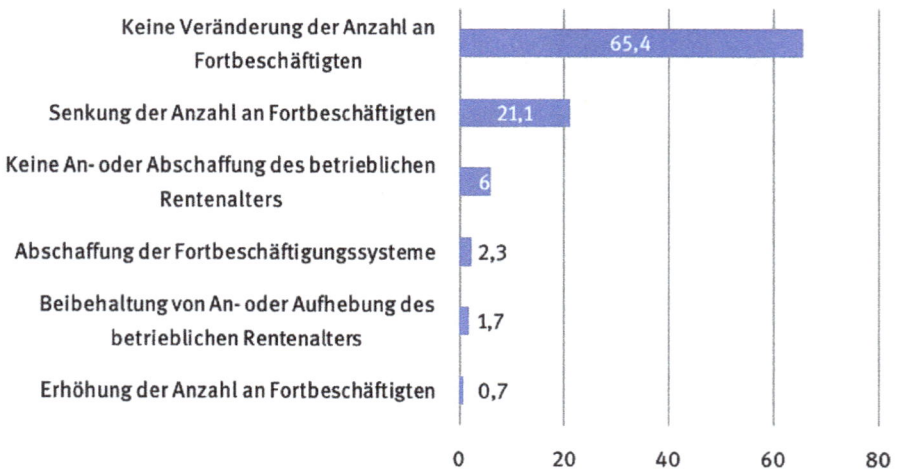

Abbildung 56: Betriebliche Konsequenzen beim Entfallen gesetzlicher Regulierung von betrieblicher Beschäftigungsfortsetzung (in Prozent, n=298)

Anmerkung: Fehlende Prozentwerte (2,8%) entfallen auf die Angabe von „Ich weiß nicht".

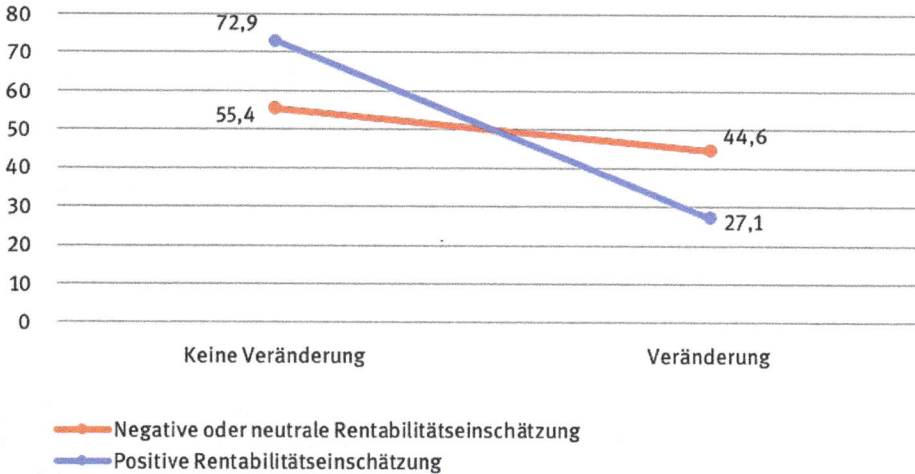

Abbildung 57: Betriebliche Konsequenzen bei Entfallen gesetzlicher Regulierung von MBB in Abhängigkeit vom geschätzten Rentabilitätseinfluss von MBB (in Prozent)

Anmerkung: Betriebliche Konsequenzen bei Wegfall staatlicher Regulierung von betrieblicher Beschäftigungsfortsetzung (n=298); Geschätzter Rentabilitätseinfluss der betrieblichen Beschäftigungsfortsetzung (n=319).

Verhältnisse ferner, dass insbesondere jene Unternehmen nicht durch eine Modifikation oder Abschaffung von MBB reagieren würden, die zu einer positiven Rentabilitätseinschätzung der Beschäftigungsfortsetzung gelangen (vgl. Abbildung 57).[16]

Die im Rahmen dieser Passagen betrachteten Befunde verdeutlichen, dass die Existenz von Beschäftigungsfortsetzung nicht alleine auf gesetzlichen Vorschriften fußt, sondern zugleich auf betrieblichen Vorteilen und einer positiven Evaluation dieses personalpolitischen Mittels beruht. Dennoch fällt bei Analyse der Untersuchungsdaten ein gewisser Unternehmensanteil ins Auge, der sich durch ein zunächst widersprüchlich erscheinendes Antwortverhalten kennzeichnet. Denn während ein tendenziell positiver Rentabilitätseinfluss der Beschäftigungsfortsetzung attestiert wird, geben diese Betriebe gleichzeitig an, bei Entfallen der gesetzlichen Regulierung von MBB, einen Rückbau der Fortbeschäftigungsmaßnahmen ergreifen zu wollen.Bei jenen Unternehmen, im Tiefeninterview auf diesen Kontrast hin befragt, kristallisiert sich, dass insbesondere die Sorge um die Langzeitentwicklung der betrieblichen Altersstruktur, die wahrgenommenen Vorteile der Beschäftigungsfortsetzung überwiegt:

---

16 Eine entsprechende Korrelation zeigt sich auf dem Niveau von 0,00 als (zweiseitig) signifikant. Sowohl die Rentabilitätseinschätzung als unabhängige Variable („positiv" bzw. „negativ oder neutral") als auch die betriebliche Konsequenz bei Wegfall der staatlichen Regulierung von MBB („Modifikation" bzw. „keine Modifikation") gehen dabei dichotomisiert in die bivariate Analyse ein.

> Als Unternehmen sind wir auf den Zustrom junger Arbeitskräfte angewiesen. [...] Einerseits liegt es unter den Umständen einer alternden Gesellschaft in der sozialen Verantwortung eines Unternehmens, Personen über dem betrieblichen Rentenalter zu beschäftigen. Andererseits braucht es aber auch neue Kräfte [...], was damit zusammenhängt, dass wir ehrlich gesagt ein [hinsichtlich der Altersstruktur] altes Unternehmen sind. [...] Sonst gibt es im Unternehmen niemanden, der betriebsspezifisch ausgebildet wird, [...] der eine Laufbahn vom einfachen Angestellten zum Abteilungsleiter durchläuft. [...] Wenn es also nun diese Vorschriften nicht gäbe, dann würde ich gerne mehr junge Leute einstellen, diese im Unternehmen einarbeiten und hiermit die Betriebsstruktur weiter optimieren. Denn bei einer vorgegebenen Größe an Mitarbeitern können keine jungen Menschen eingestellt werden, wenn wir die Älteren weiterbeschäftigen. (Interview d. Verf. mit Unternehmen F: 9–10 am 2.3.2011; Übers. d. Verf.)

In diesem Sinne berichtet die Mehrzahl qualitativ untersuchter Unternehmen von Sorgen um die betriebliche Altersstruktur als gewichtigster Nachteil der Beschäftigungsfortsetzung: „Ein Unternehmen besitzt so etwas wie einen natürlichen Stoffwechsel, bei dem der Zufluss junger Mitarbeiter, die neue Ideen einbringen, zum Fortbestehen nötig ist. Ältere Mitarbeiter haben viel Know-how angesammelt, aber sie besitzen nicht immer die nötige Sensitivität für die neue Zeit und Produkte, die diese hervorbringt" (Interview d. Verf. mit Unternehmen B: 8 am 4.3.2011; Übers. d. Verf.). Inhaltlich verwandt konstatiert Unternehmen G trotz einer positiven Evaluierung des Fortbeschäftigungssystems: „Allerdings haben wir auch vor, junge Menschen neu einzustellen, im Zuge unserer Absichten, die Geschäftsfelder zu erweitern, den Export auszubauen oder eigene Geschäfte zu errichten" (Interview d. Verf. mit Unternehmen G: 5 am 10.3.2011; Übers. d. Verf.). Doch nicht nur Belange hinsichtlich einer ausgeglichenen Altersstruktur werden arbeitgeberseitig als Problemkomplexe im Zusammenhang von MBB ausgemacht. So berichten Unternehmen ferner von negativen Auswirkungen der Beschäftigungsfortsetzung auf das Betriebsklima, wenn es Fortbeschäftigten nicht gelingt, sich an ihre veränderte betriebliche Rolle zu gewöhnen: „Es gibt Personen, die nach dem einmaligen Austritt aus dem Unternehmen beständig auf ihre Rolle als [ehemaliger] Abteilungsleiter pochen und fortwährend diese Position eines Vorgesetzten vertreten. Das kommt bei den jungen Kollegen nicht gut an. [...] Dankbar bin ich daher vor allem jenen Fortbeschäftigten, die ihre Rolle mehr im Sinne eines OB[17] interpretieren und [...] eine eher indirekte Art der Führung ausüben" (Interview d. Verf. mit Unternehmen F: 4 am 2.3.2011; Übers. d. Verf.). Interessant erscheint in diesem Zusammenhang die Kontrastierung mit der Angestelltensicht, welche weitere negative Auswirkungen der herkömmlichen Konzeption von Beschäftigungsfortsetzung im Hinblick auf die gängige Trennung von Arbeitsinhalt und Kompetenzen auf persönliche Anreizstrukturen impliziert: „Vor dem Erreichen des betrieblichen Rentenalters wurde ich als Abteilungsleiter

---

17 Zu verstehen ist hierunter der japanische Lehnbegriff *„old boy"*, der primär zur Bezeichnung von Absolventen durch Studierende der gleichen Universität dient, jedoch im weiteren Sinne auch die Bedeutung eines Mentors mit sich führt.

beschäftigt. Diese Position ist […] weggefallen. Das heißt, dass ich nun ein Mitglied der Abteilung bin, die ich vorher geleitet habe. Als ich noch Abteilungsleiter war, habe ich gewisse Prinzipien installiert, in welcher Weise etwas zu erledigen ist. Und jetzt erkenne ich, dass diese Prinzipien verändert werden, was ich als eine Art Verneinung meiner Arbeit wahrnehme" (Interview d. Verf. mit Arbeitnehmer 3: 1 am 7.9.2011; Übers. d. Verf.).

Zusammenfassend vermitteln die in diesem Abschnitt betrachteten Resultate einen Zustand, wonach Unternehmen zu einer positiven Beurteilung der Beschäftigungsfortsetzung tendieren. So geht etwa die überwiegende Mehrheit an Betrieben von einem positiven Rentabilitätseinfluss des Einsatzes von Fortbeschäftigten aus, was angesichts des beschriebenen Strukturrahmens überzeugt und die Einschätzung unterstützt, „dass aus Sicht der Arbeitgeber weiterführende Beschäftigungssysteme aus finanziellen Gründen attraktiv sind" (Paulsen 2009: 155)[18]. Scheinen Fortbeschäftigte bei einem substantiellen Unternehmensanteil eine zentrale und entsprechend schwierig zu kompensierende Personalressource darzustellen, erweist es sich ferner als konsequent, dass das Gros an Unternehmen auch im theoretischen Falle einer Beseitigung jeglicher Regulierungen von MBB keine Modifikationen an der Beschäftigungsfortsetzung vornehmen würde: „The approach to the re-employment of older workers ranged from primarily viewing their re-employment as a means of reducing wage costs to perceiving older workers as a highly valued asset. On the other hand, it was clear that older workers participating in re-employment schemes were valued for their contributions by all of the case study firms" (Taylor 2002b: 15)[19]. Allerdings nehmen Unternehmen bei der Begutachtung von Beschäftigungsfortsetzung auch Nachteile wahr, die etwa in Form der Belegschaftsalterung oder im Zusammenhang von Problemen bei der Aufrechterhaltung des Betriebsklimas bestehen. So scheint insbesondere auf Seiten von KMU das Risiko vorhanden, dass der Gebrauch von Beschäftigungsfortsetzung – auch mangels alternativer Arbeitsmarktressourcen – zur weiteren Alterung einer tendenziell ohnehin überalterten Belegschaftsstruktur führt, was die Beschäftigungsfortsetzung bei allem betrieblichen Nutzen zwiespältig erscheinen lässt. Die Evaluation von Beschäftigungsfortsetzung stellt einen relativ unterrepräsentierten Forschungsaspekt dar, der sich unter gänzlich unterschiedlichen Betrachtungsaspekten analysieren läst. Entsprechend ist eine Einbettung der diskutierten Ergebnisse in die Untersuchungslandschaft nur in geringem Maße möglich. Dennoch sei auf die folgenden Studien verwiesen, um hiesigen Befunden eine Ergänzung durch den Forschungsstand hinzuzufügen: Die Evaluation älterer Beschäftigter wird durch Rōdō seisaku kenkyū kenshū kikō (2007: 64)[20] und Kōrei shōgai kyūshoku-sha koyō shien

---

18 http://hss.ulb.uni-bonn.de/2009/1920/1920.pdf, letzter Abruf: 9.3.2017.
19 http://www.jil.go.jp/english/archives/bulletin/documents/200208.pdf, letzter Abruf: 9.3.2017.
20 http://www.jil.go.jp/institute/reports/2007/documents/083.pdf, letzter Abruf: 9.3.2017.

kikō (2008: 71–73) behandelt. Probleme, die im Zusammenhang der Inanspruchnahme älterer Beschäftigter aus betrieblicher Sicht wahrgenommen werden, finden sich wiederum bei Rōdō seisaku kenkyū kenshū kikō (2007: 64)[21]; Rōdō seisaku kenkyū kenshū kikō (2010a: 42)[22] sowie Kōrei shōgai kyūshoku-sha koyō shien kikō (2008: 92–94) analysiert.

6.2.2 Angebotsseitige Evaluation

Vorherige Passagen diskutieren die nachfrageseitige Evaluation von MBB auf Grundlage quantitativer und qualitativer Untersuchungsergebnisse. Dieser Abschnitt widmet sich auf äquivalenter Grundlage der Frage, inwieweit Fortbeschäftigte ihre Motivation zur Verlängerung der Erwerbsbiografie auch tatsächlich im Rahmen des gängigen Arrangements von Beschäftigungsfortsetzung befriedigt sehen. So greift Abbildung 58 die in Abschnitt 5.2 analysierten Parameter des Strukturrahmens von MBB hinsichtlich der hiermit verbundenen arbeitnehmerseitigen

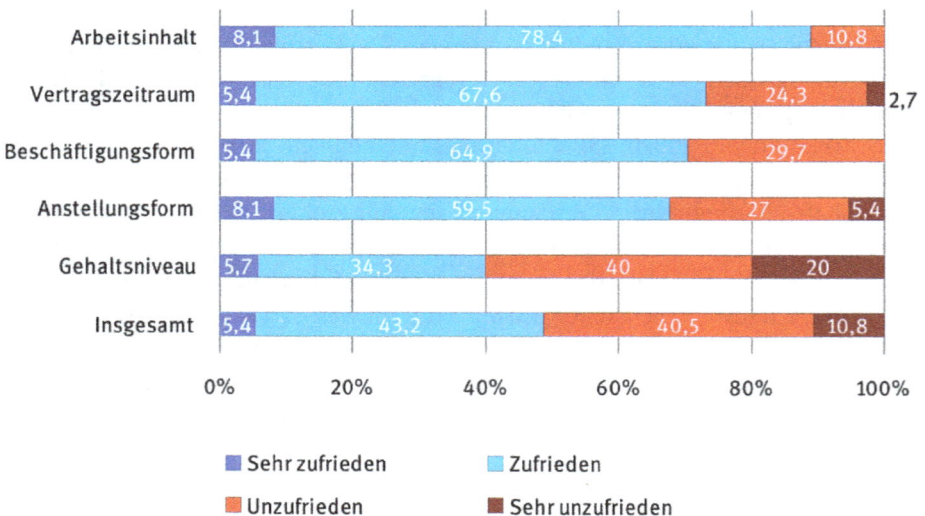

Abbildung 58: Arbeitnehmerseitige Zufriedenheit mit Arbeitsinhalt und Beschäftigungskonditionen im Rahmen der Beschäftigungsfortsetzung (in Prozent)

Anmerkung: Arbeitsinhalt (n=36); Anstellungsform (n=37); Beschäftigungsform (n=37); Vertragszeitraum (n=37); Gehaltsniveau (n=35); Insgesamt (n=37).

---

21 http://www.jil.go.jp/institute/reports/2007/documents/083.pdf, letzter Abruf: 9.3.2017.
22 http://www.jil.go.jp/institute/research/2010/documents/067.pdf, letzter Abruf: 9.3.2017.

Zufriedenheit auf. Hierbei tritt der Arbeitsinhalt als jenes Gestaltungsmerkmal der Beschäftigungsfortsetzung hervor, welches den höchsten Grad an Zustimmung auf sich vereint. So zeigen sich 86,5 % der Fortbeschäftigten tendenziell mit ihren Tätigkeitsbereichen zufrieden.[23] Doch auch die Beschäftigungskonditionen werden trotz diskutierter Interessenkontraste überwiegend positiv beurteilt. 73 % der Fortbeschäftigten geben an, tendenziell mit der Gestaltung des Vertragszeitraums zufrieden zu sein. Nur geringfügig niedriger fällt die Zustimmung zur Beschäftigungsform aus, die von 70,3 % der Arbeitnehmer als tendenziell zufrieden stellend gewertet wird.[24] Ebenso wird die Anstellungsform von mehr als zwei Drittel der Fortbeschäftigten überwiegend positiv beurteilt, wie 67,6 % der Arbeitnehmer tendenzielle Zufriedenheit hiermit bekunden. Im Gegensatz dazu sticht das Gehaltsniveau als Gestaltungsparameter von MBB hervor, welcher bei der Mehrheit an Fortbeschäftigten keine Zustimmung findet. 40 % der Arbeitnehmer zeigen sich hiermit „unzufrieden", weitere 20 % der Beschäftigten gar „sehr unzufrieden".[25] Betrachtet man die aus bisherigen Indikatoren resultierende Gesamtzufriedenheit mit den Bedingungen der Beschäftigungsfortsetzung wird erkennbar, dass diese in erster Linie durch die mangelnde Zustimmung zum Gehaltsniveau geprägt ist.[26] Denn obwohl das Gehaltsniveau als einziger Gestaltungsparameter von MBB herausragt, der sich durch mehrheitliche Unzufriedenheit auszeichnet, fällt auch die Gesamtbewertung der Fortbeschäftigungsverhältnisse überwiegend negativ aus. So geben zwar 43,2 % bzw. 5,4 % der Angestellten an, mit den Fortbeschäftigungsverhältnissen insgesamt „zufrieden" oder „sehr zufrieden" zu sein. Die knappe

---

23 Auch bei Rōdō seisaku kenkyū kenshū kikō (2010b: 75. http://www.jil.go.jp/institute/research/2010/documents/075.pdf, letzter Abruf: 9.3.2017) wird der Arbeitsinhalt angebotsseitig überwiegend positiv bewertet.

24 Vgl. Rōdō seisaku kenkyū kenshū kikō (2010b: 73. http://www.jil.go.jp/institute/research/2010/documents/075.pdf, letzter Abruf: 9.3.2017).

25 Vgl. Rōdō seisaku kenkyū kenshū kikō (2005: 78. http://www.jil.go.jp/institute/research/documents/research012.pdf, letzter Abruf: 9.3.2017); Rōdō seisaku kenkyū kenshū kikō (2010a: 60. http://www.jil.go.jp/institute/research/2010/documents/067.pdf, letzter Abruf: 9.3.2017) sowie Rōdō seisaku kenkyū kenshū kikō (2012: 32. http://www.jil.go.jp/institute/research/2012/documents/094.pdf, letzter Abruf: 9.3.2017).

26 Bei Fujimoto (2011: 83–84. http://www.jil.go.jp/institute/zassi/backnumber/2011/11/pdf/074-085.pdf,letzter Abruf: 9.3.2017) tritt die Gehaltsbestimmung am prägnantesten innerhalb arbeitnehmerseitiger Präferenzen zur Modifikation der Beschäftigungsfortsetzung hervor. Befragt nach den Gründen, die dem Wunsch einer Beschäftigungsverlängerung im angestammten Betrieb widersprechen, wird das Gehaltsniveau bei Rōdō seisaku kenkyū kenshū kikō (2008: 51. http://www.jil.go.jp/institute/research/2008/documents/047/047.pdf, letzter Abruf: 9.3.2017) am häufigsten angeführt. Im Rahmen einer verwandten Fragestellung bei Rōdō seisaku kenkyū kenshū kikō (2012: 10. http://www.jil.go.jp/institute/research/2012/documents/094.pdf, letzter Abruf: 9.3.2017) tritt dieser Grund hingegen weniger prominent in Erscheinung.

Mehrheit an Fortbeschäftigten (51,3 %) zeigt sich jedoch bei einer übergeordneten Beurteilung der Beschäftigungsfortsetzung eher unzufrieden.[27]

In inhaltlicher Korrespondenz zu vorherigen Befunden wird das Gehaltsniveau durch Abbildung 59 als jener Parameter der Fortbeschäftigungsgestaltung ausgewiesen, der am markantesten durch eine Nichtübereinstimmung zwischen individuellen Präferenzen und der tatsächlichen Ausprägung gekennzeichnet ist. So stimmt in knapp zwei Drittel der untersuchten Fortbeschäftigten (64,9 %) das tatsächlich vorhandene Gehaltsniveau nicht mit der Angabe der bevorzugten Ausprägung überein. Ein Wert, der in mehr oder minder ausgeprägten Kontrast zu sonstigen Beschäftigungsindikatoren gelesen werden kann. Denn während zwar auch bei der Beschäftigungsform in über der Hälfte der betrachteten Fälle die reale Ausprägung nicht mit der individuellen Präferenz übereinstimmt (54,1 %), belaufen sich die entsprechenden Differenzraten hinsichtlich des Vertragszeitraums und der Anstellungsform auf vergleichsweise niedrige 43,2 % respektive 40,5 %. Allerdings muss eine Differenz zwischen tatsächlich vorhandener und prinzipiell bevorzugter Erscheinungsform von Fortbeschäftigungskonditionen nicht zwangsläufig in einer unzufriedenen Bewertung münden. Demnach erscheint ferner die Betrachtung des Verhältnisses relevant, ob sich die Beschäftigungskonditionen im Ausmaß unterscheiden, in dem sich ein

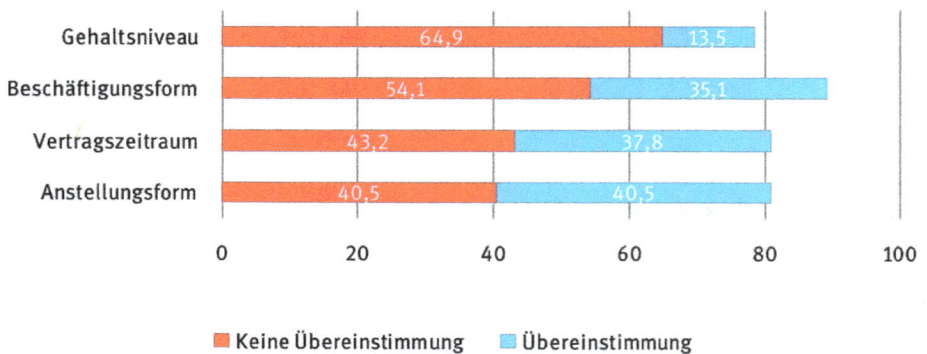

Abbildung 59: Übereinstimmung zwischen gewünschter und tatsächlicher Beschäftigungskondition (in Prozent, n=37)

Anmerkung: Fehlende Prozentwerte entfallen auf nicht gemachte Angaben der tatsächlichen oder gewünschten Beschäftigungskondition.

---

27 Bei Rōdō seisaku kenkyū kenshū kikō (2012: 33. http://www.jil.go.jp/institute/research/2012/documents/094.pdf, letzter Abruf: 9.3.2017) zeigen sich 44,2 % der Befragten mit der Beschäftigungsfortsetzung tendenziell zufrieden. Ein vergleichbarer Anteil von 43,5 % der Angestellten ist tendenziell unzufrieden mit den Fortbeschäftigungsverhältnissen. Restliche Prozentwerte (12,2 %) entfallen auch nicht getätigte Angaben.

mismatch zwischen Bevorzugung und realer Existenz in einer unzufriedenen Beurteilung niederschlägt. Die in Abbildung 60 erfassten Werte lassen sich dabei erneut als inhaltliche Übereinstimmung zu vorherigen Resultaten bewerten. Denn eine Nichtübereinstimmung zwischen tatsächlich bestehender und prinzipiell bevorzugter Ausprägung des Gehaltsniveaus resultiert bei über 70 % der Fortbeschäftigten in Unzufriedenheit. Ein Wert, der durch sonstige Beschäftigungskonditionen unterschritten wird. So wirkt sich die Differenz zwischen Wunsch und Wirklichkeit im Falle der Anstellungsform nur in der Hälfte an Fällen durch unbefriedigende Bewertungen aus.

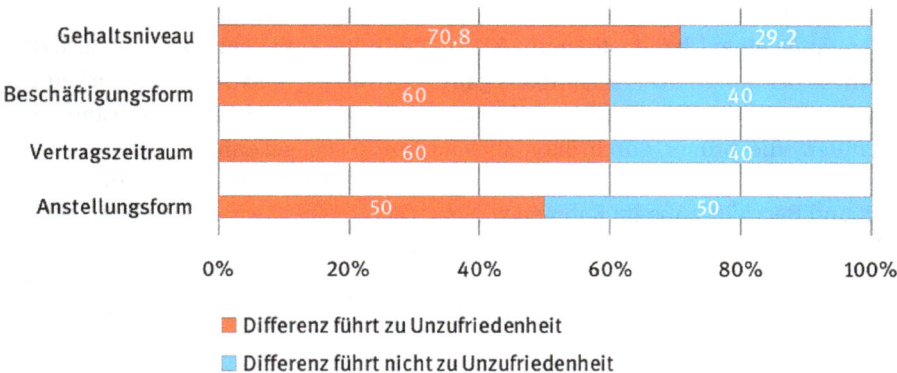

Abbildung 60: Auswirkung der Differenz zwischen tatsächlichen und gewünschten Beschäftigungskonditionen auf die Beschäftigungszufriedenheit (in Prozent, n=31)

Somit kann dieser Abschnitt dahingehend zusammengefasst werden, dass die knappe Mehrzahl evaluierter Angestellter der Beschäftigungsfortsetzung nachgeht, obwohl eine tendenzielle Unzufriedenheit mit den korrespondierenden Beschäftigungskonditionen vorliegt. Dies mag angesichts des gängigen Strukturrahmens von MBB kaum verwundern, dessen harsche Kritik durch Oka (2009: 58) angesichts hiesiger Resultate jedoch weniger in ihrer Absolutheit, denn mehr in einem tendenziellen Sinne geteilt wird: „The pay and working conditions of these schemes appears to be poor on the whole. [...] It seems likely that most of post-teinen schemes will not fulfil the needs of older workers, as their roles will be ambiguous and unimportant in many cases". Entsprechend dieser Bilanz liegt ein zunächst widersprüchlich anmutender Befund hinsichtlich der Hypothese dieser Arbeit vor, wonach die Akzeptanz der gebotenen Bedingungen von Arbeit und Beschäftigung die elementare Determinante zum angebotsseitigen Eingehen von Beschäftigungsfortsetzung darstellt. Doch wie gleichfalls vermittelt, ist diese Akzeptanz gemäß ökonomischen Verständnis als Relativ im Vergleich zu bestehenden Erwerbsalternativen zu interpretieren. Selbst wenn die bestehenden Fortbeschäftigungsverhältnisse also mehrheitlich nicht auf Zustimmung treffen, mögen sie dennoch die beste Erwerbsoption innerhalb einer begrenzt erscheinenden Menge an Handlungsalternativen darstellen, die durch den externen Arbeitsmarkt bereit gestellt wird (vgl. Abschnitt 2.3.3).

Diese Argumentation erscheint auf Basis von Abbildung 61 zulässig, das einer eher düsteren Einschätzung von persönlichen Erwerbsalternativen Ausdruck verleiht. So bewerten 32,4 % der Fortbeschäftigten ihre Chancen auf eine Neuanstellung bei fremden Unternehmen als „schwierig". Weitere 65,1 % älterer Angestellter beurteilt die Möglichkeiten einer Fortsetzung des Erwerbslebens außerhalb des angestammten Betriebs sogar als „sehr schwierig". Nicht einmal 14 % der Fortbeschäftigten geht hingegen davon aus, dass sie über einfach zu erlangende Erwerbsoptionen auf dem externen Arbeitsmarkt verfügen. Entsprechend dieser Verhältnisse wird die Interpretation einer Übereinstimmung hiesiger Resultate mit der ex ante formulierten Hypothese bekräftigt. Zwar scheint das gängige Arrangement von MBB mehrheitlich nicht die Motivation von Fortbeschäftigten zur Verlängerung der Erwerbsbiografie zu erfüllen, die primär durch ökonomische Interessen gekennzeichnet wird (vgl. Abschnitt 6.1.2). Dennoch ist von einer Akzeptanz der gebotenen Konditionen von Arbeit und Beschäftigung im Rahmen von MBB auszugehen, wie der externe Arbeitsmarkt zumindest gemäß subjektiver Wahrnehmungen kaum lukrativere Beschäftigungsperspektiven zur Befriedigung finanzieller wie ideeller Erwerbsinteressen bereithält. Jedoch sei darauf verwiesen, dass hiesige Befunde zur arbeitnehmerseitigen Zufriedenheit mit Fortbeschäftigungsverhältnissen einer gewissen Vorsicht bei deren Interpretation bedürfen. Dies geht nicht nur auf den eher geringen Stichprobenumfang zurück, wenngleich die erbrachten Resultate zur Gesamteinschätzung von Fortbeschäftigungsverhältnissen keine auffälligen Kontraste gegenüber Rōdō seisaku kenkyū kenshū kikō (2012: 33)[28] aufweisen. Ohashi (2008: 92) macht jedoch darauf aufmerksam, dass die Zufriedenheit mit den Bedingungen von Arbeit und

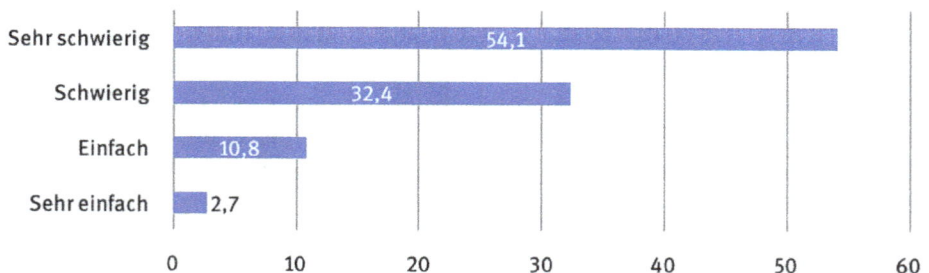

Abbildung 61: Einschätzung durch Fortbeschäftigte der Schwierigkeiten einer Neuanstellung auf dem externen Arbeitsmarkt (in Prozent, n=37)

---

28 http://www.jil.go.jp/institute/research/2012/documents/094.pdf, letzter Abruf: 9.3.2017.

Beschäftigung nicht nur mit den vorgefundenen Konditionen variiert, sondern sich zudem anhand persönlicher Lebensbedingungen wie dem Gesundheitszustand oder dem Einkommensniveau im Vergleich zu finanziellen Belastungen differenzieren lässt. Wird dieser Umstand unzureichend reflektiert, wird dennoch die Auffassung vertreten, dass die in diesem Abschnitt behandelten Befunde zur arbeitnehmerseitigen Evaluation der Beschäftigungsfortsetzung im weitgehenden Einklang zum aufgeführten Forschungsstand gelesen werden können.

Allerdings erscheint der Analyse der angebotsseitigen Evaluation von MBB nicht ausreichend genüge getan, wenn keine Unterfütterung der bislang diskutierten quantitativen Untersuchungsergebnisse durch Resultate der qualitativen Datenerhebung erfolgt. So wird hierdurch eine differenziertere Beurteilung von Fortbeschäftigungsverhältnissen erkennbar, als es der quantitativen Betrachtung von Arbeitnehmerpräferenzen entspricht: „Um ehrlich zu sein, habe ich bislang ein gutes Gehalt bezogen. [...] Deswegen bin ich nicht wirklich unzufrieden. [...] Man könnte sagen, dass weil ich vorher ein gutes Gehalt bekommen habe, arbeite ich jetzt eher aus einem Gefühl der Dankbarkeit, als eine Art der Gegenleistung weiter" (Interview d. Verf. mit Arbeitnehmer 2: 4 am 13.9.2011; Übers. d. Verf.). Auch im Sinne dieser Kontrastierung mag es nicht als Widerspruch verstanden werden, trotz eines registrierten Mangels an Beschäftigungszufriedenheit, der Aussage von Paulsen (2009: 155) ihre Gültigkeit nicht abzusprechen: „Das Konzept einer verlängerten Lebensarbeitszeit mit der Gewähr von Flexibilitätsspielräumen ist somit auf eine breite soziale Akzeptanz gestoßen und hat sich dementsprechend in Gestalt eines allgemeinen Konsenses zwischen Arbeitgebern und Arbeitnehmern institutionell etabliert". Resultate durch Rōdō seisaku kenkyū kenshū kikō (2012)[29] legen in Übereinstimmung zur Einschätzung durch Kajitani (2006: 52)[30] die Vermutung nahe, dass die Marginalisierung von Fortbeschäftigten durch Abwandlung ihrer Beschäftigungskonditionen, die angebotsseitige Attraktivität des gängigen Arrangements von Beschäftigungsfortsetzung unterminiert. Ist dieser Abschnitt der Wahrnehmung von MBB aus Sicht der Angestellten gewidmet, sei eine finale Bilanzierung einem Fortbeschäftigten überlassen, dessen Kommentar im Einklang zu dieser Lesart des Literaturbestands gedeutet werden kann und zugleich als Reflektion hiesiger Befunde fungieren mag:

> Ich bin jetzt bei diesem Unternehmen seit vierzig Jahren angestellt und verspüre nach wie vor Lust, diese Beschäftigung fortzusetzen. [...] Ich arbeite also nicht aufgrund finanzieller Sorgen, sondern eher, weil ich immer noch den Willen zur Arbeit verspüre. [...] Ich würde mir auf jeden Fall wünschen, dass die Beschäftigung bis zum 65. Lebensjahr unter ganz normalen Bedingungen [im Vergleich zum Zeitpunkt vor Erreichen des betrieblichen Rentenalters] fortgesetzt werden würde. Natürlich kann das nicht für jene Personen gelten, die in ihren Leistungen abbauen. Aber

---

29 http://www.jil.go.jp/institute/research/2012/documents/094.pdf, letzter Abruf: 9.3.2017.
30 http://ir.library.osaka-u.ac.jp/dspace/bitstream/11094/20329/1/oep056_3_051.pdf, letzter Abruf: 9.3.2017.

wenn dies nicht der Fall ist, sollte die Beschäftigung normal fortgeführt werden. (Interview d. Verf. mit Arbeitnehmer B: 2,1,4 am 13.9.2011; Übers. d. Verf.)

6.3 Bilanzierung der betrieblichen Beschäftigungsfortsetzung

Diese Arbeit untersucht das japanische Konzept der Beschäftigungsfortsetzung im speziellen Kontext von KMU des verarbeitenden Gewerbes hinsichtlich aktueller Gestaltungstendenzen sowie der hintergründigen Motivation und Evaluation dieses Personalinstruments. Abschnitt 6.3 stellt eine Bilanzierung des Untersuchungsgegenstands und dieser einhergehenden Forschungsaspekte dar, zu deren Beginn eine Typologisierung des gängigen Arrangements von MBB im Spiegel von Unternehmensgrößen präsentiert wird, die zur weiteren Auseinandersetzung einlädt (Abschnitt 6.3.1). Hieran angeschlossen findet sich ein bilanzierender Diskurs des derzeitigen Erscheinungsbilds der Beschäftigungsfortsetzung. So diskutiert Abschnitt 6.3.2 wahrscheinliche Auswirkungen der momentanen Fortbeschäftigungspraxis auf den Dualismus japanischer Wirtschaftsstrukturen. Abschnitt 6.3.3 widmet sich möglichen Implikationen der gängigen Ausprägung von MBB für soziale Spreizungstendenzen der japanischen Gesellschaft. Abschließende Beurteilungen zur betrieblichen Beschäftigungsfortsetzung, wie sie sich auf Grundlage hiesiger Untersuchungs- und Diskussionsaspekte präsentiert, sind Abschnitt 6.3.4 vorbehalten.

6.3.1 Typologisierung betrieblicher Beschäftigungsfortsetzung im Spiegel der Unternehmensgröße

Bemüht sich die Typologisierung um Schaffung schematischer Ordnung, ist dieser Vorgang der Informationsreduktion angewiesen, deren Angemessenheit stets im Rahmen des Wissenschaftsdiskurses kritisch hinterfragt werden kann und soll. In diesem Sinne sei einleitend vermerkt, dass diese Typologisierung betrieblicher Beschäftigungsfortsetzung keine infinitesimale Reflektion hiesiger Untersuchungsresultate verkörpern mag, wie unter Berücksichtigung diverser Spezifikationen geschildert. Vielmehr sei als Darstellungsziel formuliert, Zusammenhangstendenzen zwischen grundsätzlichen Unternehmenscharakteristika und der betriebsspezifischen Ausgestaltung, Motivation wie Wahrnehmung von MBB zu illustrieren.[31] Die im Rahmen dieser Arbeit vermittelten Befunde sowie deren Interpretation reflektierend, wird die Funktionalität der Beschäftigungsfortsetzung in Gestalt eines pyramidenförmigen Aufbaus beschrieben. Das Fundament dieser in Abbildung 62 dargestellten Pyramide wird durch grund-

---

[31] So sind die in Abbildung 62 aufgeführten mathematischen Vorzeichen im Sinne unternehmensgrößenabhängiger Tendenzen zu interpretieren.

	Mit sinkender Unternehmensgröße	Mit steigender Unternehmensgröße
Evaluation	− Sonstige Organisationsprobleme +	
	+ Sorge um Altersstruktur −	
	+ Rentabilitätseinfluss −	
	+ Sicherung betrieblicher Kernfunktionen −	
	+ Diversität des Strukturrahmens insgesamt −	
Strukturrahmen (Arbeitsinhalt und Beschäftigungskonditionen)	− Gewerkschaftliche Einbindung −	
	− Gehaltsreduktion +	
	+ Diversifizierung Vertragslaufzeit −	
	+ Diversifizierung Beschäftigungsform −	
	+ Diversifizierung Anstellungsform −	
	− Diversifizierung Arbeitsinhalte +	
	− Exklusivität +	
(Organisationsmantel)	− Konsultationsrahmen −	
	+ Dauer der Beschäftigungsfortsetzung −	
	− Art der Beschäftigungsfortsetzung - Wiederbeschäftigung +	
Motivation	+ Konservierung betriebsspezifischer Qualifikationen −	
	+ Tradierung betriebsspezifischer Qualifikationen +	
	− Senkung Personalkosten / Flexibilisierung Personalmanagement +	
	Soziales Verantwortungsempfinden	
	− Entsprechung rechtlicher Vorgaben +	
Unternehmenscharakteristika	− Kostensenkungsdruck +	
	+ Strukturelle Abhängigkeit von Altersbeschäftigung −	
	− Wettbewerb auf Absatz- und Kapitalmärkten +	
	− *Japanische* Beschäftigungsprinzipien +	
	− Kompetenzen strategisches Personalmanagement +	
	− Unternehmensverflechtung +	
	− Beschäftigungsgröße +	

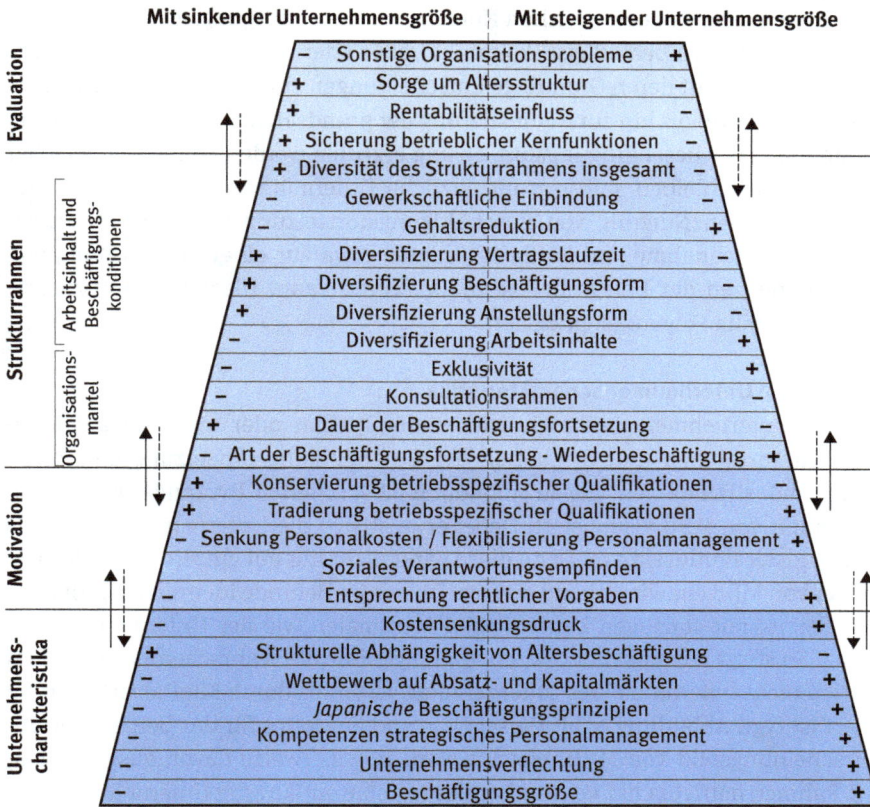

Abbildung 62: Typologisierung der betrieblichen Beschäftigungsfortsetzung im Spiegelbild der Unternehmensgröße

sätzliche Unternehmensmerkmale gebildet, weil diese auf direkte oder indirekte Weise einen determinierenden Einfluss auf Motivation und Strukturrahmen von MBB sowie deren Evaluation ausüben. So beeinflussen grundsätzliche Unternehmenscharakteristika den Motivationshintergrund zur Durchführung von Beschäftigungsfortsetzung, anhand dessen sich wiederum die betriebsspezifische Ausgestaltung des Strukturrahmens orientiert. Wird der legislative Rahmen von MBB durch die Gestattung von Gestaltungsfreiräumen charakterisiert, erscheint es angesichts der resultierenden Menge an betrieblichen Stellschrauben eingängig, dass die Evaluation dieses personalpolitischen Instruments wiederum auf Grundlage des jeweiligen Strukturrahmens erfolgt. Im Sinne dieser Beschreibung lässt sich die Funktionsweise der Beschäftigungsfortsetzung als Resultat eines primär elementaren Unternehmensmerkmalen folgenden *down-top*-Prozesses charakterisieren. Doch auch eine umgekehrte Wirkungsrichtung ist zu identifizieren (*top-down*), wobei die in Abbildung 62 beinhalteten Vektoren diesen diametralen Wirkungskräften Ausdruck verleihen. So wird die Beurteilung des betrieblichen Nutzens von Beschäftigungsfortsetzung auch durch äußere Faktoren beeinflusst (konjunkturelles oder demografisches Unternehmensumfeld, etc.), auf deren Grundlage Entscheidungen zur Modifikation des Strukturrahmens von MBB bis hin zur Neujustierung der grundsätzlichen Zielsetzungen im Zusammenhang der Beschäftigungsfortsetzung ergriffen werden können. In gleicher Wirkungsrichtung bleiben selbst grundsätzliche Unternehmensmerkmale von der betriebsspezifischen Nutzung von Beschäftigungsfortsetzung nicht unbeeinflusst, wie die Inanspruchnahme von Fortbeschäftigten etwa zur einer Verschärfung von Alterungstendenzen der Belegschaftsstruktur führen kann. Diese Wirkungszusammenhänge seien im Folgenden präzisiert.

Grundsätzliche Unternehmenscharakteristika
Elementare Unternehmensmerkmale wirken unmittelbar oder mittelbar auf Motivation, Strukturrahmen und Evaluation der Beschäftigungsfortsetzung ein. Somit bilden diese das Fundament der in Abbildung 62 skizzierten Pyramide, welche die Funktionalität von MBB visualisiert. Dabei erweist sich die Unternehmensgröße als grundlegendster Einflussfaktor. Denn diese wirkt nicht nur auf einzelne Gestaltungsparameter von MBB ein wie anhand diverser bivariater Befunde identifiziert, sondern reagiert bereits mit sonstigen betrieblichen Merkmalen wie der Unternehmensverflechtung. So steigt mit sinkender Beschäftigungsgröße die Wahrscheinlichkeit, dass ein Betrieb nicht innerhalb eines Unternehmensverbunds durch Kapitalverflechtung integriert ist (vgl. Abbildung 63).[32] Dieser Umstand erscheint für das betriebsspezifische Erscheinungsbild von MBB relevant, wird üblicherweise davon ausgegangen, dass im Rahmen betrieblicher Verbundstrukturen eine entlang der Unternehmensgrößen von oben nach unten gerichtete Diffusion unternehmerischer Kompetenzen wie etwa im Produktions- und Administrationsbereich erfolgt. Im Kontext der Beschäftigungsfortsetzung hat dies zur Folge, dass affiliierte Unternehmen kleinerer Beschäftigungsgröße oftmals eine unter dem Begriff *shidō* subsumierte „Führung" bei der Errichtung von Standards der Beschäftigungsfortsetzung erfahren, wie anhand von Unternehmen F exemplifiziert: „Das Mutterunternehmen hatte dieses System entsprechend der staatlichen Direktiven bereits eingeführt. Hierauf aufbauend, haben auch die Tochterunternehmen die Errichtung eines solchen Systems entlang gesetzlicher Bestimmungen erlernt" (Interview d. Verf. mit Unternehmen F: 1 am 2.3.2011; Übers. d. Verf.).

---

32 Die Korrelation zwischen Beschäftigungsgröße und Unternehmensverflechtung erweist sich auf dem Niveau von 0,00 als (zweiseitig) signifikant. Sowohl die Beschäftigungsgröße („unter 50 Beschäftigte", „50 – 100 Beschäftigte", „über 101 Beschäftigte") als unabhängige Variable, als auch die Unternehmensverflechtung („keine Unternehmensverflechtung", „Unternehmen ist Muttergesellschaft", „Unternehmen ist Tochtergesellschaft") gehen dabei anhand von drei Kategorien in die bivariate Analyse ein.

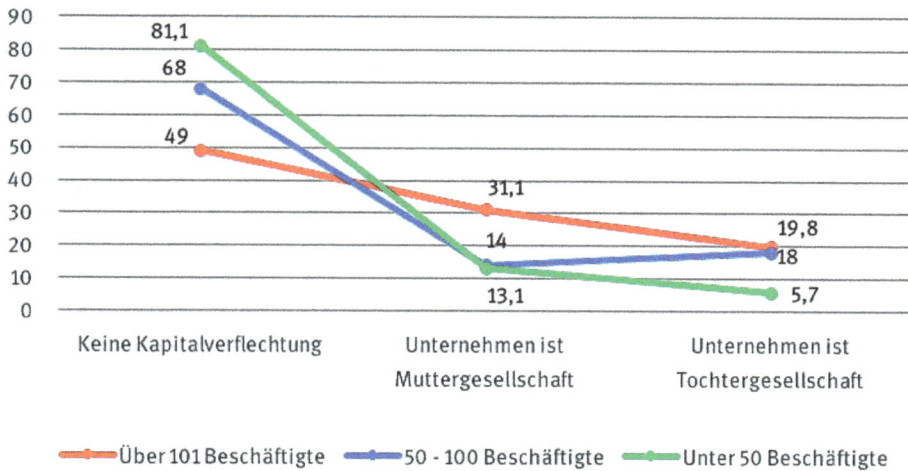

Abbildung 63: Unternehmensverflechtung in Abhängigkeit der Beschäftigungsgröße (in Prozent)

Anmerkung: Unternehmensverflechtung (n=330); Beschäftigungsgröße (n=333).

Zwar mag hierbei eine Modifikation entsprechend betriebsspezifischer Voraussetzungen erfolgen. Dennoch impliziert die Verbreitung von Korrelationen zwischen
einzelnen Gestaltungsmerkmalen des Strukturrahmens von MBB und der Unternehmensverflechtung, dass auf diese Weise eine Etablierung betriebsspezifischer Kriterien der Beschäftigungsfortsetzung erfolgt, welche die im Unternehmensverbund
verwurzelten Entscheidungs- und Handlungsgrundsätze reflektiert. Somit liegt die
Vermutung nahe, dass sich die Einrichtung von Beschäftigungsfortsetzung bei affiliierten kleineren Betrieben an Gestaltungsprinzipien von Unternehmen höherer Größenordnung orientiert. Diese Annahme sei durch zwei Beispiele erhärtet: So vermittelt Abbildung 64 eine Korrelation zwischen der Unternehmensverflechtung und dem
Entscheidungsverfahren über Arbeitsinhalte im Rahmen von MBB.[33] Demnach findet
in Betrieben, die nicht in einem Unternehmensverbund integriert sind, in signifikant
seltenerem Maße eine individuelle Festlegung des Arbeitsinhalts von Fortbeschäftigten statt. Diese Beobachtung scheint im Einklang mit der Argumentation zu stehen,
wonach Unternehmen mit steigender Beschäftigungsgröße über eine höhere Spannbreite von Tätigkeitsprofilen verfügen, die einen stärkeren Spielraum zur Abwand-

---

[33] Die Korrelation zwischen Unternehmensverflechtung und Entscheidungsverfahren über den Arbeitsinhalt erweist sich auf dem Niveau von 0,01 als (zweiseitig) signifikant. Die Unternehmensverflechtung liegt hierbei als unabhängige Variable anhand von drei Ausprägungen vor („Unternehmen
ist Tochtergesellschaft", „Unternehmen ist Muttergesellschaft", „keine Kapitalverflechtung"), während das Entscheidungsverfahren über den Arbeitsinhalt dichotom („prinzipielle Entscheidung", „individuelle Entscheidung") in die bivariate Analyse einfließt.

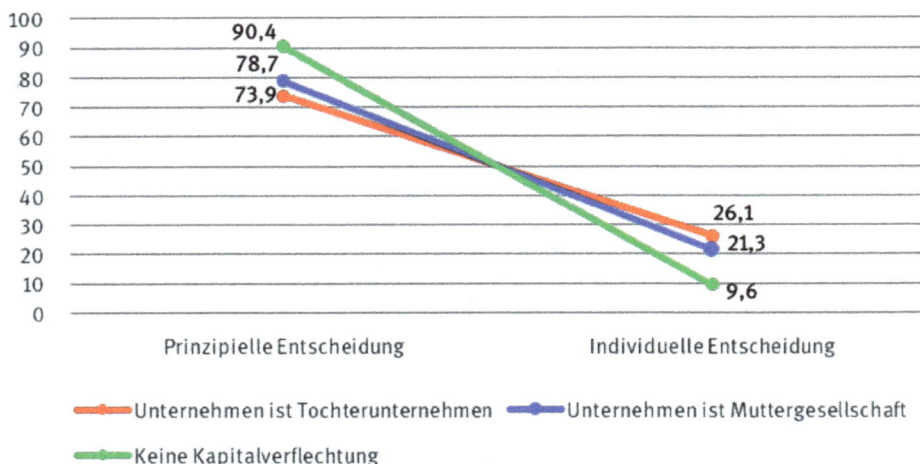

Abbildung 64: Entscheidungsverfahren über Arbeitsinhalt in Abhängigkeit der Unternehmensverflechtung (in Prozent)

Anmerkung: Unternehmensverflechtung (n= 330); Entscheidungsverfahren über Arbeitsinhalt (n=326).

lung von Arbeitsinhalten bei Überschreiten des betrieblichen Rentenalters entfaltet (vgl. Abschnitt 5.2.1). Ebenso weist die Gestaltung des Gehaltsniveaus im Rahmen von MBB gemäß Abbildung 65 eine Korrelation mit der Unternehmensverflechtung auf, die ebenfalls als Übereinstimmung mit den diskutierten beschäftigungsgrößenab-hängigen Tendenzen der Gehaltsgestaltung erscheint (vgl. Abschnitt 5.2.5).[34] Beide Exempel mögen somit die Annahme stützen, dass affiliierte Betriebe einen Struktur-rahmen von MBB aufweisen, welcher die durch Unternehmen höherer Größenklasse im Unternehmensverbund etablierten Gestaltungskriterien bei der Einrichtung von MBB berücksichtigt. Wird also davon ausgegangen, dass in Unternehmensverbünden integrierte KMU oftmals bei der Einrichtung von MBB Unterstützung erfahren, trägt dieser Vorgang zu einer uniformen Ausgestaltung des Strukturrahmens im Sinne einer Entsprechung mit gängigen Gestaltungsformen bei, wie im weiteren Verlauf dieses Abschnitts konkretisiert.

Als weitere betriebsgrößenabhängige Voraussetzung, die sich zentral auf Moti-vation, Strukturrahmen wie Evaluation von MBB auswirkt, ist der Kostensenkungs-druck zu nennen, dem Unternehmen mit steigender Beschäftigungsgröße tendenziell

---

34 Die Korrelation zwischen Unternehmensverflechtung und Gehaltsniveau erweist sich auf dem Niveau von 0,00 als (zweiseitig) signifikant. Die Unternehmensverflechtung wird hierbei als unab-hängige Variable anhand von drei Ausprägungen verwendet („Unternehmen ist Tochtergesellschaft", „Unternehmen ist Muttergesellschaft", „keine Kapitalverflechtung"), während das Gehaltsniveau di-chotom („unter 70 %", „70 % und höher") in die bivariate Analyse eingeht.

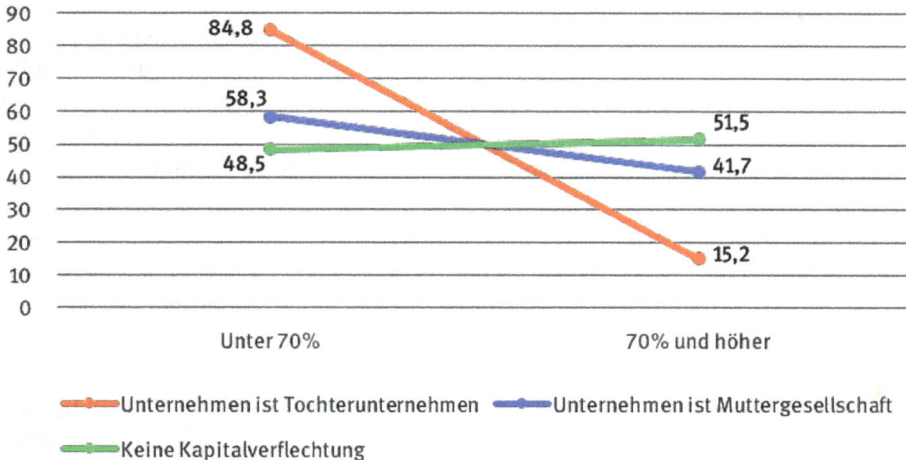

Abbildung 65: Gehaltsniveau in Abhängigkeit der Unternehmensverflechtung (in Prozent)

Anmerkung: Gehaltsniveau (n=312); Unternehmensverflechtung (330).

stärker ausgesetzt scheinen. So gilt es als traditionelles Kennzeichen dualer Beschäftigungsstrukturen in Japan, dass klassische Beschäftigungsprinzipien mit wachsender Unternehmensgröße akzentuierter zur Anwendung kommen. Entsprechend vermittelt der Senioritätslohn einen Anreiz zur Senkung von Betriebskosten im Rahmen der Beschäftigungsfortsetzung, welcher primär auf Seiten größerer Unternehmen zu verorten ist. Ebenso mag eine mit der Unternehmensgröße tendenziell steigende Wettbewerbsintensität auf Absatz- und Kapitalmärkten für das Bemühen sprechen, durch die Anwendung von Fortbeschäftigungssystemen Einsparungen von Personalkosten zu realisieren. Betriebsgrößenabhängige Unterschiede im Wettbewerbsumfeld treten jedoch ebenso auf dem Arbeitsmarkt zu Tage. So kann im tangierten Sinne davon ausgegangen werden, dass die Attraktivität des Arbeitgebers tendenziell mit der Unternehmensgröße wächst. Hieraus ergibt sich, dass die schrumpfenden Ressourcen an nachrückenden Beschäftigungsgenerationen zunehmend schwieriger durch kleinere Unternehmen zu akquirieren sind. Somit erscheint eine mit sinkender Beschäftigungsgröße steigende strukturelle Abhängigkeit von Altersbeschäftigung als weiteres betriebsgrößenabhängiges Differenzkriterium zu konstatieren, welches zentralen Einfluss auf Motivation, Gestaltung und Evaluation der Beschäftigungsfortsetzung einnimmt.

Motivation zur betrieblichen Beschäftigungsfortsetzung

Die strukturelle Abhängigkeit von Altersbeschäftigung sowie der Druck zur Personalkosteneinsparung werden als betriebsgrößenabhängige Unternehmensmerkmale ausgemacht, die als elementare Determinanten die betriebsspezifische Motivation zur Beschäftigungsfortsetzung bestimmen. Der mit der Betriebsgröße tendenziell wachsende Rationalisierungsdruck bewirkt, dass bei größeren Unternehmen primär die Potentiale zur Senkung von Personalkosten sowie zur Beschäftigungsflexibilisierung die Beweggründe zur Durchführung von MBB prägen. Motive, die vorrangig durch die Anwendung des Wiederbeschäftigungssystems realisiert werden können. Ferner stehen größeren Unternehmen nach wie vor junge Anstellungsanwärter in ausreichendem Maße zur Verfügung. So scheint es weniger einer geringschätzigen Wahrnehmung der Potentiale Älterer geschuldet, denn mehr durch personalstrategische Erwägungen im Zusammenhang einer gesunden Altersstruktur der Belegschaft bedingt, dass Unternehmen höherer Größenordnung in der Neuanstellung Jüngerer eine attraktive Option gegenüber der innerbetrieblichen Verlängerung von Karrieren sehen. Die gesetzliche Regulierung von MBB wird somit auf deren Seite tendenziell stärker als Restriktion unternehmerischer Freiheiten verspürt. Unabhängig der Unternehmensgröße erweist sich hingegen die verlängerte Nutzungsdauer der durch ältere Beschäftigte gehaltenen betriebsspezifischen Qualifikationen als Zentralmotiv zur Implementierung von Beschäftigungsfortsetzung. Kleine wie große Unternehmen verfolgen in diesem Zusammenhang die Absicht der Tradierung dieser Bestände an Wissen und Fähigkeiten. Angesichts einer mit sinkender Betriebsgröße tendenziell wachsenden Abhängigkeit von Altersbeschäftigung kann jedoch angenommen werden, dass bereits der grundsätzliche Verbleib dieser älteren Arbeitskräfte zur puren Aufrechterhaltung der Unternehmung einen umso gewichtigeren Motivationsaspekt von MBB darstellt, je geringer die Größe des Unternehmens (vgl. Abbildung 62).

Strukturrahmen betrieblicher Beschäftigungsfortsetzung
Betriebsgrößenabhängige Unternehmensmerkmale determinieren das Motivationsspektrum zur Durchführung von Beschäftigungsfortsetzung. Diese Motive bestimmen wiederum die betriebsspezifische Ausgestaltung, so dass auch der Strukturrahmen von MBB im Lichte unternehmensgrößenabhängiger Differenzen gekennzeichnet werden kann. Elementare Bedeutung besitzt hierbei die Wahl der Fortbeschäftigungsmaßnahme. Zwar erweist sich die Wiederbeschäftigung unabhängig der Betriebsgröße als dominante Ausprägung von Beschäftigungsfortsetzung. Jedoch tendieren Unternehmen mit steigender Größe in stärkerem Maße zur Ergreifung dieses Verfahrens (vgl. Abschnitt 5.1.1). So bietet dieser Beschäftigungsrahmen die günstigsten Voraussetzungen, die Nutzungsdauer betriebsspezifischer Qualifikationen bei gleichzeitiger Gehaltsreduktion und Flexibilisierung der Anstellungskonditionen zu verlängern. Motive, die mit zunehmender Betriebsgröße ein wachsendes Gewicht einnehmen. Die Fortbeschäftigungsmaßnahme stellt wiederum die grundlegende Bestimmungsgröße von sonstigen Indikatoren des Strukturrahmens von MBB dar, wie diese mit der Anstellungsform korreliert. So geht aus Abbildung 66 hervor, dass es im Rahmen der Wiederbeschäftigung in signifikant häufigerem Maße zur Anwendung nicht regulä-

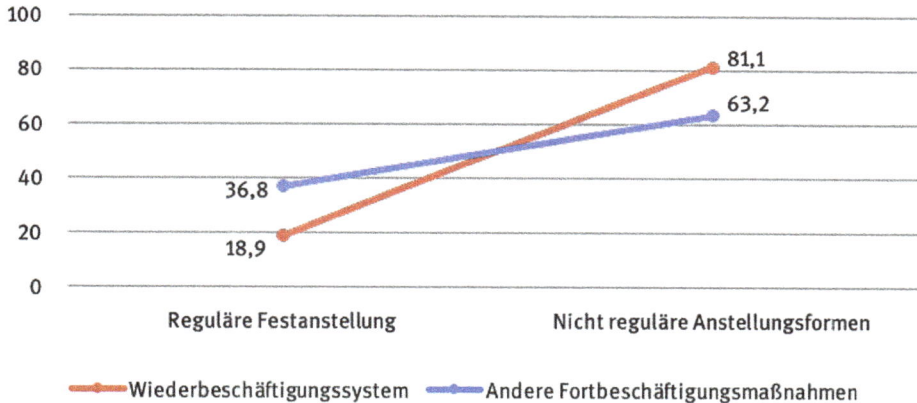

Abbildung 66: Anstellungsformen in Abhängigkeit der Fortbeschäftigungsmaßnahme (in Prozent)

Anmerkung: Anstellungsform (n=321); Art der Fortbeschäftigungsmaßnahme (n=334).

rer Anstellungsformen kommt.[35] Definitionsgemäß korreliert die Anstellungsform mit der Vertragslaufzeit (vgl. Abschnitt 5.2.4), so dass die Wiederbeschäftigung gegenüber den Alternativmaßnahmen von MBB durch eine signifikant höhere Verwendung von beschränkten Vertragslaufzeiten zu charakterisieren ist. Auch Zusammenhangstendenzen zwischen der Anstellungsform und dem Gehaltsniveau sind jedoch zu konstatieren. So gibt Abbildung 67 erwartungsgemäß zu erkennen, dass ein Gehaltsniveau von unter 70 % in signifikant häufigerem Maße im Rahmen nicht regulärer Anstellungsformen vorliegt.[36] Korreliert die Betriebsgröße mit der Fortbeschäftigungsmaßnahme, die ihrerseits einen prägenden Einfluss auf sonstige Gestaltungsparameter von MBB einnimmt, ist auch der Strukturrahmen der Beschäftigungsfortsetzung durch Varianzen in Abhängigkeit der Unternehmensgröße zu interpretieren (vgl. Abbildung 62).

---

35 Diese Korrelation zwischen der Fortbeschäftigungsmaßnahme als unabhängige Variable und der Anstellungsform erweist sich auf dem Niveau von 0,01 als (zweiseitig) signifikant. Sowohl die Fortbeschäftigungsmaßnahme („Wiederbeschäftigungssystem" bzw. „andere Fortbeschäftigungsmaßnahme") als auch die Anstellungsform („reguläre Festanstellung" bzw. „nicht reguläre Anstellungsformen") gehen dabei als dichotome Ausprägungen in die bivariate Analyse ein.
36 Diese Korrelation erweist sich zumindest auf dem Niveau von 0,04 als (zweiseitig) signifikant. Sowohl Anstellungsform („reguläre Festanstellung" bzw. „nicht reguläre Anstellungsformen") als unabhängige Variable, wie auch das Gehaltsniveau („unter 70 %" bzw. „70 % und höher") fließen hierbei dichotom in die bivariate Analyse ein.

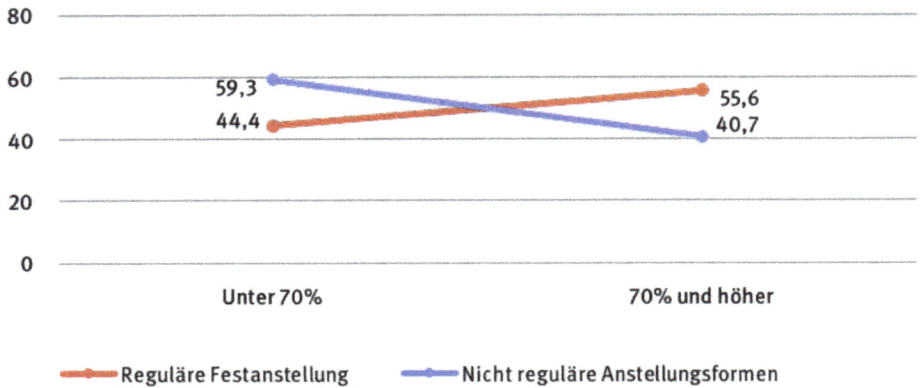

Abbildung 67: Gehaltsniveau in Abhängigkeit der Anstellungsform (in Prozent)

Anmerkung: Gehaltsniveau (n=312); Anstellungsform (n=321).

Doch nicht nur die Gestaltung von Arbeit und Beschäftigung weist Differenzen als Konsequenz unterschiedlicher Betriebsgrößen auf. Auch sonstige Gestaltungselemente des Organisationsmantels von MBB (abseits der Wahl der Fortbeschäftigungsmaßnahme) lassen sich anhand von Unternehmensgrößen unterscheiden. So kommt in Abschnitt 5.1.2 das Verhältnis zum Ausdruck, wonach Unternehmen mit sinkender Betriebsgröße zu einer längeren Dauer der Fortbeschäftigungsverhältnisse tendieren, was in Gestalt eines höheren maximalen Beschäftigungsalters erwirkt wird. Denn werden kleinere Unternehmen durch eine höhere strukturelle Abhängigkeit von Altersbeschäftigung charakterisiert, ist deren Motivation stärker durch eine reine Konservierung der Arbeitskraft Älterer und der durch sie gehaltenen betriebsspezifischen Qualifikation geprägt. Mit Rückgriff auf Abschnitt 5.1.3 ist ferner festzuhalten, dass Unternehmen mit steigender Beschäftigungsgröße zur Selektion von Fortbeschäftigten tendieren. Zeichnen sich größere Betriebe also durch einen stärker zur Exklusion neigenden Charakter der Beschäftigungsfortsetzung aus, kann diese Gestaltungstendenz ebenfalls als konsistent zur Darstellung einer primär der Betriebsgröße folgenden Motivation zur Anwendung von MBB gelesen werden. Denn wird umgekehrt davon ausgegangen, dass größere Unternehmen auf tendenziell leichtere Bedingungen bei der Anwerbung junger Beschäftigungsanwärter treffen, erschließt sich hieraus das Motiv, durch die quantitative Restriktion von Fortbeschäftigungsverhältnissen Vakanzen zu schaffen, die zur Verjüngung der betrieblichen Altersstruktur genutzt werden wollen (vgl. Abbildung 62).

Diese betriebsgrößenabhängige Charakterisierung des Strukturrahmens von MBB sei unter der Einschätzung subsumiert, dass Unternehmen mit steigender Betriebsgröße zu einer uniformen Gestaltung der Beschäftigungsfortsetzung tendieren. So tritt in Gesamtbetrachtung hiesiger Resultate die Ergreifung des Wiederbeschäftigungssystems, die Einrichtung von Kontraktarbeit und Vollzeitbeschäftigung, die Anwendung maximal einjähriger Vertragslaufzeiten sowie eine Gehaltsreduktion von minimal 30 % umso prägnanter als dominante Ausprägungen des Strukturrahmens in Erscheinung, je größer das Unternehmen. Umgekehrt weisen Betriebe bei diesen Faktoren mit sinkender Größenordnung eine stärkere Diversität auf, wie sich die geringeren prozentualen Ausmaße der Modalwerte auf übrige Ausprägungen der betrachteten Beschäftigungsvariablen verteilen. Ein entsprechendes Muster tritt auch bei den Kontrastierungen hiesiger Befunde gegenüber Rōdō seisaku kenkyū kenshū kikō (2007)[37] tendenziell hervor. Lediglich zwei Ausnahmen dieser generellen Tendenz sind zu konstatieren. So weisen größere Unternehmen bei der Gestaltung des Arbeitsinhalts einen stärkeren Diversifizierungsgrad auf, wie ein höherer Anteil an Betrieben vorliegt, die einen prinzipiellen Wechsel von Arbeitsinhalten vollziehen oder individuell über die Tätigkeitsbereiche von Fortbeschäftigten entscheiden (vgl. Abschnitt 5.2.1). Dies scheint durch die geringere Bandbreite an Berufsprofilen in kleineren Unternehmen erklärbar, die eine strukturelle Limitation der Stellenallokation im Falle des Wechsels von Arbeitsinhalten verkörpert. Zudem gibt auch der Konsultationsrahmen keine der Betriebsgröße folgenden Diversifizierungstendenzen zu erkennen (vgl. Abschnitt 5.1.4). Trotz dieser Ausnahmen scheint die Gestaltung von Fortbeschäftigungsverhältnissen in Gesamtbetrachtung bei kleineren Betrieben einen tendenziell höheren Grad an Diversifizierung zu erreichen. Diese Beobachtung wird durch Itō (2008: 25–26)[38] zumindest im Hinblick auf die Einrichtung von Beschäftigungsformen geteilt. Ein Erklärungsansatz mag darin bestehen, dass Unternehmen mit steigender Betriebsgröße eine höhere Wahrscheinlichkeit zur Integration in einen Unternehmensverbund aufweisen. So ist im Rahmen dieser Konstellation eine Diffusion von Handlungsgrundsätzen entlang der Betriebsgrößen anzunehmen, die primär die Gestaltungsprinzipien von Unternehmen höherer Größenordnung bei der Anwendung von MBB reflektieren.

Trotz dominanter Erscheinungsformen zeigt die Beschäftigungsfortsetzung durchaus ein diversitäres Erscheinungsbild. Somit ist nicht von einem alleinigen Modell zur Beschäftigungsfortsetzung auszugehen, wobei Diversifizierungstendenzen bei kleineren Betriebsgrößen tendenziell stärker zu Tage treten. Betont sei jedoch zuletzt, dass diese Diversität des Strukturrahmens von MBB nicht nur zwischen, sondern auch innerhalb einzelner Unternehmen zu beobachten ist. Dies sei abschließend auf Grundlage der qualitativen Datenerhebung exemplifiziert: „Eine andere Anstellungsform [im Rahmen von MBB außerhalb der Kontraktarbeit] existiert eigentlich nicht. Allerdings haben wir keine Regel, die besagt, dass es keine Ausnahme von der Regel geben darf, wenn es denn halt passt. [...] natürlich sind die einzelnen Lebenssituationen [...] unterschiedlich und dem zu entsprechen, ist schon ein Ziel dieses Unternehmens" (Interview d. Verf. mit Unternehmen F: 7–8 am 2.3.2011; Übers.

---

37 http://www.jil.go.jp/institute/reports/2007/documents/083.pdf, letzter Abruf: 9.3.2017.
38 http://www.jil.go.jp/institute/siryo/2008/documents/033_01.pdf, letzter Abruf: 9.3.2017.

d. Verf.). In inhaltlicher Verwandtschaft berichtet Unternehmen B: „Es gibt Personen, die auf eigenen Wunsch von der Vollzeit zur Teilzeit gewechselt sind. Aber in der Regel beschäftigen wir die Angestellten auf einer Einjahresbasis und in Vollzeit. Wir verfahren aber eben auch flexibel und versuchen die Wünsche des Unternehmens sowie der Angestellten in Einklang zu bringen" (Interview d. Verf. mit Unternehmen B: 3 am 4.3.2011; Übers. d. Verf.).

Evaluation betrieblicher Beschäftigungsfortsetzung
An der Spitze der Funktionspyramide der Beschäftigungsfortsetzung steht die Evaluation. Mit anderen Worten die Frage, ob die im Zusammenhang der Durchführung von MBB verfolgten Motive mittels des ergriffenen Strukturrahmens als erfolgreich umgesetzt erachtet werden und welche Nachteile wahrzunehmen sind. Zwar stellt die verlängerte Nutzungsdauer betriebsspezifischer Qualifikationen einen Vorteil der Beschäftigungsfortsetzung dar, der zum Zwecke einer Tradierung an nachrückende Beschäftigungsgenerationen unabhängig der Unternehmensgröße besteht. Dahingegen ist zu vermuten, dass die Inanspruchnahme von Fortbeschäftigten zur Aufrechterhaltung betrieblicher Kernfunktionen einen Bemessungsparameter von MBB darstellt, der mit sinkender Unternehmensgröße an Bedeutung gewinnt. Nicht zuletzt vor dem schlichten Hintergrund, dass der Belegschaftsanteil an Fortbeschäftigten mit abnehmender Betriebsgröße zunimmt (vgl. Abschnitt 5.1), wird die Beschäftigungsfortsetzung auf Seiten kleinerer Unternehmen stärker als personalpolitisches Mittel erachtet, welches einen messbaren und mehrheitlich positiv beurteilten Einfluss ausübt. Umso mehr stehen jedoch negative Implikationen der Anwendung von MBB für die betriebliche Altersstruktur im Zentrum wahrgenommener Nachteile. Für Betriebe höherer Größenordnung stehen hingegen weniger Bedenken um den unmittelbaren Erhalt zentraler Funktionsbereiche der Unternehmung im Vordergrund der Evaluation. Eher scheint die Wahrnehmung der Beschäftigungsfortsetzung durch vergleichsweise komfortable Erwägungen wie etwa im Zusammenhang von Konfliktpotentialen bei der Neuausrichtung von Inhalten und Zielen der Unternehmung geprägt, die einen kontrastierenden Einfluss der generellen Wertschätzung älterer Beschäftigter verkörpern können.

Somit sei bilanziert, dass die schematische Abbildung der Funktionalität von MBB einen roten Faden besitzt, der entlang von Unternehmensgrößen verläuft. Denn betriebsspezifische Voraussetzungen, die primär als Produkt der Betriebsgröße zu interpretieren sind, prägen die Motive zur Durchführung der Beschäftigungsfortsetzung. Und an diesen orientiert sich wiederum die Ausrichtung des Strukturrahmens. Angesichts der Summe an möglichen Stellschrauben liegt der Evaluation des Fortbeschäftigungsmodells wiederum alleinig die betriebsspezifische Adaption zugrunde. In diesem Sinne weist die Beschäftigungsfortsetzung primär einen *down-top* gerichteten Wirkungszusammenhang auf. Trotz legislativer Handlungsrestriktionen folgt dieses Instrument somit in seiner systemischen Veranlagung betriebswirtschaftlichen Gesetzmäßigkeiten, wonach sich der Anreiz zur Ergreifung personalpolitischer Initiativen und ihrer konkreten Ausgestaltung an individuellen Unternehmensumständen und resultierenden Motivationshintergründen orientiert. Dennoch ist zugleich von einem umgekehrten *top-down*-Wirkungszusammenhang auszugehen. Denn wird das vorhandene Arrangement von MBB durch interne oder externe Faktoren beeinflusst als überwiegend nachteilig empfunden, führt dies wahrscheinlich zu einer Abwandlung des Strukturrahmens. In Form einer Senkung der Selektionsrate, der generellen Einführung von Selektionsverfahren oder Modifikationen der Beschäftigungskonditionen bietet das Wiederbeschäftigungssystem hierzu die günstigsten Voraussetzungen innerhalb gesetzlicher Alternativmaßnahmen. Doch auch ein Wandel der elementaren Motivationsaspekte mag aus einer negativen Evaluation von MBB resultieren und selbst grundsätzliche Unternehmensmerkmale blieben hiervon letztendlich nicht unbeeinflusst. So kann etwa die Senkung der Anzahl an Fortbeschäftigten unmittelbar auf Größe und Altersstruktur der Belegschaft einwirken. Entsprechend kennzeichnet diese Typologisierung die Wiederbeschäftigung als gängige Erscheinungsform von MBB als personalpolitisches Mittel, das aufgrund seines flexiblen Strukturrahmens aus betrieblicher Sicht bestens dazu geeignet ist, dynamisch auf Wandlungen des Unternehmens und seiner Umwelt zu reagieren.

6.3.2 Implikationen betrieblicher Beschäftigungsfortsetzung für den Dualismus japanischer Wirtschaftsstrukturen

Die identifizierte Praxis betrieblicher Beschäftigungsfortsetzung dient in Japan erfolgreich der Sicherung von Beschäftigungschancen im Alter. Dies gilt, wenngleich die Effektivität dieses Instruments zur Verlängerung von Lebensarbeitszeit in beschriebenem Maße nicht unumstritten ist. Zugleich ist das gängige Erscheinungsbild von MBB nicht ohne die Berücksichtigung von Implikationen für den japanischen Wirtschafts- und Sozialstaat zu interpretieren. So kann etwa eine Reihe an Einflüssen auf den klassischen Dualismus[39] japanischer Wirtschaftsstrukturen vermutet werden. Zwar wird die Diversifizierung von Beschäftigung in Gestalt eines steigenden Anteils an nicht regulären Anstellungsformen als breiter Trend der japanischen Beschäftigungslandschaft unabhängig vom speziellen Kontext der Alterserwerbsarbeit charakterisiert (vgl. Abschnitt 2.3.3). Dennoch ist anzunehmen, dass das Konzept der

---

39 Dieser Terminus subsumiert Merkmale zur Differenzierung der vertikalen Industriestruktur wie etwa anhand von Produktivitätskriterien. Doch auch horizontal gerichtete Unterscheidungskriterien von Beschäftigungsstrukturen, wie primär anhand der Trennung von regulären und nicht regulären Anstellungsformen, werden mit diesem Begriff assoziiert. Vgl.: Pohl (1998: 326); Chen (2003: 4. http://www.jil.go.jp/profile/documents/Chen.pdf, letzter Abruf: 9.3.2017); Passet (2003: 159. https://www.researchgate.net/publication/5115613_Employment_Stability_in_An_Age_of_Flexibility, letzter Abruf 9.3.2017) sowie Fujimoto und Kimura (2005: 106. http://www.jil.go.jp/english/JLR/documents/2005/JLR06.pdf, letzter Abruf: 9.3.2017).

Beschäftigungsfortsetzung diesen Vorgang nicht nur reflektiert, denn zunehmend ursächlich bestimmt. Denn ist das gängige Arrangement von MBB deutlich durch die Anwendung nicht regulärer Anstellungsformen geprägt, wird die Anzahl nicht regulärer Beschäftigungsverhältnisse unwillkürlich weiterhin wachsen, wie infolge der demografischen Entwicklung der Anteil an Beschäftigten oberhalb des betrieblichen Rentenalters unvermeidlich massiv ansteigt. Die aktuelle Fortbeschäftigungspraxis kann somit als ein treibender Faktor identifiziert werden, was die fortschreitende Anstellung außerhalb des Systems lebenslanger Beschäftigung betrifft.

Zudem trägt das durch nicht reguläre Anstellungsformen dominierte Arrangement von MBB zu einem Wandel originärer Definitionsaspekte der dualen Beschäftigungsstruktur bei. So dokumentiert diese Untersuchung, dass die Beschäftigungsfortsetzung durch nicht reguläre Anstellungsformen gekennzeichnet ist, während der ursprüngliche Arbeitsinhalt tendenziell fortgesetzt wird. Somit ist dieser Beschäftigungskontext kaum durch eine Peripherisierung nicht regulärer Beschäftigter geprägt, wie dieses Phänomen traditionell zur Charakterisierung nicht regulärer Anstellungsverhältnisse in Anspruch genommen wird. Auch in diesem Zusammenhang mag die Beschäftigungsfortsetzung nicht zuletzt aufgrund der Alterung der Erwerbsbevölkerung zur Dynamisierung eines generellen Trends der japanischen Beschäftigungslandschaft beitragen. So konstatiert Honda (2007: 42)[40] abseits des speziellen Bezugs zur Altersbeschäftigung etwa in Verweis auf das Vordringen nicht regulärer Beschäftigter in ursprünglich verschlossene Kernfunktionen von Unternehmungen: „With an increase of part-time workers at workplaces [...], part-time workers are playing a more important role in business organizations. Relying heavily on part-time workers, business organizations cannot exist without them, and for this reason, part-time workers can now be considered as the mainstream workforce". Der Einsatz nicht regulärer Arbeitskräfte an der Peripherie interner Arbeitsmärkte scheint somit zunehmend geringer als Differenzierungskriterium dualer Beschäftigungsstrukturen zu dienen. Und auch in diesem Zusammenhang kann das Einwirken der Beschäftigungsfortsetzung zunehmend als eine Triebfeder dieses Wandlungsprozesses gewertet werden.

Diese Darstellung konstatiert, dass das gängige Konzept der Beschäftigungsfortsetzung infolge demografischer Tendenzen Gesamtentwicklungen japanischer Beschäftigungsstrukturen weniger repräsentiert, denn zunehmend intensiviert. Diese Einschätzung mag auch für einen weiteren traditionellen Definitionsaspekt der dualen Ausprägung von Beschäftigungsstrukturen gelten. So wird die konstante Zugehörigkeit zur regulären Stammbelegschaft bis zum endgültigen Unternehmensaustritt im traditionellen Sinne als implizite Kernvereinbarung des Systems lebenslanger Beschäftigung definiert, die für beide Beschäftigungspartner einen starken normativen Aspekt langfristiger Personalpolitik und ihrer Anreizstrukturen darstellt. Im Zuge der Beschäftigungsfortsetzung wird es jedoch nahezu zum festen Erfah-

---

40 http://www.jil.go.jp/english/JLR/documents/2007/JLR13_honda.pdf, letzter Abruf: 9.3.2017.

rungsbestandteil der Erwerbsbiografie regulärer Beschäftigter, dass ihre betriebliche Karriere im nicht regulären Beschäftigungssegment endet, wenngleich die hiermit assoziierten Merkmale in skizziertem Sinne Wandlungsprozessen unterliegen. Die implizite Garantie einer konstanten Zugehörigkeit zur regulären Stammbelegschaft, welche die gesamte Erwerbsbiografie überdauert, scheint somit als klassische Verständnisgrundlage des Systems lebenslanger Beschäftigung von regulären Festangestellten einer zeitgemäßen Adaption zu bedürfen. Dass die wie durch OECD (2003: 81) konstatierten starren Grenzen zwischen regulären und nicht regulären Beschäftigungswelten in Japan aufbrechen, wird allgemein begrüßt. Allerdings scheint die Grenze zwischen diesen beiden Beschäftigungssegmenten lediglich in eine Richtung geöffnet. Denn während im Kontext der Beschäftigungsfortsetzung, der als demografische Folge an Relevanz gewinnt, reguläre Festanstellung herkömmlich in nicht reguläre Beschäftigung abgewandelt wird, besitzt der umgekehrte Fall einer Umwandlung nicht regulärer Anstellungsformen in ein reguläres Beschäftigungsverhältnis nach wie vor Seltenheitswert: „Transitioning from part-time or temporary employee to permanent employee, or moving from a low-wage earner to a high-wage earner is becoming particularly difficult for the majority of people, even if it is still possible for some" (JILPT 2005: 38)[41]. Die einstmals starre Scheidewand zwischen regulärer und nicht regulärer Beschäftigung scheint somit nicht zuletzt vor dem Hintergrund der wachsenden Bedeutung an Beschäftigungsfortsetzung zunehmend einen semipermeablen Charakter einzunehmen.

Allerdings scheint sich der Bedarf zeitgemäßer Interpretationen dualer Ausprägungen der japanischen Wirtschaftsstruktur nicht nur auf den Kontext der Beschäftigungslandschaft zu beschränken. Denn auch Differenzierungskriterien von Unternehmen anhand ihrer Betriebsgröße mögen durch den Einfluss der Beschäftigungsfortsetzung einem Wandel unterlegen sein. So dient die Beschäftigungsfortsetzung gerade kleineren Unternehmen als probates Mittel zur Kompensation eines bereits verspürten Mangels an jungen Arbeitsmarktressourcen. Doch je mehr dieses Instrument zur Aufrechterhaltung der Unternehmung in Anspruch genommen werden muss, desto mehr steigt zugleich der Belegschaftsanteil an älteren Beschäftigten. Angesichts demografischer Entwicklungen ist somit anzunehmen, dass der Grad an struktureller Abhängigkeit von Altersbeschäftigung zunehmend als weiteres Unterscheidungsmerkmal abseits klassischer Differenzierungsmerkmale der vertikalen Industriestruktur fungieren wird:

> Für KMU und Zuliefererbetriebe wird es immer schwieriger, junge Mitarbeiter zu finden. Also besteht die Gefahr, dass dort gewisse Aufgaben nicht mehr erledigt werden können, weil es an jungen Mitarbeitern mangelt. [...] Im Zentrum der japanischen Industriestruktur stehen die Großunternehmen. Was passiert aber nun, wenn [...] Zuliefererbetriebe nicht mehr auf bisherige Weise integriert werden können? [...] Der japanische Aktienmarkt hat sich dem amerikanischen

---

41 http://www.jil.go.jp/english/lsj/detailed/2005-2006/all.pdf, letzter Abruf: 9.3.2017.

Modell angenähert. Die Anteilseigner besitzen einen großen Einfluss und im Zentrum ihres Interesses steht die Dividende. Es besteht daher die Gefahr, dass dieser Druck immer weiter an KMU
weitergeben wird, bis deren Rendite vollständig appropriiert ist, damit Großunternehmen in der
Lage sind, die Renditeanforderungen zu erfüllen. [...] Und dann kommen die jungen Leute erst
recht nicht [zu kleinen Betrieben] und in der Tat passiert dies ja bereits. (Interview d. Verf. mit
Experte E: 3 am 20.9.2011; Übers. d. Verf.)

Somit sei festgehalten, dass das Konzept der Beschäftigungsfortsetzung Wandlungs-
prozesse der japanischen Wirtschaftsstruktur infolge der demografischen Entwicklung zunehmend ursächlich zu prägen scheint und auf diese Weise zugleich einen
Wandel originärer Definitionsaspekte zur Differenzierung dualer Wirtschaftsstrukturen bedingen mag.

6.3.3 Implikationen betrieblicher Beschäftigungsfortsetzung für die soziale Stratifikation in Japan

Die betriebliche Beschäftigungsfortsetzung geht mit Implikationen für die japanische Beschäftigungslandschaft einher. Doch auch Auswirkungen der herkömmlichen
Gestaltung dieses Instruments für die soziale Stratifikation in Japan (*kakusa shakai*)
scheinen kaum auszuschließen. So wird das Arrangement von MBB durch die verbreitete Anwendung von Selektionsverfahren beschrieben. Vor diesem Hintergrund
präsentiert sich die innerbetriebliche Verlängerung von Erwerbsbiografien längst
nicht als Automatismus, wobei der Gesundheitsstatus als wichtiges Ausschlusskrite-
rium fungiert. Auf dieser Basis besteht das bereits tangierte Risiko, dass insbesondere
jene Interessenten von der Fortsetzung ökonomischer Teilhabe ausgeschlossen und
ihrer primären Einkommensquelle entzogen werden, für die ein tendenziell höherer
Finanzaufwand zur Wahrung des Gesundheits- und Lebensstandards zu vermuten
ist. Die Annahme einer Vertiefung sozialer Stratifikationstendenzen im Alter durch
verbreitete Praktiken der Beschäftigungsfortsetzung erscheint auf dieser Basis nicht
unbegründet. Doch selbst bei Aufnahme in Beschäftigungsfortsetzung sind soziale
Implikationen mit Blick auf die gängige Gehaltspraxis als wahrscheinlich zu erachten. Zwar mag die etablierte Absenkung des Gehaltsniveaus vergleichsweise selten
zur ernsthaften Existenzbedrohung führen. Dies gilt, zieht man die mögliche Aufstockung des Arbeitsgehalts durch zusätzliche Einkommensquellen (Betriebsrente,
öffentliche Einkommenssubventionierung) in Betracht. Auch das altersbedingte
Sinken einer Reihe an Kostenfaktoren der allgemeinen Lebensführung mag hierfür
sprechen, wenngleich diese Argumentation in beschriebenem Maße kontroversen
Standpunkten unterliegt. Dennoch erscheint es angesichts der Identifikation von
Gehältern unter 30 % der ursprünglichen Niveaus nahe liegend, dass ein gewisser
Prozentsatz an Fortbeschäftigten durch prekäre Beschäftigungskonditionen zu kennzeichnen ist, welche die ökonomische Versorgung wie Vorsorge des Alters bedrohen
und somit steigende soziale Risiken im Alter hervorrufen.

In gewisser Verwandtschaft zu deutschen Verhältnissen stellt die Mittelklassegesellschaft in Japan ein soziales Leitbild von hoher Wertschätzung dar. Jedoch mehren sich die Kommentatoren, die dieses Ideal zunehmend sichtbaren Rissen ausgesetzt sehen. So droht auch die derzeitige Handhabung der Beschäftigungsfortsetzung dem Phänomen sozialer Spreizung im Alter weiteren Vorschub zu verleihen. Jedoch stellt die Diversifizierung der japanischen Beschäftigungswelt, wie sie auch anhand von MBB erkennbar wird, eine Ursache steigender sozialer Bedrohungen im Alter dar, die sich nicht erst ab Erreichen des betrieblichen Rentenalters manifestiert. So führen ein generell wachsender Gebrauch nicht regulärer Anstellungsformen sowie die mangelnde Mobilität zwischen regulärer und nicht regulärer Beschäftigung zu der Konsequenz, dass ein steigender Prozentsatz an Erwerbspersonen durch diskontinuierliche Erwerbsverläufe und nicht sozialversicherungspflichtige Anstellungsverhältnisse zu charakterisieren ist. Chancen zur sozialen Absicherung des Alters werden hierdurch negativ beeinflusst: „In letzter Zeit hat die Anzahl an Personen deutlich zugenommen, die [...] lediglich befristet angestellt sind. Diese Menschen haben weniger Garantien, was die Beschäftigung im Alter betrifft und gleichzeitig gibt es dadurch auch mehr Personen, die nicht regelmäßig in die Sozialversicherungen wie der Rente einzahlen" (Interview d. Verf. mit Experte C: 5–6 am 10.8.2011; Übers. d. Verf.).

Akkumulieren sich im Alter jene individuellen Faktoren, die das Risiko sozialer Abseitsstellung im Alter prägen (nicht reguläre Beschäftigung, fragiler Gesundheitszustand, Veränderung der Haushaltsstruktur, etc.), ist eine zunehmende soziale Spreizung im Alter jedoch zugleich als natürliche, wenn auch ungeliebte Konsequenz der alternden Gesellschaft Japans zu deuten (vgl. Fukawa 2008: 921–924; Ohtake 2008: 900–902; Oshio 2008: 1110–1111 sowie Shirahase 2008: 218–220). In diesem Sinne ist es auch laut Aussagen von Experte B weniger die betriebliche Beschäftigungsfortsetzung, als das dahinter stehende Konzept zur Verlängerung von Lebensarbeitszeit, welches wenngleich unumgänglich, eine soziale Stratifikation im Alter bedingt: „In jedem Land ist es so, dass sich ab der zweiten Hälfte der 50er Lebensjahre die Lebensumstände diversifizieren. [...] Wenn wir jetzt also sagen, bitte arbeitet bis 65 oder 67 Jahre, so werden die mit guter Gesundheit weiterhin arbeiten, aber die mit schlechter Gesundheit sind dazu nicht mehr in der Lage. Es besteht also die Gefahr, dass jene Personen an Anzahl zunehmen, die nicht mehr die Möglichkeit zur Arbeit besitzen, aber gleichfalls noch keine Rente beziehen können" (Interview d. Verf. mit Experte B: 5 am 29.9.2011; Übers. d. Verf.). Vor diesem Hintergrund sieht Experte D denn auch nur begrenzten Spielraum, was die Abmilderung sozialer Risiken des Alters im speziellen Kontext der Beschäftigungsfortsetzung betrifft:

> Was die Selektion angeht [...], so schreitet die Alterung der Gesellschaft weiter voran und damit breitet sich auch die Möglichkeit aus, dass die soziale Spreizung zunimmt. Allerdings denke ich, dass es schwierig ist, diese Sache alleine im Rahmen der Beschäftigungsfortsetzung in den Griff zu bekommen. Denn selbst wenn nun eine Abschaffung der Selektion erfolgen sollte, so gibt es nach wie vor große Unterschiede zwischen den Älteren hinsichtlich der Frage, ob sie in der Lage

sind zu arbeiten oder nicht [...]. Hierauf eine Entsprechung im Rahmen der Beschäftigungsfortsetzung zu finden ist schwierig. (Interview d. Verf. mit Experte D: 2 am 30.9.2011; Übers. d. Verf.)

Entsprechend dieser Einschätzungen scheint einer Vermeidung sozialer Risiken des
Alters kaum durch die Modifikation einzelner Stellschrauben des Strukturrahmens
von MBB genüge getan. Stattdessen muss die Auseinandersetzung mit sozialen Folgeerscheinungen zeitgenössischer Beschäftigungstendenzen bereits vor Erreichen
der Alterserwerbsarbeit erfolgen. So sollte an jenen Charakteristika japanischer
Beschäftigungsstrukturen wie der permanenten Trennung zwischen regulärer und
nicht regulärer Arbeitnehmerschaft angesetzt werden, die bereits früh innerhalb
des Erwerbslebens Weichen zur ökonomischen Teilhabe und der hiermit verbundenen sozialen Absicherung stellt. Entsprechend zeigt sich auch Experte E skeptisch,
sozialen Bedrohungen im Alter durch eine veränderte Fortbeschäftigungspraxis zu
begegnen. So sei die Absicherung gegenüber individuellen Sozialrisiken eine gesellschaftspolitische Aufgabe, die primär der Obhut öffentlicher Fürsorgesysteme zu
überlassen sei. Denn ansonsten drohe eine Übertragung dieser Lasten auf den Pri-
vatsektor die Prosperität der japanischen Volkswirtschaft als finanzielle Basis des
Wohlfahrtsstaats zu unterminieren: „Für die Unternehmen ist es schwierig, den individuellen Lebensumständen Älterer Rechnung zu tragen [...]. Ich denke, das ist eher
eine Aufgabe um die sich der Staat bzw. die Gesellschaft bemühen muss. Das heißt
ich denke, dass wenn der Staat den Unternehmen vorschreiben würde, sich auch um
diese individuellen Belange des Lebens bemühen zu müssen [...], die Beschäftigungsfortsetzung nicht in der Lage sein wird, weiter zu gedeihen" (Interview d. Verf. mit
Experte E: 4 am 20.9.2011; Übers. d. Verf.). Wie diese Diskussion offenbart, verkörpert der derzeitige Zustand der Beschäftigungsfortsetzung verschiedene Aspekte, die
der Ausweitung sozialer Risiken im Alter weiteren Vortrieb zu geben scheinen: „Der
unter Umständen sehr früh vermittelte Zwang, in schlechter bezahlte Arbeitsplätze
[...] zu wechseln, birgt in der Tat die Gefahr des Entstehens eines besonderen Teilar-
beitsmarktes ‚für schlecht bezahlte und sozial ungesicherte Ältere'" (Paulsen 2009:
257)[42]. Dennoch werden die Perspektiven, einer Vermeidung sozialer Spreizungstendenzen im Alter durch die Abwandlung des Strukturrahmens von MBB zu begegnen,
skeptisch beurteilt. Dies gilt, wenngleich die Effektivität der betrieblichen Beschäftigungsfortsetzung zur Verlängerung des Erwerbslebens ebenso auf Zweifel trifft, wie
die Bilanzierung des derzeitigen Erscheinungsbilds von MBB durch folgende Passagen rekapituliert.

---

42 http://hss.ulb.uni-bonn.de/2009/1920/1920.pdf, letzter Abruf: 9.3.2017.

6.3.4 Bilanzierung des aktuellen Zustands betrieblicher Beschäftigungsfortsetzung

Trotz legislativer Einflüsse folgt die Praxis der Beschäftigungsfortsetzung betriebswirtschaftlichen Gesetzmäßigkeiten. So orientiert sich der Anreiz zur Ergreifung personalpolitischer Instrumente stets an betriebsspezifischen Unternehmensvoraussetzungen und den hiermit verbundenen Motivationsaspekten. Vor diesem systemischen Hintergrund wird die Fortbeschäftigungspraxis durch die Anwendung der Wiederbeschäftigung dominiert. Denn primär dieses Verfahren ermöglicht es, die Qualifikationen selektierter Beschäftigter bei gleichzeitiger Gehaltsreduktion und der Flexibilisierung von Anstellungsverhältnissen im Betrieb zu erhalten. Diese Variante der Beschäftigungsfortsetzung erscheint insbesondere so lange aus Unternehmenssicht attraktiv, wie substantielle Modifikationen am System der lebenslangen Beschäftigung noch nicht in ausreichendem Maße bewältigt erscheinen, um den demografischen Herausforderungen des 21. Jahrhunderts im Sinne des betrieblichen Wohls zu begegnen: „From the company perspective, the extension of the employment contract or the re-employment of retired workers is doubly advantageous. Firstly, companies can freely choose only workers they consider to be especially capable, possibly for the explicit purpose of training younger workers and faciliating skills and knowledge transfers. Secondly, wages are usually adjusted downwards" (Conrad 2008: 987). Als ein überzeugender Indikator der betrieblichen Attraktivität dieses gängigen Arrangements von Beschäftigungsfortsetzung mag dienen, dass der Anteil an Unternehmen mit einem Wiederbeschäftigungssystem ohne die Durchführung von Selektionsverfahren, zwischen den Jahren 2003 und 2009 von 23,6 % auf immerhin 44 % gestiegen ist (vgl. JILPT 2004: 34[43] sowie JILPT 2010: 32[44]).

Auch aus makroökonomischer Perspektive weiß die betriebliche Beschäftigungsfortsetzung bei der Sicherung von Beschäftigungschancen im Alter zu überzeugen. So steigt der Anteil an Unternehmen mit Durchführung von MBB zwischen 2006 und 2010 als Folge der Revision des *employment stabilization law* aus dem Jahre 2004 von 84 % auf 97,6 % (vgl. Kōsei rōdō-shō 2011a: 10[45]). Zugleich ist ein Wachstum der Beschäftigungsquote zwischen dem 60. und 65. Lebensjahr von 65,4 % auf 71,4 % (Männer) bzw. 38,4 % auf 42,9 % (Frauen) im Zeitraum 2004 bis 2009 zu verzeichnen (vgl. Rōdō seisaku kenkyū kenshū kikō 2010c: 275[46]). In diesem Zusammenhang ist dem Ausbau

---

43 http://www.jil.go.jp/english/jwl/2004-2005.pdf, letzter Abruf: 9.3.2017.
44 http://www.jil.go.jp/english/jwl/2010-2011/all.pdf, letzter Abruf: 9.3.2017.
45 http://www.mhlw.go.jp/stf/shingi/2r9852000001ojt0-att/2r9852000001ojwp.pdf, letzter Abruf: 9.3.2017.
46 http://www.jil.go.jp/institute/reports/2010/documents/0120.pdf, letzter Abruf: 9.3.2017. Vgl. Iwata (2008: 125–126. http://www.jil.go.jp/institute/reports/2008/documents/0100_05.pdf, letzter Abruf: 9.3.2017); Iwata (2011: 149. http://www.jil.go.jp/institute/reports/2011/documents/0137.pdf, letzter Abruf: 9.3.2017) sowie Kōsei rōdō-shō (2012a: 8. http://www.mhlw.go.jp/stf/houdou/2r9852000002m9lq-att/2r9852000002m9q0.pdf, letzter Abruf: 9.3.2017).

von Beschäftigungsfortsetzung eine elementare Rolle beizumessen: „close to 70 % of employees aged 60 and above used to work for the same firm, in other words, many of the employed elderly people were actually working for their former employers after retirement" (Nakamura, J. 2008: 128). Das Modell der betrieblichen Beschäftigungsfortsetzung hat sich gemäß dieser Werte mittlerweile innerhalb der gesamten Breite der japanischen Unternehmenslandschaft etabliert und leistet entscheidenden Anteil am japanischen Erfolg der Sicherung von Altersbeschäftigung, wie auch diese Arbeit im speziellen Bezug auf KMU des verarbeitenden Gewerbes verdeutlicht.

Doch trotz dieser makro- wie mikroökonomischen Überzeugungskraft entzieht sich der aktuelle Zustand betrieblicher Beschäftigungsfortsetzung im Lichte multiperspektivischer Betrachtung einer eindeutigen Bewertung. Zwar verkörpert dieses Konzept laut Paulsen (2009: 166)[47] „aus Sicht der älteren Betroffenen eine Erweiterung von Handlungsspielräumen im Rahmen der Biografisierung bzw. der Planung des Ausstiegs aus dem Berufsleben". Dennoch erweise sich „die Akzeptanz geringerer Löhne und Gehälter als ein Problem, welches die japanischen Verhältnisse auf den zweiten Blick weniger ‚rosig' erscheinen lässt" (Paulsen 2009: 166)[48]. In diesem Sinne scheinen die Resultate der hiesigen Untersuchung geeignet, eine mangelhafte Übereinstimmung zwischen den Vorstellungen von Arbeitgebern und Arbeitnehmern beim gängigen Arrangement zur innerbetrieblichen Verlängerung von Erwerbsbiografien zu bekräftigen. So konstatiert auch die Literaturlage in referiertem Maße, dass das herkömmliche Erscheinungsbild von MBB nicht nur die angebotsseitige Attraktivität dieses Modells konterkariert, sondern auch die Aufrechterhaltung von Arbeitsmoral in späten Karrierephasen zu unterminieren scheint (vgl. Itō 2008: 25–26[49]; Fujimoto 2007a: 5[50]; Fujimoto 2011: 74, 82–83[51] sowie Yashiro 2009: 120[52]): „if we examine the views of employees, we see that there is a substantial gap between the current practice of personnel management of older people in continued employment and the needs of employees who are subjected to such personnel management" (Fujimoto 2008a: 87)[53]. Vor diesem Hintergrund fällt Conrad (2009: 121) ein Urteil über das Erscheinungsbild der Beschäftigungsfortsetzung, welchem auch in Hinblick auf hiesige Untersuchungsergebnisse nicht widersprochen sei:

> Insgesamt betrachtet stellt das System der Weiter- bzw. Wiederbeschäftigung aus Arbeitgebersicht ein hervorragendes Regulativ für die relativ inflexiblen senioritätsorientierten Entgeltsysteme vor Erreichen der betrieblichen Altersgrenze dar. Insofern viele Arbeitnehmer nach

---

47 http://hss.ulb.uni-bonn.de/2009/1920/1920.pdf, letzter Abruf: 9.3.2017.
48 http://hss.ulb.uni-bonn.de/2009/1920/1920.pdf, letzter Abruf: 9.3.2017.
49 http://www.jil.go.jp/institute/siryo/2008/documents/033_01.pdf, letzter Abruf: 9.3.2017.
50 http://www.jil.go.jp/kokunai/blt/backnumber/2007/05/P2-5.pdf, letzter Abruf: 9.3.2017.
51 http://www.jil.go.jp/institute/zassi/backnumber/2011/11/pdf/074-085.pdf, letzter Abruf: 9.3.2017.
52 http://www.jil.go.jp/institute/zassi/backnumber/2009/08/pdf/020-029.pdf, letzter Abruf: 9.3.2017.
53 http://www.jil.go.jp/english/JLR/documents/2008/JLR18_fujimoto.pdf, letzter Abruf: 9.3.2017.

Erreichen der Altersgrenze ihrer bisherigen Tätigkeit unter Bezug eines deutlich niedrigeren Gehaltes nachgehen, stellen sie für die japanischen Unternehmen zweifelsohne ein preiswertes Arbeitskräftepotential dar. Andererseits sind die hohe Flexibilität der Arbeitgeber bei der Personalauswahl und die Gehaltskürzungen natürlich auch mit entsprechenden Härten für ältere Arbeitnehmer verbunden. Dass die Beschäftigten diese erheblichen Gehaltseinbußen bei mehr oder weniger gleicher Arbeit relativ klaglos hinnehmen, hängt wohl im wesentlichen mit einem gesellschaftlichen Konsens zusammen, wonach die japanischen Unternehmen im Gegenzug für senioritätsorientierte Löhne und implizite Beschäftigungsgarantien an anderer Stelle flexible Anpassungsmechanismen benötigen.

Entsprechend dieser Interessenkonflikte wird dem tatsächlichen Wirkungsgrad der herkömmlichen Konzeption von MBB zur Verlängerung von Lebensarbeitszeit mit Skepsis begegnet: „it is not clear that the high willingness to work amongst older Japanese is being effectively utilized in firms, especially after workers reach the mandatory retirement age" (Higuchi und Yamamoto 2008: 99). Dabei liegen Lösungsansätze zur Bereinigung dieser Disharmonien keinesfalls im Dunkeln. Denn notwendig erscheint eine Diversifizierung der Angebote an Altersbeschäftigung, die auf die Pluralisierung von Erwerbsinteressen im Alter in angemessenem Maße reagiert. Dies gilt, wenngleich die hierbei vorliegenden betrieblichen Restriktionen ebenso durch diese Arbeit reflektiert werden:

Um die zunehmende Pluralisierung von Wünschen an die Beschäftigungsform zu beantworten, wird es notwendig, dass eine höhere Diversität an flexiblen Beschäftigungsformen Berücksichtigung findet. [...] Die Einrichtung besserer Beschäftigungskonditionen für nicht reguläre Arbeiter ist insbesondere für Ältere von Bedeutung. Wenn mehr Möglichkeiten an [echten] Teilzeitbeschäftigungen angeboten würden und darüber hinaus verbesserte Arbeitskonditionen bestünden, würden wohl auch innerhalb der derzeit nicht arbeitenden Männern und Frauen mehr Personen die [Aufnahme von] Arbeit wählen. (Seike, Yamada und Kimu 2005: 24; Übers. d. Verf.)

Allerdings entzieht sich der derzeitige Zustand betrieblicher Beschäftigungsfortsetzung auch vor dem Hintergrund der beschriebenen Bandbreite des Strukturrahmens von MBB einer eindeutigen Bilanzierung. Denn hierdurch eröffnet sich ein breites Spektrum an Interpretationsmöglichkeiten. So mag etwa der Wechsel von Arbeitsinhalten bei Eintritt in Beschäftigungsfortsetzung eine oktruierte Peripherisierung von Fortbeschäftigten verkörpern. Im optimalen Falle entspricht dieser Wandel von Tätigkeiten jedoch einer betrieblichen Institutionalisierung des Konzeptes von *second-career*, die in beiderseitigem Einvernehmen der Beschäftigungsparteien zur Anwendung kommt. Die Beurteilung des Erfolgs der gängigen Konzeption von MBB zur Verlängerung des Erwerbslebens wird sich daher durch einen breiteren Strukturaspekt definieren: In wie weit gelingt die Umsetzung eines diversifizierten Angebots an Arbeit und Beschäftigung im Alter, die mit der Pluralisierung der Erwerbsinteressen Älterer in effektiven Dialog tritt?: „The challenge lies in finding the right balance between stability and flexibility, so that it corresponds to the needs of workers and their families and firms alike, and leads to more decent jobs and a better working life that is also more productive" (Auer und Cazes 2003: 21)[54]. Seike, Yamada und Kimu (2005: 13; Übers. d. Verf.) urteilen in verwandtem Sinne: „Zur Entwicklung der Erwerbsquote im Alter, ist eine Revision der Arbeitsqualität notwendig". Auch die Wissenschaft ist in diesem Zusammenhang in die Pflicht zu nehmen. So konstatiert diese Arbeit im Zusammenhang der japanischen Alterserwerbsarbeit eine relativ unterrepräsentierte Exploration der Arbeitnehmerperspektive, die eine übereinstimmende Beurteilung mit folgendem generellen Fazit zu erlauben scheint:

> [...] before we can intelligently design policy, we must build a better understanding of how workers age, how aging workers function, and how jobs, training strategies, workplace design, employment law, and workplace regulations influence these dynamic processes. We know too little about the diversity of work patterns in later life or how aging affects work performance. We have identified a variety of age-related changes in functioning, but we need more research on how these changes connect to job requirements in different types of employment. (Hardy 2006: 214)

---

54 https://www.researchgate.net/publication/5115613_Employment_Stability_in_An_Age_of_ Flexibility, letzter Abruf: 9.3.2017.

7 Zukunftsgerichtete Diskurse betrieblicher Beschäftigungsfortsetzung

Ohne Zweifel trägt das dem europäischen Kontext eher fremd erscheinende Fortbeschäftigungskonzept zur Vitalisierung von Beschäftigungschancen im Alter bei. Denn dass Japan internationalen Vorsprung bei der Sicherung von Altersbeschäftigung besitzt, lässt sich nicht zuletzt auf dieses betriebliche Instrument zur Verlängerung von Erwerbsbiografien zurückführen. Ein Erfolg, der jedoch auch im Lichte der liberalen Konzeptionselemente des Wohlfahrtsstaats japanischer Prägung zu interpretieren ist. So wird die Architektur des Rentensystems von Ökonomen dafür gelobt, attraktive Anreize zur Verlängerung der Erwerbsarbeit zu entfachen. Stärker sozialwissenschaftlich geprägte Kommentatoren mögen betonen, die finanzielle Notwendigkeit zur Arbeit im Alter sei hoch sowie ansteigend und vor allem im letzteren Punkt stelle Japan keinen Ausnahmefall dar. Zudem trägt ein Umfeld von Gesellschaft und Arbeitsmarkt zur vordergründigen Erfolgsformel der Beschäftigungsfortsetzung bei, das sich trotz der geografischen Distanz Japans gar nicht so entfernt von europäischen Verhältnissen präsentiert. So ist auch in Japan die öffentliche Wahrnehmung des Alter(n)s durch Widersprüche geprägt, welche die Chancen zur ökonomischen wie sozialen Teilhabe Älterer mit teils diffusen Beschränkungen versieht. Und die Beschaffenheit des japanischen Arbeitsmarkts? Auch hier scheint eine Parallele zu internationalen Tendenzen zu bestehen. Denn die Aussichten zur Auslebung ex- wie intrinsischer Erwerbsmotive sowie die hiermit verbundenen Möglichkeiten zur gesellschaftlichen Einbringung steigen auch in Japan bereits ab jungem Alter sicherlich nicht an. So trägt die betriebliche Beschäftigungsfortsetzung in diesem Umfeld zwar eindeutig zur Fortsetzung von Erwerbsbiografien bei. Angesichts struktureller Mängel ist jedoch auch hierin kein Königsweg zu erkennen, was eine Verlängerung der Lebensarbeitszeit betrifft, die von Arbeitgeber- wie Arbeitnehmerseite gleichermaßen als attraktiv empfunden wird.

All diese Kontraste und hiermit verbundene Fragen sind Japan keinesfalls neu: Welche grundsätzlichen Ziele muss die japanische Politik langfristig verfolgen, damit die Alterserwerbsarbeit nachhaltig gedeiht? Und welche Bedeutung soll das gängige Fortbeschäftigungsmodell in diesem Rahmen einnehmen? So baut dieses Konzept doch auf dem System einer lebenslangen Beschäftigung sowie der Existenz eines betrieblichen Rentenalters auf, deren Eignung im Sinne einer nachfrage- wie angebotsseitig ansprechenden Arbeitswelt von Morgen zunehmend auf Skepsis trifft. Wird das aktuelle Erscheinungsbild der Beschäftigungsfortsetzung im Verlauf dieser Arbeit einer intensiven Betrachtung unterzogen, bleibt dieses Kapitel zukunftsgerichteten Fragestellungen wie diesen zur weiteren Entwicklung dieses Instrumentariums vorbehalten. So diskutiert Abschnitt 7.1 die Perspektiven der japanischen Regulierung von Alterserwerbsarbeit sowie die Rolle, die Fortbeschäftigungssystemen auch in Zukunft zur Sicherung der ökonomischen Teilhabe Älterer zukommen wird bzw.

DOI 10.1515/9783110528459-007

sollte. Abschnitt 7.2 setzt sich mit betrieblichen wie politischen Handlungsempfehlungen auseinander, die vor dem Hintergrund des derzeitigen Zustands von Beschäftigungsfortsetzung sowie der langfristigen Herausforderungen bei der Verlängerung von Lebensarbeitszeit ratsam erscheinen. Stellt diese Arbeit einen Beitrag der deutschsprachigen Japanforschung dar, sei abschließend in Abschnitt 7.3 ein minimaler Bezugspunkt zum deutschen Wirtschafts- und Kulturraum in Form der Frage hergestellt, ob der japanische Gedanke der Beschäftigungsfortsetzung auch für deutsche Verhältnisse Anregungen bieten kann.

7.1 Betriebliche Beschäftigungsfortsetzung – quo vadis?

Kommende Passagen widmen sich zukünftigen Tendenzen der japanischen Regulierung von Alterserwerbsarbeit. Hierbei diskutiert Abschnitt 7.1.1 die jüngste Reform des *employment stabilization law* aus dem Jahre 2012, die den unmittelbaren Fortgang der Beschäftigungsfortsetzung in den kommenden Jahren ebnet und als effektive Verschärfung gesetzlicher Grundlagen zur innerbetrieblichen Verlängerung von Erwerbsbiografien aufzufassen ist. Abschnitt 7.1.2 lenkt den Blick auf die langfristige Zukunft der Erwerbsarbeit im Alter und debattiert, welche beschäftigungspolitischen Leitlinien an die Stelle der gängigen Ausprägung von Beschäftigungsfortsetzung treten könnten oder sollten, selbst wenn diese in absehbarem Zeitraum als zentraler Standpfeiler der Sicherung von Altersbeschäftigung in Japan zu verbleiben scheint.

7.1.1 Der unmittelbare Fortgang betrieblicher Beschäftigungsfortsetzung

Mit Interesse fällt der Blick auf Japan als Nation, der es im internationalen Vergleich überdurchschnittlich erfolgreich gelingt, Ältere in Erwerbsarbeit zu integrieren. Die Beschäftigungsfortsetzung leistet hierzu erheblichen Beitrag. Und dennoch ist die Effektivität dieses Mittels zur Verlängerung von Lebensarbeitszeit nicht unumstritten. So scheint das gängige Fortbeschäftigungsarrangement nur gering mit den Erwerbsinteressen Älterer und ihren Bedürfnissen zur Ausweitung der Erwerbsbiografie zu harmonieren. Nicht nur mag hierdurch der Personenkreis beschränkt werden, der sich unter den gegebenen Umständen zu einer Fortsetzung des Berufslebens entschließt. Auch ein Verfall der Arbeitsmoral erscheint im Rahmen der herkömmlichen Praxis von Beschäftigungsfortsetzung nicht unrational. Ein Zustand, der primär aus Arbeitnehmersicht unbefriedigend beurteilt werden mag, jedoch auch die Unternehmenswelt angesichts demografischer Tendenzen langfristig nicht wirklich beruhigen kann. Ebenso mag die japanische Politik ihre Ambitionen gefährdet sehen, Ältere mindestens bis zum 65. Lebensjahr an der Erwerbsarbeit zu beteiligen und somit für eine Entlastung von Fiskus und Sozialapparat zu sorgen.

Unter Berücksichtigung dieser Perspektiven erscheint das derzeitige Erscheinungsbild der Beschäftigungsfortsetzung, wie auch auf legislativen Grundlagen erklärbar, aus verschiedenen Standpunkten heraus optimierungswürdig. Entsprechend stellt sich die Frage, in wie weit der japanische Gesetzgeber durch eine Modifikation des Rechtsrahmens von MBB zu einer Bereinigung dieser Kontroversen bereit scheint. Angesicht der beschriebenen Defizite ist der politische Wille hierzu leicht anzunehmen. Doch die im Rahmen dieser Arbeit vorgenommenen Diskussionen verdeutlichen, dass auch in Japan um Idee und Gestaltung eines längeren Erwerbslebens gerungen wird und die politische Marschrichtung zur Unterstützung von Altersbeschäftigung vielen Einflüssen und Widerständen unterliegt. Zwar mag die Einsicht in die Notwendigkeit zu einem Ausbau der Alterserwerbsarbeit allgemein vorhanden sein. Zielkonflikte, wie sie in diesem Zusammenhang zwischen und innerhalb der Sozialpartner zu registrieren sind, erschweren jedoch einen einheitlichen Gang bei der Formulierung politischer Maßnahmen, um die Verlängerung von Erwerbsleben innerhalb einer altersneutralen Beschäftigungsumwelt als politisches Leitbild zu etablieren. Ohne Zweifel wird der japanische Staat in kaum ferner Zukunft eine weitere Anhebung des öffentlichen Rentenalters beschließen und somit erneut den beleuchteten Fragestellungen zur Existenz und Höhe des betrieblichen Rentenalters begegnen. Denn einerseits muss die Altersbeschäftigung mit Blick auf den demografischen Wandel unter allen Umständen gesichert bzw. gefördert werden. Doch wie groß sind die rechtlichen Verpflichtungen, die man der japanischen Unternehmenswelt bei einem ohnehin volatilen Wirtschaftsumfeld aufbürden darf, ohne die Prosperität der Volkswirtschaft als finanzielles Fundament des japanischen Wohlfahrtsstaats zu unterminieren?: „Offen gesprochen, brauchen wir ein höheres Tempo bei der Heraufsetzung des minimalen Rentenbezugsalters [...]. [...] Aus Sicht eines Experten, der sich mit der finanziellen Nachhaltigkeit der Rentenversicherung befasst, ist dies unumgänglich. [...] Aber wir müssen darüber nachdenken, ob wir diese Bürde auf die Unternehmen übertragen können oder was der Staat übernehmen kann, etwa durch eine Erhöhung der Einkommens- oder Mehrwertsteuer[1]" (Interview d. Verf. mit Experte B: 2 am 29.9.2011; Übers. d. Verf.). Dies sind die Konflikte, welche den Hintergrund der jüngsten Revision des *employment stabilization law* prägen, Japan aber wohl auch darüber hinaus erhalten bleiben werden:

So far the country has largely pursued a soft approach that builds on the cooperation of employers and strives to overcome non-compliance by providing counselling and financial assistance. This soft approach may be related to the fact that new regulations were formulated in a period when Japanese corporations were in the process of restructuring their operations and also introducing new policies in regard to employment and remuneration generally. Policy makers might

---

1 Ergänzt sei, dass in Japan mittlerweile eine Erhöhung der Mehrwertsteuer von 5 % auf 8 % zum 1. April 2014 beschlossen wurde. Eine weiterhin geplante Anhebung auf 10 % für das Jahr 2015 wurde jedoch aufgrund schwacher Konjunkturaussichten vorerst vertagt.

therefore not have wanted to stand in the way of Japanese companies regaining competitiveness. [...] corporations might [...] well discover the value of their older employees by themselves. However, should this not happen, Japanese policy makers might well introduce stricter measures [...]. (Meyer-Ohle 2008: 960)

Drei Optionen werden im Vorfeld der jüngsten Revision des *employment stabilization law* diskutiert, die auch im Lichte dieser Arbeit keine Unbekannten bilden (vgl. Sato 2011: 2 bzw. Abschnitt 4.1.1): „[Vertreter wie] Seike plädieren für die Gesellschaft aktiver Lebenszeit [*shōgai geneki shakai*], was ultimativ die Abschaffung des betrieblichen Rentenalters bedeutet. Die zweite Möglichkeit besteht in der Heraufsetzung des betrieblichen Rentenalters auf 65 Jahre [...]. Die dritte Möglichkeit besteht in der Fortbeschäftigung [...], wobei es sicherzustellen gilt, dass auch tatsächlich alle jene, die dies wünschen, in Beschäftigungsfortsetzung übernommen werden" (Interview d. Verf. mit Experte B: 2 am 29.9.2011; Übers. d. Verf.). Erwartungsgemäß treffen diese Alternativen im politischen Meinungsbildungsprozess auf kontroverse Beurteilungen, die sich auch in den Gremien zur Beratung dieser Reform unter dem Dach des MHLW widerspiegeln. Denn während der shakai hoken shingi-kai („Beratungsausschuss für Sozialversicherungen") die staatlichen Interessen zur Sicherung der finanziellen Nachhaltigkeit des Wohlfahrtssystems reflektiert und vor diesem Hintergrund auf den Ausbau von Alterserwerbsarbeit drängt, fungiert der rōdō seisaku shingi-kai („Beratungsausschuss für beschäftigungspolitische Maßnahmen") als Gremium zur Verhandlung der hierbei zur Verfügung stehenden Alternativen zwischen den Sozialpartner und spiegelt somit stärker wirtschaftspolitische Interessen wider.

Insbesondere im Beratungsausschuss für beschäftigungspolitische Maßnahmen treten somit Interessenkonflikte im Zusammenhang einer erweiterten Regulierung von Alterserwerbsarbeit zu Tage: „Widersacher sagen, dass es zwar akzeptabel sei, die Unternehmen zur Beschäftigungsfortsetzung zu drängen, dass dies jedoch im Sinne der Sicherung des Fortbestands von Unternehmen seine Grenzen haben müsse" (Interview d. Verf. mit Experte E: 3 am 20.9.2011; Übers. d. Verf.).[2] Doch auch arbeitnehmerseitige Interessenvertretungen schließen sich den radikaleren Varianten zum Ausbau der Altersbeschäftigung in Form einer An- oder Aufhebung des betrieblichen Rentenalters nicht vorbehaltlos an. Angesichts der Sicherungsfunktion dieses Mechanismus, begegnen sie diesen Optionen mit Vorsicht und zentrieren ihr Augenmerk auf eine Reform der Fortbeschäftigungssysteme mit dem Ziel, diese für alle Interessenten zu eröffnen (vgl. Kōsei rōdō-shō 2011: 7–8)[3]. Eine Modifikation oder gänzliche Abschaffung der Selektionspraxis trifft jedoch ebenso auf Opposition: „Die Unternehmensseite ist der Ansicht, dass eine Abschaffung der Selektion nicht durchzuführen

---

2 Vgl. Kōsei rōdō-shō (2011: 8. http://www.mhlw.go.jp/stf/houdou/2r9852000001fz36-att/2r9852 000001fzaz.pdf, letzter Abruf: 9.3.2017).
3 Vgl. Kōsei rōdō-shō (2011: 8. http://www.mhlw.go.jp/stf/houdou/2r9852000001fz36-att/2r9852000 001fzaz.pdf, letzter Abruf: 9.3.2017).

ist und den Unternehmen nicht aufgezwungen werden darf. Insofern gibt es wahrscheinlich einen Kompromiss, wie auch immer dieser aussehen mag" (Interview d. Verf. mit Experte C: 6 am 10.8.2011; Übers. d. Verf.). Widerstände, die jedoch nicht alleine auf der Haltung arbeitgeberseitiger Interessenvertretungen beruhen:

> Dass die Arbeitgeber [...] sagen, die Abschaffung der Selektion sei nicht erfüllbar, ist natürlich verständlich. Die Abschaffung der Selektion ist ein Gegenstand, der aus Sicht der Arbeitnehmer sehr vorteilhaft wäre. [...] Allerdings bin ich mir nicht sicher, ob dies auch tatsächlich erreicht werden kann, sei es aufgrund der Arbeitgeber- als auch der Gewerkschaftsseite. [...] Gewerkschaften und Unternehmen sind in Japan eng verzahnt, weshalb wir die Gewerkschaft auch als „zweite Personalabteilung" [*ni dai jinji-bu*] bezeichnen. Die Gewerkschaften werden natürlich nicht von Anfang an eine Kompromissbereitschaft signalisieren, [...] wobei jedoch angemerkt werden muss, dass selbst innerhalb der Gewerkschaftsseite kein einheitlicher Standpunkt hinsichtlich der Gestaltung von Beschäftigung zwischen dem 60. und 65. Lebensjahr existiert. [...] Wie ich es sehe, ist es eine Art Verhandlungsspiel, bei dem der Startpunkt stark die Positionen der Arbeitnehmerseite repräsentiert. (Interview d. Verf. mit Experte B: 3 am 29.9.2011; Übers. d. Verf.)

Letztlich wird die jüngste Reform des *employment stabilization law* am 29.8.2012 verabschiedet und sieht als wichtigste Novellierung eine schrittweise Abschaffung der Selektionsverfahren vor (vgl. Kōsei rōdō-shō 2013: 1, 5[4]): „Gemäß der Revision wurde selbst im Falle einer Arbeitgeber-Arbeitnehmer-Vereinbarung die Durchführung einer Selektion von Berechtigten für Fortbeschäftigungssysteme unmöglich gemacht. Fortbeschäftigungssysteme müssen [von nun an in zeitlicher Staffelung] alle Bewerber als berechtigt behandeln" (Morito 2014: 11; Übers. d. Verf.)[5]. So steigt zwischen den Jahren 2013 und 2025 in Übereinstimmung mit der Anhebung des Mindestbezugsalters der einkommensabhängigen Rentenkomponente (vgl. Abschnitt 3.3.5), das Minimalalter von 60 auf 65 Jahre an, bis zu dem keine Auswahl von Bewerbern stattfinden darf und somit die Aufnahme aller Aspiranten in Beschäftigungsfortsetzung zu garantieren ist. Wie auch die in Abschnitt 4.1.1 vollzogene Darstellung der historischen Entwicklung der japanischen Regulierung von Alterserwerbsarbeit zeigt, stellt diese jüngste Reform des ESL somit eine weitere substanzielle Verschärfung rechtlicher Vorschriften zur Durchführung der Beschäftigungsfortsetzung dar, mit der nicht zwangsläufig zu rechnen war: „Eventuell findet eine Abschaffung der Auswahl von Bewerbern mittels der Selektionsstandards statt. Aber vielleicht noch nicht im Rahmen der nächsten Revision" (Interview d. Verf. mit Experte F: 2 am 4.2.2011; Übers. d. Verf.).[6] Dies gilt nicht nur angesichts der beschriebenen Widerstände, stellt die Abschaffung der Selektionsverfahren einen Reforminhalt dar, welcher der Arbeitnehmerseite deut-

---

4 http://www.mhlw.go.jp/seisakunitsuite/bunya/koyou_roudou/koyou/koureisha/topics/dl/tp0903-gaiyou.pdf, letzter Abruf: 9.3.2017.

5 http://www.jil.go.jp/institute/zassi/backnumber/2014/01/pdf/005-012.pdf, letzter Abruf: 9.3.2017.

6 Vgl. auch Fujimoto (2011: 84. http://www.jil.go.jp/institute/zassi/backnumber/2011/11/pdf/074-085.pdf, letzter Abruf: 9.3.2017).

lich entgegenkommt.[7] Denn auch vor dem Hintergrund des japanischen Wirtschaftsumfelds ist die realisierte Sicherung der Beschäftigung sämtlicher Interessenten bis zum 65. Lebensjahr als deutliches Bekenntnis der staatlichen Intention zum unbedingten Ausbau der Alterserwerbsarbeit zu deuten:

> In Zeiten guter konjunktureller Lage ist das Angebot an jungen Arbeitskräften knapp, der Bedarf an Arbeitskräften jedoch groß. Den Firmen gelingt es also, den Bedarf zu decken, in dem man auf die 60- bis 70-Jährigen zurückgreift, die sich noch am Erwerbsleben beteiligen. Ein solcher Zustand bestand in den unmittelbaren Jahren nach der Revision des ESL im Jahre 2004 [...]. Im September 2008 kam dann der Lehmann-Schock [...], der die japanische Wirtschaft und insbesondere das verarbeitende Gewerbe schwer getroffen hat. In dieser Folge ist der Bedarf an Arbeit gesunken, und es wurde für die Unternehmen schwieriger, die Beschäftigungsfortsetzung zu verfolgen. [...] Was die nächste Revision[8] angeht, sind die derzeitigen wirtschaftlichen Voraussetzungen anders zu betrachten. [...] Mit diesem wirtschaftlichen Klima sind für die Unternehmen viele Unsicherheiten verbunden, so dass es den Unternehmen schwerer fallen wird, in gleichem Maße die Beschäftigungsfortsetzung durchzuführen. [...] Wenn sich die Wirtschaftslage auch nur ein wenig verbessern sollte, werden die Arbeitskräfte knapp, weil die Jüngeren immer weniger werden und dann besteht auch ein Vorteil in der Beschäftigung Älterer. Deshalb muss sich der japanische Staat zunächst um die Frage kümmern, wie die japanische Wirtschaft wieder an Schwung gewinnt, ehe er sich der Frage widmet, in welcher Weise die Beschäftigungsfortsetzung auch wirklich all jener gesichert werden kann, die dies wünschen.[9] (Interview d. Verf. mit Experte E: 1–2, 5 am 20.9.2011; Übers. d. Verf.)

Die mittels der jüngsten Revision des *employment stabilization law* erwirkte Sicherung von Beschäftigungsfortsetzung sämtlicher Interessenten bis zum 65. Lebensjahr kann als Entsprechung der arbeitnehmerseitigen Maximalforderung zu Verhandlungsbeginn interpretiert werden. Insofern mag der generellen Charakterisierung japanischer Arbeitsmarktpolitik durch Getreuer-Kargl (1989: 44)[10] widersprochen werden: „Auf dem Arbeitsmarktsektor wird nur sehr zaghaft Sozialpolitik betrieben. Als Grundsatz gilt hier, daß nichts getan werden darf, was der wirtschaftlichen Vitalität und Dynamik schaden oder die internationale Wettbewerbsfähigkeit beeinträchtigen könnte". Allerdings mag treffender eingewandt werden, dass diese Entsprechung weniger als Zugeständnis zu deuten, denn vielmehr der Dringlichkeit zur finanziellen Stabilisierung des Sozialsystems mittels des Ausbaus von Alterserwerbsarbeit auf

---

7 So tritt bei Abfrage arbeitnehmerseitiger Vorstellungen zur Veränderung der Fortbeschäftigungsgestaltung die Abschaffung des Selektionsverfahrens als einer der prominentesten Präferenzen hervor. Vgl.: Kōrei shōgai kyūshoku-sha koyō shien kikō (2008: 60) sowie Fujimoto (2007: 16–17. http://www.jil. go.jp/kokunai/blt/backnumber/2007/05/P13-17.pdf, letzter Abruf: 9.3.2017) und Fujimoto (2011: 83–84. http://www.jil.go.jp/institute/zassi/backnumber/2011/11/pdf/074-085.pdf, letzter Abruf: 9.3.2017).

8 Gemeint ist die Revision des *employment stabilization law* vom 29.8.2012.

9 Vgl. zum konjunkturellen Einfluss der Beschäftigungsfortsetzung auch Higuchi und Yamamoto (2002a: 2.http://www.imes.boj.or.jp/research/papers/japanese/kk21-b2-1.pdf, letzter Abruf: 9.3.2017).

10 http://www.uni-hamburg.de/oag/noag/noag_1989_3.pdf, letzter Abruf: 9.3.2017.

Seiten des japanischen Staates geschuldet ist. In jedem Fall aber ist diese Reform als substanzielle Forcierung gesetzlicher Vorschriften zur Sicherung von Altersbeschäftigung zu werten. So entledigt sich der japanische Gesetzgeber durch die sukzessive Abschaffung von Selektionsverfahren konsequent einem Hauptkritikpunkt der derzeitigen Gestaltung von Beschäftigungsfortsetzung. Denn anzunehmen ist, dass eine bloße Strikterfassung gesetzlicher Vorgaben von Selektionsstandards ceteris paribus, kaum eine komplette Beseitigung der thematisierten Kontrahierungsproblematik erwirkt hätte (vgl. Abschnitt 4.1.1). Und dennoch verbleibt auch nach diesem wichtigen Etappenschritt bei der rechtlichen Regulierung von Alterserwerbsarbeit Skepsis, in wieweit die gesetzlichen Grundlagen effektiv für eine Verlängerung von Lebensarbeitszeit Sorge tragen. So existieren nach wie vor jene betrieblichen Gestaltungsfreiräume, welche die arbeitnehmerseitige Attraktivität des gängigen Fortbeschäftigungskonzepts mindern und somit die Annahme von Beschäftigungsfortsetzung sowie die Aufrechterhaltung von Arbeitsmoral zu beschränken scheinen. Dies gilt, obwohl gleichfalls Zweifel bestehen, ob die Bereinigung qualitativer Mängel innerhalb der japanischen Beschäftigungslandschaft im speziellen Kontext der Beschäftigungsfortsetzung und ihrer Regulierung in Angriff genommen werden kann:

> In Japan existiert ein gesetzlicher Mindestlohn als Basis, weshalb es nicht logisch erscheint, einen separaten Mindestlohn zu etablieren. [...] Der Mindestlohn soll als staatliche Maßnahme auch dazu dienen, der Segmentierung des japanischen Arbeitsmarkts zu begegnen. [...] Zwar ist es im Prinzip möglich, Mindestlöhne für bestimmte Beschäftigungsgruppen nach entsprechender Übereinkunft zwischen Arbeitgeber- und Arbeitnehmerseite zu setzen. [...] Aus einem prinzipiellen Standpunkt heraus sollte dies jedoch ein Punkt sein, aus dem sich der Staat heraushält. [...] Jedoch wäre es eine vernünftige Sache, eine Anhebung des allgemeinen Mindestlohns zu diskutieren, der in Japan sehr niedrig ist. (Interview d. Verf. mit Experte C: 11, 13 am 10.8.2011; Übers. d. Verf.)

Die Unterscheidung zwischen einer Anhebung des betrieblichen Rentenalters auf 65 Jahre und einem für alle Interessenten offenen Fortbeschäftigungssystem wird primär daran festgemacht, dass speziell die Wiederbeschäftigung – mittels neuem Arbeitsvertrag – eine Veränderung von Tätigkeitsinhalten und Beschäftigungskonditionen ermöglicht (vgl. Sato 2011: 5). Diese Interpretation wird jedoch nicht vorbehaltlos geteilt. So insistieren andere Beobachter, dass die im Rahmen der lebenslangen Beschäftigung garantierte Aufrechterhaltung klassischer Beschäftigungsparameter (reguläre Festanstellung, senioritätsgeprägte Gehaltsprofile, etc.) eher auf impliziten Normen fußt, denn auf expliziten Vereinbarungen in Form von Arbeitsverträgen beruht, in denen die Abwandlung von Arbeitsinhalt oder Beschäftigungskonditionen kategorisch ausgeschlossen wird. Legt man diese Auffassung zugrunde, stellt sich eine Frage, die nicht nur eine weitere Erosion der impliziten Arbeitgeber-Arbeitnehmervereinbarungen im Rahmen der lebenslangen Beschäftigung implizieren mag und somit die grundsätzliche Intention des japanischen Staates zur simultanen Förderung von Quantität und Qualität der Beschäftigung im Alter konterkarieren könnte (vgl. die Abschnitte 3.3.2 und 6.3.2). Denn auch die Fortsetzung aktueller Gestaltungspraktiken der Beschäftigungsfortsetzung scheint sich hierdurch mit schwierig zu antizipierenden Konsequenzen auseinandergesetzt zu sehen:

> Was also ist der kategorische Unterschied zwischen einem betrieblichen Rentenalter von 65 Jahren und einem System der Beschäftigungsfortsetzung bis 65 Jahre? Der wesentliche Unterschied ist, dass auf Basis von Paragraf 9, Absatz 2 [des ESL], eine Selektion von Bewerbern durchgeführt werden darf, welche die Möglichkeit eröffnet, dass nicht sämtliche Bewerber in die Beschäftigungsfortsetzung übernommen werden. [...] Wenn aber dieser zweite Absatz gestrichen werden sollte, worin liegt dann noch der Unterschied zu einem betrieblichen Rentenalter von 65 Jahren? (Interview d. Verf. mit Experte C: 1–2 am 10.8.2011; Übers. d. Verf.)

7.1.2 Langfristige Perspektiven der Regulierung japanischer (Alters-)Erwerbsarbeit

Auf Grundlage der jüngsten Revision des *employment stabilization law* steht fest: Auch in absehbarer Zukunft werden Fortbeschäftigungssysteme einen zentralen Stellenwert zur Sicherung von Altersbeschäftigung in Japan einnehmen. Dies gilt, wenngleich die sukzessive Abschaffung von Selektionsverfahren eine beträchtliche Modifikation des Strukturrahmens dieser Modelle darstellt. Doch auch nach Verabschiedung dieser Reform verbleiben zahlreiche ungeklärte Aspekte zur zukünftigen Regulierung von Altersbeschäftigung. Denn angesichts des demografischen Szenarios kann und wird sich die japanische Beschäftigungspolitik nicht auf die Förderung von Alterserwerbsarbeit bis zum 65. Lebensjahr beschränken. So stellen die weitere Anhebung des öffentlichen Rentenalters sowie die hiermit verbundene Verlängerung von Lebensarbeitszeit bis zum 70. Lebensjahr erklärte Absichten des japanischen Staates dar und erneut wird hierbei der Frage begegnet werden, mittels welcher Maßnahmen diese Ziele zu verwirklichen sind. Die bloße Ausweitung der gängigen Konzeption von Beschäftigungsfortsetzung erscheint hierfür kaum geeignet. Doch welche Optionen stehen dann zur Verfügung und welche Konflikte sind mit diesen Alternativen verbunden? Und über welche Inhalte sollte eine Beschäftigungsstrategie verfügen, um diese Probleme zu überwinden? Die Diskussion dieser Fragen steht im Mittelpunkt der folgenden Passagen zur langfristigen Zukunft der japanischen Alterserwerbsarbeit und ihrer politischen Unterstützung.

Bislang hat sich die japanische Politik auf die Sicherung von Beschäftigung bis zum 65. Lebensjahr konzentriert und die jüngste Revision des *employment stabilization law* stellt einen Ausdruck dieses Fokus dar (vgl. Seike, Yamada und Kimu 2005: 25–26 sowie Hamaguchi 2011: 229): „Während seit Ende des 20. Jahrhunderts eine altersfreie Gesellschaft als Ideal des Beschäftigungssystems [...] verfolgt wird, besteht momentan die Zielsetzung in einer Sicherung von Beschäftigungschancen bis zum 65. Lebensjahr" (Seki 2009: 217; Übers. d. Verf.). Dennoch propagiert der japanische Staat bereits heute seine Intention, das Arbeitsleben bis auf 70 Jahre auszuweiten. Jedoch bestehen erhebliche Zweifel, dass dies im Rahmen des gängigen Arrangements von Beschäftigungsfortsetzung geschehen kann. So mag die übliche Abwandlung von Beschäftigungskonditionen ab Erreichen des betrieblichen Rentenalters einen aus Arbeitnehmersicht einigermaßen akzeptablen Umstand darstellen. Sollte sich dieser Zustand zukünftig bis auf das 70. Lebensjahr erstrecken und somit immer größere Bestandteile der gesamten Erwerbsbiografie einnehmen, scheint dies aber keineswegs gesichert (vgl. Seike und Nagashima 2009: 1 sowie Seike 2011: 67): „Betrachtet man den derzeitigen Transformationsprozess des japanischen Rentensystems, ist es meiner Meinung nach legitim, ein System durchzuführen, bei dem Mitarbeiter aus der Beschäftigung austreten und hiernach nicht mehr mit den gleichen Rechten und Beschäftigungskonditionen ausgestattet sind [...]. Wenn jedoch [...] die Beschäftigungsfortsetzung etwa auf das 70. Lebensjahr ausgeweitet wird, dann denke ich, ist es schwierig, diese Argumentation weiterhin aufrecht zu erhalten" (Interview d. Verf. mit Experte C: 5 am 10.8.2011; Übers. d. Verf.).

Die Anhebung des betrieblichen Rentenalters stellt eine Möglichkeit dar, die Beschäftigung bis zum 70. Lebensjahr zu sichern und dabei das implizierte Konfliktpotential einer bloßen Ausweitung von Fortbeschäftigungssystemen zu umgehen. Aber auch die Eignung dieser Option begegnet grundsätzlicher Skepsis. So würde sich hierdurch wohl die Beschäftigungsstabilität jener Angestellten erhöhen, die dem System lebenslanger Beschäftigung entstammen. Angesichts einer steigenden Anzahl an nicht regulären Angestellten würde ein solcher Schritt jedoch einen immer geringeren Beschäftigtenkreis tangieren und trüge somit beim weitaus größeren Teil der japanischen Arbeitnehmerschaft nicht zur beabsichtigten Beschäftigungsstabilisierung im Alter bei. Zudem wandeln sich die Voraussetzungen von Arbeit und Beschäftigung auf Arbeitgeber- wie Arbeitnehmerseite im Zeitverlauf (vgl. Sato 2011: 4). Die Harmonisierung dieser Bedürfnisse stellt eine betriebliche Herausforderung dar, deren Bewältigung bereits beim derzeit üblichen betrieblichen Rentenalter von 60 Jahren schwierig zu bewerkstelligen ist. Verständlich daher, dass diese Probleme umso schwerer tragen, sollte das betriebliche Rentenalter einst auf 65 oder gar 70 Jahre angehoben werden:

> Die übergeordnete Frage ist sicherlich die nach dem Festhalten am betrieblichen Rentenalter. [...] Dabei ist es auch in Ordnung, dies bei 60 Jahren zu belassen. [...] Mit 65 oder 68 Jahren wird es doch immer schwieriger, den Job zu wechseln. Da wäre es doch auch für die Arbeitnehmer besser, wenn dies früher erfolgt. Ein weiteres Problem besteht in der Schwierigkeit, eine Beschäftigung vom Zeitpunkt des Universitätsabschlusses bis zum 65. Lebensjahr aufrecht zu erhalten. In dieser Zeit ändern sich die Geschäftsfelder von Unternehmen, die technologische Struktur und vieles mehr. (Interview d. Verf. mit Experte A: 3, 4 am 31.8.2011; Übers. d. Verf.)

Entsprechend dieser Einwände stellt eine Gesellschaft aktiver Lebenszeit (*shōgai geneki shakai*) die langfristig überzeugendste Option zur ganzheitlichen Förderung ökonomischer Partizipation im Alter dar. Ein beschäftigungspolitisches Umfeld, das kein betriebliches Rentenalter kennt. Dies kommt einem wichtigen Baustein zur Verwirklichung einer Umwelt gleich, die altersneutrale Chancen zur ökonomischen wie sozialen Teilhabe zu garantieren weiß und somit in Zeiten der hypergealterten Bevölkerung das Fundament zur Prosperität von Volkswirtschaft und Gesellschaft bilden soll: „Um die Vitalität von Wirtschaft und Gesellschaft zu erhalten, ist die Errichtung einer Gesellschaft aktiver Lebenszeit unerlässlich, in der diejenigen, die den Willen und die Fähigkeiten zur Arbeit besitzen, diese Fähigkeiten auch dann weiterhin entfalten können, wenn sie älter werden" (Seike und Nagashima 2009: 1; Übers d. Verf.).

Stellt die Gesellschaft aktiver Lebenszeit weniger eine isolierte Beschäftigungsstrategie als vielmehr ein umfassendes Gesellschaftskonzept dar, versteht sich, dass der Weg zur Verwirklichung dieses Leitbilds mit zahlreichen Hürden versehen ist. So mag dieser Gedanke auf gesellschaftliche Widerstände treffen, wie sie auch im Rahmen dieser Arbeit zum Ausdruck kommen: „Eine schnelle Realisierung einer altersfreien Gesellschaft ist [...] sicherlich schwierig. Zwar gibt es eine große Anzahl an Personen, die auch über dem 70. Lebensjahr noch arbeiten. Die Frage ist jedoch, ob es gelingt, diese Lust auf Arbeit aufrecht zu erhalten, wenn das betriebliche Rentenalter abgeschafft wird und dies die Leute vielleicht veranlasst zu denken, dass sie jetzt wohl bis ewig arbeiten müssen" (Interview d. Verf. mit Experte F: 2 am 4.2.2011; Übers. d. Verf.). Zudem muss sich das Personalwesen japanischer Unternehmen neu erfinden, wie die Karriere- und Gehaltsgestaltung sowie die hiermit verbundenen Anreizstrukturen auf der Existenz eines betrieblichen Rentenalters basieren: „Eine völlige Abschaffung des betrieblichen Rentenalters halte ich für extrem schwierig, weil das Personalsystem vieler Unternehmen eines betrieblichen Rentenalters bedarf" (Interview d. Verf. mit Experte A: 5 am 31.8.2011; Übers. d. Verf.). Doch auch der Kündigungsschutz ist in Japan eng mit der Anwendung einer Altersbegrenzung der lebenslangen Beschäftigung verbunden. Die Konsequenz einer Abschaffung des betrieblichen Rentenalters für Beschäftigungsgarantien wird dabei uneinheitlich beurteilt. So könnte dies aufgrund der Sicherungs- wie Entbindungsfunktion von Beschäftigung als oppositionelle Seiten des betrieblichen Rentenalters zu einer Erosion des Beschäftigungsschutzes führen, die bereits vor Erreichen der derzeit üblichen Höhe von 60 Jahren einsetzt:

> Ein altersneutraler Arbeitsmarkt bedeutet, dass es kein betriebliches Rentenalter mehr gibt und damit entfällt auch die Beschäftigungsgarantie bis zu diesem Zeitpunkt. Ich denke, dass dies nicht unbedingt gut ist. [...] Der altersfreie Arbeitsmarkt gibt den Unternehmen einen deutlich größeren Spielraum für Entlassungen und dies dürfte zu großen Unordnungen führen. Das heißt, dass eine unmittelbare Einführung eines altersfreien Arbeitsmarkts im Falle Japans aus meiner Sicht unmöglich ist. Wir sollten am betrieblichen Rentenalter festhalten und es ist aus meiner Sicht auch nicht notwendig, das betriebliche Rentenalter auf 65 Jahre anzuheben. [...] Ein wichtiger Meilenstein stellt das Jahr 2025 dar, wenn das Mindestbezugsalter der Rente komplett auf 65 Jahre angehoben sein wird. Dann wird der Gedanke des altersfreien Arbeitsmarkts sicherlich an Bedeutung gewinnen und das ist auch gut so. (Interview d. Verf. mit Experte E: 7 am 20.9.2011; Übers. d. Verf.)

Doch auch umgekehrte Standpunkte sind zu registrieren, was die Auswirkungen einer Abschaffung des betrieblichen Rentenalters für den Beschäftigungsschutz betrifft: „Auf Basis des *employment standard law* und weiterer Gesetze ist in Japan das Recht von Unternehmen zur Kündigung streng reglementiert und wird erst ab dem betrieblichen Rentenalter gesetzlich gelockert. In diesem Sinne würde die Abschaffung des betrieblichen Rentenalters die rechtliche Grundlage von Unternehmen zur Kündigung entziehen" (Interview d. Verf. mit Experte F: 2 am 4.2.2011; Übers. d. Verf.). Im Spannungsfeld dieser gegensätzlichen Beurteilungen scheinen die Konsequenzen einer Abschaffung des betrieblichen Rentenalters für den Kündigungsschutz bislang ungeklärt, was sich als zusätzliches Hindernis für ein aktives Vorantreiben der Gesellschaft aktiver Lebenszeit erweist. Eng verbunden mit der Thematik des Kündigungsschutzes präsentiert sich jedoch die Reife des japanischen Arbeitsmarkts als wohl größter Unsicherheitsfaktor, was die Beseitigung des betrieblichen Rentenalters und die Folgen für Beschäftigungschancen im Alter anbelangt. Denn sollte die Aufhebung des betrieblichen Rentenalters den Beschäftigungsschutz erodieren, stellt sich die Frage, in wie weit der japanische Arbeitsmarkt die notwendige Durchlässigkeit besitzt, um ältere Arbeitsuchende mit ausreichenden Beschäftigungsoptionen zu versorgen, um nicht in Arbeitslosigkeit bei gleichzeitig fehlendem Rentenanspruch zu verfallen. Angesichts demografischer Perspektiven mag eine steigende Anzahl an älteren Arbeitssuchenden zwar zukünftig auf entsprechende Nachfrage treffen. Jedoch sei einschränkend bedacht, dass sich der japanische Arbeitsmarkt als Kehrseite der traditionellen Maxime zur Beschäftigungssicherung in Unternehmen, historisch nicht durch einen ausreichenden Grad an Fluktuation auszeichnet, der den Wechsel von Anstellungsverhältnissen sicherzustellen vermag. Und im Zuge senioritätsgeprägter Beschäftigungskulturen scheint dies gerade hinsichtlich älterer Anstellungssuchender zu gelten.

Zahlreiche Unwägbarkeiten stehen also der Realisierung einer Gesellschaft aktiver Lebensarbeitszeit auf absehbare Zeit entgegen: „Notwendig ist das Abstimmen mit den Eigenschaften und Strategien der einzelnen Unternehmen. Auch das Einverständnis der Arbeitnehmer sowie die sozialen Beziehungen am Arbeitsplatz müssen ausreichend berücksichtigt werden" (Seike 2001: 81; Übers. d. Verf.). Doch welche Inhalte sollte die japanische Beschäftigungsstrategie aufweisen, um diese Konflikte anzugehen und somit der Gesellschaft aktiver Lebenszeit den Weg zu bereiten? Bis dato konzentriert sich die japanische Beschäftigungspolitik bei der Sicherung von Alterserwerbsarbeit auf die Regulierung interner Arbeitsmärkte und der Stellenwert betrieblicher Beschäftigungsfortsetzung sowie deren rechtliche Handhabung bildet hierfür einen Ausdruck. Ein Fokus, der jedoch zunehmend auf Skepsis trifft. So wird stattdessen eine stärkere Regulierung des externen Arbeitsmarkts gefordert. Ein wichtiges Mittel hierzu stellt die Schaffung gesetzlicher Grundlagen dar, welche die diversen Formen direkter wie indirekter (Alters-)Diskriminierung bei Einstellung, Beschäftigung oder Qualifikationserwerb effektiver denn bislang zu unterbinden wissen (vgl. Seike und Yamada 2004: 221 sowie Abschnitt 3.3.3). Ein entsprechender

Richtungsumschwung der japanischen Beschäftigungspolitik wird denn auch von einigen Kommentatoren bereits attestiert:

> Wenn wir uns die derzeitige Situation der beschäftigungspolitischen Maßnahmen angucken, können wir sowohl Elemente interner Arbeitsmarktregulierung ausmachen, wie zum Beispiel im Bereich der Maßnahmen zur Beschäftigungsfortsetzung. Andererseits aber auch Elemente externer Arbeitsmarktregulierung wie etwa im Bezug gesetzlicher Verbote von Altersdiskriminierung [*nenrei sabetsu kinshi seisaku*]. [...] Nun scheint es, als vollziehe sich seit Beginn der Jahrtausendwende ein Wandel, bei dem erneut die externe Arbeitsmarktregulierung stärker ins Zentrum beschäftigungspolitischer Maßnahmen rückt. [...] die Beschäftigungsförderung bis 65 Jahre wird sicherlich im Bereich der internen Arbeitsmarktregulierung verbleiben. Allerdings hört die Entwicklung des Rentensystems nicht mit der Gegenwart auf und es existiert ja bereits die Debatte um die Anhebung auf 67 oder 70 Jahre. Und da denke ich, ist es fast unmöglich, weiterhin lediglich auf interne Arbeitsmarktregulierung zu setzen. (Interview d. Verf. mit Experte C: 14–15 am 10.8.2011; Übers. d. Verf.)

Stößt die Beurteilung der Notwendigkeit einer höheren Gewichtung externer Arbeitsmarktregulierung kaum auf grundsätzlichen Widerspruch, scheiden sich die Geister jedoch anhand der Frage, in wie weit ein solcher Umschwung der japanischen Beschäftigungspolitik bereits erkennbare Konturen aufweist:

> Wenn man die Intention der Behörden betrachtet, die in den Dokumenten[11] zum Ausdruck kommen, ist eine starke Konzentration auf interne Arbeitsmarktregulierung zu erkennen. Es geht ja eben nicht um Berufswechsel, sondern vielmehr um die Bitte an Unternehmen, die Beschäftigung aufrecht zu erhalten. [...] Die Angestellten unter dem Dach des betrieblichen Rentenalters werden immer weniger. Umgekehrt nehmen die Personen mit fixierter Beschäftigungsdauer weiterhin zu. Das heißt, selbst wenn das betriebliche Rentenalter angehoben wird, gibt es immer mehr Personen, denen keine Beschäftigungsmöglichkeiten garantiert werden. [...] Deswegen bin ich der Meinung, dass es sinnvoller ist, den externen Arbeitsmarkt auszubauen und somit Arbeitswechsel zu erleichtern. [...] Aber dies kommt in der Diskussion viel zu kurz. Deswegen denke ich, dass die kommende Revision des ESL[12] immer noch voll im Zeichen der internen Arbeitsmarktregulierung stehen wird. Außerdem bin ich der Meinung, dass es ratsam wäre, wenn das traditionelle System eines betrieblichen Rentenalters an Bedeutung verliert und dies passiert ja auch tatsächlich. Und in diesem Sinne schwindet die Bedeutung der internen Arbeitsmärkte, während der externe Arbeitsmarkt an Bedeutung gewinnt. Daher ist es doch verwunderlich, dass sich politische Maßnahmen immer noch auf interne Arbeitsmärkte konzentrieren. (Interview d. Verf. mit Experte A: 3 am 31.8.2011; Übers. d. Verf.)

Ein reifer Arbeitsmarkt, der ausreichende Möglichkeiten zum Anstellungswechsel auch und gerade im Alter verschafft, ist jedoch auf eine engere Verknüpfung zwischen externem Qualifikationserwerb und der betriebsinternen Aus- wie Weiterbildung

---

11 Bezogen wird sich unter anderem auf Kōsei rōdō-shō (2011: http://www.mhlw.go.jp/stf/houdou/2r9852000001fz36-att/2r9852000001fzaz.pdf, letzter Abruf: 9.3.2017).
12 Gemeint ist die Revision des *employment stabilization law* vom 29.8.2012.

von Wissen und Fähigkeiten angewiesen, der in Japan traditionell hohe Bedeutung zukommt. So gilt es hierdurch Qualifikationsprofile im Rahmen des lebenslangen Lernens zu bilden, die im Sinne eines *signaling* veräußerbar sind. Notwendig sind also persönliche Bestände an Wissen und Fähigkeiten, die zur Externalisierung auf dem freien Arbeitsmarkt in Anspruch genommen werden können und somit die Chancen zur Wiederanstellung auch abseits der vorherigen Erwerbsbiografie erhöhen (vgl. Sato 2011a: 12–13[13] sowie Fujii, Matsubuchi und Chiba 2006: 121–122[14]):

> Es kommt darauf an, eine Verknüpfung zwischen *on-* und *off-the-job training* herzustellen. [...] Das heißt, es geht darum, die Fähigkeiten außerhalb des konkreten Unternehmensbezugs aus-zubauen, damit die Beschäftigungsfähigkeit auch an andere Unternehmen transferiert werden kann und dadurch weder unproduktive Stellen [*madogiwa-zoku*] im Alter aufrecht erhalten werden, noch sich mit einem sehr niedrigen Gehaltsniveau abgefunden werden muss. Um diesen Zustand zu verändern, muss ein Japan geschaffen werden, in dem mehr Möglichkeiten zum Wechsel zwischen einzelnen Unternehmen bestehen. Und dafür brauchen wir einen Struktur-rahmen des Qualifikationserwerbs, der veräußerbare Bewertungsmaßstäbe schafft, die auch für Dritte nachvollziehbar sind. [...] es gilt die betriebliche Ausbildung eng zu synchronisieren, so wie es in Europa bereits der Fall ist. (Interview d. Verf. mit Experte D: 5 am 30.9.2011; Übers. d. Verf.)

Eine solche Entwicklung setzt ein hohes Bewusstsein von Eigenverantwortung bei der Weiterbildung von Fähigkeiten und der individuellen Karriereplanung voraus, ist jedoch auch auf die Kooperation von Unternehmen angewiesen, wenngleich das betriebliche Verständnis hierfür durch Iwata (2008: 149)[15] als gering beurteilt wird: „Zur Realisierung einer Gesellschaft aktiver Lebenszeit ist es notwendig, dass jeder Arbei-ter bereits ab dem mittleren Alter die persönliche Weiterbildung [...] mit Unterstützung des Unternehmens vorantreibt" (Kōsei rōdō-shō 2011: 10–11)[16]. Doch auch ein Ausbau öffentlicher Unterstützungsleistungen erscheint in diesem Zusammenhang erforder-lich (vgl. Sato 2011a: 12)[17]. Allerdings wird die Vernetzung von internem und externem Qualifikationserwerb nicht nur als Mittel zur Stärkung des externen Arbeitsmarkts und seiner Rolle bei der Sicherung von Beschäftigungsmöglichkeiten (im Alter) angese-hen. So wird der lebenslange Erwerb von veräußerbaren Qualifikationen ebenfalls als Vehikel zur Förderung der Beschäftigungsqualität betrachtet, in deren Zusammenhang insbesondere der besseren Vereinbarkeit von Beruf und Familie und einem Abbau der Beschäftigungsdisparitäten zwischen regulären und nicht regulären Angestellten ein wichtiger Stellenwert einzuräumen ist (vgl. Fujii, Matsubuchi und Chiba 2006: 118)[18]:

---

13 http://www.21ppi.org/pdf/thesis/110530_01.pdf, letzter Abruf: 9.3.2017.
14 http://www.jil.go.jp/english/JLR/documents/2006/JLR12_fujii.pdf, letzter Abruf: 9.3.2017.
15 http://www.jil.go.jp/institute/reports/2008/documents/0100_05.pdf, letzter Abruf: 9.3.2017.
16 http://www.mhlw.go.jp/stf/houdou/2r9852000001fz36-att/2r9852000001fzaz.pdf, letzter Abruf: 9.3.2017.
17 http://www.21ppi.org/pdf/thesis/110530_01.pdf, letzter Abruf: 9.3.2017.
18 http://www.jil.go.jp/english/JLR/documents/2006/JLR12_fujii.pdf, letzter Abruf: 9.3.2017.

[...] raising the productivity of working people is of particularly fundamental importance toward overcoming the challenges of depopulation and declining birthrates [...] In order to respond to strategic challenges, we need to emphasize more the qualitative aspects of employment. [...] Quality of employment includes not only the basic aspects such as securing the safety and health of the workers, and maintaining and improving their health, but also the provision of well-equipped working conditions and environments in all aspects of labor conditions, where at the same time the ability of all workers are being given full opportunity in their jobs and considerations are given for how their abilities can be further improved and their careers be developed. (Asao 2006: 101, 107)

So betrachten auch Fujii, Matsubuchi und Chiba (2006: 118, 130)[19] im Umfeld einer Intensivierung des globalen Wettbewerbs, der zunehmenden Bedeutung der Wissensgesellschaft sowie einer Verknappung von Arbeitsmarktressourcen, die Förderung der Qualität von Arbeit und Beschäftigung als weitere zentrale Herausforderung einer zukunftorientierten Beschäftigungsstrategie Japans:

[...] it is timely to consider and formulate an employment strategy which makes "people" [...], who will constitute the main engine of vitalization of society and economy in the future, its main focus. [...] It is important to [...] build social systems that do not discriminate between any particular work formats, develop flexible work hour schemes, and provide career development, treatment, and skill development opportunities appropriate for motivation, work formats, and duties of individual workers.

Um all diese Ziele zu erlangen, ist jedoch nicht zuletzt eine intensive Koordination von Beschäftigungs- und Sozialpolitik notwendig. So gilt es etwa öffentliche Kapazitäten zur Betreuung und Erziehung von Kindern oder der Pflege Älterer auszubauen. Denn nur so kann die knapper werdende Erwerbsbevölkerung entlastet, und somit ein gesellschaftliches Umfeld bereitet werden, das die schrumpfenden Ressourcen des Arbeitsmarkts bei Erwerbsarbeit und Qualifikationsaufbau in ausreichendem Maße unterstützt (vgl. Asao 2006: 92, 95[20] sowie Sato 2011a: 9–10[21]).

In Gestalt einer Gesellschaft aktiver Lebenszeit besteht eine durchaus überzeugende Vision zum Erhalt gesellschaftlicher Vitalität in Zeiten des demografischen Wandels: „In Japan, the policies regarding the employment termination has been discussed with a focus on the link between the pensionable age and the retirement age [...]. However, the new direction of 'the society that allows people to continue to work regardless of the age' has been presented, and the idea of 'age discrimination' can be an important viewpoint in the future in building mechanisms and the concept for workers in companies" (Yamashita 2007: 92)[22]. In mancher Hinsicht mag Japan zur Verwirklichung einer altersneutralen Beschäftigungsumwelt auch gute Vor-

19 http://www.jil.go.jp/english/JLR/documents/2006/JLR12_fujii.pdf, letzter Abruf: 9.3.2017.
20 http://www.jil.go.jp/english/JLR/documents/2006/JLR11_asao.pdf, letzter Abruf: 9.3.2017.
21 http://www.21ppi.org/pdf/thesis/110530_01.pdf, letzter Abruf: 9.3.2017.
22 http://www.jil.go.jp/english/JLR/documents/2007/JLR15_yamashita.pdf, letzter Abruf: 9.3.2017.

aussetzungen bieten: „Japan is a country where older people are already highly motivated to work. By taking advantage of this motivation [...] Japan should work to realize
its propensity, possibly the highest among the advanced countries, to establish an
age-free active society. If Japan takes the necessary measures, [...] it could set global
standards for creating an age-free society" (Seike 2008: 41). Allerdings bleibt angesichts der diskutierten Konflikte zum heutigen Zeitpunkt fraglich, wann Japan einen
entsprechenden Paradigmenwechsel innerhalb seiner auf die Regulierung interner
Arbeitsmärkte zentrierten Beschäftigungspolitik einleiten kann und wird.

> Vom Ziel einer altersfreien Gesellschaft ist man in Japan noch ein ganzes Stück entfernt. Die
> hierzu notwendige Abschaffung der betrieblichen Altersgrenze setzt eine ganze Reihe von
> anderen Veränderungen, insbesondere beim Entgeltsystem und beim Kündigungsschutz,
> voraus. [...] Da diese Umstrukturierungen jedoch eher langsam [...] verlaufen [...], kann man
> nicht davon ausgehen, dass die japanischen Arbeitgeber eine Aufhebung der Altersgrenze in den
> nächsten Jahren hinnehmen werden. Hinzu kommt, dass die japanischen Gewerkschaften eine
> Lockerung des Kündigungsschutzes strikt ablehnen. [...] Insgesamt fällt damit das Urteil zu den
> Rahmenbedingungen der Beschäftigung älterer Menschen in Japan eher schlecht aus. Obwohl
> man die Probleme der alternden Gesellschaft in Japan schon sehr früh seit den 1970er Jahren
> thematisiert hat und eine Reihe arbeitsmarktpolitischer Instrumente existieren, ist man vom Ziel
> einer „altersfreien" Gesellschaft noch weit entfernt. (Conrad 2009: 137, 139)[23]

Politische Äußerungen deuten denn auch darauf hin, dass der Etablierung von
Arbeitsmarkt- und Beschäftigungsstrukturen, die den Gedanken einer Gesellschaft
aktiver Lebenszeit verkörpern, noch ein geraumer Entwicklungszeitraum eingeräumt
wird (vgl. Kōsei Rōdō-Shō 2011: 6)[24]. Dies gilt, obwohl das alternative Konzept zur
Verlängerung von Lebensarbeitszeit in Form der gängigen Fortbeschäftigungspraxis
kaum Vereinbarkeit mit ideellen Leitplanken der japanischen Beschäftigungspolitik
zur Schaffung einer altersneutralen Beschäftigungsumwelt aufweist:

> If discrimination is defined as the "the practice of applying unequal treatment to individuals of
> equal ability due to differences in characteristics over which one has no control, such as gender,
> background, nationality, age" then the differential treatment workers experience in these firms
> before and after the age of 60 constitutes age discrimination [...] thus institutionalising rather
> than removing age barriers. [...] While some older workers might be satisfied with such jobs,
> public policies that encourage the unequal treatment of workers may not be a step towards age
> free employment. (Taylor 2002b: 15)[25]

---

23 http://www.leopoldina.org/uploads/tx_leopublication/NAL365_Bd_3_001-158.pdf, letzter Abruf:
9.3.2017.
24 http://www.mhlw.go.jp/stf/houdou/2r9852000001fz36-att/2r9852000001fzaz.pdf, letzter Abruf:
9.3.2017.
25 http://www.jil.go.jp/english/archives/bulletin/documents/200208.pdf, letzter Abruf: 9.3.2017.

Einiges spricht daher dafür, dass insbesondere den Fortbeschäftigungssystemen auf absehbare Zeit weiterhin hohes Gewicht bei der Sicherung von Altersbeschäftigung in Japan zukommen wird. Einiges spricht jedoch angesichts der behandelten Einwände ebenso dagegen, dass eine nachhaltige Verlängerung von Lebensarbeitszeit in Japan mittels der bloßen Ausweitung des gängigen Arrangements von Beschäftigungsfortsetzung bewerkstelligt werden kann. Stattdessen erscheint eine umfassende wirtschaftliche wie gesellschaftliche Transformation von Nöten: „Notwendig sind der Abbau einer Gesellschaft, die in hohem Maße Unterscheidungen anhand des Alters vornimmt [*nenrei sabetsu shakai*] sowie die Einrichtung einer Gesellschaft, die offen und ohne Ängste an die Herausforderungen des demografischen Wandels herangeht [*nenrei kiyū shakai*]" (Interview d. Verf. mit Experte F: 2 am 4.2.2011; Übers. d. Verf.).

7.2 Ableitungen für betriebliche und politische Entscheidungsträger

Diese Arbeit untersucht den aktuellen Zustand der betrieblichen Beschäftigungsfortsetzung und prognostiziert, dass die politische Förderung von Altersbeschäftigung in Japan auch auf absehbare Zeit auf der herkömmlichen Konzeption dieses Instruments basieren wird. So stellt sich die Frage, welche Anregungen geschlussfolgert werden können, um den konstatierten Schwachstellen derzeitiger Praktiken der Beschäftigungsfortsetzung zu begegnen. Daher widmet sich Abschnitt 7.2.1 Empfehlungen, die aus Sicht von Unternehmensführungen ratsam erscheinen, ehe sich Abschnitt 7.2.2 im gleichen Sinne an politische Entscheidungsträger richtet.

7.2.1 Handlungsempfehlungen für betriebliche Entscheidungsträger

Durch die mittelfristige Abschaffung von Selektionsverfahren wird die jüngste Revision des *employment stabilization law* unzweifelhaft die betrieblichen Herausforderungen zur Einrichtung effektiver Altersbeschäftigung vergrößern. Entsprechend gilt es nicht zuletzt aus Unternehmenssicht, den Gefahren sinkender Arbeitsmotivation im Rahmen der Beschäftigungsfortsetzung mehr denn je entgegenzuwirken. Der Wissenschaftsdiskurs identifiziert eine Steigerung von Beschäftigungsqualität als zentralen Bestandteil einer zukunftorientierten Arbeitsmarktpolitik, die es naturgemäß primär auf betrieblicher Ebene zu installieren gilt. Dieses Mittel scheint auch anzuraten, um den Erhalt einer motivierten Belegschaft zu sichern, die in Folge des demografischen Wandels einen weiterhin steigenden Anteil an Beschäftigten oberhalb des betrieblichen Rentenalters aufweisen wird. Die Stärkung von Beschäftigungsqualität verlangt eine Vielzahl betrieblicher Gestaltungsaspekte in Betracht zu nehmen, wie durch Fujii, Matsubuchi und Chiba (2006: 128–129)[26] kategorisiert. Die Diversifizierung des Angebots an Arbeit und Beschäftigung mag hierbei jedoch als einer der gewichtigsten Themenkomplexe im speziellen Kontext der Beschäftigungsfortsetzung angesehen werden. So gilt es, ein breiteres Spektrum an Tätigkeitsinhalten und Beschäftigungskonditionen zu etablieren, welches auf die Pluralisierung der Interessen und Bedürfnisse Älterer zur Erwerbsarbeit erfolgreich reagiert: „Employment needs of workers and companies are becoming increasingly individuated and diversified. [...] It is important to build a social system in which diverse individuals can choose diverse work formats according to their abilities and motivation [...]. For maintaining such diversity in work formats in substance, we will need to develop employment systems which reflect the desire of workers" (Fujii, Matsubuchi und Chiba 2006: 130)[27]. Allerdings bedarf diese Entwicklung nicht nur betrieblicher Reorganisationsprozesse. Denn sie setzt vor allem den übergeordneten Wandel einer Unternehmenskultur voraus, die Abstand von der Erwartung einer nahezu gänzlich auf betriebliche Belange konzentrierten Belegschaft (*wāku-wāku shain*) nimmt und so etwa die Bereitschaft zu langen Arbeitszeiten als zentralen Indikator der Unternehmensloyalität wertet (vgl. Abschnitt 3.1.2). Stattdessen bedarf es eines sensibilisierten Betriebsklimas, welches die Bedürfnisse zur Vereinbarung beruflicher und familiärer Lebensinhalte (*wāku-raifu shain*) differenziert zur Kenntnis nimmt und diese Belange in stärkerem Maße der Gestaltung des Personalwesens zugrunde legt (vgl. Sato 2011a: 8–9[28] sowie Asao 2006: 99[29]).

Seien diese Gedanken als Ausgangsbasis gesetzt, ergeben sich auf Grundlage hiesiger Untersuchungsresultate eine Reihe an Aspekten des Strukturrahmens von MBB, deren Umgestaltung hin zu einer breiteren Angebotspalette anzuraten ist. So erscheint etwa der relativ niedrige Anteil an Unternehmen ausbauwürdig, die individuell über die Arbeitsinhalte von Fortbeschäftigten entscheiden und somit die systemische Voraussetzung zur Berücksichtigung von Arbeitnehmerbelangen bei der Wahl des Arbeitsinhalts aufweisen (vgl. Abschnitt 5.2.1). Dies gilt, wenngleich diese Arbeit die geringere Spannbreite an Tätigkeitsprofilen innerhalb von KMU als strukturellen Nachteil bei der Diversifizierung des Angebots an Arbeitsinhalten wertet, sowie zudem darauf verwiesen wird, dass die Fortführung ursprünglicher Tätigkeitsbereiche einen elementaren Faktor zur Nutzung von Wissen und Fähigkeiten als zentrales Motiv zur Durchführung von MBB darstellt. So scheint auch in diesem Zusammenhang die Förderung des lebenslangen Lernens inner- wie außerhalb des Unternehmens Relevanz zu besitzen, werden hierdurch mehr Möglichkeiten zur flexibleren Einrichtung von Arbeitsinhalten im Rahmen der Beschäftigungsfortsetzung eröffnet. Im selben Maße

---

26 http://www.jil.go.jp/english/JLR/documents/2006/JLR12_fujii.pdf, letzter Abruf: 9.3.2017.
27 http://www.jil.go.jp/english/JLR/documents/2006/JLR12_fujii.pdf, letzter Abruf: 9.3.2017.
28 http://www.21ppi.org/pdf/thesis/110530_01.pdf, letzter Abruf: 9.3.2017.
29 http://www.jil.go.jp/english/JLR/documents/2006/JLR11_asao.pdf, letzter Abruf: 9.3.2017.

erscheint der Ausbau des geringen Anteils an Betrieben notwendig, die außer der Vollzeit keine Beschäftigungsformen mit geringeren oder flexibel eingerichteten Arbeitsstunden anbieten, obwohl auch hierbei strukturelle Nachteile von KMU sowie des verarbeitenden Gewerbes zu berücksichtigen sind (vgl. Abschnitt 5.2.3). Allerdings ist trotz dieser Einschränkungen nicht grundsätzlich davon auszugehen, dass kleinere Unternehmen per se über schlechtere Voraussetzungen bei der Diversifizierung des Angebots an Arbeit und Beschäftigung verfügen. Dies mag vor allem hinsichtlich des Gehalts gelten, welches gemäß dieser Untersuchung als sensibelster Indikator der Beschäftigungsqualität zu erachten ist. So werden auch in diesem Zusammenhang diversifizierte Gestaltungspraktiken gefordert (vgl. Sato 2011a: 7[30]):

> Es wäre doch in Ordnung, wenn ältere Beschäftigte, die einen hohen Beitrag zum Profit beisteuern, auf Basis von leistungsbasierter Entlohnung oder Akkordverträgen ein Einkommen erreichten, dass das Einkommen vor dem betrieblichen Rentenalter sogar übersteigt. Wenn eine solch diversifizierte Gestaltung gelänge, [...] nähme nicht nur die Anzahl an Älteren zu, die weiterhin arbeiten. Auch die Rentabilität und Wettbewerbsfähigkeit der Unternehmen würde wohl steigen. (Itō 2008: 31; Übers. d. Verf.)[31]

Zwar stellt die Implementierung geeigneter Bemessungsmaßstäbe Unternehmen bei einer stärkeren Berücksichtigung leistungsorientierter Gehaltskomponenten vor Probleme. Allerdings mag angenommen werden, dass Betriebe mit einer überschaubaren Belegschaftsgröße über relativ direkte Kontrollmöglichkeiten verfügen und in dieser Hinsicht wiederum einen strukturellen Vorteil gegenüber Unternehmen höherer Größenordnungen besitzen: „Unser Unternehmen ist ein kleiner Betrieb und somit die Beziehung zwischen den Mitarbeitern und dem Chef sehr unmittelbar. Deshalb kann der Betriebsleiter auch immer sehr genau die Leistungen der einzelnen Mitarbeiter beurteilen" (Interview d. Verf. mit Unternehmen H: 2 am 8.3.2011; Übers. d. Verf.). So ist also auch auf Grundlage hiesiger Untersuchungsresultate eine Diversifizierung des Angebots an Arbeit und Beschäftigung anzuraten, wobei Unternehmen kleiner und mittlerer Größenordnung über strukturelle Nachteile, jedoch auch spezifische Vorteile zu verfügen scheinen, die es etwa bei einer stärkeren Leistungsbasierung von Gehältern zu nutzen gilt. Als relativ unkompliziert zu realisierendes Mittel, einem demotivierenden Einfluss der Beschäftigungsfortsetzung entgegenzuwirken, erscheint zudem eine forcierte Kommunikation zwischen den Beschäftigungsparteien im Vorfeld der Aufnahme in MBB empfehlenswert. So geben die Befunde dieser Untersuchung eine relativ späte Inkenntnissetzung über Perspektiven und Gestaltung des Fortbeschäftigungsverhältnisses zu erkennen. Ältere Beschäftigte mögen sich daher oftmals nur unzureichend über die persönlichen Konsequenzen des Eintritts in Beschäftigungsfortsetzung informiert sehen, so wie es in den Aussa-

---

30 http://www.21ppi.org/pdf/thesis/110530_01.pdf, letzter Abruf: 9.3.2017.
31 http://www.jil.go.jp/institute/siryo/2008/documents/033_01.pdf, letzter Abruf: 9.3.2017.

gen von Fortbeschäftigten zum Ausdruck kommt, die sich etwa durch die Zunahme an Arbeitsbelastung überrascht zeigen (vgl. die Abschnitte 5.1.4 und 6.2.2). Zwar wird dies bei unverändertem Strukturrahmen kaum dazu führen, dass die eigentlichen Botschaften über die persönlichen Fortbeschäftigungsbedingungen an Attraktivität gewinnen. Dennoch mag davon ausgegangen werden, dass eine frühzeitigere Signalisierung der mit der Beschäftigungsfortsetzung verbundenen Gestaltung von Arbeit und Beschäftigung, dem angebotsseitigen Bedürfnis eines möglichst stabilen Planungshorizonts entgegenkommt und sich somit positiv auf die Einstellung älterer Beschäftigter auswirkt.

So besteht der empfohlene Maßnahmenkatalog in einer Diversifizierung von Fortbeschäftigungsangeboten, insbesondere was die Gestaltung von Arbeitsinhalten, Beschäftigungsformen und Gehaltskriterien betrifft. Doch auch eine intensivere Kommunikation zwischen den Beschäftigungsparteien erscheint im Sinne der Qualität von Beschäftigungsfortsetzung angeraten. So gibt auch Fujimoto (2011: 84)[32] zu bedenken, dass unter dem Gesichtspunkt der Aufrechterhaltung von Arbeitsmotivation auch Arbeitgeber ein Interesse an der Behebung erkennbarer *mismatches* des gängigen Strukturrahmens von Beschäftigungsfortsetzung besitzen sollten. In diesem Sinne folgt die vielfach erhobene Forderung nach einer höheren Fortbeschäftigungsqualität eben keiner naiven Sozialromantik, sondern erscheint aus makro- wie mikroökonomischer Perspektive vielmehr unerlässlich für das nachhaltige Gedeihen von (Alters-)Erwerbsarbeit und der hiermit verbundenen gesellschaftspolitischen Absichten, was nicht nur für den japanischen Kontext zu gelten scheint: „It will be important to create work environments that can improve skills and motivation of workers by incorporating views of both companies and workers and enable workers to find fulfillment in their work. Realization of such environments can raise productivity of companies and in turn contribute to vitalization of the Japanese economy and society" (Fujii, Matsubuchi und Chiba 2006: 128)[33].

7.2.2 Handlungsempfehlungen für politische Entscheidungsträger

Zu Recht erkennt auch der japanische Staat an, dass ein nachhaltiges Gedeihen von Alterserwerbsarbeit neben rein quantitativen Ergebnismarken, auch das Verfolgen qualitativer Zieldimensionen verlangt: „Given the declining number of workers [...] it is critical to raise the quality of labour in order to maintain the pace of economic growth" (MHLW 2005: 13)[34]. Eine simultane Umsetzung dieser kohärenten Ambitionen erscheint durch die jüngste Revision des *employment stabilization law* verwirk-

---

32 http://www.jil.go.jp/institute/zassi/backnumber/2011/11/pdf/074-085.pdf, letzter Abruf: 9.3.2017.
33 http://www.jil.go.jp/english/JLR/documents/2006/JLR12_fujii.pdf, letzter Abruf: 9.3.2017.
34 http://www.mhlw.go.jp/english/wp/l-economy/2005/dl/02-01-02.pdf, letzter Abruf: 9.3.2017.

licht. Denn infolge der sukzessiven Abschaffung von Selektionsverfahren ist davon auszugehen, dass die Anzahl an Fortbeschäftigten zunimmt, während zugleich das arbeitnehmerseitige Manko mangelnder Beschäftigungssicherheit gemildert wird. Und dennoch mag kritisch hinterfragt werden, in wie fern es sich bei dem Anspruch zur Förderung von Quantität *und* Qualität der Beschäftigungsfortsetzung um potenziell antagonistische Zielsetzungen handelt. Diese Annahme erscheint anhand der Untersuchungsresultate von Rōdō seisaku kenkyū kenshū kikō (2007: 44)[35] nicht auszuschließen. So identifizieren diese, dass Unternehmen, welche individuell über den Arbeitsinhalt von Fortbeschäftigten entscheiden, überproportional Betriebe darstellen, die durch eine relativ niedrige Selektionsrate gekennzeichnet sind.[36] Dieser Befund erscheint einleuchtend, wie der individuelle Entscheid über Tätigkeitsbereiche ein Ausmaß an Vakanzen voraussetzt, das umso mehr in Gefahr der Überanspruchung gerät, je höher die Anzahl an Fortbeschäftigten, denen ein Arbeitsbereich zugewiesen werden muss. Dabei mag die fallbasierte Entscheidung über Arbeitsinhalte als Indikator von Beschäftigungsqualität dienen, wird bedacht, dass weder die Fortsetzung ursprünglicher Tätigkeiten, noch der Wechsel von Arbeitsbereichen per se als Kriterium mangelnder Beschäftigungsqualität zu bewerten ist. Denn als entscheidend erweist sich letztendlich die Frage, in wie fern Fortführung oder Wechsel von Arbeitsinhalten die Erwerbsinteressen im Einzelfall reflektiert. Es stellt sich somit die Frage, ob die japanische Politik durch die quantitative Forcierung von Fortbeschäftigungsverhältnissen, den inhärenten Anspruch zum Ausbau qualitativer Merkmale von Altersbeschäftigung de facto unterminiert. So spekuliert auch Fujimoto (2008: 59; Übers. d. Verf.)[37] über einen *trade-off* von quantitativen und qualitativen Merkmalen der Beschäftigungsfortsetzung: „Es besteht die Möglichkeit, dass Unternehmen im Gegenzug zu ihren Bemühungen, die Tür zur Beschäftigungsfortsetzung allen Interessenten zu öffnen, die Beschäftigungsbedingungen herabsenken, um die mit der Beschäftigungsfortsetzung verbundenen Personalkosten auf ein bestimmtes Maß zu beschränken". Zwar hält diese Arbeit keine pauschale Klärung dieses suggerierten Dilemmas beschäftigungspolitischer Leitlinien bereit. Empfohlen wird jedoch ein offener Diskurs, ob ein quantitativer Ausbau der Beschäftigungsfortsetzung nicht zugleich den Anspruch qualitativer Altersbeschäftigung konterkariert. Eine Fragestellung, die innerhalb der Literaturlage bislang kaum in Erscheinung tritt und einen Ausbau an entsprechenden Forschungsaktivitäten ratsam erscheinen lässt.

Denn das zur qualitativen Stärkung von Alterbeschäftigung kaum eine Alternative besteht, impliziert über die bisherige Darstellung hinaus auch der für Japan zu konstatierende Wertewandel. Doch umso mehr besteht die Frage, welche Implikati-

---

35 http://www.jil.go.jp/institute/reports/2007/documents/083.pdf, letzter Abruf: 9.3.2017.
36 Eingeräumt sei jedoch, dass ein solcher Zusammenhang auf Basis hiesiger Untersuchungsresultate nicht als signifikante Korrelation auszumachen ist.
37 http://www.jil.go.jp/institute/siryo/2008/documents/033_02.pdf, letzter Abruf: 9.3.2017.

onen dies für die Ambitionen zum quantitativen Ausbau der Beschäftigungsfortsetzung in sich birgt. So attestiert der Literaturbestand, dass sich spätestens seit dem
rejā būmu („*leisure boom*") der 1960er Jahre, ein gesellschaftlicher Trend zur Indi-
vidualisierung vollzieht, der sich durch einen Einstellungswandel in Bezug auf die
zentralen Lebensbereiche Beruf, Familie und Freizeit kennzeichnet. Zwar geben
Möhwald und Ölschleger (1996: 123, 131) zu bedenken, dass der Wertewandel eher
einer „Wertesynthese", denn einem „unilinearen Prozess der Substitution alter durch
neue Werte" gleicht und dieser daher nicht als gleichbedeutend mit einem generellen
„Verhaltenswandel" aufgefasst werden darf. Dennoch konstatieren die Autoren im
Zuge des Generationenwandels zugleich, dass die Arbeit als zentraler Orientierungs-
anker der Lebensführung zunehmend durch die Bezugspunkte Familie und Freizeit
ergänzt wird:

> Arbeit und die Eigenschaften, die sich um sie gruppieren – wie Fleiß, Durchhaltevermögen,
> Energie usw. –, werden in abnehmendem Maße als Werte an sich betrachtet; diese Lebensorien-
> tierung, die als sozialer Konsens zu bezeichnen früher statthaft erschien, scheint einer steten
> Aufweichung anheimgefallen zu sein. Andere Lebensbereiche – und hier sind die Freizeit und
> die Familie zu nennen – sind gleichberechtigt an ihre Seite getreten und beginnen sie an Bedeu-
> tung für das Individuum sogar zu überholen. (Möhwald und Ölschleger 1996: 133–134)

Zwar mögen heutige Fortbeschäftigte – sozialisiert in der unmittelbaren Nachkriegszeit – noch traditionelle Wertemuster in sich tragen. Angesichts der steigenden Wertschätzung individueller Bedürfnisse nach außerberuflicher Selbstverwirklichung ist
jedoch davon auszugehen, dass sich zukünftige Beschäftigungsgenerationen zunehmend weniger bereit zeigen werden, beschriebene Fortbeschäftigungskonditionen
etwa aus purem Loyalitätsempfinden gegenüber dem Arbeitgeber zu akzeptieren. Und
dies mag umso mehr gelten, sollte sich der Zeitraum von Beschäftigungsfortsetzung
zukünftig vom 60. bis zum 70. Lebensjahr ausdehnen. Stattdessen mögen zukünftige
Generationen älterer Beschäftigter geneigt sein, ihr Heil auf dem externen Arbeitsmarkt zu suchen oder aber mehr denn je dazu gezwungen sein, der Beschäftigungsfortsetzung mehr ökonomischen Zwängen geschuldet, denn innerer Überzeugung
folgend, nachzugehen. Beide Konsequenzen erscheinen jedoch für jene Unternehmen
verheerend, die auf das Mitwirken von motivierten Fortbeschäftigten infolge mangelnder Ressourcen des Arbeitsmarkts angewiesen sind. Und wie auch diese Arbeit
zu erkennen gibt, handelt es sich hierbei primär um Unternehmen kleiner und mittlerer Beschäftigungsgröße, deren Gewicht als substanzieller Unterbau der japanischen
Volkswirtschaft nicht zu unterschätzen ist. Erneut zeigt sich somit, dass die Notwendigkeit zur qualitativen Steigerung von (Alters-)Beschäftigung keinem romantisierten
Sozialempfinden folgt, sondern in unmittelbarem Zusammenhang zum nachhaltigen
Gedeihen der ökonomischen Teilhabe im Alter zu setzen ist, worauf volkswirtschaftliche Vitalität sowie sozialstaatliche Prosperität in zunehmenden Maße angewiesen
sein werden. Vor diesen Hintergründen sollte ergebnisoffen evaluiert werden, ob eine
simultane Steigerung von Quantität und Qualität im Rahmen der gängigen Konzep-

tion von Beschäftigungsfortsetzung tatsächlich erlangt werden kann. So gilt es nicht zuletzt einem Glaubensverlust vorzubeugen, der das politische Bekenntnis zur simultanen Erlangung dieser beschäftigungspolitischen Ziele konterkariert und somit die Bereitschaft zur Verlängerung der Erwerbsbiografie unterhöhlen könnte. Den engen Bezugsrahmen der Altersbeschäftigung verlassend, sei abschließend an die Notwendigkeit zur Förderung geschlechterunabhängiger Chancen zur persönlichen Entfaltung in Erwerbsarbeit erinnert. So sind die demografischen Herausforderungen des japanischen Arbeitsmarkts nicht ohne die Beseitigung geschlechterabhängiger Disparitäten innerhalb der japanischen Arbeitswelt zu bewältigen, wobei die Förderung der ökonomischen Teilhabe von Frauen wie Älteren eine Diversifizierung der Beschäftigungsangebote und einen Wandel von Unternehmenskulturen bedingen.

7.3 Betriebliche Beschäftigungsfortsetzung in Japan als personalpolitisches Exportgut?

Das Konzept der betrieblichen Beschäftigungsfortsetzung bildet eine elementare Säule der überdurchschnittlich effektiven Sicherung von Altersbeschäftigung in Japan. Dabei weisen die demografischen Herausforderungen, denen sich Japan gegenüber sieht, internationale Verwandtschaften auf. Doch auch weil dieser Beitrag einen Bestandteil der deutschsprachigen Japanologie darstellt, sei abschließend die Frage angeschnitten, ob gewisse Anregungen aus den beschriebenen Verhältnissen Japans für den deutschen Kontext abzuleiten sind. Abschnitt 7.3.1 hinterfragt, ob eine Übertragung personalpolitischer Mittel in einen fremden Wirtschafts- und Kulturraum überhaupt möglich ist. Zwar werden einer kongruenten Anwendung japanischer Beschäftigungsfortsetzung im deutschen Wirtschaftsraum hierbei kaum Chancen eingeräumt. Abschnitt 7.3.2 erörtert dennoch folgend, ob zumindest abstrahierte Ableitungen aus den dargestellten japanischen Gegebenheiten bestehen, die zur Bereicherung des deutschen Diskurses über demografische Adaptionen von Arbeitsmarkt und Beschäftigung dienen könnten.

7.3.1 Zur Übertragbarkeit personalpolitischer Modelle

Wie können Prosperität des Wirtschaftsraums und Stabilität des Wohlfahrtsstaats in Zeiten des demografischen Wandels gesichert werden? Welcher Weg sollte zwischen Stabilität und Flexibilität von Beschäftigungsstrukturen als unterschiedlichen Wirtschaftskulturen entspringende Antipoden von Arbeitsmarktpolitik im Rahmen der Gestaltung von (Alters-)Erwerbsarbeit eingeschlagen werden? Und welchen nationalen Handlungsspielraum besitzen wirtschaftliche wie politische Entscheidungsträger angesichts eines intensivierten globalen Wettbewerbsumfelds sowie der Hybridisierung markt- und betriebswirtschaftlicher Spielregeln? Fragestellungen wie diese prägen auch in Deutschland die öffentliche Debatte: „Social ageing can no longer be viewed solely as a national problem or issue but one that affects individuals, groups and communities across the globe" (Phillipson und Baars 2007: 81). Angesichts konstatierter Schattenseiten der japanischen Alterserwerbsarbeit wird ersichtlich: Wer sich auf der Suche nach einem beschäftigungspolitischen Königsweg für die Überwindung demografischer Herausforderungen befindet, wird auch in Japan kaum fündig. Während in Japan primär soziale Implikationen des gängigen Arrangements von Altersbeschäftigung diskussionswürdig erscheinen, mögen jedoch in Deutschland – trotz jüngster Vitalisierungstendenzen – mangelnde Chancen zur Altersbeschäftigung per se nach wie vor als grundlegendes Problem der ökonomischen Altersteilhabe betrachtet werden, infolge derer das Phänomen sozialer Spreizung im Alter auch hierzulande keine Unbekannte darstellt.

Angesichts der Erfolgsversprechen der japanischen Konzeption zur Sicherung von Altersbeschäftigung mag es kaum verwundern, dass speziell die Wiederbeschäftigungspraxis auch außerhalb Japans Nachahmung findet. So wird nicht nur in Singapur dieses Modell als Vehikel zum Erhalt ökonomischer Teilhabe im Alter zum Vorbild genommen (vgl. Crow 2006[38] sowie National Trade Union Congress 2010[39]). Auch innerhalb der deutschen Medienlandschaft erweckt dieses Verfahren zur Sicherung von Beschäftigungschancen im Alter Interesse (vgl. Tagesspiegel 2007[40] sowie Karriere.de 2011[41]). Dabei gilt es jedoch zu beachten, dass eine Adoption personalpolitischer Instrumente durch fremde Wirtschaftsräume – wenn überhaupt – nur bei ausreichender Adaption an nationale Rahmenbedingungen gelingen kann:

> Karrieremodelle sind immer integraler Bestandteil eines Komplexes von sozioökonomischen Systemen. Sie sind verzahnt mit Bildungs- und Ausbildungskonzepten, mit Arbeitsmarktstrukturen, mit der Organisation der Güterproduktion, mit Tarifsystemen, mit Wertemustern, mit Rentensystemen und anderen Bereichen. Ein selektives Herauslösen einzelner Komponenten und deren Übertragung in andere Unternehmen oder gar Länder kann nie zu denselben Wirkungsweisen führen wie im Ursprungskontext. (Ernst 1995: 126)

Und dennoch gilt zu bedenken, dass trotz aller Differenzen gewisse Aspekte der Beschäftigungswelt nicht so große Unterschiede aufweisen, wie es die geografische Distanz zwischen Japan und Deutschland vermuten lässt. Dies führt unweigerlich zu der Frage: „Warum engagieren sich unsere Unternehmen, die ja eh de facto auch vielfach Dauerbeschäftigung praktizieren, nicht [engagierter] für die Nutzung ehemaliger

---

38 http://csr-asia.com/weekly_news_detail.php?id=7092, letzter Abruf: 9.3.2017.
39 https://www.ntuc.org.sg/wps/wcm/connect/bb9808804667aa609338f7612a6ee632/ NTUC+Reemployment+Guide+2010.pdf?MOD=AJPERES&CACHEID=bb9808804667aa609338f7612a6 ee632, letzter Abruf: 9.3.2017.
40 http://www.tagesspiegel.de/wirtschaft/japan-rentner-wollen-von-der-arbeit-nicht-lassen/1017662.html, letzter Abruf: 9.3.2017.
41 http://www.karriere.de/karriere/fit-und-fleissig-bis-ins-hohe-alter-10452/, letzter Abruf: 9.3.2017.

Mitarbeiter?" (Ernst 1995: 129). So erscheint eine kongruente Übertragung betrieblicher Beschäftigungsfortsetzung einerseits als ungangbarer Weg: „Aufgrund der spezifischen Charakteristika des japanischen Beschäftigungssystems erscheint eine Übertragung auf deutsche Verhältnisse nur sehr eingeschränkt sinnvoll und möglich. [...] Eine solche Maßnahme dürfte, abgesehen von erheblichen juristischen Problemen, auch kaum im Konsens der deutschen Tarifpartner zustande zu bringen sein" (Conrad 2009: 137)[42]. Und dennoch sollte nicht kategorisch ausgeschlossen werden, dass der Blick nach Japan nicht auch die deutsche Suche nach Mitteln und Wege zur Stärkung von Alterserwerbsarbeit bereichern kann: „Japan appears to be a special case. For some, Japan has a distinct, perhaps unique, culture that means that there is little transferability of its experiences or practices. For others, especially those interested in 'bridge jobs', it is a case from which others can learn" (Casey 2005: 13)[43].

7.3.2 Lohnt ein Blick nach Japan?

Zwar stellt die Adoption des japanischen Fortbeschäftigungskonzepts durch den deutschen Wirtschaftsraum keine wirklich gangbare Option zur auch hierzulande notwendigen Verlängerung von Lebensarbeitszeit dar. Und dennoch scheinen sich übergeordnete Ableitungen aus den beschriebenen japanischen Verhältnissen zu ergeben, die auch der deutschen Öffentlichkeit beim Bemühen um eine robuste Erwerbsarbeit im Alter als Anregung dienen könnten: „Schließlich ist Japan unter den Industrieländern das Paradebeispiel für Erwerbstätigkeit bis ins höhere Alter, und es sieht so aus, dass ein guter Teil der hiervon betroffenen Personen diese Option durchaus selbst gewählt hat" (Ernst 1995: 127). So sollte es etwa nicht dem Interesse der deutschen Wirtschaft entgehen, dass in Japan ein Personalinstrument existiert, das eine innerbetriebliche Fortsetzung der Erwerbsbiografie oberhalb klassischer Altersgrenzen der Beschäftigung ermöglicht. Besonders beachtenswert erscheint dabei, dass dieses Verfahren mit einer Vielzahl an Unternehmensvorteilen verbunden wird und gleichzeitig im Optimalfall eine betriebliche Institutionalisierung der Gedanken von second-career, gradual retirement oder work-life-balance verkörpert. Konzepte, die zur Stärkung ökonomischer Teilhabe im Alter als wirksam erachtet werden, jedoch nicht nur innerhalb der deutschen Beschäftigungslandschaft bislang keine tiefgehende Bewusstseinsverankerung aufzuweisen scheinen. Dies gilt jedoch nicht nur für Arbeitgeber. So mag die deutsche Öffentlichkeit mit demselben Interesse zur Kenntnis nehmen, dass es für ältere Beschäftigte in Japan nicht per se unzumut-

---

42 http://www.leopoldina.org/uploads/tx_leopublication/NAL365_Bd_3_001-158.pdf, letzter Abruf: 9.3.2017.
43 https://www.genevaassociation.org/media/243519/ga2005_gp30(4)_casey.pdf, letzter Abruf: 9.3.2017.

bar erscheint, gegen Ende der Erwerbsbiografie einen Wandel von Merkmalen der Arbeit oder Beschäftigung in Kauf zu nehmen, um Erwerbsinteressen weiterhin auszuleben (vgl. Ernst 1995: 127). Und dies trotz senioritätsgeprägter Gesellschaftsstrukturen, weshalb auch in Japan dieser Prozess freilich nicht konfliktfrei verläuft. Trotzdem könnte die Betrachtung Japans dazu genutzt werden, einem wandelnden Profil der Erwerbsbiografie offener zu begegnen. So sind Karrieren zunehmend weniger als Synonym für einen linearen Aufstiegsprozess zu verstehen. Doch während dieser Prozess zunächst bedrohlich klingt, lassen sich hieraus auch neue Freiheiten für die Karrieregestaltung oder die Vereinbarung von Beruf und Familie ableiten.

Doch nicht nur positive Beschreibungen des japanischen Kontexts sollten die deutsche Aufmerksamkeit hervorrufen. Auch aus fragwürdigen Zuständen und Problemen, die Japan als demografischer Vorreiter bei der Verlängerung von Lebensarbeitszeit begegnet, mögen entsprechende Lehren für den deutschen Raum bereithalten. So sollte zugleich sensibel verfolgt werden, welch umfassende Schwierigkeiten die japanische Unternehmenswelt bei der Einrichtung altersneutraler Beschäftigungsstrukturen begegnet und wie langwierig sich der notwendige Wandel von Organisationsstrukturen und Unternehmenskulturen entsprechend vollzieht. Dies gilt, zumal die deutsche Beschäftigungslandschaft etwa in Form der Verbreitung von Langzeitbeschäftigung und Senioritätseinflüssen bei der Gehaltsgestaltung über gewisse Charakteristika verfügt, die sich gar nicht so weit entfernt von japanischen Gegebenheiten befinden, wie es die geografische Distanz beider Länder vermuten lässt. Zudem geben die japanischen Verhältnisse zu erkennen, dass ein Florieren von Arbeitsmarkt und Sozialwesen in Zeiten des demografischen Wandels durch eine Fragmentierung von Beschäftigungsstrukturen und Arbeitsmarktpolitik langfristig wohl kaum erleichtert wird. Stattdessen bedarf es hierzu einer Beschaffenheit von internen wie externen Arbeitsmärkten, die neutrale Beschäftigungschancen unabhängig von Alter, Geschlecht oder Herkunft garantiert und keine zu großen Disparitäten zwischen verschiedenen Anstellungsgruppen zulässt, was es mittels der politischen Flankierung von (Alters-)Erwerbsarbeit effektiv durchzusetzen gilt. Auch diese aus dem japanischen Kontext abzuleitende Erkenntnis erscheint nicht nur angesichts verwandter demografischer Tendenzen für deutsche Verhältnisse beachtenswert. Denn auch hierzulande muss nach wie vor von einer Beschäftigungslandschaft ausgegangen werden, die ungleich verteilte Chancen von Anstellung, Beschäftigung, Qualifikationserwerb oder sozialen Absicherung in Abhängigkeit von Alter, Geschlecht oder Anstellungsformat bereithält.

So kann die Betrachtung Japans gewisse Lehren für Wirtschaft, Gesellschaft und Politik bereithalten, was die Ausweitung von Lebensarbeitszeit sowie das Durchbrechen künstlicher Beschränkungen der Arbeitswelt betrifft: „As other industrialized nations [...] are experiencing demographic shifts, the japanese case will serve as a useful model for some, and as an important lesson for all" (Peng 2008: 1045). Sicherlich liefert Japan keine universalen Blaupausen zur Errichtung demografierobuster Strukturen von Wirtschaft und Gesellschaft. Und dennoch mag die deutsche Öffentlichkeit gut daran tun, die Andersartigkeit politischer, wirtschaftlicher wie gesellschaftlicher Strukturen in Japan zur Öffnung eigener Denkens- und Handlungshorizonte in Betracht zu nehmen, um praktikable Wege zur Verlängerung von Lebensarbeitzeit zu erschließen, die sämtlichen Sozialpartnern in gleichem Maße zur Gute kommt. Genau so wenig sollte jedoch auch Japan nicht das Versäumnis unterlaufen, sich der Betrachtung von Auseinandersetzungen mit demografischen Herausforderungen und deren Bewältigungsversuchen in fremden Wirtschafts- und Kulturräumen zu verschließen. Denn wohl nicht nur bezüglich einer demografierobusten Arbeitswelt von morgen gilt vor dem Hintergrund zunehmender Globalisierungstendenzen: „If there is something to be learnt; it will be learnt by all countries together" (Casey 2005: 13).

8 Schlussbetrachtung

Unzweifelhaft ist der demografische Wandel mit komplexen Herausforderungen für betroffene Wirtschaftsräume und Wohlfahrtsstaaten verbunden. Allerdings werden zunehmend auch die Chancen erkannt, die mit dem Bevölkerungswandel in Verbindung zu bringen sind. Zwar ist ein Schrumpfen der japanischen Bevölkerung unausweichlich, wie auch ein Anstieg der Altersstruktur kein substanzielles Gegenmittel kennt. Dass diese Prozesse dennoch nicht per se als negativ bewertet werden sollten, offenbart der gerontologische Diskurs. Denn dieser registriert, dass der demografische Wandel auch eine Veränderung des menschlichen Alterns an sich bewirkt. So gilt es nicht nur einen bloßen Anstieg der Lebenserwartung zu konstatieren, der die soziale Sicherung unter großen Finanzierungsdruck setzt. Ebenso muss das Wachstum an Lebenszeit in Gesundheit wahrgenommen werden, welches die Chancen einer alternden Bevölkerung offenbart und ein Ergrauen der Gesellschaft auch im Zusammenhang mit gewinnbringenden Möglichkeiten interpretieren lässt. Denn die Zunahme an aktiver Lebenszeit offeriert nicht nur wachsende Handlungsspielräume für die ökonomische und soziale Teilhabe im Alter. Sie kann zugleich die Grundlage einer alternativen Lebensverlaufsstruktur bilden, in dem die Verlängerung von Erwerbsarbeit im Alter die Voraussetzung zu einer Entzerrung von simultanen Belastungen familiärer und beruflicher Ambitionen in der Lebensmitte darstellt. Dies mag gleichermaßen umgekehrt gelten, wie die Verlängerung von Lebensarbeitszeit im Umfeld zunehmend verdichteter Erwerbsbiografien umso schwieriger zu realisieren scheint. Der Gewinn an gesunder Lebenserwartung bietet also nicht nur das Potential, eine wachsende Altersspanne mit Lebensinhalten zu füllen, anstatt die gesellschaftliche Teilhabe mittels Arbeit durch künstliche Altersgrenzen kategorisch zu beschränken. Er kann auch zu einer umfassenden Harmonisierung privater und beruflicher Ziele im Lebensverlauf genutzt werden und beide dieser Hoffnungen scheinen zur erfolgreichen Verwirklichung aufeinander angewiesen. Herausforderungen aber auch Chancen sind demnach mit dem demografischen Wandel verbunden. Ein goldener Pfad zur entsprechenden Ausrichtung gesellschaftlicher, wirtschaftlicher wie politischer Strukturen ist bislang jedoch nicht gefunden. Dies gilt auch für Japan, wo das Konzept der betrieblichen Beschäftigungsfortsetzung einen fundamentalen Beitrag zur Sicherung von Beschäftigungsmöglichkeiten im Alter leistet. Trotz dieses Erfolgs ist die Diskussion um Beschäftigungsfortsetzung jedoch nicht ohne ein kritisches Hinterfragen der mit diesem personalpolitischen Instrument verbundenen sozialen, makro- und mikroökonomischen Implikationen zu führen. Dies verdeutlicht hiesiger Beitrag, der in Form einer Retrospektive der leitenden Untersuchungsfragen und hiermit einhergehender Erkenntnisse anhand dieser Schlussbetrachtung zum Ende gelangt.

Eine Auseinandersetzung mit der herkömmlichen Praxis von Beschäftigungsfortsetzung kann nicht ohne Verweis auf spezielle Charakteristika der japanischen Beschäftigungslandschaft als fundamentale Verständnisgrundlage geschehen. Als

DOI 10.1515/9783110528459-008

solche ist die verbreitete Anwendung eines betrieblichen Rentenalters anzusehen, das eng mit dem System lebenslanger Beschäftigung und den hierbei angewandten Senioritätslöhnen verbunden ist. Diese zeigen sich trotz Aufweichungstendenzen bis in die heutige Zeit hinein etabliert und bedürfen einen Zeitpunkt, zu dem das Versprechen einer stetig steigenden Kompensation der Arbeitsleistung erlischt. Gewährleistet werden muss somit nicht die Aufrechterhaltung einer anwachsenden Vergütung über einen a priori fixierten Termin hinaus, ab dem eine wachsende Differenz zwischen Entlohnung und Produktivitätsniveau nicht mehr durch die Einbehaltung von Gehaltskomponenten zu Beginn der Beschäftigung gedeckt ist. Eine solche Gehaltsstruktur fungiert als Instrument zur langfristigen Anreizgestaltung, wie hierdurch das Risiko individueller Leistungszurückhaltung ohne den Einsatz exorbitanter Kontroll- und Kontrahierungskosten minimiert werden kann. Doch auch durch ein mit der Betriebszugehörigkeit steigendes Qualifikationsniveau und dem hiermit einhergehenden Wachstum an Arbeitsproduktivität lassen sich senioritätsgeprägte Gehaltsstrukturen begründen. Somit stellt eine an der Beschäftigungsdauer orientierte Vergütung auch in anderen Wirtschaftsräumen keine Unbekannte dar. Als japanische Besonderheit erweist sich daher insbesondere der in historischer Duplizität derzeit bestehende Zustand, dass die Höhe des betrieblichen Rentenalters – rechtlich konform – nicht mit der gesetzlichen Regelaltersgrenze der öffentlichen Rentenversicherung in Übereinstimmung liegen muss. So steigt derzeit die gesetzliche Regelaltersgrenze von 60 auf 65 Jahre schrittweise an. Dennoch gestattet auch die jüngste Reform des *employment stabilization law* ein betriebliches Rentenalter von 60 Jahren als Untergrenze. Wer aufgrund des Erreichens des betrieblichen Rentenalters die Beschäftigung verliert, sieht sich somit einer ernsthaften ökonomischen Versorgungslücke gegenüber. Denn auch der japanische Arbeitsmarkt hält lukrative Beschäftigungsalternativen für Ältere nicht in Fülle bereit.

Dies sind die für ungeübte Betrachter der japanischen Beschäftigungslandschaft ungewohnten Verhältnisse, die den Boden für die Anwendung von Beschäftigungsfortsetzung bereiten. Aus dieser Perspektive mag gefragt werden, warum das betriebliche Rentenalter nicht de jure auf parallele Grenzen zum steigenden öffentlichen Renteneintrittsalter angehoben wird? Allerdings ist die An- oder Aufhebung des betrieblichen Rentenalters aufgrund der komplexen Verzahnung mit sonstigen Elementen des Personalwesens mit etlichen Schwierigkeiten verbunden. Daher zeigt sich die japanische Politik in einem ohnehin volatilen Umfeld der japanischen Volkswirtschaft bemüht, Unternehmen in Gestalt einer raschen Verpflichtung zur An- oder Aufhebung der betrieblichen Altersgrenze keine zusätzlichen Bürden aufzuerlegen. Denn auch in Japan wird ein stabiles Wirtschaftswachstum als konstituierendes Element zur Schaffung von Beschäftigung (im Alter) und der hierdurch angestrebten Entlastung des Sozialapparats aufgefasst. So erweist sich insbesondere die Reform senioritätsgeprägter Gehaltsstrukturen als komplizierter Vorgang, der jedoch eine zwingende Voraussetzung zur innerbetrieblichen Verlängerung von Erwerbsbiografien bildet. Dabei stoßen japanische Unternehmen etwa auf Probleme im Zusammenhang der Implementierung von Bemessungsstandards als Grundlage einer Stärkung leistungsbasierter Gehaltskomponenten. Eine zweite Strategie zur Adaption traditioneller Gehaltsfindung an eine verlängerte Beschäftigungsdauer liegt in Form der Abflachung langzeitlicher Gehaltsprofile vor. Jedoch besteht hierbei wiederum die Schwierigkeit, negative Auswirkungen auf Leistungsanreize zu vermeiden. So sehen sich jüngere Beschäftige dadurch der traditionellen *Selbstverständlichkeit* eines senioritätsgeprägten Automatismus bei der Gestaltung von Vergütungsregeln beraubt. Doch auch Karrierestrukturen bedürfen einer Anpassung an höhere betriebliche Rentenalter. Hierbei liegt die Aufgabe darin, eine Blockade von Aufstiegspfaden für nachrückende Beschäftigungsgenerationen zu vermeiden, was japanische Unternehmen etwa mittels einer Trennung von Titeln und Kompetenzen sicherzustellen suchen. Entsprechend dieser Fülle an Herausforderungen begegnen betriebliche und politische Entscheidungsträger in Japan einer gesetzlichen An- oder Aufhebung des betrieblichen Rentenalters derzeit noch mit erheblichen Vorbehalten.

Unter diesen Vorzeichen ist mit der Beschäftigungsfortsetzung gemäß herkömmlicher Ausprägung kein Mechanismus zu assoziieren, bei dem eine Verlängerung der Erwerbsbiografie unter Beibehaltung jener Beschäftigungsbedingungen erfolgt, wie sie bis zum Erreichen des betrieblichen Rentenalters die Anstellung definieren. Dies mag als grundlegendster Befund aufgenommen werden. Denn diese Arbeit widmet sich der Beschäftigungsfortsetzung etwa anhand der Untersuchungsfrage, mittels welchem Strukturrahmen dieses Instrument mit dem Bemühen zur Anwendung kommt, Anstellungen über den einstmals vereinbarten Zeitpunkt des Unternehmensaustritts hinaus aufrecht zu erhalten. Dabei verifiziert diese Studie trotz spezieller Ausrichtung auf KMU des verarbeitenden Gewerbes den Forschungsstand hinsichtlich der für die Ausprägung des Strukturrahmens von MBB grundlegenden Verhältnisse. So ist innerhalb der auf gesetzlicher Grundlage bestehenden Fortbeschäftigungsalternativen, die An- oder Aufhebung des betrieblichen Rentenalters nur bei einem marginalen Unternehmensanteil vollzogen. Stattdessen kommen mit deutlicher Bevorzugung Fortbeschäftigungssysteme zur Anwendung, wobei jedoch erneut markante Differenzen zu Tage treten. Denn das Beschäftigungsverlängerungssystem (das die Fortführung der Anstellung unter zumeist gleichbleibenden Konditionen von Arbeit und Beschäftigung gewährleistet, dem Unternehmen jedoch im Gegensatz zu einer An- oder Aufhebung des betrieblichen Rentenalters den Vorteil bietet, die Beschäftigungsverlängerung unter ursprünglichen Bedingungen nicht sämtlichen Mitarbeitern garantieren zu müssen) stellt gemäß hiesiger Untersuchungsresultate ebenfalls eher eine Randerscheinung der aktuellen Praxis von MBB dar. So ist es das Wiederbeschäftigungssystem, das in überwältigender Unternehmensmehrheit zur Anwendung kommt und somit im Einklang zum Forschungsstand als herkömmliche Variante der Beschäftigungsfortsetzung identifiziert wird.

Mit Blick auf den übrigen Strukturrahmen der Beschäftigungsfortsetzung wird deutlich, dass weitreichende Gestaltungsfreiräume, die das Wiederbeschäftigungssystem gestattet, die unternehmensseitige Attraktivität dieser Fortbeschäftigungsvariante begründet. Dieser Flexibilitätsvorteil entfacht sich bislang bereits an der Möglichkeit zur Durchführung von Selektionsverfahren. So gewähren diese nur jenen Angestellten den Eintritt in Beschäftigungsfortsetzung, welche die betriebsspezifischen Auswahlkriterien erfüllen. Hieraus ergibt sich der betriebliche Vorteil einer Absicherung gegenüber altersbedingten Einbußen an Arbeitsproduktivität, wie nach relativ freiem Ermessen des Unternehmens beurteilt. So steht der Zutritt in Wiederbeschäftigung also nur solchen Beschäftigten offen, bei denen die Rentabilität des Fortbeschäftigungsverhältnisses antizipiert wird, was hypothesengemäß als grundlegendste nachfrageseitige Voraussetzung zur innerbetrieblichen Verlängerung der Erwerbsbiografie betrachtet wird. Eine zukünftig ausgeräumte rechtliche Grauzone, sieht die Revision des *employment stabilization law* aus dem Jahre 2004 solche Selektionsverfahren vor, während jedoch die Garantie zur Beschäftigungsfortsetzung als prinzipiell für sämtliche Aspiranten geltend formuliert wird. Die Gestattung von Auswahlverfahren leistet somit einer Hintergehung der eigentlichen Intention des japanischen Gesetzgebers Vorschub. Zwar bestehen explizite Vorgaben für die betriebsspezifische Anwendung von Auswahlkriterien. Mangelhaft erscheinende Mechanismen der Kontrolle, Kontrahierung oder Sanktionierung lassen jedoch die Möglichkeit eines opportunistischen Verhaltensspielraums auf Seiten der Unternehmen entstehen. Dies gilt, wenngleich auch diese Untersuchung anhand der Analyse von Selektionsraten attestiert, dass die Unternehmensmehrheit dazu tendiert, den Großteil an Bewerbern auch tatsächlich in Wiederbeschäftigung zu überführen.

Die Möglichkeiten zur flexiblen Gestaltung des Wiederbeschäftigungssystems setzen sich auch im Falle der Übernahme des Angestellten in dieses Modell fort. Denn im Gegensatz zu alternativen Fortbeschäftigungsmaßnahmen wird mit Eintritt in Wiederbeschäftigung ein neuer Arbeitsvertrag geschlossen. Dies ermöglicht die Neuvereinbarung von Parametern der Arbeit und Beschäftigung, vorrangig angepasst an veränderte Unternehmensvoraussetzungen zur Verlängerung der Betriebszugehörigkeit. Vergleichsweise selten wird dieser Freiraum in Anspruch genommen, was die Einrichtung von Arbeitsinhalt und Beschäftigungsform betrifft. So weisen auch die Ergebnisse dieser Untersuchung darauf hin, dass die überwiegende Mehrheit an Unternehmen eine Fortführung ursprünglicher Tätigkeiten unter Beibehaltung von Vollzeitbeschäftigung durchführt. Bemerkbar macht sich der Eintritt in Wiederbeschäftigung für Unternehmen wie Fortbeschäftigte daher vor allem, was die Abwandlung von Beschäftigungskonditionen in Bezug auf Anstellungsformen, kurzfristige Vertragslaufzeiten sowie die Gehaltsbemessung betrifft. So verifizieren hiesige Untersuchungsresultate den Forschungsstand weiterhin hinsichtlich der Praxis, dass ein überwiegender Unternehmensanteil bei Eintritt in Wiederbeschäftigung eine bis dato existierende reguläre Festanstellung in nicht reguläre Anstellungsformen abwandelt. Hiermit zeigt sich eine Begrenzung der Vertragslaufzeit verbunden, wie Resultate dieser Untersuchung ferner aufzeigen, dass eine deutliche Unternehmensmehrheit die Gültigkeit des Arbeitsvertrags in Form einjähriger Kontraktlaufzeiten beschränkt. Kreiert wird somit die Möglichkeit, das Wiederbeschäftigungsverhältnis vergleichsweise kurzfristig bei Veränderung individueller Beschäftigungsvoraussetzungen aber de facto auch vor dem Hintergrund konjunktureller wie struktureller Vorzeichen des Unternehmens beenden zu können. Zusätzlich erfolgt gemäß gängiger Praktiken eine Absenkung des Gehaltsniveaus im Vergleich zum Zeitpunkt vor Erreichen des betrieblichen Rentenalters. So verdeutlichen die Untersuchungsresultate zudem, dass sich eine Gehaltsreduktion auf 50 bis 69 % des ursprünglichen Niveaus als herkömmliche Kompensationsgestaltung im Rahmen der Wiederbeschäftigung präsentiert.

Entsprechend sei resümiert, dass die unternehmensseitige Motivation zur Wiederbeschäftigung auf klar erkennbaren Vorzügen basiert. So ermöglicht die Durchführung von Selektionsverfahren das gezielte Aussondern von Anwerbern, deren Beschäftigungsverlängerung nicht den unternehmerischen Interessen entspricht. Gewährt die Fortführung ursprünglicher Arbeitsinhalte eine Weiternutzung betriebsspezifischer Expertisen, kann diese jedoch zu reduzierten Personalkosten in Anspruch genommen werden. Dies geschieht, während die Befristung von Arbeitsverträgen den zusätzlichen Vorteil generiert, Fortbeschäftigungsverhältnisse im Falle veränderter Beschäftigungsvoraussetzungen nicht langfristig aufrechterhalten zu müssen. Eine entsprechende Bilanzierung nachfrageseitiger Vorteile lässt sich im Einklang zu hiesigen Forschungsresultaten zur unternehmensperspektivischen Motivation von MBB lesen. Demnach treten Erhalt und Tradierung von betriebsspezifischen Qualifikationen als ausschlaggebende, wenngleich nicht exklusive Motive hervor. Denn ferner zeigt sich etwa auch die Kompensation eines Mangels nachrückender Beschäftigungsgenerationen als prominentes Motiv zur Durchführung der Beschäftigungsfortsetzung, welches insbesondere in Hinblick auf Unternehmen kleiner und mittlerer Größe Bedeutung erlangt. Entsprechend zur ex ante formulierten Hypothese wird somit deutlich, dass die Existenz betrieblicher Beschäftigungsfortsetzung in Japan nicht alleine auf gesetzlichen Vorschriften basiert, sondern in nicht minder relevantem Maße mit betrieblichen Vorteilen in Verbindung zu bringen ist. Ferner scheinen auch die Befunde zur nachfrageseitigen Evaluation von MBB im Einklang zu bislang rekapitulierten Resultaten und der entsprechenden Hypothesenbildung zu deuten. So wird eine überwiegend vorteilhafte Beurteilung der Beschäftigungsfortsetzung erkennbar, wie etwa eine deutliche Mehrheit an Betrieben einen positiven bis sehr positiven Beitrag zur Unternehmensrentabilität bilanziert. Zudem mag als Indikator einer nachfrageseitigen Positivbeurteilung dieses personalpolitischen Mittels dienen, dass ein Gros an Unternehmen keinen Abbau der Anzahl an Fortbeschäftigten vornehmen würde, selbst wenn die gesetzliche Regulierung der Beschäftigungsfortsetzung komplett entfiele. Somit scheinen hiesige Untersuchungsergebnisse als Verifikation der erhobenen Hypothesen zur Gestaltung des Strukturrahmens von MBB sowie der nachfrageseitigen Motivation und Evaluation der Beschäftigungsfortsetzung in Anspruch genommen werden zu können.

Die Betrachtung der Angebotsperspektive gibt wiederum zu erkennen, dass die Motivation zur Verlängerung der Erwerbsbiografie durch finanzielle Anreize dominiert scheint. Zwar tritt das Ausleben persönlicher Fähigkeiten als wichtige Triebfeder hervor, womit auch intrinsischen Motiven ihre Relevanz nicht abzusprechen ist. Beweggründe für Beschäftigungsfortsetzung, die das ökonomische Erwerbsinteresse repräsentieren, erreichen aber die höchsten Zustimmungsraten. Allerdings sieht die knappe Mehrheit an untersuchten Fortbeschäftigten das persönliche Motivationsspektrum eines verlängerten Erwerbslebens nicht im Rahmen der Beschäftigungsfortsetzung erfüllt und zeigt sich mit den vorliegenden Bedingungen unzufrieden. Eine mangelnde Übereinstimmung zwischen den Vorstellungen von Arbeitgebern und Arbeitnehmern bei der Einrichtung von Fortbeschäftigungsverhältnissen ist somit anzunehmen. So führt die Anwendung von Selektionsverfahren zu unsicheren Erwartungshorizonten der persönlichen Fortbeschäftigungsperspektiven, die im Lichte individueller Präferenzen nach langfristiger Planungsstabilität als nachteilig empfunden werden. Dies gilt, zumal sich die Klärung dieser Ungewissheiten in der Regel erst knapp vor Erreichen des betrieblichen Rentenalters einstellt. Mit dieser Thematik eng verbunden: Knapp jeder vierte Fortbeschäftigte wünscht sich eine Verlängerung des Erwerbslebens als Festangestellter. Tatsächlich liegt eine reguläre Anstellungsform jedoch nur bei rund jedem zehnten Fortbeschäftigungsverhältnis vor. Und während weit über zwei Drittel der Fortbeschäftigten eine Vertragsdauer von bis zu einem Jahr besitzt, entspricht dies lediglich bei einem guten Drittel den persönlichen Idealvorstellungen, die deutlich zu längeren oder nicht beschränkten Vertragslaufzeiten tendieren. Ferner geht die Mehrheit an Fortbeschäftigten einer Vollzeitbeschäftigung nach, hegt jedoch den Wunsch nach zeitlicher Arbeitsentlastung und benennt Beschäftigungsformen mit reduzierten oder flexiblen Arbeitsstunden als Bevorzugung. Und nicht zuletzt akzeptiert die Mehrheit der Fortbeschäftigten zwar eine Gehaltsreduktion bei Überschreiten des betrieblichen Rentenalters grundsätzlich. Während Fortbeschäftigungsverhältnisse aber üblicherweise durch eine Absenkung des Gehalts auf unter 70 % der ursprünglichen Summe gekennzeichnet sind, spricht sich die Mehrheit an Fortbeschäftigten jedoch für ein Gehalt oberhalb dieses Niveaus aus.

Diese Befunde erhärten die Vermutung, dass die herkömmliche Praxis der Beschäftigungsfortsetzung eine hinreichende Übereinstimmung zwischen arbeitgeber- und arbeitnehmerseitigen Erwartungen vermissen lässt. Ein solches *mismatch* scheint sich insbesondere anhand einer als unzureichend empfundenen Beschäftigungsstabilität und finanziellen Kompensation des Arbeitseinsatzes sowie dem unerfüllten Bedürfnis nach einer Verringerung der zeitlichen Arbeitsintensität zu entfachen. Faktoren, die zu einer Schwächung der angebotsseitigen Attraktivität des gängigen Fortbeschäftigungskonzepts führen, was sich gleichermaßen als soziales, mikro- wie makroökonomisches Problem erweist. So mag sich hierdurch die Anzahl an Personen verringern, die sich im Gegensatz zur Beschäftigungsfortsetzung für einen Rückzug vom Arbeitsmarkt entscheiden. Allerdings muss aus diesen Kontrasten nicht zwangsläufig eine Unzufriedenheit mit den vorliegenden Beschäftigungsbedingungen resultieren. Denn trotz dieser Differenzen zeigt sich eine Mehrheit an Fortbeschäftigten mit der Gestaltung von Arbeitsinhalt, Vertragslaufzeit, Anstellungs- und Beschäftigungsform tendenziell zufrieden. Entsprechend der überwiegend durch finanzielle Erwerbsinteressen geprägten Motive zum Eintritt in Beschäftigungsfortsetzung, stellt sich die Gehaltsgestaltung jedoch als sensibelster Beschäftigungsindikator dar. Denn zeigt sich nur in diesem Punkte eine Mehrheit an Fortbeschäftigten unbefriedigt, tendiert dennoch auch die Gesamtzufriedenheit mit den vorliegenden Fortbeschäftigungsbedingungen zu einer negativen Beurteilung. Wird die Akzeptanz der gebotenen Konditionen von Arbeit und Beschäftigung angebotsseitig gemäß Hypothese als entscheidende Determinante zum Eingehen von Anstellungsverhältnissen definiert, scheint diese zumindest bei vordergründiger Betrachtung also nicht vorzuliegen. Jedoch handelt es sich bei der Akzeptanz um ein Verhältnis, welches aus der Menge an Handlungsoptionen resultiert. Bewerten über 90 % der Fortbeschäftigten ihre Erwerbsalternativen als gering, stellt sich die Akzeptanz der Fortbeschäftigungsverhältnisse also über den Umweg eines externen Arbeitsmarkts her, der auch in Japan durch mangelnde Beschäftigungschancen im Alter charakterisiert werden muss.

Durch welche organisatorischen Merkmale zeichnet sich die Beschäftigungsfortsetzung aus? Was für nachfrage- wie angebotsseitige Interessen können diesem Instrument zugrunde gelegt werden und zu welchem Urteil gelangen Unternehmen und Beschäftigte, was den Erfolg dieses Mittels zu Verlängerung der Erwerbsarbeit betrifft? Dies sind die Untersuchungsfragen, deren Klärung sich diese Arbeit vorrangig verschreibt und deren Resümee im Zentrum hiesiger Schlussbetrachtung steht. Einerseits taugen die hierbei erbrachten Erkenntnisse zur Verifikation des Forschungsstands. So erweist es sich auch in speziellem Bezug auf kleine und mittlere Unternehmen des verarbeitenden Gewerbes als gängige Praxis, dass Maßnahmen zur Beschäftigungsfortsetzung primär in spezieller Form der Wiederbeschäftigung angeboten werden. Hierbei erfolgt überwiegend eine Beibehaltung von Arbeitsinhalten in Vollzeit, während eine Abwandlung von Beschäftigungskonditionen in Hinblick auf Anstellungsform, Vertragslaufzeit oder Gehaltsniveau ebenso als üblich konstatiert werden kann. Andererseits weisen hiesige Untersuchungsresultate jedoch markante Varianzen gegenüber Vergleichsstudien auf, die als Konsequenz des speziellen Zuschnitts dieser Arbeit zu interpretieren sind. So identifizieren bivariate Analysen, dass Unternehmen mit steigendem Beschäftigungsumfang zur Wahl der Wiederbeschäftigung tendieren, während alternative Fortbeschäftigungsmaßnahmen umso häufiger zur Anwendung kommen, je geringer die Betriebsgröße. Präsentiert sich die Wahl des Fortbeschäftigungsverfahrens als maßgebliche Stellgröße für die Gestaltung der Beschäftigungsfortsetzung, weisen auch sonstige Parameter des Strukturrahmens signifikante Korrelationen in Abhängigkeit der Unternehmensgröße auf. So treten auch die Anwendung von Kontraktarbeit, maximal einjähriger Vertragslaufzeiten sowie einer minimalen Gehaltsreduktion von 30 % als dominante Gestaltungsmerkmale umso prägnanter in Erscheinung, je größer das Unternehmen. Umgekehrt weisen Betriebe bei diesen Faktoren mit sinkender Beschäftigungsgröße eine steigende Diversität auf, wie sich das geringere Ausmaß der jeweiligen Modalwerte auf sonstige Ausprägungen der Beschäftigungsindikatoren verteilt.

Identifiziert diese Untersuchung deutliche Zusammenhangstendenzen zwischen der betriebsspezifischen Ausgestaltung von Beschräftigungsfortsetzung und der Größenordnung von Unternehmen, werden diese auf unterschiedliche Motivlagen zurückgeführt, die sich ihrerseits primär anhand der Betriebsgröße differenzieren lassen. Denn je geringer der Beschäftigungsumfang, desto stärker die Überalterung der Belegschaft, was sich gemäß hiesiger Resultate auch anhand eines steigenden Anteils an Fortbeschäftigten kristallisiert. Erkennbar wird somit eine mit sinkender Beschäftigungsgröße steigende Abhängigkeit von Altersbeschäftigung. Neben allgemeinen demografischen Vorzeichen trägt hierzu auch die schwächere Wettbewerbssituation beim Anwerben junger Arbeitssuchender bei. Zwar bildet die Tradierung betriebsspezifischer Qualifikationen ein den unterschiedlichen Unternehmensgrößen gemeines Zentralmotiv zur Durchführung von Beschäftigungsfortsetzung. Jedoch ist auf dieser Grundlage davon auszugehen, dass der pure Erhalt von Arbeitskraft angesichts mangelnder Arbeitsmarktressourcen ein umso präsenteres Kernanliegen zur Inanspruchnahme von Fortbeschäftigten darstellt, je geringer die Betriebsgröße. Stehen Unternehmen mit steigender Größenordnung nach wie vor junge Anstellungsanwärter in ausreichendem Maße zur Verfügung, mögen diese Unternehmen die gesetzliche Regulierung von Altersbeschäftigung in stärkerem Maße als Restriktion ihrer unternehmerischen Freiheit wahrnehmen, wie jeder Betrieb ein natürliches Interesse an einer gesunden Balance der betrieblichen Altersstruktur besitzt. Und dennoch scheinen auch diese Unternehmen Vorteile mit der Beschäftigungsfortsetzung in Verbindung zu bringen, die aus der Nutzung der Arbeitskraft Älterer und ihrer Qualifikationen zu reduzierten Lohnkosten und bei flexibilisierten Anstellungskonditionen resultieren. Anreize zur Beschäftigungsfortsetzung, die sich aufgrund des flexiblen Strukturrahmens vornehmlich im Rahmen der Wiederbeschäftigung realisieren lassen. So wird als weiteres betriebsgrößenabhängiges Differenzierungsmerkmal Unternehmen mit steigender Größenordnung ein wachsender Kostensenkungsdruck zugesprochen, der sich neben Differenzen im Wettbewerb auf Absatz- und Kapitalmärkten, insbesondere als Konsequenz einer akzentuierteren Anwendung senioritätsorientierter Gehaltsstrukturen ableiten lässt. Differenzen wie diese begründen, warum das Wiederbeschäftigungssystem und seine üblichen Gestaltungsmerkmale mit steigender Unternehmensgröße wachsenden Zuspruch finden.

Dieses Verständnis wird durch die Typologisierung der Funktionsweise von Beschäftigungsfortsetzung repräsentiert. So basiert diese auf der Interpretation, dass die Betriebsgröße sowie hiermit korrespondierende Unternehmensmerkmale, die Motive zur Anwendung von Fortbeschäftigungsmaßnahmen determinieren, auf deren Grundlage wiederum die betriebsspezifische Gestaltung dieses Instruments erfolgt. Und angesichts des Gestaltungsfreiraums, den der Gesetzesrahmen hierbei gestattet, bildet der spezifische Strukturrahmen wiederum die Evaluationsgrundlage. Diese Auffassung reflektierend, wird die Funktionsweise der Beschäftigungsfortsetzung als Resultat eines primär der Unternehmensgröße folgenden *down-top*-Prozesses beschrieben. So wirkt die Größe von Betrieben auf direkte oder indirekte Art auf Motivation, Strukturrahmen und Evaluation dieses personalpolitischen Mittels zur innerbetrieblichen Verlängerung von Erwerbsbiografien ein. Dennoch kann auch eine umgekehrte *top-down*-Wirkungsrichtung registriert werden. Denn fällt die Bewertung der Beschäftigungsfortsetzung negativ aus, hat dies wahrscheinlich eine Modifikation des Strukturrahmens bis hin zu veränderten Zielsetzungen in Zusammenhang der Durchführung von Fortbeschäftigungsmaßnahmen zur Folge. Und selbst grundsätzliche Unternehmensmerkmale blieben hiervon nicht unverschont, wie der Abbau von Fortbeschäftigten nicht nur eine Änderungen von Größe und/oder Altersstruktur der Belegschaft zur Folge hätte. In Gestalt dieser Wahrnehmung stehen Motivation, Strukturrahmen wie Evaluation der Beschäftigungsfortsetzung in einem durch die Unternehmensgröße unmittelbar geprägten Zusammenhang. Zwar unterliegen Fortbeschäftigungsmaßnahmen legislativen Einflüssen. Dennoch bedeutet diese Beurteilung zugleich, dass die Beschäftigungsfortsetzung betriebswirtschaftlichen Gesetzmäßigkeiten folgt, wie sich die Implementierung unternehmerischer Initiativen stets als Konsequenz betriebsspezifischer Unternehmensvoraussetzungen und hierauf basierenden Motivationshintergründen ergibt. An- wie Aufhebung des betrieblichen Rentenalters bedürfen einer Fülle an organisatorischen Reformen, die sich längst nicht auf die Spanne der Altersbeschäftigung beschränken. Dahingegen zeichnet sich die Wiederbeschäftigung als flexibles, weil separat zur lebenslangen Beschäftigung fungierendes Personalgerüst aus, das ein dynamisches Reagieren auf individuelle Voraussetzungen zur Verlängerung von Beschäftigung oder interne wie externe Unternehmensumstände erlaubt.

Dem wissenschaftlichen Anspruch folgend, bemüht sich diese Arbeit um eine faktenorientierte Beurteilung der japanischen Konzeption von Beschäftigungsfortsetzung und der hiermit verbundenen Kontroversen. So wird einerseits nicht vernachlässigt, dass die derzeitige Fortbeschäftigungspraxis diverse Anhaltspunkte zur kritischen Debatte sozialer, makro- wie mikroökonomischer Folgeerscheinungen bietet. Andererseits wird der Perspektive der im Wettbewerb stehenden Unternehmungen Darstellungsraum zugewiesen, aus deren primär betriebswirtschaftlich determinierter Position, herkömmliche Gestaltungstendenzen der Beschäftigungsfortsetzung nachvollziehbar sind. Können jedem gesellschaftlichen Gestaltungsbereich konträre Standpunkte zugrunde gelegt werden, gilt dies auch für die Fortbeschäftigungspraxis und ihre übergeordneten Themenfelder. So mag auch die Rezeption dieser Arbeit über gängige Gestaltungstendenzen der Beschäftigungsfortsetzung diametrale Ausprägungen annehmen: In Konsequenz eines rigorosen Wohlfahrtsstaats und einem optionslosen Arbeitsmarkt für lukrative Altersbeschäftigung sind Unternehmen in der komfortablen Lage, Fortbeschäftigungsverhältnisse mit mangelhafter Beschäftigungsqualität auszustatten. Das Konzept betrieblicher Beschäftigungsfortsetzung – so könnte ein extremes Fazit lauten – stellt also lediglich für Unternehmen einen Nutzen dar, während andererseits der Erosion von Rechten und Qualitäten der Altersbeschäftigung Vorschub geleistet wird. Doch auch eine vollkommen andere Lesart mag sich ergeben. Demnach sind auch im Lichte rechtlicher Grauzonen, japanische Unternehmen sichtlich bemüht, die Beschäftigung ihrer Mitarbeiter aufrecht zu erhalten, werden etwa die durchgängig hohen Selektionsraten zugrunde gelegt. Die Beibehaltung identifikationsstiftender, weil langjähriger Arbeitsinhalte, ermöglicht zudem die fortwährende Entfaltung angeworbener Fähigkeiten, anstelle zu einer Peripherisierung älterer Beschäftigter beizutragen. So unterstützen japanische Unternehmen in entscheidendem Maße die Sicherung von Beschäftigungschancen im Alter im Rahmen ihrer betriebswirtschaftlichen Handlungsrestriktionen und verhindern die Entlassung auf einen externen Arbeitsmarkt, der kaum in der Lage scheint, adäquatere Erwerbsalternativen zu offerieren. Im Zuge dieser Deutung verkörpert die Beschäftigungsfortsetzung also wiederum eine beträchtliche Überlappung betrieblicher und individueller Bedürfnisse nach einer Verlängerung von Lebensarbeitszeit.

Doch nicht nur die Vielfalt an Sichtweisen zur angemessenen Verteilung demografischer Lasten zwischen Staat, Wirtschaft und Individuum schafft ein mannigfaltiges Wertungsfeld des aktuellen Erscheinungsbilds von Beschäftigungsfortsetzung. Denn auch die Diversität des Strukturrahmens von Fortbeschäftigungsmaßnahmen ermöglicht ein breites Interpretationsspektrum. Dass die derzeitige Praxis der Beschäftigungsfortsetzung aus Unternehmenssicht anhand zahlreicher Vorzüge abzuleiten ist, und die Evaluation dieser Maßnahmen entsprechend ins Positive tendiert, sollte nach Lektüre dieser Arbeit unstrittig sein. Das gängige Fortbeschäftigungskonzept scheint jedoch trotz der thematisierten Schwächen zugleich angebotsseitige Vorteile zu bieten, die über das Primärmotiv einer Einkommenssicherung hinausragen. Der Verbleib im Kollegen- oder Kundenkreis und das Gefühl, als Mitglied einer Unternehmung weiterhin geachtet zu werden. Das Gefallen daran, persönliche Fähigkeiten im Rahmen einer als sinnvoll erachteten Tätigkeit zum Ausdruck zu bringen und einen Bestandteil des gemeinsamen Schaffens von Mehrwerten zu bilden. Der Verbleib in Arbeitsbereichen, die über die Jahre zu einem wichtigen Aspekt der eigenen Wertschätzung gereift sind und deren Ausübung als Mittel verstanden wird, in körperlicher und geistiger Bewegung, finanzieller Selbstbestimmung wie ideeller Entfaltung zu verbleiben.

Dies ist das buntere Bild, das auf Grundlage der qualitativen Datenerhebung einen größeren Anreiz zum Eingehen von Beschäftigungsfortsetzung zu entfachen scheint, als es der quantitativen Begutachtung entspricht. Dies gilt, wenngleich grundsätzlich eingewandt werden mag, dass mittels der Exploration von Fortbeschäftigten eben nicht jener Personenkreis erfasst wird, der sich neben einer Vielfalt möglicher Ursachen, wohlmöglich auch aus Unzufriedenheit mit vorherrschenden Bedingungen von der Möglichkeit der Beschäftigungsfortsetzung abgewendet hat. Und trotz dieser versöhnlichen Wertung ergeben sich aus multiperspektivischer Betrachtung unerlässlich erscheinende Handlungsempfehlungen. Hierzu wird an vorderster Front eine Diversifizierung des Angebots an Arbeit und Beschäftigung gezählt, um den pluralisierten Erwerbsinteressen Älterer intensiver denn bislang zu begegnen. Denn wie diese Arbeit betont, sollte der Wandel von Bedingungen der Arbeit oder Beschäftigung nicht per se als Kennzeichen einer Peripherisierung bzw. Präkarisierung aufgefasst werden. Und umgekehrt kann auch die Fortführung von Arbeit in Vollzeit nicht zwangsläufig im Sinne einer Überforderung der Leistungsbereitschaft Älterer gedeutet werden. So ist für solche Wertungen einzig die fallbasierte Betrachtung entscheidend, also die Frage nach Übereinstimmung oder Nichtübereinstimmung zwischen Bedürfnissen des Unternehmens und dem Beschäftigten. Dieser Ratschlag wird nicht im Sinne altruistischer Vorstellungen über die Natur der Arbeitgeber-Arbeitnehmerbeziehung erteilt. Stattdessen ergibt sich diese Empfehlung aus den Erfordernissen der Unternehmen selbst, die im Zuge einer Alterung der Belegschaftsstruktur – wie sie bereits heute insbesondere für KMU spürbar ist – auf das Mitwirken motivierter älterer Beschäftigter als zunehmend unersetzliche Arbeitskraftressource in steigendem Maße angewiesen sein werden. Vor all diesen Hintergründen verbleibt die betriebliche Beschäftigungsfortsetzung als Komponente von Herausforderungen wie Chancen einer Verlängerung von Lebensarbeitszeit, die zur weiteren Auseinandersetzung innerhalb Japans wie außerhalb seiner Grenzen einlädt.

Literaturverzeichnis

Abe, Masahiro (2007): *Why Companies in Japan Are Introducing Performance-based Treatments and Reward Systems – The Background, Merits and Demerits.* Japan Institute for Labour Policy and Training: http://www.jil.go.jp/english/JLR/documents/2007/JLR14_abe.pdf (letzter Abruf: 12.3.2015).

Abe, Masahiro (2009): Jinkō genshō kōrei-ka no shinten to rōdō shijō [Die Entwicklung von Alterung wie Schrumpfung der Bevölkerung und der Arbeitsmarkt]. In: Seike, Atsushi (Hg.): *Kōrei-sha no hataraki-kata* [Die Arbeitsweise Älterer]. Kyōto: Mineruva shobō, S. 28–50.

Araki, Takashi (2005): *Corporate Governance Reforms, Labor Law Developments, and the Future of Japan´s Practice-Dependent Stakeholder Model.* Japan Institute for Labour Policy and Training: http://www.jil.go.jp/english/JLR/documents/2005/JLR05_araki.pdf (letzter Abruf: 12.3.2015).

Arendt, Hannah (1960): *Vita activa – Vom tätigen Leben.* Stuttgart: Kohlhammer.

Arnds, Pascal und Holger Bonin (2002): *Frühverrentung in Deutschland: Ökonomische Anreize und institutionelle Strukturen.* Institut zur Zukunft der Arbeit: http://ftp.iza.org/dp666.pdf (letzter Abruf: 12.3.2015).

Asao, Yutaka (2006): *Trial Report on Desirable Employment Strategy in Japan.* Japan Institute for Labour Policy and Training: http://www.jil.go.jp/english/JLR/documents/2006/JLR11_asao.pdf (letzter Abruf: 12.3.2015).

Asao, Yutaka (2011): *Overview of Non-regular Employment in Japan.* Japan Institute for Labour Policy and Training: http://www.jil.go.jp/english/reports/documents/jilpt-reports/no.10_japan.pdf (letzter Abruf: 12.3.2015).

Atchley, Robert und Amanda Barusch (2003): *Social Forces and Aging. An Introduction to Social Gerontology.* Belmont: Wadsworth Publishing.

Atoh, Makoto (2008): Japan´s Population Growth during the past 100 Years. In: Coulmas, Florian, Harald Conrad, Annette Schad-Seifert und Gabriele Vogt (Hg.): *The Demographic Challenge: A Handbook about Japan.* Leiden: Koninklijke Brill NV, S. 5–24.

Auer, Peter und Sandrine Cazes (Hg.) (2003): *Employment stability in an age of flexibility.* Worldbank: https://www.researchgate.net/publication/5115613_Employment_Stability_in_An_Age_of_Flexibility (letzter Abruf: 12.3.2015).

Baltes, Paul (1993): Aging Mind: Potential and Limits. In: *Gerontologist* 33,5, S. 580–594.

Baltes, Paul und Margret Baltes (1990): Psychological perspectives on successful aging: The model of selective optimization with compensation. In: Baltes, Paul und Margret Baltes (Hg.): *Successful Aging.* Cambridge: Cambridge University Press, S. 1–34.

Bass, Scott und Francis Caro (2001): Productive Aging. A Conceptual Framework. In: Morrow-Howell, Nancy, James Hinterlong und Michael Sherraden (2001): *Productive Aging. Concepts and Challenges.* Baltimore: The John Hopkins University Press, S. 37–78.

Bassanini, Andrea und Romain Duval (2006): *Employment Patterns in OECD Countries – Reassessing The Role Of Policies And Institutions.* Organisation for Economic Co-operation and Development: http://www.oecd.org/els/emp/36888714.pdf (letzter Abruf: 12.3.2015).

Beck, Ulrich (2007): *Schöne neue Arbeitswelt.* Frankfurt am Main: Suhrkamp.

Blöndal, Sveinbjörn und Stefano Scarpetta (1999): *The Retirement Decision in OECD Countries.* Organisation for Economic Co-operation and Development: http://www.oecd.org/social/labour/1866098.pdf (letzter Abruf: 12.3.2015).

Bosman, Elizabeth (1993): Age-related differences in the motoric aspect of transcription typing skill. In: *Psychology and Aging* 8,1, S. 87–102.

Bosse, Frederike (1998): Die kleinen und mittleren Unternehmen als Joker der Wirtschaft. In: Pohl, Manfred und Hans Jürgen Mayer (Hg.): *Länderbericht Japan.* Bonn: Bundeszentrale für politische Bildung.

Burniaux, Jean-Marc, Romain Duval und Florence Jaumotte (2004): *Coping with Ageing: A dynamic approach to quantify the impact of alternative policy options on future labour supply in OECD countries*. Organisation for Economic Co-operation and Development: http://search.oecd.org/officialdocuments/displaydocumentpdf/?doclanguage=en&cote=eco/wkp(2003)25 (letzter Abruf: 12.3.2015).

Campbell, John (2008): Politics Of Old-Age Policy-Making. In: Coulmas, Florian, Harald Conrad, Annette Schad-Seifert und Gabriele Vogt (Hg.): *The Demographic Challenge: A Handbook about Japan*. Leiden: Koninklijke Brill NV, S. 653–612.

Carstensen, Laura (2009): Growing Old or Living Long – Take Your Pick. In: Moody, Harry (Hg.): *Aging: Concepts and Controversies*. London: Sage Publications, S. 114–117.

Casey, Bernard (2005): *The Employment of Older People – Can we Learn from Japan*. The Geneva Association: https://www.genevaassociation.org/media/243519/ga2005_gp30(4)_casey.pdf (letzter Abruf: 12.3.1015).

Casey, Bernard und Atsuhiro Yamada (2002): *Getting older, getting poorer? A study of the earnings, pensions, assets and living arrangements of older people in nine countries*. Organisation for Economic Co-operation and Development: http://www.oecd-ilibrary.org/docserver/download/345816633534.pdf?expires=1495453103&id=id&accname=guest&checksum=685B173A9A218B8812DFF63664FA0CE7 (letzter Abruf: 12.3.2015).

Chen, Yuping (2003): *Compensation System in Japan, United States and European Countries*. Japan Institute for Labour Policy and Training: http://www.jil.go.jp/profile/documents/Chen.pdf (letzter Abruf: 12.3.2015).

Chūshō kigyō sōgō kenyū kikō kenkyū-bu [Japan Small Business Research Institute, Research Department] (2006): *Chūshō kigyō ni okeru koyō no tayō-ka jittai ni kansuru chōsa kenkyū* [Untersuchung über den Zustand der Beschäftigungsdiversifizierung in Klein- und Mittelunternehmen]. Tōkyō: Chūshō kigyō sōgō kenyū kikō kenkyū-bu.

Clammer, John (2008): Pastimes. In: Coulmas, Florian, Harald Conrad, Annette Schad-Seifert und Gabriele Vogt (Hg.): *The Demographic Challenge: A Handbook about Japan*. Leiden: Koninklijke Brill NV, S. 599–612.

Conrad, Harald (2001): *Perspektiven der Alterssicherung in Japan*. Deutsch-Japanischer-Wirtschaftskreis: http://www.djw.de/uploads/media/jap183.pdf (letzter Abruf: 12.3.2015).

Conrad, Harald (2002): Jüngste Rentenreformen in Japan – zur Neubestimmung des Verhältnisses von öffentlicher und betrieblicher Alterssicherung. In: *Zeitschrift für ausländisches und internationales Arbeits- und Sozialrecht* 16, 2, S. 97–192.

Conrad, Harald (2008): Human Resource Management Practices And The Ageing Workforce. In: Coulmas, Florian und Harald Conrad, Annette Schad-Seifert, Gabriele Vogt (Hg.): *The Demographic Challenge: A Handbook about Japan*. Leiden: Koninklijke Brill NV, S. 979–998.

Conrad, Harald (2009): *Die Beschäftigung älterer Menschen in Japan – Ursachen und Rahmenbedingungen einer hohen Alterserwerbsquote*. Leopoldina – Nationale Akademie der Wissenschaften: http://www.leopoldina.org/uploads/tx_leopublication/NAL365_Bd_3_001-158.pdf (letzter Abruf: 12.3.2015).

Conrad, Harald und Ralph Lützeler (Hg.) (2002): *Aging and Social Policy – A German-Japanese Comparison*. München: Iudicium Verlag.

Conrad, Harald, Viktoria Heindorf und Franz Waldenberger (Hg.) (2008): *Human Resource Management in Ageing Societies*. Hampshire: Palgrave Macmillan.

Coulmas, Florian (2007): *Kinderlos und ratlos*. Deutsches Institut für Japanstudien: http://www.dijtokyo.org/articles/poe104_Coulmas.pdf (letzter Abruf: 12.3.2015).

Coulmas, Florian und Harald Conrad, Annette Schad-Seifert, Gabriele Vogt (Hg.) (2008): *The Demographic Challenge: A Handbook about Japan*. Leiden: Koninklijke Brill NV.

Coulmas, Florian und Ralph Lützeler (Hg.) (2011): *Imploding Populations in Japan and Germany*. Leiden: Koninklijke Brill NV.

Crow, Laura (2006): *Managing an ageing workforce*. Corporate Social Responsibility Asia: http://csr-asia.com/weekly_news_detail.php?id=7092 (letzter Abruf: 12.3.2015).

DeLong, David (2004): *Lost knowledge: Confronting the threat of an aging work-force*. New York: Oxford University Press.

Deutsches Institut für Japanstudien und Deutsche Industrie- und Handelskammer in Japan (Hg.) (2010): *Silver Business in Japan – Auswirkungen des demographischen Wandels auf Personal-politik und Marketing*. Deutsches Institut für Japanstudien: http://www.dijtokyo.org/doc/Silver_business_in_japan_d.pdf (letzter Abruf: 12.3.2015).

Deutsches Institut für Japanstudien und Deutsche Industrie- und Handelskammer in Japan (Hg.) (2010a): *Silver Business in Japan – Implications of Demographic Change for Human Resource Management and Marketing*. Deutsches Institut für Japanstudien: http://www.dijtokyo.org/publications/silver_business_in_japan_e.pdf (letzter Abruf: 12.3.2015).

Ducke, Isa und Andreas Moerke (2005): *Aging Population, Knowledge Spill-Over and Civil Society*. Deutsches Institut für Japanstudien: http://www.dijtokyo.org/doc/WP0502_AgingPopulation-Ducke-Moerke.pdf (letzter Abruf: 12.3.2015).

Duell, Nicola, David Grubb, Shruti Singh und Peter Tergeist (2010): *Activation Policies in Japan*. Organisation for Economic Co-operation and Development: http://www.oecd.org /official documents/publicdisplaydocumentpdf/?cote=DELSA/ELSA/WD/EM(2010)13&docLanguage=En (letzter Abruf: 12.3.2015).

Duval, Romain (2003): *The Retirement Effects of Old-age Pension and Early Retirement Schemes in OECD Countries*. Organisation for Economic Co-operation and Development: http://www.oecd-ilibrary.org/docserver/download/5km35m63qqvc-en.pdf?expires=1495466236&id=id&accname=guest&checksum=86B0A002B5229D3F4001B07B9B4EF639 (letzter Abruf: 12.3.2015).

Ebbinghaus, Bernhard (2003): *Exit from Externalization: Reversing Early Retirement in Europe,the USA and Japan*. International Social Security Association: http://www.issa.int/pdf/anvers03/topic3/2ebbinghaus.pdf (letzter Abruf: 12.3.2015).

Ehrke, Michael (1995): Alternde Gesellschaft und Beschäftigung in Japan. In: *Forum Demographie und Politik* 8, S. 83–110.

Elis, Volker und Ralph Lützeler (Hg.) (2008): *Regionalentwicklung und regionale Disparitäten*. München: Iudicium Verlag.

Ernst, Angelika (1995): Karrieremuster, Beschäftigungssicherheit und Alter in Japan. In: *Forum Demographie und Politik* 8, S. 111–130.

Esping-Andersen, Gøsta (1990): *The Three Worlds of Welfare Capitalism*. Harvard University: http://isites.harvard.edu/fs/docs/icb.topic1134169.files/Readings%20on%20Social%20Democracy/Esping%20Anderson%20-%20THe%20Three%20Worlds%20of%20Welfare%20Capitalism.pdf (letzter Abruf: 12.3.2015).

European Commission (2002): *Report from the Commission to the Council, the European Parliament, the Economic and Social Committee and the Committee of the Regions. Report requested by Stockholm European Council: „Increasing labour force participation and promoting active ageing“*. European Commission: http://www.ispesl.it/dsl/dsl_repository/Sch21PDF08Marzo06/Sch21com_2002_9_en.pdf (letzter Abruf: 12.3.2015).

European Commission (2002a): *Improving Employment Opportunities For Older Workers – Final Report*. National Centre for the Vocational Education Research (NCVER) – VOCED plus. http://www.voced.edu.au/ (letzter Abruf: 12.3.2015); Signatur: TD/TNC76.74.

European Commission (2010): *Employment in Europe 2010*. European Commission: http://ec.europa.eu/employment_social/eie/table_graph_en.html (letzter Abruf: 12.3.2015).

European Foundation for the Improvement of Living and Working Conditions (2006): *A Guide to goog practice in age management*. European Foundation for the Improvement of Living and Working Conditions: http://www.eurofound.europa.eu/pubdocs/2005/137/en/1/ef05137en.pdf (letzter Abruf: 12.3.2015).

Fries, James (1980): *Aging, Natural Death, and the Dompression of Morbiditiy*. Stanford University: https://www.ncbi.nlm.nih.gov/pmc/articles/PMC2567746/pdf/11984612.pdf 425 (letzter Abruf: 12.3.2015).

Fries, James und Lawrence Crapo (2009): Vitality and Aging: Implications of the Rectangular Curve. In: Moody, Harry (Hg.): *Aging: Concepts and Controversies*. London: Sage Publications, S. 70–78.

Formanek, Susanne (2008): Traditional Concepts and Images of Old Age in Japan. In: Coulmas, Florian, Harald Conrad, Annette Schad-Seifert und Gabriele Vogt (Hg.): *The Demographic Challenge: A Handbook about Japan*. Leiden: Koninklijke Brill NV, S. 323–344.

Fujii, Koichi, Atsuki Matsubuchi und Toshio Chiba (2006): *Employment Strategy for the Future: A Rich and Vibrant Society Where Everyone Can Achieve Excellence and Play a Part in ist Development with Enthusiasm*. Japan Institute for Labour Policy and Training: http://www.jil.go.jp/english/JLR/documents/2006/JLR12_fujii.pdf (letzter Abruf: 12.3.2015).

Fujimoto, Makoto und Takuma Kimura (2005): *Business Strategy and Human Resource Management at Contract Companies in the Manufacturing Sector*. Japan Institute for Labour Policy and Training: http://www.jil.go.jp/english/JLR/documents/2005/JLR06.pdf (letzter Abruf: 12.3.2015).

Fujimoto, Makoto (2006): *Jigyō saisei katei ni okeru jinji rōmu kanri to koyō rōdō jōken no henka* [Das Personalmanagement bezüglich des Prozesses der betrieblichen Wiederinanspruchnahme und der Wandel von Bedingungen bei Arbeit und Beschäftigung]. Rōdō seisaku kenkyū kenshū kikō: http://www.jil.go.jp/institute/zassi/backnumber/2006/special/pdf/125-134.pdf (letzter Abruf: 12.3.2015).

Fujimoto, Makoto (2007): *Shūgyō keitai nado de kigyō to jūgyō-in no nīzu ni chigai ,shokutaku keiyaku' de ha naku 5 wari chō ga ,seisha-in'wo kibō* [Differenzen zwischen Unternehmen und Angestellten in Bezug auf Anstellungsformen – Über 50 Prozent erwünschen sich im Gegensatz zur Aushilfs- oder Vertragsarbeit eine Festanstellung]. Rōdō seisaku kenkyū kenshū kikō: http://www.jil.go.jp/kokunai/blt/backnumber/2007/05/P13-17.pdf (letzter Abruf: 12.3.2015).

Fujimoto, Makoto (2007a): *Kōrei-sha no koyō kaihatsu to shūgyō jittai – kaisei kōnen reisha koyō antei-hō sekō kara ichi nen.* [Zustand und weiterer Ausbau von Altersbeschäftigung – Ein Jahr nach Inkrafttreten der Revision des *employment stabilization law*]. Rōdō seisaku kenkyū kenshū kikō: http://www.jil.go.jp/kokunai/blt/backnumber/2007/05/P2-5.pdf (letzter Abruf: 12.3.2015).

Fujimoto, Makoto (2008): *Kōrei-sha shūgyō sokushin ni muketa keizoku koyō no wakugumi ga kinōsuru yōken* [Wichtige Faktoren zum Funktionieren eines Strukturrahmens zum Voranschreiten der Beschäftigungsfortsetzung Älterer]. Rōdō seisaku kenkyū kenshū kikō: http://www.jil.go.jp/institute/siryo/2008/documents/033_02.pdf (letzter Abruf: 12.3.2015).

Fujimoto, Makoto (2008a): *Employment of Older People after the Amendment of the Act Concerning Stabilization of Employment of Older Persons: Currents State of Affairs and Challenges*. Japan Institute for Labour Policy and Training: http://www.jil.go.jp/english/JLR/documents/2008/JLR18_fujimoto.pdf (letzter Abruf: 12.3.2015).

Fujimoto, Makoto (2011): *60 sai ikō no kinzoku wo meguru jittai – kigyō ni yoru keizoku koyō no torikumi to kōrei rōdō-sha no ishiki* [Zustand des Verbleibs in Arbeit über dem 60. Lebensjahr – Betriebsspezifische Auseinandersetzung mit Beschäftigungsfortsetzung und das Bewusstsein älterer Arbeiter]. Rōdō seisaku kenkyū kenshū kikō: http://www.jil.go.jp/institute/zassi/backnumber/2011/11/pdf/074-085.pdf (letzter Abruf: 12.3.2015).

Fujimura, Hiroyuki (2004): *Managing the Development of One´s Own Vocational Skills in Japanese Companies*. In: *Japan Institute for Labour Policy and Training*. Japan Institute for Labour Policy and Training: http://www.jil.go.jp/english/JLR/documents/2004/JLR03_fujimura.pdf (letzter Abruf: 12.3.2015).

Fujinami, Miho (2013): *Shokutaku shain (keizoku koyō-sha) no katsuyō hōshin to jini kanri – 60 saidai zenhan-sō no chingin kanri* [Personalmanagement und Absichten der Inanspruchnahme von Unternehmensmitgliedern mit befristeten Arbeitsverträgen (Fortbeschäftigte) – Gehaltsmanagement von Personen in der ersten Hälfte der 60er Lebensjahre]. Rōdō seisaku kenkyū kenshū kikō: http://www.jil.go.jp/institute/zassi/backnumber/2013/special/pdf/114-125.pdf (letzter Abruf: 12.3.2015).

Fujinami, Miho und Ōki Eiichi (2011): *Shokutaku (saikoyō-sha) shain no jinji kanri no tokushitsu to kadai – 60 sai dai zenhan-sō wo chūshin ni shite* [Charakteristika und Aufgaben des Personalwesens hinsichtlich von Kontraktarbeitern (wiederbeschäftigte Arbeitnehmer) – Fokussiert auf Personen in der ersten Hälfte der 60er Lebensjahre]. Rōdō seisaku kenkyū kenshū kikō: http://www.jil.go.jp/institute/zassi/backnumber/2011/special/pdf/112-122.pdf (letzter Abruf: 12.3.2015).

Fukawa, Hisashi (2008): Poverty Among The Elderly. In: Coulmas, Florian, Harald Conrad, Annette Schad-Seifert und Gabriele Vogt (Hg.): *The Demographic Challenge: A Handbook about Japan*. Leiden: Koninklijke Brill NV, S. 921–946.

Fürstenberg, Friedrich (1995): *Soziale Handlungsfelder – Strukturen und Orientierungen*. Opladen: Leske und Budrich.

Gal, Robert (2005): *Keeping older workers in the labor market in Europe and Japan*. Japan Institute for Labour Policy and Training: http://www.jil.go.jp/profile/documents/Gal.pdf (letzter Abruf: 12.3.2015).

Getreuer-Kargl, Ingrid (1989): *Alterung als zentrales sozialpolitisches Problem der Gegenwart und Zukunft*. http://www.uni-hamburg.de/oag/noag/noag_1989_3.pdf (letzter Abruf: 12.3.2015).

Gruber, Jonathan und David Wise (2004): *Social security programs and retirement around the World*. Chicago: University of Chicago Press.

Hamaguchi, Keiichirō (2011): *Nihon no rōdō shijō kaikaku – OECD akutibēshon seisaku rebyū: nihon* [Reform des japanischen Arbeitsmarkts – Bewertung der OECD-Ansätze zur Aktivierung der Beschäftigungspolitik durch Japan]. Tōkyō: Akashi shoten.

Hanami, Tadashi (2002): Concluding remarks. In: European Commission (2002a): *Improving Employment Opportunities For Older Workers – Final Report*, S. 65–66. National Centre for the Vocational Education Research (NCVER) - VOCED plus. http://www.voced.edu.au/ (letzter Abruf: 12.3.2015); Signatur: TD/TNC76.74.

Hardy, Melissa (2006): Older Workers. In: Binstock, Robert, Linda George, Stephen Cutler, Jon Hendricks und James Schulz (Hg.): *Handbook of Aging and the Social Sciences*. Burlington: Academic Press, S. 201–218.

Herbertsson, Tryggvi und Michael Orszag (2001): *The Costs of Early Retirement in the OECD*. Social Science Research Network: http://papers.ssrn.com/sol3/papers.cfm?abstract_id=273370 (letzter Abruf: 12.3.2015).

Higuchi, Yoshio (2002): Employment of Older Workers in Japan: Analysis on the Effectiveness of Employment Management, Employment Policies, and Pension Systems. In: Europäische Kommission (Hg.): *Improving Employment Opportunities For Older Workers – Final Report*. National Centre for the Vocational Education Research (NCVER) – VOCED plus. http://www.voced.edu.au/ (letzter Abruf: 12.3.2015); Signatur: TD/TNC76.74.

Higuchi, Yoshio und Isamu Yamamoto (2002): *Employment of Older Workers in Japan: Analysis on the Effectiveness of Employment Management, Employment Policies and Pension System*. National Centre for the Vocational Education Research (NCVER) – VOCED plus. http://www.voced.edu.au/ (letzter Abruf: 12.3.2015); Signatur: TD/TNC76.74.

Higuchi, Yoshio und Isamu Yamamoto (2002a): *Waga kuni no kōrei-sha koyō no genjō to tenbō* [Zustand und Aussichten der Beschäftigung Älterer in Japan]. Nihon ginkō kinyū kenkū-sho [Institute for Monetary and Economic Studies, Bank of Japan]: http://www.imes.boj.or.jp/research/papers/japanese/kk21-b2-1.pdf (letzter Abruf: 12.3.2015).

Higuchi, Yoshio und Isamu Yamamoto (2008): The Employment of Older Workers in Japanese Firms: Empirical Evidence from Micro Data. In: Conrad, Harald, Viktoria Heindorf und Franz Waldenberger (Hg.): *Human Resource Management in Ageing Societies*. New York: Palgrave Macmillan, S. 99–124.

Honda, Kazunari (2007): *Shift of Part-time Workers to the Mainstream Workforce and Union Organizing Activities of Labor Unions in Japan*. Japan Institute for Labour Policy and Training: http://www.jil.go.jp/english/JLR/documents/2007/JLR13_honda.pdf (letzter Abruf: 12.3.2015).

Inagami, Takeshi (1991): A New Employment Vision for Long-Life-Society. In: *Japan Labor Bulletin* 30, S. 5–8. Tōkyō: Japan Institute of Labour.

International Social Security Association (2003): *Ageing and Social Security: Ten Key Issues. A Contribution by the International Social Security Association to the implementation of the Madrid International Plan of Action on Ageing*. International Social Security Association: http://www.issa.int/details?uuid=3cf07d2b-c240-4c74-9888-4496e2b03032 (letzter Abruf: 12.3.2015).

Itami, Hiroyuki (2005): *Revision of the Commercial Code and Reform of the Japanese Corporate Governance*. Japan Institute for Labour Policy and Training: http://www.jil.go.jp/english/JLR/documents/2005/JLR05_itami.pdf (letzter Abruf: 12.3.2015).

Itō, Minoru (2008): *Nihon ni okeru kōrei-sha koyō no seisaku to jittai* [Zustand und Maßnahmen der Beschäftigung Älterer in Japan]. Rōdo seisaku kenkyū kenshū kikō: http://www.jil.go.jp/institute/siryo/2008/documents/033_01.pdf (letzter Abruf: 12.3.2015).

Iwata, Katsuhiko (2002): *Employment and Policy Development relating to Older People in Japan*. National Centre for the Vocational Education Research (NCVER) – VOCED plus. http://www.voced.edu.au/ (letzter Abruf: 12.3.2015); Signatur: TD/TNC76.74.

Iwata, Katsuhiko (2002a): *Employment of Older Persons and Policy Development in Japan*. Tōkyō: Japan Institute for Labour Policy and Training.

Iwata, Katsuhiko (2003): *Labor Market Policies in the Era of Population Aging: Japan´s Case*. Japan Institute for Labour Policy and Training: http://www.jil.go.jp/english/documents/aging_policy-e.pdf (letzter Abruf: 12.3.2015).

Iwata, Katsuhiko (2008): *Kōrei-sha keizoku koyō no jittai to kadai – keizoku koyō no shitsuteki sokumen no kaizen wo chūshin toshite* [Zustand und Aufgaben der Beschäftigungsfortsetzung Älterer – Fokussiert auf die Optimierung der qualitativen Seite]. Rōdō seisaku kenkyū kenshū kikō: http://www.jil.go.jp/institute/reports/2008/documents/0100_05.pdf (letzter Abruf: 12.3.2015).

Iwata, Katsuhiko (2010): *Ōshū ni okeru kōrei-sha koyō shūgyō no genjō to nihon* – [Japan und der Zustand von Arbeit und Beschäftigung Älterer in Europa]. Rōdō seisaku kenkyū kenshū kikō: http://www.jil.go.jp/institute/reports/2010/documents/0120_10.pdf (letzter Abruf: 12.3.2015).

Iwata, Katsuhiko (2011): *Nihon no kōrei-sha koyō shūgyō seisaku no kadai – 70 sai teido made wo shiya ni ireta kōrei-sha no shitsu takaku, katsu tayō na koyō shūgyō kankyō no jitsugen* [Aufgaben politischer Maßnahmen hinsichtlich der Beschäftigung Älterer in Japan – Realisierung von Qualität und einer diversifizierten Beschäftigungsumwelt für Ältere bis hin um das 70. Lebensjahr]. Rōdō seisaku kenkyū kenshū kikō: http://www.jil.go.jp/institute/reports/2011/documents/0137_04.pdf (letzter Abruf: 12.3.2015).

Iwata, Katsuhiko und Makoto Fujimoto (2005): *Tayō-sei ni hairyoshita honkaku-teki na koyō enchō wo jitsugensuru tame no kadai – denki sangyō ni okeru torikumi wo daizai toshite* [Aufgaben und Realisierung einer konstruktiven Beschäftigungsverlängerung unter Berückichtigung von Diversität – Ansätze der Elektronikindustrie zur Beispielgebung]. Rōdō seisaku kenkyū kenshū kikō: www.jil.go.jp/institute/discussion/documents/dps_05_015.pdf (letzter Abruf: 12.3.2015).

Janssen, Edzard, Ulrich Möhwald und Hans-Dieter Ölschleger (1996) (Hg.): *Gesellschaften im Umbruch? Aspekte des Wertewandels in Deutschland, Japan und Osteuropa*. München: Iudicium Verlag.

Japan Association of Corporate Executives (2004): *Corporate Social Responsibility (CSR) in Japan: Current Status and Future Challenges*. Japan Association of Corporate Executives: http://www. doyukai.or.jp/en/policyproposals/2003/pdf/040116a.pdf (letzter Abruf: 12.3.2015).

Japan Institute for Labour Policy and Training, JILPT (2004): *Japanese Working Life Profile 2004/2005 – Labour Statistics*. Japan Institute for Labour Policy and Training: http://www.jil.go.jp/english/ jwl/2004-2005.pdf (letzter Abruf: 12.3.2015).

Japan Institute for Labour Policy and Training, JILPT (2004a): *Law Concerning Stabilization of Employment of Older Persons*. Japan Institute for Labour Policy and Training: http://www.jil. go.jp/english/laws/documents/llj_law16.pdf (letzter Abruf: 12.3.2015).

Japan Institute for Labour Policy and Training, JILPT (2004b): *Future Outlook on Employment of Middle-Aged and Senior Workers: Future Estimates on the Number of Workers and a Survey on Firms – Summary*. Japan Institute for Labour Policy and Training: http://www.jil.go.jp/english/ reports/documents/jilpt-research/nol6.pdf (letzter Abruf: 12.3.2015).

Japan Institute for Labour Policy and Training, JILPT (2005): *Labor Situation in Japan and its Analysis – Detailed Exposition 2005/2006*. Japan Institute for Labour Policy and Training: http://www.jil. go.jp/english/lsj/detailed/2005-2006/all.pdf (letzter Abruf: 12.3.2015).

Japan Institute for Labour Policy and Training, JILPT (2010): *Japanese Working Life Profile 2010/2011 – Labor Statistics*. http://www.jil.go.jp/english/jwl/2010-2011/all.pdf (letzter Abruf: 12.3.2013)

Japan Institute of Labour (1999): *Ninth Basic Plan on Employment Measures*. Japan Institute for Labour Policy and Training: http://www.jil.go.jp/english/archives/bulletin/documents/199910. pdf (letzter Abruf: 12.3.2015).

Jaufmann, Dieter (1998): *Mythos Arbeit in Japan: westliche Wahrnehmungen – japanische Realitäten*. Universität Augsburg: http://www.wiwi.uni-augsburg.de/vwl/institut/paper/174.pdf (letzter Abruf: 12.3.2015).

Kajitani, Shinya (2006): *Japan´s Reemployment System and Work Incentives for the Elderly*. Osaka University Knowledge Archive: http://ir.library.osaka-u.ac.jp/dspace/ bitstream/11094/20329/1/oep056_3_051.pdf (letzter Abruf: 12.3.2015).

Kalina, Thorsten und Matthias Knuth (2002): *Arbeitslosigkeit als Übergang zwischen Beschäftigung und Rente in Westdeutschland*. Deutsche Zentralbibliothek für Wirtschaftswissenschaften: http://www.econbiz.de/archiv1/2008/45028_arbeitslosigkeit_uebergang_beschaeftigung.pdf (letzter Abruf: 12.3.2015).

Kawase, Akihiro und Seiritsu Ogura (2008): Macroeconomic Impact And Public Finance Perspectives Of The Ageing Society. In: Coulmas, Florian, Harald Conrad, Annette Schad-Seifert und Gabriele Vogt (Hg.): *The Demographic Challenge: A Handbook about Japan*. Leiden: Koninklijke Brill NV; S. 841–860.

Keenay, Gordon und Edward Whitehouse (2003): *Financial Resources and Retirement in nine OECD Countries: The Role of the Tax System*. Organisation for Economic Co-operation and Development: http://www.oecd.org/social/soc/31780050.pdf (letzter Abruf: 12.3.2015).

Kim, Kee Beom (2004): *Finding an entry point for the promotion of corporate social responsibility in small and medium-sized enterprises in Japan*. Japan Institute for Labour Policy and Training: http://www.jil.go.jp/profile/documents/Kim.pdf (letzter Abruf: 12.3.2015).

Kimura, Kuniaki (2002): Addressing Speech. In: European Commission (2002a): *Improving Employment Opportunities For Older Workers – Final Report*, S. 57–59. National Centre for the Vocational Education Research (NCVER) – VOCED plus. http://www.voced.edu.au/ (letzter Abruf: 12.3.2015); Signatur: TD/TNC76.74.

Kimura, Shu (2006): *Recent Movements in Japan concerning Career Guidance and Future Tasks*. Japan Institute for Labour Policy and Training: http://www.jil.go.jp/english/JLR/ documents/2006/JLR10_kimura%20.pdf (letzter Abruf: 12.3.2015).

Kimura, Takayuki (2002): Addressing Speech. In: European Commission (2002a): *Improving Employment Opportunities For Older Workers – Final Report*, S. 11. National Centre for the

Vocational Education Research (NCVER) – VOCED plus. http://www.voced.edu.au/ (letzter Abruf: 12.3.2015); Signatur: TD/TNC76.74.

Kobayashi, Tomoaki (2004): *The Reality of Career Counseling in Outplacement and Related Issues.* Japan Institute for Labour Policy and Training: http://www.jil.go.jp/english/JLR/documents/2004/JLR03_kobayashi.pdf (letzter Abruf: 12.3.2015).

Kohlbacher, Florian (2007): *Baby Boomer Retirement, Arbeitskräftemangel und Silbermarkt – Herausforderungen und Chancen des demographischen Wandels für Unternehmen in Japan.* Deutsches Institut für Japanstudien: http://www.dijtokyo.org/articles/kohlbacher_bbretirement0712.pdf (letzter Abruf: 12.3.2015).

Kohlbacher, Florian (2011): Japan – der Pionier. In: Naegele, Gerhard, Rolf Heinze und Kathrin Schneiders (Hg.): *Grundriss Gerontologie: Wirtschaftliche Potentiale des Alters.* Stuttgart: Kohlhammer, S. 251–273.

Kohlbacher, Florian (2011a): Business Implications of Demographic Change in Japan: Chances and Challenges for Human Ressource and Marketing Management. In: Coulmas, Florian und Ralph Lützeler (Hg.): *Imploding Populations in Japan and Germany.* Leiden: Koninklijke Brill NV, S. 269–294.

Kohlbacher, Florian und Parissa Haghirian (2007): *Japan und das Wissen der Babyboomer.* Deutsches Institut für Japanstudien: http://www.dijtokyo.org/articles/2007_01_006.pdf (letzter Abruf: 12.3.2015).

Kohlbacher, Florian und Carola Hommerich (2007): *Japans „freie Arbeiter": individueller Lebenstil oder aufgedrängte Prekarität?.* Deutsches Institut für Japanstudien: http://www.dijtokyo.org/doc/Freeter_JM102007.pdf (letzter Abruf: 12.3.2015).

Kohlbacher, Florian und Sven Voelpel (2007): *Sayonara Wissensträger.* Deutsches Institut für Japanstudien: http://www.dijtokyo.org/articles/kohlbacher_fv.pdf (letzter Abruf: 12.3.2015).

Kokuritsu shakai hoshō jinkō mondai kenkyū-kai [National Institute of Population and Social Security Research] (2006): *Nihon no shōrai suikei jinkō (heisei 18 nen 12 gatsu suikei)* [Bevölkerungsschätzung für Japan 2001–2050 (Schätzung vom Dezember 2006)]. Kokuritsu shakai hoshō jinkō mondai kenkyū-kai: http://www.ipss.go.jp/pp-newest/j/newest03/newest03.pdf (letzter Abruf: 12.3.2015).

Kokuritsu shakai hoshō jinkō mondai kenkyū-kai [National Institute of Population and Social Security Research] (2007): *Heisei 19 nendo shakai hoshō kyūfu-hi* [Kosten der sozialen Sicherung, 2007]. Kokuritsu shakai hoshō jinkō mondai kenkyū-kai: http://www.ipss.go.jp/ss-cost/j/kyuhuhi-h19/h19.pdf (letzter Abruf: 12.3.2015).

Kolatek, Claudia (1991): Zur Arbeitseinstellung japanischer Beschäftigter: Das japanische Selbstbild und die Entstehung „typisch" japanischer Arbeitsbeziehungen. In: Adami, Norbert und Claudia Kolatek (Hg.): *Lebenslust statt Arbeitswut? Moderne Phänomene und geisteshistorische Grundlagen.* München: Iudicium Verlag, S. 13–93.

Kono, Shigemi (2008): Demographic Comparisons with other Countries with the Emphasis on the more Developed Regions. In: Coulmas, Florian, Harald Conrad, Annette Schad-Seifert und Gabriele Vogt (Hg.): *The Demographic Challenge: An Handbook about Japan.* Leiden: Koninklijke Brill NV, S. 81–96.

Kono, Shigemi (2011): Confronting the Demographic Trilemma of Low Fertility, Ageing and Depopulation. In: Coulmas, Florian und Ralph Lützeler (Hg.): *Imploding Populations in Japan and Germany.* Leiden: Koninklijke Brill NV, S. 35–54.

Kōrei shōgai kyūshoku-sha koyō shien kikō [Japan Organization for Employment of the Elderly, Persons with Disabilities and Job Seekers] (2008): *Kōnenrei-sha koyō kakuho sochi no jittai to 70 sai made hatarakeru kigyō jitsugen ni muketa chōsa kenkyū* [Untersuchung über den Zustand der Maßnahmen zur Beschäftigungssicherung Älterer sowie der betrieblichen Wirklichkeit zur Beschäftigungsmöglichkeit bis zum 70. Lebensjahr]. Tōkyō: Kōrei shōgai kyūshoku-sha koyō shien kikō.

Kōrei shōgai kyūshoku-sha koyō shien kikō [Japan Organization for Employment of the Elderly, Persons with Disabilities and Job Seekers] (2010): *Kōreisha shakai tōkei yōran 2010* [Handbook of Labour Statistics on Aged Society 2010]. Tōkyō: Kōrei shōgai kyūshoku-sha koyō shien kikō.

Kōrei shōgai kyūshoku-sha koyō shien kikō [Japan Organization for Employment of the Elderly, Persons with Disabilities and Job Seekers] (2013): *Kōnen reisha koyō suishin no tebiki* [Anleitung zum Ausbau der Beschäftigung Älterer]. Kōrei shōgai kyūshoku-sha koyō shien kikō: https://www.jeed.or.jp/elderly/research/enterprise/om5ru800000040wy-att/om5ru800000040yp.pdf (letzter Abruf: 12.3.2015).

Kōrei shōgai-sha koyō shien kikō (2009): *Kōreisha koyō no tebiki* [Anleitung zur Beschäftigung Älterer]. Kōrei shōgai kyūshoku-sha koyō shien kikō: http://www.jeed.or.jp/elderly/research/enterprise/download/kowan.pdf (letzter Abruf: 12.3.2015).

Kōrei shōgai-sha koyō shien kikō (2009a): *Kōnen reisha koyō suishin no tebiki* [Anleitung zur Fördrung der Beschäftigung Älterer]. Tōkyō: Kōrei shōgai-sha koyō shien kikō.

Kōsei rōdō-shō (2004): *65 sai made no teinen no hikiage nado no sumiyakana jisshi* [Rasche Durchführung einer Anhebung des betrieblichen Rentenalters auf 65 Jahre und dergleichen Maßnahmen]. Kōsei rōdō-shō: http://www.mhlw.go.jp/general/seido/anteikyoku/kourei2/dl/leaflet2.pdf (letzter Abruf: 12.3.2015).

Kōsei rōdō-shō (2005): *Heisei 17 nenban rōdō keizai no bunseki – jinkō genshō shakai ni okeru rōdō seisaku no kadai* [Analyse von Arbeit und Wirtschaft 2005 – Aufgaben arbeitsmarktpolitischer Maßnahmen bezüglich einer durch Bevölkerungsrückgang gezeichneten Gesellschaft]. Kōsei rōdō-shō: http://www.mhlw.go.jp/wp/hakusyo/roudou/05/ (letzter Abruf: 12.3.2015).

Kōsei rōdō-shō (2006): *Heisei 18 nenban rōdō keizai no bunseki – shūgyō keitai no tayō-ka to rōdō-sha seikatsu* [Analyse von Arbeit und Wirtschaft 2006 – Diversifizierung von Anstellungsformen und das Leben von Erwerbstätigen]. Kōsei rōdō-shō: http://www.mhlw.go.jp/wp/hakusyo/roudou/06/ (letzter Abruf: 12.3.2015).

Kōsei rōdō-shō (2010): *Koyō no antei no tame ni. Jigyō-nushi no hō he no kyūfu-kin no go annai* [Zur Sicherung der Beschäftigung. Informationen für Arbeitgeber über Leistungsbeihilfen]. Tōkyō: Kōsei rōdō-shō.

Kōsei rōdō-shō (2010a): *Heisei 22 nen shūgyō keitai no tayō-ka ni kansuru sōgō jittai chōsa* [Untersuchung des allgemeinen Zustands der Diversifizierung von Anstellungsformen, 2010]. Kōsei rōdō-shō: http://www.mhlw.go.jp/toukei/itiran/roudou/koyou/keitai/10/ (letzter Abruf: 12.3.2015).

Kōsei rōdō-shō (2010b): *Kongo no kōnen reisha koyō no genjō to kadai ni tsuite* [Zustand und Aufgaben der zukünftigen Beschäftigung Älterer]. Kōsei rōdō-shō: http://www.mhlw.go.jp/stf/shingi/2r9852000000w15e-att/2r9852000000w194.pdf (letzter Abruf: 12.3.2015).

Kōsei rōdō-shō (2011): *Kongo no kōnen reisha koyō ni kansuru kenkyū-kai hōkoku-sho. Shōgai geneki shakai no jitsugen ni mukete* [Bericht des Ausschusses zur zukünftigen Beschäftigung Älterer – Hin zur Realisierung einer Gesellschaft des aktiven Lebens]. Kōsei rōdō-shō: http://www.mhlw.go.jp/stf/houdou/2r9852000001fz36-att/2r9852000001fzaz.pdf (letzter Abruf:12.3.2015).

Kōsei rōdō-shō (2011a): *Dai 43 kai koyō taisaku kihon mondai bukai shiryō – kōnenrei-sha koyō wo torimaku gendai* [43. Sitzung der Arbeitsgruppe zu grundsätzlichen beschäftigungspolitischen Maßnahmen – Gegenwärtiger Zustand der Beschäftigung Älterer]. Kōsei rōdōshō: http://www.mhlw.go.jp/stf/shingi/2r9852000001ojt0-att/2r9852000001ojwp.pdf (letzter Abruf: 12.3.2015).

Kōsei rōdō-shō (2012): *Kōsei rōdō hakusho* [Annual Report on Health, Labour and Welfare]. Kōsei rōdō-shō: http://www.mhlw.go.jp/wp/hakusyo/kousei/12/ (letzter Abruf: 12.3.2015).

Kōsei rōdō-shō (2012a): *Heisei 24 nen kōnen reisha no koyō jōkyō shūkei kekka* [Gesamtergebnisse zum Beschäftigungszustand Älterer, 2012]. Kōsei rōdō-shō: http://www.mhlw.go.jp/stf/houdou/2r9852000002m9lq-att/2r9852000002m9q0.pdf (letzter Abruf: 12.3.2015).

Kōsei rōdō-shō (2013): *Kōnen reisha nado no koyō no antei nado ni kansuru hōritsu no ichi bu wo kaiseisuru hōristu no gaiyō* [Überblick über die Revision des Gesetzes zur Sicherung der Beschäftigung Älterer]. Kōsei rōdō-shō: http://www.mhlw.go.jp/seisakunitsuite/bunya/koyou_roudou/koyou/koureisha/topics/dl/tp0903-gaiyou.pdf (letzter Abruf: 12.3.2015).

Kōsei rōdō-shō (2013a): *Kōsei rōdō hakusho* [Annual Report on Health, Labour and Welfare]. http://www.mhlw.go.jp/wp/hakusyo/kousei/13/ (letzter Abruf: 12.3.2015).

Koyano, Wataru (1995): Transition into Old Age. In: *Forum Demographie und Politik* 8, S. 41–58.

Krampe, Ralf und Lynn McInnes (2007): Competence and Cognition. In: Peace, Sheila, Freya Dittmann-Kohli, Gerben Westerhof und John Bond (2007): *Ageing in Society*. London: Sage Publications Ltd, S. 255–267.

Kruse, Andreas (2004): *Oft übersehen und ungenutzt – die produktiven Kräfte des Alters*. Universität Heidelberg: https://www.uni-heidelberg.de/presse/ruca/ruca04-03/s24oft.html (letzter Abruf: 12.3.2015).

Kubomura, Hideo (2002): Addressing Speech. In: European Commission (2002a): *Improving Employment Opportunities For Older Workers – Final Report*, S. 21–22. National Centre for the Vocational Education Research (NCVER) – VOCED plus. http://www.voced.edu.au/ (letzter Abruf: 12.3.2015); Signatur: TD/TNC76.74.

Künemund, Harald und Franz Kolland (2007): Work and retirement. In: Bond, John, Sheila Peace, Freya Dittmann-Kohli und Gerben Westerhof (Hg.): *Ageing in Society*. London: Sage Publications Ltd, S. 167–185.

Lazear, Edward (1979): *Why is there mandatory retirement?*. Österreichische Akademie der Wissenschaften: https://papers.ssrn.com/sol3/papers.cfm?abstract_id=293234 (letzter Abruf: 12.3.2015).

Lazear, Edward und Robert Moore (1988): *Pensions and Turnover*. National Bureau of Economic Research: http://www.nber.org/chapters/c6048.pdf (letzter Abruf: 12.3.2015).

Levinsky, Richard (2000): *Age, retirement and work: Evidence from recent measures in selected countries*. International Social Security Association: http://www.issa.int/html/pdf/helsinki2000/topic2/2levinsky.PDF (letzter Abruf: 12.3.2015).

Linhart, Sepp (1989): *Staatliche Altenpolitik in Japan*. Universität Hamburg: http://www.unihamburg.de/oag//noag/noag_1989_5.pdf (letzter Abruf: 12.3.2015).

Linhart, Sepp (1995): Die Alten Japans im sozialen Wandel der letzten fünfzig Jahre. In: *Forum Demographie und Politik* 8, S. 17–40.

Linhart, Sepp (2008): Social Ageing and the Sociology of Ageing. In: Coulmas, Florian, Harald Conrad, Annette Schad-Seifert und Gabriele Vogt (Hg.): *The Demographic Challenge: A Handbook about Japan*. Leiden: Koninklijke Brill NV, S. 125–144.

Lumsdaine, Robin und Olivia Mitchel (1999): New developments in the economic analysis of retirement. In: Ashenfelter, Orley und David Card (Hg.): *Handbook of Labor Economics* 3, S. 3261–3308.

Manpower (2007): *The New Agenda for an Older Workforce. Manpower White Paper*. Manpower: https://candidate.manpower.com/wps/wcm/connect/ad48630041cb4e908111bf94a9a2d887/The+New+Agenda+for+an+Older+Worforce.pdf?MOD=AJPERES (letzter Abruf: 12.3.2015).

Marcoen, Alfons, Peter Coleman und Ann O'Hanlon (2007): Psychological ageing. In: Bond, John, Sheila Peace, Freya Dittmann-Kohli und Gerben Westerhof (Hg.): *Ageing in Society*. London: Sage Publications Ltd, S. 38–67.

Martin, Craig (2008): Coming Of Age: The Courts And Equality Rights In Japan's Ageing Society. In: Coulmas, Florian, Harald Conrad, Annette Schad-Seifert und Gabriele Vogt (Hg.): *The Demographic Challenge: A Handbook about Japan*. Leiden: Koninklijke Brill NV, S. 417–454.

Matsui, Hiroyuki (2002): Addressing Speech. In: European Commission (2002a): *Improving Employment Opportunities For Older Workers – Final Report*, S. 30–32. National Centre for the Vocational Education Research (NCVER) – VOCED plus. http://www.voced.edu.au/ (letzter Abruf: 12.3.2015); Signatur: TD/TNC76.74.

Matsushige, Hisakazu und Akito Fukuda (2004): *Re-entering the Workforce after the Collapse of a Securities Firm: The Role that Age and Skill Play.* Japan Institute for Labour Policy and Training: http://www.jil.go.jp/english/JLR/documents/2004/JLR02_matsushige.pdf (letzter Abruf: 12.3.2015).

Meyer-Ohle, Hendrik (2008): Labour Market And Labour Market Policies For The Ageing Society. In: Coulmas, Florian, Harald Conrad, Annette Schad-Seifert und Gabriele Vogt (Hg.): *The Demographic Challenge: A Handbook about Japan.* Leiden: Koninklijke Brill NV, S. 947–962.

MHLW [Ministry of Health, Labour and Welfare] (2003): *White Paper on Labour Economy 2003 – Summary.* Ministry of Health, Labour and Welfare: http://www.mhlw.go.jp/english/wp/wp-l/index.html (letzter Abruf: 12.3.2015).

MHLW [Ministry of Health, Labour and Welfare] (2005): *White Paper on Labour Economy 2005 – Summary.* Ministry of Health, Labour and Welfare: http://www.mhlw.go.jp/english/wp/l-economy/2005/index.html (letzter Abruf: 12.3.2015).

Mitani, Naoki (2008): *Mandatory Retirement of Baby Boomers and Human Resource Strategies of Business Firms.* Japan Institute for Labour Policy and Training: http://www.jil.go.jp/english/JLR/documents/2008/JLR18_mitani.pdf (letzter Abruf: 12.3.2015).

Moerke, Andreas und Simon Kamann (2005): *Herausforderungen des demographischen Wandels: Fallbeispiel Automobilindustrie.* Deutsches Institut für Japanstudien: http://www.dijtokyo.org/publications/WP_Moerke-Kamann_1018.pdf (letzter Abruf: 12.3.2015).

Möhwald, Ulrich und Hans Dieter Ölschleger (1996): Werte- und Einstellungswandel in der japanischen Gesellschaft im Spiegel der Demoskopie. In: Janssen, Edzard, Ulrich Möhwald und Hans-Dieter Ölschleger (Hg.): *Gesellschaften im Umbruch? Aspekte des Wertewandels in Deutschland, Japan und Osteuropa.* München: Iudicium Verlag, S. 121–148.

Moody, Harry (2009) (Hg.): *Aging: Concepts and Controversies.* London: Sage Publications.

Mor, Vincent (2009): The Compression of Morbidity Hypothesis: A Review of Research and Prospects for the Future. In: Moody, Harry (Hg.): *Aging: Concepts and Controversies.* London: Sage Publications, S. 78–80.

Moriguchi, Chiaki und Hiroshi Ono (2004): *Institutional Change in Japan. Japanese Lifetime Employment: A Century´s Perspective.* Stockholm School of Economics Library: http://swopec.hhs.se/eijswp/papers/eijswp0205.pdf (letzter Abruf: 12.3.2015).

Morishima, Motohiro (2004): *Introduction – Changing Employment System and Implications for Human Resource Development.* Japan Institute for Labour Policy and Training: http://www.jil.go.jp/english/JLR/documents/2004/JLR03.pdf (letzter Abruf: 12.3.2015).

Morito, Hideyuki (2014): *Kōnen reisha koyō antei-hō – 2004 nen kaisei no imisuru mono* [*Employment stabilization law* – Implikationen der Revision 2004]. Rōdō seisaku kenkyū kenshū kikō: http://www.jil.go.jp/institute/zassi/backnumber/2014/01/pdf/005-012.pdf (letzter Abruf: 12.3.2015).

Mow International Research Team (1987): *The meaning of working.* London: Academic Press.

Naegele, Gerhard und Alan Walker (2007): Social protection: incomes, poverty and the reform of pension systems. In: Bond, John, Sheila Peace, Freya Dittmann-Kohli und Gerben Westerhof (Hg.): *Ageing in Society.* London: Sage Publications Ltd. S. 142–166.

Naikaku-fu (2003): *Heisei 15 nendo nenrei karei ni taisuru kangae-kata ni kansuru ishiki chōsa no gaiyō* [Überblick über Untersuchungsergebnisse aus dem Jahre 2003 von Bewusstsein und Denkensweisen hinsichtlich des Alters wie Alterns]. Naikaku-fu: http://www8.cao.go.jp/kourei/ishiki/h15_kenkyu/gaiyou.html (letzter Abruf: 12.3.2015).

Naikaku-Fu (2008): *Kokumin seikatsu hakusho* [White Paper on the national Lifestyle]. Naikaku-Fu: http://www5.cao.go.jp/seikatsu/whitepaper/index.html (letzter Abruf: 12.3.2015).

Nakamura, Jiro (2008): Effects of Support Measures on Employment of Elderly people in Japan. In: Conrad, Harald, Viktoria Heindorf und Franz Waldenberger (Hg.): *Human Resource Management in Ageing Societies*. London: Palgrave Macmillan, S. 125–143.

Nakamura, Keisuke (2008): The Performance-based Salary System and Personell Management Reforms in Japan. In: Conrad, Harald, Viktoria Heindorf und Franz Waldenberger (Hg.): *Human Resource Management in Ageing Societies*. London: Palgrave Macmillan, S. 157–174.

Nakamura, Yoshio (2002): Addressing Speech. In: European Commission (2002a): *Improving Employment Opportunities For Older Workers – Final Report,* S. 61–62. National Centre for the Vocational Education Research (NCVER) – VOCED plus. http://www.voced.edu.au/ (letzter Abruf: 12.3.2015); Signatur: TD/TNC76.74.

Naohiro, Yashiro (1995): The Growth of the Aging Population – the Economic Impact. In: *Forum Demoghraphie und Politik 8, S. 155–170.*

National Trade Union Congress (2010): *Re-Employment Guide – An Insight on the Practices & Implementation.* National Trade Union Congress: https://www.ntuc.org.sg/wps/wcm/connect/ bb9808804667aa609338f7612a6ee632/NTUC+Re-employment+Guide+2010.pdf?MOD=AJPER ES&CACHEID=bb9808804667aa609338f7612a6ee632 (letzter Abruf: 12.3.2015).

Nihon shōgai-sha koyō sokushin kyōkai [Japan Association for Employment of disabled Persons] (1997): *Teinen tōtatsu-sha nado no shūgyō to seikatsu jittai ni kansuru chōsa* [Untersuchung von Beschäftigung und Alltagsleben von Personen bei Erreichen des betrieblichen Rentenalters]. Tōkyō daigaku shakai kagaku kenkyū-sho shakai chōsa dēta ākaibu kenkyū sentā [Social Science Japan Data Archive, Institute of Social Science, University of Tōkyō]: http://ssjda.iss.u-tokyo.ac.jp/chosa-hyo/0136c.html (letzter Abruf: 12.3.2015).

Nihon shōgai-sha koyō sokushin kyōkai [Japan Association for Employment of disabled Persons] (1998): Kōnenrei jūgyō-in no keizoku koyō ni kansuru jūgyō-in ishiki chōsa Tōkyō daigaku shakai kagaku kenkyū-sho shakai chōsa dēta ākaibu kenkyū sentā [Social Science Japan Data Archive, Institute of Social Science, University of Tōkyō]: http://ssjda.iss.u-tokyo.ac.jp/chosa-hyo/0203c.html (letzter Abruf: 12.3.2015).

Nihon shōgai-sha koyō sokushin kyōkai [Japan Association for Employment of disabled Persons] (1998a): Kōnenrei jūgyō-in no keizoku koyō ni kansuru kigyō chōsa [Unternehmensstudie zur Beschäftigungsfortsetzung älterer Angestellter]. Tōkyō daigaku shakai kagaku kenkyū-sho shakai chōsa dēta ākaibu kenkyū sentā [Social Science Japan Data Archive, Institute of Social Science, University of Tōkyō]: http://ssjda.iss.u-tokyo.ac.jp/chosa-hyo/0202c.html (letzter Abruf: 12.3.2015).

Nihon shōgai-sha koyō sokushin kyōkai [Japan Association for Employment of disabled Persons] (1998b): *Kōnen reisha no sai-shūshoku ni kakaru shokuiki kakudai ni kansuru chōsa* [Untersuchung der Ausweitung von Tätigkeitsbereichen Älterer im Rahmen der Wiederan-stellung]. Tōkyō daigaku shakai kagaku kenkyū-sho shakai chōsa dēta ākaibu kenkyū sentā [Social Science Japan Data Archive, Institute of Social Science, University of Tōkyō]: http:// ssjda.iss.u-tokyo.ac.jp/chosa-hyo/0353c_kigyo.html sowie https://ssjda.iss.u-tokyo.ac.jp/ chosa-hyo/0353c_kojin.html (letzter Abruf: 12.3.2015).

Nihon shōgai-sha koyō sokushin kyōkai [Japan Association for Employment of disabled Persons] (2000): *Chō-korei shakai no koyō shūgyō no tenpō ni kansuru ankēto chōsa* [Fragebogen-basierte Untersuchung der Aussichten von Anstellung und Beschäftigung innerhalb der überalterten Gesellschaft]. Tōkyō daigaku shakai kagaku kenkyū-sho shakai chōsa dēta ākaibu kenkyū sentā [Social Science Japan Data Archive, Institute of Social Science, University of Tōkyō]: http://ssjda.iss.u-tokyo.ac.jp/chosa-hyo/0356c.html (letzter Abruf: 12.3.2015).

Nihon shōgai-sha koyō sokushin kyōkai [Japan Association for Employment of disabled Persons] (2001): *60 saidai mae-hansō no koyō enchō ni kansuru kigyō chōsa* [Unternehmensstudie zur Beschäftigungsverlängerung in der ersten Hälfte der 60. Lebensjahre]. Tōkyō daigaku shakai kagaku kenkyū-sho shakai chōsa dēta ākaibu kenkyū sentā [Social Science Japan Data

Archive, Institute of Social Science, University of Tōkyō]: http://ssjda.iss.u-tokyo.ac.jp/chosa-hyo/0327c.html (letzter Abruf: 12.3.2015).

Nihon shōgai-sha koyō sokushin kyōkai [Japan Association for Employment of disabled Persons] (2002): *Kigyō no kōrei-ka no sho-shisaku no jittai ni kansuru chōsa* [Untersuchung der diversen Maßnahmen im Zusammenhang der Alterung von Unternehmen]. Tōkyō daigaku shakai kagaku kenkyū-sho shakai chōsa dēta ākaibu kenkyū sentā [Social Science Japan Data Archive, Institute of Social Science, University of Tōkyō]: http://ssjda.iss.u-tokyo.ac.jp/chosahyo/0360c.html (letzter Abruf: 12.3.2015).

Ogawa, Hiroshi (2009): Kōrei-sha no rōdō no kyōkyū [Das Arbeitsangebot an alten Personen]. In: Seike, Atsushi (Hg.): *Kōrei-sha no hataraki-kata* [Die Arbeitsweise Älterer]. Kyōto: Mineruva shobō, S. 85–111.

Ogawa, Naohiro (2008): Population Ageing and Economic Growth: The Role of two Demographic Dividends in Japan. In: Coulmas, Florian, Harald Conrad, Annette Schad-Seifert und Gabriele Vogt (Hg.): *The Demographic Challenge: A Handbook about Japan*. Leiden: Koninklijke Brill NV, S. 821–840.

Ogawa, Naohiro (2009): Jinkō kōrei-ka to kōrei-sha no shotoku hiyō [Die Bevölkerungsalterung sowie die Einkommen und Kosten Älterer]. In: Seike, Atsushi (Hg.): *Kōrei-sha no hataraki-kata* [Die Arbeitsweise Älterer]. Kyōto: Mineruva shobō, S. 3–27.

Ogura, Kazuya (2006): *Current Situations of Work Hours and Vacations in Japan – Introduction*. Japan Institute for Labour Policy and Training: http://www.jil.go.jp/english/JLR/documents/2006/JLR11_all.pdf (letzter Abruf: 12.3.2015).

Ohashi, Iaso (2008): Labour, Income and Poverty among Elderly Japanese. In: Conrad, Harald, Viktoria Heindorf und Franz Waldenberger (Hg.): *Human Resource Management in Ageing Societies*. London: Palgrave Macmillan, S. 61–98.

Ohtake, Fumio (2004): *Structural Unemployment Measures in Japan*. Japan Institute for Labour Policy and Training: http://www.jil.go.jp/english/JLR/documents/2004/JLR02_ohtake.pdf (letzter Abruf: 12.3.2015).

Ohtake, Fumio (2008): The Ageing Society and Economic Inequality. In: Coulmas, Florian, Harald Conrad, Annette Schad-Seifert und Gabriele Vogt (Hg.): *The Demographic Challenge: A Handbook about Japan*. Leiden: Koninklijke Brill NV, S. 899–920.

Oka, Masato (2008): Japan: towards employment extension for older workers. In: Taylor, Philip (Hg.): *Ageing Labour Forces – Promises and Prospects*. Cheltenham: Edward Elgar Publishing, S. 40–61.

Okunishi, Yoshio (2009): Kōrei-sha no juyō [Die Arbeitsnachfrage nach alten Personen]. In: Seike, Atsushi (Hg.): *Kōrei-sha no hataraki-kata* [Die Arbeitsweise Älterer]. Kyōto: Mineruva shobō, S. 112–130.

Okutsu, Mari (2007): *Career Analysis of Today´s Japanese from Different Angles: Dramatic Change of the Japanese Society and Workers´ Way of Life*. Japan Institute for Labour Policy and Training: http://www.jil.go.jp/english/JLR/documents/2007/JLR14_okutsu.pdf (letzter Abruf: 12.3.2015).

Ölschleger, Hans Dieter (2008): Fertility and Mortality. In: Coulmas, Florian, Harald Conrad, Annette Schad-Seifert und Gabriele Vogt (Hg.): *The Demographic Challenge: A Handbook about Japan*. Leiden: Koninklijke Brill NV, S. 25–40.

Ölschleger, Hans-Dieter, Helmut Demes, Heinrich Menkhaus, Ulrich Möhwald, Annelie Ortmanns und Bettina Post-Kobayashi (Hg.) (1994): *Individualität und Egalität im gegenwärtigen Japan*. München: Iudicium Verlag.

Opaschowski, Horst (2008): *Deutschland 2030. Wie wir in Zukunft leben*. Gütersloh: Gütersloher Verlagshaus.

Oshio, Takashi (2008): The Public Pension System and the Ageing Society. In: Coulmas, Florian, Harald Conrad, Annette Schad-Seifert und Gabriele Vogt (Hg.): *The Demographic Challenge: A Handbook about Japan*. Leiden: Koninklijke Brill NV, S. 1097–1114.

OECD [Organisation for Economic Co-operation and Development] (2003): *Babies and Bosses –
   Reconciling Work and Family Life. Volume 2: Austria, Ireland and Japan.* Paris: OECD Publishing.

OECD [Organisation for Economic Co-operation and Development] (2003a): *Stocks of foreign
   and foreign-born populations in selected OECD countries, 1995 and 2002.* Organisation for
   Economic Co-operation and Development: http://www.oecd.org/newsroom/24994376.pdf
   (letzter Abruf: 12.3.2015).

OECD [Organisation for Economic Co-operation and Development] (2004): *Ageing and Employment
   Policies – Korea.* Paris: OECD Publishing.

OECD [Organisation for Economic Co-operation and Development] (2004a): *Ageing and Employment
   Policies – United Kingdom.* Paris: OECD Publishing.

OECD [Organisation for Economic Co-operation and Development] (2004b): *Ageing and Employment
   Policies – Italy.* Paris: OECD Publishing.

OECD [Organisation for Economic Co-operation and Development] (2004c): *Ageing and Employment
   Policies – Czech Republic.* Paris: OECD Publishing.

OECD [Organisation for Economic Co-operation and Development] (2004d): *Ageing and Employment
   Policies – Norway.* Paris: OECD Publishing.

OECD [Organisation for Economic Co-operation and Development] (2004e): *Ageing and Employment
   Policies – Japan.* Paris: OECD Publishing.

OECD [Organisation for Economic Co-operation and Development] (2005): *Ageing and Employment
   Policies – France.* Paris: OECD Publishing.

OECD [Organisation for Economic Co-operation and Development] (2005a): *Ageing and Employment
   Policies – United States.* Paris: OECD Publishing.

OECD [Organisation for Economic Co-operation and Development] (2005b): *Ageing and Employment
   Policies – Germany.* Paris: OECD Publishing.

OECD [Organisation for Economic Co-operation and Development] (2005c): *Ageing and Employment
   Policies – Austria.* Paris: OECD Publishing.

OECD [Organisation for Economic Co-operation and Development] (2006): *Live longer, work longer.*
   Paris: OECD Publising.

OECD [Organisation for Economic Co-operation and Development] (2010): *International Migration
   Outlook 2010.* Banque Nationale de Belgique: http://www.nbbmuseum.be/doc/seminar2010/
   nl/bibliografie/kansengroepen/sopemi2010.pdf (letzter Abruf: 12.3.2015).

OECD [Organisation for Economic Co-operation and Development] (2011): *Society at a Glance 2011:
   OECD Social Indicators.* Paris: OECD Publishing.

OECD [Organisation for Economic Co-operation and Development] (2011a): *OECD Family Database
   – CO1.2: life expectancy at birth.* Organisation for Economic Co-operation and Development:
   http://www.oecd.org/els/family/CO1_2_Life_expectancy_at_birth_1May2014.pdf (letzter
   Abruf: 12.3.2015).

OECD [Organisation for Economic Co-operation and Development] (2011b): *Pensions at a Glance
   2011: Retirement-income Systems in OECD and G20 Countries.* Paris: OECD Publising.

Oschmiansky, Frank (2010): *Das Konzept der aktiven Arbeitsmarktpolitik.* Bundeszentrale für
   politische Bildung: http://www.bpb.de/themen/097WRQ,5,0,Das_Konzept_der_aktiven_
   Arbeitsmarktpolitik.html (letzter Abruf: 12.3.2015).

Ouchi, Shinya (2007): *Introduction – Recent Tendencies of Labor Legislations.* Japan Institute for
   Labour Policy and Training: http://www.jil.go.jp/english/JLR/documents/2007/JLR15_all.pdf
   (letzter Abruf: 12.3.2015).

Parker, Marti und Mats Thorslund (2009): Health Trends in the Elderly Population: Getting Better
   and Getting Worse. In: Moody, Harry (Hg.): *Aging: Concepts and Controversies.* London: Sage
   Publications, S. 80–84.

Passet, Olivier (2003): Stability and Change: Japan´s Employment System under Pressure. Auer,
   Peter und Sandrine Cazes (Hg.): *Employment stability in an age of flexibility.* Worldbank:

https://www.researchgate.net/publication/5115613_Employment_Stability_in_An_Age_of_ Flexibility (letzter Abruf: 12.3.2015).

Paulsen, Carolina (2009): *Institutionalisierung im Kulturvergleich: Das Beispiel der Regulierung von Alterserwerbsarbeit in Deutschland und Japan*. Universitäts- und Landesbibliothek Bonn: http://hss.ulb.uni-bonn.de/2009/1920/1920.pdf (letzter Abruf: 12.3.2015).

Peace, Sheila, Freya Dittmann-Kohli, Gerben Westerhof und John Bond (2007): The Ageing World. In: Peace, Sheila, Freya Dittmann-Kohli, Gerben Westerhof und John Bond (Hg.): *Ageing in Society*. London: Sage Publications, S. 1–14.

Peng, Ito (2008): Ageing and the Social Security System. In: Coulmas, Florian, Harald Conrad, Annette Schad-Seifert und Gabriele Vogt (Hg.): *The Demographic Challenge: A Handbook about Japan*. Leiden: Koninklijke Brill NV, S. 1033–1048.

Phillipson, Chris und Jan Baars (2007): Social theory and social ageing. In: Peace, Sheila, Freya Dittmann-Kohli, Gerben Westerhof und John Bond (2007): *Ageing in Society*. London: Sage Publications, S. 68–84.

Pohl, Manfred (1998): Wirtschaftsentwicklung in den achtziger Jahren: Strukturwandel und Strukturanpassung. In: Pohl, Manfred und Hans Jürgen Mayer (Hg.): *Länderbericht Japan*. Bonn: Bundeszentrale für politische Bildung.

Roberts, Glenda (2008): Immigration Policy: Framework And Challenges. In: Coulmas, Florian, Harald Conrad, Annette Schad-Seifert und Gabriele Vogt (Hg.): *The Demographic Challenge: A Handbook about Japan*. Leiden: Koninklijke Brill NV, S. 765–780.

Rōdō chōsa-kai [Forschungsruppe zur Arbeit] (Hg.) (2005): *65 sai made no koyō – jissen gaido* [Beschäftigung bis 65 Jahre - Praxisanleitung]. Tōkyō: Rōdō chōsa-kai.

Rōdō seisaku kenkyū kenshū kikō [Japan Institute for Labour Policy and Training, JILPT] (2004): *Kōnen reisha nado koyō antei nado ni kansuru hōritsu* [*Law concerning stabilization of employment of older persons*]. Rōdō seisaku kenkyū kenshū kikō: www.jil.go.jp/rodoqa/ hourei/rodosijo/HO0068-S46.htm (letzter Abruf: 12.3.2015).

Rōdō seisaku kenkyū kenshū kikō [Japan Institute for Labour Policy and Training, JILPT] (2004a): *Ōshū ni okeru kōrei-sha koyō taisaku to nihon – nenrei shōheki zesei ni muketa torikumi wo chūshin toshite* [Maßnahmen zur Förderung von Altersbeschäftigung in Europa und Japan – Fokussiert auf die Auseinandersetzung mit der Korrektur von Altershürden]. Rōdō seisaku kenkyū kenshū kikō: http://www.jil.go.jp/institute/reports/2004/documents/013.pdf (letzter Abruf: 12.3.2015).

Rōdō seisaku kenkyū kenshū kikō [Japan Institute for Labour Policy and Training, JILPT] (2004b): *Nenrei ni kakawarinaku hatarakeru shakai no jitsugen ni muketa nihon no kadai* [Die Aufgaben Japans im Zusammenhang einer Gesellschaft, in der unabhängig des Alters gearbeitet werden kann]. Rōdō seisaku kenkyū kenshū kikō: http://www.jil.go.jp/institute/reports/2004/ documents/013_10.pdf (letzter Abruf: 12.3.2015).

Rōdō seisaku kenkyū kenshū kikō [Japan Institute for Labour Policy and Training, JILPT] (2005): *Jinkō genshō shakai ni okeru jinji senryaku to shokugyō ishiki ni kansuru chōsa* [Untersuchung der Personalstrategien sowie des Bewußtseins bezüglich der Erwerbsarbeit in einer durch Bevölke-rungsmangel gekennzeichneten Gesellschaft]. Rōdō seisaku kenkyū kenshū kikō: http://www. jil.go.jp/institute/research/documents/research012.pdf (letzter Abruf: 12.3.2015).

Rōdō seisaku kenkyū kenshū kikō [Japan Institute for Labour Policy and Training, JILPT] (2006): *Tayō-ka suru shūgyō keitai no shita de no jinji senryaku to rōdō-sha no ishiki ni kansuru chōsa* [Untersuchung über personalpolitische Strategien und das Bewusstsein von Erwerbstätigen hinsichtlich der Diversifizierung von Beschäftigung]. Rōdō seisaku kenkyū kenshū kikō: http:// www.jil.go.jp/institute/research/documents/research025.pdf (letzter Abruf: 12.3.2015).

Rōdō seisaku kenkyū kenshū kikō [Japan Institute for Labour Policy and Training, JILPT] (2006a): *Kore kara no koyō senryaku – dare mo ga kagayaki iyoku wo motte kizuku yutaka de katsuryoku aru shakai* [Die Beschäftigungspolitik der Zukunft – Eine reiche und dynamische Gesellschaft, zu der jeder beiträgt und in der jeder hervorragende Leistungen erreichen kann]. Rōdō seisaku kenkyū kenshū kikō: http://www.jil.go.jp/institute/reports/2006/documents/063.pdf (letzter Abruf: 12.3.2015).

Rōdō seisaku kenkyū kenshū kikō [Japan Institute for Labour Policy and Training, JILPT] (2006b): Nihon no kōrei-sha koyō – seisaku to genjō. [Beschäftigung Älterer in Japan – Maßnahmen und Zustand]. In: *Ōshū ni okeru kōrei-sha koyō no seisaku to genjō* [Maßnahmen und Zustand der Beschäftigung Älterer in Europa]. Rōdō seisaku kenkyū kenshū kikō: http://www.jil.go.jp/ foreign/labor_system/2006_11/japan_01.htm (letzter Abruf: 12.3.2015).

Rōdō seisaku kenkyū kenshū kikō [Japan Institute for Labour Policy and Training, JILPT] (2007): *Kōrei-sha keizoku koyō ni muketa jinji rōmu kanri no genjō to kadai* [Zustand und Aufgaben des Human Resource Managements im speziellen Bezug auf die Beschäftigungsfortsetzung Älterer]. Rōdō seisaku kenkyū kenshū kikō: http://www.jil.go.jp/institute/reports/2007/ documents/083.pdf (letzter Abruf: 12.3.2015).

Rōdō seisaku kenkyū kenshū kikō [Japan Institute for Labour Policy and Training, JILPT] (2007a): *Keizoku koyō seido wo donyū suru kigyō no nana wari ga taishō-sha no kijun wo settei – jissai ni ha roku wari no kigyō ga, kibō suru shain no hobo zenin wo keizoku koyō* [Innerhalb von Unternehmen, die ein Beschäftigungsfortsetzungssystem implementiert haben, haben Standards für Bewerber verankert – tatsächlich nehmen rund 60 Prozent der Unternehmen alle Bewerber in Beschäftigungsfortsetzung auf]. Rōdō seisaku kenkyū kenshū kikō: http://www.jil. go.jp/press/documents/20070402.pdf (letzter Abruf: 12.3.2015).

Rōdō seisaku kenkyū kenshū kikō [Japan Institute for Labour Policy and Training, JILPT] (2008): *60 sai ikō no keizoku koyō to shokugyō seikatsu ni kansuru chōsa – kōrei-sha keizoku koyō ni kansuru jūgyō-in ankēto chōsa* [Untersuchung der Beschäftigungsfortsetzung und Berufslebens über dem 60. Lebensjahr – Arbeitnehmergerichtete Fragebogenumfrage bezüglich der Beschäftigungsfortsetzung Älterer]. Rōdō seisaku kenkyū kenshū kikō: http://www.jil.go.jp/institute/ research/2008/documents/047/047.pdf (letzter Abruf: 12.3.2015).

Rōdō seisaku kenkyū kenshū kikō [Japan Institute for Labour Policy and Training, JILPT] (2008a): *Kōrei-sha no shūgyō jittai ni kansuru kenkyū – Kōrei-sha no shūrō sokushin ni kansuru kenkyū chūkan hōkoku* [Forschung über den Zustand der Altersbeschäftigung – Bericht fokussiert auf die Forschung zur Förderung der Arbeit und Beschäftigung Älterer]. Rōdō seisaku kenkyū kenshū kikō: http://www.jil.go.jp/institute/reports/2008/documents/0100.pdf (letzter Abruf: 12.3.2015).

Rōdō seisaku kenkyū kenshū kikō [Japan Institute for Labour Policy and Training, JILPT] (2010): *Keizoku koyō nado wo meguru kōrei-sha shūgyō no genjō to kadai* [Derzeitiger Zustand und verbleibende Aufgaben der Beschäftigung Älterer etwa im Rahmen der Beschäftigungsver- längerung]. Rōdō seisaku kenkyū kenshū kikō: http://www.jil.go.jp/institute/reports/2010/ documents/0120.pdf (letzter Abruf: 12.3.2015).

Rōdō seisaku kenkyū kenshū kikō [Japan Institute for Labour Policy and Training, JILPT] (2010a): *Kōrei-sha no koyō, saiyō ni kansuru chōsa* [Untersuchung von Anstellung und Beschäftigung Älterer]. Rōdō seisaku kenkyū kenshū kikō: http://www.jil.go.jp/institute/research/2010/ documents/067.pdf (letzter Abruf: 12.3.2015).

Rōdō seisaku kenkyū kenshū kikō [Japan Institute for Labour Policy and Training, JILPT] (2010b): *Kōnen reisha no koyō shūgyō no jittai ni kansuru chōsa* [Untersuchung des Zustands von Arbeit und Beschäftigung Älterer]. Rōdō seisaku kenkyū kenshū kikō: http://www.jil.go.jp/institute/ research/2010/documents/075.pdf (letzter Abruf: 12.3.2015).

Rōdō seisaku kenkyū kenshū kikō [Japan Institute for Labour Policy and Training, JILPT] (2010c): *Keizoku koyō nado wo meguru kōrei-sha shūgyō no genjō to kadai* [Derzeitiger Zustand und verbleibende Aufgaben der Anstellung Älterer im Rahmen der Beschäftigungsfort- setzung]. Rōdō seisaku kenkyū kenshū kikō: http://www.jil.go.jp/institute/reports/2010/ documents/0120.pdf (letzter Abruf: 12.3.2015).

Rōdō seisaku kenkyū kenshū kikō [Japan Institute for Labour Policy and Training, JILPT] (2011): *Kōrei-sha no shūgyō jittai ni kansuru kenkyū – kōrei-sha no shūgyō sokushin ni muketa kigyō no torikumi* [Forschung zum Zustand der Beschäftigung Älterer – Herangehensweise von Unternehmen zur Förderung von Altersbeschäftigung]. Rōdō seisaku kenkyū kenshū kikō: http://www.jil.go.jp/institute/siryo/2011/documents/093.pdf (letzter Abruf: 12.3.2015).

Rōdō seisaku kenkyū kenshū kikō [Japan Institute for Labour Policy and Training, JILPT] (2011a): *Kōrei-sha no shūgyō jittai ni kansuru kenkyū* [Forschung zum Zustand der Beschäftigung Älterer]. Rōdō seisaku kenkyū kenshū kikō: http://www.jil.go.jp/institute/reports/2011/documents/0137.pdf (letzter Abruf: 12.3.2015).

Rōdō seisaku kenkyū kenshū kikō [Japan Institute for Labour Policy and Training, JILPT (2012): *Kōnen reisha no keizoku koyō nado, shūgyō jittai ni kansuru chōsa* [Untersuchung über den Zustand der Arbeit und Beschäftigungsverlängerung Älterer]. Rōdō seisaku kenkyū kenshū kikō: http://www.jil.go.jp/institute/research/2012/documents/094.pdf (letzter Abruf: 12.3.2015).

Rowe, John und Robert Kahn (1987): Human Aging: Usual and Successful. In: *Science* 237, 4811, S. 143–149.

Sakuraba, Ryoko (2009): *The Amendment of the Employment Measures Act: Japanese Anti-Age Discrimination Law*. Japan Institute for Labour Policy and Training: http://www.jil.go.jp/english/JLR/documents/2009/JLR22_sakuraba.pdf (letzter Abruf: 12.3.2015).

Salthouse, Timothy (1984): *Effects of age and skill in typing*. University of Virginia: http://faculty.virginia.edu/cogage/publications2/Pre%201995/Effects%20of%20Age%20and%20Skill%20in%20Typing.pdf (letzter Abruf: 12.3.2015).

Sano, Tetsu (2004): *The Role, Scale and Responsibilities of the Human Resource Industry*. Japan Institute for Labour Policy and Training: http://www.jil.go.jp/english/JLR/documents/2004/JLR03_sano.pdf (letzter Abruf: 12.3.2015).

Sato, Atsushi (2004): *Diversification of Employment Patterns: The Current Situation and Issues – Focused on Part-Time Workers in Japan*. Japan Institute for Labour Policy and Training: http://www.jil.go.jp/institute/kokusai/documents/Satou%20paper.pdf (letzter Abruf: 12.3.2015).

Sato, Atsushi (2005): *Diversification of Employment and Human Resource and Personnel Management Issues – Introduction*. Japan Institute for Labour Policy and Training: http://www.jil.go.jp/english/JLR/documents/2005/JLR06_intro.pdf (letzter Abruf: 12.3.2015).

Sato, Hiroki (1996): *Keeping Employees Employed: Shukko and Tenseki Job Transfers – Formation of a Labor Market within Corporate Groups*. Japan Institute for Labour Policy and Training: http://www.jil.go.jp/english/archives/bulletin/documents/199612.pdf (letzter Abruf: 12.3.2015).

Sato, Hiroki (2002): *Promoting Continued Employment to the Early Sixties*. National Centre for the Vocational Education Research (NCVER) – VOCED plus. http://www.voced.edu.au/ (letzter Abruf: 12.3.2015); Signatur: TD/TNC76.74.

Sato, Hiroki (2002a): Promoting Continued Employment to the Early Sixties. In: European Commission (2002a): *Improving Employment Opportunities For Older Workers – Final Report*, S. 46–48. National Centre for the Vocational Education Research (NCVER) – VOCED plus. http://www.voced.edu.au/ (letzter Abruf: 12.3.2015); Signatur: TD/TNC76.74.

Sato, Hiroki (2011): 65 sai made no kibō-sha zenin no koyō kikai kakuho no ari kata: teinen enchō to kibō-sha zenin sai-koyō [Wege zur Sicherung von Beschäftigungsmöglichkeiten aller die dies wünschen bis zum 65. Lebensjahr: Beschäftigungsverlängerung und Wiederanstellung aller Bewerber]. In: *Denki Rengō Navi* 38, S. 2–6.

Sato, Hiroki (2011a): *Kigyō no jinji kanri no henka to rōdō seisaku ue no kadai* [Veränderungen des Personalmanagements von Unternehmen und Aufgaben der Beschäftigungspolitik]. 21 seiki seisaku kenkyū-sho: http://www.21ppi.org/pdf/thesis/110530_01.pdf (letzter Abruf: 12.3.2015).

Schad-Seifert, Annette (2008): Social Aspects of Demographic Change – Introduction. In: Coulmas, Florian, Harald Conrad, Annette Schad-Seifert und Gabriele Vogt (Hg.): *The Demographic Challenge: A Handbook about Japan*. Leiden: Koninklijke Brill NV, S. 121–123.

Scherer, Peter (2002): *Age of Withdrawal from the Labour Force in OECD Countries*. Organisation for Economic Co-operation and Development: http://www.oecd-ilibrary.org/docserver/download/327074367476.pdf?expires=1495452896&id=id&accname=guest&checksum=55D4CC43C9A312480561618F1634B63E (letzter Abruf: 12.3.2015).

Schnell, Rainer, Paul Hill und Elke Esser (Hg.) (1995): *Methoden der empirischen Sozialforschung*. München: R. Oldenbourg Verlag.

Schwartz, Friedrich (2003): *Das Public Health Buch. Gesundheit und Gesundheitswesen*. München: Urban & Fischer Verlag.

Seike, Atsushi (Hg.) (2001): *Shōgai geneki jidai no koyō seisaku* [Beschäftigungsmaßnahmen im Zeitalter lebenslanger Aktivität]. Tōkyō: Nihon hyōron-sha.

Seike, Atsushi (2003): *Pension reforms toward an Aging Society*. National Institute of Population and Social Security Research: http://www.ipss.go.jp/webj-ad/webjournal.files/socialsecurity/2003/03jun/Seike.pdf (letzter Abruf: 12.3.2015).

Seike, Atsushi (2008): Pensions and Labour Market Reforms for the Ageing Society. In: Conrad, Harald, Viktoria Heindorf und Franz Waldenberger (Hg.): *Human Resource Management in Ageing Societies*. London: Palgrave Macmillan, S. 29–42.

Seike, Atsushi (Hg.) (2009): *Kōrei-sha no hataraki-kata* [Die Arbeitsweise der Alten]. Kyōto: Mineruva shobō.

Seike, Atsushi (2009b): Kōrei-sha no koyō shūgyō sokushin ni muketa seisaku [Politische Maßnahmen zur Förderung der Arbeit und Beschäftigung von Alten]. In: Seike, Atsushi (Hg.): *Kōrei-sha no hataraki-kata* [Die Arbeitsweise der Alten]. Kyōto: Mineruva shobō, S. 249–265.

Seike, Atsushi und Atsuhiro Yamada (1997): *The Impact of Mandatory Retirement And The Public Pension System on Human Capital Loss*. Economic and Social Research Institute: http://www.esri.go.jp/jp/archive/dis/dis070/dis070a.pdf (letzter Abruf: 12.3.2015).

Seike, Atsushi und Atsuhiro Yamada (2004): *Kōrei-sha shūgyō no keizai-gaku* [Ökonomie der Alters-erwerbsarbeit]. Tokyo: Nihon keizai shinbun-sha.

Seike, Atsushi, Atsushi Yamada und Myonjun Kimu (2005): *Kōrei shakai nihon no koyō seisaku* [Beschäftigungspolitischen Maßnahmen der gealterten japanischen Gesellschaft]. Tokyo: Akashi Shoten.

Seike, Atsushi und Shunzo Nagashima (2009): *60 sai kara no shigoto* [Arbeit über dem 60. Lebensjahr]. Tōkyō: Kōdan-sha.

Seike, Atsushi, Simon Biggs und Leisa Sargent (2012): *Organizational, Adaption and Human Resource Needs for an Ageing Population*. World Economic Forum: http://www3.weforum. org/docs/WEF_GAC_GlobalPopulationAgeing_Report_2012.pdf (letzter Abruf: 12.3.2015).

Seki, Fusako (2009): Kōrei-sha koyō hōsei [Das Rechtssystem von Altersbeschäftigung]. In: Seike, Atsushi (Hg.): *Kōrei-sha no hataraki-kata* [Die Arbeitsweise der Alten]. Kyōto: Mineruva shobō, S. 214–248.

Sennett, Richard (2008): *Der flexible Mensch*. Berlin: Berliner Taschenbuch Verlag.

Shacklock, Kate und Yvonne Brunetto (2011): A model of older workers´ intentions to continue working. In: *Personel Review* 40, 2, S. 252–274.

Shintani, Nobuyuki (2008): Towards 'Ageless' Employment Policies – a Union´s Experience of the Extension of the Mandatory Retirement Age. In: Conrad, Harald, Viktoria Heindorf und Franz Waldenberger (Hg.): *Human Resource Management in Ageing Societies – Perspectives from Japan and Germany*. London: Palgrave Macmillan, S. 187–202.

Shintani, Takanori (2008): Ageing Japan and the transmission of traditional skills and knowhow. In: Coulmas, Florian, Harald Conrad, Annette Schad-Seifert und Gabriele Vogt (Hg.): *The Demographic Challenge: A Handbook about Japan*. Leiden: Koninklijke Brill NV, S. 561–570.

Shirahase, Sawako (2008): Income Inequality In The Ageing Society. In: Coulmas, Florian, Harald Conrad, Annette Schad-Seifert und Gabriele Vogt (Hg.): *The Demographic Challenge: A Handbook about Japan*. Leiden: Koninklijke Brill NV, S. 217–234.

Shirahase, Sawako (2011): Income Inequality in a Rapidly Ageing Society, Japan: Focusing on Transformations in the Structure of Households with Elderly. In: Coulmas, Florian und Ralph Lützeler (Hg.): *Imploding Populations in Japan and Germany*. Leiden: Koninklijke Brill NV, S. 115–140.

Shire, Karen (2008): Gender Dimensions of the Ageing Workforce. In: Coulmas, Florian, Harald Conrad, Annette Schad-Seifert und Gabriele Vogt (Hg.): *The Demographic Challenge: A Handbook about Japan*. Leiden: Koninklijke Brill NV, S. 963–978.

Shizuoka keizai kenkyū-sho [Shizuoka Economic Research Institute] (Hg.) (2010): *Shizuoka-ken kaisha yōran* [Company Handbook of Shizuoka Prefecture]. Shizuoka: Shizuoka keizai kenkyū-sho.

Shōkō sōgō kenkyū-sho [Shoko Research Institute] (2006): *Chūshō kigyō no kōrei-sha katsuyō no jittai chōsa* [Untersuchung zum Zustand der Inanspruchnahme Älterer durch Klein- und Mittelunternehmen]. Shōkō sōgō kenkyū-sho: http://www.shokosoken.or.jp/chousa/youshi/17nen/17-4.pdf (letzter Abruf: 12.3.2015).

Smith, Tom (2000): *A Cross-national Comparison on Attitudes towards Work by Age and Labor Force Status*. Organisation for Economic Co-operation and Development: http://www.oecd.org/els/public-pensions/2535801.pdf (letzter Abruf: 12.3.2015).

Sōmu-shō tōkei-kyoku [Ministry of Internal Affairs and Communications, Statistics Bureau] (2002): *Nihon hyōjun sangyō bunrui (heisei 14 nen 3 gatsu kaitei)* [Japan Standard Industrial Classification (Revision vom März 2002)]. Sōmu-shō tōkei-kyoku: http://www.stat.go.jp/index/seido/sangyo/pdf/san504.pdf (letzter Abruf: 12.3.2015).

Sōmu-shō tōkei-kyoku [Ministry of Internal Affairs and Communications, Statistics Bureau] (2010): *Heisei 22 nen kokusei chōsa* [Volkszählung 2010]. Sōmu-shō tōkei-kyoku: http://www.stat.go.jp/data/kokusei/2010/kihon1/pdf/gaiyou1.pdf (letzter Abruf: 12.3.2015).

Sōmu-shō tōkei-kyoku [Ministry of Internal Affairs and Communications, Statistics Bureau] (2012): *Heisei 24 nen rōdō-ryoku chōsa* [Untersuchung zur Arbeitskraft (2012)]. Sōmu-shō tōkeikyoku: http://www.stat.go.jp/data/roudou/report/2012/index.htm (letzter Abruf: 12.3.2015).

Staudinger, Ursula (2007): *Dynamisches Personalmanagement als eine Antwort auf den demographischen Wandel*. Demographie Netzwerk: https://www.econbiz.de/Record/dynamisches-personalmanagement-als-eine-antwort-auf-den-demographischen-wandel-staudinger-ursula/10003456192 (letzter Abruf: 12.3.2015).

Sugino, Isamu und Masayuki Murayama (2006): *Employment Problems and Disputing Behavior in Japan*. Japan Institute for Labour Policy and Training: http://www.jil.go.jp/english/JLR/documents/2006/JLR09_SuginoM.pdf (letzter Abruf: 12.3.2015).

Takagi, Tomoyo (2009): Kōnen reisha no tayō-na hataraki-kata [Die diversen Arbeitsweisen alter Personen]. In: Seike, Atsushi (Hg.): *Kōrei-sha no hataraki-kata* [Die Arbeitsweise alter Personen]. Kyōto: Mineruva shobō, S. 256–186.

Takahashi, Shigesato (2011): Economic Globalization and Changes in Family Formation as the Cause of Very Low Fertility in Japan. In: Coulmas, Florian und Ralph Lützeler (Hg.): *Imploding Populations in Japan and Germany*. Leiden: Koninklijke Brill NV, S. 97–114.

Talcott, Paul (2008): Political Parties in an Ageing Society. In: Coulmas, Florian, Harald Conrad, Annette Schad-Seifert und Gabriele Vogt (Hg.): *The Demographic Challenge: A Handbook about Japan*. Leiden: Koninklijke Brill NV, S. 667–688.

Tatsumichi, Shingo (2007): *Business Strategy and Human Resource Management in Japanese Companies Today*. Japan Institute for Labour Policy and Training: http://www.jil.go.jp/english/JLR/documents/2007/JLR13_tatsumichi.pdf (letzter Abruf: 12.3.2015).

Taylor, Philip (2001): *Analysis of ways to improve employment opportunities for older workers: Developing a policy framework*. National Centre for the Vocational Education Research (NCVER) – VOCED plus. http://www.voced.edu.au/ (letzter Abruf: 12.3.2015); Signatur: TD/TNC76.74.

Taylor, Philip (2002): *Improving employment opportunities for older workers: Developing a policy framenwork*. National Centre for the Vocational Education Research (NCVER) – VOCED plus. http://www.voced.edu.au/ (letzter Abruf: 12.3.2015); Signatur: TD/TNC76.74.

Taylor, Philip (2002a): Improving employment opportunities for older workers: Developing a policy framework – Summary. In: European Commission (2002a): *Improving Employment Opportunities For Older Workers – Final Report*, S. 18–20. National Centre for the Vocational Education Research (NCVER) – VOCED plus. http://www.voced.edu.au/ (letzter Abruf: 12.3.2015); Signatur: TD/TNC76.74.

Taylor, Philip (2002b): *Working at the Margins: Public Policy, Age and Firms in Japan*. Japan Institute for Labour Policy and Training: http://www.jil.go.jp/english/archives/bulletin/documents/200208.pdf (letzter Abruf: 12.3.2015).

Thränhardt, Anna Maria (1989*): Historische und konzeptionelle Grundlagen japanischer Sozialpolitik*. Universität Hamburg: http://www.uni-hamburg.de/oag/noag/noag_1989_2.pdf (letzter Abruf: 12.3.2015).

Tsuchida, Michio (2004): *Career Formation and Balanced Treatment of Part-time Workers: An Examination Focusing on Legal Policy*. Japan Institute for Labour Policy and Training: http://www.jil.go.jp/english/JLR/documents/2004/JLR04_tsuchida.pdf (letzter Abruf: 12.3.2015).

Uemura, Shunichi (2006): *Restructuring of the System for Determining Working Conditions in Japan*. Japan Institute for Labour Policy and Training: http://www.jil.go.jp/english/JLR/documents/2006/JLR12_all.pdf (letzter Abruf: 12.3.2015).

United Nations (2000): *Replacement Migration: Is it a Solution to Declining and Ageing Populations?* United Nations, Population Division, Department of Economic and Social Affairs: http://www.un.org/esa/population/publications/migration/migration.htm (letzter Abruf: 12.3.2015).

United Nations (2002): World Population Ageing 1950 – 2050 – Executive Summary. United Nations, Population Division, Department of Economic and Social Affairs: http://www.un.org/esa/population/publications/worldageing19502050/ (letzter Abruf: 12.3.2015).

United Nations (2002a): *Political Declaration and Madrid International Plan of Action on Ageing*. United Nations: http://undesadspd.org/Portals/0/ageing/documents/Fulltext-E.pdf (letzter Abruf: 12.3.2015).

United Nations (2013): *World Population Prospects: The 2012 Revision*. United Nations, Department of Economic and Social Affairs: https://esa.un.org/unpd/wpp/Publications/ (letzter Abruf: 12.3.2015).

United Nations (2013a): *World Population Ageing 2013*. United Nations, Department of Economic and Social Affairs, Population Disvision: http://www.un.org/en/development/desa/population/publications/pdf/ageing/WorldPopulationAgeing2013.pdf (letzter Abruf: 12.3.2015).

United Nations High Commissioner for Human Rights, UNHCHR (2006): *Racism, racial Discrmination, Xenophobia And All Forms of Discrimination. Report of the Special Rapporteur on contemporary forms of racism, racial discrimination, xenophobia and related intolerance, Doudou Diène – Mission to Japan*. United Nations High Commissioner for Refugees: http://www.refworld.org/pdfid/4411820e0.pdf (letzter Abruf: 12.3.2015).

United Nations High Commissioner for Human Rights, UNHCHR (2009): *Report of the Special Rapporteur on contemporary forms of racism, racial discrimination, xenophobia and related intolernace, Githu Muigai – Mission to Germany*. United Nations High Commissioner for Human Rights: http://www2.ohchr.org/english/issues/racism/rapporteur/docs/PRelease_end_mission010709.pdf (letzter Abruf: 12.3.2015).

Usui, Chikako (2008): Ageing Society and the Transformation of Work in the Post-Fordist Economy. In: Coulmas, Florian, Harald Conrad, Annette Schad-Seifert und Gabriele Vogt (Hg.): *The Demographic Challenge: A Handbook about Japan*. Leiden: Koninklijke Brill NV, S. 163–178.

Vaupel, James und Elke Loichinger (2006): *Redistributing Work in Aging Europe*. Max Planck Institute for Demographic Research: http://user.demogr.mpg.de/jwv/pdf/Vaupel-Science-312-2006-5782.pdf (letzter Abruf: 12.3.2015).

Vogt, Gabriele (2007): *Closed Doors, Open Doors, Doors Wide Shut? Migration Politics in Japan*. Deutsches Institut für Japanstudien: http://www.dijtokyo.org/doc/20071001ja-Studie-Vogt.pdf (letzter Abruf: 12.3.2015).

Vogt, Gabriele (2008): Introduction to Political Aspects of Demographic Change. In: Coulmas, Florian, Harald Conrad, Annette Schad-Seifert und Gabriele Vogt (Hg.): *The Demographic Challenge: A Handbook about Japan*. Leiden: Koninklijke Brill NV, S. 635–637.

Walker, Alan (1996): Intergenerational relations and the provision of welfare. In: Walker, Alan (Hg.): *The New Generational Contract*. London: UCL Press, S. 10–36.

Weber, Tina (2002): Addressing Speech. In: European Commission (2002a): *Improving Employment Opportunities For Older Workers – Final Report*, S. 54–56. National Centre for the Vocational Education Research (NCVER) – VOCED plus. http://www.voced.edu.au/ (letzter Abruf: 12.3.2015); Signatur: TD/TNC76.74.

Westendorp, Rudi und Thomas Kirkwood (2007): The biology of ageing. In: Peace, Sheila, Freya Dittmann-Kohli, Gerben Westerhof und John Bond (2007): *Ageing in Society*. London: Sage Publications, S. 15–37.

Westerhof, Gerben und Emmanuelle Tulle (2007): Meanings of ageing and old age: Discursive contexts, social attitudes and personal identities. In: Peace, Sheila, Freya Dittmann-Kohli, Gerben Westerhof und John Bond (2007): *Ageing in Society*. London: Sage Publications, S. 235–254.

Westwood, Robert und Alicia Leung (1996): Working under the reforms: the experience and meaning of work in a time of transition. In: Brosseau, Maurice, Suzanne Pepper und Shu-Ki Tsang (Hg.): *China Review*. Hong Kong: Chinese University Press, S. 367–423.

Williamson, John und Masa Higo (2006): *Why Do Japanese Workers Remain In The Labor Force So Long?* Boston College: https://papers.ssrn.com/sol3/papers.cfm?abstract_id=1299170 (letzter Abruf: 12.3.2015).

Williamson, Robert, Alice Rinehart und Thomas Blank (Hg.) (1992): *Early Retirement: Promises and Pitfalls*. New York: Plenum Publishers.

World Health Organization, Who (2002): *Active Ageing – A Policy Framework*. World Health Organization: http://whqlibdoc.who.int/hq/2002/who_nmh_nph_02.8.pdf (letzter Abruf: 12.3.2015).

Yagi, Kimiyo (2009): Kōrei-sha koyō no kokusai hikaku [Internationaler Vergleich der Altersbeschäftigung]. In: Seike, Atsushi (Hg.): *Kōrei-sha no hataraki-kata* [Die Arbeitsweise der Alten]. Kyōto: Mineruva shobō, S. 187–213.

Yamada, Atsuhiro (2008): *Shūgyō jōken no henka ga kōnen reisha no keizoku koyō ni ataeru eikyō – jūgyō-in chōsa ni motoduku ōhabana chingin nenshū suijun hikiage kōka no sokutei* [Einfluss des Wandels von Beschäftigungsbedingungen auf die Beschäftigungsfortsetzung Älterer – Bemessung der umfangreichen Ergebnisse zu Gehalts- und Einkommensniveau auf Grundlage arbeitnehmerbasierter Umfragen]. Rōdō seisaku kenkyū kenshū kikō: http://www.jil.go.jp/institute/reports/2008/documents/0100_07.pdf (letzter Abruf: 12.3.2015).

Yamada, Atsuhiro (2009): *Kōrei-sha shūgyō-ritsu no gentei yōin – teinen seido, chingin purofairu, rōdō kumiai no kōka* [Bestimmungsfaktoren der Beschäftigungsquote Älterer – System des betrieblichen Rentenalters, Gehaltsprofil, Wirkung von Gewerkschaften]. Rōdō seisaku kenkyū kenshū kikō: http://www.jil.go.jp/institute/zassi/backnumber/2009/08/pdf/004-019.pdf (letzter Abruf: 12.3.2015).

Yamada, Atsuhiro (2009a): Kōrei-sha no shotoku hoshō – kokusai hikaku kara mita waga kuni no tokuchō [Die Einkommenssicherstellung bei Älteren – Japanische Charakterstiken aus Sicht des internationalen Vergleichs]. In: Seike, Atsushi (Hg.): *Kōrei-sha no hataraki-kata* [Die Arbeitsweise der Alten]. Kyōto: Mineruva shobō, S. 56–84.

Yamashita, Noboru (2006): *Kōnen reisha no koyō kakuho sochi wo meguru hōteki sho-kadai* [Die diversen gesetzlichen Aufgaben im Zusammenhang von Maßnahmen zur Sicherung der Beschäftigung Älterer]. Rōdō seisaku kenkyū kenshū kikō: http://www.jil.go.jp/institute/zassi/backnumber/2006/05/pdf/043-050.pdf (letzter Abruf: 12.3.2015).

Yamashita, Noboru (2007): *Act Concerning Stabilization of Employment of Older Persons.* Japan Institute for Labour Policy and Training: http://www.jil.go.jp/english/JLR/documents/2007/JLR15_yamashita.pdf (letzter Abruf: 12.3.2015).

Yanagisawa, Takeshi (2009): *Kōnen-hō no koyō kakuho sochi wo meguru atarata-na hōteki kadai* [Neue gesetzliche Aufgaben bezüglich der Maßnahmen zur Sicherung von Beschäftigung im *employment stabilization law*]. Rōdō seisaku kenkyū kenshū kikō: http://www.jil.go.jp/institute/zassi/backnumber/2009/08/pdf/065-075.pdf (letzter Abruf: 12.3.2015).

Yashiro, Atsushi (2009): *Teinen enchō to keizoku koyō seido – 60 sai ikō no koyō enchō to jinteki shigen kanri* [Anhebung des betrieblichen Rentenalters und Systeme der Beschäftigungs-fortsetzung – Beschäftigungsfortsetzung über dem 60. Lebensjahr und das Management menschlicher Resourcen]. Rōdō seisaku kenkyū kenshū kikō: http://www.jil.go.jp/institute/zassi/backnumber/2009/08/pdf/020-029.pdf (letzter Abruf: 12.3.2015).

Yashiro, Naohiro (1995): The Growth of the Ageing Population in Japan – The Economic Impact. In: *Forum Demographie und Politik* 8, S. 155–170.

Yashiro, Naohiro (2008): Economic Factors in the Declining Birth Rate. In: Coulmas, Florian, Harald Conrad, Annette Schad-Seifert und Gabriele Vogt (Hg.): *The Demographic Challenge: A Handbook about Japan.* Leiden: Koninklijke Brill NV, S. 933–946.

Yugami, Kazufumi (2006): *Regional Divergences in Unemployment Rates in Japan and Their Factors.* Japan Institute for Labour Policy and Training: http://www.jil.go.jp/english/JLR/documents/2006/JLR12_yugami.pdf (letzter Abruf: 12.3.2015).

Zenkoku shirubā jinzai sentā jigyō kyōkai [National Silver Human Resource Center Association] (2013): *Jigyō hōkokusho* [Geschäftsbericht]. Zenkoku shirubā jinzai sentā jigyō kyōkai: http://www.zsjc.or.jp/kyokai/acv_pdf?id=16 (letzter Abruf: 12.3.2015).

Annex

Anhang 1: Verzeichnis japanischer Begriffe

Japanische Begriffe in *rōmaji*-Umschrift	Japanische Begriffe in Schriftzeichen (*kanji*)	Deutsche bzw. englische Übersetzung
Anmoku-chi	暗黙知	Implizites Wissen
Chingin gappu	賃金ガップ	Gehaltslücke
Chingin no furato-ka	賃金のフラト化	Abflachung des Gehalts(-profils)
Chōju shakai	長寿社会	Gesellschaft der Langlebigkeit
Chōju taikoku nippon	長寿大国日本	Japan, Land des langen Lebens
Chō-kōrei shakai	超高齢社会	Überalterte Gesellschaft, *hyperaged society*
Chūshō kigyō	中小企業	Kleine und mittlere Unternehmen (KMU)
Chūshō kigyō kihon-hō	中小企業基本法	*Small and medium enterprise basic law*
Chūshō kigyō sōgō kenkyū kikō kenkyū-bu	中小企業総合研究機構研究部	Japan Small Business Research Institute, Research Department
Dai-bunrui	大分類	Obere Klassifikation
Dai-kigyō	大企業	Großunternehmen
Danjo koyō kikai kintō-hō	男女雇用機会均等法	*Law on equal employment and treatment between men and women in employment* (EEOL)
Dankai sedai	団塊世代	„Klumpengeneration", *baby-boom-generation*
Dekasegi-sha	出稼ぎ者	Saisonale Wanderarbeiter
Denki sangyō	電機産業	Elektronikindustrie
Doryoku gimu	努力義務	Pflicht zur Bemühung, *duty to endeavour*
Eiji furī	エイジ・フリー	„altersfrei", altersneutral
Enzeru puran	エンゼルプラン	*Angel plan* (1995-1999)

Japanische Begriffe in *rōmaji*-Umschrift	Japanische Begriffe in Schriftzeichen (*kanji*)	Deutsche bzw. englische Übersetzung
Genba	現場	Fabrikationsebene, *working floor*
Gōkei tokushu shusshō-ritsu	合計特殊出生率	Gesamtfertilitätsrate, *total fertility rate* (TFR)
Haken rōdō-sha	派遣労働者	Leiharbeiter, *dispatched worker*
Hāro-wāku	ハールワーク	„Hello-work"
Heikin junyō	平均寿命	Durchschnittliche Lebenserwartung
Hi-seiki jugyō	非正規従業	Nicht-reguläre Beschäftigung, *non-regular employment*
Hiyatoi	日雇い	Tagelöhner
Hōsei daigaku innobēshon manejimento kenkyū-ka	法政大学イノベーション・マネジメント研究科	Hōsei University, Graduate School of Innovation and Management
Hōshū hirei bubun	報酬比例部分	Einkommensabhängige Rentenkomponente
Ippan shoku	一般職	„Bürotätigkeit"
Jetoro saitama jōhō desuku – saitama kokusai bijinesu sapōto sentā	ジェトロ埼玉情報デスク・埼玉国際ビジネスサポートセンター	JETRO Saitama Information desk – Saitama International Business Support Centre
Jinji rōmu kanri	人事労務管理	Personalführung, *human resource management*
Jinkō dōtai no henka	人口動態の変化	Demografischer Wandel
Jinkō no kōrei-ka	人口の高齢化	Bevölkerungsalterung
Jikkō intai nenrei	実効引退年齢	Durchschnittliches Rentenzugangsalter
Jūzoku jinkō shisū	従属人口指数	Abhängigkeitsquotient, *total dependency ratio*
Kabushiki gaisha yamatake	株式会社山武	Yamatake Corporation
Kakusa shakai	格差社会	Soziale Stratifikation
Kanji	漢字	Sinojapanische Schriftzeichen
Kazoku jugyō-sha	家族従業者	Familienangestellte
Keiō gijuku daigaku keizai-gaku kenkyū-ka	慶應義塾大学経済学研究科	Keiō University, Graduate School of Economics
Keiyaku kikan	契約期間	Vertragszeitraum

Japanische Begriffe in *rōmaji*-Umschrift	Japanische Begriffe in Schriftzeichen (*kanji*)	Deutsche bzw. englische Übersetzung
Keiyaku shain	契約社員	Vertragsarbeiter, Kontraktarbeiter
Keizoku koyō seido	継続雇用制度	System (betrieblicher) Beschäftigungsfortsetzung
Keizoku koyō sochi	継続雇用措置	Maßnahmen (betrieblicher) Beschäftigungsfortsetzung
Kigyō nenkin	企業年金	Betriebsrente
Kinmu enchō seido	勤務延長制度	Beschäftigungsverlängerungs-system, *employment extension*
Kinmu keitai	勤務形態	Beschäftigungsform
Kokumin futan	国民負担	Nationale Steuer- und Ausgabenlast
Kokumin nenkin hoken	国民年金保険	*National pension insurance* (NPI)
Kōnen-rei koyō no keizoku kyūfu	高年齢雇用の継続給付	*Continuous employment benefits for the elderly*
Kōnen reisha koyō antei-hō	高年齢者雇用安定法	*Employment stabilization law* (ESL)
Kōnen reisha nado no koyō no antei nado ni kansuru hōritsu	高年齢者等の雇用の安定等に関する法律	*Law of stabilization of employ-ment of elderly persons*
Kōrei-ka shakai	高齢化社会	Alternde Gesellschaft, *ageing society*
Kōrei shakai	高齢社会	Alte Gesellschaft, *aged society*
Kōrei shakai taisaku kihon-hō	高齢社会対策基本法	*Basic law on measures for the ageing society*
Kōrei-sha koyō kakuho sochi	高齢者雇用確保措置	Maßnahmen zur Beschäfti-gungssicherung älterer Personen
Kōrei shōgai kyūshoku-sha koyō shien kikō	高齢・障害・求職者雇用支援機構	Japan Organization for Employment of the Elderly, Persons with Disabilities and Job Seekers (JEED)
Kōsei nenkin hoken	厚生年金保険	*Employees´ pension insurance* (EPI)
Kōsei rōdō-shō	厚生労働省	Ministry of Health, Labour and Welfare (MHLW)
Kōteki intai nenrei	公的引退年齢	Gesetzliche Regelaltersgrenze

Japanische Begriffe in *rōmaji*-Umschrift	Japanische Begriffe in Schriftzeichen (*kanji*)	Deutsche bzw. englische Übersetzung
Koyō hoken	雇用保険	„Beschäftigungsversicherung", Arbeitslosenversicherung
Koyō hoken-hō	雇用保険法	*Employment insurance law*
Kyōzai nenkin	共済年金	*Mutual aid insurance* (MAI)
Madogiwa zoku	窓際族	Ausrangierter Mitarbeiter, der keine wirkliche Funktion mehr ausübt.
Naikaku-fu	内閣府	Cabinet Office
Nenkō joretsu	年功序列	Seniorität
Nenkō joretsu chingin	年功序列賃金	Senioritätslohn
Nenkō joretsu seido	年功序列制度	Senioritätsprinzip
Nenrei sabetsu kinshi seisaku	年齢差別禁止政策	Maßnahmen zum Verbot von Altersdiskriminierung
Nenrei kiyū shakai	年齢杞憂社会	Gesellschaft, die keine Sorgen vor dem Alter verspürt
Nenrei sabetsu shakai	年齢差別社会	Gesellschaft, die Unterscheidungen anhand des Alters vornimmt
Nihon bōeki shinkō kikō	日本貿易振興機構	Japan External Trade Organization (JETRO)
Nihon gakujutsu shinkō-kai	日本学術振興会	Japan Society for the Promotion of Science (JSPS)
Nihon-gata fukushi shakai	日本型福祉社会	Wohlfahrtsgesellschaft japanischer Prägung
Nihon higai-sha koyō sokushin kyōkai	日本被害者雇用促進協会	Japan Association for Employment of Persons with Disabilities, JAED
Nihon hyōjun sangyō bunrui	日本標準産業分類	*Japan standard industrial classification*
Nihon jinron	日本人論	Diskurs über die kulturelle wie ethnische Besonderheit der Japaner
Nihon keizai dantai rengō-kai	日本経済団体連合会	Japanese Federation of Employers´ Associations
Nihon koku kenpō	日本国憲法	*Constitution of Japan*
Ni dai jinji-bu	二第人事部	„Zweite Personalabteilung" als Bezeichnung für Gewerkschaften

Japanische Begriffe in *rōmaji*-Umschrift	Japanische Begriffe in Schriftzeichen (*kanji*)	Deutsche bzw. englische Übersetzung
Nijū kōzō	二重構造	Duale Strukturen
Nikkeiren	日経連	Japanese Federation of Employers´ Associations
Ningen kankei	人間関係	(Zwischen-)menschliche Beziehungen
Ni sen jūni nen mondai	2012年問題	„Jahr 2012-Problem"
Ni sen nana nen mondai	2007年問題	„Jahr 2007-Problem"
Nure ochiba	濡れ落ち葉	Nasses Laub (das lästig an Füßen klebt)
Ōta	太田	Ōta (Tōkyōter Distrikt)
Ōta-ku sangyō shinkō kyōkai	大田区産業振興協会	Ōta City Industrial Promotion Organization
Pāto taima	パートタイマ	„Teilzeitbeschäftigter", *part-timer*
Rinji-teki koyō-sha	臨時的雇用者	Zeitarbeiter, *temporary worker*
Rōdō kijun-hō	労働基準法	*Employment standard law*
Rōdō ryoku jinkō	労働力人口	Erwerbsbevölkerung
Rōdō seisaku kenkyū kenshū kikō	労働政策研究・研修機構	Japan Institute for Labour Policy and Training (JILPT)
Rōdō seisaku shingi-kai	労働政策審議会	Beratungsausschuss für beschäftigungspolitische Maßnahmen
Rōrō kaigo	老老介護	Pflege Älterer durch Ältere
Rōshi kankei	労使関係	Arbeitgeber-Arbeitnehmer-Beziehung
Sai-koyō seido	再雇用制度	Wiederbeschäftigungssystem, *re-employment*
Saitama	埼玉	Saitama (japanische Präfektur)
Sapōto ritsu	サポート率	Unterstützungsrate, *support-ratio*
Seika shugi	成果主義	Leistungsprinzip
Seika shugi ni motoduku chingin	成果主義に基づく賃金	Leistungsbasiertes Gehalt, *performance-based wage*
Seizō-gyō	製造業	Verarbeitendes Gewerbe
Shakai chōsa dēta ākaibu kenkyū sentā	社会調査データアーカイブ研究センター	Social Science Japan Data Archive

Japanische Begriffe in *rōmaji*-Umschrift	Japanische Begriffe in Schriftzeichen (*kanji*)	Deutsche bzw. englische Übersetzung
Shakai hoken shingi-kai	社会保険審議会	Beratungsausschuss für Sozialversicherungen
Shakai hoshō jinkō mondai kenkyū-sho	社会保障・人口問題研究所	National Institute of Population and Social Security Research
Shiharai chingin moderu	支払い賃金モデル	Modell verzögerter Lohnzahlungen, *model of deferred payment*
Shin-enzeru puran	新エンゼルプラン	*New angel plan* (2000-2004)
Shin-seichō senryaku	新成長戦略	Strategie zu neuem Wachstum
Shirubā jinzai sentā	シルバー人材センター	Silver Human Resource Centre (SHRC)
Shirubā maruketo	シルバーマルケト	Silbermarkt, *silver market*
Shitsugyō	失業	Arbeitslosigkeit
Shizuoka	静岡	Shizuoka (japanische Präfektur)
Shizuoka-ken kokusai keizai shinkō-kai	静岡県国際経済振興会	Shizuoka International Business Association (SIBA)
Shōgai geneki shakai	生涯現役社会	Gesellschaft aktiver Lebenszeit
Shōkō sōgō kenkyū-sho	商工総合研究所	Shōkō Research Institute
Shokugyō antei-kyoku	職業安定局	Public Employment Security Office (PESO)
Shōshi-ka mondai	少子化問題	Problem sinkender Fertilität
Shōshi-ka taisaku purasu wan	少子化対策プラスワン	*Low fertility measures plus one programme*
Shūgyō keitai	就業形態	Anstellungsform
Shukkō	出向	Temporäre Versetzung
Sodai gomi	粗大塵	„Sperrmüll"
Sōgō shoku	総合職	„Karrierekurs"
Sōmu-shō tōkei-kyoku	総務省統計局	Ministry of Internal Affairs and Communication, Statistics Bureau
Shūshin koyō	終身雇用	Lebenslange Beschäftigung
Tabun-ka kyōsei shakai	多文化共生社会	Gesellschaft multikultureller Koexistenz
Taishoku-kin	退職金	Abschiedszuschuss

Japanische Begriffe in *rōmaji*-Umschrift	Japanische Begriffe in Schriftzeichen (*kanji*)	Deutsche bzw. englische Übersetzung
Taishū chōju jidai	大衆長寿時代	Zeitalter der Langlebigkeit
Teigaku bubun	定額部分	Fixer Sockelbetrag
Teinen nenrei	定年年齢	Betriebliches Renten(eintritts)alter
Teinen nenrei no hikiage	定年年齢の引き上げ	Anhebung des betrieblichen Renten(eintritts)alters
Teinen seido	定年制度	System des betrieblichen Renten(eintritts)alters, *mandatory retirement system*
Teinen-sei no sadame no haishi	定年制の定めの廃止	Aufhebung des Systems des betrieblichen Renten(eintritts)alters
Tenseki	転籍	Permanenter Beschäftigungstransfer
Tōkyō	東京	Tōkyō
Tōkyō daigaku shakai kagaku kenkyū-sho	東京大学社会科学研究所	University of Tōkyō, Institute of Social Science
Wāku shearingu	ワーク・シェーリング	Arbeitsteilung, *work-sharing*
Wāku-raifu shain	ワーク・ライフ社員	„*Work-life-employee*"
Wāku-wāku shain	ワーク・ワーク社員	„*Work-work-employee*"
Zaishoku rōrei nenkin	在職老齢年金	*Old-age pension for active employees*
Zenkoku chūshō kigyō dantai chūō-kai	全国中小企業団体中央会	National Federation of Small Business Associations

Anhang 2: Abkürungsverzeichnis

Länderkürzel

AUS	Australien
AUT	Österreich
BEL	Belgien
CAN	Kanada
CHE	Schweiz
CHL	Chile
CZE	Tschechische Republik
DEU	Deutschland
DNK	Dänemark
ESP	Spanien
EST	Estland
FIN	Finnland
FRA	Frankreich
GBR	Vereinigtes Königreich
GRC	Griechenland
HUN	Ungarn
IRL	Irland
ISL	Island
ISR	Israel
ITA	Italien
JPN	Japan
KOR	Korea
LUX	Luxemburg
MEX	Mexiko
NLD	Niederlande
NOR	Norwegen
NZL	Neuseeland
POL	Polen
PRT	Portugal
SVK	Slowakische Republik
SVN	Slowenien
SWE	Schweden
TUR	Türkei
USA	Vereinigte Staaten von Amerika

Sonstige Abkürzungen

ALMP	Aktive Arbeitsmarktpolitik, *active labour market policies*
AFG	Arbeitsförderungsgesetz
BMBF	Bundesministerium für Bildung und Forschung
DIHKJ	Deutsche Industrie- und Handelskammer Japan
DIJ	Deutsches Institut für Japanstudien
EEOL	*Law on equal opportunity and treatment between men and women in employment*
EML	*Employment measures law, koyō taisaku-hō*
EPI	*Employees´ Pension Insurance*
EU	Europäische Union, European Union
ESL	*Employment stabilization law*
HRM	Personalführung, *human resource management*
ILO	Internationale Arbeitsorganisation; International Labour Organization
INQA	Initiative neue Qualität der Arbeit
IOA	Institut für Orient- und Asienwissenschaften (der Rheinischen Friedrich-Wilhelms-Universität Bonn)
JAED	Japan Association for Employment of Persons with Disabilities
JEED	Japan Organization for Employment of the Elderly, Persons with Disabilities and Job Seekers, Kōrei shōgai kyūshoku-sha koyō shien kikō
JETRO	Japan External Trade Organization, Nihon bōeki shinkō kikō
JILPT	Japan Institute for Labour Policy and Training, Rōdō seisaku kenkyū kenshū kikō
JSPS	Japan Society for the Promotion of Science, Nihon gakujutsu shinkō-kai
KMU	Kleine und mittlere Unternehmen
LDP	Liberal Democratic Party, Jiyū minshu-tō
MAI	*Mutual Aid Insurance, kyōsai nenkin*
MBB	Maßnahmen betrieblicher Beschäftigungsfortsetzung
MHLW	Ministry of Health, Labour and Welfare, Kōsei rōdō-shō
NCVER	National Centre for Vocational Education Research
NPI	National Pension Insurance, *kokumin nenkin hoken*

OECD	Organisation für wirtschaftliche Zusammenarbeit und Entwicklung, Organization of Economic Co-operation and Development
PAYG	Umlageverfahren, *pay-as-you-go*
PESO	Public employment security office, shokugyō antei-kyoku
PLMP	Passive Arbeitsmarktpolitik, *passive labour market policies*
SHRC	Silver Human Resource Center, shirubā jinzai sentā
SIBA	Shizuoka International Business Association, Shizuoka-ken kokusai keizai shinkō-kai
TFR	Totale Fertilitätsrate, *total fertility rate*
UN	Vereinte Nationen, United Nations
WAA	World Assembly on Ageing
WHO	Weltgesundheitsorganisation, World Health Organization

Anhang 3: Verzeichnis von Tabellen und Abbildungen

Anhang 4: Arbeitgebergerichteter Fragebogen

日本の製造業中小企業における継続雇用制度　（企業調査)

ごあいさつ

拝啓　時下ますますご清祥のこととお慶び申し上げます。
さてこの調査は、ドイツボン大学で日本の地域研究を学んだドイツ人ウィトゥケ・アレクサンダーが慶應義塾大学経済研究科の准訪問研究員として行うものです。本調査は匿名調査であり、ご回答頂いた内容はすべて統計的に処理します。貴社名、個人名が他に漏れることは一切ありません。ご多忙のところまことに恐縮ですが、調査にご協力いただきますようお願い申し上げます。

ウィトゥケ・アレクサンダー
平成２２年５月

ご記入にあたってのお願い

1) この調査は、原則として２０１０年５月１日現在の状況についてご記入下さい。
2) 本調査は、企業を単位として行っています。従って、特に断りのない場合は、本社事業所だけでなく、支店、出張所、営業所等を含めた会社全体についてご回答下さい。
3) 「一つだけ○」「いくつでも○」等、調査票の指示に従いながら、該当する番号に○印をご記入いただくかまたは該当する数字を記入下さい。
4) 分かりませんを避け出来る限りご記入ください。
5) この調査について、不明な点がございましたらご遠慮なく下記にお問い合わせください。
6) 調査結果をご希望の方には、結果がまとまり次第、要約をお送りします。
7) 科学的な調査は、日本における継続雇用の改善に役立ちます。このアンケートの様々な問いに対し出来る限り率直にご回答くださいますようご協力よろしくお願いいたします。

社名	
住所	〒
氏名	
部署／役職	

調査実施一般・調査内容

慶應義塾大学、ウィトゥケ・アレクサンダー
准訪問研究員　住所: 〒１０８-８３４５東京都港区三田二丁目１５番４５号
経済研究科　Tel: 03-3453-4511
慶応義塾大学　E-Mail: 213114@a8.keio.jp

従業上の地位に関する本調査の定義

継続雇用措置	定年年齢の引上げ、定年制の定めの廃止、再雇用制度又は勤務延長制度の導入。
継続雇用(制度)	再雇用制度又は勤務延長制度の導入。
再雇用制度	定年年齢に到達した者をいったん退職させた後、再び雇用する制度。
勤務延長制度	定年年齢が設定されたまま、その定年年齢に到達した者を退職させることなく引き続き雇用する制度。
継続社員	再雇用制度又は勤務延長制度で雇用されている者。さらに、継続雇用措置の導入で 定年年齢が引き上げられた、または定年制が廃止されたので引き続き雇用されている者。

1

		正規従業員	雇用している労働者のうち特に雇用期間を定めていない者なので、パートタイマー及び他企業への出向者は除きます。
従業員	非正規従業員	契約社員	専門的職責に従事させることを目的に契約に基づき雇用し、雇用期間が定まっている者
		臨時的雇用者	臨時的にまたは日々雇用している者。1ケ月以内の雇用期間が定められている者。
		パートタイマー(正社員より短時間)	いわゆる正規従業員より1日の所定労働時間が短いか、1週間の所定労働日数が少ない者。雇用期間は1ケ月を超えるか、または定まっていない者。
		パートタイマー(その他)	いわゆる正規従業員と1日の所定労働時間と1週間の所定労働日数がほぼ同じ者。雇用期間は1ケ月を超えるか、または定まっていない者でパートタイマーやその他もこれに属する名称で呼ぶ者。
		出向社員	他企業より出向契約に基づき出向してきている者。出向元に籍をおいているかどうかは問いません。
その他		派遣労働者	「労働者派遣法」に基づき派遣元事業所 (派遣会社) から派遣された者。
		職場内の請負社員	業務請負契約により、貴社の事業所内で働いている者。

アンケート調査

I) 貴社について

F-1: 貴社の業種は何ですか。(1つだけ○を付けて下さい)

(1) 食料品製造業
(2) 飲料・たばこ・飼料製造業
(3) 繊維工業
　(衣服、その他の繊維製品製造業を除く)
(4) 衣服・その他の繊維製品製造業
(5) 木材・木製品製造業 (家具を除く)
(6) 家具・装備品製造業
(7) パルプ・紙・紙加工品製造業
(8) 出版・印刷・同関連産業

(9) 化学工業
(10) 石油製品・石炭製品製造業
(11) プラスチック製品製造業
　(別掲を除く)
(12) ゴム製品製造業
(13) なめし革・同製品・毛皮製造業
(14) 窯業・土石製品製造業
(15) 鉄鋼業
(16) 非鉄金属製造業

(17) 金属製品製造業
(18) 一般機械器具製造業
(19) 電気機械器具製造業
(20) 情報通信機械器具製造業
(21) 電子部品・デバイス製造業
(22) 輸送用機械器具製造業
(23) 精密機械器具製造業
(24) 武品製造業
(25) その他の製造業

F-2: 貴社の系列状況は何ですか。(1つだけ○を付けて下さい)

(1) 貴社に出資している親会社はありません。
(2) 貴社が20%以上を出資している子会社・関連会社があります。
(3) 貴社の資金の20%以上を出資している親会社があります。
(4) 分かりません

F-3: 貴社は定年年齢を設定していますか。(1つだけ付けて下さい。定年年齢が一律に設定されている場合は、具体的な年齢を記入して下さい)

(1) はい、一律に □□ 歳を定年年齢と設定しています。 (F4へ進む)
(2) はい、職種によって定年年齢を設定しています。 (F4へ進む)
(3) はい、別の定年基準があります。具体的には_____によって定年年齢を設定しています。 (F4へ進む)
(4) いいえ、定年制度がありません。 (F3.1へ進む)
(5) 分かりません (F4へ進む)

2

F-3.1: 貴社は、どの様な理由で定年制度を廃止しましたか。(自由に書いて下さい)

_____

_____

_____

F-4: 貴社の平均的な退職年齢は何歳ですか。(1つだけ○を付けて下さい。また、具体的な年齢を記入して下さい)

(1) 平均的な退職年齢は □□ 歳です。
(2) 分かりません

F-5: 就業形態別の社員数について記載して下さい。(下記の就業形態がない場合は、0と記入して下さい)

(1) 正規従業員 .... □□ 名
(2) 非正規従業員 .... □□ 名

F-5.1: 就業形態別の社員数は3年前と比べて、どれくらい増減しましたか。
(一つの就業形態毎に1つ選んで○を付けて下さい)

就業形態別の社員数の変化	2割以上の減少	1割以上2割未満の減少	1割未満の少	ほとんど増減はない	1割未満の増大	1割以上2割未満の増大	2割以上の増大
正規従業員							
非正規従業員							

F-6: 年齢階級に社員数を教えて下さい。(下記の年齢層の社員がいない場合は、0と記入して下さい)

(1) 39歳未満.. □□ 名
(2) 40~49歳 .... □□ 名
(3) 50~59歳 .... □□ 名
(4) 60歳又は60歳以上 .... □□ 名

F-7: 社員のうち、継続社員数はどのぐらいですか。(下記の社員部分の名数を記入して下さい。)

(1) 全社員数 □□ 名 　　　　　　(2) 継続社員 □□ 名

F-7.1: 全社員数のうち、継続社員数は、3年前と比べてどの程度増減しましたか。(1つだけ○を付けて下さい)

(1) 減少しました -> □□ 割程度 　　　　(2) 増大しました -> □□ 割程度

II) 貴社における継続雇用措置の枠組

II-1) 貴社における継続雇用措置の内容・相談過程 について

問1: 貴社の継続雇用措置では、最高何歳まで継続雇用が可能ですか。
(1つの回答だけを選んで答えて下さい)

(1) □□ 歳まで 　　　　　　　(2) 特に継続社員の最高雇用年齢は、設定していません。

問2: 貴社は定年に達した社員を継続的に雇用するために以下のどの措置を導入されていますか。
（いくつでも○を付けて下さい）

(1) 再雇用制度の導入　　　　　(3) 定年の引上げ (問9へ進む)　　　　(5) 特に行っていません
(2) 勤務延長制度の導入　　　　(4) 定年の定めの廃止 (問9へ進む)

問3: 貴社では、原則として何歳から継続雇用制度に適用されますか。
（1つの回答だけを選んで答えて下さい）

(1) ☐☐ 歳から　　　　　　　　　(2) 特に適用年齢を設定していません。

問4: 貴社で継続雇用希望者の雇用継続相談についてお聞かせ下さい。

(1) 継続雇用希望者の相談は平均的に ☐☐ ヵ月ぐらいかかります。
(2) 継続雇用希望者の相談中、雇用主と継続雇用希望者は平均的に ☐☐ 回ぐらい会います。

問5: 貴社の継続雇用制度の内容の相談についてお聞かせ下さい。継続社員に、どのような内容の相談を行っていますか。(いくつでも○を付けて下さい)

(1) 会社は、特に雇用条件や仕事内容を継続雇用希望者に説明していません。
(2) 会社は、雇用条件や仕事内容を継続雇用希望者に説明しています。
(3) 会社は、継続雇用希望者から仕事内容や雇用条件について希望聴取を行っています。
(4) 会社は、継続雇用希望者の仕事内容や雇用条件についての希望と会社での雇用の可能性を調整しています。
(5) その他、具体的に _____
(6) 分かりません

II-2) 貴社の継続雇用制度の希望者の選考について

問6: 貴社の継続雇用制度を利用する事が出来るのはどういう人ですか。（1つだけ○を付けて下さい）

(1) 原則として継続雇用希望者全員が利用する事が出来ます。（問9へ進む）
(2) 継続雇用希望者の選考を行っています。（問6.1へ進む）
(3) 分かりません　（問9へ進む）

問6.1: 問6で「選考を行っている」とお答えの方に　-　継続雇用者の各選考基準の重要性についてお聞かせ下さい。（一つの基準毎に○を1つ付けて下さい）

継続雇用制度の選考基準	全く重要ではない	あまり重要ではない	重要である	とても重要である
希望者の健康				
希望者の出勤率・勤務態度				
希望者の意思・意欲				
希望者の定年前の職務が続けられる事				
希望者が会社が指定する職務内容に合意出来ること				
希望者が熟練や経験による特定の技能・技術を持っている事				
希望者が専門的な資格を持っている事				
希望者が他の社員の指導・教育が出来る事				
希望者の一定の業績評価				
職場における協調性				
希望者の定年到達時の役職				
会社が特に必要と認めた希望者				
希望者の業職種				
その他、具体的に				

4

問7: 定年年齢に到達した全社員のうち、何パーセントの社員が継続雇用を希望していますか。
(過去3年間での平均でお答えて下さい)(1つだけ〇を付けて下さい)

(1) 20%の未満
(2) 20~39%
(3) 40~59%

(4) 60~79%
(5) 80~99%
(6) 全員

(7) 分かりません

問8: 継続雇用制度の希望者のうち、何パーセントの希望者が実際に選ばれていますか。(過去3年間での平均でお答えて下さい)(1つだけ〇を付けて下さい)

(1) 20%未満
(2) 20~39%
(3) 40~59%

(4) 60~79%
(5) 80~100%
(6) 分かりません

問8.1: 問8で挙げた継続雇用希望者が選ばれる割合は今後3年間にどうの様に変更すると思いますか。
(1つだけ〇を付けて下さい)

(1) 2割以上減少すると思います。
(2) 1割以上2割未満減少すると思います。
(3) 1割未満減少すると思います。
(4) ほぼ増減はないと思います。

(5) 1割未満増大すると思います。
(6) 1割以上2割未満増大すると思います。
(7) 2割以上増大すると思います。
(8) 分かりません

II-3) 貴社の継続雇用制度における職場配置について

問9: 貴社は、継続社員の仕事内容をどの様に決めていますか。(1つだけ〇を付けて下さい)

(1) 原則として継続社員は、以前と同じ内容の仕事を継続します。(問10へ進む)
(2) 原則として継続社員は、以前と異なる内容の仕事をします。(問10へ進む)
(3) 継続社員の仕事内容は、各人毎に決めています。(問9.1へ進む)
(4) 分かりません (問12へ進む)

問9.1: 問9で「継続社員の仕事内容は、各人毎に決めています」とお答えの方に - 継続社員のうち、何パーセントが以前と異なる内容の仕事をしていますか。(過去3年間の平均の割合をご記入下さい)
□□□%ぐらい

問9.2: 問9で「継続社員の仕事内容は、各人毎に決めています」とお答えの方に - どの要因が各人の仕事内容に影響を与えていると思いますか。(一つの基準に当たり1つだけ〇を付けて下さい)

各人の仕事内容を決める要因	全く重要ではない	あまり重要ではない	重要である	とても重要である
組織運営上の要因 (例: 継続雇用者にふさわしいポストがない等)				
継続社員側の要因 (例: 健康等)				
継続社員が優先する働き方等の要因 (例: 労働時間等)				
その他、具体的に				

問9.3: 問9で「継続社員の仕事内容は、各人毎に決めています」とお答えの方に ― もし貴社が全ての継続雇用希望者を継続雇用しなくてはならなくなった場合、仕事内容について各人毎に決めることはそれでも貴社にとって意味があると思いますか。
(一つの場合に当たり1つだけ〇を付けて下さい)

(1) はい、意味があると思います。
(2) いいえ、意味がないと思います。

(3) 本社では、既に継続雇用希望者全員を継続雇用させています。
(4) 分かりません 。

問10: 教えて下さい。以下の職種は
a) 貴社に一般的にありますか。(ある場合は○を付けて下さい、いつでも可能)
b) 原則として貴社の継続雇用措置にありますか。(ある場合は○を付けて下さい、いつでも可能)

職種	a	b
生産部門		
サービス業		
事務職		
人事労務管理		
一般の管理職		
営業・販売業		
運輸業		
その他、具体的に		

II-4) 貴社の継続雇用措置の雇用条件について

問11: 貴社の継続社員の雇用条件についてお聞かせ下さい。(付問13.6を除き、過去3年間の平均で最も多いケース1つに○を一つ付けて下さい)

問11.1: 就業形態

(1) 臨時的雇用者
(2) 出向社員
(3) 派遣社員
(4) パートタイマー (正社員より短時間)
(5) パートタイマー (その他)
(6) 嘱託・契約社員
(7) 正社員
(8) その他、具体的に _____
(9) 分かりません

問11.2: 勤務形態

(1) 在宅勤務
(2) 勤務日と時間帯を柔軟に設定できるフレックス勤務
(3) フルタイムより勤務日数が少なく、1日の勤務時間も短い
(4) フルタイムより勤務日数が同じで、1日の勤務時間が短い
(5) フルタイムより勤務日数が少なく、1日の勤務時間は同じ
(6) フルタイム
(7) その他、具体的に _____
(8) 分かりません

問11.3: 継続雇用の契約期間

(1) 六カ月未満
(2) 六カ月以上一年未満
(3) 一年
(4) 一年以上
(5) 契約期間を定めていない
(6) 無制限の契約期間
(7) 分かりません

問11.4: 賃金水準は、定年到達時の賃金水準と比べて、どのぐらいになるように設定されていますか。(定年到達時の賞与を含める賃金の年間水準 = 100%とします)

(1) 定年到達時の賃金の30%未満
(2) 定年到達時の賃金の30~49%程度
(3) 定年到達時の賃金の50~69%程度
(4) 定年到達時の賃金の70~89%程度
(5) 定年到達時の賃金とほぼ同程度
(6) 定年到達時の賃金より多い
(7) 分かりません

6

問11.5: 貴社の継続雇用制度における賃金の定め方で特に考慮されている点は何ですか。
(いくつでも〇をつけて下さい)

(1) 業績別の賃金
(2) 退職金の受給状況
(3) 初任給の水準
(4) 地域別の最低賃金
(5) 業界他社の状況
(6) 在職老齢年金の受給状況
(7) 高年齢雇用の継続給付の受給状況
(8) 定年到達時の賃金の水準
(9) その他、具体的に ＿＿＿＿＿＿＿＿＿＿
(10) 分かりません

問11.6: 賞与の支給状況

(1) 賞与の支給はない
(2) すべての継続雇用者に定率で支給
(3) すべての継続雇用者に一律定額を支給
(4) 継続雇用制度内の担当職務に応じて支給
(5) 高い業績をあげた者のみに支給
(6) その他、具体的に ＿＿＿＿＿＿＿＿＿＿
(7) 分かりません

問11.7: 年収の水準は、定年到達時の年収の水準と比べて、どのぐらいになるように設定していますか。
(なお年収には賞与と年金・高年齢雇用継続給付等の公的受給を含めた年収の年間水準=100%とします)

(1) 定年到達時の年収の30%未満
(2) 定年到達時の年収の30~49%程度
(3) 定年到達時の年収の50~69%程度
(4) 定年到達時の年収の70~89%程度
(5) 定年到達時の年収とほぼ同じ程度
(6) 定年到達時の年収より多い
(7) 分かりません

問11.8: 労働組合への加入

(1) 労働組合がありません。
(2) 労働組合に加入できません。
(3) 労働組合に加入できます。
(4) その他、具体的に ＿＿＿＿＿＿＿＿＿＿＿
(5) 分かりません

III) 貴社の継続雇用措置の目的について

問12: 貴社が継続雇用措置を行っている目的は何ですか。下記の目的の重要性を評価して下さい。
(一つの目的毎に1つ〇を付けて下さい)

貴社が継続雇用制度を行っている目的	全く重要ではない	あまり重要ではない	重要である	とても重要である
企業別の知識・技能を確保することために				
定年到達時に比べて、低賃金で雇用できるため				
定年到達時に比べて、社会保険料等を支払わずに雇用できるため				
貴社は社員に責任を感じるため				
柔軟な人事労務管理を実現するため (例: 短期の雇用期間、景気変動に応じた人員消減の容易さ等)				
若い社員の人員不足を和らげるため				
若年者より高年齢者の働きぶり　(例: 勤務態度)　が良いため				
その他、具体的に				

問13: 次のような仮定を想像してお答え下さい。さまざまな理由で貴社の継続社員が全員直ちに継続雇用をやめ退職したとします。この場合、貴社はどのような状況になると思われますか。(1つだけ〇を付けて下さい)

(1) 全く困難な状況にならないと思います。
(2) それほど困難な状況にならないと思います。
(3) やや困難な状況になるものと思います。
(4) とても困難な状況になるものと思います。
(5) 分かりません

問14: 貴社の継続社員の仕事を未熟練かつ臨時的雇用者で置き換える場合、全ての継続社員中何割まで
が未熟練かつ臨時的雇用者で置き換え可能だと思われますか。(1つだけ○を付けて下さい)

(1) 一切置換可能でありません (問14.1へ進む)
(2) 2割未満 (問14.1へ進む)
(3) 2割以上4割未満 (問14.1へ進む)
(4) 4割以上6割未満 (問14.1へ進む)
(5) 6割以上8割未満 (問14.1へ進む)
(6) 8割以上10割未満 (問14.1へ進む)
(7) 完全に置換可能です (問15へ進む)

問14.1: 上記で回答した継続社員を未熟練かつ臨時的雇用者と置換ることができない場合には、その要
因は、何だと思われますか。(一つの要因毎に1つの○を付けて下さい)

置換が不可能な要因	全く重要ではない	あまり重要ではない	重要である	とても重要である
継続社員の特別な技能・熟練				
継続社員の特別な知識				
継続社員の経験				
継続社員の特別な取引先との関係				
継続社員の勤務態度				
継続社員の方が人件費はかからない				
その他、具体的に				

問15:日本では、高年齢者雇用安定法等や高年齢雇用継続給付があります。この法律により、継続雇用導入
の義務がある一方で、補助金により継続雇用者の賃金を引き下げることが出来ます。この法律と補助金両方
が存在しない場合、貴社の継続雇用措置にどの様な影響があると思いますか。(1つだけ○を付けて下さい)

(1) 貴社は定年年齢に達した社員を一切継続雇用しません。
(2) 貴社は継続雇用社員数を減らします。
(3) 貴社の継続社員数はあまり変わりません。
(4) 貴社は継続社員数を増やします。
(5) 貴社は、定年年齢を引き上げない又は定年
制度を廃止しません。
(6) それでも、貴社は定年年齢の引き上げの
導入又は、定年制度の廃止を導入します。
(7) 分かりません

問16: 継続社員の雇用は貴社の利益にどの様々な影響を与えていると思いますか。
(1つだけ○を付けて下さい)

(1) とても悪い影響に与えていると思います。
(2) 悪い影響を与えていると思います。
(3) それほど影響を与えていないと思います。
(4) 良い影響を与えていると思います。
(5) とても良い影響を与えていると思います。
(6) 分かりません

アンケートは、以上です。お忙しいところご協力いただきまして、誠にありがとうございました。

8

Anhang 5: Arbeitnehmergerichteter Fragebogen

日本の製造業中小企業における継続雇用制度 (従業員調査)

ごあいさつ

拝啓 時下ますますご清祥のこととお慶び申し上げます。
さてこの調査は、ドイツボン大学で日本の地域研究を学んだドイツ人ウィトゥケ・アレクサンダーが慶應義塾大学経済研究科の准訪問研究員として行うものです。本調査は匿名調査であり、ご回答頂いた内容はすべて統計的に処理します。貴社名、個人名が他に漏れることは一切ありません。ご多忙のところを恐縮ですが、調査にご協力いただきますようお願い申し上げます。

ウィトゥケ・アレクサンダー
平成22年5月

ご記入にあたってのお願い

1) この調査は、原則として平成22年1月1日現在の状況についてご記入下さい。
2) 「一つだけ◯」「いくつでも◯」等、調査票の指定に従いながら、該当する番号に◯印をご記入いただくかまたは該当する数字をご記入下さい。
3) この調査についての不明な点はいつでもご遠慮なく下記にお問い合わせ下さい。
4) ご回答は所属する企業ごとに整理しますで、貴社名を記入ください。
5) 出来る限りご記入下さい。空欄があっても構いませんのでご返送下さい。
6) アンケートへご記入後は、お手数ですが平成22年11月1日(月)までに同封の返信用封筒にてご返送下さい。
7) 科学的な調査は、日本における継続雇用制度の改善につながります。雇用主と継続社員双方の意見から長所も問題点も分析することが可能です。このアンケートの様々な問いに対し出来るだけ率直にご回答くださいますようご協力よろしくお願いいたします。

社名	
部署／役職	

調査実施一般・調査内容

慶應義塾大学、ウィトゥケ・アレクサンダー
准訪問研究員　　住所：〒108-8345東京都港区三田二丁目15番45号
経済研究科　　　Tel: 03-3453-4511
慶応義塾大学　　E-Mail: 213114@a8.keio.jp

従業上の地位に関する本調査の定義

継続雇用措置	定年年齢の引上げ、定年制の定めの廃止、再雇用制度又は勤務延長制度の導入
継続雇用(制度)	再雇用制度又は勤務延長制度の導入
再雇用制度	定年年齢に到達した者をいったん退職させた後、再び雇用する制度
勤務延長制度	定年年齢が設定されたまま、その定年年齢に到達した者を退職させることなく引き続き雇用する制度。
継続社員	再雇用制度又は勤務延長制度で雇用されている者。さらに、継続雇用措置の導入で 定年年齢が引き上げられた、または定年制が廃止されたので引き続き雇用されている者。

1

		正規従業員	雇用している労働者のうち特に雇用期間を定めていない者なので、パートタイマー及び他企業への出向者は除きます。
従業員	非正規従業員	契約社員	専門的職責に従事させることを目的に契約に基づき雇用し、雇用期間が定まっている者。
		臨時的雇用者	臨時的にまたは日々雇用している者。1ヶ月以内の雇用期間が定められている者。
		パートタイマー(正社員より短時間)	いわゆる正規従業員より1日の所定労働時間が短いか、1週間の所定労働日数が少ない者。雇用期間は1ヶ月を超えるか、または定まっていない者。
		パートタイマー(その他)	いわゆる正規従業員と1日の所定労働時間と1週間の所定労働日数がほぼ同じ者。雇用期間は1ヶ月を超えるか、または定まっていない者でパートタイマーやその他もこれに属する名称で呼ぶ者。
		出向社員	他企業より出向契約に基づき出向してきている者。出向元に籍をおいているかどうかは問いません。
その他		派遣労働者	「労働者派遣法」に基づき派遣元事業所(派遣会社)から派遣された者。
		職場内の請負社員	業務請負契約により、貴社の事業所内で働いている者。

アンケート調査

I) 回答者のご自身についての質問

F-1: 性別 (○を付けて下さい)
(1) 女性　　　　(2) 男性

F-2: 年齢 (ご年齢をご記入下さい)
☐☐ 歳

F-3: 配偶者の有無 (1つだけ○を付けて下さい)
(1) 未婚　　　　(2) 既婚　　　　(3) 離婚・未亡人など

F-4: 現在同居している家族は何人ですか。(人数をご記入下さい)
☐☐ 名

F-5: 現在の生活の収入源は次のうちのどれですか。(複数に○を付けても可)
(1) 自身の賃金収入
(2) 配偶者の賃金収入
(3) 子供の賃金収入
(4) 財産収入 (家賃・利子・配当金)
(5) 自営業などの事業収入
(6) 仕送り
(7) 貯蓄の取りくずし
(8) 公的給付 (高年齢雇用継続給付又は在職老齢年金の受給)
(9) 企業年金
(10) その他、具体的に _____
(11) 分かりません

F-5.1: 世帯の年収の水準をお聞かせ下さい。(税引き前) (複数に○を付けても可)
(1) 200万円未満
(2) 201～400万円
(3) 401～600万円
(4) 601～800万円
(5) 801～1.000万円
(6) 1.001～1.200万円
(7) 1.201～1.400万円
(8) 1.400万円以上
(9) 分かりません

F-6: 最終学歴についてお聞かせ下さい。(1つだけ○を付けて下さい)
(1) 中学又は高校
(2) 専門学校、各種学校
(3) 高専、短大
(4) 大学
(5) 大学院
(6) その他、具体的に _____

2

II) 回答者個人の就業理由等について

問1: 下記にあるさまざまな就労目的のうち、どの目的がご自分にとってどれほど重要か各々についてお答え下さい。(就労目的毎に、重要さの度合いを1つだけ選んで下さい)

就労目的のさまざまな面	全く重要ではない	それほど重要ではない	重要である	とても重要であること
家計を支えるため				
自身の生活水準の維持・向上のため				
仕事内容に興味を持っているから				
自身の技術・経験・知識が使えるから				
責任の重い仕事に従事しているまたは役職についているから				
仲間・取引先等との連絡ができるから				
職場環境が良いから				
時間の管理を任されていること				
都合の良い時間(日)に働けるから				
いつでも辞められるから				
他に適当な仕事がないから				
その他、具体的に				

問2: 下記の意見のうち、どの意見がご自分に一番良く当てはありますか。(1つだけ○を付けて下さい)

(1) 生計費を得ること以外、労働は自分にとって特別な意味がないと思います
(2) 生活に困っていない場合でも働き続けたいと思います
(3) 労働は人間の一番大切な活動だと思います

問3: 勤め先を自由に決められるならば、下記の中からどれを選択しますか。(1つだけ○を付けて下さい)

(1) 退職して、働きません　　　(2) 他の職場に移り、働き続けます　　　(3) 現在の職場で働き続けます

問4: 積極的に新しい仕事を探す場合、新しい仕事を見つけることは、自分にとって難しいと思いますか、それとも簡単だと思いますか。(1つだけ○を付けて下さい)

(1) とても簡単だと思います　　　　　　(3) 難しいと思います
(2) 簡単だと思います　　　　　　　　　(4) とても難しいと思います

問5: 下記の活動下記の活動の回数をお答え下さい。(活動毎に1つ○を付けて下さい)

活動	何もしない	一年に一二回	一カ月に一二回	一週間に一二回	一日一二日に	毎日
家事をすること(掃除・食事を作る等)						
家族との時間(遠足、親類の訪問等)						
家族内の児童教育・保護						
家族(高齢者や障害者)の介護						
ボランティア活動						
自己開発						
一般な余暇活動(運動・文化・メディア等)						
その他、具体的に						

3

問6: 下記の意見についてお聞かせ下さい。(意見毎に1つ○を付けて下さい)

会社との関係についての意見	同意しない	あまり同意しない	そこそこ同意する	同意する
この企業で働くことを誇りに思います				
今仕事に従事していることを誇りに思います				
自分にとって居心地が良い会社だと思います				
企業内に親しい友人がいると思います				

問7: 下記の生活面の満足度についてお聞かせ下さい。(生活面毎に1つ○を付けて下さい)

生活面	とても不満	不満	満足	とても満足
健康状態				
生活水準				
全体的な生活				

III) 継続雇用の枠組みについて

問8: どの継続雇用形態で働いていますか。(1つだけ○を付けて下さい)

(1) 再雇用制度
(2) 勤務延長制度
(3) 定年の引上げ

(4) 定年の定めの廃止
(5) 特別な継続雇用措置で雇用されていません
(6) 分かりません

問8.1: 何歳から継続雇用されていますか。(具体的に年齢を記入して下さい)

☐☐ 歳から継続雇用されています

問9: 継続雇用制度における仕事内容を決める際に、自身の希望がどのくらい考慮されたと思いますか。
(いくつでも○を付けて下さい)

(1) 会社は、特に雇用条件や仕事内容を私に説明していなかったと思います
(2) 会社は、雇用条件や仕事内容を私に説明していたと思います
(3) 会社は、私から仕事内容や雇用条件について希望聴取を行っていたと思います
(4) 会社は、私の仕事内容や雇用条件についての希望と会社での雇用の可能性を調整していたと思います
(5) その他、具体的に＿＿＿＿＿＿＿＿＿＿＿＿＿＿＿＿＿＿＿＿＿＿＿＿＿＿＿＿＿＿＿
(6) 分かりません

IV) 継続雇用における仕事について

問10: 職種について教えて下さい。
a) 定年到達前の職種は何でしたか。(1つだけ○を付けて下さい)
b) 継続雇用された後の職種は何ですか。(1つだけ○を付けて下さい)

職種	a	b
専門的・技術的な仕事 (技術的、専門的性質な仕事。建築・測量技術者、プログラマー等)		
管理職 (組織の管理の仕事。係長、部長、課長等)		
事務職		
販売業		
サービス業 (個人向けサービス、行政サービス、管理サービス及びその他サービス。理容師、旅行乗員等)		
保安の仕事 (警備員・ガートマン、監視員等)		
運輸・通信の仕事		
技能工・生産工程の仕事		
労務作業の仕事		
研究開発 (R&D)		
訓練・教育		
その他、具体的に		

問11: 下記リストには様々な特徴を持つ仕事内容が記載してあります。継続雇用制度における自分の仕事内容の評価をお聞かせ下さい。(各記述ごとに1つ○を付けて下さい)

	様々な特徴を持つ仕事内容	同意しない	あまり同意しない	どちらとも同意する	同意する
自律性	私は、自律的に自分の裁量で仕事を遂行することが出来ると思う (労働時間・休憩の配分、仕事の配分、仕事の作業方法の選考等)				
	私は、仕事に自分の意見を取り入れることが出来ると思います				
権限・任務範囲	私の仕事は、興味深いと思います				
	私の仕事は、重要性があると思います				
	私の仕事は、自身の技能・技術をさらに伸ばすことが出来ると思います				
	私の仕事は、単純作業で特別な技能・技術を全然持っていない人でも仕事が出来ると思います				
職業ストレス	私の仕事は、肉体的なストレスが多すぎると思います				
	私の仕事は、精神的なストレスが多すぎると思います				
	私の仕事は、期限にせきたてられて働くと思います				
	私の仕事は、プライベートな時間の調和が取れていないと思います				
会社内の人間関係	私の会社は、経営者と労働者の人間関係がいいと思います				
	私の会社は、同僚同士の人間関係がいいと思います				
	私の功績は、上司や仲間から称えられていると思います				
	私の理念は、上司や仲間から尊重されていると思います				
技能・技術	私の仕事は、能力を実地に生かす事がよく出来ると思います				
	私は、自分の仕事を効率良く行うために十分な技能・技術を持っていないと思います				
	私は、自分の仕事は、十分の技能・技術を持っているし、より要求の多い使命を実行することが出来ると思います				

5

問12: 継続雇用による仕事に対するご自身の満足度について教えて下さい。
（項目毎に1つ○を付けて下さい）

	仕事内容の面	とても不満	不満	満足	とても満足
自律性	仕事を遂行出来ること（労働時間・休憩の配分、使命速度の配分、使命方法の選考等）				
	仕事に自分の意見を取り入れることが出来ること				
権限・任務範囲	仕事の興味深さ				
	私の仕事の会社にとっての必要性・重要性				
	自分の技能・技術を伸ばすことが出来ること				
	私の仕事のうちの技能・技術への要求				
職場ストレス	私の仕事の肉体的なストレス水準				
	私の仕事の精神的なストレス水準				
	私の仕事の時間の圧力				
	私の仕事とプライベートの時間の調和				
会社内の人間関係	会社にの経営者と労働者との人間関係				
	会社の同僚同士の人間関係				
	私の功績が上司と仲間から称えられていること				
	私の理念が上司と仲間から尊重されていること				
技能・技術	仕事で求められる自分の技能・技術				
	自分の技能・技術と仕事が要求する技能・技術の水準の割合				

問13: 全ての仕事の内容を考慮すると、満足度はどの程度ですか。（1つだけ○を付けて下さい）

(1) とても不満に思います　　　　　(3) 満足しています
(2) 不満に思います　　　　　　　　(4) とても満足しています

Ⅴ) 継続雇用制度における雇用条件について

問14: 継続雇用の条件についてお聞かせ下さい。

問14.1: 就業形態について
a) 継続雇用制度における就業形態はどれですか。（1つだけ○を付けて下さい）
b) もしも自由に就業形態を選ぶことが出来るとしたら、継続雇用制度で一番希望する就業形態はどれですか。
（1つだけ○を付けて下さい）

就業形態	a	b
臨時的な雇用者		
出向社員		
派遣社員		
パートタイマー（正社員より短時間）		
パートタイマー（その他）		
嘱託・契約社員		
正社員		
その他、具体的に		
分かりません		

問14.1.1: 継続雇用制度の就業形態での満足度はどの程度ですか。
（1つだけ○を付けて下さい）

(1) とても不満に思います　　　　　(3) 満足
(2) 不満　　　　　　　　　　　　　(4) とても満足しています

問14.2: 勤務形態について
a) 継続雇用制度での勤務形態は以下のうちのどれですか。(1つだけ○を付けて下さい)
b) もし自由に選ぶことが出来たら、一番希望する勤務形態はどれですか。(1つだけ○を付けて下さい)

勤務形態	a	b
在宅勤務		
勤務日と時間帯を柔軟に設定できるフレックス勤務		
フルタイムより勤務日数が少なく、1日の勤務時間も短い		
フルタイムより勤務日数が同じで、1日の勤務時間が短い		
フルタイムより勤務日数が少なく、1日の勤務時間は同じ		
フルタイム		
その他、具体的に		
分かりません		

問14.2.1: 継続雇用制度の勤務形態での満足度はどの程度ですか。(1つだけ○を付けて下さい)

(1) とても不満に思います　　　　　　(3) 満足
(2) 不満　　　　　　　　　　　　　　(4) とても満足しています

問14.3: 継続雇用契約期間について
a) 継続雇用制度での雇用契約期間は以下のうちのどれですか。(1つだけ○を付けて下さい)
b) もし自由に選ぶことが出来たら、一番希望する雇用契約期間はどれですか。
　　(1つだけ○を付けて下さい)

継続雇用契約期間	a	b
6ヶ月未満		
6ヶ月以上一年未満		
1年		
1年以上		
契約期間を定めない		
無制限の契約期間		
分かりません		

問14.3.1: 継続雇用制度での雇用契約期間の満足度はどの程度ですか。(1つだけ○を付けて下さい)

(1) とても不満に思います　　　　　　(3) 満足
(2) 不満　　　　　　　　　　　　　　(4) とても満足しています

問14.4: 賃金の年間の水準について
(定年到達時の賞与を含めた賃金の年間の水準 = 100%とします)
a) 定年到達時の賃金の年間の水準と比べて、継続雇用制度における賃金の年間の水準はどれですか。
　　(1つだけ○を付けて下さい)
b) もし自由に選ぶことが出来たら、継続雇用制度での自分の仕事に一番見合う賃金の年間の水準はどれだと
　　思いますか。(1つだけ○を付けて下さい)

賃金の年間の水準	a	b
定年到達時の賃金の30%未満		
定年到達時の賃金の30~49%程度		
定年到達時の賃金の50~69%程度		
定年到達時の賃金の70~89%程度		
定年到達時の賃金とほぼ同程度		
定年到達時の賃金より多い		
分かりません		

問14.4.1: 継続雇用制度における賃金の年間の水準の満足度はどの程度ですか。
(1つだけ○を付けて下さい)

(1) とても不満に思います　　　　　　　(3) 満足
(2) 不満　　　　　　　　　　　　　　　(4) とても満足しています

問14.5: 年収 (賞与と年金と高年齢雇用継続給付を含む) の水準について
(定年到達時の年収の水準 = 100%とします)
a) 定年到達時の年収の水準と比べて、継続雇用制度における年収の水準はどれですか。(1つだけ○を付けて下さい)
b) もし自由に選ぶことが出来たら、継続雇用制度における自分の仕事に一番見合っている年収の水準はどれだと思いますか。(1つだけ○を付けて下さい)

年収の水準	a	b
定年到達時の年収の30%未満		
定年到達時の年収の30~49%程度		
定年到達時の年収の50~69%程度		
定年到達時の年収の70~89%程度		
定年到達時の年収とほぼ同程度		
定年到達時の年収より多い		
分かりません		

問14.5.1: 継続雇用制度における年収の水準の満足度はどの程度ですか。(1つだけ○を付けて下さい)

(1) とても不満に思います　　　　　　　(3) 満足
(2) 不満　　　　　　　　　　　　　　　(4) とても満足しています

問15: 継続雇用制度における雇用条件の全てを考慮すると、どの程度満足していますか。
(1つだけ○を付けて下さい)

(1) とても不満に思います　　　　　　　(3) 満足しています
(2) 不満に思います　　　　　　　　　　(4) とても満足しています

アンケートは、以上です。お忙しいところご協力いただきまして、誠にありがとうございました。

Anhang 6: Häufigkeitstabellen des arbeitgebergerichteten Fragebogens

Tabelle: Geschäftszweig

		Häufigkeit	Prozent	Gültige Prozente	Kumulierte Prozente
Gültig	Herstellung von Nahrungsmittel	20	5,9	6,0	6,0
	Herstellung von Getränke-, Tabak-, Futtermittel	1	,3	,3	6,3
	Herstellung von Textilien (ausser Kleidung und sonstige ...	8	2,4	2,4	8,8
	Herstellung von Textilien (Kleidung und sonstige Erzeugnisse)	4	1,2	1,2	10,0
	Herstellung von Erzeugnissen der Holzverarbeitung (ausser Möbel)	7	2,1	2,1	12,1
	Herstellung von Möbel und sonstiger Einrichtungsgegenstände	3	,9	,9	13,0
	Herstellung von Papiererzeugnissen	19	5,6	5,7	18,7
	Herstellung von Druckerzeugnissen	13	3,9	3,9	22,7
	Herstellung von chemischen Erzeugnissen	10	3,0	3,0	25,7
	Herstellung von Erzeugnissen aus Plastik (ausser anderweitig genannter ...	13	3,9	3,9	29,6
	Herstellung von Erzeugnissen aus Gummi	4	1,2	1,2	30,8
	Herstellung von Erzeugnissen aus Leder, Pelz, Fell und verwandter Materialien	1	,3	,3	31,1
	Herstellung von Erzeugnissen aus Keramik, Erde, Stein	7	2,1	2,1	33,2
	Herstellung von Stahlerzeugnissen	7	2,1	2,1	35,3
	Herstellung von metallischen Erzeugnissen (ausser Stahl)	6	1,8	1,8	37,2
	Herstellung von metallischen Erzeugnissen	47	13,9	14,2	51,4
	Herstellung allgemeiner Maschienen	29	8,6	8,8	60,1
	Herstellung von Elektrogeräten	27	8,0	8,2	68,3
	Herstellung von Erzeugnissen der Informations-, Kommunikationstechnik	3	,9	,9	69,2
	Herstellung elektronischer Teile und Apparate	8	2,4	2,4	71,6

Tabelle: Geschäftszweig (fortgesetzt)

		Häufigkeit	Prozent	Gültige Prozente	Kumulierte Prozente
	Herstellung von Transport-, Beförderungsmaschinen	36	10,7	10,9	82,5
	Herstellung von Präzisionsgeräten	20	5,9	6,0	88,5
	Herstellung von Teilen und Zubehör	13	3,9	3,9	92,4
	Sonstige Industrien	25	7,4	7,6	100,0
	Gesamt	331	98,2	100,0	
Fehlend	99,00	5	1,5		
	System	1	,3		
	Gesamt	6	1,8		
Gesamt		337	100,0		

Tabelle: Unternehmensverflechtung

		Häufigkeit	Prozent	Gültige Prozente	Kumulierte Prozente
Gültig	Keine Kapitalbeteiligung durch andere Unternehmen am eigenen Betrieb	220	65,3	66,7	66,7
	Kapitalbeteiligung des eignenen Betriebes von über 20% an anderen Unternehmen	64	19,0	19,4	86,1
	Kapitalbeteiligung durch eine Muttergesellschaft von über 20% am eigenen ...	46	13,6	13,9	100,0
	Gesamt	330	97,9	100,0	
Fehlend	99,00	6	1,8		
	System	1	,3		
	Gesamt	7	2,1		
Gesamt		337	100,0		

Tabelle: Renteneintrittsalter

		Häufigkeit	Prozent	Gültige Prozente	Kumulierte Prozente
Gültig	Einheitliches betriebliches Renteneintrittsalter von 60 Jahren	290	86,1	86,6	86,6
	Einheitliches betriebliches Renteneintrittsalter von 61 Jahren	2	,6	,6	87,2
	Einheitliches betriebliches Renteneintrittsalter von 62 Jahren	2	,6	,6	87,8
	Einheitliches betriebliches Renteneintrittsalter von 63 Jahren	7	2,1	2,1	89,9
	Einheitliches betriebliches Renteneintrittsalter von 64 Jahren	2	,6	,6	90,4
	Einheitliches betriebliches Renteneintrittsalter von 65 Jahren	24	7,1	7,2	97,6
	An einen anderen Standard geknüpftes variables Renteneintrittsalter	4	1,2	1,2	98,8
	Kein fixiertes betriebliches Renteneintrittsalter	3	,9	,9	99,7
	Einheitliches betriebliches Renteneintrittsalter von 70 Jahren	1	,3	,3	100,0
	Gesamt	335	99,4	100,0	
Fehlend	99,00	1	,3		
	System	1	,3		
	Gesamt	2	,6		
Gesamt		337	100,0		

Tabelle: Durchschnittliches betriebliches Renteneintrittsalter (klassifiziert)

		Häufigkeit	Prozent	Gültige Prozente	Kumulierte Prozente
Gültig	Unter 40 Jahren	4	1,2	1,5	1,5
	40er	12	3,6	4,6	6,2
	50er	10	3,0	3,9	10,0
	60-64 Jahre	125	37,1	48,3	58,3
	65-70 Jahre	55	16,3	21,2	79,5
	98,00	53	15,7	20,5	100,0
	Gesamt	259	76,9	100,0	
Fehlend	99,00	77	22,8		
	System	1	,3		
	Gesamt	78	23,1		
Gesamt		337	100,0		

Tabelle: Anzahl regulärer Beschäftigter (klassifiziert)

		Häufigkeit	Prozent	Gültige Prozente	Kumulierte Prozente
Gültig	Unter 50 reguläre Beschäftigte	147	43,6	44,1	44,1
	50–100 reguläre Beschäftigte	103	30,6	30,9	75,1
	101–200 reguläre Beschäftigte	62	18,4	18,6	93,7
	Über 200 reguläre Beschäftigte	21	6,2	6,3	100,0
	Gesamt	333	98,8	100,0	
Fehlend	99,00	3	,9		
	System	1	,3		
	Gesamt	4	1,2		
Gesamt		337	100,0		

Tabelle: Anzahl nicht regulärer Beschäftigter (klassifiziert)

		Häufigkeit	Prozent	Gültige Prozente	Kumulierte Prozente
Gültig	Unter 10 nicht-reguläre Beschäftigte	174	51,6	52,3	52,3
	10-20 nicht-reguläre Beschäftigte	65	19,3	19,5	71,8
	21-50 nicht-reguläre Beschäftigte	66	19,6	19,8	91,6
	51-100 nicht-reguläre Beschäftigte	19	5,6	5,7	97,3
	Über 100 nicht-reguläre Beschäftigte	9	2,7	2,7	100,0
	Gesamt	333	98,8	100,0	
Fehlend	99,00	3	,9		
	System	1	,3		
	Gesamt	4	1,2		
Gesamt		337	100,0		

Tabelle: Veränderung der Anzahl nicht regulärer Beschäftigter im Zeitraum der letzten drei Jahre

		Häufigkeit	Prozent	Gültige Prozente	Kumulierte Prozente
Gültig	Verringerung um über 20%	82	24,3	25,4	25,4
	Verringerung zwischen 10 und 20 %	24	7,1	7,4	32,8
	Verringerung unter 10%	22	6,5	6,8	39,6
	Keine erhebliche Veränderung	135	40,1	41,8	81,4
	Erhöhung um unter 10%	24	7,1	7,4	88,9
	Erhöhung zwischen 10 und 20%	12	3,6	3,7	92,6
	Erhöhung um über 20%	24	7,1	7,4	100,0
	Gesamt	323	95,8	100,0	
Fehlend	99,00	13	3,9		
	System	1	,3		
	Gesamt	14	4,2		
Gesamt		337	100,0		

Tabelle: Veränderung der Anzahl regulärer Beschäftigter im Zeitraum der letzten drei Jahre

		Häufigkeit	Prozent	Gültige Prozente	Kumulierte Prozente
Gültig	Verringerung um über 20%	37	11,0	11,3	11,3
	Verringerung zwischen 10 und 20%	45	13,4	13,8	25,1
	Verringerung unter 10%	52	15,4	15,9	41,0
	Keine erhebliche Veränderung	122	36,2	37,3	78,3
	Erhöhung um unter 10%	33	9,8	10,1	88,4
	Erhöhung zwischen 10 und 20%	29	8,6	8,9	97,2
	Erhöhung um über 20%	9	2,7	2,8	100,0
	Gesamt	327	97,0	100,0	
Fehlend	99,00	9	2,7		
	System	1	,3		
	Gesamt	10	3,0		
Gesamt		337	100,0		

Tabelle: Rate über 60-Jähriger

		Häufigkeit	Prozent	Gültige Prozente	Kumulierte Prozente
Gültig	,00	30	8,9	9,2	9,2
	,77	1	,3	,3	9,5
	,80	1	,3	,3	9,8
	,99	1	,3	,3	10,2
	1,04	1	,3	,3	10,5
	1,22	1	,3	,3	10,8
	1,27	1	,3	,3	11,1
	1,28	1	,3	,3	11,4
	1,37	1	,3	,3	11,7
	1,43	1	,3	,3	12,0
	1,79	1	,3	,3	12,3
	1,99	1	,3	,3	12,6
	2,04	1	,3	,3	12,9
	2,15	1	,3	,3	13,2
	2,17	1	,3	,3	13,5
	2,27	1	,3	,3	13,8
	2,31	1	,3	,3	14,2
	2,50	2	,6	,6	14,8
	2,67	1	,3	,3	15,1
	2,72	1	,3	,3	15,4
	2,74	1	,3	,3	15,7
	2,82	1	,3	,3	16,0
	2,86	1	,3	,3	16,3
	2,88	1	,3	,3	16,6
	3,03	1	,3	,3	16,9
	3,06	1	,3	,3	17,2
	3,23	1	,3	,3	17,5
	3,26	1	,3	,3	17,8
	3,33	1	,3	,3	18,2
	3,45	1	,3	,3	18,5
	3,49	2	,6	,6	19,1
	3,57	1	,3	,3	19,4
	3,65	2	,6	,6	20,0
	3,70	1	,3	,3	20,3
	3,74	1	,3	,3	20,6

Tabelle: Rate über 60-Jähriger (fortgesetzt)

	Häufigkeit	Prozent	Gültige Prozente	Kumulierte Prozente
3,85	1	,3	,3	20,9
3,87	1	,3	,3	21,2
3,88	1	,3	,3	21,5
3,91	1	,3	,3	21,8
4,00	4	1,2	1,2	23,1
4,02	1	,3	,3	23,4
4,08	1	,3	,3	23,7
4,11	1	,3	,3	24,0
4,12	1	,3	,3	24,3
4,17	1	,3	,3	24,6
4,26	1	,3	,3	24,9
4,29	1	,3	,3	25,2
4,38	1	,3	,3	25,5
4,48	1	,3	,3	25,8
4,55	1	,3	,3	26,2
4,60	1	,3	,3	26,5
4,65	1	,3	,3	26,8
4,69	2	,6	,6	27,4
4,72	1	,3	,3	27,7
4,76	1	,3	,3	28,0
4,90	1	,3	,3	28,3
4,95	1	,3	,3	28,6
5,00	3	,9	,9	29,5
5,13	1	,3	,3	29,8
5,19	1	,3	,3	30,2
5,21	1	,3	,3	30,5
5,33	2	,6	,6	31,1
5,43	1	,3	,3	31,4
5,48	1	,3	,3	31,7
5,49	1	,3	,3	32,0
5,52	1	,3	,3	32,3
5,56	1	,3	,3	32,6
5,65	1	,3	,3	32,9
5,70	1	,3	,3	33,2
5,88	2	,6	,6	33,8
5,97	1	,3	,3	34,2
6,00	1	,3	,3	34,5
6,06	1	,3	,3	34,8
6,10	1	,3	,3	35,1
6,17	1	,3	,3	35,4
6,25	1	,3	,3	35,7
6,34	1	,3	,3	36,0
6,54	1	,3	,3	36,3
6,67	6	1,8	1,8	38,2
6,80	1	,3	,3	38,5
6,84	1	,3	,3	38,8
7,00	1	,3	,3	39,1
7,06	1	,3	,3	39,4
7,14	1	,3	,3	39,7
7,21	1	,3	,3	40,0

Tabelle: Rate über 60-Jähriger (fortgesetzt)

	Häufigkeit	Prozent	Gültige Prozente	Kumulierte Prozente
7,27	1	,3	,3	40,3
7,32	2	,6	,6	40,9
7,37	2	,6	,6	41,5
7,46	1	,3	,3	41,8
7,50	1	,3	,3	42,2
7,62	1	,3	,3	42,5
7,77	1	,3	,3	42,8
7,78	1	,3	,3	43,1
7,79	1	,3	,3	43,4
7,84	1	,3	,3	43,7
7,89	1	,3	,3	44,0
7,97	1	,3	,3	44,3
8,00	1	,3	,3	44,6
8,11	2	,6	,6	45,2
8,33	1	,3	,3	45,5
8,54	1	,3	,3	45,8
8,70	1	,3	,3	46,2
8,93	1	,3	,3	46,5
8,96	1	,3	,3	46,8
9,00	1	,3	,3	47,1
9,09	6	1,8	1,8	48,9
9,12	1	,3	,3	49,2
9,18	1	,3	,3	49,5
9,20	1	,3	,3	49,8
9,25	1	,3	,3	50,2
9,38	2	,6	,6	50,8
9,41	1	,3	,3	51,1
9,62	1	,3	,3	51,4
9,71	1	,3	,3	51,7
9,73	1	,3	,3	52,0
9,76	2	,6	,6	52,6
9,84	1	,3	,3	52,9
10,00	3	,9	,9	53,8
10,02	1	,3	,3	54,2
10,18	1	,3	,3	54,5
10,26	1	,3	,3	54,8
10,29	1	,3	,3	55,1
10,43	1	,3	,3	55,4
10,45	2	,6	,6	56,0
10,70	1	,3	,3	56,3
10,75	1	,3	,3	56,6
10,77	1	,3	,3	56,9
10,87	1	,3	,3	57,2
11,03	1	,3	,3	57,5
11,11	4	1,2	1,2	58,8
11,20	1	,3	,3	59,1
11,29	1	,3	,3	59,4
11,36	1	,3	,3	59,7
11,41	1	,3	,3	60,0
11,44	1	,3	,3	60,3

Tabelle: Rate über 60-Jähriger (fortgesetzt)

	Häufigkeit	Prozent	Gültige Prozente	Kumulierte Prozente
11,61	1	,3	,3	60,6
11,76	3	,9	,9	61,5
12,00	2	,6	,6	62,2
12,12	1	,3	,3	62,5
12,16	1	,3	,3	62,8
12,24	1	,3	,3	63,1
12,50	3	,9	,9	64,0
13,04	1	,3	,3	64,3
13,10	1	,3	,3	64,6
13,16	1	,3	,3	64,9
13,33	4	1,2	1,2	66,2
13,51	1	,3	,3	66,5
13,79	1	,3	,3	66,8
14,04	1	,3	,3	67,1
14,14	1	,3	,3	67,4
14,55	1	,3	,3	67,7
14,60	1	,3	,3	68,0
14,63	1	,3	,3	68,3
15,00	3	,9	,9	69,2
15,09	1	,3	,3	69,5
15,13	1	,3	,3	69,8
15,15	1	,3	,3	70,2
15,25	1	,3	,3	70,5
15,29	1	,3	,3	70,8
15,38	1	,3	,3	71,1
15,49	1	,3	,3	71,4
15,56	1	,3	,3	71,7
15,79	1	,3	,3	72,0
16,26	1	,3	,3	72,3
16,33	1	,3	,3	72,6
16,42	1	,3	,3	72,9
16,67	4	1,2	1,2	74,2
16,92	1	,3	,3	74,5
17,24	3	,9	,9	75,4
17,31	2	,6	,6	76,0
17,42	1	,3	,3	76,3
17,46	1	,3	,3	76,6
17,65	1	,3	,3	76,9
17,86	1	,3	,3	77,2
18,18	3	,9	,9	78,2
18,75	1	,3	,3	78,5
19,05	1	,3	,3	78,8
19,17	1	,3	,3	79,1
19,23	3	,9	,9	80,0
19,51	1	,3	,3	80,3
19,63	1	,3	,3	80,6
20,00	6	1,8	1,8	82,5
20,29	1	,3	,3	82,8
20,59	1	,3	,3	83,1
21,21	1	,3	,3	83,4

Tabelle: Rate über 60-Jähriger (fortgesetzt)

	Häufigkeit	Prozent	Gültige Prozente	Kumulierte Prozente
22,14	1	,3	,3	83,7
22,22	3	,9	,9	84,6
22,86	1	,3	,3	84,9
23,08	3	,9	,9	85,8
23,53	1	,3	,3	86,2
23,81	2	,6	,6	86,8
24,11	1	,3	,3	87,1
24,39	1	,3	,3	87,4
24,53	1	,3	,3	87,7
24,78	1	,3	,3	88,0
25,00	4	1,2	1,2	89,2
25,53	1	,3	,3	89,5
25,64	1	,3	,3	89,8
26,09	1	,3	,3	90,2
26,27	1	,3	,3	90,5
27,03	1	,3	,3	90,8
27,45	1	,3	,3	91,1
28,13	1	,3	,3	91,4
28,57	1	,3	,3	91,7
29,41	1	,3	,3	92,0
30,67	1	,3	,3	92,3
30,77	1	,3	,3	92,6
31,25	2	,6	,6	93,2
31,58	1	,3	,3	93,5
31,91	1	,3	,3	93,8
32,26	1	,3	,3	94,2
32,65	1	,3	,3	94,5
33,33	2	,6	,6	95,1
33,60	1	,3	,3	95,4
36,21	1	,3	,3	95,7
36,36	1	,3	,3	96,0
37,70	1	,3	,3	96,3
40,00	3	,9	,9	97,2
41,67	1	,3	,3	97,5
42,86	1	,3	,3	97,8
43,24	1	,3	,3	98,2
43,75	1	,3	,3	98,5
50,00	1	,3	,3	98,8
50,36	1	,3	,3	99,1
55,56	1	,3	,3	99,4
63,16	1	,3	,3	99,7
82,86	1	,3	,3	100,0
Gesamt	325	96,4	100,0	
Fehlend 99,00	11	3,3		
System	1	,3		
Gesamt	12	3,6		
Gesamt	337	100,0		

Tabelle: Rate über 60-Jähriger (klassifiziert)

		Häufigkeit	Prozent	Gültige Prozente	Kumulierte Prozente
Gültig	Unter 10%	172	51,0	52,9	52,9
	10-30%	129	38,3	39,7	92,6
	31-50%	20	5,9	6,2	98,8
	Über 50%	4	1,2	1,2	100,0
	Gesamt	325	96,4	100,0	
Fehlend	99,00	11	3,3		
	System	1	,3		
	Gesamt	12	3,6		
Gesamt		337	100,0		

Tabelle: Rate über 50-Jähriger

		Häufigkeit	Prozent	Gültige Prozente	Kumulierte Prozente
Gültig	,00	3	,9	,9	,9
	1,18	1	,3	,3	1,2
	1,72	1	,3	,3	1,5
	3,57	1	,3	,3	1,8
	5,10	1	,3	,3	2,2
	5,56	1	,3	,3	2,5
	6,00	1	,3	,3	2,8
	6,52	1	,3	,3	3,1
	7,04	1	,3	,3	3,4
	7,14	1	,3	,3	3,7
	7,45	1	,3	,3	4,0
	7,50	1	,3	,3	4,3
	7,69	1	,3	,3	4,6
	7,89	1	,3	,3	4,9
	8,33	1	,3	,3	5,2
	8,57	1	,3	,3	5,5
	8,80	1	,3	,3	5,8
	8,91	1	,3	,3	6,2
	9,09	1	,3	,3	6,5
	9,20	1	,3	,3	6,8
	10,56	1	,3	,3	7,1
	10,71	1	,3	,3	7,4
	10,83	1	,3	,3	7,7
	11,11	2	,6	,6	8,3
	11,36	1	,3	,3	8,6
	12,00	2	,6	,6	9,2
	12,41	1	,3	,3	9,5
	12,50	1	,3	,3	9,8
	12,73	1	,3	,3	10,2
	12,82	1	,3	,3	10,5
	12,86	1	,3	,3	10,8
	13,33	3	,9	,9	11,7
	13,58	1	,3	,3	12,0
	13,79	1	,3	,3	12,3
	13,85	1	,3	,3	12,6
	14,00	1	,3	,3	12,9
	14,18	1	,3	,3	13,2
	14,29	1	,3	,3	13,5

Tabelle: Rate über 50-Jähriger (fortgesetzt)

	Häufigkeit	Prozent	Gültige Prozente	Kumulierte Prozente
15,07	1	,3	,3	13,8
15,63	1	,3	,3	14,2
15,71	1	,3	,3	14,5
15,84	1	,3	,3	14,8
16,00	1	,3	,3	15,1
16,19	1	,3	,3	15,4
16,38	1	,3	,3	15,7
16,48	1	,3	,3	16,0
16,51	1	,3	,3	16,3
16,52	1	,3	,3	16,6
17,19	1	,3	,3	16,9
17,39	1	,3	,3	17,2
17,71	1	,3	,3	17,5
17,78	1	,3	,3	17,8
18,03	1	,3	,3	18,2
18,18	2	,6	,6	18,8
18,28	1	,3	,3	19,1
18,46	1	,3	,3	19,4
18,66	1	,3	,3	19,7
19,05	1	,3	,3	20,0
19,17	1	,3	,3	20,3
19,18	1	,3	,3	20,6
19,38	1	,3	,3	20,9
19,61	1	,3	,3	21,2
19,79	1	,3	,3	21,5
19,82	1	,3	,3	21,8
20,00	1	,3	,3	22,2
20,19	1	,3	,3	22,5
20,25	1	,3	,3	22,8
20,31	1	,3	,3	23,1
20,69	1	,3	,3	23,4
20,78	1	,3	,3	23,7
20,83	1	,3	,3	24,0
20,91	1	,3	,3	24,3
20,93	1	,3	,3	24,6
21,01	2	,6	,6	25,2
21,05	1	,3	,3	25,5
21,09	1	,3	,3	25,8
21,21	2	,6	,6	26,5
21,33	1	,3	,3	26,8
21,43	2	,6	,6	27,4
21,62	1	,3	,3	27,7
21,79	1	,3	,3	28,0
21,88	1	,3	,3	28,3
21,93	1	,3	,3	28,6
21,95	1	,3	,3	28,9
22,22	1	,3	,3	29,2
22,39	1	,3	,3	29,5
22,45	1	,3	,3	29,8
22,50	2	,6	,6	30,5

Tabelle: Rate über 50-Jähriger (fortgesetzt)

	Häufigkeit	Prozent	Gültige Prozente	Kumulierte Prozente
22,55	1	,3	,3	30,8
22,73	1	,3	,3	31,1
22,76	1	,3	,3	31,4
22,92	1	,3	,3	31,7
23,16	1	,3	,3	32,0
23,26	1	,3	,3	32,3
23,29	1	,3	,3	32,6
23,36	1	,3	,3	32,9
23,42	1	,3	,3	33,2
23,51	1	,3	,3	33,5
23,53	2	,6	,6	34,2
23,64	1	,3	,3	34,5
23,73	1	,3	,3	34,8
23,88	1	,3	,3	35,1
23,91	1	,3	,3	35,4
24,00	1	,3	,3	35,7
24,11	1	,3	,3	36,0
24,49	1	,3	,3	36,3
24,71	1	,3	,3	36,6
24,90	1	,3	,3	36,9
25,00	5	1,5	1,5	38,5
25,34	1	,3	,3	38,8
25,35	1	,3	,3	39,1
25,41	1	,3	,3	39,4
25,61	1	,3	,3	39,7
25,64	1	,3	,3	40,0
25,86	1	,3	,3	40,3
25,88	1	,3	,3	40,6
26,32	1	,3	,3	40,9
26,47	1	,3	,3	41,2
26,53	1	,3	,3	41,5
26,67	1	,3	,3	41,8
26,82	1	,3	,3	42,2
26,83	1	,3	,3	42,5
26,88	1	,3	,3	42,8
27,01	1	,3	,3	43,1
27,03	1	,3	,3	43,4
27,06	1	,3	,3	43,7
27,20	1	,3	,3	44,0
27,27	2	,6	,6	44,6
27,40	1	,3	,3	44,9
27,42	1	,3	,3	45,2
27,45	1	,3	,3	45,5
27,84	1	,3	,3	45,8
28,00	2	,6	,6	46,5
28,13	2	,6	,6	47,1
28,57	2	,6	,6	47,7
28,89	1	,3	,3	48,0
29,10	1	,3	,3	48,3
29,13	1	,3	,3	48,6

Tabelle: Rate über 50-Jähriger (fortgesetzt)

	Häufigkeit	Prozent	Gültige Prozente	Kumulierte Prozente
29,17	1	,3	,3	48,9
29,23	1	,3	,3	49,2
29,25	1	,3	,3	49,5
29,41	1	,3	,3	49,8
29,49	1	,3	,3	50,2
29,59	1	,3	,3	50,5
29,85	1	,3	,3	50,8
30,00	1	,3	,3	51,1
30,15	2	,6	,6	51,7
30,29	1	,3	,3	52,0
30,30	1	,3	,3	52,3
30,43	2	,6	,6	52,9
30,56	1	,3	,3	53,2
30,77	3	,9	,9	54,2
30,91	1	,3	,3	54,5
30,95	1	,3	,3	54,8
31,01	1	,3	,3	55,1
31,11	1	,3	,3	55,4
31,54	1	,3	,3	55,7
31,61	1	,3	,3	56,0
32,04	1	,3	,3	56,3
32,34	1	,3	,3	56,6
32,43	1	,3	,3	56,9
32,69	1	,3	,3	57,2
32,77	1	,3	,3	57,5
33,33	10	3,0	3,1	60,6
33,75	1	,3	,3	60,9
33,96	1	,3	,3	61,2
34,00	1	,3	,3	61,5
34,12	1	,3	,3	61,8
34,15	1	,3	,3	62,2
34,24	1	,3	,3	62,5
34,55	1	,3	,3	62,8
34,58	1	,3	,3	63,1
34,62	1	,3	,3	63,4
34,74	1	,3	,3	63,7
34,75	1	,3	,3	64,0
34,90	1	,3	,3	64,3
35,29	4	1,2	1,2	65,5
35,38	1	,3	,3	65,8
35,56	2	,6	,6	66,5
35,71	3	,9	,9	67,4
35,83	1	,3	,3	67,7
36,36	2	,6	,6	68,3
36,51	1	,3	,3	68,6
36,84	1	,3	,3	68,9
36,90	1	,3	,3	69,2
36,99	1	,3	,3	69,5
37,14	1	,3	,3	69,8
37,25	1	,3	,3	70,2

Tabelle: Rate über 50-Jähriger (fortgesetzt)

	Häufigkeit	Prozent	Gültige Prozente	Kumulierte Prozente
37,50	3	,9	,9	71,1
37,93	1	,3	,3	71,4
38,10	1	,3	,3	71,7
38,78	2	,6	,6	72,3
38,81	1	,3	,3	72,6
38,89	4	1,2	1,2	73,8
38,96	1	,3	,3	74,2
39,08	1	,3	,3	74,5
39,12	1	,3	,3	74,8
39,39	1	,3	,3	75,1
39,71	1	,3	,3	75,4
40,00	3	,9	,9	76,3
40,34	1	,3	,3	76,6
40,54	1	,3	,3	76,9
40,71	1	,3	,3	77,2
40,91	1	,3	,3	77,5
41,38	1	,3	,3	77,8
41,94	1	,3	,3	78,2
42,11	1	,3	,3	78,5
42,68	1	,3	,3	78,8
42,86	1	,3	,3	79,1
43,48	1	,3	,3	79,4
43,75	1	,3	,3	79,7
43,97	1	,3	,3	80,0
44,00	1	,3	,3	80,3
44,44	2	,6	,6	80,9
44,59	1	,3	,3	81,2
45,00	1	,3	,3	81,5
45,45	2	,6	,6	82,2
45,71	1	,3	,3	82,5
45,83	1	,3	,3	82,8
46,15	4	1,2	1,2	84,0
46,21	1	,3	,3	84,3
46,27	1	,3	,3	84,6
46,34	1	,3	,3	84,9
46,67	1	,3	,3	85,2
47,37	1	,3	,3	85,5
47,83	1	,3	,3	85,8
48,28	1	,3	,3	86,2
48,33	1	,3	,3	86,5
48,78	1	,3	,3	86,8
48,99	1	,3	,3	87,1
49,02	1	,3	,3	87,4
49,21	1	,3	,3	87,7
50,00	1	,3	,3	88,0
50,70	1	,3	,3	88,3
50,72	1	,3	,3	88,6
52,22	1	,3	,3	88,9
52,94	1	,3	,3	89,2
53,13	1	,3	,3	89,5

Tabelle: Rate über 50-Jähriger (fortgesetzt)

	Häufigkeit	Prozent	Gültige Prozente	Kumulierte Prozente
53,19	1	,3	,3	89,8
53,28	1	,3	,3	90,2
53,33	2	,6	,6	90,8
53,66	1	,3	,3	91,1
53,75	1	,3	,3	91,4
53,85	1	,3	,3	91,7
54,04	1	,3	,3	92,0
54,55	1	,3	,3	92,3
54,67	1	,3	,3	92,6
55,10	1	,3	,3	92,9
55,56	2	,6	,6	93,5
56,60	1	,3	,3	93,8
56,80	1	,3	,3	94,2
57,69	1	,3	,3	94,5
57,89	1	,3	,3	94,8
58,33	2	,6	,6	95,4
58,82	1	,3	,3	95,7
59,46	1	,3	,3	96,0
59,57	1	,3	,3	96,3
60,00	1	,3	,3	96,6
60,98	1	,3	,3	96,9
61,54	1	,3	,3	97,2
62,50	1	,3	,3	97,5
63,16	1	,3	,3	97,8
66,67	1	,3	,3	98,2
70,00	1	,3	,3	98,5
70,80	1	,3	,3	98,8
75,00	2	,6	,6	99,4
88,37	1	,3	,3	99,7
100,00	1	,3	,3	100,0
Gesamt	325	96,4	100,0	
Fehlend 99,00	11	3,3		
System	1	,3		
Gesamt	12	3,6		
Gesamt	337	100,0		

Tabelle: Rate über 50-Jähriger (klassifiziert)

		Häufigkeit	Prozent	Gültige Prozente	Kumulierte Prozente
Gültig	Unter 10%	23	6,8	7,1	7,1
	10-30%	152	45,1	46,8	53,8
	31-50%	111	32,9	34,2	88,0
	Über 50%	39	11,6	12,0	100,0
	Gesamt	325	96,4	100,0	
Fehlend	99,00	11	3,3		
	System	1	,3		
	Gesamt	12	3,6		
Gesamt		337	100,0		

Tabelle: Gesamtanzahl an Beschäftigten (klassifiziert)

		Häufigkeit	Prozent	Gültige Prozente	Kumulierte Prozente
Gültig	Unter 50 Beschäftigte	123	36,5	37,0	37,0
	50-100 Beschäftigte	100	29,7	30,1	67,2
	101-200 Beschäftigte	74	22,0	22,3	89,5
	Über 200 Beschäftigte	34	10,1	10,2	99,7
	27,00	1	,3	,3	100,0
	Gesamt	332	98,5	100,0	
Fehlend	99,00	4	1,2		
	System	1	,3		
	Gesamt	5	1,5		
Gesamt		337	100,0		

Tabelle: Gesamtanzahl an Fortbeschäftigten

		Häufigkeit	Prozent	Gültige Prozente	Kumulierte Prozente
Gültig	0	35	10,4	10,4	10,4
	1	24	7,1	7,1	17,6
	2	30	8,9	8,9	26,5
	3	1	,3	,3	26,8
	3	27	8,0	8,0	34,8
	4	30	8,9	8,9	43,8
	5	23	6,8	6,8	50,6
	6	22	6,5	6,5	57,1
	7	21	6,2	6,3	63,4
	8	11	3,3	3,3	66,7
	9	6	1,8	1,8	68,5
	10	14	4,2	4,2	72,6
	11	6	1,8	1,8	74,4
	12	10	3,0	3,0	77,4
	13	4	1,2	1,2	78,6
	14	4	1,2	1,2	79,8
	15	4	1,2	1,2	81,0
	16	7	2,1	2,1	83,0
	17	2	,6	,6	83,6
	18	2	,6	,6	84,2
	19	3	,9	,9	85,1
	20	4	1,2	1,2	86,3
	21	1	,3	,3	86,6
	22	1	,3	,3	86,9
	23	1	,3	,3	87,2
	24	2	,6	,6	87,8
	25	2	,6	,6	88,4
	26	1	,3	,3	88,7
	27	2	,6	,6	89,3
	29	1	,3	,3	89,6
	30	1	,3	,3	89,9
	32	1	,3	,3	90,2
	36	1	,3	,3	90,5
	37	2	,6	,6	91,1
	38	1	,3	,3	91,4
	39	1	,3	,3	91,7
	40	1	,3	,3	92,0
	42	1	,3	,3	92,3
	44	1	,3	,3	92,6
	48	1	,3	,3	92,9
	50	1	,3	,3	93,2
	53	1	,3	,3	93,5
	60	1	,3	,3	93,8
	67	1	,3	,3	94,0
	86	1	,3	,3	94,3
	95	1	,3	,3	94,6
	99	9	2,7	2,7	97,3
	101	1	,3	,3	97,6
	103	1	,3	,3	97,9
	110	1	,3	,3	98,2

Tabelle: Gesamtanzahl an Fortbeschäftigten (fortgesetzt)

		Häufigkeit	Prozent	Gültige Prozente	Kumulierte Prozente
	130	1	,3	,3	98,5
	140	3	,9	,9	99,4
	166	1	,3	,3	99,7
	185	1	,3	,3	100,0
	Gesamt	336	99,7	100,0	
Fehlend	System	1	,3		
Gesamt		337	100,0		

Tabelle: Rate an Fortbeschäftigten

		Häufigkeit	Prozent	Gültige Prozente	Kumulierte Prozente
Gültig	,00	35	10,4	10,7	10,7
	,40	1	,3	,3	11,0
	,49	1	,3	,3	11,3
	,55	1	,3	,3	11,7
	,75	1	,3	,3	12,0
	,77	1	,3	,3	12,3
	,80	1	,3	,3	12,6
	,83	1	,3	,3	12,9
	,89	1	,3	,3	13,2
	,91	1	,3	,3	13,5
	,93	1	,3	,3	13,8
	1,00	1	,3	,3	14,1
	1,08	1	,3	,3	14,4
	1,22	1	,3	,3	14,7
	1,27	1	,3	,3	15,0
	1,37	1	,3	,3	15,3
	1,38	1	,3	,3	15,6
	1,43	1	,3	,3	16,0
	1,59	1	,3	,3	16,3
	1,63	1	,3	,3	16,6
	1,65	1	,3	,3	16,9
	1,67	1	,3	,3	17,2
	1,68	1	,3	,3	17,5
	1,79	1	,3	,3	17,8
	1,92	1	,3	,3	18,1
	1,98	1	,3	,3	18,4
	2,00	1	,3	,3	18,7
	2,04	1	,3	,3	19,0
	2,14	1	,3	,3	19,3
	2,15	1	,3	,3	19,6
	2,17	2	,6	,6	20,2
	2,27	1	,3	,3	20,6
	2,33	1	,3	,3	20,9
	2,44	1	,3	,3	21,2
	2,50	2	,6	,6	21,8
	2,53	1	,3	,3	22,1
	2,55	1	,3	,3	22,4
	2,56	1	,3	,3	22,7
	2,82	1	,3	,3	23,0
	2,84	1	,3	,3	23,3

Tabelle: Rate an Fortbeschäftigten (fortgesetzt)

	Häufigkeit	Prozent	Gültige Prozente	Kumulierte Prozente
2,86	1	,3	,3	23,6
2,94	1	,3	,3	23,9
2,99	1	,3	,3	24,2
3,00	1	,3	,3	24,5
3,03	2	,6	,6	25,2
3,06	1	,3	,3	25,5
3,07	1	,3	,3	25,8
3,24	1	,3	,3	26,1
3,26	1	,3	,3	26,4
3,28	1	,3	,3	26,7
3,33	1	,3	,3	27,0
3,37	1	,3	,3	27,3
3,45	2	,6	,6	27,9
3,52	1	,3	,3	28,2
3,53	2	,6	,6	28,8
3,60	1	,3	,3	29,1
3,65	1	,3	,3	29,4
3,70	2	,6	,6	30,1
3,74	1	,3	,3	30,4
3,75	1	,3	,3	30,7
3,81	1	,3	,3	31,0
3,85	1	,3	,3	31,3
3,90	1	,3	,3	31,6
3,91	1	,3	,3	31,9
4,00	4	1,2	1,2	33,1
4,11	2	,6	,6	33,7
4,12	1	,3	,3	34,0
4,17	2	,6	,6	34,7
4,31	1	,3	,3	35,0
4,38	1	,3	,3	35,3
4,40	1	,3	,3	35,6
4,44	2	,6	,6	36,2
4,48	1	,3	,3	36,5
4,50	1	,3	,3	36,8
4,51	1	,3	,3	37,1
4,55	2	,6	,6	37,7
4,65	1	,3	,3	38,0
4,69	1	,3	,3	38,3
4,72	1	,3	,3	38,7
4,76	2	,6	,6	39,3
4,84	1	,3	,3	39,6
4,88	1	,3	,3	39,9
4,90	1	,3	,3	40,2
4,95	1	,3	,3	40,5
5,26	2	,6	,6	41,1
5,33	1	,3	,3	41,4
5,34	1	,3	,3	41,7
5,36	1	,3	,3	42,0
5,38	2	,6	,6	42,6
5,41	2	,6	,6	43,3

Tabelle: Rate an Fortbeschäftigten (fortgesetzt)

	Häufigkeit	Prozent	Gültige Prozente	Kumulierte Prozente
5,46	1	,3	,3	43,6
5,52	1	,3	,3	43,9
5,56	2	,6	,6	44,5
5,71	1	,3	,3	44,8
5,88	1	,3	,3	45,1
5,91	1	,3	,3	45,4
5,97	1	,3	,3	45,7
5,98	1	,3	,3	46,0
6,06	1	,3	,3	46,3
6,18	1	,3	,3	46,6
6,29	1	,3	,3	46,9
6,35	1	,3	,3	47,2
6,36	2	,6	,6	47,9
6,54	1	,3	,3	48,2
6,58	1	,3	,3	48,5
6,67	1	,3	,3	48,8
6,90	1	,3	,3	49,1
6,94	1	,3	,3	49,4
6,95	1	,3	,3	49,7
6,96	1	,3	,3	50,0
7,02	1	,3	,3	50,3
7,14	2	,6	,6	50,9
7,32	1	,3	,3	51,2
7,35	1	,3	,3	51,5
7,37	1	,3	,3	51,8
7,55	1	,3	,3	52,1
7,69	2	,6	,6	52,8
7,98	1	,3	,3	53,1
8,00	1	,3	,3	53,4
8,05	1	,3	,3	53,7
8,09	1	,3	,3	54,0
8,24	2	,6	,6	54,6
8,29	1	,3	,3	54,9
8,33	4	1,2	1,2	56,1
8,70	1	,3	,3	56,4
8,72	1	,3	,3	56,7
8,89	1	,3	,3	57,1
8,96	1	,3	,3	57,4
9,00	1	,3	,3	57,7
9,09	2	,6	,6	58,3
9,23	1	,3	,3	58,6
9,38	1	,3	,3	58,9
9,41	1	,3	,3	59,2
9,47	1	,3	,3	59,5
9,52	1	,3	,3	59,8
9,71	1	,3	,3	60,1
9,82	1	,3	,3	60,4
9,84	1	,3	,3	60,7
9,90	1	,3	,3	61,0
10,00	5	1,5	1,5	62,6

Tabelle: Rate an Fortbeschäftigten (fortgesetzt)

	Häufigkeit	Prozent	Gültige Prozente	Kumulierte Prozente
10,19	1	,3	,3	62,9
10,29	1	,3	,3	63,2
10,34	1	,3	,3	63,5
10,39	1	,3	,3	63,8
10,53	1	,3	,3	64,1
10,64	1	,3	,3	64,4
10,71	1	,3	,3	64,7
10,77	1	,3	,3	65,0
11,11	3	,9	,9	66,0
11,50	1	,3	,3	66,3
11,76	1	,3	,3	66,6
12,00	1	,3	,3	66,9
12,12	3	,9	,9	67,8
12,20	1	,3	,3	68,1
12,50	2	,6	,6	68,7
12,82	1	,3	,3	69,0
13,33	2	,6	,6	69,6
13,51	2	,6	,6	70,2
14,08	1	,3	,3	70,6
14,29	4	1,2	1,2	71,8
14,55	1	,3	,3	72,1
14,60	1	,3	,3	72,4
14,93	1	,3	,3	72,7
15,00	2	,6	,6	73,3
15,15	2	,6	,6	73,9
15,38	2	,6	,6	74,5
15,71	1	,3	,3	74,8
16,33	1	,3	,3	75,2
16,67	1	,3	,3	75,5
17,02	1	,3	,3	75,8
17,07	1	,3	,3	76,1
17,31	2	,6	,6	76,7
17,39	1	,3	,3	77,0
17,50	1	,3	,3	77,3
17,76	1	,3	,3	77,6
18,00	1	,3	,3	77,9
18,18	2	,6	,6	78,5
18,75	3	,9	,9	79,4
18,84	1	,3	,3	79,8
19,23	1	,3	,3	80,1
20,00	2	,6	,6	80,7
20,59	2	,6	,6	81,3
20,83	1	,3	,3	81,6
23,53	1	,3	,3	81,9
24,11	1	,3	,3	82,2
24,53	1	,3	,3	82,5
25,00	1	,3	,3	82,8
27,45	1	,3	,3	83,1
27,59	1	,3	,3	83,4
28,13	1	,3	,3	83,7

Tabelle: Rate an Fortbeschäftigten (fortgesetzt)

		Häufigkeit	Prozent	Gültige Prozente	Kumulierte Prozente
	28,57	1	,3	,3	84,0
	29,17	1	,3	,3	84,4
	29,27	1	,3	,3	84,7
	30,33	1	,3	,3	85,0
	30,67	1	,3	,3	85,3
	30,77	1	,3	,3	85,6
	31,25	1	,3	,3	85,9
	31,58	1	,3	,3	86,2
	32,26	1	,3	,3	86,5
	33,33	4	1,2	1,2	87,7
	44,62	1	,3	,3	88,0
	49,37	1	,3	,3	88,3
	52,78	1	,3	,3	88,7
	55,56	1	,3	,3	89,0
	60,00	1	,3	,3	89,3
	62,77	1	,3	,3	89,6
	63,16	1	,3	,3	89,9
	70,59	1	,3	,3	90,2
	71,43	1	,3	,3	90,5
	77,78	1	,3	,3	90,8
	83,33	1	,3	,3	91,1
	83,42	1	,3	,3	91,4
	85,12	1	,3	,3	91,7
	86,05	1	,3	,3	92,0
	86,67	1	,3	,3	92,3
	87,50	1	,3	,3	92,6
	90,24	1	,3	,3	92,9
	93,22	1	,3	,3	93,3
	93,75	1	,3	,3	93,6
	94,39	1	,3	,3	93,9
	96,36	1	,3	,3	94,2
	96,94	1	,3	,3	94,5
	100,00	18	5,3	5,5	100,0
	Gesamt	326	96,7	100,0	
Fehlend	99,00	10	3,0		
	System	1	,3		
	Gesamt	11	3,3		
Gesamt		337	100,0		

Tabelle: Rate an Fortbeschäftigten (klassifiziert)

		Häufigkeit	Prozent	Gültige Prozente	Kumulierte Prozente
Gültig	Unter 5%	131	38,9	40,2	40,2
	5-10%	81	24,0	24,8	65,0
	11-20%	54	16,0	16,6	81,6
	21-30%	13	3,9	4,0	85,6
	Über 31%	47	13,9	14,4	100,0
	Gesamt	326	96,7	100,0	
Fehlend	99,00	10	3,0		
	System	1	,3		
	Gesamt	11	3,3		
Gesamt		337	100,0		

Tabelle: Veränderung des Anteils Fortbeschäftigter an Gesamtbelegschaft im Zeitraum der letzten drei Jahre

		Häufigkeit	Prozent	Gültige Prozente	Kumulierte Prozente
Gültig	-100%	6	1,8	2,0	2,0
	-80%	1	,3	,3	2,4
	-70%	2	,6	,7	3,0
	-60%	2	,6	,7	3,7
	-50%	6	1,8	2,0	5,7
	-40%	1	,3	,3	6,1
	-30%	10	3,0	3,4	9,4
	-20%	15	4,5	5,1	14,5
	-10%	52	15,4	17,5	32,0
	Keine erhebliche Veränderung	52	15,4	17,5	49,5
	+10%	77	22,8	25,9	75,4
	+20%	22	6,5	7,4	82,8
	+30%	13	3,9	4,4	87,2
	+50%	16	4,7	5,4	92,6
	+60%	2	,6	,7	93,3
	+70%	1	,3	,3	93,6
	+80%	1	,3	,3	93,9
	+100%	8	2,4	2,7	96,6
	+200%	2	,6	,7	97,3
	+300%	4	1,2	1,3	98,7
	+400%	3	,9	1,0	99,7
	+1000%	1	,3	,3	100,0
	Gesamt	297	88,1	100,0	
Fehlend	99,00	39	11,6		
	System	1	,3		
	Gesamt	40	11,9		
Gesamt		337	100,0		

Tabelle: Maximalalter im Rahmen der Fortbeschäftigungsmaßnahme

		Häufigkeit	Prozent	Gültige Prozente	Kumulierte Prozente
Gültig	Maximalalter der Beschäftigung im Rahmen der Fortbeschäftigungsmaß nahme in Höhe des 60. Lebensjahrs	1	,3	,3	,3
	Maximalalter der Beschäftigung im Rahmen der Fortbeschäftigungsmaß nahme in Höhe des 63. Lebensjahrs	2	,6	,6	,9
	Maximalalter der Beschäftigung im Rahmen der Fortbeschäftigungsmaß nahme in Höhe des 64. Lebensjahrs	3	,9	,9	1,8
	Maximalalter der Beschäftigung im Rahmen der Fortbeschäftigungsmaß nahme in Höhe des 65. Lebensjahrs	174	51,6	52,7	54,5
	Maximalalter der Beschäftigung im Rahmen der Fortbeschäftigungsmaß nahme in Höhe des 66. Lebensjahrs	1	,3	,3	54,8
	Maximalalter der Beschäftigung im Rahmen der Fortbeschäftigungsmaß nahme in Höhe des 67. Lebensjahrs	1	,3	,3	55,2
	Maximalalter der Beschäftigung im Rahmen der Fortbeschäftigungsmaß nahme in Höhe des 70. Lebensjahrs	20	5,9	6,1	61,2
	Maximalalter der Beschäftigung im Rahmen der Fortbeschäftigungsmaß nahme in Höhe des 75. Lebensjahrs	1	,3	,3	61,5
	Kein fixiertes Maximalalter der Beschäftigung im Rahmen der Fortbeschäftigungsmaß nahme	127	37,7	38,5	100,0
	Gesamt	330	97,9	100,0	
Fehlend	99,00	6	1,8		
	System	1	,3		
	Gesamt	7	2,1		
Gesamt		337	100,0		

Tabelle: Art der betrieblichen Fortbeschäftigungsmaßnahme - Wiederbeschäftigungssystem

		Häufigkeit	Prozent	Gültige Prozente	Kumulierte Prozente
Gültig	Ja	288	85,5	86,2	86,2
	Nein	46	13,6	13,8	100,0
	Gesamt	334	99,1	100,0	
Fehlend	99,00	2	,6		
	System	1	,3		
	Gesamt	3	,9		
Gesamt		337	100,0		

Tabelle: Art der betrieblichen Fortbeschäftigungsmaßnahme - Beschäftigungsverlängerungssystem

		Häufigkeit	Prozent	Gültige Prozente	Kumulierte Prozente
Gültig	Ja	31	9,2	9,3	9,3
	Nein	303	89,9	90,7	100,0
	Gesamt	334	99,1	100,0	
Fehlend	99,00	2	,6		
	System	1	,3		
	Gesamt	3	,9		
Gesamt		337	100,0		

Tabelle: Art der betrieblichen Fortbeschäftigungsmaßnahme - Heraufsetzung des betrieblichen Renteneintrittsalters

		Häufigkeit	Prozent	Gültige Prozente	Kumulierte Prozente
Gültig	Ja	12	3,6	3,6	3,6
	Nein	322	95,5	96,4	100,0
	Gesamt	334	99,1	100,0	
Fehlend	99,00	2	,6		
	System	1	,3		
	Gesamt	3	,9		
Gesamt		337	100,0		

Tabelle: Art der betrieblichen Fortbeschäftigungsmaßnahme - Abschaffung des Systems eines betrieblichen Renteneintrittsalters

		Häufigkeit	Prozent	Gültige Prozente	Kumulierte Prozente
Gültig	Ja	8	2,4	2,4	2,4
	Nein	326	96,7	97,6	100,0
	Gesamt	334	99,1	100,0	
Fehlend	99,00	2	,6		
	System	1	,3		
	Gesamt	3	,9		
Gesamt		337	100,0		

Tabelle: Art der betrieblichen Fortbeschäftigungsmaßnahme - Keine besondere Maßnahme

		Häufigkeit	Prozent	Gültige Prozente	Kumulierte Prozente
Gültig	Ja	20	5,9	6,0	6,0
	Nein	314	93,2	94,0	100,0
	Gesamt	334	99,1	100,0	
Fehlend	99,00	2	,6		
	System	1	,3		
	Gesamt	3	,9		
Gesamt		337	100,0		

Tabelle: Beginn der Fortbeschäftigungsmaßnahme in Lebensjahren der Beschäftigten

		Häufigkeit	Prozent	Gültige Prozente	Kumulierte Prozente
Gültig	55. Lebensjahr	3	,9	,9	,9
	59. Lebensjahr	1	,3	,3	1,2
	60. Lebensjahr	262	77,7	80,1	81,3
	61. Lebensjahr	14	4,2	4,3	85,6
	62. Lebensjahr	3	,9	,9	86,5
	63. Lebensjahr	3	,9	,9	87,5
	65. Lebensjahr	12	3,6	3,7	91,1
	66. Lebensjahr	1	,3	,3	91,4
	70. Lebensjahr	1	,3	,3	91,7
	Keine Fixation des Beginns der Fortbeschäftigungsmaß nahme	27	8,0	8,3	100,0
	Gesamt	327	97,0	100,0	
Fehlend	99,00	9	2,7		
	System	1	,3		
	Gesamt	10	3,0		
Gesamt		337	100,0		

Tabelle: Intensität des Konsultationsverfahrens im Rahmen der Fortbeschäftigung - Start des
Verfahrens vor Beginn der Fortbeschäftigung

		Häufigkeit	Prozent	Gültige Prozente	Kumulierte Prozente
Gültig	Unter einem Monat vorher	33	9,8	11,5	11,5
	1 Monat vorher	124	36,8	43,4	54,9
	2 Monate vorher	36	10,7	12,6	67,5
	3 Monate vorher	53	15,7	18,5	86,0
	5 Monate vorher	2	,6	,7	86,7
	6 Monate vorher	24	7,1	8,4	95,1
	9 Monate vorher	1	,3	,3	95,5
	10 Monate vorher	1	,3	,3	95,8
	12 Monate vorher	10	3,0	3,5	99,3
	15 Monate vorher	1	,3	,3	99,7
	60,00	1	,3	,3	100,0
	Gesamt	286	84,9	100,0	
Fehlend	99,00	50	14,8		
	System	1	,3		
	Gesamt	51	15,1		
Gesamt		337	100,0		

Tabelle: Intensität des Konsultationsverfahrens im Rahmen der Fortbeschäftigung - Start des
Verfahrens vor Beginn der Fortbeschäftigung (klassifiziert)

		Häufigkeit	Prozent	Gültige Prozente	Kumulierte Prozente
Gültig	,00	1	,3	,3	,3
	Unter 2 Monate vorher	193	57,3	67,5	67,8
	Über 2 Monate	92	27,3	32,2	100,0
	Gesamt	286	84,9	100,0	
Fehlend	99,00	50	14,8		
	System	1	,3		
	Gesamt	51	15,1		
Gesamt		337	100,0		

Tabelle: Intensität des Konsultationsverfahrens im Rahmen der Fortbeschäftigung - Anzahl an Treffen

		Häufigkeit	Prozent	Gültige Prozente	Kumulierte Prozente
Gültig	,00	13	3,9	4,8	4,8
	1 mal	66	19,6	24,2	28,9
	2 mal	104	30,9	38,1	67,0
	3 mal	69	20,5	25,3	92,3
	4 mal	3	,9	1,1	93,4
	5 mal	14	4,2	5,1	98,5
	6 mal	2	,6	,7	99,3
	10 mal	1	,3	,4	99,6
	100,00	1	,3	,4	100,0
	Gesamt	273	81,0	100,0	
Fehlend	99,00	63	18,7		
	System	1	,3		
	Gesamt	64	19,0		
Gesamt		337	100,0		

Tabelle: Intensität des Konsultationsverfahrens im Rahmen der Fortbeschäftigung - Anzahl an Treffen (klassifiziert)

		Häufigkeit	Prozent	Gültige Prozente	Kumulierte Prozente
Gültig	Bis zu 2 mal	180	53,4	65,9	65,9
	Über 2 mal	93	27,6	34,1	100,0
	Gesamt	273	81,0	100,0	
Fehlend	99,00	63	18,7		
	System	1	,3		
	Gesamt	64	19,0		
Gesamt		337	100,0		

Tabelle: Intensität des Konsultationsverfahrens im Rahmen der Fortbeschäftigung - Gegenseitigkeit des Konsultationsverfahrens, keine Erläuterung von Arbeitsinhalt und Beschäftigungskonditionen seitens des Unternehmens

		Häufigkeit	Prozent	Gültige Prozente	Kumulierte Prozente
Gültig	Ja	13	3,9	4,1	4,1
	Nein	307	91,1	95,9	100,0
	Gesamt	320	95,0	100,0	
Fehlend	99,00	16	4,7		
	System	1	,3		
	Gesamt	17	5,0		
Gesamt		337	100,0		

Tabelle: Intensität des Konsultationsverfahrens im Rahmen der Fortbeschäftigung -
Gegenseitigkeit des Konsultationsverfahrens, Erläuterung von Arbeitsinhalt und
Beschäftigungskonditionen seitens des Unternehmens

		Häufigkeit	**Prozent**	Gültige Prozente	Kumulierte Prozente
Gültig	Ja	262	77,7	81,9	81,9
	Nein	58	17,2	18,1	100,0
	Gesamt	320	95,0	100,0	
Fehlend	99,00	16	4,7		
	System	1	,3		
	Gesamt	17	5,0		
Gesamt		337	100,0		

Tabelle: Intensität des Konsultationsverfahrens im Rahmen der Fortbeschäftigung -
Gegenseitigkeit des Konsultationsverfahrens, Anhörung von Arbeitnehmerpräferenzen

		Häufigkeit	**Prozent**	Gültige Prozente	Kumulierte Prozente
Gültig	Ja	106	31,5	33,1	33,1
	Nein	214	63,5	66,9	100,0
	Gesamt	320	95,0	100,0	
Fehlend	99,00	16	4,7		
	System	1	,3		
	Gesamt	17	5,0		
Gesamt		337	100,0		

Tabelle: Intensität des Konsultationsverfahrens im Rahmen der Fortbeschäftigung -
Gegenseitigkeit des Konsultationsverfahrens, Versuch der Harmonisierung von
Angestellten- und Unternehmensposition

		Häufigkeit	**Prozent**	Gültige Prozente	Kumulierte Prozente
Gültig	Ja	124	36,8	38,8	38,8
	Nein	196	58,2	61,3	100,0
	Gesamt	320	95,0	100,0	
Fehlend	99,00	16	4,7		
	System	1	,3		
	Gesamt	17	5,0		
Gesamt		337	100,0		

Tabelle: Intensität des Konsultationsverfahrens im Rahmen der Fortbeschäftigung -
Gegenseitigkeit des Konsultationsverfahrens, Sonstiges

		Häufigkeit	Prozent	Gültige Prozente	Kumulierte Prozente
Gültig	Ja	9	2,7	2,8	2,8
	Nein	310	92,0	97,2	100,0
	Gesamt	319	94,7	100,0	
Fehlend	99,00	17	5,0		
	System	1	,3		
	Gesamt	18	5,3		
Gesamt		337	100,0		

Tabelle: Gestaltung der Zugangsberechtigung

		Häufigkeit	Prozent	Gültige Prozente	Kumulierte Prozente
Gültig	Prinzipielle Aufnahme aller Bewerber in die Fortbeschäftigungsmaßnahme	157	46,6	48,8	48,8
	Auswahl von Bewerbern zur Fortbeschäftigungsmaßnahme	161	47,8	50,0	98,8
	3,00	1	,3	,3	99,1
	98,00	3	,9	,9	100,0
	Gesamt	322	95,5	100,0	
Fehlend	99,00	14	4,2		
	System	1	,3		
	Gesamt	15	4,5		
Gesamt		337	100,0		

Tabelle: Standards des Selektionsverfahrens - Gesundheitszustand

		Häufigkeit	Prozent	Gültige Prozente	Kumulierte Prozente
Gültig	Eher unwichtig	2	,6	1,3	1,3
	Wichtig	75	22,3	47,2	48,4
	Sehr wichtig	82	24,3	51,6	100,0
	Gesamt	159	47,2	100,0	
Fehlend	98,00	163	48,4		
	99,00	14	4,2		
	System	1	,3		
	Gesamt	178	52,8		
Gesamt		337	100,0		

Tabelle: Standards des Selektionsverfahrens - Gesundheitszustand (klassifiziert)

		Häufigkeit	Prozent	Gültige Prozente	Kumulierte Prozente
Gültig	Unwichtig	2	,6	1,3	1,3
	Wichtig	156	46,3	98,1	99,4
	3,00	1	,3	,6	100,0
	Gesamt	159	47,2	100,0	
Fehlend	98,00	164	48,7		
	99,00	13	3,9		
	System	1	,3		
	Gesamt	178	52,8		
Gesamt		337	100,0		

Tabelle: Standards des Selektionsverfahrens - Anwesenheitsrate, Einstellung zur Arbeit

		Häufigkeit	Prozent	Gültige Prozente	Kumulierte Prozente
Gültig	Unwichtig	1	,3	,6	,6
	Eher unwichtig	1	,3	,6	1,3
	Wichtig	75	22,3	47,2	48,4
	Sehr wichtig	82	24,3	51,6	100,0
	Gesamt	159	47,2	100,0	
Fehlend	98,00	163	48,4		
	99,00	14	4,2		
	System	1	,3		
	Gesamt	178	52,8		
Gesamt		337	100,0		

Tabelle: Standards des Selektionsverfahrens - Anwesenheitsrate, Einstellung zur Arbeit (klassifiziert)

		Häufigkeit	Prozent	Gültige Prozente	Kumulierte Prozente
Gültig	Unwichtig	2	,6	1,3	1,3
	Wichtig	156	46,3	98,1	99,4
	3,00	1	,3	,6	100,0
	Gesamt	159	47,2	100,0	
Fehlend	98,00	163	48,4		
	99,00	14	4,2		
	System	1	,3		
	Gesamt	178	52,8		
Gesamt		337	100,0		

Tabelle: Standards des Selektionsverfahrens - Wille zur Arbeit

		Häufigkeit	Prozent	Gültige Prozente	Kumulierte Prozente
Gültig	Unwichtig	1	,3	,6	,6
	Eher unwichtig	2	,6	1,3	1,9
	Wichtig	60	17,8	38,2	40,1
	Sehr wichtig	94	27,9	59,9	100,0
	Gesamt	157	46,6	100,0	
Fehlend	98,00	163	48,4		
	99,00	16	4,7		
	System	1	,3		
	Gesamt	180	53,4		
Gesamt		337	100,0		

Tabelle: Standards des Selektionsverfahrens - Wille zur Arbeit (klassifiziert)

		Häufigkeit	Prozent	Gültige Prozente	Kumulierte Prozente
Gültig	Unwichtig	3	,9	1,9	1,9
	Wichtig	154	45,7	98,1	100,0
	Gesamt	157	46,6	100,0	
Fehlend	98,00	163	48,4		
	99,00	16	4,7		
	System	1	,3		
	Gesamt	180	53,4		
Gesamt		337	100,0		

Tabelle: Standards des Selektionsverfahrens - Möglichkeit zur Fortsetzung Arbeitsinhalt

		Häufigkeit	Prozent	Gültige Prozente	Kumulierte Prozente
Gültig	Unwichtig	4	1,2	2,6	2,6
	Eher unwichtig	37	11,0	24,0	26,6
	Wichtig	78	23,1	50,6	77,3
	Sehr wichtig	35	10,4	22,7	100,0
	Gesamt	154	45,7	100,0	
Fehlend	98,00	163	48,4		
	99,00	19	5,6		
	System	1	,3		
	Gesamt	183	54,3		
Gesamt		337	100,0		

Tabelle: Standards des Selektionsverfahrens - Möglichkeit zur Fortsetzung Arbeitsinhalt
(klassifiziert)

		Häufigkeit	Prozent	Gültige Prozente	Kumulierte Prozente
Gültig	Unwichtig	41	12,2	26,6	26,6
	Wichtig	113	33,5	73,4	100,0
	Gesamt	154	45,7	100,0	
Fehlend	98,00	163	48,4		
	99,00	19	5,6		
	System	1	,3		
	Gesamt	183	54,3		
Gesamt		337	100,0		

Tabelle: Standards des Selektionsverfahrens - Möglichkeit zur Harmonisierung von Arbeitnehmer-
und Unternehmenspräferenzen

		Häufigkeit	Prozent	Gültige Prozente	Kumulierte Prozente
Gültig	Unwichtig	1	,3	,6	,6
	Eher unwichtig	7	2,1	4,5	5,1
	Wichtig	92	27,3	59,0	64,1
	Sehr wichtig	56	16,6	35,9	100,0
	Gesamt	156	46,3	100,0	
Fehlend	98,00	163	48,4		
	99,00	17	5,0		
	System	1	,3		
	Gesamt	181	53,7		
Gesamt		337	100,0		

Tabelle: Standards des Selektionsverfahrens - Möglichkeit zur Harmonisierung von Arbeitnehmer-
und Unternehmenspräferenzen (klassifiziert)

		Häufigkeit	Prozent	Gültige Prozente	Kumulierte Prozente
Gültig	Unwichtig	8	2,4	5,1	5,1
	Wichtig	147	43,6	94,2	99,4
	3,00	1	,3	,6	100,0
	Gesamt	156	46,3	100,0	
Fehlend	98,00	163	48,4		
	99,00	17	5,0		
	System	1	,3		
	Gesamt	181	53,7		
Gesamt		337	100,0		

Tabelle: Standards des Selektionsverfahrens - Fähigkeiten, die auf besonderer Geschicklichkeit oder Erfahrung aufbauen

		Häufigkeit	Prozent	Gültige Prozente	Kumulierte Prozente
Gültig	Unwichtig	2	,6	1,3	1,3
	Eher unwichtig	26	7,7	16,5	17,7
	Wichtig	82	24,3	51,9	69,6
	Sehr wichtig	48	14,2	30,4	100,0
	Gesamt	158	46,9	100,0	
Fehlend	98,00	163	48,4		
	99,00	15	4,5		
	System	1	,3		
	Gesamt	179	53,1		
Gesamt		337	100,0		

Tabelle: Standards des Selektionsverfahrens - Fähigkeiten, die auf besonderer Geschicklichkeit oder Erfahrung aufbauen (klassifiziert)

		Häufigkeit	Prozent	Gültige Prozente	Kumulierte Prozente
Gültig	Unwichtig	28	8,3	17,7	17,7
	Wichtig	129	38,3	81,6	99,4
	3,00	1	,3	,6	100,0
	Gesamt	158	46,9	100,0	
Fehlend	98,00	163	48,4		
	99,00	15	4,5		
	System	1	,3		
	Gesamt	179	53,1		
Gesamt		337	100,0		

Tabelle: Standards des Selektionsverfahrens - Spezielle Qualifikationen

		Häufigkeit	Prozent	Gültige Prozente	Kumulierte Prozente
Gültig	Unwichtig	11	3,3	7,1	7,1
	Eher unwichtig	82	24,3	52,6	59,6
	Wichtig	49	14,5	31,4	91,0
	Sehr wichtig	14	4,2	9,0	100,0
	Gesamt	156	46,3	100,0	
Fehlend	98,00	163	48,4		
	99,00	17	5,0		
	System	1	,3		
	Gesamt	181	53,7		
Gesamt		337	100,0		

Tabelle: Standards des Selektionsverfahrens - Spezielle Qualifikationen (klassifiziert)

		Häufigkeit	Prozent	Gültige Prozente	Kumulierte Prozente
Gültig	Unwichtig	93	27,6	59,6	59,6
	Wichtig	63	18,7	40,4	100,0
	Gesamt	156	46,3	100,0	
Fehlend	98,00	163	48,4		
	99,00	17	5,0		
	System	1	,3		
	Gesamt	181	53,7		
Gesamt		337	100,0		

Tabelle: Standards des Selektionsverfahrens - Möglichkeit der Nutzung zur Wissenstradierung

		Häufigkeit	Prozent	Gültige Prozente	Kumulierte Prozente
Gültig	Unwichtig	8	2,4	5,1	5,1
	Eher unwichtig	72	21,4	46,2	51,3
	Wichtig	60	17,8	38,5	89,7
	Sehr wichtig	16	4,7	10,3	100,0
	Gesamt	156	46,3	100,0	
Fehlend	98,00	163	48,4		
	99,00	17	5,0		
	System	1	,3		
	Gesamt	181	53,7		
Gesamt		337	100,0		

Tabelle: Standards des Selektionsverfahrens - Möglichkeit der Nutzung zur Wissenstradierung (klassifiziert)

		Häufigkeit	Prozent	Gültige Prozente	Kumulierte Prozente
Gültig	Unwichtig	79	23,4	50,6	50,6
	Wichtig	76	22,6	48,7	99,4
	3,00	1	,3	,6	100,0
	Gesamt	156	46,3	100,0	
Fehlend	98,00	163	48,4		
	99,00	17	5,0		
	System	1	,3		
	Gesamt	181	53,7		
Gesamt		337	100,0		

Tabelle: Standards des Selektionsverfahrens - Allgemeine Leistungseinschätzung

		Häufigkeit	Prozent	Gültige Prozente	Kumulierte Prozente
Gültig	Unwichtig	2	,6	1,3	1,3
	Eher unwichtig	19	5,6	12,1	13,4
	Wichtig	100	29,7	63,7	77,1
	Sehr wichtig	36	10,7	22,9	100,0
	Gesamt	157	46,6	100,0	
Fehlend	98,00	163	48,4		
	99,00	16	4,7		
	System	1	,3		
	Gesamt	180	53,4		
Gesamt		337	100,0		

Tabelle: Standards des Selektionsverfahrens - Allgemeine Leistungseinschätzung (klassifiziert)

		Häufigkeit	Prozent	Gültige Prozente	Kumulierte Prozente
Gültig	Unwichtig	21	6,2	13,4	13,4
	Wichtig	135	40,1	86,0	99,4
	3,00	1	,3	,6	100,0
	Gesamt	157	46,6	100,0	
Fehlend	98,00	163	48,4		
	99,00	16	4,7		
	System	1	,3		
	Gesamt	180	53,4		
Gesamt		337	100,0		

Tabelle: Standards des Selektionsverfahrens - Fähigkeiten zum Zusammenwirken am Arbeitsplatz

		Häufigkeit	Prozent	Gültige Prozente	Kumulierte Prozente
Gültig	Unwichtig	1	,3	,6	,6
	Eher unwichtig	14	4,2	9,0	9,6
	Wichtig	102	30,3	65,4	75,0
	Sehr wichtig	39	11,6	25,0	100,0
	Gesamt	156	46,3	100,0	
Fehlend	98,00	163	48,4		
	99,00	17	5,0		
	System	1	,3		
	Gesamt	181	53,7		
Gesamt		337	100,0		

Tabelle: Standards des Selektionsverfahrens - Fähigkeiten zum Zusammenwirken am Arbeitsplatz (klassifiziert)

		Häufigkeit	Prozent	Gültige Prozente	Kumulierte Prozente
Gültig	Unwichtig	15	4,5	9,6	9,6
	Wichtig	140	41,5	89,7	99,4
	3,00	1	,3	,6	100,0
	Gesamt	156	46,3	100,0	
Fehlend	98,00	163	48,4		
	99,00	17	5,0		
	System	1	,3		
	Gesamt	181	53,7		
Gesamt		337	100,0		

Tabelle: Standards des Selektionsverfahrens - Betriebliche Stellung vor Erreichung des betrieblichen Rentenalters

		Häufigkeit	Prozent	Gültige Prozente	Kumulierte Prozente
Gültig	Unwichtig	42	12,5	27,1	27,1
	Eher unwichtig	92	27,3	59,4	86,5
	Wichtig	20	5,9	12,9	99,4
	Sehr wichtig	1	,3	,6	100,0
	Gesamt	155	46,0	100,0	
Fehlend	98,00	163	48,4		
	99,00	18	5,3		
	System	1	,3		
	Gesamt	182	54,0		
Gesamt		337	100,0		

Tabelle: Standards des Selektionsverfahrens - Betriebliche Stellung vor Erreichung des betrieblichen Rentenalters (klassifiziert)

		Häufigkeit	Prozent	Gültige Prozente	Kumulierte Prozente
Gültig	Unwichtig	134	39,8	86,5	86,5
	Wichtig	21	6,2	13,5	100,0
	Gesamt	155	46,0	100,0	
Fehlend	98,00	163	48,4		
	99,00	18	5,3		
	System	1	,3		
	Gesamt	182	54,0		
Gesamt		337	100,0		

Tabelle: Standards des Selektionsverfahrens - Einschätzung einer besonderen Notwendigkeit des Bewerbers seitens des Unternehmens

		Häufigkeit	Prozent	Gültige Prozente	Kumulierte Prozente
Gültig	Unwichtig	7	2,1	4,5	4,5
	Eher unwichtig	22	6,5	14,2	18,7
	Wichtig	76	22,6	49,0	67,7
	Sehr wichtig	50	14,8	32,3	100,0
	Gesamt	155	46,0	100,0	
Fehlend	98,00	163	48,4		
	99,00	18	5,3		
	System	1	,3		
	Gesamt	182	54,0		
Gesamt		337	100,0		

Tabelle: Standards des Selektionsverfahrens - Einschätzung einer besonderen Notwendigkeit des Bewerbers seitens des Unternehmens (klassifiziert)

		Häufigkeit	Prozent	Gültige Prozente	Kumulierte Prozente
Gültig	Unwichtig	29	8,6	18,7	18,7
	Wichtig	125	37,1	80,6	99,4
	3,00	1	,3	,6	100,0
	Gesamt	155	46,0	100,0	
Fehlend	98,00	163	48,4		
	99,00	18	5,3		
	System	1	,3		
	Gesamt	182	54,0		
Gesamt		337	100,0		

Tabelle: Standards des Selektionsverfahrens - Berufsgruppe des Bewerbers

		Häufigkeit	Prozent	Gültige Prozente	Kumulierte Prozente
Gültig	Unwichtig	8	2,4	5,3	5,3
	Eher unwichtig	80	23,7	52,6	57,9
	Wichtig	54	16,0	35,5	93,4
	Sehr wichtig	10	3,0	6,6	100,0
	Gesamt	152	45,1	100,0	
Fehlend	98,00	163	48,4		
	99,00	21	6,2		
	System	1	,3		
	Gesamt	185	54,9		
Gesamt		337	100,0		

Tabelle: Standards des Selektionsverfahrens - Berufsgruppe des Bewerbers (klassifiziert)

		Häufigkeit	Prozent	Gültige Prozente	Kumulierte Prozente
Gültig	Unwichtig	88	26,1	57,9	57,9
	Wichtig	64	19,0	42,1	100,0
	Gesamt	152	45,1	100,0	
Fehlend	98,00	163	48,4		
	99,00	21	6,2		
	System	1	,3		
	Gesamt	185	54,9		
Gesamt		337	100,0		

Tabelle: Standards des Selektionsverfahrens - Sonstiges

		Häufigkeit	Prozent	Gültige Prozente	Kumulierte Prozente
Gültig	Unwichtig	3	,9	12,5	12,5
	Eher unwichtig	11	3,3	45,8	58,3
	Wichtig	6	1,8	25,0	83,3
	Sehr wichtig	4	1,2	16,7	100,0
	Gesamt	24	7,1	100,0	
Fehlend	98,00	165	49,0		
	99,00	147	43,6		
	System	1	,3		
	Gesamt	313	92,9		
Gesamt		337	100,0		

Tabelle: Selektionsrate

		Häufigkeit	Prozent	Gültige Prozente	Kumulierte Prozente
Gültig	0 - 79%	36	10,7	22,0	22,0
	80 - 100%	127	37,7	77,4	99,4
	89,00	1	,3	,6	100,0
	Gesamt	164	48,7	100,0	
Fehlend	98,00	146	43,3		
	99,00	26	7,7		
	System	1	,3		
	Gesamt	173	51,3		
Gesamt		337	100,0		

Tabelle: Veränderung der Selektionsrate innerhalb der letzten drei Jahre

		Häufigkeit	Prozent	Gültige Prozente	Kumulierte Prozente
Gültig	Verringerung um über 20%	11	3,3	7,2	7,2
	Verringerung zwischen 10 und 20%	9	2,7	5,9	13,1
	Verringerung unter 10%	5	1,5	3,3	16,3
	Keine nennenswerte Veränderung	94	27,9	61,4	77,8
	Erhöhung um unter 10%	12	3,6	7,8	85,6
	Erhöhung zwischen 10 und 20%	12	3,6	7,8	93,5
	Erhöhung um über 20%	10	3,0	6,5	100,0
	Gesamt	153	45,4	100,0	
Fehlend	98,00	151	44,8		
	99,00	32	9,5		
	System	1	,3		
	Gesamt	184	54,6		
Gesamt		337	100,0		

Tabelle: Entscheidungsverfahren über Arbeitsinhalt

		Häufigkeit	Prozent	Gültige Prozente	Kumulierte Prozente
Gültig	Prinzipielle Fortsetzung des bisherigen Arbeitsinhalts	268	79,5	82,2	82,2
	Prinzipieller Wechsel des bisherigen Arbeitsinhalts	6	1,8	1,8	84,0
	Individuell basierte Entscheidung über Arbeitsinhalt	48	14,2	14,7	98,8
	98,00	4	1,2	1,2	100,0
	Gesamt	326	96,7	100,0	
Fehlend	99,00	10	3,0		
	System	1	,3		
	Gesamt	11	3,3		
Gesamt		337	100,0		

Tabelle: Entscheidungsverfahren über Arbeitsinhalt (klassifiziert)

		Häufigkeit	Prozent	Gültige Prozente	Kumulierte Prozente
Gültig	Prinzipielle Entscheidung	274	81,3	84,0	84,0
	Individuelle Entscheidung	48	14,2	14,7	98,8
	98,00	4	1,2	1,2	100,0
	Gesamt	326	96,7	100,0	
Fehlend	99,00	10	3,0		
	System	1	,3		
	Gesamt	11	3,3		
Gesamt		337	100,0		

Tabelle: Rate an gewechselten Arbeitsinhalten innerhalb von Unternehmen, die eine individuelle Entscheidung über den Arbeitsinhalt vornehmen

		Häufigkeit	Prozent	Gültige Prozente	Kumulierte Prozente
Gültig	,00	5	1,5	11,6	11,6
	5,00	1	,3	2,3	14,0
	10,00	6	1,8	14,0	27,9
	20,00	4	1,2	9,3	37,2
	30,00	10	3,0	23,3	60,5
	50,00	10	3,0	23,3	83,7
	60,00	1	,3	2,3	86,0
	66,00	1	,3	2,3	88,4
	70,00	1	,3	2,3	90,7
	80,00	4	1,2	9,3	100,0
	Gesamt	43	12,8	100,0	
Fehlend	98,00	282	83,7		
	99,00	11	3,3		
	System	1	,3		
	Gesamt	294	87,2		
Gesamt		337	100,0		

Tabelle: Rate an gewechselten Arbeitsinhalten innerhalb von Unternehmen, die eine individuelle Entscheidung über den Arbeitsinhalt vornehmen (klassifiziert)

		Häufigkeit	Prozent	Gültige Prozente	Kumulierte Prozente
Gültig	Unter 30%	19	5,6	44,2	44,2
	30-50%	17	5,0	39,5	83,7
	51-70%	3	,9	7,0	90,7
	71-100%	4	1,2	9,3	100,0
	Gesamt	43	12,8	100,0	
Fehlend	98,00	282	83,7		
	99,00	11	3,3		
	System	1	,3		
	Gesamt	294	87,2		
Gesamt		337	100,0		

Tabelle: Determinanten der individuellen Entscheidung über Arbeitsinhalte - Betriebswirtschaftliche Faktoren (Vakanzen, etc.)

		Häufigkeit	Prozent	Gültige Prozente	Kumulierte Prozente
Gültig	Unwichtig	1	,3	2,0	2,0
	Eher unwichtig	11	3,3	22,4	24,5
	Wichtig	26	7,7	53,1	77,6
	Sehr wichtig	11	3,3	22,4	100,0
	Gesamt	49	14,5	100,0	
Fehlend	98,00	282	83,7		
	99,00	5	1,5		
	System	1	,3		
	Gesamt	288	85,5		
Gesamt		337	100,0		

Tabelle: Determinanten der individuellen Entscheidung über Arbeitsinhalte - Betriebswirtschaftliche Faktoren (Vakanzen, etc.) (klassifiziert)

		Häufigkeit	Prozent	Gültige Prozente	Kumulierte Prozente
Gültig	Unwichtig	12	3,6	24,5	24,5
	Wichtig	37	11,0	75,5	100,0
	Gesamt	49	14,5	100,0	
Fehlend	98,00	282	83,7		
	99,00	5	1,5		
	System	1	,3		
	Gesamt	288	85,5		
Gesamt		337	100,0		

Tabelle: Determinanten der individuellen Entscheidung über Arbeitsinhalte -
Faktoren auf Seiten des Beschäftigten (Gesundheitszustand, etc.)

		Häufigkeit	Prozent	Gültige Prozente	Kumulierte Prozente
Gültig	Unwichtig	1	,3	2,1	2,1
	Eher unwichtig	6	1,8	12,5	14,6
	Wichtig	26	7,7	54,2	68,8
	Sehr wichtig	15	4,5	31,3	100,0
	Gesamt	48	14,2	100,0	
Fehlend	98,00	282	83,7		
	99,00	6	1,8		
	System	1	,3		
	Gesamt	289	85,8		
Gesamt		337	100,0		

Tabelle: Determinanten der individuellen Entscheidung über Arbeitsinhalte -
Faktoren auf Seiten des Beschäftigten (Gesundheitszustand, etc.) (klassifiziert)

		Häufigkeit	Prozent	Gültige Prozente	Kumulierte Prozente
Gültig	Unwichtig	7	2,1	14,6	14,6
	Wichtig	41	12,2	85,4	100,0
	Gesamt	48	14,2	100,0	
Fehlend	98,00	282	83,7		
	99,00	6	1,8		
	System	1	,3		
	Gesamt	289	85,8		
Gesamt		337	100,0		

Tabelle: Determinanten der individuellen Entscheidung über Arbeitsinhalte -
Präferenzen des Beschäftigten (Arbeitszeiten, etc.)

		Häufigkeit	Prozent	Gültige Prozente	Kumulierte Prozente
Gültig	Unwichtig	2	,6	4,2	4,2
	Eher unwichtig	12	3,6	25,0	29,2
	Wichtig	28	8,3	58,3	87,5
	Sehr wichtig	6	1,8	12,5	100,0
	Gesamt	48	14,2	100,0	
Fehlend	98,00	282	83,7		
	99,00	6	1,8		
	System	1	,3		
	Gesamt	289	85,8		
Gesamt		337	100,0		

Tabelle: Determinanten der individuellen Entscheidung über Arbeitsinhalte -
Präferenzen des Beschäftigten (Arbeitszeiten, etc.) (klassifiziert)

		Häufigkeit	Prozent	Gültige Prozente	Kumulierte Prozente
Gültig	Unwichtig	14	4,2	29,2	29,2
	Wichtig	34	10,1	70,8	100,0
	Gesamt	48	14,2	100,0	
Fehlend	98,00	⁀282	83,7		
	99,00	6	1,8		
	System	1	,3		
	Gesamt	289	85,8		
Gesamt		337	100,0		

Tabelle: Determinanten der individuellen Entscheidung über Arbeitsinhalte -
Sonstige Faktoren

		Häufigkeit	Prozent	Gültige Prozente	Kumulierte Prozente
Gültig	Unwichtig	1	,3	20,0	20,0
	Eher unwichtig	2	,6	40,0	60,0
	Wichtig	1	,3	20,0	80,0
	Sehr wichtig	1	,3	20,0	100,0
	Gesamt	5	1,5	100,0	
Fehlend	98,00	283	84,0		
	99,00	48	14,2		
	System	1	,3		
	Gesamt	332	98,5		
Gesamt		337	100,0		

Tabelle: Determinanten der individuellen Entscheidung über Arbeitsinhalte -
Sonstige Faktoren (klassifiziert)

		Häufigkeit	Prozent	Gültige Prozente	Kumulierte Prozente
Gültig	Unwichtig	3	,9	60,0	60,0
	Wichtig	2	,6	40,0	100,0
	Gesamt	5	1,5	100,0	
Fehlend	98,00	283	84,0		
	99,00	48	14,2		
	System	1	,3		
	Gesamt	332	98,5		
Gesamt		337	100,0		

Tabelle: Praktikabilität der individuellen Entscheidung über Arbeitsinhalte bei potentieller
Aufnahme aller Bewerber in Fortbeschäftigung

		Häufigkeit	Prozent	Gültige Prozente	Kumulierte Prozente
Gültig	Ja, Praktikabilität der individuellen Entscheidung selbst bei Aufnahme aller Bewerber in Fortbeschäftigung gegeben	29	8,6	70,7	70,7
	Nein, Praktikabilität der individuellen Entscheidung bei Aufnahme aller Bewerber nicht mehr gegeben	3	,9	7,3	78,0
	Im Unternehmen werden bereits alle Bewerber in Fortbeschäftigung ...	9	2,7	22,0	100,0
	Gesamt	41	12,2	100,0	
Fehlend	98,00	286	84,9		
	99,00	9	2,7		
	System	1	,3		
	Gesamt	296	87,8		
Gesamt		337	100,0		

Tabelle: Berufsgruppen innerhalb des Unternehmens generell - Produktion

		Häufigkeit	Prozent	Gültige Prozente	Kumulierte Prozente
Gültig	Unwichtig	1	,3	20,0	20,0
	Eher unwichtig	2	,6	40,0	60,0
	Wichtig	1	,3	20,0	80,0
	Sehr wichtig	1	,3	20,0	100,0
	Gesamt	5	1,5	100,0	
Fehlend	98,00	283	84,0		
	99,00	48	14,2		
	System	1	,3		
	Gesamt	332	98,5		
Gesamt		337	100,0		

Tabelle: Berufsgruppen innerhalb des Unternehmens generell - Service

		Häufigkeit	Prozent	Gültige Prozente	Kumulierte Prozente
Gültig	Ja	38	11,3	12,1	12,1
	Nein	275	81,6	87,9	100,0
	Gesamt	313	92,9	100,0	
Fehlend	99,00	23	6,8		
	System	1	,3		
	Gesamt	24	7,1		
Gesamt		337	100,0		

Tabelle: Berufsgruppen innerhalb des Unternehmens generell - Administration, Bürotätigkeiten

		Häufigkeit	Prozent	Gültige Prozente	Kumulierte Prozente
Gültig	Ja	288	85,5	92,0	92,0
	Nein	25	7,4	8,0	100,0
	Gesamt	313	92,9	100,0	
Fehlend	99,00	23	6,8		
	System	1	,3		
	Gesamt	24	7,1		
Gesamt		337	100,0		

Tabelle: Berufsgruppen innerhalb des Unternehmens generell - Personalwesen

		Häufigkeit	Prozent	Gültige Prozente	Kumulierte Prozente
Gültig	Ja	225	66,8	71,9	71,9
	Nein	88	26,1	28,1	100,0
	Gesamt	313	92,9	100,0	
Fehlend	99,00	23	6,8		
	System	1	,3		
	Gesamt	24	7,1		
Gesamt		337	100,0		

Tabelle: Berufsgruppen innerhalb des Unternehmens generell - Allgemeines Management

		Häufigkeit	Prozent	Gültige Prozente	Kumulierte Prozente
Gültig	Ja	239	70,9	76,4	76,4
	Nein	74	22,0	23,6	100,0
	Gesamt	313	92,9	100,0	
Fehlend	99,00	23	6,8		
	System	1	,3		
	Gesamt	24	7,1		
Gesamt		337	100,0		

Tabelle: Berufsgruppen innerhalb des Unternehmens generell - Distribution, Verkauf

		Häufigkeit	Prozent	Gültige Prozente	Kumulierte Prozente
Gültig	Ja	249	73,9	79,6	79,6
	Nein	64	19,0	20,4	100,0
	Gesamt	313	92,9	100,0	
Fehlend	99,00	23	6,8		
	System	1	,3		
	Gesamt	24	7,1		
Gesamt		337	100,0		

Tabelle: Berufsgruppen innerhalb des Unternehmens generell - Transport

		Häufigkeit	Prozent	Gültige Prozente	Kumulierte Prozente
Gültig	Ja	35	10,4	11,2	11,2
	Nein	278	82,5	88,8	100,0
	Gesamt	313	92,9	100,0	
Fehlend	99,00	23	6,8		
	System	1	,3		
	Gesamt	24	7,1		
Gesamt		337	100,0		

Tabelle: Berufsgruppen innerhalb des Unternehmens generell - Sonstiges

		Häufigkeit	Prozent	Gültige Prozente	Kumulierte Prozente
Gültig	Ja	27	8,0	8,6	8,6
	Nein	286	84,9	91,4	100,0
	Gesamt	313	92,9	100,0	
Fehlend	99,00	23	6,8		
	System	1	,3		
	Gesamt	24	7,1		
Gesamt		337	100,0		

Tabelle: Berufsgruppen innerhalb des Unternehmens im Rahmen der Fortbeschäftigung - Produktion

		Häufigkeit	Prozent	Gültige Prozente	Kumulierte Prozente
Gültig	Ja	288	85,5	94,7	94,7
	Nein	16	4,7	5,3	100,0
	Gesamt	304	90,2	100,0	
Fehlend	99,00	32	9,5		
	System	1	,3		
	Gesamt	33	9,8		
Gesamt		337	100,0		

Tabelle: Berufsgruppen innerhalb des Unternehmens im Rahmen der Fortbeschäftigung - Service

		Häufigkeit	Prozent	Gültige Prozente	Kumulierte Prozente
Gültig	Ja	29	8,6	9,5	9,5
	Nein	275	81,6	90,5	100,0
	Gesamt	304	90,2	100,0	
Fehlend	99,00	32	9,5		
	System	1	,3		
	Gesamt	33	9,8		
Gesamt		337	100,0		

Tabelle: Berufsgruppen innerhalb des Unternehmens im Rahmen der Fortbeschäftigung -
Administration, Bürotätigkeiten

		Häufigkeit	Prozent	Gültige Prozente	Kumulierte Prozente
Gültig	Ja	246	73,0	80,9	80,9
	Nein	58	17,2	19,1	100,0
	Gesamt	304	90,2	100,0	
Fehlend	99,00	32	9,5		
	System	1	,3		
	Gesamt	33	9,8		
Gesamt		337	100,0		

Tabelle: Berufsgruppen innerhalb des Unternehmens im Rahmen der Fortbeschäftigung -
Personalwesen

		Häufigkeit	Prozent	Gültige Prozente	Kumulierte Prozente
Gültig	Ja	177	52,5	58,2	58,2
	Nein	127	37,7	41,8	100,0
	Gesamt	304	90,2	100,0	
Fehlend	99,00	32	9,5		
	System	1	,3		
	Gesamt	33	9,8		
Gesamt		337	100,0		

Tabelle: Berufsgruppen innerhalb des Unternehmens im Rahmen der Fortbeschäftigung -
Allgemeines Management

		Häufigkeit	Prozent	Gültige Prozente	Kumulierte Prozente
Gültig	Ja	180	53,4	59,2	59,2
	Nein	124	36,8	40,8	100,0
	Gesamt	304	90,2	100,0	
Fehlend	99,00	32	9,5		
	System	1	,3		
	Gesamt	33	9,8		
Gesamt		337	100,0		

Tabelle: Berufsgruppen innerhalb des Unternehmens im Rahmen der Fortbeschäftigung - Distribution, Verkauf

		Häufigkeit	Prozent	Gültige Prozente	Kumulierte Prozente
Gültig	Ja	213	63,2	70,1	70,1
	Nein	91	27,0	29,9	100,0
	Gesamt	304	90,2	100,0	
Fehlend	99,00	32	9,5		
	System	1	,3		
	Gesamt	33	9,8		
Gesamt		337	100,0		

Tabelle: Berufsgruppen innerhalb des Unternehmens im Rahmen der Fortbeschäftigung - Transport

		Häufigkeit	Prozent	Gültige Prozente	Kumulierte Prozente
Gültig	Ja	29	8,6	9,5	9,5
	Nein	275	81,6	90,5	100,0
	Gesamt	304	90,2	100,0	
Fehlend	99,00	32	9,5		
	System	1	,3		
	Gesamt	33	9,8		
Gesamt		337	100,0		

Tabelle: Berufsgruppen innerhalb des Unternehmens im Rahmen der Fortbeschäftigung - Sonstiges

		Häufigkeit	Prozent	Gültige Prozente	Kumulierte Prozente
Gültig	Ja	27	8,0	8,9	8,9
	Nein	276	81,9	91,1	100,0
	Gesamt	303	89,9	100,0	
Fehlend	99,00	33	9,8		
	System	1	,3		
	Gesamt	34	10,1		
Gesamt		337	100,0		

Tabelle: Anstellungsform im Rahmen der Fortbeschäftigung

		Häufigkeit	Prozent	Gültige Prozente	Kumulierte Prozente
Gültig	Zeitarbeit, zeitlich befristete Angestellung	5	1,5	1,6	1,6
	Temporäre Anstellung durch Entsendung ins Unternehmen (shukkou)	2	,6	,6	2,2
	Angestellung durch Entsendung (hakken)	1	,3	,3	2,5
	Part-time (mit kürzerer Arbeitszeit als Festangestellte)	1 5	4,5	4,7	7,2
	Part-time (sonstige)	**1 8**	**5,3**	**5,6**	**12,8**
	Anstellung als Akkordarbeiter, Vertragsarbeiter	205	60,8	63,9	76,6
	Reguläre Festanstellung	**6 9**	**20,5**	**21,5**	**98,1**
	Sonstiges	**5**	**1,5**	**1,6**	**99,7**
	999,00	**1**	**,3**	**,3**	**100,0**
	Gesamt	**321**	**95,3**	**100,0**	
Fehlend	99,00	1 5	4,5		
	System	1	,3		
	Gesamt	1 6	4,7		
Gesamt		337	100,0		

Tabelle: Anstellungsform im Rahmen der Fortbeschäftigung (klassifiziert)

		Häufigkeit	Prozent	Gültige Prozente	Kumulierte Prozente
Gültig	Nicht-reguläre Anstellungsform	251	74,5	78,4	78,4
	reguläe Anstellungsform	**6 9**	**20,5**	**21,6**	**100,0**
	Gesamt	**320**	**95,0**	**100,0**	
Fehlend	99,00	1 6	4,7		
	System	1	,3		
	Gesamt	1 7	5,0		
Gesamt		337	100,0		

Tabelle: Beschäftigungsform im Rahmen der Fortbeschäftigung

		Häufigkeit	Prozent	Gültige Prozente	Kumulierte Prozente
Gültig	Flextime	9	2,7	2,8	2,8
	Im Vergleich zu regulärer Vollzeit-Festanstellung: Weniger Arbeitstage, weniger Arbeitsstunden pro Arbeitstag	16	4,7	5,1	7,9
	Im Vergleich zu regulärer Vollzeit-Festanstellung: Gleiche Anzahl Arbeitstage, weniger Arbeitsstunden pro Arbeitstag	20	5,9	6,3	14,2
	Im Vergleich zu regulärer Vollzeit-Festanstellung: Weniger Arbeitstage, gleiche Arbeitsstunden pro Arbeitstag	35	10,4	11,1	25,3
	Vollzeit	228	67,7	72,2	97,5
	Sonstiges	8	2,4	2,5	100,0
	Gesamt	316	93,8	100,0	
Fehlend	99,00	20	5,9		
	System	1	,3		
	Gesamt	21	6,2		
Gesamt		337	100,0		

Tabelle: Beschäftigungsform im Rahmen der Fortbeschäftigung (klassifiziert)

		Häufigkeit	Prozent	Gültige Prozente	Kumulierte Prozente
Gültig	Vollzeit	229	68,0	72,5	72,5
	Andere Beschäftigungsformen ausser Vollzeit	87	25,8	27,5	100,0
	Gesamt	316	93,8	100,0	
Fehlend	99,00	20	5,9		
	System	1	,3		
	Gesamt	21	6,2		
Gesamt		337	100,0		

Tabelle: Vertragszeitraum im Rahmen der Fortbeschäftigung

		Häufigkeit	Prozent	Gültige Prozente	Kumulierte Prozente
Gültig	Unter einem halben Jahr	16	4,7	5,0	5,0
	Zwischen einem halben Jahr und einem Jahr	31	9,2	9,7	14,7
	Ein Jahr	200	59,3	62,5	77,2
	Über einem Jahr	34	10,1	10,6	87,8
	Keine Fixierung des Vertragszeitraums	35	10,4	10,9	98,8
	Unbefristeter Vertragszeitraum	3	,9	,9	99,7
	98,00	1	,3	,3	100,0
	Gesamt	320	95,0	100,0	
Fehlend	99,00	16	4,7		
	System	1	,3		
	Gesamt	17	5,0		
Gesamt		337	100,0		

Tabelle: Vertragszeitraum im Rahmen der Fortbeschäftigung (klassifiziert)

		Häufigkeit	Prozent	Gültige Prozente	Kumulierte Prozente
Gültig	Unter 1 Jahr	47	13,9	14,7	14,7
	1 Jahr	200	59,3	62,5	77,2
	Über 1 Jahr, unbefristet oder nicht fixiert	72	21,4	22,5	99,7
	98,00	1	,3	,3	100,0
	Gesamt	320	95,0	100,0	
Fehlend	99,00	16	4,7		
	System	1	,3		
	Gesamt	17	5,0		
Gesamt		337	100,0		

Tabelle: Gehaltsniveau im Rahmen der Fortbeschäftigung als Prozent im Vergleich zum Gehaltsniveau vor Eintritt in Fortbeschäftigung

		Häufigkeit	Prozent	Gültige Prozente	Kumulierte Prozente
Gültig	Unter 30%	13	3,9	4,2	4,2
	Zwischen 30 und 49%	28	8,3	9,0	13,1
	Zwischen 50 und 69%	133	39,5	42,6	55,8
	Zwischen 70 und 89%	115	34,1	36,9	92,6
	Ungefähr gleiches Gehaltsniveau	19	5,6	6,1	98,7
	Höheres Gehaltsniveau	1	,3	,3	99,0
	98,00	3	,9	1,0	100,0
	Gesamt	312	92,6	100,0	
Fehlend	99,00	24	7,1		
	System	1	,3		
	Gesamt	25	7,4		
Gesamt		337	100,0		

Tabelle: Gehaltsniveau im Rahmen der Fortbeschäftigung als Prozent im Vergleich zum Gehaltsniveau vor Eintritt in Fortbeschäftigung (klassifiziert)

		Häufigkeit	Prozent	Gültige Prozente	Kumulierte Prozente
Gültig	Unter 70%	173	51,3	55,4	55,4
	Über 70%	136	40,4	43,6	99,0
	98,00	3	,9	1,0	100,0
	Gesamt	312	92,6	100,0	
Fehlend	99,00	24	7,1		
	System	1	,3		
	Gesamt	25	7,4		
Gesamt		337	100,0		

Tabelle: Gehaltsbestimmung im Rahmen der Fortbeschäftigung - Leistungsabhängige Gehaltsbestimmung

		Häufigkeit	Prozent	Gültige Prozente	Kumulierte Prozente
Gültig	Ja	44	13,1	14,2	14,2
	Nein	264	78,3	85,4	99,7
	9,00	1	,3	,3	100,0
	Gesamt	309	91,7	100,0	
Fehlend	99,00	27	8,0		
	System	1	,3		
	Gesamt	28	8,3		
Gesamt		337	100,0		

Tabelle: Gehaltsbestimmung im Rahmen der Fortbeschäftigung - Bemessen am Abschiedszuschuss

		Häufigkeit	Prozent	Gültige Prozente	Kumulierte Prozente
Gültig	Ja	8	2,4	2,6	2,6
	Nein	300	89,0	97,4	100,0
	Gesamt	308	91,4	100,0	
Fehlend	99,00	28	8,3		
	System	1	,3		
	Gesamt	29	8,6		
Gesamt		337	100,0		

Tabelle: Gehaltsbestimmung im Rahmen der Fortbeschäftigung - Bemessen am Gehalt bei Unternehmenseintritt

		Häufigkeit	Prozent	Gültige Prozente	Kumulierte Prozente
Gültig	Ja	7	2,1	2,3	2,3
	Nein	301	89,3	97,7	100,0
	Gesamt	308	91,4	100,0	
Fehlend	99,00	28	8,3		
	System	1	,3		
	Gesamt	29	8,6		
Gesamt		337	100,0		

Tabelle: Gehaltsbestimmung im Rahmen der Fortbeschäftigung - Bemessen am regionalen Mindestlohn

		Häufigkeit	Prozent	Gültige Prozente	Kumulierte Prozente
Gültig	Ja	21	6,2	6,8	6,8
	Nein	287	85,2	93,2	100,0
	Gesamt	308	91,4	100,0	
Fehlend	99,00	28	8,3		
	System	1	,3		
	Gesamt	29	8,6		
Gesamt		337	100,0		

Tabelle: Gehaltsbestimmung im Rahmen der Fortbeschäftigung - Bemessen am branchenüblichen Gehaltsniveau

		Häufigkeit	Prozent	Gültige Prozente	Kumulierte Prozente
Gültig	Ja	40	11,9	13,0	13,0
	Nein	268	79,5	87,0	100,0
	Gesamt	308	91,4	100,0	
Fehlend	99,00	28	8,3		
	System	1	,3		
	Gesamt	29	8,6		
Gesamt		337	100,0		

Tabelle: Gehaltsbestimmung im Rahmen der Fortbeschäftigung - Bemessen an staatlicher Gehaltssubventionierung (*zaishoku nenkin*)

		Häufigkeit	Prozent	Gültige Prozente	Kumulierte Prozente
Gültig	Ja	72	21,4	23,4	23,4
	Nein	236	70,0	76,6	100,0
	Gesamt	308	91,4	100,0	
Fehlend	99,00	28	8,3		
	System	1	,3		
	Gesamt	29	8,6		
Gesamt		337	100,0		

Tabelle: Gehaltsbestimmung im Rahmen der Fortbeschäftigung - Bemessen an staatlicher Gehaltssubventionierung (*keizoku kyuufu*)

		Häufigkeit	Prozent	Gültige Prozente	Kumulierte Prozente
Gültig	Ja	74	22,0	24,0	24,0
	Nein	234	69,4	76,0	100,0
	Gesamt	308	91,4	100,0	
Fehlend	99,00	28	8,3		
	System	1	,3		
	Gesamt	29	8,6		
Gesamt		337	100,0		

Tabelle: Gehaltsbestimmung im Rahmen der Fortbeschäftigung - Bemessen am
Gehaltsniveau vor Eintritt in Fortbeschäftigung

		Häufigkeit	Prozent	Gültige Prozente	Kumulierte Prozente
Gültig	Ja	205	60,8	66,6	66,6
	Nein	103	30,6	33,4	100,0
	Gesamt	308	91,4	100,0	
Fehlend	99,00	28	8,3		
	System	1	,3		
	Gesamt	29	8,6		
Gesamt		337	100,0		

Tabelle: Gehaltsbestimmung im Rahmen der Fortbeschäftigung -
Sonstige Gehaltsfindungsverfahren

		Häufigkeit	Prozent	Gültige Prozente	Kumulierte Prozente
Gültig	Ja	27	8,0	8,8	8,8
	Nein	281	83,4	91,2	100,0
	Gesamt	308	91,4	100,0	
Fehlend	99,00	28	8,3		
	System	1	,3		
	Gesamt	29	8,6		
Gesamt		337	100,0		

Tabelle: Handhabung von Boni im Rahmen der Fortbeschäftigung

		Häufigkeit	Prozent	Gültige Prozente	Kumulierte Prozente
Gültig	Keine Auszahlung von Boni	85	25,2	26,7	26,7
	Auszahlung einer festen Bonusrate an alle Fortbeschäftigten	68	20,2	21,4	48,1
	Auszahlung einer gleichen Bonussumme an alle ...	35	10,4	11,0	59,1
	Bonusauszahlung in Abhängigkeit von übertragenen Arbeitsinhalten	88	26,1	27,7	86,8
	Leistungsabhängige Bonusauszahlung	14	4,2	4,4	91,2
	Sonstiges	28	8,3	8,8	100,0
	Gesamt	318	94,4	100,0	
Fehlend	99,00	18	5,3		
	System	1	,3		
	Gesamt	19	5,6		
Gesamt		337	100,0		

Tabelle: Handhabung von Boni im Rahmen der Fortbeschäftigung (klassifiziert)

		Häufigkeit	Prozent	Gültige Prozente	Kumulierte Prozente
Gültig	Keine Auszahlung von Boni	85	25,2	26,7	26,7
	Auszahlung von Boni	233	69,1	73,3	100,0
	Gesamt	318	94,4	100,0	
Fehlend	99,00	18	5,3		
	System	1	,3		
	Gesamt	19	5,6		
Gesamt		337	100,0		

Tabelle: Einkommensniveau der Fortbeschäftigten in Prozent im Vergleich zum Einkommensniveau vor Eintritt in Fortbeschäftigung

		Häufigkeit	Prozent	Gültige Prozente	Kumulierte Prozente
Gültig	Unter 30%	12	3,6	4,0	4,0
	Zwischen 30 und 49%	28	8,3	9,3	13,3
	Zwischen 50 und 69%	116	34,4	38,5	51,8
	Zwischen 70 und 89%	118	35,0	39,2	91,0
	Annährend gleiches Einkommensniveau	18	5,3	6,0	97,0
	Höheres Einkommensniveau	1	,3	,3	97,3
	98,00	8	2,4	2,7	100,0
	Gesamt	301	89,3	100,0	
Fehlend	99,00	35	10,4		
	System	1	,3		
	Gesamt	36	10,7		
Gesamt		337	100,0		

Tabelle: Einkommensniveau der Fortbeschäftigten in Prozent im Vergleich zum Einkommensniveau vor Eintritt in Fortbeschäftigung (klassifiziert)

		Häufigkeit	Prozent	Gültige Prozente	Kumulierte Prozente
Gültig	Unter 70%	156	46,3	51,8	51,8
	Über 70%	136	40,4	45,2	97,0
	3,00	1	,3	,3	97,3
	98,00	8	2,4	2,7	100,0
	Gesamt	301	89,3	100,0	
Fehlend	99,00	35	10,4		
	System	1	,3		
	Gesamt	36	10,7		
Gesamt		337	100,0		

Tabelle: Gewerkschaftliche Einbindung von Fortbeschäftigten

		Häufigkeit	Prozent	Gültige Prozente	Kumulierte Prozente
Gültig	Keine Gewerkschaft vorhanden	254	75,4	79,9	79,9
	Keine gewerkschaftliche Einbindung der Fortbeschäftigten	53	15,7	16,7	96,5
	Gewerkschaftliche Einbindung der Fortbeschäftigten	9	2,7	2,8	99,4
	Sonstiges	2	,6	,6	100,0
	Gesamt	318	94,4	100,0	
Fehlend	99,00	18	5,3		
	System	1	,3		
	Gesamt	19	5,6		
Gesamt		337	100,0		

Tabelle: Gewerkschaftliche Einbindung von Fortbeschäftigten (klassifiziert)

		Häufigkeit	Prozent	Gültige Prozente	Kumulierte Prozente
Gültig	Keine gewerkschaftliche Einbindung	306	90,8	96,2	96,2
	Gewerkschaftliche Einbindung	12	3,6	3,8	100,0
	Gesamt	318	94,4	100,0	
Fehlend	99,00	18	5,3		
	System	1	,3		
	Gesamt	19	5,6		
Gesamt		337	100,0		

Tabelle: Unternehmensmotivation zur Durchführung von Fortbeschäftigung - Erhalt von betriebsspezifischem Wissen und Fähigkeiten

		Häufigkeit	Prozent	Gültige Prozente	Kumulierte Prozente
Gültig	Unwichtig	3	,9	,9	,9
	Eher unwichtig	33	9,8	10,4	11,4
	Wichtig	183	54,3	57,9	69,3
	Sehr wichtig	97	28,8	30,7	100,0
	Gesamt	316	93,8	100,0	
Fehlend	99,00	20	5,9		
	System	1	,3		
	Gesamt	21	6,2		
Gesamt		337	100,0		

Tabelle: Unternehmensmotivation zur Durchführung von Fortbeschäftigung -
Erhalt von betriebsspezifischem Wissen und Fähigkeiten (klassifiziert)

		Häufigkeit	Prozent	Gültige Prozente	Kumulierte Prozente
Gültig	Unwichtig	36	10,7	11,4	11,4
	Wichtig	280	83,1	88,6	100,0
	Gesamt	316	93,8	100,0	
Fehlend	99,00	20	5,9		
	System	1	,3		
	Gesamt	21	6,2		
Gesamt		337	100,0		

Tabelle: Unternehmensmotivation zur Durchführung von Fortbeschäftigung -
Reduktion direkter Lohnkosten

		Häufigkeit	Prozent	Gültige Prozente	Kumulierte Prozente
Gültig	Unwichtig	34	10,1	10,7	10,7
	Eher unwichtig	137	40,7	43,2	53,9
	Wichtig	124	36,8	39,1	93,1
	Sehr wichtig	22	6,5	6,9	100,0
	Gesamt	317	94,1	100,0	
Fehlend	99,00	19	5,6		
	System	1	,3		
	Gesamt	20	5,9		
Gesamt		337	100,0		

Tabelle: Unternehmensmotivation zur Durchführung von Fortbeschäftigung -
Reduktion direkter Lohnkosten (klassifiziert)

		Häufigkeit	Prozent	Gültige Prozente	Kumulierte Prozente
Gültig	Unwichtig	171	50,7	53,9	53,9
	Wichtig	146	43,3	46,1	100,0
	Gesamt	317	94,1	100,0	
Fehlend	99,00	19	5,6		
	System	1	,3		
	Gesamt	20	5,9		
Gesamt		337	100,0		

Tabelle: Unternehmensmotivation zur Durchführung von Fortbeschäftigung -
Reduktion indirekter Lohnkosten

		Häufigkeit	Prozent	Gültige Prozente	Kumulierte Prozente
Gültig	Unwichtig	103	30,6	33,9	33,9
	Eher unwichtig	155	46,0	51,0	84,9
	Wichtig	40	11,9	13,2	98,0
	Sehr wichtig	6	1,8	2,0	100,0
	Gesamt	304	90,2	100,0	
Fehlend	99,00	32	9,5		
	System	1	,3		
	Gesamt	33	9,8		
Gesamt		337	100,0		

Tabelle: Unternehmensmotivation zur Durchführung von Fortbeschäftigung -
Reduktion indirekter Lohnkosten (klassifiziert)

		Häufigkeit	Prozent	Gültige Prozente	Kumulierte Prozente
Gültig	Unwichtig	258	76,6	84,6	84,6
	Wichtig	46	13,6	15,1	99,7
	4,00	1	,3	,3	100,0
	Gesamt	305	90,5	100,0	
Fehlend	99,00	31	9,2		
	System	1	,3		
	Gesamt	32	9,5		
Gesamt		337	100,0		

Tabelle: Unternehmensmotivation zur Durchführung von Fortbeschäftigung -
Soziales Verantwortungsempfinden des Unternehmens

		Häufigkeit	Prozent	Gültige Prozente	Kumulierte Prozente
Gültig	Unwichtig	26	7,7	8,3	8,3
	Eher unwichtig	76	22,6	24,4	32,7
	Wichtig	172	51,0	55,1	87,8
	Sehr wichtig	38	11,3	12,2	100,0
	Gesamt	312	92,6	100,0	
Fehlend	99,00	24	7,1		
	System	1	,3		
	Gesamt	25	7,4		
Gesamt		337	100,0		

Tabelle: Unternehmensmotivation zur Durchführung von Fortbeschäftigung -
Soziales Verantwortungsempfinden des Unternehmens (klassifiziert)

		Häufigkeit	Prozent	Gültige Prozente	Kumulierte Prozente
Gültig	Unwichtig	101	30,0	32,5	32,5
	Wichtig	210	62,3	67,5	100,0
	Gesamt	311	92,3	100,0	
Fehlend	99,00	25	7,4		
	System	1	,3		
	Gesamt	26	7,7		
Gesamt		337	100,0		

Tabelle: Unternehmensmotivation zur Durchführung von Fortbeschäftigung -
Flexibilisierung des Personalmanagements

		Häufigkeit	Prozent	Gültige Prozente	Kumulierte Prozente
Gültig	Unwichtig	43	12,8	13,9	13,9
	Eher unwichtig	137	40,7	44,2	58,1
	Wichtig	115	34,1	37,1	95,2
	Sehr wichtig	15	4,5	4,8	100,0
	Gesamt	310	92,0	100,0	
Fehlend	99,00	26	7,7		
	System	1	,3		
	Gesamt	27	8,0		
Gesamt		337	100,0		

Tabelle: Unternehmensmotivation zur Durchführung von Fortbeschäftigung -
Flexibilisierung des Personalmanagements (klassifiziert)

		Häufigkeit	Prozent	Gültige Prozente	Kumulierte Prozente
Gültig	Unwichtig	180	53,4	58,1	58,1
	Wichtig	130	38,6	41,9	100,0
	Gesamt	310	92,0	100,0	
Fehlend	99,00	26	7,7		
	System	1	,3		
	Gesamt	27	8,0		
Gesamt		337	100,0		

Tabelle: Unternehmensmotivation zur Durchführung von Fortbeschäftigung -
Kompensation eines Mangels an nachrückenden Beschäftigungsgenerationen

		Häufigkeit	Prozent	Gültige Prozente	Kumulierte Prozente
Gültig	Unwichtig	45	13,4	14,4	14,4
	Eher unwichtig	132	39,2	42,2	56,5
	Wichtig	125	37,1	39,9	96,5
	Sehr wichtig	11	3,3	3,5	100,0
	Gesamt	313	92,9	100,0	
Fehlend	99,00	23	6,8		
	System	1	,3		
	Gesamt	24	7,1		
Gesamt		337	100,0		

Tabelle: Unternehmensmotivation zur Durchführung von Fortbeschäftigung -
Kompensation eines Mangels an nachrückenden Beschäftigungsgenerationen (klassifiziert)

		Häufigkeit	Prozent	Gültige Prozente	Kumulierte Prozente
Gültig	Unwichtig	178	52,8	56,9	56,9
	Wichtig	135	40,1	43,1	100,0
	Gesamt	313	92,9	100,0	
Fehlend	99,00	23	6,8		
	System	1	,3		
	Gesamt	24	7,1		
Gesamt		337	100,0		

Tabelle: Unternehmensmotivation zur Durchführung von Fortbeschäftigung -
Nutzung von vorteilshaftempfundener Arbeitseigenschaften gegenüber jüngeren
Beschäftigungsgenerationen

		Häufigkeit	Prozent	Gültige Prozente	Kumulierte Prozente
Gültig	Unwichtig	30	8,9	9,6	9,6
	Eher unwichtig	131	38,9	41,9	51,4
	Wichtig	140	41,5	44,7	96,2
	Sehr wichtig	12	3,6	3,8	100,0
	Gesamt	313	92,9	100,0	
Fehlend	99,00	23	6,8		
	System	1	,3		
	Gesamt	24	7,1		
Gesamt		337	100,0		

Tabelle: Unternehmensmotivation zur Durchführung von Fortbeschäftigung - Nutzung von vorteilshaftempfundener Arbeitseigenschaften gegenüber jüngeren Beschäftigungsgenerationen (klassifiziert)

		Häufigkeit	Prozent	Gültige Prozente	Kumulierte Prozente
Gültig	Unwichtig	161	47,8	51,4	51,4
	Wichtig	152	45,1	48,6	100,0
	Gesamt	313	92,9	100,0	
Fehlend	99,00	23	6,8		
	System	1	,3		
	Gesamt	24	7,1		
Gesamt		337	100,0		

Tabelle: Unternehmensmotivation zur Durchführung von Fortbeschäftigung - Sonstiges

		Häufigkeit	Prozent	Gültige Prozente	Kumulierte Prozente
Gültig	Unwichtig	4	1,2	12,1	12,1
	Eher unwichtig	4	1,2	12,1	24,2
	Wichtig	10	3,0	30,3	54,5
	Sehr wichtig	15	4,5	45,5	100,0
	Gesamt	33	9,8	100,0	
Fehlend	99,00	303	89,9		
	System	1	,3		
	Gesamt	304	90,2		
Gesamt		337	100,0		

Tabelle: Unternehmensmotivation zur Durchführung von Fortbeschäftigung - Sonstiges (klassifiziert)

		Häufigkeit	Prozent	Gültige Prozente	Kumulierte Prozente
Gültig	Unwichtig	8	2,4	24,2	24,2
	Wichtig	25	7,4	75,8	100,0
	Gesamt	33	9,8	100,0	
Fehlend	99,00	303	89,9		
	System	1	,3		
	Gesamt	304	90,2		
Gesamt		337	100,0		

Tabelle: Einschätzung betrieblicher Konsequenzen beim potentiellen Rückzug sämtlicher
Fortbeschäftigter in kürzestem Zeitraum

		Häufigkeit	Prozent	Gültige Prozente	Kumulierte Prozente
Gültig	Keine negativen betrieblichen Konsequenzen	23	6,8	7,2	7,2
	Keine großen negativen betrieblichen Konsequenzen	120	35,6	37,6	44,8
	Negative betriebliche Konsequenzen	115	34,1	36,1	80,9
	Große negative betriebliche Konsequenzen	57	16,9	17,9	98,7
	98,00	4	1,2	1,3	100,0
	Gesamt	319	94,7	100,0	
Fehlend	99,00	17	5,0		
	System	1	,3		
	Gesamt	18	5,3		
Gesamt		337	100,0		

Tabelle: Einschätzung betrieblicher Konsequenzen beim potentiellen Rückzug sämtlicher
Fortbeschäftigter in kürzestem Zeitraum (klassifiziert)

		Häufigkeit	Prozent	Gültige Prozente	Kumulierte Prozente
Gültig	negativ	144	42,7	45,1	45,1
	positiv	171	50,7	53,6	98,7
	98,00	4	1,2	1,3	100,0
	Gesamt	319	94,7	100,0	
Fehlend	99,00	17	5,0		
	System	1	,3		
	Gesamt	18	5,3		
Gesamt		337	100,0		

Tabelle: Kompensationsrate von Fortbeschäftigten durch ungelernte Zeitarbeitskräfte

		Häufigkeit	Prozent	Gültige Prozente	Kumulierte Prozente
Gültig	Keine negativen betrieblichen Konsequenzen	23	6,8	7,2	7,2
	Keine großen negativen betrieblichen Konsequenzen	120	35,6	37,6	44,8
	Negative betriebliche Konsequenzen	115	34,1	36,1	80,9
	Große negative betriebliche Konsequenzen	57	16,9	17,9	98,7
	98,00	4	1,2	1,3	100,0
	Gesamt	319	94,7	100,0	
Fehlend	99,00	17	5,0		
	System	1	,3		
	Gesamt	18	5,3		
Gesamt		337	100,0		

Tabelle: Faktoren nicht möglicher Kompensation von Fortbeschäftigten durch ungelernte Zeitarbeitskräfte - Spezielle Fähigkeiten, Fertigkeiten

		Häufigkeit	Prozent	Gültige Prozente	Kumulierte Prozente
Gültig	Eher unwichtig	20	5,9	7,2	7,2
	Wichtig	143	42,4	51,3	58,4
	Sehr wichtig	116	34,4	41,6	100,0
	Gesamt	279	82,8	100,0	
Fehlend	98,00	36	10,7		
	99,00	20	5,9		
	System	2	,6		
	Gesamt	58	17,2		
Gesamt		337	100,0		

Tabelle: Faktoren nicht möglicher Kompensation von Fortbeschäftigten durch ungelernte Zeitarbeitskräfte - Spezielle Fähigkeiten, Fertigkeiten (klassifiziert)

		Häufigkeit	Prozent	Gültige Prozente	Kumulierte Prozente
Gültig	Unwichtig	19	5,6	6,8	6,8
	Wichtig	259	76,9	92,8	99,6
	3,00	1	,3	,4	100,0
	Gesamt	279	82,8	100,0	
Fehlend	98,00	37	11,0		
	99,00	20	5,9		
	System	1	,3		
	Gesamt	58	17,2		
Gesamt		337	100,0		

Tabelle: Faktoren nicht möglicher Kompensation von Fortbeschäftigten durch ungelernte Zeitarbeitskräfte - Spezielles Wissen

		Häufigkeit	Prozent	Gültige Prozente	Kumulierte Prozente
Gültig	Unwichtig	2	,6	,7	,7
	Eher unwichtig	30	8,9	10,7	11,4
	Wichtig	153	45,4	54,6	66,1
	Sehr wichtig	95	28,2	33,9	100,0
	Gesamt	280	83,1	100,0	
Fehlend	98,00	37	11,0		
	99,00	19	5,6		
	System	1	,3		
	Gesamt	57	16,9		
Gesamt		337	100,0		

Tabelle: Faktoren nicht möglicher Kompensation von Fortbeschäftigten durch ungelernte Zeitarbeitskräfte - Spezielles Wissen (klassifiziert)

		Häufigkeit	Prozent	Gültige Prozente	Kumulierte Prozente
Gültig	Unwichtig	31	9,2	11,1	11,1
	Wichtig	248	73,6	88,6	99,6
	3,00	1	,3	,4	100,0
	Gesamt	280	83,1	100,0	
Fehlend	98,00	37	11,0		
	99,00	19	5,6		
	System	1	,3		
	Gesamt	57	16,9		
Gesamt		337	100,0		

Tabelle: Faktoren nicht möglicher Kompensation von Fortbeschäftigten durch ungelernte
Zeitarbeitskräfte - Spezielle Erfahrungswerte

		Häufigkeit	Prozent	Gültige Prozente	Kumulierte Prozente
Gültig	Unwichtig	1	,3	,4	,4
	Eher unwichtig	29	8,6	10,4	10,7
	Wichtig	160	47,5	57,1	67,9
	Sehr wichtig	90	26,7	32,1	100,0
	Gesamt	280	83,1	100,0	
Fehlend	98,00	37	11,0		
	99,00	19	5,6		
	System	1	,3		
	Gesamt	57	16,9		
Gesamt		337	100,0		

Tabelle: Faktoren nicht möglicher Kompensation von Fortbeschäftigten durch ungelernte
Zeitarbeitskräfte - Spezielle Erfahrungswerte (klassifiziert)

		Häufigkeit	Prozent	Gültige Prozente	Kumulierte Prozente
Gültig	Unwichtig	29	8,6	10,4	10,4
	Wichtig	250	74,2	89,3	99,6
	3,00	1	,3	,4	100,0
	Gesamt	280	83,1	100,0	
Fehlend	98,00	37	11,0		
	99,00	19	5,6		
	System	1	,3		
	Gesamt	57	16,9		
Gesamt		337	100,0		

Tabelle: Faktoren nicht möglicher Kompensation von Fortbeschäftigten durch ungelernte
Zeitarbeitskräfte - Kontakte von Fortbeschäftigten ins Unternehmensumfeld

		Häufigkeit	Prozent	Gültige Prozente	Kumulierte Prozente
Gültig	Unwichtig	55	16,3	19,9	19,9
	Eher unwichtig	129	38,3	46,6	66,4
	Wichtig	71	21,1	25,6	92,1
	Sehr wichtig	22	6,5	7,9	100,0
	Gesamt	277	82,2	100,0	
Fehlend	98,00	37	11,0		
	99,00	22	6,5		
	System	1	,3		
	Gesamt	60	17,8		
Gesamt		337	100,0		

Tabelle: Faktoren nicht möglicher Kompensation von Fortbeschäftigten durch ungelernte
Zeitarbeitskräfte - Kontakte von Fortbeschäftigten ins Unternehmensumfeld (klassifiziert)

		Häufigkeit	Prozent	Gültige Prozente	Kumulierte Prozente
Gültig	Unwichtig	183	54,3	66,1	66,1
	Wichtig	93	27,6	33,6	99,6
	3,00	1	,3	,4	100,0
	Gesamt	277	82,2	100,0	
Fehlend	98,00	37	11,0		
	99,00	22	6,5		
	System	1	,3		
	Gesamt	60	17,8		
Gesamt		337	100,0		

Tabelle: Faktoren nicht möglicher Kompensation von Fortbeschäftigten durch ungelernte
Zeitarbeitskräfte - Arbeitseinstellung von Fortbeschäftigten

		Häufigkeit	Prozent	Gültige Prozente	Kumulierte Prozente
Gültig	Unwichtig	30	8,9	10,9	10,9
	Eher unwichtig	95	28,2	34,5	45,5
	Wichtig	131	38,9	47,6	93,1
	Sehr wichtig	19	5,6	6,9	100,0
	Gesamt	275	81,6	100,0	
Fehlend	98,00	37	11,0		
	99,00	24	7,1		
	System	1	,3		
	Gesamt	62	18,4		
Gesamt		337	100,0		

Tabelle: Faktoren nicht möglicher Kompensation von Fortbeschäftigten durch ungelernte
Zeitarbeitskräfte - Arbeitseinstellung von Fortbeschäftigten (klassifiziert)

		Häufigkeit	Prozent	Gültige Prozente	Kumulierte Prozente
Gültig	Unwichtig	124	36,8	45,1	45,1
	Wichtig	150	44,5	54,5	99,6
	3,00	1	,3	,4	100,0
	Gesamt	275	81,6	100,0	
Fehlend	98,00	37	11,0		
	99,00	24	7,1		
	System	1	,3		
	Gesamt	62	18,4		
Gesamt		337	100,0		

Tabelle: Faktoren nicht möglicher Kompensation von Fortbeschäftigten durch ungelernte
Zeitarbeitskräfte - geringere Personalkosten

		Häufigkeit	Prozent	Gültige Prozente	Kumulierte Prozente
Gültig	Unwichtig	47	13,9	17,0	17,0
	Eher unwichtig	145	43,0	52,5	69,6
	Wichtig	74	22,0	26,8	96,4
	Sehr wichtig	10	3,0	3,6	100,0
	Gesamt	276	81,9	100,0	
Fehlend	98,00	37	11,0		
	99,00	23	6,8		
	System	1	,3		
	Gesamt	61	18,1		
Gesamt		337	100,0		

Tabelle: Faktoren nicht möglicher Kompensation von Fortbeschäftigten durch ungelernte
Zeitarbeitskräfte - geringere Personalkosten (klassifiziert)

		Häufigkeit	Prozent	Gültige Prozente	Kumulierte Prozente
Gültig	Unwichtig	191	56,7	69,2	69,2
	Wichtig	84	24,9	30,4	99,6
	3,00	1	,3	,4	100,0
	Gesamt	276	81,9	100,0	
Fehlend	98,00	37	11,0		
	99,00	23	6,8		
	System	1	,3		
	Gesamt	61	18,1		
Gesamt		337	100,0		

Tabelle: Faktoren nicht möglicher Kompensation von Fortbeschäftigten durch ungelernte
Zeitarbeitskräfte - Sonstiges

		Häufigkeit	Prozent	Gültige Prozente	Kumulierte Prozente
Gültig	Unwichtig	3	,9	30,0	30,0
	Eher unwichtig	3	,9	30,0	60,0
	Wichtig	2	,6	20,0	80,0
	Sehr wichtig	2	,6	20,0	100,0
	Gesamt	10	3,0	100,0	
Fehlend	98,00	37	11,0		
	99,00	289	85,8		
	System	1	,3		
	Gesamt	327	97,0		
Gesamt		337	100,0		

Tabelle: Faktoren nicht möglicher Kompensation von Fortbeschäftigten durch ungelernte
Zeitarbeitskräfte - Sonstiges (klassifiziert)

		Häufigkeit	Prozent	Gültige Prozente	Kumulierte Prozente
Gültig	Unwichtig	6	1,8	60,0	60,0
	Wichtig	4	1,2	40,0	100,0
	Gesamt	10	3,0	100,0	
Fehlend	98,00	37	11,0		
	99,00	289	85,8		
	System	1	,3		
	Gesamt	327	97,0		
Gesamt		337	100,0		

Tabelle: Betriebliche Konsequenzen für die Fortbeschäftigung im hypothetischen Fall eines Wegfalls
der rechtlichen Regulierung von Fortbeschäftigung

		Häufigkeit	Prozent	Gültige Prozente	Kumulierte Prozente
Gültig	Keine Fortbeschäftigung von Angestellten nach Erreichen der betrieblichen Altersgrenze	7	2,1	2,3	2,3
	Senkung der Anzahl an Fortbeschäftigten	63	18,7	21,1	23,5
	Keine Änderung der Anzahl an Fortbeschäftigten	195	57,9	65,4	88,9
	Erhöhung der Anzahl an Fortbeschäftigten	2	,6	,7	89,6
	Keine Anhebung bzw. keine Abschaffung des Systems eines betrieblichen Renteneintrittsalters	18	5,3	6,0	95,6
	Trotzdem Anhebung bzw. Aufhebung des Systems eines betrieblichen Renteneintrittsalters	5	1,5	1,7	97,3
	98,00	8	2,4	2,7	100,0
	Gesamt	298	88,4	100,0	
Fehlend	99,00	38	11,3		
	System	1	,3		
	Gesamt	39	11,6		
Gesamt		337	100,0		

Tabelle: Einfluss der Fortbeschäftigung auf Unternehmensrentabilität

		Häufigkeit	Prozent	Gültige Prozente	Kumulierte Prozente
Gültig	Sehr negativer Einfluß	2	,6	,6	,6
	Negativer Einfluß	5	1,5	1,6	2,2
	Kein nennenswerter Einfluß	90	26,7	28,2	30,4
	Positiver Einfluß	184	54,6	57,7	88,1
	Sehr positiver Einfluß	34	10,1	10,7	98,7
	98,00	4	1,2	1,3	100,0
	Gesamt	319	94,7	100,0	
Fehlend	99,00	17	5,0		
	System	1	,3		
	Gesamt	18	5,3		
Gesamt		337	100,0		

Tabelle: Einfluss der Fortbeschäftigung auf Unternehmensrentabilität (klassifiziert)

		Häufigkeit	Prozent	Gültige Prozente	Kumulierte Prozente
Gültig	negativ	6	1,8	1,9	1,9
	neutral	92	27,3	28,8	30,7
	positiv	217	64,4	68,0	98,7
	98,00	4	1,2	1,3	100,0
	Gesamt	319	94,7	100,0	
Fehlend	99,00	17	5,0		
	System	1	,3		
	Gesamt	18	5,3		
Gesamt		337	100,0		

Tabelle: Einfluss der Fortbeschäftigung auf Unternehmensrentabilität (klassifiziert 2)

		Häufigkeit	Prozent	Gültige Prozente	Kumulierte Prozente
Gültig	negativ oder neutral	98	29,1	30,8	30,8
	positiv	217	64,4	68,2	99,1
	98,00	3	,9	,9	100,0
	Gesamt	318	94,4	100,0	
Fehlend	99,00	18	5,3		
	System	1	,3		
	Gesamt	19	5,6		
Gesamt		337	100,0		

Tabelle: Anzahl an Berufsgruppen im Unternehmen generell

		Häufigkeit	Prozent	Gültige Prozente	Kumulierte Prozente
Gültig	Eine Berufsgruppe	10	3,0	3,2	3,2
	2 Berufsgruppen	19	5,6	6,1	9,4
	3 Berufsgruppen	34	10,1	11,0	20,4
	4 Berufsgruppen	63	18,7	20,4	40,8
	5 Berufsgruppen	117	34,7	37,9	78,6
	6 Berufsgruppen	59	17,5	19,1	97,7
	7 Berufsgruppen	5	1,5	1,6	99,4
	8 Berufsgruppen	2	,6	,6	100,0
	Gesamt	309	91,7	100,0	
Fehlend	99,00	27	8,0		
	System	1	,3		
	Gesamt	28	8,3		
Gesamt		337	100,0		

Tabelle: Anzahl an Berufsgruppen im Unternehmen im Rahmen der Fortbeschäftigung

		Häufigkeit	Prozent	Gültige Prozente	Kumulierte Prozente
Gültig	Eine Berufsgruppe	22	6,5	7,3	7,3
	2 Berufsgruppen	35	10,4	11,6	18,9
	3 Berufsgruppen	53	15,7	17,5	36,4
	4 Berufsgruppen	66	19,6	21,9	58,3
	5 Berufsgruppen	87	25,8	28,8	87,1
	6 Berufsgruppen	37	11,0	12,3	99,3
	7 Berufsgruppen	1	,3	,3	99,7
	8 Berufsgruppen	1	,3	,3	100,0
	Gesamt	302	89,6	100,0	
Fehlend	99,00	34	10,1		
	System	1	,3		
	Gesamt	35	10,4		
Gesamt		337	100,0		

Tabelle: Vergleich der Anzahl an Berufsgruppen generell gegenüber dem Rahmen von
Fortbeschäftigung

		Häufigkeit	Prozent	Gültige Prozente	Kumulierte Prozente
Gültig	Identische Anzahl an Berufsgruppen allgemein und im Rahmen der Fortbeschäftigung	212	62,9	70,2	70,2
	Eine Berufsgruppe weniger im Rahmen der Fortbeschäftigung	37	11,0	12,3	82,5
	2 Berufsgruppen weniger im Rahmen der Fortbeschäftigung	21	6,2	7,0	89,4
	3 Berufsgruppen weniger im Rahmen der Fortbeschäftigung	20	5,9	6,6	96,0
	4 Berufsgruppen weniger im Rahmen der Fortbeschäftigung	6	1,8	2,0	98,0
	5 Berufsgruppen weniger im Rahmen der Fortbeschäftigung	2	,6	,7	98,7
	6 Berufsgruppen weniger im Rahmen der Fortbeschäftigung	1	,3	,3	99,0
	2 Berufsgruppe mehr im Rahmen der Fortbeschäftigung	2	,6	,7	99,7
	6 Berufsgruppen mehr im Rahmen der Fortbeschäftigung	1	,3	,3	100,0
	Gesamt	302	89,6	100,0	
Fehlend	99,00	34	10,1		
	System	1	,3		
	Gesamt	35	10,4		
Gesamt		337	100,0		

Tabelle: Prozentsatz vorhandener Berufsgruppen generell gegenüber dem Rahmen der Fortbeschäftigung

		Häufigkeit	Prozent	Gültige Prozente	Kumulierte Prozente
Gültig	14,29	1	,3	,3	,3
	16,67	2	,6	,7	1,0
	20,00	1	,3	,3	1,3
	25,00	3	,9	1,0	2,3
	33,33	7	2,1	2,3	4,6
	40,00	9	2,7	3,0	7,6
	50,00	15	4,5	5,0	12,6
	57,14	1	,3	,3	12,9
	60,00	9	2,7	3,0	15,9
	66,67	6	1,8	2,0	17,9
	71,43	1	,3	,3	18,2
	75,00	9	2,7	3,0	21,2
	80,00	16	4,7	5,3	26,5
	83,33	6	1,8	2,0	28,5
	85,71	1	,3	,3	28,8
	100,00	212	62,9	70,2	99,0
	200,00	2	,6	,7	99,7
	300,00	1	,3	,3	100,0
	Gesamt	302	89,6	100,0	
Fehlend	99,00	34	10,1		
	System	1	,3		
	Gesamt	35	10,4		
Gesamt		337	100,0		

Tabelle: Prozentsatz vorhandener Berufsgruppen generell gegenüber dem Rahmen der Fortbeschäftigung (klassifiziert)

		Häufigkeit	Prozent	Gültige Prozente	Kumulierte Prozente
Gültig	0-20%	4	1,2	1,3	1,3
	21-40%	20	5,9	6,6	7,9
	41-60%	25	7,4	8,3	16,2
	61-80%	32	9,5	10,6	26,8
	81-100%	219	65,0	72,5	99,3
	Über 100%	2	,6	,7	100,0
	Gesamt	302	89,6	100,0	
Fehlend	99,00	34	10,1		
	System	1	,3		
	Gesamt	35	10,4		
Gesamt		337	100,0		

Tabelle: Nicht vorhandene Berufsgruppen im Rahmen der Fortbeschäftigung gegenüber genereller Existenz im Unternehmen - Produktion

		Häufigkeit	Prozent	Gültige Prozente	Kumulierte Prozente
Gültig	fehlt	7	2,1	2,3	2,3
	fehlt nicht	295	87,5	97,7	100,0
	Gesamt	302	89,6	100,0	
Fehlend	99,00	34	10,1		
	System	1	,3		
	Gesamt	35	10,4		
Gesamt		337	100,0		

Tabelle: Nicht vorhandene Berufsgruppen im Rahmen der Fortbeschäftigung gegenüber genereller Existenz im Unternehmen - Service

		Häufigkeit	Prozent	Gültige Prozente	Kumulierte Prozente
Gültig	fehlt	8	2,4	2,6	2,6
	fehlt nicht	292	86,6	96,7	99,3
	nur im Rahmen der Fortbeschäftigung vorhanden	2	,6	,7	100,0
	Gesamt	302	89,6	100,0	
Fehlend	99,00	34	10,1		
	System	1	,3		
	Gesamt	35	10,4		
Gesamt		337	100,0		

Tabelle: Nicht vorhandene Berufsgruppen im Rahmen der Fortbeschäftigung gegenüber genereller Existenz im Unternehmen - Administration, Bürotätigkeiten

		Häufigkeit	Prozent	Gültige Prozente	Kumulierte Prozente
Gültig	fehlt	31	9,2	10,3	10,3
	fehlt nicht	269	79,8	89,1	99,3
	nur im Rahmen der Fortbeschäftigung vorhanden	2	,6	,7	100,0
	Gesamt	302	89,6	100,0	
Fehlend	99,00	34	10,1		
	System	1	,3		
	Gesamt	35	10,4		
Gesamt		337	100,0		

Tabelle: Nicht vorhandene Berufsgruppen im Rahmen der Fortbeschäftigung gegenüber genereller
Existenz im Unternehmen - Personalwesen

		Häufigkeit	Prozent	Gültige Prozente	Kumulierte Prozente
Gültig	fehlt	39	11,6	12,9	12,9
	fehlt nicht	262	77,7	86,8	99,7
	nur im Rahmen der Fortbeschäftigung vorhanden	1	,3	,3	100,0
	Gesamt	302	89,6	100,0	
Fehlend	99,00	34	10,1		
	System	1	,3		
	Gesamt	35	10,4		
Gesamt		337	100,0		

Tabelle: Nicht vorhandene Berufsgruppen im Rahmen der Fortbeschäftigung gegenüber genereller
Existenz im Unternehmen - Allgemeines Management

		Häufigkeit	Prozent	Gültige Prozente	Kumulierte Prozente
Gültig	fehlt	55	16,3	18,2	18,2
	fehlt nicht	244	72,4	80,8	99,0
	nur im Rahmen der Fortbeschäftigung vorhanden	3	,9	1,0	100,0
	Gesamt	302	89,6	100,0	
Fehlend	99,00	34	10,1		
	System	1	,3		
	Gesamt	35	10,4		
Gesamt		337	100,0		

Tabelle: Nicht vorhandene Berufsgruppen im Rahmen der Fortbeschäftigung gegenüber genereller
Existenz im Unternehmen - Distribution, Verkauf

		Häufigkeit	Prozent	Gültige Prozente	Kumulierte Prozente
Gültig	fehlt	24	7,1	7,9	7,9
	fehlt nicht	277	82,2	91,7	99,7
	nur im Rahmen der Fortbeschäftigung vorhanden	1	,3	,3	100,0
	Gesamt	302	89,6	100,0	
Fehlend	99,00	34	10,1		
	System	1	,3		
	Gesamt	35	10,4		
Gesamt		337	100,0		

Tabelle: Nicht vorhandene Berufsgruppen im Rahmen der Fortbeschäftigung gegenüber genereller Existenz im Unternehmen - Transport

		Häufigkeit	Prozent	Gültige Prozente	Kumulierte Prozente
Gültig	fehlt	7	2,1	2,3	2,3
	fehlt nicht	293	86,9	97,0	99,3
	nur im Rahmen der Fortbeschäftigung vorhanden	2	,6	,7	100,0
	Gesamt	302	89,6	100,0	
Fehlend	99,00	34	10,1		
	System	1	,3		
	Gesamt	35	10,4		
Gesamt		337	100,0		

Tabelle: Nicht vorhandene Berufsgruppen im Rahmen der Fortbeschäftigung gegenüber genereller Existenz im Unternehmen - Sonstiges

		Häufigkeit	Prozent	Gültige Prozente	Kumulierte Prozente
Gültig	fehlt	1	,3	,3	,3
	fehlt nicht	300	89,0	99,3	99,7
	nur im Rahmen der Fortbeschäftigung vorhanden	1	,3	,3	100,0
	Gesamt	302	89,6	100,0	
Fehlend	99,00	34	10,1		
	System	1	,3		
	Gesamt	35	10,4		
Gesamt		337	100,0		

Tabelle: Berufsgruppe, die im Unternehmen nur von Fortbeschäftigten ausgeübt wird - Produktion

		Häufigkeit	Prozent	Gültige Prozente	Kumulierte Prozente
Gültig	Ja	2	,6	,7	,7
	Nein	300	89,0	99,3	100,0
	Gesamt	302	89,6	100,0	
Fehlend	99,00	34	10,1		
	System	1	,3		
	Gesamt	35	10,4		
Gesamt		337	100,0		

Tabelle: Berufsgruppe, die im Unternehmen nur von Fortbeschäftigten ausgeübt wird - Service

		Häufigkeit	Prozent	Gültige Prozente	Kumulierte Prozente
Gültig	Ja	3	,9	1,0	1,0
	Nein	299	88,7	99,0	100,0
	Gesamt	302	89,6	100,0	
Fehlend	99,00	34	10,1		
	System	1	,3		
	Gesamt	35	10,4		
Gesamt		337	100,0		

Tabelle: Berufsgruppe, die im Unternehmen nur von Fortbeschäftigten ausgeübt wird - Administration, Bürotätigkeiten

		Häufigkeit	Prozent	Gültige Prozente	Kumulierte Prozente
Gültig	Ja	2	,6	,7	,7
	Nein	300	89,0	99,3	100,0
	Gesamt	302	89,6	100,0	
Fehlend	99,00	34	10,1		
	System	1	,3		
	Gesamt	35	10,4		
Gesamt		337	100,0		

Tabelle: Berufsgruppe, die im Unternehmen nur von Fortbeschäftigten ausgeübt wird - Personalwesen

		Häufigkeit	Prozent	Gültige Prozente	Kumulierte Prozente
Gültig	Nein	302	89,6	100,0	100,0
Fehlend	99,00	34	10,1		
	System	1	,3		
	Gesamt	35	10,4		
Gesamt		337	100,0		

Tabelle: Berufsgruppe, die im Unternehmen nur von Fortbeschäftigten ausgeübt wird -
Allgemeines Management

		Häufigkeit	Prozent	Gültige Prozente	Kumulierte Prozente
Gültig	Ja	3	,9	1,0	1,0
	Nein	299	88,7	99,0	100,0
	Gesamt	302	89,6	100,0	
Fehlend	99,00	34	10,1		
	System	1	,3		
	Gesamt	35	10,4		
Gesamt		337	100,0		

Tabelle: Berufsgruppe, die im Unternehmen nur von Fortbeschäftigten ausgeübt wird -
Distribution, Verkauf

		Häufigkeit	Prozent	Gültige Prozente	Kumulierte Prozente
Gültig	Nein	302	89,6	100,0	100,0
Fehlend	99,00	34	10,1		
	System	1	,3		
	Gesamt	35	10,4		
Gesamt		337	100,0		

Tabelle: Berufsgruppe, die im Unternehmen nur von Fortbeschäftigten ausgeübt wird -
Transport

		Häufigkeit	Prozent	Gültige Prozente	Kumulierte Prozente
Gültig	Ja	1	,3	,3	,3
	Nein	301	89,3	99,7	100,0
	Gesamt	302	89,6	100,0	
Fehlend	99,00	34	10,1		
	System	1	,3		
	Gesamt	35	10,4		
Gesamt		337	100,0		

Tabelle: Berufsgruppe, die im Unternehmen nur von Fortbeschäftigten ausgeübt wird - Sonstiges

		Häufigkeit	**Prozent**	Gültige Prozente	Kumulierte Prozente
Gültig	**Nein**	**302**	**89,6**	**100,0**	**100,0**
Fehlend	99,00	34	10,1		
	System	1	,3		
	Gesamt	35	10,4		
Gesamt		337	100,0		

Tabelle: Vergleich der Anzahl an Berufsgruppen vor und während der Fortbeschäftigung

		Häufigkeit	**Prozent**	Gültige Prozente	Kumulierte Prozente
Gültig	Weniger Berufsgruppen im Rahmen der Fortbeschäftigung gegenüber regulärer Beschäftigung	87	25,8	28,8	28,8
	Gleichviel Berufsgruppen im Rahmen der Fortbeschäftigung gegenüber regulärer Beschäftigung	212	62,9	70,2	99,0
	Mehr Berufsgruppen im Rahmen der Fortbeschäftigung gegenüber regulärer Beschäftigung	3	,9	1,0	100,0
	Gesamt	302	89,6	100,0	
Fehlend	99,00	34	10,1		
	System	1	,3		
	Gesamt	35	10,4		
Gesamt		337	100,0		

Tabelle: Vergleich der Art von Berufsgruppen vor und während der Fortbeschäftigung (klassifiziert)

		Häufigkeit	Prozent	Gültige Prozente	Kumulierte Prozente
Gültig	identische Berufsgruppen	296	87,8	98,0	98,0
	Berufsgruppen die betriebsintern nur im Rahmen der Fortbeschäftigung zu finden sind	6	1,8	2,0	100,0
	Gesamt	302	89,6	100,0	
Fehlend	99,00	34	10,1		
	System	1	,3		
	Gesamt	35	10,4		
Gesamt		337	100,0		

Anhang 7: Häufigkeitstabellen des arbeitnehmergerichteten Fragebogens

Tabelle: Geschlecht

		Häufigkeit	Prozent	Gültige Prozente	Kumulierte Prozente
Gültig	weiblich	8	21,6	21,6	21,6
	männlich	29	78,4	78,4	100,0
	Gesamt	37	100,0	100,0	

Tabelle: Alter

		Häufigkeit	Prozent	Gültige Prozente	Kumulierte Prozente
Gültig	60,00	9	24,3	24,3	24,3
	61,00	5	13,5	13,5	37,8
	62,00	4	10,8	10,8	48,6
	63,00	4	10,8	10,8	59,5
	64,00	3	8,1	8,1	67,6
	65,00	1	2,7	2,7	70,3
	66,00	4	10,8	10,8	81,1
	67,00	3	8,1	8,1	89,2
	68,00	1	2,7	2,7	91,9
	69,00	1	2,7	2,7	94,6
	72,00	1	2,7	2,7	97,3
	75,00	1	2,7	2,7	100,0
	Gesamt	37	100,0	100,0	

Tabelle: Alter (klassifiziert)

		Häufigkeit	Prozent	Gültige Prozente	Kumulierte Prozente
Gültig	60 bis 65 Jahre	26	70,3	70,3	70,3
	Über 65 Jahre	11	29,7	29,7	100,0
	Gesamt	37	100,0	100,0	

Tabelle: Familienstatus

		Häufigkeit	Prozent	Gültige Prozente	Kumulierte Prozente
Gültig	ledig	3	8,1	8,1	8,1
	verheiratet	28	75,7	75,7	83,8
	verwitwet oder geschieden	5	13,5	13,5	97,3
	5,00	1	2,7	2,7	100,0
	Gesamt	37	100,0	100,0	

Tabelle: Personenanzahl im Haushalt

		Häufigkeit	Prozent	Gültige Prozente	Kumulierte Prozente
Gültig	1,00	8	21,6	21,6	21,6
	2,00	12	32,4	32,4	54,1
	3,00	10	27,0	27,0	81,1
	4,00	3	8,1	8,1	89,2
	5,00	2	5,4	5,4	94,6
	7,00	2	5,4	5,4	100,0
	Gesamt	37	100,0	100,0	

Tabelle: Einkommensquellen - Eigenes Gehalt

		Häufigkeit	Prozent	Gültige Prozente	Kumulierte Prozente
Gültig	Ja	35	94,6	94,6	94,6
	Nein	2	5,4	5,4	100,0
	Gesamt	37	100,0	100,0	

Tabelle: Einkommensquellen - Gehalt des Lebenspartners

		Häufigkeit	Prozent	Gültige Prozente	Kumulierte Prozente
Gültig	Ja	11	29,7	29,7	29,7
	Nein	26	70,3	70,3	100,0
	Gesamt	37	100,0	100,0	

Tabelle: Einkommensquellen - Gehalt von Kindern

		Häufigkeit	Prozent	Gültige Prozente	Kumulierte Prozente
Gültig	Ja	4	10,8	10,8	10,8
	Nein	33	89,2	89,2	100,0
	Gesamt	37	100,0	100,0	

Tabelle: Einkommensquellen - Kapitaleinnahmen

		Häufigkeit	Prozent	Gültige Prozente	Kumulierte Prozente
Gültig	Ja	1	2,7	2,7	2,7
	Nein	36	97,3	97,3	100,0
	Gesamt	37	100,0	100,0	

Tabelle: Einkommensquellen - Einkommen aus selbstständigen Nebeneinkünften

		Häufigkeit	Prozent	Gültige Prozente	Kumulierte Prozente
Gültig	Ja	1	2,7	2,7	2,7
	Nein	36	97,3	97,3	100,0
	Gesamt	37	100,0	100,0	

Tabelle: Einkommensquellen - Sonstige finanzielle Unterstützung

		Häufigkeit	Prozent	Gültige Prozente	Kumulierte Prozente
Gültig	Nein	37	100,0	100,0	100,0

Tabelle: Einkommensquellen - Ersparnisse

		Häufigkeit	Prozent	Gültige Prozente	Kumulierte Prozente
Gültig	Ja	2	5,4	5,4	5,4
	Nein	35	94,6	94,6	100,0
	Gesamt	37	100,0	100,0	

Tabelle: Einkommensquellen - Öffentliche Zuschüsse

		Häufigkeit	Prozent	Gültige Prozente	Kumulierte Prozente
Gültig	Ja	19	51,4	51,4	51,4
	Nein	18	48,6	48,6	100,0
	Gesamt	37	100,0	100,0	

Tabelle: Einkommensquellen - Betriebliche Rentenbezüge

		Häufigkeit	Prozent	Gültige Prozente	Kumulierte Prozente
Gültig	Ja	11	29,7	29,7	29,7
	Nein	26	70,3	70,3	100,0
	Gesamt	37	100,0	100,0	

Tabelle: Einkommensquellen - Sonstiges

		Häufigkeit	Prozent	Gültige Prozente	Kumulierte Prozente
Gültig	Nein	37	100,0	100,0	100,0

Tabelle: Einkommenshöhe

		Häufigkeit	Prozent	Gültige Prozente	Kumulierte Prozente
Gültig	Unter 200.000 Yen	4	10,8	10,8	10,8
	Zwischen 201.000 und 400.000 Yen	17	45,9	45,9	56,8
	Zwischen 401.000 und 600.000 Yen	7	18,9	18,9	75,7
	Zwischen 601.000 und 800.000 Yen	7	18,9	18,9	94,6
	Zwischen 801.000 und 1.000.000 Yen	2	5,4	5,4	100,0
	Gesamt	37	100,0	100,0	

Tabelle: Schulabschluss

		Häufigkeit	Prozent	Gültige Prozente	Kumulierte Prozente
Gültig	Mittelschule / Hochschule	32	86,5	86,5	86,5
	senmon gakou / kakushu gakou	1	2,7	2,7	89,2
	Universität	4	10,8	10,8	100,0
	Gesamt	37	100,0	100,0	

Tabelle: Motivationsfaktoren der Fortbeschäftigung - Unterstützung des Haushalts

		Häufigkeit	Prozent	Gültige Prozente	Kumulierte Prozente
Gültig	Eher unwichtig	6	16,2	17,6	17,6
	Wichtig	11	29,7	32,4	50,0
	Sehr wichtig	17	45,9	50,0	100,0
	Gesamt	34	91,9	100,0	
Fehlend	99,00	3	8,1		
Gesamt		37	100,0		

Tabelle: Motivationsfaktoren der Fortbeschäftigung - Unterstützung des Haushalts (klassifiziert)

		Häufigkeit	Prozent	Gültige Prozente	Kumulierte Prozente
Gültig	Unwichtig	6	16,2	17,6	17,6
	Wichtig	28	75,7	82,4	100,0
	Gesamt	34	91,9	100,0	
Fehlend	99,00	3	8,1		
Gesamt		37	100,0		

Tabelle: Motivationsfaktoren der Fortbeschäftigung - Erhalt oder Verbesserung des Lebensstandards

		Häufigkeit	Prozent	Gültige Prozente	Kumulierte Prozente
Gültig	Unwichtig	1	2,7	3,0	3,0
	Eher unwichtig	4	10,8	12,1	15,2
	Wichtig	18	48,6	54,5	69,7
	Sehr wichtig	10	27,0	30,3	100,0
	Gesamt	33	89,2	100,0	
Fehlend	99,00	4	10,8		
Gesamt		37	100,0		

Tabelle: Motivationsfaktoren der Fortbeschäftigung - Erhalt oder Verbesserung des Lebensstandards (klassifiziert)

		Häufigkeit	Prozent	Gültige Prozente	Kumulierte Prozente
Gültig	Unwichtig	5	13,5	15,2	15,2
	Wichtig	28	75,7	84,8	100,0
	Gesamt	33	89,2	100,0	
Fehlend	99,00	4	10,8		
Gesamt		37	100,0		

Tabelle: Motivationsfaktoren der Fortbeschäftigung - Interesse am Arbeitsinhalt

		Häufigkeit	Prozent	Gültige Prozente	Kumulierte Prozente
Gültig	Eher unwichtig	16	43,2	50,0	50,0
	Wichtig	12	32,4	37,5	87,5
	Sehr wichtig	4	10,8	12,5	100,0
	Gesamt	32	86,5	100,0	
Fehlend	99,00	5	13,5		
Gesamt		37	100,0		

Tabelle: Motivationsfaktoren der Fortbeschäftigung - Interesse am Arbeitsinhalt (klassifiziert)

		Häufigkeit	Prozent	Gültige Prozente	Kumulierte Prozente
Gültig	Unwichtig	16	43,2	50,0	50,0
	Wichtig	16	43,2	50,0	100,0
	Gesamt	32	86,5	100,0	
Fehlend	99,00	5	13,5		
Gesamt		37	100,0		

Tabelle: Motivationsfaktoren der Fortbeschäftigung - Möglichkeit zur Nutzung eigener Fähigkeiten, Fertigkeiten, Erfahrungen

		Häufigkeit	Prozent	Gültige Prozente	Kumulierte Prozente
Gültig	Unwichtig	2	5,4	6,3	6,3
	Eher unwichtig	9	24,3	28,1	34,4
	Wichtig	12	32,4	37,5	71,9
	Sehr wichtig	9	24,3	28,1	100,0
	Gesamt	32	86,5	100,0	
Fehlend	99,00	5	13,5		
Gesamt		37	100,0		

Tabelle: Motivationsfaktoren der Fortbeschäftigung - Möglichkeit zur Nutzung eigener Fähigkeiten, Fertigkeiten, Erfahrungen (klassifiziert)

		Häufigkeit	Prozent	Gültige Prozente	Kumulierte Prozente
Gültig	Unwichtig	11	29,7	34,4	34,4
	Wichtig	21	56,8	65,6	100,0
	Gesamt	32	86,5	100,0	
Fehlend	99,00	5	13,5		
Gesamt		37	100,0		

Tabelle: Motivationsfaktoren der Fortbeschäftigung - Gefühl der Auslebung einer verantwortungsvollen Tätigkeit

		Häufigkeit	Prozent	Gültige Prozente	Kumulierte Prozente
Gültig	Unwichtig	7	18,9	22,6	22,6
	Eher unwichtig	14	37,8	45,2	67,7
	Wichtig	8	21,6	25,8	93,5
	Sehr wichtig	2	5,4	6,5	100,0
	Gesamt	31	83,8	100,0	
Fehlend	99,00	6	16,2		
Gesamt		37	100,0		

Tabelle: Motivationsfaktoren der Fortbeschäftigung - Gefühl der Auslebung einer verantwortungsvollen Tätigkeit (klassifiziert)

		Häufigkeit	Prozent	Gültige Prozente	Kumulierte Prozente
Gültig	Unwichtig	21	56,8	67,7	67,7
	Wichtig	10	27,0	32,3	100,0
	Gesamt	31	83,8	100,0	
Fehlend	99,00	6	16,2		
Gesamt		37	100,0		

Tabelle: Motivationsfaktoren der Fortbeschäftigung - Verbleib im Kollegenkreis

		Häufigkeit	Prozent	Gültige Prozente	Kumulierte Prozente
Gültig	Unwichtig	7	18,9	23,3	23,3
	Eher unwichtig	14	37,8	46,7	70,0
	Wichtig	8	21,6	26,7	96,7
	Sehr wichtig	1	2,7	3,3	100,0
	Gesamt	30	81,1	100,0	
Fehlend	99,00	7	18,9		
Gesamt		37	100,0		

Tabelle: Motivationsfaktoren der Fortbeschäftigung - Verbleib im Kollegenkreis (klassifiziert)

		Häufigkeit	Prozent	Gültige Prozente	Kumulierte Prozente
Gültig	Unwichtig	21	56,8	70,0	70,0
	Wichtig	9	24,3	30,0	100,0
	Gesamt	30	81,1	100,0	
Fehlend	99,00	7	18,9		
Gesamt		37	100,0		

Tabelle: Motivationsfaktoren der Fortbeschäftigung - Gute Arbeitsatmosphäre

		Häufigkeit	Prozent	Gültige Prozente	Kumulierte Prozente
Gültig	Unwichtig	2	5,4	6,5	6,5
	Eher unwichtig	13	35,1	41,9	48,4
	Wichtig	11	29,7	35,5	83,9
	Sehr wichtig	5	13,5	16,1	100,0
	Gesamt	31	83,8	100,0	
Fehlend	99,00	6	16,2		
Gesamt		37	100,0		

Tabelle: Motivationsfaktoren der Fortbeschäftigung - Gute Arbeitsatmosphäre (klassifiziert)

		Häufigkeit	Prozent	Gültige Prozente	Kumulierte Prozente
Gültig	Unwichtig	15	40,5	48,4	48,4
	Wichtig	16	43,2	51,6	100,0
	Gesamt	31	83,8	100,0	
Fehlend	99,00	6	16,2		
Gesamt		37	100,0		

Tabelle: Motivationsfaktoren der Fortbeschäftigung - Flexible Arbeitszeitgestaltung

		Häufigkeit	Prozent	Gültige Prozente	Kumulierte Prozente
Gültig	Unwichtig	8	21,6	27,6	27,6
	Eher unwichtig	12	32,4	41,4	69,0
	Wichtig	8	21,6	27,6	96,6
	Sehr wichtig	1	2,7	3,4	100,0
	Gesamt	29	78,4	100,0	
Fehlend	99,00	8	21,6		
Gesamt		37	100,0		

Tabelle: Motivationsfaktoren der Fortbeschäftigung - Flexible Arbeitszeitgestaltung (klassifiziert)

		Häufigkeit	Prozent	Gültige Prozente	Kumulierte Prozente
Gültig	Unwichtig	20	54,1	69,0	69,0
	Wichtig	9	24,3	31,0	100,0
	Gesamt	29	78,4	100,0	
Fehlend	99,00	8	21,6		
Gesamt		37	100,0		

Tabelle: Motivationsfaktoren der Fortbeschäftigung - Autonome, günstige Arbeitszeitgestaltung

		Häufigkeit	Prozent	Gültige Prozente	Kumulierte Prozente
Gültig	Unwichtig	10	27,0	33,3	33,3
	Eher unwichtig	7	18,9	23,3	56,7
	Wichtig	10	27,0	33,3	90,0
	Sehr wichtig	3	8,1	10,0	100,0
	Gesamt	30	81,1	100,0	
Fehlend	99,00	7	18,9		
Gesamt		37	100,0		

Tabelle: Motivationsfaktoren der Fortbeschäftigung - Autonome, günstige Arbeitszeitgestaltung (klassifiziert)

		Häufigkeit	Prozent	Gültige Prozente	Kumulierte Prozente
Gültig	Unwichtig	17	45,9	56,7	56,7
	Wichtig	13	35,1	43,3	100,0
	Gesamt	30	81,1	100,0	
Fehlend	99,00	7	18,9		
Gesamt		37	100,0		

Tabelle: Motivationsfaktoren der Fortbeschäftigung - Möglichkeit zum kurzfristigen Beschäftigungsaustritt

		Häufigkeit	Prozent	Gültige Prozente	Kumulierte Prozente
Gültig	Unwichtig	9	24,3	30,0	30,0
	Eher unwichtig	13	35,1	43,3	73,3
	Wichtig	7	18,9	23,3	96,7
	Sehr wichtig	1	2,7	3,3	100,0
	Gesamt	30	81,1	100,0	
Fehlend	99,00	7	18,9		
Gesamt		37	100,0		

Tabelle: Motivationsfaktoren der Fortbeschäftigung - Möglichkeit zum kurzfristigen Beschäftigungsaustritt (klassifiziert)

		Häufigkeit	Prozent	Gültige Prozente	Kumulierte Prozente
Gültig	Unwichtig	22	59,5	73,3	73,3
	Wichtig	8	21,6	26,7	100,0
	Gesamt	30	81,1	100,0	
Fehlend	99,00	7	18,9		
Gesamt		37	100,0		

Tabelle: Motivationsfaktoren der Fortbeschäftigung - Fehlen präferierter Erwerbsalternativen

		Häufigkeit	Prozent	Gültige Prozente	Kumulierte Prozente
Gültig	Unwichtig	9	24,3	30,0	30,0
	Eher unwichtig	13	35,1	43,3	73,3
	Wichtig	7	18,9	23,3	96,7
	Sehr wichtig	1	2,7	3,3	100,0
	Gesamt	30	81,1	100,0	
Fehlend	99,00	7	18,9		
Gesamt		37	100,0		

Tabelle: Motivationsfaktoren der Fortbeschäftigung - Fehlen präferierter Erwerbsalternativen (klassifiziert)

		Häufigkeit	Prozent	Gültige Prozente	Kumulierte Prozente
Gültig	Unwichtig	20	54,1	64,5	64,5
	Wichtig	11	29,7	35,5	100,0
	Gesamt	31	83,8	100,0	
Fehlend	99,00	6	16,2		
Gesamt		37	100,0		

Tabelle: Motivationsfaktoren der Fortbeschäftigung - Sonstiges

		Häufigkeit	Prozent	Gültige Prozente	Kumulierte Prozente
Gültig	Unwichtig	1	2,7	20,0	20,0
	Eher unwichtig	2	5,4	40,0	60,0
	Wichtig	1	2,7	20,0	80,0
	Sehr wichtig	1	2,7	20,0	100,0
	Gesamt	5	13,5	100,0	
Fehlend	99,00	32	86,5		
Gesamt		37	100,0		

Tabelle: Motivationsfaktoren der Fortbeschäftigung - Sonstiges (klassifiziert)

		Häufigkeit	Prozent	Gültige Prozente	Kumulierte Prozente
Gültig	Unwichtig	3	8,1	60,0	60,0
	Wichtig	2	5,4	40,0	100,0
	Gesamt	5	13,5	100,0	
Fehlend	99,00	32	86,5		
Gesamt		37	100,0		

Tabelle: Individueller Wert der Arbeit

		Häufigkeit	Prozent	Gültige Prozente	Kumulierte Prozente
Gültig	Meine Beschäftigung dient keinem anderen Zweck als dem Verdienen des Lebensunterhalts	3	8,1	8,1	8,1
	Ich würde gerne weiter arbeiten, selbst wenn keine wirtschaftliche Notwendigkeit dazu besteht	20	54,1	54,1	62,2
	Die Arbeit ist die wichtigste Aufgabe des Menschen	14	37,8	37,8	100,0
	Gesamt	37	100,0	100,0	

Tabelle: Tatsächlicher Verrentungswunsch

		Häufigkeit	Prozent	Gültige Prozente	Kumulierte Prozente
Gültig	Kündigen und nicht mehr weiter arbeiten	2	5,4	5,4	5,4
	In einem anderen Unternehmen weiter arbeiten	6	16,2	16,2	21,6
	Im derzeitigen Betrieb weiterhin arbeiten	29	78,4	78,4	100,0
	Gesamt	37	100,0	100,0	

Tabelle: Wie einfach wäre es für Sie eine neue Anstellung zu finden?

		Häufigkeit	Prozent	Gültige Prozente	Kumulierte Prozente
Gültig	Sehr einfach	1	2,7	2,7	2,7
	Einfach	4	10,8	10,8	13,5
	Schwierig	12	32,4	32,4	45,9
	Sehr schweirig	20	54,1	54,1	100,0
	Gesamt	37	100,0	100,0	

Tabelle: Wie einfach wäre es für Sie eine neue Anstellung zu finden? (klassifiziert)

		Häufigkeit	Prozent	Gültige Prozente	Kumulierte Prozente
Gültig	Einfach	5	13,5	13,5	13,5
	Schwierig	32	86,5	86,5	100,0
	Gesamt	37	100,0	100,0	

Tabelle: Aktivitäten im Lebensalltag - Haushaltsführung (Putzen, Kochen, etc.)

		Häufigkeit	Prozent	Gültige Prozente	Kumulierte Prozente
Gültig	Überhaupt nicht	4	10,8	12,1	12,1
	Ein- bis zweimal im Jahr	2	5,4	6,1	18,2
	Ein- bis zweimal im Monat	4	10,8	12,1	30,3
	Ein- bis zweimal in der Woche	8	21,6	24,2	54,5
	Mehrere Male in der Woche	3	8,1	9,1	63,6
	Jeden Tag	12	32,4	36,4	100,0
	Gesamt	33	89,2	100,0	
Fehlend	99,00	4	10,8		
Gesamt		37	100,0		

Tabelle: Aktivitäten im Lebensalltag - Haushaltsführung (Putzen, Kochen, etc.) (klassifiziert)

		Häufigkeit	Prozent	Gültige Prozente	Kumulierte Prozente
Gültig	Unregelmässig bis gar nicht	10	27,0	30,3	30,3
	regelmässig bis täglich	23	62,2	69,7	100,0
	Gesamt	33	89,2	100,0	
Fehlend	99,00	4	10,8		
Gesamt		37	100,0		

Tabelle: Aktivitäten im Lebensalltag - Familienaktivitäten (Verwandtenbesuche, etc.)

		Häufigkeit	Prozent	Gültige Prozente	Kumulierte Prozente
Gültig	Überhaupt nicht	2	5,4	6,3	6,3
	Ein- bis zweimal im Jahr	7	18,9	21,9	28,1
	Ein- bis zweimal im Monat	16	43,2	50,0	78,1
	Ein- bis zweimal in der Woche	3	8,1	9,4	87,5
	Mehrere Male in der Woche	1	2,7	3,1	90,6
	Jeden Tag	3	8,1	9,4	100,0
	Gesamt	32	86,5	100,0	
Fehlend	99,00	5	13,5		
Gesamt		37	100,0		

Tabelle: Aktivitäten im Lebensalltag - Familienaktivitäten (Verwandtenbesuche, etc.) (klassifiziert)

		Häufigkeit	Prozent	Gültige Prozente	Kumulierte Prozente
Gültig	Unregelmässig bis gar nicht	25	67,6	78,1	78,1
	regelmässig bis täglich	7	18,9	21,9	100,0
	Gesamt	32	86,5	100,0	
Fehlend	99,00	5	13,5		
Gesamt		37	100,0		

Tabelle: Aktivitäten im Lebensalltag - Innerfamiliäre Betreuung (Kinder, Enkel)

		Häufigkeit	Prozent	Gültige Prozente	Kumulierte Prozente
Gültig	Überhaupt nicht	15	40,5	55,6	55,6
	Ein- bis zweimal im Jahr	1	2,7	3,7	59,3
	Ein- bis zweimal im Monat	3	8,1	11,1	70,4
	Ein- bis zweimal in der Woche	5	13,5	18,5	88,9
	Mehrere Male in der Woche	1	2,7	3,7	92,6
	Jeden Tag	2	5,4	7,4	100,0
	Gesamt	27	73,0	100,0	
Fehlend	99,00	10	27,0		
Gesamt		37	100,0		

Tabelle: Aktivitäten im Lebensalltag - Innerfamiliäre Betreuung (Kinder, Enkel) (klassifiziert)

		Häufigkeit	Prozent	Gültige Prozente	Kumulierte Prozente
Gültig	Unregelmässig bis gar nicht	1 9	51,4	70,4	70,4
	Regelmässig bis täglich	8	21,6	29,6	100,0
	Gesamt	27	73,0	100,0	
Fehlend	99,00	1 0	27,0		
Gesamt		37	100,0		

Tabelle: Aktivitäten im Lebensalltag - Innerfamiliäre Betreuung, Pflege (Eltern, Lebenspartner)

		Häufigkeit	Prozent	Gültige Prozente	Kumulierte Prozente
Gültig	**Überhaupt nicht**	2 0	54,1	74,1	74,1
	Ein- bis zweimal im Jahr	1	2,7	3,7	77,8
	Ein- bis zweimal im Monat	3	8,1	11,1	88,9
	Ein- bis zweimal in der Woche	1	2,7	3,7	92,6
	Mehrere Male in der Woche	1	2,7	3,7	96,3
	Jeden Tag	1	2,7	3,7	100,0
	Gesamt	27	73,0	100,0	
Fehlend	99,00	1 0	27,0		
Gesamt		37	100,0		

Tabelle: Aktivitäten im Lebensalltag - Innerfamiliäre Betreuung, Pflege (Eltern, Lebenspartner) (klassifiziert)

		Häufigkeit	Prozent	Gültige Prozente	Kumulierte Prozente
Gültig	**Überhaupt nicht**	2 0	54,1	74,1	74,1
	Ein- bis zweimal im Jahr	1	2,7	3,7	77,8
	Ein- bis zweimal im Monat	3	8,1	11,1	88,9
	Ein- bis zweimal in der Woche	1	2,7	3,7	92,6
	Mehrere Male in der Woche	1	2,7	3,7	96,3
	Jeden Tag	1	2,7	3,7	100,0
	Gesamt	27	73,0	100,0	
Fehlend	99,00	1 0	27,0		
Gesamt		37	100,0		

Tabelle: Aktivitäten im Lebensalltag - Soziales Engagement, ehrenamtliche Tätigkeiten

		Häufigkeit	Prozent	Gültige Prozente	Kumulierte Prozente
Gültig	Überhaupt nicht	22	59,5	66,7	66,7
	Ein- bis zweimal im Jahr	8	21,6	24,2	90,9
	Ein- bis zweimal im Monat	2	5,4	6,1	97,0
	jeden Tag	1	2,7	3,0	100,0
	Gesamt	33	89,2	100,0	
Fehlend	99,00	4	10,8		
Gesamt		37	100,0		

Tabelle: Aktivitäten im Lebensalltag - Soziales Engagement, ehrenamtliche Tätigkeiten (klassifiziert)

		Häufigkeit	Prozent	Gültige Prozente	Kumulierte Prozente
Gültig	Unregelmässig bis gar nicht	32	86,5	97,0	97,0
	Regelmässig bis täglich	1	2,7	3,0	100,0
	Gesamt	33	89,2	100,0	
Fehlend	99,00	4	10,8		
Gesamt		37	100,0		

Tabelle: Aktivitäten im Lebensalltag - Fähigkeitserwerb (Sprachkurs, etc.)

		Häufigkeit	Prozent	Gültige Prozente	Kumulierte Prozente
Gültig	Überhaupt nicht	13	35,1	48,1	48,1
	Ein- bis zweimal im Jahr	2	5,4	7,4	55,6
	Ein- bis zweimal im Monat	4	10,8	14,8	70,4
	Ein- bis zweimal in der Woche	6	16,2	22,2	92,6
	Mehrere Male in der Woche	2	5,4	7,4	100,0
	Gesamt	27	73,0	100,0	
Fehlend	99,00	10	27,0		
Gesamt		37	100,0		

Tabelle: Aktivitäten im Lebensalltag - Fähigkeitserwerb (Sprachkurs, etc.) (klassifiziert)

		Häufigkeit	Prozent	Gültige Prozente	Kumulierte Prozente
Gültig	Unregelmässig bis gar nicht	19	51,4	70,4	70,4
	Regelmässig bis täglich	8	21,6	29,6	100,0
	Gesamt	27	73,0	100,0	
Fehlend	99,00	10	27,0		
Gesamt		37	100,0		

Tabelle: Aktivitäten im Lebensalltag - Freizeitaktivitäten (Sport, Kultur, Medienkonsum, etc.)

		Häufigkeit	Prozent	Gültige Prozente	Kumulierte Prozente
Gültig	Überhaupt nicht	4	10,8	13,8	13,8
	Ein- bis zweimal im Jahr	7	18,9	24,1	37,9
	Ein- bis zweimal im Monat	8	21,6	27,6	65,5
	Ein- bis zweimal in der Woche	8	21,6	27,6	93,1
	Mehrere Male in der Woche	2	5,4	6,9	100,0
	Gesamt	29	78,4	100,0	
Fehlend	99,00	8	21,6		
Gesamt		37	100,0		

Tabelle: Aktivitäten im Lebensalltag - Freizeitaktivitäten (Sport, Kultur, Medienkonsum, etc.) (klassifiziert)

		Häufigkeit	Prozent	Gültige Prozente	Kumulierte Prozente
Gültig	Unregelmässig bis gar nicht	19	51,4	65,5	65,5
	Regelmässig bis täglich	10	27,0	34,5	100,0
	Gesamt	29	78,4	100,0	
Fehlend	99,00	8	21,6		
Gesamt		37	100,0		

Tabelle: Aktivitäten im Lebensalltag - Sonstiges

		Häufigkeit	Prozent	Gültige Prozente	Kumulierte Prozente
Gültig	Überhaupt nicht	3	8,1	50,0	50,0
	Ein- bis zweimal im Jahr	1	2,7	16,7	66,7
	Ein- bis zweimal in der Woche	1	2,7	16,7	83,3
	Mehrere Male in der Woche	1	2,7	16,7	100,0
	Gesamt	6	16,2	100,0	
Fehlend	99,00	31	83,8		
Gesamt		37	100,0		

Tabelle: Aktivitäten im Lebensalltag - Sonstiges (klassifiziert)

		Häufigkeit	Prozent	Gültige Prozente	Kumulierte Prozente
Gültig	Unregelmässig bis gar nicht	4	10,8	66,7	66,7
	Regelmässig bis täglich	2	5,4	33,3	100,0
	Gesamt	6	16,2	100,0	
Fehlend	99,00	31	83,8		
Gesamt		37	100,0		

Tabelle: Unternehmensverbundenheit - Ich bin stolz, für dieses Unternehmen zu arbeiten

		Häufigkeit	Prozent	Gültige Prozente	Kumulierte Prozente
Gültig	Stimme nicht zu	2	5,4	6,1	6,1
	Stimme eher nicht zu	7	18,9	21,2	27,3
	Stimme zu	13	35,1	39,4	66,7
	Stimme voll zu	11	29,7	33,3	100,0
	Gesamt	33	89,2	100,0	
Fehlend	99,00	4	10,8		
Gesamt		37	100,0		

Tabelle: Unternehmensverbundenheit - Ich bin stolz, für dieses Unternehmen zu arbeiten (klassifiziert)

		Häufigkeit	Prozent	Gültige Prozente	Kumulierte Prozente
Gültig	Stimme nicht zu	9	24,3	27,3	27,3
	Stimme zu	24	64,9	72,7	100,0
	Gesamt	33	89,2	100,0	
Fehlend	99,00	4	10,8		
Gesamt		37	100,0		

Tabelle: Unternehmensverbundenheit - Ich bin stolz auf meine Arbeit

		Häufigkeit	Prozent	Gültige Prozente	Kumulierte Prozente
Gültig	Stimme nicht zu	2	5,4	5,7	5,7
	Stimme eher nicht zu	6	16,2	17,1	22,9
	Stimme zu	13	35,1	37,1	60,0
	Stimme voll zu	14	37,8	40,0	100,0
	Gesamt	35	94,6	100,0	
Fehlend	99,00	2	5,4		
Gesamt		37	100,0		

Tabelle: Unternehmensverbundenheit - Ich bin stolz auf meine Arbeit (klassifiziert)

		Häufigkeit	Prozent	Gültige Prozente	Kumulierte Prozente
Gültig	Stimme nicht zu	8	21,6	22,9	22,9
	Stimme zu	27	73,0	77,1	100,0
	Gesamt	35	94,6	100,0	
Fehlend	99,00	2	5,4		
Gesamt		37	100,0		

Tabelle: Unternehmensverbundenheit - Ich fühle mich im Unternehmen heimisch

		Häufigkeit	Prozent	Gültige Prozente	Kumulierte Prozente
Gültig	Stimme nicht zu	2	5,4	6,1	6,1
	Stimme eher nicht zu	2	5,4	6,1	12,1
	Stimme zu	16	43,2	48,5	60,6
	Stimme voll zu	13	35,1	39,4	100,0
	Gesamt	33	89,2	100,0	
Fehlend	99,00	4	10,8		
Gesamt		37	100,0		

Tabelle: Unternehmensverbundenheit - Ich fühle mich im Unternehmen heimisch (klassifiziert)

		Häufigkeit	Prozent	Gültige Prozente	Kumulierte Prozente
Gültig	Stimme nicht zu	4	10,8	12,1	12,1
	Stimme zu	29	78,4	87,9	100,0
	Gesamt	33	89,2	100,0	
Fehlend	99,00	4	10,8		
Gesamt		37	100,0		

Tabelle: Unternehmensverbundenheit - Ich besitze Freunde im Kollegenkreis

		Häufigkeit	Prozent	Gültige Prozente	Kumulierte Prozente
Gültig	Stimme nicht zu	3	8,1	9,1	9,1
	Stimme eher nicht zu	6	16,2	18,2	27,3
	Stimme zu	17	45,9	51,5	78,8
	Stimme voll zu	7	18,9	21,2	100,0
	Gesamt	33	89,2	100,0	
Fehlend	99,00	4	10,8		
Gesamt		37	100,0		

Tabelle: Unternehmensverbundenheit - Ich besitze Freunde im Kollegenkreis (klassifiziert)

		Häufigkeit	Prozent	Gültige Prozente	Kumulierte Prozente
Gültig	Stimme nicht zu	9	24,3	27,3	27,3
	Stimme zu	24	64,9	72,7	100,0
	Gesamt	33	89,2	100,0	
Fehlend	99,00	4	10,8		
Gesamt		37	100,0		

Tabelle: Zufriedenheit mit Lebensumständen - Gesundheitszustand

		Häufigkeit	Prozent	Gültige Prozente	Kumulierte Prozente
Gültig	Unzufrieden	5	13,5	13,9	13,9
	Zufrieden	26	70,3	72,2	86,1
	Sehr zufrieden	5	13,5	13,9	100,0
	Gesamt	36	97,3	100,0	
Fehlend	99,00	1	2,7		
Gesamt		37	100,0		

Tabelle: Zufriedenheit mit Lebensumständen - Gesundheitszustand (klassifiziert)

		Häufigkeit	Prozent	Gültige Prozente	Kumulierte Prozente
Gültig	Unzufrieden	5	13,5	13,9	13,9
	Zufrieden	31	83,8	86,1	100,0
	Gesamt	36	97,3	100,0	
Fehlend	99,00	1	2,7		
Gesamt		37	100,0		

Tabelle: Zufriedenheit mit Lebensumständen - Lebensstandard

		Häufigkeit	Prozent	Gültige Prozente	Kumulierte Prozente
Gültig	Sehr unzufrieden	1	2,7	3,0	3,0
	Unzufrieden	9	24,3	27,3	30,3
	Zufrieden	21	56,8	63,6	93,9
	Unzufrieden	2	5,4	6,1	100,0
	Gesamt	33	89,2	100,0	
Fehlend	99,00	4	10,8		
Gesamt		37	100,0		

Tabelle: Zufriedenheit mit Lebensumständen - Lebensstandard (klassifiziert)

		Häufigkeit	Prozent	Gültige Prozente	Kumulierte Prozente
Gültig	Unzufrieden	10	27,0	30,3	30,3
	Zufrieden	23	62,2	69,7	100,0
	Gesamt	33	89,2	100,0	
Fehlend	99,00	4	10,8		
Gesamt		37	100,0		

Tabelle: Zufriedenheit mit Lebensumständen - Allgemeine Lebensumstände

		Häufigkeit	Prozent	Gültige Prozente	Kumulierte Prozente
Gültig	Sehr unzufrieden	1	2,7	2,9	2,9
	Unzufrieden	6	16,2	17,6	20,6
	Zufrieden	23	62,2	67,6	88,2
	Sehr zufrieden	4	10,8	11,8	100,0
	Gesamt	34	91,9	100,0	
Fehlend	99,00	3	8,1		
Gesamt		37	100,0		

Tabelle: Zufriedenheit mit Lebensumständen - Allgemeine Lebensumstände (klassifiziert)

		Häufigkeit	Prozent	Gültige Prozente	Kumulierte Prozente
Gültig	Unzufrieden	7	18,9	20,6	20,6
	Zufrieden	27	73,0	79,4	100,0
	Gesamt	34	91,9	100,0	
Fehlend	99,00	3	8,1		
Gesamt		37	100,0		

Tabelle: Fortbeschäftigungsmaßnahme

		Häufigkeit	Prozent	Gültige Prozente	Kumulierte Prozente
Gültig	re-employment	23	62,2	63,9	63,9
	employment-extension	7	18,9	19,4	83,3
	Beschäftigung durch Anhebung des betrieblichen Renteneintrittsalters	1	2,7	2,8	86,1
	Beschäftigung durch Aufhebung des Systems eines betrieblichen Renteneintrittsalters	2	5,4	5,6	91,7
	5,00	1	2,7	2,8	94,4
	Ich weiß nicht	2	5,4	5,6	100,0
	Gesamt	36	97,3	100,0	
Fehlend	99,00	1	2,7		
Gesamt		37	100,0		

Tabelle: Beginn der Fortbeschäftigung

		Häufigkeit	Prozent	Gültige Prozente	Kumulierte Prozente
Gültig	45,00	1	2,7	2,9	2,9
	56,00	1	2,7	2,9	5,9
	60,00	26	70,3	76,5	82,4
	62,00	3	8,1	8,8	91,2
	63,00	1	2,7	2,9	94,1
	65,00	2	5,4	5,9	100,0
	Gesamt	34	91,9	100,0	
Fehlend	99,00	3	8,1		
Gesamt		37	100,0		

Tabelle: Gegenseitigkeit des Konsultationsverfahrens

		Häufigkeit	Prozent	Gültige Prozente	Kumulierte Prozente
Gültig	Erläuterung von Arbeitsinhalt und Beschäftigungskonditionen des Beschäftigten seitens des Unternehmens	19	51,4	55,9	55,9
	Anhörung der Präferenzen des Beschäftigten hinsichtlich Arbeitsinhalt und Beschäftigungskonditio...	3	8,1	8,8	64,7
	Versuch der Harmonisierung von Beschäftigtenpräferenzen und betrieblichen Voraussetzungen	10	27,0	29,4	94,1
	Sonstiges	1	2,7	2,9	97,1
	Ich weiß nicht	1	2,7	2,9	100,0
	Gesamt	34	91,9	100,0	
Fehlend	99,00	3	8,1		
Gesamt		37	100,0		

Tabelle: Arbeitsinhalt vor Erreichung des betrieblichen Rentenalters

		Häufigkeit	Prozent	Gültige Prozente	Kumulierte Prozente
Gültig	Technischer Arbeitsinhalt (Berufe, die einen speziellen technischen Charakter haben	4	10,8	11,4	11,4
	Leitender, administrativer oder verwaltender Arbeitsinhalt	10	27,0	28,6	40,0
	Bürotätigkeiten	2	5,4	5,7	45,7
	Verkauf / Vertrieb	1	2,7	2,9	48,6
	Produktion	14	37,8	40,0	88,6
	??roumu sagyou no shigoto	4	10,8	11,4	100,0
	Gesamt	35	94,6	100,0	
Fehlend	99,00	2	5,4		
Gesamt		37	100,0		

Tabelle: Arbeitsinhalt im Rahmen der Fortbeschäftigung

		Häufigkeit	Prozent	Gültige Prozente	Kumulierte Prozente
Gültig	Technischer Arbeitsinhalt (Berufe, die einen speziellen technischen Charakter haben	4	10,8	11,8	11,8
	Leitender, administrativer oder verwaltender Arbeitsinhalt	6	16,2	17,6	29,4
	Bürotätigkeiten	2	5,4	5,9	35,3
	Verkauf / Vertrieb	2	5,4	5,9	41,2
	Sicherheitsdienste	1	2,7	2,9	44,1
	Produktion	16	43,2	47,1	91,2
	sagyou roumu	3	8,1	8,8	100,0
	Gesamt	34	91,9	100,0	
Fehlend	99,00	3	8,1		
Gesamt		37	100,0		

Tabelle: Wechsel des Arbeitsinhalts

		Häufigkeit	Prozent	Gültige Prozente	Kumulierte Prozente
Gültig	Ja	7	18,9	20,6	20,6
	Nein	27	73,0	79,4	100,0
	Gesamt	34	91,9	100,0	
Fehlend	99,00	3	8,1		
Gesamt		37	100,0		

Tabelle: Aspekte des Arbeitsinhalts - Autonomie, Ich kann meine Arbeit unabhängig ausüben

		Häufigkeit	Prozent	Gültige Prozente	Kumulierte Prozente
Gültig	Stimme nicht zu	2	5,4	6,1	6,1
	Stimme eher nicht zu	3	8,1	9,1	15,2
	Stimme zu	12	32,4	36,4	51,5
	Stimme voll zu	16	43,2	48,5	100,0
	Gesamt	33	89,2	100,0	
Fehlend	99,00	4	10,8		
Gesamt		37	100,0		

Tabelle: Aspekte des Arbeitsinhalts - Autonomie, Ich kann meine Arbeit unabhängig ausüben (klassifiziert)

		Häufigkeit	Prozent	Gültige Prozente	Kumulierte Prozente
Gültig	Stimme nicht zu	5	13,5	15,2	15,2
	Stimme zu	28	75,7	84,8	100,0
	Gesamt	33	89,2	100,0	
Fehlend	99,00	4	10,8		
Gesamt		37	100,0		

Tabelle: Aspekte des Arbeitsinhalts - Autonomie, Ich bin in der Lage, eigene Ideen in die Arbeit einzubringen

		Häufigkeit	Prozent	Gültige Prozente	Kumulierte Prozente
Gültig	Stimme nicht zu	2	5,4	6,5	6,5
	Stimme eher nicht zu	3	8,1	9,7	16,1
	Stimme zu	15	40,5	48,4	64,5
	Stimme voll zu	11	29,7	35,5	100,0
	Gesamt	31	83,8	100,0	
Fehlend	99,00	6	16,2		
Gesamt		37	100,0		

Tabelle: Aspekte des Arbeitsinhalts - Autonomie, Ich bin in der Lage, eigene Ideen in die Arbeit einzubringen (klassifiziert)

		Häufigkeit	Prozent	Gültige Prozente	Kumulierte Prozente
Gültig	Stimme nicht zu	5	13,5	16,1	16,1
	Stimme zu	26	70,3	83,9	100,0
	Gesamt	31	83,8	100,0	
Fehlend	99,00	6	16,2		
Gesamt		37	100,0		

Tabelle: Aspekte des Arbeitsinhalts - Meine Arbeit ist interessant

		Häufigkeit	Prozent	Gültige Prozente	Kumulierte Prozente
Gültig	Stimme nicht zu	4	10,8	12,9	12,9
	Stimme eher nicht zu	6	16,2	19,4	32,3
	Stimme zu	15	40,5	48,4	80,6
	Stimme voll zu	6	16,2	19,4	100,0
	Gesamt	31	83,8	100,0	
Fehlend	99,00	6	16,2		
Gesamt		37	100,0		

Tabelle: Aspekte des Arbeitsinhalts - Meine Arbeit ist interessant (klassifiziert)

		Häufigkeit	Prozent	Gültige Prozente	Kumulierte Prozente
Gültig	Stimme nicht zu	10	27,0	32,3	32,3
	Stimme zu	21	56,8	67,7	100,0
	Gesamt	31	83,8	100,0	
Fehlend	99,00	6	16,2		
Gesamt		37	100,0		

Tabelle: Aspekte des Arbeitsinhalts - Meine Arbeit ist sinnerfüllend, bedeutungsvoll

		Häufigkeit	Prozent	Gültige Prozente	Kumulierte Prozente
Gültig	Stimme nicht zu	1	2,7	3,0	3,0
	Stimme eher nicht zu	5	13,5	15,2	18,2
	Stimme zu	14	37,8	42,4	60,6
	Stimme voll zu	13	35,1	39,4	100,0
	Gesamt	33	89,2	100,0	
Fehlend	99,00	4	10,8		
Gesamt		37	100,0		

Tabelle: Aspekte des Arbeitsinhalts - Meine Arbeit ist sinnerfüllend, bedeutungsvoll (klassifiziert)

		Häufigkeit	Prozent	Gültige Prozente	Kumulierte Prozente
Gültig	Stimme nicht zu	6	16,2	18,2	18,2
	Stimme zu	27	73,0	81,8	100,0
	Gesamt	33	89,2	100,0	
Fehlend	99,00	4	10,8		
Gesamt		37	100,0		

Tabelle: Aspekte des Arbeitsinhalts - Bei meiner Arbeit kann ich eigene Fähigkeiten, Fertigkeiten weiterentwickeln

		Häufigkeit	Prozent	Gültige Prozente	Kumulierte Prozente
Gültig	Stimme nicht zu	3	8,1	9,4	9,4
	Stimme eher nicht zu	8	21,6	25,0	34,4
	Stimme zu	15	40,5	46,9	81,3
	Stimme voll zu	6	16,2	18,8	100,0
	Gesamt	32	86,5	100,0	
Fehlend	99,00	5	13,5		
Gesamt		37	100,0		

Tabelle: Aspekte des Arbeitsinhalts - Bei meiner Arbeit kann ich eigene Fähigkeiten, Fertigkeiten weiterentwickeln (klassifiziert)

		Häufigkeit	Prozent	Gültige Prozente	Kumulierte Prozente
Gültig	Stimme nicht zu	11	29,7	34,4	34,4
	Stimme zu	21	56,8	65,6	100,0
	Gesamt	32	86,5	100,0	
Fehlend	99,00	5	13,5		
Gesamt		37	100,0		

Tabelle: Aspekte des Arbeitsinhalts - Meine Arbeit ist so anspruchlos, dass sie von Jedem erledigt werden kann

		Häufigkeit	Prozent	Gültige Prozente	Kumulierte Prozente
Gültig	Stimme nicht zu	14	37,8	43,8	43,8
	Stimme eher nicht zu	7	18,9	21,9	65,6
	Stimme zu	6	16,2	18,8	84,4
	Stimme voll zu	5	13,5	15,6	100,0
	Gesamt	32	86,5	100,0	
Fehlend	99,00	5	13,5		
Gesamt		37	100,0		

Tabelle: Aspekte des Arbeitsinhalts - Meine Arbeit ist so anspruchlos, dass sie von Jedem erledigt werden kann (klassifiziert)

		Häufigkeit	Prozent	Gültige Prozente	Kumulierte Prozente
Gültig	Stimme nicht zu	21	56,8	65,6	65,6
	Stimme zu	11	29,7	34,4	100,0
	Gesamt	32	86,5	100,0	
Fehlend	99,00	5	13,5		
Gesamt		37	100,0		

Tabelle: Aspekte des Arbeitsinhalts - Meine Arbeit ist physisch belastend

		Häufigkeit	Prozent	Gültige Prozente	Kumulierte Prozente
Gültig	Stimme nicht zu	14	37,8	43,8	43,8
	Stimme eher nicht zu	7	18,9	21,9	65,6
	Stimme zu	6	16,2	18,8	84,4
	Stimme voll zu	5	13,5	15,6	100,0
	Gesamt	32	86,5	100,0	
Fehlend	99,00	5	13,5		
Gesamt		37	100,0		

Tabelle: Aspekte des Arbeitsinhalts - Meine Arbeit ist physisch belastend (klassifiziert)

		Häufigkeit	Prozent	Gültige Prozente	Kumulierte Prozente
Gültig	Stimme nicht zu	21	56,8	63,6	63,6
	Stimme zu	12	32,4	36,4	100,0
	Gesamt	33	89,2	100,0	
Fehlend	99,00	4	10,8		
Gesamt		37	100,0		

Tabelle: Aspekte des Arbeitsinhalts - Meine Arbeit ist psychisch belastend

		Häufigkeit	Prozent	Gültige Prozente	Kumulierte Prozente
Gültig	Stimme nicht zu	7	18,9	21,2	21,2
	Stimme eher nicht zu	6	16,2	18,2	39,4
	Stimme zu	14	37,8	42,4	81,8
	Stimme voll zu	6	16,2	18,2	100,0
	Gesamt	33	89,2	100,0	
Fehlend	99,00	4	10,8		
Gesamt		37	100,0		

Tabelle: Aspekte des Arbeitsinhalts - Meine Arbeit ist psychisch belastend (klassifiziert)

		Häufigkeit	Prozent	Gültige Prozente	Kumulierte Prozente
Gültig	Stimme nicht zu	13	35,1	39,4	39,4
	Stimme zu	20	54,1	60,6	100,0
	Gesamt	33	89,2	100,0	
Fehlend	99,00	4	10,8		
Gesamt		37	100,0		

Tabelle: Aspekte des Arbeitsinhalts - Bei meiner Arbeit stehe ich häufig unter zeitlichem Druck

		Häufigkeit	Prozent	Gültige Prozente	Kumulierte Prozente
Gültig	Stimme nicht zu	5	13,5	15,2	15,2
	Stimme eher nicht zu	6	16,2	18,2	33,3
	Stimme zu	14	37,8	42,4	75,8
	Stimme voll zu	8	21,6	24,2	100,0
	Gesamt	33	89,2	100,0	
Fehlend	99,00	4	10,8		
Gesamt		37	100,0		

Tabelle: Aspekte des Arbeitsinhalts - Bei meiner Arbeit stehe ich häufig unter zeitlichem Druck (klassifiziert)

		Häufigkeit	Prozent	Gültige Prozente	Kumulierte Prozente
Gültig	Stimme nicht zu	11	29,7	33,3	33,3
	Stimme zu	22	59,5	66,7	100,0
	Gesamt	33	89,2	100,0	
Fehlend	99,00	4	10,8		
Gesamt		37	100,0		

Tabelle: Aspekte des Arbeitsinhalts - Meine Arbeit lässt sich zeitlich schlecht mit meinem Privatleben vereinbaren

		Häufigkeit	Prozent	Gültige Prozente	Kumulierte Prozente
Gültig	Stimme nicht zu	5	13,5	16,1	16,1
	Stimme eher nicht zu	10	27,0	32,3	48,4
	Stimme zu	12	32,4	38,7	87,1
	Stimme voll zu	4	10,8	12,9	100,0
	Gesamt	31	83,8	100,0	
Fehlend	99,00	6	16,2		
Gesamt		37	100,0		

Tabelle: Aspekte des Arbeitsinhalts - Meine Arbeit lässt sich zeitlich schlecht mit meinem Privatleben vereinbaren (klassifiziert)

		Häufigkeit	Prozent	Gültige Prozente	Kumulierte Prozente
Gültig	Stimme nicht zu	15	40,5	48,4	48,4
	Stimme zu	16	43,2	51,6	100,0
	Gesamt	31	83,8	100,0	
Fehlend	99,00	6	16,2		
Gesamt		37	100,0		

Tabelle: Aspekte des Arbeitsinhalts - Die Beziehung zwischen Geschäftsführung und Angestellten ist gut und vertrauensvoll

		Häufigkeit	Prozent	Gültige Prozente	Kumulierte Prozente
Gültig	Stimme nicht zu	5	13,5	14,7	14,7
	Stimme eher nicht zu	10	27,0	29,4	44,1
	Stimme zu	14	37,8	41,2	85,3
	Stimme voll zu	5	13,5	14,7	100,0
	Gesamt	34	91,9	100,0	
Fehlend	99,00	3	8,1		
Gesamt		37	100,0		

Tabelle: Aspekte des Arbeitsinhalts - Die Beziehung zwischen Geschäftsführung und Angestellten ist gut und vertrauensvoll (klassifiziert)

		Häufigkeit	Prozent	Gültige Prozente	Kumulierte Prozente
Gültig	Stimme nicht zu	15	40,5	44,1	44,1
	Stimme zu	19	51,4	55,9	100,0
	Gesamt	34	91,9	100,0	
Fehlend	99,00	3	8,1		
Gesamt		37	100,0		

Tabelle: Aspekte des Arbeitsinhalts - Meine Arbeit erhält im Unternehmen Anerkennung durch Vorgesetze und Kollegen

		Häufigkeit	Prozent	Gültige Prozente	Kumulierte Prozente
Gültig	Stimme nicht zu	5	13,5	15,6	15,6
	Stimme eher nicht zu	8	21,6	25,0	40,6
	Stimme zu	15	40,5	46,9	87,5
	Stimme voll zu	4	10,8	12,5	100,0
	Gesamt	32	86,5	100,0	
Fehlend	99,00	5	13,5		
Gesamt		37	100,0		

Tabelle: Aspekte des Arbeitsinhalts - Meine Arbeit erhält im Unternehmen Anerkennung durch Vorgesetze und Kollegen (klassifiziert)

		Häufigkeit	Prozent	Gültige Prozente	Kumulierte Prozente
Gültig	Stimme nicht zu	14	37,8	43,8	43,8
	Stimme zu	18	48,6	56,3	100,0
	Gesamt	32	86,5	100,0	
Fehlend	99,00	5	13,5		
Gesamt		37	100,0		

Tabelle: Aspekte des Arbeitsinhalts - Meine Ansichten und Ideen erhalten Wertschätzung durch Vorgesetzte und Kollegen

		Häufigkeit	Prozent	Gültige Prozente	Kumulierte Prozente
Gültig	Stimme nicht zu	7	18,9	21,9	21,9
	Stimme eher nicht zu	8	21,6	25,0	46,9
	Stimme zu	13	35,1	40,6	87,5
	Stimme voll zu	4	10,8	12,5	100,0
	Gesamt	32	86,5	100,0	
Fehlend	99,00	5	13,5		
Gesamt		37	100,0		

Tabelle: Aspekte des Arbeitsinhalts - Meine Ansichten und Ideen erhalten Wertschätzung durch Vorgesetzte und Kollegen (klassifiziert)

		Häufigkeit	Prozent	Gültige Prozente	Kumulierte Prozente
Gültig	Stimme nicht zu	15	40,5	46,9	46,9
	Stimme zu	17	45,9	53,1	100,0
	Gesamt	32	86,5	100,0	
Fehlend	99,00	5	13,5		
Gesamt		37	100,0		

Tabelle: Aspekte des Arbeitsinhalts - Bei meiner Arbeit kann ich das tun, was ich am besten kann

		Häufigkeit	Prozent	Gültige Prozente	Kumulierte Prozente
Gültig	Stimme nicht zu	3	8,1	8,8	8,8
	Stimme eher nicht zu	6	16,2	17,6	26,5
	Stimme zu	16	43,2	47,1	73,5
	Stimme voll zu	9	24,3	26,5	100,0
	Gesamt	34	91,9	100,0	
Fehlend	99,00	3	8,1		
Gesamt		37	100,0		

Tabelle: Aspekte des Arbeitsinhalts - Bei meiner Arbeit kann ich das tun, was ich am besten kann (klassifiziert)

		Häufigkeit	Prozent	Gültige Prozente	Kumulierte Prozente
Gültig	Stimme nicht zu	9	24,3	26,5	26,5
	Stimme zu	25	67,6	73,5	100,0
	Gesamt	34	91,9	100,0	
Fehlend	99,00	3	8,1		
Gesamt		37	100,0		

Tabelle: Aspekte des Arbeitsinhalts - Um meine Arbeit gut zu erledigen, mangelt es mir an Fähigkeiten

		Häufigkeit	Prozent	Gültige Prozente	Kumulierte Prozente
Gültig	Stimme nicht zu	9	24,3	27,3	27,3
	Stimme eher nicht zu	12	32,4	36,4	63,6
	Stimme zu	8	21,6	24,2	87,9
	Stimme voll zu	4	10,8	12,1	100,0
	Gesamt	33	89,2	100,0	
Fehlend	99,00	4	10,8		
Gesamt		37	100,0		

Tabelle: Aspekte des Arbeitsinhalts - Um meine Arbeit gut zu erledigen, mangelt es mir an Fähigkeiten (klassifiziert)

		Häufigkeit	Prozent	Gültige Prozente	Kumulierte Prozente
Gültig	Stimme nicht zu	21	56,8	63,6	63,6
	Stimme zu	12	32,4	36,4	100,0
	Gesamt	33	89,2	100,0	
Fehlend	99,00	4	10,8		
Gesamt		37	100,0		

Tabelle: Aspekte des Arbeitsinhalts - Ich besitze ausreichend Fähigkeiten auch anspruchsvollere Aufgaben zu erfüllen

		Häufigkeit	Prozent	Gültige Prozente	Kumulierte Prozente
Gültig	Stimme nicht zu	1	2,7	3,1	3,1
	Stimme eher nicht zu	6	16,2	18,8	21,9
	Stimme zu	21	56,8	65,6	87,5
	Stimme voll zu	4	10,8	12,5	100,0
	Gesamt	32	86,5	100,0	
Fehlend	99,00	5	13,5		
Gesamt		37	100,0		

Tabelle: Aspekte des Arbeitsinhalts - Ich besitze ausreichend Fähigkeiten auch anspruchsvollere Aufgaben zu erfüllen (klassifiziert)

		Häufigkeit	Prozent	Gültige Prozente	Kumulierte Prozente
Gültig	Stimme nicht zu	7	18,9	21,9	21,9
	Stimme zu	25	67,6	78,1	100,0
	Gesamt	32	86,5	100,0	
Fehlend	99,00	5	13,5		
Gesamt		37	100,0		

Tabelle: Zufriedenheit mit Arbeitsaspekten - Autonomie, die Möglichkeiten meine Arbeit unabhängig auszuüben (Einteilung Arbeitszeit, Geschwindigkeit der Arbeit, Wahl der Methoden, etc.)

		Häufigkeit	Prozent	Gültige Prozente	Kumulierte Prozente
Gültig	Sehr unzufrieden	1	2,7	2,9	2,9
	Unzufrieden	6	16,2	17,6	20,6
	Zufrieden	23	62,2	67,6	88,2
	Sehr zufrieden	4	10,8	11,8	100,0
	Gesamt	34	91,9	100,0	
Fehlend	99,00	3	8,1		
Gesamt		37	100,0		

Tabelle: Zufriedenheit mit Arbeitsaspekten - Autonomie, die Möglichkeiten meine Arbeit unabhängig auszuüben (Einteilung Arbeitszeit, Geschwindigkeit der Arbeit, Wahl der Methoden, etc.) (klassifiziert)

		Häufigkeit	Prozent	Gültige Prozente	Kumulierte Prozente
Gültig	Unzufrieden	7	18,9	20,6	20,6
	Zufrieden	27	73,0	79,4	100,0
	Gesamt	34	91,9	100,0	
Fehlend	99,00	3	8,1		
Gesamt		37	100,0		

Tabelle: Zufriedenheit mit Arbeitsaspekten - Autonomie, die Möglichkeiten eigene Ideen in die Arbeit einzubringen

		Häufigkeit	Prozent	Gültige Prozente	Kumulierte Prozente
Gültig	Unzufrieden	8	21,6	23,5	23,5
	Zufrieden	21	56,8	61,8	85,3
	Sehr zufrieden	5	13,5	14,7	100,0
	Gesamt	34	91,9	100,0	
Fehlend	99,00	3	8,1		
Gesamt		37	100,0		

Tabelle: Zufriedenheit mit Arbeitsaspekten - Autonomie, die Möglichkeiten eigene Ideen in die Arbeit einzubringen (klassifiziert)

		Häufigkeit	Prozent	Gültige Prozente	Kumulierte Prozente
Gültig	Unzufrieden	8	21,6	23,5	23,5
	Zufrieden	26	70,3	76,5	100,0
	Gesamt	34	91,9	100,0	
Fehlend	99,00	3	8,1		
Gesamt		37	100,0		

Tabelle: Zufriedenheit mit Arbeitsaspekten - dem Interesse an meiner Arbeit

		Häufigkeit	Prozent	Gültige Prozente	Kumulierte Prozente
Gültig	Sehr unzufrieden	1	2,7	3,1	3,1
	Unzufrieden	7	18,9	21,9	25,0
	Zufrieden	20	54,1	62,5	87,5
	Sehr zufrieden	4	10,8	12,5	100,0
	Gesamt	32	86,5	100,0	
Fehlend	99,00	5	13,5		
Gesamt		37	100,0		

Tabelle: Zufriedenheit mit Arbeitsaspekten - dem Interesse an meiner Arbeit (klassifiziert)

		Häufigkeit	Prozent	Gültige Prozente	Kumulierte Prozente
Gültig	Unzufrieden	8	21,6	25,0	25,0
	Zufrieden	24	64,9	75,0	100,0
	Gesamt	32	86,5	100,0	
Fehlend	99,00	5	13,5		
Gesamt		37	100,0		

Tabelle: Zufriedenheit mit Arbeitsaspekten - der Bedeutung meiner Arbeit für das Unternehmen

		Häufigkeit	Prozent	Gültige Prozente	Kumulierte Prozente
Gültig	Unzufrieden	6	16,2	17,6	17,6
	Zufrieden	22	59,5	64,7	82,4
	Sehr zufrieden	6	16,2	17,6	100,0
	Gesamt	34	91,9	100,0	
Fehlend	99,00	3	8,1		
Gesamt		37	100,0		

Tabelle: Zufriedenheit mit Arbeitsaspekten - der Bedeutung meiner Arbeit für das Unternehmen (klassifiziert)

		Häufigkeit	Prozent	Gültige Prozente	Kumulierte Prozente
Gültig	Unzufrieden	6	16,2	17,6	17,6
	Zufrieden	28	75,7	82,4	100,0
	Gesamt	34	91,9	100,0	
Fehlend	99,00	3	8,1		
Gesamt		37	100,0		

Tabelle: Zufriedenheit mit Arbeitsaspekten - den Möglichkeiten meine Fähigkeiten, Fertigkeiten weiterzuentwickeln

		Häufigkeit	Prozent	Gültige Prozente	Kumulierte Prozente
Gültig	Sehr unzufrieden	1	2,7	3,0	3,0
	Unzufrieden	8	21,6	24,2	27,3
	Zufrieden	19	51,4	57,6	84,8
	Sehr zufrieden	5	13,5	15,2	100,0
	Gesamt	33	89,2	100,0	
Fehlend	99,00	4	10,8		
Gesamt		37	100,0		

Tabelle: Zufriedenheit mit Arbeitsaspekten - den Möglichkeiten meine Fähigkeiten, Fertigkeiten weiterzuentwickeln (klassifiziert)

		Häufigkeit	Prozent	Gültige Prozente	Kumulierte Prozente
Gültig	Unzufrieden	9	24,3	27,3	27,3
	Zufrieden	24	64,9	72,7	100,0
	Gesamt	33	89,2	100,0	
Fehlend	99,00	4	10,8		
Gesamt		37	100,0		

Tabelle: Zufriedenheit mit Arbeitsaspekten - dem Anspruch der Arbeit an meine Fähigkeiten (weder über- noch unterfordert)

		Häufigkeit	Prozent	Gültige Prozente	Kumulierte Prozente
Gültig	Unzufrieden	8	21,6	25,0	25,0
	Zufrieden	22	59,5	68,8	93,8
	Sehr zufrieden	2	5,4	6,3	100,0
	Gesamt	32	86,5	100,0	
Fehlend	99,00	5	13,5		
Gesamt		37	100,0		

Tabelle: Zufriedenheit mit Arbeitsaspekten - dem Anspruch der Arbeit an meine Fähigkeiten (weder über- noch unterfordert) (klassifiziert)

		Häufigkeit	Prozent	Gültige Prozente	Kumulierte Prozente
Gültig	Unzufrieden	8	21,6	25,0	25,0
	Zufrieden	24	64,9	75,0	100,0
	Gesamt	32	86,5	100,0	
Fehlend	99,00	5	13,5		
Gesamt		37	100,0		

Tabelle: Zufriedenheit mit Arbeitsaspekten - der physischen Beanspruchung

		Häufigkeit	Prozent	Gültige Prozente	Kumulierte Prozente
Gültig	Sehr unzufrieden	2	5,4	5,9	5,9
	Unzufrieden	8	21,6	23,5	29,4
	Zufrieden	21	56,8	61,8	91,2
	Sehr zufrieden	3	8,1	8,8	100,0
	Gesamt	34	91,9	100,0	
Fehlend	99,00	3	8,1		
Gesamt		37	100,0		

Tabelle: Zufriedenheit mit Arbeitsaspekten - der physischen Beanspruchung (klassifiziert)

		Häufigkeit	Prozent	Gültige Prozente	Kumulierte Prozente
Gültig	Unzufrieden	10	27,0	29,4	29,4
	Zufrieden	24	64,9	70,6	100,0
	Gesamt	34	91,9	100,0	
Fehlend	99,00	3	8,1		
Gesamt		37	100,0		

Tabelle: Zufriedenheit mir Arbeitsaspekten - der psychischen Beanspruchung

		Häufigkeit	Prozent	Gültige Prozente	Kumulierte Prozente
Gültig	Sehr unzufrieden	3	8,1	8,6	8,6
	Unzufrieden	12	32,4	34,3	42,9
	Zufrieden	18	48,6	51,4	94,3
	Sehr zufrieden	2	5,4	5,7	100,0
	Gesamt	35	94,6	100,0	
Fehlend	99,00	2	5,4		
Gesamt		37	100,0		

Tabelle: Zufriedenheit mit Arbeitsaspekten - der psychischen Beanspruchung (klassifiziert)

		Häufigkeit	Prozent	Gültige Prozente	Kumulierte Prozente
Gültig	Unzufrieden	15	40,5	42,9	42,9
	Zufrieden	20	54,1	57,1	100,0
	Gesamt	35	94,6	100,0	
Fehlend	99,00	2	5,4		
Gesamt		37	100,0		

Tabelle: Zufriedenheit mit Arbeitsaspekten - dem Zeitdruck

		Häufigkeit	Prozent	Gültige Prozente	Kumulierte Prozente
Gültig	Sehr unzufrieden	2	5,4	6,1	6,1
	Unzufrieden	9	24,3	27,3	33,3
	Zufrieden	21	56,8	63,6	97,0
	Sehr zufrieden	1	2,7	3,0	100,0
	Gesamt	33	89,2	100,0	
Fehlend	99,00	4	10,8		
Gesamt		37	100,0		

Tabelle: Zufriedenheit mit Arbeitsaspekten - dem Zeitdruck (klassifiziert)

		Häufigkeit	Prozent	Gültige Prozente	Kumulierte Prozente
Gültig	Unzufrieden	11	29,7	33,3	33,3
	Zufrieden	22	59,5	66,7	100,0
	Gesamt	33	89,2	100,0	
Fehlend	99,00	4	10,8		
Gesamt		37	100,0		

Tabelle: Zufriedenheit mit Arbeitsaspekten - work-life-balance

		Häufigkeit	Prozent	Gültige Prozente	Kumulierte Prozente
Gültig	Sehr unzufrieden	2	5,4	5,9	5,9
	Unzufrieden	9	24,3	26,5	32,4
	Zufrieden	21	56,8	61,8	94,1
	Sehr zufrieden	2	5,4	5,9	100,0
	Gesamt	34	91,9	100,0	
Fehlend	99,00	3	8,1		
Gesamt		37	100,0		

Tabelle: Zufriedenheit mit Arbeitsaspekten - work-life-balance (klassifiziert)

		Häufigkeit	Prozent	Gültige Prozente	Kumulierte Prozente
Gültig	Unzufrieden	11	29,7	32,4	32,4
	Zufrieden	23	62,2	67,6	100,0
	Gesamt	34	91,9	100,0	
Fehlend	99,00	3	8,1		
Gesamt		37	100,0		

Tabelle: Zufriedenheit mit Arbeitsaspekten - Beziehung am Arbeitsplatz, Beziehung zwischen Geschäftsführung und Angestellten

		Häufigkeit	Prozent	Gültige Prozente	Kumulierte Prozente
Gültig	Sehr unzufrieden	4	10,8	11,8	11,8
	Unzufrieden	12	32,4	35,3	47,1
	Zufrieden	17	45,9	50,0	97,1
	Sehr zufrieden	1	2,7	2,9	100,0
	Gesamt	34	91,9	100,0	
Fehlend	99,00	3	8,1		
Gesamt		37	100,0		

Tabelle: Zufriedenheit mit Arbeitsaspekten - Beziehung am Arbeitsplatz, Beziehung zwischen Geschäftsführung und Angestellten (klassifiziert)

		Häufigkeit	Prozent	Gültige Prozente	Kumulierte Prozente
Gültig	Unzufrieden	16	43,2	47,1	47,1
	Zufrieden	18	48,6	52,9	100,0
	Gesamt	34	91,9	100,0	
Fehlend	99,00	3	8,1		
Gesamt		37	100,0		

Tabelle: Zufriedenheit mit Arbeitsaspekten - Beziehung am Arbeitsplatz, Beziehung innerhalb der Kollegschaft

		Häufigkeit	Prozent	Gültige Prozente	Kumulierte Prozente
Gültig	Sehr unzufrieden	1	2,7	2,9	2,9
	Unzufrieden	10	27,0	28,6	31,4
	Zufrieden	22	59,5	62,9	94,3
	Sehr zufrieden	2	5,4	5,7	100,0
	Gesamt	35	94,6	100,0	
Fehlend	99,00	2	5,4		
Gesamt		37	100,0		

Tabelle: Zufriedenheit mit Arbeitsaspekten - Beziehung am Arbeitsplatz, Beziehung innerhalb der Kollegschaft (klassifiziert)

		Häufigkeit	Prozent	Gültige Prozente	Kumulierte Prozente
Gültig	Unzufrieden	11	29,7	31,4	31,4
	Zufrieden	24	64,9	68,6	100,0
	Gesamt	35	94,6	100,0	
Fehlend	99,00	2	5,4		
Gesamt		37	100,0		

Tabelle: Zufriedenheit mit Arbeitsaspekten - Beziehung am Arbeitsplatz, Anerkennung der Arbeitsleistung durch Vorgesetzte und Kollegen

		Häufigkeit	Prozent	Gültige Prozente	Kumulierte Prozente
Gültig	Sehr unzufrieden	1	2,7	3,0	3,0
	Unzufrieden	10	27,0	30,3	33,3
	Zufrieden	20	54,1	60,6	93,9
	Sehr zufrieden	2	5,4	6,1	100,0
	Gesamt	33	89,2	100,0	
Fehlend	99,00	4	10,8		
Gesamt		37	100,0		

Tabelle: Zufriedenheit mit Arbeitsaspekten - Beziehung am Arbeitsplatz,
Anerkennung der Arbeitsleistung durch Vorgesetzte und Kollegen (klassifiziert)

		Häufigkeit	Prozent	Gültige Prozente	Kumulierte Prozente
Gültig	Unzufrieden	11	29,7	33,3	33,3
	Zufrieden	22	59,5	66,7	100,0
	Gesamt	33	89,2	100,0	
Fehlend	99,00	4	10,8		
Gesamt		37	100,0		

Tabelle: Zufriedenheit mit Arbeitsaspekten - Beziehung am Arbeitsplatz,
Wertschätzung von Ansichten und Ideen durch Vorgesetzte und Kollegen

		Häufigkeit	Prozent	Gültige Prozente	Kumulierte Prozente
Gültig	Sehr unzufrieden	1	2,7	3,0	3,0
	Unzufrieden	8	21,6	24,2	27,3
	Zufrieden	22	59,5	66,7	93,9
	Sehr zufrieden	2	5,4	6,1	100,0
	Gesamt	33	89,2	100,0	
Fehlend	99,00	4	10,8		
Gesamt		37	100,0		

Tabelle: Zufriedenheit mit Arbeitsaspekten - Beziehung am Arbeitsplatz,
Wertschätzung von Ansichten und Ideen durch Vorgesetzte und Kollegen (klassifiziert)

		Häufigkeit	Prozent	Gültige Prozente	Kumulierte Prozente
Gültig	Unzufrieden	9	24,3	27,3	27,3
	Zufrieden	24	64,9	72,7	100,0
	Gesamt	33	89,2	100,0	
Fehlend	99,00	4	10,8		
Gesamt		37	100,0		

Tabelle: Zufriedenheit mit Arbeitsaspekten - Anspruch an Fähigkeiten,
Verhältnis zwischen gehaltenen und geforderten Fähigkeiten

		Häufigkeit	Prozent	Gültige Prozente	Kumulierte Prozente
Gültig	Sehr unzufrieden	2	5,4	5,9	5,9
	Unzufrieden	3	8,1	8,8	14,7
	Zufrieden	26	70,3	76,5	91,2
	Sehr zufrieden	3	8,1	8,8	100,0
	Gesamt	34	91,9	100,0	
Fehlend	99,00	3	8,1		
Gesamt		37	100,0		

Tabelle: Zufriedenheit mit Arbeitsaspekten - Anspruch an Fähigkeiten,
Verhältnis zwischen gehaltenen und geforderten Fähigkeiten (klassifiziert)

		Häufigkeit	Prozent	Gültige Prozente	Kumulierte Prozente
Gültig	Unzufrieden	5	13,5	14,7	14,7
	Zufrieden	29	78,4	85,3	100,0
	Gesamt	34	91,9	100,0	
Fehlend	99,00	3	8,1		
Gesamt		37	100,0		

Tabelle: Zufriedenheit mit Arbeitsaspekten - Anspruch an Fähigkeiten,
Anforderungsniveau an Fähigkeiten

		Häufigkeit	Prozent	Gültige Prozente	Kumulierte Prozente
Gültig	Sehr unzufrieden	1	2,7	3,0	3,0
	Unzufrieden	4	10,8	12,1	15,2
	Zufrieden	26	70,3	78,8	93,9
	Sehr zufrieden	2	5,4	6,1	100,0
	Gesamt	33	89,2	100,0	
Fehlend	99,00	4	10,8		
Gesamt		37	100,0		

Tabelle: Zufriedenheit mit Arbeitsaspekten - Anspruch an Fähigkeiten,
Anforderungsniveau an Fähigkeiten (klassifiziert)

		Häufigkeit	Prozent	Gültige Prozente	Kumulierte Prozente
Gültig	Unzufrieden	6	16,2	18,2	18,2
	Zufrieden	27	73,0	81,8	100,0
	Gesamt	33	89,2	100,0	
Fehlend	99,00	4	10,8		
Gesamt		37	100,0		

Tabelle: Zufriedenheit mit Arbeitsaspekten - Insgesamt

		Häufigkeit	Prozent	Gültige Prozente	Kumulierte Prozente
Gültig	Unzufrieden	4	10,8	11,1	11,1
	Zufrieden	29	78,4	80,6	91,7
	Sehr zufrieden	3	8,1	8,3	100,0
	Gesamt	36	97,3	100,0	
Fehlend	99,00	1	2,7		
Gesamt		37	100,0		

Tabelle: Zufriedenheit mit Arbeitsaspekten - Insgesamt (klassifiziert)

		Häufigkeit	Prozent	Gültige Prozente	Kumulierte Prozente
Gültig	Unzufrieden	4	10,8	11,1	11,1
	Zufrieden	32	86,5	88,9	100,0
	Gesamt	36	97,3	100,0	
Fehlend	99,00	1	2,7		
Gesamt		37	100,0		

Tabelle: Tatsächliche Anstellungsform im Rahmen der Fortbeschäftigung

		Häufigkeit	Prozent	Gültige Prozente	Kumulierte Prozente
Gültig	Part-timer (weniger Arbeitsstunden als Festangestellte)	4	10,8	11,1	11,1
	Part-timer (Sonstige)	4	10,8	11,1	22,2
	Vertrags- / Akkordarbeiter	23	62,2	63,9	86,1
	Festangestellter	4	10,8	11,1	97,2
	Ich weiß nicht	1	2,7	2,8	100,0
	Gesamt	36	97,3	100,0	
Fehlend	99,00	1	2,7		
Gesamt		37	100,0		

Tabelle: Tatsächliche Anstellungsform im Rahmen der Fortbeschäftigung (klassifiziert)

		Häufigkeit	Prozent	Gültige Prozente	Kumulierte Prozente
Gültig	Festanstellung	4	10,8	11,1	11,1
	Keine Festanstellung	31	83,8	86,1	97,2
	98,00	1	2,7	2,8	100,0
	Gesamt	36	97,3	100,0	
Fehlend	99,00	1	2,7		
Gesamt		37	100,0		

Tabelle: Gewünschte Anstellungsform im Rahmen der Fortbeschäftigung

		Häufigkeit	Prozent	Gültige Prozente	Kumulierte Prozente
Gültig	Zeitarbeiter / temporär Beschäftigter	1	2,7	3,1	3,1
	Part-timer (gleiche Arbeitsstunden wie Festangestellte)	4	10,8	12,5	15,6
	Part-timer (Sonstige)	4	10,8	12,5	28,1
	Vertrags- / Akkordarbeiter	11	29,7	34,4	62,5
	Festangestellter	9	24,3	28,1	90,6
	Sonstiges	1	2,7	3,1	93,8
	Ich weiß nicht	2	5,4	6,3	100,0
	Gesamt	32	86,5	100,0	
Fehlend	99,00	5	13,5		
Gesamt		37	100,0		

Tabelle: Gewünschte Anstellungsform im Rahmen der Fortbeschäftigung (klassifiziert)

		Häufigkeit	Prozent	Gültige Prozente	Kumulierte Prozente
Gültig	Festanstellung	9	24,3	28,1	28,1
	Keine Festanstellung	21	56,8	65,6	93,8
	98,00	2	5,4	6,3	100,0
	Gesamt	32	86,5	100,0	
Fehlend	99,00	5	13,5		
Gesamt		37	100,0		

Tabelle: Differenz zwischen tatsächlicher und gewünschter Anstellungsform im Rahmen der Fortbeschäftigung

		Häufigkeit	Prozent	Gültige Prozente	Kumulierte Prozente
Gültig	Ja	15	40,5	48,4	48,4
	Nein	15	40,5	48,4	96,8
	98,00	1	2,7	3,2	100,0
	Gesamt	31	83,8	100,0	
Fehlend	99,00	6	16,2		
Gesamt		37	100,0		

Tabelle: Zufriedenheit mit Anstellungsform im Rahmen der Fortbeschäftigung

		Häufigkeit	Prozent	Gültige Prozente	Kumulierte Prozente
Gültig	Sehr unzufrieden	2	5,4	5,4	5,4
	Unzufrieden	10	27,0	27,0	32,4
	Zufrieden	22	59,5	59,5	91,9
	Sehr zufrieden	3	8,1	8,1	100,0
	Gesamt	37	100,0	100,0	

Tabelle: Zufriedenheit mit Anstellungsform im Rahmen der Fortbeschäftigung (klassifiziert)

		Häufigkeit	Prozent	Gültige Prozente	Kumulierte Prozente
Gültig	Unzufrieden	12	32,4	32,4	32,4
	Zufrieden	25	67,6	67,6	100,0
	Gesamt	37	100,0	100,0	

Tabelle: Tatsächliche Beschäftigungsform im Rahmen der Fortbeschäftigung

		Häufigkeit	Prozent	Gültige Prozente	Kumulierte Prozente
Gültig	Flextime	2	5,4	5,7	5,7
	Im Vergleich zu Fulltime: weniger Arbeitstage und weniger Arbeitsstunde ...	2	5,4	5,7	11,4
	Im Vergleich zu Fulltime: Gleiche Anzahl Arbeitstage; weniger Arbeitsstunde je Tag	5	13,5	14,3	25,7
	Im Vergleich zu Fulltime: weniger Arbeitstage, gleiche Anzahl Arbeitsstunde pro Arbeitstag	5	13,5	14,3	40,0
	Vollzeit	20	54,1	57,1	97,1
	Ich weiß nicht	1	2,7	2,9	100,0
	Gesamt	35	94,6	100,0	
Fehlend	99,00	2	5,4		
Gesamt		37	100,0		

Tabelle: Tatsächliche Beschäftigungsform im Rahmen der Fortbeschäftigung (klassifiziert)

		Häufigkeit	Prozent	Gültige Prozente	Kumulierte Prozente
Gültig	Vollzeit	20	54,1	57,1	57,1
	Keine Vollzeit	14	37,8	40,0	97,1
	98,00	1	2,7	2,9	100,0
	Gesamt	35	94,6	100,0	
Fehlend	99,00	2	5,4		
Gesamt		37	100,0		

Tabelle: Gewünschte Beschäftigungsform im Rahmen der Fortbeschäftigung

		Häufigkeit	Prozent	Gültige Prozente	Kumulierte Prozente
Gültig	Flextime	6	16,2	18,2	18,2
	Im Vergleich zu Fulltime: weniger Arbeitstage und weniger Arbeitsstunde ...	9	24,3	27,3	45,5
	Im Vergleich zu Fulltime: Gleiche Anzahl Arbeitstage; weniger Arbeitsstunde je Tag	5	13,5	15,2	60,6
	Im Vergleich zu Fulltime: weniger Arbeitstage, gleiche Anzahl Arbeitsstunde pro Arbeitstag	5	13,5	15,2	75,8
	Vollzeit	8	21,6	24,2	100,0
	Gesamt	33	89,2	100,0	
Fehlend	99,00	4	10,8		
Gesamt		37	100,0		

Tabelle: Gewünschte Beschäftigungsform im Rahmen der Fortbeschäftigung (klassifiziert)

		Häufigkeit	Prozent	Gültige Prozente	Kumulierte Prozente
Gültig	Vollzeit	8	21,6	24,2	24,2
	Keine Vollzeit	25	67,6	75,8	100,0
	Gesamt	33	89,2	100,0	
Fehlend	99,00	4	10,8		
Gesamt		37	100,0		

Tabelle: Differenz zwischen tatsächlicher und gewünschter Beschäftigungsform

		Häufigkeit	Prozent	Gültige Prozente	Kumulierte Prozente
Gültig	Ja	20	54,1	60,6	60,6
	Nein	13	35,1	39,4	100,0
	Gesamt	33	89,2	100,0	
Fehlend	99,00	4	10,8		
Gesamt		37	100,0		

Tabelle: Zufriedenheit mit Beschäftigungsform im Rahmen der Fortbeschäftigung

		Häufigkeit	Prozent	Gültige Prozente	Kumulierte Prozente
Gültig	Unzufrieden	11	29,7	29,7	29,7
	Zufrieden	24	64,9	64,9	94,6
	Sehr zufrieden	2	5,4	5,4	100,0
	Gesamt	37	100,0	100,0	

Tabelle: Zufriedenheit mit Beschäftigungsform im Rahmen der Fortbeschäftigung (klassifiziert)

		Häufigkeit	Prozent	Gültige Prozente	Kumulierte Prozente
Gültig	Unzufrieden	11	29,7	29,7	29,7
	Zufrieden	26	70,3	70,3	100,0
	Gesamt	37	100,0	100,0	

Tabelle: Tatsächlicher Vertragszeitraum im Rahmen der Fortbeschäftigung

		Häufigkeit	Prozent	Gültige Prozente	Kumulierte Prozente
Gültig	Unter einem halben Jahr	4	10,8	10,8	10,8
	Über 6 Monate bis 12 Monate	2	5,4	5,4	16,2
	Ein Jahr	22	59,5	59,5	75,7
	Über einem Jahr	2	5,4	5,4	81,1
	Kein festgelegter Vertragszeitraum	7	18,9	18,9	100,0
	Gesamt	37	100,0	100,0	

Tabelle: Tatsächlicher Vertragszeitraum im Rahmen der Fortbeschäftigung (klassifiziert)

		Häufigkeit	Prozent	Gültige Prozente	Kumulierte Prozente
Gültig	Begrenzt	30	81,1	81,1	81,1
	Unbegrenzt	7	18,9	18,9	100,0
	Gesamt	37	100,0	100,0	

Tabelle: Gewünschter Vertragszeitraum im Rahmen der Fortbeschäftigung

		Häufigkeit	Prozent	Gültige Prozente	Kumulierte Prozente
Gültig	Unter 6 Monate	1	2,7	3,2	3,2
	6 bis 12 Monate	1	2,7	3,2	6,5
	1 Jahr	11	29,7	35,5	41,9
	Über einem Jahr	4	10,8	12,9	54,8
	Kein festgelegter Vertragszeitraum	10	27,0	32,3	87,1
	Unbefristeter Vertragszeitraum	3	8,1	9,7	96,8
	Ich weiß nicht	1	2,7	3,2	100,0
	Gesamt	31	83,8	100,0	
Fehlend	99,00	6	16,2		
Gesamt		37	100,0		

Tabelle: Gewünschter Vertragszeitraum im Rahmen der Fortbeschäftigung (klassifiziert)

		Häufigkeit	Prozent	Gültige Prozente	Kumulierte Prozente
Gültig	Begrenzt	16	43,2	51,6	51,6
	Unbegrenzt	14	37,8	45,2	96,8
	98,00	1	2,7	3,2	100,0
	Gesamt	31	83,8	100,0	
Fehlend	99,00	6	16,2		
Gesamt		37	100,0		

Tabelle: Differenz zwischen tatsächlichem und gewünschtem Vertragszeitraum

		Häufigkeit	Prozent	Gültige Prozente	Kumulierte Prozente
Gültig	Ja	16	43,2	53,3	53,3
	Nein	14	37,8	46,7	100,0
	Gesamt	30	81,1	100,0	
Fehlend	99,00	7	18,9		
Gesamt		37	100,0		

Tabelle: Zufriedenheit mit Vertragszeitraum im Rahmen der Fortbeschäftigung

		Häufigkeit	Prozent	Gültige Prozente	Kumulierte Prozente
Gültig	Sehr unzufrieden	1	2,7	2,7	2,7
	Unzufrieden	9	24,3	24,3	27,0
	Zufrieden	25	67,6	67,6	94,6
	Sehr zufrieden	2	5,4	5,4	100,0
	Gesamt	37	100,0	100,0	

Tabelle: Zufriedenheit mit Vertragszeitraum im Rahmen der Fortbeschäftigung (klassifiziert)

		Häufigkeit	Prozent	Gültige Prozente	Kumulierte Prozente
Gültig	Unzufrieden	10	27,0	27,0	27,0
	Zufrieden	27	73,0	73,0	100,0
	Gesamt	37	100,0	100,0	

Tabelle: Tatsächliches Gehaltsniveau im Rahmen der Fortbeschäftigung

		Häufigkeit	Prozent	Gültige Prozente	Kumulierte Prozente
Gültig	Unter 30% im Vergleich zu vor der Fortbeschäftigung	7	18,9	20,0	20,0
	30–49% im Vergleich zu vor der Fortbeschäftigung	11	29,7	31,4	51,4
	50–69% im Vergleich zu vor der Fortbeschäftigung	7	18,9	20,0	71,4
	70–89% im Vergleich zu vor der Fortbeschäftigung	7	18,9	20,0	91,4
	Ungefähr gleiches Gehaltsniveau	3	8,1	8,6	100,0
	Gesamt	35	94,6	100,0	
Fehlend	99,00	2	5,4		
Gesamt		37	100,0		

Tabelle: Tatsächliches Gehaltsniveau im Rahmen der Fortbeschäftigung (klassifiziert)

		Häufigkeit	Prozent	Gültige Prozente	Kumulierte Prozente
Gültig	Unter 70%	25	67,6	71,4	71,4
	70% und darüber	10	27,0	28,6	100,0
	Gesamt	35	94,6	100,0	
Fehlend	99,00	2	5,4		
Gesamt		37	100,0		

Tabelle: Gewünschtes Gehaltsniveau im Rahmen der Fortbeschäftigung

		Häufigkeit	Prozent	Gültige Prozente	Kumulierte Prozente
Gültig	30–49% im Vergleich zu vor der Fortbeschäftigung	2	5,4	6,5	6,5
	50–69% im Vergleich zu vor der Fortbeschäftigung	4	10,8	12,9	19,4
	70–89% im Vergleich zu vor der Fortbeschäftigung	12	32,4	38,7	58,1
	Ungefähr gleiches Gehaltsniveau	9	24,3	29,0	87,1
	Höheres Niveau als vor Erreichen der Dienstaltersgrenze	2	5,4	6,5	93,5
	Ich weiß nicht	2	5,4	6,5	100,0
	Gesamt	31	83,8	100,0	
Fehlend	99,00	6	16,2		
Gesamt		37	100,0		

Tabelle: Gewünschtes Gehaltsniveau im Rahmen der Fortbeschäftigung (klassifiziert)

		Häufigkeit	Prozent	Gültige Prozente	Kumulierte Prozente
Gültig	Unter 70%	7	18,9	22,6	22,6
	70% und darüber	22	59,5	71,0	93,5
	98,00	2	5,4	6,5	100,0
	Gesamt	31	83,8	100,0	
Fehlend	99,00	6	16,2		
Gesamt		37	100,0		

Tabelle: Differenz zwischem tatsächlichem und gewünschtem Gehaltsniveau

		Häufigkeit	Prozent	Gültige Prozente	Kumulierte Prozente
Gültig	Ja	24	64,9	82,8	82,8
	Nein	5	13,5	17,2	100,0
	Gesamt	29	78,4	100,0	
Fehlend	99,00	8	21,6		
Gesamt		37	100,0		

Tabelle: Zufriedenheit mit Gehaltsniveau im Rahmen der Fortbeschäftigung

		Häufigkeit	Prozent	Gültige Prozente	Kumulierte Prozente
Gültig	Sehr unzufrieden	7	18,9	20,0	20,0
	Unzufrieden	14	37,8	40,0	60,0
	Zufrieden	12	32,4	34,3	94,3
	Sehr zufrieden	2	5,4	5,7	100,0
	Gesamt	35	94,6	100,0	
Fehlend	99,00	2	5,4		
Gesamt		37	100,0		

Tabelle: Zufriedenheit mit Gehaltsniveau im Rahmen der Fortbeschäftigung (klassifiziert)

		Häufigkeit	Prozent	Gültige Prozente	Kumulierte Prozente
Gültig	Unzufrieden	21	56,8	60,0	60,0
	Zufrieden	14	37,8	40,0	100,0
	Gesamt	35	94,6	100,0	
Fehlend	99,00	2	5,4		
Gesamt		37	100,0		

Tabelle: Tatsächliches Einkommensniveau im Rahmen der Fortbeschäftigung

		Häufigkeit	Prozent	Gültige Prozente	Kumulierte Prozente
Gültig	Unter 30%	7	18,9	19,4	19,4
	30–49% im Vergleich zu vor der Fortbeschäftigung	5	13,5	13,9	33,3
	50–69% im Vergleich zu vor der Fortbeschäftigung	10	27,0	27,8	61,1
	70–89% im Vergleich zu vor der Fortbeschäftigung	12	32,4	33,3	94,4
	Ungefähr gleiches Einkommensniveau	1	2,7	2,8	97,2
	Ich weiß nicht	1	2,7	2,8	100,0
	Gesamt	36	97,3	100,0	
Fehlend	99,00	1	2,7		
Gesamt		37	100,0		

Tabelle: Tatsächliches Einkommensniveau im Rahmen der Fortbeschäftigung (klassifiziert)

		Häufigkeit	Prozent	Gültige Prozente	Kumulierte Prozente
Gültig	Unter 70%	22	59,5	61,1	61,1
	70% und darüber	13	35,1	36,1	97,2
	98,00	1	2,7	2,8	100,0
	Gesamt	36	97,3	100,0	
Fehlend	99,00	1	2,7		
Gesamt		37	100,0		

Tabelle: Gewünschtes Einkommensniveau im Rahmen der Fortbeschäftigung

		Häufigkeit	Prozent	Gültige Prozente	Kumulierte Prozente
Gültig	30–49% im Vergleich zu vor der Fortbeschäftigung	2	5,4	6,3	6,3
	50–69% im Vergleich zu vor der Fortbeschäftigung	4	10,8	12,5	18,8
	70–89% im Vergleich zu vor der Fortbeschäftigung	15	40,5	46,9	65,6
	Ungefähr gleiches Einkommensniveau	8	21,6	25,0	90,6
	Höheres Niveau als vor Erreichen der Dienstaltersgrenze	1	2,7	3,1	93,8
	Ich weiß nicht	2	5,4	6,3	100,0
	Gesamt	32	86,5	100,0	
Fehlend	99,00	5	13,5		
Gesamt		37	100,0		

Tabelle: Gewünschtes Einkommensniveau im Rahmen der Fortbeschäftigung (klassifiziert)

		Häufigkeit	Prozent	Gültige Prozente	Kumulierte Prozente
Gültig	Unter 70%	6	16,2	18,8	18,8
	70% und darüber	24	64,9	75,0	93,8
	98,00	2	5,4	6,3	100,0
	Gesamt	32	86,5	100,0	
Fehlend	99,00	5	13,5		
Gesamt		37	100,0		

Tabelle: Differenz zwischen tatsächlichem und gewünschtem Einkommensniveau im Rahmen der Fortbeschäftigung

		Häufigkeit	Prozent	Gültige Prozente	Kumulierte Prozente
Gültig	Ja	24	64,9	80,0	80,0
	Nein	6	16,2	20,0	100,0
	Gesamt	30	81,1	100,0	
Fehlend	99,00	7	18,9		
Gesamt		37	100,0		

Tabelle: Zufriedenheit mit Einkommensniveau im Rahmen der Fortbeschäftigung

		Häufigkeit	Prozent	Gültige Prozente	Kumulierte Prozente
Gültig	Sehr unzufrieden	5	13,5	13,5	13,5
	Unzufrieden	17	45,9	45,9	59,5
	Zufrieden	13	35,1	35,1	94,6
	Sehr zufrieden	2	5,4	5,4	100,0
	Gesamt	37	100,0	100,0	

Tabelle: Zufriedenheit mit Einkommensniveau im Rahmen der Fortbeschäftigung (klassifiziert)

		Häufigkeit	Prozent	Gültige Prozente	Kumulierte Prozente
Gültig	Unzufrieden	22	59,5	59,5	59,5
	Zufrieden	15	40,5	40,5	100,0
	Gesamt	37	100,0	100,0	

Tabelle: Zufriedenheit mit Beschäftigungskonditionen insgesamt im Rahmen der Fortbeschäftigung

		Häufigkeit	Prozent	Gültige Prozente	Kumulierte Prozente
Gültig	Sehr unzufrieden	4	10,8	10,8	10,8
	Unzufrieden	15	40,5	40,5	51,4
	Zufrieden	16	43,2	43,2	94,6
	Sehr zufrieden	2	5,4	5,4	100,0
	Gesamt	37	100,0	100,0	

Tabelle: Zufriedenheit mit Beschäftigungskonditionen insgesamt im Rahmen der Fortbeschäftigung (klassifiziert)

		Häufigkeit	Prozent	Gültige Prozente	Kumulierte Prozente
Gültig	Unzufrieden	19	51,4	51,4	51,4
	Zufrieden	18	48,6	48,6	100,0
	Gesamt	37	100,0	100,0	

Anhang 8: Transkription der Tiefeninterviews

Unternehmen A

回答者: （平成）17年の7月です。

回答者: そうですね、半年くらいは。

回答者: 同時に助成金の申請をしたんですね。この制度を導入することで、かなりの助成金をいただけることがきっかけだったので、ですので、担当の方から指導を受けました。

回答者: 60歳定年を、結局再雇用して、延長するという法律が。だから定年の引き上げとか、再雇用して、あと継続雇用するとか。これらが会社に義務付けられました。それに合わせて、定年の引き上げは会社にとってリスクが大きいので、1年更新の嘱託という制度、制度感はなっていないのですけれど、有期契約の社員をつくる、ということで導入しました。

回答者: 勤務延長は、定年の引き上げということですよね？再雇用だけです。

回答者: そっちの勤務延長ですね。パート社員の場合は、もともと１７年に勤務延長を設けていたわけではなくて、半年更新。今も定年というものはない。60歳になったからといって、延長制度の適用に成るわけではなくて、元々が半年毎の更新で、働けるまで働いていただく、という方針ですので。導入というと、ちょっと違うかな、という。もともと持っていましたので。

回答者: 担当ということですか？私です。

回答者: 退職金規定による退職金の支払い、ですよね。定年で支給することになっているので、再雇用が延長されても（退職金の）計算期間に入らないので、それで退職金の精算をするのと、あと嘱託になるにあたっての賃金の見直し、ですね。あと、健康状態の確認。
もちろん面談して、本人の意志確認をしまして、意志が無い場合、もちろん定年をもってそのまま退職していただきますけれど。
健康状態が良好で、会社も働いて欲しいという希望がある場合は、そこで契約をします。

回答者: 健康状態。まず一番がそれですね。普段から勤怠管理をしてますので、その方たちが、どういう理由で通院されていて、例えばどこかに治療を受けているかなど、そういうのも把握しているのですから、年齢とともにだいぶ、業務を遂行するにあたって支障が出るかとか、必要があれば診断書を提出してもらったり、また健康診断を受けてもらったりしますし。

Unternehmen A

あと意欲。ローンを抱えていたり、お子さんが独立していない、等の事情も考慮しますし。本人の他に、所属部署の所属長、トップと話をして、その部署にとって今までどれだけ貢献していて、今後もどれほど仕事をこなせる方なのか、役割ですとか、などを聞く。それから最終決定します。

回答者: 法改正で義務付けられるのであれば、それに従うしかないとは思うのですけれど、実際、会社側が、定年を待っているような社員も中にはいるんですよね。皆さん、全員に継続して欲しいという希望があるわけではないじゃないですか。本人の強い希望だからといって継続する方も居ます、こちらの強い希望で（勤務を）継続する方もいるが、辞めていただきたい方も、中には居るので、そういう方を定年延長で伸ばすというのは、多少会社にとってリスクは有るかな、というのはあります。

回答者: そうですね、現在の嘱託の、再雇用された方のですね。ばらばらなんですよ。アンケートに答えた時点の名簿があるが、この嘱託という方がそれになるんですね。割と…現在もこの人たちがそう。部長ランクですね、部署の統括管理している者から、一般の社員もいるし、この人もそれなりの責任者なので、色々。その方の60歳の業務をそのまま引き継いで仕事をしてもらっていますので、配置転換して、ただの年齢的な継続が目的じゃないんですね。今やっていただいている仕事を同じようにできるか、というのが契約の前提になる。ほとんどの方が同じ仕事をしています。例えばこの方なんかですと、配送といって、出来上がったお弁当をお客様の所に車で届ける仕事。役職も何もついていない、ドライバーのような仕事。現在もその仕事になっていますので、切替時に、降格するとか、そのようなことが目的ではないんですね。運転に多少、支障をきたす場合は考えなきゃいけないですけど、仕事により違ってはきますよね。色々な部署にそういう方がが配置されているので、役職も色々ですので、その時その時で違ってくるので。そういうお答えでよろしいですか。

回答者: こちらが製造部で、これがお弁当を実際に作っている部署になります。こちらが調理したものを、整理という部署が、容器に、お弁当の容器がありますよね、それがラインに並んで、流れてくるのでお弁当容器に盛り付ける仕事ですね。これだけ人がいて、この人達が実際にその仕事をする。社員はこれだけしか居ないものですから、段取りをするのが主な役割です。なので自分もこう、ラインに並んで、一つの食材を詰めるという仕事ではないですね。製造部の嘱託になっている者の仕事は。

回答者: そうなんですよ。見ていただくと高齢なのがわかると思うのですけど。去年の5月1日付の名簿ですけど、22年度の誕生日の年年齢なので、この時点で誕生日が来ていない方、60歳以下の方もいるが、その年齢で出しているので、こんなに高齢なんですよ。パ、がパート社員で。6ヶ月の有期契約で更新更新ですね。

2

Unternehmen A

回答者: ほとんど無いです。今まで過去は無いですね。

回答者: やっぱり今までその仕事を長くしていただいて、６０歳で継続雇用制度の対象になるので、長く働いている。その方を年齢だけの理由で辞めさせるのは惜しいというのがあります。線を引いたように能力が６０歳でがたっと落ちるわけではないので、会社に必要だという判断で、働いていただいています。それだけ慣れた方を育てるという、慣れた方に辞めてもらい、新規で誰か補充した場合、その（辞めた方の）レベルまで引き上げるのには、人にもよるが、何年もかかるんですね。コストも会社にとってはかかりますし。

回答者: このパートの方たちは、採用の時点でパートなんですね。社員がパートに切り替わるわけではなくて。だから本人たちも、（嘱託だと）了解して入ってくるわけです。正社員になろう、という人ではなく、（結婚して）主人がいたり、空いた時間を有効に使いたいとか、いろんな事情があって。年齢的に、社員の仕事が見つかりにくいという方もいるんでしょうけど、了解して入ってきてますので。契約は半年で、切り替えはというのは一斉に行いますので、４月から９月末、１０月から翌年の３月末の半年契約になります。契約の自動更新ではなくて、必ずその部署の、必ずパートさんが沢山居ますので、その部署の責任者、管理者の人に面談してもらって、１対１とか２対１とかで。それで担当者に話をして、やり方は嘱託と同じなのですけれど、これから半年の契約はどうするか、という話をする。こちらから「終わりです」ということももちろんありますけど、意思確認をして、更新の手続きをとります。リーダーから、昇給の対象にして欲しい、賃金を上げて欲しいなどの要望があったら聞きます。

回答者: 会社側にとっても、ですか。そうですね、それはもちろん、さっきの嘱託もそうですけれど、やっぱり契約の終了を待つような人も中にはいるんですよ。会社としても。契約の期間だけは全うしなければならないけど、次期の契約はしたくない、という方もいる。その方にとっても、期間を設定するのは有効ですよね。皆が皆優秀ではない。９月までは契約だからしょうがないけど、それ以降はないですね、というのが出来ますから。人によっては、３ヶ月という人もいる。あんまり…こう、能力的にも、人柄的にもトラブルメーカーになっているような方は、短くすることもあります。

回答者: もちろんあります。ひとりずつ契約書というのははは違いますので。所属する部署の業績に応じて昇給も一律全パート社員が同じわけではないので。業績に応じて、賃金が上がらない部署もありますし、逆に下がる部署もあります。その他には例えば、１日８時間だった契約が、５時間に短縮するとか、そういうケースもある。実働だから、賃金は下がるわけ

3

Unternehmen A

ですよね。あと日数も、週5日働いていたのを、週3日に変更するとか。もう、いつもあります、それは。

回答者: もちろんあります。それは部署により全然違います。

回答者: 希望をお聞きしますので、パート社員から。実際会社側だけではなくて、パートさんの家庭の状況が変わることも。例えばフルタイム働いていたけれど、親の介護をしなければいけなくなったから、病院に連れて行くから週3日に減らして欲しいとか。こちらが週5日働いてほしいのに。それも話し合いで決定して、契約書に記載する。お互いにとって一番働きやすい働き方を選んでいるつもりではあります。

回答者: もっと具体的に、企業のためのメリット、デメリット。

回答者: そもそも、問題が全くない制度はなかなか無いですよね。ほどほどの所に落ち着いているかな、っていうのはあります。大きい問題は今のところあるわけじゃないので。だからこそ同じ制度でやってきているので。会社のデメリットとしては、契約終了で辞めてしまう、もっと長く働いて頂きたい人も、契約終了をもって辞めてしまう人も。フレキシブルに、契約期間をもっと最長1年にしても良いかも、と思う時もあります。

回答者: この、私の受け取り方の一つがですね。名簿を見ていただくと分かる通り、かなりの年配の方を継続雇用しているのがわかると思うのですが、ある意味社会貢献をしている、という自負はあります。地元、沼津の企業として、高齢の方をたくさん雇用している、それが社会貢献につながっているのかな、というのはあります。働く社員にとっても、何歳でスパーンと仕事が終わってしまうよりも、可能性がありますよね。定年がこの方達はとりあえず無いですけど、将来設計も多少しやすいと思います。多少、安心感を与えられているとも思います。
会社にとっても、比較的低賃金で雇うことが出来ますし。

回答者: 人の補充が必要なとき、ということですよね。短期間の。それは、仕事内容ですね？比較的、新しい人がすぐに出来るような、簡単な仕事に限定されます。忙しい時と暇な時が一定しないんですよ。忙しい時はものすごく忙しいですけど、暇な時はがくんと落ちるので、人ってそれに合わせて揃えられないんですよね。割と最低な人数でやっているので、急激に忙しくなった時は、派遣社員ですとか、そういうのを一時的に入れたことも有る。誰でもできるような仕事、誰でもできるというと言うと少し失礼かもしれないが、明日から入れても、頭数としてとりあえずに仕事に加われる、盛り付けですね、ラインに並んで詰めるの仕事など。という場合は、入れたことはあります。あとは調理補助ですね。お弁当の食材を調理するのですが、フライを揚げたりとか、主婦の経験があれば多少出来るようなことは、単発で1日とか2日だけでも、外部の方をお願いしたことも。

Unternehmen A

回答者: その仕事はですね、やっぱり技術的に、調理の中でもさっき言いましたけど、フライを揚げるとか、揚げ物は比較的単発の方で対応できたりするのですけど、寿司を握るとか。例えばですよ。寿司の注文が入ることも有る。調理の部署の中でも、誰でもできるわけでもないのですよね。そうなんです。だから物凄くお弁当の、というかお寿司の注文が多い時は、もう寿司屋に頼んでしまうのですよ。いる人で対応できない時は…色々ありますよね、お寿司屋さん。そこに作っていただいて、それを納品していただいて、お客様に届ける。コストはだいぶ掛かって、たいして儲けにはならないのですけれど、そういう形をとることもある。あとはだいたい、この責任者レベルの人達は置き換えられないのですよね。

回答者: ここねぇ、すぐそこに魚市場があるの、御存知ですか。仕入れるところは沢山ある。幾つか仕入れの業者がありまして、すぐ前の建物も、サマサ水産という水産会社がある。

回答者: 今、社員の割合が３０、この時点で、ですけれど、アルバイト・パート・嘱託を入れて１００人を超えるのですね。それだけ沢山の契約社員を抱えていますので、一人二人抜ける分には、それほど大きな損失は無いですけど、沢山動いたりした場合には、それほど補充がすぐに出来るわけではないですし、やっぱり物凄い影響が有ると思う。

回答者: そうですね。これだけ契約社員が沢山いるのに、社員がこれだけしかいないので…

回答者: また引き上げられる、今定年の年齢が６５ですよね、これが引き上げられるのでは、と思います。だから再雇用も６６，６７歳など、段階的に伸びるのではと思います。年金の支給との絡みもありますし。まぁそれでいいのかな、っていうのもあります。高齢の方を使っていても支障がないので、今皆さんお元気で、若い人よりも責任感が有ることも多いんですよね、仕事に対して。将来的には、引き上げられる方向に向かうと思ういますけど、受け入れていきたいという風に思っています。

回答者: 一つは、雇用主の立場。考え方は一つではない。雇用主の考えではなく、社員についてのアンケートも作成した。お願いしたい。
良いですよ。今、お預かりします。

5

Unternehmen B

回答者：平成18年に・・・今平成23年ですよね。

回答者：継続雇用制度自体が政府の制度として執行したのが5年前ですから、実際は10年ぐらい前から「内勤」と言う形で既に会社としての運用は行っておりました。
労働基準監督署の政府の認証を受けるのは正式には18年の4月1日から受けたんですが、会社で独自の「内勤」と言う形では正式にはもう15年ぐらい前からやっておりました。これは、段階的に定年後の再雇用と言う形で従業員と個別に63歳までお勤めをと言う形で。と言うのは年金の関係がやっぱりありまして出来る限り年金をもらえる100％もらえる年齢に近いところまでお勤めしていただきましょうと言うことで、これは会社の「内規」と言う形でやらしていただいてで、それはある一定の人に限っちゃったものですから、「ある一定」って言うのはある特殊な仕事をされている方とか、管理の仕事をされている方とか技術者とか営業販売のスペシャリストとか、そう言う方々に限ってそう言う制度の適応したんですね。だから、一般の工場で働いている方とかそう言う方々は、「適応外」と言う形で、ようするに受けられなかったもんですから、この制度に申請って言う形にされていなかったと思っていただければと思います。それともう一つは、日本国政府から定年延長とか再雇用制度の要するに内規って言ったらいいんでしょうかね、まずは平成18年4月1日からは法令で義務化、要するに「こう言うのにのせなさい」と言う義務化があったものですから、それと同時にのせたと言うのも理由でございます。よろしいですか？大体わかりましたか？会社自体は、元々もう前からある一定の方々に関しての再雇用制度は内規と言う形でやってはおりました。社内の規則と言うか、要するに国とかそう言うのではなくて、押しつけではなく会社として必要としてもう既にやっていたと言うこと。

回答者：今は、平成18年4月1日から雇用される者に適合するために（労働）基準監督署への届け出言うものに就業規則に向かって取り入れたのは18年4月1日と言うことですね。

回答者：あの、基本的には政府から出ている様々なこう言う例題って言ったらよろしいでしょうか、運用する上ではこう言う法律上の問題があると言うのを参考にさせていただいて作成致しました。社内で作成致しました。それを確認して。

回答者：基本的には60歳の定年をされる方全員を対象にと言うことなんですが、ただ全員が全員希望するかしないか、わかりませんね。そう言うところを残しておかないといけないと言うところとその方のうちの場合は65歳まで継続雇用制度を作ったんですが、65まで、要するに60歳でリタイヤしたい、61歳でリタイヤしたい、63歳でリタイヤしたいと言うところを制度の中で残しておくと言うことが出来るか出来ないかと言うのをやはり興味がありましたね。それと、その個人個人が定年後に生活設計を自分でするの

1

Unternehmen B

に、まあ海外旅行に行きたいとご夫婦で、今までずっと働きづめだから、だから62歳からリタイヤしたいと言う方がおるんですよね。何故かと言いますと、年金制度も詳しいようですから、お話すると日本の場合、生年月日によって年金をもらう年齢、今は国民年金65歳なんですが、サラリーマンは、年齢によってもらう年齢が違いますよね、当時。ですから当時は、60歳からもらえました。満額ね、100%。今は、生年月日によって62歳、63歳、64歳でももらえる方もおりますし、日本の場合、男子と女子とでは生年月日によってもらうパーセンテージの年齢性が違いますよね。3歳から4歳ぐらい違いましたよね、確か。男子が昭和21年か2年ぐらいの方ですかが63？それ以降からは段階的に100%もらう年金が違ってきているはずですね。女性もまた違いますよね。昭和24年か5年ぐらいの方は62歳からと言うふうに段階的に年齢が変わってきているものですからそれに合わせてお辞めになる方も出てくるんですね。ですから、そう言うことも考慮に入れながら継続雇用制度を運用していくと言うのが書いてあります。はい、ですから1年毎にこう言う形で面談を行います。1年毎に。「もう1年頑張れますか」、「働きますか」と言うのを5年間、会社としてやります。それから、「健康の問題はどうですか」。毎年会社として健康診断を受けて頂くんですが、自分に今の仕事として体力的に自信がないと言う方はそこでリタイヤしますし、こう言う形で継続雇用の2ヶ月前には皆さんと雇用してる人達と面談をして、その個人のご意見を聞きながら、次のまた1年を勤務していただくと言う制度。それが一番この制度の中に入っていると言うのが大きいですね。

回答者：1年間の更新で5年間と決めております。
回答者：そう言うことです。
回答者：その個人個人のニーズがありますよね。仕事をするための。それから家庭環境がございますよね。それと個人の気持ちって言ったらいいんですか、働く意欲がまだ残っているかどうか。日本人の場合、定年退職と言うのが一つの仕事をやる上で本当にもう、ドイツもそうでしょうけど、一旦気持ちを切り替える、今まで学校卒業して何十年間も一つの会社の中で働くと言うのが日本の就業形態、まあ今は大分崩れてきてますけど、年功序列型の会社って言うのはそう言う会社の方が多いですよね。ですんで、60を超えた後の気持ちをコントロールするって言うのは皆さん大変なんですよね。

回答者2：まあ、一区切りつくような、気持ち的に変わる時期が60歳って言うのがずっと続いていましたんで。

回答者：だから、結局そのライフワークを仕事オンリーから家庭へのこうシフト？をする上でかなり時間がかかるんですね、日本人って言うのは。ですので、そう言う意味では、「この1年間でどうですか」と言う確認を取りながら本人が、「まだ大丈夫です。もう1年働きます。」「どうぞ」と言う形で会社はやらせる。本人が、「1年経ったけど、1年働いてライフワークとしてワイフと要するに色々ね、やりたいと、だからリタイヤしたい」と言うのは大体2ヶ月ぐらい前にお話しをしますので、会社にとってみますとその方がおられなくなると補充が必要になりますね。そうすると2〜3ヶ月前にリサーチすれば補充を次の方を採用するのに非常に役立ちますし、ご本人にしても、継続雇

2

Unternehmen B

用した後に自分が次のステップへ踏み出す上で区切りがつくんじゃないかなと。双方で
やっぱりある程度メリットがあるんですよね。

回答者：あの、基本的にはありません。全く一緒です。待遇、要するに賃金、給与です
ね、給与も自分でやってる仕事も内容も全く変わりありません。ですから働く方々は、
ずーっとやってきた仕事をやりますから、慣れていますんでね。それから職場の皆さん
もずーっと一緒にやってきた仲間ですから、入り易いですよね。ですからそう言うメリ
ットでは、要するに良く言う「熟練」、日本で言う、まあドイツもそうでしょうけど、
年数をかけて熟練された方が残って仕事をしていただくので18歳とか22歳の若い人達
のお手本になってもらってますので、会社とすると凄くメリットがありますし、それか
ら変わる人と言うのが全くいないと言うことではありません。それは何かと言うと、時
間ですとか、日にちですとか、そう言うところで変わる方とかはいますが、仕事の内容
で変わることはありません。ですから一週間のうちフルタイマーで来てくださる方もい
ますし、一週間のうち3日間だけしてくれる方もいますし、逆にフルに来てくれるんだ
けど、パートになったりと言うようなそう言う形の方は、希望でねおられますのが、会
社の基本はフルタイマーで1年間を会社の勤務待遇によって勤務してもらうと言うのが
基本ですね。人によってその時によって変えていくと言うのはやっていますけどね。こ
う言うのを「融通を利かす」と言うんですよね、日本で言う。融通を尽かすと言うこと
ですよね、個人によって。

回答者2：個人の希望と会社の希望を上手く合わせて、ちょうど良いところで折り合い
を合わせましょうって言うような形ですね。

回答者：と言う形をとっていますね。

回答者：あの今もお話した様に、当社は随分昔からこれと同じような制度を会社の中で
運用していましたので、そんなに期間は必要としなかった。そのまま、すーっと入って
いけた。

回答者：社内の意思疎通って言うんですか、意見も全く問題なかったですね。従業員さ
んの意見も　ですね。あの、もう既にですねその時にですね、63歳とか65歳とか66歳
とかお勤めされている方がいたものですから、何にも違和感がなかったですね。

回答者：一番大きな問題は、その雇用を継続することによって新入社員、新規雇用が止
まると言うことです。要するに一人いなくなれば、一人採用しなければいけません。で
すが、この方が辞めないと次の人採用できないですね。新卒採用に影響が出ます。今問
題になっている学生さんの未就職者ってたくさん出てますね、大学生が。年齢が上がっ
て人が辞めないから採用出来ませんね、企業は。と言う問題が出てきますね。だから、
当社にとっても若いこれから熟練になるべき社員を採用できないと言う問題はあります
。

Unternehmen B

回答者：要するに、この辺で雇用安定法ですね、これ、法律がなけば今お話したように、定年の方はそこで定めですから、辞めなきゃいけませんね。そうすると新しい人を採用しなければいけませんから、この内容で言うと本当に会社にとって必要って言うか、技能の継承ですとか技術の継承とかお客様とのコミュニケーションを取れる営業とか特殊な人以外は、一般の工場でお勤めになっている人達についてはお辞めいただいて、新しい方を導入していく。要はね、60歳で辞める方が、今年10人います。すると今年10人辞めるから、今年採用したんでは間に合いませんね。そうすると前の年に10名の新しい方を入れて、1年間一緒に仕事をさせて継続させますね。そうすとその間で企業は、賃金、要するに給与、総額人件費が増えますね。ですが、企業としてはこの10人がいなりますから、減りますね。メリット、デメリットがありますよね。そう言う意味で。この制度がなければそう言うことをしなければなりません。ですが、こう言う制度があると、その何年間かは熟練工が残ってくれますから、人件費って変わりませんね。増えたりしませんね、その方がいれば。要するに入ってこないから。この方達がいるから。ですが、そう言うメリットが企業にとってあるし、従業員にとっても働く場所がある一定の年齢増えますから、そう言うメリットが両方ありますよね。ですので、ここの法律がなければ定年で基本的にはおしまいと言う意味で書いたんですね。

回答者：あの、仕事のね、要するに企業によっては増産？その年に、今回はリーマンショックの様に経済がガクンと落ちて仕事が無くなってしまったと言う場合、そこであたる方々については正規の60歳以前の人達をお辞めいただくわけいきませんよね。いかないですね。そうすると、継続雇用されている65歳までの最も定年された方が第一に、「実は、こうこうこう言う形で、会社の経営が非常に困難になってきている」と言った時には、1年雇用の継続雇用の中に働くべ規約って言うか規則がいっぱいあるんですが、お願いをして減らすと言うそう言うことがあります。お辞めいただくと言うこともあります。これは、ただ単に首切りと言うことではなくて、契約の中で一年経った中でこれ以上の継続は会社として難しいと言うことありますね。そう言うことの想定するとこう言うことは有り得ると言うことになります。そう言うことも含めて書いてあるんだと思います。この質問だけですとなかなかこれに後いくつかですね色んな回答が本来は欲しいんですけど、端的にこれだけの質問しかなかったので、これだけに付けました。

回答者：職種ごとにと言うことですか？（研究者：そうです。）あの、こう言う事務系であるならあの、総務、経理。それから各工場、営業所に事務職員さんがおりますね。これは、経理であれば財務関係から含めた総合的な仕事になる。総務であれば、労務人事と言うものをやる。要するに工場であればそう言う作っているものをやる。で基本的に定年の再雇用の職種って変わらないですよ、うちの会社は。ですから、私がここで定年になりました。再雇用しました。同じ仕事します。工場でお勤めの方は、定年になったからって、事務の仕事しなさいってやりません。工場のチームでフォークリフトの運転をしてます、トラック運転してます、同じ仕事をします。

回答者2：～こんな漢字ばかりでなかなか難しいかと思うんですけれども、あの複合の

4

Unternehmen B

業種がありまして、色々な仕事をしているものですから、その職場職場で業種が違って
やっている仕事は違うんですけれども、ま、営業主体の部門のところがどこの所にも営
業部員はいるんですけども、営業主体の部門と製造の技術系の部門とやっぱり営業とか
特殊技術と言うような職種人員が多い部門とまちまちですので、あの、食品を扱ってい
るようなところは、これを売りに行くセールスマンが大勢いますので継続雇用になって
もそのセールスマンは基本的にセールスをすると言う形で・・・

回答者：こう言う検査をやっている工場の人達は、こう言うフォークリフトの検査をそ
のまま定年になっても同じ職種をやる、と言うことですね。ですから、こう言う基盤を
設計しているところは設計をやっている。こう言う土木工事をやっているところは、こ
う言うですね、こう言う仕事に。ですから変わらないです、定年になっても、やる職種
は。それが専門職ですね。ですから、私達も事務の専門職。工場で働いている人は、工
場の専門職、と言う位置付けをしていますので、全く変わらないです。違う仕事に移る
と言うことはないです。

回答者：そうですね、ですからそう言うことを踏まえてこう丸をしてあります。あの、
これは営業系ですね。ですからここに技能・熟練って書いてあると重要であると。でそ
れから継続社員の特別な知識、これも重要ですと。取引先との関係、とても重要ですと
。職種が書いてないので、これだったら営業職ですよね。これだったら設計技術職です
ね。でうちの企業では当社では、これは分けろと言われたら分けられますけど、ですか
らこう言う質問がありましたので、あの、変えるわけにはいかないんですけれども、重
要度を言わせていただきました。あの、どちらにしても継続される方って言うのは、
何十年もうちの会社にいる方ですので、熟練なんです、何をやっても。ですから重要な
んです。その方が抜けるとその方が何十年も蓄積してきた仕事の何て言ったら良いのか
な、日本で言うならノウハウって言うんですが、一つ一つの積み重ねを毎年1年目2年
目3年目って知識が十分に入ってますよね。今年は言った方って言うのは1年目、これ
からですよね。2年目、3年目これから、この方がやっている仕事と言うのは知識とし
て物凄く多いわけです。うちみたいな小さな企業は、そう言う方がやっぱり重要なんで
す。対取引先にしても、それから知識に関してもとっても重要なんです。と言うことで
書いてます。

回答者：あの、基本的には製造。
回答者2：単純製造作業みたい・・・あの、言葉悪いんですけど、誰がやっても出来る
ようなものの場合は、その可能性はありますよね。
回答者：要するに、工場の生産現場でその、急に増産になりましただとか言った時には
、そう言う臨時的な人を入れたり、そう言うことはありますし、逆に減産をしましたと
言った時にその定年になられた、その継続雇用されている方を、一部の方に関して、「
もう契約満了されますよ」と言う方達は置き換えをすると言う。要するに減員していく
と言うことはあります。ですからあくまでも製造工程で、増えたか減ったかによって
大きく人の増減は出てきます。ですからそれ以外は、仕事の増減があったからと言って
、じゃ事務の方が増えるかと言うと増えません。増えたり減ったりしません。技術系の
設計者が増えたり減ったりもしません。基本的には物を作る時の増減、量産ですね、が

5

Unternehmen B

多いか少ないかによって増えたり減ったりって言うのはありますよね、そう言うことは有り得ます。ですが、出来る限りそう言うことがないように企業が努力しています。増減のないようにいる方々だけで対応出来るような体制をとりたいと言うことで、まあ、申請って言うことで要員の確保はしてあると言うのは企業の努力ですよね。

回答者：嘱託社員として基本的にはうちは、継続雇用を行っています。定年後の再雇用って言うのは嘱託社員で契約します。定年後。定年でない方々もいます。元々契約社員の方々、元々ね。うちへ入られた時にもう57歳とか56歳とかで、元々契約社員で入られている方は、引き続きずっと契約社員と言う形になりますね。定年がありませんから、その方々は。最初から契約社員で一年毎の契約で入ってますよ、って言う方々はいます。年齢が高い方々ですね。で、メリットと言うのは、ともかく熟練です。うちの会社にとって失いたくない技術を持っているとか、失いたくないユーザーを持っているとか、言うように非常に重要な仕事、それから製造工程でも、この仕事は、その方々でないと出来ないとか言う仕事がたくさんあります。ですからこの方々が次の方々に定年後はシフト、仕事のシフトをしていって頂く期間を5年間、最長5年間だと思ってるんですね、企業が。若い方々が一年目から入社されて2年、3年、4年、5年この方と一緒に仕事をすることによって熟練するでしょう、覚えるでしょう。この方がやっていた仕事を5年間あれば大体人間って、こう言う仕事だなと言うことを覚えますよね、教えてもらって。それは、メリットですね。企業にとっては非常にメリットです。この方にしても自分のやってきた事を次の人に教えるって言うことは非常に重要な役目ですよね。ですからそう言うことも含めてね、内容は非常に会社にとってメリットになりますね。

回答者：あの、基本的には定年が終わると一度継続形態って言うか、そこで終わりますね。で、新たに継続で嘱託と言う形になりますので、そう言う意味では、仕事の内容とかそう言うものは全く変わらないですが、賃金形態とかそう言うものはやはり変わります。今までのよりもダウンします。これは、大体7割から8割ぐらいになります。ですから2、3割ダウンしますね。で、もちろんその仕事の責任区分と言うのはダウンしますね、その分だけ。要するに60歳以前のうちの正規社員に責任と言うのはシフトしますね。ですから私が、今名刺にあるように「部長」と言う名前になっていますが、嘱託になってそれを外れると、その責任って減りますよね。彼が、今「参事」と言うことになっていますが、この方の責任が上がれば、重くなりますよね。要するに、そこで線引きをしているんですね。定年で責任の部分がかなり緩和される、企業にとって別途。管理の責任者が仕事の内容は変わらないけど、そい言う部分での緩和と言うのは随分させていただいていると言うことですよね。その分がやっぱりダウンしますね。今までじゃあ、教授だったのが、辞めて他の大学行って、准教授になりましたって言ったらダウンするでしょ。同じ様な考え方して頂ければ結構です。ですからそこら辺を同じ会社の中で考え方を統一しておかないとなりません。60歳で定年になって、継続雇用なんだけど、新たに仕事に就いたよと言う考え方をして頂かないとならないんですけれども、そう言う話しを2ヶ月ぐらい前からやるわけですね。でも、日本人って大体定年と言う概念が、日本独特の考え方がありますので、定年は、「一度仕事を辞めるんだ」と言う「その年齢なんだ」と、但し継続して次の仕事をやるんだけれども同じ会社で同じ仕事をやるんで

6

Unternehmen B

すよ。だから新たに賃金も就業形態もお話しをしながら決めますよ。ただ、うちの会社は、その中の仕事だけは、同じ仕事を継続してやってもらいますよと言うことが入っていると言う事ですよね。

回答者：はい、あります。あの、やはり継続雇用社員の方が能力的にはね、あの、熟練と言う部分では高いですね。ただ、若い人たちは、その熟練さんに追いつく早さも早いですよね、若い方々は。ですから、ちょうどそれが5年ぐらいだと、だから5年間の継続雇用制度を当社はとっていると言うことです。

回答者：あの、そこら辺はね、中で上手く皆さん調整しています。若い人が定年になった方に同じ事をやれと言う事はしませんよね、力仕事にしても。「いいですよ、僕等がやりますから」って言うふうな中での持ちつ持たれつと言うのがこう言うことですよね。日本人の曖昧さがあるんだけども、説明の曖昧さがあるんですが、やっている行動って、どこでも同じじゃないかなぁ、ドイツもそうだと思うんだけど、若い人が力仕事をやる、これをどこへ運ぶって言うノウハウは、高齢の方が担うとか、それを毎日の仕事の中で若い方は学んでいくと言うそのメリットがあって、デメリットと言うのは、あまりないです、その継続雇用に関しては。結局継続雇用した方々は、会社がこうしなさい、ああしなあさいって言わなくても自分で判断して、何でもやるでしょ。若い方は、上の上司から、「今日は、こう言う仕事があるから、君はこれやりなさい、あれやりなさい」って指示を受けますよね。指示を受けなくても出来ますよね。そこが継続社員の大きなメリットですよね。これは、大きいですよね、時間にしろ、会社の運営上にしろ、非常にメリットが高いですね。でも、デメリットは、会社が高齢化になっていって、若年者が少なくなっていくと言うのがデメリットですね、先程から言ってるとおり、辞めない限りは、大量の若い人は入れることが出来ませんので、今みたいな現象になってくるんですね。

回答者：あの、日本人って、日本の企業ってそうなんだけど、リスクの分散ですね。よくあると思うんだけど、その、人が足りなくなったらとか人件費を下げたいからとか、何をするかと言うと、それに合った何かを必ず見つけてくるんですね。一つは、今まで人が手書きをしていた伝票を、コンピュータで打ち出すとか、要するに、何かしら必ず対応をとりますよね。ですから、今高齢の方がそのまま勤続されれば、うちの会社はもっともっと仕事があれば、この方々とは別に若い方を採用するんだけど、中々そう言うふうな形での創造は出来ないですね。そうすると今のものを維持するためには、人数が決まっていますから、この人達が抜けない限りは、若い人が入れない。そうすると、若い人達の就業場所がなくなる。これ、非常に日本の企業、日本の経済全体としても非常に悪いことなんだけど、企業にとってもこれは非常に深刻な問題ですよね、若い人達にとても。で、今やっているのは海外に出ることが多いですから、海外の方を採用すると言うことが出てきますね。余計日本の学生さんが若い人達が働く場所がなくなってしまう、そう言うデメリットがどんどん出てくると言うことですね。だから日本の企業が、次から次に新しいそう言う対策はうっていく形になりますよね。

7

Unternehmen B

回答者：今は、大分それは緩和されているんじゃないでしょうかね、その3年と言う就労ビザですか、のやつは。割と取り易くなってるんじゃないでしょうか。昔はすごく厳しかったですけどね、就労ビザはね。今は・・・就労ビザでしょ？

回答者：ああ、研究のね。あの技術ビザとか色々ありますよね。研究とか就労とかね。

回答者：それから、留学の学生ビザとかですね、色々ある。非常に取り易くなったんではないですかね。だから就労も3年からはもう全部だめですよじゃなくて継続も恐らく出来るんじゃないかと思うし、そう言う面では、海外の方が入ってくることも多くなりますから、今の若者は、競争が激しくなってるんじゃないでしょうかね、ビジネス上ね。企業はどうしてもビジネスを優先しますから、人と言う昔日本人の人情って言う部分が大分薄れてきちゃっている。あくまでもビジネス優先って事になると、人って言う問題は色んな所で、多様化しています。まあ、昔とね大分変わってきたと言うことですね、そう言う意味ではね。

回答者：あの、私どもの企業では、国がこう言う制度に変えますって言った場合、従わなければいけないんですね。法律が変われば企業は存続するためにその法律を守るために変えなきゃいけない。でも、今がベターだと思ってます。今が。60歳定年で、基本的に65歳の5年間の継続雇用で65歳から年金をもらうと言うパターンが僕は、僕はですね、会社にとってみてもベターだと思っています。ですから、これを定年を延ばしなさい、継続雇用を延ばしなさいと言うと非常に企業にとってみるとベターではなくなってくると思います。それは、一つは、やっぱり企業の存続にも関わります、当社においても。若い方が入ってこなくなる、上へいけばいくほど。そうすると、間が空きますね、社員の年齢構成が大分変わってきます、上にいってしまいます。わかります？上にいくと言うことは、人件費がかかると言うことですよね、日本の制度は。若い方々は、賃金から始まって、熟練になる度に給料が上がって、そして定年を迎えて、ある一定の生活水準が出来るところで年金をもらってと言う、そう言う、要するに人生設計の中のパターンが年齢が上げることによっては、また変わってきますよね。だから若年者の就労に対しての意識もかなり変わってきますよね。そう言う部分では、これ以上あげるって言うことは、僕はあまりメリットはない、国にとってもメリットはないんじゃないかなと思います。ただ、国は年金の財政の問題があったりするから、あげたいとか言いますけど、人間の人生って、人生の3分の2を企業人として30年間、3分の1か半分だよね、を企業人として働くわけですね。じゃそれ以外のところの後の余暇って取れないですよね、年齢があがったらもう。70歳75歳で元気な人はいますけど、じゃ、自分がやりたいこと、何も出来ませんよね。企業にとっても、「新陳代謝」と言って、新しい人達を入れることによって企業の活性化が出来ますよね、新しい考え方を持った方に。古い方って言うのは、今までやってきたノウハウの蓄積は出来るけど、じゃあ、新しいものの時代の考え方を敏感に取り入れられるかと言ったら非常に苦手ですよね。そう言う部分では、やっぱり若い方を入れることによって、企業の活性化、これは必要なんですね、どうしても。だから延ばすことには私は、変えることには反対ですね。今がベターだと思ってます。だから会社が法律で変えなさいって言われない限りは、変えるつもりはない

8

Unternehmen B

ですね。私は、今の年齢構成、区分が一番ベターだと思いますね。だって、人生80年、平均寿命言われていますが、その人によって寿命違うんだけども、70歳まで働いたら後何年ね、家庭の方々と要するに奥さんだとか子どもさんだとか色んなライフワーク取れないじゃないですか。やっぱり仕事って言えば仕事が優先になってしまいますから、だからやっぱり60歳で定年で65歳まで働く方、60歳でリタイアする方、65歳まで働いてリタイアする方、で次の余暇は、ライフワークはそこで考えるべきだと思うんですね。いつまでも延ばすべきではないと思うんですよね。で、若い方々にも働く場所を提供していかないと、これは、ならないと思いますよ。いつまでも古い方々が残っていれば、そこの所に新しい方々が勉強、ノウハウし、する場所がなくなってしまいますから、良い面もあるけど高齢者に対して、悪い面も非常にありますよね。ただ、日本人の若者の、その働く意欲、就業に関する意欲って言うかな、それがやっぱり減退してるのはこう言うところにもあると思うんですよね。非常に狭まっていると言うことではね。だって、そうでしょ、工場は海外へいってしまう、今まで日本にあった工場で500人働けるものが海外へいっちゃうわけですから、国内にないわけですから。若者はそう働く場所は減ってますよね。なおかつ年齢があがって、その職種が空きがない。ってことは働く場所がない、追い打ちをかけてますよね。ですからこれは、やっぱりね、社会保障って言うか、そう言う制度が充実した国って言うのはそうなってくるんでしょうね、きっとね。いた仕方ないことだと思いますが、ただある一定のところでやっぱ線を惹かなければなりませんから、僕は今が良い線じゃないのかなと思ってますね。日本人のその平均寿命からしてね。だから社会保障制度ももう少し充実しなきゃいけませんし、逆に今度は就業のね、機会をもっと増やしてあげなきゃいけませんし、両方から大変なことじゃないのかなと思いますね。ただ、当社みたいな企業は、熟練も必要だし、若い力も必要だし、だから両方でやっぱり困りますよね、だから今がベターかなと言う感じですね。

回答者：ご質問に100%きちっとお答え出来たかどうかはわかりませんが、言っているその継続雇用制度の当社にとってのメリットとかデメリットについては、今お話した内容で大体ご理解頂けると思うんですね。で、継続雇用制度をする上で、まあ、こう言う形でね、就業規則にこう載っているんですが、定年は60歳ですよと、但しこう言う下に書いてあるこう言う方々については、65歳まで嘱託社員として再雇用しますよと、但し準社員のこう言う方々は、引き続き契約社員なら契約社員、パートならパート、フルタイムはフルタイムこう言う形で継続しますよと言う文書として従業員全員にお渡しして、理解をしてもらいながら雇用して、こう言う形で平成18年から、今度平成25年になると今度は完全に65歳までになりますが、基本的にはこれは、書いてありますが、これが今でも適用してまして、68歳って言う人も、今一番上かな？が継続雇用の終了が65なんだけども、68歳までまだ勤めている人がまだいます。ですから、こう言う制度はあるんだけども、運用はもっともっと企業としてはしていると言うことですね、運用は。完全にそこでペチャってことではなくって、運用はしています。ただ基本的には、これを基準に終わりのところはこれで終わりですよと、ただあなたに関しては、技能が、営業がこう言う部分で会社として必要ですから残ってくださいと言う中で1年毎にが～していると言うことでございます。

9

Unternehmen B

割と企業が企業なりに自己防衛をきちんとしていますので、そう言う面でも運用は上手にするかしないか規則は規則、運用は運用と言う形でやっぱ分けないとこれは出来ませんよね。まあ、そう言う形でやってます。

10

Unternehmen C

回答者:えー、性格には覚えてないんですけど、もう５年ぐらいたつと思います。

回答者:あのー、ひとつは、あの、国の制度として、段階的に65歳までは、あの、働ける仕組みを作りなさいという、まぁ、そういう決定があったのが要因ですね。同時に、あの、早くそういう制度に変えれば、あの、補助金、国からの補助金が出ますよ、という話だったんで、まぁそれなら、どうせ変えなくてはならないのであったら、じゃあすぐに変えましょう、ということで、変えました。

回答者:ええとですね、えー、国の機関ですね、で、あの、その、補助金を出してくれるという、まぁ、それを推進するために、機関があってですね、そちらの方で、あの、変な話ですけど、補助金をもらうためにはこういう制度にしなさい、ということで、指導をしてもらったんですね。で、まぁ我々が、まぁここまではやれるけれど、ここはちょっとやりたくないよ、ということがやっぱり中にはあったんでー、まぁ、ここまでならできるんで、じゃ、ここまででやりましょうということで、その中で、補助金をもらうためには、書類上こういう形に制度を作りなさいということで、あのー、指導を受けましたね。

回答者:ええと、導入自体は大きな問題はなかったですね。まぁ変化としてはですね、あの、もともと、60歳が定年だったんですね。で、もともとから、あの、まぁ会社の判断はあったんですけれども、あの、もう少し働きたいよという人を、えー、65歳までということはあんまり実際なかったですけれど、えー、１年とか２年は、あの、継続して働いてもらうことは、比較的よくあったんで、でー、まぁ、そ、その延長線で、まぁ、本人が希望すれば、という条件が、形としては付いただけですね、で、まぁあの、もう、えー、働きたければ一応、えー、65歳までは働けますよ、という、そういう制度を作っただけですので、あの、下地としてはもう同じようなことをやっていたので、あまり抵抗自体はなかったですね。

回答者: ええとですね、まず定年の引き上げというのは、基本的に、まぁ、そのまま、あの終わる年齢が上がるだけですんで、あの会社にとっての負担が結構大きかったですね。まぁひとつは賃金が、えー、会社によっては、あの、ある程度の年齢になったら、あの、上がってきたものが少し下がるよ、という会社さんもあると思うんですけど、うちの会社の場合は基本的に、あの、まぁ、あがっていって、まぁ、あの、

1

Unternehmen C

あたま打ちになることはあっても下がることはない形の賃金体系ですので、あの、まぁ60から65までいきなりそのまま引き上げてしまうと、そのままあの賃金としては上がっていくという風になってしまう負担が一つと、あとは退職金という制度があるんですね。あの、えー、他の国にもあるんですかね。・・・あぁ、ありますね。退職金の、えー、通常はあの、勤務年数と、まぁ最終的な賃金のバランス、だいたい、あの、まぁあと係数がかかってくるという、基本的にはかけ算に近いような形になってきますので、あのー、そのまま定年を引き上げちゃうと、えー、60から65年分の退職金の負担というのが、会社のほうに発生してしまうので、そういう意味で、負担として、かなり大きくなるだろうということで、えー、定年の引き上げということはちょっと選びづらかったですね。まぁ、もう一つは、あの、中には、えー、60で、まぁ個人差があるんで、体力的に、もう60歳で、ちょっと自分は、えー、体的にもたないんで、もう退職したいという人もなかにはいると思うんですけど、まぁ通常でいけば、60歳で 、えー、定年で、もう、えー、一応期限まで務めたよという形になるはずのものが、いきなり65まで、あの、強制的に働くような形になると、逆にあの、働く方の人としても、区切りが65になってしまうので、まぁ60で体力的に限界だよという人は、途中でやめる形になってしまう、というですね。だから、そういう意味でも、ちょっと定年を上げるというのは、いろんな問題が多いかな、というところがあったんですね。

発表者: そうですね、えぇ、まぁ、そんなこともあって、まぁ、60歳から1年ごとに更新であれば、あの、その人にあった形で、あの、まぁ63歳まではやったけど、まぁ、あの、このぐらいでいいかなと思う人はそこで終わりにすればいいわけですし、ええと、一番、まぁ、あの、フレキシブルというか、まぁ柔軟に対応できるような形な、ええ、その、制度だったということですね。

回答者: あぁ、その時は、えぇ、僕もやりましたね、はい。

回答者: えぇ、そうですねぇ。まぁ、我々の場合は、その、さっきお話したような形で、いままでも、あの、残ってる、60歳で定年になっても、ま、1年か2年は働いてもらうという人がいましたんで、あの、特段大きく考える必要はなかったんですけれども、ただ一つ、えー、やっぱり基本的に、あのどの企業でも同じだと思うんですけど、60歳になって、あの、再雇用となると、だいたい、あの、賃金をいったん少し下げるような形になると思うんですけど、そのへんのルールですよね。えー、ある人は例えば半分になっちゃうけど、ある人は、えー、9割ぐらいにしか減らない、一割カットぐらいで、まぁあんまり変わらない、そうあまりででこぼこにしてしまうと、当然、あの、不公平というか、あの、不満が従業員の中にも当然出ると思うので。

Unternehmen C

回答者: そうですね。多少はそれはあると思うんですけど。あの、それもあんまり極端なことをやっても、えー、今までと同じ仕事を、基本的にはうちの会社だとやる形ですんで、今までの仕事と同じことをやるのに、ある人がすごく下がって、ある人はあまり変わらないんだと、やっぱりあの、まぁ、なんというんですかね、バランスというか、公平ではないというような、ありましたんで、あの、ある程度、じゃぁ、これぐらいの割合で決めましょうということで、えー、決めて、まぁ、確かに、その役職によって、少し、あの、責任のあるような形で残る人は少し大めで、とか、あの、そういうものはあるにしても、比重はある程度決める、というのは必要ではありましたね。えぇ。あともうひとつはその、えー、今でも困る部分もあるんですけども、あの、えー、体力的なもの、今ずっと申し上げた、その、個人差がやっぱりありますんで、60歳として、あの、今までどおりちょっとやってもらうには、体が大丈夫かという心配になるような人も、なかにはいるんですけども、本人は働きたい、でも会社としては体として心配だという場合に、あの、どうしても、今までと違う仕事に移ってもらわなきゃならない、とか、そういう問題が出てきた場合にですね、かなり本人と、まぁ、話し合いをしなきゃならないんで、そのあたりがちょっと確かに難しい部分ではありますね、はい。

回答者: えぇ、そうですね、まぁあの、今だいたいほとんどの人は問題なく、あの、65まで働ける方だと思いますし、あの、だいたいの人がね、あの、本当にちょっとむずかしい人は、自分でそういう風に思っていらっしゃる方が多いので、あの、まぁ、スムーズにいくことも多いんですけど、中にはちょっとね、あの実際、この5年間の間には、あの、ちょっと、あの体力的にちょっと難しい、実際に、その、えー、この前健康診断があって、会社が、あのー、まぁ義務付けなきゃならない、まぁ、国の方で義務付けられてて、会社が年に一回は最低やらきゃならない、まぁあの、現場の方で3交代なんていうと、えー、年に2回やることになっていますんで、そういうその健康診断の中で、あの、実際に悪い数値が出てて、そのお医者さんにかかりなさいよだとか、そういうものがずっと続いている人だと、少し、そういう話も含めてさせてもらって、あの、お医者さんのOKが出れば、じゃぁ、今までの職種でいきましょうとか、難しかったらじゃぁ別の職に変えましょう、そんなことをちょっと対応したりはしています。

回答者: あ、えーと、い、えー、選考はないですね。本人の希望をとります。

回答者: そうですね、希望する人は全員ということですね。

回答者: えーと、それはですねー、えー、一番端的には、その、えー、あの、さっきお話し

Unternehmen C

た、えー、補助金の話です。補助金の話の時に、もう、えー、希望する人は全員、えー、とにかく働けるようにしなさい、ということが前提だったので、まぁそれで、えー、そういうことにしたんですね。ええ。まぁ基本的には、どちらかというと国の政策としては、そういう方向だったんで、あの、こういったね、あの基準を、あの作ることが、あの、一応できるよという話ではあったんですけど、えー、我々の、ぐらいの規模の会社だと、実際は、あの、話し合える環境にもあるんで、本当に、例えば今言ったような健康の問題があるような人であれば、あの、きちんと一対一で話をして、お医者さんにかかるならかかりなさいっていう話もできるような環境ではありますので、あの、そういう意味で、えー、そうですね、そういう基準を作るという、まぁこと自体もちょっとまぁ、大変なことでもある、まぁ大変な作業でもあったのでやらなかったということもありましたし、まぁ話もできるんで、ということもあって、ちょっと基準は作らなかったという形ですね。

回答者: はい。えー、基本的に、まぁいろいろつけたんですけど、まぁ従業員全員そういう対象ですんで、あの、我々の会社の中である仕事に全部印をつけただけです。ですので、あの、まぁ全部の仕事についてというようにですね。で、えー、我々の会社は、あの、紙を作っておる会社なんですね。あの、いわゆる製紙会社、ペーパーミュルズなので、えー、まぁ24時間、あの、こう、機械の方はまわっているわけですね、はい。ですので、あの、現場の機械について、あの、生産に携わる人は、あのー、特に、あのー、えー、3つのチームに分かれて、あの、3交代で、あのー、仕事を出てくる勤務時間が変わってくる、という形ですんで。えー、それが生産部門の人達ですね。ですんでまぁ基本的には例えば製造の人で60になってその後働くよということであれば、同じ職場で同じことをしてもらうという形ですね。でー、あとはその製品を仕上げる、えー、検品したり選別したり仕上げる、というのが、ほとんど女性の人でやっているのですが、だいたい15人ぐらいですかね。その部署は昼間だけですので、ほとんど女性で、えー、そうですね、昼間出てきて、仕事をして帰られるということですけど、その方々も同じで、あの、だいたい60歳過ぎになったかたは、その職場で、そういった形ですね。

回答者: いや、女性も含めてです。

回答者: 同じです。あの、基本的に、そうですね。あの、えー、継続雇用の形になっても、それまでと同じ仕事をするんで、あの、同じチームの中で今までと同じ仕事をだいたいやってもらうという形ですね。ですんで、あの、継続雇用の人はこっちの仕事をやってとか、定年になっていない人はこっちの仕事をやってとか、そういう風に分けたりはしていません。

回答者: そうですねー、それも、その個人個人によって、あのー差がやっぱり出てきてしま

4

Unternehmen C

うんですけど、本当に、えー、６５歳になってもしっかりしてる方は、あのー、そういう差がね、年齢が高くなってきたから能力が落ちていくという風にはあんまり見えないですね。どちらかというと以前どおりにしっかりやってくれる方が多いですね。ええ。確かにね、あの、中には、少し体力が衰えてくるのと同時に、あのー、仕事の能力が少し落ちてくるような人も、中にはいることは事実ですけれども、今のところ、それが、完全に支障になってしまうことは、あまりないので、はい、今までどおりやってもらっている形ですね。

回答者:そうですね。

回答者: やっぱり、そうですね、働いている人にとっては、同じ仕事を同じ職場で、続けたいという気持ちが基本的に強いと思うんで、えー、そういうことですね。まぁ慣れてる仕事ですし、そうですね、その今までやってきた仕事を活かしてもらって働いてもらうということが、基本的な形であると思いますんで、今までと同じ職場でやってもらうようにはしていますね。

回答者: えーとですね、それも本人との話し合いになるんですけど、基本的には前の仕事をやってもらうんですけど、さっきちょっとお話したように、体力的に、例えばその、３交代ですね、夜中の仕事、夜の仕事というのはちょっと難しくなってきたなという人が、やっぱりでも仕事としては続けたいよというようなケースがあった場合にですね、まぁ昼間だけの仕事に変えましょうかとか、そういった形で、今までと違う仕事をやってもらうことはあります。まぁ、そういう特別な事情がない限りは、今までと同じ仕事を、まぁ60歳までやってきたことをそのまま続けてやってもらうという形ですね。

回答者: 基本的に、まぁ申し上げたような形で３交代の形で、生産現場の方で３交代の形ですんで、あの、えー、一般的に、まぁ、その他の会社だと場合によっては正社員じゃなくて、例えばアルバイトだとか、あの、パート社員ということで、あの、出勤する日数を減らしたりだとか、あの、出勤する時間を短くしたりだとか、そういう手立てをとる会社さんもあると思うんですけど、あのー、我々のように、生産の現場で、えー、三交代で三つのチームで三つの時間をぐるぐるまわしているという形ですと、えー、時間の、例えば日数を減らすというと、減らした分の時間に人数が足りなくなってしまうわけですね。ええ。ですんでそういうことを含めると、どっちにしても今までと同じように、同じ、えー、日数と同じ時間だけやっぱり働いてもらわないと、逆にうまく、その現場の方が回っていかない、生産の方が、えー、まわっていかないんですよね。そういうことがありますんで、基本的には正社員という形で、いままでと同じ時間働いてもらうということですね。

Unternehmen C

回答者: 基本的には、全員正社員です。えー、何人かだけ、一応アルバイトという形でいるんですけど、それはですね、さきほど申し上げた、あの、女性で、えー、昼間だけ出てくる、あの、製品を仕上げる方の仕事をしてもらっている人達がいるんですけど、その人の中で、えー、まず一つはその、さきほどのその、継続雇用制度ができる前に、あの、60歳、定年になった人が、えー、何名かいて、で、まだ仕事は続けたいと、でー、その方達には、あの、アルバイトとして残っていただいた方が2人か3人いらっしゃいますんで、その方がまぁ、ずっと長く勤めてもらってて、中には、えー、69歳の人もいらっしゃるんですけど、えぇ、その方なんかはアルバイトという形で、ですから、あの、日数が他の方達よりも少ない形ですね。えぇ、だいたい70%から75%、それぐらいの出勤だと思うんですけど、そういう形で出てもらっているということですね。ですから、基本的には定年になった方で、少し時間に融通を、本人もきかせたいし、会社としても、きかせても大丈夫な職場の人で、2人か3人、今アルバイトとしているという形で、えー、それ以外は全員正社員ですね。

回答者: はい、そうですね。

回答者: えーと、まぁ、それは一般的だということで、そういう風にしたというのもあるんですけど、まぁ、あの、働く人間にとってみても、一年間やってみて、あの、まぁいきなり最初から5年間じゃ、65歳までやりますよ、ということで決められる人はいいんですけど、なかなかそういう人もいなくて、やっぱり実際1年か2年やってみて、体力の様子をみながら一年ずつ更新していきたいという人の方が多いかな、というのが実際のところですね。ですんで、一応あの規定上では、あの、えー、半年から3カ月前ですね、もう契約が切れる半年から3カ月前あたりに、えー、本人に、あの、まぁ、書類でですね、あの、まだ続けるか、それとも、えー、期限のところでやめたいか、ということを聞いて、えー、続けたいよ、という返事を、だいたい3カ月前にはもらうようにはしていますね。

回答者: えー、今のところはないですね、基本的には同じ、賃金なんかも同じ形でだいたいいますね、はい。

回答者: ありますね、はい。やっぱり62歳とかでもう、これで退職しますという方が、なかにはいますね。

回答者: そうですね、希望でですね。

Unternehmen C

回答者: 今のところ、大きな問題、会社としての問題というのはないですね、はい。ただ、あの、そうですね、ちょっと困るなと思うのが、さっきお話した、その、えー、本人が健康なんだ、まぁ極点な話をいうと、まわりから見て、今の仕事を続けるのはちょっと難しいんじゃないかというんだけど、本人からすると、やっぱり今の仕事を続けたいよ、という、まぁ、そこで食い違った場合に、どうやって進めたらいいかというところが、ちょっと困る場合があるかなと思うんですけど、まぁ、そのへんのところは話し合って、お医者さんに一応かかってもらうだとか、そういうことで、一応なんとかやってこれてはいますんで、あと、極端に困ってしまうケースっていうのはないと思いますね。

回答者: そうですねー。。うん、はい。

回答者: いい影響を与える部分ですよね。えーと、そうですね。従業員にとってみると、あの、まぁ少なくともその、今の日本のこの年金制度のねー、問題がちょっとあって、えー、前は60歳からもらえたものが、どんどん今だったら65からしかもらえない形になっているんで、そう考えるとやっぱり65歳まで働ける環境がないと、当然例えばある企業で60歳まで、日本はどちらかというと終身、まぁだんだん変ってきてはいますけど、田舎の方なんかだと、終身雇用が前提ですので、一か所の会社にね、ずっと長く勤めて、60歳まで勤めたとして、それでもうしまいだよ、ということになると、また別の仕事を、また65歳まで働けるような仕事を探さなければならないと思うんですよね。それがね、一応、えー、65歳までは、あの、体力的に頑張れるようであったら、65歳まで本人が希望すれば働けるよ、というになれば、あの、従業員としては、あのー、勤めやすい、というか、安心して働ける会社にはなると思うんですね。まぁ安心して働ける会社でないとやっぱり、じゃぁ、長く務めようかという気持ちにはやっぱりならないと思いますんで、そういう意味で安心してもらえるという意味はメリットではあると思いますね。従業員が長く定着してもらえる、長く働いてもらえるという意味でですね。

回答者: どうでしょうね。会社という意味なのかわからないですけど、まぁ単純な話、例えば、いままでいけば例えば60歳で仕事を終えられて、あの、そこで退職されて、逆に今度は若い人がそこで入っていたのが、65歳まで伸びたことで、やっぱり企業が、新しい若い人が入ってくる機会としては少なくなっているとは思いますよね。で、そういう意味でいくと、あー、まぁ、うちの会社として、それですごく困っているかというと、困っていることはないんですけど、全体の仕組みとしては、今、現実的に、あの日本国内の景気が悪い状態になっていると、えー、高校を卒業したり、あるいは大学を卒業した人が、あの、3割ぐらいの人が、30%ぐらいの人が、あの、働く場所がない、仕事が見つかっていないという状況が問題になっているわけなんですけれども、そういう状態が生まれちゃってる、いうことですよね。それ

Unternehmen C

は、この日本の国としてみると、いいことではないですよね。ただ、まぁ、今この
日本の国内のその人口バランスとして、えー、そうなってしまっている以上、まぁ
乗り越えなきゃならない部分ではありますね。ええ。まぁ、ねー、年金はどっちに
しても65にならないともらえないわけなんで、まぁやっぱり、その人達は65まで働
く場所を確保しなきゃならないし、若い人は若い人で働く場所が今、実際ないわけ
ですからね。そこをやっぱりなんらかの形で、こう増やしていかなければならない
とは思いますよね。

回答者: えーとですね、あまりちょっとこういう大きい声は言いづらいのがあるんで
すけど、例えば今申し上げたその、えー、3交代の生産する現場とかでいいますと、
えー、8人のチームですね、ひとつのチーム、えー、片方は8人のチーム、片方は3
人のチーム、全部で11人のチームで、あの、3つの時間を回しているんですけど、
でも、その8人のチームの中で、えー、責任のある人間がだいたい、えー、3人ぐ
らいですね。で、その下で4人ぐらい働いているんですけど、えー、でもその、4
人なんかでいくと、えー、例えばすぐ入った人でも、えー、例えば何カ月かで、だ
んだん覚えればできるような、えー、形になっていますんで、そういう人達はある
意味ではちょっと置き換え可能っていう言い方もあれですけど、なんかねー、あま
りいい言い方じゃないですけれど、その、えー、例えば退職しますよといって、じ
ゃぁ退職して帰ってくださいと言っても、まぁ比較的にスムーズにいくかなぁと思
うんですね。逆に今いった8人の中でも、えー、重要になってるような3人ぐらい
の人達が突然いなくなると、えー、ちょっと困るかな、という感じがします
ね。で、あと、さきほどの女性ばっかりの部署として、あの製品を仕上げる、最後
の仕上げをやるチームは女性ばっかりですけど、15人ぐらいいるんですけど、そこ
も同じで、責任ある人は2人ぐらいの人が中心になってもらってますけど、その下
で十数人が働いている形ですんで、あの、その人達がだいたいまぁ退職しますよ、
という形になった時に、まぁじゃ、あの新しく募集して、入ってもらって、慣れる
のにまぁ2カ月とか3カ月かかって、ま、だいたい、もう、すぐ馴染んでいけると
思いますんで、えー、以上のことを考えると、まぁ、ちょっとこれが実際どの程度
の割合かはわからない、ええ。

回答者: なかなか変われる人がいないというケースですね? 資格というよりも、えー
と、熟練度と、あとは、チームの中で責任を持って、そのチームをまとめているよ
うな人ですね、どちらかというと、ええ。そういう方々、まぁ実際にはその方も、
65歳になればリタイアされるんで、その下にいる人が、当然ながらその時期までに
はその人に代われるような立場になっていくんですけど、ええ。ただ突然というふ
うに、いなくなられると会社としては困るかなぁという意味でいくと、そういう全
体をまとめているような責任のある人だとちょっと困るかなぁという話ですね。あ
とは、その資格という意味でいくと、やっぱり工場ですんで、あの、国の方の国家
資格みたいなものは、やっぱりいくつか、会社として必要なものがありますんで、
そういう資格を持っている人がいなくなるのは確かに、ちょっと困る部分もありま
すね。

8

Unternehmen C

回答者: そうですね。

回答者: そうですね。うーん。この、そもそものこの、継続雇用制度を国が推し進めたわけですけれども、推し進めた理由というのが、あのー、さきほどもお話したその年金ですね。国民年金の問題ですね。結果的に、えぇ全員が一応お金を納めて、で、それが自分が歳をとったときに毎月、その生活費としてもらえるという形だったのを、先にお金を使ってしまったんで、お金がどんどんなくなってしまったんで、結果的に今までスタートが60だったのが65からということに、だんだん上げられてしまったということで、結果的に国が年金がないんで、無理やり企業に対して、まぁ、あの企業を退職する時期を65まで上げさせた格好なんですよね。で、今、国の方はそれをさらに、じゃぁ70まで、あの、上げたいというような方針も、少し、あの見せているようですけれども、だけれども、実際ね、あの、ドイツだとどうやってらっしゃるかわからないんですけども、あの、どんどん働く時期が、期間ばっかり長くなって、本当は、今まで60歳で定年して、60から後、まぁ、自分の趣味やなにかをしながら、年金をもらって、のんびり暮らせたものが、どんどん無理に働かされるようなシステムに、無理やり変えられつつあるあるんですよね。それはじゃあ果たして国民にとって幸せなのかというと、ちょっと疑問はありますよね、えぇ。

回答者: かといって、じゃぁまぁ働く人達が、早い段階でリタイアするのは、あの、若い人達が働いて、その上の人達を支えなきゃならない形になるんで、若い人の負担というのはどんどん増える形になるんで、そのへんはちょっとジレンマがありますね、そうですね。じゃ、仮にじゃぁ70まで上げるのはいいけども、今のような形、状況を考えると、若い人が逆に働く場所がなくなってしまっているという現状を考えると、まぁ、ちょっと決していい形ではないですよね。

回答者: えぇと、やっぱりそうですね。あの、65歳になって、あの、会社を定年します、あるいは、あの、途中でも60歳すぎた段階で、会社を辞めますというのが見えてきたところで、あの、新しい人を採用するんですけど、その時はやっぱり若い人を、あの、それはどちらかというと、長く働いてもらいたいという気持ちがあるもんですから、あの、若い人をなるべく採用したいというふうには、思いますね、はい。ただ、あの、定期的に採用するというよりも、誰かが、なんらかの形で退職するという時に採用するという形が多いもんですから、そういう意味でいくと、ちょっとその、若い人を先に採用しておこうという体制ではないですね。

Unternehmen D

回答者：…まあしたのは技術的な人がいなくなると困るって言うのもあるし、その人を育ててもらうためになるべく、できるだけ長くいてもらう・・・

回答者：何年ぐらい前ってまあ、大体もう10年ぐらいになるのかな？一応60歳で定年だったんですけど、それからまた10年ぐらいまた働いてもらう感じで。

回答者：どれぐらいっちゅうかさぁ、うちまだ小さい会社なもんでそこまでの年の人が何人か、まだ少ないもんですから、普通にそのままいてもらうような感じで。大きい会社だとやっぱりねぇ、沢山の人が出てくるので、うちはそのまま普通にいていただく感じで。そのまま雇うと言う感じで。

回答者：は、何にも使わなかったです。

回答者：問題は、ありませんでした。

回答者：って言われても・・・普通に働いてもらえるならやっぱいつまでも働いてもらった方が・・・

回答者：やっぱり会社の規模とか小さいからその働いてる人にかかってる責任っちゅうか、その何て言えばいいのかな？まだそんなにはいないので、会社が小さいっちゅうことでそのやっぱ出来るだけやっぱ頑張ってやってもらいたいって言う感じで・・・

回答者：話します。それは、あります。まずどっちからもあるので、こっちからまだやってもらえますかって言うのと、それとそうだね、むこうの人が働きたいかどうかって言うのが合わないって言うことで。

回答者：機械の段取り変えを行うとか、ちょっとその技量とかそういうのをやってもらわないと、ちょっと難しい仕事をやってもらっています。

回答者：製品を作る機械の調整とか段取りだとかっていうのをやってもらっています。

回答者：まあ同じタイプの機械を何台かをその下の人と一緒に見てるって感じで。まあ管理的な事をやってるって言うか、数とかそういう事もやってるもんで。

1

Unternehmen D

回答者：それはあります。だけどその人達はその人に教えてもらってるって言うか。

回答者：それは長くやってきた人の方が色々なものを知っているもんで、それは格差はすごいありますけど。

回答者：・・・はすごいありますけど。

回答者：遅いって言うことはないです。

回答者：いません。

回答者：それは今までのそのやってきた技術力って言うか、その人の能力をやっぱ出ていかれるのは嫌って言うか。そう言う部分で。

回答者：一応下げずに一応70歳までは。やっぱ70になると給料沢山もらうと年金が落とされちゃうもんで。70までは普通に同じ給料って言うか。って言う感じでやりますけど。

回答者：・・・もいます。

回答者：あ、最近入れたのはいますけど。契約・・・

回答者：まだそんなに契約社員って言っても、今までなかったもんで。パートとかアルバイトもあんまり使わないって言うか。

回答者：なので今までのうちの会社は、少しずつ大きくなってきたって言うのがあってその中でそう言うものを使わずに皆正社員で使ってきたって言う感じで。

回答者：あまり問題はないとは思ってますけど、会社は小さいっちゅうことでその大きい会社にはあるようなその給料のその何て言うのかな？年々増えてくって言うのもないですし。そう言うのをどうしていくかって言うのが自分の仕事です。

回答者：今までうちの会社がその年の人がいなかったって言うか。そうだもんで、まだそう言う色んな事は経験してないって言うか。60過ぎても同じ様に正社員と同じ様に働いてもらおうって言う感じでやってるんですけども。

2

Unternehmen D

回答者：まあでも70歳越えてもやりたければ、働いてもらうし。そこのところの年齢っちゅうのはあんまり気にしてないって言うか。

回答者：ただ定めてないだけで・・・

回答者：それは、辞めてないですよ。ああ、やっぱその70越えても給料下がってでもやってもらってる人がいるもんで、その年金との関係で。それは、働きたければいつまででも働いてもらえれば。

回答者：最近72歳でもう無理ですって。だから他の会社で定年越してうちの会社で働いてもらったって言う人は、まあ何人かいるので、やっぱその普通に雇うより少し安いって言うか給料が少し安いって感じで。まあ、そう言う人達はやっぱそんなに難しい仕事は出来ないんだけど、そう言う人もいますよ。

回答者：ああ、そうですね。他の企業で定年になってそれで仕事を探している時にちょうどうちがあってうちで正社員って感じで。

回答者：・・・は、全然関係ないです。

回答者：ああ、そうですね。もう浜松もどんどん企業が外に出てっちゃってるもんで、そう言う人達の受け皿っっちゅうもんもなくなってきてるって思うんだけど。

回答者：知り合いみたいなのもありましたし、あのハローワークみたいなところでって言うのもありますけど。

回答者：メリットはやっぱり色々仕事して経験してきている人だもんで、やっぱ回りの人とも上手く接する事出来るし、真面目だよね。真面目って言うのは、昔の人って真面目なもんで若い人入れても直ぐに辞めてっちゃうって言う子もいるもんで、まあそうですね、それが一番のメリットで。後デメリットは、やっぱりいれる年数が短いっちゅうことで、その新しく難しい仕事とかはやらせられないって言うか、誰でも出来る様な仕事しかやらせられないって言うのが、それがちょっとあれですね。

回答者：悪い影響はないもんで、ただそれだけって言うか。そうですね。年いった人も、若い人は青いものでやっぱ年いってる人のそう言う良い所って言うか、まあ若い人と上手

3

Unternehmen D

く接してくれるもんでそこの所は良いと思いますけど。

回答者：別にそんなことあんまり考えていないんで、出来る人は出来るだけ働いてもらいたいけど、まあ上げなくても別にそのまんま仕事してもらえれば良いだけの話だもんで。それだけの話です。

回答者：ああ、それは人によって違ってきます。やっぱゆういつ身につけてきた人を・・・まあだけれど下の人が育ってくれればそれは出来ますけれども直ぐには出来ないもんで。置き換えは出来ない仕事もあるし。その仕事にも色々あって、誰でも置き換えれる仕事もあるし、難しい事をやっぱり下の人が育ってくれるまではそのいてもらわないと困るって言うのも、色んな・・・あ、いいですよ、これいっさいちょっとおかしいだけで。ここに丸付けちゃったからちょっと・・・

回答者：具体的にちゅうか本当に、本当に簡単な仕事でボタン押すだけとか、そう言う機械についてその機械に関してあまり知識とか能力なくても出来る様な仕事ですけど、そう言う仕事なら誰でも置き換えることが出来るもんで、そうじゃない技術的な方向にいってる人は、簡単には切り替えれないって言うのがあるんで、やっぱそことは両方に分かれちゃってます。

回答者：まあそう言うならないようにはしないといけないもんで、それにそんなに年の人が多いわけじゃないもんで、まあこれからの問題になってくるっちゅうか皆、会社とともに皆が年寄りになるとそう言う問題は出るかもしれなけどでもやっぱ下の人を育てればそう言う問題にはならないようにって言うのは思ってますけども。

回答者：あ、そのままじゃ大丈夫じゃないので、やっぱりその人の下に人を付けて、そのまあ、仕事によってですけど、難しい仕事をやってる人には、本当に人を付けてその人のやってる事を出来るだけ出来るように教育はしないといけないもんで。だからうちの会社はそんなに大きい会社じゃないし、ここでは今のところ別に問題はないし、今のところは良いです。今の現状的には、それはその状態で。

回答者：それは、続けますけど・・・そうですね、そんな感じで。そうだね、問題ないもんで、そのまま続ける感じで。

4

Unternehmen E

回答者：そうですね、4年ぐらい前ですかね、はい。

回答者：わりと直ぐでしたよ、半年ぐらいで直ぐ出来ましたけどもね。

回答者：そうですね、使いましたね。一応労務局かな？それとあと社会保険労務士か。社会保険労務士って言うのがうちにいますので、お付き合いしているところがありますので、そこの指導と相談で導入を致しました。

回答者：興味があった点は、そうですね、結局今まで長い間やっていただいた方が結局そこで線を引いて辞めてしまうと言う、技術とかノウハウとか知識、そう言ったようなものがもったいないと思って、特に私達の業種はメッキーメッキって言うのは結構技術的に難しいんですね。そう言うのを伝授していく、次の若い世代に教えていくって言う点でもね、やっぱりそう言う人達が必要じゃないかと、でまた60歳から65歳の方はわりと元気ですよね、今。だもんですから、やっぱりそう言う働きたいと言う意欲もありますから、まあそう言う点で技術の伝承と言うところで一役かってもらおうかと思いまして、延長制度を導入しました。

回答者：まあ、再雇用になりますね、はい。延長は、うちの顧問って言う。顧問ってわかりますか？はい、一般的な顧問になってるんですけれども、その人は本当に技術があるもんですからそのまま延長雇用で、再雇用ではなく、今、もう80歳になる顧問がいますので、はい。

回答者：そうですね。

回答者：そうですね。

回答者：そうですね、これいつでしたっけ、お答えしたの？えー日付が・・・

回答者：あ、そうですか、はい。そうですね、はい、いますね。

回答者：うん、そうですね、はいはい。

回答者：あーそうですか。要は技術がすごいある人は、基本的に延長してもらってます、

1

Unternehmen E

延長。で、継続雇用は、一回辞めて再雇用ですよね？あ、再雇用の方は、まあさほど技術はないけども、ある程度までの知識はあるって言う方は、再雇用でやってもらってます、65歳まで、はい。

回答者：やっぱり給与の面が若干下がります、はい。

回答者：ほとんど同じですね。もう一般社員と同じですね。

回答者：選んだ理由ですか？いや、それは本当選んだ理由って言うのもやっぱり社会の流れって言うのもありますからね。確か、継続雇用推進しましょうと言う制度が出てるはずなんですね。まあ、それを取り入れる中でうちは導入したと言うことですよね。まあ、その時にまあ再雇用って言うのもあるし、継続雇用って言うのもあると言うことを知って、継続社員って言うのはどう言うふうにしたら良いかって言うことで、一応何かの基準を決めて、で、本人達とこうお話し合いをしたと言うことですね。

回答者：まあ別にまあ今までやっていただいた仕事内容だったり勤務態度であったり技術内容って言うのは全て会社の方で把握していますので、まあ改めてそこでその人をこう審査とかする必要はないのではないかと言うことで、特に基準は設けてはおりません。

回答者：再雇用の方の仕事内容ですか？

回答者：仕事内容は、本当うちはメッキ、メッキのラインに従事して仕事をすると言うことですね。

回答者：そうですね、機械は自動的に動いていますので、それに物を投入すると言う作業であったり、出てきた物を検査するとかって言う作業になります。

回答者：複雑と言うよりも逆に今度指導する、「こうした方が良いよ」、そちらの方に重点を置いています。だから本当に一生懸命ガシャガシャ物を動かすと言うのは、若い子達。それをあーだこーだ言う、「こうした方が良いよ」、「ここはこうだよ」って言うのを教えるって言うのが、再雇用された方ですね。

回答者：まあ基本的に今まで60歳になるまでは、本当一生懸命やってもらってこう会社の外の人とかに話して、例えば、わかりやすく言うと営業。営業の方って言うのは、当然ながらメッキの技術も持っています。そう言ううちは、現場で一生懸命培ったノウハウ、技術を持って、営業に向いている人には営業にすると言うようなね、流れなんですね。だか

Unternehmen E

ら、今まで営業をやってて60歳になりましたと。そうすると当然ながら若手が育っ
てきて、若い人が、そうすると、若手、この人がずっといるとこの人は、この人を
追い越せないんですね。ですから、この人を技術力も、技術もあるんでそれをもう
一回フィードバックして現場の方でね、もう一回力を発揮してもらおうと。で伸び
てきた営業の若い子を今度一番トップにしようと言うことで、ここで各人ごと決め
ていると言うことですね。

回答者：そうですね、もうずっと逆に言うともう最初から現場。60歳まで現場。20
歳から60歳まで現場の人って言うのは、やっぱ現場になってしまいますよね。

回答者：特にね、準備はないですね。やはりさっきも行ったとおり今までやってき
た事をただ、もう一度フィードバックすると言う意味合いですので、まあ特に、何
だろう、またそこで教育するとか、新たに何か頑張ってよ、やってよって言うよう
な事はしないです。

回答者：まあ一応総務を担当していますので、はい。

回答者：やはり、60歳を超えると逆にやりたい事って言うのも出てくるんですよね
。この方達が希望者でもちょっと体調が悪いとか。体調が悪いけどやっぱり仕事を
続けたいって言う人もいて、やっぱり病気になった時に通院したいと言うような希
望も出てくる方もいらっしゃるんですね。そう言うところがやっぱり時間的なとこ
ろ、フルタイムー8時から5時までよりも8時から4時までにしてくれとか、そう言う
方も出てくるんですよね。あとは、家の都合とか、家庭の都合ですよね。

回答者：そうですね、まあ、例えば孫、お孫さんがいる、でちょっと孫の面倒を夕
方見なきゃいけないからとかって言うことでちょっと時間を短縮してもらえないか
だとか、あとは、何だろう？例えば腰痛、腰痛いからちょっと重い物を持つのがな
い仕事にしてくれとかって言う様な希望はありますので、はい。

回答者：そうですね、はい。話ししてもらいますね、はい。まあ、60歳になった時
点で、どうしますかと。退職されますか、それとも一度退職になって再雇用って言
う形で会社に残っていただけますかと言う様な質問が一つと、あとは会社側から逆
にあなたの技術は素晴らしいので、是非このまま継続してお願いしますと言う二通
りが生まれて来ますので、先に述べた方の時には、一度考えておいてくださいと言
うことで一応お話をしています、はい。

回答者：そうですね、はい、低いですね。

3

Unternehmen E

回答者：そうですね、はい。

回答者：そうですね、はい。

回答者：特にはないですね。大体今お話しした事が全てですかね。

回答者：そうですね、ないですね、基本的には。まあ、中々60歳になってから新しい事を教えると言うか、もう一回学ぶと言う事は中々精神的にも肉体的にも大変だと思ってますので、より良い環境で長く勤めていただければ良いのかなと思ってますけどもね。

回答者：そうですね、まあどちらもそんな差はないですよ、決め方に関しては。特に再雇用だからこうとか、継続雇用だからとかって言う様な明確なものはなくって、そう言う人が現れた時にじゃあどっちにしようかって言う様な感じでいますので、はい。特にそんな、思いっきり線をピシッと（引いて）こっち、こっちと言うようにはやってないです、はい。

回答者：それはあれですか、一般の方、それとも先程おっしゃっている60歳以上の方についてですか、どちらですか？

回答者：60歳以上の方ですか？まあ、あれですよね、パートにしてほしいって言う場合は、本当に時間が短くなってますよね、6時間とか。それはやっぱりさっきも言ったように家庭の事情とかでなってるって言うことでパートになっているわけで、まあ別に、先程も何回も言ってますけど、技術の伝承のためにいていただくと言う事が本当にメインで考えていますので、まあ、たとえそれが短くなったとしても、まあそんなにデメリットは発生しないのかなと。逆にメリットって考えると、まあメリットはあまりないのかな？その本人達はメリットがあるでしょうね、例えば8時間どうしても働かなきゃ再雇用してもらえないって言われているんではなく、別に時間が短くても再雇用してもらえるんだと言う状況がありますので、働く方々にとってはメリットがある。会社としては当然ね、やっぱり、8時5時と言う勤務時間がありますので、当然ながらその時間は働いてはもらいたいんですけれども、まあ60歳以上と言う事で高齢って言う事でね、そんな無理を言えないと言う事で、まあそんなにメリットは感じていないですけどもね、はい。

回答者：そうですね、はい。

回答者：違いますよ、正社員ですよ、皆。

回答者：そうですね、はい。

4

Unternehmen E

回答者：そうですね、はい。

回答者：そうですね、はい。

回答者：これ、多分、雇用者のメリットだと思います。って言うのは、日本にある年金制度がありますよね。年金をもらえる年齢が割と皆さん違うんですね、62歳の人もいれば64歳の人もいる。大体皆さん、年金を意識して退職を考える方が多いですね、退社を考える方がね。だから会社としては、それ程、別に1年、最初に5年なんて言っちゃって、途中で辞められるとそれはまた会社の考えと変わってきてしまいますので、まあこの人は1年単位でいなくなるのかなと思いながらも、こう色々組織変更なんかをしていけば、会社の組織が大幅に変わる事もなく順調に会社運営を継続出来るのかなと思ってます。

回答者：は、ないですね。

回答者：それは、なんですか、例えば調子が悪くなっても働くと言う、働き続けるって言う事ですか？

回答者：まあ、そう言うケースがあまりないもんで、あれですけど、基本的にはあまり大きくは変わらないと思います。やはり、その体調の状況で判断さしていただいて、雇用条件を下げるのかどうするのかって決めますけども、基本的にはそんなにあれですね、大きく変更はないです。そのせいで賃金が下がるとか、当然まあ今度はもっと何だろう？軽い仕事？腰に負担にならない仕事でやっていただけますか？って言う様なお話しはします。やっていただけるって言えば、それはそれで、そこの職場についていただいて働くと。ちょっと無理だよって言う場合は、じゃあもう契約が切れますので、じゃあここまでにしましょうと言う様なお話しはさせていただくつもりですけども。大体今まで中々そう言うケースがないものですからね、大体皆60歳で再雇用すると65歳まで皆さんいて、65歳になったら一応退社をすると言う様なケースが多いです。と言うのもそう言う背景が、会社辞める人が少ないです、離職者が。本当に1年に一人いるかいないかぐらいで、もうずーっとこの会社にお世話になってる方が多いんですね。なので、皆さん何かそう言う、恩返しじゃないですけど、60歳から65歳までは、今まで私を雇ってくれた会社のためにもうあと5年ぐらいは、体が健康な限りは、会社に残って会社のために何かしようと言うふうに思ってくれる方が多いもんですからね。まあ途中で63歳だから辞めたって言う事例は今のところないですね。

回答者：は、ないですね。うちは、リーマンショックでかなり皆さんもそうでしょうけど、

5

Unternehmen E

売り上げが下がりましたけれども、人をどうこうするって言う事はなかったですね。人をパートにするとか、人を退社しちゃうとかではなくもっと他の方法でこの不況を乗り越えようと言うことでしたので、そう言う、もちろん私達正社員も別にパートになることもなかったですし、当然再雇用の方達も雇用形態が変わるとかは全くなかったです、うちは。そこで現状がどうこうって言うようよりも、もっと会社の中で出来ること、もっと例えば電気をこまめに消すとか、もっと安い物を買うとか、もっと利益を生む様な行動に変えるとか改善活動していくだとか、そっちの方がメインだろと言うことで、人のところにはそのいっさい触れていません。

回答者：そうですね、私達も給料が別にそれで、よく聞くのが何パーセントカットだとかありますよね？そう言うのがなかったですから。

回答者：そうですね、ありますよね。

回答者：いや、全然、全くカットはしないです。他の事で何とかします。

回答者：やっぱりその皆さん家庭がありますよね。生活があるんで、やっぱりそこに手を付けるって言うのは、一番最後。もう本当に会社が倒れちゃいそうだよって言った時には、止む負えなく、申し訳ないですけどとお話しをしますけども、基本的には何とか皆さん従業員の力でなんとかしようとしていますので、はい。うちは、その大きい会社じゃないんでね、大きい会社じゃないもんですから、まあそこで保険料をちょっとカットしたからってじゃあリーマンショックのそのショックの幅がこうなるかって言ったらそうならない、で元に戻るかって言ったら元に戻らないですよね？それ以外にもっともっと仕事のところで色んな事をしたらもっとこれが戻った時には、もっと利益が増えるんじゃないかって考えていますから、特にそう言う考えはなかったですね。ちょっと驚きですね、やっぱりそう言う会社があるんですね、やっぱ賃金カットしたり、雇用形態を変えてもらったりと言うね、中々そう言うのは、働く方々にとっても不安になりますよね。えー、じゃ次僕はパートになっちゃうの？僕は正社員じゃいられなくなっちゃうの？ってなるような不安で仕事を一生懸命やってもらえないとか士気が低くなってしまうと困るのでやはり雇用形態は、現状維持と言うことでいます。

回答者：そうですね、うちの会社は割とこうファミリー的って言うかね、こう従業員を大事に大事にするって言う傾向って言うかね、そう言う会社の考えでいるもんですから、はい。

回答者：うーん、基本満足しています。基本満足はしていますけども、どうなんですかね、

6

Unternehmen E

何て言えば良いのかな？その方々が本当はもっと働きたいって思ってる。もっと僕はやれるよとか、私はやれるよって思ってる時に何かこう再雇用制度と言う枠組みの中でやるとやっぱ1年単位とか5年単位、5年までしかないんで、さっきも言ったようにちょっと不安になるのかなと。もっと本当は働きたいんだけど、働かしてもらえないと言うような考え方の人もいるし、逆にちょっともう私ここまでの仕事は出来ないからもう少し軽くしてもらいたいって言う意見も沢山あると思うんですよね。そこが1年単位の契約だと大体1年毎にしかお話しはしないですね、会社と。あなたはどうですかって言うのを1年。じゃなくこう期間を短くして半年の時に意見交換をして、もっとより良い充実した制度になっていけば、会社も満足するし、働いている方も満足するんではないかなと。まあそこらへんのちょっと満足度調査って言うのはやってないもんですからね、どう言う考えでいらっしゃるかわからないんですけども、基本はまあ満足はしていただいているのかなとは思ってます、はい。まあそう言うところで少しコミュニケーションを図れたら良いのなと思ってますけども、まあそう言うところがちょっと課題ですかね。あとは、もっと働けるからお金をくれって言われた時はどうしようかなって感じはします。そこはやっぱり会社の考えと個人の考えとのギャップのところでどう埋め合わせをしていくかって言う。まあ今のところそう言う問題はないんで、あれですけども、まあそう言うところもいずれ出てくる問題だと思うんですね。まあそう言うところの準備はしておかないといけないのかなとは思っております。

回答者：要は、頑張ればもっと会社で働かしてもらえるって言う目標ができますよね。あの人ぐらいの技術があれば、私も65歳まで、或いは…もっともっと先言うと80歳ぐらいまで働かしてもらえる可能性があると言う事でやっぱり若い人達にとっても良い見本になるって言うところでメリットがあると感じています。はい。それでその中でやっぱり意識が高い状態でいれると思うんですね。ですから意識が高い状態でいてければ必然的にモチベーションも上がってますから必ず利益に反映はされていると思っていますので、そう言う点で利益に結構影響を与えているんではないかなと。

回答者：そう思いますね。やっぱりそこで、本当に元気な人が多いんでね、そこら辺がやっぱりちょっと難しくなってきちゃったのかなって思う感じがしますね。昔はね、割と60歳になると辞―めたって人が多かったんですけど、ここへ来てやっぱり65歳まで働きたいって言う人もいるし、やっぱりお金はもらいたいですもんね。

回答者：はい、そうですね。60歳以上の方は、やりたい事もあるでしょうし。

回答者：まあ、そこは難しいですね、中々ね。今、本当高齢者って言うかね、お年を召している方はピラミッド型って言ってね、少なくなってるから非常にやりやすい状態になっ

Unternehmen E

てるんでしょうけど、逆にこのままこう上がってくると人が溢れてしまうと言うところで、そうですね、そこでやっぱり何か時間のやりくりとかで上手くのがれると言うかね、他の方法を考えるべきなんでしょうね。あの、皆が皆やりたいからって言ってこんなんなっちゃって、会社が逆にこうなっちゃうと、うーん・・・会社の成長って言うのがね、やっぱり少なくなってくるんで、そこはちょっと考えた事なかったですけどね・・・

回答者：は、ないですね。うちは、本当毎年毎年新入社員を入れています。

回答者：そう、どんどん増えていきますよね。だから何としても会社としてもっともっと大きくなっていってそう言う器にも耐えれるような器を作っていきたいと思ってますけどもね。

回答者：そう・・・でもまあ職場の確保とかじゃないですかね。まず職場の確保ね、それはまず一つと、まああとはどうなんだろうね、あとは金銭的な面で会社の経営状態やっぱり潤ってないと中々やっぱり雇用も出来ないでしょうし、まあ、そう言うところの準備ですかね。当然金銭的にちょっと苦しくなるかもしれないですよね。そうですね、準備ね・・・長期間的に何かね。

Unternehmen F

回答者：私がこちらに来たのが2年前なのでそれからですね、ですから再雇用を実質再雇用を始めたのが3年ぐらい前からですかね。実質的に3年前。

回答者：実は、私どもには親会社がありましてね、それでそちらの方が大体あの一部、東京の証券市場ご存じですね、一部に上場している会社ですので、日本のその法令に大体もう決まると法令に沿って親会社が変えていくんですね。従って、親会社の方がそう言うシステムとかルール変更をすると大体法的な対応も含めて国の指導とかそういう方法に子会社の方もならうと言うことですね。そう言うのですので、まあ若干親会社が取り組むよりはね、5社程子会社があるんですけどもそれぞれもう子会社にあの任されている部分がありますので、子会社の経営状況とかそれによってですね、その導入の時期が親会社よりちょっと遅れると言う形になりますね。ですから親会社の場合はですね、そうですね、再雇用って言うのは、随分もう10年ぐらい前からやってましたんで、だから、我が社の場合は、社員の構成上2、3年前に、3年ほど前って言いましたけど、それまでそんなに定年退職者って言うのがない会社でよく古くから勤めていた人がいるんですけど、まあ、ここらの印刷工場が主体ですのでね、まあ80人当時は多い時で100人ぐらい120人ぐらいいたそうですけど、まあ今は80人弱ですが、そう言うあの地域の工場ですので、人がこうやっぱり流動的と言いますかね、雇用状況が、辞めてって定年までずっとって言う人はそうたくさんって言うか、あんまりなかったようなんで、だから会社としてはそう言う意向は持ってたんですけど、該当者がないって言うんですかね、でそれがですね、3年程前から60歳まで、一応60歳定年まで勤めた方が出て、該当者が出たもんですから、3年ほど前から具体的にこう、ええ。

回答者：参考資料はですね、先程言いました様に親会社で、ええ。親会社のですね、そう言う・・・

回答者：あの、XXXXと言うこの会社自体としてはは指導は直接的に受けていません。大体わからない事については、こちらですね、社会保険労務士さんってご存知ですね、あの社会保険労務士とそれから行政書士さんですかね、会社の何かそう言うことは相談をするようにしていますから、親会社とそう言う専門の知識がある方に一応伺って、そう言うルールを作る時にあの、高齢対応だとか、どう言う具合にした方が良いかと言うのは、相談をしながらやってます。あの、国だとか国の機関に直接問い合わせすることはないですね。

1

Unternehmen F

回答者：親会社はですね、大体、良い点と言うか、親会社も一部上場会社ですので、やっぱりある程度、我が社みたいな規模の会社からするとちょっと比較的条件の良いものが設定されますよね。但し、そこに具体的な条件とは別に基本的にこう言う再雇用、定年退職者には再雇用システムを規則化する、その規則にする、そう言うのは、「第一条何々・・・」と言う形でもう本社、親会社が作りますので、だからそう言うことをですね、あの教えていただきながら、あの基本的な捕手、骨になる情報を指導いただくと言うんですかね、教えていただくことが出来るので、私達が自らですね、そう言う規則作りを頭をしぼりながらやることはない。まあ、日本語で良く言うひな型ってご存知ですか？あの、ひな形と言うものに近いようなものがあるもんですから、後は具体的な面で、会社の規模と実力に合わせて条件をですね、変えていくと言うことですから。

回答者：導入の時はですね、問題はないですね。あの、我が社も労働組合がありましてね、まあ人数が全体的に80人弱と申し上げましたけども、組合員でない人も結構いるんですけども、それにしても労働組合は一応あるので、全て労働組合と話しをしますから、組合も特に異論はなかったようですし、あのこれ私が来る前から色々と話し合いがあったようですけども、何も問題なく、ええ。

回答者：あの、私はですね、実は昔、若い頃に労働組合の員長やってたんですね、親会社で。で、労働組合の員長やっていて、まあ、最近労働法だとかあまり勉強はしていないんですけども、あの基本的に従業員の立場と言うかね、でそう言うことは一応理解はしている、そう言うバックグラウンドがあるので、それと会社が小さいですけども、まあ親会社よりもちょっと常務と言う役員が出たもんですからね、今子会社の社長やらしてもらってるんですけど、今の経営者のね責任って言うのは、要するに社会的責任が経営者にはあるんですね。で、社会的責任ってことになるとですね、その会社に従業員がいて、そしてその従業員には家族がいるわけですから、そう言うその家族を含めたね、生活を安定させる、その生活を安定させる、その自分の会社で抱えてるその従業員の生活を安定させるような経営をすることが、結果的に社会に貢献をすること、社会が安定するって言うことは、まあ、言ってみれば、家庭が安定していて、そして会社が安定している、それぞれがこうピラミッドになって、一番下が安定していなければならないと言うことで、最低小さな会社であっても、従業員を抱えてたらその人達の生活の保障をすると言う、これが経営、今のですね、近代的な経営者の最低の義務と言うか責任だろうと思っていますので、従って国のね、色々その法令が変わったり、状況が変わっていって、そして国で色々制度が変わったりする。それが法令化された場合には、法律で定められれば、それに企業としては、確かに大変な事があると思うんですけれども、そう言う国の指導なり、規則なり、それに従って一生懸命そう言う努力をして、従業員と対応ですね、そう言う対応をしていくと言うことは、当然の事だと。だから赤字になって倒産するような状況だったらとても出来ませ

2

Unternehmen F

んけど、そうじゃない限りはですね、やっぱりそれに、国の方に指導と言うかそう言う体制にですね、従って経営をやっていくと言うのが、今の私の責任だろうと言うぐらいに思っておりますので、ですから、こう言う特に日本の場合は、長生きするようになりましてね、退職してからの人生が長いわけですから、そう言うことを含めて生活の保障、年金の関係だとかを色々と考えるとやっぱりもうちょっと働く期間がね、あった方が良いと言うのは私も良くわかりますから、極力そう言う会社として、本人が定年後に働くと言う意欲がある人達については出来るだけそう言う窓口を広げると言うのが・・・と思っています。

回答者：私のところはですね、総務部長が基本的には対応しています。

回答者：はい、それでね、一応ちょっと簡単にですね・・・この間アンケートをあれした時には内容が若干違っているかもしれないんですが、今はですね、ちょっと私が説明しますとですね、60歳になった時にですね、本人が希望をする場合ですね、これお読みになりますよね、希望する場合にこう言う条件に合えばですね、再雇用、嘱託社員と言う名称を付けたその再雇用をしますと言うことにしたわけです。まあ、まず健康であることですね。それからいわゆる社員でいる間の職務態度がですね、良くて、出勤率が高くて、まあ90%以上、あまりにもそういう欠勤率が多い人はこれはもうちょっとご遠慮いただきたいと言うね、ことで。それから過去3年間の職務表、勤務評価が平均以上であること。やっぱり勤務評価が悪い人はですね、いてもらっても困るので、だからまあこういうことをですね、前もってルールを会社で示してありますから、だから働く人たちもそう言う将来の事を個人個人で考えた場合にはこう言うことを意識しながらですね、前もって定年の5年前だとかにね、まあそれぐらいまでになると、自分の人生設計の中ではやっぱこう言うことも頭に置いといて日常の仕事をしてもらうと言うことも必要かなと言うこともありますね。それからやっぱりあのここがですね、これが仮にこう言う条件に満たなくても会社がですね、何か特殊な技術だとか能力だとかそういう物を持ってる人に、この人どうしてもちょっといてほしいと言う人が中にはいる可能性がありますよね。そう言う人は、当然会社の判断ですけど、まあそれと本人との話し合いですけど、いてもらいたいと言うことで。それでこれを希望する場合は、再雇用を希望する者はですね、所定の様式、まあ会社で様式がありますので、それに書きこんでもらって6ヶ月前までに、定年になる6ヶ月前までに再雇用してくれと言う申請をしてもらう。それを申請して、それからですね2ヶ月ぐらいちょっとやり取りすると。それで2ヶ月前までに会社は、ここに書いてありますけども、申請者と労働組合に定年退職日の2ヶ月前までに再雇用をするかしないかと言うことを通知をすることになっています。今のご質問はこう言う感じでよろしいですかね？あとは多⊠条件だとかそういうことが書いてありますので。・・・こちらの方が正しいので。

回答者：選考がなかったらですね、あの・・・直ぐやっぱりですね、まあ全員再雇用した

3

Unternehmen F

としますね。そうするとやっぱり年をとってますから健康上の理由とかそれから勤務に対する、仕事に対する意欲とかですね、要するに再雇用をすると会社としてはやっぱり働いてもらわないといけないじゃないですか。それをですね、やっぱり勤務態度が良好でないと会社に遊びに来られたんじゃ困ると言うね。それからもう一つはですね、その人達がいいかげん、いいかげんって言葉ご存じですか？真面目に仕事をしていただかないとこっちの社員の人達に悪影響が出ますね、職場の雰囲気がね。あの人達は確かに定年で再雇用なんだけれども、あんな仕事のやり方とかね、あんなさぼってたり、さぼったりって、そんな状態で何だって言う。職場の中で今度は従業員同士のそう言う人達を含めた、その色々な感情的トラブルが発生する可能性があるもんですからね。従ってそう言う、私の立場からすると当然会社の従業員全員がですね、あまり大きなトラブルがなくて、特に人間関係のトラブルって言うのが会社ではいっぱい起こるものですから、極力こう身分が違う様なそう言うとこでですね、また新たなそう言うトラブルをですね起こしたくないと言うのはありますね、当然。従って、さっきもありましたようにやっぱり標準以上と言いますかね、平均的なところ以上の人じゃないとちょっとご遠慮しなければいけませんね。社員の時にやっぱり勤務態度が良くないと言う人をただ、そう言う条件できたから何のその、自動的にいてもらうと言うわけにはいかないと。それとですね、これは日本の何かこの日本人気質と言うか日本の何かその日本人のね、価値観だとか日本の伝統だとかだと思うんですけども、古い人が要するにその古い人を敬うって言うことはもちろんあってね、年のね。ただし、今度定年になった人達がですね、若い人はこう年寄りを尊敬をしたりあのちょっとやっぱり日本では一目置くって言うんですけど、ね、目上の人をこうたてるって言うそう言う気持ちあります。しかしそう言う気持ちがあるにも関わらず一回定年された人がですね、いて大きい顔をすると言うかね、再雇用になってから大きい顔、大きい態度をして、それで何か命令みたいな。実際命令権はない、職務業務上はそう言う長だとかそう言う職制のですねいわゆる責任にある立場にはまず就きませんので、でそうすると何か今まで俺達はね、何十年もこの会社にいて君等より働いてきたんだみたいなね、その再雇用の立場になってからですね、現役のその社員の人達に、こう命令みたいな言葉使いをしたり、態度をしたりする人がいるとまた困るんです。で、これはね私が親会社にいる時にも経験しましてね、そのそう言う自分が一旦リタイヤしてそれでその再雇用と言う立場になったら今までですね、課長だとか何かそう言う立場にいた人達はですね、ずーっと継続的に何か課長みたいな形でやる人が中にはいるんですよね。そうすると若い人嫌がっちゃう、そう言う人がいて・・・ですけど、そうじゃなくて自分はもうリタイヤしたんだからもう立場が違うし、そこで気持ちを切り替えて自分の立場だとか権限だとかそう言うことを切り替えて、むしろそのOBとしてですね、自分が培ってきた経験・技術・蓄えた知識－そう言うものを上手にですね後輩に伝える、指導を伝えると言うことが出来る人が非常にありがたい。ですから何か威張りたがり屋みたいな、簡単に言っちゃうと威張りたがり屋って威張る人、でそう言う人がですね、その60歳以降再雇用した時に切り替えが出来ない人って言

Unternehmen F

うのはですね、これは私が親会社にいる時に現実に経験しました。そう言う人はで
すね、やっぱりいてもらっては会社の組織がね、要するに再雇用したことによって
、それはそう言う人達の面倒を見てあげなきゃいけないって言うさっき冒頭に私が
言った社会的責任、経営者としてはあることはあるんですけど、だからと言って組
織のね、秩序が乱れる様な振る舞いや言動をされるそう言う個人の方についてはね
、まああのフリーパスと言うわけにはいかないと言う思いです。

回答者：あの私のところの継続社員のその営業はですね、まあ昨日から該当になっ
た人がいるんですよ、営業やっててね。3月1日から再雇用になった嘱託社員がもう
いるんですけどね。あの通常今まで営業、うちは営業をお客さんの所にですね、あ
の仕事をやっぱり、頂きにって言うか、その新規のお客さんとそれから今まで取引
をさせていただいているお客さんのところとあるんですけども、そこでですね、新
規のところでは新たにそのXXXXですから、こう言う仕事をやってますので是非弊
社を利用いただけませんかと言う形で営業をしますよね？で仕事を頂く。まあそん
な、これはもう簡単な話で、ましてや今は不景気でですね、市場がシュリンクして
いる中ではね、とても新規のお客様は中々買い取り出来ませんけど、それはいつの
時代でもあったりね、どこの会社でもやっぱりそうお客さんを開拓しようとする。
それから今まで取引をしているお客さん、ここはですね、大体仕事の内容も明らか
にわかってますから、頂いてる仕事、この注文を頂くと言う。で、このやり取りを
ですね、ですからそう言う中でも新しい製品を開発したりすることもありますので
、既存の物で今までの取引の物をいつまでにあの製品をこれだけの数量集めてくれ
と言うような事が日常あるわけですけど、それとは別にお客さんの方からですね、
今度はこう言う製品を作ってみたいのでこう言うちょっと印刷物とかですね作って
くれと言う様なのはある。でそう言う時には、ちょっと技術的なこと？弊社の場合
はですね、印刷の中にパッケージと言って簡単に言うとお菓子の箱なんかにありま
すああ言うのをですねちょっと厚い紙に印刷して全部組み立てて箱にまでするんで
すね、ただ印刷に刷り上がっただけの印刷が出来るだけじゃなくて、それでそれを
箱にまでこう言うするところまでありますから、そうすると箱の形状だとかですね
、そう言うことって色々ね、化粧品屋さんだとか、それから飲料水だとか薬品関係
だとか食品だとかですね、まあ特にお菓子屋さんなんかは次から次にお菓子箱を作
る。でそう言うこうデザインをどう言う場合にするかある程度何か技術的な知識を
持ってお客さんとやり取りをするって言う、まあこれがうちの営業の主なところで
すね。それから工場の方ではですね、あの生産業務なんで、生産産業って言ってま
すけどあのまず一番なのが印刷ですよね。で、これはまあ印刷技術を相当身につけ
ないと、ただ印刷機をそのスイッチを押してただ回せば良いってもんじゃないので
。それから先程言いました箱まで印刷するだけでもう色々こうものすごいカラフル
な印刷ですとかね、そう言う物があってそれからそれで終わるお客様もいやっしゃ
るんですけれども、まあ最終的には箱まで仕上げてくれと言うお客様も多いですか
ら、そうするとその箱をです

5

Unternehmen F

ねちゃんと形に打ち抜いて、そして組み立ててそしてのり付けをして箱に仕上げると言う。それももうほとんど機械をとおすんですけど、でそれぞれにその製造工程がありましたそう言う仕事が一連の中で出来ると言う。それでもう一つ前の段階で一番大事なのはですね、まずはコンピュータを使って、箱の設計があるんですよね。でここはですね、ちょっと一般的技術だとか知識では中々出来ないですね。コンピュータを活用して箱を新たな箱の形状とかそういうのをですね。それとももちろんこう言う紙にですね印刷をするんですけど、あのこんなでっかいような感じですからあの面付けって言いまして、この一枚の紙にですねある例えばこれだったらいくつ入りますかねって、こう言うのをですね、あの紙をやっぱ有効的に使わないといけないですから、これを一つしたらあとは利用出来る面積がこれだけで捨てなければなりませんから、ですから従ってこう言うのをですね上手く利用、でそこでその前にですね、ここのこう箱の、まあある箱を作るとこう言う形状が色々ありまして、まあもう普通の箱だったらもう何もいらないんですけど、それこそ先程言いました新たなお客さんなんかのご要望にこたえるためにコンピュータで全部それを全て機械に当てはめて印刷をしてそれをですね、今度機械であの紙をこの形を打ち抜くんですよね。だからそういうのがですね、あのきちっと機械でいくようにコンピュータで全部あの設定をするあれ、そう言う仕事もあるんですけど、そこはですねちょっと特殊能力があるもんですから、ちょっと工場の中でも誰でも良いと言うわけにはいかないので、でそう言う仕事はちょっとまだ該当者がないんですね。

回答者：あの、もうもしですね将来そう言う能力を持ってる人が該当者になった場合にはですね、可能性はありますね。でそれはどちらかと言うとむしろ、これに近いうちで言うと、ここにですね、会社が必要とする、まあそう言う職種になるかもしれないですよね。

回答者：あります、あります。それは、もう沢山あります。

回答者：まあ通常はですね、そう極端に格差は出ないんですよ。今はですね、あの機械を使わないで、肉体って言うんですかね、体で何か全部すると言う仕事でしたら、やっぱり若くて体力がある人が出来ますけど、今ね工場の仕事の大半のほとんどがですね、やっぱり機械を上手く上手に使ってと言う操作だとかね、オペレーション、そう言うのが多いですから。それと、例えば、こう言う出来あがった物のそう言う移動だとかそう言うものもですね、皆リフトだとかそう言うものでですね、運転をしているので自分の体をですね、肉体をこう使うと言うよりも、そう言う操作が出来る、操作技術を身に付けてれば出来ますので、その操作をですね、特に60歳を過ぎたから極端に落ちると言うものでもないですよね。

回答者：出来るだけそうするようにしています。一応ですね、まあここに書いてませんけ

6

Unternehmen F

ど、考慮する時に何をするかわかりませんよって、あの再雇用したら必ずしも今までの仕事ではない可能性がありますよと言う話しを総務部長が、知っています現実にはね、ですけどやっぱりもうこう言う方達についてはですね、特別肉体的負荷がかからない場合、それと危険が伴わない作業、この場合にはですね、今までの仕事をやっていたただいた方が生産性が高いです、新たな仕事をやってもらってそれを最初からね、何か習いながらね身に付けてもらうよりは。もう出来あがっているわけですから、その事をやっていたただいた方が会社としては効率性が良いですね。それで、ここにですね、弊社の場合にはですね、ここにですね、就業条件って言うのが2行書いてありますけど、勤務時間、休日中等の就業状況、原則的に社員と同じとするとしています。但し、原則として時間外労働及び危険を伴う業務の配置を行わないと書いてあるって言うことで、時間外労働も原則としてさせない、それから危険を伴う業務には配置しないと言うことで、そう言う会社としてそうさせてもらうと言うことにしています。

回答者：場合によってはありますけど、出来るだけ業務、仕事はですね、社員の時と同じ仕事を継続してやってもらう。

回答者：その場合はですね、弊社の場合ですとね、どうしても何か人が足りなくてですね、ある部署に人が足りなくなってそうすると、配置上ですね、人数をそこに、色々と工程がありましてですね、そうするとその部署にですね、実はあの人今までやったことがないんだけども、ちょっと行ってやってもらわないとこの部署どうしても滞って、あの人が足りなくて、労働力が足りなくて出来ないと言うような事もある。で、それぐらいの時じゃないとしないです。はい。

回答者：うちは、会社としてはですね、一日ですね、生産計画がありますので、でそうすると基本的にその社員がいるその一日8時間、8時間ちょっと、でそこの時間ですね、機械が動くんですよね。だからそう言う機械設備がですね、稼働させる時間が決まっていますので、それが動くと必然的に人がいるわけですよ。従ってそれがですね、2時間、あの人2時間だけやらしてくださいとか、半日だけやらしてくださいって言うとなかなかですね、上手くそう言うその労働力が回らなくなって、まあ従業員のですね効率的な生産工程の配置が上手くいかないですね。従って原則としては、皆と同じ、社員と同じ時間をやっていただくと言うことにしています。但しですね、どうしても本人がね、半日したいとか、そう言うことであれば、それは話し合いにのる、会社としてはそう言うつもりはもっています。現実にそう言う対応を最近した人が今、ちょっと家庭の事情もあったり、何かそういうことにしてですね、半日ぐらいで。

回答者：他の形態って言うのは基本的にないですね。それは、特例としてですね、それは

7

Unternehmen F

やっぱ家庭の事情がね、お気の毒な方があるんですよね。ですから、ちょっとそう言う人はですね、あの⊠し会社としても考えてあげたい。だから日本で言う都合の良い、原則としてその例外のないルールはないと言うね。だからその例外と言うのはですね、例外を沢山作っちゃうと例外じゃなくなるんですけども、例外って言うのは、やっぱそれぞれ事情、状況があって、会社って言うのはそんなにあの、冷たいと言うか全てね、文章通りではないですよと言うことだけはありますので。だから、あんまりそう言うことを沢山作ってしまうとね、やっぱり組織の秩序が保てなくなるので、そう沢山は出来ませんけど、本当に人によっては状況がね、やっぱり家庭の事情だとか、何かそう言うことは考えてあげた方が、...あげないといけないなと言う方にはそう言う対応はするつもりでいます。

回答者：ここにも書いておきましたけど、ちょっと私の方で書いたかもしれないですけど、実は6ヶ月毎にですね、契約更新することになっているんです。で、雇用期間はですね、65歳。これ、60歳って書いていませんでしたかね？65歳までにですね、もう切り替えてました。最初63だったんですけど、で今は65、もう2、3年のうちに国でちょっと決めるようなね。まだ65までにしなければならないと言う企業としてそう言う絶対やらなきゃいけない状況には今ないんですけど、うちは65までにすると言うことを先般...決めています。それで、この間ですね、6ヶ月毎に契約を更新することになっています。それはですね、6ヶ月毎って言うのは、やっぱり健康上の理由だとかですね、色んな事が起こってくる、60過ぎてからですね、家庭の事情でもう勤められなくなるよだとか、まあ色んな事があるし、それはご本人もあるけども、会社の方もですね、ちょっとこう言う勤務状況じゃ芳しくないよねってそう言う事が一応あるので6ヶ月毎にですね、契約は更新をすると言うことにしています。

回答者：それで、一応ですね
、まあ契約解除もあるんですけどもね、契約解除の場合は、こうこうこう言うことが重なっちゃってあると、契約は一方的に解除しますよと言う事はあるんですけど、まあその前にね、あのちゃんと勤められている方でも、個人の都合もあるし、そう言うことを踏まえて6ヶ月毎の更新をしていくと言うことにしています。

回答者：ないです。それはないです。

回答者：今まではですね、まだ該当者がですね、3年前からですんで、うちはまだ実績がねないんですね。

回答者：あの、メリットはですね、長年ね、長年って言うか本当に社員がうちの会社の内容を良く知っていて、そしてその技術やうちの会社にとって必要な技術・知識ーこれはものすごい身に付けている方は身に付けておられるので、でそう言う人達が60歳になってで

8

Unternehmen F

すね、ポンっといなくなるよりも、いてその人に直接仕事をやってもらうと言うことと、それからもう一つは、若い人にそう言う技術・知識を伝えてもらう、伝承すると言う、この価値と言いますかね、それはありますよね。で、企業にとってマイナスと言うのはですね、一応私が懸念している、先程も申し上げましたようにその威張るような人、そう言うことをせっかく会社としては身に付けられてね、すごい財産ですよ、個人のね、その人の。そう言う財産を上手に伝えられないとかね、発揮してくれない、でそう言う人は会社にとってはちょっとマイナス。そうじゃない場面は、今のところはですね、特に大きなマイナスと言うのは感じませんです、あの私どものところでは。

回答者：やっぱりそれは、経験的な知識と技術を持っていると言うことですよね、その人が。

回答者：まあ、これはですね、会社としてはですねやっぱり新しい労働力って言うか、若い労働力を吸収していかなきゃいけませんよね。で、今日本は失業が非常に多い。だからそう言う、要するにそのちょっとバランスがね、必要なのでまあここはですね、論理的にこの2から4がどうかって言うとすごくそう言う事を精密な計算をして出したもんじゃないんですけども、まあそれぐらいじゃないのかなと思って。だからもちろん高齢化社会になってその定年退職者の雇用をしなきゃいけないって言う企業としての社会的責任と一方ではやっぱり新規な、新規のと言うか新卒者をですね、今就職難みたいなですね、そう言うことじゃなくてこう言う人達も未熟労働者ってをれを入れていかないと、その人達が今度将来築いてくるわけですので、ここのやっぱりバランスと言うのがね、ある程度考える。大きく言えば、国としても当然、まあ企業者としての責任者としても考えるべきだし、まあ会社としてそれぐらいのどこまでがね、古い人を雇用して新しい人のバランスが保てるかって言うのが、まあ私がちょっと思っただけで、そこぐらいなのかなぁと。ちょっと非常に乱暴な答えだったのかもしれないと思いますが。

回答者：これはですね、ま、うちの会社はですね、ちょっと若い人がいなくて、実はですね、去年は二人採用したんですね。で今年4月1日に4人採用する。でそれまでにですね、17年間新卒採用してない会社なんですよ。で、驚いたんですね、私が来て。でまあ直ぐやっぱ新卒者を取らなきゃいけないと言う、で途中でその色んな人達が出たり入ったりとか、辞めてったり、安定しない人が非常に流動的で。で、これではですね、やっぱりちゃんとした会社組織やと言うか、人の育成が出来ないと言うことで、人の育成と言うことになると組織が、私が社長やって何年やるかわかりませんけど、それにしても長くはないですね。ですけど、会社はずっと存続しないといけない。でそうするとですね、やっぱり人を育ててちゃんとその技術を身に付けさせたりもちろんそうですけど、やっぱり係長になったり課長になったり部長になったりこう言うね、人達がやっぱり出てこないといけない。でそ

9

Unternehmen F

の為にはですね、やっぱり若い人達を採用していく。でそう言うことを考えると、もし、その国がね、60歳以上の人を雇わなくても良いと言うことになれば、先程も言いましたけども、60歳を過ぎてもですね、国が取らなくても良いと言ってもほしいと言ってくる人がいるんですよね。あの、会社がどうしても欲しいと言う人が、こう言う人はいるんですけども、ごくわずかですよね。それで、そう言う法律がなくなればむしろ私だったら若い人をとって、こう言う会社として育てられれば会社として組織を作り上げることを考えますので、いつまでも60過ぎた人は、こう雇っていって若い人はその分雇えないと言う。会社の総人数はね、決まっていると言うそう言う前提ですので。

回答者：あの継続制度はですね、今の日本とこれからの日本の年齢構成って言うかね、高齢化社会って言うのを考えると、当然必要だと思いますよ。で、その中で今私は政治家じゃないけれども、政治の人達に期待したいのはね、新卒者がこないだも静岡県では高卒者がね、今度の就職率85、6％ですかね、大学卒者が68％ぐらいですね、静岡県は。で、まあ全国的にはあまり変わりはないです。で、そうすると卒業しても就職出来ない。で、この前就職して3年間はね、新卒者と同じ扱いをしますと言うことは決めましたけど、だけどああ言うことを決めても中々現実的に企業はああいう具合にはいかないんじゃないのかなと思うんですが、まあそれはちょっと置いといて、一方ではやっぱりそう言うですね、これからの日本国家を背負ってたつ人、今60の人達は今まで背負って頑張ってくれてた人。だからこの人達の老後の面倒を見なければいけないと言うことはわかるけれども、だけどこれから先のね、日本国を背負ってたつ若い人が仕事が無いなんてことは、これはとんでもない国なわけですから、従ってここのバランスなわけですよ。従って、もしその高齢者のね、生活安定、それこそ問題になっている年金の問題だってそれこそ安定していれば、会社としては別に定年超、再雇用しなくても、しないでいきたい。しかし、そう言うものが国として制度が成り立ってないので、そう言う老後の人をね沢山これからむしろその高齢者の人が多くなる社会の中で高齢者の生活をみるために国として再雇用って言うかその労働年齢の延長をしなければならないと言う国の要請ですから。・・・国が必要ないとして困らないそう言う生活が出来る定年後があるんだったら、この人達を私は雇う必要がないと。本当に特殊能力を持っている人で会社が欲しいと言う人は、これはどんな時代になっても必要ですから、それだったらそう言う状況では若い人をとって、若い人達の生活をね、将来の生活設計がきちっと出来る様なその人事採用を経営者としてはしていくべきだと言うぐらいに思っています。ですから今の場合は、一方で法律でルール化されちゃって、企業はそう言う事に協力しなきゃ、対応しなきゃならないと言うね、その拘束されている部分があるんですね。従ってそれは対応しなければならない。ですから今の日本の国からすると国の状態からするとですね、定年延長なり再雇用なり、そう言う物と言うのはやっぱり社会的に必要な事であって、その事は私は否定しないし、当然の事だと思って企業としても対応していかなきゃいけないと言う具合に思っています。

10

Unternehmen F

回答者：えーとですね、まあ10年ぐらい・・・まあ、このままの状況で法律が変わらなければ変わらないと思いますよ。だから、むしろ国がね、年金制度だとかやっぱそう言う物を抜本的に改革をして、そして老後の安定だと言うことが社会的にね、こう言うことがもう皆さんが納得をされて、と言う事にまあ老後の心配はないねと言うような社会が出来ていれば、そう言う制度が出来たら多分変えるんじゃないでしょうか。あの、そこまでする必要はない。

回答者：70になるとですね、あの多分国で決められれば、あの弊社の場合もそう言う対応は、ルール上はしますね。間違いなくするんですけども、一番なのが65から70のですね、あの気力と体力だと思いますよ。健康上の事だけですね。その働く立場のね。そこはちゃんとしている。ここは、あのもう健康とか体力って言うのは個人差が大きいじゃないですか。私も年をとってきましてですね、若い時は皆同じですけれども、やっぱり年をとると、全くその年齢を感じさせない様なね凄い人もいるけど、年齢以上に衰えている、あの体力がない。でそう言う方っているんですよね。従って後はもうそう言う70までってことになれば、やっぱり健康と意欲と体力じゃないですかね。これが伴っている人はどんどんって言うか、そう言うルールがあればそれなりに・・・

回答者：そうですね、特に生産業務ですよね。職種的には生産業務ですよね。で、それとね、営業の場合もねやっぱり営業の場合も体力もいるんですけども気力がないといけない。それとお客さんとのその摂政って言うのは相当粘りず良くやらないとお願いしますってはい、良いよって、じゃあありがとうございましたってそう言う仕事って営業ないんですよね。だから相当粘り強く、お客さんの方へですね色々とこう日本語で言うと頭下げて、そして色々良く説明をしてですね、何度も何度も同じ事を繰り返しをしたりしながら仕事を頂くと言うことになるので、やっぱり気力って言うのは営業の場合は体力以外に気力と意欲が、そこが相当維持しないと仕事出来ないですよね。

11

Unternehmen G

回答者: 就業規則、御存知ですか。改定の時ですから、6年くらい前ですかね。

回答者: うちの再雇用制度といっても、当時、これから60歳になろうという人が、3年のうちに2人くらいしか居なかったんですね、その時は。あと3年後くらいに2人くらいの人間が定年になりますよ、と。じゃあ、60歳からの再雇用をやろうよと、いうことで決めたのですけれども。一般常識的な新聞からのインフォメーションとか、ハローワークからのインフォメーションとかで決めたわけであって、特に大変な準備というのは無かったです。

回答者: ハローワーク、あと社会保険労務士、がありますけれども、静岡の社会保険労務士はほとんどその給料の計算、それから有給の計算だとか、社会保険料、納税などもお願いしている所、うちが契約している所が一つありまして、それと別に私の友人で、東京に社会保険労務士の事務所を出している友人がいるものですから、その人間との情報交換、情報顧問契約もしているのですが、日常の給与計算は静岡の社会保険労務士、賃金制度だとか、昇格制度だとか、そういうものに関しては、東京の社会保険労務士とのあれが、多いですね、相談。

回答者: 無いですね。その二者の社会保険労務士と、ハローワークと、新聞以外は、規則関係では情報を得ようとはしていません。それで十分だと、今のところ思っています。

回答者: 要は、60歳という年齢は、昔と違って、十分体力的にも、能力的にも衰えていないし、これから若い人を雇用するよりも、即戦力というか、現状維持のまま、責任範囲をほとんど変えずに、要は60歳で給料を若干少なくなる、生活も楽になるわけですから、子どもたちの教育もなくなるし、家のローンも終わりかけているしということで、給料も下げるけれどもうちで働きますか、ということで、皆オーケーでお願いしますということですから、定年引き上げよりも、企業にとっても労務費の削減にもなるし、能力的にも十分なものですから、そのまま継続、と。

回答者: 例えば、あるセクションで働いている人が、グループの中でかなりメインの仕事をしていました、という場合は、うちの場合は一時間に1000円プラス残業は別という再雇用するんです、大体の場合は。1000円から1200円とか。
その人の持っている責任の範囲の中で時給を決めるのですが、責任が重い仕事をされる場合は、役職手当として、時給1000円とは別に5万円つけますとか、現場であまり責任ががない仕事を継続しているようだったら、役職手当がなしだとか、1万円だとか2万円だとか、個別に面談をして了承を得る、そして再雇用契約書を作りますので。それほど経理的な計算が大変だとか、そういうことは全然ないです。

1

Unternehmen G

回答者: そうですね。責任ですね。

回答者: うちは、70歳、60歳。継続社員は、7名、これはですね、正社員、給料は月給制度の正社員が継続雇用した人間が、4人くらいかな。残りは、うちの場合、パートさん、最初からパートで雇用した場合はですね、60代、60歳になっても、そのまま同じ賃金なんですよ。70までなんです、パートの場合は。その70の時に、まだ働けるよ、と言っても体力的にもかなり衰えがありますので、短時間の雇用にしてるんですよ、午前中だけとか午後だけとか。1年更新の契約です。これは、最初からパートの場合です。

回答者: そうです。

回答者: 嘱託というか、時間は何時から何時までと決まってますよね。時間給での、パートタイマーになりますよ、と。そこでフルタイムです、と。ほとんど。60歳から70歳までがこれですね。70歳以上の、その人の能力によっては、働く気が有るよということであれば、基本的には短時間パートでの再雇用となります。肉体的にも、例えば視力が落ちてきたとかいう場合であれば、そこで終わり、ということも十分にあるよ、という。

回答者: そういうことです。

回答者: 特別なメリットというか、まだ正社員になって、パート社員に替わった人が、3人、4人しか居ない。その人間たちは、非常にまだ能力的に高い。高いし、その、よく会社のことを思って働いてくれているものですけら、特に頑張って、元気なうちはずっとうちで働いてくれてもいいですよというような契約しか無い。
今後、いろんな人が定年退職に達した場合、会社としても問題があるし、という場合が増えてくれば、その時にそういう期間を設けるのではないかな、という風に今は考えています。今はその必要が無いものですから、そのままいっています。
ただ70までいっちゃうと、能力的にも問題があるので必ず1年交代と。

回答者: ありますね。将来的には、たぶん1年になるのではないかな、と思います。

回答者: しなければならないね。

回答者: 今のところ無いのですね。将来的には、1年の契約更新になっていくんだろうなと、そういう風に思っていますけれども。

2

Unternehmen G

回答者: はい、できます。

回答者: んー、今法律では、60歳までは雇用しなければならない、という法律では。60歳以上も、希望があれば雇用しなければならない、という法律になっているんじゃないでしたっけ。

回答者: 今まで、会社にとって役に立ってないというように思う社員が居ないのですよ。選考をしようとか、それを考えたことがない。今まで30万円の月給をもらっていたとしたら、その8割は欲しいだろう、と。時給にした時に、8割くらいに落ちるんじゃないですかね。それに7割になっちゃった時に、役職手当で1万円つけようだとか、5万円つけようだとか。実際に仕事の内容が、それほど責任のない仕事になっているわけではなく、ほとんど同じ仕事の内容をしていただきたいという願いがあるものですから、要は必要がなければ考えるかもしれないが、今のところ必要ない人がいないわけですからね。雇用するのにも費用がかかるとか、教育して一人前になるまでに時間が掛かるだとか、ということを考えると、経営者としては楽、優先に考えてしまう。というところで、賃金は下がるし、仕事の内容はほぼ同じだし、で、浮いたところで不足している部分に人間を補充しよう、という考えなんですね。

回答者: 今後はあると思いますね。今まで100をやっていた人が、60歳以降、80の仕事でいいよ、と。で、賃金も80、70になりました、と。した場合には、不足した20のところに人を投入しなきゃならない。投入された人間が、またしっかりしてくれば、今まで70、80で契約していた人間が、今度は給料が60, 70になって時間が短縮される、と。今まで10時間働いていたのが、8時間だけで帰って下さい、と。残業していた2時間の部分は、他の人間がカバーしますからいいですよ、と。必然的に給料が下がるよ、と。仕事の対価に対しての給料というのが、パートタイマーだと非常にやりやすいということです。

回答者: ワークシェアみたいな形になりますね。

回答者: 今、事務は、事務職と人事労務関係をまとめていた人が居ます。総務部と言っているのですが、うちは小さい会社なのでなんでもやるのですが、あと生産部門と、サービス部門、それから総務部門ですね。

回答者: 完全に製造現場の人間の再契約がありますね。

回答者: 体力というか、熟練。熟練が必要なところなんですよね。だから長い間働いていた人のほうが、能力が高い。

3

Unternehmen G

回答者: それをお願いするとして、一万円の指導手当というようなものを出してあげるだとか、そういうことをやってますよ。

回答者: デメリットといえば、60歳で定年してやめますよ、ということが決定していれば、若い人を採用しなければいけないわけですね、若い人を前から、その2,3年前から雇用しなければならない、と。そうすると、会社自体はどんどん若返る、年齢的に若返るというのはある。60歳の方がまだ継続して雇用するよ、と。働く意欲もあるよ、ということであれば、雇用せずにすんじゃう、といえばすんじゃうんですけれど、ようは年齢の若返り、という意味ではだいぶ遅れる、ということはある。両方ダブっての雇用、というのは結構大変ですから、2年前から新しい新人を雇用して、あなた教育して下さい、と。で、60歳くらいで辞めて、と。
そうすれば平均年齢が下がるわけですよね。40歳くらい。

回答者: 私はね、高年齢者の雇用はもっと進めて行きたいと思っています、逆に。他の製造業で、大きな会社で製造業で働いていた人が、55歳とかで定年退職されて、もし有能な人であれば、うちのほうで、そんなに給料を高くせずに働いていただいて、うちのほうの指導していただけるとか、色々な効用が有ると思います。そこで、反面若い人たちが入ってきて、指導を受けて、将来的にはその、でこぼこの形にはなりますけれども、その若い人たちもずっとうちで継続して働けるんだな、ということであれば、もちろんモチベーションが上がってくるだろうし。今のところ、うちみたいな企業ですが、一対一なんですよ。一体 n というか、部長がいて課長がいて、いたとしても、直接私が聞きに行くものですから、社員一人ひとりに。そこでモチベーションを上げる努力はしていますから、お前どういう風にしたいんだ、将来会社でどういう立場になりたいんだ、というところで、継続して働いてくれるようなモチベーションの上げ方をしている、と。ということで、年寄りになっても、高年齢になっても、うちの会社は優しい会社であるべきだと思っていますし、うちで扱っている商品が、どちらかと言えば、高齢者層に厚く売れる商品が多いものですから、非常に参考意見もありますし、会社にしてもメリットが有る。

回答者: うちの場合、製造業であって、生産部門の人間が8割、営業部門が1割、それ以外のスタッフが1割みたいな比率なんですよね。若い人たちが製造部門で頑張ってもらう可能性を一番求めたいんですけれども、環境的に、難しい部門がある。だから今、外国人の研修制度を理由に来て頂いてる。それを何とか改善することによって、製造業に若い人を入れなければいけない、それが大変な目的だと思っている。営業部門に関しては、結構雇用すれば人は集まります、今のところは。

回答者: ほとんどうちは再雇用者ですよね。中途採用が多いね。

4

Unternehmen G

回答者: 思いますよ、ええ。

回答者: まずその能力を補う人間を即座に雇用するのは難しいと思う。製造スタッフの場合です。総務部だとか、経理、営業、義務。半年くらいいれば、ほとんど一人前になると思うのですが。製造業は熟練さが重要なもんですから、その人がいなくなるというのは大きい。機械よりも、人の能力、熟練さが大きいんですよ、うちの生産の効率に関して。先ほど言った困難ということで丸つけたと思います。

回答者: そっちのほうが少ないですね。逆に、やはり相談役の部門で、相談役的なことでいていただいて、あとは若手の指導だけしていただける分、例えば60歳を過ぎて、営業の第一線でバリバリするのは、お客さんにとってもあまり良くないし。ですからそういうのは相談役として指導にあたっていただいて。実際に営業の第一線は若い人間のほうがお客様も安心するし、という考えです。

回答者: それは、契約期間に関しては、間違いなく1年の継続期間になってくると思います。継続雇用制度に関しては、そのまま絶対残っていくと思います。
うちとしても今の現場、製造、スタッフ部門、あと販売業、とありますけれど、これ以外にも新しい事業展開として、輸出なり、また販売店の新しい部門なりということで新しい若い人たちを雇用する、と。で、こういう人たちが、その人の希望によっては製造部に移る、営業部に移る、総務部に移る、というローテーションがありえますし。例えば、60歳を過ぎて、現場が大変だから、販売の方に行きたい、今までの知識を生かして販売の仕事をしてみたい、という方もいらっしゃる。可能性も十分に高いですね。今のところずっと工場でいたのだけれども、お店が別の方にあるんですが、接客業をしたらこんなに面白かったのかということで、自分の今までの新しいチャレンジが始まって、意気盛んにやられているとか。

回答者: そうですね。

回答者: 将来エイジフリーということで定年が全くありません、ということが起きたら、どうなんだろうなぁ、その人の労働意欲、その人の能力の評価、その人の自分が持っている人生設計のものを、すべて考慮した上で、賃金体系をつくり上げていくしか無いな、と思います。例えば、72歳でも働きたい、と。ローンが残っているから働かなければいけないんだ、という場合。ローンが残っていても子供の教育費はもういらないよ、と。だったらそれなりの、いくら必要で、何ができるんだ、と。会社のほうが、その人の適正な評価をして、じゃあ20万でどうですか、例えば月固定の20万円でどうですか、という評価も大変だし、その賃金体系をつくり上げるのが非常に大変、その準備が。一番の問題は評価ですよね。

Unternehmen G

その人の能力をどこまで評価するか。会社が必要としている基準、課題、評価項目に対して、70歳を過ぎたらこの項目とこの項目が要らない、と。そうしたらこの項目に対してだけ重点的にやって下さい、と。それが出来るんだったら20万円がOKです、といった個別契約。

回答者: 仕事ばっかりやっていて、趣味の世界がドイツ人より少ないのではないですか。例えば60歳で定年になって、これからよし俺は職人になるぞとか、調理人になるぞとか、農業をやるぞとかね、わくわくした気持ちで定年を迎える日本の労働者は非常に少ないじゃないですか。趣味を活かそう、とか。趣味がなく、がむしゃらに働いてきた日本人が多い。平均寿命は日本が男が80,女が82くらいでしょ。ドイツはどれくらいなの。2年くらい短いのね。だからドイツの方は、いろんな趣味を持たれているじゃないですか。その比率が高い。日本は趣味がない、働くのが趣味な人が多いから、働かなければならない、そこがモチベーションの違いじゃないですか。

Unternehmen H

回答者：就業規則わかりますか？就業規則。就業規則に再雇用制度を書いたのは、5年ぐらい前だと思います。ただ私どもの会社は、その就業規則に書くずっと前から既に再雇用制度って言う形はとっていなくても働きたいと言う人には良いよと言って定年後もずっと働いてもらっていました。

回答者：問題は何もないです。

回答者：就業規則にどの様に書けば良いかと言う事を労務士さん、労務士さんわかりますか？労務士さんに聞いたり、後はインターネットで少し調べたりと言うことはやりました。

回答者：希望する人を全員再雇用しなければならないのかとか能力的に少し落ちる人を再雇用を断るにはどうやって断れば良いのかとか、そう言うことです。

回答者：私達の会社に一番取り入れやすい形だと思ったからです。

回答者：再雇用する時には、正社員でも良いし、パートでも良いし、色んな形があると思うんですけれども、その色んな形を従業員と会社で話し合って選ぶ時に再雇用制度が一番ふさわしいかなと思いました。

回答者：60歳までは毎年毎年お給料が上がっていきますが、定年になってその後再雇用となるとお給料をどうしても下げることになります。で、お給料を下げたことによって生活水準が下がってしまうことは従業員にとっては幸せなことではないので、お給料が下がっても生活水準が下がらないために国の補助ですとか、年金、それから再雇用の、（このプログラムのことですか？）そうです、このプログラムでお給料と年金と雇用の受給のバランスをどのバランスにすれば一番従業員にとってベターかと言うのを労務士さんに計算してもらってで、それを従業員さんに提示して、従業員と話し合って、ではこのお給料でいきましょうねと言う話し合いをやるのが一番大変です。

回答者：お給料は60歳の時まで、60歳の時の時のお給料を100%とすると定年を過ぎた後は、60～65%ぐらいまでに下げると言うふうに今まではしてきました。で、その下げた時に、一体年金はいくらもらえるのかとかそれから雇用受給の請求はいくら出来るのかと言うことを労務士さんに計算してもらって、それで従業員の手取り、手取りわかりますか？手取りが一番多いところを計算してもらって、それで従業員に提示します。

1

Unternehmen H

回答者：しました。お給料が下がるので、その下がった分を年金とそれと高齢受給でバランスをとってあまり生活水準を下げない様にしますと私どもが従業員に説明しても、従業員は、生活水準が下がらなくてもお給料を下げられられると言うことに対してショックを受ける人がいます。お給料を下げられると言う事は、今までの自分の努力とか評価とかが下げられてしまうと感じる人はいます。ですから手取りの収入自体はそんなに減らなくてもその会社から少し評価が下がったんではないかと言う心配が従業員のモチベーションに影響するかと思います。

回答者：説明します。

回答者：なると思います。私達の会社は小さな会社ですので、社長と従業員の距離がとても短いです。ですから、社長が従業員がどの様に働いているかというのが常に見る事が出来ます。ですので、何かの時に声を掛けてあげたり、社長ではなくても工場長と言う人がその人達の労をねぎらったりと言う事は気にかけていますので、そう言う心配は少なくなっていくとは思います。

回答者：従業員は、60歳、定年になったからと言って、直ぐに能力が落ちたり、体が弱くなったりするわけではないので、今まで会社のためにやってきてくれた事をそのまま継続してやってもらえるならば、特に会社にとって雇用を断る理由はないので、60歳定年になっても働きたいと言う人には全員良いんですよと言うのが基本的な姿勢です。

回答者：私達の会社は、工業用の刃物、ナイフ・ソーを作ったり、チップソー研磨機と言う機械、マシーンを作ったりしています。刃物とか機械を製作する人達、それから営業する人達、後は事務所で経理とか総務の事務をする人達大体大きくこの3つに分かれています。今まで60歳定年になって、再雇用をしてきた人達は、刃物や機械の製作をする人達だけでした。営業や事務をやっている人達でまだ60歳になって再雇用を選んだ人がいないです。

回答者：ケースと言うか、ほとんど同じです。再雇用をした人達も今までと全く同じ仕事をしているので、定年になったからと言って、何か違う仕事を簡単な仕事をすると言うわけではないので、再雇用した人達も若い人達も全く同じスペースで働いています。

回答者：今までではないです。

回答者：最初は、皆フルタイムで最初は雇用していました。あの、リーマンショックの前

2

Unternehmen H

は。でも、リーマンショックで少し景気が悪くなってしまったので、60を過ぎた人にはお願いして、パートになってもらいました。パートになってもらうことによって社会保険料、わかります？社会保険料の負担が会社の負担が軽くなるので、ですのでフルタイムからパートにお願いしてなってもらいました。

回答者：はい。

回答者：リーマンショックで景気が悪くなった時にやはり仕事がすごく減ってきたので、従業員の方々も会社の経営が少し苦しくなってきているなと言うのは仕事が減っているので当然わかります。ですので、定年を過ぎた人達にフルタイムではなくてパートタイムでお願いしたいんですけどと言う話しをした時に会社のためならいいですよと言う返事を頂きまして、何かもめるとかと言う事はなかったです。

回答者：そうですね、病気になった人がいて、その人はずっと休みがち、休みを多く取っていたんですけども、でもやっぱり働きたいので体が回復した時は働きに来ると言う人は一人いたんですけれども、やっぱりあまりにも長く休みますと会社の仕事に影響が出るので、その人に対してはやっぱり話し合って、「すいませんが、辞めていただけませんか」と言いまして、一人辞めて頂いた方がいます。

回答者：（パートタイマーの契約期間は）1ヶ月更新です。

回答者：就業規則には、再雇用を望む人全員を再雇用しますと書いてあります。ですから、再雇用をしたいと言う申し出があれば、とても病気がちでたくさん休むとか、何か問題を起こしてばかりいるとかって言う人でしたら断りますが、そうでない場合は、皆さんそのまま再雇用で働いてもらっています。その場合に、やはり少し会社の意にそぐわない人、何て言えば良いんだろう、ちょっと問題を起こしてしまうような人とかちょっとさぼってしまうような人とかそう言う人も中にはいますが、そう言う人ももちろん再雇用しています。就業規則に書いてあるので、雇用しています。で、そうするとちょっと問題を起こすような人とかさぼってしまうような人は会社にとっては本当はいらない人ですよね。でも、就業規則に書いてあるので、再雇用していますが、そこは少し問題だと思ってます。

回答者：ずっとこの会社で働いてきた人は色んな経験をもっています。こう言う時にはこう言うふうにやったら良いとか、長年の経験がありますので、その経験を若い人達に伝える事が出来ます。それから60歳、定年になったからと言って直ぐに辞めなくても良いって事が若い人に浸透すれば若い人も安心して働くことが出来ると思います。なので、それは良い点だと思います。

3

Unternehmen H

回答者：私達の会社は製造業ですが、ラインでこうベルトコンベアで流れて部品を組み立てていくと言う様な作業ではありません。職人さんってわかりますか？職人さんが一つ一つの刃物を一つ一つ丁寧に仕上げていくと言うそう言う工場なので、経験とか勘とかセンスとかそう言うものが重要です。なので、臨時的にやってきた人が直ぐに何か出来ると言う仕事はあまりないです。

回答者：ものが出来なくなります、製品が出来なくなります。

回答者：新しい人が入ることは難しくないのですが、私達も新しい人達をもっと入れたいと思っています。でも、このあたりは製造業が多い地区で、特にヤマハとかホンダとかスズキとか大きな企業の下請け、下請けわかります？下請けさんとかがいっぱいいます。そうすると、高校生や大学生は卒業してから少しでも有名なところに就職したいと考えてスズキとかホンダとかヤマハとかそう言う企業もしくはその下請けに入ろうとします。私達の様なあまり名前の知られていない会社に入ってきてくれる若い人は少ないです。なので、本当は若い人にたくさん入ってもらいたいのですが、若い人が中々入って、選んでくれません。

回答者：心配です。

回答者：定年年齢を引き上げたくないのは、先程も少し言いましたけども、何か問題がある人、それからちょっとさぼってしまう様なそう言う会社にとってはあまりありがたくない人も中にはいるので、そう言う人たちの定年も上がってしまうことになるのでそうすると会社としては不利益になるので定年の年齢は上げずにこのまま再雇用制度で対応していきたいと思っております。

回答者：先程もお話してきたことと関係してきますが、定年を上げると言うことは、会社にとって不利益になる人も長く働くと言うことになるので、今の労働基準法は労働者側、労働者にとって、労働者の見方になるような労働基準法になっていると思うので、それをもう少し緩和して企業がもう少し人を辞めさせることが出来ることが楽になるような制度に変わらないと、定年を引き上げると問題を抱えた社員が少し増えてしまうのではないかなと言う不安があります。なので、もう少し企業の立場にたった労働基準法になったら良いなと思います。

回答者：多分、今の状態で続くと思います。

4

Arbeitnehmer A

回答者：えーとですね、私は、まぁ年金があるのですけれど、自分の年齢に応じた年数からでないと満額、１００％貰えないんですよ。で私は今６０なんですけど、６３からでないと貰えないんです、年金が。だから、それまでは仕事しようかなと。それは別に借金があるとかじゃないけども、やっぱりみんなそうだと思うんですよ。年金は昔は６０からみんな貰えたらしいんですけれど今はもう段階的に６３から。だから今辞めると勿体ないかなと思って、勤めてるわけです。

回答者：え、家計的な理由が無かった場合？あのー、え、今言ってるのは、家計的な理由が無かったらどのような生活が欲しいか？いや、辞めた場合？あのー、今の場合は、仕事楽しいです。うん、楽しいですね、嫌だったら辞めます。でも、楽しいから、不満が無いから私の場合はやってます。体も健康ですし、辞める理由ないかな、同じ仕事続けてるわけですから、お金は安くなりますけど、でもやりがいがあるかなと。今のところはね、目標的には。法律的には６５まででいいんですけれども、とりあえず６３まで、その年金がまるまる貰えるまでは、会社にいようかなと。会社があれば。(笑)まずいかな？

回答者：とーやっぱしーお金が安くなったのかな？まぁみんなそうだと思うんですよ、日本全員は、ま別にデメリットていうかまぁそんな悪いとは思ってないんです、働ける環境があって。だからデメリットとは思ってないです。ないですね、私の場合はデメリットはないです。

回答者：私の場合は特殊っていうか、現場で機械についてやってるわけじゃないんです。自分で自由にできるっていうか、同じような仕事は無いと思いますので、ちょっと難しいかなと。自由な仕事ですので、束縛されないっていうか。よそで新しく見つけることはちょっと難しいかなと。同じような職種をね。

回答者：自由に選べるっていうか選べないんじゃないですかね？選べたら、えーそうですね、でもやっぱし嘱託かな？まず正社員はないですから。だから今のほうが準社員みたいでちょっと条件いいですから。研究者が質問する。回答者：あのー、一応ちょっと正社員に近い条件ですので、お金が安くなるだけであとの条件はまったく一緒ですので、別に不満はないです。出向社員とか派遣社員とかだと、あなたもういいですって言われる場合がありますけど。これは一年ずつの契約を交わして、もう本当の正社員・・お金はちょっと少ないですけれど正社員と同じ条件ですので、今の条件は・・・うん、満足なんですけど。研究者が質問する。回答者：フルタイムよりも？勤務日数を少なく・・んーそうですね、こういう答え書いたんですね。そーですねーうーん。あのそのこのこの場合ですか？メリット？まぁ自由時間できますね。今よりも自由時間できるかなと思います。余った時間？やっぱり趣味ですかね。やっぱりちょっと自分の時間ですかね。

回答者：まぁ安心でしょうね。一年契約ですと、契約書を交わさなかったらそれまでなので、安心ですかね。安心ですやっぱり。一年ですと、毎年毎年更新ですのでね、やっぱし安心的には一年以上あったらいいなと。

回答者：法律的には６５歳ですね。あぁ知ってます。６５歳です。でもうちの会社では７０、いた人は希望で、７０の人も現在いますし、まぁ働く気ないですけど。みんなは一応６５位で辞めてますけどね。

回答者：そうですね、仕事の内容はいっしょですからね。前より忙しいかも知れない。でもやっぱりみんな同じじゃないですかね。やっぱり、やることは一緒ですから。

回答者：３０％カットじゃなかったら、貯蓄ですかね。やっぱり老後のために貯蓄ー・・・全部じゃないですけど。半分貯蓄、半分遊びですかね。

回答者：え？どういうことでしょうね、中身じゃなくて、労働時間？今８時間やってるのを、自分でどうにかするか？いやーでも契約書があるからできないでしょう。

1

Arbeitnehmer A

回答者：えーでも難しいですね、専門用語出ると思いますけれども、まぁ現場で機械加工でものを作っていますけれど、それを作る測定具？測って作る、それを正しいかどうかを検定、それを会社のすべてやっています。それから設計図面、設計図面が来て、ファイルがあって、その改定。来たら直して。うちはヤマハが本社なんですけれども、そこへ送ったりとか、だからそれ図面関係とか、この会社全般の検定関係。それから測定具の受注・見積もり、まぁそういうことですね。

回答者：ううん、違うんです。親会社。うちはヤマハからほとんど仕事来てますから、ヤマハから設計図面もらうわけです。それをまた治して、ヤマハに送るんですね。

回答者：あーないです。ないです、全く変わらないです。

回答者：今ので十分です。満足してます。

回答者：私の、ペースでやれる。自分のしたいようにできる？現場で加工してるとノルマがあって一生懸命やらなくちゃいけないんだけど、なんとなく、自分の流れで、できる。だから仕事が楽しいやりやすい。だから時間が経つのが早い。だからちょっと不満はないです。いろんな仕事を電話取ったりしてますので、一日経つのが早いです。だから楽しいですねえ、満足しています。

回答者：これね、これ国によって違うんじゃないですかね。私分からないんですけれど、スウェーデンでしたっけね、ゆりかごから墓場まで。働いてるときは税金たくさん持ってかれても老後は安心という。ドイツもいいんですよね？あのねー日本もね、昔は55歳だったんですよ、定年が。それ60になって、結局国のそういう年金のちょっと汚いやり方っていうのかな、それで結局今また法律で65満にするという。ラジオなんかでやってましたけど、国の政策なんですよ。だからしかも本当は昔の、60なら60で定年、年金とか自由にもらえるんだったら誰でも辞めたいと思うんですよ。結局国のやり方がずさんていうのかな、なってきましたので、何も老後があれ（＝安心）じゃないなっていうので全員働いてる。働きたくて働いてるわけじゃなくて、生活ができない人もたぶん多いんです。

回答者：どうでしょうね。その人その人の仕事の内容だと思います。嫌でも働いてる人もいるでしょうし、健康のために働いてる人もね。働かないよりはっていう人もいますし、ちょっとね。この国際諸国と言っても他がわからないので。分かると言えばもう良い所は、スウェーデンがいいかなと思ってますので。働きたくても働けない人が多いので、海外と比べると言っても・・・昔と今の日本はずいぶん違うので、年金も私らもずんずん減るので、国際諸国と比べるといっても比べようがないと思うんですよ、今は。昔の日本は良かったと思いますよ。うん・・・だからーそうですねーあ、理由か。遅く退職してる理由ですよね？

回答者：まぁ元気なうちにあちこち行きたいとか、また何か習いたいとか、新たな趣味とか。私結構こういう文化系好きなんですよ、語学とか。ちょっと続かないんですけれど、中国語とかね。色んなことはやったんですけど、長続きしないんですけど、そういうの好きですのでね、もし辞めたらね、辞めるちょっと一歩手前から、何かを習ってもいいかなあと思ってます。

2

Arbeitnehmer A

回答者：んー。なんかねえ、日本の政府って言っても今、政府ってポンポンとすごい変わってますでしょう、安定してないですよね、政府自体が。だからもうはっきり言うと、いつも私らはテレビなんかで言うのは、今の政府もそうなんですけれど、信用できない、誰がなっても変わらない、みたいな。まぁものすごい不満を持ってますよね。もうこの年になった時にね、やっぱりみんな生活できないですから、今さら急に変わるわけでもないんですけれど、・・・政策についての意見？雇用のためだけの意見ですか？んー。・・・意見言っても変わるものじゃないですけど、んー。これって、その、卒業論文だかのアンケートっていうのでされるんですかね。これって国には影響ないですよね？こういうアンケート取ったから、みんなこういう考えを持っているんですよってお宅示されるんですかね？みんなの心理の分析？それを卒論のテーマで？国に対しては、はっきり言って不満です。だんだん定年を上げて行って死ぬまで働けみたいな。私は６３ですけど後の人は６５までもらえないとかで、法律的にも。今は途中で自分で辞めることもできるんですけど、なんか、ね？決まるんでしょ、法律で６５まで使いなさいとか。要するに年金をもらえないからそのかわり失業すると生活できなくって、だから今の政府のやり方っていうのは・・・まぁどうしようもないですけどね。でもみんな不満でしょうね？年金の金額を知るまでは、厚生年金に入っていると、いいと思ってましたもん。厚生年金と国民年金というのがあってね、会社行ってる人は厚生年金入ってるから、勤続年数もこれだけあるし、相当もらえるかな？て期待はあったんだけど、計算してもらうと、うそーっていうかんじはみんなそうです、思ったよりもひどいなーっていうのは。だからすごい不満はありますね。今までのやり方ですね。今の政府じゃなくて、今までのやり方でやった結果がこうですので、今更言ってもしょうがないですけど。だから年金貰うまでのつなぎで働いてるって人が現実ですね。

Arbeitnehmer B

回答者：まずあのー・・・まあ生活はあのー・・・まー一番にあの生活ですね、やっていけないことも無いですが、やっぱりあのー・・・日本なんかだとちょっとそのー・・・都市をとったとき心配っていうか、働けるうちは働きたいっていうか、お金に困って働くわけではないですが、本当はそういう制度がしっかりしていれば、ゆっくりしたいって気持ちはあります。だけど、やっぱい日本はいろいろ将来的に考えるとね、不安なもんで、その、少しでも丈夫なうちは金が欲しい、はっきり言いますとそういうことで、生活はできないことも無いですが、まだ両親もいて、子供が例えばドイツから帰ってきたときにまたお金がかかったりとか、そういう面に、丈夫なうちは働きたいっていうか、生活が本当に困って働くっていうことではなくて、不安はありますね、将来的にね。

回答者：はっきり言うと今は仕事量が、私の場合はですよ、仕事量が増えてる。仕事の今まで言うと、僕は18になって22年いて仕事の範囲も増えて、給料はたくさん下がって、お金はいいですけど、結構、体力的にもね、継続雇用だと少し仕事を減らしてくれるかなーと思ったら逆に仕事の量は、私の場合は、増えて。なので給料は下がってって他の人はそうなんだけど、私の仕事の量は増えて給料は下がってって。体力的にも責任も多くなって。

4:14：他の人は、多少は仕事量もね。

回答者：だからねー増えてる、私は生産三課の課長ですが、他にも熱処理という仕事がありまして、そこも私が見なさい、と。だから、仕事量が増えてる、タイトルプラス、そっちも。増えてきました。で賃金は、カット。だからかえって仕事の・・・私に対して・・・仕事を60になってももっとやってくださいっていう意思表示なのでやりがいがあるっていうか、60すぎたので少しでいいですよ、っていうのがいいのか、もっとたくさんやって下さいっていうのがいいのか、気持ちの張りはあるけど、ちょっと大変と言えば大変、仕事が多い。

回答者：仕事っていうとやっぱり製造業っていうのは納期、何月何日これを下さいっていうのと、品質、いい品物ですかっていう、それを何百点ていうのを、仕事が遅れないように、悪い品物を納めないように、納期通りに、それを何百点ていう仕事を、僕は18人の今までの部下に対してやってもらうと。一つ仕事を仕上げるにも、すごい工程があるわけですね。一つ部品をつくるにも、10工程くらいね。例えば材料を切って加工して熱処理をして外を研磨して両方研磨して中を研磨してって。そういう工程を何百点もの管理をして、ヤマハさんに納期通り納めると。それが私の、それも、不良品が出ないようにって、それが私の仕事ですね。管理監督が。で新しく増えたのが、熱処理と言いまして、表面を固くする・・・600何度の熱処理で、それも同じように何月何日に何個納めなさいって。その分が、定年より増えて。部下が今まで18人だったのが、そっちに4人いるものですから、22人。なんで、私の場合ですが、仕事量は増えて、管理もね、なんで大変になったっちゅうか、60になって増えて大変。肉体的にもね。労働時間は、私は管理職ですが、タイムカードも無し。なので個人であれば終わっても自由ですけれど、部下がいると5時になってハイさよならというわけにもいかないものですから、だいたい7時頃までは。私は朝も早く家を6時に出て。平日も毎日うちの会社は7時半から会議があるものですから、それに間に合うように。実際は8時間働けばいいですが、私としては10時間ぐらいは働いてる。

1

Arbeitnehmer B

回答者：今は特に仕事が少ないっていうのとうちも６０過ぎてるっていうとなかなか雇ってくれるとこも少ないし。私みたいに４０年いるものでこうやって継続気持ちよくさせてくれますがなかなか仕事は選ばなければあるとは思いますがなかなか自分が好きな仕事っていってもないし。たぶん私は辞めたらもうここをやめたら働かないつもりで今は時代が私が若い時みたいにどこ行っても使ってくれるっていう時代ではないし。仕事の量もかなりここなんかでもそうですがいい時の半分、二分の一なもんでどこ行ってもそういっやたことで雇ってくれるとこは無いと思いますけどね。

回答者：やっぱり審査員の方が働くのだったらやっぱり規則出してもう今みたいな形であのー・・・本当に自分が衰えたとかじゃなかったら普通に勤めたいですね。８時から５時まで。定期雇用の形で。それ以外だったらもうやめて。今の状態が同じ勤めるにしても、私長くいたので雇ってあげましょうじゃなくて、まだ役に立つので使ってくれてると私は思ってます。なので正社員で普通の扱いで働きたいって言うかねー、で、自分が衰えたと思ったらもう働かない。精神的にも肉体的にも今の状態で６０過ぎたけど私は働きたいと思ってます。６０過ぎたけど、そんな体も弱くない。そんな精神的にも肉体的にも大丈夫と。私はほかの形より正社員で働けるんだったら働きたいと。そうじゃなくなったら働くのやめてゆっくり家で寝てます。私は今そういうつもりで働いてます。

回答者：そうですね。やっぱり、早く出てきたら早く帰れるとかって言うと８時間って決まってるものですから。だけど製造業って言うと、それができないんだよね。サービス業とかだったらいいけど、納期っていうものが絶対なもんで、それに対して自分でやっぱり、８時間を自分で選んで早く帰れるとかってなればいいんだけど、できたらそうしたいですね。遅く来たらお昼まで８時間。朝はまあ６時から来たら早く終われるとかって、そういう、ドイツみたいくね、そういう制度があると自由な時間もできるしね、日本は意外とそういったところが無いもんで、もう８時から５時までって。できたらそういうのも欲しいですね。早く出て早く帰る。

回答者：私の考えでは、国でも年金が問題で、年金がちゃんともらえる期間によると思うんですけど。６５で満額くれるなら６５でも構わないしその辺が日本ってはっきりしてないもんで、自分の生活が年金が６５でくれますよって言ったらもう６５で辞めたいですね。なので、今は私の場合も１年で契約してまた来年ってあるけど、本当は。国も６５で例えば年金を１００パーセントくれるって言ったら６５歳に本当はしてほしいっていうか、そういう気持ちはあるね。６５歳で定年と。６０歳じゃなくて。だって６５歳でないと年金くれないって言ったら、どうしても働きたくなくても働かなくちゃいけないっていうかね。その辺がちょっと日本で。年金の問題はどうですかね。６０歳で、何歳からもらえるっていう制度がしっかりしていれば。なんで人によってあれなんで。僕だってたとえば何歳で年金を満額貰えますって言ったら辞めて部屋でゆっくりしたい。６０過ぎてすごいからだが衰える人もいるし、私は毎日夜歩いたり元気にしてるつもりなもんで、本当は契約期間を…ね。会社で必要か必要じゃないかで決めるし、自分は体力に自信があるかないかで決めると思うんですが。なんで、なかなか僕はまあ年金をくれる期間で辞めたいっていうか。これでちゃんとこう線引きをしてくれたら、ゆっくり暮らしたい。いくつになったらいくつくれるって定めがあれば、まあ自分も家族がいる以上生活に不安があるもので自分も働いてるっていうね。定めない方が国で、あなたは６５歳になったら、年金を満額でやりますからっていうなら僕は働かないつもりだけどね。家族をやっぱり。みんなそうだと思うけど、家族とかいる人は、生活のために働いてると思うんだよ。そんな富裕な人ばっかりいないもので、みんなたぶんお金で働いてるっていうのがほとんどだと思うけどね。国でちゃんとしてくれたら僕は働きたくないし。難しい所だけどいつまでも、

2

Arbeitnehmer B

うちなんかでも８０くらいまで働いてる人だっているし、僕としては人生一回しかないんでゆっくりしたいっていうのもあるね。自分で決めれるだけの、何かやらないと不安っていうかね、みんなやっぱり年金の問題で働いてると思うんだけどね。生活できたら、私だって働かないし。

回答者：働きたいって言うかまあ、年金が何歳でいくらくれるかっていうのがわかればそこで奥さんと相談して辞めたいとも思うしね。ゆっくり奥さんと旅行行ったりとかも。６５歳まで働きたいとかじゃなくて、やっぱり自分の経済状態を考えてね。

回答者：えー、なので今はね、まあもう一回家を建てようと思ってるんだ。まあ６０過ぎたけど、外人さんはシャワールームを大きくしましょうとか、今そういうのが楽しみで町に住んでるものですから。土地も狭いもんで、３階を建てて娘がドイツから来たときにはちゃんと迎えてあげられる、奥さんとそういうのを楽しみにね。ここ何年かの内に家を建てて、うちのお母さんなんか花とか好きなもんでそういう楽しみは、ドイツからお客さん来ても、今は小さいけど部屋はたくさんあるけど、ドイツ人って体格もいいもんで、大きい部屋を作って。トイレも大きくしましょう、お風呂、シャワーも大きくしましょうとか、今、お母さんとそういうの楽しみでね、家の設計とかしてもらって、いつお客さんが来てもゆっくりできる家を作ろうねって、今はそういう楽しみでね。お母さんいろいろ住宅会社で家設計してもらったり、娘帰ってきても、今帰ってくるところ家はきれいに片づけたりとかって、そういうのをしなくてもいいように。お父さんとか来ても泊めてやれるようにとか今そういった楽しみをね、両親がもう、おばあさんは入院、おじいさんは９３なもんで、奥さんは働いてないです。

回答者：うちは別に住んでますけど、道路隔てておじいさん前なものでうちも一人っ子なものですから、お嫁さんが。なもんで、見てる。日本は昔はそれが普通だったけど、今だんだんそういうのも薄れてきて、おばあさんはもう病院ですよね、それでも毎月１５万、入院で。で、おじいさんが一週間に月・水・金デイケアって言って、老人ばっか集まるとこ行って、９月で２０何万はおじいさん、おばあさん。お金が。でおじいさんは、大きな会社行ってたもんで、年金で何とか。そういう不安があるもんで、働いて少しでもお金って。みんなそうだと思うよ、働くっていうことは、将来の不安で働いてるだけですね、病気になったらどうしよう、日本人は恐らくそこを楽しむっていうより、将来の不安で少しでもお金をもっていう気持ちで、なので意外と楽しむってことはできないような人種っていうかね、先の心配ばっかり、年金でもそうですし、先の心配ばっかり。意外と外国の方みたいにパッと旅行行ってとかっていうのはできない人種だってのもあるんですね。

回答者：うーんまあ一応６５歳までは使ってくれるというふうになってます。６５歳で年金て言ったら６５歳までは働きます。だけど、もっと早くくれるって言ったら辞めてゆっくりします。

回答者：下がったなら私は少なくてもいいと思う、けど。私の場合増えてるもので（仕事量）。

回答者：孫に使ったりとか。今、子供、私の長男ね、家建てたりしてるものですから、そっちの方にお金を。自分の家を今建てて、もうじきできるんですが、孫って６歳と２歳がいますが。そっちの方の、子供にね。家建てるお金を少しは出してあげたいとか、自分たちで使うっていうのはそんなにないけど、やっぱり自分の子供、孫、そういうものにほとんどね。

回答者：やっぱり、いくら６０になっても、急に人から見て、すごい衰えたとかだったらいい

3

Arbeitnehmer B

けど、何も衰えてなかったら普通の通り本当は６５まで延長してほしいっていうかね、定年を。私はそう思うけど。私の場合は給料たくさんもらってます、はっきり言って。んなもんで沢山くれてたもんで、よくしていただいた会社なもんで、しばらくはお返しをしにゃあかんという気持ちで働いてます、なのでそんな不満っていう不満は、やっぱり規則は規則で会社であるものですから、まあ下がってもしょうがないし、今まではっきり言って沢山もらってたものですから、まあ良くしてくれたね。今年はまあ奉仕の気持ちで働いてる。そのお金がどうこうっていう不満じゃなくて、私に対して会社が非常に良くしてくれたと、いう気持ちがあるものですから。なので他の人と違って、給料も沢山もらいました。私は、なので今下がってもまだなおかつ仕事も与えられて必要としてくれるっていうのを考えて、感謝して働いてると。まあ６０っていう幅は規則が結構あるもので、それはしょうがないし、私だけよくするっていうわけにもいかないもので、今までは給料というのは働いた度合いによって上がりますし、それを私に対して会社でも沢山給料くれたものですから、沢山下がっても私は全然不満とかは無くて、今まで４０年間よくしてくれてきたもので、多少は下がっても気持ちよく会社に奉仕をせなあかんという気持ちで今働いてるっていうのが気持ちですね。回答者：年金をもらって、年金は年金で働いたらまた給料は給料くれて、そこから税金取ればいいと思うんだけど、色んな面で個人のお金に国が何でも口を出して社会保険庁とか悪いことばっかりやって年金使っちゃったりとか、そういうこと。例えば国民年金なんかは、４０年かけても７万円ぐらいしかくれないと、で生活できない人に対しては、生活保護つって１３万円もくれるとか、何も納めなかった人が生活できなくなったっつって国で１３万くれて、４０年間も納めた人に７万円しかくれないって、やってることが私はおかしいと思うの。真面目に働いてこなくて、生活できないと。したら国で１３万円も生活保護手当ってくれるの。で真面目に４０年間、私らは厚生年金なものでまだいいですが、国民年金つって、例えば商売やってる人とかっていうと、それで４０年払っても一か月７万円、で仕事もそういうの払うなしにやってきて、生活できないつって国で１３万円くれるって、そういうおかしな制度だと思うよね。そういうちゃんとやってこなかった奴にそういう金をくれてやって、真面目に払ってきた人に７万円で何も積んでこなかった人に１３万円もくれる、そういうことがもうおかしいんだよね。なので不満っちゃあそんな働かない人にはやらんでもいいし、っていう僕はそう思うんだけどね。それでどんどん年金も下がり続けて日本なんかもニュースで色々やるもんで、年金のお金で変なとこ使っちゃったりとかっつって。なのでちゃんとそういう社会制度をちゃんとして欲しいっていうのがあるね、年金とかこんな所お金使っちゃったり、真面目にちゃんと払ってくれる人には、払わん人にそういう手当をやって、何で払ってる人にそういうことをやらかすのかっていう。不満ちゃあ、そういうとこをね。政治的に不満だと。なので払わんじゃなくて何度か取って平等だったらいいけど、そういう払わん人は多くって、４０年も積んだ人に少ないって、やってることちょっとおかしいと思うよね。国の政策っていうかね。若いとき働いても税金払い無し、飲んじゃったとか、そういう人も年をとったら年金もらえるもんで、そういう人を国でってなるのにね。どんなところからでも税金は取って払うだったらいいけど、これからそういう事ばっかりやってると払う人だっていなくなっちゃうしね。そういう事はきちっきちっとやって、全部お金はもう私の場合はお母さんに全部任せてあるんで、最近は。昔の人は、うちのおじいさんなんか年金でもすごいもらうもので、生活できるけど、もうだんだん私らの年齢になるといくらもらえるかわからんっていう時代なんでみんなしっかりしないもんで日本人ってお金使わないって。将来不安なもんで、貯金ばっかしといてっていう。うちらもそうだもんね、ドイツとかの人なんかみんな旅行一か月くらいパーッと行ったりとか、日本人でできないんだよね。ちゃんとドイツとかはそういう面しっかりしてるもので、そんな貯金貯金しなくても。日本人は世界で一番貯金があるんですよね、何兆、何百兆で、国の借金ぐらいの。そういう不満があるんもんで使わないんだよね。もっと雇用とかちゃんとすれば金だってどんどん使うんですけどね。

4

Arbeitnehmer C

回答者: まず、2点ほどあるので、まず、経済的なもの、お金ですね。定年で60になって、私どもの世代、私どもの年金ですと、年間で、100万ぐらいしかないんですね。1年間、ひと月に直すと、10万円ないですね、8万円か9万円ぐらいしか。今、60歳から年金を貰おうとすると、毎月8万円ぐらいしかないの。それではとても家族を養っていけない、というのがまず第一点ですね。で、もう一点はやはり我々のような年になりますと健康で、働けることが人生で一番の幸せといいますか、そういうところに行きつくんですね。ですから家に引きこもっちゃってあっちの病院こっちの病院というような渡り歩きをする生活よりも、少しでも会社に恩返しができればいいかなということで、それが健康のため体のためというのが第二点、大きくはその2つですね。経済的な理由と、健康を維持したいという、その2点です。

回答者: やはり2つ目も私にとっては大事なことなので、お金があるから仕事しなくていいよっていう、個人によっても違うでしょうけれど私はやはり体を動かしてなるべく病院に行かないような生活をしたい、規則正しい。やっぱり勤めてると規則正しい生活になりますよね。朝寝きて夜寝て、また次の日起きて、週末は休むという。そういうリズムはできる限り長くしたい、そのリズムは保ちたい、という事で、お金が仮にあったとしても何らかの形でそのリズムは保っていきたいという風に思ってますね。ですから、お金だけではないです。ただじゃあ、お金がいっぱいあるよって言われでも、病気になっちゃったら困るので、一応そういうことでお金がクリアできてもやっぱり勤めたいですね。

回答者: 家族は協力的なので、別に家族とのトラブルは無いですね、家族とは。ただ私、定年まで部長を勤めさせていただいたんです。で定年と同時に役職が無くなったということで、簡単に言うと今までの自分の部下だった人間に使われてるというような形になるんです。で自分が部長でやってきたときの方針ってありますよね、やり方。方針をくつがえされるような風に見えるわけですよね。今までやってきたことを否定されるようなかんじに自分は捉えられるんですね、今の現状はね。だから自分がやってきたことが自分では正しいと思ってやってきたのに、否定をされてるようなかんじが受けれる。他人はどう見るかわからないですけど私はそういう風に感じるんでね。今まで自分がやってきたのに、実績もああやっぱり下の人間はそういう風に見てなかったのかな、という感じはしますね、ええ。それデメリットという言い方が正しいか分からないんですけど、やっぱり素直なところ、あの、自分のやり方を継続してもらえていないというところですかね、そこがちょっと残念、どっちかっていうと残念でしょうかね。

回答者: あの、たとえばその世の中の不景気とか景気とかありますよね。それで見つけやすいとか見つけにくいというのは、考えに入れた方が良いんですかね?あの、例えばいくら高齢者でも世の中忙しいと、もう本当に猫の頭を借りてこいというようなことがあるじゃないですか。そういう意味合いに取るのか、もしくは自分自身からその、何かをやることに自信があるのかという、そういう質問でしょうかね?
。。。これは。。。いや、私はそうは思わないですね。というのは、私には家庭的な事情が子供の頃からありまして、中学生の頃からアルバイトやってたんです。ですから、世の中に対して色んな仕事をこういう時にはこういうパターンがあるんだというようなことは、中学の時からずーっと。で私高校卒業していきなり社会人になってるものですから、働くこと自体は全く抵抗が無いですね。どこへ入っ

1

Arbeitnehmer C

ても、馴染める自信はあります。自分はね。まあ特別ね、技術が必要だとか、そういうもの以外はですね、大体の仕事、普通の方がやってる仕事はやれる自信はありますね。

回答者:嘱託ですね。これ、嘱託契約社員って書いてあるんですけれど、嘱託ですね。

回答者:うーんあの、これーらへんがね、嘱託って言うと、今うちの会社は一年契約なんですね、一年ごとに更新していくと、が今うちの会社の嘱託扱いなんですけど、まあ一年ての、私はやっぱり3年ぐらい一回の契約で、3年くらいやっていただきたいなっていうのは希望ありますね。ただ毎年切り替えていただいて更新し、新しくしていただくことはありがたいんですけど、やっぱそれなりの不安てあるじゃないですか。来年は、来年は大丈夫なのかつて。働く自信はあるんですけれど、会社でいらないよって言われたときに、やっぱりまず先程申しましたように、お金の心配がありますよね。ですからやっぱり、人生の設計を立てるにおいてもですね、1年しか働けないよりも、3年間は保障されるみたいなことがあれば安心して働けるという、自分なりの理解はしてるんですけどね。ただ1年1年で来年どうなの、来年どうなのなんていうことになると、ちょっとそこの部分は不安ですね。ですからこの、形は嘱託で構わないんですけれど、契約の期間ていうんですかね、3年とか5年のスパンで、やっていただければ安心できるかなという要望はあります。

回答者:フルタイムですね、フルタイム、正社員と同じですね、正社員と同じで、やってます。

回答者:ああ、別にフルタイムで逆にフルタイムじゃないとやりにくいのがあるので、フルタイムをやっていただけた方がいいですね私は、フルタイムを希望します。

回答者:あのー、会社としては一応聞いてるのは、私一応対象になるかどうかは別として、65歳というのはメドで聞いていますね。。。そうです、おっしゃるとおりです。

回答者:70%くらいだと思います。70から89じゃなくて、65から70ってとこですかね。65から70。あの賞与が、景気によってこうなるものですから、ええ、もらってるんですけど、それで年間収入という形なので、年に2回賞与があるんですけれど、まあ給料x12か月で年収で、それプラス賞与なんですけれど、まあその賞与はもらってみないと分からない、っていうのは中小企業は特にそうなんですけど、ですからまああの月給は7割、70%ぐらいなんですけど、年収にしたときに、その賞与が上がったり下がったりするのかなり大きいもんですから、ですから65から70、まあ私の場合はそうかなと。

回答者:えーあの役職が今無いわけですから、それに見合った給料ですから、大体まあこれでしょうかね、70から89で、いいと思います。これ70より下はちょっとね、70は最低欲しいですね。前回の賃金に対してですね。60%台に落ちると、ちょっと辛いかなっていう。だから70以上は希望したいですね。

Arbeitnehmer C

回答者:まあ半分は貯蓄でしょうね。半分は貯蓄して、半分は家族のために使うということになると思います。余分な収入があったとすれば。

回答者:んーまあ自分の収入で、なんとか生活できてますんでね、今のところ。家内、ワイフも若干働いてるんですけど、ですからそういう意味では大満足ではないですけど、ほぼ満足というかんじですかね。

回答者:んーやっぱりあのもう心配事が少なくなれば、エネルギーを仕事に向けられるというふうには考えますね。ですから、家族のためにある程度時間が使えるのであれば使って、そこの心配事が無くなれば、今度は仕事に集中できるというふうには考えますね。ですからやっぱり例えば病気の人間がいて、看病しなきゃいけないということがいつも頭にあると、やっぱり仕事には集中できないと思いますよね、そういうことは今日は例えば午前中看病して仕事みたいなふうにできるんであれば、それは集中できますよね、そうは考えます。

回答者:うーんまあやっぱり会社に勤めてる以上、会社の仕事は優先にやらなきゃいけないんですけど、まあ前に言うように、病気の人間がいたりすればそっちにも行きたいという。まあでうすから虫のいい話ですけど、自分が自由な時間を切れるんであれば、あのーやっぱり時間割じゃないですけどね、何時から何時までは、家の家族のために、で何時から何時までは仕事、というようなことが可能であればそういうふうにしたいですし、ただ現実として今わたしは年寄りを抱えてませんから、自分が一番年寄りなんですね、家の中で。ですからまああの我々世代は親が生きてらっしゃる方は80代、なんですね、みなさんね。そうするともうやっぱり介護だったり、しなきゃいけないという世代なんです我々。ただたまたま私もワイフも親いませんので、自分たちが一番高齢なんですね。ですから、そういう心配は、私の場合は無いです今のところ。でもいつどうなるか分かりませんね、自分たちだって。だからそういう意味でまあ具合悪くなったときに自由に病院行ったり、看病したりすることが可能であれば、そういう風にしていただければありがたいな、と。ということですね。ま、自分がその家族を含めてね、病気とかなった時に、そっちに少
しでも時間がかけれるような雇用形態が嬉しいなと。

回答者:えーこれね最初にお話ししたと思うんですけど、まずは年金、日本の年金制度というのがありまして、我々世代は生活満足にできる年金をもらえる年齢が、６５歳なんですね、我々世代は。で先程言いましたけど、いま年金貰っちゃうと8
万ぐとらいしか無いんで、とても生活できない。ですから６５歳まで勤め上げて、6
6になるときに年金を貰い始めるというのが、普通の生活ができるというふうに、年金に相談行った、年金の相談員の方がそういう風におっしゃってたんですね。で自分もそう思いますし、ですからまあメドは年金がちゃんと貰える年齢、今は６５歳
なんですけど、制度変わりますんでね、ですから、今メドとしては６５歳を、使っていただければありがたいなと思ってます。

回答者:今は考えてないですね。何をしようというふうにも思つてないですし、ただそこを無事迎えられるかという心配もありますからね。６５
まで勤め上げられるかという心配もありますか

Arbeitnehmer C

ら、とにかくまあ健康で働けるうちは６５
歳までは働きたいし、それになった時は、その時にまた考えようかということで。あれもし
たいこ.れもしたいという方も中にはいらっしゃるんですけど、自分の場合は、とにかく勤
め上げること。ですね、６５歳まで働かしてもらって
勤め上げて、その時点でたぶん私の性格から言うと、じっと家にいるということはできない
と思うんですね、体が動けば。だからこの会社にいなくても、ちょっとアルバイトをしたり
、体を動かして。収入はともかく、健康で働きたいというのが一番心の中で思ってますので
。ですから６５
歳で雇用が終わりだよって言った場合、年寄りでも使ってくれるような、シルバー人材みた
いなところに行って、働かしてもらう、ま、収入目的じゃなくてね、健康目的という意味で
、働きたいなあ。ですから、本当にもうおいおい自分で歩けなくなる時まで、なんか仕事を
やってればいいかな、今はそういう風に思ってます。
回答者:はい。それは、役職が無くなりましたから、そういう意味では部長としての仕事が
無くなりましたね。ただ私営業マンなものですから、部長の時も営業マンとしてやってまし
た。で、もちろん予算をもって、その数字を毎日追っかけるような仕事を、部長の時もやっ
てましたし、今も同じようにやってます。ただ部長の仕事が無くなったと。ということは変
わったといえばそういうことですね、営業の仕事は全く変わってないですね。
回答者:私どもは、産業資材部という部署ですから、会社さんがお客様ですね。たとえば東
レさん、がお客さんで、東レさんで必要とするようなものを。パレットとかご存知ですかね
？
ああいうものを、東レさんいっぱい使ってらっしゃる。とあと、ビニール袋。とかいっぱい
使ってらっしゃる。で私は東レさんの担当じゃないんですけど、今わかりやすいように東レ
さんの話してるんですけど、一応そういうものの資材を、お客さんの要望に応じて、納めさ
せていただくという会社を何社か持ってるんですね。ですから、そういう民間の会社がメイ
ン。民間の会社で、ホテル業もあります。製造業もあります。というようなことで、そうい
う意味ではお客様が必要とするようなものを、調達させていただいて買っていただいてると
いうような仕事がメインですね。だから主に資材という意味合いなんですけどね。。。日本
の仕事ってね、外国の方にはちょっと理解できない部分があるんですけど、メーカーさんが
あって、外国の方だと直にエンドユーザーさんという形なんですけど、日本の場合は必ず商
社みたいなのが間に入るんですね。でその立場ですね。
回答者:60歳の定年というのは会社で決まってることですから、60歳になる1
か月前に、再雇用で、この金額で働いていただけますかという相談は総務の方からありまし
て、正式ですね、それ正式。ある程度のジャブはあったんですけど、正式には1か月前が既
に定年なんですね。私7月なんで、6月にそういう話があって、ぜひお願いしますってサイ
ンをして、1年間ですね。で今2回目の
サインをしました。7月過ぎましたから。ということですから、会社としての話はありまし
た。この給料で、1年間どうでしょうかっていう。
回答者:こんなこと言う、外国の方は理解できるかちょっと分からないんですけど、お客様
の役に立つって、お客様が喜んでくれることが私の喜びですね。ですから、お客さんに対し
て役に立ってる。もちろんビジネスですから、損はしません。損はしないんですけど、上田
から物を買って、お客さんが良かったと思ってくれることが、喜びです。

Arbeitnehmer C

回答者:んーどうだろうなー探す方が難しいかもしれないですね。目の前にあることはどんどん片付けたいという性格なものですから、嫌なことから逃げるタイプではないんで、向かつてくというタイプなんで。ですからその点をお客さんに理解していただいてるのかな、と逆にそこが私のセールスポイントかなという風に思ってますし。ちょっと余談になりますけど、定年、会社では定年60歳ということになりますけど、自分の中の定年ていうのは持ってるんですよ。どういうことかっていうと、お客さんから声がかからなくなった、その時に、初めて、定年だなという風に理解します私は。ですから60過ぎても、同じようにお客さんからリクエストがあれば、ああまだ僕のことをお客さん信用してもらってるんだな、というふうに理解しましたから、じゃまだ定年じゃない、と自分の中でね。周りにはそういう風に思ってもらえないんだけど、自分の中では、お客さんからリクエストがある間は、現役、という風に理解してます。

回答者:あのですね一応、一般的に60歳というのが定年というのは一般的な決まりです。で何年か前から、政府からはその年金制度が崩壊しそうだからもっと定年を上げて雇用していかないと、年金が払いきれないという話が10年ぐらい前からあるんですね。ところが、まだ我々の会社みたいなところはまだ浸透してない。ですから60歳でスパッと定年になる、というところがまだちょっと政府が考えてることと、実際の会社がやってることと、ちょっと違うかなという感じはしますし、実際にその65歳で定年ていうところも、私が聞いてる限り中小企業は無いですね。60歳でみんな切られちゃう、ということが。だから今おっしゃるように、人口がどんどん減ってくときに、年金は3人で1人抱えてたのが、1人で3人見なきゃいけないみたいな話になってくると、大丈夫なのかなって、今の政府の方針っていうか、は、感じますよね。ですから、さっき何歳まで働きたいかっていうご質問の中で65歳っていうのがあくまでも経済的な理由ですね。65になんないと、まともに年金貰えない。でこれが60ならという話になると、また2年間は、経済的に困るわけですから。生きてく以上はお金がかかりますんね。何らかの収入は得なきゃいけないかなというふうに思ってますから。そういう意味ではその人口がどんどん減少していくにも関わらず日本の制度は遅れてるなって気はしますね。

回答者:資産とかお金が元々ある家の生まれとか育ちだったらば、そう幾つも働いていかなくて良いんでしょうけれど、やっぱり一般的なサラリーマンて、家を買ったり子供を育てたりした後の残ってるお金って、まあ幾つまで生きるかという話は別として、給料賃金だけじゃあとてもやっていかれないというのが現状ですね、日本人の場合はね。特に中小企業、うちの場合もそうなんですけれど、退職金があるじゃないかつて話もあるんですけど、退職金使ったら2年ぐらいで終わっちゃいますんで。そうい意味では、年金をきちっと確立してもらって、年金だけで食っていかれるような状況を早く作ってもらいたっていう。もしそうい事が言えるんであれば、言いたですね。ただ私自身は働く事は嫌じゃないんで、体が動く以上は働きたいと思ってますけど、やっぱり不安があるわけですよね。

回答者:僕はね、正直なところそうです。例えば私にうんとお金があってね、資産があって、明日から会社来なくていいよって言われた時でも、食べていかれれば別に不安はないんです。ただそういう状態じゃ無いですから、やっぱり毎月もらったもので、その月を過ごしてるという状態ですから。特に大きな借金も住宅ローンも終わりましたんで、大きな借金は無いんですけど、やっぱり生活していく以上はいろいろお金もかかるわけですよね。ですから健康の不安というのは確かにあります。ありますけど、やっぱり自分は働いてればある程度健康は維持できるという風に自分では思ってます。逆に仕事を辞めてしまうと、あちこち具合悪くなるんじゃないかなっていう不安はありますね、自分の体に対しての不安は。ですからやっぱり健康の理由と、お金の理由で働きたいということは両方、相互関係があるわけですよね。働いてれば健康でいられるし、健康でいられれば働けるというような、そんなとこ

5

Arbeitnehmer C

ろもあるわけですから。だからお金がいらないよ、ぶらぶらしたいよという気持ちは全く無いですね。両方欲しい。健康も欲しいし、お金も欲しい。ですから現時点でわたし血圧も高いので、薬は毎日飲んでるし、無茶をしない、暴飲暴食ってわかりますかね、タバコも吸いません。お酒は少し飲みますけどね。自分なりに自分の体に気を遣っているつもりなんですけど、これたぶん仕事辞めると、ガタッとくる可能性はありますね。そういう意味で、自分ですよ、私は、何回も言いますけど健康もお金も維持したいが為に働きたいと。。。まああのお客様商売、営業ですから、お客さんに対することが非常に多くて、やっぱりそれで以てお金をもらってる、給料をもらっているので、お客さんも私から物を買ってもらっているということで。で私のものの考え方は、私もう60
歳過ぎてますから、お客様は私より全部年が若いわけです。ほとんどは、窓口の方は。ほとんど年が若い。それでも上田さん上田さんって言ってくれてる。さっきの話じゃないですけど、名前を呼んでいただいてる以上、自分の中では定年じゃないと。そういう理解で、その若い方に対しても、年配の方に対しても、同じ対応を心がけてます。当然、自分の子供より年が若い人もいるわけです。だけど、お客様、ですよね。で私より高齢の方、経営者の方なんか特にそうなんですけれど、高齢の方も、お客様。同じように対応できるように心がけてますね。で何故そういうことを言うかというと、人間の立場って、よく御存じか分からないんですけど、いつ逆転するか分からないんです昨日までお客さんだったのが、今度逆に私がお客さんになる可能性もあるし、その逆もある。ですからやっぱり人に会った時には、できる誠心誠意のことをしたいというのが、私の持論ですね。ですから、お客さんにそういう風にとってもらえれば自分のプラスになるのかな、と思ってます。で嘘をついたり約束、を破ったりするのが自分では一番いけないと思ってますね。ですから、そこはしないように、いくら若い人で、も、嘘をついたり約束を破ったりしないように心がけてます。広すからそこは経営者であれ、末端のサラリーマンであれ、同じように対応できるように、私の営業としての立場はそういう風に心がけてますね"さからそういう意味で、あいつに頼めば何とかしてくれると思ってくれてるお客様が多数いらっしゃJるんでね、今の自分があるのかなと。
自分なりに理解してるんですけどね、そういうことですね。逆に仕事が無くなっちゃって、お客さんから声かからなくなるってことになっちゃったら、そこはもう自分は引き際かなと。たとえ65前でもね、そう
いう風に思ってますけど。そうならないように、努力してます。いつまでもお客さんに声をかけてもらえるように、努力しているつもりでいます、自分なりに。
回答者:現時点ではちょっと考えてないですね、今では。その時点になるとまた考えるまではわからないんですけど、やはり私のワイフも歳一緒ですから、6
1なんですね、ですからいつまで勤められるかも分かりません。でパートで今働いてるわけですから、何の保証もありません。それこそ、明日から来なくていいよと言われれば、ああそうで、すかっていう、そういう立場ですから。でうちのワイフも、やはり健康、私も働きながら健康を保ちたいっていう気持ちがあるんです、そこは私と共用できる部分なんですけどね。やっぱりある程度の年になりますと、働いてて健康を維持するというのが、一番リズムがいんですね。ちょっと若いですからまだ分からないと思うんですけど、そうなんですよ。で、やっぱり健康の不安ていうのは、不規則な生活が一番良くないんで、すね。で時間があるからいつでもできるやというダラダラした生活が自分はダメですね。ですから会社勤めして、一日行ったり来たりすれば15時間ぐらい会社のために使ってられ
るわけですよ、で残った時間で睡眠したり食事をしたり、で休みのときは自分の趣味をしたりというような、そういうリズムですよね。それが一切会社に来なくなると、全部サンデー毎日ですよね。それだと、リズム狂っちゃうと思ってますから。で私の場合も全く同じ考え方ですから、働けるだけ働きたい。そこの部分は同じ考え方。。。そうですね、話しましたよ、自分は何が何でも65歳まで働きたいという。まずは経済的なこ
とがありますんで、家内もお金が入ってこないと困りますんでね。そういう意味ではお互いに健康に65までは働こうなっていう話はしてますね。

Experte A

回答者：大企業は昔まず、50とか55とかで、その時は定年でみんな辞めてたのではなくて再雇用とか勤務延長があったのね。で、60ぐらいまで働いてたのね、大企業は。まあ1980年代ぐらいね。で、中小企業は今度は定年がない会社が結構あった。その時に大企業で定年延長できるのがあったと聞いたときに55からだんだん60になったの。その時に、当時の勤務延長と再雇用ってなくなったんだよ。なくなったの。ね、それで中小企業は、定年がないところも定年に入り始めたの。で、60になったの。そうすると中小企業にとっては実はマイナスだったの、定年延長が。定年がなかった会社がたくさんあったから。ね、今度60になって、今度60から65までってしてきたのね、この話はね。でそれで大企業は、あのどういう選択をしたかって言うと、あの3つ選択がここに書かれているように定年を伸ばしてもいいし、定年をなくしてもいいし、或いは再雇用や勤務延長っていう3つだよね、選択肢。大企業は、あの大体この3番目ね。つまり、定年はそのまま残して再雇用なり継続雇用なりをするっていうのが1年ごとに変えていくって言うのが多かった。・・それで、何で大企業は定年延長しなかったかって言うと、あの定年って言うのは単独の制度ではなくてシステムなんだよね、賃金の仕組みとか昇進の仕組みとかって言うシステムになってるから、定年だけ上げられなかったって言う。もし定年延長するって言うと賃金とかプロモーションのシステムを変えなければいけない。で、これが大変なので、大企業は勤務延長なら良い再雇用でやってきたの。で、中小企業はね、中小企業の場合はそのいわゆるそのシニオリティー・ベースの賃金とかプロモーションではないから以外にその後は定年延長やっているところも結構多い。定年なくしたり。で、それ元々なかったからね。元々ない企業があったわけだから、だからその辺をちょっとその大企業と中小企業との違いがあるので、あの、それは少し歴史的に見た方が良いよ。元々中小企業は、これに書いてないかな・・・定年がないところがあったってそれ以外に知らない人が多くて、そうか・・・ここにないか・・・昔書いた論文をじゃあ送ってあげよう。それにその中小企業と大企業の違いを書いているのでだから元々だから、元々その定年なりの意味が違ったって言うことを考えないといけないので、だから比較的あの60から60の時に、あのつまりその賃金の仕組みとか昇進の仕組みが違うからね、中小企業の場合。で、比較的あの定年をなくしたり、定年延長が押しやすいって言うふうに考えればいいんじゃないかな。それは、えっと・・・これの報告書の参考資料に出てると思うのでちょっと見てもらえれば言いと思う。

回答者：定年延長の方がしやすい。あと定年なくす。元々定年がない会社が多かったから。びっくりするぐらい多かったの。定年なかったんだよ、元々中小企業は。戦後だんだん定年延長が入ってきたんですよ。元々は定年ってなかったのね、中小企業は。だから定年延長って言う議論が出てきた時に中小企業は定年を入れなきゃいけないと思ったわけよ。入れなくて良かったんだよ。～がなければ。だから入れる企業が増えちゃったんですよ、一時期は。1980年代は。だから本当は入れなくても良かったのを入れなきゃいけないと誤解した会社が結構多かったんだよ。でそれが元に戻る話なんで。

1

Experte A

回答者：ここに書いてあるとおりに、希望者全員継続雇用でも、あの希望しない人もいるんだよな。だからそう言う意味では、希望者全員だとこのぐらいで該当・・・選ぶって言う人はこのぐらいで該当しないで辞める人も少ないから、実際希望すれば大体雇用されてる。セレクションされている人は非常に少ないので、だから人口のあれとしては、一つは希望する人がそんなに多くない。辞めるって言う人も結構いるので、もう年金で良いって言う人もいるので、だから少なくとも希望する人については、あの人数だけ見てもわからなくて希望する人は大体雇用されてる。それで大企業の場合はセレクションの基準があるけれども当てはまらない人もすごく少ない・・・えっとどこだっけな・・・

回答者：うん、4％ぐらいだよね。あ、ごめんなさい3％ぐらいだよね。これもあの、基準を設けている会社を採り上げた時に3％だからね、だからそんなに多くない。で、それは病気だったりとかこう言う基準だよな。基準は少ないので、だからそう言う意味では、あの高齢者の雇用機会を作ると言う点ではプラスだったと思うよ。ただ・・・もう一つ違いは僕が言ったように大企業の取り組みと中小とではかなり違うと言う。大企業はほとんどこの2番を選んでいるって言うことだよね、こっちじゃなくて。で、中小は1が結構ある。例えば定年をなくしたりって言うのもあるけど、定年延長や1が多いんだけども大体2が多いってこと。

回答者：・・・つまりあの、勤務延長なり継続雇用になるとどのぐらい賃金水準が落ちるかって言うデータはあるから、もちろん一部はすごく下げてるところもあるかもわからないけれどもそんなではないと思うよ。後あの給付金があったでしょ、あの補てんがあるから。後もう一つ問題なのは下がんないところは前から下げてんだよな。下がるところは前が高いんだよ。だからそれだけ比較しないと下がんなきゃいいのかって言うと下げない場合は前から下げてきてる会社だよね。だからそういう設計すれば下げないで済むんだよ。だからどっちが良いのかって言うトータルで見ないとわからない。だから例えば60まで賃金上がっていくと、それでそこで下げていくって言う会社と少しずつ下げていってあんまり下がらない会社ね、だからここだけ見てもわからない。実際は。だから実際は一トータルでどのくらい給与払うかだから、だから大体前の方から賃金をねかしてる一下げてこれてるところは賃金はあまり変えずに勤務延長したり定年延長をするところが多い。ね、だからこうあまり下げられない所はここで下げるような。だから全体で見ないとわからないな。

回答者：まあ少なくとも希望する、60以降も働きたいって言う人について、転職ではなくてだね、その会社で雇用がつながるっていう点では一定の前進があった。前よりかは良くなったと思うよ。

回答者：僕、多分改正がこれから審議会でだから、一応報告書はこの、何？②をやめようって言う話なの？基準設けるのは、ね？ただ何度も言う通りあの、希望者全員とか定年延長する場合、賃金とか昇進の仕組みを変えられるかどうかだよな。変えないどいで定年延長は無理だよね。それだけの話だよ。組合が変えたくないって言って定年延長だけにしてくださいって言うんだったらまとまんないよな。だから

2

Experte A

その辺がどういう仕組みになるかだね。単に定年延長しろって言うのは、前を変えられれば簡単なんだろうけど、前を変えられる仕組みがあるかどうかだよな。それが労働条件の不利益変更だとか言う議論になると・・・だから難しいかもしれない。・・・あともう一つはね、もう少し一般的な議論で言えば、あの大学を22で出てね、65まで雇えってのは無理だよ。やはり65まで雇うためには、あの、会社としては事業分野を変えたり、技術構造を変えたりしていくわけでしょ？そしたら仕事が変わるよな？そうすると同じ人がその会社で45年間働き続けられる能力が持てるかどうかって事だよな？だからその基準があるのは強みだよね、仕事をやれるかどうかって。ただ途中で、何て言うのかなぁ・・・もしかしたら転職した方が本人にとっても良いのかもしれないんだよね。だって今の会社で新しい仕事のための能力開発し、だよ。或いは本当はやりたくない仕事もやって65まで働くのが良いのか、ね、転職する方が良いのか。だからあのやっぱり外部労働市場の整備って言うのが大事になってくるんだと思うよね。企業は雇おうと思っても、「私、この仕事やりません」とか「そんな勉強したくない」って言われたら困るわけだよな。だからその辺のバランスだと思うよ。ここに書いてあるように、やはりある程度外部労働市場の整備って言うのを併せてやらないと難しいだろうな。だからそう言う意味でこの基準って言うのが、やっぱり「能力なければ延長しませんよ」って言うのは、「能力開発してください」ってことなんだよね。ねぇ？だから65まで延ばした時に社員が、「もう能力開発しません」ってなっちゃ困るわけだよね。それが出来るかどうかだな。ってな様な事が書いてあります。これ見て。

回答者：いや、でも逆で、今回の報告書で役所の主張は、企業にこれ前だよ、インターナル・レイバー・マーケット転職よりも雇える、雇ってくれって言う政策変更だね。僕は思うよ。エクスターナルではないよな。だから、本当はもう少しそれをね・・・この後ろの方に書いてあるけど、これかな？・・・まあ、だけど・・・基本的には企業に・・・ところがね、あの定年制の下で雇用されている労働者って減ってきてるんだよな。わかる？ようするにFixed Term Contractの人が増えてるでしょ？ね？実は、だから、定年延長しても雇用機会が確保されない人が多いんだよ。だけど、その事をあまり議論してないんだよ、これ。僕は、だから、外部労働市場、途中で転職しやすくするとか、定年延長も良いよ、定年延長も良いんだけど60でどの代わりさっき言った賃金が下がっちゃうかも知れないし、やりたくない仕事に移らないといけなくなる、会社ががんばってもだよ。であれば転職した方が良いかも知れないんだよな。だから本当は実は外部労働市場整備をしなきゃいけないんだけど、その事は議論されていない。だから、ちょっと、やっぱり今回のあれは、やはりもう一度内部労働市場重視に移るって言う感じなんじゃないかな？

回答者：基本的に、何て言うのかな？その定年前の処遇制度をどう変えられるかだよね。だからそうすれば別に、もう少し個別の賃金管理とかになってくれば後ろの方は別に能力に応じて払えば良いだけの話だからね。今、そうなってないから問題なんだよ。だから定年後の話じゃなくて、前の話なんだ。ここ、変えられるかどうかなんだよね。だから、前の方は時間がかかるんだよね。だから、その後ろの方を延ばさなきゃいけない時間と前の方の変更の時間、これ時間がかかるから、そこ

3

Experte A

の問題だね。だから、今やっぱり、後ろの方を何故下げるかって言うと、別に安くしようと思って下げてるわけじゃなくて、前が高すぎるんだよな。ね、能力ない人も高くなっちゃったりしてるってことだよ、ここ変えらんないからなんだよな。で、前の方を変えられるかどうかなんだよな。

回答者：あ、そうです、そうです。中小企業について言えば、元々定年がなかったりとか個別管理だったから今でもそんな問題はない、中小企業。

回答者：時間は、かかる。でも実際はかなり変わってきていて、一つは、フィックス・タームの人が増えてきてるでしょ？だから社員が減ってるよな？だから人選をそこはあの、内部労働市場依存型が減る。で、企業の、そのあの何て言うの？いわゆる長期雇用の人も多元化してきてるからね、だから相当変わってきているのは事実。だから本当は定年制−旧来の定年制はもっと減らしても良いのかも知れない。だから実際ではそれで調整出来てる。だから内部労働市場は、小っちゃくなってきてるの。小さくなってきてる。外部労働市場が広がってる。ただ、政策がまだまだ内部労働市場の評価でやろうとしてるからおかしいんだよな。これあげます。始めの方に日本の雇用システムの変化の事が書いてあるから、これとこれね。

回答者：うーん、中々難しいな・・・今そうするとPhDのキャンディデートって言うことですか？博論、もう書いたの？

回答者：そうね。

回答者：うーん、でもちょっとデータ的に・・・うーん、そうなぁ。ちょっとこのデータが中々難しいね。もし、あのJLPTのデータ会もあるでしょ？あとは社研のここのデータ会。そっちのデータ使った方がいいんじゃない？ここの中央会の調査も使えるかな？見た？社研のデータ会見てみた？そっちのデータの方が良いんじゃないかなぁ？そのデータあまり良くないような気もするなぁ・・・少し古いけど、この「高齢者の継続雇用に関する調査」なんかあるんだよね。そういうの見た方が良いのかな？全部じゃないけど、こう言う調査があるから、例えばこれなんか企業調査とか個人調査とかあるからこの方が、あの2709とかちゃんとしたサンプリングにしてるから、そういう調査を見た方が良いんじゃないかな。あの、まだたくさんあるから検索して。あとちょっと・・・大企業と比較できる方が良いかもわかんないから、中小企業だけじゃなくてな。うん。データで言うとちょっと、これで良いのかって感じはするな。個人もなぁ。ちょっと・・・ユニオンで良いのかっていうのがあるから、だから個人調査もあるからそういうのもうちょっとそれをもちろん参考にしながら、それも使いこっちも使いでやるのが良いかもしれない。

回答者：一つはね、あの、定年でやるかどうかはあって、あの極端な話、定年60のまんまでも、もう一つ企業が採用する時の年齢条件だけ外すって言う形もあるよね。だから、今あの、定年年齢を下回る基準設けられないでしょ？だからそうではなくてそれを70までにするとか、採用する時にだから年齢基準設けちゃいけないと。

Experte A

で、定年は60ってそれでも良いわけだよ、別に定年延長じゃなくても。別に転職した時に65だから雇ってくれないとか、68だから雇ってくれないとか無くなれば良いわけだよね。だから僕はそっちの方が現実的だと思うけどね、特に65以降は。だから、採用の時の年齢基準を外す。だから能力があれば雇ってもらえるって話だよな。後は問題があれば個別紛争で処理していくって言う、だから定年延長でやる必要なくって一律に自動的に何歳まで働けるって言うのは、まあ、せいぜい65までじゃないと難しいんじゃないの。

回答者：まあ、基本手には賃金の制度についてはどうしろあーしろって言ってないわけだよね。ただ、今は60で、65まで雇用機会を提供してください。どんな賃金にするかは自由なわけだよ。ね？で、ただ、もし今回改正される場合、その選択基準設けるのはダメってなるのは黙示じゃない。多分そうすると、結果としてだよ、結果として60歳までの賃金とか処遇の変更は強まる可能性はある。結果として。だから、直接賃金制度変えるとか、昇進制度を変えるって言うような法律じゃないよね？延ばしてくださいって言うだけで。今は、だから60定年で、その後は定年延長でも良いし、希望者全員再雇用でも良いし、ね？後は企業が労使と合意でセレクションしても良い。ね？ただ基準を明確にしなさい、現状は。だけど、もし今回の法改正で、今度法改正するとなると3番目がダメになる可能性がある。ね？だから、定年をなくすか、定年延長か、希望者全員か。だから希望者全員と定年延長何が違うのってことはあると思うんだけど、でもそれをやると前の処遇制度の変更が強まる可能性はある。うん。

回答者：まず、だから、あの、まあアメリカでも今40までだっけ？はいいの？逆か？いくつまでだっけ、アメリカって？エイジ・フリーって言っても完全なあれなわけじゃないんだよな。何だっけ？アメリカの場合は何歳まで？アメリカでは40歳以上は、従業員の年齢差別禁止だよね。それまでは、仕事上良いわけだろ？40歳以上の、だよね？だから日本でも考え方としては60歳以上だめとか50歳以上とかってありうるかも知れないよな。それによって制度の作り方が相当違ってくる。うん。現状で言うと、60歳定年で、だから今、年齢による・・・だからエイジ・フリーってどう考えるかだけど、まだ勤続とか年齢の良さが残ってるけど、それを全部なくすって言うことなのか、でも採用の時に年齢基準を設けないのか、それで言うと60までは現状で言うと、採用地点で年齢基準設けちゃいけないってことになってるから、ね？そういう意味では、まあだけど、新卒は良いとかさ、そうなってるけど、そういう意味ではエイジ・フリーってどう定義するかだな。だから今も採用の時は年齢基準設けちゃいけないんだから、60までは。定年制ある会社は、定年を下回る50で採用しますとか45採用しますとか、しちゃいけないのだから、その限りではエイジ・フリーとは言えなくもないよな。だから、エイジ・フリーの定義だよな。定年をなくせってことであるとすると、これは中々その内部昇進型の人事管理やればどっかで辞めてもらう年齢が必要だからね。それが必要なのね。もし、40までとか50まであるかもわかんないけど、だから、エイジ・フリーって何かだよね。定年制廃止って言うと相当大変だと思う。つまり、定年制を必要とする人事管理があるからね。だから恐らく採用時の年齢基準をなくせって言うのであれば、そんなに難しくないかもしれない。だから、エイジ・フリーって何かだよな。うん、定義によるな。あんまりお答えになんないけど。じゃ、まあ、それ読んでみてください。

5

Experte B

回答者：まあ、色々あっちこっちに話がいくと思います。で、まあ最初にお話ししたように雇用政策の専門家ではないと。皆さん専門がありますのでそういう意味では必ずしも高齢者雇用の専門家ではないって言うことは申し上げておかなきゃいけないと思っています。で、あのもうご存知の通りですね、まあこれ、佐藤先生とはもうお会いしましたか？佐藤ひろき先生とはお会いしましたか？まだ？あ、もうインタビュー済みですよね？で、まあこの報告書、佐藤先生もメンバーでありました。日本の年金の制度は、一番古いものは、まあ、年金は55歳からもらっていたと。その次に1954年に60歳から年金に切り替えて、更に1994年に基本的には65歳、まあ実際に動き始めたのはその後からですけれども、定年、年金の支給開始年齢が65歳まで遅くなったと。で、そのかん間、雇用の期間と雇用の定年等、それから年金の始まりの間にギャップが生まれてしまうと困るので、まあ時間をかけて定年が遅れてきたというのが、まあ現実であるわけですよね。ただその年金の支給開始年齢の引き上げですね、2013年から本当に、これはあの引き上げのタイミングの話はもうご存知だと思いますけれども、日本の年金は2回建てになっていて、まず1回部分が完全に65歳まではもらえなくなると、でその次に2回の部分が徐々に遅れていって、2013年から遅れて、それで2025年には男性については完全に65歳までは一円ももらえなくなると。で、日本の定員？企業の多くは60歳の定年になっていて、60から65歳のところに隙間が生まれてしまうと。で、それを埋めるために、今回のこのプロジェクトでは、その埋める方法として一つは、65歳定年。ただし、〜先生は、究極的には定年のない社会。つまり生涯現役社会が望ましいという話をして。で、2番目としては、65歳定年でも良いんじゃないかと。ただ、それも非常に時間がかかる話だと。そこで、まあ継続雇用みたいな形で、まあ、一年ぐらいずつこう契約を続けていきましょうと、言う形にしますねというので、それを今までは色々企業側からも条件を付けていたのを基本的には希望する人をみんなが65歳まで継続出来るようにしましょうねということを議論して、でこれを労働政策審議会の方で議論すると。で、労働政策審議会と言うのは、厚生省には2つの審議会があるわけですけれども、一つの審議会は社会保障審議会、もう一つのは労働政策審議会。で、この2つは実は全然性格が違うんですけれども、社会保障審議会と言うのはどちらかと言うとお金のことを議論することが多いんですけれども、労働政策審議会では労働政策を審議しますので、雇い主と労働組合側が、まあネゴシエーションする場になるわけですね。で、そこで学者の委員って言うのは中立の立場でそれを調整すると言うのがその役割になってくるということであるわけです。従って、いよいよ日本の年金が65歳まで上がりますと。そして、その60から65歳の間を現実的に埋める方法として継続雇用があるんですね、と。で、ここが上手くいかないっていうことになれば、65歳の年齢を本当に引き上げて良いのかと言うことに対する疑問が生まれてきてしまうと思います。で、実際に1954年に年金を60歳にすると言った後に、次に、実際60歳に定年が普及するのに非常に時間がかかっていました。その結果ですね、90年代に入る、一番最初に日本の年金を65歳に引き上げましょう、それと厚生年金ですね、65歳まで引き上げましょうと最初に議論やったのが、実は1989年。この年金改革の時にやろうとしたんです。だからその時に何が起きたかって言うと、労働組合側が反対したんです。理由は、この実際に55歳の定年が60歳まで引き上がるのに政

1

Experte B

府は努力をしなかったと。で、厚生省と労働省、別々でしたから、厚生省は年金財政を考えて引き上げたいと考えていたんだけれども、労働省側がきちんとそれに対して指導しなかった—政策をうたなかったと言うことに関して労働組合は非常に不満を持っていたと言われています。従って90年代後半まで支給開始年齢の引き上げが遅れてしまったということになると思います。で、今回上がったわけですね。で、その65歳まで上げたと言うのは、ある種1994年の政治状況というのが今と似ていて与野党が一回逆転していると言う政治状況がありました。その時には、連立政権が、連立政権に労働組合のメンバーが入っていたので、法律を提案する時に65歳に引き上げなきゃいけないって言う法律を提案してしまったんですね。従って、その時に労働組合も政権側にいたので、まあ仕方がなく賛成したと言う経緯があるという。じゃあ、本当に65歳まで実効性のある継続雇用が可能なのかどうかということが、今試されていて、この調査でも、これは佐藤さんの方がもっと色んなデータを持っていると思いますけれども、65歳継続雇用が本当に機能するかどうかという今切り替え期になっていると。ただ難しいところはいくつかあるだろうとは思います。一つは、やはり継続雇用をした結果、日本の雇用の中でその若い人の雇用が、その分だけ減ってしまうのではないかと。つまり60歳から65歳の継続雇用で雇われているその仕事の内容と若い人がやる仕事の内容が同じ仕事をやっているならば、年金が一部もらえる、まあもらえなくなっていくわけですけれども、あの完全になくなるわけですけども、しかし辞める時の賃金よりも安く、しかも働いた経験がある高齢者の方を、景気の見通しが悪い中では、日本の雇用で長いこと年功の中でこう雇わなきゃいけない若い人よりは、この高齢者で継続雇用で安く済ませた方が有利かもしれないと企業が判断すれば、この継続雇用の結果、若い人の雇用にしわ寄せがくる。若い人の失業率が上がっちゃうかもしれないと。ただ、このヒアリングでもやりましたけれども、企業によっては若い人に期待する仕事とこの継続雇用によってやっている仕事の内容が全然違うんだと。仕事の内容が違うんだから、そういう事はないと言う企業もありました。是非ですね、実際調べてもらいたいんですけれども、継続雇用の仕事の内容が今どうなっているのか、処遇はどうなっているのかっていうのは是非あのアレキサンダーさんにですね、細かくこのインタビューとかアンケートで調べてもらいたいんですけれども、僕の問題意識としては、これが出来なければ年金政策が非常に困ることになるだろうと。で、年金が専門ですから、年金が財政やってますので、日本の年金財政は正直なところ65歳の定年ではもたなくなっていると。67歳まで上げなきゃいけないって言うのが一個考えとしてはありますし、本当のことをこの委員会の時に申し上げなかったですが、本当のことを言うと、今のペースで2025年まで時間をかけてあげているほど、ゆっくりのペースでは良いのかなと、もっとスピードを上げないと年金財政はきつい、厳しいんじゃないのかなと思ってます。だからそういう意味では、継続雇用の現状についてはですね、労働の専門家ほど細かいことは申し上げられませんけども、年金財政を今後安定化させるためには、是非とも成功させなければならないと。で、その時には若い人の雇用の問題、仕事の内容、それから日本の年功賃金、雇用保障に与える影響も目配りしないといけないなぁというのが僕の観点ですね。はい、良いですか、これで？

回答者：すごい難しい質問だと思うんですよね。で、あの議論の中でもその日本の賃金にある処遇は、まあご存知の通り年齢があってそして賃金ですね、そして報酬

2

Experte B

があって、年齢があって利益があると。賃金があると。で、まあ日本の人はまあ22歳ぐらいで働き始めて現在では60歳で、まあ辞めるんだと。そして若い時は比較的安い賃金で、そしてこんな感じにまあ賃金がこう決まっていると。これは、今は随分変わったとは言うものの、日本の正社員、長く働いている人は、やっぱりこれによって守られていると。で、継続雇用の対象者になる人はやっぱりゴールが65歳まで来た人の話をまあしているということですよね。で、この後の賃金って言うのは、ある意味こう毎年毎年の継続雇用の契約の中で決められていると。まあ人気もあったんで、安くてもいいだろうとか、或いはその子供ももういないので安くても良いだろうっていう話になっていくかと。これがじゃあ、65歳に定年になった時には、どういう形になるんだろうかというのが一つ課題になりますよね。で、65歳になった時には、これが単に延期されるのか、それとも今度は全然違う形に姿が変化するのかって言うのが一つ議論になると。だから、二つの考え方があって、一つの考え方として65歳をゴールにすると、これを定年にしていくということになると。これは法律で定年になると言うことになれば、これはこのグループの人たちの賃金に影響を与えるだけではなく、こっから先全ての人のこの世代の前の人たちの賃金も見直さなければいけないだろうと。で、これは労働組合にしても企業側にしても非常にハードルが高いんではないかなぁとは思います。で、企業にしてみれば今の日本の企業は、基本的には会社の雇用を守るメンバーは、もう65歳までなんだと、で65歳以降この継続雇用する人たちと言うのは、ある種本当のメンバーではなく、こう準メンバーと言うんでしょうかね、あの、メンバーに準ずる少し外部市場に少し足を突っ込んだような第二グループみたいな扱いをまあしていると。で、この中でまあ毎年毎年契約をしていっていきましょうと。で、この契約をその企業がその誰を契約するのかと言う基準を自由にして良いのかというのをその自由度をまあなるべくなくしてしまって、望む人は全員こう決めていきましょうと、いうのが今回の提案ですよね。そして、制限している企業についてはもうペナルティとして、もう企業名も出しちゃいましょうと言うような話が今出ているわけですよね。で、ご質問は、そんなに厳しい条件を付けて大丈夫なんでしょうかと言うところがご質問ですか?

回答者:うーん、なるほどねぇ。そうですねぇ、難しいところですねぇ。とても難しい質問ですし、あの恐らく委員会はゴールをこうすると言うのは無理だと皆さん本当はわかっていたと。そして、高いハードルを受けて、しかしそれが出来ないからこれにすると言う話をしたと、とそういうことですね。それで、これが出来ないと年金を引き上げられないって言う話ですよね。で、これが一体どうなるのか、この結果どういうことが起きるんだろうかと言う話ですね。難しい話だなぁ、ここはなぁ・・・あの、イメージとしてはかなり難しいことになるのではないかと、難しいことを企業に要求するんではないかと思う・・・

回答者:まあ、日本の労働政策の置き方としては、労使の恐らく雇い主としては嫌だと、無理ですと、こんなこと言われちゃ嫌ですと。これは当然、ある種交渉事ですから、国の基準が非常に彼等から見れば労働者側に有利な交渉ポイントを持たれたと、原則認めないと、選択を。で、原則認めろと。で、労働者側から見たら交渉ポイントとしては非常に有利になっていると思うんですね。だけども、彼等も労働組合としても、本当に出来るかどうかというのは、やっぱり日本の労働組合ってい

Experte B

うのは企業とかなり密着してますので、まあ知っての通り、「第二人事部」と言われていますので、労働組合としては、そこで妥協するというのは最初には言えないと思いますけれども、本当は難しいっていうことはわかっていると。けれどもそれが言えないからもしかしたらお会い出来ないと言うのかなぁとは思いますね。或いは、労働組合の中でもやっぱり60歳から65歳の処遇について中々同意形成が出来ていないところで、まだ言いたくはないと。ただ、連合なんかとは話はしたんですか？

回答者：それは、あの、連合の幹部を僕はある程度知っているんですけれども、あのどういう方とお話し・・・場合によっては僕の方から連合にね、あのご紹介をしても、はできますけれどもね。

回答者：かなりあの難しい。正直言って難しいご質問なんですよ。ここの交渉点が、今ある種僕が見てるのは、あの両者の交渉ゲーム、ゲームの交渉の、バーゲニングのスタートポイントが非常に労働者側にすごく与えられていると。これは、あの今あの色々な政策を行う時でもいずれの場面でもそういう場面はあって。例えば、パートの労働条件にめぐる問題点であっても政府が厳しいことを言えば、企業側は、もうそれは対応出来ませんと必ず言うわけですよね。対応出来ませんからと。で、そこから交渉事が始まりますので、その企業が出来ませんと言われている話が、本当にそうなのかっていうのはこれは、その現場で働く労働者側の話を聞かないとお答え出来ないところですね。やっぱり現場から佐藤先生みたいに現場に近い、労働の現場に近い方であれば色々な工夫したケースは見られると思うんですよね。例えば、「そんなはずはないですよ」と。今まで60歳まできちんと働いてこれた人間が、健康が特段悪化している、非常に健康状態が悪いと言う人は恐らく採用は出来ないとは思いますけども、その人をどこにももう使えないですというふうに言われてしまっては、ちょっと若干おかしいんじゃないかと。企業側としては、やっぱりこう60歳から基本的に全員継続をしなければいけないと言われた瞬間に選びようがなくなっちゃうと。都合のいい人、働ける人を選びたいという自由度がなくなるから無理ですと言っているわけですよね。例えば、その賃金をこういうルールよりは更に自由に決められるというふうになって、で、その人に向いた最小限の賃金で払うということまで弾力性を認めたらそれでも雇いませんかと言う話もあると思いますよね。だから、そうですね、だからちょっとその質問は正直言って僕は難しいなぁと思いますね。あの、日本社会経済生産性本部には行かれてますか？こちらとはインタビューされていますかね？

回答者：ある、あの厚生労働省と経済産業省の作ったまぁシンクタンクみたいなところです。ここは行ってますか、ヒアリングには？

回答者：もし、まだ調査の時間があればあのここはそういう継続雇用についてのプログラムを作るサービスを民間企業に提供していますし、あの色々そういう両方の−雇い主と労働者側とこの継続雇用者本人の三者の要望を持っていると思います。このですね、北浦さんという方がですね、あの、非常にフェアな見方をしてくれると思いますね。あの、この問題に関しては、非常に多くのインタビューや調査をしていますので、この方はある種、労働組合の話もちゃんと情報を仕入れてますし、

4

Experte B

それからその雇い主の情報もちゃんと仕入れてますので、両方の情報を合併している人としてこの方がいますので、もしあの関心があれば北浦さんのご紹介もしますので、ちょっとね、あまりこの部分は僕としては明確な答えはですね、あの知らない分だけ、あの質問はわかっているし、難しいだろうなぁとは思いますけれども、ただ、本当に雇い主の–企業側の言う通りかどうかと言うのはわからないと言うのが答えになっちゃいますね。すいません。

回答者：あの、その質問はとても重要な、とてもとても大切な質問だと思います。イギリスでもドイツでも状況は似てると思いますけども年金を遅くしたいと言うのは高齢化社会で年金財政を考えれば、年金を払う時期を遅くしたいとはどの国も思っていると思います。但し、どの国でも同じですけれども50歳の後半ぐらいになってくると、健康がとても良い人、そして経済的に成功して、企業でも高い地位に就いた人もいれば、その健康状態があまり良くなくて、やっとの思いで、何とかしてやっと60歳までたどり着いた人もいると思いますね。そういった状況で、65歳まで働いてください、67歳まで働いてくださいとなってくると、やっぱり健康状態が良い人は、働きますと言いますけれども、健康状態が悪い人は働けなくなっちゃう。働けなくなっちゃうにも関わらず年金ももらえないということになれば、ここに貧しい高齢者が出てくる可能性が非常にあると。つまり、この年金の支給の–年金の支払う年齢を遅らせる–それに連動して退職年齢も遅らせるということはですね、あの健康状態の差が非常に大きい高齢者という、高齢者になれば健康状態が大きくなるということと、それからそこの健康に不利な、弱い、健康ではよくない高齢者は貧困になっていくリスクは高まると思われます。そして、企業にしてみれば、日本の医療保険制度は、働いている限り労働者が65歳になれば、その65歳の労働者の健康保険を半額払わなければいけなくなりますので、やっぱり病気がちな労働者を雇うっていうことは、2つのデメリットがあると。一つは、それに見合った生産性が低くなって、きちんと賃金が払えない。或いは、もう雇うことすら難しいと言う人も雇わなければいけないのかということ。或いは、病気がちな高齢者の医療保険料まで企業が半分負担しなければいけないのかという問題がまあ発生するということですから、あの非常にその高齢者の間の所得格差が広がり、その所得の格差を発生させないために企業にその費用負担を押し付けるようになると、企業側が嫌がるということはあるだろうと思いますね。これは、あの心配のとおりのことが起きるだろうと思います。

回答者：ただ一つ継続雇用の中で重要なことは、日本の企業も昔は55歳の定年で、55歳から年金が出てた時代があったと。それを55歳から60歳まで定年を遅らせてきたと言うこともあって、昔の日本人は今よりも寿命が短くて今よりも早く引退をしていたわけですよね。そこを、55歳から60歳まで定年を遅くしたと、で今度60歳から65歳まで実質定年を遅くできるかっていう実験に入るわけですよね。だからその時に例えば55歳で60歳の定年を遅らせる時に今起きたような心配がどうだったのかと言うのは調べなければいけないのかも知れないですよね。同じ問題があったのかも知れないですね、そこに。

回答者：あの、その問題をその50歳から60歳に引き上げた時代の社会保障に使う社会保障制度自体がそれ程日本は充実していなかったと。それから高齢化率もそれ程

Experte B

大きくなかったと。従って、病気になる高齢者も少なかったし、介護になる人も少なかったと。もちろん、雇ってる人事態が要介護になっちゃえば不可能、継続雇用がないだろうとは思いますし、あの若くてもやっぱり日本の場合、要介護−介護が必要になれば恐らく会社を辞めなくてはならないと思いますので、雇われている人が大きな病気になったり、或いは介護が必要になれば当然継続雇用の対象にはならない。これは、60歳から65歳であろうが、50代であろうが同じ状況だと思います。問題は、日本の社会保険−年金とかまあ医療とか介護の費用をこの働いている人たちが、まあ負担をしていると。今働いている人たちっていうのは、60歳までなんだと。それを65歳も働いてるグループにまあ組み込もうと。その結果、このグループも高齢化の費用負担−社会費用負担を払ってくださいと。で、そこは半分企業にも負担を求めますと。これは企業にとっては年金の企業負担よりは恐らく介護、医療とかの高齢に伴う保険料の負担の方が重たく感じるんだろうと思います。で、それを日本政府は、求めているわけですよね。ただ、あの日本の財政も非常に悪化してますので、誰かが負担をしなければいけないという状況の中で求めてきているわけですね。まあ、そういう意味では、これも本当に企業側の主張もわかるわけで、そういう費用負担を企業に持たせて本当に日本の企業は大丈夫なんだろうかというこの問題って言うのは、本当はちゃんと考えなきゃいけなくて、そういう費用負担は、政府がこう所得税とか消費税とかそういった様なものでまかなうべきであるという考え方もあるかと思います、あるだろうと思います。まあ、それをやるとするならば、実は大きな社会保障制度の組み直しをしなければいけないので、直ぐには出来ないんだろうなとは思いますね、ええ。

回答者：ご質問は、大企業と中小企業がありますと。で、現時点での若い人は中小企業よりは大企業の方を求めますと。その理由は、労働条件が完全に大企業の方が有利で、中小企業の方が不利だと。従って、若い人が中小企業に入らないと。この状態で、少子化が進んで、高齢化が進んで若い人の数が減っちゃうとその結、ますます中小企業の方がこう不利になって大企業の方に若い人が集まっちゃうんじゃないのかって言う、こういう質問ですかね？

回答者：で、それで日本の中小企業は大丈夫なのかと。

回答者：なるほど、わかりました。あの、そういうさっきの人口の変化が中小企業に影響を与えながら一方ではこの高齢者継続雇用が大企業では割と大企業で広がっていく可能性もまああると。そうするとなおさら、この大企業に努めたいと言う若い人も増えて、中小企業の方が若い人が確保しづらくなると言う話ですね。これもですね、難しい話をされていて、と言うのは佐藤先生なんかとも時々議論するところなんですけれども、あの本当に、ま、この部分が同じ企業の継続雇用なんだろうかと。マーケットに出してしまって、マーケットでこう決めてもらった方が良いんじゃないのかと言う議論もありますよね。その、うちの父親もそうでしたし、うちの父親はあの、大きな牛乳の会社に勤めていたんですけどもね、あの技術をどちらかと言うと生産の管理のま、専門だったんですけれども、まだ継続雇用がない時代に辞めましたけれども、あの小さい中小企業からですね、その技術をうちの会社に持ってきてくれって言う依頼がたくさんあったんですよ。これはまあ、辞めたいと言って、辞めたんですけれども、その現場のマネージャーのミドルクラス

6

Experte B

ですよね、トップではなくてミドルクラスで現場と製造の現場を良く知っているこの60歳の人は、もしかしたら中小企業の方で来てほしいと。要するに中小企業の方は、いい若手は採れない。若い人材の育成が上手く進まないというところで大企業の技術に詳しい人をほしいと言うこともあるんだろうと思います。あの、実際に日本の北海道にある雪印と言う会社があるんですね、牛乳を作る会社があるんですけれども、あの不慣れな若いスタッフだけが多い時期があって、工場が停電をしたんですね。停電をした後に復旧をしてそのまま牛乳の工場のラインをそのまま流したんですね。で、何が起きたかって言うと、うちの父親は牛乳を作っている現場にいたので、一回停電したらその時の牛乳は全部捨てなければいけないと。もう腐っちゃってるんだと。だから捨てなきゃいけないのに、そんな初歩的な事を何でこの人たちはやらなかったのかと。で、その結果腐った牛乳を出荷して、大事件になって、この雪印と言う会社は倒産、一回大きい会社で倒産しちゃうことになっちゃうわけですね。だからこういうですね、その60歳の中でも素晴らしい人材を持った人たちがもし動ける社会になればですね、今の心配と言うのはあまりなくなるのかなと思います。要するに60歳雇用が出来るのは、その大企業だけであって、中小企業は60歳雇用なんか出来なくて、更に魅力がなくなって、若い人は来なくなって、更にその不利になっちゃうって言うことはなくならないのかなぁとは思いますけれども、今そういう状態ではないので、あのもし若い人がもし入る時に大企業の方が60歳雇用が、65歳雇用がどんどん出来るようになって、中小企業は出来ないって言うことになれば、あの益々差が大きくなるだろうと思います。ただ、その現実問題としてですね、あの中小企業の方で60歳から65歳の雇用をどういうふうに今後やっていくのか、これはインタビューなんかされました、されてます？

回答者：なるほどね。あの中小企業の人からの、実はインタビューはその研究会では非公開ですけれどもやっているんです。で、その時にどういったふうにしたのかと言うと、60歳から65歳の継続雇用をやっている中小企業の経営者からもインタビューしてます。これはどういうことをやっていたかと言うのは、60歳から65歳の人は雇っていますと答えてました、その企業は。雇ってますと。でどういう仕事をやっているんですかと言ったら、その答えは、若い人と全く同じ仕事をやってもらっていますと。それは、どういう会社かと言うと、その食器と言うかレストランの部品ですね、厨房の何て言うのかな？えーっと調理器具、レストランで使う調理器具があのレストランが倒産しちゃうと使わなくなっちゃうんですね。で、そのまんま捨てちゃうともったいないので、それを完全に修理して、磨いて、また中古として販売する会社、中小企業なんです。この中小企業は、若くても高齢者でも関係なく雇うと。要するに、磨くということにおいては、修理するっていうことにおいては、若くても高齢者でも同じことなんだと。そして、賃金はみんなほぼ、あと経験でどのぐらい早く作業が出来るかによってのみ決めていると言うことでしたので、中小企業だから65歳の雇用が出来ないって言うことでは多分ないと思います。ただ、やっぱり労働条件を比べれば、若い人はその中小企業には中々行きたいとは思わないだろうなとは思います。こういう要するに賃金の構造がこうなっちゃってるんですね。だから、その65歳でも、まあ70歳でもいつまででも雇うことは出来ますよと言っています。ただ、今の若い人たちはやっぱりこういう賃金の動きを期待しているんだろうなぁとは思います。だから、あの中小、二重構造論で言った時にはやっぱり小さい企業であればあるほどこういう賃金構造ではなくて、こういう賃金構造

Experte B

になっちゃってると。で、逆にこういう賃金構造だから60歳以降の雇用ももしかしたら中小企業によっては、出来る中小企業も多いのかなとは思いますね。だからちょっとその60歳から65歳までの雇用延長が中小企業に与える影響と言うのは、かなり業種によっても違うし、賃金の構造をどうするかによっても違うのかなとは思いますね。後はその人の動かし方もあるかも知れません。さっき言ったあの日本は、このメンバーシップはここまでよと、でここの部分はこの中小企業にない知識の人をこちらで雇ってみたいって言う需要があるかも知れない。それが上手くマッチしてないってこともあるんではないかなとは思いますね。はい。

回答者：そうですね、2つ可能性があって、一つはさっき言ったこういう賃金の動きを見直すって言う方法が一つあると。それからもう一つは、見直さないでその代わりここにたどり着ける人を減らしちゃおうと。で正社員をそもそも減らしちゃっていこうと言う考え方も対応もあると思いますね。だからあのこの継続雇用と言うのは60歳から65歳の働き方に影響を与えるだけではなく、それよりも若い世代の賃金の動きや正社員になる可能性にも影響を与えると思います。ただ、その通りだと思います。ただそれが、どういうふうになっていくのか、つまりこの人たちにどういう仕事をやってもらっていくのかって言うところまでやっぱり踏み込んで見ていかないとわからない部分があるんだろうなと思います。この人たちにかなり厳しい賃金にしてしまう、或いはこの人たちにやってもらう仕事はまた別の仕事か全く今の仕事とは別の仕事をやってもらっていくと言うことになれば、若い人に与える影響は、それ程ないのかも知れないですし、もうこの人たちのやってもらった仕事があまり価値を生まない、企業にとっての重荷だけだと言うことになれば、その賃金が変わったり、若い人を雇う。もう始めっから雇う。こんなに、こういう時期まで考えれば今までだったら40、38年雇えば良かった人を43年雇わなければいけなくなりますので、もう始めっから正社員を減らしちゃおうと言う反応に出るかも知れない。まあこの人たちの仕事はどういう仕事をやってもらうのかによって、また変わってくるんじゃないかとは思いますけれども、あの可能性はあると思います。

回答者：あの、この研究会でもですね、いくつかの企業をお呼びしています。一つは、金融機関−大きな金融機関であったり、そういう企業機関だとまあ、このくらいの影響は中で何とか調整をしていると。そして、若い人のその教育係−アドバイザーとして、この人たちが雇われていると。だから、仕事の若い人に与える影響というのは非常に限定されているんだと話もありました。別の所では、まあ、アレクサンダーさんのご質問・ご不安の通り、やっぱりコストとなって、これ全体の見直しや若い人の雇う人数そのものも考えなきゃいけないんだよと言う意見もありました。中小企業で呼んだ方は、もう全然年齢なんてうちは関係ないんだと。その賃金の構造もこういうフラットになっているので、生産性に見合った人が来てくれれば、何歳でも働いても良いんですよと。若い人と競争になるかどうかというと、それは本当に年齢なんか完成に関係ないので、競争になるかも知れないけれどもうちの会社としては人事制度を見直す必要はもう無いんだと言う話はしてましたので、まあその企業その企業のその生産構造と言うんでしょうかね、によって影響出てくると思いますけども、あの年金の都合と、でこの問題は生まれていると。でそれが波及効果として日本人の働き方や正規と非正規、中小企業と大企業の人事戦略に影響を与えるんだろうなとは思いますね。はい。すいません、あの現場が私も、現場の情報

8

Experte B

と言うのは、あまりたくさん持っていなくてですね。年金政策と言うのが専門だっ
たものでですね、今日の質問は中々難しい質問でしたけれども・・・わかってる範
囲でお答えしましたので。

9

Experte C

回答者：あの良くなったかどうかという以前に、実は今4つと言われたのですが法律上は実は3つなんですね。で、法律上は実は再雇用と勤務延長は区別して規定はされていなくて、継続雇用という言い方になっています。さらに言うと実はここはあの、やや、その過度に法律学的な議論になってしまうのですが、継続雇用とはそもそも何かという議論は、実は突っ込むと結構難しいところがあります。あの、実は、あのこれ恐らくですね、ヨーロッパの方に説明するときにあのーどう考えるか何ですが、例えば定年が60歳ですというのは、60歳で本人の意思にかかわらず退職しなければならないということを意味します。それはあの、その年齢を60歳を下回ってはならないとこれは高齢法の8条に明記されています。これは非常に意味は明確です。で問題はそれを定年を65歳にしなさいというのはこれまた極めて明確で65歳未満で、あの強制的に辞めさせてはいけませんという意味です。で定年をなくすというのもまあそのあのそのような意味です。問題は定年は60歳です、で65歳までの継続雇用制度を導入しなさいということがまあ今仰ったように2004年の改正で義務付けられていると、まああの選択性ですが、その一つで義務付けられていると、で、これはいったい何を意味するか、もしこれがすべての、雇用されているすべての労働者について60歳定年の後65歳まで継続して雇用しなければならないという意味であるとするならば、それと65歳定年とは何が違うか、でこれ特に、恐らくアングロサクソンの方だったらそんな議論をして何の意味があるかという風に言われると思うのですが、でもたぶんドイツの方だったらそこは非常に面白い議論だとたぶん思われると思うんですよ。つまりすべての人を65歳まで継続雇用するという制度と65歳定年というのはいったいカテゴリー的に何が違うか。で、実際には今のあの現行の2004年の法律ではその対象者を選定する、あの事がその9条の２項で、あのー、労使協定で決めることが出来るとなってますから、そうすると、そこに着目すると、そこに着目すると対象にならない可能性がある。そうするとその人にとっては６０歳が強制退職年齢で終わりです

Experte C

ということになる。それはそれで分かります。しかし、厳密に言うとこれは９条２項の話です、で９条１項はそんなことは書いてないですね。で、９条１項の６５歳までの継続雇用というのは、えー、だけでみると、あるいは９条２項で労使協定が結ばれなかった場合は、その企業が負う義務は何かと言うと、仮に就業規則に６０歳定年と書いてあっても、そこで退職させることはできないわけですよね、できないですね。すべての人を６５歳まで雇い続けなきゃいけないのですね。これは６５歳定年とは呼ばないのかという、あの多分あの概念法学者であれば大変興味を持つような話が実はそこにあります。で、ところがここは実はあまり多くの人が議論していないです。そこのところは本当は実は私は問題はあると思っております。で実は御承知のように今まさに次の改正、恐らくは２０１２年改正ってことになるであろう改正に向けた作業が、あの既に先日えー先月、先々月か、６月でしたかね、既に研究会報告が出されそれが審議会での議論になってますから、そこでは御承知の通り６５歳定年かまたは全員の６５歳までの継続雇用を目指すということが書かれています、これは御承知のとおりです。問題はつまり９条２項は廃止すると、でこれはこれでいいのですが、そしたら６５歳定年と６５歳の継続雇用って何が違うかっていう。どう思います？

回答者：なんですが、だけど厳密に考えると、例えば５５歳でそれまでの賃金プロファイルをがくっと落とすことが許されないかと言うと、それは実は現にあります。昔、もっと今から２０、３０年前までは５５歳定年が一般的でした。で、それを当時の政府が、労働組合が６０歳定年は、当時は５５～６０はもう継続雇用というのはなくて全部定年延長でやりました。そうするとその時に企業側はもちろんプロファイルをそのまま伸ばしたところもあります、あるいはその後フラット化したところもあります。で場合によっては５５歳で一旦落としてあのー、低いレベルでしたところもあります。で裁判になったものもあります。でいろんな議論がありますが、えー、法律的に言うとそれは禁止されているわけではない。さらにいうと定年後の再雇用や勤務延長であっても賃金プロファイルをそのまま伸ばしていけないことも無いですね。実はそこは実態は今witzkeさんが仰るとおりです。つまり企業にとって一旦ここが定年であると言ってそのあとは再雇用か勤務延長であるということによってあのー労働女権をより低いレベルで引き下げることが可能になりますが、それは事実上の問題で、法律上からいうとその両者に厳密な意味での区別があるかどうかというのは実は良く分からないところがあると私は思っています。実はこういう話とは少しずれ

Experte C

るのですが、今回あのー、来年に向けた法改正の作業がこれから進みますが、そこで誰かが、一体この６５歳定年か雇用者全員の６５歳までの継続雇用というのは法律的に何が違うのかということを問題提起した時に実はあのーきちんとした、法律学的に正しい答えが、誰が出せるかどうかというのは大変私疑問だと思っております。この問題意識は、私は厚労省の役所の人には言っているのですが。まあちょっと今の話はずれた話かもしれませんが。あの大きく言うと、やはりいま言われたように非常に大きな流れと言う５５歳から６０歳まで、６０歳から６５歳までという２段階の形で高齢者雇用政策が進められてきて、しかもその前者についてはどちらかというとその賃金プロファイルを明示的に引き下げて行けないわけではないのですが、それはあくまでも労働条件の不利益変更になるので裁判所に行ったときにその合理性が判断されます。だからイエスになるかノーになるか分からないけれども、しかしそれが法律に禁止されているわけではないけれども恐らくデフォルトとしては賃金プロファイルが続くという前提で６０までの政策が取られた。６０から６５については、実は御承知のように今のような選択制になったのは２０００年の改正です。で、その前の１９９４年に改正されたときに実は継続雇用と言うだけの選択肢つまり６５歳定年はない形での改正がされてまして、そういうのから言うと、そもそも６０を超えるところはあのー、それまでの賃金プロファイルをいったんゼロに戻して、いわばその新しく人を雇い入れるのと同じような土俵で物事を考えるというところから話が始まっていたといえるのだと思いますが、それが２０００年の改正で３つの選択肢ということになったのでそこはややぼやけてる。逆に言うとそこはほんと正直言ってなかなか難しいところで、逆にそういう風にしてしまったがゆえに、じゃあ６５歳まで全員を雇用する、定年とかそういうことを抜きにして、６５歳まで全員を雇用するということが少なくとも今の国家的な目標になっているのですが、それの中身を逆に６５歳定年という風になかなか言いにくい状態になってしまっているのだろうなと、だけど実は筋から言うとおかしいのはこれまたご承知の通り日本の高齢者雇用政策というのは、社会保障制度における年金の支給開始年齢の動きと実は少しずれながらあとを追いかける形で行われてきているというとは御承知のとおりなんですね。もともとは厚生年金自体あの５５歳からだったのが、これはあの実は１９５０年代から７０年代にかけて非常にゆっくりした形で支給開始年齢があげられて、それに対して高齢者雇用の方はむしろその７０年代位から動き出してと非常にタイムラグがあるのですが、ただその時は５５歳から６０というのに対応する形でまさに定年が引き上げられた。今もこれもまた同じように、しかもその報酬比例部分と基礎年金部分というのがずれながらですけれども、大きく言えば国の社会保障制度として６０から６５という風に動いている。筋から言えばそれは定年で対応するのが本来の話のはずなんですよね。なのに、なかなかそこがそうしにくくなっている。もうひとつ、ちょっと話が錯綜して申し訳ないですが、１９９４年に高齢法が改正された時に、これたしかこれ、この中にも書いたと思うのですが、雇用保険法の中に高年齢者継続雇用給付という新たな制度が作られて、これは実はそれだけ見ると意味がよくわからない制度なのですね、それだけ見る

3

Experte C

と、というのはつまり日本のコンテクストを知っていれば当然分かるのですが、それを分からなければなぜ６０歳を超えて継続雇用された人に対して国が、雇用保険の保険料を払っている人たちがみんな、若い人たちもお年寄りもみんな連帯して、そういう人にお金を補てんしなければいけないのかというのは実はそれだけ見ると意味不明なんですね。だから日本の世界では明快であって、それはつまり６５歳定年なんてほとんどない、みんな６０歳定年で、そのあとはそのそれまでのものが全部ゼロベースに戻って非常に低いレベルの賃金に落ちることがみんな分かっているから、だったらこの部分を何がしか補てんしようということであの制度が出来たわけですよ。出来てんですが、実はそれはなんていうか現実がそうだからそういう制度があるわけで、今でもあるのですが、しかしそもそもの大原則からいうと、日本人全体の平均寿命が延びていきます、年金をもらう人がオペレーションがあんまり多くなりすぎても問題なんでそれはあのそれに応じて、ある程度だんだん支給開始年齢をあげていきます。それはそれで一つのロジックです、だとすると、こちらの方は、それがそれで一つのロジックとして完結しているとするならば、こちらはこちらで一つのロジックとして完結してないとおかしいわけです。だとすると６５歳まで年金が、支給開始年齢が上がるのであれば実は６５歳定年でないとおかしいはずですね。実はそこまで雇用を確保せよという議論は、実はそういう風にしようとしているのですね今。だから強制退職年齢という意味では、実は今回の改正は、今回しようとしている改正は、まさに６５歳定年の義務化なんですよ。間違いないんですよ、それはね。６５歳まで必ずみんな雇用されねばならないということを義務付けようとしている。それは要するに強制退職年齢という意味では６５歳定年の義務化なんですね。そういってしまうと賃金プロファイルの延長しなければいけない、それは企業にとっていやである、その余地を認めるために、まあ選択制という形にしている。ということはこの部分に高年齢者継続雇用給付と言うのはじゃあ維持するのかという、あのこれ実は６月に出された研究会報告では、これ変な話ですがリファーされてないですね、コメントされてないですねこれは。だけど本当はすごく重要な問題なはずなんですよ。つまり６５歳定年であればそれはもういらないはずですね、ところがそうでないのだとすれば、それはいるはずですね。しかしそれは何でいるのか、こちらのロジックからするとするとね、つまり今までのこれは今までのこれは、年金がこっからここへ上がっていくという過渡期の存在だったはずなんですよ。それが過渡期じゃなくなるんですね。

4

Experte C

回答者：あのーそこはなかなか難しいところで、つまり日本の場合一つの企業の中で一定の賃金原資をみんなで分け合っているという感覚が強いですからそのいわばなんていうか定年が上がったり継続雇用がどんどん上がっている時というのはそれまでは自分はもう雇われていなかったはずの人間が新たな制度によって、あのいわば今まではなかった権利を新たに行使しているということによって、いわばそういう低い労働条件を納得するというメカニズム、もちろんその継続雇用給付によって補てんしているという部分も含めてあったと思うのですが、じゃあその問題はそれは過渡期の説明としてはいいのですね、だけど既に完全にもう年金の支給開始年齢が６５になってしまった、この先７０まで上がっていくかもしれないけれども、なってしまったという定常的な状態のありようとしてなんで同じ仕事をしているのに６０になったらこうなるのかというのはなかなか説明がつかない。それからもうひとつたぶん、これはまだちょっと分からないのですが、それに筋から言って雇用保険上の高年齢者継続雇用給付を、なお引き続き維持することは、労働組合側は維持せよと主張していますが、ロジカルに言って私は難しいと思っています。つまりあれは高年齢者継続雇用給付というのは、これがあることによって高年齢者が継続雇用しやすくなるというロジックであの制度は導入しているのですね。ところが完全に義務化してしまったら促進、つまりそれをファシリテートするためのものだという説明は不可能になりますから、高齢者雇用の観点はやりたいと言ったとしても、雇用保険法のロジックとしてみんなが払っている保険料をなんでそんなことに使うんだというロジックが多分建ちにくくなると思います。だからその辺は実はいろんなものが絡んでいて、今は少し説明が、説明というかその、まだどうするかが見えていないのですけれども、まだ難しい問題はあるだろうなと思っております。

回答者：格差社会というのはむしろもっとマクロ社会的な概念で、たぶんむしろ社会全体の中で、より下の方のアンダークラスに、高齢期にアンダークラスになるような人って言うのは多分この制度の対象にもともとなっていない人たちが多いと思います。つまり所謂正社員といいますか、期間の定めのないレギュラーワーカーに成れずにずっとそのテンポラリーで来て、そのしたがってその意味では高齢期の保証もないまま、あるいは場合によ

5

Experte C

っては社会保障の年金も保険料をきちんと払っていないというような人が実は結構な数に上っていて、所謂マクロ的な意味での格差社会ということでとりわけ高齢者の貧困というのが問題になるのはむしろそういう方々ではないかなという風に、私の印象はむしろそっちが大きいです。もちろん高齢期になればなるほど、今までわりと同質的であった中でも非常に差が付いてくるのは当然なのですが、あのー、どーでしょうね、所謂企業の中で長年務めてきたような人に差がもちろん出てくるとしても、それが格差社会というものの原因になっているのかというと、ある意味でそれはたぶん定義の問題かもしれないのですが、格差社会かも、格差かはそうかもしれないですが、所謂貧困問題という風に言われるような話とはちょっと次元が違うのではないかなという風に私の印象は持っています。ただまあもちろん今言われたように、現行の制度では対象者選定基準というのがありますから、今言われた健康とかあるいはまあ能力だとか、場合によっては会社側の意に従わなかったとかなんとかいろんなことでその６０歳でやむを得ずあの退職せざるを得ないという人も多分いるでしょうし、そこはあのとりわけそのなんというか局部的には格差を生み出している原因になっているのかもしれないのですが、正直言ってあまりそこが最大の問題になっているという印象はあまりないですし、あまりそういう風に事を主張している方とかデータとかはあまり見た記憶はないです。

回答者：これはもう研究会報告が割と明確に方向性を打ち出していて、間違いなく研究会と言いますか役所側がやりたいと思っているのは現在の９条の２項を、つまり対象者選定基準を廃止して、原則的には６５歳定年かあるいは６５歳までの希望者全員の継続雇用という形の制度にしたいということだろうと思います。ただ当然のことながら企業側からすると、まあ企業の言い方で言えば使えない、使い物にならない人を、年寄りを、無理やり押し付けられるのかということにならざるを得ないので、多分一定の妥協がされざるを得ないだろうと、でそれをどういう形でやるかというとこれはもう今後の審議会、これはもう３者構成で労使団体が入って、で、その議論されていくので、そこでどういう議論になっていくか次第なので、今の時点からあれやこれやということは難しいのですが、ただこれはもう現時点でも私の勝手な妄想です、ただ実は御承知のように２００４年の改正以来、とりわけこの対象者に成らなかったということを取らまえて高齢者側が裁判を起こすという事例が結構な数に上っています。その裁判の判決も色々様々なのですが、その中で実はあの非常に話題を呼んだものがＮＴＴの事件で、これ実はあのあちこちで、ＮＴＴ自身

Experte C

西日本東日本と別れて、同じ西日本もさらにあちこちでどんどん同時多発的に裁判を起こしているのですが。これはあの実はあの非常に面白いのは、ばっさり切ったわけではなくてですね、というかさらに６０・・・、それまでは６０歳が定年であったと、６５まで行きたいのであればそのもっと前に５０歳の段階からこれをフラット化して、且つ会社を変われと。つまりＮＴＴ本体ではなくてその子会社みたいなところに籍を移して、一旦だからＮＴＴは退職して、その子会社の方にいって、そこにいったら６５歳まで継続雇用してあげるよと、継続雇用という言葉に・・、これが継続雇用になるかどうかというのが最大の問題なのですが、でいやだと、それを嫌だと言ったらそのままＮＴＴにいれるけれども、それだったら６０歳でおしまいですよと、こういう制度を導入したんですね。当然実はＮＴＴの組合と合意してそういう制度を導入しました。それに対して少数派の人たちが嫌だと言って、多くの人は子会社の方へ５０の段階で転籍して、で、６５までということになったのですが、少数の人は嫌だと言って残ったのですね、残ったら自動的に６０歳定年のままですからそれで切れると、切れたらそれはけしからんと、これは法律に違反していると。我々会社に残った人間は６０歳定年で切れてしまって、６５歳定年でもなければ６５歳の継続雇用も無いと、会社がおまえこの段階の時にちゃんと既に選択肢をおまえに見せたと、おまえこっちが嫌だと言ったからこっちを選んだんだ、そういったことが実は起こったんですよ。これは実は凄く無地かしい問題なのは法律を厳密に解釈するとこれは継続雇用と言えるかと言うと非常に難しい、難しい…多分言えないんですね、たぶん言えないんですがしかし実質的に、６５歳までとにかく雇用を確保するという観点からみればまさにそういう制度を導入しているわけですよ、少なくとも労働組合側もそれがそうだと認めたからそれを受け入れてるんですね。だけど法律的にはなかなか難しい。それで結局裁判所がどういうと、高齢法というのはあくまでも公法上の法律、公法というのは公の法、つまり行政指導をするための法律なのであって、私法上の、私の法、民法とか商法とかのようなそういう権利を労働者に与えるものではないという、そういうロジックで彼らを退けたんですよ。だけど私が考えるに、このロジックは実はおかしくて、もし本当にそうならばじゃあ６５歳定年は司法的効力はあるのかというとそっちはあるって言うですね。だからよくわかんない、ある意味でやや詭弁的なところがあるんですが、だけど実態的に、物事を実質的に考えれば、その裁判所の判断は正しい。つまり５０歳時点でこちらに行ったらここまでですよ、嫌だと言ったからここまでですよ、というのはそれは客観的な選択肢としては、私はリーズナブルだなと思います。だからそういう裁判を、こちらＮＴＴにそのまま残った人が６０からさらに６５までいられるようにせよというロジックはそれはおかしいと思うのですが、法律家からするとちょっとおかしいんですね。一つは継続雇用の中身を少し拡大するような、何でこんな話延々としたかというと、ＮＴＴのようなものも法律的に十分認めていいんだと。。。つまり他の会社で厳密に言うと継続じゃないですね、一旦あの、つまりそこが難しいところで、再雇用といういい方をするのですが、ども再雇用というのが実は同じ会社を辞めて同じ会社にもう一遍再雇用されるって言うの

Experte C

は実は、実は継続なんですね、契約の中身が変わるだけで、実は継続なんですね。だけど別の会社だったらこれは継続とは言えないですよね。だって契約の相手方の名前が違いますからね。これを継続雇用に入れちゃうことが出来るのか、というのがわたしは一つの妥協の点じゃないかなと思っています。

回答者：実態はあるんですよ結構。つまり実際は同じ会社の中で、つまり同じ会社の中で同じ仕事してて、で高齢者となかなかって言うのはやりにくいので、ちょっと別の会社にって言うのは実は実態としては結構あって、騒がない限りはそれで結構回っているところもあるんですね。ただ法律上で厳密に書いてしまったら、それは違法であると言われたときになかなか逃げ場がないところがあって、そこはあの私はもう少し緩やかに継続雇用の中で別の会社で高齢者会社を作ってそこに入れるというようなやり方もあるんじゃないか。これ御承知かもしれませんが、障害者の場合には、あの障害者についてどこまで御承知かどうかわからないですが、障害者については所謂障害者雇用率という所謂クウォーター制度をとってます。これについてはもちろん同じ会社の中で障害者を１．８％雇わなければいけないという義務なんですが、ただ自分の会社の出資で子会社を作って、障害者子会社を作って、そこに障害者を集めて雇った場合でも、それをまとめて雇用率制度にカウントするという制度は法律上に書かれているんですよ。だから似たようなことを高齢者についてもやる余地は私は作りうるとは思うし、あのまあＮＴＴのやつで問題になっているのでそれを書くというのはあるかもしれない、ただもちろんそんなことをしたら、わけのわからないつまり変な泥船を作ってみんなそこに追い込んでおいて、気が付いたらそれ全部潰れたみたいなことをやるんじゃないかという風に批判する人が多分当然出てくるでしょうからそう簡単な話じゃないかもしれないんですが、私は議論としてそれはあってもいいんじゃないかなという気はしてますので、やっぱりそのなんていうのかな、私がそれを一番感じるのは、労働条件を変えるって確かにできるのですが、やっぱりちょっと変えた方がやりやすいというのが確かに多分あるんだろうと思います。まああのちょっとこれはわかりません、私の現時点での妄想にすぎませんけれども。

8

Experte C

回答者：だから次の改正で、少なくとも今政府側が思っているのはもうその選考基準自体をなくそうという発想ですよね。もしそうなればそういった問題はなくなるということになる。だけど本当にそうなるかどうかはこれからの交渉次第だと思います、そもそもの今の選考基準9条2項の考え方は、穴をあけることが、まあ目的であるとともに、その穴が、空いた穴がリーズナブルでなければならない。そのリーズナブルであることの担保を労使協定ということによってリーズナブルさを担保しようとしているという、基本的にはそういう枠組みだろうと思います。つまり労使協定がどういうことかというと、会社側が一方的に決めるのではなくあくまでも労働者の代表がその基準を見てこれでいいと判断したからそれでやるんだという考え方なんですね。これはあの一見するとなるほどもっともであるという風に見えるのですが、ここで実はとりわけヨーロッパ諸国と対した時の日本の過半数代表システムの大きな問題点が実はあってですね、これはもう重々ご承知の通りだと思いますが、もともとこの過半数代表制というのは、日本の過半数代表というのは、労働基準法の所謂その時間外労働協定というのが出発点になっていますので、あの要するにその過半数組合または過半数代表者がOKと言えば時間外(規律？)で労働をしてもよいですよと、問題は過半数組合であればいいのですが、これは労働組合であるから組合員の意思を踏まえたうえでそういう判断をしますと、ところが組合の組織率はそれほど高くないですし、ずっと下がってきてますから。実は大部分のとりわけ中小企業の場合、大部分が過半数組合というものがないのですね。過半数代表者と言う人がそれにサインしますと。実は私自身いくつかケースを知っていますが、実は病院でいえば事務長が過半数代表者としてサインしているとか、普通の中小企業であれば人事担当者がサインしてるとか、というケースは山のようにあります。今まであまり問題になってこない、もっともまったく問題なかったわけではないのですが、あまり問題なかったのは、しょせんこれが時間外労働をする話だからなんですね、且つ時間外労働をした場合にはそれに対しては割り増し手当を払わなければいけない。これは法律で決まってますので。だからまあ実は日本の労働者はお金を払わないと言えば、それはけしからんと言って訴えたりしますが、残業をする必要が無いのに、義務が無いのに、なんで残業させるんだと言って訴えるというようなことは普通の日本の人はそんなこと考えませんから、この部分についてはあまり問題にならなかったんですね。本当はだから、法律上から言うと過半数代表者と言いながら全然労働者、つまりヨーロッパのような、とりわけドイツのような労働者代表システム、公的なシステムというのがきちんとあるわけじゃないんですね、ないんですよ。ドイツなんかでいえば例えば必ず何年に一度を選挙して、労働者が選挙をして自分達の代表を選びます。日本にはそういう制度はないですね、だから組合しかないですね。組合があるところはそれがや

Experte C

りますが、無ければ会社が、おまえって、人事の対象者がやります。今までは残業だとかあるいは所謂フレキシブルな労働時間だとか、まあしょせんはその程度の話だからあまり問題にならなかった。つまり労働者が問題にするのはお金の話で、時間そのものを、日本人はヨーロッパ人と違って時間そのものを問題にあまりしないので、本当はインチキでもあまりインチキがそれほど問題にならなかったのですが、実はこれはすごく大きな話であって、つまりそういう本当に労働者を代表しているかどうかが分からない人の方が実は圧倒的大部分で、今なにしろ組織率が１７，８パーセントくらいですから。てことは大部分は労働組合が無いわけですね。そこの過半数代表というのは実は組合ではないのだから実は会社がおまえと指名した人ですね。その人がこれやって時間外労働するんだったらまだそれは日本の労働者にとっていいんです。労働時間が長いことが問題じゃないんですよ、お金さえ出ればいいんです。これはそのあいつは６５歳までやれるのにおれは６０歳で終わりになっちゃうというのが、自分が投票した人でない人が勝手にやっちゃう可能性が出てきているわけです、で実はあの私はあのこの２００４年の改正の時に、ここに実は一番問題があるんじゃないかということを指摘したんですけどあまり多くの人がそこを議論していないんですね。私は実は最大の問題はそこだと思っています。ある意味で言うと労働組合が、過半数組合がサインをして基準を決めたというのであれば、実はそれは論理的に言うといわば一種の自治原則で集団的な自治原則でそう決めたのだからそれはやむをえないというロジックってたぶんあるんですよ。そうでないところだと知らないところで勝手に決めて、それでなんかすごく選定基準が非常に小さな、少しの人しかいかないような、ようするに社長が人事担当におまえそういう風にしろと言って、書いて、で勝手にそういう風にされた場合に、それを文句を言えるかというと、実は今の法律から言うと文句を言えないんですね。文句を言える筋道がなかなかないという風に成っていて、ここはあの、言えないというか、まあだからこそ逆に言うと色々裁判が起きたりなんかしていて、そこに実は今の日本のこの継続雇用制度の、理論的に言うと最大の問題点、弱さがあるという風に思っています。その意味から言うと今先日の研究会報告が目指しているそういう選定基準制度そのものをなくしてしまうというのは、分かりやすいというか問題の根源をなくしてしまうことなので筋道としては分かりやすくなりますよね。非常にそこは結構問題がある。日本の場合中小企業になれば組合があるところは１パーセントくらいですからそういうところは、もちろん会社が従業員と恒常的にコミュニケーションをしてきちんとやっているところが多いのは確かなんですが、とりわけその製造業なんかだと結構そういうところ多いのですが、サービス業だとか飲食店だとかそういう所謂第３次産業系のところはかなり人も流動的だし結構変なところもいっぱいありますからそういうところはどうなるかなかなか難しいだろうなと、だからただ法律部分ではなかなかそういうところまで議論されていないのですけれども、私はそこに結構大きな問題があると思っています。

Experte C

回答者：問題ではあるのですが「しかし解決の付け方は非常に難しい。つまり筋から言うと日本が最低賃金制度を持っているということは最低陳儀の上に別の最低賃金を設定するりロジックはないはずなんですよ、もしそれがあるとしたら一定、ある部分だけ区切って、労使が合意してここがこの中の最低ですよってのはありますが、しかし国がそういうことをする権利があるかというとだったらこれがおかしいんだったら、ある意味今の日本の最低賃金がとても低いのですが、それをあげるべきであろうというのが筋道の議論です。何でこういう話になるかというと、実は日本の最低賃金システムそのものが実は社会的な位置づけが大きく変わってきたんだと思ってます。ちょっと高齢者の話とはずれますがもともと日本で最低賃金制度が導入された時の議論は、あくまでもあれは中小零細企業の最低基準を作るという問題意識から、これは多分世界共通だと思うんですね。だからその零細企業の初任給をどこくらいかという観点で議論していたんですね。ところがとりわけ高度成長以降パートタイマーとかアルバイトという、まあ所謂学生のパートタイマーですが、どんどんどんどん増えてきて、実は所謂不正規という人が増えてきた。で、彼らの多くは所謂家庭補助的、つまり自分の仕事の報酬で自分の生計を支えているのではなくて、自分の夫が主として家計を支えていて、あくまでもそれを補助的に、追加的な収入を得ている。あるいは学生でいえば親が主たる生計を支えていてそれに追加的に自分の使う分と。だとすると彼らの賃金は人間一人を支えるだけのレベルに達する必要が実は無いことになります、これはきちんとした議論がされたわけではないのですが、実はあの事実上この日本における最低賃金というのは、人によってはパートアルバイト最賃という言う方をしますが、もうひとつ言うと実は日本の賃金制度自体がとりわけ普通レギュラーワーカーの場合、月給制にどんどんほとんど戦後変わってきている。最賃というのは自給で決まってます。昔はその最賃を日給でも決めていたのですが、それは無くなりました。今は自給だけです、自給枠だけです。変な話なんですが今の最賃というのはですね、ほとんどそのそういうパートアルバイトと言った非正規の人たちの最低基準を決めるようなものになっていて、中小企業の正規労働者の賃金水準というのはやはりそれよりは上の、少なくともまあ生計を維持する程度のものになっている。というのが数年前までの議論で、実はここにパートアルバイトだけではなくて、もうそういう生計維持する人のいない人がここに零れ落ちてきてるじゃないかという話で、まあそれが格差社会という話になって、それがそのこの５，６年くらいの日本の大きな話題で、その中で最賃も上げないといけないという話でこのと

11

Experte C

ころ毎年流れが出来てきているのは確かなんですが、ただそれにしてもこの話と、大企業はここまで、この辺ですが、中小企業でこの辺ですと、昔はここのために最賃ってあったんですが今の最賃はここでこれはその自分の給料だけで生計が程度の立たないレベルなんですね。

回答者：昔の２重構造っていうのは大企業と中小企業の２重構造だったんですよ、ところが今はむしろこのさらに下に非正規のレベルがあって、ここはそのあの、何でその最低賃金が生活保護を下回るというとが、ここ５年くらいずっと言われていたのですが。たしかにそうなんですよ。生活保護はここが最低なんですよ。生活保護で下回ってるんだけど、それはある意味当たり前で、親や夫がちゃんと稼いでくれているから、そのこれでもいいわけですよ。で、そこが問題になっているんですよ。だけど建前上から言うと最低賃金がこれなんですよ。今までこれでこう来た人とかこう来た人が、ここまで落ちたということが本人からすると、とんでもない話ですよね。なんですが、それはあのなんていうかそのいわば日本の最低賃金システムそのものの持つ問題点で、高齢法の中でそれに対して対応出来るかというとそれは論理的に言うと筋が通らないと私は思います。そういうこともししたいのであれば、高齢者だけでなくてすべての年齢の層についても言える話なんですね。

回答者：出来ない出来ない出来ない。

回答者：だってそれは筋が通らない。実はですね、今まで日本の労働法制において企業規模によって差をつけたことはいくつかありますが、例えば労働時間を４８時間から４０時間に短縮する時に、あの先行部隊、大企業は先に４０に行くと、あるいはその４８から４６、４４、４０と。で、中小企業は後続部隊であとから追いかけていくと。もちろん最終的にはすべて４０になるんですよ。その中小企業の方がより時短によるコストを吸収しにくいということで時間差をつけるということはやりました。で、同じようなことを例えば育児休業でやるとか、あの、を導入する時にも同じように中小企業を遅らせると、そういう形で企業規模による差をつけるということをやったことはありますが、これはそのなんていうかその政策的に最終的に最終到達点に向かっていくための、いわば手段として規模別の差をつけることを認めたという、これに対しても実は労働組合側ものすごい反対したのですが。まあじゃあ最後に全部先行部隊なくして全部中小に合わせるかという議論もあるんですけどね、そこはこういう風にしたんです、認めたんですが、賃金について言うと現実にもちろん規模別に格差があるのは確かなんですが、建前上から言えばこれはあくまでも労使がそういれで合意してやっているからなんですよ。日本はあくまでも賃金交渉は企業別にやっていますと。したがってより支払い能力のある大企業は沢山

12

Experte C

払って、原資が少ない中小零細になればなるほど下がりますと。これはようするにそういう単位で賃金交渉することによってそういう風になると、いわば労使双方が合意しているからということで認めているわけですよね。しかし最低賃金はそうではないですね。いわば労使の合意を押さえつける形で上から押し付けるものですから、であるならばそれは建前、筋から言って、すべてに平等のものでないとおかしいですよね。

回答者：多分そういうことだと思うのであの、実態はそうだと思うのですが、その最低基準をここにするというのを、高齢法の中で独自に作るというロジックはどうひっくり返っても私は無理だろうなと思います。

回答者：ドイツはもともと最低賃金が無い国ですから、逆に言うと、そのいわば組合のカバーする範囲が縮小してくると、ああいう問題がたぶんなってくるのだろうと思いますが。日本は逆に言うと元々それほど組合のカバーがあるわけではないので、公的な最低賃金を入れたものの、それがいわば労働市場そのものの構造が、自分で稼ぐ、稼いで自分の生活を養う人とそうでない人という風な2経区分化してしまったために、もともとここを維持するめの最低賃金が維持するものではなくなってしまったというものになってしまったというのが大きな問題なので。ちょっとその若干状況は違うんだろうと思うんですけれども。

回答者：あ、いいですよ。

回答者：だから(変更)しつつある。ここがまさにこのようするに差別禁止の話が今どういう状況かという判断がまたなかなかその意味でも難しいところ、ですね、この中にちょっと書いてのですが、御承知のように実はもう10年以上前に、2001年の別の雇用対策法の改正で、努力義務で年齢差別禁止の規定、禁止というかまだ努力義務ですから禁止ではないのですが、年齢差別しないようにという努力義務規定が入り、そして2007年では実はそれがもう努力義務ではなくて、ある意味で禁止規定になっているんですね。もちろんいくつか御承知のように穴が、これまたいくつかその穴があいている規定ではあるのですが。だから法典上だけみると現在の日本の高齢者雇用対策というものは、一方には内部労働市場型のその継続雇用制度というものがあり、一方には外部労働市場型の年齢差別禁止政策というのが併存しているのですよね、今。ただ、で、どちらかというと私はこれを書いた時には、流れとして、流れとしては大きく、昔は外部市場が中心になった、その後内部市場が中心になって、2000年代以降はまた再び外部が中心みたいな、まああの、

13

Experte C

まあ物事の分かりやすい図式化するという意味もあって、そういう風な感じで書いたんですが、ただ、今進められている、先日の研究会報告というのは逆に言うと年齢差別禁止な方向というのはほとんど出てきてないですね。むしろ完全に内部市場型の政策が中心になっていて、ちょっとこれをそういうマクロ的な観点からどう評価するかというのは色々な議論があるところだろうなと思います。

回答者：当然そうだと(関係があると)思います。だからあのー、正直言うと私はもう今後は徐々に外部市場型の政策に少しずつ重点が移っていくのかなという風に、どちらかというともうこれを書いた時には思っていたのですが、まあちょっとまだ少しそこは国の考え方がそこまでまだ行ってないのかもしれません。ただ逆に言うとただそこも色々な考え方があってですね、ちょっとこの中にそう書いたかは分からないのですが、つまり６５まではとにかく内部市場型で行くと。つまり、でその先は、実はあの既に年金自体もう６５でももう持たない、さらに６７へ、あるいは場合によっては７０へという議論がすでに一部では始まっています。それを内部市場型でやるというのはもう到底無理だろうなと言う風に私は思ってますし、たぶんそこはあのかなりの人は共通してるんじゃないかなと。そうすると実は６５は、判断として２００４年の改正で一応６５はある程度目途がついたから、この先は、６５よりさらに上は、こう外部で行くんだという風に考え…、という意味からいえば、たぶん考えはそれほど変わってないかもしれないですね。つまり今やっているのは６５を最終的に完成させる作業だという意味ではそれほどその論理的に全く変な話ではないかもしれない。ただまああの…それから言うと、これが私は２００４年がもうそろそろ大きな変換点かなと思っていたのですが、もうひとつそれがずれたのかもしれないですね。あるいはちょっとこれはややけんきょうく解と言いますか、自分の先ほど申し上げた議論に引き付けすぎかもしれないですが、あの今回のこれからの改正でそういうその例えば同じ企業だけじゃない、他の企業も含めた継続雇用の概念がもし導入される可能性があるとすれば、それはいわば内部と外部をつなげるみたいな意味になりますよね。つまりそこまでコントロール可能な範囲で継続雇用するという意味では内部市場、で

14

Experte C

すが同じ企業ではなくて、一応別の企業て意味では、ある意味ではその再就職を援助していると言う風にも見ることもできるんですよね、あの同じ現象を。だとするとこれはなんていうか外部の始まりという言い方も出来るかもしれない。恐らくさらに今後65から70という話になってくれば、もうやっぱりみんな外にという話になってくるでしょうし。それをどう社会的に確立していくかという観点からすると逆に外部と言っても全部が全部年齢差別禁止政策によって(上手く)いくかと言ってもそう簡単な話ではなくて、たぶんそのある程度公共政策的に高齢者向けの職場を意識的に作っていくというようなことをしていく必要性がたぶん出てくるんだろうと思うので。で、且つそれはその国がワアワア言うだけではなかなか実際は進まなくて、やっぱりある程度企業が、その主体的にそういうものを作っていく面が多分どうしても必要になるんだろうと思うんですね、その障害者でもやっぱり同じようなことがあるんで。もちろんだから公的な援助とともに、企業の方もそういう形でそういう人たちを集めた職場を作るなんてことに多分なっていくんじゃないかなと思うので。そういう意味から言うとまあちょっとやや謙虚深いですが、その大きな流れとしては、そのそういうまあ企業の外部労働市場の中で高齢者の働く場を作っていくという方向へ少しづつ動いていくということにはあまり変わりがないのかもしれません。まあ分かりませんけどね、やや無理やり議論(をしたよう)な面はありますけども。

回答者：それはなんか私が答えるべき立場かどうか分かりませんが。(笑)

回答者：そうですよね。

回答者：あんまり見たことないですよね。

回答者：正直言うと私はあんまりこういう実態調査的なことをずっとやってきているわけ

Experte C

ではなので、そもそもそういう調査を設計してきた方々がどういう問題意識をされ
ているのかも必ずしも良く知っているわけではないですし、そのまあ、うん、どう
でしょうね、ちょっとだからそういうのをお答えする立場にないのかなという気が
します。満足度というのはなかなか定量化しにくいという面があるのかもしれない
ですし、私はちょっと良く分からないですね。あ、そういう趣旨だったのですね、
ＪＬＰＴのあり方についてのご質問だと言われたんで何だろうと思ったのですが。

16

Experte D

> 回答者：・・・とかですね、そういう物と絡めてですね、高齢者問題を考えると言うのが今の特に私の関心事と言うことでですね、また後でそれを読んでください。それから参考までに今の職業訓練の問題意識ですね、それから、まあこれも法政大学でちょっと話した、これと同じことですけど、それをちょっと話したものがあるので。それをちょっと後で送りますねですから、今、私のですね、問題意識は偏っていると、だから中々全般的にですね、他の先生と同じような事で説明を入れるかどうかわからないと言うことをちょっと事前にですね、頭に入れていただけると・・・

> 回答者：高いかどうかは・・・あの、昔はこういうのやってたんですよ。こういうのはご存じですかね、見てますかね。これは、おもしろければ渡してもいいです。これは、予備がありますから。まあ、これで、で、この頃はですね、これも藤村さんはこれ入ってるかな？ああ、入ってないですかね。えー、これは、私がほとんどやったんですけど、まあこの頃はですね、藤村さんとか佐藤さんなんかとあまり変わらない状況になったと思うんですけど、まああのその時から一応まあ色んなー総合的にですね、色々と考えなきゃいけないという形でと言うのが一つですね、・・・

> 回答者：16年のやつ？でも、それは佐藤先生とか藤村先生がですね、非常に詳しく説明されたと思うんです。あの、日本の高齢化が非常に急速だと言うことでですね。それで、一方ですね、働きたいって言う希望の人もかなりいるし、一方で年金支給開始年齢がですね、低い状況ですよね？でそういう状況ではですね、高齢者の人がですね、出来るだけ長く働いてもらう、でもそれもあの、生産性が高い状況で働いてもらうと言うことですね。でそうすると日本の雇用慣行からするとですね、いったん辞めると中々就職しにくいと言うこともあるし、それから人材育成からしてもですね、やはり長期的観点から人材育成していると言うことからするとですね、同じ企業でですね、同じ企業もしくは同じ企業グループの中で働く場を見つけてもらうと言うのが良いということで雇用延長ということになったということを皆さん言っていると思うんですね。私もそういうことですよね。それ以上のことは言えないと。

> 回答者：いや、ですから今回の見直しでですね、この研究会でも出てましたのよね。その基準をなくすと言う話が出てきているんですね。で選考基準ーようするに健康だとかですね、その働く意欲とかそれから勤務成績とか、そういう基準を設けているわけですね。ただ、実際それで選別してるっていうのは本当に数パーセント、今の中でもね、非常に少ないですよね。で、それで逆に、非常に少ないけれどそれでもれちゃうとですね、本当に年金が上がるという状況でですね、あの収入が非常にあの確保出来ない人が出てくると、谷間の人が出てくると、あの今度の見直しで次の新しい法律改訂でですねなくそうって言う話になっているんですね。ですからそれが、大前提と言うことじゃないですか。それも皆さん言ってるんじゃないかと思いますけど・・・

1

Experte D

回答者：みんな入ってるじゃない？・・・これはむしろですね、熊村先生あたりが一番詳しいと思うんですけども、ようするに高齢者になるとですね、収入の差がね、一番多くなるのが高齢者なんですよ。これまでの稼いだ貯金とかですね、それから高齢者でも働き続ける人とそうでない人とですね、それから共稼ぎかどうかとかね、そういうことでですね、収入格差がどんどん広がってくるわけですよ。で、高齢者でずいぶん格差があるわけですね。で、その中でですね、こうした雇用基準がですね、継続すると言うことになるとですね、今、高齢化どんどん広がっていきますから、更に広がる可能性があると言うことですね。ただ一方で、この基準がもし完全になくなるとは思いますけど、もしなくしたとしてもですね、どうしてもやはりこう、高齢者になるとですね、やはり健康状況が落ちる人もいますよね。それからもう疲れてきちゃうとかですね、色々な状況がそれと引っ越しとかの色々な状況が個人の状況がありまして、働きを与えても良いって言っても働けない人が出てくるしでですね、でそうなるとやはりこの継続雇用だけで対応するって言うのは難しいわけですね。ですからそうなると、やはり今言われているのは、生活保護の高齢者版を作ったら良いじゃないかって言うことで、ようするに年金とですね、その高齢者の就業賃金それだけで対応出来ない人がどうしても出てくる、そういうことですから、その分については、年金はやはり日本の場合は基本的に保険ですから、ですから保険料払ってなきゃですね、その積み重ねでなっていくと言うことですから、対応できない人が出てくると言うことがあると。そこで高齢者版の生活保護が生活保護−生活の扶助ですね、それが必要だと言う議論が今強くなっていますよね。

回答者：これはドイツではこう言う言葉言わないですか？

回答者：だから学生さんが、若い人が中小企業をもっと選べばいいんじゃないかと、そう言うことですか、これは。

回答者：要するに、そういう問題は起きているんじゃないですか？／それにはこれに出ているんじゃないですか？出ているんじゃないですか？／だってこういう話でしょ？だって、新卒でね、大企業と比較して、要するに中小企業は若い人が入らないと。ね？だから要するに、高齢者と若い人のミスマッチがあってですね、でそれで高齢者雇用が進むと若い若年者がはじき出されるんじゃないかと。特に、大企業だとですね、大企業が雇用延長進めちゃうとですね、若い人を採らなくなると。で、今若い人の失業率が日本では高くなってきていますからそれが益々悪くなっているんじゃないかと言う話ですね。で、それは、だから、中小企業がですね、中小企業にもっと若い人が入ってくれればですね、その問題は片付くんじゃないかと言っているわけですね。

回答者：これはその通りだと思いますよ。／中小企業だけというより日本全体のためにですね・・・

回答者：それはですね、要するに色んな問題があって、ウィトケさんは元々経済学ですか？経済学ですか、わかりました。それで・・・良く言われるのがですね、あの、情報ですよね。だから、あの、学生もですね、企業もお互いの情報が良くわか

2

Experte D

らないと、ですね。そういうことだからですね、例えば、企業はですねその有名な学校、東京大学とか慶応大学に行っている学生はですね、優秀な学生だろうと、そう考えてですね、採用すると。ですから、要するに平均値がですね、高いと言うことで。ですから東大だろうと慶応だろうと、能力低い人もいるけれども、能力が相対的に高いだろうと、そういうふうに考えて採るわけですよね。それで、学生の方もですね、大企業と中小企業を比べると、情報収集するのが非常に時間がかかるから、多分大企業の方が良い職場が多いだろうと、そう判断してやるわけですね。ですから、今言われているのはこういう情報のミスマッチって言うのを解消すると言うのが非常に大事じゃないかなと言うことになっているわけですね。それで、先程、まあ後でまたあれなんですけど、一つは職業訓練の話でですね、能力評価制度と言うのがですね、それでいくとですね、今あの・・・こういうの知っていますか？欧州資格参照フレームワークって言うの。

回答者：ヨーロピアン・コロケーション・フレームワークって言うのがあってですね、要するに資格制度があるんですけど、あの特にヨーロッパでは非常に複雑ですよね。それでまた国によっても違うと言うことですよね。それで、しかも、大学の教育の資格とそれから職場での職業資格と言うのがですね、まあ完全にリンクしてないと言うことですよね。ですからその学校と、教育と労働市場がですね、ちゃんともう少し連携がとれるようにする、それから国別でも連携がとれるようにすると言うことで、こうした資格の物差しを作ろうと言う話になっているわけですよ。それで、ちょっと英語の本を持ってきた方がいいんですけど、レベルとですね、それからこの知識、ナレッジ、スキル、能力はcompetenceですよね、それでこういう尺度みたいなのを作ってそれでそれぞれの資格がどこに位置づけられるかと言うふうにしようと。それをですね、ヨーロッパの全体の仕組みがあるんですけれども、あの国ごとにですね、このNQF要するにNational Qualification Frameworkと言うものをこれにリンクしたものを作って、それに資格を連動させるという話になっているんですね。それで、ドイツなんかこういう形でですね、この直接ナレッジ、スキル、コンピテンスをですね、まあこういう形にしたわけですね。ナレッジ・スキルズ。これはもっとドイツ語の言葉があるんですけれども、もちろんですね、そういう形にしてるんです。そういう事にしてですね、それでまた評価制度はですね、要するにいわゆるノンフォーマル・インフォーマルな学習がどのぐらいですね、その人の能力につながっているかといったものをですね、評価するって言うのがですね、まあ非常にヨーロッパでは重要になっているわけです。でそれでですね、こうした事をやるとですね、このノンフォーマル・インフォーマル、まあ要するに企業のOJTがですね、これに入るわけですよね。だから企業の訓練ですね、内部の労働市場がですね、外の労働市場にしやすくなるという話になってるわけですね。ですからこうしたものを日本でも今取り入れようと言う話が段々出てきているわけです。で、一つは「キャリア単位」って聞いてますかね？こういうのを今作ろうとしているんですが、これも将来的にはですね、この今のこの資格の物差し作りの話に・・・これが上手く定着してくればですね、労働市場と教育と訓練ですね、この辺のこうしたものが上手くリンクしていくと言う話になってくると。そうするとですね、その中小企業のですね、魅力もですね、その能力、その中小企業に入ればこうした

3

Experte D

能力を見つけることができると、それぞれの企業がね、そういうことがちゃんともう少し見えるような形になってくるとね、こうしたその大企業と中小企業のいわゆる採用格差みたいなのの解消にもつながるんじゃないかと、そういうふうに思っているわけですね。それから入るところだけじゃなくて、高齢者の問題もですね、まあ高齢者雇用、高齢者の訓練も中々日本でも他の国でもそうですけど、進んでない面はですね、その訓練が実際その能力ですね、実際その訓練してですね、その人の能力がどれだけ高まってるかですね、それがはっきりわからないところがあるんですね。ですから、そして見える形で、その教育や訓練が評価されるという形を日本でも作り出すと言うのが非常に大事じゃないかなと、そう思っているわけですね。ですから、そうしたことがもし出来ればですね、こうしたウィトケさんが言っているようなですね、大企業と中小企業の連携ですね、でまあ高齢者といわゆる年功賃金みたいな話もですね、もう少し良い方向ににいくんじゃないかと思っているわけですね。

回答者：（能力開発）それが私の一番の問題意識なんですけどね。

回答者：だからですね、日本だとご承知のように長期雇用制度でね、あの、long term employment systemって言う話になっているわけですね。それで、その企業特有の人材経営制システムと言うのがね、あるということですよね。それで、企業もあんまり大学には期待していないわけですね。で、基礎的な能力があれば良いと、それで後は自分の会社に入ってから能力開発すれば良いと言う話ですね。そうすることで、そういうことだからさっき言ったようなですね、基礎能力だけあれば良いって言うことだからね、だからその東大とか慶応とかね、そういうところは優秀だろうとそう判断しちゃうわけですよね。ですから具体的にどういう能力形成したかということに関してはあまりわからないということですよね。ですから優の数がいくつあったとか、そういう事だけわかれば良いと。で、具体的にどの科目で良い成績をとったとか、そういうのにあまり関心はないという状況なんですね。だからそういう状況だとですね、能力開発は給与だけでやると言う話になるとですね、どうしてもですね、やはりその企業でですね・・・の雇用じゃないとだめなんですね。で、そうするとやはりその企業でですね、その人に合った雇用がないと、そうなるとですね、どうしてもその、その人はそれなりに他の所だったら働ける、ね、能力発揮できるって言う人でもですね、その窓際族になったりですね、それから本当に低賃金で、まあどうしても働きたいんだったら低賃金で働くと言う条件になっちゃうわけですね。そういう状況を変えるためにはですね、こういう企業横断的な状況を日本でも作っていかなきゃいけないって言うですね。で、企業横断的な状況をどう作るかというためにはですね、あの訓練とその能力評価ですね、あの他の人にわかるような能力評価、その仕組みをどうやって作るかということじゃないかと思いますね。で、そうすると、例えばですね、大企業なんかやはり、大企業だとしてもですね、やはり60以上は全ての人をですね、65まで抱え込むと、しかも60前の労働条件とあまり変わらない形でですね、あのあまり変わらない、賃金ですとかね、それから働く職場もね、あんまり変わらない形でですね雇うと言うことは非常に難しい。

回答者：それは、やっぱり問題でしょ。だから今はね、要するに、年金支給開始年

4

Experte D

齢がですね、あの、もうご承知ですよね？要するに、日本の場合はですね、あの一回部分がですね、いわゆるベーシック・ペンションですよね？で、2回がですね、英語では何て言ったかな、要するに報酬比例ですよね？厚生年金ですよね。厚生年金は英語で何て言ったかなぁ？になってるわけです。それで、この部分がですね、もうすぐ65になるんですね。それで、ただここが65になるには後十数年はかかるわけです。それで、そういう状況だとですね、今ウィトケさんが言ったようなですね、あの、職場変わって賃金が半分とかですね、そうなっても大丈夫なわけですよね。だけど、これもなくなっちゃうと言う状況になるとですね、賃金がね、ガクって下がる状況は非常にきついと言う状況になるわけです。だから、例えば今の状況が、60歳定年でガクっと、あのこれが賃金だとすると、ガクっと下がると言う状況になるとね、非常にきついわけです。だからそうするともう少しなだらかな形でね、まああの、60前でねその賃金とか労働時間とか作業負荷だとかがね、下がっても良いけど、これがこう段々減るような形で、むしろ60以降はむしろ今高いと言われるそういう状況を今作らないといけない。そう思いませんか？だからそのためにはですね、これに沿った形でこういうことが出来るような形にしないといけない。だからそうすると能力開発等がですね、それがちゃんと評価されるようになるような仕組みが大事だと、そういうことになるわけです。

回答者：ちょっと違うんじゃないですか？プラスで言っているんじゃないんですか？違います？要するにこれもね、今後とも続くけど、これだけでやっていけなくなると。

回答者：これは、はまぐち君の文章？

回答者：私は、これプラスだと思ってます。要するに企業内の労働市場の調整もね、今後ともはやり人材育成はですねやはりその企業でのですね、OJTとオフJTがですね、結びついた形がですね、やはり今後とも、日本の調査と言うことからするとですね、企業の中での訓練ですね、で、企業の中での異動というのはですね、やはり今後とも必要だと思うんです。ただそれだけじゃもたなくなるという、ですね。そうすると企業の労働市場の調整というのもですねかなり重要だと言うことだと思うんですね。ですから、このプラスと言うことで、企業内の労働市場の調整もですね、要するにあの、例えば企業の訓練なんかもですね、その企業の中の訓練と密接な関わりがあると、連動しているような訓練をですね、をやってかなきゃいけない、そういうふうに思ってます。ヨーロッパだってそうなんですよ、今。あの、公共訓練、例えばデンマークなんか非常にね、フレキシビリティとか言われてますでしょ？それで、デンマークも去年行ってきましたけど、デンマークの公共訓練もね、かなりその企業のうけを見た訓練をかなりやってますよね。ヨーロッパも段々そういう方向になっていくと思うんですね。ですから企業の中の訓練と公共訓練がね上手くこうつながるようなそういう仕組みがね大事になってきているんじゃないかと。だから日本からすると、今の企業内の訓練がもう本当、主流でしたから今後は企業外の訓練がね、段々重要になってくると。昔企業外って言うのはもちろんそうですよ、特に戦前−第二次世界大戦前はね、労働者がどんどん企業・・・

Experte D

それは間違いない話ですよね。それで段々こうなってきて、それで特に政策の場合は、ちょっと遅れてて、1960年代ぐらいまでは企業外の調整をね、かなり重視したわけですよね。でも教育法は変わらないし、教育も高校とか大学はですね、一般教育でして、アカデミック・エドュケーション（academic education）が中心で、あのヴォケーショナル・エドュケーション（vocational education）をほとんどやっていないという状況でしたから、だから企業が自分でやんなきゃいけないと、ね。国としても企業の訓練を奨励すると言う形でやってきたという。で、それででも要するに高齢化が進んでますし、それから特にアジア諸国とのね、経済競争というのが、アジアの本当に人件費が安いですからね、そういうところの対応をしなきゃいけないと。そうすると、能力開発もどんどん早めなきゃいけないし、それからその市場に合った製品開発、能力開発をしなきゃいけないと言う話になると要するに企業の中だけでは調整できなくなる、ですよね。企業外はね。それは当然のことですよね。でも、こっちだけって言うわけにはいかないですよね。いわゆる日本の強さって言うのは、この部分があると思うんです。ドイツもそうだと思うんですけどね。やはり物作りって言うのがね、特に製造業って言うのはやはりどうしてもね、製造業重視するとどうしても企業の中での訓練って言うのが大事になってくるということですよね。ですから、そこを・・・ここの部分をね、やはり問題視しなければならないということと思いますね。ですから、プラスと言う状況だと思いますね。

回答者：これはね、2つの面があると思うんです。一つはですね、企業がやるか政府がやるかという話です。ですから、高齢者の、例えば特に60以上のですね生活費をどう確保するかという話になりますよね。で、それを賃金でやるのか年金でやるのかと言うことです。で、企業がですね、引き受けてくれないとなると年金で持たなきゃいけない。年金で持たなきゃいけないとなると、保険料を上げるか、先程日本は年金保険制度をとっていると言いますけど、国からのね、支援も多いわけですよね。そうすると税金ですよね。で、しかもさっき言ったようなその、まあ税金で年金を支えている部分がありますし、それから年金をもらえない無年金者とかそういう人の対策とすると生活保護とかですね、それと新たな高齢者向けの生活保護制度を作らないといけないっていうのもありますね。そうするとですね、税金でやらなきゃいけない。税金でやると言うことはですね、国民からお金を集めなきゃいけない、ですよね。で、国民から集めるということはですね、それだけですね、生活費から削ると言うことになりますよね。で、そうすると消費が下がると、消費が下がるっていう事は企業に対する需要も下がると、そうした事ですよね。で、そうすると企業としてもですね、人件費でね、持つのが良いのかですね、それからそうしたその法人税とかね、そういう事とか、それから消費が下がると言う企業負担になりますよね。そうしたもので持つのかというね、そちらの選択なんです。だから、その企業としてもね、この高齢者雇用に協力しないというのかね、本当に得なのかどうか、なわけですね。会社が得じゃないと。・・・そういう面があります。それからもう一つの面はですね、本当に高齢者雇用を進めることが企業にとって損になるのか、競争力を損なうことになるのかという事です。損なうと言うことはね、この議論の質は、要するに生産力が低い高齢者、

6

Experte D

ね、だから生産性よりも高い賃金を払って高齢者を雇うと、そういう事になるという理解があるんです。だから、要するに量だけじゃなくてですね、質と言うのが、要するに高い賃金を払ってほしいと言うことですね、そういうことですよね。だから、そういうことになると、生産性−要するに、この今まで高齢者60歳以上で雇ってもね、賃金は下げるということだから、だからこれは生産性が下がると言うことになっているわけです。だから要するに経済学で言うと限界価値生産性が賃金とイコールになると言う理解ですよね。ですから一応経済的にも成り立つわけで。だからそうすると、生産性が下がる中でね、賃金を高めなきゃいけないということですよね。だから逆に言えば生産性を上げれば良いということにもなるんです。だから、その今の状況はですね、その個別の企業単位で考えているからですね、生産性が下がっているということなのかも知れない。ですからこの全体で、社会全体でですね、もっと動けるように、労働者が動けるような形にすればですね、その人に合った形で、でしかもその能力開発に結び付く形にするとですね、もっと高い生産性な形で働けるかもしれない。それからまた、この年功賃金があって、要するに一方でこの特に50代の賃金を下げるといった形ができればね、企業としてもですね、全体的にね、要するに生産性と賃金が見合ってれば良いわけですよ。いわゆるラジアとかそうですよね。いわゆる人的者の議論もそうですよね。要するに、ご承知だと思いますけど、この何で定年制があるのかといったことになると、その人生全体でのね、その生産性の積み上げの部分と賃金の積み上げの部分をやって総決算して、それで、この60でですね、これ以上同じ形でですね抱えると企業として負担になると言ったことで、定年を設けると、そういう議論ですよね。そうすると、全体的にですね、賃金がですね、例えば年功賃金で上がっている部分をもう少し下げ・・・ダウンすることが出来れば、企業としても損をしないわけです。そういう賃金の全体の構造とかですね、それから能力形成とかね、それから社会全体の労働者の異動とかね、そうしたことを考えていけばね、あのここの始めの部分の競争力をね、競争力って言うか企業がですね、企業負担にならない高齢者雇用が出来るかもしれないと、そういう話です。だから、その二つの議論がね、あの考えられるんじゃないかということだと思います。

回答者：これは・・・これは、まあ難しい問題ですね。これは企業によって違いますよね。意識はね、みんな持ってると思います。特に大企業の人事関係者は持っていると思います。ただ、今本当に経済がね、ちょっと厳しい状況だからですね、少し様子を見たいといったところが多いんじゃないかと私は思ってます。どうですかね？特にあの、今年になって状況、経済がわからなくなってきましたからね。ヨーロッパなんかも特にね。ヨーロッパとアメリカが今随分ぐらついてますからね。で、日本はまた大地震がありましたでしょ？だからちょっともう少し様子を見たいといったところが多いんじゃないでしょうかね。どうでしょう。多分ね、長期的にはやらなくちゃいけないといったことは皆さんわかってると思いますけどね。ちょっと今状況があるんでね。来年もうちょっと経済が良くなってくれればいいんだけどね。

Experte E

回答者：これ平成１６年の改正っていうのは、直接的には団塊の世代っていう、１９４７，８，９の３年間に生まれた人たちがたくさんいて、この人たちが６０歳定年を迎える。年金の支給開始年齢との関係で、２０２５年から６５歳支給になりますよね、それはよくご存知だと思うんだけど。で６０歳で定年してしまって会社を辞めると、将来までの６５歳、この５年間給料が無い状態になるのは、とてもまずいので、じゃあ何らかの形で働く場を企業が用意するように、国が企業に対して事実上の義務化ですね、ということをやろうとしたのが、平成１６年の頃の話ですよね。理由は２つあって、一つは年金制度が変わっていること。それから二つ目の理由は、団塊の世代が６０歳定年に差し掛かる時期、この２つがあって、平成１６年の非常に大きな改正になったというふうに思ってます。で、その法律が変わったことによって、企業は６０歳を過ぎても従業員を雇い続けなければいけない、というふうに、多くの企業がそういうふうに考えて、その制度を準備しました。で、一応成果としては、６０歳以上の人たちの労働力率っていうのが上がってきましたから、だから成果は出てるんだろうなと思うんですよね。ただし、継続雇用者制度を実際にやっていくためには、企業がある程度儲かってないといけないんですね。仕事が無いと、高齢者を雇い続けるっていうのは難しい。で、平成１６年ていうのは、２００４年ですよね、で２００５年、６，７，８年までの約５年間ていうのは、日本の経済は比較的に調子が良かったんですね。だから高齢者に対する仕事もありました。で、日本の高齢社会の特徴は、若者の数がどんどん減っている。で、高齢者の人たちがなかなか死なないので、ここの割合が増えている。で、経済全体が景気が良くなってきたときに、若年層の若い人たちの供給が少ない。でも労働に対する需要は多い。だから６０歳から６５歳、７０歳までのまだ働ける人たちを、会社を雇って、その労働需要を満たそうと。ですから平成１６年の改正っていうのは、そういう経済情勢っていうのが急に変わってきて、その状態が５年くらい続きましたから、そういう意味では企業も受け入れやすかったし、実際に多くの高齢者が６０歳を過ぎても雇われ続けた、というふうに思います。ただその後また出てくるかもしれませんが、２００８年９月の例のリーマンショックがあり、日本の経済は製造業を中心に非常に大きな落ち込みをしましたね。そうすると需要が減ると、やはり企業も人を雇い続けることができないので、じゃあどういう人たちに会社から去って行ってもらうかと言うと、やっぱり最初に出てくるのが、期間工、派遣の人とか、そういう人たちが最初に企業から出ていきますよね、で次にやはり高齢者、継続雇用は無理です、企業としては雇い続けたいけれど無理ですってことで高齢者の人たちが雇われる状態から失業状態になりましたよね。ただ高齢者の人たちっていうのは、まだこの時点では年金って２階建てになってますよね、基礎部分と、報酬比例部分。で報酬比例部分は払われてますから、再来年から一年遅れるんだけど、２０１３年から。だから仮に仕事が無くなったとしても、収入がゼロになるわけではない。そういう経済情勢っていうのが、特に２００８年の秋以降、ここ２年間、３年間くらいですかね、高齢者雇用にとってはマイナスの状態になっていると思います。

回答者：国が１６年の改正で求めている、制度と言うのは、雇用形態はどうでも良いから、正社員であろうが非正社員であろうが派遣とかどういう形でもいいから、とにかく６０歳から６５歳までの働く場を。その結果として賃金が払われますよね、そういうものを準備して下さい。で金額は少々低くても構いません、とりあえず生活していけるだけの収入があればいいんですという、そういう考え方で企業に対して求めていたと思います。で会社の側も、色んな事情があٰりますよね。例えば大企業っていうのは、それも超巨大企業ね、トヨタとか日産とか三菱とかそういうところは、若い人たちが働きたいって沢山応募してきます。だから無理に高齢者を雇わなくても、若い人たちを雇うことができたし、今でもできますよね。非常に大きな有名な会社って言うのは、高齢者雇用

Experte E

って言うのは、国が言うから、仕方ないなと、一応制度としては整えなきゃいけないなと、そういう感覚でこの平成16年くらいっていうのは見てたんですね。ただそういう大きな会社でも、製造現場で働いてる人たちっていうのは、40年ぐらい働いてくるなかで、様々なノウハウとか、そういうものを持ってますから、そういうものが若い世代に充分に伝わってない。だから60歳で辞めてもらわれると、良い物ができなくなるので、長い経験の中から高い経験を持っている人は、60過ぎても是非勤めて下さいと。そういう皆さんが持っている高い技能ノウハウっていうのを若い世代にどんどん教えてください。こういう風にして考えてます。ですから私、一部の従業員については働き続けて欲しいと思っていましたが、大半の60歳過ぎた人たちについては、無理していてくれなくてもいいですよっていう。そういう風なかんじだったんですね。ですから平成16年ぐらいに、トヨタでもパナソニックでも良いですが、実際に60歳定年を迎えた人のうち、何割が継続雇用で残っていたかと言うと、大体2割ぐらい、ですね。残りの80％の人たちは、もう今まで勤めていた会社からは完全にリタイアして、例えば自分の友達の会社を手伝ったり、完全に仕事を辞めてしまった人たちもいました。大きな有名な会社っていうのはそういう状況だったんですね。逆に中小、小さい所、零細企業は若い人が来てくれない。採用しようとしても、若い人は有名じゃない会社に行きたがらない。しかし、仕事はそれなりにある。若い人が入ってきてくれませんから、60歳定年を定めていたとしても、元気であればいつまででも勤め続けて欲しいと。会社はそういう風に思っていたし、それから働いている人たちも、60歳はひとつの区切りであって、それから先、65，70と場合によってはもっと、年齢の高いところまで働くのが普通だ、と多くの人が思っていたんですね。だからこの平成16年の改正で、国が求めた高齢者雇用っていうのは、大企業の受け止め方と、中小・零細の受け止め方というのは相当違っていたと思います。実際にはさっき言ったように2割ぐらいの人たちがそのまま雇い続けられて、残りの人は外へ出て行った。じゃあその300人未満の企業はどうだったかと言いますと、8割ぐらいの人はそのまま同じ企業で勤め続けて、一部の人が健康上の理由とか、もっと別にやりたい事があるっていうので60歳定年で辞めていった。そういうのが当時の状況だったかなと思います。

回答者：あのーまぁ平成16年はそうやって改正がされて、多くの企業は色々不満は言いながらも、確かに必要だよねっていうことで受け入れたんですね。で受け入れられた最大の原因は景気が割と良かったこと、ひょっとしたら人材が足りなくなるかも知れないという状況だったこと、それから2つ目に若年層が減ってきているという事実がありました。で今、次の改正が準備されている去年・今年の経済情勢っていうのは、平成16年の時とだいぶ違いますよね。やっぱり景気が良くない、最近特に円高で、国内で生産して輸出するっていうのがコスト的に難しくなってきていると。そういう経済情勢が不安定っていうことが、やはり企業にとってみれば、平成16年の時と同じようにすんなり受け入れるのは難しいかな、そういう風景があります。もう一つは、若年層が減っていて、日本全体の労働力人口が少なくなってきているんだけれども、それ以上に日本国内の消費が落ちてますから、そうすると日本国内に大規模な投資をして新しい工場を作って、ここで生産してっていうお金の使い方を考えてないですよね。むしろ日本は適当にやっといて、あとは海外に行きましょうと。そうなると海外に行って活躍してくれる人材っていう時に、日本人をわざわざ日本で採用して派遣することは無い、と。中国だったら中国人がいますし、ベトナムはベトナム人を採用すれば良いし、と、非常にそういう意味では いわゆる人事のグローバル化というのが進んできましたよね。そういう中での今回の雇用者法の改定なので。それからもう一つ制度的な話で、先ほど申し上げた年金の支給開始年齢がずっと上がってきてますよね、で2013年からは報酬比例部分もいっさい先延ばしになると。2025年からは完全に65歳以降じゃないと年金が出ない、こういう条件が制度改正として進んでますから、そうなるとまさに60歳定年と65歳定年の間を、どう結ぶかっていうところが、とても国としては気になるところですよね。仮にこの人たちがみんな

2

Experte E

失業者になって、一年間は失業給付が出るからいいけれども、２年目からは働く場所が無いという事になると生活保護、という話にならざるを得ないと。で生活保護は年金で賄われますから、企業の負担も増えるし、働いてる現役世代の負担も増える。これはまずいよねという事で、じゃあ何らかの形で企業にお願いをして、働き続ける場を確保してもらいましょうと。だから平成１６年の改正と、基本的に同じ方向なんだけど、経済の情勢が変わっているがゆえに、政府はより強く企業にお願いするっていう姿勢を見せています。で先程の研究会報告の中にも、相当企業側に対して、こういう制度を準備して、みんなが勤め続けられるようにしましょうっていう風に書いてありますよね。でも私この議論をする時に、反対意見を言ったんですよ、それは外には出てないと思いますけど。反対意見って言うか、企業に政府がお願いをするのは良いけれど、限度があると。会社って存続して行かなければならないから、働かない労働者をわざわざ雇い続けるってことはしたくない。しかし法律で全員雇いなさいとすると、働かない労働者まで入ってしまうから、これは会社としては受け入れられないと。この文章の中には、会社の努力、そういう制度を作るっていう努力と共に、従業員も自分の能力を開発して、会社が求めるような能力を維持し続けないとダメですよと、この２つがしっかり噛み合わさることによって、６０歳以降の雇用が実現できるんだ、それを付け加えてもらったんです。具体的にはね、21:40：ここですね、ここのね、この部分ていうのは、私の意見で付け加えたんですよ。"労働者個人が心身にわたる健康の増進に努める。積極的に労働ができるように客観的に把握して〜に対応できるよう持続的に能力開発に取り組むことが必要"だと。だから従業員が全部会社任せで、会社が準備してくれるっていうのじゃダメですよと。自分自身も常に新しいことに興味を持って、自分の能力を高めて、会社がこれまではこの仕事で良かったけど、もうこの仕事は中国行っちゃうから、こっちの仕事やって下さい、って言われた時に、ハイ、大丈夫できますよって、従業員の側もそれに対応できるような、柔軟性、それを持っておかないとダメだ。それを、わざわざ入れてもらったんですね。

回答者：あのーえーとですね私は、日本の賃金制度、多くの企業の賃金制度っていうのは、エイジ　ウェイジ　プロファイルっていうのと、年齢と共に上がってくっていうそういうのですね。で定年の時に貰っている給料っていうのは、その時やっている仕事の価値をそのまま反映した金額では無いんですね。それまでその会社に勤めてきた２５年とか３０年４０年、この長い期間の中で、会社機関に対する貢献と、支払われた賃金と、これが何とか均衡するように、設計がされています。そうすると例えば６０歳でやっている仕事と言うのは、仮にそこで年収５００万もらっていたとしても、５００万円の価値の仕事をしているという風に思わない方が良い。多分もうちょっと価値の低い仕事になっている。そういうケースが多いんですね。でしかし継続雇用になる人たちは、例えば９月３０日までこの仕事をしていました、で退職になって、１０月１日から、全く同じ仕事で、今度は継続雇用ですよ。雇用の仕組みは変わりました。で会社側から貰う賃金は半分くらいになるんですね。これに対して納得できない、モチベーションが下がるとかね、そういうことを言いますよね。それは分からないでは無いんだけれど、９月３０日までやっていた仕事の本当の価値っていうのは、レベルがこのぐらいだとすると、実際はそれより高い給料を貰っていたと。ここで雇用契約が変わりますから、今やっている仕事に見合った賃金水準になったって言う風に考えた方がいいんです。私はかねがね言っているのが、定年退職以降の継続雇用においては、ぜひpay for jobっていう考え方でやって下さい、と。一年ごとに書き換える、これで構いませんと。この仕事をやっているんだからこれだけの給料を払いましょうと。高齢者雇用で経験のある企業の中に、マエカワ製作所ってあるけど行きました？マエカワ製作所は、６０歳定年なんです。で継続雇用で、上限が無いんです。そのマエカワ製作所の給料の払い方は、あなたがこの仕事をしているから、これだけの貢献をしているからこれだけ払いましょう、という払い方なんですね。ですから６０歳過ぎ

3

Experte E

て、継続雇用になっている人の中で、最高で年収８００万の人がいます。それは、それだけの仕事をしているから、企業は８００万円払いましょうと、そういう風になっているんですね。ですから従業員の側からするとね、５００万も貰っていたのが２５０万円に下がるっていうのは、確かにそれはショックだろうけれども、実はあなたの仕事、企業に対して貢献しているのは、それ位の価値しか無いんですよっていうのを従業員は分からないといけないと思う。２５０万じゃなくて、例えば３００万４００万５００万の年収を貰いたいんだったら、それに見合っただけの高い能力と企業に対する貢献っていうのを示さないと無理だと思うんですよね。私はちょっとその辺に対しては従業員に厳しいです。じゃあどうやったらそれだけ高い給料が取れるようになるかと言うと、定年までの働き方ですよね。

回答者：人間の一生って、最初は学生で、２０くらいから働き始めて、６０、６５歳まで４５年間働きますよね。でそこから先働き続ける人もいるし、年金生活でって人もいますよね。はやり５０歳を過ぎたあたりから、自分の体も少し弱ってくるし、親の問題も出てきますね。介護って言うのは、非常に大きな負担ですよね。そういう時に、そういう時に、仕事と介護っていうのを両立させたい、でも、それが上手く行かないということがあって、これは別に６０歳以降の話だけでは無くてね、もっと年齢の低い人たちにも問題になっていることですよね。日本も介護保険制度というものを作って、運用してますけど、まだまだ問題は沢山あります。でも働くっていう事と、生活をしていくっていう事、これが上手く重なっている人はいいんだけれど、それが重ならない人たち、いますよね。例えば介護が必要だとか、自分自身の体が少しおかしくなってきただとか。そういう上手く重ならなくなってきた人たちの為に、国は、まさに保険の仕組みというものを用意してきたわけですよね。日本の高齢者の雇用を考えるときに、企業が経済活動の一環として、人を雇う。その雇う人が、若年層なのか、中堅か、高齢者か、それはある意味では企業が自分で決めれば良い事、ですよね。ふさわしい人を採用すればいいだけで。ただ全体を見たときに、高齢者を雇った方が得になる、それは経験の面で深いとか、賃金の面で少し安く使えるとか、そういうことがあって、企業は高齢者に目を向けていますよね。この高齢者が持っている個人的な事情、介護が必要とか健康上問題があるとか、という事について、企業としてはそういうところまで配慮は難しいと。それはだから国や社会が何らかの形で面倒見るべきでしょう、と言う風に考えてますよね。だから私はうーん、企業に対して、介護とか病気とかそういった個人的な問題を抱えている人の面倒まで全部見なきゃいけないという風に国が押し付けてしまうと、高齢者雇用って進まなくなると思うんですね。高齢者の８割は元気なんです。２割の人たちに問題があって。２割の人たちも、全員が寝たきりではない。寝たきりになるのはその中のごく一部ですから。だからそういう企業という１００人、２００人の単位の中で、そういう問題を見るのではなくて、何十万、何百万ていう社会という中で、こういう問題を抱えている人たちを支える仕組みっていうのを作っていくべきだ、という風に思います。で、アレクサンダーさんがおっしゃるように、高齢者の中で、非常にお金持ってる人とね、ギリギリの生活をしている人がいるっていうのは、事実ですよね。じゃあ何でこんな差が開いてきたのか、っていうと、ドイツと同じ状況ですよね、やはり６０歳までの働き方というところが非常に大きく影響しているだろうと思います。だから常に３つの事を考えなきゃいけないと思う。企業が果たすべき責任、それから個人が自分で自分の事をコントロール、マネジメントしてっていうそこの部分と、３つ目に、政府がある種のsafety netをどう張るかっていうところね。日本の技能が、企業に色々な事を押し付けようとするんです。これまでそうだったんですね。で会社は割と従順でしたから、まぁ何とかやろうっていう風にしてきたんですね。でも、繰り返しになるけども、経済情勢がこういう状況だと、今までと同じようにはできませんと。そういう風に企業がgive upしてしまわないように、政府っていうのは制度を作っていかないといけないと思うんですよね。

Experte E

回答者：一番大きな要因は、経済の好況・不況だと思ってます。日本は労働力人口が減ってるんですね、１９９８年からここ１３年間、基本的に働き手がずっと減ってきてます。で、このトレンドとして働く人が減ってきている中で、経済が上がったり下がったりしますよね。で上がっていく局面では人手不足になります。これが２００４、５、６、７っていうそのあたりでした。で今度は経済が不況になっている局面では、人が余ってますね。人が余ってるから、今、企業がこういう文章見たときに、需要が無いのに高齢者なんか雇えないよ、というのが彼らの本音ですね。でも年金制度が変わっていく中で、いやいやそれだと困るんです、何とか雇って下さい、と政府は言っています。経済は上がったり下がったりするのが普通ですから、東日本の大震災があって、あの地域が相当打撃を受けた。しかし、これから復興の為の需要が出てくるだろうと。だから来年は経済成長は相当プラスになる、という予測が出てますね。しかし円高が来たんで、円高がマイナスの要因ですから、プラス・マイナスどうなるかなあと。少しでも経済が良くなれば、途端に人が足りなくなります。そうなると、子供たちの数が減ってますから、６０歳以上の人を使わざるを得ない。だから制度的に国が企業に６０歳以上の人希望者全員雇用して下さい、ってある意味押し付ける、というよりも、どうやって景気全体を良くしていくかというのを考えた方が、早いと思うんですよね。結果として、希望者全員が継続雇用者になる為には、日本の景気が良くなること、これが一番の近道だろうと思っています。今回の研究会報告を受けて、政府では審議会で２０２５年かな、改正どうしようかって議論がなされてますけれど、うーん私はね制度として、国が企業に押し付ければ良いってものじゃないと思うんですよね。さっき言った、企業と働く人と政府と、この３つが常に噛み合って、政策というのは実行して行かなければならない。でも、その個人の部分が弱いなと思っています。つまりそうだな、例えばある企業で４０年間勤めてきました。で６０歳定年になりました。で継続雇用に入って、あと５年勤めます、ってこういう人もいていいんですよね。で６０歳定年を期に、もうこの会社とはさようなら、別の会社に行って自分は働きます、で別の会社がどういうのかっていうと、自分が４０年間働いていく中で、取引のあった会社とか自分の友達がやってる会社とかで手伝って欲しいというから、そっちで働きますと。または自分で会社を興しますという人がいても良いと思うんです。あまりにも同じ会社の中でずっと勤めるっていう、そこだけ充実させるというのは、企業にしてみればとても負担が重たい、そういう人も勿論いていんだけれど、他の生き方も色々あるじゃないですか。で従業員に対しては、そういう可能性を早いうちから提示をしていくっていう、そういう事が必要だと思ってます。例えば造船業会で取り組んだプロジェクトがありましてね、これ差し上げますけれども、これは人事向けに作ったもので、これは従業員向けに作ったんですね。でここで何をしようとしているかと言うと、安全衛生。造船って重たいものを扱う産業だから、クレーンとかで物を持ち上げる。色んな安全の面で、非常に訓練を受けている人たちなんですよ。だから同じ会社の中で継続雇用になる人もいれば、協力会社・下請けっていうところの安全の指導をやる人もいていい。あるいは別の会社に行って、自治体とかそういった色々なところが色んな講習会ってやってるんですね。技能講習、そこの講師をやるとか、こういう道もありますよと。だから若いうちから従業員に対して６０歳以降の働き方として、色々な選択肢があります、と。例えば一番下のね、技能講習の講師になるっていうと、教える仕事ですから、普通に仕事をするのとはちょっと違った能力が必要になりますよね。そういうのを意図的に自分で身に着けていこうと。こういうように、従業員の意識付けが必要だ、というのをここで議論したんです。で従業員向けにこういうパンフレットを作りましたね。要は先輩たちの実際の例を、４人の人を出して、この中で一番おもしろいのが鈴木さんっていう人なんだけれど、ある会社に入って、会社の中でそういう仕事をしながら、外の安全性アドバイザーっていう、外で活躍しているんですね。ということをもっと従業員自身が、自分で自分の能力を高めて、仕事の場を自分で見つけていく、そういうのをもっとやらなければいけない、そんな問題意識ですね。ですから私が委員長で

Experte E

入って、こういう造船の会社がメンバーでやったんですね。

回答者：えっとね、二重構造、大企業と、中小の下請けと、この関係、ですよね？少なくとも造船って事故が多い産業なんですね、高い所で作業してるし、重たいものを吊り上げてますから、死亡事故も多い産業なんだけど、そういうのを見てると、中小企業・下請けの人が危険な仕事をしていて、大企業の人はそうでもないっていうのは確かにあります。ただこれから問題になるかも知れないのは、下請けの中小企業に若い人が入っていって無いんですね。採用ができてないんです。そうすると、むこう５年から１０年ぐらいは今いる人たちで下請けの仕事をしているから良いんだけど、若い人が入って来てないから、もう下請けの仕事ができなくなる、という危険性はあります。これは色々な会社で、自動車でも聞くし、電気でも聞く話ですね。だから高齢者雇用っていうよりも、それは少子化の影響、日本の産業構造、大企業を中心として、ずっと下請けがあってっていう、この下の方を成り立たせなくしている。ここが無くなった時に、上が持つかっていうと持たないんだよね。これは非常に大きな問題だなと思ってます。で多くの大企業の人たちは気づいてるんだけど、なかなか直せない。直せない理由の一つは、株式市場がアメリカ型になったでしょ、今は株主っていうのがとても大事だから、利益を上げて、株主に配当しなきゃいけない。普通だったらそういう構造があると、それぞれの層で少しずつ利益が上がって、最終的にトップ、中心の企業でも利益が上がるっていう仕組みだったのが、ここ１０年ぐらいのあいだに、下請けの利益までぜんぶ大企業が吸い上げて、ここの利益が大きくなる、そういう風になってますよね。そうすると、下請けの会社では、ボーナスが払えない。それから賃上げなんて出来ない。そうすると、若い人がもう来てくれない、というような事が実際に起こってますね。それは高齢者雇用と言うよりも少子化に伴う日本の産業構造、日本の競争力の弱体化、という別の問題になってきてますね。

回答者：あの、それは、うーんと産業の種類によって違うんですね。例えば、流通業。一番いいのがチェーンストア。スーパーマーケットね、イオンとかイトーヨーカドーとか、そういう所はとってもやり易いんです。でもね、製造業になると難しい。例えば、この機械を動かせる人が一人しかいない。それならもう一人作ればいいじゃない、っていうけど、それは時間がかかる。だから流通業の場合には、基本的に難しくない仕事が多いので、難しくない仕事を二人でシェアして、月・水・金はＡさんで火・木・土はＢさんですねっていうのがやり易いんですね。でも製造業の場合にはこの工程、このプロセスをできるのはＡさんしかいない。Ｂさんも少しはできるけど、Ａさんほどうまくない。となると企業はＡさんにずっとこれをやって欲しい。でもこれは企業経営上とても大きなリスクになります。だってＡさんが急に病気になって、出てこれなくなるって事ありますよね、そうすると途端に困るので。そういう時は少しできるＢさんが一所懸命これをおぼえるんだけど、日本の企業はやはり、目の前の利益を上げるために、時間を効率的に使いたい、人は増やしたくない。じゃあＡさんができるんだったら、これをＡさんにやってもらいましょう。他にできる人を養成・育成しなければいけないというのは分かっていても、やってないんです。例えばＡさんとＢさんが同じようにできるんだったら、それこそ同じように月・水・金と火・木・土で仕事が可能なんだけど、現実そういう風にできてない。そうなると、難しい仕事であればあるほど、こういう勤務形態をフレキシブルにするっていうのは難しくなってきますよね。

回答者：あのー、年齢差別というのは、年齢を基準にして色々な事を決めるのは良くない、という考え方ですよね。ただ日本の定年制っていうのは、その年までは何らかの形で雇用を保障しま

6

Experte E

しょうという側面があるんですね。だから６０歳という風に決まっていると、６０歳までは会社は何らかの形でその人の雇用の場を確保しましょうと。それが、同じ企業じゃない場合もあります。例えば大きな会社だったらグループ企業がたくさんありますから、本体からグループ企業に移って。でも６０までは何とか給料もらえるように、面倒見ますよっていうのが定年制なんですね。で age free にするっていうことは、定年制を無くすってことだから、同時にこの雇用保障が無くなる。これはあまり良い事じゃないと思ってます。というのは従業員個人が自分で自分の能力を開発して、企業と交渉して給料を決めて、というような働き方を日本人はしてきて無いんです。会社の作った枠組みの中で。それこそ東京に勤めていて、会社が九州・福岡に支店があるからそっちに動いて欲しいと、で福岡行くんですね。だけどその次に今度は上海に支店ができたから上海に行ってほしいと。こういう風に会社の都合でもって日本国内、場合によっては世界中を動き回って、それで自分自身のプライベートな生活は犠牲にして、会社のためにずっと尽くしますよね。その見返りとして６０歳までの雇用は保証しましょうという風にやってきて。従業員たちは、そういう働き方に慣れてるわけです。これを、　age free です、定年制はありません、とした時に、企業がどういう行動を取るかっていうと、たぶん自分でちゃんと能力開発をできない人たち、まぁその結果として企業から見ると魅力的でなくなった人材っていうのは、もう解雇です、と。で　age free っていうのは解雇権を企業側に与えることになるから。そうなってしまうと思うんですね。これはちょっと混乱が大きすぎる。だからいきなり　age free は日本では無理だと思ってます。定年は大事にしたい。ただ定年を６５歳にすることに、私は反対なんですね。６５歳にする必要は無い、と。６０歳定年で、これはこれでちゃんと守ってもらったうえで、そこから先の５年間は、はやり企業も努力するし、えーとですね、２０２５年ていうのが一つの目標になってると思いますが、２０２５年になれば、６５歳支給になりますので、あと４年か。だから２０２５年ぐらいには、age free という考え方がもっと強くなってきても良いと思うんです。だから今この時点でage free ですよっていうのはちょっと社会的な混乱が大きすぎるかなと。ぜひね、高齢者雇用の問題で、ドイツの事を研究したいと思ってますので、またボンに行きます。昔ね、もう６年ぐらい前の事になりますが、Deutschebank、human resorceの人とインタビューしたことがあって。Deutschebankっていっぱいresorceを出してるじゃないですか。で日本についてもとても関心があると。日本の高齢者雇用が、政府の政策が、上手くいく・いかないっていうのは、ドイツにとってとっても参考になる、ということを聞いたんですね。

7

Experte F

回答者: 機構でも企業や従業員に対するアンケートを色々と実施しているが、労働組に従業員アンケートを頼んだことをない。以前は、企業にアンケートを頼んだときに合わせて従業員のリストをもらったものだが、今はそれができない。企業にアンケート調査への協力を依頼するときに従業員向けアンケートを同封して、「従業員（高齢者）に渡して欲しい」と依頼するのが良いと思う。今回は、既に企業向け調査を実施した後であり調査結果から高齢者数も分かるので、高齢者が多い企業に対し、従業員アンケート調査協力を依頼すれば良いのではないか。

回答者: 日本では、定年後は賃金が減額されるケースがほとんどであるが、高齢者は子育てが終わっているほか、持ち家もあるので（借家住まいのケースもあるが）家賃も掛からず、今の高齢者は年金を受けながら充分生活していける。しかし、日本では定年後も定年前の仕事を継続することがほとんどであり、仕事は変わらないのに賃金が下がることとなるため、モチベーションが下がり、働く意欲が下がることになる。働いていて楽しくないということだ。なお、日本では、最低賃金法により都道

1

Experte F

府県別の最低賃金が決まっており、高齢者の賃金を減額するとしても企業はこの最低賃金時給）を下回ることはできない。

回答者: 継続雇用に係る選定基準の撤廃だろう。厚生労働省では、既に法律改正に向けた検討会を始めており、２０１５年改正に向けて準備を進めている。

回答者: 定年撤廃に伴う問題としては、企業の解雇権をどうするかが課題となる。日本では労働基準法等により企業の解雇権に厳しく制約を設けているが、定年による解雇は合法的に認められているものである。定年を撤廃すると企業は合法的に従業員を解雇する手立てがなくなることとなる。ほかには、賃金の設定をどうするかも考える必要がある。日本でも能力重視の動きは見られるが、諸外国に比べるとまだまだ年功序列社会であり、能力給重視の企業についても能力給の占める割合は賃金総額の２０％に過ぎない。年齢を基準にしないとなると何をよりどころに賃金を設定していくことになるだろうか。今すぐに定年撤廃の社会を実現することは難しいのではないか。日本では７０歳なら７０歳と年齢を明確にした方が従業員もやる気を保って働き続けられると思う。定年を撤廃したら「いつまで働くんだろう」とやる気を持続させることが難しいかもしれない。また、エイジフリーの社会に関して言えば、日本では法制度が年齢を基準とした仕組みとなっている。新聞でも個人名には必ず年齢も併せて掲載される。そのため、エイジフリー社会を実現するためにはあらゆる法律を改正していかなければならないことにもなるだろう。なお、エイジフリー社会になり、年齢を基準にしなくなるとしても、年齢層に応じたサポートは必要だろう。

2

www.ingramcontent.com/pod-product-compliance
Lightning Source LLC
Chambersburg PA
CBHW081208220326
41598CB00037B/6715